24

years

24年匠心沉淀，虔诚如一

只 为 您 轻 松 过 关

1998-2022
轻松过关成长史

再升级 2022

《轻一》开创「解释区」阅读体验，匠心独运！

飞跃 2016-2021

连续6年蝉联“天猫双11”图书考试行业销量冠军。
2020~2021年，连续2年登顶天猫教育行业榜首，“双11”销量破亿。

驰名 2001-2007

2001年《轻一》发行超千万册，被考生奉为「备考圣经」。
2007年东奥网校上线，书课同频，受百万考生热追。

诞生 1998

东奥诞生。
“轻松过关”品牌图书面世。

······· 历经雕琢，方有绽放 ·······

这本《轻一》是如何诞生的？

STEP1

初稿研磨

每年考试结束，名师们就迅速围绕命题和趋势、时事热点，开启为期150余天的研讨，撰写。

STEP2

深度优化

初稿落成后，编著团队结合学员反馈与市场调研，优化内容和体验，迭代超30稿。

STEP3

融入变化

围绕教材变化，名师精解、精编新题。1道紧扣变化的好题，至少需投入6小时。

STEP4

三审三校

融入新变化的书稿，将历经教务团队再次严苛的校对、审核，终成定稿。

翻开这本《轻一》

名师就在您身边

名师将多年的教学经验灌注其中，
让您的备考之旅不再孤单。

「五大模块」

带您跨越沟坎，轻松过关。

1 方法： ***学习指南区***

— 「开篇」分析最新考纲考情，
明确目标，制定规划。

2 重点： ***考点精讲区***

— 「正文」全面渗透考点，
通过图、表、例题等形式，深入解读。

3 独创： ***点睛解释区***

— 「解释区」精妙点拨，
绘制图解，力破症结，应变自如。

4 做题： ***同步练习区***

— 精编「同步练习」，
巩固考点，查漏补缺，高效提升。

5 复盘： ***章节“导图课”***

— 每章结尾处，凝练重点，
「导图」总结，视频讲解，及时复盘。

轻松过关®1

2022年注册会计师考试
应试指导及全真模拟测试

税 法

（上册）

刘 颖 主编
东奥会计在线 编

北京科学技术出版社

图书在版编目 (CIP) 数据

2022年注册会计师考试应试指导及全真模拟测试. 税法：上中下册 / 刘颖主编；东奥会计在线编. —北京：北京科学技术出版社，2022.3

（轻松过关 . 1）

ISBN 978-7-5714-2066-6

Ⅰ. ① 2… Ⅱ. ①刘… ②东… Ⅲ. ①税法—中国—资格考试—自学参考资料 Ⅳ. ① F23

中国版本图书馆 CIP 数据核字（2022）第 015434 号

责任编辑：李 鹏

责任校对：贾 荣

装帧设计：韩文静 晓 莉

责任印制：张 良

出 版 人：曾庆宇

出版发行：北京科学技术出版社

社 址：北京西直门南大街 16 号

邮政编码：100035

电 话：0431-87635566（编辑部）

010-66135495（总编室）

网 址：www.bkydw.cn

印 刷：中教科（保定）印刷股份有限公司

开 本：787 mm × 1092 mm 1/16

字 数：1400 千字

印 张：63

版 次：2022 年 3 月第 1 版

印 次：2022 年 3 月第 1 次印刷

ISBN 978-7-5714-2066-6

定 价：142.00 元（上中下册）

编委会

目录
CONTENTS

上册

第一部分　命题规律总结及趋势预测

第二部分　考点精讲及同步训练

中册

下册

第三部分　跨章节主观题演练

第一部分

命题规律总结及趋势预测

命题规律总结及趋势预测

第一节　2022 年重要考试政策

注册会计师（CPA）全国统一考试分为专业阶段和综合阶段。其中，专业阶段设会计、审计、财务成本管理、公司战略与风险管理、经济法、税法 6 个科目，测试考生是否具备注册会计师执业所需要的专业知识、是否掌握基本的职业技能和职业道德规范。各科考试均设置 5 分的英文作答附加分题，鼓励考生使用英文作答。

一、税法科目的基本考试政策

近些年，我国的税制改革一直“在路上”，加之政府简政放权的不断推进，税务机关管理关口的后移，纳税人涉税活动的自主性不断增强，同时也增加了涉税风险。这使得注册会计师有了更加宽广的涉税服务业务平台，从而对注册会计师税法考试提出了更高的要求。为了达到 CPA 税法考试的要求，考生在学习本科目时，既要树立专业意识，认真领会税法的政策内容，也要跨章节全方位地掌握税法应用的基本技能，学会运用税法规定和立法原则分析、解决实际工作中的问题，把法规条文在认知上规律化、具体化、实例化、熟练化，从而达到注册会计师执业所需的相关知识和技能的要求。

根据考试大纲要求，专业阶段税法科目的基本考试政策如下：

知识掌握程度	能力等级是对考生专业知识掌握程度的划分，分为三个级别： （1）能力等级 1——知识理解能力 是指考生应当理解注册会计师执业所需掌握学科领域的基本概念和基本原理 （2）能力等级 2——基本应用能力 是指考生应当在理解基本概念和基本原理的基础上，在比较简单的职业环境中，坚持正确的职业价值观，遵从职业道德要求，保持正确的职业态度，运用相关专业学科知识解决实务问题 （3）能力等级 3——综合运用能力 是指考生应当在理解基本概念和基本原理的基础上，在相对复杂的职业环境中，坚持正确的职业价值观，遵从职业道德要求，保持正确的职业态度，综合运用专业学科知识和职业技能解决实务问题
考试题型	近些年来，专业阶段税法考试的题型主要分为三大类： （1）选择题（包括单项选择题和多项选择题），重点考查考生的知识理解能力 （2）计算问答题，重点考查考生的基本应用能力 （3）综合题，重点考查考生的综合运用能力
考试时间	专业阶段 2022 年 8 月 26 日（星期五）13：00–15：00　税法第一场 2022 年 8 月 28 日（星期日）13：00–15：00　税法第二场 综合阶段 2022 年 8 月 27 日（星期六）

二、考试大纲规定的考试目标

考生应当根据本科目考试内容与能力等级的要求，理解、掌握或运用下列相关的专业知识和职业技能，坚守职业价值观、遵循职业道德、坚持职业态度，解决实务问题。考试涉及的相关法规截至2021年12月31日。

1. 税法与税制相关的基本原理；

2. 现行各税种的纳税义务人、征税对象、税率、计税依据、纳税环节、纳税地点和税收优惠等相关规定；

3. 不同企业从事各种生产经营活动所涉及的税种及应纳税额计算；

4. 个人取得各种收入涉及的税种、应纳税额计算及相关纳税事宜的有关规定；

5. 同一经营活动涉及多税种的相互关系和应纳税额的计算方法；

6. 企业或个人申报主要税种纳税申报表的准确填列；

7. 企业或个人涉税风险的判断，税收政策变动对纳税人的潜在影响及相关的税收筹划建议；

8. 一般的国际交易相关税务问题的分析与处理；

9. 纳税人税收遵从、税务机关服务意识、企业纳税事项、征税机关征税事项等与税法执行相关法规及判断；

10. 注册会计师协会会员职业道德守则，包括职业道德基本原则和概念、为政府和纳税人服务的职业道德。

第二节　2022年教材基本情况

2022年的注册会计师税法教材，不论是内容还是表述方式，较好地体现了大纲对注册会计师培养目标的要求。在基本保持上年教材对税种的章节归类的基础上，进行了例行的税收政策更新。教材继续保持“全面”“理性”的涉税知识大全的特色，表述更加严谨，内容更加务实，按照大纲要求较全面地收录了各个税种申报表的主表，教材中重要法规文件标明了文件名称、文号，体现了政策出处，这是在引领考生建立实操中严谨思考的习惯和稳健的执业视角。

一、2022年税法教材的基本内容

2022年教材基本结构和内容如下：

<table>
<tr><th colspan="2">教材内容类别</th><th>章构架</th></tr>
<tr><td colspan="2">基本理论（共1章）</td><td>第一章　税法总论</td></tr>
<tr><td>实体法（共10章18个税种）</td><td>商品和劳务税法（3章4个税种）</td><td>第二章　增值税法
第三章　消费税法
第七章　关税法和船舶吨税法
注：船舶吨税法不属于商品和劳务税，但由于由海关征收，将其与关税法一并收录在第七章</td></tr>
</table>

<table>
<tr><th colspan="2">教材内容类别</th><th>章构架</th></tr>
<tr><td rowspan="2">实体法
（共 10 章 18 个税种）</td><td>所得税法
（2 章 2 个税种）</td><td>第四章　企业所得税法
第五章　个人所得税法
注：土地增值税在近几年教材第一章中被归为了所得税类，但教材章节分类时又将土地增值税放在与房地产拥有和交易有关的第十章，由于税种分类只用于研究层面而不具有法定性，为了适应考生学习税法的思维逻辑，此处未进行调整</td></tr>
<tr><td>资源、财产、行为等税法
（5 章 12 个税种）</td><td>第六章　城市维护建设税法和烟叶税法
第八章　资源税法和环境保护税法
第九章　城镇土地使用税法和耕地占用税法
第十章　房产税法、契税法和土地增值税法
第十一章　车辆购置税法、车船税法和印花税法</td></tr>
<tr><td colspan="2">程序法（共 2 章）</td><td>第十三章　税收征收管理法
第十四章　税务行政法制</td></tr>
<tr><td colspan="2">国际税收（共 1 章）</td><td>第十二章　国际税收税务管理实务</td></tr>
</table>

从总体上看，中注协紧扣国家对注册会计师人才的需求和入行阶段的职业胜任能力要求，对考试大纲进行了修订完善，并按照“理论性、科学性、全面性、实践性和可读性”要求，组织编写了 2022 年考试辅导教材。

从广度上看，2022 年教材较为全面地体现了我国现行税收实体法的基本规定，具体收录了我国现行实际征收的 18 个税种的基本政策法规，也收录了近年比较热点的国际税收税务管理实务的政策规定，以满足注册会计师执业中税种计算和政策把握的基本要求。2022 年教材根据截至 2021 年 12 月 31 日的政策变化对相关政策内容进行了补充和调整，紧跟税制改革，政策的全面性还是值得肯定的。

2022 年的税法教材依然在前几章突出了我国的主体税种，其他小税种章节也按税种的性质和特点进行了归类。从内容看，教材收录政策表述的准确性有所提升，文字表达更加严谨，体现了 CPA 税法考试的科学性、可读性。而各税种主要申报表的收录，配合考试大纲对申报表把握的要求，使教材更具专业性和实践性。上述教材着力点的微调，也会引发考试着力点的微调。

二、教材难度、考试重要性及近 3 年平均分值

章	复习难度	考试重要性	近 3 年平均分值
第一章　税法总论	★	★	2.5
第二章　增值税法	★★★	★★★ 大概率命制综合题；很可能涉及计算问答题	20
第三章　消费税法	★★	★★★ 大概率命制计算问答题；很可能涉及综合题	9.5

章	复习难度	考试重要性	近3年平均分值
第四章 企业所得税法	★★★	★★★ 大概率命制综合题；很可能涉及计算问答题	19
第五章 个人所得税法	★★★	★★★ 大概率命制计算问答题	9
第六章 城市维护建设税法和烟叶税法	★	★★ 有可能涉及计算问答题或综合题	3.5
第七章 关税法和船舶吨税法	★	★★ 有可能涉及计算问答题或综合题	4
第八章 资源税法和环境保护税法	★★	★★ 有可能命制计算问答题	5
第九章 城镇土地使用税法和耕地占用税法	★	★★ 有可能涉及计算问答题	3.5
第十章 房产税法、契税法和土地增值税法	房产税和契税★	★★ 有可能涉及计算问答题或综合题	3
	土地增值税★★★	★★★ 大概率命制计算问答题	5
第十一章 车辆购置税法、车船税法和印花税法	★	★★ 有可能涉及综合题	4
第十二章 国际税收税务管理实务	★★★	★★★ 大概率命制计算问答题；很可能涉及综合题	7
第十三章 税收征收管理法	★	★ 有可能涉及计算问答题或综合题	2.5
第十四章 税务行政法制	★	★	2.5

三、2022年教材的主要变化

CPA考试命题有着“常出新、常求变”的传统，观察教材变化，能捕捉到今年复习备考应重点关注的一些政策内容。2022年教材主要变化体现在两大方面，一是章节的个别调整；二是各章政策补充调整。主要变化见下表：

第一章	1. 按照现行法律规定，调整了税收地方规章的制定规程 2. 补充完善了以国家法律形式发布实施的税种

第二章

1. 对适用9%税率的具体范围进行了位置调整
2. 删除增值税加计抵减政策
3. 删除免抵退税的会计处理
4. 删除房地产开发企业不动产经营租赁服务增值税处理
5. 删除新办纳税人中实行增值税专用发票电子化的有关规定
6. 删除“一般纳税人选择简易计税后，36个月内不得变更”的规定
7. 调整了关于一般纳税人适用简易计税办法适用情形的教材顺序
8. 调整了简易计税方法下差额计税的教材顺序
9. 调整了特定应税行为增值税计征方法的教材顺序
10. 新增从事再生资源回收的一般纳税人销售其收购的再生资源可以选择简易计税方法计税的规定
11. 新增金融机构开展个人实物黄金交易业务增值税计征方法的适用范围
12. 新增综合利用资源申请享受增值税即征即退政策符合的条件
13. 对于小规模纳税人享受免征增值税处理优惠政策按照最新的政策进行了调整
14. 调整了其他个人，采取一次性收取租金形式出租不动产取得的租金收入，免征增值税的金额
15. 调整了增值税纳税申报表

第三章

调整了消费税纳税申报表

第四章

1. 新增境外投资者在境内从事混合性投资业务企业所得税处理
2. 新增企业取得政府财政资金的收入时间确认
3. 新增企业通过公益性群众团体用于符合法律规定的公益慈善事业捐赠支出，准予按税法规定在计算应纳税所得额时扣除的规定
4. 新增支持新型冠状病毒感染的肺炎疫情捐赠税收政策
5. 新增可转换债券转换为股权投资的税务处理
6. 新增受疫情影响较大的困难行业企业2020年度发生的亏损，最长结转年限由5年延长至8年
7. 新增企业所得税核定征收改为查账征收后有关资产的税务处理
8. 新增文物、艺术品资产的税务处理
9. 删除小型微利企业的认定标准的过时政策表述
10. 新增小型微利企业2021年1月1日至2022年12月31日优惠政策
11. 删除高科技型中小企业研究开发费用加计扣除政策
12. 新增制造业企业研究开发费用加计扣除政策
13. 新增对疫情防控重点保障物资生产企业为扩大产能新购置的相关设备，允许一次性计入当期成本费用在企业所得税税前扣除
14. 删除地方政府债券利息所得免征企业所得税的优惠
15. 删除房地产开发企业所得税预缴税款的处理
16. 调整保险企业手续费及佣金支出的税前扣除比例
17. 删除部分教材过时政策表述

第五章

1. 调整应纳税额的计算和全员全额扣缴申报纳税的教材顺序
2. 新增对个体工商户年应纳税所得额的税收优惠政策
3. 调整全年一次性奖金个人所得税的税收政策期限，将其延长至 2023 年 12 月 31 日
4. 删除外籍个人有关津贴的政策
5. 新增新三板精选层公司转为北交所上市公司，以及创新层挂牌公司通过公开发行股票进入北交所上市后，投资北交所上市公司涉及的个人所得税、印花税相关政策

第六章

本章今年无变化

第七章

1. 调整细化应计入进口货物完税价格的调整项目
2. 更正跨境电子商务零售进口税收政策的过时表述
3. 补充完善船舶吨税税收优惠的个别表述

第八章

新增环境保护税中不同企业排（产）污系数、物料衡算方法的规定

第九章

1. 删除了一些城镇土地使用税的税收优惠政策
2. 更正和补充了耕地占用税的个别表述

第十章

1. 明确对企事业单位、社会团体以及其他组织向个人、专业化规模化住房租赁企业出租住房的，减按 4% 的税率征收房产税
2. 细化契税的应税情形、计税依据
3. 大量新增契税的税收优惠政策
4. 明确特殊情形下，契税纳税义务发生时间
5. 明确了契税的纳税申报资料
6. 新增企业改制重组有关土地增值税政策
7. 删除部分房产税的优惠政策

第十一章

1. 修正车辆购置税计税依据的个别过时表述
2. 删除了购置挂车减半征收车辆购置税的税收优惠
3. 删除了车船税的部分优惠政策
4. 删除了印花税的部分优惠政策

第十二章

1. 新增常设机构判定的内容
2. 调整对外付汇无须备案的情形
3. 新增预约定价的简易程序

第十三章

1. 新增破产企业等特殊纳税人纳税信用修复的规定
2. 明确从2021年度起，按照“首违不罚”相关规定对纳税人不予行政处罚的，相关记录不纳入纳税信用评价
3. 新增重大税收违法失信主体信息公布管理的规定
4. 删除外出经营报验登记的规定
5. 删除《税务登记证》的作用和管理

第十四章

本章今年无变化

第三节　命题规律总结

一、考试的题型题量及答题规范

（一）题型题量

采用机考模式后，CPA税法考试一共考核四种题型，包括容易直接从教材政策表述或简单运算得到答案的单项选择题和多项选择题的客观题型，也包括需要综合分析才能做出答案的计算问答题、综合题的主观题型。与之前年份相比，2021年考试的题型题量进行了调整。

题型		2021年	2020年	变化
客观题	单选题	26题 ×1分=26分	24题 ×1分=24分	+2题2分
	多选题	16题 ×1.5分=24分	14题 ×1.5分=21分	+2题3分
主观题	计算问答题	4题 ×5分+5分（英文加分）=25分	4题 ×6分+5分（英文加分）=29分	–4分
	综合题	1题 ×16分+1题 ×14分=30分	1题 ×15分+1题 ×16分=31分	–1分
合计		105	105	——
及格线		60分	60分	——

注：如果计算问答题中指定的一道题按照要求使用英文回答，答对则可多得5分的加分。

（二）考试中的答题规范

CPA考试采用无纸化机考形式，试题一律在计算机中直接作答。所有考生在草稿纸上书写的所有答题结果一律无效；草稿纸在考试结束后一律不得带出考场。

1. 客观题（包括单项选择题和多项选择题）的答题方式

单项选择题答题时，考生直接用鼠标点击备选项中认为正确的一个选项。如果需要修改答案，用鼠标点击其他备选项即可；且机考系统只允许考生在所有备选项中选择一个备选项作为答案。

多项选择题答题时，考生直接用鼠标点击备选项中认为正确的所有选项。如果需要撤销已经选中的选项，再次点击该选项即可；且机考系统允许考生在所有备选项中选择任意多个备选项作为答案。

2. 主观题（包括计算问答题和综合题）的答题方式

主观题的答题界面分为资料区和作答区两大区域。资料区是题干资料；作答区是题目要求计算或回答的内容以及考生录入答案的位置。

考生要注意读题的完整性。在考试资料、试题内容较多的情况下，请注意务必要使用鼠标点击作答区的所有标签页来查看全部内容，以避免遗漏了重要信息。考试前，一定要熟悉资料区和辅助功能，如复制粘贴、计算器点击、标记等，以提高解题效率。

在解答主观题时，计算问答题和综合题都要求列出计算步骤，一般每步骤运算得数精确到小数点后两位（具体看考试要求）。试卷明确某一题型（近年来为计算问答题型）中的一道题目可以选用中文或英文解答，如使用英文解答，该小题须全部使用英文，答对可得到5分的英文加分。

二、近3年考试重点、难度分析

CPA考试方式采用机考并实施专业阶段和综合阶段两阶段考试的改革已经实行了十年，专业阶段税法考试的命题特点体现在命题范围、命题侧重、考点视角和命题风格四个方面。配合近些年CPA开展涉税专业服务的需求，尽管CPA税法的命题范围在较长时期相对稳定，但需要强调的是，2020年以后，CPA税法主观题的命题风格突变，文字回答的问题明显增多，要求考生表述政策、分析判断的能力增加，考生复习备考要注意到这些考题风格的变化。专业阶段税法命题特点主要表现在：

1. 范围很广泛，考点有规律，难易度适当

注会税法考试命题范围遍布各章，考试时章章有题。CPA税法教材大税种一税一章，小税种多税一章，教材的专业化程度较高，也使考试命题的各章分值差距有了一定程度的缩小。在目前的教材结构框架下，命题范围全面化也体现在各章节知识点的融合，尤其在计算问答题和综合题中有突出体现。全面化的命题范围对考生学习与复习提出了全面性的要求。

尽管注会税法考试命题范围比较全面，但其考试重点也是较为突出的，比如增值税的视同销售、不得抵扣进项税额等规定；消费税的外购或委托加工收回应税消费品的抵扣规则的运用；企业所得税的扣除项目及金额等，这些知识点年年必考，形成了命题侧重点的规律化。在考查税种政策的题型上，更是基本形成了综合题以增值税、企业所得税为中心，计算问答题以消费税、个人所得税、土地增值税、国际税收为中心的政策考查格局。

从命题难易程度看，整体命题考查税种征税范围、计税依据和税收优惠的基础考点的题目较多，难易程度适当。

2. 视角细又实，主观多问答，理解加应用

近些年来，注会税法考试所考核的客观题需要主观化计算的点较少，提问往往单刀直入，但是考查的知识点比较细腻，突出在细微之处见功底。主观题的命题则加大了问答的分值比

重，2021 年的第一场 CPA 税法考题，计算问答题提问的 14 问中有 7 问要求文字作答，综合题中也出现了要求文字作答的问题。

2021 年计算问答题考到了“电动汽车是否需要缴纳消费税及体现的税收政策导向”，深挖政策背景，对考生提出了新的要求，要“知其然，也知其所以然”。

近些年考试命题的风格细腻务实，命题考核的涉税业务往往就如我们身边的事。2020 年考到同一张增值税专用发票，进项税部分可抵扣、部分不得抵扣的具体处理方法，题目既考核考生掌握基础知识、政策法规的扎实程度，又对考生理解和运用税法解决实际中的常见或热点问题提出要求，表现出考题风格的务实化，为实务化运用奠定基础。2021 年考到国际税收协定典型条款中的劳务所得课税规则，考点非常细腻。细腻化的考点视角对考生细腻化的复习视角提出了要求。因此，CPA 税法的复习备考需要对政策进行“细嚼慢咽”，考试命题也体现出“细腻决定成败”这一客观事实。

三、2022 年考试规律预测

按照考试大纲和教材的补新删旧、完善表述、充实报表、列明文号等修改情况，结合中注协的改革目的及近些年考试情况，能感受到近些年 CPA 税法“求新”“求稳”“求实”的风格走向。对 2021 年公布的契税执行口径、纳税服务与征收管理规定做了全面收录，如此强烈的“求新”举措，直接导致一些经典真题因此被“废掉武功”。大纲和教材也展现出“求稳”的回归力度，一些基础知识性的考点重返备考视野。而各税种申报表的更广泛的收录，使得 CPA 税法“求实”的意愿增加，由于申报表能展现应用中的税额计算逻辑，应用的思路可能荡起务实的微澜。

预测今年专业阶段税法的命题依然会突出体现“考核基本政策的理解与运用为主要目的”的特点，难度可能与 2021 年持平或略有降低，但考试内容会比以往细碎。

1. 基础知识、基本政策是考试命题的主旋律

从近些年 CPA 税法考试坚持的命题风格看，结合注册会计师考试的目的，可以发现税法考试重“面”重“基础”，考点主要是基本政策及基本变化，复杂高深的考点极少。单项选择题、多项选择题这类主要靠客观依据得出结论的题型（客观题型），会在命题的“面”上展示全面、专业的特征，章章有题，但考点组合的难度相仿。在客观题命题注重基础性的同时，对于计算问答题、综合题这类需要主观分析得出结论的题型（主观题型），则以考核常见的政策运用业务为主，同时综合题会体现多税种与多考点交错的综合性，对考生跨章节掌握同一经营活动涉及多税种的相互关系和应纳税额的计算方法有一定的要求，实体法与程序法的结合依然会得到体现。

2. 税收实体法的政策规定依然是考试命题的核心内容

专业性要求以及各税种在实际应用中的地位决定了税法考试的重点目标。税收实体法的 10 章（18 个税种）是考试命题的核心内容，大约 85% 以上的知识点和分值会出自这里。全面“营改增”之后，增值税政策在命题中的地位和考试影响力不容低估。包含有实体法和程序法的内容和国际税收的内容依然会被命题人青睐而与所得税结合命题。重点章节和重点内容预测如下：

教材内容类别	章构架	内容和考试地位
基本理论（共 1 章）	第 1 章　税法总论	侧重基本概念和基本常识，是税法学习的基础。考试时易命制客观题型，约占 3% 的分值比重

教材内容类别	章构架	内容和考试地位
实体法（共10章18个税种）	第2、3、7章　商品和劳务税法（3章4个税种）	该税类以商品、劳务交易发生的金额为征税对象，是我国最大的税类，包括增值税、消费税、关税。与经营关系密切，对考生的计算和综合技能要求很高，考试可以命制各种题型，约占33%的分值比重
	第4、5章　所得税法（2章2个税种）	所得税是以所得额为征税对象的一类税，包括企业所得税和个人所得税，是仅次于商品劳务税的我国第二大税类。这类税种政策和计算难度大，综合性极强，是考生通过本科目考试的主要障碍。考试可以命制各种题型，约占28%的分值比重
	第6章、第8至11章资源、财产、行为等税法（5章12个税种）	多为地方性的小税种，知识点细碎，考试以命制客观题型为主，也常与其他税种在一起命制计算、综合等主观题型，约占24%的分值比重
程序法（共2章）	第13、14章　征收管理、行政复议、行政诉讼等程序性法律法规	涉及税务管理、办税程序、纳税检查、处罚规则、复议诉讼等程序性规定，考试以命制客观题型为主，也可与实体法混合命制主观题，约占5%的分值比重
国际税收（共1章）	第12章　国际税收税务管理实务	涉及国际税收关系的具体处理规则，考试时易命制各种题型，会更紧密地与所得税结合，约占7%的分值比重

3. 增值税关联性考点组合、国际税收关联性考点组合应得到考生的重视

全面“营改增”后，冲击波已波及房产税、契税、土地增值税、印花税、个人所得税、企业所得税的税基确定，跨税种关联性考点增加；国际税收更是与企业所得税和个人所得税关系密切，备考中不容忽视国际税收与所得税的细腻结合。总之，从政策成熟度、知识结构和考试目的看，增值税关联性考点组合、国际税收关联性考点组合的内容应该得到考生的重视。

4. 细碎的考点与务实的考风可能有新的体现

近些年来减税降费政策不断推出，细碎的税收优惠政策在2022年教材中有了较多体现，由于税收优惠政策可以和税额计算结合命题，命题考查的知识点存在比前几年细碎的可能性。细碎的考点与务实的考风可能在命题中有新的结合和更为突出的体现。

5. 整体命题难度预计与上年持平甚至略低

注册会计师考试的命题风格在2020年和2021年有所变化，部分适应性差的考生感受到了难易程度的略有波动，每年的考试结果都会引起命题人和考生对下一年命题和备考的思考。在某些年份，考题显得容易但是暗藏陷阱；在某些年份题目提问显得刁钻但考核点容易把握和解答。综合近些年机考的考试难度、考生成绩反馈和本年度教材的变化状况，预计今年的整体命题风格会坚持已有的规范，难度与上年持平并很可能略低。

第四节　高效复习技巧

注册会计师考试专业性提升的趋势要求考生必须全面复习，在理解基础上记忆、融会贯通、活学活用。

一、打牢基础，重“新”重“变”

从2011年起，中注协税法教材前言中突然注明“本套教材不作为注册会计师全国统一考试的指定用书”，该说法弱化了中注协统一教材的行政性色彩。但是从近五年的考试命题情况看，CPA税法考试命题的知识点范围有98%以上都来自教材，考试命题中只可能会有2%以下的知识点超出教材，因此把教材看透是备考税法的基本环节。

一些考生来自实际工作部门，有一定的实际工作经验，但是考试内容有时会与实际存在一定的差距，一是时滞性差距，二是地区性差距。所谓时滞性差距指的是2022年CPA税法教材收录的政策截至2021年年底，2021年年底以后新出台的政策在考试中出现的几率很小，即便出现，题干中的条件也会给定或提示；关于地区性差距，一些考生所在地区可能有一些特有的地区政策，并非全国统一执行。因此考生们在复习备考时，要尊重教材，学习和理解教材中的政策规定和解释，把握好“应试”与实际工作的不同。

俗话说得好：“考哪门试看哪本书”，这主要适用于以下三种情况，一是不具有法定性的问题，如税法原则、税法要素、税种分类等研究性或开放性问题，不同教材表达不同，需要“考哪门试看哪本书”；二是政策执行的统一性问题，如个人出租房屋征税规定在各省有一些“土政策”，有些使用综合征收率，但考试要按照教材表述解答；三是政策收录的截止期问题，不同考试不一样，需要“考哪门试看哪本书”。

从历年命题情况看，教材中新增知识点和政策变化的知识点比较容易命题，2022年教材多数章节都有不同程度的内容调整、增减，考生关注教材的新变化是非常必要的。

二、关注考纲，知晓要求

CPA考试大纲值得考生关注。很多考生不了解考试大纲的重要性，只把目光盯在教材上，甚至遗忘了考试大纲的存在。考试大纲的重要意义在于：如果说教材是考试的“圣经”，那么考试大纲就是考试的“上帝”。非常多的考生不会阅读考试大纲，有些考生在阅读考试大纲时只关注各章节可能增加的内容和能力等级，却忽视了考试大纲对考生考试目标的基本要求。例如，专业阶段税法考试大纲中“考试目标”第6条和第8条：企业或个人申报主要税种纳税申报表的准确填列、一般的国际交易相关税务问题的分析与处理等。

对于CPA税法考试大纲有两点不能忽视，一是申报表逻辑；二是教材没收录但大纲收录的政策内容。对于申报表而言，CPA税法考试在多年前只考过企业所得税主表的基本填写，没有直接考过其他申报表的填写。但近年来，在我的课堂和轻一中渗透了一些申报表的重要逻辑和内容，讲解和编写这些内容不是为了让考生去学习考试几率较小的具体填表，而是把申报表项目的概念内涵和计算逻辑提示给考生，这样有助于考生看懂考题的提问内容、理解计算公式和计算逻辑，这都是计算问答题和综合题可能涉及的内容，并在近两年的考试中有所体现。再者，对于教材以外但在大纲之内的政策，也是考试容易命题的内容，以往有过先例，考生也会在今年的税法轻一中看到这样的例题和练习题，那时不要疑问为什么在教材上找不到，而要到考试大纲上找要求和政策依据。

三、融会贯通，理解到位

税法被很多人称之为“碎”法，这对考生的记忆力提出了新的挑战，考生迎接这一挑战的法宝，就是全面复习，并在理解基础上加强记忆。只有理解了，才能加深对知识点的认知，才能在面对考试考点的变形时看透“本尊”。“理解性记忆 + 重复性记忆”是税法学习的基本技巧，考生要从各个税种的特点出发理解把握税收政策及计算，必须摒弃死记硬背，而要努力做到知其意、明其理，并学会举一反三。

由于教材的编写是按照独立的各税种各章各节顺序编写，而考试命题会打乱知识点的排序，跨章或跨节的考点时有出现，这需要考生融会贯通地学习和掌握关联考点，在理解的基础上记忆。考生在复习时要把一些各章散乱的内容串联起来对比记忆，特别注意各章节有联系的内容，这往往是容易出综合题的考点。比如增值税销售额与消费税销售额的关系；委托加工业务中涉及的委托方与受托方的不同税种计算；增值税、消费税和企业所得税在视同销售规定上的异同点；国际税收中应纳税所得额和所得税率的确定，离不开所得税的基本政策规定的延伸与变形。复习时对一些特别的内容要用直观或对比的记忆方法，注重“瞻前顾后”“左思右想”、学会归纳总结。

有些考生有种错误认识，认为集中精力学好增值税、消费税、企业所得税和个人所得税这四个大税种就能轻松过关了，这种“抓大放小”的想法是绝对要不得的。税法中的企业所得税、增值税等税种具有包容性，作为综合性很强的税种，其计算会涉及税法中的诸多小税种，一旦小税种计算出错，应纳税所得额和应纳税额都不会正确。因此，“抓大不放小”应该是考生在复习时应有的理念，考生复习时要注意理顺复习的思路，全面综合地把握好各税种之间的关系，注意知识点的融会贯通。

四、书课结合，理顺逻辑

有些考生喜欢阅读但不喜欢听课，对于专注力和理解能力强的考生而言，靠阅读理解能力可以通关。但由于税法内容细碎，有些法条的文字表述难以完整体现政策的内在逻辑和含义，因此，听课便于纵横捭阖梳理逻辑问题。客观来说，由于文字的逻辑表达与语言的逻辑表达存在差异，这本税法轻一“考点精讲部分”与我的基础班课程讲义之间存在95%左右的一致性，税法轻一比基础班讲义多了一些深度分析，基础班讲义比税法轻一多了一些考点勾稽。就备考而言，无论是阅读还是聆听，都需要把握好税理和思维逻辑，书课结合能够获得较为全面的学习指引。

五、把握重点，习题勤练

考生在备考时要处理好难点与重点的关系，要明白难点内容不一定是重点内容，要树立重点内容看考题、难点内容看例题的意识。由于重点内容是会在历年考试中多次重复命题的，所以考生仔细观察以前年度的考题极为必要。尽管近些年CPA考试制度改革后的命题思路不断进行着调整，但是以往的考题仍有一定的借鉴意义，尤其是一些反复命题的经典考点，必定是考试的重点内容。观察和了解考试真题的题干、答案和解析，不仅可以熟悉经典考点，还可以从一定程度上掌握解题思路。

对于教材中的难点内容，考试命题一般不会超越教材的例题，因此针对难点内容的教材例题也要引起考生充分的关注，但考试不会超越例题难度。以往的一些有难度的新增知识点的考题往往是教材例题的简单变形，教材例题与考题之间存在千丝万缕的联系，因此观察考题把握重点、分析例题突破难点是备考的必要一环。

考生必须在做练习题方面有切实的行动，习题演练是适应考试的必要步骤。近些年在CPA考试之后，许多考生都反映题目并不难，只是觉得答题时间不够而无法完成全部问题的解答，从而影响考试成绩。2012年以来共实施了十次机考，有一些考生还习惯用纸笔作答而不适应机考的方式，在机考时注意力不集中、答题手法生疏，导致无法完成题目的解答。这种不适应考试方式、答题速度提不上去的现象和平时习题演练不够是有直接关系的。对于CPA考试来说，考生平时多做练习是至关重要的。尽管习题不是考题，但可以让考生增加对考试的适应性，而且习题中贯穿着大量的考点，通过练习既可以发现复习死角，有助于对知识点的深刻理解和全面掌握，又可以强化记忆和熟悉计算，提高解题速度。

六、循序渐进，坚持不懈

CPA税法考试的通过率决定了其考查的广度、深度和灵活度，单靠没有基础的临阵磨枪是难以顺利过关的。近些年的CPA税法命题对知识点把握的要求非常细腻，这要求考生复习时绝不能采用粗放式的学习方式，必须关注政策细节、内涵和规律。循序渐进、步步为营是非常必要的，难关要一个一个的攻，知识点要一个一个的把握，这需要考生保持不懈努力的精神和砥砺前行的勇气。

我认为，CPA税法教材基本是按照各税类在我国税法体系中的重要性进行章节排序，但考生学习是应该按照循序渐进的逻辑，先学习第一章税法总论打好基础，然后学习第二、三章增值税和消费税，之后马上学习与增值税和消费税直接相关的第六、七、八章（城建税、烟叶税、关税、资源税等），这样容易建立税法的逻辑构架；之后是学习第九、十、十一章的小税种；再之后是学习两个所得税和国际税收税务管理实务，这三章关联度极高，便于政策的逻辑性理解；最后学习最后两章。

一般情况下，考生在学习CPA税法时可能会面对五个难关：

第一个难关是学习第二章的时候，考生可能会产生畏难情绪，这是由于我国增值税政策比较繁琐，对于第一次接触税收实体法的考生来说是个考验，面对这一关，需要考生坚定信心，适应习题训练，探索符合自身特点的备考方法。

第二个难关是学习小税种的时候，政策琐碎，一些考生会产生懈怠情绪，学习效率不高，面对这一关，需要考生稳定心绪，踏实复习，稳扎稳打，步步为营。

第三个难关是学习企业所得税的时候，一些会计基础相对较差的考生面对税会差异的调整，可能会产生心中无底的感觉，对于这一关，需要考生沉下心来补短板。

第四个难关是很多考生对国际税收的内容感到陌生，从而有些人只想绕行，但是国际税收的内容不是孤立的，与其他税种尤其是所得税有很大的关联度，而且分值大概率会超过6.5分。近四年来，国际税收这章都考出了7分以上的分值，故考生不能逃避，必须沉着面对，对于这章散乱的知识点要前后呼应、融会贯通、知晓应用。

第五个难关是最后冲刺的模考，从按章节复习到跨章节模考，一些考生初次面对打乱章节的成套模考题，会觉得不适应，甚至有人失去信心、选择放弃。面对模考这一关，考生必须要明白，初次参加CPA考试的考生普遍对模考产生不适应的状况，这是一个不可避免的过程，需要考生不懈坚持、积极适应、保持自信。同时提醒考生朋友们，从备考规律和学习心理方面看，做成套模拟题的冲刺阶段不能过早，最佳冲刺开始的时间是考前15~20天，过早进入冲刺状态会让考生备考后期身心极度疲惫。

面对备考路上的上述五个难关，考生们要做好心理准备，带着自信，不懈坚持。

2022年本辅导书随着教材的变化调整了政策讲解和例题、习题，并尽力让习题贴近考试的风格和难度，以方便考生演练，并向考生建议：(1)考生做练习题时不要只做一遍，隔一段时间后再做一遍或数遍，考点印象会深刻，熟练度会增强。(2)注意看答案后的解析，不论练习时自己做的是否顺利，都要关注答案后的解析，熟悉其中蕴涵的考点意图和政策规则，这能加强考生对税法规定的认识深度，提高考生的应变能力。

考生在冲刺之前可以将习题训练分为两个阶段，第一阶段是把握知识点阶段，使用纸笔答题的方式，尝试做做近两年考试真题，找到实战的感觉，更需要结合教材新增内容和重点内容，有针对性地做一些练习，以达到上了考场能快速反应的效果。第二阶段是适应机考阶段，通过网络机考模拟系统进行习题训练，以提高考试的适应性。

上述复习方法和考试技巧是我作为多年辅导教师，结合以往经验所做的个人理解和建议，归纳而言是请考生牢记四句话："基础要打牢、学习要坚持、习题多次练、冲刺不过早"。尽管我对这本书付出了很大的心血，但由于税法政策细碎且变化大，编书时间紧张，书中如有疏漏请考生见谅，我们也会在东奥会计在线网站上及时勘误。最后愿这本辅导书能为考生答疑解惑，帮助考生理清考试思路。如果说，轻松通过CPA考试是每个考生的深切愿望，那么让更多考生轻松通过考试也是我的深切愿望！愿我的努力与考生们的努力形成合力，愿更多的考生轻松过关！

第二部分
考点精讲及同步训练

第一章　税法总论

CHAPTER-1

本章学习指南

一、学习目标

1. 辨析税收与税法的概念、特点；
2. 熟悉税收法律关系的构成、产生、变更、消灭、保护；
3. 了解税法与其他法律的关系；
4. 掌握税法原则的分类及应用；
5. 熟悉税法要素；
6. 了解税收立法原则；
7. 掌握税收立法权及其划分；
8. 掌握税收立法机关、税收立法程序、我国现行税法体系；
9. 了解税务机构设置与职能；
10. 掌握税收征收管理范围划分；
11. 掌握税收收入划分；
12. 熟悉税务权利与义务；
13. 熟悉发展涉税专业服务促进税法遵从；
14. 熟悉国际重复征税与国际税收协定；
15. 熟悉国际避税、反避税与国际税收合作。

二、考情概况

本章是税法学习的基础，包括税法的基本理论、税法的立法和实施的相关规范、我国现行税法体系以及国际税收关系等基础知识。其中许多内容直接影响学习者对随后章节的理解和掌握，但本章不是CPA考试的重点章。本章内容繁杂，考点细碎，有些考点不明显，考生在复习时重在理解。本章在历年考试中均以选择题形式出现。最近3年本章的平均分值为2.5分。

三、教材变化

1. 按照现行法律规定，调整了税收地方规章的制定规程。
2. 补充完善了以国家法律形式发布实施的税种。

四、考点框架

- 第一章 税法总论
  - 税法概念
    - 税收与税法的概念 ★
    - 税收法律关系 ★★★
    - 税法与其他法律的关系 ★
  - 税法原则
    - 税法基本原则 ★★★
    - 税法适用原则 ★★★
  - 税法要素
    - 纳税义务人 ★
    - 征税对象 ★★★
    - 税率 ★★★
    - 纳税环节 ★
    - 纳税期限 ★★
    - 纳税地点 ★
    - 减税免税 ★
  - 税收立法与我国税法体系
    - 税收立法原则 ★
    - 税收立法权及其划分 ★
    - 税收立法机关 ★★★
    - 税收立法程序 ★★
    - 我国现行税法体系 ★★
  - 税收执法
    - 税务机构设置与职能 ★
    - 税收征收管理范围划分 ★★★
    - 税收收入划分 ★★★
  - 税务权利与义务
    - 税务行政主体、纳税人、扣缴义务人、地方各级人民政府、有关部门和单位的权利与义务 ★★
    - 涉税专业服务机构的范围和服务内容 ★
    - 税务机关对涉税专业服务机构实施监管内容 ★
  - 国际税收关系
    - 国际重复征税与国际税收协定 ★
    - 国际避税、反避税与国际税收合作 ★

核心考点精讲

第一节 税法概念

使用“会计云课堂”App或“微信”扫码查看本节视频，快速GET知识点。

考点1：税收与税法的概念★[1]

要点小贴士

税收本质是分配关系；
税法调整权利义务关系；
税法是税收制度的核心内容。

（一）税收是政府为了满足社会公共需要，凭借政治权力，强制、无偿地取得财政收入的一种形式。

1. 税收是国家取得财政收入的一种重要工具，其本质是一种分配关系。

2. 国家征税的依据是政治权力，是以国家为主体进行的分配，有别于按生产要素进行的分配。

3. 国家课征税款的目的是满足社会公共需要。

【提示】税收已经不仅纯粹是经济领域的问题，还是政治领域、社会领域的大问题。

经典题解

【真题1·单选题】下列权力中，作为国家征税依据的是（　　）。（2016年）

A. 管理权力　B. 政治权力　C. 财产权力　D. 社会权力

【名师点题】基础知识性的考点，只需简单记忆。

【解析】国家征税的依据是政治权力。

【答案】B

（二）税法是国家制定的用以调整国家与纳税人之间在征纳税方面的权利及义务关系的法律规范的总称。税法体现为法律这一规范形式，是税收制度的核心内容。

税法具有义务性法规和综合性法规的特点：

（1）从法律性质上看，税法属于义务性法规，以规定纳税人的义务为主。

【提示】税法属于义务性法规的特点，取决于税收无偿性和强制性。税法以法的形式出现，有国家权力作为后盾，也有相关制度措施作保障。

（2）税法具有综合性，税法是由税收实体法、程序法等法律法规及行政规章制度组成的综合法律体系，其内容涉及课税的基本内容、征纳双方的权利和义务、税收管理规则、法律责任、解决税务争议的法律规范等。

[1] 为方便您在学习中可以快速了解考点的重要程度，本书中将考点进行分类。★★★代表重要考点，★★代表次重要考点，★代表非重要考点。

【提示】税法的综合性特点，取决于税收制度所调整的税收分配关系和税收法律关系的复杂性。

经典题解

【例题2·单选题】由税收制度所调整的税收分配关系和税收法律关系的复杂性所决定，税法具有（　　）。

A. 义务性特点　　　　B. 权利性特点

C. 综合性特点　　　　D. 单一性特点

【解析】税收的无偿性和强制性特点决定税法属于义务性法规；税收制度所调整的税收分配关系和税收法律关系的复杂性决定税法具有综合性。C选项正确。

【答案】C

考点妙记

征纳双主体。
内容最实质。
事实来决定。
保护要平等。

考点2：税收法律关系★★★

税收法律关系包括三方面内容：税收法律关系的构成；税收法律关系的产生、变更与消灭；税收法律关系的保护。

【解释】这一部分内容考点明显，容易命题。考生要注意掌握下表的内容和对应关系。

税收法律关系的构成	主体	一方是代表国家行使征税职责的国家各级税务机关、海关；另一方是履行纳税义务的法人、自然人和其他组织（按照属地兼属人的原则确定）
	客体	税收法律关系主体的权利、义务所共同指向的对象，即征税对象
	内容	是主体所享有的权利和所应承担的义务，是税收法律关系中最实质的东西，也是税法的灵魂
税收法律关系的产生、变更与消灭	由税收法律事实来决定——税收法律事实分为税收法律事件和税收法律行为	
税收法律关系的保护	税收法律关系的保护对权利主体双方是平等的，同时对其享有权利的保护就是对其承担义务的制约	

经典题解

【例题3·单选题】下列关于税收法律关系的表述中，正确的是（　　）。

A. 税法是引起税收法律关系的前提条件，税法可以产生具体的税收法律关系

B. 税收法律关系的保护对权利主体双方是不平等的

C. 代表国家行使征税职责的国家各级税务机关是税收法律关系中的主体之一

D. 税收法律关系在总体上与其他法律关系一样，都是由权利主体、权利客体两方面构成

【解析】税法是引起税收法律关系的前提条件，但税法本身并不能产生具体的税收法律关系，税收法律关系的产生、变更、消灭是由税收法律事实决定的，所以

选项 A 错误；

税收法律关系的保护对权利主体双方是平等的，所以选项 B 错误；

税收法律关系中的主体包括征纳双方，一方是代表国家行使征税职责的国家各级税务机关、海关，另一方是履行纳税义务的法人、自然人和其他组织，所以选项 C 正确；

税收法律关系在总体上与其他法律关系一样，都是由税收法律关系的主体、客体和内容三方面构成的，所以选项 D 错误。

【答案】C

考点 3：税法与其他法律的关系★

1. 税法与宪法的关系：税法依据宪法的原则制定。

《宪法》第五十六条规定："中华人民共和国公民有依照法律纳税的义务"。

《宪法》第三十三条规定："中华人民共和国公民在法律面前一律平等"。

经典题解

【例题 4·单选题】下列法律中，明确规定"中华人民共和国公民有依照法律纳税的义务"的是（　　）。

A.《中华人民共和国宪法》

B.《中华人民共和国民法典》

C.《中华人民共和国个人所得税法》

D.《中华人民共和国税收征收管理法》

【名师点题】很经典的考题，考核与税法有关的其他法律，《宪法》作为国家的根本大法，其中关于纳税的表述需要考生记忆。

【答案】A

2. 税法与民法的关系：民法调整方法的主要特点是平等、等价、有偿；税法调整方法要采用命令、服从的方法。民法与税法不发生冲突时，税法不再另行规定；出现不一致时，一般按税法规定纳税。

3. 税法与刑法的关系：调整范围不同，违反了税法，并不一定就是刑事犯罪，但违反税法情节严重触及刑律者，将受刑事处罚。

经典题解

【例题 5·单选题】2009 年 2 月，在下列法律中，明确用“逃避缴纳税款”取代“偷税”概念的是（　　）。

A.《中华人民共和国宪法》第 56 条

B.《中华人民共和国税收征收管理法》第 63 条

C.《中华人民共和国刑法》第 201 条

D.《中华人民共和国企业所得税法》第 42 条

【解析】本题考核税法与刑法的关系中的改革动态。2009 年 2 月 28 日，全国人大常委会表决通过了《刑法修正案》，修订后的《刑法》对第二百零一条进行了修改，用“逃避缴纳税款”替代了“偷税”的概念表述。

【答案】C

4. 税法与行政法的关系：税法与行政法有着十分密切的联系，税法具有行政法的一般特性；但税法又与一般行政法有所不同——税法具有经济分配的性质，并且经济利益由纳税人向国家无偿单向转移，这是一般行政法所不具备的。

第二节　税法原则

使用“会计云课堂”App 或“微信”扫码查看本节视频，快速 GET 知识点。

税法原则包括税法基本原则（四项）和税法适用原则（六项）。

【解释】本部分内容容易在考试中命题，考生应先注意税法原则的两大分类——基本原则、适用原则，再对各类原则中的具体原则的现实体现有所认识。

考点 1：税法基本原则★★★

税法基本原则是统领所有税收规范的根本准则，为包括税收立法、执法、司法、守法在内的一切税收活动所必须遵守。

目前，我国正在有条不紊地落实税收法定原则。党中央和全国人大已经作出明确，今后开征新税的，应当通过全国人大及其常委会制定相应的法律。

基本原则	解释及举例
税收法定原则	也称为税收法定主义，是指税法主体的权利义务必须由法律加以规定，税法的各类构成要素都必须且只能由法律予以明确 【提示】税收法定原则是税法基本原则中的核心 税收法定主义贯穿税收立法和执法的全部领域，其内容包括税收要件法定原则和税务合法性原则 1. 税收要件法定原则 （1）税种实施法定——国家对其开征的任何税种都必须由法律对其进行专门确定才能实施 （2）要素变动法定——国家对任何税种征税要素的变动都应当按相关法律的规定进行 （3）征税要素明确——征税的各个要素不仅应当法定，还应当尽量明确，避免歧义 2. 税务合法性原则 （1）立良法——在立法的过程中要对法定征收程序加以明确规定，提高工作效率，节约社会成本，尊重并保护税收债务人的程序性权利，促使其提高纳税的意识 （2）求善治——要求征税机关及其工作人员在征税过程中，必须按照税收程序法和税收实体法律的规定来行使自己的职权，履行自己的职责，充分尊重纳税人的各项权利 【真题 6·单选题】下列各项税法原则中，属于税法基本原则核心的是（　　）。（2014 年） A. 税收公平原则　　B. 税收效率原则 C. 实质课税原则　　D. 税收法定原则 【名师点题】近几年税收法定、良法善治已成为立法机关、政府和民众的共识，考生要注意把握与时代潮流有关的税收基础理论。 【答案】D
税收公平原则	一般认为税收公平原则包括税收横向公平和纵向公平，即税收负担必须根据纳税人的负担能力分配，负担能力相同的税负相同（横向公平）；负担能力不同的税负不同（纵向公平）。税收公平原则源于法律上的平等性原则 【举例】《个人所得税法》中对综合所得实施累进税率，所得越高税负越重，量能课征，体现了税法基本原则中的税收公平原则
税收效率原则	税收效率原则包括两个方面：经济效率和行政效率 【例题 7·单选题】税法基本原则中，要求税法的制定要有利于资源的有效配置和经济体制的有效运行的原则是（　　）。 A. 税收法定原则　　B. 税收公平原则 C. 税收效率原则　　D. 实质课税原则 【解析】税收效率原则包括两个方面，一是指经济效率，二是指行政效率。前者要求税法的制定要有利于资源的有效配置和经济体制的有效运行，后者要求提高税收行政效率，节约税收征管成本。 【答案】C

基本原则	解释及举例
实质课税原则	是指应根据客观事实确定是否符合课税要件，并根据纳税人的真实负担能力决定纳税人的税负，而不能仅考虑相关外观和形式 【举例】如果纳税人通过转让定价或其他方法减少计税依据，税务机关有权重新核定计税依据，以防止纳税人避税与逃税，这样处理体现了税法基本原则中的实质课税原则

名师点拨

税收公平原则与实质课税原则，都谈到了“负担能力”，但前者聚焦“差异”，后者聚焦“真实”。

考点2：税法适用原则★★★

税法适用原则是指税务行政机关和司法机关运用税收法律规范解决具体问题所必须遵循的准则。与税法基本原则相比，税法适用原则含有更多的法律技术性准则，更为具体化。

适用原则	解释及举例
法律优位原则	其基本含义为法律的效力高于行政立法的效力，还可进一步推论为税收行政法规的效力优于税收行政规章的效力；效力低的税法与效力高的税法发生冲突时，效力低的税法即是无效的 【例题8·单选题】以下不符合法律优位原则的说法是（　　）。 A. 法律的效力高于行政立法的效力 B. 我国税收法律与行政法规具有同等效力 C. 税收行政法规的效力高于税收行政规章的效力 D. 效力低的税法与效力高的税法发生冲突时，效力低的税法即是无效的 【答案】B
法律不溯及既往原则	即新法实施后，对新法实施之前人们的行为不得适用新法，而只能沿用旧法 【举例】为了引导合理消费，调节收入分配，促进节能减排，经国务院批准，自2016年12月1日起对超豪华小汽车，在生产（进口）环节按现行税率征收消费税基础上，在零售环节加征消费税。假定在2018年3月，汽车销售企业被查出其2016年10月隐瞒超豪华小汽车零售额，按照法律不溯及既往原则，2016年12月1日以前发生的超豪华小汽车销售额不应按照现行政策缴纳零售环节消费税
新法优于旧法原则	也称后法优于先法原则，即新法、旧法对同一事项有不同规定时，新法的效力优于旧法 【举例】为配合2019年7月1日我国的《车辆购置税法》的实施，财政部和税务总局联合出台了《关于车辆购置税有关具体政策的公告》，规定纳税人自产自用应税车辆的计税价格，按照同类应税车辆（即车辆配置序列号相同的车辆）的销售价格确定，不包括增值税税款；没有同类应税车辆销售价格的，按照组成计税价格确定。但之前旧的车辆购置税征管规定中要求纳税人自产自用应税车辆的计税价格是按照最低计税价格确定。则2019年7月1日后纳税人自产自用应税车辆的计税价格执行新的规定，体现新法优于旧法原则

适用原则	解释及举例
特别法优于普通法原则	对同一事项两部法律分别订有一般和特别规定时，特别规定的效力高于一般规定的效力。本原则打破了税法效力等级的限制，在授权范围内，居于特别法地位的级别比较低的税法，其效力可高于作为普通法的级别比较高的税法 【举例】我国企业所得税法中对于企业当年的公益性捐赠只有限额 12% 的标准，没有全额扣除的标准，但自 2019 年 1 月 1 日至 2025 年 12 月 31 日，企业通过公益性社会组织或者县级（含县级）以上人民政府及其组成部门和直属机构，用于目标脱贫地区的扶贫捐赠支出，准予在计算企业所得税应纳税所得额时据实扣除。企业在实际执行中，对符合条件用于目标脱贫的捐赠在企业所得税前全额扣除，体现了税法适用原则中的特别法优于普通法原则
实体从旧、程序从新原则	即实体性税法不具备溯及力，而程序性税法在特定条件下具备一定溯及力 【实体法从旧举例】同法律不溯及既往原则。新法只从新规定开始的时段实施，不溯及以往，以往还按照旧的规定执行 【程序法从新举例】2001 年 5 月起实施的《税收征管法》规定，企业在银行开设的全部账号都要向税务机关报告。按照程序法从新原则，不论是 2001 年 5 月以后设立的新企业还是以前设立的老企业继续经营的，不论是企业 2001 年 5 月以后开设的银行账号还是以前开设沿用下来的银行账号，现存的经营用的银行账号都要向税务机关报告
程序优于实体原则	即在诉讼发生时，税收程序法优于税收实体法，以保证国家课税权的实现 【举例】纳税人必须在缴纳有争议的税款后，税务行政复议机关才能受理纳税人的复议申请，这体现了税法适用原则中的程序优于实体原则

【提示】注意税法适用原则中的“冲突”或“例外”：新法优于旧法原则 vs 特别法优于普通法原则；新法优于旧法原则 vs 实体从旧、程序从新原则；特别法优于普通法原则 vs 法律优位原则。

要点小贴士

“四基”“六适”要能区分、会应用、知冲突。

经典题解

【真题 9 · 多选题】下列关于税法原则的表述中，正确的有（　　）。（2017 年）

A. 税收法定原则是税法基本原则中的核心

B. 税收效率原则要求税法的制定要有利于节约税收征管成本

C. 制定税法时禁止在没有正当理由的情况下给予特定纳税人特别优惠这一做法体现了税收公平原则

D. 税收行政法规的效力优于税收行政规章的效力体现了法律优位原则

【名师点题】税法原则及其内涵是 CPA 税法考试的高频考点。

【解析】选项 B：税收效率原则包括两个方面，一是指经济效率，二是指行政效率。前者要求税法的制定要有利于资源的有效配置和经济体制的有效运行，后者要求提高税收行政效率，节约税收征管成本。

选项 C：税收公平原则，禁止对特定纳税人给予歧视性待遇，也禁止在没有正当理由的情况下给予特定纳税人特别优惠。

选项 D：法律优位原则，明确了税收法律的效力高于税收行政法规的效力，还可进一步推论为税收行政法规的效力优于税收行政规章的效力。

【答案】ABCD

【**真题10·多选题**】下列各项中，属于税法适用原则的有（　　）。（2018年）

A. 实体法从旧、程序法从新

B. 层次高的法律优于层次低的法律

C. 国内法优于国际法

D. 同一层次的法律中，特别法优于普通法

【**名师点题**】税法基本原则与适用原则的区分，是CPA税法考试的高频考点。

【**答案**】ABD

第三节　税法要素

使用“会计云课堂”App或“微信”扫码查看本节视频，快速GET知识点。

要点小贴士

按照“考哪门课、看哪本书”的原则掌握。

【提示】不同考试教材对于税法构成要素的表述是有差异的。CPA教材收录了税法的11个要素，分别是：总则、纳税义务人、征税对象（课税对象）、税目、税率、纳税环节、纳税期限、纳税地点、减税免税、罚则、附则。

总则：主要包括立法依据、立法目的、适用原则等。各章开篇均有立法目的，可作一般了解。

罚则：指对纳税人违反税法的行为采取的处罚措施。印花税、征管法等章节都有违章处罚措施的内容。

附则：主要包括两项内容：一是规定税法的解释权，二是规定税法的生效时间，一些税种立法后一段时间后才生效。可作一般了解。

考点1：纳税义务人★

又称“纳税主体”，是税法规定的直接负有纳税义务的单位和个人。解决的是国家对谁征税的问题。

纳税人有两种基本形式：自然人和法人。

自然人可划分为居民个人和非居民个人；法人可划分为居民企业和非居民企业，还可按企业的不同所有制性质来进行分类等。

根据《中华人民共和国民法典》第五十七条规定，法人是具有民事权利能力和民事行为能力，依法独立享有民事权利和承担民事义务的组织。我国的法人分为营利法人、非营利法人和特别法人。

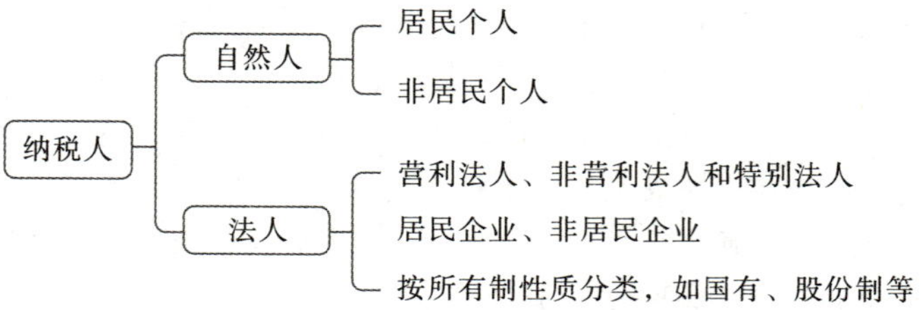

【**辨析**】与纳税人紧密联系的两个概念是代扣代缴义务人和代收代缴义务人。

两者概念不同，应用的税种不同，但有共同的简称。

要点小贴士

代扣代缴义务人和代收代缴义务人含义不同，但都简称为“扣缴义务人”。

简称	全称及概念	应用举例
扣缴义务人	代扣代缴义务人：指虽不承担纳税义务，但依照有关规定，在向纳税人支付收入、结算货款、支付费用时有义务代扣代缴其应纳税款的单位和个人	支付个人稿酬的单位代扣代缴个人所得税；支付境外企业股息红利的单位代扣代缴企业所得税
	代收代缴义务人：指虽不承担纳税义务，但依照有关规定，在向纳税人收取商品或劳务收入时，有义务代收代缴其应纳税款的单位和个人	受托加工应税消费品的单位，代收代缴消费税；办理交强险的保险机构代收代缴车船税

考点 2：征税对象 ★★★

征税对象又叫课税对象、征税客体，指税法规定对什么征税，是征纳税双方权利义务共同指向的客体或标的物，是区别一种税与另一种税的重要标志。

经典题解

【真题 11 · 单选题】下列税法要素中，能够区别一种税与另一种税的重要标志是（　　）。（2016 年）

A. 纳税地点　　B. 纳税环节　　C. 征税对象　　D. 纳税义务人

【名师点题】考查考生的税收专业基础常识，考生应把握税收实体法要素的基本内容。

【答案】C

【辨析】与征税对象相关的两个重要概念：税目与税基。

在 CPA 教材中，税目也是税法要素之一。税目是在税法中对征税对象分类规定的具体征税项目，反映具体的征税范围，是对课税对象质的界定。税目体现征税的广度。

税基又叫计税依据，是据以计算征税对象应纳税款的直接数量依据，它解决对征税对象课税的计算问题，是对课税对象量的规定。（计税依据只是与征税对象密切相关的概念，不属于税法要素）

经典题解

【真题 12 · 单选题】下列税法要素中，规定具体征税范围、体现征税广度的是（　　）。（2017 年）

A. 税率　　B. 税目　　C. 纳税环节　　D. 征税对象

【答案】B

【例题 13 · 多选题】下列关于税法要素的表述中，不正确的有（　　）。

A. 并非所有税种都需要规定税目

B. 税目是对课税对象量的规定

C. 税目体现征税的深度

D. 消费税、企业所得税都规定有不同的税目

【解析】选项B：税目是对课税对象质的界定；选项C：税目体现征税的广度；选项D：消费税规定了税目，但企业所得税没有设置税目。

【答案】BCD

考点3：税率★★★

指对征税对象的征收比例或征收程度。税率是计算税额的尺度，也是衡量税负轻重与否的重要标志。税率体现征税的深度。我国现行的税率主要有：

税率类别		具体形式	应用的税种
比例税率		单一比例税率；差别比例税率；幅度比例税率	增值税、城市维护建设税、企业所得税等
定额税率		按征税对象确定的计算单位，直接规定固定的税额	城镇土地使用税、车船税等
累进税率	全额累进税率	我国目前没有采用	——
	超额累进税率	把征税对象按数额大小分成若干等级，每一等级规定一个税率，税率依次提高，将纳税人的征税对象依所属等级同时适用几个税率分别计算，再将计算结果相加后得出应纳税款	个人所得税中的综合所得、经营所得等
	全率累进税率	我国目前没有采用	——
	超率累进税率	以征税对象数额的相对率划分若干级距，分别规定相应的差别税率，相对率每超过一个级距的，对超过的部分就按高一级的税率计算征税	土地增值税

经典题解

【例题14·多选题】中国现行税制中采用的累进税率有（　　）。

A. 全额累进税率　　B. 超率累进税率

C. 超额累进税率　　D. 全率累进税率

【解析】考核考生对我国现行税率的熟悉程度，我国目前没有采用全额累进税率和全率累进税率。

【答案】BC

【例题15·多选题】以下关于税法要素的表述正确的有（　　）。

A. 比例税率计算简单、税负透明度高，符合税收效率原则

B. 比例税率不能针对不同的收入水平的纳税人实施不同的税收负担，在调节纳税人的收入水平方面难以体现税收的公平原则

C. 累进税率一般在所得课税中使用，可以有效地调节纳税人的收入，正确处理税收负担的横向公平问题

D. 我国税收体系中采用超率累进税率的是土地增值税

【解析】比例税率具有计算简单、税负透明度高、有利于保证财政收入、有利

于纳税人公平竞争、不妨碍商品流转额或非商品营业额扩大等优点，符合税收效率原则。但比例税率不能针对不同的收入水平的纳税人实施不同的税收负担，在调节纳税人的收入水平方面难以体现税收的公平原则。

累进税率一般在所得课税中使用，可以充分体现对纳税人收入多的多征、收入少的少征、无收入的不征的税收原则，从而有效地调节纳税人的收入，正确处理税收负担的纵向公平问题。

【答案】ABD

【例题 16】假定下面这个累进税率表是全额累进税率表：

级数	课税对象级距	税率
1	36000 元以下（含）	3%
2	36000 元 ~144000 元（含）	10%
3	144000 元 ~300000 元（含）	20%

假定甲、乙、丙三人的征税对象数额分别为甲 36000 元、乙 36001 元、丙 200000 元：

按照全额累进税率计算税额（按照总量金额计算税额）	按照超额累进税率计算税额（按照增量金额分别对应相应等级税率计算税额）
甲应纳税额 =36000×3%=1080（元）	甲应纳税额 =36000×3%=1080（元）
乙应纳税额 =36001×10%=3600.1（元）	乙应纳税额 =36000×3%+（36001-36000）×10%=1080.1（元）
丙应纳税额 =200000×20%=40000（元）	丙应纳税额 =36000×3%+（144000-36000）×10%+（200000-144000）×20%=1080+10800+11200=23080（元）
出现问题：乙比甲征税对象数额增加 1 元，税额却增加 3600.1-1080=2520.1（元），税负变化极不合理	税负较为合理

名师点拨

（1）超额累进税率简化计算使用速算扣除数；

（2）超率累进税率简化计算使用速算扣除系数。

【提示】速算扣除数的设计是为了简化计算。所谓速算扣除数，是按照全额累进方法计算的税额与按照超额累进方法计算的税额相减而得的差数，事先计算出来附在超额累进税率表中，随税率表一同颁布。

结合上述例题，我们可知上述税率表的速算扣除数第一级为 0，第二级为 3600.1-1080.1=2520（元），第三级为 40000-23080=16920（元）。有了速算扣除数，再用超额累进税率计算税额时，可以简化计算，如本例丙应纳税额 = 200000×20%-16920=23080（元）。

经典题解

【例题 17·计算问答题】李某 2021 年取得工资、劳务报酬等综合所得的应纳税所得额 120000 元（已扣除税法规定的基本费用扣除、专项扣除、专项附加扣除和其他扣除），采用超额累进税率计算个人所得税为多少？（应纳税所得额不超过 36000 元的，税率为 3%；超过 36000 元不超过 144000 元的，税率为 10%，速算

扣除数为 2520 元）

【答案及解析】

可以用以下两种方法计算应缴纳的个人所得税：

第一种方法是按照超额累进税率定义的分解计算法：应纳个人所得税＝36000×3%+（120000−36000）×10%=1080+8400=9480（元）。

第二种方法是按照教材个人所得税法这一章规定的简易计算法：应纳个人所得税＝120000×10%−2520（速算扣除数）=9480（元）。

考点 4：纳税环节★

指税法规定的征税对象在从生产到消费的流转过程中应当缴纳税款的环节。要掌握生产、批发、零售、进出口等各个环节上的税种分布。

考点 5：纳税期限★★

指税法规定的关于税款缴纳时间方面的限定。有三个相关概念：纳税义务发生时间、纳税期限、缴库期限。应掌握各税种纳税期限、结算缴款期限与滞纳金计算的关系。

考点 6：纳税地点★

指根据各个税种纳税对象的纳税环节和有利于对税款的源泉控制而规定的纳税人（包括代征、代扣、代缴义务人）的具体申报缴纳税收的地方。各税种纳税地点的规定都易出客观题。

考点 7：减税免税★

指对某些纳税人和征税对象采取减少征税或免予征税的特殊规定。各章节的减税、免税规定往往存在大量考点。

第四节　税收立法与我国税法体系

使用“会计云课堂”App 或“微信”扫码查看本节视频，快速 GET 知识点。

考点 1：税收立法原则★

税收立法是指有权的机关依据一定的程序，遵循一定的原则，运用一定的技术，制定、公布、修改、补充和废止有关税收法律、法规、规章的活动。

【提示】税收立法不仅包括对税收法律、法规、规章的制定、公布、修改和补充，也包括对税收法律、法规、规章的废止。

经典题解

【例题 18 · 多选题】下列属于税收立法包含的内容有（　　）。

A. 制定有关税收法律、法规、规章

B. 公布有关税收法律、法规、规章

C. 修改有关税收法律、法规、规章

D. 废止有关税收法律、法规、规章

【答案】ABCD

税收立法原则：

1. 从实际出发的原则；
2. 公平原则；
3. 民主决策的原则；
4. 原则性与灵活性相结合的原则；
5. 法律的稳定性、连续性与废、改、立相结合的原则。

考点 2：税收立法权及其划分★

关于税收立法权划分的三个要点：

（1）立法权可以授予某级政府，行政上的执行权给予另一级——我国的税收立法权的划分就属于这种模式。

（2）中央税、中央与地方共享税以及全国统一实行的地方税的立法权集中在中央。

（3）地区性地方税收的立法权应只限于省级立法机关或经省级立法机关授权同级政府，不能层层下放。

经典题解

【例题 19 · 多选题】下列关于税收立法权的表述正确的有（　　）。

A. 中央税、中央与地方共享税的立法权属于全国人民代表大会及其常委会

B. 地方税的立法权属于地方人民代表大会及其常委会

C. 地区性地方税收的立法权只限于省级立法机关或经省级立法机关授权下级政府

D. 经全国人大及其常委会授权，国务院有制定税法实施细则、增减税目和调整税率的权力

【解析】选项 B，全国性税种（包括全国范围内征收的地方税税法）的制定、公布和税种的开征、停征权，属于全国人民代表大会及其常委会。选项 C，地区性地方税收的立法权只限于省级立法机关或经省级立法机关授权同级政府，不能层层下放。

【答案】AD

考点 3：税收立法机关★★★

根据我国《宪法》《中华人民共和国全国人民代表大会组织法》《中华人民共和国国务院组织法》《中华人民共和国立法法》以及《中华人民共和国地方各级人民代

表大会和地方各级人民政府组织法》的规定，各有权机关根据国家立法体制规定所制定的一系列税收法律、法规、规章和规范性文件，构成了我国的税收法律体系。税法有广义和狭义之分。广义概念上的税法包括所有调整税收关系的法律、法规、规章和规范性文件，是税法体系的总称；而狭义概念上的税法，特指由全国人民代表大会及其常务委员会制定和颁布的税收法律。CPA 税法考试针对的是广义税法的政策内容。

我国制定税收法律、法规和规章的机关不同，其法律级次也不同。

【解释 1】具体归纳解释如下表：

要点小贴士

广义税法的分类需要按“考哪门课、看哪本书”掌握。

分类	立法机关及形式	说明
税收法律	全国人大及常委会制定的税收法律	除《宪法》外，在税法体系中，税收法律具有最高的法律效力。例如:《企业所得税法》《个人所得税法》《车船税法》《环境保护税法》《烟叶税法》《船舶吨税法》《耕地占用税法》《车辆购置税法》《资源税法》《契税法》《城市维护建设税法》《印花税法》《税收征收管理法》
授权立法	全国人大及常委会授权国务院制定的暂行规定或条例	属于准法律。具有国家法律的性质和地位，为待条件成熟上升为法律做好准备。例如:《中华人民共和国增值税暂行条例》等
税收法规	国务院制定的税收行政法规	在中国法律形式中处于低于宪法、法律，高于地方法规、部门规章、地方规章的地位，在全国普遍适用。例如:《中华人民共和国企业所得税法实施条例》《中华人民共和国税收征收管理法实施细则》等
	地方人大及常委会制定的税收地方性法规	目前仅限于海南省、民族自治地区
税收规章	国务院税务主管部门制定的税收部门规章	国务院税务主管部门指财政部、国家税务总局和海关总署。该级次规章不得与宪法、税收法律、行政法规相抵触。例如:《增值税暂行条例实施细则》
	地方政府制定的税收地方规章	省、自治区、直辖市的人民政府可以根据法律、行政法规和本省、自治区、直辖市的地方性法规，制定规章，报国务院和本级人民代表大会常务委员会备案。设区的市的人民政府可以根据法律、行政法规和本省、自治区的地方性法规，制定规章，报国务院和省、自治区的人民代表大会常务委员会、人民政府以及本级人民代表大会常务委员会备案。例如：房产税等地方性税种的实施细则等

【解释 2】（1）在现行税种中，以国家法律的形式发布实施的有：企业所得税、个人所得税、车船税、环境保护税、烟叶税、船舶吨税、车辆购置税、耕地占用税、资源税、契税、城市维护建设税、印花税；除此之外其他各税种都是经全国人民代表大会及常委会授权制定。全国人大及常委会不止一次授权国务院立法。

（2）全国人民代表大会和全国人民代表大会常务委员会的立法都属于税收法律，法律级次相同。但考试还是要注意区分二者立法的具体情况：

立法机关	税收法律
全国人民代表大会	《中华人民共和国企业所得税法》《中华人民共和国个人所得税法》
全国人民代表大会常务委员会	《中华人民共和国车船税法》《中华人民共和国环境保护税法》《中华人民共和国烟叶税法》《中华人民共和国船舶吨税法》《中华人民共和国耕地占用税法》《中华人民共和国车辆购置税法》《中华人民共和国资源税法》《中华人民共和国契税法》《中华人民共和国城市维护建设税法》《中华人民共和国印花税法》《中华人民共和国税收征收管理法》

经典题解

【真题 20 · 单选题】下列税种中由全国人民代表大会通过，以国家法律形式发布实施的是（　　）。（2021 年）

A. 企业所得税　　B. 房产税

C. 土地增值税　　D. 增值税

【名师点题】税法分类与层次属于 CPA 税法的高频考点。

【答案】A

【真题 21 · 多选题】下列税种中，由全国人民代表大会或其常务委员会通过，以国家法律形式发布实施的有（　　）。（2020 年）

A. 资源税　　B. 环境保护税

C. 车辆购置税　　D. 增值税

【答案】ABC

【例题 22 · 多选题】下列各项中，有权制定税收部门规章的税务主管机关有（　　）。

A. 国家税务总局　　B. 财政部

C. 国务院办公厅　　D. 海关总署

【解析】国务院下设的办公厅不属于税务主管机关，无权制定税收规章。

【答案】ABD

考点 4：税收立法程序 ★★

税收立法程序主要包括三个阶段：（1）提议阶段；（2）审议阶段；（3）通过和公布阶段。

经典题解

【真题 23 · 多选题】税收立法程序是税收立法活动中必须遵循的法定步骤，目前我国税收立法程序经过的主要阶段有（　　）。（2016 年）

A. 提议阶段　　B. 通过阶段　　C. 公布阶段　　D. 审议阶段

【名师点题】本知识点已经考查过多次，也体现了税收法定原则的具体实施过程。

【解析】税收立法程序，一般分为法案的提议、法案的审议、法案的通过以及公布三个阶段。

【答案】ABCD

【例题24·单选题】下列各项中，符合我国税收立法规定的是（ ）。

A. 税收法律由国务院审议通过后以国务院总理名义发布实施

B. 国务院所属税务主管部门有权根据宪法和法律制定税收部门规章

C. 税收行政法规由国务院负责审议通过后以提案形式提交全国人大或人大常委会审议通过

D. 我国现行税收实体法中，《个人所得税法》《企业所得税法》和《车船税法》是由全国人大常委会审议通过的税收法律

【解析】选项A：税收法律应由全国人民代表大会或其常务委员会审议通过后，以国家主席名义发布实施。选项C：税收行政法规，由国务院审议通过后，以国务院总理名义发布实施。选项D：《个人所得税法》《企业所得税法》是由全国人民代表大会审议通过的税收法律，但《车船税法》是由全国人大常委会审议通过的税收法律。

【答案】B

考点5：我国现行税法体系★★

名师点拨

我国税收制度属于复合型税制。

税法体系就是通常所说的税收制度。一个国家的税收制度，可按构成方法和形式分为简单型税制及复合型税制。

税法体系中各税法按基本内容和效力、职能作用、权限范围的不同，可分为不同类型。

【解释】我国税法的分类见下表：

分类依据	具体种类	分类说明	类别包含内容
按照税法的基本内容和效力的不同	税收基本法	属于税法体系中的母法	我国目前没有统一制定
	税收普通法	对税收基本法规定的事项分别立法实施的法律	如个人所得税法、税收征收管理法等
按照税法的职能作用的不同	税收实体法	确定税种立法	税收实体法体系按照征收对象的不同分为商品（货物）和劳务税类、所得税类、财产和行为税类、资源税及环境保护税类、特定目的税类
	税收程序法	税务管理方面的法律	税收征收管理法等
按照主权国家行使税收管辖权的不同	国内税法	国家的内部税收制度	——
	国际税法	国家间形成的税收制度	双边或多边国家间的税收协定、条约、国际惯例等

经典题解

【例题25·多选题】《税收征管法》属于我国税法体系中的（ ）。

A. 税收基本法　　B. 税收实体法

C. 税收程序法　　D. 国内税法

【解析】我国目前没有制定统一的税收基本法，《征管法》属于税收普通法；作

为税务管理方面的法律，《征管法》不属于税收实体法而属于税收程序法；作为我国自主制定的内部税收制度，《征管法》属于国内税法。

【答案】CD

【真题26·多选题】下列各项中，属于我国现行税法的有（　　）。（2008年）

A. 税收基本法　　B. 企业所得税法

C. 进出口关税条例　　D. 中央与地方共享税条例

【解析】企业所得税法和进出口关税条例都是构成我国现行税法体系的组成部分。我国目前没有税收基本法，也不存在中央与地方共享税条例。

【答案】BC

【例题27·多选题】以下说法不正确的有（　　）。

A. 我国的税法体系由18个税种构成

B. 所得税类税种一般不存在税负转嫁问题，所以称为间接税

C. 对于税种的分类是具有法定性的

D. 税法体系就是通常所说的税收制度

【解析】选项A：18个税种仅构成我国税收实体法体系，我国现行税法体系不仅仅包括税收实体法，还包括税收程序法；选项B：商品（货物）和劳务税最终由商品或劳务的购买者负担，纳税人与负税人相分离，所以称为间接税；所得税类税种一般不存在税负转嫁问题，纳税人往往就是负税人，所以称为直接税；选项C：对于税种的分类是不具有法定性的，只是在理论研究和税制建设方面用途相当广泛。

【答案】ABC

【提示】我国现行税法体系由税收实体法体系和税收程序法体系构成。

1. 税收实体法体系

我国现行税收实体法体系见下表：

税种分类	税种名称	作用
商品（货物）和劳务税类	增值税、消费税、关税	主要在生产、流通或服务业中发挥调节作用
资源税和环境保护税类	资源税、环境保护税、城镇土地使用税	主要调节因开发和利用自然资源差异而形成的级差收入
所得税类	企业所得税、个人所得税、土地增值税	主要调节生产经营者的利润和个人的纯收入
特定目的税类	城市维护建设税、车辆购置税、耕地占用税、烟叶税、船舶吨税	主要是为达到特定目的，调节特定对象和特定行为
财产和行为税类	房产税、车船税、印花税、契税	主要是对某些财产和行为发挥调节作用

2. 税收程序法体系

除税收实体法外，我国还有一系列税务管理流程和时限的法律制度，是按照税收管理机关的不同而分别规定的：

（1）由税务机关负责征收的税种的征收管理，按照全国人大常委会发布实施的《税收征收管理法》及各实体税法中的征管规定执行。

（2）由海关负责征收的税种的征收管理，按照《中华人民共和国海关法》及《中华人民共和国进出口关税条例》等有关规定执行。

第五节　税收执法

使用“会计云课堂”App 或“微信”扫码查看本节视频，快速 GET 知识点。

税法的实施即税法的执行。它包括税收执法和守法两个方面：一方面，执法机关和人员要依法执法；另一方面，征纳双方都要守法。由于税法具有多层次的特点，在税收执法过程中，对其适用性或法律效力的判断，一般按以下原则掌握：

1. 层次高的法律优于层次低的法律；
2. 同一层次的法律中特别法优于普通法；
3. 国际法优于国内法；
4. 实体法从旧、程序法从新。

税收执法权具体包括税款征收管理权、税务稽查权、税务检查权、税务行政复议裁决权及其他税务管理权。

考点1：税务机构设置与职能★

2018年，根据我国经济和社会发展及推进国家治理体系和治理能力现代化的需要，对国税地税征管体制进行了改革。现行税务机构设置是中央政府设立国家税务总局（正部级），原有的省及省以下国税地税机构两个系统通过合并整合，统一设置为省、市、县三级税务局，实行以国家税务总局为主与省（自治区、直辖市）人民政府双重领导管理体制。

国家税务总局主要职能：

1. 具体起草税收法律法规草案及实施细则并提出税收政策建议，与财政部共同上报和下发，制定贯彻落实的措施。负责对税收法律法规执行过程中的征管和一般性税政问题进行解释，事后向财政部备案。

2. 承担组织实施税收及社会保险费、有关非税收入的征收管理责任，力争税费应收尽收。

3. 参与研究宏观经济政策、中央与地方的税权划分并提出完善分税制的建议，研究税负总水平并提出运用税收手段进行宏观调控的建议。

4. 负责组织实施税收征收管理体制改革，起草税收征收管理法律法规草案并制定实施细则，制定和监督执行税收业务、征收管理的规章制度，监督检查税收法律法规、政策的贯彻执行。

5. 负责规划和组织实施纳税服务体系建设，制定纳税服务管理制度，规范纳税服务行为，制定和监督执行纳税人权益保障制度，保护纳税人合法权益，履行提供便捷、优质、高效纳税服务的义务，组织实施税收宣传，拟订税务师管理政策并监督实施。

6. 组织实施对纳税人进行分类管理和专业化服务，组织实施对大型企业的纳税服务和税源管理。

7. 负责编报税收收入中长期规划和年度计划，开展税源调查，加强税收收入的分析预测，组织办理税收减免等具体事项。

8. 负责制定税收管理信息化制度，拟订税收管理信息化建设中长期规划，组织实施金税工程建设。

9. 开展税收领域的国际交流与合作，参加国家（地区）间税收关系谈判，草签和执行有关的协议、协定。

10. 办理进出口商品的税收及出口退税业务。

11. 以国家税务总局为主、与省区市党委和政府对全国税务系统实行双重领导。

12. 承办党中央、国务院交办的其他事项。

考点 2：税收征收管理范围划分 ★★★

【归纳】目前，我国的税收分别由税务、海关等系统负责征收管理。

征管主体	负责征管的税种
税务系统（国家税务总局系统）	增值税；消费税；车辆购置税；城市维护建设税；企业所得税；个人所得税；资源税；城镇土地使用税；耕地占用税；土地增值税；房产税；车船税；印花税；契税；烟叶税；环境保护税
海关	关税；船舶吨税；代征进出口环节的增值税、消费税

【提示】纳税人的不同税种分别向税务机关、海关申报缴纳，考生应掌握税务、海关各自负责征收管理的税种的具体规定。还应结合增值税中的全面“营改增”的规定，把握增值税代征的细碎规则。

经典题解

【例题 28 · 多选题】下列税种中，由税务机关负责征收的有（　　）。

A. 房产税　　B. 车船税　　C. 车辆购置税　　D. 船舶吨税

【答案】ABC

考点 3：税收收入划分 ★★★

【提示】

1. 我国分税制财政管理体制将税收收入划分为中央政府固定收入、地方政府固定收入和中央政府与地方政府共享收入。考生应把握税收收入划分的基本规定。

2. 根据国发〔2017〕56 号规定：在中华人民共和国领域和中华人民共和国管辖的其他海域，直接向环境排放应税污染物的企业事业单位和其他生产经营者为环境保护税的纳税人，应当依法缴纳环境保护税。为促进各地保护和改善环境、增加环境保护投入，国务院决定，环境保护税全部作为地方收入。

收入划分	税种
中央固定收入	消费税（含税务机关征收及进口环节海关代征的全部消费税）；车辆购置税；关税；船舶吨税；海关代征的进口环节增值税；铁路建设基金营改增
地方固定收入	房产税；城镇土地使用税；耕地占用税；土地增值税；车船税；契税；烟叶税；环境保护税
中央、地方共享收入	增值税；城市维护建设税；企业所得税；个人所得税；印花税；资源税

【归纳】中央、地方共享收入的方式和比例

税种	中央收入	地方收入
增值税	海关代征的部分；铁路建设基金营改增的部分；其余部分的50%	税务机关征收部分扣除营改增固定给中央项目之后的50%
企业所得税	中国国家铁路集团、海洋石油企业、各银行总行的企业所得税；除上述之外企业所得税的60%	除已列举归属中央之外的企业所得税的40%
个人所得税	储蓄存款利息所得的个人所得税；除储蓄存款利息之外的个人所得税的60%	除储蓄存款利息之外的个人所得税的40%
城市维护建设税	中国国家铁路集团、各银行总行、各保险总公司集中缴纳的部分	其他城建税
印花税	证券交易印花税	其他印花税
资源税	海洋石油企业资源税	其他资源税

经典题解

【真题29·单选题】现行证券交易印花税收入在中央政府与地方政府之间划分的比例是（　　）。（2020年）

A. 100%归中央政府

B. 中央政府分享97%，地方政府分享3%

C. 中央政府与地方政府各分享50%

D. 100%归地方政府

【解析】自2016年1月1日起，将证券交易印花税由按中央97%、地方3%比例分享全部调整为中央收入。

【答案】A

【真题30·单选题】下列税种中，其收入全部作为中央政府固定收入的是（　　）。（2018年）

A. 耕地占用税　　B. 个人所得税

C. 车辆购置税　　D. 企业所得税

【解析】中央政府固定收入包括消费税（含进口环节海关代征部分）、车辆购置税、关税、船舶吨税和由海关代征的进口环节增值税等。

【答案】C

第六节 税务权利与义务

使用“会计云课堂”App或“微信”扫码查看本节视频，快速GET知识点。

考点1：税务行政主体、纳税人、扣缴义务人、地方各级人民政府、有关部门和单位的权利与义务★★

主体	权利	义务
税务机关和税务人员	（1）负责税收征收管理工作 （2）税务机关依法执行职务，任何单位和个人不得阻挠	（1）税务机关应当广泛宣传税收法律、行政法规，普及纳税知识，无偿地为纳税人提供纳税咨询服务 （2）税务机关应当加强队伍建设，提高税务人员的政治业务素质 （3）税务机关、税务人员必须秉公执法、忠于职守、清正廉洁、礼貌待人、文明服务，尊重和保护纳税人、扣缴义务人的权利，依法接受监督 （4）税务人员不得索贿受贿、徇私舞弊、玩忽职守，不征或者少征应征税款；不得滥用职权多征税款或者故意刁难纳税人和扣缴义务人 （5）各级税务机关应当建立、健全内部制约和监督管理制度 （6）上级税务机关应当对下级税务机关的执法活动依法进行监督 （7）各级税务机关应当对其工作人员执行法律、行政法规和廉洁自律准则的情况进行监督检查 （8）税务机关负责征收、管理、稽查，行政复议人员的职责应当明确，并相互分离、相互制约 （9）税务机关应为检举人保密，并按照规定给予奖励 （10）税务人员在核定应纳税额、调整税收定额、进行税务检查、实施税务行政处罚、办理税务行政复议时，与纳税人、扣缴义务人或者其法定代表人、直接责任人有下列关系之一的，应当回避：①夫妻关系；②直系血亲关系；③三代以内旁系血亲关系；④近姻亲关系；⑤可能影响公正执法的其他利益关系

主体	权利	义务
纳税人、扣缴义务人	（1）纳税人、扣缴义务人有权向税务机关了解国家税收法律、行政法规的规定以及与纳税程序有关的情况 （2）纳税人、扣缴义务人有权要求税务机关为纳税人、扣缴义务人的情况保密。税务机关应当为纳税人、扣缴义务人的情况保密 【提示】保密是指纳税人、扣缴义务人的商业秘密及个人隐私。纳税人、扣缴义务人的税收违法行为不属于保密范围 （3）纳税人依法享有申请减税、免税、退税的权利 （4）纳税人、扣缴义务人对税务机关所作出的决定，享有陈述权、申辩权；依法享有申请行政复议、提起行政诉讼、请求国家赔偿等权利 （5）纳税人、扣缴义务人有权控告和检举税务机关、税务人员的违法违纪行为	（1）纳税人、扣缴义务人必须依照法律、行政法规的规定缴纳税款、代扣代缴、代收代缴税款 （2）纳税人、扣缴义务人和其他有关单位应当按照国家有关规定如实向税务机关提供与纳税和代扣代缴、代收代缴税款有关的信息 （3）纳税人、扣缴义务人应当接受税务机关依法进行的税务检查
地方各级人民政府、有关部门和单位	（1）地方各级人民政府应当依法加强对本行政区域内税收征收管理工作的领导或者协调，支持税务机关依法执行职务，依照法定税率计算税额，依法征收税款 （2）各有关部门和单位应当支持、协助税务机关依法执行职务 （3）任何单位和个人都有权检举违反税收法律、行政法规的行为	（1）任何机关、单位和个人不得违反法律、行政法规的规定，擅自作出税收开征、停征以及减税、免税、退税、补税和其他与税收法律、行政法规相抵触的决定 （2）收到违反税收法律、行政法规行为检举的机关和负责查处的机关应当为检举人保密

经典题解

【真题31·多选题】我国纳税人依法享有纳税人权利，下列属于纳税人权利的有（　　）。（2015年）

A. 依法申请减税

B. 要求税务机关为纳税人的商业秘密保密

C. 控告税务人员的违法违纪行为

D. 对税务机关作出的决定享有申辩权

【名师点题】纳税人权利和义务属于CPA税法的重要考点，考生要注意区分纳税人的权利与义务。

【解析】纳税人的权利包括知悉权、要求保密权、申请减税权、申请免税权、申请退税权、陈述权、申辩权、申请行政复议和诉讼权、请求国家赔偿权、控告权、检举权。

【答案】ABCD

考点 2：涉税专业服务机构的范围和服务内容★

涉税专业服务是指涉税专业服务机构接受委托，利用专业知识和技能，就涉税事项向委托人提供的税务代理等服务。涉税专业服务机构是指税务师事务所和从事涉税专业服务的会计师事务所、律师事务所、代理记账机构、税务代理公司、财税类咨询公司等机构。

经典题解

【例题 32 · 多选题】涉税专业服务机构包括（　　）。

A. 税务师事务所　　B. 会计师事务所

C. 律师事务所　　D. 代理记账机构

【答案】ABCD

涉税专业服务机构涉税业务内容：

涉税业务内容	具体规定
纳税申报代理	对纳税人、扣缴义务人提供的资料进行归集和专业判断，代理纳税人、扣缴义务人进行纳税申报准备和签署纳税申报表、扣缴税款报告表以及相关文件
一般税务咨询	对纳税人、扣缴义务人的日常办税事项提供税务咨询服务
专业税务顾问	对纳税人、扣缴义务人的涉税事项提供长期的专业税务顾问服务
税收策划	对纳税人、扣缴义务人的经营和投资活动提供符合税收法律法规及相关规定的纳税计划、纳税方案
涉税鉴证	按照法律、法规以及依据法律、法规制定的相关规定要求，对涉税事项真实性和合法性出具鉴定和证明
纳税情况审查	接受行政机关、司法机关委托，依法对企业纳税情况进行审查，作出专业结论
其他税务事项代理	接受纳税人、扣缴义务人的委托，代理建账记账、发票领用、减免退税申请等税务事项
其他涉税服务	——

经典题解

【真题 33 · 多选题】下列业务中，属于涉税专业服务机构服务内容的有（　　）。（2021 年）

A. 税收策划业务　　B. 纳税申报代理业务

C. 专业税务顾问业务　　D. 涉税鉴证业务

【答案】ABCD

【真题 34 · 单选题】涉税专业服务的机构，为纳税人提供符合法律法规的纳税计划和方案的业务是（　　）。（2020 年）

A. 税收策划　B. 涉税鉴证　C. 涉税代理　D. 纳税审查

【解析】税收策划，指对纳税人、扣缴义务人的经营和投资活动提供符合税收法律法规及相关规定的纳税计划、纳税方案。

【答案】A

考点3：税务机关对涉税专业服务机构实施监管内容★

1. 税务机关应当对税务师事务所实施行政登记管理。

2. 税务机关对涉税专业服务机构及其从事涉税服务人员进行实名制管理。

3. 税务机关应当建立业务信息采集制度，利用现有的信息化平台分类采集业务信息，加强内部信息共享，提高分析利用水平。

4. 税务机关对涉税专业服务机构从事涉税专业服务的执业情况进行检查，根据举报、投诉情况进行调查。

5. 税务机关应当建立信用评价管理制度，对涉税专业服务机构从事涉税专业服务情况进行信用评价，对其从事涉税服务人员进行信用记录。

6. 税务机关应当加强对税务师行业协会的监督指导，与其他相关行业协会建立工作联系制度。

7. 税务机关应当在门户网站、电子税务局和办税服务场所公告纳入监管的涉税专业服务机构名单及其信用情况，同时公告未经行政登记的税务师事务所名单。

8. 税务机关应当为涉税专业服务机构提供便捷的服务，依托信息化平台为信用等级高的涉税专业服务机构开展批量纳税申报、信息报送等业务提供便利化服务。

经典题解

【例题35·多选题】税务机关对涉税专业服务机构实施监管的内容有（　　）。

A. 应当对税务师事务所实施行政登记管理

B. 对涉税专业服务机构及其从事涉税服务人员进行实名制管理

C. 对涉税专业服务机构从事涉税专业服务的执业情况进行检查，根据举报、投诉情况进行调查

D. 对涉税专业服务机构从事涉税专业服务情况进行信用评价，对其从事涉税服务人员进行信用记录

【答案】ABCD

第七节　国际税收关系

使用“会计云课堂”App或“微信”扫码查看本节视频，快速GET知识点。

考点1：国际重复征税与国际税收协定★

国际税收是指两个或两个以上的主权国家或地区，各自基于其课税主权，在对跨国纳税人进行分别课税而形成的征纳关系中，所发生的国家或地区之间的税收分配关系。

（一）税收管辖权

国际税收分配关系中的一系列矛盾的产生都与税收管辖权有关。税收管辖权属于国家主权在税收领域中的体现，是一个主权国家在征税方面的主权范围。税收管辖权划分原则有属地原则和属人原则两种。

- 税收管辖权划分原则
  - 属地原则——地域管辖权
  - 属人原则
    - 居民管辖权
    - 公民管辖权——国际税收中的公民概念是广义公民概念，不仅包括个人，也包括团体、企业或公司，有少数国家将公民称为国民

（二）国际重复征税

1. 国际重复征税的概念和类型

国际重复征税是指两个或两个以上国家对同一跨国纳税人的同一征税对象分别进行课税所形成的交叉重叠征税，又称为国际双重征税。

国际重复征税有狭义和广义之分。狭义的国际重复征税强调被重复征税的纳税主体与征税对象都具有同一性。广义的国际重复征税则在狭义基础上还包括纳税主体与征税对象具有非同一性时所发生的国际重复征税，以及因对同一笔所得或收入的确定标准和计算方法的不同所引起的国际重复征税。

国际重复征税一般包括法律性国际重复征税、经济性国际重复征税、税制性国际重复征税。国际税收中所指的国际重复征税一般属于法律性国际重复征税。

国际重复征税类型	产生原因	征税主体	纳税人	税源
法律性国际重复征税	不同征税原则	不同	相同	相同
经济性国际重复征税	股份公司经济组织形式	不同	不同	相同
税制性国际重复征税	复合税制度	不同	相同	相同

经典题解

【例题36·单选题】以下关于国际重复征税的说法中，正确的是（　　）。

A. 由于股份公司经济组织形式所引起的对利润和股息红利所得的国际重复征税称为法律性国际重复征税

B. 复合税制度所造成的国际重复征税称为经济性国际重复征税

C. 税制性国际重复征税是指不同的征税主体对不同纳税人的同一税源进行的重复征税

D. 国际税收中所指的国际重复征税一般属于法律性国际重复征税

【解析】选项A：由于股份公司经济组织形式所引起的对利润和股息红利所得的国际重复征税称为经济性国际重复征税；选项B：复合税制度所造成的国际重复征税称为税制性国际重复征税；选项C：经济性国际重复征税是指不同的征税主体对不同纳税人的同一税源进行的重复征税。

【答案】D

2. 产生国际重复征税的前提条件和根本原因

要点	解释和示例
产生国际重复征税的前提条件	纳税人所得或收益的国际化和各国所得税制的普遍化是产生国际重复征税的前提条件
产生国际重复征税的根本原因	各国行使的税收管辖权的重叠是国际重复征税的根本原因 【例题37·单选题】国际重复征税产生的根本原因是（　　）。 A. 纳税人所得或收益的国际化　B. 各国所得税制的普遍化 C. 各国行使的税收管辖权的重叠　D. 货币结算的普及化 【解析】选项AB是国际重复征税产生的前提条件；选项C是国际重复征税产生的根本原因。 【答案】C
国际重复征税产生的形式	（1）居民（公民）管辖权同地域管辖权的重叠 （2）居民（公民）管辖权与居民（公民）管辖权的重叠 （3）地域管辖权与地域管辖权的重叠 【提示】从现实情况来看，作为国际重复征税的根本原因，各国行使的税收管辖权的重叠的各种情况中，最主要的是有关国家对同一跨国纳税人的同一项所得同时行使收入来源地管辖权和居民管辖权造成税收管辖权的重叠 【真题38·多选题】下列各项中，属于国际重复征税产生原因的有（　　）。（2009年） A. 地域管辖权与地域管辖权的重叠 B. 居民（公民）管辖权与收入管辖权的重叠 C. 居民（公民）管辖权与地域管辖权的重叠 D. 居民（公民）管辖权与居民（公民）管辖权的重叠 【答案】ACD

（三）国际税收协定

国际税收协定是指两个或两个以上的主权国家为了协调相互间在处理跨国纳税人征税事务和其他有关方面的税收关系，本着对等原则，经由政府谈判所签订的一种书面协议或条约，也称为国际税收条约。

国际税收协定是以国内税法为基础的。在国际税收协定与其他国内税法的地位关系上，有两种模式：模式一是国际税收协定优于国内税法；模式二是国际税收协定与国内税法效力等同，在出现冲突时按照"新法优于旧法"和"特别法优于普通法"等处理法律冲突的一般性原则来协调。

要点小贴士

模式1：国际优于国内。
模式2：二者效力等同时，按"新优于旧""特别优于普通"处理，链接前面"税法的适用原则"掌握。

经典题解

【例题39·多选题】根据国际税收关系的有关规定，以下说法不正确的有（　　）。
A. 国际税收分配关系中的一系列矛盾的产生都与税收管辖权有关
B. 国际税收协定是以国际税法为基础的
C. 世界各国各自所确立的税收管辖权范围和内容是基本相同的
D. 国际税收中所使用的公民概念仅包括个人

【解析】国际税收协定是以国内税法为基础的，所以选项 B 错误；在国际税收领域，各国行使征税权力所采取的原则不尽相同，因此各自所确立的税收管辖权范围和内容也有所不同，所以选项 C 错误；国际税收中所使用的公民概念不仅包括个人，也包括团体、企业或公司，是广义的公民概念，所以选项 D 错误。

【答案】BCD

国际双重征税的免除是签订国际税收协定的重要内容，也是国际税收协定的首要任务。缔约国各方对避免或免除国际双重征税所采取的方法和条件，以及同意给予饶让抵免的范围和程度，都必须要在协定中明确规定，而不论缔约国各方在其国内税法中有无免除重复征税方法的规定。一般常用的方法有免税法、抵免法等，使用哪种方法要在税收协定中明确，并保持双方协调一致。

考点 2：国际避税、反避税与国际税收合作★

各国政府以及国际社会不仅要采取措施避免所得的国际重复征税，而且也要采取措施防范跨国纳税人的国际避税。

国际避税是指纳税人利用两个或两个以上国家的税法和国家间的税收协定的漏洞、特例和缺陷，规避或减轻其全球总纳税义务的行为。在国外，“避税”与“税务筹划”或“合法节税”基本上是一个概念，它们都是指纳税人利用税法的漏洞或不明之处，规避或减少纳税义务的一种不违法的行为。

2013 年 8 月 27 日，中国签署《多边税收征管互助公约》，成为该公约的第 56 个签约方。

2015 年 12 月 16 日，我国签署《金融账户涉税信息自动交换多边主管当局间协议》（以下简称“《协议》”），该协议依据经合组织于 2014 年发布，并经当年 G20 布里斯班峰会核准的《金融账户涉税信息自动交换标准》中的主管当局间协议范本而产生。

2017 年 6 月 7 日，我国与德英法印俄等全球 66 个国家或地区共同签署了《实施税收协定相关措施以防止税基侵蚀和利润转移（BEPS）的多边公约》（以下简称“《BEPS 公约》”）。《BEPS 公约》是全球首个对所得税税收协定进行多边协调的法律文件，为在经济全球化进一步走向深入的世界大环境下，以多边税收合作法律框架的形式增强国际社会相互合作，携手打击和防范跨境逃避税提供了基础设施条件。

经典题解

【例题 40·单选题】2017 年 6 月 7 日，我国与德英法印俄等全球 66 个国家或地区共同签署了（　　）。

A.《多边税收征管互助公约》

B.《金融账户涉税信息自动交换多边主管当局间协议》

C.《金融账户涉税信息自动交换标准》

D.《BEPS 公约》

【名师点题】注意区分不同公约签订的时间。

【解析】2017 年 6 月 7 日，我国与德英法印俄等全球 66 个国家或地区共同签署了《实施税收协定相关措施以防止税基侵蚀和利润转移(BEPS)的多边公约》(简称“《BEPS公约》”)。

【答案】D

考试加油站

本章小结

下载“会计云课堂”App学习

您已成功完成“第一章”的学习，本章共25个考点，您都学会了吗?

为了让您对章节有更清晰的理解，加倍巩固。本书作者刘颖老师将通过**“视频导图课”**的方式，带您回顾重要考点。

名师点拨，视听结合，高效提分。

※ 欢迎您扫码，免费观看学习。

同步强化练习题

使用“会计云课堂”App或“微信”扫码快速做题、对答案、看解析、掌握解题思路，开启轻松过关之旅。

一、单项选择题

1. 以下关于税收与税法的表述正确的是(　　)。
   A. 税收的本质是一种消费关系
   B. 国家征税依据的是财产权力
   C. 国家征税要受到提供公共产品规模和质量的制约
   D. 税法具有权利性法规和综合性法规的特点

2. 以下关于税收法律关系的表述正确的是(　　)。
   A. 税收法律关系的保护对权利主体双方是不平等的
   B. 权利主体纳税义务人一方的确定，我国采用的是属地原则
   C. 税收法律关系中最实质的东西是税收法律事实
   D. 税收法律关系的产生、变更与消灭是由税收法律事实来决定的

3. 以下属于税收法定原则中税务合法性原则的是（　　）。
A. 国家对任何税种征税要素的变动都应当按相关法律规定进行
B. 征税的各个要素不仅应当由法律作出专门的规定，还应当尽量明确
C. 国家对其开征的任何税种都必须由法律对其专门规定才能实施
D. 税务机关按照法定程序征税，无法律依据不征税

4. 某企业就应纳税款金额与主管税务机关产生了分歧，遂向上一级税务机关申请行政复议，但被告知必须先依照主管税务机关的纳税决定缴纳税款或者提供相应的担保后，才能依法申请行政复议。上述行为体现了税法适用原则的（　　）。
A. 法律优位原则
B. 新法优于旧法原则
C. 程序优于实体原则
D. 实体从旧、程序从新原则

5. 如果纳税人通过转让定价或其他方法减少计税依据，税务机关有权重新核定计税依据，以防止纳税人避税与偷税，这样处理体现了税法基本原则中的（　　）。
A. 税收法定原则　　B. 税收公平原则
C. 税收效率原则　　D. 实质课税原则

6. 下列税法适用原则中，打破税法效力等级限制的原则是（　　）。
A. 程序优于实体原则
B. 法律不溯及既往原则
C. 特别法优于普通法原则
D. 新法优于旧法原则

7. 下列关于纳税人的说法中正确的是（　　）。
A. 纳税人是实际负担税款的单位和个人
B. 纳税人的基本形式仅指自然人
C. 扣缴义务人是纳税人的一种形式
D. 自然人可分为居民个人和非居民个人

8. 下列说法不正确的是（　　）。
A. 征税对象是区分不同税种的重要标志
B. 税目是征税对象的具体化
C. 税率是衡量税负轻重与否的唯一标志
D. 纳税义务人即纳税主体

9. 税务合法性原则是指（　　）。
A. 纳税人、课税对象、课税标准等必须以法律形式作出规定
B. 禁止对特定纳税人给予歧视性对待，也禁止在没有正当理由的情况下对特定纳税人给予特别优惠
C. 税务机关按法定程序依法征税，不得随意减征、停征、免征，无法律依据不征税
D. 诉讼发生时税收程序法优于税收实体法

10. 有义务借助与纳税人的经济交往而向纳税人收取应纳税款并代为缴纳税款的单位是（　　）。
A. 负税人
B. 代扣代缴义务人
C. 代收代缴义务人
D. 代征代缴义务人

11. 以下法律中，明确了国家可以向公民征税，且明确了向公民征税要有法律依据的是（　　）。
A.《宪法》第三十三条
B.《宪法》第五十六条
C.《刑法》第二百零一条
D.《税收征管法》第六十三条

12. 税收行政法规由（　　）制定。
A. 全国人民代表大会及常务委员会
B. 地方人民代表大会及常务委员会
C. 财政部和国家税务总局
D. 国务院

13.《税收征收管理法》在税法不同类型中（　　）。
A. 既是实体法，又是普通法
B. 既是实体法，又是程序法

C. 既是实体法，又是基本法

D. 既是程序法，又是普通法

14. 税收立法是指有权机关依据一定的程序，遵循一定的原则，运用一定的技术，对税收法律、法规、规章进行制定、公布等活动，以下不属于税收立法的是（　　）。

A. 修改税法　　B. 试行税法

C. 补充税法　　D. 废止税法

15. 下列各项税收法律法规中，属于国务院制定的行政法规的是（　　）。

A.《中华人民共和国个人所得税法》

B.《中华人民共和国增值税暂行条例实施细则》

C.《中华人民共和国税收征收管理法》

D.《中华人民共和国企业所得税法实施条例》

16. 全国性地方税种的开征、停征权属于（　　）。

A. 全国人大及其常委会

B. 国务院

C. 财政部和国家税务总局

D. 地方人大及其常委会

17. 我国税收制度按照构成方法和形式分类属于（　　）。

A. 简单型税制　　B. 复合型税制

C. 直接型税制　　D. 间接型税制

18. 下列税种中，属于中央政府与地方政府共享收入的是（　　）。

A. 关税　　B. 土地增值税

C. 消费税　　D. 个人所得税

19. 对税务师事务所实施行政登记管理的部门是（　　）。

A. 中国注册税务师协会

B. 市场监管局

C. 财政机关

D. 税务机关

20. 国际税收中所指的国际重复征税一般属于（　　）。

A. 法律性国际重复征税

B. 经济性国际重复征税

C. 税制性国际重复征税

D. 道德性国际重复征税

21. 税收管辖权属于（　　）在税收领域中的体现。

A. 国家主权　　B. 税收管理权

C. 税收管理体制　　D. 财政管理体制

22. 甲国的 A 公司在乙国投资建立全资子公司 B，B 公司将在乙国取得的所得税后利润分红给甲国 A 公司，如果甲国也对该笔所得征税，则形成的国际重复征税的类型是（　　）。

A. 法律性国际重复征税

B. 经济性国际重复征税

C. 税制性国际重复征税

D. 分配性国际重复征税

23. 国际税收协定处理重复征税问题的重点项目是（　　）。

A. 经营所得（营业利润）

B. 劳务所得

C. 投资所得

D. 财产所得

二、多项选择题

1. 以下属于税法基本原则的有（　　）。

A. 法律优位原则

B. 税收效率原则

C. 实质课税原则

D. 特别法优于普通法原则

2. 下列关于税法原则的表述中，正确的有（　　）。

A. 实质课税原则属于税法的适用原则

B. 税收公平原则源于法律上的平等性原则

C. 特别法优于普通法原则与法律优位原

则存在一定的冲突

D. 税法适用原则在一定程度上体现着税法基本原则

3. 在税收执法过程中，关于税法效力判断原则表述正确的有（ ）。

A. 层次高的法律优于层次低的法律

B. 国际法优于国内法

C. 特别法优于普通法

D. 程序法从旧，实体法从新

4. 征税对象又称为（ ）。

A. 征税客体　B. 课税对象

C. 具体征税项目　D. 税目

5. 税法关于规定纳税时限的概念包括（ ）。

A. 纳税义务发生时间　B. 纳税期限

C. 缴库期限　D. 申报期限

6. 在我国现行税种中，以国家法律形式发布实施的有（ ）。

A. 城市维护建设税

B. 城镇土地使用税

C. 烟叶税

D. 耕地占用税

7. 下列关于我国税收法律级次的表述中，正确的有（ ）。

A.《税收征收管理法实施细则》属于税收规章

B.《中华人民共和国企业所得税法实施条例》属于税收行政法规

C.《中华人民共和国企业所得税法》属于全国人大制定的税收法律

D.《中华人民共和国增值税暂行条例》属于全国人大常委会制定的税收法律

8. 以下税种的收入项目中，属于地方固定收入的有（ ）。

A. 车船税　B. 车辆购置税

C. 烟叶税　D. 环境保护税

9. 以下属于中央固定收入的有（ ）。

A. 海洋石油企业的资源税

B. 中国国家铁路集团集中缴纳的城建税

C. 证券交易印花税

D. 外籍人员的工资薪金个人所得税

10. 以下由海关负责征收的税种有（ ）。

A. 关税　B. 车辆购置税

C. 车船税　D. 船舶吨税

11. 国家税务主管机关的权利有（ ）。

A. 制定税收法律

B. 依法征税

C. 进行税务检查

D. 对违章者进行税务处罚

12. 以下说法不正确的有（ ）。

A. 世界上只有少数国家单独制定税法通则，我国就是如此

B. 税收法律的效力高于税收行政法规的效力，这体现了税收效率原则

C. 税收征收管理法属于我国的税收基本法

D. 2009 年 2 月 28 日起，刑法用“逃避缴纳税款”取代了“偷税”的概念

13. 下列关于税务机关与纳税人的权利义务的表述中，正确的有（ ）。

A. 税务机关依法执行职务，任何单位和个人不得阻挠

B. 普及纳税知识、无偿地为纳税人提供纳税咨询服务，这是税务机关和税务人员的义务

C. 为了不干扰税务机关的工作，纳税人、扣缴义务人不能向税务机关而只能向税务咨询公司了解国家税收法律、行政法规的规定以及与纳税程序有关的情况

D. 为了精简机构，税务机关负责征、管、查、复议的人员要集中为一体

14. 涉税专业服务机构涉税业务内容包括（　　）。

A. 接受行政机关委托，依法对企业纳税情况进行审查，作出专业结论

B. 涉税鉴证

C. 税收策划

D. 接受纳税人、扣缴义务人的委托，代理发票领用

15. 在减税降费进程中，我国出台了一系列税收优惠政策，企业了解这些政策的正常途径有（　　）。

A. 税务机关提供的无偿的通知或培训

B. 税务机关提供的有偿的咨询

C. 涉税专业服务机构提供的有偿的辅导

D. 拨打税务机关的咨询热线询问

16. 目前世界上税收管辖权大致可以分为（　　）。

A. 地域管辖权

B. 行政管辖权

C. 居民管辖权

D. 公民管辖权

17. 国际税收协定的目标有（　　）。

A. 妥善处理国家之间的双重征税问题，这也是国际税收协定的基本任务

B. 实行平等负担的原则，取消税收差别待遇

C. 互相交换税收情报，防止或减少国际避税和国际偷逃税

D. 加强国际合作，取得更多的税收收入

同步强化练习题参考答案及解析

使用“会计云课堂”App或“微信”扫码对答案、看解析、掌握解题思路，开启轻松过关之旅。

一、单项选择题

1.【答案】C

【解析】选项A：税收的本质是一种分配关系；选项B：国家征税依据的是政治权力；选项D：税法具有义务性法规和综合性法规的特点。

2.【答案】D

【解析】选项A：税收法律关系的保护对权利主体双方是平等的；选项B：我国税收法律关系中，权利主体纳税义务人一方的确定，采用的是属地兼属人的原则；选项C：税收法律关系的内容就是权利主体所享有的权利和所应承担的义务，这是税收法律关系中最实质的东西，也是税法的灵魂。

3.【答案】D

【解析】选项ABC属于税收法定原则中的税收要件法定原则；选项D属于税收法定原则中的税务合法性原则。

4.【答案】C

【解析】程序优于实体原则是关于税收争讼法的原则，其基本含义：在诉讼发生时税收程序法优于税收实体法。适用这一原则，是为了确保国家课税权的实现，不因争议的发生而影响税款的及时、足额入库。

5.【答案】D

【解析】转让定价方法下的价格是表面而非真实的价格，税务机关根据实质课税原则，有权重新核定计税依据，并据以计算应纳税额，而不是按照纳税人申报的计税依据计税。

6.【答案】C

【解析】特别法优于普通法原则打破了税法效力等级的限制，即居于特别法地位的级别比较低的税法，其效力可高于作为普通法的级别比较高的税法。

7.【答案】D

【解析】选项A：纳税人是税法规定的直接负有纳税义务的单位和个人，而实际负担税款的单位和个人指的是负税人。选项B：纳税人有自然人和法人两种最基本的形式。选项C：扣缴义务人是指负有代扣代缴、代收代缴等义务的单位和个人，它不是纳税人。

8.【答案】C

【解析】税率是衡量税负轻重与否的重要标志，但不是唯一标志。

9.【答案】C

【解析】选项A体现的是税收要件法定原则；选项B是税收公平原则的体现；选项C体现了税务合法性原则；选项D体现了税法适用原则中的程序优于实体原则。

10.【答案】C

【解析】代扣代缴义务人在向纳税人支付收入、结算货款、支付费用时有义务代扣代缴其应纳税款；代收代缴义务人在向纳税人收取商品或劳务收入时，有义务代收代缴其应纳税款。注意二者区别：（1）代扣代缴义务人直接从支付给纳税人的款项中扣除其应纳税款；（2）代收代缴义务人在与纳税人经济往来中收取其应纳税款。

11.【答案】B

【解析】《宪法》第五十六条规定："中华人民共和国公民有依照法律纳税的义务"。这里一是明确了国家可以向公民征税，二是明确了向公民征税要有法律依据。

12.【答案】D

【解析】本题的考点是税收的立法机关。税收法律、法规和规章由不同的机关制定。全国人民代表大会及常务委员会制定的是税收法律；地方人民代表大会及常务委员会制定的是税收地方性法规；财政部、国家税务总局制定的是税收部门规章；国务院制定的是税收行政法规。

13.【答案】D

【解析】《税收征收管理法》是对管理及规程的立法，属于税收程序法。我国目前没有税收基本法，只有税收普通法。

14.【答案】B

【解析】税收立法不仅包括对税收法律、法规、规章的制定、公布、修改和补充，也包括对税收法律、法规、规章的废止，但是不包括试行税法。

15.【答案】D

【解析】国务院发布的《企业所得税法实施条例》《税收征收管理法实施细则》等，都是税收行政法规。选项AC属于全国人民代表大会和全国人大常委会制定的税收法律。选项B属于财政部、国家税务总局制定的部门规章。

16.【答案】A

【解析】全国性地方税种的制定、开征、停征权属于全国人大及其常委会。

17.【答案】B

【解析】税收制度按照构成方法和形式分类，可分为税种单一、结构简单的简单型税制和由多个税种构成的复合型税制，我国税收制度属于复合型税制。

18.【答案】D

【解析】选项AC：属于中央政府固定收入；选项B：属于地方政府固定收入。

19.【答案】D

【解析】税务机关应当对税务师事务所实施行政登记管理。

20.【答案】A

【解析】国际税收中所指的国际重复征税一般属于法律性国际重复征税。

21.【答案】A

【解析】税收管辖权属于国家主权在税收领域中的体现，是一个主权国家在征税方面的主权范围。

22.【答案】B

【解析】股份公司利润和股息红利所得属于同源所得，在对二者同时征税的情况下，必然会带来重复征税问题，当这种情况中的征税主体是两个或两个以上的国家时，重复征税即成为经济性国际重复征税。

23.【答案】A

【解析】经营所得（营业利润）是国际税收协定处理重复征税问题的重点项目。

二、多项选择题

1.【答案】BC

【解析】税法基本原则：税收法定原则、税收公平原则、税收效率原则、实质课税原则。选项BC属于税法基本原则；选项AD属于税法适用原则。

2.【答案】BCD

【解析】考核税法原则的分类和适用状况。选项A：实质课税原则属于税法的基本原则。选项BCD均符合教材原意。

3.【答案】ABC

【解析】选项D：鉴于法律溯及力的差异，实体法从旧、程序法从新。

4.【答案】AB

【解析】征税对象又叫课税对象、征税客体，指税法规定对什么征税，是征纳双方权利义务共同指向的客体或标的物，是区别一种税与另一种税的重要标志。税目是对征税对象分类规定的具体征税项目，它是征税对象的具体化，但不是征税对象的一个称谓。

5.【答案】ABC

【解析】税法关于纳税时限的规定，有三个概念：纳税义务发生时间、纳税期限、缴库期限。

6.【答案】ACD

【解析】以国家法律的形式发布实施的有：企业所得税、个人所得税、车船税、环境保护税、烟叶税、船舶吨税、车辆购置税、耕地占用税、资源税、城市维护建设税、印花税和契税；除此之外其他各税种都是经全国人民代表大会及常委会授权制定。

7.【答案】BC

【解析】本题考核税收法律级次的有关规定。选项A：属于税收行政法规；选项D：由全国人大或常委会授权国务院制定。

8.【答案】ACD

【解析】选项ACD都属于地方固定收入；选项B属于中央固定收入。

9.【答案】ABC

【解析】选项ABC属于中央固定收入；选项D属于中央、地方共享收入。

10.【答案】AD

【解析】选项AD由海关负责征收；选项BC由税务机关负责征收。

11.【答案】BCD

【解析】国家税务主管机关不具有制定税收法律的权利。

12.【答案】ABC

【解析】我国把税法通则的有关内容包含在宪法和各税税法（条例）之中，没有单独制定税法通则，A选项错误；税收法律的效力高于税收行政法规的效力，这体现了法律优位原则，B选项错误；《税收征收管理法》属于我国的税收普通法，C选项错误；2009年2月28日起，刑法用“逃避缴纳税款”取代了“偷税”的概念，征管法尚未作出相应修改，D选项正确。

13.【答案】AB

【解析】纳税人、扣缴义务人有权向税务机关了解国家税收法律、行政法规的规定以及与纳税程序有关的情况，选项C错误；税务机关负责征收、管理、稽查，行政复议人员的职责应当明确，并相互分离、相互制约，选项D错误。

14.【答案】ABCD

【解析】涉税专业服务机构涉税业务内容：（1）纳税申报代理。（2）一般税务咨询。（3）专业税务顾问。（4）税收策划。（5）涉税鉴证。（6）纳税情况审查。（7）其他税务事项代理。（8）其他涉税服务。

15.【答案】ACD

【解析】选项B：税务机关应当广泛宣传税收法律、行政法规，普及纳税知识，无偿地为纳税人提供纳税咨询服务。

16.【答案】ACD

【解析】目前世界上税收管辖权大致可以分为居民管辖权、地域管辖权、公民管辖权。

17.【答案】ABC

【解析】国际税收协定的目标，首先，要妥善处理国家之间的双重征税问题，这也是国际税收协定的基本任务，各类协定的主要条款内容，都是围绕解决这一问题而订立的，即通过采取一定的措施（如免税法、抵免法等）来有效地处理对跨国所得和一般财产价值的双重征税问题；其次，要实行平等负担的原则，取消税收差别待遇；最后，要互相交换税收情报，防止或减少国际避税和国际偷逃税。

第二章　增值税法

CHAPTER-2

本章学习指南

一、学习目标

1. 掌握增值税的征税范围。
2. 熟悉纳税义务人和扣缴义务人。
3. 熟悉一般纳税人与小规模纳税人的登记管理。
4. 掌握和记忆税率与征收率。
5. 掌握一般计税方法的销项税额、进项税额和应纳税额的计算。
6. 掌握兼营与混合销售、特殊销售的计税规则。
7. 掌握简易征税方法的适用范围及应纳税额的计算。
8. 掌握扣缴计税方法的适用范围及应纳税额的计算。
9. 掌握进口环节增值税的征收。
10. 掌握出口货物、劳务和跨境应税行为增值税退（免）税基本政策。
11. 掌握出口货物、劳务和跨境应税行为增值税退（免）税计算。
12. 熟悉出口货物、劳务和跨境应税行为增值税免税政策和征税政策的实施范围。
13. 了解外国驻华使（领）馆及其馆员在华购买货物和服务的增值税退税管理。
14. 熟悉境外旅客购物离境退税政策。
15. 了解出口货物、劳务和跨境应税行为退（免）税管理。
16. 掌握特定应税行为的增值税计税方法。
17. 掌握增值税的税收优惠。
18. 掌握增值税纳税义务发生时间、纳税期限和纳税地点。
19. 了解“营改增”汇总纳税管理办法。
20. 掌握增值税发票的开具范围、使用及管理。

二、考情概况

在最近3年的考试中，本章的平均分值约为20分，考虑到有英文答题加分的因素，本章的分数能够突破20分，是税法考试的重点章。增值税是我国税收收入中比重最高的税种，在2016年5月“营改增”全面推进以后，增值税在我国税收体系中“一家独大”的地位愈加显著，不论在现实中还是在考试中，增值税的地位都非常重要。

近些年来，随着减税降费政策的推进，增值税的税率和优惠政策不断调整，其应纳税额的计算和管理规则的复杂性带来考点的复杂性和多变性。多档次的税率、复杂的预缴规则，使本章可考知识点增加且更加细碎。本章与其他税种的关系，如与消费税、城建税、关税、资源税、企业所得税等的关系也易成为考点。

作为历年考试的重点，本章可以出各种题型，尤其是计算问答题、综合题，既可能单独出题，也可能与其他税种混合出题，在复习中应对此特别重视。

三、教材变化

1. 对适用9%税率的具体范围进行了位置调整。
2. 删除增值税加计抵减政策。
3. 删除免抵退税的会计处理。
4. 删除房地产开发企业不动产经营租赁服务增值税处理。
5. 删除新办纳税人中实行增值税专用发票电子化的有关规定。
6. 删除“一般纳税人选择简易计税后，36个月内不得变更”的规定。
7. 调整了关于一般纳税人适用简易计税办法适用情形的教材顺序。
8. 调整了简易计税方法下差额计税的教材顺序。
9. 调整了特定应税行为增值税计征方法的教材顺序。
10. 新增从事再生资源回收的一般纳税人销售其收购的再生资源可以选择简易计税方法计税的规定。
11. 新增金融机构开展个人实物黄金交易业务增值税计征方法的适用范围。
12. 新增综合利用资源申请享受增值税即征即退政策符合的条件。
13. 对于小规模纳税人享受免征增值税处理优惠政策按照最新的政策进行了调整。
14. 调整了其他个人，采取一次性收取租金形式出租不动产取得的租金收入，免征增值税的金额。
15. 调整了增值税纳税申报表。

四、考点框架

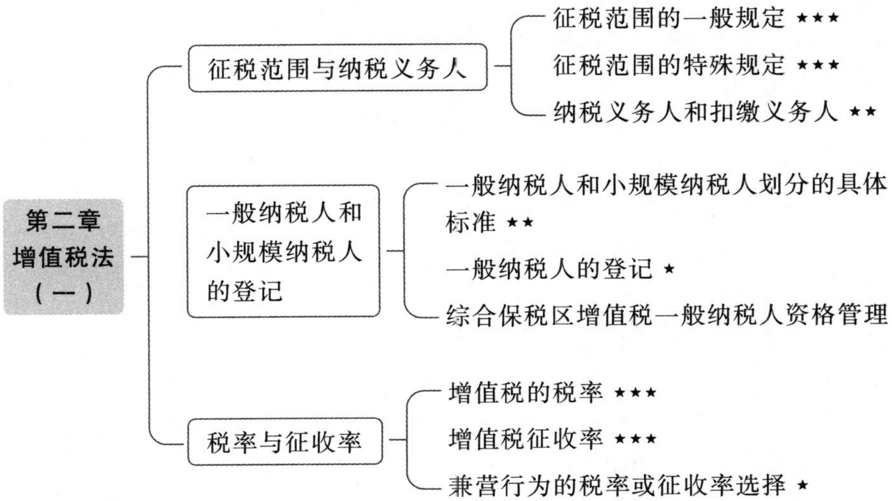

第二章 增值税法（二）

- 一般计税方法应纳税额的计算
  - 销项税额的基本计算公式 ★★★
  - 一般销售方式下的销售额 ★★★
  - 特殊销售方式下的销售额 ★★★
  - 按差额确定的销售额 ★★★
  - 视同发生应税销售行为的销售额 ★★★
  - 进项税额的确认和计算 ★★
  - 准予从销项税额中抵扣的进项税额的一般情况——凭票抵扣 ★★★
  - 准予从销项税额中抵扣的进项税额的特殊情况——计算抵扣 ★★★
  - 准予从销项税额中抵扣的进项税额的特殊情况——实耗核定抵扣 ★★
  - 不得从销项税额中抵扣的进项税额 ★★
  - 增值税一般纳税人应纳税额的计算 ★★★
- 简易计税方法
  - 简易计税方法的计算公式及基本运用 ★★★
  - 资管产品的增值税处理办法 ★★★
- 进口环节增值税的征收
  - 进口环节增值税的征税范围和纳税人 ★
  - 进口环节增值税的适用税率 ★★
  - 进口环节增值税的计算 ★★★
- 出口和跨境业务增值税的退（免）税和征税
  - 出口货物、劳务和跨境应税行为退（免）增值税基本政策和实施范围 ★★
  - 增值税出口退税率和退（免）税的计税依据 ★★
  - 生产企业出口货物、劳务增值税免抵退税的计算 ★★★
  - 外贸企业出口货物、劳务和应税行为增值税免退税 ★★★
  - 适用增值税免税政策的出口货物、劳务及跨境应税行为 ★★
  - 适用增值税征税政策的出口货物、劳务和跨境应税行为 ★
  - 外国驻华使（领）馆及其馆员在华购买货物和服务增值税退税管理办法 ★
  - 境外旅客购物离境退税政策 ★★★
  - 综合保税区增值税一般纳税人资格管理 ★★★

- **第二章 增值税法（三）**
  - 特定应税行为的增值税计征方法
    - 纳税人转让不动产增值税征收管理暂行办法 ★★★
    - 纳税人跨县（市、区）提供建筑服务增值税征收管理暂行办法 ★★★
    - 纳税人提供不动产经营租赁服务增值税征收管理暂行办法 ★★★
    - 房地产开发企业销售自行开发的房地产项目增值税征收管理暂行办法 ★★
  - 税收优惠
    - 《增值税暂行条例》规定的免税项目 ★★
    - 《营改增通知》及有关部门规定的税收优惠政策 ★★
    - 财政部、国家税务总局规定的其他部分征免税项目 ★★
    - 增值税起征点的规定 ★★
    - 其他有关减免税的规定 ★★
  - 征收管理
    - 纳税义务发生时间 ★★★
    - 纳税期限 ★
    - 纳税地点 ★
    - “营改增”汇总纳税管理办法 ★
    - 申报改革 ★
  - 增值税发票的使用及管理
    - 增值税专用发票开具范围 ★★
    - 新办纳税人首次申领增值税发票规定 ★
    - 增值税专用发票的基本规定 ★
    - 税务机关代开增值税专用发票管理 ★
    - “营改增”后纳税人其他发票的使用 ★

核心考点精讲

增值税是以商品和劳务、应税行为在流转过程中产生的增值额作为征税对象而征收的一种流转税。

增值税之所以能够在世界上众多国家推广，是因为其可以有效地防止商品在流转过程中的重复征税问题，并使其具备保持税收中性、普遍征收、税收负担由最终消费者承担、实行税款抵扣制度、实行比例税率、实行价外税制度等特点。

2016 年 5 月 1 日全面“营改增”之前，我国增值税应纳税额的计算采用的是间接计算法，即不直接根据增值额计算增值税，而是首先计算出应税货物、劳务的整体税负，然后从整体税负中扣除法定的外购项目已纳税款。这是实行增值税的国家广泛

> **名师点拨**
>
> 间接计算法即扣税法，使用销项税额减进项税额计算应纳税额。直接计算法则是先计算增值额，再直接根据增值额计算增值税。

采用的计税方法。2016年全面“营改增”进程中为了平衡和减低税负，出现了扣额和扣税相结合计算增值税的方式，且有些规定的税法表述与会计处理方式存在差异，这增加了增值税税额计算的复杂性，也使得本章的学习难度增加。

第一节 征税范围与纳税义务人

使用“会计云课堂”App或“微信”扫码查看本节视频，快速GET知识点。

名师点拨

增值税的征税范围已经包含了生产、流通、服务领域。

考点1：征税范围的一般规定★★★

【提示】增值税的征税范围包括在境内发生应税销售行为以及进口货物等。增值税的征税范围分为一般规定和特殊规定，均属于CPA税法命题的高频考点，考生必须辨析把握。

要点小贴士

销售服务、销售无形资产、销售不动产这三大项为“营改增”的范围。

2016年5月1日全面“营改增”之后，增值税征税范围包括：（1）销售或者进口的货物；（2）销售劳务；（3）销售服务；（4）销售无形资产；（5）销售不动产。

【解释】增值税的一般征税范围的基本规定：

图示记忆

销售货物——生产销售、批发销售、零售销售

1. 销售或者进口的货物

“货物”是指有形动产，包括电力、热力和气体在内。

销售货物，是指有偿转让货物的所有权。

图示记忆

销售劳务——受托加工、修理修配

2. 销售劳务

“劳务”是指纳税人有偿提供的加工、修理修配劳务。

加工，是指受托加工货物，即委托方提供原料及主要材料，受托方按照委托方的要求，制造货物并收取加工费的业务。

修理修配，是指受托对损伤和丧失功能的货物进行修复，使其恢复原状和功能的业务。

【提示】单位或者个体工商户聘用的员工为本单位或者雇主提供劳务，不包括在内。

3. 销售服务

（1）交通运输服务：包括陆路运输服务、水路运输服务、航空运输服务和管道运输服务。

【提示1】出租车公司向使用本公司自有出租车的出租车司机收取的管理费用，按照陆路运输服务缴纳增值税。

【提示2】水路运输的程租、期租业务，属于水路运输服务。航空运输的湿租业务，属于航空运输服务。

【提示3】无运输工具承运业务，按照交通运输服务缴纳增值税。

【提示4】纳税人已售票但客户逾期未消费取得的运输逾期票证收入，按

照“交通运输服务”缴纳增值税。

【提示5】在运输工具舱位承包业务中，发包方以其向承包方收取的全部价款和价外费用为销售额，按照“交通运输服务”缴纳增值税。承包方以其向托运人收取的全部价款和价外费用为销售额，按照“交通运输服务”缴纳增值税。

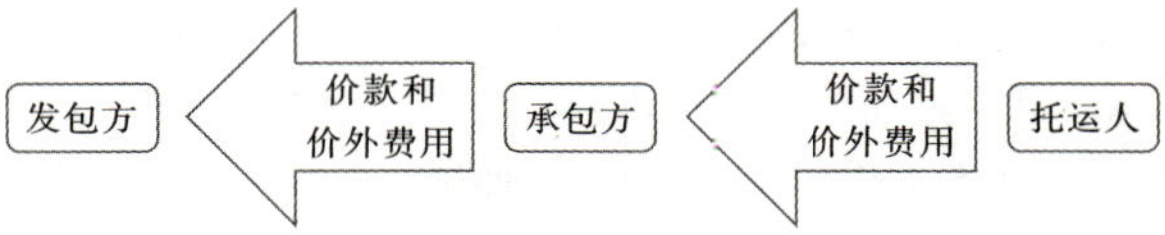

（2）邮政服务：邮政服务的提供服务主体是中国邮政集团公司及其所属邮政企业，包括邮政普遍服务、邮政特殊服务和其他邮政服务。

（3）电信服务：包括基础电信服务和增值电信服务。

【提示】卫星电视信号落地转接服务，按照增值电信服务计算缴纳增值税。

（4）建筑服务：包括工程服务、安装服务、修缮服务、装饰服务和其他建筑服务。（针对各类建筑物、构筑物及其附属设施）

【提示1】有形动产修理属于加工修理修配劳务；建筑物、构筑物的修补、加固、养护、改善属于建筑服务中的修缮服务。

图示记忆

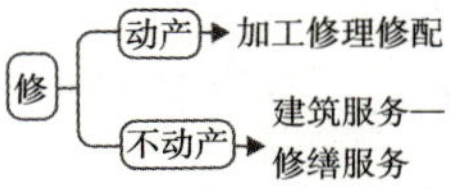

【提示2】物业服务企业为业主提供的装修服务，按照“建筑服务”缴纳增值税。

【提示3】钻井（打井）、拆除建筑物或者构筑物、平整土地、园林绿化、疏浚（不包括航道疏浚）、建筑物平移、搭脚手架、爆破、矿山穿孔、表面附着物（包括岩层、土层、沙层等）剥离和清理等工程作业属于其他建筑服务。

【提示4】纳税人将建筑施工设备出租给他人使用并配备操作人员的，按照“建筑服务”缴纳增值税。

（5）金融服务：包括贷款服务、直接收费金融服务、保险服务和金融商品转让。

金融商品转让是指转让外汇、有价证券、非货物期货和其他金融商品（基金、信托、理财等资产管理产品和各种金融衍生品）所有权的业务活动。

【提示1】各种占用、拆借资金取得的收入，包括金融商品持有期间（含到期）利息（保本收益、报酬、资金占用费、补偿金等）收入、信用卡透支利息收入、买入返售金融商品利息收入、融资融券收取的利息收入，以及融资性售后回租、押汇、罚息、票据贴现、转贷等业务取得的利息及利息性质的收入，按照贷款服务缴纳增值税。

【提示2】以货币资金投资收取的固定利润或者保底利润，按照贷款服务缴纳增值税。

【提示3】金融商品持有期间（含到期）取得的非保本的上述收益，不属于利息或利息性质的收入，不征收增值税。

【提示4】资管产品投资人购入各类资管产品持有期间（含到期）取得的保本收益，应按贷款服务缴纳增值税；资管产品投资人购入各类资管产品，在未到期之前转让其所有权的，应按金融商品转让缴纳增值税。具体如下表所示：

资管产品类型	持有期间（到期）收益	未到期转让收益
保本	按“贷款服务”缴增值税	按“金融商品转让”缴增值税
非保本	不征收增值税	按“金融商品转让”缴增值税

【提示5】纳税人转让因同时实施股权分置改革和重大资产重组而首次公开发行股票并上市形成的限售股，以及上市首日至解禁日期间由上述股份孳生的送、转股，以该上市公司股票上市首日开盘价为买入价（若该买入价低于该单位取得限售股的实际成本价的，以实际成本价为买入价），按照“金融商品转让”缴纳增值税。

【提示6】存款利息、被保险人获得的保险赔付，不征收增值税。

（6）现代服务：包括研发和技术服务、信息技术服务、文化创意服务、物流辅助服务、租赁服务、鉴证咨询服务、广播影视服务、商务辅助服务和其他现代服务。

【提示1】文化创意服务中的广告服务包括广告代理和广告的发布、播映、宣传、展示等。

【提示2】宾馆、旅馆、旅社、度假村和其他经营性住宿场所提供会议场地及配套服务的活动，按照文化创意服务中的“会议展览服务”缴纳增值税。

【提示3】将建筑物、构筑物等不动产或者飞机、车辆等有形动产的广告位出租给其他单位或者个人用于发布广告，按照经营租赁服务缴纳增值税。例如：出租外墙广告位、出租车广告位。

【提示4】车辆停放服务、道路通行服务（包括过路费、过桥费、过闸费等）等按照不动产经营租赁服务缴纳增值税。

【提示5】水路运输的光租业务、航空运输的干租业务，属于经营租赁。

【提示6】翻译服务和市场调查服务不属于商务辅助服务，而应按照咨询服务缴纳增值税。

【提示7】企业管理服务、经纪代理服务、人力资源服务、安全保护服务，都属于商务辅助服务。

【提示 8】拍卖行受托拍卖取得的手续费或佣金收入，按照“经纪代理服务”缴纳增值税。

【提示 9】货运客运场站服务、打捞救助服务、装卸搬运服务、仓储服务和收派服务属于物流辅助服务。

【提示 10】纳税人为客户办理退票而向客户收取的退票费、手续费等收入，按照“其他现代服务”缴纳增值税。

【提示 11】纳税人对安装运行后的机器设备提供的维护保养服务，按照“其他现代服务”缴纳增值税。

（7）生活服务：是指为满足城乡居民日常生活需求提供的各类服务活动。包括文化体育服务、教育医疗服务、旅游娱乐服务、餐饮住宿服务、居民日常服务和其他生活服务。

【提示 1】提供餐饮服务的纳税人销售的外卖食品，按照“餐饮服务”缴纳增值税。

【提示 2】纳税人在游览场所经营索道、摆渡车、电瓶车、游船等取得的收入，按照“文化体育服务”缴纳增值税。

【提示 3】纳税人提供植物养护服务，按照“其他生活服务”缴纳增值税。

4. 销售无形资产

是指转让无形资产所有权或者使用权的业务活动。无形资产，包括技术、商标、著作权、商誉、自然资源使用权和其他权益性无形资产。

土地使用权转让属于本项目。

【提示 1】其他权益性无形资产，包括基础设施资产经营权、公共事业特许权、配额、经营权（包括特许经营权、连锁经营权、其他经营权）、经销权、分销权、代理权、会员权、席位权、网络游戏虚拟道具、域名、名称权、肖像权、冠名权、转会费等。

【提示 2】纳税人通过省级土地行政主管部门设立的交易平台转让补充耕地指标，按照“销售无形资产”缴纳增值税，税率为 6%。

5. 销售不动产

是指转让不动产所有权的业务活动。不动产，包括建筑物、构筑物等。

【提示】转让建筑物有限产权或者永久使用权的，转让在建的建筑物或者构筑物所有权的，以及在转让建筑物或者构筑物时一并转让其所占土地的使用权的，按照销售不动产缴纳增值税。

【辨析】“租”

“租”有可能涉及：有形动产经营租赁、有形动产融资租赁、不动产经营租赁、不动产融资租赁、交通运输服务、建筑服务、贷款服务。

项目	具体规定
广告位出租征税要辨析载体	（1）将飞机、车辆等有形动产的广告位出租给其他单位或者个人用于发布广告，属于“有形动产经营租赁服务” （2）将建筑物、构筑物等不动产的广告位出租给其他单位或者个人用于发布广告，属于“不动产经营租赁服务”

项目	具体规定
“停放”“通过”也是租	车辆停放服务、道路通行服务（包括过路费、过桥费、过闸费等），属于“不动产经营租赁服务”
“租”不是租	（1）水路运输的程租、期租业务，属于“水路运输服务”。航空运输的湿租业务，属于“航空运输服务” 【辨析】水路运输的光租业务、航空运输的干租业务，属于“有形动产经营租赁” （2）纳税人将建筑施工设备出租给他人使用并配备操作人员的，属于“建筑服务” （3）融资性售后回租业务取得的利息及利息性质的收入，属于“贷款服务”

要点小贴士

税率不同，注意辨析。

经典题解

【真题1·单选题】下列应税服务中，应按照“现代服务”计征增值税的是(　　)。（2021年）

A. 文化体育服务　　B. 信息技术服务

C. 财产保险服务　　D. 植物养护服务

【解析】选项AD：应按照“生活服务”计征增值税。选项C：应按照“金融服务”计征增值税。

【答案】B

【真题2·单选题】下列增值税应税服务项目中，应按照“租赁服务”计征增值税的是（　　）。（2020年）

A. 飞机干租　　B. 融资性售后回租

C. 船舶期租　　D. 宾馆的住宿服务

【解析】选项B：融资性售后回租业务按照“贷款服务”缴纳增值税；选项C：水路运输的程租、期租业务，属于水路运输服务；选项D：属于生活服务——餐饮住宿服务。

【答案】A

【真题3·单选题】出租车公司向使用本公司自有出租车的司机收取管理费用，应缴纳增值税。该业务属于增值税征税范围中的（　　）。（2019年）

A. 交通运输服务　　B. 居民日常服务

C. 物流辅助服务　　D. 商务辅助服务

【解析】出租车公司向使用本公司自有出租车的出租车司机收取的管理费用，按照“交通运输服务——陆路运输服务”缴纳增值税。

【答案】A

【真题4·多选题】金融企业提供金融服务取得的下列收入中，按“贷款服务”缴纳增值税的有（　　）。（2018年）

A. 以货币资金投资收取的保底利润

B. 融资性售后回租业务取得的利息收入

C. 买入返售金融商品利息收入

D. 金融商品持有期间取得的非保本收益

【名师点题】全面“营改增”后，增值税征税范围的扩大伴随着征税项目的复杂化，加之增值税税率档次较多，税收政策难度加大。在这部分学习中，考生首先要从法理角度理解增值税应税销售行为的基本特征，把握应税销售行为的范围界限；其次还要注意辨析各项“营改增”应税服务的具体范围，以便准确确定适用税率和正确运用计税规则。

【解析】选项A：以货币资金投资收取的固定利润或者保底利润，按照贷款服务缴纳增值税。选项BC：各种占用、拆借资金取得的收入，包括金融商品持有期间（含到期）利息（保本收益、报酬、资金占用费、补偿金等）收入、信用卡透支利息收入、买入返售金融商品利息收入、融资融券收取的利息收入，以及融资性售后回租、押汇、罚息、票据贴现、转贷等业务取得的利息及利息性质的收入，按照贷款服务缴纳增值税。选项D：金融商品持有期间（含到期）取得的非保本的收益，不属于利息或利息性质的收入，不征收增值税。

【答案】ABC

【易错易混】缴纳增值税的经济行为需要具备一定的条件。就“营改增”项目而言，确定一项经济行为是否需要缴纳增值税，除另有规定外，一般应同时具备“境内、业务范围、为他人、有偿”四个条件。具体是：①应税行为发生在中华人民共和国境内；②应税行为属于“营改增”范围内的业务活动；③应税服务是为他人提供的；④应税行为是有偿的。

【归纳1】地域界定——在境内销售服务或无形资产、不动产（重要）

要点	基本规定
属于在境内销售服务、无形资产或者不动产的行为	（1）服务（租赁不动产除外）或者无形资产（自然资源使用权除外）的销售方或者购买方在境内——以销售方或者购买方位置区分境内与境外 （2）所销售或者租赁的不动产在境内——以不动产位置区分境内与境外 （3）所销售自然资源使用权的自然资源在境内——以自然资源位置区分境内与境外 （4）财政部和国家税务总局规定的其他情形
不属于在境内销售服务或者无形资产的行为	（1）境外单位或者个人向境内单位或者个人销售完全在境外发生的服务 （2）境外单位或者个人向境内单位或者个人销售完全在境外使用的无形资产 （3）境外单位或者个人向境内单位或者个人出租完全在境外使用的有形动产 （4）财政部和国家税务总局规定的其他情形

【归纳2】基本行为界定——有偿、经营性（重要）

销售服务、无形资产或不动产是指有偿提供应税服务、有偿转让无形资产或不动产，但不包括非经营活动中提供的相应项目。有偿，是指取得货币、货物或者其他经济利益。

非经营活动，是指：

（1）行政单位收取的符合条件的政府性基金或者行政事业性收费。

（2）单位或者个体工商户聘用的员工为本单位或者雇主提供取得工资的服务。

（3）单位或者个体工商户为聘用的员工提供服务。

（4）财政部和国家税务总局规定的其他情形。

要点小贴士

单位给员工提供劳务、服务，以及员工给单位或雇主提供取得工资的劳务、服务，都不缴纳增值税。

【提示】

1. 非经营活动中提供的服务具有特殊性，不宜列入增值税征税范围，例如政府管理服务、纳税人自我服务均不征收增值税。非经营活动一般是为了履行国家行政管理和公共服务职能需要的政府行政事业行为，或纳税人的自我提供服务行为，不以营利为目的。以公益活动为目的或者以社会公众为对象而无偿提供服务，既无偿又不具备经营性，不视同提供应税服务，不需要缴纳增值税。

2. 某些无偿的应税行为由于具备经营性，需要视同销售服务、无形资产或者不动产缴纳增值税。

经典题解

【例题5·多选题】下列属于增值税征税范围的有（　　）。

A. 单位聘用的员工为本单位提供取得工资的运输服务

B. 德国某公司转让专利权供我国A公司在德国和我国使用

C. 巴黎某酒店向来自我国境内的科研团队提供住宿服务

D. 出租车公司向使用本公司自有出租车的出租车司机收取的管理费用

【名师点题】境内销售服务、无形资产或者不动产的“境内”“非经营性”含义，属于CPA税法考试的基础考点和高频考点，考生必须把握。

【解析】选项A：属于非经营活动中提供的项目，不属于增值税的征税范围。选项C：不属于在境内销售服务。选项BD：属于增值税的征税范围。

【答案】BD

考点2：征税范围的特殊规定★★★

1. 属于征税范围的特殊项目

这部分内容比较多且杂，容易命制客观题。考生要把握特殊项目征税与否规则。

考点妙记

不缴纳增值税：
财政补，不挂钩；
罚没物，都上交；
单用卡，预充值；
无偿运，为公益。

属于征税范围的特殊项目	不缴纳增值税的特殊项目
（1）纳税人取得的财政补贴收入，与其销售货物、劳务、服务、无形资产、不动产的收入或者数量直接挂钩的，应按规定计算缴纳增值税 （2）经营罚没物品（未上缴财政的）收入，照章征收增值税 （3）单用途卡售卡方因发行或者销售单用途卡并办理相关资金收付结算业务取得的手续费、结算费、服务费、管理费等收入，应按照现行规定缴纳增值税 （4）航空公司已售票但未提供航空运输服务取得的逾期票证收入，按照航空运输服务缴纳增值税	（1）纳税人取得的与销售收入或数量不直接挂钩的其他情形的财政补贴收入，不征收增值税 （2）视罚没物品收入归属确定征税与否，凡作为罚没变价或拍卖收入如数上缴财政的，不予征税 （3）单用途卡发卡企业或者售卡企业销售单用途卡，或者接受单用途卡持卡人充值取得的预收资金，不缴纳增值税 （4）根据国家指令无偿提供的铁路运输服务、航空运输服务，属于用于公益事业服务，不缴纳增值税 （5）融资性售后回租业务中，承租方出售资产的行为不属于增值税的征税范围 （6）存款利息不征收增值税 （7）被保险人获得的保险赔付不缴纳增值税 （8）房地产主管部门或者其指定机构、公积金管理中心、开发企业以及物业管理单位代收的住宅专项维修资金，不征收增值税 （9）纳税人在资产重组过程中，通过合并、分立、出售、置换等方式，将全部或部分实物资产以及与其相关联的债权、负债和劳动力一并转让给其他单位和个人，不属于增值税的征税范围，其中涉及的货物转让，不动产、土地使用权转让行为，不征收增值税

经典题解

【真题6·单选题】企业发生的下列行为中，需要计算缴纳增值税的是（　　）。（2017年考题改编）

A. 取得存款利息

B. 获得保险赔偿

C. 取得与销售收入或数量不直接挂钩的财政补贴收入

D. 收取包装物租金

【名师点题】把握增值税征税范围的特殊规定，该知识点需要记忆，更需要理解法理。在理解的基础上记忆可以提高复习效率。

【解析】收取包装物租金要计算缴纳增值税，选项ABC均不属于增值税征税范围。

【答案】D

2. 属于征税范围的特殊行为

（1）视同销售行为（十项）

①将货物交付其他单位或者个人代销。

②销售代销货物。

③设有两个以上机构并实行统一核算的纳税人，将货物从一个机构移送至其他机构用于销售，但相关机构设在同一县（市）的除外。

【解释】这里的“用于销售”是指受货机构发生以下情形之一的经营行为：A. 向购货方开具发票；B. 向购货方收取货款。受货机构的货物移送行为有上述两项情形之一的，应当向所在地税务机关缴纳增值税；未发生上述两项情形的，则应由总机构统一缴纳增值税。

④将自产或者委托加工的货物用于非应税项目。

⑤将自产、委托加工的货物用于集体福利或者个人消费（含交际应酬）。

名师点拨：自产货物给员工与给员工提供劳务、服务有不同的政策。前者视同销售，后者不缴纳增值税。

⑥将自产、委托加工或者购进的货物作为投资，提供给其他单位或者个体工商户。

⑦将自产、委托加工或者购进的货物分配给股东或者投资者。

⑧将自产、委托加工或者购进的货物无偿赠送其他单位或者个人。

⑨单位或者个体工商户向其他单位或者个人无偿提供服务，但用于公益事业或者以社会公众为对象的除外；单位或者个人向其他单位或者个人无偿转让无形资产或者不动产，但用于公益事业或者以社会公众为对象的除外。

名师点拨：公益捐赠无偿提供货物与无偿提供服务有不同的政策。前者一般视同销售，后者不视同销售。

⑩财政部、国家税务总局规定的其他情形。

【相关链接】药品生产企业销售自产创新药的销售额，为向购买方收取的全部价款和价外费用，其提供给患者后续免费使用的相同创新药，不属于增值税视同销售范围。

【解释】视同销售是将一些不具备明显销售特征的行为看作是销售，这是出于税法的公平性要求或管理的需要。视同销售行为的计税规定及其运用是税法必考的知识点。通常每年税法的综合题或计算问答题中都会考到视同销售的计税处理。考生要理解视同销售行为的几类典型特点：

第一类特点：所有权发生了变化。如②、⑥、⑦、⑧、⑨，货物、无形资产、不动产的所有权都发生了变化或应税服务已实施并被接受。

第二类特点：将自产或委托加工的货物，从生产领域转移到增值税范围以外或者转移到消费领域。如④、⑤。

第三类特点：所有权没有变化，但是基于堵塞管理漏洞的需要，而视同销售计征增值税。如①、③。

视同销售货物的行为归纳：

货物来源	货物去向
自产或委托加工	用于投资、分配、赠送等改变所有权的情形
	用于非应税项目、集体福利、个人消费
外购	用于投资、分配、赠送等改变所有权的情形

经典题解

【真题7·多选题】下列行为中，属于增值税征收范围的有（　　）。（2021年）

A. 铁路运输公司根据国家指令无偿提供铁路运输服务

B. 化妆品销售公司销售其代销的某品牌化妆品

C. 珠宝公司购入执罚部门拍卖的罚没珠宝再销售

D. 房地产开发公司将自建商品房奖励给优秀营销员工

【解析】选项A：根据国家指令无偿提供的铁路运输服务、航空运输服务，属于用于公益事业的服务，不征收增值税。

【答案】BCD

【例题8·多选题】根据“营改增”的有关规定，某单位下列行为中，属于视同提供应税服务的有（　　）。

A. 为客户无偿提供广告设计服务

B. 向客户无偿提供信息咨询服务

C. 为关联企业无偿提供运输服务

D. 为本单位员工无偿提供搬家服务

【解析】选项ABC：均属于视同销售征收增值税的情形。选项D：单位为员工无偿提供的服务不属于增值税的征税范围，不征增值税。

【答案】ABC

（2）混合销售

一项销售行为如果既涉及货物又涉及服务，为混合销售行为。

【易错易混】由于增值税应税服务税率多档次，大多与货物销售税率不同，当一项销售行为同时涉及销售货物和服务，使销售货物和服务具备内在联系和因果关系的时候，称其为混合销售。混合销售行为成立的标准有两点：一是销售行为必须是一项；二是该项行为必须既涉及货物销售又涉及应税服务。

混合销售按照纳税人主营项目划分其是按照销售货物征税还是按照销售服务征

税。从事货物生产、批发或者零售为主的单位和个体工商户的混合销售按照销售货物缴纳增值税；其他单位和个体工商户的混合销售按照销售服务缴纳增值税。例如，酒店对顾客收取住宿费，其中一揽子包含了住宿、房间内一次性洗漱用品的费用，是典型的混合销售，按照“生活服务”计算缴纳增值税。

按照现行政策，存在具备混合销售特点但不归入混合销售的特殊情况：纳税人销售活动板房、机器设备、钢结构件等自产货物的同时提供建筑、安装服务，不属于混合销售，应分别核算货物和建筑服务的销售额，分别适用不同的税率或者征收率。这属于极特殊情况。

考点 3：纳税义务人和扣缴义务人★★

1. 纳税义务人

在中华人民共和国境内销售或者进口货物，销售劳务、服务、无形资产和不动产的单位和个人，为增值税的纳税人。

所称单位，是指企业、行政单位、事业单位、军事单位、社会团体及其他单位。所称个人，是指个体工商户和其他个人。

单位以承包、承租、挂靠方式经营的，承包人、承租人、挂靠人（以下统称“承包人”）以发包人、出租人、被挂靠人（以下统称“发包人”）名义对外经营并由发包人承担相关法律责任的，以该发包人为纳税人；否则以承包人为纳税人。

要点小贴士

发包人的经营名义、责任兼具的，发包人为纳税人；不同时满足上述两个条件的，承包人为纳税人。

经典题解

【真题 9 · 单选题】下列承包经营的情形中，应以发包人为增值税纳税人的是（　　）。（2018 年）

A. 以承包人名义对外经营，由承包人承担法律责任的

B. 以发包人名义对外经营，由发包人承担法律责任的

C. 以发包人名义对外经营，由承包人承担法律责任的

D. 以承包人名义对外经营，由发包人承担法律责任的

【答案】B

2. 扣缴义务人

中华人民共和国境外的单位或者个人在境内发生应税行为，在境内未设有经营机构的，以购买方为扣缴义务人。财政部和国家税务总局另有规定的除外。

第二节　一般纳税人和小规模纳税人的登记

使用“会计云课堂”App 或“微信”扫码查看本节视频，快速 GET 知识点。

增值税纳税人划分为一般纳税人和小规模纳税人。这两类纳税人在税款计算方法、适用税率（征收率）以及管理办法上都有所不同，税收优惠政策也有差异。对

一般纳税人实行凭票扣税、计算扣税、核定扣税的计税方法；对小规模纳税人规定简易的计税方法和征收管理办法。

一般纳税人和小规模纳税人划分的基本标准是纳税人年应税销售额的大小和会计核算水平；年应税销售额不能达到规定标准但符合资格条件的，也可办理增值税一般纳税人资格登记。

要点小贴士

一般情况下，销售额达标——应办理一般纳税人登记；销售额未达标但具备核算水平——可办理一般纳税人登记。

考点1：一般纳税人和小规模纳税人划分的具体标准★★

1. 基本资格登记标准——销售规模的金额标准

增值税纳税人年应税销售额超过财政部、国家税务总局规定的小规模纳税人标准（以下简称“规定标准”）的，除依规定选择按照小规模纳税人纳税的以外，应当向其机构所在地主管税务机关办理一般纳税人登记。

要点	相关规定
年应税销售额标准	2018年5月1日起，年应税销售额500万元（含）以下的，为小规模纳税人 【提示1】年应税销售额是不含增值税的销售额 【提示2】销售服务、无形资产或者不动产有扣除项目的纳税人，其年应税销售额按未扣除之前的销售额计算
年应税销售额范围	年应税销售额，是指纳税人在连续不超过12个月或四个季度的经营期内累计应征增值税销售额，包括纳税申报销售额、稽查查补销售额、纳税评估调整销售额 【提示1】“纳税申报销售额”是指纳税人自行申报的全部应征增值税销售额，其中包括免税销售额和税务机关代开发票销售额 【提示2】“稽查查补销售额”和“纳税评估调整销售额”计入查补税款申报当月（或当季）的销售额，不计入税款所属期销售额 【提示3】纳税人偶然发生的销售无形资产、转让不动产的销售额，不计入年应税销售额

经典题解

【例题10·多选题】某服装企业计入衡量一般纳税人标准的年应税销售额，包括在不超过12个月经营期内的（　　）。

A. 销售自产服装的销售额　　B. 偶然视同销售自产服装的销售额

C. 偶然出租仓库收取的租金　　D. 偶然转让企业自主商标品牌的销售额

【解析】选项ABC都属于要计入年应税销售额的销售额，但选项D属于纳税人偶然发生的销售无形资产的销售额，不计入年应税销售额。

【答案】ABC

2. 资格条件

年应税销售额不能达到规定标准但符合资格条件的，也可登记成为增值税一般纳税人。目前规定的资格条件：能够按照国家统一的会计制度规定设置账簿，根据合法、有效凭证核算，能够准确提供税务资料。

除国家税务总局另有规定外，一经登记为一般纳税人后，不得转为小规模纳税人。

要点小贴士

一般情况下，小规模纳税人到一般纳税人“可进步不可退步”。

3. 例外规定

在增值税一般纳税人资格登记规则中，有一般规定之外的例外规定，包括选择登记、不能登记。

【归纳】

经营规模	具体情况	纳税人类型
年应征增值税销售额超过 500 万元	一般情况	应当向税务机关申请办理一般纳税人登记
	非企业单位、不经常发生应税行为的单位和个体工商户	可选择按小规模纳税人纳税
	其他个人	只能作为小规模纳税人
年应征增值税销售额 500 万元及以下	一般情况	小规模纳税人
	会计核算健全，能够提供准确税务资料	可以成为一般纳税人

经典题解

【例题 11 · 多选题】以下关于增值税一般纳税人和小规模纳税人划分的规定，表述不正确的有（　　）。

A. 个体工商户不需要办理增值税一般纳税人资格登记

B. 年应税销售额超过小规模纳税人标准的其他个人不得办理一般纳税人资格登记

C. 年应税销售额是指纳税人从 1 月 1 日到 12 月 31 日的年度销售额

D. 年应税销售额未超过小规模纳税人标准的企业，不能办理一般纳税人资格登记

【解析】个体工商户可以成为增值税一般纳税人，但个体工商户以外的其他个人无须办理增值税一般纳税人资格登记；年应税销售额超过小规模纳税人标准的其他个人按小规模纳税人纳税；年应税销售额，是指纳税人在连续不超过 12 个月或四个季度的经营期内累计应征增值税销售额；年应税销售额未超过小规模纳税人标准的企业，只要符合规定条件的，也可以进行一般纳税人资格登记。

【答案】ACD

考点 2：一般纳税人的登记★

增值税一般纳税人资格实行登记制，符合一般纳税人条件的纳税人应当向主管税务机关办理一般纳税人资格登记。

要点	规则
向谁登记	登记事项由纳税人向其机构所在地主管税务机关办理
登记程序	（1）纳税人向主管税务机关填报《增值税一般纳税人登记表》，如实填写固定生产经营场所等信息，并提供税务登记证件 （2）纳税人填报内容与税务登记信息一致的，主管税务机关当场登记 （3）纳税人填报内容与税务登记信息不一致，或者不符合填列要求的，税务机关应当场告知纳税人需要补正的内容

要点	规则
登记时限	纳税人应在年应税销售额超过规定标准的月份（或季度）的所属申报期结束后15日内按照规定办理资格登记手续；未按规定时限办理的，主管税务机关应当在规定时限结束后5日内制作《税务事项通知书》，告知纳税人应当在5日内向主管税务机关办理相关手续 【提示】逾期仍不办理的，次月起按销售额依照增值税税率计算应纳税额，不得抵扣进项税额，直至纳税人办理相关手续为止
登记生效	登记生效之日，是指纳税人办理登记的当月1日或者次月1日，由纳税人在办理登记手续时自行选择 纳税人自一般纳税人生效之日起，按照增值税一般计税方法计算应纳税额

经典题解

【例题12·单选题】增值税纳税人年应税销售额超过规定标准的，在所属申报期结束后规定时间内到主管税务机关办理资格登记，规定的时限是（　　）。

A. 申报期结束后10日内　　B. 申报期结束后15日内

C. 申报期结束后20日内　　D. 申报期结束后30日内

【解析】纳税人在年应税销售额超过规定标准的月份（或季度）的所属申报期结束后15日内按照规定办理资格登记手续。

【答案】B

考点3：综合保税区增值税一般纳税人资格管理★

综合保税区增值税一般纳税人资格试点（以下简称“一般纳税人资格试点”）实行备案管理。符合条件的综合保税区，由所在地省级税务、财政部门和直属海关将一般纳税人资格试点实施方案（包括综合保税区名称、企业申请需求、政策实施准备条件等情况）向国家税务总局、财政部和海关总署备案后，可以开展一般纳税人资格试点。

为便于考生顺畅学习，本部分的具体税收政策在出口和跨境业务增值税的退（免）税和征税一节最后进行详细讲解。

第三节　税率与征收率

图示记忆

基本税率	13%
低税率	9%
低税率	6%
零税率	0
征收率	3%；5%

使用“会计云课堂”App或“微信”扫码查看本节视频，快速GET知识点。

根据确定增值税税率的基本原则，我国增值税设置了1档基本税率和2档低税率，此外还对出口货物和财政部、国家税务总局规定的跨境应税行为实行零税率（国务院另有规定的除外）。小规模纳税人不适用税率而适用征收率（除进口货物外）。

考点 1：增值税的税率★★★

按照我国现行增值税的规定，不同的业务范畴对应着不同档次的增值税税率，以下为 2019 年 4 月 1 日后增值税税率及对应的业务：

<table>
<tr><th>增值税税率</th><th colspan="2">具体规定</th></tr>
<tr><td>基本税率
13%</td><td colspan="2">（1）纳税人销售或者进口货物（除适用低税率、征收率和零税率的外）
（2）纳税人提供加工、修理修配劳务（以下简称“应税劳务”）
（3）有形动产租赁服务
【提示】有形动产租赁，包括有形动产融资租赁和有形动产经营性租赁
水路运输的光租业务和航空运输的干租业务，属于有形动产经营性租赁</td></tr>
<tr><td rowspan="2">低税率 9%</td><td>货物类</td><td>（1）粮食等农产品（含动物骨粒、干姜、姜黄；不含麦芽、复合胶、人发、淀粉）、食用植物油（含棕榈油、棉籽油、茴油、毛椰子油、核桃油、橄榄油、花椒油、杏仁油、葡萄籽油、牡丹籽油；不含环氧大豆油、氢化植物油、肉桂油、桉油、香茅油）、鲜奶（含按规定标准生产的巴氏杀菌乳、灭菌乳；不含调制乳）
（2）自来水、暖气、冷气、热水、煤气、石油液化气、天然气、沼气、居民用煤炭制品、二甲醚
（3）图书、报纸、杂志；音像制品；电子出版物
【提示】中小学课本配套产品（包括各种纸制品或图片）由于与课本配套，按照图书对应的低税率计税。国内印刷企业承印的经新闻出版主管部门批准印刷且采用国际标准书号编序的境外图书，按照图书适用的低税率征收增值税
（4）饲料、化肥、农药、农机（含密集型烤房设备、频振式杀虫灯、自动虫情测报灯、黏虫板、农用挖掘机、养鸡设备系列产品、养猪设备系列产品、动物尸体降解处理机、蔬菜清洗机）、农膜
（5）食用盐</td></tr>
<tr><td>服务、无形资产、不动产类</td><td>（1）交通运输服务
（2）邮政服务
（3）基础电信服务
（4）建筑服务
（5）不动产租赁服务
（6）销售不动产
（7）转让土地使用权（不含转让补充耕地指标）</td></tr>
<tr><td>低税率 6%</td><td colspan="2">（1）现代服务（租赁服务除外）
（2）增值电信服务
（3）金融服务
（4）生活服务
（5）销售无形资产（含转让补充耕地指标，不含转让土地使用权）</td></tr>
</table>

增值税税率	具体规定
零税率	（1）纳税人出口货物，税率为零；但是，国务院另有规定的除外 （2）境内单位和个人跨境销售国务院规定范围内的服务、无形资产，税率为零。主要包括国际运输服务；航天运输服务（参照国际运输服务）；向境外单位提供的完全在境外消费的下列服务：研发服务、合同能源管理服务、设计服务、广播影视节目（作品）制作和发行服务、软件服务、电路设计及测试服务、信息系统服务、业务流程管理服务、离岸服务外包业务、转让技术 （3）其他零税率政策：按照国家有关规定应取得相关资质的国际运输服务项目，纳税人取得相关资质的适用零税率政策，未取得的，适用增值税免税政策。境内单位和个人以无运输工具承运方式提供的国际运输服务，由境内实际承运人适用增值税零税率；无运输工具承运业务的经营者适用增值税免税政策

名师点拨

零税率不等同于免税，体现应税的特殊销售项目但整体税负为零。零税率设计在增值税暂行条例的税率中。

【辨析】适用零税率的租赁业务辨析：

租赁类型	增值税零税率的申请方
境内的单位或个人提供程租服务，如果租赁的交通工具用于国际运输服务和港澳台地区运输服务	出租方
境内的单位或个人向境内单位或个人提供期租、湿租服务，如果承租方利用租赁的交通工具向其他单位或个人提供国际运输服务和港澳台运输服务	承租方
境内的单位或个人向境外单位或个人提供期租、湿租服务	出租方

【易错易混1】这部分有两个容易被考生忽视的问题：一是增值税应税劳务的税率不会涉及低税率，只可能是基本税率或3%的征收率；二是增值税的征收率不仅小规模纳税人适用，一般纳税人在某些特殊情况下也适用征收率。

【易错易混2】纳税人受托对垃圾、污泥、污水、废气等废弃物进行专业化处理适用增值税税率，视具体情况有所差异：

具体处理的情形		受托方适用税目及税率
专业化处理后未产生货物		属于“现代服务——专业技术服务”，收取的处理费用适用6%的增值税税率
专业化处理后产生货物	货物归属委托方的	属于提供“加工劳务”，其收取的处理费用适用13%的增值税税率
	货物归属受托方的	属于提供“现代服务——专业技术服务”，其收取的处理费用适用6%的增值税税率 受托方将产生的货物用于销售时，适用货物的增值税税率

经典题解

【真题13·单选题】增值税一般纳税人发生的下列应税行为中，适用6%税率

计征增值税的是（　　）。（2020 年）

A. 提供建筑施工服务

B. 通过省级土地行政主管部门设立的交易平台转让补充耕地指标

C. 出租 2020 年新购入的房产

D. 销售非现场制作食品

【解析】选项 A：属于提供建筑服务，适用 9% 的税率；选项 B：纳税人通过省级土地行政主管部门设立的交易平台转让补充耕地指标，按照“销售无形资产”缴纳增值税，税率为 6%；选项 C：属于不动产租赁服务，适用 9% 的税率；选项 D：纳税人现场制作食品并销售属于餐饮服务，销售非现场制作食品属于正常的销售货物行为，适用 13% 或 9% 的税率。

【答案】B

【例题 14 · 多选题】增值税一般纳税人销售外购的下列货物，目前按低税率 9% 计征增值税的有（　　）。

A. 动物骨粒　　B. 淀粉

C. 姜黄　　D. 麦芽

【解析】动物骨粒、姜黄按照农产品 9% 的税率征收增值税；淀粉、麦芽适用 13% 的税率。

【答案】AC

【例题 15 · 多选题】以下项目中，适用增值税零税率的有（　　）。

A. 境内单位向境外单位提供的完全在境外消费的设计服务

B. 航天运输服务

C. 境内单位向国内海关特殊监管区域内的单位提供的研发服务

D. 境内单位向境外单位提供的完全在境外消费的离岸服务外包业务

【解析】境内单位和个人向国内海关特殊监管区域及场所内的单位或个人提供的应税服务，不属于跨境应税行为，应照章征收增值税。

【答案】ABD

考点 2：增值税征收率 ★★★

> **名师点拨**
>
> 征收率是和简易计税相对应的概念。

【基本规定】一般情况下，征收率为 3%；特殊征收率 5%。

【特殊规定】某些特殊销售项目有特殊的“减按”规定：

（1）按照 3% 征收率减按 2% 征收增值税。

（2）按照 5% 征收率减按 1.5% 征收增值税。

（3）减按 0.5% 征收率征收增值税。

（4）减按 1% 征收率征收增值税。

> **要点小贴士**
>
> 教材未收录 1% 征收率优惠政策，但是为与实务结合，本书部分内容，按照 1% 征收率编写。

【提示】增值税的一般计税需要使用税率，但是简易计税需要使用征收率。在学习这部分内容时要注意以下两点：

1. 使用征收率计税就要求纳税人采用简易征税办法缴税，不能抵扣与该项目相关的进项税额。对增值税一般纳税人的一些特殊经营项目，符合规定的采用征收率计税，属于增值税“链条”不完整或不公平情形下的特殊举措。

2. 采用征收率计算的税额，不能称其为销项税额，对于小规模纳税人直接就是应纳税额；对于一般纳税人，是其应纳税额的组成部分。

【归纳1】一般纳税人选择简易计税办法适用3%征收率的情况：

一般纳税人发生特定的应税销售行为，可选择按照或暂时适用简易计税办法依照3%的征收率计算缴纳增值税。

（1）县级及县级以下小型水力发电单位生产的自产电力。小型水力发电单位，是指各类投资主体建设的装机容量为5万千瓦以下（含5万千瓦）的小型水力发电单位。

（2）自产建筑用和生产建筑材料所用的砂、土、石料。

（3）以自己采掘的砂、土、石料或其他矿物连续生产的砖、瓦、石灰（不含粘土实心砖、瓦）。

（4）自己用微生物、微生物代谢产物、动物毒素、人或动物的血液或组织制成的生物制品。

（5）自产的自来水。

（6）自来水公司销售自来水。（必须选择）

【提示】对属于增值税一般纳税人的自来水公司销售自来水按简易办法依照3%征收率缴纳增值税，不得抵扣其购进自来水取得增值税扣税凭证上注明的增值税税款。

（7）自产的商品混凝土（仅限于以水泥为原料生产的水泥混凝土）。

（8）单采血浆站销售非临床用人体血液。

（9）寄售商店代销寄售物品（包括居民个人寄售的物品在内）。（必须选择）

（10）典当业销售死当物品。（必须选择）

要点小贴士

一般纳税人提供的铁路旅客运输服务，不得选择按照简易计税办法计算缴纳增值税。

【相关链接】居民个人销售自己使用过的物品属于法定免税的范畴，但是通过寄售商店或典当行销售的物品则需要按照简易计税办法缴纳增值税。

（11）药品经营企业销售生物制品。

（12）公共交通运输服务，包括轮客渡、公交客运、轨道交通（含地铁、城市轻轨）、出租车、长途客运、班车。其中，班车是指按固定路线、固定时间运营并在固定站点停靠的运送旅客的陆路运输服务。

名师点拨

这里的班车具有对外经营的特征，不等同于单位内部的通勤班车。

（13）经认定的动漫企业为开发动漫产品提供的动漫脚本编撰、形象设计、背景设计、动画设计、分镜、动画制作、摄制、描线、上色、画面合成、配音、配乐、音效合成、剪辑、字幕制作、压缩转码（面向网络动漫、手机动漫格式适配）服务，以及在境内转让动漫版权（包括动漫品牌、形象或者内容的授权及再授权）。

（14）电影放映服务、仓储服务、装卸搬运服务、收派服务和文化体育服务。

（15）资管产品管理人运营资管产品过程中发生的增值税应税行为，暂适用简易计税方法，按照3%的征收率缴纳增值税。

（16）提供物业管理服务的纳税人，向服务接受方收取的自来水水费，以扣除其对外支付的自来水水费后的余额为销售额，按照简易计税方法依3%的征收率计算缴纳增值税。（必须选择）

（17）提供非学历教育服务、教育辅助服务。

（18）从事再生资源回收的增值税一般纳税人销售其收购的再生资源。（新增）

（19）销售自产或外购的机器设备的同时提供安装服务，应分别核算机器设备和安装服务的销售额，安装服务可以按照甲供工程选择适用简易计税方法计税。

【提示】纳税人对安装运行后的机器设备提供的维护保养服务，按照“其他现代服务”缴纳增值税。

（20）增值税一般纳税人生产销售和批发、零售下列药品，可选择按照简易办法依照3%征收率计算缴纳增值税：①抗癌药品；②罕见病药品。

【相关链接】自2018年5月1日起，对进口抗癌药品，减按3%征收进口环节增值税。对进口罕见病药品，自2019年3月1日起，减按3%征收进口环节增值税。（本章第六节有收录）

（21）非企业性单位中的一般纳税人提供的研发和技术服务、信息技术服务、鉴证咨询服务，以及销售技术、著作权等无形资产，可以选择简易计税方法按照3%征收率计算缴纳增值税。

要点小贴士

本政策只适用于非企业性单位。

（22）一般纳税人可以选择适用简易计税方法计税的建筑服务：

可以选择适用简易计税方法计税的建筑服务	解释
一般纳税人以清包工方式提供的建筑服务	是指施工方不采购建筑工程所需的材料或只采购辅助材料，并收取人工费、管理费或者其他费用的建筑服务
一般纳税人为甲供工程提供的建筑服务	是指全部或部分设备、材料、动力由工程发包方自行采购的建筑工程
一般纳税人为建筑工程老项目提供的建筑服务	建筑工程老项目是指： ①《建筑工程施工许可证》注明的合同开工日期在2016年4月30日前的建筑工程项目 ②未取得《建筑工程施工许可证》的，建筑工程承包合同注明的开工日期在2016年4月30日前的建筑工程项目

经典题解

【真题16·单选题】增值税一般纳税人发生的下列行为中，可以采用简易计税方法计征增值税的是（　　）。（2020年）

A. 销售矿泉水

B. 销售沥青混凝土

C. 以清包工方式提供建筑服务

D. 出租2016年5月1日后取得的不动产

【解析】选项AB：一般纳税人发生特定的应税销售行为，可选择按照简易计税办法依照3%的征收率计算缴纳增值税，如，销售自产的自来水；销售自产的商品混凝土（仅限于以水泥为原料生产的水泥混凝土）。选项D：增值税一般纳税人出租2016年4月30日前取得的不动产，可以选择适用简易计税方法计征增值税。

【答案】C

【真题17·多选题】增值税一般纳税人发生的下列业务中，可以选择适用简易计税方法的有（ ）。（2017年）

A. 提供装卸搬运服务　　B. 提供文化体育服务

C. 提供公共交通运输服务　　D. 提供税务咨询服务

【解析】增值税一般纳税人提供的装卸搬运服务、文化体育服务、公共交通运输服务，可以选择适用简易计税方法计税。

【答案】ABC

【归纳2】适用3%征收率计税的一般纳税人和小规模纳税人，其某些特殊销售项目按照3%征收率减按2%征收增值税：

（1）小规模纳税人销售自己使用过的固定资产（有形动产，下同），适用简易办法依照3%征收率减按2%征收增值税政策的，可以放弃减税，按照简易办法依照3%征收率缴纳增值税，并可自行开具或由主管税务机关代开增值税专用发票。

（2）一般纳税人销售自己使用过的不得抵扣且未抵扣进项税的固定资产，适用简易办法依照3%征收率减按2%征收增值税政策的，可以放弃减税，按照简易办法依照3%征收率缴纳增值税，并可以开具增值税专用发票。

（3）纳税人（含一般纳税人和小规模纳税人）销售旧货，按照简易办法依照3%征收率减按2%征收增值税，不能放弃减税。

> **要点小贴士**
> 小规模纳税人（除其他个人外）销售自己使用过的除固定资产以外的物品，应按3%的征收率征收增值税。

【归纳3】受新型冠状病毒疫情影响，自2021年4月1日至2021年12月31日，全国范围的增值税小规模纳税人适用3%征收率的应税销售收入，减按1%征收率征收增值税；适用3%预征率的预缴增值税项目，减按1%预征率预缴增值税。（教材未收录）

> **名师点拨**
> 自2020年3月1日至2021年3月31日，湖北省小规模纳税人享受免征增值税政策；其他地区的减按1%。

【归纳4】自2020年5月1日至2023年12月31日，从事二手车经销业务的纳税人销售其收购的二手车，减按0.5%征收率征收增值税。

【归纳5】全面"营改增"过程中的特殊项目，适用5%的征收率计算增值税：

第一类，与"房地"相关的适用5%征收率的项目：

（1）小规模纳税人销售自建或者取得的不动产。

（2）房地产开发企业中的小规模纳税人，销售自行开发的房地产项目。

（3）小规模纳税人出租（经营租赁）其取得的不动产（不含个人出租住房以及住房租赁企业向个人出租住房）。

（4）其他个人销售其取得（不含自建）的不动产（不含其购买的住房）。

（5）其他个人出租（经营租赁）其取得的不动产（不含住房）。

（6）个人出租住房，应按照5%的征收率减按1.5%计算应纳税额。

（7）一般纳税人选择简易计税方法计税的不动产销售。

（8）房地产开发企业中的一般纳税人购入未完工的房地产老项目（2016年4月30日之前的建筑工程项目）继续开发后，以自己名义立项销售的不动产，属于房地产老项目，可以选择适用简易计税方法按照5%的征收率计算缴纳增值税。

（9）一般纳税人选择简易计税方法计税的不动产经营租赁。

（10）住房租赁企业中的增值税一般纳税人向个人出租住房取得的全部出租收入，可以选择适用简易计税方法，按照5%的征收率减按1.5%计算缴纳增值税；住房租赁企业中的增值税小规模纳税人向个人出租住房，按照5%的征收率减按1.5%计算缴纳增值税。（教材未收录）

【提示】住房租赁企业向个人出租住房适用上述简易计税方法并进行预缴的，减按1.5%预征率预缴增值税。

（11）一般纳税人2016年4月30日前签订的不动产融资租赁合同，或以2016年4月30日前取得的不动产提供的融资租赁服务，选择适用简易计税方法的。

（12）一般纳税人收取试点前开工的一级公路、二级公路、桥、闸通行费，选择适用简易计税方法的。

（13）纳税人转让2016年4月30日前取得的土地使用权，选择适用简易计税方法的。

第二类，其他适用5%征收率的项目：

（1）纳税人提供劳务派遣服务，选择差额纳税的。

（2）一般纳税人提供人力资源外包服务，选择适用简易计税方法的。

（3）纳税人提供安全保护服务，选择差额纳税的。

【归纳6】对一般纳税人和小规模纳税人发生相同的应税销售行为进行辨析：

<table>
<tr><th colspan="2">应税销售行为</th><th>一般纳税人</th><th>小规模纳税人（2021年12月31日前适用）</th></tr>
<tr><td rowspan="2">销售自己使用过的物品</td><td>固定资产（有形动产）</td><td>①按规定允许抵扣进项税额的固定资产再转让
销项税额＝含税销售额÷（1+税率）×税率
税率一般为13%
低税率范围的农机等为9%
②按规定不得抵扣且未抵扣过进项税额的固定资产再转让
应纳税额＝含税销售额÷（1+3%）×2%</td><td rowspan="4">应纳税额＝含税销售额÷（1+1%）×1%</td></tr>
<tr><td>其他物品</td><td>销项税额＝含税销售额÷（1+税率）×税率
税率为13%或9%</td></tr>
<tr><td rowspan="3">销售自己没有使用过的物品</td><td>货物（有形动产）</td><td>销项税额＝含税销售额÷（1+税率）×税率
税率为13%或9%
特殊情况下，按简易办法计税：
应纳税额＝含税销售额÷（1+3%）×3%</td></tr>
<tr><td rowspan="2">经营旧货（含旧汽车、摩托车、游艇）</td><td>应纳税额＝含税销售额÷（1+3%）×2%</td></tr>
<tr><td colspan="2">自2020年5月1日至2023年12月31日，从事二手车经销业务的纳税人销售其收购的二手车，减按0.5%征收率征收增值税：
应纳税额＝含税销售额÷（1+0.5%）×0.5%</td></tr>
<tr><td colspan="2">提供应税劳务</td><td>销项税额＝含税销售额÷（1+13%）×13%</td><td>应纳税额＝含税销售额÷（1+1%）×1%</td></tr>
</table>

名师点拨

旧货：买旧再卖，自己没用过。

自己使用过的物品：自己用旧再卖。

<table>
<tr><th colspan="2">应税销售行为</th><th>一般纳税人</th><th>小规模纳税人（2021 年 12 月 31 日前适用）</th></tr>
<tr><td rowspan="2">销售服务、无形资产或不动产</td><td>一般规定</td><td>销项税额 = 含税销售额 ÷（1+ 税率）× 税率
税率为 13%、9%、6%</td><td rowspan="2">应纳税额 = 含税销售额 ÷（1+1%）× 1%
应纳税额 = 含税销售额 ÷（1+5%）× 5% 或 1.5%</td></tr>
<tr><td>特殊情况</td><td>一些列举的特定行为可选择简易征收办法：
应纳税额 = 含税销售额 ÷（1+3%）× 3%
应纳税额 = 含税销售额 ÷（1+5%）× 5%
应纳税额 = 含税销售额 ÷（1+5%）× 1.5%</td></tr>
</table>

【归纳 7】劳务派遣服务，选择差额纳税的，以取得的全部价款和价外费用，扣除代用工单位支付给劳务派遣员工的工资、福利和为其办理社会保险及住房公积金后的余额为销售额，按照 5% 的征收率计算缴纳增值税。具体情况如下：

<table>
<tr><th>纳税人情况</th><th>劳务派遣收入计税规则</th></tr>
<tr><td rowspan="2">一般纳税人</td><td>采用一般计税方法的，以不含增值税全部价款和价外费用，适用 6% 的税率计算销项税额</td></tr>
<tr><td>选择简易计税方法的，用经过扣除的销售额和 5% 的征收率计算应纳税额</td></tr>
<tr><td rowspan="2">小规模纳税人</td><td>选择差额计税的，用经过扣除的销售额和 5% 的征收率计算应纳税额</td></tr>
<tr><td>选择全额计税的，用不含增值税全部价款和价外费用和 3% 的征收率计算应纳税额</td></tr>
</table>

【易错易混】并不是所有“旧”车销售都适用 0.5% 的征收率，要注意具体问题具体分析。关于“旧”车的征收率的使用情况归纳如下：

<table>
<tr><th colspan="2">纳税人</th><th>具体规定</th></tr>
<tr><td colspan="2">二手车经销企业（含一般纳税人和小规模纳税人）销售其收购的二手车
特点：经销收购二手车</td><td>（1）一般情况下：
应纳税额 = 含税销售额 ÷（1+3%）× 2%
（2）2020 年 5 月 1 日至 2023 年 12 月 31 日：
应纳税额 = 含税销售额 ÷（1+0.5%）× 0.5%</td></tr>
<tr><td rowspan="3">非二手车经销企业销售其自用过的小汽车
特点：自用过的车辆转让</td><td>一般纳税人</td><td>（1）2013 年 7 月 31 日前购买的，转让时：
应纳税额 = 含税销售额 ÷（1+3%）× 2%
（2）2013 年 8 月 1 日以后购买的，转让时：
销项税额 = 含税销售额 ÷（1+13%）× 13%</td></tr>
<tr><td>小规模纳税人</td><td>（1）一般情况下：
应纳税额 = 含税销售额 ÷（1+3%）× 2%
（2）2021 年 4 月 1 日至 2021 年 12 月 31 日：
应纳税额 = 含税销售额 ÷（1+1%）× 1%</td></tr>
<tr><td>自然人</td><td>法定免税</td></tr>
</table>

经典题解

【真题 18·单选题】某二手车经销公司 2021 年 4 月销售其收购的二手车 40 辆，取得含税销售额 120.6 万元。该公司当月销售二手车应缴纳增值税（　　）万元。（2021 年）

A. 2.34　　B. 3.51　　C. 0.60　　D. 0.59

【解析】自 2020 年 5 月 1 日至 2023 年 12 月 31 日，从事二手车经销业务的纳税人销售其收购的二手车，减按 0.5% 征收率征收增值税。该公司当月销售二手车应缴纳增值税 =120.6÷（1+0.5%）×0.5%=0.6（万元）。

【答案】C

考点 3：兼营行为的税率或征收率选择★

兼营和混合销售的分类和税务处理原则是 CPA 税法考试的重点内容，“营改增”之后，兼营和混合销售的概念被重新定义。

经营行为	概念和特点	税务处理原则
兼营	概念：纳税人兼有销售货物、提供加工修理修配劳务、销售服务、无形资产或者不动产（以下简称“应税销售行为”）适用不同税率或者征收率 特点：各行为之间相互独立，不存在因果关系和内在联系	应当分别核算适用不同税率或者征收率的销售额，未分别核算销售额的，按照以下方法适用税率或者征收率： （1）兼有不同税率的应税销售行为，从高适用税率 （2）兼有不同征收率的应税销售行为，从高适用征收率 （3）兼有不同税率和征收率的应税销售行为，从高适用税率 【特殊规定】纳税人销售活动板房、机器设备、钢结构件等自产货物的同时提供建筑、安装服务，不属于混合销售，应分别核算货物和建筑服务的销售额，分别适用不同的税率或者征收率，即按照兼营的政策计税；一般纳税人销售自产或外购的机器设备的同时提供安装服务，应分别核算机器设备和安装服务的销售额，安装服务可以按照甲供工程选择适用简易计税方法计税
混合销售	概念：一项销售行为既涉及货物又涉及服务 特点：销售货物与提供服务之间存在因果关系和内在联系	按企业主营项目的性质划分适用的项目来缴纳增值税。一般情况下，销售货物为主的企业的混合销售按照销售货物缴纳增值税，销售服务为主的企业的混合销售按照销售服务缴纳增值税

要点小贴士

特殊规定是将列举的特殊混合销售按照兼营处理。

【相关链接】这部分内容要与增值税销售额和销项税额的确定对应起来学习。

经典题解

【真题19·单选题】下列经营行为中，属于增值税混合销售行为的是（　　）。（2019年）

A. 商场销售相机及存储卡

B. 商场销售办公设备并提供送货服务

C. 康养中心提供住宿并举办健康讲座

D. 健身房提供健身场所并销售减肥药

【解析】一项销售行为如果既涉及货物又涉及服务，为混合销售行为。

【答案】B

第四节　一般计税方法应纳税额的计算

使用“会计云课堂”App或“微信”扫码查看本节视频，快速GET知识点。

增值税的计税方法，包括一般计税方法、简易计税方法和扣缴计税方法。

计税方法	适用主体	税额计算公式
一般计税方法	一般纳税人	当期应纳增值税税额 = 当期销项税额 − 当期进项税额 【提示】一般纳税人发生应税销售行为适用一般计税方法计税（除特定情形外）
简易计税方法	①小规模纳税人 ②一般纳税人的特定情形	当期应纳增值税税额 = 当期销售额（不含增值税）× 征收率 【提示】小规模纳税人发生应税销售行为适用简易计税方法计税。一般纳税人发生财政部和国家税务总局规定的应税销售行为，可以选择（部分应税销售行为必须选择）适用简易计税方法计税
扣缴计税方法	扣缴义务人	境外单位或者个人在境内发生应税行为，在境内未设有经营机构的，以购买方为扣缴义务人。财政部和国家税务总局另有规定的除外。扣缴义务人按照规定公式和适用税率计算应扣缴税额： 应扣缴税额 = 接受方支付的价款 ÷（1+ 税率）× 税率

经典题解

【例题20·单选题】2021年2月，境外公司为我国A企业提供技术咨询服务，A企业向其支付含税价款200万元，该境外公司在境内未设立经营机构，则A企业应当扣缴的增值税税额为（　　）万元。

A. 0　　B. 5.83　　C. 11.32　　D. 12

【解析】应扣缴增值税 =200÷（1+6%）×6%=11.32（万元）。

【答案】C

考点 1：销项税额的基本计算公式★★★

基本公式：

当期应纳税额 = 当期销项税额 – 当期进项税额 = 当期销售额（不含增值税）× 适用税率 – 当期进项税额

纳税人发生应税销售行为时，按照销售额与规定的税率计算并向购买方收取的增值税税额，为销项税额。具体计算公式如下：

销项税额 = 销售额（不含税）× 税率

【解释】销项税额需要纳税人按规定自行计算出来。由于增值税是“价外税”，税金不是计税销售额的组成部分，因此销项税额的计算依据是不含增值税的销售额。如果交易金额是含增值税的销售额，在确定公式中计算销项税的销售额时，还要注意将含税销售额换算成不含税销售额。

在具体运算时，销售额可分为四类：一般销售方式下的销售额；特殊销售方式下的销售额；按差额确定的销售额；视同发生应税销售行为的销售额。

销售额的类别	具体内容
一般销售方式下的销售额	包括向购买方收取的全部价款和价外费用，但不含增值税。价外费用一般为含税收入，在征税时换算成不含税收入，再并入销售额 销售额不包括向购买方收取的增值税销项税额，如果纳税人取得的是价税合计金额，还需换算成不含增值税的销售额 不含税销售额 = 含增值税销售额 ÷（1+ 税率）
特殊销售方式下的销售额	采取折扣方式销售、采取以旧换新方式销售、采取还本销售方式销售、采取以物易物方式销售、包装物押金是否计入销售额等
按差额确定的销售额	金融商品转让销售额、经纪代理服务的销售额、融资租赁和融资性售后回租业务的销售额、其他应税服务差额计税等
视同发生应税销售行为的销售额	按照规定的顺序来确定销售额

考点 2：一般销售方式下的销售额★★★

销售额包括向购买方收取的全部价款和价外费用。与销售有因果连带关系的价外收费都应看作含税销售额，即向购买方收取的价外费用应视为含税收入，在征税时换算成不含税收入，再并入销售额计税。

所谓价外费用，包括价外向购买方收取的手续费、补贴、基金、集资费、返还利润、奖励费、违约金、滞纳金、延期付款利息、赔偿金、代收款项、代垫款项、包装费、优质费以及其他各种性质的价外收费。

【归纳1】销售额的一般规定：

销售额中包含的项目	销售额中不包含的项目
（1）向购买方收取的全部价款 （2）向购买方收取的价外费用 （3）消费税等价内税金	（1）向购买方收取的销项税额 （2）受托加工应征消费税的消费品所代收代缴的消费税 （3）同时符合以下条件的代垫运输费用： ①承运部门的运输费用发票开具给购买方的 ②纳税人将该项发票转交给购买方的 （4）符合条件代为收取的政府性基金和行政事业性收费 （5）销货同时代办保险收取的保险费，向购买方收取的代购买方缴纳的车辆购置税、车辆牌照费（销货方对此类代收费用开具发票的除外）

【提示】销售额以人民币计算，纳税人以人民币以外的货币结算销售额的，应当折合成人民币计算。折合率可以选择销售额发生的当天或者当月1日的人民币汇率中间价。纳税人应当在事先确定采用何种折合率，确定后1年内不得变更。

【归纳2】价款和税款合并收取的销售额的换算：

计算增值税的销售额不包括收取的增值税，因为增值税是价外税，增值税税金不是销售额的组成部分，如果纳税人取得的是价税合计金额，还需换算成不含增值税的销售额。

视为含税收入的主要情况	换算公式
（1）商业企业零售价 （2）价税合并收取的金额 （3）价外费用 （4）并入销售额计税的包装物的押金	一般计税方法： 销售额＝含增值税销售额÷（1+税率） 简易计税方法： 销售额＝含增值税销售额÷（1+征收率）

经典题解

【例题21·多选题】增值税一般纳税人收取的下列款项中，应作为价外费用并入销售额计算增值税销项税额的有（　　）。

A. 商业企业向供货方收取的与商品销售量挂钩的返还收入

B. 生产企业销售货物时收取的包装费

C. 设计企业提供设计服务向客户收取的提前完成奖励费

D. 4S店销售汽车同时向购买方收取的代购买方缴纳的车辆购置税、车辆牌照费

【解析】BC选项应作为价外费用并入销售额计算增值税销项税额。对商业企业向供货方收取的与商品销售量、销售额挂钩（如以一定比例、金额、数量计算）的各种返还收入，均应按照平销返利行为的有关规定冲减当期增值税进项税金，所以A选项不正确。4S店销售汽车同时向购买方收取的代购买方缴纳的车辆购置税、车辆牌照费不属于价外费用，不计入销售额计算销项税额，D选项不正确。

【答案】BC

考点3：特殊销售方式下的销售额★★★

复习时注意若干种特殊销售方式下的销售额的计算规则：

1. 采取折扣方式销售

（1）折扣销售（商业折扣）

特点：销售时折扣已确定发生，有条件在同一张发票上注明并在入账时直接扣除。

税务处理规则：符合发票管理规定的，可按折扣后的余额计算销项税额。

折扣销售只限于价格的折扣，且需在金额栏体现，在备注栏注明的折扣不得被减除。

【提示】不能是实物折扣。如将自产、委托加工或购买的货物用于实物折扣的，该实物价款不能从货物销售额中减除，且该实物应按“视同销售”中的赠送他人计算征收增值税。

（2）销售折扣（现金折扣）

特点：销售时预计可能发生，按照总价款入账（不考虑现金折扣），在实际发生时作为理财性支出计入财务费用。

税务处理规则：折扣额不得从销售额中减除。

【注意】折扣销售与销售折扣的增值税税务处理有不同的规定，不能混淆。

销售折扣不能在计算增值税时扣减销售额，但是可以在计算所得税时作为财务费用扣减所得额。

（3）销售折让

特点：销售过程中或销售完成后的价格减让，一般与质量或适用性有关。

税务处理规则：可以从销售额中减除，以折让后的货款为销售额。

【相关链接】纳税人销售货物并向购买方开具增值税专用发票后，由于购买方在一定时期内累计购买货物达到一定数量，或由于市场价格下降等原因，销货方给予购货方相应的价格优惠或补偿等折扣、折让行为，销货方可按规定开具红字增值税专用发票。

名师点拨

辨析三个概念：

（1）折扣销售——先打折再卖（为促销）；

（2）销售折扣——先卖再打折（为回款）；

（3）销售折让——边卖边打折或先卖再打折（因质量问题或防退货）。

经典题解

【例题22·单选题】甲服装厂为增值税一般纳税人，2021年9月销售给乙企业300套服装，不含税价格为700元/套。由于乙企业购买数量较多，甲服装厂给予乙企业7折的优惠，并按原价开具了增值税专用发票，折扣额在同一张发票的“备注”栏注明。甲服装厂当月的销项税额为（　　）元。

A. 19110　　B. 27300　　C. 20275.86　　D. 13230

【解析】折扣销售的折扣额只有在“金额”栏体现才能得以承认，对于在“备注”栏注明的折扣额不得从销售额中扣除。甲服装厂当月的销项税额=700×300×13%=27300（元）。

【答案】B

2. 采取以旧换新方式销售

（1）一般按新货同期销售价格确定销售额，不得减除旧货收购价格；

（2）金银首饰以旧换新业务按销售方实际收到的不含增值税的全部价款征税。

【提示】金银首饰的以旧换新政策与其他货物的以旧换新政策有不同的规定，不能混淆。

【举例】某百货公司家电部以旧换新电冰箱10台，新冰箱零售价3051元/台，旧冰箱作价100元/台；其金银首饰部采取“以旧换新”方式向消费者销售金项链10条，每条新项链的零售价格为3000元，每条旧项链作价1800元，每条项链取得差价款1200元，则：

电冰箱销售额=3051×10/（1+13%）=27000（元）

金项链销售额=1200×10/（1+13%）=10619.47（元）。

3. 采取还本销售方式销售

销售额就是货物的销售价格，不能扣除还本支出。

【举例】某企业用还本销售方式销售电脑，该型号电脑正常不含税售价0.6万元/台，该企业不含税还本销售价2万元/台，并约定5年后还本2万元/台。

则该销售方式下，电脑的销售额为不含税2万元/台，不能扣除还本支出。

4. 采取以物易物方式销售

（1）双方以各自发出的应税销售行为核算销售额并计算销项税额。

（2）双方是否能抵扣进项税额还要看能否取得相应的增值税专用发票或其他合法票据、是否用于可以抵扣进项税额的项目。

【提示】在运输工具舱位互换业务中，互换运输工具舱位的双方均以各自换出运输工具舱位确认的全部价款和价外费用为销售额，按照“交通运输服务”缴纳增值税。

经典题解

【真题23·单选题】甲贸易公司为增值税一般纳税人，2021年9月以不含税价格为15万元的苹果与乙公司不含税价格为8万元的罐头进行交换，差价款由乙公司以银行存款支付，双方均向对方开具增值税专用发票，假定当月取得的相关票据均符合税法规定，并在当月抵扣进项税，甲贸易公司当月应缴纳增值税（　　）万元。（2015年考题改编）

A. 0.31　　B. 0.55　　C. 0.63　　D. 1.12

【解析】应纳的增值税=15×9%-8×13%=1.35-1.04=0.31（万元）。

【答案】A

名师点拨

包装物押金与包装物租金不是等同概念，有不同的涉税处理。

5. 包装物押金是否计入销售额

纳税人为销售货物而出租出借包装物收取的押金：

（1）一年以内且未超过合同规定期限，单独核算者，不作销售处理；

（2）一年以内但超过合同规定期限，单独核算者，作销售处理；

（3）一年以上，一般作销售处理；

（4）酒类包装物押金，收到就作销售处理（黄酒、啤酒除外）。

【提示】包装物押金属于含税金额，计税时应先将其换算为不含税金额再并入销售额征税；包装物押金计入销售额计税时，适用所包装货物的税率。

经典题解

【例题24·单选题】2022年1月，某酒厂（增值税一般纳税人）销售粮食白酒和啤酒给副食品公司，其中白酒开具增值税专用发票，收取不含税价款50000元，另外收取包装物押金3000元；啤酒开具普通发票，收取的价税合计款20730元，另外收取包装物押金1500元。副食品公司按合同约定，于2022年3月将白酒、啤酒包装物全部退还给酒厂，并取回全部押金。就此项业务，该酒厂2022年1月计算的增值税销项税额应为（　　）元。

A. 8884.8　　　　B. 9101.23

C. 9230　　　　D. 10820

【解析】该酒厂2022年1月增值税销项税额=50000×13%+（20730+3000）/（1+13%）×13%=9230（元）。

【答案】C

6. 直销的增值税处理

直销企业的经营模式主要有两种：

模式1：

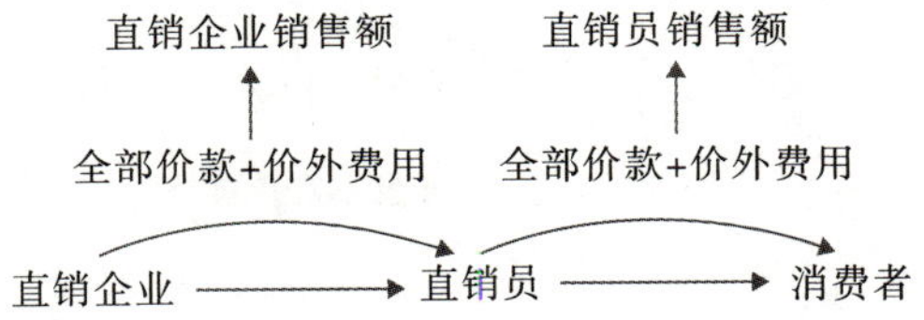

模式2：

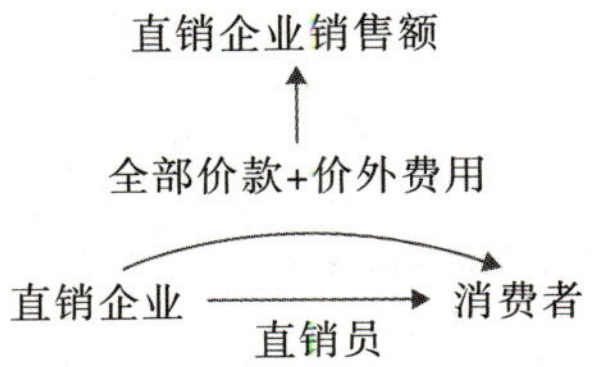

7. 贷款服务的销售额

（1）贷款服务，以提供贷款服务取得的全部利息及利息性质的收入为销售额。

（2）银行提供贷款服务按期计收利息的，结息日当日计收的全部利息收入，均应计入结息日所属期的销售额，按照现行规定计算缴纳增值税。

（3）自2018年1月1日起，资管产品管理人运营资管产品提供的贷款服务以2018年1月1日起产生的利息及利息性质的收入为销售额。（运营收入与利息收入

计税规则不同）

8. 直接收费金融服务的销售额

直接收费金融服务，以提供直接收费金融服务收取的手续费、佣金、酬金、管理费、服务费、经手费、开户费、过户费、结算费、转托管费等各类费用为销售额。

【提示】发卡机构、清算机构和收单机构提供银行卡跨机构资金清算服务的销售额确定和发票规定：

发卡机构：向持卡人发行银行卡，并提供相关的银行卡服务收取一定费用。

收单机构：负责特约商户的开拓与管理、授权请求、账单结算等活动，其利益主要来源于特约商户交易手续费的分成、服务费。

清算机构：负责管理和执行清算的机构，如银联。

机构	销售额确定	开具增值税发票金额	开具发票对象
发卡机构	向收单机构收取的发卡行服务费为销售额	向收单机构收取的发卡行服务费	清算机构
清算机构（银联）	向发卡机构、收单机构收取的网络服务费为销售额	发卡机构支付的网络服务费	发卡机构
		收单机构支付的网络服务费	收单机构
	从发卡机构取得的增值税发票上记载的发卡行服务费，一并计入清算机构的销售额	从发卡机构取得的增值税发票上记载的发卡行服务费（要并入的销售额）	收单机构
收单机构	向商户收取的收单服务费为销售额	向商户收取的收单服务费	商户

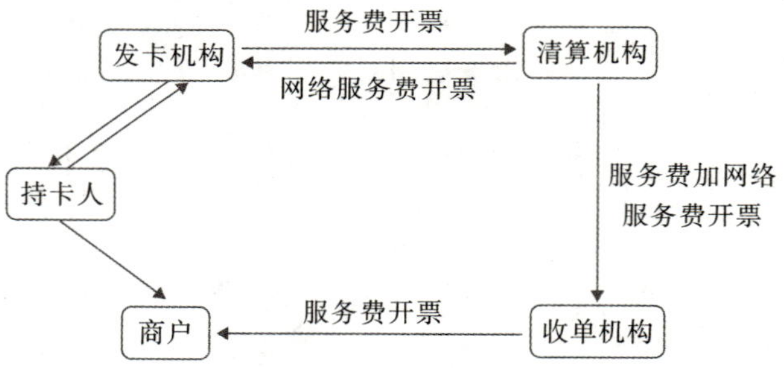

考点4：按差额确定的销售额★★★

虽然原营业税的征税范围全部纳入了增值税的征税范围，但是目前仍然有无法通过抵扣机制避免重复征税的情况存在，因此引入了差额征税的办法，解决纳税人税收负担增加问题。以下项目按差额确定销售额：

1. 金融商品转让销售额

金融商品转让，按照卖出价扣除买入价后的余额为销售额。

【提示】“买入价”的相关规定：

（1）纳税人无偿转让股票时，转出方以该股票的买入价为卖出价，按照“金融商品转让”计算缴纳增值税；在转入方将上述股票再转让时，以原转出方的卖出价为买入价，按照“金融商品转让”计算缴纳增值税。

（2）单位将其持有的限售股在解禁流通后对外转让，按照规定确定的买入价，低于该单位取得限售股的实际成本价的，以实际成本价为买入价计算缴纳增值税。即按照实际成本价与规定的买入价孰高的规则。

转让金融商品出现的正负差，按盈亏相抵后的余额为销售额。若相抵后出现负差，可结转下一纳税期与下期转让金融商品销售额相抵，但年末时仍出现负差的，不得转入下一个会计年度。如：纳税人 2021 年 7 月 ~9 月转让金融商品出现的负差，可结转下一纳税期，与 2021 年 10 月 ~12 月转让金融商品销售额相抵，但不得与 2022 年转让金融商品销售额相抵。

经典题解

【例题 25】假设某金融公司（一般纳税人）2021 年第四季度转让债券卖出价为 100000 元（含增值税价格，下同），该债券是 2020 年 9 月购入的，买入价为 60000 元，2021 年 1 月取得利息 6000 元，缴纳了增值税。该公司 2021 年第四季度之前转让金融商品亏损 10000 元。则转让债券的销项税额：

含税销售额 =100000-60000-10000=30000（元）

销项税额 =30000÷（1+6%）×6%=1698.11（元）。

2. 经纪代理服务的销售额

经纪代理服务，以取得的全部价款和价外费用，扣除向委托方收取并代为支付的政府性基金或者行政事业性收费后的余额为销售额。向委托方收取的政府性基金或者行政事业性收费，不得开具增值税专用发票。

3. 融资租赁和融资性售后回租业务的销售额

【解释】融资性售后回租，是指承租方以融资为目的，将资产出售给从事融资租赁业务的企业后，又将该资产租回的业务活动。承租方先将资产销售取得资金，再支付租金将已售资产租回使用，其实质属于融资行为。融资性售后回租与一般融资租赁的增值税计税规则存在差异。

纳税人及业务状况		增值税计税规则
经中国人民银行、银（保）监会或者商务部批准（或备案）从事融资租赁业务的试点纳税人	融资租赁服务	以取得的全部价款和价外费用，扣除支付的借款利息（包括外汇借款和人民币借款利息）、发行债券利息和车辆购置税后的余额为销售额
	融资性售后回租	以取得的全部价款和价外费用（不含本金），扣除对外支付的借款利息（包括外汇借款和人民币借款利息）、发行债券利息后的余额作为销售额

考点妙记

扣二息一税不扣本金。

考点妙记

特殊情况可选择扣二息和本金；也可选择扣二息不扣本金。

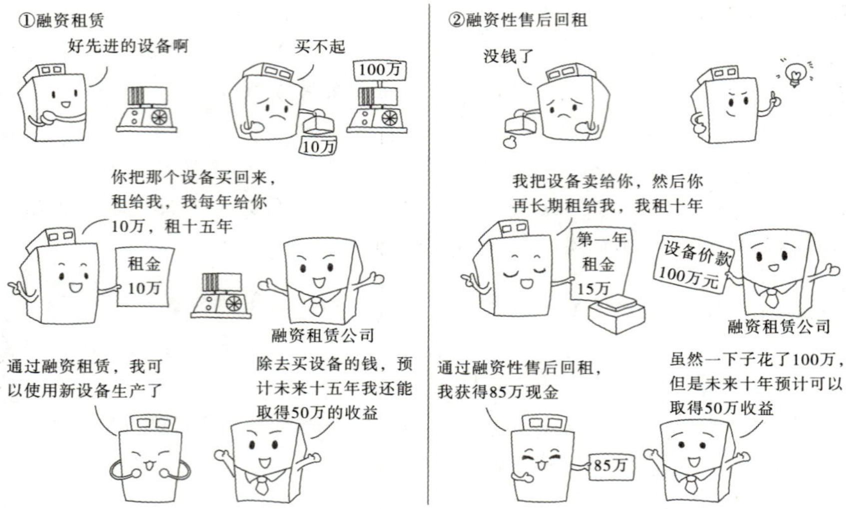

4. 其他应税服务差额计税的规定

纳税人及业务状况	增值税计税规则
航空运输企业的销售额	（1）不包括代收的机场建设费和代售其他航空运输企业客票而代收转付的价款 （2）航空运输销售代理企业提供境外航段机票代理服务，以取得的全部价款和价外费用，扣除向客户收取并支付给其他单位或者个人的境外航段机票结算款和相关费用后的余额为销售额。其中，支付给境内单位或者个人的款项，以发票或行程单为合法有效凭证；支付给境外单位或者个人的款项，以签收单据为合法有效凭证，税务机关对签收单据有疑义的，可以要求其提供境外公证机构的确认证明 （3）航空运输销售代理企业提供境内机票代理服务，以取得的全部价款和价外费用，扣除向客户收取并支付给航空运输企业或其他航空运输销售代理企业的境内机票净结算款和相关费用后的余额为销售额。其中，支付给航空运输企业的款项，以国际航空运输协会（IATA）开账与结算计划（BSP）对账单或航空运输企业的签收单据为合法有效凭证；支付给其他航空运输销售代理企业的款项，以代理企业间的签收单据为合法有效凭证。航空运输销售代理企业就取得的全部价款和价外费用，向购买方开具行程单，或开具增值税普通发票
一般纳税人提供客运场站服务	以其取得的全部价款和价外费用，扣除支付给承运方运费后的余额为销售额
纳税人提供旅游服务	可以选择以取得的全部价款和价外费用，扣除向旅游服务购买方收取并支付给其他单位或者个人的住宿费、餐饮费、交通费、签证费、门票费和支付给其他接团旅游企业的旅游费用后的余额为销售额 选择上述办法计算销售额的纳税人，向旅游服务购买方收取并支付的上述费用，不得开具增值税专用发票，可以开具普通发票

要点小贴士

此规定限于一般纳税人的一般计税方法。

纳税人及业务状况	增值税计税规则
纳税人提供建筑服务适用简易计税方法的	以取得的全部价款和价外费用扣除支付的分包款后的余额为销售额
房地产开发企业中的一般纳税人销售其开发的房地产项目（选择简易计税方法的房地产老项目除外）	以取得的全部价款和价外费用，扣除受让土地时向政府部门支付的土地价款后的余额为销售额 “向政府部门支付的土地价款”，包括土地受让人向政府部门支付的征地和拆迁补偿费用、土地前期开发费用和土地出让收益等 房地产开发企业中的一般纳税人销售其开发的房地产项目（选择简易计税方法的房地产老项目除外），在取得土地时向其他单位或个人支付的拆迁补偿费用也允许在计算销售额时扣除。纳税人按上述规定扣除拆迁补偿费用时，应提供拆迁协议、拆迁双方支付和取得拆迁补偿费用凭证等能够证明拆迁补偿费用真实性的材料

要点小贴士

此规定限于一般纳税人的一般计税方法。

【相关链接】劳务派遣服务，选择差额纳税的，以取得的全部价款和价外费用，扣除代用工单位支付给劳务派遣员工的工资、福利和为其办理社会保险及住房公积金后的余额为销售额，按照5%的征收率计算缴纳增值税。

【归纳】增值税差额计税规定是CPA税法的高频考点，结合上述政策内容，笔者编写了记忆口诀，考生可在理解政策规定的基础上运用口诀加强记忆，如果考生看不懂口诀，说明政策学习不到位，请理解到位后再记忆口诀：

金融商品买卖差；经纪政府和事业；
融资租赁要辨析，扣除、税率皆有异；
航运代票建设费；客运场站付运费；
旅游不算食住行、签证门票接团费；
建筑简易扣分包；房开政府土地价；
人力外包和派遣，可扣工薪和保险。

经典题解

【真题26·单选题】对下列增值税应税行为计算销项税额时，按照全额确定销售额的是（　　）。（2017年）

A. 贷款服务
B. 金融商品转让
C. 一般纳税人提供客运场站服务
D. 经纪代理服务

【解析】贷款服务，以提供贷款服务取得的全部利息及利息性质的收入为销售额。
【答案】A

5. 纳税人转让不动产缴纳增值税差额扣除的有关规定

（1）纳税人转让不动产，按照有关规定差额作为销售额缴纳增值税的，如因丢失等原因无法提供取得不动产时的发票，可向税务机关提供其他能证明契税计税金额的完税凭证等资料，进行差额扣除。

（2）纳税人以契税计税金额进行差额扣除的，按照下列公式计算增值税应纳税额：

①2016年4月30日及以前缴纳契税的：

增值税应纳税额=[全部交易价格（含增值税）-契税计税金额（含营业税）]÷（1+5%）×5%

②2016年5月1日及以后缴纳契税的：

增值税应纳税额=[全部交易价格（含增值税）÷（1+5%）-契税计税金额（不含增值税）]×5%

（3）纳税人同时保留取得不动产时的发票和其他能证明契税计税金额的完税凭证等资料的，应当凭发票进行差额扣除。

要点小贴士

取得不动产时的价格的确认：发票为主，契税资料为辅。

【解释】由于契税的计税依据与房地产交易价格直接挂钩，所以本项规定是针对纳税人因丢失等原因无法提供取得不动产的发票时，用契税的计税金额佐证原取得不动产时的价格。

经典题解

【例题27】2022年1月，张三转让2016年3月购置的一处商铺，转让时全部交易价格（含增值税）2100万元，不能提供取得商铺时的发票，契税凭证上契税税额为72万元，当地契税税率4%，则张三应纳增值税为：

增值税应纳税额=[全部交易价格（含增值税）-契税计税金额（含营业税）]÷（1+5%）×5%=（2100-72÷4%）÷（1+5%）×5%=300÷（1+5%）×5%=14.29（万元）。

6. 按照差额确定销售额的扣除凭证

纳税人按照上述2~5项规定从全部价款和价外费用中扣除的价款，应当取得符合法律、行政法规和国家税务总局规定的有效凭证。否则，不得扣除。上述凭证是指：

（1）支付给境内单位或者个人的款项，以发票为合法有效凭证。

（2）支付给境外单位或者个人的款项，以该单位或者个人的签收单据为合法有效凭证，税务机关对签收单据有疑义的，可以要求其提供境外公证机构的确认证明。

（3）缴纳的税款，以完税凭证为合法有效凭证。

（4）扣除的政府性基金、行政事业性收费或者向政府支付的土地价款，以省级以上（含省级）财政部门监（印）制的财政票据为合法有效凭证。

（5）国家税务总局规定的其他凭证。

【注意】纳税人取得的上述凭证属于增值税扣税凭证的，其进项税额不得从销项税额中抵扣。即同一扣除金额不能同时享受扣额和扣税的双重扣除待遇。

考点5：视同发生应税销售行为的销售额★★★

纳税人发生应税销售行为的价格明显偏低并无正当理由的，或者视同发生应税销售行为而无销售额的，在计算增值税时，销售额要按照如下规定的顺序来确定，不能随意跨越次序：

（1）按照纳税人最近时期发生同类应税销售行为的平均销售价格确定；

（2）按照其他纳税人最近时期发生同类应税销售行为的平均销售价格确定；

（3）按照组成计税价格确定。

组价公式一：组成计税价格 = 成本 ×（1+ 成本利润率）

公式中的成本：销售自产货物的，为实际生产成本；销售外购货物的，为实际采购成本。用这个公式组价的货物不涉及消费税，公式里的成本利润率由国家税务总局确定。

名师点拨

如果考试未提供，可用 10% 计算。

组价公式二：组成计税价格 = 成本 ×（1+ 成本利润率）+ 消费税税额

用这个公式组价的货物属于应征消费税的货物，其组成计税价格中应包括消费税税额，这里的消费税税额包括从价计算、从量计算、复合计算的全部消费税税额。公式中的成本利润率要按照消费税一章国家税务总局规定的成本利润率确定。

名师点拨

考试一般会提供。

【相关链接】这里要注意增值税组价与消费税组价的关系，在第三章消费税法中也会涉及。

考点 6：进项税额的确认和计算★★

进项税额，是指纳税人购进货物、劳务、服务、无形资产或者不动产，支付或者负担的增值税税额。

【提示】对进项税额的三方面理解：

1. 身份：一般纳税人的一般计税方法涉及进项税的抵扣；
2. 行为：存在货物、应税劳务、服务、无形资产和不动产的购买或接受行为；
3. 支付或负担：货物、应税劳务、应税行为的购买方或接受方支付或负担。

由于在增值税的计算中，进项税额是作为销项税额的减项在公式中出现的，故哪些可以抵扣，哪些不可以抵扣就成为必须掌握的重要问题。凭票抵扣是增值税管理的重要特点，但是在某些特殊情况下，允许纳税人按符合规定的非增值税专用发票（如农产品收购发票、农产品销售发票等）自行计算进项税额扣除。

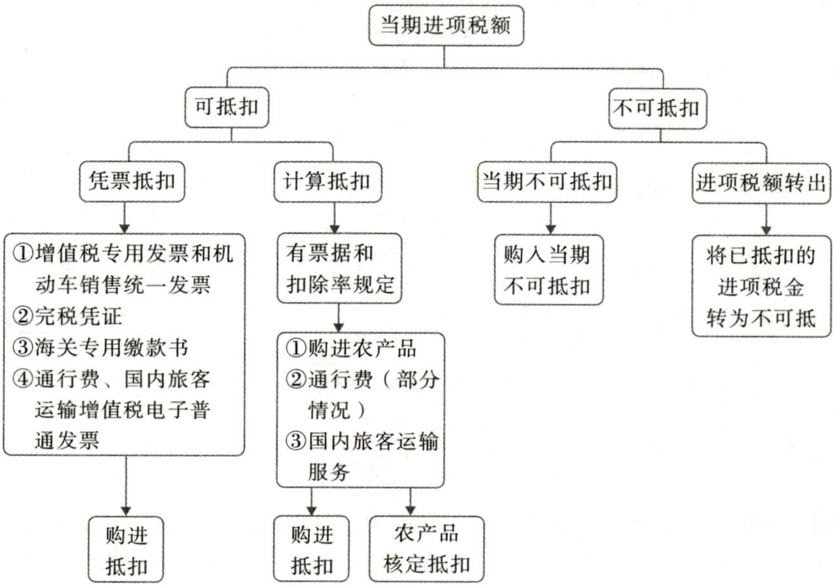

考点7：准予从销项税额中抵扣的进项税额的一般情况——凭票抵扣★★★

购进方的进项税额一般由销售方的销项税额对应构成。故进项税额在正常情况下：

（1）从销售方或提供方取得的增值税专用发票（含税控机动车销售统一发票，下同）上注明的增值税税额；

（2）从海关取得的海关进口增值税专用缴款书上注明的增值税税额；

（3）自境外单位或者个人购进劳务、服务、无形资产或者境内的不动产，从税务机关或者扣缴义务人处取得的代扣代缴税款的完税凭证上注明的增值税税额；

（4）收费公路通行费增值税电子普通发票上注明的增值税税额；

（5）购进国内旅客运输服务取得的增值税电子普通发票上注明的增值税税额。

【归纳1】随着“营改增”全面开展，目前可抵扣增值税进项税额的扣税凭证：

扣税凭证		适用情况	备注
凭票抵扣进项税的票据	（1）增值税专用发票	境内采购货物和接受应税劳务、服务，购买无形资产、不动产	由境内供货方或提供方、转让方开具，亦或由其主管税务机关代开
	（2）机动车销售统一发票	购买机动车	由境内机动车销售业务的从事者开具，或由其主管税务机关代开
	（3）海关进口增值税专用缴款书	进口货物	报关地海关开具
	（4）完税凭证	从境外单位或者个人购进劳务、服务、无形资产或者境内的不动产	自税务机关或者扣缴义务人处取得的代扣代缴税款的完税凭证
	（5）增值税电子普通发票	（1）支付道路通行费 （2）购进国内旅客运输服务	销售方开具
计算抵扣进项税的票据	（1）农产品收购发票	收购免税农产品	收购方开具
	（2）农产品销售发票	收购免税农产品	销售方开具，或由其主管税务机关代开
	（3）通行费发票（非财政票据）	桥、闸通行费	收费方开具
	（4）注明旅客身份信息的行程单、车票、客票	购进国内旅客运输服务	销售方开具

【提示】2013年8月1日起，增值税一般纳税人自用的应征消费税的摩托车、汽车、游艇，其进项税额准予从销项税额中抵扣。

【归纳2】其他有关可抵扣进项税的规定：

（1）增值税一般纳税人在资产重组过程中，将全部资产、负债和劳动力一并转让给其他增值税一般纳税人，并按程序办理注销税务登记的，其在办理注销登记前尚未抵扣的进项税额可结转至新纳税人处继续抵扣。

（2）按照规定不得抵扣进项税额的不动产，发生用途改变，用于允许抵扣进项税额项目的，按照下列公式在改变用途的次月计算可抵扣进项税额：

可抵扣进项税额 = 增值税扣税凭证注明或计算的进项税额 × 不动产净值率

另外，按照规定不得抵扣且未抵扣进项税额的固定资产、无形资产、不动产，发生用途改变，用于允许抵扣进项税额项目的，也可按照下列公式在改变用途的次月计算可抵扣进项税额：

可抵扣进项税额 = 固定资产、无形资产、不动产净值 ÷（1+ 适用税率）× 适用税率

【提示】上述两个公式的计算原理具有相通性，都可以在计算中运用。依照上述规定计算的可抵扣进项税额，应取得合法有效的增值税扣税凭证。即不可抵扣进项税改变为可抵扣进项税的资产，抵扣进项税的前提是有合法有效的增值税扣税凭证。

考点 8：准予从销项税额中抵扣的进项税额的特殊情况——计算抵扣★★★

1. 购进农产品的进项税的计算抵扣

购进方没有取得增值税专用发票、海关进口增值税专用缴款书，但可以自行计算进项税额抵扣的情况——购进农产品，除取得增值税专用发票或者海关进口增值税专用缴款书外，按照农产品收购发票或者销售发票上注明的农产品买价和规定的扣除率计算进项税额抵扣。进项税额计算公式：

进项税额 = 买价 × 扣除率

【解释 1】公式中的“买价”包括两个因素，一是包括纳税人购进农产品在农产品收购发票或者销售发票上注明的价款，二是包括按规定缴纳的烟叶税，即收购烟叶由收购方缴纳的烟叶税，计入计算抵扣进项税的买价之中。

公式中的“扣除率”为 9%，但购进后用于深加工适用基本税率的目的货物的，扣除率有不同的规定。针对纳税人购进农产品用于生产或委托加工 13% 税率货物的，在 9% 扣除率的基础上加计 1% 扣除，实际扣除率为 10%。

扣除率归纳：

项目	销售方情况		购买方抵扣规则			
	销售方性质	征免情况	扣税依据的票据	抵扣公式的“买价”	一般扣除率	目的货物适用基本税率的扣除率
农业生产者销售自产农产品	一般纳税人和小规模纳税人	免税	农产品销售发票或收购发票	发票注明的买价	9%	10%
批发、零售农产品（肉、蛋、菜）享受免税的			不论有无发票，均不得计算抵扣进项税			

项目	销售方情况		购买方抵扣规则			
	销售方性质	征免情况	扣税依据的票据	抵扣公式的“买价”	一般扣除率	目的货物适用基本税率的扣除率
批发、零售农产品未享受免税的	一般纳税人	9%税率计税	增值税专用发票	增值税专用发票注明的金额	9%	10%
	小规模纳税人	3%征收率计税				
销售粮食和大豆	国有粮食购销企业	免税				

经典题解

【例题28·单选题】某生产企业为增值税一般纳税人，生产销售货物适用税率9%。2021年1月从农业生产者购进免税农产品，开具农产品收购发票，注明金额为40万元；从小规模纳税人购入农产品，取得增值税专用发票，注明金额8万元、税额0.24万元。假设农产品未纳入核定扣除范围，取得增值税扣税凭证当月计算抵扣进项税。该企业当月可抵扣进项税额为（　　）万元。

A. 3.84　　B. 3.60　　C. 4.24　　D. 4.32

名师点拨

如果取得的是1%征收率的专票，不能计算抵扣进项税，只能凭票抵扣进项税。

【解析】从按照简易计税方法依照3%征收率计算缴纳增值税的小规模纳税人处取得增值税专用发票的，以增值税专用发票上注明的金额和9%的扣除率计算进项税额。该企业当月可抵扣进项税额=40×9%+8×9%=4.32（万元）。

【答案】D

【例题29·单选题】某食品厂为增值税一般纳税人，2022年2月从农民手中购进小麦用于加工糕点并于当月全部领用，收购发票上注明买价5万元，支付运费，取得一般纳税人开具的增值税专用发票，注明金额为0.6万元。本月销售糕点，取得不含税销售额20万元，假定当月取得的相关票据均符合税法规定并在当月抵扣进项税，该厂当月应纳增值税（　　）万元。

A. 2.05　　B. 2.1　　C. 2.04　　D. 2.6

【解析】可抵扣的增值税进项税额=5×（9%+1%）+0.6×9%=0.55（万元）；应纳的增值税=20×13%−0.55=2.05（万元）。

【答案】A

【解释2】农产品中收购烟叶的进项税抵扣公式比较特殊。计算抵扣增值税进项税的收购烟叶实际支付的价款总额与烟叶税计算公式中的实际支付的价款总额不一定是同一个数字。

烟叶税	计税依据	收购烟叶实际支付的价款总额（包括烟叶收购价款和价外补贴） 注：价外补贴统一按烟叶收购价款的10%计算
	计税公式	烟叶税应纳税额＝收购烟叶实际支付的价款总额×税率（20%）

增值税	进项税抵扣公式	准予抵扣的进项税额 =（收购烟叶实际支付的价款总额 + 烟叶税应纳税额）× 扣除率 注：计算进项税额的价外补贴是实际支付的价外补贴

经典题解

【例题 30】 2021 年 10 月，某烟叶收购单位（一般纳税人）向烟农收购晾晒烟叶用于加工烟丝且已于当月领用，在收购发票上注明收购价款 80 万元，同时在发票中注明另支付价外补贴 10 万元，则：

应纳烟叶税 =80×（1+10%）×20%=17.6（万元）

计算抵扣增值税进项税 =（80+10+17.6）×（9%+1%）=10.76（万元）。

2. 收费公路通行费的进项税的计算抵扣

通行费，是指有关单位依法或者依规设立并收取的过路、过桥和过闸费用。具体归纳如下：

通行费种类	进项税的抵扣	政策要点把握
道路通行费	按照收费公路通行费增值税电子普通发票上注明的增值税额抵扣进项税额	凭票抵扣进项税
桥、闸通行费	可抵扣进项税额 = 桥、闸通行费发票（不含财政票据）上注明的金额 ÷（1+5%）×5%	计算抵扣进项税

【提示】目前推广通行费电子发票，分为以下两种：(1) 左上角标识“通行费”字样，且税率栏次显示适用税率或征收率的通行费电子发票。(2) 左上角无“通行费”字样，且税率栏次显示“不征税”的通行费电子发票（以下称“不征税发票”）。不征税发票无法凭票抵扣进项税，也无法计算抵扣进项税。

经典题解

【例题 31】 某企业在 2021 年 3 月的经营中，支付桥、闸通行费 6825 元，取得通行费发票（非财政票据）；支付道路通行费，取得增值税电子普通发票注明税额 246 元，则该企业上述发票可抵扣进项税：

进项税 =6825÷（1+5%）×5%+246=325+246=571（元）。

3. 购进国内旅客运输服务的进项税的计算抵扣

自 2019 年 4 月 1 日起，纳税人购进国内旅客运输服务，其进项税额允许从销项税额中抵扣。所称“国内旅客运输服务”，限于与本单位签订了劳动合同的员工，以及本单位作为用工单位接受的劳务派遣员工发生的国内旅客运输服务。

纳税人购进国内旅客运输服务，以取得的增值税电子普通发票上注明的税额为进项税额的，增值税电子普通发票上注明的购买方“名称”“纳税人识别号”等信息，应当与实际抵扣税款的纳税人一致，否则不予抵扣。

纳税人允许抵扣的国内旅客运输服务进项税额，是指纳税人 2019 年 4 月 1 日及以后实际发生，并取得合法有效增值税扣税凭证注明的或依据其计算的增值税税额。以增值税专用发票或增值税电子普通发票为增值税扣税凭证的，为 2019 年 4 月 1 日及以后开具的增值税专用发票或增值税电子普通发票。

购进国内旅客运输服务取得的票据	进项税的抵扣
增值税专用发票	发票上注明的税额
增值税电子普通发票	
注明旅客身份信息的航空运输电子客票行程单	航空旅客运输进项税额 =（票价 + 燃油附加费）÷（1+9%）× 9%
注明旅客身份信息的铁路车票	铁路旅客运输进项税额 = 票面金额 ÷（1+9%）× 9%
注明旅客身份信息的公路、水路等其他客票	公路、水路等其他旅客运输进项税额 = 票面金额 ÷（1+3%）× 3%

经典题解

【例题 32】位于我国北京的甲公司是增值税一般纳税人，该公司市场部经理 2021 年 10 月发生的公务差旅活动未能提交增值税专用发票和增值税电子普通发票，但提交了机票、火车票、船票、出租车票等报销单据。根据税法规定，在票据真实有效的前提下，该经理提供票据抵扣进项税的情况分析如下：

票据内容	票面金额合计	进项税的计算抵扣情况
赴法国参加订货会的注明旅客身份信息的往返航空运输电子客票行程单	20000 元	跨境旅客运输服务不能抵扣增值税进项税
赴广州参加推广会的注明旅客身份信息的往返航空运输电子客票行程单	5060 元（票价和燃油附加费）	进项税额 =5060÷（1+9%）× 9%=417.80（元）
赴上海参加推广会的注明旅客身份信息的往返铁路车票	1800 元	进项税额 =1800÷（1+9%）× 9%=148.62（元）
赴石家庄参加推广会的注明旅客身份信息的往返公路长途客票	800 元	进项税额 =800÷（1+3%）× 3%=23.30（元）
没有注明旅客身份信息的出租车票	3000 元	没有注明旅客身份信息的出租车票不能抵扣增值税进项税

考点 9：准予从销项税额中抵扣的进项税额的特殊情况——实耗核定抵扣 ★★

【解释】鉴于计算抵扣进项税容易产生舞弊和高征低扣的现象，自 2012 年 7 月 1 日起，在部分行业开展增值税进项税额核定扣除试点。

核定扣税试点改革的范围：

自 2012 年 7 月 1 日起，以购进农产品为原料生产销售液体乳及乳制品、酒及酒精、植物油的增值税一般纳税人，纳入农产品增值税进项税额核定扣除试点范围，其购进农产品无论是否用于生产上述产品，增值税进项税额均按照《农产品增值税进项税额核定扣除试点实施办法》的规定抵扣。

要点小贴士

除规定范围以外的纳税人，其购进农产品仍按现行增值税的有关规定计算抵扣农产品进项税额。

试点改革的核心内容：

改革 1，改变原计算抵扣进项税的方式，实行农产品进项税核定扣除办法。取消了试点农产品的购进扣税，改为实耗扣税法，按纳税人实耗农产品确定可抵扣的进项税。

改革 2，将农产品进项税额的扣除率改为纳税人再销售货物时货物的适用税率。

要点小贴士

即：如果销售货物的税率是 13%，扣除率就是 13%；销售货物的税率是 9%，扣除率就是 9%。

购进目的		扣除率
购进农产品用于生产	13% 税率货物	13%
	9% 税率货物	9%
购进农产品直接销售		9%

【解释】核定扣除政策的具体运用：

第一类，购进农产品直接销售的——经销行为

当期允许抵扣农产品增值税进项税额 = 当期销售农产品数量 /（1- 损耗率）× 农产品平均购买单价 ×9%/（1+9%）

损耗率 = 损耗数量 / 购进数量 ×100%

【归纳】试行核定扣除企业的农产品经销行为采取销售数量控制法核定，纳税人根据每月农产品销售数量、农产品平均购买单价和农产品进项税额扣除率计算当期允许抵扣的农产品进项税额。

经典题解

【例题 33】某企业（增值税一般纳税人）是《农产品增值税进项税额核定扣除试点实施办法》的试点抵扣单位，2022 年 4 月，该企业外购农产品 100 吨，直接对外销售 90 吨。该批农产品购买单价每吨 40 万元，损耗率 5%，则当期允许抵扣的增值税进项税额：

当期允许抵扣农产品增值税进项税额 = 当期销售农产品数量 /(1- 损耗率)× 农产品平均购买单价 ×9%/(1+9%)=90/(1-5%)×40×9%/(1+9%)=312.89(万元)。

第二类，生产企业农产品进项税额核定扣除——生产销售行为

有三种方法：投入产出法、成本法和参照法。

考点 10：不得从销项税额中抵扣的进项税额 ★★

1. 不得抵扣的进项税

按照《增值税暂行条例》和"营改增"进程中的相关政策规定，下列项目的进项税额不得从销项税额中抵扣：

（1）用于简易计税方法计税项目、免征增值税项目、集体福利或者个人消费的购进货物、加工修理修配劳务、服务、无形资产和不动产。

其中涉及的固定资产、无形资产、不动产，仅指专用于上述项目的固定资产、无形资产（不包括其他权益性无形资产）、不动产。但是发生兼用于上述不允许抵

扣项目情况的，该进项税额准予全部抵扣。

另外纳税人购进其他权益性无形资产无论是专用于简易计税方法计税项目、免征增值税项目、集体福利或者个人消费，还是兼用于上述不允许抵扣项目，均可以抵扣进项税额。

纳税人的交际应酬消费属于个人消费，即交际应酬消费不属于生产经营中的生产投入和支出。

【易错易混】

适用一般计税方法的纳税人，兼营简易计税方法计税项目、免征增值税项目而无法划分不得抵扣的进项税额，按照下列公式计算不得抵扣的进项税额：

不得抵扣的进项税额 = 当期无法划分的全部进项税额 ×（当期简易计税方法计税项目销售额 + 免征增值税项目销售额）÷ 当期全部销售额

主管税务机关可以按照上述公式依据年度数据对不得抵扣的进项税额进行清算。

考生要注意辨析专用或兼用于简易计税方法计税项目、免征增值税项目、集体福利或者个人消费的不同购进项目在进项税处理方面的不同。举例而言，假定某制药企业既生产避孕药品取得免税收入，又生产降压药等应税药品取得应税收入，则该企业生产药品购建的生产车间、机器设备的进项税全部都可以抵扣，但是为生产药品而购买燃气、煤炭的进项税只能按照应税收入和免税收入的比例分摊抵扣。用图表体现：

<table>
<tr><th>用途
购进项目</th><th>专用于简易计税方法计税项目、免征增值税项目、集体福利或者个人消费</th><th>兼用于简易计税方法计税项目、免征增值税项目、集体福利或者个人消费</th></tr>
<tr><td>固定资产、无形资产（其他权益性无形资产除外）、不动产</td><td rowspan="3">进项税不可抵扣</td><td rowspan="2">进项税可以全部抵扣</td></tr>
<tr><td>租入固定资产、不动产</td></tr>
<tr><td>原材料、低值易耗品、包装物和其他</td><td>进项税按照销售额分摊抵扣</td></tr>
<tr><td>其他权益性无形资产</td><td colspan="2">进项税可以全部抵扣</td></tr>
</table>

经典题解

【例题 34 · 单选题】某制药企业系增值税一般纳税人，2021 年 4 月份同时生产感冒药和抗癌药，本期购买生产设备一台，取得增值税专用发票上注明税额为 10 万元；为感冒药购买药原料，取得增值税专用发票上注明税额为 4 万元，为感冒药和抗癌药共同购买药原料，取得增值税专用发票上注明税额为 12 万元。当月实现感冒药不含税销售收入 210 万元，抗癌药不含税收入 150 万元，该企业对抗癌药选择简易办法计算纳税，当月应纳增值税额为（　　）万元。

A. 5.8　　B. 8.8　　C. 10.8　　D. 17.8

【名师点题】本题考核纳税人兼营简易计税项目增值税的计算。兼用于一般计税和简易计税项目的机器设备可以抵扣全部进项税，但兼用于一般计税和简易计税项目的原材料需要按照销售额比例进行分摊，分摊在一般计税项目上的原材料进项税可以抵扣，分摊在简易计税项目上的原材料进项税不能抵扣。

【解析】该企业当期可抵扣的进项税 =10+4+12×210÷（210+150）=21（万元）

应纳增值税 =210×13%−21+150×3%=27.3−21+4.5=10.8（万元）。

【答案】C

【真题 35·单选题】增值税一般纳税人发生的下列行为中，不得抵扣进项税的是（　　）。（2020 年）

A. 将外购货物对外投资

B. 将外购货物用于免税项目

C. 将外购货物无偿赠送给客户

D. 将外购货物用于抵偿债务

【解析】用于简易计税方法计税项目、免征增值税项目、集体福利或者个人消费的购进货物，不得抵扣进项税额。

【答案】B

【例题 36·多选题】某生产企业（增值税一般纳税人）的下列进项税额，不得从销项税额中抵扣的有（　　）。

A. 购买涂料装修职工浴室发生的进项税额

B. 支付应税产成品仓库电费发生的进项税额

C. 购买一项同时用于一般计税项目和免税项目的专利权的进项税

D. 购买原材料用于生产免税产品所发生的进项税额

【解析】选项 AD，用于集体福利和免税项目的购进货物，不得抵扣进项税额；选项 BC，用于企业经营的电费及兼用于一般计税和免税项目的专利权均可抵扣进项税额。

【答案】AD

（2）非正常损失所对应的进项税，具体包括：

①非正常损失的购进货物，以及相关的加工修理修配劳务和交通运输服务。

②非正常损失的在产品、产成品所耗用的购进货物（不包括固定资产）、加工修理修配劳务和交通运输服务。

③非正常损失的不动产，以及该不动产所耗用的购进货物、设计服务和建筑服务。

④非正常损失的不动产在建工程所耗用的购进货物、设计服务和建筑服务。纳税人新建、改建、扩建、修缮、装饰不动产，均属于不动产在建工程。

上述 4 项所说的非正常损失，是指因管理不善造成货物被盗、丢失、霉烂变质，以及因违反法律法规造成货物或者不动产被依法没收、销毁、拆除的情形。这些非正常损失是由纳税人自身原因造成导致征税对象实体的灭失，为保证税负公平，其损失不应由国家承担，因而纳税人无权要求抵扣进项税额。

上述③、④中的货物，是指构成不动产实体的材料和设备，包括建筑装饰材料和给排水、采暖、卫生、通风、照明、通讯、煤气、消防、中央空调、电梯、电气、智能化楼宇设备及配套设施。

【相关链接】

已抵扣进项税额的不动产，发生非正常损失，或者改变用途，专用于简易计税方法计税项目、免征增值税项目、集体福利或者个人消费的，按照下列公式计算不得抵扣的进项税额，并从当期进项税额中扣减：

不得抵扣的进项税额＝已抵扣进项税额×不动产净值率

不动产净值率＝（不动产净值÷不动产原值）×100%

（3）特殊政策规定不得抵扣的进项税

①购进的贷款服务、餐饮服务、居民日常服务和娱乐服务。

【提示】纳税人接受贷款服务向贷款方支付的与该笔贷款直接相关的投融资顾问费、手续费、咨询费等费用，其进项税额不得从销项税额中抵扣。

②保险公司支付赔付进项税的抵扣

提供保险服务纳税人（保险公司）的赔付方式		进项税额的处理规定	备注
实物赔付	自行向车辆修理劳务提供方购进的车辆修理劳务	可以按规定从保险公司销项税额中抵扣	纳税人提供的其他财产保险服务，比照本规定执行
现金赔付	将应付给被保险人的赔偿金直接支付给车辆修理劳务提供方	其进项税额不得从保险公司销项税额中抵扣	

【归纳】购买修理劳务≠支付保险赔偿金

保险公司购买修理劳务可抵进项；保险公司支付赔款用于修车不能抵进项。

2. 异常增值税扣税凭证的进项税处理

（1）符合下列（5种）情形之一的增值税专用发票，列入异常凭证范围：

①纳税人丢失、被盗税控专用设备中未开具或已开具未上传的增值税专用发票；

②非正常户纳税人未向税务机关申报或未按规定缴纳税款的增值税专用发票；

③增值税发票管理系统稽核比对发现“比对不符”“缺联”“作废”的增值税专用发票；

④经国家税务总局、省税务局大数据分析发现，纳税人开具的增值税专用发票存在涉嫌虚开、未按规定缴纳消费税等情形的；

⑤属于《国家税务总局关于走逃（失联）企业开具增值税专用发票认定处理有关问题的公告》（国家税务总局公告2016年第76号）第二条第（一）项规定情形的增值税专用发票。

（2）增值税一般纳税人申报抵扣异常凭证，同时符合下列情形的，其对应开具的增值税专用发票列入异常凭证范围：

①异常凭证进项税额累计占同期全部增值税专用发票进项税额70%（含）以上的；

②异常凭证进项税额累计超过5万元的。

纳税人尚未申报抵扣、尚未申报出口退税或已作进项税额转出的异常凭证，其涉及的进项税额不计入异常凭证进项税额的计算。

考点妙记

高比例、大金额接受异常发票会导致开出发票列入异常。

（3）增值税一般纳税人取得的增值税专用发票列入异常凭证范围的，应按照以下规定处理：

①尚未申报抵扣的暂不允许抵扣进项；已抵的须转出（除另有规定外）。

②尚未申报出口退税或者已申报但尚未办理出口退税的，除另有规定外，暂不允许办理出口退税。适用增值税免抵退税办法的纳税人已经办理出口退税的，异常凭证上注明的增值税额作进项税额转出处理；适用增值税免退税办法的纳税人已经办理出口退税的，对异常凭证范围的增值税专用发票对应的已退税款追回。

③消费税纳税人以外购或委托加工收回的已税消费品为原料连续生产应税消费品，尚未申报扣除原料已纳消费税税款的，暂不允许抵扣；已经申报抵扣的，冲减当期允许抵扣的消费税税款，当期不足冲减的应当补缴税款。

④纳税信用A级纳税人取得异常凭证且已经申报抵扣增值税、办理出口退税或抵扣消费税的，可以自接到税务机关通知之日起10个工作日内，向主管税务机关提出核实申请。根据税务机关核实结果处理。纳税人逾期未提出核实申请的，应于期满后按照上述第①、②、③项规定作相关处理。

⑤纳税人对税务机关认定的异常凭证存有异议，可以向主管税务机关提出核实申请。经税务机关核实，符合现行增值税进项税额抵扣或出口退税相关规定的，纳税人可继续申报抵扣或者重新申报出口退税；符合消费税抵扣规定且已缴纳消费税税款的，纳税人可继续申报抵扣消费税税款。

经典题解

【真题37·多选题】下列情形中的增值税专用发票，应列入异常凭证范围的有（　　）。（2020年）

A. 纳税人被盗的税控设备中未开具的增值税专用发票

B. 非正常户纳税人未向税务机关申报缴纳税款的增值税专用发票

C. 自取得发票之日起90日内尚未申报抵扣的增值税专用发票

D. 经省税务局大数据分析发现纳税人未按规定缴纳消费税的增值税专用发票

【答案】ABD

【解释1】纳税人不得从销项税额中抵扣的进项税分为三大类：

第一类——业务不该抵。税收法规和规章对纳税人的一些业务活动或经营行为作出了不得抵扣进项税的规定，前述内容着重体现了这一类的要求。这部分政策规定是考试及现实中都需要重点把握的内容。

第二类——凭证不合规。取得的扣税凭证不符合法律、行政法规或者国务院税务主管部门有关规定的，或属于异常凭证范围的，其进项税额不得从销项税额中抵扣。

第三类——资格不具备。有下列情形之一者，应当按照销售额和增值税税率计算应纳税额，不得抵扣进项税额，也不得使用增值税专用发票：①一般纳税人会计核算不健全，或者不能够提供准确税务资料的；②应当办理一般纳税人资格登记而逾期仍未办理的。

经典题解

【例题38·单选题】某从事行业咨询业务的小规模纳税人，2021年12月年应税销售额超过了小规模纳税人的标准，在2022年1月的申报期后，接到税务机关送达的要求其办理一般纳税人登记的《税务事项通知书》，但该纳税人没有办理一般纳税人登记手续。2022年1月该纳税人未发生应税业务，但2月该纳税人取得含增值税咨询收入50万元，当月购进复印纸张，取得增值税专用发票，注明增值税1.5万元，则2月该纳税人应纳增值税（　　）万元。

A. 1.33　　B. 1.45　　C. 2.11　　D. 2.83

【解析】纳税人在年应税销售额超过规定标准的月份（或季度）的所属申报期结束后15日内按照规定办理相关手续；未按规定时限办理的，主管税务机关应当在规定时限结束后5日内制作《税务事项通知书》，告知纳税人应当在5日内向主管税务机关办理相关手续；逾期仍不办理的，次月起按销售额依照增值税税率计算应纳税额，不得抵扣进项税额，直至纳税人办理相关手续为止。

2月应纳增值税=50/（1+6%）×6%=2.83（万元）。

【答案】D

【解释2】对增值税不可抵扣进项税额的规则的具体理解：

一是购进货物、接受应税劳务及发生应税行为之后，增值税链条中断的，不得抵扣进项税额。如用于免税项目的购进货物或应税劳务和应税行为、非正常损失的购进货物及相关的应税劳务和应税行为、用于个人消费的购进货物或者应税劳务和应税行为等，增值税链条中断，不可能再有销售环节的销项税额出现。

二是采用简易征税方法计算增值税，适用了低于正常税率的征收率，该征收率是结合增值税多档税率的货物或应税劳务和应税行为的税收负担水平而设计的，其税收负担与一般计税方法基本一致，因此不能再抵扣进项税额。

三是不属于本企业业务或增值税扣税凭证不符合规定的，不能抵扣进项税额。

上述不可抵扣进项税额的主要法理就是基于这三点。

【易错易混】考生对比货物来源区分两类情况：一类是属于视同销售计算销项税额，可相应抵扣其符合规定的进项税额。另一类是不计算销项税额，不可抵扣进项税额。这两类情况是考试必考的内容，考生要注意掌握和区分：

货物来源	货物去向	
	集体福利、个人消费、非应税项目（所有权或许未发生变化）	投资、分配、无偿赠送（所有权发生变化）
购入	不视同销售不计销项（不可抵进项）	视同销售计销项（可抵进项）
自产或委托加工	视同销售计销项（可抵进项）	

经典题解

【例题39·单选题】一般纳税人购进货物发生下列情况，进项税额不得从销项税额中抵扣的是（　　）。

A. 用于分配给股东　　　　B. 用于对外投资
C. 发生正常损失　　　　　D. 用于集体福利

【解析】这是每年考试必考的知识点，可以各种形式命题。选项 AB：由于所有权发生变化，需要视同销售计算销项税额，相关外购货物的进项税额可以抵扣。选项 C：发生正常损失，进项税额可以抵扣。

【答案】D

要点小贴士

正常损失，进项税可抵；
非正常损失，进项税不可抵。

3. 不得抵扣增值税进项税额的具体处理方法（重点和难点）

第一类，购入时不予抵扣。

经典题解

【例题 40】2021 年 11 月，某企业（增值税一般纳税人）购入一批材料用于本企业职工食堂建设，取得增值税专用发票注明价款 100000 元，增值税 13000 元，则该企业不得抵扣增值税进项税额。在现实中，为了避免在金税工程系统实施发票监控过程中出现疑点，纳税人应先将上述 13000 元计入增值税进项税，以体现发票记录的完整内容；再作进项税转出，将税金计入采购成本，以体现严格遵守了不得抵扣进项税的规则。会计处理后，该批材料采购成本为 113000 元。

第二类，已抵扣进项税额后改变用途、发生非正常损失、出口不得免征和抵扣税额——作进项税额转出处理。

进项税额转出有四种常见的转出方法，即直接计算转出法、还原计算转出法、比例计算转出法和净值折算转出法。

（1）直接计算进项税额转出的方法——适用于外购材料、不动产在建工程的非正常损失、改变用途等。

经典题解

【例题 41】2021 年 1 月，某企业（增值税一般纳税人）将三个月前外购的一批已抵扣进项税额的生产用材料改变用途，用于集体福利，账面成本 10000 元，则需要作进项税额转出 =10000 × 13%=1300（元）。

（2）还原计算进项税额转出的方法——适用于计算抵扣进项税额的农产品发生非正常损失、改变用途等。

经典题解

【例题 42】2021 年 12 月，某方便面生产企业（增值税一般纳税人）因管理不善，导致一批 2021 年 8 月向农业生产者收购的小麦在仓库中霉烂变质（已按 9% 计算抵扣进项税），账面成本 13604 元（含运费 500 元，支付运费时取得一般纳税人开具的增值税专用发票），其转出的进项税额 =（13604−500）÷（1−9%）× 9%+500 × 9%=1296+45=1341（元）。

【提示】由于小麦账面成本是按 9% 扣除率计算抵扣过进项税额后的余额，仅相当于计算进项税额基数的 91%，所以要还原成计算进项税额的基数来计算进项税

名师点拨

购进小麦，计算抵扣进项税 = 买价 ×9%；
成本 = 买价 ×（1−9%）；
转出的进项税 = 买价 ×9%= 成本 ÷（1−9%）×9%。

额转出的金额。运费在“营改增”后凭票抵扣进项税额，可采用直接计算转出法转出进项税额。

（3）比例计算进项税额转出的方法——适用于半成品、产成品的非正常损失；兼营不得抵扣进项税的项目。

经典题解

【例题43】某服装厂（增值税一般纳税人）产成品中外购原材料比例为60%，2022年2月因管理不善丢失一批账面成本20000元的成衣，其需要转出进项税额=20000×60%×13%=1560（元）。

【提示】将非正常损失中的外购比例部分对应的进项税额作转出处理。

（4）净值折算进项税额转出的方法——适用于已抵扣过进项税的固定资产、无形资产或不动产改变用途、发生非正常损失等。

考点妙记

不可抵转为可抵，次月抵扣；
可抵转为不可抵，当月转出。

【归纳】

改变用途	进项税处理	公式
不可抵扣改变为可抵扣 例如：福利专用设施改用于生产	次月计算可抵扣进项税额	可抵扣进项税额＝增值税扣税凭证注明或计算的进项税额 × 不动产净值率 或＝固定资产、无形资产、不动产净值 ÷（1+适用税率）× 适用税率
可抵扣改变为不可抵扣 例如：生产设备改专用于职工福利	当月作进项税额转出	不得抵扣的进项税额＝已抵扣进项税额 × 不动产净值率 或＝固定资产、无形资产或者不动产净值 × 适用税率

经典题解

【例题44·单选题】2022年2月，某增值税一般纳税人将2021年4月购入的一台已抵扣过进项税额的生产设备改变用途，用作职工福利设施，该设备原值200万元，净值率91%，则应作进项税额转出（ ）万元。

A. 0 B. 23.66 C. 18.20 D. 26.00

【解析】应在改变用途的当月作进项税额转出=200×91%×13%=23.66（万元）。

【答案】B

第三类，向供货方收取的返还收入——追加冲减进项税额处理。

商业企业向供货方收取的凡与商品销售量、销售额挂钩（如以一定比例、金额、数量计算）的各种返还收入，均应按照平销返利行为的有关规定冲减当期增值税进项税额。

经典题解

【例题45】某商场受托代销某服装厂服装，2022年2月销售代销服装取得零售额

20万元，平价与服装厂结算，取得服装厂开具的增值税专用发票，并按合同向服装厂收取代销额20%的返还收入4万元，已知商场与服装厂均为增值税一般纳税人，则：

商场当期应冲减进项税额 $=4/(1+13\%)\times13\%=0.46$（万元）。

【提示】商业企业向供货方收取的与商品销售量、销售额挂钩（如以一定比例、金额、数量计算）的各种返还收入，不是采取计算销项税额的方法，而是采取冲减进项税额的方法。商业企业向供货方收取的各种返还收入，一律不得开具增值税专用发票，可以由供货方开增值税红票。

考点11：增值税一般纳税人应纳税额的计算★★★

应纳税额 = 当期销项税额 - 当期可抵扣进项税额

当期应纳税额计算结果若为正数，当期应缴纳增值税；计算结果若为负数，形成留抵税额，待下期与下期进项税额一并从下期销项税额中抵扣，满足规定条件的，留抵税额可以申请退税。

（一）计算应纳税额的时间限定

1. 关于当期销项税额的“当期”，与纳税义务发生时间和增值税发票开具时间相呼应。

2. 关于当期进项税额的“当期”是重要的时间概念，有必备的条件。我国现行增值税可以当期抵扣的进项税额有两类实施方法——购进扣税法和核定扣税法。

购进扣税法——这是我国目前增值税进项税额抵扣的基本方法。增值税的“链条税”特征，销售方的销项税对应购买方的进项税。我国曾在信息化程度不高的时期，要求纳税人在规定时限内对取得的进项税额发票进行认证，不论该发票上所列的货物是否投入生产或销售，经过认证的发票，税额可以进行进项税额的抵扣。随着“放管服”的不断推进，自2019年3月1日起，全部一般纳税人都取消了增值税发票认证。

增值税一般纳税人取得2017年1月1日及以后开具的增值税专用发票、海关进口增值税专用缴款书、机动车销售统一发票、收费公路通行费增值税电子普通发票等，取消认证确认、稽核比对、申报抵扣的期限。纳税人在进行增值税纳税申报时，应当通过本省（自治区、直辖市和计划单列市）增值税发票综合服务平台对上述扣税凭证信息进行用途确认。

增值税一般纳税人取得海关进口增值税专用缴款书（以下简称“海关缴款书”）后如需申报抵扣或出口退税，按以下方式处理：

情形	具体处理
取得仅注明一个缴款单位信息的海关缴款书	应当登录本省（区、市）增值税发票选择确认平台（以下简称“选择确认平台”）查询、选择用于申报抵扣或出口退税的海关缴款书信息。通过选择确认平台查询到的海关缴款书信息与实际情况不一致或未查询到对应信息的，应当上传海关缴款书信息，经系统稽核比对相符后，纳税人登录选择确认平台查询、选择用于申报抵扣或出口退税的海关缴款书信息
取得注明两个缴款单位信息的海关缴款书	应当上传海关缴款书信息，经系统稽核比对相符后，纳税人登录选择确认平台查询、选择用于申报抵扣或出口退税的海关缴款书信息

情形	具体处理
海关缴款书稽核比对异常的	稽核比对结果为不符、缺联、重号、滞留的异常海关缴款书按以下方式处理： （1）对于稽核比对结果为不符、缺联的海关缴款书——纳税人应当持海关缴款书原件向主管税务机关申请数据修改或核对 属于纳税人数据采集错误的，数据修改后再次进行稽核比对；不属于数据采集错误的，纳税人可向主管税务机关申请数据核对，主管税务机关会同海关进行核查 （2）对于稽核比对结果为重号的海关缴款书——纳税人可向主管税务机关申请核查 （3）对于稽核比对结果为滞留的海关缴款书——可继续参与稽核比对，纳税人不需申请数据核对

（二）几个特殊计算规则

特殊情况	计税规则
扣减当期销项税额的规定	纳税人适用一般计税方法计税的，因销售折让、中止或者退回而退还给购买方的增值税额，应当从退还当期的销项税额中扣减 一般纳税人发生应税销售行为，开具增值税专用发票后，应税销售行为发生退回或者折让、开票有误等情形，应按国家税务总局的规定开具红字增值税专用发票。未按规定开具红字增值税专用发票的，不得扣减销项税额或销售额
扣减当期进项税额的规定	一般纳税人因购进货物、劳务、服务、无形资产或不动产退回或折让而从销售方收回的增值税税额，应从发生当期的进项税额中扣减。如不按规定扣减，造成进项税额虚增，不纳或少纳增值税的，都将被认定为是逃避缴纳税款行为，按规定予以处罚
	对商业企业向供货方收取的与商品销售量、销售额挂钩（如以一定比例、金额、数量计算）的各种返还收入，均应按平销返利行为的有关规定冲减当期增值税进项税额
	已抵扣进项税额的购进货物或应税劳务和应税行为，如果事后改变用途，用于不得抵扣进项税额的项目时，应将购进货物或应税劳务和应税行为的进项税额从当期的进项税额中扣减，即作进项税额转出处理 无法准确确定该项进项税额的，按当期实际成本计算应扣减的进项税额。扣减进项税额计算依据不是按该货物或者应税劳务和应税行为的原进价，而是按发生上述情况的当期该货物或者应税劳务和应税行为的“实际成本”与征税时该货物或应税劳务和应税行为适用的税率计算应扣减的进项税额 实际成本＝进价＋运费＋保险费＋其他有关费用
进项税额结转抵扣的税务处理	纳税人在计算应纳税额时，如果出现当期销项税额小于当期进项税额不足抵扣的部分（留抵税额），可以结转下期继续抵扣；满足规定条件的，留抵税额可以申请退税
	增值税一般纳税人在资产重组过程中，将全部资产、负债和劳动力一并转让给其他增值税一般纳税人（以下称“新纳税人”），并按程序办理注销税务登记的，其在办理注销登记前尚未抵扣的进项税额可结转至新纳税人处继续抵扣

名师点拨

退货扣减不追溯。如：1月销售，3月退货，扣减3月销项税。

要点小贴士

平销返利冲进项。

要点小贴士

改为不抵当期转出。

特殊情况	计税规则
一般纳税人注销时存货及留抵税额处理	一般纳税人注销或被取消辅导期一般纳税人资格，转为小规模纳税人时，其存货不作进项税额转出处理，其留抵税额也不予以退税
特殊的不得抵扣规定	如果有下列情形之一的，应当按照销售额和增值税税率计算应纳税额，不得抵扣进项税额，也不得使用增值税专用发票： （1）一般纳税人会计核算不健全，或者不能够提供准确税务资料的 （2）应当办理一般纳税人资格登记而未办理的

要点小贴士

一般注销不同进项与留抵。

【提示】考试须掌握的申报表基本逻辑（一般不涉及查补）：考试提问的“进项税额”与“可抵扣税额”不是等同概念。增值税申报表（局部栏次）基本逻辑关系：

名师点拨

“进项税额”是当期发生的进项税额，未扣进项税额转出。“可抵扣税额”类似申报表上“应抵扣税额合计”或“实际抵扣税额”。

项目		栏次
税款计算	销项税额	11
	进项税额	12
	上期留抵税额	13
	进项税额转出	14
	免、抵、退应退税额	15
	按适用税率计算的纳税检查应补缴税额	16
	应抵扣税额合计	17=12+13-14-15+16
	实际抵扣税额	18（如 17 ＜ 11，则为 17，否则为 11）
	应纳税额	19=11-18
	期末留抵税额	20=17-18
	简易计税办法计算的应纳税额	21
	按简易计税办法计算的纳税检查应补缴税额	22
	应纳税额减征额	23
	应纳税额合计	24=19+21-23

经典题解

【例题 46·单选题】某农机生产企业为增值税一般纳税人。2021 年 12 月，该企业向各地农机销售公司销售农机整机，开具的增值税专用发票上注明不含税金额 500 万元；向各地农机修配站销售农机零配件，取得含税收入 90 万元；购进钢材等材料取得的增值税专用发票上注明增值税税额 50 万元，购进材料和销售货物过程中取得的货物运输业一般纳税人开具的增值税专用发票上注明运费金额 3 万元。取得的发票均已在当月申报抵扣。该企业当月应纳增值税（　　）万元。

A. 2.16　　B. 2.83　　C. 5.08　　D. 26.43

【解析】农机整机适用 9% 的税率；农机零配件适用 13% 的税率。当期销项税额 =500×9%+90÷（1+13%）×13%=55.35（万元）

当期可抵扣的进项税额 =50+3×9%=50.27（万元）

当期应纳增值税 =55.35−50.27=5.08（万元）。

【答案】C

【例题 47·单选题】某航空公司为增值税一般纳税人并具有国际运输经营资质，2021 年 12 月购进飞机配件取得的增值税专用发票上注明价款 650 万元、税额 84.5 万元；开展航空相关服务，取得不含税收入包括国内运输收入 1100 万元、国际运输收入 300 万元、飞机清洗消毒收入 120 万元。该公司 12 月应缴纳的增值税为（　　）万元。

A. 21.7　　B. 25.3　　C. 48.7　　D. 52.3

【解析】这是一道主观化的客观题。国内运输收入应按"交通运输服务"计算缴纳增值税，国际运输收入适用增值税零税率并采用"免抵退"税办法，有"抵"的环节；飞机清洗消毒收入应按"物流辅助服务——航空服务"计算缴纳增值税，购进飞机配件取得了增值税专用发票，可以抵扣进项税额。该公司 12 月应缴纳增值税 =1100×9%+120×6%−84.5=21.7（万元）。

【答案】A

第五节　简易计税方法

使用"会计云课堂"App 或"微信"扫码查看本节视频，快速 GET 知识点。

考点 1：简易计税方法的计算公式及基本运用★★★

简易计税方法的应纳税额，是指按照销售额和增值税征收率计算的增值税税额，不得抵扣进项税额，应纳税额计算公式：

应纳税额 = 销售额 × 征收率

简易计税方法的销售额不包括其应纳税额，纳税人采用销售额和应纳税额合并定价方法的，按照下列公式计算销售额：

销售额 = 含税销售额 ÷（1+ 征收率）

公式中的销售额为不含税销售额，法定征收率为 3%。"营改增"后增加了 5% 的征收率。

为了平衡一般计税方法和简易计税方法的税负，对简易计税方法规定了较低的征收率，因此简易计税方法在计算应纳税额时不得抵扣进项税额。

【提示 1】简易计税方法的适用对象，既包括小规模纳税人销售货物、提供应税劳务或应税行为，也包括一般纳税人发生的特定应税销售行为。

【提示2】这里销售额的含义与一般计税方法中销售额的含义一样，均是不含增值税的销售额。简易计税方法与一般计税方法的基本计税差异：

（1）一般计税方法使用税率进行价税分离，简易计税方法使用征收率进行价税分离。

（2）一般计税方法用销售额和税率计算的是销项税额，简易计税方法用销售额和征收率计算的是应纳税额。

经典题解

【例题48·单选题】某广告公司（小规模纳税人）2021年第4季度发生应税服务销售额（不含税，下同）62万元，另因发生服务中止而退还给服务接受方销售额15万元并按规定进行了税务处理，出租不动产取得租金收入3万元，则该广告公司应纳增值税（　　）万元。

A. 0.50　　B. 0.62　　C. 1.50　　D. 2.50

【解析】纳税人提供的适用简易计税方法计税的应税服务，因服务中止或者折让而退还给接受方的销售额，应当从当期销售额中扣减。扣减当期销售额后仍有余额造成多缴的税款，可以从以后的应纳税额中扣减。2021年4月1日起，疫情期间，小规模纳税人，适用3%征收率的应税销售收入，减按1%征收率征收增值税，出租不动产适用5%的征收率。该广告公司应纳增值税＝（62–15）×1%+3×5%=0.62（万元）。

【答案】B

【例题49·单选题】某从事咨询服务的小规模纳税人2021年12月取得咨询业务收入25.25万元（含增值税，下同）；当月转让一辆自用过3年的小汽车，转让收入11.11万元；当月签订合同出租一间办公室，预收1年租金12.6万元；当月该纳税人外购一批干果用于交际应酬，取得增值税专用发票注明金额5000元。已知该小规模纳税人未放弃优惠，该纳税人当月应纳增值税（　　）万元。

A. 0.96　　B. 1.07　　C. 1.22　　D. 1.66

【解析】这里注意转让的自用小汽车不属于“二手车经营单位收购的二手车”。

应纳增值税=25.25/（1+1%）×1%+11.11/（1+1%）×1%+12.6/（1+5%）×5%=0.96（万元）。

【答案】A

考点2：资管产品的增值税处理办法★★★

（一）计税方法

资管产品管理人（以下简称“管理人”）运营资管产品过程中发生的增值税应税行为（以下简称“资管产品运营业务”），暂适用简易计税方法，按照3%的征收率缴纳增值税。

（二）政策理解

管理人在现实中可能会因从事多种业务而发生多种增值税应税销售行为，只有运营资管产品过程中发生的增值税应税行为才适用此项规定。

资管产品管理人	业务范围		计税规则
包括银行、信托公司、公募基金管理公司及其子公司、证券公司及其子公司、期货公司及其子公司、私募基金管理人、保险资产管理公司、专业保险资产管理机构、养老保险公司	运营资管产品	包括银行理财产品、资金信托（包括集合资金信托、单一资金信托）、财产权信托、公开募集证券投资基金、特定客户资产管理计划、集合资产管理计划、定向资产管理计划、私募投资基金、债权投资计划、股权投资计划、股债结合型投资计划、资产支持计划、组合类保险资产管理产品、养老保障管理产品	适用简易计税方法，按照3%的征收率缴纳增值税，不可抵扣进项税
	其他增值税业务	如贷款、保险等	按照现行规定缴纳增值税 一般纳税人适用6%的税率，符合规定的可抵扣进项税

（三）资管产品的其他增值税处理规定

1. 管理人应分别核算资管产品运营业务和其他业务的销售额和增值税应纳税额。未分别核算的，资管产品运营业务不得适用上述简易计税办法的规定。

2. 管理人可选择分别或汇总核算资管产品运营业务销售额和增值税应纳税额。

3. 管理人应按照规定的纳税期限，汇总申报缴纳资管产品运营业务和其他业务增值税。

4. 2017年7月1日（含）以后，资管产品运营过程中发生的增值税应税行为，以资管产品管理人为增值税纳税人，按照现行规定缴纳增值税。对资管产品在2018年1月1日前运营过程中发生的增值税应税行为，未缴纳增值税的，不再缴纳；已缴纳增值税的，已纳税额从资管产品管理人以后月份的增值税应纳税额中抵减。

第六节　进口环节增值税的征收

使用“会计云课堂”App或“微信”扫码查看本节视频，快速GET知识点。

考点1：进口环节增值税的征税范围和纳税人★

（一）进口环节增值税征税范围

1. 基本规定

根据《增值税暂行条例》的规定，申报进入中华人民共和国海关境内的货物，均应缴纳增值税。

2. 特殊规定

从其他国家或地区进口《跨境电子商务零售进口商品清单》范围内的以下商品

适用于跨境电子商务零售进口增值税税收政策：

（1）所有通过与海关联网的电子商务交易平台交易，能够实现交易、支付、物流电子信息“三单”比对的跨境电子商务零售进口商品；

（2）未通过与海关联网的电子商务交易平台交易，但快递、邮政企业能够统一提供交易、支付、物流等电子信息，并承诺承担相应法律责任进境的跨境电子商务零售进口商品。

不属于跨境电子商务零售进口的个人物品以及无法提供交易、支付、物流等电子信息的跨境电子商务零售进口商品，按现行规定执行（缴纳“行邮税”）。

（二）进口环节增值税的纳税人

进口货物增值税的纳税人是进口货物的收货人或办理报关手续的单位和个人。

跨境电子商务零售进口商品按照货物征收关税和进口环节增值税、消费税，购买跨境电子商务零售进口商品的个人作为纳税义务人。电子商务企业、电子商务交易平台企业或物流企业可作为代收代缴义务人。

考点2：进口环节增值税的适用税率★★

进口环节增值税的适用税率与境内商品交易税率相同。

对进口抗癌药品，自2018年5月1日起，减按3%征收进口环节增值税。对进口罕见病药品，自2019年3月1日起，减按3%征收进口环节增值税。

【注意】除进口抗癌药品、罕见病药品等特殊情况外，进口货物的增值税税率与境内销售同类货物的税率一致，为13%和9%，即便是小规模纳税人，进口环节计征增值税时也适用税率，不适用征收率。

考点3：进口环节增值税的计算★★★

1. 根据《增值税暂行条例》规定，进口货物使用组成计税价格计算应纳增值税，组价公式中包含关税完税价格、关税税额、消费税税额。进口货物应纳税额的计算公式如下：

组成计税价格＝关税完税价格＋关税＋消费税（非应税消费品不涉及此项）

应纳税额＝组成计税价格×税率

【注意】（1）进口环节按组价公式和适用税率直接计算出的应纳税额，在进口环节不能抵扣任何境外税款。（2）进口环节增值税、关税、消费税的组合出题是常考不衰的形式。

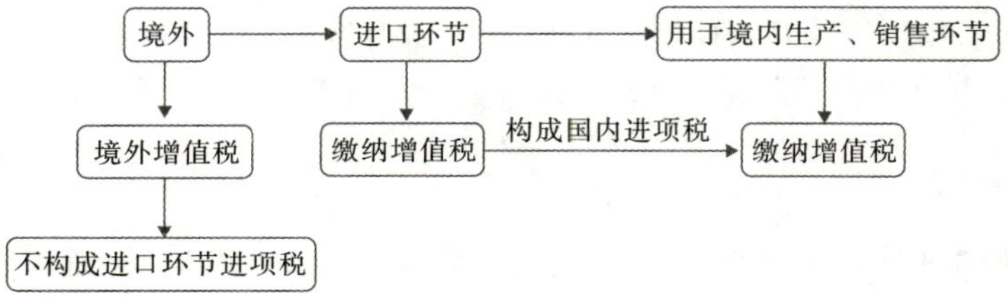

经典题解

【真题50·单选题】甲进出口公司代理乙工业企业进口设备，同时委托丙货运代理人办理托运手续，海关进口增值税专用缴款书上的缴款单位是甲进出口公司。该进口设备的增值税纳税人是（　　）。（2011年）

A. 甲进出口公司　　B. 乙工业企业

C. 丙货运代理人　　D. 国外销售商

【解析】对代理进口货物以海关开具的海关进口增值税专用缴款书上的纳税人为增值税纳税人。本题海关进口增值税专用缴款书上的缴款单位是甲进出口公司，因而该进口设备的增值税纳税人是甲进出口公司。

【答案】A

【例题51·单选题】2022年1月，某汽车生产企业进口小汽车成套配件一批，境外成交价格68万美元，运抵中国境内输入地点起卸前的运输费5万美元、保险费1万美元。小汽车成套配件进口关税税率为25%，人民币汇率中间价为1美元兑换人民币6.9元。该汽车生产企业进口小汽车成套配件应纳增值税（　　）万元。

A. 81.70　　B. 82.97　　C. 102.12　　D. 104.21

【解析】进口环节应纳增值税=（68+5+1）×6.9×（1+25%）×13%=82.97（万元）。

【答案】B

【例题52·单选题】某县A企业为增值税小规模纳税人，2021年12月委托汽车贸易公司从国外进口小汽车一辆，关税完税价格折合人民币85500元，假定小汽车的关税税率20%，消费税税率5%，其进口环节应纳增值税（　　）元。

A. 17100　　B. 12702.86　　C. 13338　　D. 14040

【解析】小规模纳税人进口货物计算增值税时也适用税率，除特殊情况外，不适用征收率。进口环节应纳的增值税=85500×（1+20%）/（1−5%）×13%=14040（元）。

【答案】D

2. 跨境电子商务零售进口商品按照货物征收关税和进口环节增值税、消费税，以实际交易价格（包括货物零售价格、运费和保险费）作为完税价格。

跨境电子商务零售进口商品的进口环节增值税、消费税取消免征税额，暂按法定应纳税额的70%征收。

完税价格超过5000元单次交易限值但低于26000元年度交易限值，且订单下仅一件商品时，可以自跨境电商零售渠道进口，按照货物税率全额征收关税和进口环节增值税、消费税，交易额计入年度交易总额，但年度交易总额超过年度交易限值的，应按一般贸易管理。

【注意】2019年1月1日起，对单次交易限值为人民币5000元、个人年度交易限值为人民币26000元以内进口的跨境电子商务零售进口商品，关税税率暂设为0%。

经典题解

【例题53】中国公民李女士2022年1月通过跨境电商购买一条围巾，根据税法规定计算的实际交易价格是1500元。由于李女士所购围巾未超过单次5000元的限值从而免征关税，但需缴纳增值税，按应纳税额的70%征收。李女士应纳增值税=1500×13%×70%=136.5（元）。

第七节　出口和跨境业务增值税的退（免）税和征税

使用“会计云课堂”App或“微信”扫码查看本节视频，快速GET知识点。

考点1：出口货物、劳务和跨境应税行为退（免）增值税基本政策和实施范围★★

（一）出口货物、劳务和跨境应税行为退（免）增值税基本政策

出口货物、劳务和跨境应税行为退（免）税的税种仅限于增值税和消费税。

我国《增值税暂行条例》规定：“纳税人出口货物，税率为零；但是，国务院另有规定的除外”。零税率不同于免税，免税往往指某一环节免税；而零税率是指整体税负为零，意味着出口环节免税且退还以前纳税环节的已纳税款，这就是所谓的“出口退税”。

出口退（免）税的基本政策：

基本政策	一般适用情形
出口免税并退税	适用于出口货物、劳务和跨境应税行为以往环节纳过税而需要退税的情况
出口免税不退税	适用于出口货物、劳务和跨境应税行为以往环节未纳过税而无须退税、以往环节税金缴纳情况不明无法准确计算退税等情况
出口不免税也不退税	适用于国家限制、禁止某些货物、劳务和跨境应税行为出口而视同内销征税的情况

（二）适用增值税退（免）税政策的范围

1．出口企业出口货物

（1）出口企业的类型

企业及政策	登记条件			企业类型	出口的货物	退（免）税政策
	工商登记	税务登记	对外贸易经营者备案登记			
出口企业	有	有	有	各类单位或个体工商户	自营或委托出口货物	免税并退税
	有	有	无	生产企业	委托出口货物	
非出口企业	有	有	无	非生产单位	委托出口货物	免税

【待遇】对满足规定条件的出口企业自营或委托出口的货物实施退（免）税；对不能满足规定条件的非出口企业委托出口的货物实施免税。

（2）企业出口给外商的新造集装箱，交付到境内指定堆场，并取得出口货物报关单（出口退税专用），同时符合其他出口退（免）税规定的，准予按照现行规定办理出口退（免）税。

（3）融资租赁货物出口退税

对融资租赁企业、金融租赁公司及其设立的项目子公司，以融资租赁方式租赁给境外承租人且租赁期限在5年（含）以上，并向海关报关后实际离境的货物，试行增值税、消费税出口退税政策。

2. 出口企业或其他单位视同出口货物

除财政部和国家税务总局另有规定外，视同出口货物适用出口货物的各项规定。视同出口货物具体包括：

（1）出口企业对外援助、对外承包、境外投资的出口货物。

（2）出口企业经海关报关进入国家批准的出口加工区、保税物流园区、保税港区、综合保税区、珠澳跨境工业区（珠海园区）、中哈霍尔果斯国际边境合作中心（中方配套区域）、保税物流中心（B型）（以下统称"特殊区域"）并销售给特殊区域内单位或境外单位、个人的货物。

（3）免税品经营企业销售的货物（国家规定不允许经营和限制出口的货物、卷烟和超出免税品经营企业《企业法人营业执照》中规定经营范围的货物除外）。

（4）出口企业或其他单位销售给用于国际金融组织或外国政府贷款国际招标建设项目的中标机电产品。上述中标机电产品，包括外国企业中标再分包给出口企业或其他单位的机电产品。

（5）出口企业或其他单位销售给国际运输企业用于国际运输工具上的货物。上述规定暂仅适用于外轮供应公司、远洋运输供应公司销售给外轮、远洋国轮的货物，国内航空供应公司生产销售给国内和国外航空公司国际航班的航空食品。

3. 出口企业对外提供加工修理修配劳务

对外提供加工修理修配劳务，是指对进境复出口货物或从事国际运输的运输工具进行的加工修理修配。

4. 境内的单位和个人提供适用增值税零税率的应税服务或无形资产，如果属于适用增值税简易计税方法的，实行免征增值税办法。如果属于适用增值税一般计税方法的，生产企业实行"免抵退"税办法。外贸企业外购研发服务和设计服务出口实行免退税办法；外贸企业直接将服务或自行研发的无形资产出口，视同生产企业连同其出口货物统一实行免抵退税办法。实行退（免）税办法的研发服务和设计服务，如果主管税务机关认定出口价格偏高的，有权按照核定的出口价格计算退（免）税，核定的出口价格低于外贸企业购进价格的，低于部分对应的进项税额不予退税，转入成本。

5. 纳税人出口货物劳务、发生跨境应税行为，未在规定期限内申报出口退（免）税或者开具《代理出口货物证明》的，在收齐退（免）税凭证及相关电子信息后，即可申报办理出口退（免）税；未在规定期限内收汇或者办理不能收汇手续的，在收汇或者办理不能收汇手续后，即可申报办理退（免）税。

（三）增值税退（免）税办法

适用增值税退（免）税政策的出口货物、劳务及应税行为，按照规定实行增值税免抵退税或免退税办法。增值税退（免）税办法具体规定如下：

<table>
<tr><th rowspan="2">退（免）税办法</th><th colspan="2">适用企业和情况</th><th rowspan="2">基本政策规定</th></tr>
<tr><th>企业</th><th>具体情况</th></tr>
<tr><td rowspan="3">免抵退税</td><td>生产企业</td><td>（1）出口自产货物和视同自产货物及对外提供加工修理修配劳务
（2）列名的生产企业出口非自产货物
（3）适用一般计税方法的生产企业提供适用零税率的服务和无形资产</td><td rowspan="3">免征增值税，相应的进项税额抵减应纳增值税税额（不包括适用增值税即征即退、先征后退政策的应纳增值税税额），未抵减完的部分予以退还</td></tr>
<tr><td>外贸企业</td><td>适用一般计税方法的外贸企业直接将服务或自行研发的无形资产出口</td></tr>
<tr><td>特殊行业企业</td><td>（1）境内单位和个人提供的国际运输服务
（2）境内单位和个人向境外单位提供的完全在境外消费的规定服务
（3）航天运输服务</td></tr>
<tr><td>免退税</td><td>外贸企业或其他单位</td><td>（1）不具有生产能力的出口企业（以下简称“外贸企业”）或其他单位出口货物、劳务
（2）适用一般计税方法的外贸企业外购服务或无形资产出口</td><td>免征增值税，相应的进项税额予以退还</td></tr>
</table>

【易错易混】外贸企业将外购的适用增值税零税率的应税服务和无形资产出口的，实行“免退”税办法；外贸企业直接将适用增值税零税率的应税服务或自行研发的无形资产出口的，视同生产企业连同其出口货物统一实行“免抵退”税办法。

【辨析】特殊纳税人的非自产货物出口可以视同出口自产货物享受“免抵退”税。视同出口自产货物的具体条件：

1. 持续经营以来从未发生骗取出口退税、虚开增值税专用发票或农产品收购发票、接受虚开增值税专用发票（善意取得虚开增值税专用发票除外）行为且同时符合下列条件的生产企业出口的外购货物，可视同自产货物适用增值税退（免）税政策：

（1）已取得增值税一般纳税人资格。（2）已持续经营 2 年及 2 年以上。（3）纳税信用等级 A 级。（4）上一年度销售额 5 亿元以上。（5）外购出口的货物与本企业自产货物同类型或具有相关性。

2. 持续经营以来从未发生骗取出口退税、虚开增值税专用发票或农产品收购发票、接受虚开增值税专用发票（善意取得虚开增值税专用发票除外）行为但不能同时符合第 1 条规定的条件的生产企业，出口的外购货物符合下列条件之一的，可视同自产货物申报适用增值税退（免）税政策：

（1）同时符合下列条件的外购货物：①与本企业生产的货物名称、性能相同。②使用本企业注册商标或境外单位或个人提供给本企业使用的商标。③出口给进口本企业自产货物的境外单位或个人。

（2）与本企业所生产的货物属于配套出口，且出口给进口本企业自产货物的境外单位或个人的外购货物，符合下列条件之一的：①用于维修本企业出口的自产货物的工具、零部件、配件。②不经过本企业加工或组装，出口后能直接与本企业自产货物组合成成套设备的货物。

（3）经集团公司总部所在地的地级以上税务局认定的集团公司，其控股的生产企业之间收购的自产货物以及集团公司与其控股的生产企业之间收购的自产货物。

（4）同时符合下列条件的委托加工货物：①与本企业生产的货物名称、性能相同，或者是用本企业生产的货物再委托深加工的货物。②出口给进口本企业自产货物的境外单位或个人。③委托方与受托方必须签订委托加工协议，且主要原材料必须由委托方提供，受托方不垫付资金，只收取加工费，开具加工费（含代垫的辅助材料）的增值税专用发票。

（5）用于本企业中标项目下的机电产品。

（6）用于对外承包工程项目下的货物。

（7）用于境外投资的货物。

（8）用于对外援助的货物。

（9）生产自产货物的外购设备和原材料（农产品除外）。

【归纳】

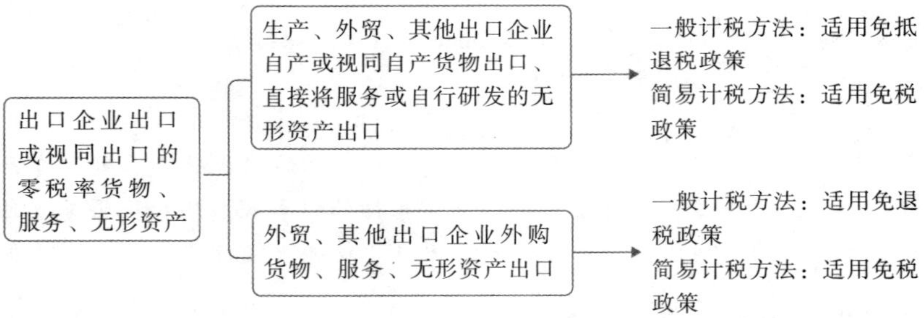

考点2：增值税出口退税率和退（免）税的计税依据★★

（一）增值税出口退税率

增值税出口退税在具体计算时分不同情况采用规定的退税率、适用税率、征收率。

1．一般规定——规定的退税率或适用税率

除财政部和国家税务总局根据国务院决定而明确的增值税出口退税率（以下称“退税率”）外，出口货物、服务和无形资产的退税率为其适用税率。目前我国增值税出口退税率分为五档，即13%、10%、9%、6%和零税率。

2．特殊规定

（1）外贸企业购进按简易办法征税的出口货物、从小规模纳税人购进的出口货物，其退税率分别为简易办法实际执行的征收率、小规模纳税人征收率。

上述出口货物取得增值税专用发票的，退税率按照增值税专用发票上的税率和出口货物退税率孰低的原则确定。

（2）出口企业委托加工修理修配货物，其加工修理修配费用的退税率，为出口货物的退税率。

（3）中标机电产品、出口企业向海关报关进入特殊区域销售给特殊区域内生产企业生产耗用的列名原材料、输入特殊区域的水电气，其退税率为适用税率。如果国家调整列名原材料的退税率，列名原材料应当自调整之日起按调整后的退税率执行。

3. 适用不同退税率的货物、劳务及跨境应税行为，应分开报关、核算并申报退（免）税，未分开报关、核算或划分不清的，从低适用退税率。

【提示】近些年，随着国际贸易状况和人民币汇率的变化，我国出口货物的增值税退税率大多与征税率一致了，少数项目存在退税率低于征税率的情况，这些特殊情况是增值税出口退税计算的难点。

（二）增值税退（免）税的计税依据

1. 票据依据

出口货物、劳务的增值税退（免）税的计税依据，按出口货物、劳务的出口发票（外销发票）、其他普通发票或购进出口货物、劳务的增值税专用发票、海关进口增值税专用缴款书确定。

跨境应税行为的计税依据按照《适用增值税零税率应税服务退（免）税管理办法》执行。

2. 金额依据

出口行为	出口企业	退（免）税计税依据
出口货物（进料加工复出口货物除外）、劳务	生产企业	出口货物、劳务的实际离岸价（FOB）——实际离岸价应以出口发票上的离岸价为准，但如果出口发票不能反映实际离岸价，主管税务机关有权予以核定
进料加工复出口货物	生产企业	按出口货物的离岸价（FOB）扣除出口货物所耗用的海关保税进口料件的金额后确定
国内购进无进项税额且不计提进项税额的免税原材料加工后出口的货物	生产企业	按出口货物的离岸价（FOB）扣除出口货物所含的国内购进免税原材料的金额后确定
出口货物（委托加工修理修配货物除外）	外贸企业	为购进出口货物的增值税专用发票注明的金额或海关进口增值税专用缴款书注明的完税价格
出口委托加工修理修配货物	外贸企业	为加工修理修配费用增值税专用发票注明的金额
出口进项税额未计算抵扣的已使用过的设备	出口企业	退（免）税计税依据 = 增值税专用发票上的金额或海关进口增值税专用缴款书注明的完税价格 × 已使用过的设备固定资产净值 ÷ 已使用过的设备原值 已使用过的设备固定资产净值 = 已使用过的设备原值 − 已使用过的设备已提累计折旧

出口行为	出口企业	退（免）税计税依据
销售的货物	免税品经营企业	为购进货物的增值税专用发票注明的金额或海关进口增值税专用缴款书注明的完税价格
中标机电产品	生产企业	为销售机电产品的普通发票注明的金额
	外贸企业	为购进货物的增值税专用发票注明的金额或海关进口增值税专用缴款书注明的完税价格

【归纳】增值税退（免）税的计税依据，对于生产企业而言，一般是扣减所含保税和免税金额之后的离岸价；对于外贸企业而言，一般是购进货物增值税专用发票注明的金额或海关进口增值税专用缴款书注明的完税价格。

经典题解

【例题54·单选题】生产企业进料加工复出口货物，其增值税的退（免）税计税依据是（　　）。

A. 出口货物的实际离岸价（FOB）

B. 按出口货物的离岸价（FOB）扣除出口货物所耗用的海关保税进口料件的金额后确定

C. 按出口货物的离岸价（FOB）扣除出口货物所购进的海关保税进口料件的金额后确定

D. 出口货物的到岸价

【解析】生产企业进料加工复出口货物，其增值税的退（免）税计税依据按出口货物的离岸价（FOB）扣除出口货物所耗用的海关保税进口料件的金额后确定。

【答案】B

考点3：生产企业出口货物、劳务增值税免抵退税的计算★★★

1. 实行免抵退税办法的“免”税是指生产企业出口的自产或视同自产货物，免征出口环节增值税；“抵”税是指生产企业出口自产或视同自产货物所耗用的原材料、零部件、燃料、动力等所含应予退还的进项税额，抵顶内销货物的应纳税额；“退”税是指生产企业出口自产或视同自产货物在当月内应抵顶的进项税额大于应纳税额时，对未抵顶完的部分予以退税。

【解释】在计算免抵退税时，考虑退税率低于征税率，需要计算当期不得免征和抵扣税额，将其从进项税额中剔除出去，转入出口产品的销售成本中（与企业所得税一章衔接），因此，免抵退税计算实际上涉及免、剔、抵、退四个步骤。

销项税 → 免

进项税
- 剔（转入外销成本，影响企业所得税）
- 抵（抵减内销应纳税额，影响城建税及附加）
- 退

免抵退税计算步骤及公式如下：

步骤	公式	解释
第一步：免	免征出口环节增值税	出口货物不计销项税额
第二步：剔	当期不得免征和抵扣税额＝当期出口货物离岸价格×外汇人民币折合率×（出口货物适用税率－出口货物退税率）－当期不得免征和抵扣税额抵减额 当期不得免征和抵扣税额抵减额＝当期免税购进原材料价格×（出口货物适用税率－出口货物退税率） 简化公式： 当期不得免征和抵扣税额＝（当期出口货物离岸价格×外汇人民币折合率－当期免税购进原材料价格）×（出口货物适用税率－出口货物退税率）	此步骤是为了剔除一部分进项税额，以体现退税率低于征税率的后果。还针对本环节使用免税购进原材料未计过进项税额，而不曾影响增值税进项税额的因素，对不得免征和抵扣税额进行修正 **【注意】**“剔”的步骤只存在于退税率低于征税率的情况之下，将计算出的差额部分的进项税计入出口货物劳务成本。在退税率等于征税率的情况下则不存在“剔”的步骤
第三步：抵	当期应纳税额＝当期内销货物的销项税额－（当期全部进项税额－当期不得免征和抵扣税额）－上期留抵税额	先用出口应退税额抵顶内销应纳税额，让企业用内销少缴税的方式得到出口退税的实惠 计算结果如为正数，则是应纳税额，不涉及退税，但涉及免抵；如为负数，则进入下一步骤对比大小并计算应退税额
第四步：退	（1）首先计算免抵退税总额 当期免抵退税额＝当期出口货物离岸价格×外汇人民币折合率×出口货物退税率－当期免抵退税额抵减额 当期免抵退税额抵减额＝当期免税购进原材料价格×出口货物退税率 简化公式： 当期免抵退税额＝（当期出口货物离岸价格×外汇人民币折合率－当期免税购进原材料价格）×出口货物退税率 （2）其次确认出口退税，并确认退税之外的免抵税额： ①当期期末留抵税额≤当期免抵退税额时 当期应退税额＝当期期末留抵税额 当期免抵税额＝当期免抵退税额－当期应退税额 ②当期期末留抵税额＞当期免抵退税额时 当期应退税额＝当期免抵退税额 当期免抵税额＝0	（1）在计算当期应纳税额的结果＜0时，才会涉及出口退税 （2）计算退税步骤： ①首先用公式计算免抵退税总额。要体现生产企业增值税退（免）税的计税依据一般是扣减所含免税、保税金额之后的离岸价的原理 ②其次用当期应纳税额计算出的数额的绝对值与当期免抵退税额比大小，择其小者确认出口退税，并用免抵退税额减除应退税额确认退税之外的免抵税额

经典题解

【例题55·单选题】某自营出口的生产企业为增值税一般纳税人，出口货物的征税率为13%，退税率为6%。2021年6月购进原材料一批，取得的增值税专用发票注明金额500万元，税额65万元。6月内销货物取得不含税销售额150万元，出口货物取得销售额折合人民币200万元，上月增值税留抵税额10万元，该企业当期“免、抵、退”税不得免征和抵扣税额为（　　）万元。

A. 8　　B. 12　　C. 14　　D. 26

【解析】“免抵退”税不得免征和抵扣税额=FOB×（征税率－退税率）=200×（13%-6%）=14（万元）。

【答案】C

【提示】公式中的剔和退的步骤中都出现了免税购进原材料价格的因素。为进一步规范生产企业进料加工贸易免抵退税管理，根据国家税务总局公告2013年第12号，自2013年7月1日起，生产企业进料加工免抵退税计算中，采用“实耗法”计算进料加工出口货物耗用的保税进口料件金额，即按照计划分配率和出口货物离岸价计算。

采用“实耗法”的，当期免税购进原材料价格包括当期国内购进的无进项税额且不计提进项税额的免税原材料的价格和当期进料加工保税进口料件的价格，其中当期进料加工保税进口料件的价格为进料加工出口货物耗用的保税进口料件金额，其计算公式为：

当期进料加工出口货物耗用的保税进口料件的金额＝当期进料加工出口货物离岸价×外汇人民币折合率×计划分配率

计划分配率＝计划进口总值÷计划出口总值×100%

计算不得免征和抵扣税额时，应按当期全部出口货物的离岸价扣除当期全部进料加工出口货物耗用的保税进口料件金额后的余额乘以征退税率之差计算。

进料加工出口货物收齐有关凭证申报免抵退税时，以收齐凭证的进料加工出口货物人民币离岸价扣除其耗用的保税进口料件金额后的余额计算免抵退税额。

经典题解

【例题56】某企业签订进料加工复出口货物合同，2021年12月进口料件到岸价格折合人民币300万元，当月将部分完工产品出口，FOB折合人民币400万元。该企业进料加工计划分配率为60%，完工产品适用的增值税征税率为13%，退税率为6%，则：

进料加工出口货物耗用的保税进口料件金额=400×60%=240（万元）

当期不得免征和抵扣税额抵减额=240×（13%-6%）=16.8（万元）

当期不得免征和抵扣税额=400×（13%-6%）-16.8=11.2（万元）。

【免抵退税公式分析】增值税免抵退税涉及三组公式：

第一组是综合考虑内、外销因素而计算应纳税额的公式（免、剔、抵的环节）；

第二组是计算外销收入的免抵退税总额的公式（计算限额的环节）；

第三组是将一、二两组公式计算结果进行对比，确定应退税额和免抵税额（明确退与免抵的金额的环节）。

具体公式讲解：

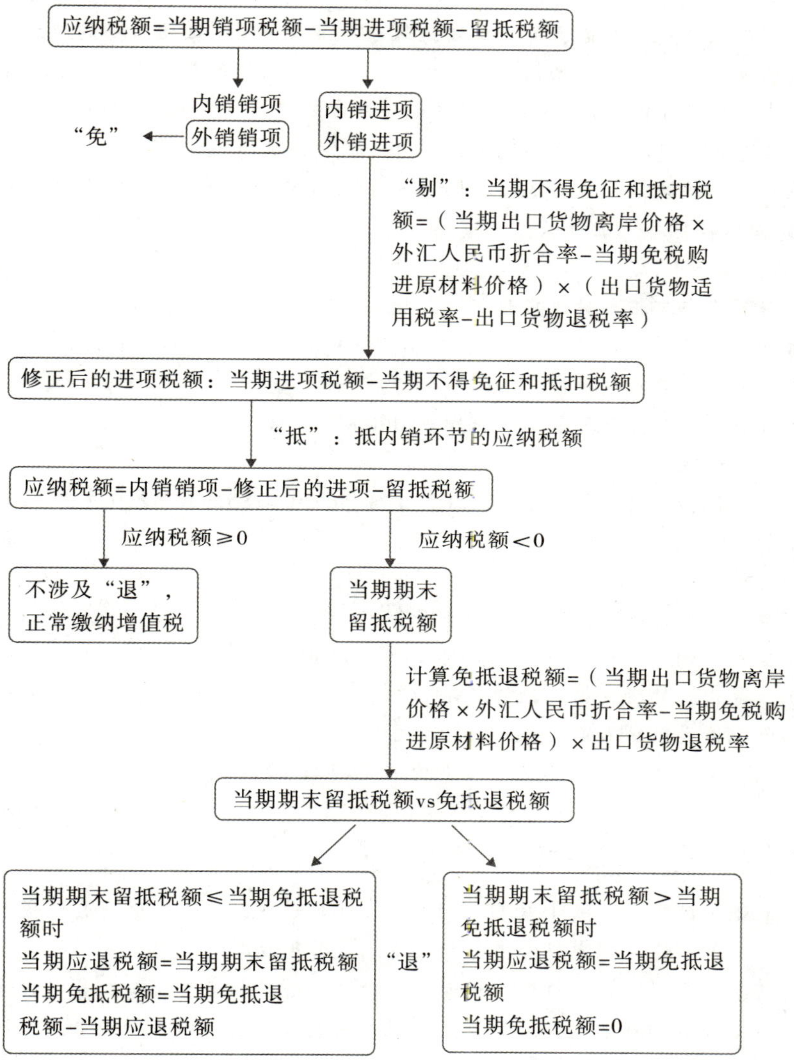

考点妙记

免抵退税计算过程口诀：
外销免计，剔外差率；
应纳负数，限度相比；
择小退税，大方减退；
负大留抵，限大免抵。

【提示】

1. 不要恐惧免抵退税的计算。建议考生在学习出口退税专题时，不要只学这部分内容，而要把前面增值税的原理搞清楚。因为对"免抵退税"学习感到困难的考生中，绝大多数是原理基础的理解存在问题，基础学习的疏漏导致对本部分公式难以理解。

2. 免抵退税计算中的免抵税额和留抵税额要分清，前者是通过免抵退税政策享受到的优惠额（需要计算缴纳城建税及附加）；后者是内销进项税额过大导致的应纳增值税负数，留到下期继续抵扣，符合条件的可以申请退税。

3. 出口退税计算时，对于计算出来的当期不得免征和抵扣税额，一方面要作进项税额转出；另一方面要增加出口货物的销售成本，影响损益和企业所得税的计算。

经典题解

【**例题57·计算问答题**】2021年12月，A生产企业（增值税一般纳税人）进口货物，海关审定的关税完税价格为500万元人民币，关税税率为10%，海关代征了进口环节的增值税，取得海关进口增值税专用缴款书。从国内市场购进原材料支付的价款为800万元，取得增值税专用发票上注明的增值税额为104万元。外销货物的出口离岸价为1000万元人民币；内销货物的不含税销售额为1100万元。该企业出口货物适用"免抵退"税的税收政策，上期留抵税额50万元。

要求：计算当期应缴纳或应退的增值税税额及免抵税额。（假定上述货物均适用13%的增值税税率，出口退税率为9%）

【**答案及解析**】

（1）计算当期可抵扣的进项税额

进口环节海关代征增值税=500×（1+10%）×13%=71.5（万元）

国内采购环节的进项税额为104万元。

出口货物当期不得免征和抵扣税额=1000×（13%-9%）=40（万元）

上期留抵税额50万元。

当期允许抵扣的进项税额合计=71.5+104-40+50=185.5（万元）

（2）计算当期销项税额

出口货物免税。

内销货物销项税额=1100×13%=143（万元）

（3）当期应纳税额=143-185.5=-42.5（万元）

（4）计算出口货物免抵退税的限额

当期免抵退税额=1000×9%=90（万元）

由于期末留抵税额42.5万元＜当期免抵退税额90万元

当期应退税额=42.5（万元）

当期免抵税额=90-42.5=47.5（万元）。

【**例题58·计算问答题**】2021年12月，A生产企业（增值税一般纳税人）进口货物，海关审定的关税完税价格为500万元，关税税率为10%，海关代征了进口环节的增值税，取得海关进口增值税专用缴款书。进料加工复出口业务保税进口料件一批，到岸价格400万元，海关暂免征税予以放行。从国内市场购进原材料支付的价款为1400万元，取得增值税专用发票上注明的增值税额为182万元。进料加工复出口货物的出口离岸价为1000万元人民币。内销货物的销售额为1100万元（不含税）。该企业出口货物适用"免抵退"税的税收政策，上期留抵税额50万元。

要求：计算当期应缴纳或应退还的增值税税额、免抵税额及实际留到下期抵扣的税额。（该企业进料加工计划分配率为23%；假定上述货物均适用13%的增值税税率，出口退税率为9%）

【**答案及解析**】

（1）计算当期允许抵扣的进项税额

进口环节海关代征增值税=500×（1+10%）×13%=71.5（万元）

国内采购环节的进项税额为182万元。

进料加工保税进口料件由于没有缴纳过增值税，故计算不得免征和抵扣税额时不能与纳过税的情况一样对待，需要计算不得免征和抵扣税额抵减额。进料加工出口货物耗用的保税进口料件金额 =1000×23%=230（万元）

出口货物当期不得免征和抵扣税额 =（1000−230）×（13%−9%）=30.8（万元）

上期留抵税额 50 万元。

当期允许抵扣的进项税额合计 =71.5+182−30.8+50=272.7（万元）

（2）计算当期销项税额

出口货物免税。

内销货物销项税额 =1100×13%=143（万元）

（3）当期应纳税额 =143−272.7=−129.7（万元）

（4）由于进料加工保税进口料件享受了免税的优惠，计算出口货物免抵退税的限额时要扣减进料加工出口货物耗用的保税进口料件金额。当期免抵退税额（限度）=（1000−230）×9%=69.3（万元）

由于期末留抵税额 129.7 万元＞当期免抵退税额 69.3 万元

当期应退税额 =69.3（万元）

当期免抵税额 =0

当期留抵税额 =129.7−69.3=60.4（万元）。

2. 零税率应税行为增值税退（免）税的计算

零税率应税行为增值税免抵退税，依下列公式计算：

①当期免抵退税额的计算：

当期零税率应税行为免抵退税额 = 当期零税率应税行为免抵退税计税依据 × 外汇人民币折合率 × 零税率应税行为增值税退税率

②当期应退税额和当期免抵税额的计算：

当期期末留抵税额≤当期免抵退税额时

当期应退税额 = 当期期末留抵税额

当期免抵税额 = 当期免抵退税额 − 当期应退税额

当期期末留抵税额＞当期免抵退税额时

当期应退税额 = 当期免抵退税额

当期免抵税额 =0

“当期期末留抵税额”为当期《增值税及附加税费申报表》的“期末留抵税额”。

【提示】由于“营改增”应税行为出口的退税率等于征税率，故在计算出口退税时，没有“剔”的步骤，只按照“免、抵、退”三个环节计算。所以应税行为出口退税的计算比较简单。

经典题解

【例题 59】境内某大型运输公司为增值税一般纳税人，该公司实行“免抵退”税管理办法。该公司 2021 年 12 月实际发生如下业务：（1）当月承接了 8 个国际运输业务，取得收入 80 万元人民币；（2）增值税纳税申报时，期末留抵税额为 14 万元人民币，则：

当期零税率应税服务免抵退税额 = 当期零税率应税服务免抵退税计税依据 × 外汇人民币折合率 × 零税率应税服务增值税退税率 =80×9%=7.2（万元）

当期期末留抵税额 14 万元＞当期免抵退税额 7.2 万元

当期应退税额 = 当期免抵退税额 =7.2（万元）

退税申报后，结转下期留抵的税额 =14−7.2=6.8（万元）。

考点 4：外贸企业出口货物、劳务和应税行为增值税免退税★★★

1. 实行免退税办法的退（免）税计税依据为购进业务的增值税专用发票或海关进口增值税专用缴款书上注明的金额。

实行退（免）税办法的服务和无形资产，如果主管税务机关认定出口价格偏高的，有权按照核定的出口价格计算退（免）税，核定的出口价格低于外贸企业购进价格的，低于部分对应的进项税额不予退税，转入成本。

【归纳】外销免税不计销项；进项被一分为二。

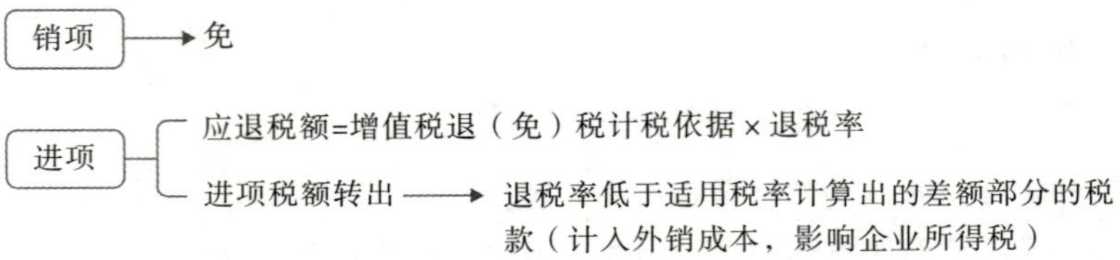

经典题解

【例题 60·多选题】下列各项中，适用增值税出口退税“免退税”办法的有（　　）。

A. 购买货物出口的外贸企业

B. 受托代理出口货物的外贸企业

C. 购买研发服务出口的外贸企业

D. 委托出口自产货物的生产企业

【解析】本题考核增值税的出口退税有关规定。外贸企业购买货物、研发服务出口适用“免退税”的方式计算退税。选项 B 要视委托方的情况适用“免退税”或“免抵退税”等政策。选项 D 采用“免抵退”税政策。

【答案】AC

2. 融资租赁出口货物退税的计算

【提示】融资租赁出口货物退税的计算方法与没有生产能力的外贸企业出口货物的免退税方法一致。

融资租赁出租方将融资租赁出口货物租赁给境外承租方、将融资租赁海洋工程结构物租赁给海上石油天然气开采企业，向融资租赁出租方退还其购进租赁货物所含增值税。其计算公式如下：

增值税应退税额 = 购进融资租赁货物的增值税专用发票注明的金额或海关进口增值税专用缴款书注明的完税价格 × 融资租赁货物适用的增值税退税率

融资租赁出口货物适用的增值税退税率，按照统一的出口货物适用退税率执行。从增值税一般纳税人购进的按简易办法征税的融资租赁货物和从小规模纳税人购进的融资租赁货物，其适用的增值税退税率，按照购进货物适用的征收率和退税率孰低的原则确定。

3. 自 2018 年 11 月 30 日至 2023 年 11 月 29 日，对经国务院批准对外开放的货物期货品种保税交割业务，暂免征收增值税。

【提示】上述期货交易中实际交割的货物，如果发生进口或者出口的，统一按照现行货物进出口税收政策执行。即将期货保税业务和实际交割的进出口货物拆分成期货业务和交割货物两个方面，前者暂免征税，后者执行进出口税收政策。

经典题解

【例题 61 · 单选题】2021 年 12 月，某融资租赁公司根据合同规定将一设备以融资租赁方式出租给境外甲企业使用。融资租赁公司是从小规模纳税人购进该设备，取得税务机关代开的增值税专用发票上注明的金额为 100 万元人民币，征收率为 3%。假设增值税出口退税率为 13%，该融资租赁公司应退增值税税额（　　）万元。

A. 2　　B. 3　　C. 9　　D. 13

【解析】应退税额 =100 × 3%=3（万元）。

【答案】B

【例题 62 · 单选题】某外贸公司 2021 年 6 月份从一般纳税人处购进八音盒 10000 只，不含税单价 80 元 / 只，已取得增值税专用发票。将外购的八音盒全部报关出口，离岸单价 15 美元 / 只，此笔出口已收汇并作销售处理（美元与人民币比价为 1 : 6.8，退税率为 13%）。该笔出口业务应退增值税为（　　）元。

A. 104000　　B. 132600　　C. 139500　　D. 153000

【解析】要求考生掌握外贸企业出口货物（委托加工修理修配货物除外）增值税应退税额为购进出口货物所取得的增值税专用发票上注明的金额或海关进口增值税专用缴款书注明的完税价格和该货物所适用的退税率的乘积。应退增值税 = 10000 × 80 × 13%=104000（元）。解题时要注意，外贸企业出口退税与出口时的离岸价格没有关系。

【答案】A

4. 出口企业既有适用增值税免抵退项目，也有增值税即征即退、先征后退项目的，增值税即征即退和先征后退项目不参与出口项目免抵退税计算。出口企业应分别核算增值税免抵退项目和增值税即征即退、先征后退项目，并分别申请享受增值税即征即退、先征后退和免抵退税政策。

用于增值税即征即退或者先征后退项目的进项税额无法划分的，按照下列公式计算：

无法划分进项税额中用于增值税即征即退或者先征后退项目的部分 = 当月无法划分的全部进项税额 × 当月增值税即征即退或者先征后退项目销售额 ÷ 当月全部销售额合计

5. 实行免抵退税办法的零税率应税行为提供者如同时有货物、劳务（指对外加工修理修配劳务，下同）出口且未分别计算的，可结合现行出口货物免抵退税计算公式一并计算。税务机关在审批时，按照出口货物、劳务、零税率应税行为免抵退税额比例划分出口货物、劳务、零税率应税行为的退税额和免抵税额。

考点5：适用增值税免税政策的出口货物、劳务及跨境应税行为★★

【归纳】出口免税政策适用于出口货物、劳务、跨境应税行为以往环节未纳过税而无须退税、以往环节税金缴纳情况不明无法准确计算退税等情况。

适用增值税免税政策的出口货物、劳务、应税行为，其进项税额不得抵扣和退税，应当转入成本。

主要免税政策如下：

1. 出口企业或其他单位出口规定的货物，具体是指：

（1）增值税小规模纳税人出口的货物。

（2）避孕药品和用具，古旧图书。

（3）软件产品。其具体范围是指海关税则号前四位为“9803”的货物。

（4）含黄金、铂金成分的货物，钻石及其饰品。

（5）国家计划内出口的卷烟。

（6）非出口企业委托出口的货物。

（7）非列名生产企业出口的非视同自产货物。

（8）农业生产者自产农产品［农产品的具体范围按照《农业产品征税范围注释》（财税〔1995〕52号）的规定执行］。

（9）油画、花生果仁、黑大豆等财政部和国家税务总局规定的出口免税的货物。

（10）外贸企业取得普通发票、废旧物资收购凭证、农产品收购发票、政府非税收入票据的货物。

（11）来料加工复出口的货物。

（12）特殊区域内的企业出口的特殊区域内的货物。

（13）以人民币现金作为结算方式的边境地区出口企业从所在省（自治区）的边境口岸出口到接壤国家的一般贸易和边境小额贸易出口货物。

（14）以旅游购物贸易方式报关出口的货物。

2. 出口企业或其他单位视同出口的下列货物和劳务：

（1）国家批准设立的免税店销售的免税货物［包括进口免税货物和已实现退（免）税的货物］。

（2）特殊区域内的企业为境外的单位或个人提供加工修理修配劳务。

（3）同一特殊区域、不同特殊区域内的企业之间销售特殊区域内的货物。

3. 出口企业或其他单位未按规定申报或未补齐增值税退（免）税凭证的出口货物和劳务。

具体是指：申报、证明、退（免）税凭证未按照规定期限提供的出口货物和劳务。

4. 境内纳税人向境外提供的发生在境外的跨境应税行为（适用零税率的除外）。

【提示】

1. 这部分内容非常繁杂，考生注意抓规律：境内纳税人的跨境应税行为完全发生在境外的，除零税率外，一般实施免税。

2. 纳税人向国内海关特殊监管区域内的单位或者个人销售服务、无形资产，不属于跨境应税行为，应照章征收增值税。

3. 纳税人发生跨境应税行为，除邮政、收派、保险等特殊服务及符合零税率政策但适用简易计税方法或声明放弃适用零税率选择免税的应税行为外，必须签订跨境销售服务或无形资产书面合同。否则，不予免征增值税。

4. 纳税人发生跨境应税行为时，纳税人以承运人身份与托运人签订运输服务合同，收取运费并承担承运人责任，然后委托实际承运人完成全部或部分运输服务时，自行采购并交给实际承运人使用的成品油和支付的道路、桥、闸通行费，同时符合下列条件的，其进项税额准予从销项税额中抵扣：

（1）成品油和道路、桥、闸通行费，应用于纳税人委托实际承运人完成的运输服务；

（2）取得的增值税扣税凭证符合现行规定。

经典题解

【真题 63·多选题】境内单位提供的下列跨境应税业务中，免征增值税的有（　　）。（2021 年）

> 要点小贴士
>
> 境内纳税人的跨境应税行为完全发生在境外的，除零税率外，一般实施免税。

A. 监理公司为境外工程项目提供的监理服务

B. 制造企业向境外单位转让在境内销售货物的经销权

C. 航海企业向境外单位提供的外派海员服务

D. 保险公司为出口货物提供的保险服务

【解析】选项 B：向境外单位转让在境内销售货物的经销权，不属于向境外单位销售完全在境外消费的无形资产，应缴纳增值税。

【答案】ACD

【例题 64·多选题】下列货物的出口，享受增值税免税不退税政策的有（　　）。

A. 来料加工复出口的货物

B. 属于小规模纳税人的生产企业出口的自产货物

C. 外贸企业出口避孕药品

D. 非出口企业委托出口的货物

【解析】选项 A：来料加工复出口的货物进口时保税，出口免税不退税；选项 B：属于小规模纳税人的生产企业出口的自产货物，无法核算生产环节承担的进项税额，出口免税不退税；选项 C：避孕药品销售时免税，故出口免税不退税；选项 D：非出口企业委托出口的货物，在出口时免税但不办理退税。

【答案】ABCD

【例题 65·多选题】在我国境内的增值税一般纳税人提供的下列应税服务，享受免税不退税政策的有（　　）。

A. 会议展览地点在境外的会议展览服务

B. 存储地点在境外的仓储服务

C. 为出口货物提供的邮政服务和收派服务

D. 向境外单位提供的完全在境外消费的研发服务

【解析】选项ABC享受免税不退税的政策；选项D采用零税率，享受免抵退税政策。

【答案】ABC

考点6：适用增值税征税政策的出口货物、劳务和跨境应税行为★

【归纳】出口照章征税的货物、劳务和跨境应税行为主要涉及以下三个方面：一是国家明确取消出口退税（限制出口）的货物、劳务和跨境应税行为；二是有出口违规行为的企业出口的货物、劳务和跨境应税行为；三是未从事实质性出口经营活动。

【相关链接】出口企业增值税政策的不同处理情况归纳：

增值税处理	适用情况
免税	税法规定免税货物的出口；增值税小规模纳税人出口的货物；来料加工复出口货物；非出口企业委托出口的货物；以旅游购物贸易方式报关出口的货物等
免退税	不具有生产能力的外贸企业或其他单位出口货物、劳务等
免抵退税	生产企业出口自产货物、视同自产货物和对外提供加工修理修配劳务；列名生产企业出口非自产货物等
征税	取消出口退税的货物、劳务；特殊销售对象；有出口违规行为的企业；未从事实质性出口经营活动等

经典题解

【例题66·多选题】下列货物的出口，适用增值税征税政策的有（　　）。

A. 以旅游购物贸易方式报关出口的货物

B. 出口企业由于违规被停止出口退税权期间出口的货物

C. 出口企业或其他单位销售给特殊区域内的生活消费用品和交通运输工具

D. 出口企业以自营名义出口，但不承担出口货物的质量、收款或退税风险之一的

【解析】选项A为适用增值税免税政策的出口货物；选项BCD为适用增值税征税政策的出口货物。

【答案】BCD

适用增值税征税政策的出口货物、劳务和跨境应税行为，其应纳增值税按下列办法计算：

1. 一般纳税人出口货物、劳务和跨境应税行为

销项税额 =（出口货物、劳务和跨境应税行为离岸价 − 出口货物耗用的进料加工保税进口料件金额）÷（1+ 适用税率）× 适用税率

（1）出口货物、劳务和跨境应税行为若已按征退税率之差计算不得免征和抵扣税额并已经转入成本的，相应的税额应转回进项税额。

出口货物耗用的进料加工保税进口料件金额 = 主营业务成本 ×（投入的保税进口料件金额 ÷ 生产成本）

主营业务成本、生产成本均为不予退（免）税的进料加工出口货物的主营业务成本、生产成本。当耗用的保税进口料件金额大于不予退（免）税的进料加工出口货物金额时，耗用的保税进口料件金额为不予退（免）税的进料加工出口货物金额。

（2）出口企业应分别核算内销货物、劳务、跨境应税行为和增值税征税的出口货物的生产成本、主营业务成本。未分别核算的，其相应的生产成本、主营业务成本由主管税务机关核定。

进料加工手册海关核销后，出口企业应对出口货物耗用的保税进口料件金额进行清算。

2. 小规模纳税人出口货物、劳务和跨境应税行为

应纳税额 = 出口货物、劳务和跨境应税行为离岸价 ÷（1+ 征收率）× 征收率

考点 7：外国驻华使（领）馆及其馆员在华购买货物和服务增值税退税管理办法★

（一）适用范围

外国驻华使（领）馆及其馆员（以下称“享受退税的单位和人员”）在中华人民共和国境内购买货物和服务增值税退税适用本规定。

1. 享受增值税退税的单位和人员范围

享受退税的单位和人员，包括外国驻华使（领）馆的外交代表（领事官员）及行政技术人员，中国公民或者在中国永久居留的人员除外。

2. 享受增值税退税的货物和服务范围

实行退税政策的货物与服务范围	不适用增值税退税政策的范围
按规定征收增值税、属于合理自用范围内的生活办公类货物和服务（含修理修配劳务） 【提示】生活办公类货物和服务，是指为满足日常生活、办公需求购买的货物和服务	（1）工业用机器设备、金融服务以及财政部和国家税务总局规定的其他货物和服务，不属于生活办公类货物和服务 （2）购买非合理自用范围内的生活办公类货物和服务 （3）购买货物单张发票销售金额（含税价格）不足 800 元人民币（自来水、电、燃气、暖气、汽油、柴油除外），购买服务单张发票销售金额（含税价格）不足 300 元人民币 （4）使（领）馆馆员个人购买货物和服务，除车辆和房租外，每人每年申报退税销售金额（含税价格）超过 18 万元人民币的部分 （5）增值税免税货物和服务

经典题解

【例题 67 · 多选题】 根据《外国驻华使（领）馆及其馆员在华购买货物和服务增值税退税管理办法》，下列情形中不适用增值税退税政策的有（　　）。

A. 购买的单张发票销售金额（含税价格）600 元人民币的办公用品

B. 购买的单张发票销售金额（含税价格）1000 元人民币的修理劳务

C. 购买的单张发票销售金额（含税价格）2000 元人民币的金融服务

D. 购买的单张发票销售金额（含税价格）200 元人民币的信息查询费

【解析】 实行增值税退税政策的货物与服务范围，包括按规定征收增值税、属于合理自用范围内的生活办公类货物和服务（含修理修配劳务）。工业用机器设备、金融服务以及财政部和国家税务总局规定的其他货物和服务，不属于生活办公类货物和服务。购买货物单张发票销售金额（含税价格）不足 800 元人民币（自来水、电、燃气、暖气、汽油、柴油除外）以及购买服务单张发票销售金额（含税价格）不足 300 元人民币等情形，不适用增值税退税政策。

【答案】 ACD

（二）退税的计算

申报退税的应退税额，为增值税发票上注明的税额。使（领）馆及其馆员购买电力、燃气、汽油、柴油，发票上未注明税额的，增值税应退税额按不含税销售额和相关产品增值税适用税率计算，计算公式：

增值税应退税额 = 发票金额（含增值税）÷（1+ 增值税适用税率）× 增值税适用税率

（三）退税管理

1. 申报退税期限

享受退税的单位和人员，应按季度向外交部礼宾司报送退税凭证和资料申报退税，报送时间为每年的 1 月、4 月、7 月、10 月；本年度购买的货物和服务（以发票开具日期为准），最迟申报不得迟于次年 1 月。逾期报送的，外交部礼宾司不予受理。

外交部礼宾司受理使（领）馆退税申报后，10 个工作日内，对享受退税的单位和人员的范围进行确认，对申报时限及其他内容进行审核、签章，将各使（领）馆申报资料一并转送北京市税务局办理退税，并履行交接手续。

2. 对享受退税的单位和人员申报的货物与服务是否属合理自用范围或者申报凭证真实性有疑问的，税务机关应暂缓办理退税，并通过外交部礼宾司对其进行问询。

3. 税务机关如发现享受退税的单位和人员申报的退税凭证虚假或所列内容与实际交易不符的，不予退税，并通过外交部礼宾司向其通报；情况严重的，外交部礼宾司将不再受理其申报。

4. 享受退税的单位和人员购买货物和服务办理退税后，如发生退货或转让所有权、使用权等情形，须经外交部礼宾司向北京市税务局办理补税手续。如转让需外交部礼宾司核准的货物，外交部礼宾司应在确认转让货物未办理退税或已办理补税手续后，办理核准转让手续。

考点 8：境外旅客购物离境退税政策★★★

要点	规定
退税主体	境外旅客：在中国境内连续居住不超过 183 天的外国人和港澳台同胞
退税客体	退税物品：境外旅客本人在退税商店购买且符合退税条件的个人物品 不包括下列物品：退税商店销售的免税品；禁、限物品；规定的其他物品
境外旅客申请退税的条件	1. 同一境外旅客同一日在同一退税商店购买的退税物品金额达到 500 元人民币——同人同日同店超 500 元（含 500 元） 2. 退税物品尚未启用或消费——未启用 3. 离境日距退税物品购买日不超过 90 天——新购 4. 所购退税物品由境外旅客本人随身携带或随行托运出境——随行
退税率和退税额	2019 年 4 月 1 日后，退税物品的退税率分为 11% 和 8% 两档 应退增值税额 = 退税物品销售发票金额（含增值税）× 退税率
退税方式	退税币种为人民币，退税方式包括现金退税和银行转账退税两种方式。退税额未超过 10000 元的，可选择现金退税或银行转账退税；退税额超过 10000 元的，只能通过银行转账退税

【归纳】境外旅客购物离境退税物品退税率的规定（需要记忆）

退税物品发票开具时间	发票注明税率	退税率
2019 年 4 月 1 日后	9%	8%
	13%	11%

经典题解

【例题 68·单选题】某境外旅客 2021 年 10 月来我国度假，10 月 20 日在北京某退税商店购买了一套京剧脸谱和一套电子出版物，取得退税商店当天为其开具的增值税普通发票及退税申请单，发票注明京剧脸谱金额 900 元，税率 13%，税额 117 元，价税合计 1017 元；电子出版物金额 200 元，税率 9%，税额 18 元，价税合计 218 元。该旅客 10 月 28 日离境时海关验核、退税机构审核均无问题。在不考虑退税代理机构手续费的情况下，该旅客可获得的退税额为（　　）元。

A. 117　　B. 121

C. 129.31　　D. 135

【解析】应退增值税额应为退税物品销售发票金额（含增值税）与退税率的乘积。该旅客购买京剧脸谱和电子出版物可获得的离境应退税额 =1017×11%+218×8%=129.31（元）。

【提示】退税代理机构可在增值税退税款中扣减必要的退税手续费。

【答案】C

考点9：综合保税区增值税一般纳税人资格管理★★★

【提示】本管理规定在教材上是放在一般纳税人登记的内容中的。但由于本规定的核心内容是综合保税区内企业的税收政策，主要涉及是否征收进口环节税金、是否适用出口退免税政策等方面，所以把主要内容放在相关的进口征税、出口退税政策之后展现，便于考生循序渐进地学习。

试点企业自增值税一般纳税人资格生效之日起，适用下列税收政策：

规定	适用情形
进口暂免征税	进口自用设备（包括机器设备、基建物资和办公用品）时，暂免征收进口关税和进口环节增值税、消费税（以下简称“进口税收”） 上述暂免进口税收按照该进口自用设备海关监管年限平均分摊到各个年度，每年年终对本年暂免的进口税收按照当年内外销比例进行划分，对外销比例部分执行试点企业所在海关特殊监管区域的税收政策，对内销比例部分比照执行海关特殊监管区域外（以下简称“区外”）税收政策补征税款
购买适用保税	除进口自用设备外，购买的下列货物适用保税政策： ①从境外购买并进入试点区域的货物 ②从海关特殊监管区域（试点区域除外）或海关保税监管场所购买并进入试点区域的保税货物 ③从试点区域内非试点企业购买的保税货物 ④从试点区域内其他试点企业购买的未经加工的保税货物
销售申报纳税	销售的下列货物，向主管税务机关申报缴纳增值税、消费税： ①向境内区外销售的货物 ②向保税区、不具备退税功能的保税监管场所销售的货物（未经加工的保税货物除外） ③向试点区域内其他试点企业销售的货物（未经加工的保税货物除外） 试点企业销售上述货物中含有保税货物的，按照保税货物进入海关特殊监管区域时的状态向海关申报缴纳进口税收，并按照规定补缴缓税利息
销售适用保税	向海关特殊监管区域或者海关保税监管场所销售的未经加工的保税货物，继续适用保税政策
销售适用出口退（免）税政策	销售的下列货物（未经加工的保税货物除外），适用出口退（免）税政策，主管税务机关凭海关提供的与之对应的出口货物报关单电子数据审核办理试点企业申报的出口退（免）税： ①离境出口的货物 ②向海关特殊监管区域（试点区域、保税区除外）或海关保税监管场所（不具备退税功能的保税监管场所除外）销售的货物 ③向试点区域内非试点企业销售的货物
出口适用免税	未经加工的保税货物离境出口实行增值税、消费税免税政策

【相关链接】 区外销售给试点企业的加工贸易货物，继续按现行税收政策执行；销售给试点企业的其他货物（包括水、蒸汽、电力、燃气）不再适用出口退税政策，按照规定缴纳增值税、消费税。

第八节　特定应税行为的增值税计征方法

使用“会计云课堂”App 或“微信”扫码查看本节视频，快速 GET 知识点。

考点 1：纳税人转让不动产增值税征收管理暂行办法★★★

纳税人转让其取得的不动产，包括以直接购买、接受捐赠、接受投资入股、自建以及抵债等各种形式取得的不动产。

【注意】 房地产开发企业销售自行开发的房地产项目不适用以下规定。

1. 一般纳税人转让不动产的计税

一般纳税人转让其“营改增”前（2016 年 4 月 30 日前）取得的不动产，可以选择适用简易计税方法计税；也可以选择适用一般计税方法计税。一般纳税人转让其“营改增”后（2016 年 5 月 1 日后）取得的不动产的，适用一般计税方法计税。

计税规则归纳为：

<table>
<tr><th>不动产来源</th><th>取得的时间</th><th>预缴与计税</th></tr>
<tr><td rowspan="3">直接购买、接受捐赠、接受投资入股以及抵债</td><td rowspan="2">2016 年 4 月 30 日前</td><td>选择适用简易计税方法计税的：
①按 5% 的征收率向不动产所在地主管税务机关预缴税款
预缴税额 =（取得的全部价款和价外费用 − 不动产购置原价或者取得不动产时的作价）÷（1+5%）×5%
②按 5% 的征收率向机构所在地主管税务机关申报纳税
应纳税额 =（取得的全部价款和价外费用 − 不动产购置原价或者取得不动产时的作价）÷（1+5%）×5%− 预缴税额</td></tr>
<tr><td rowspan="2">选择适用或应该适用一般计税方法计税的：
①按 5% 的预征率向不动产所在地主管税务机关预缴税款
预缴税额 =（取得的全部价款和价外费用 − 不动产购置原价或者取得不动产时的作价）÷（1+5%）×5%
②按 9% 的税率向机构所在地主管税务机关申报纳税
应纳税额 = 取得的全部价款和价外费用 ÷（1+9%）×9%− 进项税额 − 预缴税额</td></tr>
<tr><td>2016 年 5 月 1 日后</td></tr>
</table>

要点小贴士

差价 5% 预缴；
差价 5% 计税。

要点小贴士

差价 5% 预缴；
全价 9% 计销项。

<table>
<tr><th>不动产来源</th><th>取得的时间</th><th>预缴与计税</th></tr>
<tr><td rowspan="3">自建</td><td rowspan="2">2016年4月30日前</td><td>选择适用简易计税方法计税的：
①按5%的征收率向不动产所在地主管税务机关预缴税款
预缴税额＝取得的全部价款和价外费用÷（1+5%）×5%
②按5%的征收率向机构所在地主管税务机关申报纳税
应纳税额＝取得的全部价款和价外费用÷（1+5%）×5%－预缴税额</td></tr>
<tr><td rowspan="2">选择适用或应该适用一般计税方法计税的：
①按5%的预征率向不动产所在地主管税务机关预缴税款
预缴税额＝取得的全部价款和价外费用÷（1+5%）×5%
②按9%的税率向机构所在地主管税务机关申报纳税
应纳税额＝取得的全部价款和价外费用÷（1+9%）×9%－进项税额－预缴税额</td></tr>
<tr><td>2016年5月1日后</td></tr>
</table>

要点小贴士（选择适用简易计税方法计税的）

全价5%预缴；
全价5%计税。

要点小贴士（选择适用或应该适用一般计税方法计税的）

全价5%预缴；
全价9%计销项。

【提示1】房地产开发企业中的一般纳税人购入未完工的房地产老项目继续开发后，以自己名义立项销售的不动产，属于房地产老项目，可以选择适用简易计税方法按照5%的征收率计算缴纳增值税。

【提示2】上述全价、差价均为不含增值税的金额。要注意区分税率、征收率、预征率的不同表述。一般情况下，采用9%规定税率计税的项目在运用预征率预征税款时，价税分离要使用税率9%，即“÷（1+9%）”进行价税分离；采用征收率5%计税的项目在运用预征率预征税款时，价税分离要使用征收率5%，即“÷（1+5%）”进行价税分离。但是“营改增”后，凡国地税合并前由地税机关代为预征不动产转让增值税的，在预征作价税分离时只采用5%而不使用税率，这使得预征不动产转让增值税时，不论是针对一般纳税人还是针对小规模纳税人，都采用“÷（1+5%）”的价税分离方法，即原地税预征不动产增值税价税分离计算只用征收率不用税率，这个现实规定比较特殊，本章结束时给大家列了完整的表格归纳各项预征规定，考生注意把握规律。

经典题解

【例题69·单选题】根据一般纳税人转让取得不动产的增值税管理办法规定，下列说法中正确的是（　　）。

A. 转让2018年自建的不动产，可以选择适用简易计税方法

B. 取得的不动产，包括抵债取得的不动产

C. 转让2015年购置的不动产，应以取得的全部价款和价外费用扣除不动产购置原价后的余额为计税销售额

D. 取得不动产转让收入，应向不动产所在地主管税务机关申报纳税

【解析】选项A：一般纳税人转让营改增后取得的不动产，只能按照一般计税方法计税。选项B：取得不动产，包括以直接购买、接受捐赠、接受投资入股、自

建以及抵债等各种形式取得的不动产。选项 C：一般纳税人转让营改增前取得（不含自建）的不动产，可以选择简易计税方法计税（差额），也可以选择一般计税方法计税（全额）。选项用了“应”字，没有体现选择性。选项 D：向不动产所在地主管税务机关预缴税款，向机构所在地主管税务机关申报纳税。

【答案】B

2. 小规模纳税人转让其取得的不动产（除个人转让住房），适用简易计税方法计税，计税规则归纳：

来源	预缴与计税	纳税地点
直接购买、接受捐赠、接受投资入股以及抵债	预缴税额 =（取得的全部价款和价外费用 - 不动产购置原价或者取得不动产时的作价）÷（1+5%）×5% 应纳税额 =（取得的全部价款和价外费用 - 不动产购置原价或者取得不动产时的作价）÷（1+5%）×5%- 预缴税额	（1）除其他个人之外的小规模纳税人：向不动产所在地主管税务机关预缴税款；向机构所在地主管税务机关申报纳税 （2）其他个人（自然人）：向不动产所在地主管税务机关申报纳税
自建	预缴税额 = 取得的全部价款和价外费用 ÷（1+5%）×5% 应纳税额 = 取得的全部价款和价外费用 ÷（1+5%）×5%- 预缴税额	

要点小贴士

（1）除其他个人之外的小规模纳税人在不动产地预缴，在机构地申报；

（2）其他个人（自然人）不预缴，只在不动产地申报。

要点小贴士

差价 5% 预缴；
差价 5% 计税。

要点小贴士

全价 5% 预缴；
全价 5% 计税。

3. 个人转让其购买的住房

（1）个人转让其购买的住房，按照有关规定全额缴纳增值税的，以取得的全部价款和价外费用为销售额，按照 5% 的征收率计算应纳税额。

（2）个人转让其购买的住房，按照有关规定差额缴纳增值税的，以取得的全部价款和价外费用扣除购买住房价款后的余额为销售额，按照 5% 的征收率计算应纳税额。

【相关链接】个体工商户应按照本条规定的计税方法向住房所在地主管税务机关预缴税款，向机构所在地主管税务机关申报纳税；其他个人应按照本条规定的计税方法向住房所在地主管税务机关申报纳税。

【归纳】其他个人以外的纳税人转让其取得的不动产

（1）以转让不动产（自建）取得的全部价款和价外费用作为预缴税款计算依据的，计算公式：

应预缴税款 = 全部价款和价外费用 ÷（1+5%）×5%

（2）以转让不动产（非自建）取得的全部价款和价外费用扣除不动产购置原价或者取得不动产时的作价后的余额作为预缴税款计算依据的，计算公式：

应预缴税款 =（全部价款和价外费用 – 不动产购置原价或者取得不动产时的作价）÷（1+5%）×5%

【提示】其他个人转让其取得的不动产，按照规定计算应纳税额并向不动产所在地主管税务机关申报纳税。

经典题解

【例题70·单选题】2021年12月，张某销售一套住房，取得含税销售收入460万元，该住房于2020年3月购进，购进时支付房价100万元、手续费0.2万元、契税1.5万元。张某销售住房应缴纳增值税（　　）万元。

A. 17.14　　　　B. 21.90

C. 17.05　　　　D. 0

【解析】个人将购买不足2年的住房对外销售的，按照5%的征收率全额缴纳增值税，张某应缴纳增值税 =460÷（1+5%）×5%=21.90（万元）。

【答案】B

4. 扣减价款的凭证要求

纳税人按规定从取得的全部价款和价外费用中扣除不动产购置原价或者取得不动产时的作价的，应当取得符合法律、行政法规和国家税务总局规定的合法有效凭证。否则，不得扣除。

上述凭证是指：

（1）税务部门监制的发票。

（2）法院判决书、裁定书、调解书，以及仲裁裁决书、公证债权文书。

（3）国家税务总局规定的其他凭证。

5. 发票的开具

（1）小规模纳税人转让其取得的不动产，不能自行开具增值税发票的，可向不动产所在地主管税务机关申请代开。

（2）纳税人向其他个人转让其取得的不动产，不得开具或申请代开增值税专用发票。

6. 其他问题

纳税人转让其取得的不动产，向不动产所在地主管税务机关预缴的增值税税款，可以在当期增值税应纳税额中抵减，抵减不完的，结转下期继续抵减。

纳税人以预缴税款抵减应纳税额，应以完税凭证作为合法有效凭证。

考点2：纳税人跨县（市、区）提供建筑服务增值税征收管理暂行办法★★★

【核心政策】纳税人跨县（市、区）提供建筑服务，应按照规定的纳税义务发生时间和计税方法，向建筑服务发生地主管税务机关预缴税款，向机构所在地主管税务机关申报纳税。

纳税人跨县（市、区）提供建筑服务，是指单位和个体工商户（以下简称“纳税人”）在其机构所在地以外的县（市、区）提供建筑服务。

纳税人在同一直辖市、计划单列市范围内跨县（市、区）提供建筑服务的，由直辖市、计划单列市税务局决定是否适用以下规定。

其他个人跨县（市、区）提供建筑服务，不适用以下规定。

【提示】根据国家税务总局公告2017年第11号规定：纳税人在同一地级行政区范围内跨县（市、区）提供建筑服务，不适用《纳税人跨县（市、区）提供建筑服务增值税征收管理暂行办法》。

《建筑工程施工许可证》未注明合同开工日期，但建筑工程承包合同注明的开工日期在2016年4月30日前的建筑工程项目，属于财税〔2016〕36号文件规定的可以选择简易计税方法计税的建筑工程老项目。

1. 预缴税款

（1）一般纳税人跨县（市、区）提供建筑服务

①一般纳税人跨县（市、区）提供建筑服务适用一般计税方法计税的，以取得的全部价款和价外费用扣除支付的分包款后的余额，按照2%的预征率计算应预缴税款。

应预缴税款 =（全部价款和价外费用 – 支付的分包款）÷（1+9%）×2%

经典题解

【例题71】机构所在地在甲省B市的某建筑企业是增值税一般纳税人，2021年12月在乙省A市取得含税建筑收入327000元，则该企业在建筑服务发生地A市预缴税款：

该企业应在A市预缴税款 =327000÷（1+9%）×2%=6000（元）。

②一般纳税人跨县（市、区）提供建筑服务，选择适用简易计税方法计税的，以取得的全部价款和价外费用扣除支付的分包款后的余额，按照3%的征收率计算应预缴税款。

应预缴税款 =（全部价款和价外费用 – 支付的分包款）÷（1+3%）×3%

（2）小规模纳税人跨县（市、区）提供建筑服务

小规模纳税人跨县（市、区）提供建筑服务，以取得的全部价款和价外费用扣除支付的分包款后的余额，按照3%的征收率计算应预缴税款。

应预缴税款 =（全部价款和价外费用 – 支付的分包款）÷（1+3%）×3%

纳税人取得的全部价款和价外费用扣除支付的分包款后的余额为负数的，可结转下次预缴税款时继续扣除。

纳税人应按照工程项目分别计算应预缴税款，分别预缴。

【归纳】跨县（市、区）提供建筑服务增值税计税规则一览表（不考虑疫情期间优惠政策）：

纳税人性质	项目情况（“营改增”为界）	计税方法	异地提供建筑服务		申报	
			税额预缴及计算	主管税务机关	税额计算	主管税务机关
小规模纳税人（不含自然人）	新项目或老项目	简易	应预缴税款＝（全部价款和价外费用－支付的分包款）÷（1+3%）×3%	建筑服务发生地税务机关	应纳税款＝（全部价款和价外费用－支付的分包款）÷（1+3%）×3%－预缴	机构所在地税务机关
一般纳税人	老项目	选简易				
		选一般	应预缴税款＝（全部价款和价外费用－支付的分包款）÷（1+9%）×2%		应纳税款＝全部价款和价外费用÷（1+9%）×9%－进项税额－预缴	
	新项目	一般				

要点小贴士：自然人无预缴环节，只有申报纳税环节。

【提示】按照现行规定应当预缴增值税税款的小规模纳税人，凡在预缴地实现的月销售额未超过15万元的，当期无须预缴税款。

2. 扣除凭证

纳税人按照上述规定从取得的全部价款和价外费用中扣除支付的分包款，应当取得符合法律、行政法规和国家税务总局规定的合法有效凭证，否则不得扣除。

上述凭证是指：

（1）从分包方取得的2016年4月30日前开具的建筑业营业税发票，前述建筑业营业税发票在2016年6月30日前可作为预缴税款的扣除凭证。

（2）从分包方取得的2016年5月1日后开具的，备注栏注明建筑服务发生地所在县（市、区）、项目名称的增值税发票。

（3）国家税务总局规定的其他凭证。

3. 其他问题

（1）预缴税款应出示的资料

纳税人跨县（市、区）提供建筑服务，在向建筑服务发生地主管税务机关预缴税款时，需填报《增值税及附加税费预缴表》，并出示以下资料：

①与发包方签订的建筑合同复印件（加盖纳税人公章）；

②与分包方签订的分包合同复印件（加盖纳税人公章）；

③从分包方取得的发票复印件（加盖纳税人公章）。

（2）纳税人跨县（市、区）提供建筑服务，向建筑服务发生地主管税务机关预缴的增值税税款，可以在当期增值税应纳税额中抵减，抵减不完的，结转下期继续抵减。

纳税人以预缴税款抵减应纳税额，应以完税凭证作为合法有效凭证。

（3）建筑企业与发包方签订建筑合同后，以内部授权或者三方协议等方式，授权集团内其他纳税人（以下简称“第三方”）为发包方提供建筑服务，并由第三方直接与发包方结算工程款的，由第三方缴纳增值税并向发包方开具增值税发票，与发包方签订建筑合同的建筑企业不缴纳增值税。发包方可凭实际提供建筑服务的纳税人开具的增值税专用发票抵扣进项税额。

考点 3：纳税人提供不动产经营租赁服务增值税征收管理暂行办法★★★

纳税人以经营租赁方式出租其取得的不动产，包括以直接购买、接受捐赠、接受投资入股、自建以及抵债等各种形式取得的不动产。

【注意】纳税人提供道路通行服务不适用以下规定。

【归纳 1】非住房不动产租赁增值税基本规定一览表：

<table>
<tr><th rowspan="2">纳税人性质</th><th rowspan="2">项目情况（“营改增”为界）</th><th rowspan="2">计税方法</th><th colspan="2">异地提供不动产租赁</th><th colspan="2">申报</th></tr>
<tr><th>税额预缴及计算</th><th>主管税务机关</th><th>税额计算</th><th>主管税务机关</th></tr>
<tr><td rowspan="3">一般纳税人</td><td>后取得</td><td>一般</td><td rowspan="2">应预缴税款＝含税销售额÷（1+9%）×3%</td><td rowspan="4">不动产所在地税务机关</td><td rowspan="2">应纳税款＝含税销售额÷（1+9%）×9%－进项税额－预缴</td><td rowspan="4">机构所在地税务机关</td></tr>
<tr><td rowspan="2">前取得</td><td>选一般</td></tr>
<tr><td>选简易</td><td rowspan="2">应预缴税款＝含税销售额÷（1+5%）×5%</td><td rowspan="2">应纳税款＝含税销售额÷（1+5%）×5%－预缴</td></tr>
<tr><td>小规模纳税人</td><td rowspan="2">前或后取得</td><td rowspan="2">简易</td></tr>
<tr><td>其他个人</td><td colspan="2">——</td><td>应纳税款＝含税销售额÷（1+5%）×5%</td><td>不动产所在地税务机关</td></tr>
</table>

【归纳 2】住房租赁增值税基本规定一览表：

<table>
<tr><th rowspan="2">纳税人性质</th><th rowspan="2">项目情况（“营改增”为界）</th><th rowspan="2">计税方法</th><th colspan="2">异地提供不动产租赁</th><th colspan="2">申报</th></tr>
<tr><th>税额预缴及计算</th><th>主管税务机关</th><th>税额计算</th><th>主管税务机关</th></tr>
<tr><td rowspan="2">一般纳税人</td><td rowspan="2">前或后取得</td><td>选一般</td><td>应预缴税款＝含税销售额÷（1+9%）×3%</td><td rowspan="4">不动产所在地税务机关</td><td>应纳税款＝含税销售额÷（1+9%）×9%－进项税额－预缴</td><td rowspan="4">机构所在地税务机关</td></tr>
<tr><td>选简易</td><td rowspan="3">应预缴税款＝含税销售额÷（1+5%）×1.5%</td><td rowspan="3">应纳税款＝含税销售额÷（1+5%）×1.5%－预缴</td></tr>
<tr><td>小规模纳税人</td><td rowspan="3">前或后取得</td><td rowspan="3">简易</td></tr>
<tr><td>个体户</td></tr>
<tr><td>其他个人</td><td colspan="2">——</td><td>应申报税款＝含税销售额÷（1+5%）×1.5%</td><td>不动产所在地税务机关</td></tr>
</table>

要点小贴士

本表中按照5%的征收率减按1.5%计算缴纳增值税的一般纳税人和小规模纳税人必须是住房租赁企业向个人出租住房。自2021年10月1日开始执行。

【提示】

要点小贴士：本政策支持的是特定的企业的特定出租行为。

1. 住房租赁企业中的增值税一般纳税人向个人出租住房取得的全部出租收入，可以选择适用简易计税方法，按照5%的征收率减按1.5%计算缴纳增值税，或适用一般计税方法计算缴纳增值税。

2. 按照现行规定应当预缴增值税税款的小规模纳税人，凡在预缴地实现的月销售额未超过15万元的，当期无须预缴税款。

3. 除个人以外的小规模纳税人异地提供不动产租赁服务的计税规则与一般纳税人采用简易计税办法的计税规则一致。

4. 出租不动产发票的代开

出租方	承租方	代开增值税发票规定
小规模纳税人中的单位和个体工商户	企事业单位	不能自行开具增值税发票的，可向不动产所在地主管税务机关申请代开增值税发票
其他个人（自然人）	企事业单位	可向不动产所在地主管税务机关申请代开增值税发票 其他个人委托房屋中介、住房租赁企业等单位出租不动产，需要向承租方开具增值税发票的，可以由受托单位代其向主管税务机关按规定申请代开增值税发票
各类纳税人	其他个人	不得开具或申请代开增值税专用发票

5. 单位和个体工商户出租不动产，向不动产所在地主管税务机关预缴的增值税款，可以在当期增值税应纳税额中抵减，抵减不完的，结转下期继续抵减。

纳税人以预缴税款抵减应纳税额，应以完税凭证作为合法有效凭证。

经典题解

【例题72】机构所在地在A市的甲企业是增值税一般纳税人，2022年1月在A市取得含税咨询收入250000元，发生可抵扣进项税8000元，将位于B市的一处办公用房（系2016年5月1日后取得）出租，收取含税月租金40000元，则甲企业在A、B两市应缴纳（预缴）税款：

甲企业应在B市预缴出租办公用房的税款=40000÷（1+9%）×3%=1100.92（元）

甲企业在A市纳税=250000÷（1+6%）×6%-8000+40000÷（1+9%）×9%-1100.92=14150.94-8000+3302.75-1100.92=8352.77（元）。

考点4：房地产开发企业销售自行开发的房地产项目增值税征收管理暂行办法★★

房地产开发企业销售自行开发的房地产项目，适用以下规定。

自行开发，是指在依法取得土地使用权的土地上进行基础设施和房屋建设。

房地产开发企业以接盘等形式购入未完工的房地产项目继续开发后，以自己的名义立项销售的，属于销售自行开发的房地产项目。

1. 销售额的确定

房地产开发企业中的一般纳税人销售自行开发的房地产项目，适用一般计税方法计税，按照取得的全部价款和价外费用，扣除当期销售房地产项目对应的土地价款后的余额计算销售额。销售额的计算公式如下：

要点小贴士

可扣除土地价款，不能扣契税等税费。

销售额 =（全部价款和价外费用 − 当期允许扣除的土地价款）÷（1+9%）

当期允许扣除的土地价款按照以下公式计算：

当期允许扣除的土地价款 =（当期销售房地产项目建筑面积 ÷ 房地产项目可供销售建筑面积）× 支付的土地价款

当期销售房地产项目建筑面积，是指当期进行纳税申报的增值税销售额对应的建筑面积。

房地产项目可供销售建筑面积，是指房地产项目可以出售的总建筑面积，不包括销售房地产项目时未单独作价结算的配套公共设施的建筑面积。

支付的土地价款，是指向政府、土地管理部门或受政府委托收取土地价款的单位直接支付的土地价款。

向政府部门支付的土地价款，包括土地受让人向政府部门支付的征地和拆迁补偿费用，土地前期开发费用和土地出让收益等。

在计算销售额时从全部价款和价外费用中扣除土地价款，应当取得省级以上（含省级）财政部门监（印）制的财政票据。

一般纳税人应建立台账登记土地价款的扣除情况，扣除的土地价款不得超过纳税人实际支付的土地价款。

一般纳税人销售自行开发的房地产老项目，可以选择适用简易计税方法按照 5% 的征收率计税。一经选择简易计税方法计税的，36 个月内不得变更为一般计税方法计税。

一般纳税人销售自行开发的房地产老项目适用简易计税方法计税的，以取得的全部价款和价外费用为销售额，不得扣除对应的土地价款。

2. 预缴税款

一般纳税人采取预收款方式销售自行开发的房地产项目，应在收到预收款时按照 3% 的预征率预缴增值税。

应预缴税款按照以下公式计算：

应预缴税款 = 预收款 ÷（1+ 适用税率或征收率）× 3%

适用一般计税方法计税的，按照 9% 的税率计算；适用简易计税方法计税的，按照 5% 的征收率计算。

一般纳税人应在取得预收款的次月纳税申报期向主管税务机关预缴税款。

3. 进项税额

一般纳税人销售自行开发的房地产项目，兼有一般计税方法计税、简易计税方法计税、免征增值税的房地产项目而无法划分不得抵扣的进项税额的，应以《建筑工程施工许可证》注明的“建设规模”为依据进行划分。

不得抵扣的进项税额 = 当期无法划分的全部进项税额 ×（简易计税、免税房地产项目建设规模 ÷ 房地产项目总建设规模）

4. 纳税申报

一般纳税人销售自行开发的房地产项目适用一般计税方法计税的，应按照“营改增通知”第四十五条规定的纳税义务发生时间，以当期销售额和 9% 的适用税率计算当期应纳税额，抵减已预缴税款后，向主管税务机关申报纳税。未抵减完的预缴税款可以结转下期继续抵减。

一般纳税人销售自行开发的房地产项目适用简易计税方法计税的，应按照“营改增通知”第四十五条规定的纳税义务发生时间，以当期销售额和5%的征收率计算当期应纳税额，抵减已预缴税款后，向主管税务机关申报纳税。未抵减完的预缴税款可以结转下期继续抵减。

5. 发票开具

一般纳税人销售自行开发的房地产项目，自行开具增值税发票。

一般纳税人销售自行开发的房地产项目，其2016年4月30日前收取并已向主管税务机关申报缴纳营业税的预收款，未开具营业税发票的，可以开具增值税普通发票，不得开具增值税专用发票。

一般纳税人向其他个人销售自行开发的房地产项目，不得开具增值税专用发票。

【归纳】房地产开发企业销售自行开发的房地产项目增值税计税规则一览表：

纳税人性质	项目情况	计税方法	预缴税额计算	应纳税额计算
一般纳税人	新项目	一般	应预缴税款＝预收款÷（1+9%）×3%	应纳税款＝（含税全价－土地价）÷（1+9%）×9%－进项税额－预缴
	老项目	选一般		
		选简易	应预缴税款＝预收款÷（1+5%）×3%	应纳税款＝含税全价÷（1+5%）×5%－预缴
小规模纳税人	新或老项目	简易		

考点妙记

预征率口诀：
一般计税：
建2租3转让5。
简易计税：
建3租5转让5。
房企：预收3。

第九节　税收优惠

使用“会计云课堂”App或“微信”扫码查看本节视频，快速GET知识点。

考点1：《增值税暂行条例》规定的免税项目★★

免税项目	注意问题
农业生产者销售的自产农产品	农业生产者销售自产农产品免税，但是销售外购农产品不免税，而应按照规定的低税率或征收率征税
避孕药品和用具	用于免税项目的购进货物不得抵扣进项税额
古旧图书	
直接用于科学研究、科学试验和教学的进口仪器、设备	强调“直接”——为研究、试验、教学而进口
外国政府、国际组织无偿援助的进口物资和设备	注意不包含“外国企业”和“外籍个人”

免税项目	注意问题
由残疾人的组织直接进口供残疾人专用的物品	注意“组织”二字
销售的自己使用过的物品	这里仅指其他个人（自然人）销售自己使用过的物品，企事业单位不享受这一优惠政策

【提示】

1. 纳税人将国有农用地出租给农业生产者用于农业生产，免征增值税。

2. 纳税人采取“公司 + 农户”经营模式从事畜禽饲养，纳税人回收再销售畜禽，属于农业生产者销售自产农产品，应根据《中华人民共和国增值税暂行条例》的有关规定免征增值税。

3. 自 2019 年 1 月 1 日至 2025 年 12 月 31 日，对单位或者个体工商户将自产、委托加工或购买的货物通过公益性社会组织、县级及以上人民政府及其组成部门和直属机构，或直接无偿捐赠给目标脱贫地区的单位和个人，免征增值税。在政策执行期限内，目标脱贫地区实现脱贫的，可继续适用上述政策。

经典题解

【例题 73 · 单选题】下列各项中，应当计算缴纳增值税的是（　　）。

A. 邮政部门发行报刊

B. 农业生产者销售自产农产品

C. 外国企业无偿赠送给境内某公司的进口货物

D. 残疾人的组织直接进口供残疾人专用的物品

【解析】选项 BD 属于增值税的免税项目，不计算缴纳增值税；选项 A 属于“营改增”的增值税征收范围，但是免征增值税；选项 C 应当计算缴纳增值税。

【答案】C

考点 2:《营改增通知》及有关部门规定的税收优惠政策★★

（一）下列项目免征增值税

【提示】这部分内容比较琐碎，但容易命制客观题。因此本书《营改增通知》及有关部门规定的税收优惠政策在教材标题下，对易命题的优惠政策进行了归类，以方便考生记忆。

1. 专项民生服务

（1）托儿所、幼儿园提供的保育和教育服务。

（2）养老机构提供的养老服务。

（3）残疾人福利机构提供的育养服务。

（4）婚姻介绍服务。

（5）殡葬服务。

（6）医疗机构提供的医疗服务。

（7）家政服务企业由员工制家政服务员提供家政服务取得的收入。

2. 符合规定的教育服务

（1）从事学历教育的学校提供的教育服务。

（2）政府举办的从事学历教育的高等、中等和初等学校（不含下属单位），举办进修班、培训班取得的全部归该学校所有的收入。

（3）政府举办的职业学校设立的主要为在校学生提供实习场所、并由学校出资自办、由学校负责经营管理、经营收入归学校所有的企业，从事《销售服务、无形资产或者不动产注释》中“现代服务”（不含融资租赁服务、广告服务和其他现代服务）、“生活服务”（不含文化体育服务、其他生活服务和桑拿、氧吧）业务活动取得的收入。

（4）境外教育机构与境内从事学历教育的学校开展中外合作办学，提供学历教育服务取得的收入。

3. 特殊群体提供的应税服务

（1）残疾人员本人为社会提供的服务。

（2）学生勤工俭学提供的服务。

4. 农业机耕、排灌、病虫害防治、植物保护、农牧保险以及相关技术培训业务，家禽、牲畜、水生动物的配种和疾病防治。

【辨析】动物诊疗机构销售动物食品和用品，提供动物清洁、美容、代理看护等服务，应按照现行规定缴纳增值税。

5. 文化和科普类服务

（1）纪念馆、博物馆、文化馆、文物保护单位管理机构、美术馆、展览馆、书画院、图书馆在自己的场所提供文化体育服务取得的第一道门票收入。

（2）寺院、宫观、清真寺和教堂举办文化、宗教活动的门票收入。

（3）个人转让著作权。

6. 纳税人提供技术转让、技术开发和与之相关的技术咨询、技术服务享受免征增值税优惠。

技术转让、技术开发，是指《销售服务、无形资产、不动产注释》中“转让技术”“研发服务”范围内的业务活动。技术咨询，是指就特定技术项目提供可行性论证、技术预测、专题技术调查、分析评价报告等业务活动。

与技术转让、技术开发相关的技术咨询、技术服务，是指转让方（或者受托方）根据技术转让或者开发合同的规定，为帮助受让方（或者委托方）掌握所转让（或者委托开发）的技术，而提供的技术咨询、技术服务业务，且这部分技术咨询、技术服务的价款与技术转让或者技术开发的价款应当在同一张发票上开具。

7. 特殊运输相关的服务

（1）台湾航运公司、航空公司从事海峡两岸海上直航、空中直航业务在大陆取得的运输收入。

（2）纳税人提供的直接或者间接国际货物运输代理服务。

（3）青藏铁路公司提供的铁路运输服务。

8. 以下利息收入

（1）国家助学贷款。

（2）国债、地方政府债。

（3）人民银行对金融机构的贷款。

（4）住房公积金管理中心用住房公积金在指定的委托银行发放的个人住房贷款。

（5）外汇管理部门在从事国家外汇储备经营过程中，委托金融机构发放的外汇贷款。

（6）统借统还业务中，企业集团或企业集团中的核心企业以及集团所属财务公司按不高于支付给金融机构的借款利率水平或者支付的债券票面利率水平，向企业集团或者集团内下属单位收取的利息。

名师点拨

特点：统借统还，利率不加。

统借方向资金使用单位收取的利息，高于支付给金融机构借款利率水平或者支付的债券票面利率水平的，应全额缴纳增值税。

（7）自2018年11月7日起至2025年12月31日止，对境外机构投资境内债券市场取得的债券利息收入暂免征收增值税。

9. 被撤销金融机构以货物、不动产、无形资产、有价证券、票据等财产清偿债务。

10. 保险公司开办的一年期以上人身保险产品取得的保费收入。

11. 下列金融商品转让收入

（1）香港市场投资者（包括单位和个人）通过沪港通和深港通买卖上海证券交易所和深圳证券交易所上市A股；内地投资者（包括单位和个人）通过沪港通买卖香港联交所上市股票。

（2）对香港市场投资者（包括单位和个人）通过基金互认买卖内地基金份额。

（3）证券投资基金（封闭式证券投资基金和开放式证券投资基金）管理人运用基金买卖股票、债券。

（4）个人从事金融商品转让业务。

考点妙记

（1）转让上市公司股票——金融商品转让：
①单位转——交税；
②个人转——免税。
（2）转让非上市公司股权——不征增值税。

（5）对社保基金会、社保基金投资管理人在运用社保基金投资过程中，提供贷款服务取得的全部利息及利息性质的收入和金融商品转让收入，免征增值税。

（6）个人投资者转让创新企业CDR取得的差价收入。

所称创新企业CDR，是指符合《国务院办公厅转发证监会关于开展创新企业境内发行股票或存托凭证试点若干意见的通知》（国办发〔2018〕21号）规定的试点企业，以境外股票为基础证券，由存托人签发并在中国境内发行，代表境外基础证券权益的证券。

【辨析】单位投资者转让创新企业CDR取得的差价收入，按金融商品转让政策规定征免增值税。

12. 金融同业往来利息收入

金融同业往来利息收入，包括金融机构与人民银行所发生的资金往来业务、银行联行往来业务、和金融机构间的资金往来业务、同业存款、同业借款、同业代付、买断式买入返售金融商品、持有金融债券和同业存单产生的利息收入。

但是，自2018年1月1日起，金融机构开展贴现、转贴现业务，以其实际持有票据期间取得的利息收入作为贷款服务销售额计算缴纳增值税。此前贴现机构已就贴现利息收入全额缴纳增值税的票据，转贴现机构转贴现利息收入继续免征增值税。

13. 符合规定条件的担保机构从事中小企业信用担保或者再担保业务取得的收入（不含信用评级、咨询、培训等收入）3 年内免征增值税。

14. 非经营性活动或非经营性收入

（1）各党派、共青团、工会、妇联、中科协、青联、台联、侨联收取党费、团费、会费以及政府间国际组织收取会费，属于非经营活动，不征收增值税。

（2）国家商品储备管理单位及其直属企业承担商品储备任务，从中央或者地方财政取得的利息补贴收入和价差补贴收入。

15. 符合条件的合同能源管理服务。

16. 福利彩票、体育彩票的发行收入。

17. 军队空余房产租赁收入。

【提示】总政治部、总后勤部、军委纪委在 2015 年进一步从严规范空余房地产租赁管理，根据要求，军以下作战单位今后将不能对空余房地产进行租赁。

18. 住房类

（1）个人销售自建自用住房。

（2）企业、行政事业单位按房改成本价、标准价出售住房取得的收入。

19. 土地使用权、自然资源使用权、房屋产权

（1）将土地使用权转让给农业生产者用于农业生产。

（2）土地所有者出让土地使用权和土地使用者将土地使用权归还给土地所有者。

（3）纳税人将国有农用地出租给农业生产者用于农业生产。

（4）县级以上地方人民政府或自然资源行政主管部门出让、转让或收回自然资源使用权（不含土地使用权）。

（5）涉及家庭财产分割的个人无偿转让不动产、土地使用权。

家庭财产分割，包括下列情形：离婚财产分割；无偿赠与配偶、父母、子女、祖父母、外祖父母、孙子女、外孙子女、兄弟姐妹；无偿赠与对其承担直接抚养或者赡养义务的抚养人或者赡养人；房屋产权所有人死亡，法定继承人、遗嘱继承人或者受遗赠人依法取得房屋产权。

20. 就业类

（1）随军家属就业。

为安置随军家属就业而新开办的企业，自领取税务登记证之日起，其提供的应税服务 3 年内免征增值税。

从事个体经营的随军家属，自办理税务登记事项之日起，其提供的应税服务 3 年内免征增值税。

（2）军队转业干部就业。

从事个体经营的军队转业干部，自领取税务登记证之日起，其提供的应税服务 3 年内免征增值税。

为安置自主择业的军队转业干部就业而新开办的企业，凡安置自主择业的军队转业干部占企业总人数 60%（含）以上的，自领取税务登记证之日起，其提供的应税服务 3 年内免征增值税。

经典题解

【真题 74 · 单选题】纳税人在境内向境内企业或个人提供的下列服务中，免征增值税的是（　　）。（2021 年）

A. 养老机构提供养老服务　　B. 建筑公司提供建筑服务

C. 中介机构提供咨询服务　　D. 商业银行提供贷款服务

【解析】选项 A：免征增值税。选项 BCD：没有免税的规定，应照章纳税。

【答案】A

【例题 75 · 多选题】以下适用“营改增”相关免税政策的有（　　）。

A. 个人转让著作权

B. 个人转让商标权

C. 残疾人员本人为社会提供的服务

D. 个人销售自建自用住房

【解析】选项 B：“营改增”免税政策中不包括个人转让商标权。

【答案】ACD

21. 改革开放类

（1）自 2018 年 11 月 30 日至 2023 年 11 月 29 日，对经国务院批准对外开放的货物期货品种保税交割业务，暂免征收增值税。

（2）海南离岛免税店销售离岛免税商品免征增值税和消费税的处理

①离岛免税店销售离岛免税商品，按规定免征增值税和消费税。

②离岛免税店应按月进行增值税、消费税纳税申报。

③离岛免税店销售非离岛免税商品，按现行规定向主管税务机关申报缴纳增值税和消费税。

④离岛免税店兼营应征增值税、消费税项目的，应分别核算离岛免税商品和应税项目的销售额；未分别核算的，不得免税。

⑤离岛免税店销售离岛免税商品应开具增值税普通发票，不得开具增值税专用发票。

（二）增值税即征即退

【提示】三项经营项目的增值税实际税负超过 3% 的部分实行增值税即征即退政策。

所称增值税实际税负，是指纳税人当期提供应税销售行为实际缴纳的增值税额占纳税人当期提供应税销售行为取得的不含增值税的全部价款和价外费用的比例。

1. 增值税一般纳税人销售其自行开发生产的软件产品，按照增值税基本税率征收增值税后，对其增值税实际税负超过 3% 的部分实行即征即退政策。

增值税一般纳税人将进口软件产品进行本地化改造后对外销售，其销售的软件产品可享受上述规定的增值税即征即退政策。

2. 一般纳税人提供管道运输服务，对其增值税实际税负超过 3% 的部分实行增值税即征即退政策。

经典题解

【例题76·单选题】某管道运输企业为增值税一般纳税人，2021年12月取得不含税管道运输收入100万元，当月购进材料，取得一般纳税人开具的增值税专用发票，注明金额40万元，假定当月取得的相关票据均符合税法规定并在当月抵扣进项税，该企业当月实际缴纳增值税（　　）万元。

A. 3.60　　B. 5.4　　C. 3.00　　D. 3.8

【解析】本题考点为管道运输服务的即征即退政策，应纳增值税=100×9%-40×13%=3.80（万元），超过了3%的实际税负，对于超过部分即征即退，只对"100×3%=3.00（万元）"征收增值税。

【答案】C

3. 经人民银行、银（保）监会或者商务部批准从事融资租赁业务的一般纳税人，提供有形动产融资租赁服务和有形动产融资性售后回租服务，对其增值税实际税负超过3%的部分实行增值税即征即退政策。

4. 纳税人享受安置残疾人增值税即征即退优惠政策

（1）纳税人，是指安置残疾人的单位和个体工商户。

（2）纳税人本期应退增值税额按以下公式计算：

本期应退增值税额 = 本期所含月份每月应退增值税额之和

月应退增值税额 = 纳税人本月安置残疾人员人数 × 本月月最低工资标准的4倍

月最低工资标准，是指纳税人所在区县（含县级市、旗）适用的经省（含自治区、直辖市、计划单列市）人民政府批准的月最低工资标准。

纳税人新安置的残疾人从签订劳动合同并缴纳社会保险的次月起计算，其他职工从录用的次月起计算；安置的残疾人和其他职工减少的，从减少当月计算。

（三）扣减增值税规定

1. 退役士兵创业就业

对自主就业退役士兵从事个体经营的，自办理个体工商户登记当月起，在3年（36个月，下同）内按每户每年12000元为限额依次扣减其当年实际应缴纳的增值税、城市维护建设税、教育费附加、地方教育附加和个人所得税。限额标准最高可上浮20%，各省、自治区、直辖市人民政府可根据本地区实际情况在此幅度内确定具体限额标准。

2. 重点群体创业就业

建档立卡贫困人口、持《就业创业证》（注明"自主创业税收政策"或"毕业年度内自主创业税收政策"）或《就业失业登记证》（注明"自主创业税收政策"）的人员从事个体经营的，自办理个体工商户登记当月起，在3年（36个月）内按每户每年12000元为限额依次扣减其当年实际应缴纳的增值税、城市维护建设税、教育费附加、地方教育附加和个人所得税。限额标准最高可上浮20%，各省、自治区、直辖市人民政府可根据本地区实际情况在此幅度内确定具体限额标准。

（四）金融企业发放贷款后，自结息日起90天内发生的应收未收利息按现行规定缴纳增值税，自结息日起90天后发生的应收未收利息暂不缴纳增值税，待实际

收到利息时按规定缴纳增值税。

（五）个人将外购住房对外销售

个人将购买不足 2 年的住房对外销售的，按照 5% 的征收率全额缴纳增值税；个人将购买 2 年以上（含 2 年）的住房对外销售的，免征增值税。上述政策适用于北京市、上海市、广州市和深圳市之外的地区。

个人将购买不足 2 年的住房对外销售的，按照 5% 的征收率全额缴纳增值税；个人将购买 2 年以上（含 2 年）的非普通住房对外销售的，以销售收入减去购买住房价款后的差额按照 5% 的征收率缴纳增值税；个人将购买 2 年以上（含 2 年）的普通住房对外销售的，免征增值税。上述政策仅适用于北京市、上海市、广州市和深圳市。

【归纳】

<table>
<tr><th rowspan="3">政策范围</th><th colspan="3">住房</th><th rowspan="2">非住房</th></tr>
<tr><th>普通</th><th colspan="2">非普通</th></tr>
<tr><th>全国</th><th>北上广深之外地区</th><th>北上广深</th><th>全国</th></tr>
<tr><td>购买不足 2 年</td><td colspan="3">全额纳税</td><td rowspan="2">差额纳税</td></tr>
<tr><td>购买 2 年（含）以上</td><td colspan="2">免税</td><td>差额纳税</td></tr>
</table>

考点 3：财政部、国家税务总局规定的其他部分征免税项目 ★★

这部分内容比较多和杂，每年都会有一些新的政策调整。学习时注意以下几个难点：

1. 资源综合利用鼓励节能减排的优惠（调整）

根据《资源综合利用产品和劳务增值税优惠目录（2022 年版）》的通知的规定，纳税人销售自产符合规定的资源综合利用产品和提供符合规定的资源综合利用劳务，可享受增值税即征即退政策。退税比例有 30%、50%、70%、90% 和 100% 五个档次。

纳税人从事《资源综合利用产品和劳务增值税优惠目录（2022 年版）》所列的资源综合利用项目，其申请享受增值税即征即退政策时，应同时符合下列条件：

条件	具体要求
有身份	是增值税一般纳税人
有票据	纳税人在境内收购的再生资源，应按规定从销售方取得增值税发票；适用免税政策的，应按规定从销售方取得增值税普通发票。销售方为依法依规无法申领发票的单位或者从事小额零星经营业务（即不超过增值税按次起征点的业务）的自然人，应取得销售方开具的收款凭证及收购方内部凭证，或者税务机关代开的发票
	纳税人从境外收购的再生资源，应按规定取得海关进口增值税专用缴款书，或者从销售方取得具有发票性质的收款凭证、相关税费缴纳凭证
有台账	应建立再生资源收购台账，留存备查。台账内容包括：再生资源供货方单位名称或个人姓名及身份证号、再生资源名称、数量、价格、结算方式、是否取得增值税发票或符合规定的凭证等

条件	具体要求
无禁限	不属于国家发展和改革委《产业结构调整指导目录》中的淘汰类、限制类项目；不属于生态环境部《环境保护综合名录》中的“高污染、高环境风险”产品或重污染工艺
有许可	综合利用的资源，属于生态环境部《国家危险废物名录》列明的危险废物的，应当取得省级或市级生态环境部门颁发的《危险废物经营许可证》，且许可经营范围包括该危险废物的利用
有信用	纳税信用级别不为C级或D级

纳税人申请享受即征即退政策时，申请退税税款所属期前6个月（含所属期当期）不得发生下列情形：

（1）因违反生态环境保护的法律法规受到行政处罚（警告、通报批评或单次10万元以下罚款、没收违法所得、没收非法财物除外；单次10万元以下含本数，下同）。

（2）因违反税收法律法规被税务机关处罚（单次10万元以下罚款除外），或发生骗取出口退税、虚开发票的情形。

已享受增值税即征即退政策的纳税人，出现上述情形的，自处罚决定作出的当月起6个月内不得享受即征即退政策。如纳税人连续12个月内发生两次以上上述情形，自第二次处罚决定作出的当月起36个月内不得享受即征即退政策。相关处罚决定被依法撤销、变更、确认违法或者确认无效的，符合条件的纳税人可以重新申请办理退税事宜。

2. 免征蔬菜流通环节的增值税

对从事蔬菜批发、零售的纳税人销售的蔬菜免征增值税。

【解释】

（1）享受免征增值税的对象，是指从事蔬菜批发、零售的纳税人。

（2）经挑选、清洗、切分、晾晒、包装、脱水、冷藏、冷冻等工序加工的蔬菜，属于享受免征增值税税收优惠的蔬菜范围。

（3）各种蔬菜罐头不享受免征增值税的税收优惠。

（4）纳税人既销售蔬菜又销售其他增值税应税货物的，应分别核算蔬菜和其他增值税应税货物的销售额；未分别核算的，不得享受蔬菜的增值税免税政策。

3. 饲料、制种的优惠政策

（1）豆粕属于征收增值税的饲料产品，除豆粕以外的其他粕类饲料产品，均免征增值税。

（2）制种企业利用自有土地或承租土地，雇用农户或雇工进行种子繁育，再经烘干、脱粒、风筛等深加工后销售种子，以及制种企业提供亲本种子委托农户繁育并从农户手中收回，再经烘干、脱粒、风筛等深加工后销售种子，都属于农业生产者销售自产农业产品，可免征增值税。

4. 有机肥产品免征增值税的政策

纳税人生产销售和批发、零售符合标准的有机肥产品免征增值税。

【提示】并非所有的化肥都免征增值税，而是符合执行标准的有机肥产品才能享受增值税的免税。

5. 2019 年 1 月 1 日至 2023 年 12 月 31 日，对广播电视运营服务企业收取的有线数字电视基本收视维护费和农村有线电视基本收视费，免征增值税。

6. 小规模纳税人的税收优惠（调整）

小规模纳税人发生增值税应税销售行为，合计月销售额未超过 15 万元（以 1 个季度为 1 个纳税期的，季度销售额未超过 45 万元，下同）的，免征增值税。

小规模纳税人发生增值税应税销售行为，合计月销售额超过 15 万元，但扣除本期发生的销售不动产的销售额后未超过 15 万元的，其销售货物、劳务、服务、无形资产取得的销售额免征增值税。

适用增值税差额征税政策的小规模纳税人，以差额后的销售额确定是否可以享受上述规定的免征增值税政策。

其他个人，采取一次性收取租金形式出租不动产取得的租金收入，可在对应的租赁期内平均分摊，分摊后的月租金收入未超过 15 万元的，免征增值税。

7. 研发机构采购国产设备增值税政策

为了鼓励科学研究和技术开发，促进科技进步，对符合规定的内资研发机构和外资研发中心采购的国产设备，按规定实行全额退还增值税。

研发机构已退税的国产设备，自增值税发票开具之日起 3 年内，设备所有权转移或移作他用的，研发机构须按照下列计算公式，向主管税务机关补缴已退税款。

应补税款 = 增值税发票上注明的金额 ×（设备折余价值 ÷ 设备原值）× 增值税适用税率

设备折余价值 = 设备原值 − 累计已提折旧

设备原值和已提折旧按照企业所得税法的有关规定计算。

8. 原对城镇公共供水用水户在基本水价（自来水价格）外征收水资源费的试点省份，在水资源费改税试点期间，按照不增加城镇公共供水企业负担的原则，城镇公共供水企业缴纳的水资源税所对应的水费收入，不计征增值税，按“不征税自来水”项目开具增值税普通发票。

9. 对赞助企业及参与赞助的下属机构根据赞助协议及补充赞助协议向北京冬奥组委免费提供的，与北京 2022 年冬奥会、冬残奥会、测试赛有关的服务，免征增值税。

10. 增值税期末留抵税额的退还政策

为助力经济高质量发展，2018 年对部分行业增值税期末留抵税额予以退还，2019 年 4 月 1 日起全面推行留抵退税制度；2019 年 6 月 1 日起，对部分先进制造业实施更宽松优惠的增值税期末留抵退税政策；2021 年 4 月 1 日起，将先进制造业范围进一步扩大。

享受的行业	不限	先进制造业
起始时间	2019 年 4 月 1 日	2019 年 6 月 1 日

<table>
<tr><td rowspan="1">纳税人条件</td><td>同时符合以下条件：
（1）自2019年4月税款所属期起，连续六个月（按季纳税的，连续两个季度）增量留抵税额均大于零，且第六个月增量留抵税额不低于50万元
（2）纳税信用等级为A级或者B级
（3）申请退税前36个月未发生骗取留抵退税、出口退税或虚开增值税专用发票情形的
（4）申请退税前36个月未因偷税被税务机关处罚两次及以上的
（5）自2019年4月1日起未享受即征即退、先征后返（退）政策的
【举例】某纳税人2019年3月末增值税留抵税额10万元，2019年4月至8月，其留抵税额均需高于10万元，且9月末的留抵税额必须大于60万元（即与3月末10万元比的增量高于50万元）。同时，纳税人信用等级良好，并且同时符合（3）、（4）、（5）条规定，才能在9月结束的次月申报留抵退税</td><td>同时符合以下条件：
（1）增量留抵税额大于零
（2）纳税信用等级为A级或者B级
（3）申请退税前36个月未发生骗取留抵退税、出口退税或虚开增值税专用发票情形
（4）申请退税前36个月未因偷税被税务机关处罚两次及以上
（5）自2019年4月1日起未享受即征即退、先征后返（退）政策
（6）先进制造业纳税人，是指按照《国民经济行业分类》，生产并销售非金属矿物制品，通用设备，专用设备，计算机、通信和其他电子设备（自2021年4月1日起，新增加：医药，化学纤维，铁路、船舶、航空航天和其他运输设备，电气机械和器材，仪器仪表）销售额占全部销售额的比重超过50%的纳税人
【提示】尽管政策是2019年6月1日及以后实施，但是增量留抵税额指的是与2019年3月31日相比，新增加的期末留抵税额
【举例】某纳税人2019年3月末增值税留抵税额10万元，2021年9月末留抵税额高于10万元（体现增量留抵税额大于零）。同时，纳税人信用等级良好，并且同时符合（3）、（4）、（5）、（6）条规定，纳税人可在9月结束的次月申报留抵退税</td></tr>
<tr><td rowspan="2">退税标准及计算</td><td>允许退还的增量留抵税额＝增量留抵税额×进项构成比例×60%</td><td>允许退还的增量留抵税额＝增量留抵税额×进项构成比例</td></tr>
<tr><td colspan="2">增量留抵税额，是指与2019年3月底相比新增加的期末留抵税额
进项构成比例，为2019年4月至申请退税前一税款所属期内已抵扣的增值税专用发票（含税控机动车销售统一发票）、海关进口增值税专用缴款书、解缴税款完税凭证注明的增值税额占同期全部已抵扣进项税额的比重
【提示】进项构成比例的分子不含计算抵扣的进项税</td></tr>
<tr><td>申请时限</td><td colspan="2">纳税人应在增值税纳税申报期内，向主管税务机关申请退还留抵税额
纳税人既申报免抵退税又申请办理留抵退税的，税务机关应先办理免抵退税。办理免抵退税后，纳税人仍符合留抵退税条件的，再办理留抵退税</td></tr>
</table>

经典题解

【例题77·单选题】根据期末留抵税额退税政策，下列说法正确的是（ ）。

A. 纳税人出口货物劳务适用免抵退税办法的，可以在同一申报期内，既申报免抵退税又申请办理留抵退税

B. 纳税人在同一申报期内可同时申报享受即征即退政策和留抵退税政策

C. 纳税人均可申请期末 100% 留抵退税

D. 纳税人连续 3 个月增量留抵税额月均 20 万元即可申请退税

【解析】选项 A：纳税人出口货物劳务、发生跨境应税行为，适用免抵退税办法的，办理免抵退税后，仍符合规定条件的，可以申请退还留抵税额。选项 B：纳税人向主管税务机关申请退还增量留抵税额应满足的条件之一是“自 2019 年 4 月 1 日起未享受即征即退、先征后返（退）政策的”。选项 C：符合规定条件的纳税人，可以向主管税务机关申请退还“增量”留抵税额。选项 D：非先进制造业纳税人向主管税务机关申请退还增量留抵税额应满足的条件之一是“自 2019 年 4 月税款所属期起，连续 6 个月（按季纳税的，连续 2 个季度）增量留抵税额均大于零，且第 6 个月增量留抵税额不低于 50 万元”。

【答案】A

【例题 78 · 计算问答题】某按月纳税的纳税信用为 A 级的服装生产企业（增值税一般纳税人）无违章违规行为，也未享受即征即退、先征后返（退）政策。该企业 2019 年 3 月末增值税留抵税额 10 万元，2021 年 4 月末至 9 月末增值税留抵税额分别是 19 万元、28 万元、13 万元、35 万元、58 万元、62 万元，2021 年 4 月 ~ 9 月已抵扣进项税金为 250 万元，其中取得增值税专用发票 190 万元、海关进口增值税专用缴款书 35 万元、农产品收购发票对应进项税额为 25 万元。

要求：根据上述资料，回答下列问题：

（1）该企业可否享受增值税增量留抵退税政策，并说明原因。

（2）计算该企业进项税构成比例。

（3）该企业能否享受先进制造业的增值税增量留抵退税政策，并说明原因。

（4）计算该企业申报的留抵退税，并说明具体申报时限。

【答案及解析】

（1）该企业可以享受增值税增量留抵退税政策。理由：自 2021 年 4 月税款所属期起，连续六个月增量留抵税额均大于零，分别为 9 万元、18 万元、3 万元、25 万元、48 万元、52 万元，且第六个月增量留抵税额为 52 万元，符合税法规定的不低于 50 万元的标准，并且符合规定的其他条件。

（2）进项税构成比例 =（190+35）/250 × 100%=90%

进项构成比例，为 2019 年 4 月至申请退税前一税款所属期内已抵扣的增值税专用发票（含税控机动车销售统一发票）、海关进口增值税专用缴款书、解缴税款完税凭证注明的增值税额占同期全部已抵扣进项税额的比重。

（3）该企业不能享受先进制造业的增值税增量留抵退税政策，因为按照《国民经济行业分类》，服装生产企业不属于生产并销售非金属矿物制品，通用设备，专用设备，计算机、通信和其他电子设备，医药，化学纤维，铁路、船舶、航空航天和其他运输设备，电气机械和器材，仪器仪表的企业。

（4）允许退还的增量留抵税额 = 增量留抵税额 × 进项构成比例 × 60%=（62−10）× 90% × 60%=28.08（万元）

企业可以在 10 月份纳税申报期内，向主管税务机关申请退还留抵税额 28.08 万元。

【相关链接】自 2018 年 1 月 1 日起至 2023 年 12 月 31 日止，对纳税人从事大型民用客机发动机、中大功率民用涡轴涡桨发动机研制项目而形成的增值税期末留抵税额予以退还。自 2019 年 1 月 1 日起至 2023 年 12 月 31 日止，对纳税人生产销售新支线飞机暂减按 5% 征收增值税，并对其因生产销售新支线飞机而形成的增值税期末留抵税额予以退还；对纳税人从事大型客机研制项目而形成的增值税期末留抵税额予以退还。

考点 4：增值税起征点的规定★★

增值税起征点的适用范围限于个人，包括个体工商户和其他个人，不适用于登记为一般纳税人的个体工商户。增值税起征点的幅度规定如下：

具体情况	具体额度
按期纳税的	月销售额 5000~20000 元（含本数）
按次纳税的	每次（日）销售额 300~500 元（含本数）

所称销售额，是指不包括其应纳税额的销售额。

经典题解

【例题 79 · 单选题】根据现行增值税规定，下列说法正确的是（　　）。

A. 增值税对单位和个人均规定了起征点

B. 对于达到或超过起征点的，仅将超过起征点的金额纳入增值税征税范围

C. 登记为一般纳税人的个体工商户不适用起征点的规定

D. 某小规模纳税人 2022 年 1 月销售货物收取销售款 9.93 万元，则当月的收入应缴纳增值税

【解析】选项 A：增值税的起征点只涉及个人，不涉及单位；选项 B：对于达到或超过起征点的，全部销售额纳入征税范围；选项 D：不含税月销售额小于 15 万元，免征增值税。

【答案】C

考点 5：其他有关减免税的规定★★

1. 纳税人发生应税销售行为同时适用免税和零税率规定的，纳税人可以选择适用免税或者零税率。

纳税人兼营免税、减税项目的，应当分别核算免税、减税项目的销售额；未分别核算销售额的，不得免税、减税。

2. 纳税人放弃免（减）税权

纳税人销售货物或者提供应税劳务和应税行为适用免税、减税规定的，可以放弃免税、减税，依照条例的规定缴纳增值税。纳税人应以书面形式提交放弃免（减）税权声明，报主管税务机关备案。纳税人自提交备案资料的次月起，按照现行有关规定计算缴纳增值税。

纳税人一旦放弃免税权，其生产销售的全部应税销售行为均应按照规定征税，

不能有选择地针对某些项目、对象放弃免税权，纳税人放弃免税权后，36 个月内不得再申请免税。

经典题解

【例题 80·单选题】下列各项中，符合增值税纳税人放弃免税权有关规定的是（　　）。

A. 纳税人可以根据不同的销售对象选择部分货物放弃免税权

B. 纳税人应以书面形式提出放弃免税权申请，报主管税务机关审批

C. 纳税人自税务机关受理其放弃免税权声明的当月起 12 个月内不得再申请免税

D. 符合条件但尚未登记为增值税一般纳税人的纳税人放弃免税权，应当登记为增值税一般纳税人，其发生的应税销售行为可开具增值税专用发票

【解析】纳税人一经放弃免税权，其生产销售的全部应税销售行为均应按照规定征税，不得选择某一免税项目放弃免税权，也不得根据不同的销售对象选择部分应税销售行为放弃免税权，所以 A 选项错误。纳税人应以书面形式提交放弃免税权声明，报主管税务机关备案（不是审批），所以 B 选项错误。纳税人放弃免税权后，36 个月内不得再申请免税，所以 C 选项错误。

【答案】D

3. 安置残疾人单位既符合促进残疾人就业增值税优惠政策条件，又符合其他增值税优惠政策条件的，可同时享受多项增值税优惠政策，但年度申请退还增值税总额不得超过本年度内应纳增值税总额。

第十节　征收管理

使用“会计云课堂”App 或“微信”扫码查看本节视频，快速 GET 知识点。

考点 1：纳税义务发生时间★★★

1. 应税销售行为纳税义务发生时间的一般规定

（1）纳税人发生应税销售行为，其纳税义务发生时间为收讫销售款项或者取得索取销售款项凭据的当天；先开具发票的，为开具发票的当天。

（2）纳税人进口货物，其纳税义务发生时间为报关进口的当天。

（3）增值税扣缴义务发生时间为纳税人增值税纳税义务发生的当天。

2. 应税销售行为纳税义务发生时间的具体规定

（1）采取直接收款方式销售货物的，不论货物是否发出，均为收到销售款或者取得索取销售款凭据的当天。

（2）采取托收承付和委托银行收款方式销售货物的，为发出货物并办妥托收手续的当天。

（3）采取赊销和分期收款方式销售货物的，为书面合同约定的收款日期的当天，

无书面合同的或者书面合同没有约定收款日期的，为货物发出的当天。

（4）采取预收货款方式销售货物，为货物发出的当天，但生产销售生产工期超过12个月的大型机械设备、船舶、飞机等货物，为收到预收款或者书面合同约定的收款日期的当天。

（5）委托其他纳税人代销货物，为收到代销单位的代销清单或者收到全部或者部分货款的当天。未收到代销清单及货款的，为发出代销货物满180天的当天。

（6）销售应税劳务，为提供劳务同时收讫销售款或者取得索取销售款的凭据的当天。

（7）纳税人发生除将货物交付其他单位或者个人代销和销售代销货物以外的视同销售货物行为，为货物移送的当天。

（8）纳税人提供租赁服务采取预收款方式的，其纳税义务发生时间为收到预收款的当天。

（9）纳税人从事金融商品转让的，为金融商品所有权转移的当天。

（10）纳税人发生视同销售服务、无形资产或者不动产情形的，其纳税义务发生时间为服务、无形资产转让完成的当天或者不动产权属变更的当天。

经典题解

【例题81·多选题】下列关于增值税纳税义务发生时间的表述中，正确的有（　　）。

A. 以预收款方式销售货物的，一律为收到预收款的当天

B. 委托他人代销货物的，为货物发出的当天

C. 采用赊销方式销售货物的，为书面合同约定的收款日期的当天

D. 进口货物，为报关进口的当天

【解析】以预收款方式销售货物的，增值税纳税义务发生时间为货物发出的当天，但生产销售生产工期超过12个月的大型机械设备、船舶、飞机等货物，为收到预收款或书面合同约定的收款日期的当天。委托他人代销货物的，为收到代销单位的代销清单或者收到全部或者部分货款的当天；未收到代销清单及货款的，为发出代销货物满180天的当天。

【答案】CD

【例题82·单选题】某配件厂为增值税一般纳税人，2021年11月采用分期收款方式销售配件，合同约定不含税销售额150万元，当月应收取60%的货款。由于购货方资金周转困难，本月实际收到货款50万元，配件厂按照实际收款额开具了增值税专用发票。当月职工食堂装修，购进中央空调，取得增值税专用发票，注明价款10万元。当月该配件厂应纳增值税（　　）万元。

A. 10.4　　B. 6.5　　C. 11.7　　D. 18.2

【解析】采用分期收款方式销售货物，增值税纳税义务发生时间为书面合同约定的收款日期的当天。购进固定资产专用于集体福利，对应的进项税额不得抵扣。所以该配件厂购进的中央空调的进项税额不得在当期销项税额中抵扣。

当月该配件厂应纳增值税=150×60%×13%=11.7（万元）。

【答案】C

考点 2：纳税期限★

增值税的纳税期限分别为 1 日、3 日、5 日、10 日、15 日、1 个月或者 1 个季度。纳税人的具体纳税期限，由主管税务机关根据纳税人应纳税额的大小分别核定。不能按照固定期限纳税的，可以按次纳税。

纳税期限	报缴税款期限
以 1 日、3 日、5 日、10 日或者 15 日为一期纳税的	自期满之日起 5 日内预缴税款，于次月 1 日起 15 日内申报纳税并结清上月应纳税款
以 1 个月或者 1 个季度为一期纳税的	自期满之日起 15 日内申报纳税

扣缴义务人解缴税款的期限，依照上述规定执行。

以 1 个季度为纳税期限的规定适用于银行、财务公司、信托投资公司、信用社，以及财政部和国家税务总局规定的其他纳税人。

按固定期限纳税的小规模纳税人可以选择以 1 个月或 1 个季度为纳税期限，一经选择，一个会计年度内不得变更。

经典题解

【真题 83 · 单选题】下列增值税纳税人中，以 1 个月为纳税期限的是（　　）。（2017 年）

A. 商业银行　　B. 财务公司

C. 信托投资公司　　D. 保险公司

【解析】银行、财务公司、信托投资公司、信用社以 1 个季度为纳税期。保险公司可以 1 个月为纳税期。

【答案】D

考点 3：纳税地点★

1. 固定业户应当向其机构所在地主管税务机关申报纳税。机构所在地是指纳税人的注册登记地。总机构和分支机构不在同一县（市）的，应当分别向各自所在地的主管税务机关申报纳税；经财政部和国家税务总局或其授权的财政和税务机关批准，可以由总机构汇总向总机构所在地主管税务机关申报纳税。

2. 非固定业户销售货物或者提供劳务，应当向销售地或者劳务发生地的主管税务机关申报纳税；未向销售地或者劳务发生地的主管税务机关申报纳税的，由其机构所在地或者居住地的主管税务机关补征税款。

3. 进口货物，应当向报关地海关申报纳税。

4. 扣缴义务人应当向其机构所在地或者居住地的主管税务机关申报缴纳其扣缴的税款。

经典题解

【例题 84 · 单选题】以下关于增值税纳税地点的表述中，错误的是（　　）。

A. 固定业户在其机构所在地申报纳税

B. 非固定业户在其居住地或机构所在地申报纳税

C. 进口货物向报关地海关申报纳税

D. 总机构和分支机构不在同一县（市）的，一般分别向各自所在地主管税务机关申报纳税

【答案】B

考点4:“营改增”汇总纳税管理办法★

经财政部和国家税务总局批准的总机构试点纳税人及其分支机构，按照《总分机构试点纳税人增值税计算缴纳暂行办法》的规定计算缴纳增值税。

1. 总机构应当汇总计算总机构及其分支机构发生“营改增”业务的应交增值税，抵减分支机构发生“营改增”业务已缴纳的增值税税款（包括预缴和补缴的增值税税款）后，在总机构所在地解缴入库。总机构销售货物、提供加工修理修配劳务，按照增值税暂行条例及相关规定就地申报缴纳增值税。

2. 相关项目的计算方法

（1）总机构汇总的应征增值税销售额，为总机构及其分支机构发生《应税服务范围注释》所列业务的应征增值税销售额的合计数。

（2）总机构汇总的销项税额，按照总机构汇总的应征增值税销售额合计数和增值税适用税率计算。

（3）总机构汇总的进项税额，为总机构及其分支机构因发生《应税服务范围注释》所列业务而购进货物或者接受加工修理修配劳务和应税服务，支付或者负担的增值税税额。即汇总的进项税额不包括总机构及其分支机构用于发生《应税服务范围注释》所列业务之外的进项税额。

（4）总机构汇总应缴纳的增值税 = 汇总的销项税额 - 汇总的进项税额 - 分支机构发生《应税服务范围注释》所列业务已缴纳的增值税税款

3. 分支机构发生《应税服务范围注释》所列业务，按照应征增值税销售额和预征率计算缴纳增值税。

计算公式为：应预缴的增值税 = 应征增值税销售额 × 预征率

具体“营改增”总分机构试点纳税人应预缴增值税的基本计算公式如下：

（1）航空运输企业分支机构预缴的增值税 = 销售额 × 预征率

（2）邮政企业分支机构预缴的增值税 =（销售额 + 预订款）× 预征率

（3）铁路运输企业分支机构预缴的增值税分为两类情况：

①中国国家铁路集团分支机构预缴的增值税 =（销售额 - 铁路建设基金）× 预征率

②合资铁路运输企业总部本级及其下属站段（含委托运输管理的站段，下同）本级的销售额适用的预征率为1%。

本级应预缴的增值税 = 本级应征增值税销售额 ×1%

合资铁路运输企业总部及其下属站段汇总的销售额适用的预征率为3%。

汇总应预缴的增值税 =（总部本级应征增值税销售额 + 下属站段本级应征增值税销售额）×3%-（总部本级应预缴的增值税 + 下属站段本级应预缴的增值税）

4. 分支机构发生《应税服务范围注释》所列业务当期已预缴的增值税税款，在总机构汇总的当期增值税应纳税额中抵减不完的，可以结转下期继续抵减。

5. 每年的第一个纳税申报期结束后，对上一年度总分机构汇总纳税情况进行清算。总机构和分支机构年度清算应交增值税，按照各自销售收入占比和总机构汇总的上一年度应交增值税税额计算。分支机构预缴的增值税超过其年度清算应交增值税的，通过暂停以后纳税申报期预缴增值税的方式予以解决。分支机构预缴的增值税小于其年度清算应交增值税的，差额部分在以后纳税申报期由分支机构在预缴增值税时一并就地补缴入库。

【提示】中国国家铁路集团有限公司及其分支机构不适用上述年度清算的规定。

经典题解

【例题 85】某航空公司经批准汇总缴纳增值税，总机构与分支机构均为“营改增”一般纳税人，分支机构的增值税预征率为 1%，总分机构 2021 年 10 月 ~12 月发生《应税服务范围注释》所列业务相关账户核算结果分别为：总机构自身发生销项税额 450 万元，支付进项税额 400 万元，实现应纳税额 50 万元；分支机构实现应纳税额 100 万元，但按 1% 的预征率预缴增值税 30 万元；总机构连同分支机构汇总后在 10 月 ~12 月实际应补缴增值税 =50+100−30=120（万元）。

【提示】按照《总分机构试点纳税人增值税计算缴纳暂行办法》要求，总分机构试点纳税人除了需要将应税服务与销售货物、提供加工修理修配劳务的销售额、销项税额、进项税额以及应纳税额、分支机构已纳（含预缴和补缴的）税额进行分别核算外，还应当将应税服务按适用的不同税率（增值税基本税率和两档低税率）分别核算，再由总机构汇总计算应税服务应缴纳的增值税税额。

考点 5：申报改革★（新增）

为进一步优化办税流程、减轻办税负担、提高办税质效，国家税务总局规定自 2021 年 8 月 1 日起，在全国推行增值税、消费税及附加税费申报表整合。

第十一节 增值税发票的使用及管理

使用“会计云课堂”App 或“微信”扫码查看本节视频，快速 GET 知识点。

增值税一般纳税人发生应税销售行为，应使用增值税发票管理新系统（以下简称“新系统”）开具增值税专用发票、增值税普通发票、机动车销售统一发票或者增值税电子普通发票。

考点1：增值税专用发票开具范围★★

纳税人身份	发票开具范围	
一般纳税人	1. 一般纳税人发生应税销售行为，应向购买方开具增值税专用发票 2. 一般纳税人不得开具增值税专用发票的规定 （1）商业企业一般纳税人零售的烟、酒、食品、服装、鞋帽（不包括劳保专用部分）、化妆品等消费品 （2）销售免税货物（法律、法规及国家税务总局另有规定者除外）	
小规模纳税人	自开票（选择之一）	小规模纳税人（其他个人除外）发生增值税应税行为、需要开具增值税专用发票的，可以自愿使用增值税发票管理系统自行开具。选择自行开具增值税专用发票的小规模纳税人，税务机关不再为其代开增值税专用发票
	代开票（选择之二）	需要开具增值税专用发票的小规模纳税人，未使用增值税发票管理系统的，可向主管税务机关申请代开

经典题解

【例题86·多选题】增值税一般纳税人销售货物时，下列情况中不能开具增值税专用发票的有（　　）。

A. 购货方购进免税药品要求开具增值税专用发票

B. 消费者个人购进电脑要求开具增值税专用发票

C. 商店零售化妆品

D. 境内易货贸易

【解析】掌握增值税专用发票的具体开具范围。销售免税药品、商店零售化妆品、向消费者个人销售货物，除另有规定外，均不得开具增值税专用发票。

【答案】ABC

考点2：新办纳税人首次申领增值税发票规定★

1. 同时满足下列条件的新办纳税人首次申领增值税发票，主管税务机关应当自受理申请之日起2个工作日内办结，有条件的主管税务机关当日办结：

（1）纳税人的办税人员、法定代表人已经进行实名信息采集和验证（需要采集、验证法定代表人实名信息的纳税人范围由各省税务机关确定）；

（2）纳税人有开具增值税发票需求，主动申领发票；

（3）纳税人按照规定办理税控设备发行等事项。

2. 新办纳税人首次申领增值税发票主要包括发票票种核定、增值税专用发票（增值税税控系统）最高开票限额审批、增值税税控系统专用设备初始发行、发票领用等涉税事项。

3. 税务机关为符合第1条规定的首次申领增值税发票的新办纳税人办理发票票种核定，增值税专用发票最高开票限额不超过10万元，每月最高领用数量不超过25份；增值税普通发票最高开票限额不超过10万元，每月最高领用数量不超过50

份。各省税务机关可以在此范围内结合纳税人税收风险程度，自行确定新办纳税人首次申领增值税发票票种核定标准。

经典题解

【例题 87·单选题】满足规定条件的新办纳税人首次申领增值税发票，主管税务机关应当自受理申请之日起（　　）内办结，有条件的主管税务机关当日办结。

A. 2 个工作日　　B. 3 个工作日

C. 5 个工作日　　D. 7 个工作日

【答案】A

考点 3：增值税专用发票的基本规定★

专用发票由基本联次或者基本联次附加其他联次构成。基本联次为三联：发票联、抵扣联、记账联。

要点小贴士

发票联：购买方记账；
抵扣联：购买方抵扣；
记账联：销售方核算。

（一）开具增值税专用发票的具体规定

（1）保险机构作为车船税扣缴义务人，在代收车船税并开具增值税发票时，应在增值税发票备注栏中注明代收车船税税款信息。具体包括：保险单号、税款所属期（详细至月）、代收车船税金额、滞纳金金额、金额合计等。该增值税发票可作为纳税人缴纳车船税及滞纳金的会计核算原始凭证。

（2）纳税人自行开具或者税务机关代开增值税发票时，通过新系统中差额征税开票功能，录入含税销售额（或含税评估额）和扣除额，系统自动计算税额和不含税金额，备注栏自动打印“差额征税”字样，发票开具不应与其他应税行为混开。

（3）提供建筑服务，纳税人自行开具或者税务机关代开增值税发票时，应在发票的备注栏注明建筑服务发生地县（市、区）名称及项目名称。

（4）销售不动产，纳税人自行开具或者税务机关代开增值税发票时，应在发票“货物或应税劳务、服务名称”栏填写不动产名称及房屋产权证书号码（无房屋产权证书的可不填写），“单位”栏填写面积单位，备注栏注明不动产的详细地址。

（5）出租不动产，纳税人自行开具或者税务机关代开增值税发票时，应在备注栏注明不动产的详细地址。

（6）个人出租住房适用优惠政策减按 1.5% 征收，纳税人自行开具或者税务机关代开增值税发票时，通过新系统中征收率减按 1.5% 征收开票功能，录入含税销售额，系统自动计算税额和不含税金额，发票开具不应与其他应税行为混开。

（7）税务机关代开增值税发票时，“销售方开户行及账号”栏填写税收完税凭证字轨及号码或系统税票号码（免税代开增值税普通发票可不填写）。

（8）税务机关为跨县（市、区）提供不动产经营租赁服务、建筑服务的小规模纳税人（不包括其他个人），代开增值税发票时，在发票备注栏中自动打印“YD”字样。

（二）丢失已开具的增值税专票或机动车销售统一发票的处理

【归纳】

丢失的联次	处理规定
购买方发票联、抵扣联均丢失的	凭加盖销售方发票专用章的相应发票记账联复印件，作为增值税进项税额的抵扣凭证、退税凭证或记账凭证
仅丢失抵扣联的	凭相应发票联复印件作抵扣凭证或退税凭证
仅丢失发票联的	凭相应发票抵扣联复印件作记账凭证

（三）虚开增值税专用发票的处理

（1）属于善意取得虚开增值税专用发票，应同时满足：①购货方与销售方存在真实的交易；②销售方使用的是其所在省（自治区、直辖市和计划单列市）的专用发票；③专用发票注明的销售方名称、印章、货物数量、金额及税额等全部内容与实际相符；④没有证据表明购货方知道销售方提供的专用发票是以非法手段获得的。

（2）处理：

虚开方——纳税人虚开增值税专用发票，未就其虚开金额申报并缴纳增值税的，应按照其虚开金额补缴增值税；已就其虚开金额申报并缴纳增值税的，不再按照其虚开金额补缴增值税。税务机关对纳税人虚开增值税专用发票的行为，应按规定给予处罚。

取得方——纳税人取得虚开的增值税专用发票，不得作为增值税合法有效的扣税凭证抵扣其进项税额。

> **要点小贴士**
>
> 纳税人善意取得虚开增值税专用发票的处理：不抵、不罚。

纳税人善意取得虚开增值税专用发票的：①对购货方不以偷税或者骗取出口退税论处；②应按有关规定不予抵扣进项税款或者不予出口退税；③购货方已经抵扣的进项税款或者取得的出口退税，应依法追缴；④购货方因善意取得虚开的增值税专用发票被依法追缴已抵扣税款的，不再加收滞纳金。

【解释】增值税专用发票对增值税的计算和管理起着重要作用，考生应全面复习。首先，可领购增值税专用发票的纳税人一般为正常经营应税项目的增值税一般纳税人和未享受免税优惠的小规模纳税人。其次，不可开具增值税专用发票的情况涉及买方不能凭票抵扣增值税的情况。最后，专用发票开具时限与纳税义务发生时间相对应。

经典题解

【例题88·单选题】当主管税务机关确认购货方在真实交易中取得供货方虚开的增值税专用发票属于善意取得时，符合规定的处理方法是（　　）。

A. 对购货方不以偷税论处，并依法准予抵扣进项税款

B. 对购货方不以偷税论处，但应按有关规定不予抵扣进项税款

C. 购货方不能够重新从销售方取得合法、有效专用发票的，以偷税论处

D. 购货方能够重新从销售方取得合法、有效专用发票的，以偷税论处

【解析】本题考核善意取得虚开增值税专用发票的处理。当主管税务机关确认购货方在真实交易中取得供货方虚开的增值税专用发票属于善意取得时，对购货方

不以偷税或骗取出口退税论处，但应按有关规定不予抵扣进项税款或者不予出口退税。购货方如能重新取得合法、有效的专用发票，准予其抵扣进项税款；如不能，不准其抵扣进项税款或追缴其已抵扣的进项税款。

【答案】B

考点4：税务机关代开增值税专用发票管理★

【提示】增值税专用发票只有税务机关和经批准的企业可以代开。若未经批准的单位代开增值税专用发票，是一种违法行为。

几个可能涉及的考点：

其他个人委托房屋中介、住房租赁企业等单位出租不动产，需要向承租方开具增值税发票的，可以由受托单位代其向主管税务机关按规定申请代开增值税发票。

国家税务总局于2017年12月29日发布了《货物运输业小规模纳税人申请代开增值税专用发票管理办法》。纳税人在境内提供公路或内河货物运输服务，需要开具增值税专用发票的，可在税务登记地、货物起运地、货物到达地或运输业务承揽地（含互联网物流平台所在地）中任何一地，就近向税务机关申请代开增值税专用发票。

纳税人代开增值税专用发票后，如发生服务中止、折让、开票有误等情形，需要作废增值税专用发票、开具增值税红字专用发票、重新代开增值税专用发票、办理退税等事宜的，应由原代开单位按照现行规定予以受理。

纳税人在非税务登记地申请代开增值税专用发票，不改变主管税务机关对其实施税收管理。

纳税人应按照主管税务机关核定的纳税期限，按期计算增值税应纳税额，抵减其申请代开增值税专用发票缴纳的增值税后，向主管税务机关申报缴纳增值税。

纳税人代开增值税专用发票对应的销售额，一并计入该纳税人月（季、年）度销售额，作为主管税务机关对其实施税收管理的标准和依据。

经典题解

【例题89·多选题】货物运输业小规模纳税人在境内提供公路或内河货物运输服务，需要开具增值税专用发票的，可就近向税务机关申请代开增值税专用发票，具体地点包括（　　）。

A. 税务登记地　　B. 货物起运地

C. 货物到达地　　D. 运输经过地

【答案】ABC

考点5："营改增"后纳税人其他发票的使用★

增值税一般纳税人发生应税销售行为，使用增值税发票管理新系统开具增值税专用发票、增值税普通发票、机动车销售统一发票、增值税电子普通发票。

门票、过路（过桥）费发票、定额发票、客运发票和二手车销售统一发票继续使用。

考试加油站

一、本章小结

下载“会计云课堂”App学习

您已成功完成“第二章”的学习，本章共53个考点，您都学会了吗？

为了让您对章节有更清晰的理解，加倍巩固。本书作者刘颖老师将通过“**视频导图课**”的方式，带您回顾重要考点。

名师点拨，视听结合，高效提分。

※ 欢迎您扫码，免费观看学习。

二、本章疑难问题解答

1. 旧货是不是自己使用过的除固定资产以外的物品？

答：自己使用过的物品和旧货不是一个概念。这里自己使用过的物品一般是不属于固定资产的小工具、低值易耗品等。旧货带有特殊性，是指进入二次流通的具有部分使用价值的货物，税法中旧货政策的实施范围含旧汽车、旧摩托车和旧游艇，但不包括自己使用过的物品，因此，旧货带有“二次流通”“非自己使用过”的特征。

2. 外购办公用品和办公设备用于办公，进项税是不是可以抵扣？

答：外购办公用品和办公设备，可以抵扣增值税的进项税。

3. 在计算用于集体福利的购进货物的增值税时，是销项、进项都不计吗？为什么？

答：是的。企业用于集体福利的购进货物不得抵扣进项税，也不计销项税。即不作销售看待，也不能抵扣进项，原理是和消费者一样自行负担税款。

4. 教材中关于进项税额的抵扣规定，在官方考试教材上，不得抵扣进项税有“用于简易计税方法计税项目、免征增值税项目、集体福利或者个人消费的购进货物、加工修理修配劳务、服务、无形资产和不动产不得抵扣进项税。其中涉及的固定资产、无形资产、不动产，仅指专用于上述项目的固定资产、无形资产（不包括其他权益性无形资产）、不动产。但是发生兼用于上述不允许抵扣项目情况的，该进项税额准予全部抵扣”的规定。但是教材后续还有一个表述却是“适用一般计税方法的纳税人，兼营简易计税方法计税项目、免征增值税项目而无法划分不得抵扣进项税的，要用公式分摊计算”。这两个表述是否矛盾呢？

答：这两个表述分别针对不同的涉税标的，两个表述没有矛盾。前者是针对固定资产、无形资产、不动产的增值税进项税政策；后者是针对除固定资产、无形资产、不动产以外的其他购进货物、劳务和服务的增值税进项税政策。举例而言，假定某制药企业既生产避孕药品取得免税收入，又生产降压药等应税药品取得应税收入，则该企业生产药品购建的生产车间、机器设备的进项税全部都可以抵扣，但是为生产药品而购买燃气、煤炭的进项税只能按照应税收入和免税收入的比例分摊抵扣。

5. 健身房提供健身场所并销售减肥药、商场销售办公设备并提供送货服务都属于增值税混合销售行为吗？

答：一项销售行为如果既涉及货物又涉及服务，为混合销售行为。健身房提供健身场所与销售减肥药这两项行为没有必然内在联系，属于兼营；商场销售办公设备并提供送货服务是一项行为同时涉及货物和运输服务，属于混合销售。

6. 小规模纳税人转让其取得的不动产，可以自行开具增值税专用发票吗？

答：根据国家税务总局2019年10月9日发布的33号公告，自2020年2月1日起，小规模纳税人（其他个人除外）转让其取得的不动产，可以自愿使用增值税发票管理系统自行开具增值税专用发票，不需要到税务机关代开专票了。

7.《增值税暂行条例实施细则》(以下简称“《实施细则》”)第二十七条规定:“已抵扣进项税额的购进货物或者应税劳务，发生条例第十条规定的情形的（免税项目、非增值税应税劳务除外)，应当将该项购进货物或者应税劳务的进项税额从当期的进项税额中扣减；无法确定该项进项税额的,按当期实际成本计算应扣减的进项税额。”其括号中的“除外的内容”是否意味着已抵扣进项税额的购进货物或者应税劳务，发生用于免税项目、非增值税应税劳务，不必作进项税额转出？

答：这种理解不正确。《实施细则》第二十七条不是孤立的条款,是与第二十六条呼应的规则。购进货物、劳务等用于免税项目、非增值税应税劳务，增值税的进项税也是不能抵扣的，但是用二十六条规定的换算公式来计算不得抵扣的进项税额，而不能按照第二十七条中的实际成本来计算扣减进项税。

8. 目前，与不动产相关的计税规则包含了全额计税、差额计税、异地预征、预征率、征收率、税率等不同的规定，规则复杂。可否给我们总结一下？

答：按照现行政策给大家总结梳理了两个政策要点表格，方便学员们复习备考。

建筑服务和不动产经营租赁服务计税规则一览表

<table>
<tr><th colspan="2">纳税人行为及性质</th><th rowspan="2">项目情况（“营改增”为界）</th><th rowspan="2">计税方法</th><th colspan="2">异地提供建筑服务、不动产经营租赁</th><th colspan="2">申报纳税</th></tr>
<tr><th>行为</th><th>性质</th><th>税额预缴及计算</th><th>主管税务机关</th><th>税额计算</th><th>主管税务机关</th></tr>
<tr><td rowspan="3">建筑服务（不考虑疫情期间优惠）</td><td rowspan="3">一般纳税人</td><td rowspan="2">老项目</td><td>简易</td><td>应预缴税款 =（全部价款和价外费用 − 支付的分包款）÷（1+3%）×3%</td><td rowspan="3">建筑服务发生地税务机关</td><td>应纳税款 =（全部价款和价外费用 − 支付的分包款）÷（1+3%）×3%− 预缴</td><td rowspan="3">机构所在地税务机关</td></tr>
<tr><td rowspan="2">一般</td><td rowspan="2">应预缴税款 =（全部价款和价外费用 − 支付的分包款）÷（1+9%）×2%</td><td rowspan="2">应纳税款 = 全部价款和价外费用 ÷（1+9%）×9%− 允许抵扣的进项税 − 预缴</td></tr>
<tr><td>新项目</td></tr>
</table>

<table>
<tr><th colspan="2">纳税人行为及性质</th><th rowspan="2">项目情况（“营改增”为界）</th><th rowspan="2">计税方法</th><th colspan="2">异地提供建筑服务、不动产经营租赁</th><th colspan="2">申报纳税</th></tr>
<tr><th>行为</th><th>性质</th><th>税额预缴及计算</th><th>主管税务机关</th><th>税额计算</th><th>主管税务机关</th></tr>
<tr><td>建筑服务（不考虑疫情期间优惠）</td><td>小规模纳税人（不含自然人）</td><td>新项目或老项目</td><td>简易</td><td>应预缴税款=（全部价款和价外费用−支付的分包款）÷（1+3%）×3%</td><td>建筑服务发生地税务机关</td><td>应纳税款=(全部价款和价外费用−支付的分包款)÷(1+3%)×3%−预缴</td><td>机构所在地税务机关</td></tr>
<tr><td rowspan="8">不动产经营租赁</td><td rowspan="4">一般纳税人</td><td rowspan="2">前取得</td><td>简易</td><td>应预缴税款=含税销售额÷（1+5%）×5%</td><td rowspan="4">不动产所在地税务机关</td><td>应纳税款=含税销售额÷（1+5%）×5%−预缴</td><td rowspan="5">机构所在地税务机关</td></tr>
<tr><td rowspan="2">一般</td><td rowspan="2">应预缴税款=含税销售额÷（1+9%）×3%</td><td rowspan="2">应纳税款=含税销售额÷（1+9%）×9%−允许抵扣的进项税−预缴</td></tr>
<tr><td>后取得</td></tr>
<tr><td>前或后取得（住房租赁企业）</td><td>简易</td><td>出租住房
应预缴税款=含税销售额÷(1+5%)×1.5%</td><td>应纳税款=含税销售额÷（1+5%）×1.5%−预缴</td></tr>
<tr><td rowspan="4">小规模纳税人</td><td rowspan="4">前或后取得</td><td rowspan="4">简易</td><td>个体户、住房租赁企业出租住房
应预缴税款=含税销售额÷(1+5%)×1.5%</td><td>不动产所在地税务机关</td><td>应纳税款=含税销售额÷（1+5%）×1.5%−预缴</td></tr>
<tr><td rowspan="2">——</td><td rowspan="2">——</td><td>自然人出租住房
应纳税款=含税销售额÷（1+5%）×1.5%</td><td rowspan="2">不动产所在地税务机关</td></tr>
<tr><td>自然人出租非住房
应纳税款=含税销售额÷（1+5%）×5%</td></tr>
<tr><td>除上述情形以外
应预缴税款=含税销售额÷（1+5%）×5%</td><td>不动产所在地税务机关</td><td>应纳税款=含税销售额÷（1+5%）×5%−预缴</td><td>机构所在地税务机关</td></tr>
</table>

转让不动产增值税计税规则一览表

<table>
<tr><th colspan="2">纳税人分类及性质</th><th rowspan="2">项目情况（“营改增”为界）</th><th rowspan="2">计税方法</th><th colspan="2">预缴税款</th><th colspan="2">申报纳税</th></tr>
<tr><th>分类</th><th>性质</th><th>税额预缴及计算</th><th>主管税务机关</th><th>税额计算</th><th>主管税务机关</th></tr>
<tr><td rowspan="4">房开企业</td><td rowspan="3">一般纳税人</td><td rowspan="2">老项目</td><td>简易</td><td>应预缴税款 = 预收款÷（1+5%）×3%</td><td rowspan="4">主管税务机关</td><td>应纳税款 = 含税全价 ÷（1+5%）×5%− 预缴</td><td rowspan="4">主管税务机关</td></tr>
<tr><td rowspan="2">一般</td><td rowspan="2">应预缴税款 = 预收款÷（1+9%）×3%</td><td rowspan="2">应纳税款 =（含税全价 − 土地价）÷（1+9%）×9%− 允许抵扣的进项税 − 预缴</td></tr>
<tr><td>新项目</td></tr>
<tr><td>小规模纳税人</td><td>新或老项目</td><td>简易</td><td>应预缴税款 = 预收款÷（1+5%）×3%</td><td>应纳税款 = 含税全价 ÷（1+5%）×5%− 预缴</td></tr>
<tr><td rowspan="10">非房开企业</td><td rowspan="6">一般纳税人</td><td rowspan="2">前取得</td><td>简易</td><td>应预缴税款 =（含税全价 − 原价）÷（1+5%）×5%</td><td rowspan="6">不动产所在地税务机关</td><td>应纳税款 =（含税全价 − 原价）÷（1+5%）×5%− 预缴</td><td rowspan="8">机构所在地税务机关</td></tr>
<tr><td>一般</td><td>应预缴税款 =（含税全价 − 原价）÷（1+5%）×5%</td><td>应纳税款 = 含税全价 ÷（1+9%）×9%− 允许抵扣的进项税 − 预缴</td></tr>
<tr><td rowspan="2">前自建</td><td>简易</td><td>应预缴税款 = 含税全价 ÷（1+5%）×5%</td><td>应纳税款 = 含税全价 ÷（1+5%）×5%− 预缴</td></tr>
<tr><td>一般</td><td>应预缴税款 = 含税全价 ÷（1+5%）×5%</td><td>应纳税款 = 含税全价 ÷（1+9%）×9%− 允许抵扣的进项税 − 预缴</td></tr>
<tr><td>后取得</td><td rowspan="2">一般</td><td>应预缴税款 =（含税全价 − 原价）÷（1+5%）×5%</td><td>应纳税款 = 含税全价 ÷（1+9%）×9%− 允许抵扣的进项税 − 预缴</td></tr>
<tr><td>后自建</td><td>应预缴税款 = 含税全价 ÷（1+5%）×5%</td><td>应纳税款 = 含税全价 ÷（1+9%）×9%− 允许抵扣的进项税 − 预缴</td></tr>
<tr><td rowspan="2">小规模纳税人（个人转让其购买的住房除外）</td><td>前或后取得</td><td rowspan="4">简易</td><td>应预缴税款 =（含税全价 − 原价）÷（1+5%）×5%</td><td rowspan="2">不动产所在地税务机关</td><td>应纳税款 =（含税全价 − 原价）÷（1+5%）×5%− 预缴</td></tr>
<tr><td>前或后自建</td><td>应预缴税款 = 含税全价 ÷（1+5%）×5%</td><td>应纳税款 = 含税全价 ÷（1+5%）×5%− 预缴</td></tr>
<tr><td rowspan="2">其他个人（购买的住房）</td><td rowspan="2">——</td><td rowspan="2">——</td><td rowspan="2">——</td><td>应纳税款 =（含税全价 − 原价）÷（1+5%）×5%</td><td rowspan="2">住房所在地税务机关</td></tr>
<tr><td>应纳税款 = 含税全价 ÷（1+5%）×5%</td></tr>
</table>

历年经典主观题回顾

使用“会计云课堂”App 或“微信”扫码快速做题、对答案、
看解析、掌握解题思路，开启轻松过关之旅。

综合题

1. 位于市区的某商贸企业为增值税一般纳税人。2021 年 4 月经营业务如下：

（1）采用分期收款方式销售家居用品一批，价税合计 3390 万元，按照合同约定 4 月份内收款 80%，截止到 4 月 30 日未收到约定款项。

（2）转让位于本市区自建商铺一栋，取得含税销售额 2289 万元。该商铺建于 2015 年。企业选择简易计税方法计征增值税。

（3）获得国债利息收入 50 万元。

（4）购买办公用品一批，取得增值税普通发票注明金额 6 万元、税额 0.78 万元。

（5）购买燃油载货汽车 1 辆自用，取得机动车销售统一发票，支付含税款项 33.9 万元，该载货汽车的整备质量为 11 吨。

（6）进口服装一批，关税完税价格为 2000 万元，该批服装已报关，取得海关开具的进口增值税专用缴款书。

（7）员工因公境内出差，取得注明旅客身份信息的铁路车票，票面金额合计 2.18 万元。

（8）上月购进的一批化妆品因管理不善毁损，该批化妆品的进项税额 2.08 万元已在上期申报抵扣。

（其他相关资料：进口服装的关税税率为 15%，载货汽车车船税年税额 60 元 / 吨，员工与企业签订了劳动合同，期初留抵额为 0）

要求：根据上述资料，按照顺序计算回答问题，如有计算需计算出合计数。

（1）计算业务（1）的销项税额。

（2）计算业务（2）应缴纳的增值税。

（3）判断业务（3）是否需要缴纳增值税，并说明理由。

（4）判断业务（4）的进项税额能否抵扣，并说明理由。

（5）计算业务（5）应缴纳的车辆购置税，2021 年应缴纳的车船税。

（6）计算业务（6）应缴纳的关税、进口环节增值税。

（7）判断业务（7）能否抵扣进项税额，并说明理由。

（8）计算 4 月可抵扣的进项税额。

（9）计算 4 月应向主管税务机关缴纳的增值税。

（10）计算 4 月应缴纳的城市维护建设税、教育费附加和地方教育附加。（2021 年）

2. 位于县城的某文化创意企业为增值税一般纳税人，2021 年 8 月经营业务如下：

（1）向境内客户提供广告服务，不含增值税总价款为 200 万元，采取分期收款结算方式，按照书面合同约定，当月客户应支付 60% 的价款，款项未收到，未开具发票。

（2）为境内客户提供创意策划服务，采取直接收款结算方式，开具的增值税专用发票上注明价款为 3000 万元，由于对方资金紧张，当月收到价款的 50%。

（3）购买办公楼一栋，订立的产权转移书据所载金额 1000 万元，取得增值税专用发票注明金额 1000 万元，税额 90 万元，该办公楼的 1/4 用于集体福利，其余为企业管理部门使用。购买计算机一批，取得增值税专用发票注明金额 100 万元，税额 13 万元，其中的 20% 奖励给员工，剩余的用于企业经营使用。

（4）为客户支付境内机票款，取得注明旅客身份信息的航空电子客票行程单，票价 2 万元，燃油附加费 0.18 万元、机场建设费 0.03 万元。

（5）员工境内出差，取得注明旅客身份信息的铁路车票，票面金额 5.995 万元，另取得未注明旅客身份信息的出租车客票 1.03 万元。

（6）取得银行贷款 200 万元，支付与该笔贷款直接相关的手续费用 2 万元；支付与贷款业务无关的银行咨询费 10.6 万元（含增值税），并取得增值税专用发票；支付实际应酬费 5 万元和餐饮费 2 万元。

（7）进口小汽车一辆用于接待客户，小汽车的关税完税价格为 44 万元，取得海关进口增值税专用缴款书。

（其他相关资料：产权转移书据印花税税率 0.5‰，进口小汽车关税税率 15%，消费税税率 12%，上述业务所涉及符合规定的进项税相关票据均已申报抵扣，不考虑加计抵减因素）

要求：根据上述资料，按下列顺序计算回答问题，如有计算需计算出合计数。

（1）计算业务（1）的销项税额。

（2）计算业务（2）的销项税额。

（3）计算业务（3）该企业购买办公楼应缴纳的印花税。

（4）计算业务（3）当期允许抵扣的进项税额。

（5）判断业务（4）该企业为客户支付境内机票款是否属于“国内旅客运输服务”允许抵扣进项税额的范围，并说明理由。

（6）计算业务（5）该企业当期允许抵扣的进项税额。

（7）计算业务（6）该企业当期允许抵扣的进项税额。

（8）计算业务（7）该企业进口小汽车应缴纳的车辆购置税。

（9）计算业务（7）该企业进口小汽车应缴纳的增值税。

（10）计算该企业当期应向主管税务机关缴纳的增值税。

（11）计算该企业当期应缴纳的城市维护建设税、教育费附加和地方教育附加。（2020 年考题改编）

3. 位于市区的某餐饮企业为增值税一般纳税人。2019 年 12 月经营业务如下：

（1）当月取得餐饮服务收入价税合计 848 万元，通过税控系统实际开票价款为 390 万元。

（2）将一家经营不善的餐厅连同所有资产、负债和员工一并打包转让给某个体工商户，取得转让对价 100 万元。

（3）向居民张某租入一家门面房用于餐厅经营，合同约定每月租金为 3 万元，租期为 12 个月，签约后已在本月一次性支付全额租金。

（4）当月向消费者发行餐饮储值卡3000张，取得货币资金300万元；当月消费者使用储值卡购买了该餐饮企业委托外部工厂生产的点心礼盒，确认不含税收入100万元。

（5）将其拥有的某上市公司限售股在解禁流通后对外转让，相关收入和成本情况如下：

股数	初始投资成本（元/股）	IPO发行价（元/股）	售价（元/股）
500000	1.20	6.82	10.00

（6）转让其拥有的一个餐饮品牌的连锁经营权，取得不含税收入300万元。

（7）当月申报抵扣的进项税额合计40万元，其中包含：由于仓库管理员失职丢失的一批食品，进项税额为3万元；外购用于公司周年庆典的装饰用品，进项税额为4万元；外购用于发放给优秀员工的手机，进项税额为2万元。

（其他相关资料：财产租赁合同的印花税税率为1‰，不考虑加计抵减因素）

要求：根据上述材料，按照下列顺序计算回答问题，如有计算需计算出合计数。

（1）计算业务（1）的销项税额。

（2）判断业务（2）是否需要缴纳增值税，并说明理由。

（3）判断业务（3）张某个人出租房屋是否可以享受增值税免税待遇，并说明理由。

（4）计算业务（3）餐饮企业应缴纳的印花税。

（5）计算业务（4）的销项税额。

（6）计算业务（5）的销项税额。

（7）计算业务（6）的销项税额。

（8）计算当期可以抵扣的进项税额。

（9）计算当期应缴纳的增值税。

（10）计算当期应缴纳的城市维护建设税、教育费附加及地方教育附加。（2020年考题改编）

4. 位于市区的某集团总部为增值税一般纳税人，拥有外贸进出口资格。2021年6月经营业务如下：

（1）内销一批服装，向客户开具的增值税发票的金额栏中分别注明了价款300万元、折扣额30万元。

（2）取得统借统还利息收入50万元、保本理财产品利息收入10.6万元。

（3）转让其100%控股的一家非上市公司的股权，初始投资成本2000万元，转让价5000万元。

（4）在境内开展连锁经营，取得含税商标权使用费106万元。

（5）转让位于市区的一处仓库，取得含税金额1040万元，该仓库2010年购入，购置价200万元，选择简易计税方法计征增值税。

（6）向小规模纳税人销售一台使用过的设备，当年采购该设备时按规定不得抵扣且未抵扣进项税额，取得含税金额10.3万元，开具增值税普通发票。

（7）聘请境外公司来华提供商务咨询并支付费用20万元，合同约定增值税由支付方承担。

（8）进口3辆厢式货车，关税完税价格40万元/辆；其中一辆用于本企业生产经营，其余两辆待售。

（9）发生其他无法准确划分用途支出。取得增值税专用发票注明税额22.6万元。

（其他相关资料：进口厢式货车的关税税率为 15%，当月未取得代扣代缴税款的完税凭证，进口业务当月取得海关进口增值税专用缴款书，上述业务涉及的相关票据均已申报抵扣。统借统还业务中，集团总部按不高于支付给金融机构的借款利率水平向集团内下属单位收取利息）

要求：根据上述资料，按照下列顺序计算回答问题，如有计算需计算出合计数。

（1）计算业务（1）的销项税额。

（2）判断业务（2）是否应缴纳增值税，如应缴纳增值税，计算业务（2）增值税销项税额。

（3）判断业务（3）是否应缴纳增值税并说明理由。

（4）计算业务（4）的销项税额。

（5）计算业务（5）应缴纳的增值税额。

（6）计算业务（6）应缴纳的增值税额。

（7）计算业务（7）当期应代扣代缴的增值税额。

（8）计算业务（8）进口厢式货车应缴纳的关税、车辆购置税和增值税额。

（9）根据业务（9）计算当期不可抵扣的进项税额。

（10）回答主管税务机关是否有权对企业按月计算得出的不可抵扣进项税额调整；如果有权调整，应如何调整。

（11）不考虑扣缴因素，计算当期应向主管税务机关缴纳的增值税额。

（12）不考虑扣缴因素，计算当期应缴纳的城市维护建设税额、教育费附加及地方教育附加。（2019 年考题改编）

历年经典主观题回顾参考答案及解析

使用“会计云课堂”App 或“微信”扫码对答案、看解析、掌握解题思路，开启轻松过关之旅。

综合题

1.【答案及解析】

【注意】2021 年综合题命题的特点是：（1）多税种综合命题；（2）要求文字说明理由的内容较多。

（1）销项税额 =3390×80%÷（1+13%）×13%=312（万元）。

（2）应缴纳的增值税 =2289÷（1+5%）×5%=109（万元）。

（3）不需要缴纳增值税。

理由：国债利息收入，免征增值税。

（4）不能抵扣进项税额。

理由：除另有规定外，增值税普通发票不能作为增值税合法扣税凭证。即，取得的增值税扣税凭证不符合法律、行政法规或者国务院税务主管部门有关规定的，其进项税额不得从销项税额中抵扣。

（5）应缴纳的车辆购置税 =33.9÷（1+13%）×10%=3（万元）

2021年应缴纳的车船税 =11×60÷12×9÷10000=0.05（万元）

应缴纳的车辆购置税和2021年应缴纳的车船税合计 =3+0.05=3.05（万元）。

（6）应缴纳的关税 =2000×15%=300（万元）

进口环节增值税 =（2000+300）×13%=299（万元）

应缴纳的关税、进口环节增值税合计 =300+299=599（万元）。

（7）可以抵扣进项税额。

理由：自2019年4月1日起，纳税人购进国内旅客运输服务，符合规定的，其进项税额允许从销项税额中抵扣。“国内旅客运输服务”，限于与本单位签订了劳动合同的员工，以及本单位作为用工单位接受的劳务派遣员工发生的国内旅客运输服务。取得注明旅客身份信息的铁路车票的，铁路旅客运输进项税额 = 票面金额 ÷（1+9%）×9%。

（8）4月可抵扣的进项税额 =33.9÷（1+13%）×13%+299+2.18÷（1+9%）×9%−2.08=301（万元）。

（9）4月应向主管税务机关缴纳的增值税 =312−301+109=120（万元）。

（10）应缴纳的城市维护建设税、教育费附加和地方教育附加 =120×（7%+3%+2%）=14.4（万元）。

2.【答案及解析】

（1）业务（1）的销项税额 =200×60%×6%=7.2（万元）。

（2）业务（2）的销项税额 =3000×6%=180（万元）。

（3）业务（3）该企业购买办公楼应缴纳的印花税 =1000×0.5‰ =0.5（万元）。

（4）购进货物用于简易计税方法计税项目、免征增值税项目、集体福利或者个人消费的，不得抵扣进项税额；购进不动产既用于一般计税方法计税项目，又用于简易计税方法计税项目、免征增值税项目、集体福利或者个人消费的，进项税额可以全额抵扣。业务（3）当期允许抵扣的进项税额 =90+13×（1−20%）=100.4（万元）。

（5）不属于。理由：自2019年4月1日起，纳税人购进国内旅客运输服务，其进项税额允许从销项税额中抵扣。所称“国内旅客运输服务”，限于与本单位签订了劳动合同的员工，以及本单位作为用工单位接受的劳务派遣员工发生的国内旅客运输服务。

（6）取得注明旅客身份信息的铁路车票，铁路旅客运输进项税额 = 票面金额 ÷（1+9%）×9%。取得未注明旅客身份信息的出租车客票不得抵扣进项税额。业务（5）该企业当期允许抵扣的进项税额 =5.995÷（1+9%）×9%=0.495（万元）。

（7）购进的贷款服务、餐饮服务、居民日常服务和娱乐服务，进项税额不得从销项税额中抵扣；纳税人接受贷款服务向贷款方支付的与该笔贷款直接相关的投融资顾问费、手续费、咨询费等费用，其进项税额不得从销项税额中抵扣。业务（6）该企业当期允许抵扣的进项税额 =10.6÷（1+6%）×6%=0.6（万元）。

（8）业务（7）该企业进口小汽车应缴纳的车辆购置税 =44×（1+15%）÷（1−12%）×10%=5.75（万元）。

（9）业务（7）该企业进口小汽车应缴纳的增值税 =44×（1+15%）÷（1−12%）×13%=7.475（万元）。

（10）该企业当期应向主管税务机关缴纳的增值税 =7.2+180−（100.4+0.495+0.6+7.475）=78.23（万元）。

（11）该企业当期应缴纳的城市维护建设税、教育费附加和地方教育附加合计 =78.23×（5%+3%+2%）=7.823（万元）。

3.【答案及解析】

（1）业务（1）的销项税额 =848÷（1+6%）×6%=48（万元）。

（2）业务（2）不需要缴纳增值税。理由：纳税人在资产重组过程中，通过合并、分立、出售、置换等方式，将全部或部分实物资产以及与其相关联的债权、负债和劳动力一并转让给其他单位和个人，不属于增值税的征税范围，不征收增值税。

（3）可以享受增值税免税待遇。理由：其他个人采取一次性收取租金形式出租不动产，取得的租金收入，可在对应的租赁期内平均分摊，分摊后的月租金收入不超过 10 万元（2021 年 4 月 1 日后调整为 15 万元）的，免征增值税。

（4）业务（3）餐饮企业应缴纳的印花税 =3×12×1‰×10000=360（元）。

（5）业务（4）销项税额 =100×13%=13（万元）。

接受单用途卡持卡人充值取得的预收资金，不缴纳增值税。

（6）业务（5）销项税额 =（10−6.82）×500000÷（1+6%）×6%=90000（元）=9（万元）。

公司首次公开发行股票并上市形成的限售股，以及上市首日至解禁日期间由上述股份孳生的送、转股，以该上市公司股票首次公开发行（IPO）的发行价为买入价。单位将其持有的限售股在解禁流通后对外转让，按照规定确定的买入价低于该单位取得限售股的实际成本价的，以实际成本价为买入价计算缴纳增值税。（买入价为 IPO 发行价与实际成本价的“孰高”价）

（7）业务（6）销项税额 =300×6%=18（万元）。

连锁经营权属于无形资产——其他权益性无形资产，适用 6% 的税率。

（8）当期可以抵扣的进项税额 =40−3−2=35（万元）。

【注意】（1）丢失货物作进项税额转出。（2）公司周年庆典是生产经营的重要活动，装饰用品不属于集体福利和个人消费范畴，进项税可以抵扣。（3）奖励员工的手机，在现实中各省税务机关存在不同的处理方法，有的规定按照无偿赠送，有的规定按照个人消费，主要看资金的出处和各省的要求。本题目未明确这个问题，注协答案按照个人消费处理，不能抵扣进项税。

（9）销项税额合计 =48+13+9+18=88（万元）

准予抵扣的进项税额 =35（万元）

当期增值税应纳税额 =88−35=53（万元）。

（10）当期应缴纳的城市维护建设税、教育费附加和地方教育附加合计 =53×（7%+3%+2%）=6.36（万元）。

4.【答案及解析】

（1）业务（1）的销项税额 =（300−30）×13%=35.1（万元）

（2）统借统还利息收入免征增值税。保本理财产品利息收入按照贷款服务缴纳增值税。

业务（2）的销项税额 =10.6÷（1+6%）×6%=0.6（万元）

（3）业务（3）不需要缴纳增值税。

理由：转让非上市公司股权不属于增值税的征税范围，不征收增值税。

（4）业务（4）的销项税额 =106÷（1+6%）×6%=6（万元）

（5）业务（5）应缴纳的增值税额 =（1040−200）÷（1+5%）×5%=40（万元）

（6）业务（6）应缴纳的增值税额 =10.3÷（1+3%）×2%=0.2（万元）

（7）业务（7）当期应代扣代缴的增值税额 =20×6%=1.2（万元）

【注意】根据题干信息“增值税由支付方承担”可以判断出20万元是不含增值税金额。抵扣进项税额应满足的条件之一是“取得合法的扣税凭证”，本业务未取得完税凭证，所以不能抵扣进项税额。

（8）进口厢式货车应缴纳的关税 =40×3×15%=18（万元）

进口厢式货车应缴纳的车辆购置税 =40×（1+15%）×10%=4.6（万元）

进口厢式货车应缴纳的增值税 =40×3×（1+15%）×13%=17.94（万元）

进口厢式货车应缴纳的关税、车辆购置税和增值税额合计 =18+4.6+17.94=40.54（万元）

（9）业务（9）当期不可抵扣的进项税额 =22.6×［50+10.3÷（1+3%）+（1040−40−200）］÷［50+10.3÷（1+3%）+（1040−40−200）+（300−30）+10.6÷（1+6%）+106÷（1+6%）］=15.67（万元）

【注意】不得抵扣的进项税额 = 当期无法划分的全部进项税额 ×（当期简易计税方法计税项目销售额 + 免征增值税项目销售额）÷ 当期全部销售额

对于差额计税项目，公式中“当期简易计税方法计税项目销售额”指的是差额后的销售额。

（10）主管税务机关可以依据年度数据对不得抵扣的进项税额进行清算。这是因为对于纳税人而言，进项税额转出是按月进行的，但由于年度内取得进项税额的不均衡性，有可能会造成按月计算的进项税转出与按年度计算的进项税转出产生差异，主管税务机关可在年度终了对纳税人进项税转出计算公式进行清算，可对相关差异进行调整。

（11）当期应向主管税务机关缴纳的增值税额 =35.1+0.6+6−（22.6−15.67）−17.94+40+0.2=57.03（万元）

（12）当期应缴纳的城市维护建设税额、教育费附加及地方教育附加合计 =57.03×（7%+3%+2%）=6.84（万元）。

同步强化练习题

使用“会计云课堂”App或“微信”扫码快速做题、对答案、看解析、掌握解题思路，开启轻松过关之旅。

一、单项选择题

1. 下列各项不属于增值税特点的是（　　）。
   A. 保持税收中性
   B. 普遍征收
   C. 实行价内税制度
   D. 实行税款抵扣制度

2. 纳税人已售票但客户逾期未消费取得的运输逾期票证收入（　　）。
   A. 不征增值税
   B. 免征增值税
   C. 按照“交通运输服务”缴纳增值税
   D. 按照“其他现代服务”缴纳增值税

3. 某增值税一般纳税人2021年3月销售三批同样的货物，每批各1000件，不含税销售价分别为每件70元、50元和30元。如果30元/件的销售价格被主管税务机关认定为明显偏低且无正当理由，则该纳税人当月计算销项税额的销售额应为（　　）元。
   A. 130000　　B. 150000
   C. 180000　　D. 210000

4. 纳税人自一般纳税人生效之日起，按照增值税一般计税方法计算缴纳增值税。该生效之日指的是（　　）。
   A. 纳税人办理登记的当月1日或次月1日
   B. 税务机关批准的当月1日
   C. 税务机关通知的次月1日
   D. 纳税人销售额达到标准的当月1日

5. 纳税人应在年应税销售额超过规定标准的月份（或季度）的所属申报期结束后15日内按照规定办理相关手续；未按规定时限办理的，主管税务机关应当在规定时限结束后5日内制作《税务事项通知书》，告知纳税人应当在规定时限内向主管税务机关办理相关手续，该规定的时限是（　　）。
   A. 5日　　B. 10日
   C. 15日　　D. 20日

6. 在运输工具舱位承包业务中，发包方以其向承包方收取的全部价款和价外费用为销售额缴纳增值税，适用的征税项目是（　　）。
   A. 有形动产租赁服务
   B. 不动产租赁服务
   C. 物流辅助服务
   D. 交通运输服务

7. 对纳税人为销售货物而出借包装物收取的押金，其增值税正确的计税方法是（　　）。
   A. 单独记账核算的，一律不并入销售额征税，对逾期未退的包装物押金，均并入销售额征税
   B. 酒类包装物押金，一律并入销售额计税，其他货物包装物押金，单独记账核算的，不并入销售额征税

C. 无论会计上如何核算，均应并入销售额计算缴纳增值税

D. 对销售除啤酒、黄酒以外的其他酒类产品收取的包装物押金，均应并入当期销售额征税，其他货物包装物押金，单独记账核算的，时间在1年以内，又未过期的，不计算缴纳增值税

8. 下列项目中，目前适用增值税9%低税率的是（　　）。

A. 麦芽　　B. 人发

C. 农用汽车　　D. 农用挖掘机

9. 一般纳税人发生的下列应税销售行为中，目前适用9%增值税税率的是（　　）。

A. 销售农机整机

B. 销售农机零件

C. 受托加工农机整机的加工劳务

D. 受托加工农机零件的加工劳务

10. 下列各项表述中，错误的是（　　）。

A. 一般纳税人销售旧货（旧家具），按照简易办法依3%征收率减按2%征收增值税

B. 其他个人销售自己使用过的物品免税

C. 一般纳税人销售自己使用过的除固定资产以外的物品，应当按照适用税率征收增值税

D. 一般纳税人销售自己使用过的不得抵扣且未抵扣进项税额的固定资产，售价不超过原值的免征增值税

11. 按照增值税暂行条例及其细则的规定，纳税人放弃免税权后，（　　）内不得再申请免税。

A. 3个月　　B. 6个月

C. 12个月　　D. 36个月

12. 依据增值税的有关规定，可以按下列销售净额作为销售额计算增值税的是（　　）。

A. 以旧换新方式销售电冰箱，扣除旧电冰箱价值后的销售净额

B. 在同一张发票上的金额栏分别注明折扣额和销售额的折扣销售，扣除折扣额后的销售净额

C. 以物易物销售货物的，减除换入货物价值后的销售净额

D. 还本销售方式销售货物的，减除还本支出后的销售净额

13. 汽车销售公司销售小轿车时一并向购买方收取的下列款项中，应作为价外费用计算增值税销项税额的是（　　）。

A. 收取的小轿车改装费

B. 因代办缴税收取的车辆购置税税款

C. 因代办保险收取的保险费

D. 因代办牌照收取的车辆牌照费

14. 下列各项中，既是增值税法定税率，又是增值税进项税额计算抵扣扣除率的是（　　）。

A. 6%　　B. 9%

C. 10%　　D. 13%

15. 下列行为在计算增值税销项税额时，应按照差额确定销售额的是（　　）。

A. 商业银行提供贷款服务

B. 企业逾期未收回包装物不再退还押金

C. 转让金融商品

D. 直销员将从直销企业购买的货物销售给消费者

16. 下列属于视同销售货物，应计算缴纳增值税的是（　　）。

A. 某生产企业外购钢材用于扩建厂房

B. 某家具厂委托商店代销家具

C. 某运输企业外购棉大衣用于集体福利

D. 某歌厅购进一批饮料用于个人消费

17. 属于增值税一般纳税人的企业外购的下列货物，不可以作进项税额抵扣的是（　　）。

A. 外购的固定资产用于企业的生产经营活动

B. 外购的床单用于集体福利

C. 外购的电脑无偿赠送给客户
D. 外购机器设备用于对另一企业投资

18. 根据增值税的有关规定，下列进项税额不得从销项税额中抵扣的是（ ）。
A. 因自然灾害损失的产品所对应的进项税额
B. 购进同时用于增值税一般计税项目和免税项目的固定资产所支付的进项税额
C. 分配给股东的外购货物的进项税额
D. 纳税人放弃免税权后，其在放弃免税权之前发生的进项税额

19. 某生产企业为增值税一般纳税人，2022年1月其员工因公出差取得如下票据：注明本企业员工身份信息的铁路车票，票价共计10万元；注明本企业员工身份信息的公路客票，票价共计3万元；道路通行费增值税电子普通发票，税额共计2万元。该生产企业当月可以抵扣增值税进项税额（ ）万元。
A. 0.83　　B. 2.91
C. 0.91　　D. 3.07

20. 关于放弃免税权，下列说法正确的是（ ）。
A. 可具体选择某一项目放弃免税权
B. 可根据不同销售对象选择部分货物或劳务放弃免税权
C. 可根据不同销售时间选择部分货物或劳务放弃免税权
D. 纳税人一经放弃免税权，其生产销售的全部应税销售行为均应按照规定征税，不得选择某一项目放弃免税权，也不得根据不同的销售对象选择部分应税销售行为放弃免税权

21. 某厂（增值税一般纳税人）同时生产应税药品和免税药品，2021年12月外购一座仓库，取得增值税专用发票，注明增值税500000元，该仓库用于存放应税药品和免税药品；该厂当月购买一批材料用于应税药品的生产，取得增值税专用发票上注明价款10000元，增值税1300元；外购一批材料用于应税和免税药品的生产，取得增值税专用发票上注明价款30000元，增值税3900元。当月应税药品不含税销售额50000元，免税药品销售额70000元。该厂当月可抵扣的进项税额为（ ）元。
A. 301300　　B. 501300
C. 302925　　D. 502925

22. 某电器修理部（小规模纳税人，按月纳税）2021年11月取得含税修理收入40600元，当月出售一台使用过的进口旧设备，收取价税合计金额123600元，已知该电器修理部未放弃享受优惠，该电器修理部当月应纳增值税（ ）元。
A. 1625.74　　B. 1642
C. 2801.98　　D. 0

23. 某金店（中国人民银行批准的金银首饰经营单位）为增值税一般纳税人，2022年3月采取“以旧换新”方式向消费者销售金项链20条，每条新项链的零售价格为2550元，每条旧项链作价800元，每条项链取得差价款1750元；当月取得首饰修理费价税合计金额2270元。该金店上述业务应缴纳增值税（ ）元。
A. 4026.55　　B. 4287.70
C. 5176.99　　D. 6128.41

24. 甲企业（一般纳税人）在2022年3月签订合同，在4月将一台设备租给乙企业，合同约定租期2年。4月出租时实际预收一年的租金合计12万元（不含增值税），则甲企业下列做法符合增值税相关规定的是（ ）。
A. 3月发生纳税义务，对12万元预收款计算增值税
B. 3月开始发生纳税义务，按照1万元/月的收入标准按月计算缴纳增值税

C. 4月发生纳税义务，对12万元预收款计算增值税

D. 4月开始发生纳税义务，按照1万元/月的收入标准按月计算缴纳增值税

25. 某旧机动车交易公司（增值税一般纳税人）2021年11月收购旧机动车50辆，支付收购款300万元；销售旧机动车60辆，取得含税销售收入402万元。当月该旧机动车交易公司应缴纳增值税（　　）万元。

A. 0.26　　B. 2

C. 5.98　　D. 7.80

26. 药品生产企业销售自产创新药的销售额，为向购买方收取的全部价款和价外费用，其提供给患者后续免费使用的相同创新药的增值税处理是（　　）。

A. 视同销售征收增值税

B. 减半征收增值税

C. 采用即征即退政策

D. 不属于增值税视同销售范围

27. 某软件开发企业为增值税一般纳税人，2022年1月销售自行开发的软件产品，取得不含税销售额68000元，从国外进口软件进行本地化改造后对外销售，取得不含税销售额200000元。本月从一般纳税人处购进一批电脑用于软件设计，取得的增值税专用发票注明金额100000元；从一般纳税人处购进一批职工福利用品，取得的增值税专用发票注明金额80000元。该企业上述业务即征即退的增值税（　　）元。

A. 10400　　B. 12080

C. 13800　　D. 14880

28. 以下不符合“营改增”销售额规定的是（　　）。

A. 存款利息，以利息收入全额为销售额

B. 贷款服务，以提供贷款服务取得的全部利息及利息性质的收入为销售额

C. 金融商品转让，按照卖出价扣除买入价后的余额为销售额

D. 航空运输企业的销售额，不包括代收的机场建设费和代售其他航空运输企业客票而代收转付的价款

29. 甲省B市的甲建筑企业是增值税一般纳税人，2022年1月在乙省A市取得含税建筑收入200万元，按照一般计税方法计算纳税，则甲企业在建筑服务发生地A市预缴税款（　　）万元。

A. 3.92　　B. 3.67

C. 5.50　　D. 9.52

30. 2020年8月，某企业购买一座房产专用于职工食堂，取得增值税专用发票上注明增值税税额55万元。2022年2月，该企业将上述房产改变用途，改作为企业产品展厅。改变用途时不动产净值率96%，则以下说法正确的是（　　）。

A. 2022年3月可抵扣上述项目进项税52.8万元

B. 2022年2月可抵扣上述项目进项税52.8万元

C. 2022年3月可抵扣上述项目进项税48.44万元

D. 2022年2月可抵扣上述项目进项税48.44万元

31. 以下关于发票开具的说法，符合现行政策规定的是（　　）。

A. 小规模纳税人转让其取得的不动产，不能自行开具增值税发票的，向机构所在地主管税务机关申请代开

B. 纳税人向其他个人转让其取得的不动产，不得自行开具增值税专用发票，但可以申请代开增值税专用发票

C. 其他个人出租不动产，应向居住地主管税务机关申请代开增值税专用发票

D. 纳税人向其他个人出租不动产，不得开具或申请代开增值税专用发票

32. 位于A市的甲企业是增值税一般纳税人，2022年1月将其位于B市的一座当年取得的仓库出租，取得含税租金收入60000元，则其应在B市预缴增值税（　　）元。

A. 2857.14　　B. 2830.19

C. 1651.38　　D. 1100.92

33. 房地产开发企业（一般纳税人）采取预收款方式销售所开发的房地产项目，在收到预收款时按照一定的预征率预缴增值税，该预征率为（　　）。

A. 2%　　B. 3%

C. 5%　　D. 6%

34. 某个体工商户是增值税小规模纳税人，2022年1月以342万元的含税价转让一间商铺，无法提供取得不动产时的发票，该商铺为2016年3月购得并缴纳契税9万元，当地契税税率3%，则该个体户转让商铺应缴纳增值税（　　）万元。

A. 0　　B. 1.29

C. 2　　D. 2.1

35. 2022年1月，王某出租一处住房，预收半年租金48000元。王某收取租金应缴纳增值税（　　）元。

A. 2400　　B. 720

C. 685.71　　D. 0

36. 以下涉及增值税出口退税的项目中，适用免退税办法的是（　　）。

A. 工业企业自产货物出口

B. 外贸企业收购货物后委托其他外贸企业代理出口

C. 工业企业进料加工复出口货物

D. 工业企业委托外贸企业代理出口自产货物

37. 某具有出口经营权的电器生产企业（增值税一般纳税人）自营出口自产货物，1月末未退税前计算出的期末留抵税额为19万元，当期免抵退税额为15万元，则当期免抵税额为（　　）万元。

A. 0　　B. 4

C. 9　　D. 15

38. 某出口企业为增值税一般纳税人，增值税税率13%，退税率9%。2021年10月外购A材料，取得的增值税专用发票注明价款300万元，增值税39万元，货已入库。当月进口保税料件一批，到岸价格为25万美元，已按实耗法向税务机关办理了《生产企业进料加工贸易免税证明》。当月出口产品的离岸价格为75万美元，内销产品不含税销售额80万元。该企业上期期末留抵税额5万元。假设美元比人民币的汇率为1∶6.8，该企业进料加工复出口业务符合相关规定。该企业当期应退增值税税额（　　）万元。（该企业计划分配率为30%）

A. 0　　B. 19.32

C. 27.30　　D. 32.13

39. 某外贸公司2021年12月从生产企业（一般纳税人）购进饰品5000个，单价120元/个（不含增值税），已取得增值税专用发票，当月将该批饰品报关出口，离岸单价22美元/个，此笔出口已收汇并做销售处理。美元与人民币比价为1∶7，退税率6%。该笔出口业务应退增值税为（　　）元。

A. 36000　　B. 46200

C. 78000　　D. 100100

40. 法国游客兰伯特在北京度假10日，2021年12月1日离境时在机场退税商店购买符合退税条件的600元的真丝睡衣一件和50元的花椒油一瓶（均为零售价），若不考虑退税手续费，兰伯特可申请境外旅客离境退税（　　）元。

A. 65　　B. 70

C. 71.5　　D. 84.5

41. 商业企业一般纳税人零售下列货物，可以开具增值税专用发票的是（ ）。
A. 烟、酒 B. 食品
C. 化妆品 D. 办公用品

42. 某工艺品厂为增值税一般纳税人，2021年12月2日销售给甲企业200套工艺品，每套不含税价格600元。由于部分工艺品存在瑕疵，该工艺品厂给予甲企业15%的销售折让，已开具红字增值税专用发票。为了鼓励甲企业及时付款，该工艺品厂提出2/20、n/30的付款条件，甲企业于当月15日付款。该工艺品厂此项业务的销项税额为（ ）元。
A. 12360 B. 13260
C. 14860 D. 15600

43. A家电厂在2022年3月签订合同，按照B单位的要求定制一批小家电，合同要求3月15日收取预收款30万元，5月15日给B单位供货，则A家电厂此笔销售业务的增值税纳税义务发生时间是（ ）。
A. 3月15日 B. 4月15日前
C. 5月15日 D. 6月15日前

44. 以下说法不符合增值税规定的是( )。
A. 小规模纳税人进口货物，海关应使用组成计税价格和征收率计算其进口环节增值税
B. 增值税一般纳税人生产销售和批发、零售罕见病药品，可选择按照简易办法依照3%征收率计算缴纳增值税
C. 一般纳税人销售自产的水泥混凝土，可选择按简易办法依照3%的征收率计算缴纳增值税
D. 外贸企业从农民手中收购原棉出口，增值税采用只免不退的政策

45. 以下不符合增值税纳税义务发生时间的是（ ）。
A. 纳税人提供应税服务过程中收到款项的，不发生纳税义务；应税服务完成后收到款项的，发生纳税义务
B. 纳税人提供有形动产租赁服务采取预收款方式的，其纳税义务发生时间为收到预收款的当天
C. 纳税人发生视同销售应税服务的，其纳税义务发生时间为应税服务完成的当天
D. 增值税扣缴义务发生时间为纳税人增值税纳税义务发生的当天

46. 纳税人受托对垃圾、污泥、污水、废气等废弃物进行专业化处理，以下表述正确的是（ ）。
A. 受托采取填埋、焚烧等方式进行专业化处理后未产生货物的，收取的处理费用免征增值税
B. 受托采取填埋、焚烧等方式进行专业化处理后未产生货物的，收取的处理费用适用6%的增值税税率
C. 专业化处理后产生货物，且货物归属委托方的，受托方收取的费用免征增值税
D. 专业化处理后产生货物，且货物归属受托方的，受托方收取的处理费用适用货物的增值税税率

二、多项选择题

1. 下列行为中，属于增值税视同销售行为的有（ ）。
A. 在同一个县（市）范围内设有两个机构并实行统一核算的纳税人，将货物从一个机构移送另一个机构用于销售
B. 将自产货物作为股利分配给股东
C. 将外购的货物用于集体福利
D. 将委托加工收回的货物用于个人消费

2. 以下单位或个人不能登记为增值税一般纳税人的有（ ）。
A. 年应税销售额未超过小规模纳税人标准且会计核算不健全的企业
B. 个体工商户

C. 其他个人

D. 年应税销售额超过 600 万元的事业单位

3. 以下符合“营改增”销售服务规定的有（　　）。

A. 光租和湿租业务，都属于有形动产租赁服务

B. 装卸搬运服务属于物流辅助服务

C. 武装守护押运服务属于物流辅助服务

D. 经纪代理服务属于商务辅助服务

4. 增值税混合销售行为是指一项行为同时涉及（　　）。

A. 销售增值税应税劳务

B. 销售增值税应税服务

C. 销售货物

D. 销售不动产

5. 以下属于“营改增”交通运输服务的有（　　）。

A. 索道运输

B. 缆车运输

C. 港口码头服务

D. 光租业务

6. 根据增值税征税范围的规定，下列说法正确的有（　　）。

A. 融资租赁按“金融服务”缴纳增值税

B. 向客户收取的退票费按“其他现代服务”缴纳增值税

C. 道路通行服务按“不动产租赁服务”缴纳增值税

D. 车辆停放服务按“交通运输服务”缴纳增值税

7. 依据“营改增”的政策规定，下列行为中属于商务辅助服务的有（　　）。

A. 广告服务

B. 纳税人为客户办理退票而向客户收取的退票费、手续费等收入

C. 人力资源服务

D. 安全保护服务

8. 下列属于视同销售货物，应计算缴纳增值税的有（　　）。

A. 某商店将外购水泥捐赠给灾区用于救灾

B. 某工厂将委托加工收回的服装用于集体福利

C. 某企业将自产的钢材用于投资

D. 某企业将购进的一批饮料用于集体福利

9. 根据“营改增”的相关规定，下列各项属于交通运输服务的有（　　）。

A. 水路运输服务　　B. 航空运输服务

C. 收派服务　　D. 装卸搬运服务

10. 下列行为中，不征收增值税的有（　　）。

A. 取得未与销售额、销售量挂钩的省级财政补贴收入

B. 单位或者个体工商户为员工提供服务

C. 各级工会组织收取工会经费

D. 各民主党派收取党费

11. 下列货物涉及的进项税额不得从销项税额中抵扣的有（　　）。

A. 生产免税药品所耗原材料的进项税额

B. 因管理不善丢失货物的进项税额

C. 按简易办法依照征收率计算增值税的货物的进项税额

D. 非增值税应税项目所耗用外购货物的进项税额

12. 增值税一般纳税人销售下列货物，应计算缴纳增值税的有（　　）。

A. 商店销售食用植物油

B. 食品交易中心批发蔬菜

C. 盐厂销售的食用盐

D. 农业生产者销售自产水果

13. 增值税一般纳税人将购买的货物用于下列项目时，不得抵扣进项税额的有（　　）。

A. 劳动保护　　B. 免税项目

C. 无偿赠送　　D. 个人消费

14. 增值税一般纳税人在进行下列生产经营活动时，能够抵扣进项税额的有(　　)。
A. 从小规模纳税人处购进原材料所发生的支出，取得税务机关代开的增值税专用发票
B. 从农民手中购进免税农产品而支付的买价，开具农产品收购发票
C. 委托修理厂修理生产设备而支付的修理费，取得修理厂开具的增值税专用发票
D. 委托加工厂加工一批用于免费赠送的货物而支付的加工费，取得加工厂开具的增值税专用发票

15. 某技术服务企业（增值税一般纳税人）发生的下列进项税，不得从销项税中抵扣的有（　　）。
A. 购买货车所发生的进项税
B. 购买办公用复印机所发生的进项税
C. 购进餐饮服务发生的进项税
D. 购买商品用于职工福利所发生的进项税

16. 除一般纳税人条件政策调整等特殊情况之外，一般纳税人在日常经营中注销或被取消辅导期一般纳税人资格，转为小规模纳税人时，以下说法正确的有（　　）。
A. 其存货作进项税额转出处理
B. 其存货不作进项税额转出处理
C. 其留抵税额不予以退税
D. 其留抵税额应予以退税

17. 下列项目中，应计算缴纳增值税的有（　　）。
A. 将购入方便面发给职工作福利
B. 将自产方便面发给职工作福利
C. 将购入方便面用于股东分红
D. 将购入方便面捐赠给灾区

18. 以下各项中，适用9%增值税税率的有（　　）。
A. 基础电信服务　　B. 增值电信服务
C. 转让土地使用权　　D. 转让商标权

19. 以下符合“营改增”政策规定的有（　　）。
A. 知识产权服务属于销售无形资产
B. 设计服务属于文化创意服务
C. 商标和著作权的转让属于销售无形资产
D. 无运输工具承运业务属于物流辅助服务

20. 下列业务属于增值税视同销售行为的有（　　）。
A. 超市将购进的食用油用于本企业员工福利
B. 食品厂将委托加工收回的食品无偿赠送给关联企业
C. 运输公司无偿向新冠疫区运送抗疫物资的运输服务
D. 某软件开发企业向另一企业无偿提供软件维护服务

21. 下列各项中，说法正确的有（　　）。
A. 个人转让著作权免征增值税
B. 台湾航运公司从事海峡两岸海上直航业务在大陆取得的运输收入免征增值税
C. 从事个体经营的随军家属，自办理税务登记事项之日起，其提供的应税服务3年内免征增值税
D. 境内的单位和个人向境外单位提供的完全在境外消费的研发服务和设计服务免征增值税

22. 以下关于进项税的说法，符合规定的有（　　）。
A. 小轿车生产厂销售自产小轿车支付的运输费可以凭票抵扣增值税的进项税
B. 机械厂外购小轿车自用所支付的运输费可以凭票抵扣进项税

C. 汽车生产厂所支付的境外技术咨询费取得解缴税款完税凭证的可以抵扣进项税

D. 汽车经销商境内采购用于销售的小轿车所支付的运费可以凭票抵扣进项税

23. 以下完全在境外消费的项目中，适用增值税零税率的有（　　）。

A. 境内单位向境外单位提供的广播影视节目制作服务

B. 境内单位向国内海关特殊监管区域内的单位提供的设计服务

C. 境内单位向境外单位提供的业务流程管理服务

D. 境内单位向境外单位提供的离岸服务外包业务

24. 以下属于《增值税暂行条例》规定的免税项目有（　　）。

A. 销售古旧图书

B. 外国企业无偿赞助的进口物资

C. 百货公司进口的残疾人轮椅

D. 其他个人销售自己使用过的物品

25. 下列关于包装物押金的处理，正确的有（　　）。

A. 纳税人为销售货物而出借包装物收取的押金，单独记账核算的，均不并入销售额征收增值税

B. 对收取一年以上的啤酒包装物押金，无论是否退还都要并入销售额征收增值税

C. 对销售白酒收取的包装物押金，收取当期就要并入销售额征收增值税

D. 对销售酒类产品收取的包装物押金，无论是否返还以及会计上如何核算，均应并入当期销售额征收增值税

26. 下列可以抵扣进项税的项目有（　　）。

A. 为加工进料加工复出口货物从国内购买的材料

B. 为加工来料加工复出口货物从国内购买的材料

C. 为生产避孕药品购入的材料

D. 为生产水果罐头购入的水果

27. 境内单位提供的下列跨境服务享受免征增值税优惠政策的有（　　）。

A. 存储地点在境外的仓储服务

B. 向境外单位提供的完全在境外消费的研发服务

C. 在境外提供的广播影视节目（作品）的播映服务

D. 工程、矿产资源在境外的工程勘察勘探服务

28. 先进制造业退还增量留抵税额需满足的条件有（　　）。

A. 自 2019 年 4 月 1 日起未享受即征即退、先征后返（退）政策

B. 申请退税前 36 个月未发生骗取留抵退税、出口退税或虚开增值税专用发票情形

C. 申请退税前 36 个月未因偷税被税务机关处罚两次及以上

D. 增量留抵税额不低于 50 万元

29. 根据跨境电子商务零售进口商品征税规定，下列说法正确的有（　　）。

A. 跨境电子商务零售进口商品按照行李及邮递物品进口税（行邮税）的规则计税

B. 购买跨境电子商务零售进口商品的个人作为纳税人

C. 物流企业可作为进口环节税款代收代缴义务人

D. 跨境电子商务零售进口商品超过单次交易限值但低于年度交易限值且订单下仅一件商品，按照全额征税

30. 关于航空运输企业增值税的处理正确的有（　　）。

A. 总机构应按照增值税现行规定核算汇

总营改增业务的应征增值税销售额
B. 航空运输企业根据国家指令无偿提供航空运输服务，属于以公益活动为目的的服务，不征收增值税
C. 航空运输企业的销售额，不包括代收的机场建设费和代售其他航空运输企业客票而代收转付的价款
D. 航空运输企业已售票但未提供航空运输服务的逾期票证收入，不征收增值税

31. 下列增值税一般纳税人的出口业务中，采用增值税"免抵退"税办法的有（　　）。
A. 工业企业出口自产货物
B. 工业企业来料加工复出口货物
C. 工业企业进料加工复出口货物
D. 工业企业委托外贸企业代理出口自产货物

32. 符合规定条件的生产企业出口外购的货物，同时符合下列（　　）条件的，可视同自产货物申报适用增值税退（免）税政策。
A. 与本企业生产的货物名称、性能相同
B. 使用本企业注册商标或境外单位或个人提供给本企业使用的商标
C. 出口给进口本企业自产货物的境外单位或个人
D. 必须经过本企业的加工或组装

33. 下列货物的出口，享受增值税出口免税不退税政策的有（　　）。
A. 来料加工复出口的货物
B. 属于小规模纳税人的生产企业委托外贸企业代理出口的自产货物
C. 外贸企业出口避孕药品
D. 外贸企业从农业生产者直接购进的免税农产品出口

34. 下列项目中，免征增值税的有（　　）。
A. 幼儿园收取的与幼儿入园挂钩的赞助费
B. 学生勤工俭学收入
C. 职业培训机构提供的培训收入
D. 福利彩票发行收入

35. 根据增值税的有关规定，一般纳税人不得开具增值税专用发票的情况有（　　）。
A. 零售商店销售给消费者个人的貂皮大衣
B. 零售商店销售给企业的劳保服装
C. 房地产开发企业向其他个人销售自行开发的房地产
D. 生产企业销售给其他单位的生产工具

36. 小规模纳税人进口货物，海关进口环节代征增值税可能适用（　　）。
A. 3% 的征收率　　B. 6% 的税率
C. 9% 的税率　　D. 13% 的税率

37. 以下增值税应税行为中，可以收到预收款当天作为增值税纳税义务发生时间的有（　　）。
A. 托收承付方式销售货物
B. 预收货款方式销售生产工期超过12个月的飞机
C. 以预收款方式提供租赁服务
D. 进口货物

38. 符合增值税留抵退税条件的先进制造业纳税人，可享受更大力度的增值税留抵退税。先进制造业纳税人，是指按照《国民经济行业分类》，生产并销售规定产品或设备的销售额占全部销售额的比重超过50% 的纳税人，这些产品或设备包括（　　）。
A. 金属矿物制品
B. 通用设备
C. 专用设备
D. 计算机、通信和其他电子设备

39. 以下可以选择3% 征收率计算缴纳增值税的有（　　）。

A. 增值税一般纳税人生产销售抗癌药品
B. 增值税一般纳税人批发、零售罕见病药品
C. 小规模纳税人销售自建或者取得的不动产
D. 公立高校（增值税一般纳税人）接受企业委托的课题研究费收入

40. 增值税一般纳税人申报抵扣异常凭证，同时符合下列（　　）情形的，其对应开具的增值税专用发票列入异常凭证范围。
A. 纳税人销售规模较大
B. 异常凭证进项税额累计占同期全部增值税专用发票进项税额 70%（含）以上的
C. 异常凭证进项税额累计超过 5 万元的
D. 纳税人频繁申领发票

三、计算问答题

1. 某商业企业是增值税一般纳税人，2022 年 1 月末增值税留抵税额 3000 元，2 月发生下列业务：
（1）购入壁纸一批，取得增值税专用发票，价款 200000 元、增值税 26000 元。这批壁纸 50% 用于装饰职工食堂，50% 用于零售，取得含税收入 150000 元。
（2）购入书包 10000 个，取得的增值税专用发票上注明价款 90000 元、增值税 11700 元。将其中 500 个赠送某共建小学，其余以每个 20 元的零售价格全部零售。
（3）将本企业电梯广告位出租给某广告公司发布广告，收取含税广告位占用费 40000 元，该建筑取得于“营改增”之前，该商业企业对此项业务选择简易计税方法计税。
（4）为 B 食品厂（增值税一般纳税人）代销橄榄油，取得零售收入 77390 元。和 B 食品厂结账，支付 B 食品厂 44690 元（含税），取得增值税专用发票。另向 B 食品厂收取结账额 5% 的返还收入。
（5）将企业使用过的包装物卖给废品回收公司，取得含税收入 4520 元。
（其他相关资料：上述相关增值税专用发票均合规且在本月抵扣）

要求：根据上述资料，回答下列问题。
（1）计算业务（1）和业务（2）可抵扣的进项税额合计。
（2）计算业务（1）和业务（2）增值税销项税额合计。
（3）计算该企业当期应抵扣的进项税额合计。
（4）计算该企业当期的增值税销项税额合计。
（5）计算该企业当期应纳的增值税。

2. 某自行车厂（增值税一般纳税人）生产销售自行车，出厂不含税单价为 280 元 / 辆。2021 年 5 月末留抵税额 3000 元，6 月该厂购销情况如下：
（1）向当地百货大楼销售 800 辆自行车，百货大楼当月付清货款后，自行车厂给予了 8% 的现金折扣。
（2）向外地特约经销点销售 500 辆自行车，当期销售自行车发出包装物收取押金 56500 元，本月没收逾期未收回的包装物押金 47460 元。
（3）购进自行车零部件、原材料取得的增值税专用发票上注明增值税税额合计 27000 元；支付运输公司（一般纳税人）运费，取得增值税专用发票上注明运费金额 15000 元。
（4）销售本厂 2008 年购买自用的机器一台，取得含税收入 120000 元。
（5）出租位于本市的一幢 6 年前取得的办公用房，价税合计收取 4 个月的租金 80000 元，选择简易计税方法计税。
（其他相关资料：取得符合规定的发票均在当月抵扣；纳税人销售自己使用过的固定资产，未放弃减税）

要求：根据上述资料，回答下列问题。

（1）计算业务（1）的增值税销项税额。

（2）计算业务（2）的增值税销项税额。

（3）计算业务（4）和业务（5）应纳增值税合计数。

（4）计算当月该自行车厂应纳增值税的合计数。

3. 某食品加工厂（增值税一般纳税人）2022 年 3 月发生下列业务：

（1）向农民收购大麦 10 吨，收购凭证上注明价款 20000 元，验收后移送另一食品加工厂（增值税一般纳税人）加工膨化食品（已全部领用），支付加工费价税合计 600 元，取得增值税专用发票。

（2）从县城某工具厂（小规模纳税人）购入小工具一批，取得小规模纳税人通过增值税发票管理系统自开的适用 3% 征收率的增值税专用发票，发票金额 3500 元。

（3）将以前月份购入的 10 吨玉米渣对外销售 9 吨，取得不含税销售额 25200 元，将 1 吨玉米渣无偿赠送给客户。

（4）生产夹心饼干销售，开具的增值税专用发票上注明销售额 100000 元。

（5）上月向农民收购的用于生产玉米渣的玉米因保管不善霉烂，账面成本 3740 元（含运费 100 元），已抵扣进项税额。

（6）转让 2018 年 3 月购入的检测设备一台，从购买方取得支票 9040 元（含税）。

（7）允许广告公司在本厂 2018 年 4 月建成的围墙上喷涂家电、服装广告，价税合计收取 50000 元。

（8）修缮产品展示厅，该展示厅在工作日中午兼用作职工食堂，为修缮购进货物和设计服务共支出 30 万元，取得增值税专用发票的进项税合计 10000 元。

（其他相关资料：上述合法扣税凭证均在当月抵扣）

要求：根据上述资料，回答下列问题。

（1）计算业务（1）和业务（2）可抵扣的进项税额合计数；

（2）计算业务（8）可抵扣的进项税额；

（3）计算业务（5）转出的进项税额；

（4）计算该食品加工厂当期可以抵扣的进项税额合计数；

（5）计算业务（3）的销项税额；

（6）计算该食品加工厂当期的增值税销项税额合计数；

（7）计算该食品加工厂当期应缴纳的增值税税额。

4. A 市的甲建筑公司（简称“甲公司”）是增值税一般纳税人，2021 年在 B 县和 C 市各有 1 个在建项目。B 县在建项目的合同开工日期为 2016 年年初，故选择按照简易计税方法计算增值税；C 市在建项目的合同开工日期为 2018 年年初，使用一般计税方法计税。2021 年 12 月业务情况如下：

（1）在 B 县取得含税建筑收入 101.8 万元，支付含税分包款 40 万元，取得增值税普通发票。

（2）在 C 市取得含税建筑收入 169 万元，支付含税分包款 60 万元，取得增值税普通发票。

（3）将 2018 年 5 月购入的一座位于 C 市的材料仓库转让，原购入时取得一般计税方法的增值税专用发票，发票注明价税合计金额 220 万元，转让时开具增值税专用发票，取得价税合计金额 275 万元。

（4）甲公司当月采购建材发生进项税额 20 万元（专用于一般计税项目），取得增值税专用发票；发生桥、闸通行费 4.2 万元，取得通行费发票。

（其他相关资料：A 市、B 县、C 市均位于不同省，上述相关发票均合规并在当月抵扣）

要求：根据上述资料，回答下列问题。

（1）甲公司在 B 县预缴的建筑服务增值税；

（2）甲公司在 C 市预缴的建筑服务增值税；

（3）甲公司在C市预缴的不动产转让增值税；

（4）甲公司向A市主管税务机关实际缴纳的增值税。

5. 某实行出口免抵退税办法的机械厂（增值税一般纳税人）2021年11月末留抵税额3000元，12月份发生下列业务：

（1）购入生产用A材料10吨，取得一般纳税人开具的增值税专用发票上注明价税合计金额339000元，支付不含税运费1800元，取得一般纳税人开具的增值税专用发票；购入生产用B材料10吨，增值税专用发票注明税额1300元。

（2）在海关备案并进口料件一批，用于进料加工生产方式生产乙机器，关税完税价格42000元人民币，海关保税放行。

（3）销售自产甲机器4台，取得含税价款160000元。

（4）购买生产设备1台，取得增值税专用发票上注明价款40000元、税款5200元。

（5）进料加工复出口3台乙机器，离岸价格合计14600美元，汇率1：7。

（6）当期因管理不善丢失上月从一般纳税人处购入的包装物一批，账面成本20000元（含运费1800元），已抵扣进项税额。

（其他相关资料：假定增值税征税率13%，退税率10%，计划分配率45%，进项税发票都合规并可以在当月抵扣）

要求：根据上述材料，回答下列问题。

（1）当期发生的增值税进项税额；

（2）当期应转出的进项税额合计数；

（3）当期增值税销项税额；

（4）当期免抵退税额；

（5）当期该机械厂出口实际应退税额；

（6）当期该机械厂留到下期抵扣的税额。

6. 某农机生产企业为增值税一般纳税人，2021年12月发生以下业务：

（1）外购原材料，取得普通发票上注明价税合计金额50000元，原材料已入库；另支付给运输企业含税运输费用3052元，取得一般纳税人开具的增值税专用发票。

（2）从一般纳税人处外购农机零配件，取得的增值税专用发票上注明价款140000元，本月生产领用价值90000元的农机零配件；另支付给运输企业（一般纳税人）含税运输费用4142元，取得开具的增值税专用发票。

（3）企业为修建职工食堂领用8月份从一般纳税人处外购的钢材一批，成本70000元（其中含运输费用2790元），钢材购入时已按规定抵扣了进项税。

（4）销售自产农机整机一批，取得不含税销售额430000元，另收取该批农机的包装费11990元。

（5）销售外购的农机零配件一批，取得含税销售额35030元。

（6）提供农机维修业务，开具的发票上注明不含税金额32000元。

（7）转让一台自用过9年的小轿车，取得含税收入100000元。

（其他相关资料：企业取得的增值税专用发票均合规并在当月抵扣；纳税人销售自己使用过的固定资产，未放弃减税）

要求：根据上述资料，回答下列问题。

（1）该企业当月增值税的销项税额；

（2）该企业当月可抵扣的进项税额；

（3）该企业转让小轿车应缴纳的增值税；

（4）该企业当月应缴纳的增值税。

7. 某矿山服务公司经营范围包括矿产品的开采、切割；矿山爆破、穿孔；矿产品开采技术咨询业务。该矿山服务公司是增值税一般纳税人，2021年12月发生下列业务：

（1）外购矿产品切割设备一台，取得增值专用发票上注明的价款23万元，增值税2.99万元；购置矿山爆破设备一台，取得增值税专用发票上注明的价款42万元，增值税5.46万元；支付当月生产经营用的电费，取得增值税专用发票上注明的价款10万元，增值税1.3万元。

（2）支付矿产品切割设备运费，取得增值税一般纳税人开具的增值税专用发票上注明运输费1万元；支付矿山爆破设备运费，取得增值税一般纳税人开具的增值税专用发票上注明运输费2万元；外购一批电饭煲用于职工福利，取得增值税专用发票上注明的价款5万元，增值税0.65万元。

（3）从事矿产品切割取得收入80万元（价税合计数，下同）；进行矿山爆破取得收入20万元；取得矿产品开采技术咨询收入15万元。

（4）转让一批已使用过的旧设备，取得收入5.67万元，该批设备于2007年购入，未放弃减税优惠。

（5）出租一处使用过6年的办公用房，收取6个月的租金收入12万元，该矿山服务公司对出租房收入选择适用简易计税方法计税。

（6）该矿山服务公司还购置一台办公电脑，取得增值税专用发票，注明价款1.4万元，增值税0.182万元。

（其他相关资料：假定上述取得的发票均合规并在当月抵扣）

要求： 根据上述资料，回答下列问题。

（1）该矿山服务公司转让旧设备应纳的增值税。

（2）该矿山服务公司出租办公用房应纳的增值税。

（3）该矿山服务公司当期实际可抵扣的增值税进项税额的合计数。

（4）该矿山服务公司当期应纳的增值税。

8. 某连锁娱乐企业是增值税一般纳税人，主要经营室内游艺设施。2021年11月经营业务如下：

（1）当月游艺收入价税合计636万元，其中门票收入为300万元、游戏机收入为336万元。当月通过税控系统实际开票价款为280万元。

（2）当月以融资性售后回租形式融资，作为承租人向出租人出售一台设备，设备公允价值为80万元。

（3）当月举办了卡通人物展览，消费者使用本企业发行的储值卡购买周边产品优惠10%。当月使用储值卡售出的周边产品原价为10万元（含税，下同），优惠活动价为9万元。购物发票注明金额为10万元，优惠的10%以现金形式返还给消费者。

（4）当月申报抵扣的增值税专用发票的进项税额合计40万元，其中包含：由于仓库管理员失职丢失的一批玩偶，进项税额为3万元。

（其他相关资料：上述业务涉及符合规定的相关票据均已申报抵扣）

要求： 根据上述材料，按照下列顺序计算回答问题，如有计算需计算出合计数。

（1）计算业务（1）的销项税额。

（2）回答业务（2）出售设备的行为是否应缴纳增值税并说明理由。

（3）计算业务（3）的销项税额。

（4）判断业务（3）在不考虑其他商业因素的情况下，是否存在税务规划的空间。如存在税务规划空间。请说明规划方法以及依据。

（5）计算当期应缴纳的增值税。

同步强化练习题参考答案及解析

使用“会计云课堂”App或“微信”扫码对答案、看解析、掌握解题思路，开启轻松过关之旅。

一、单项选择题

1.【答案】C

【解析】增值税具有如下特点：①保持税收中性；②普遍征收；③税收负担由最终消费者承担；④实行税款抵扣制度；⑤实行比例税率；⑥实行价外税制度。

2.【答案】C

【解析】纳税人已售票但客户逾期未消费取得的运输逾期票证收入，按照“交通运输服务”缴纳增值税。

3.【答案】C

【解析】纳税人销售货物的价格明显偏低且无正当理由的，主管税务机关有权核定其计税销售额，首先按照纳税人最近时期同类货物的平均销售价格确定，所以，该纳税人当月计算销项税额的销售额 $=70\times1000+50\times1000+（70\times1000+50\times1000）\div2000\times1000=180000$（元）。

4.【答案】A

【解析】纳税人自一般纳税人生效之日起，按照增值税一般计税方法计算缴纳增值税。该生效之日指的是纳税人办理登记的当月1日或次月1日。

5.【答案】A

【解析】纳税人应在年应税销售额超过规定标准的月份（或季度）的所属申报期结束后15日内按照规定办理相关手续；未按规定时限办理的，主管税务机关应当在规定时限结束后5日内制作《税务事项通知书》，告知纳税人应当在5日内向主管税务机关办理相关手续。

6.【答案】D

【解析】在运输工具舱位承包业务中，发包方以其向承包方收取的全部价款和价外费用为销售额，按照“交通运输服务”缴纳增值税。

7.【答案】D

【解析】纳税人为销售货物（非酒类产品、啤酒、黄酒）而出借包装物收取的押金，单独记账核算的，时间在一年内，又未过期的，不并入销售额征税；但对逾期未收回包装物而不再退还的包装物押金，应按所包装货物的适用税率（征收率）计算纳税。对销售除啤酒、黄酒以外的其他酒类产品收取的包装物押金，无论是否返还以及会计上如何核算，均应并入当期销售额征税。

8.【答案】D

【解析】选项ABC适用13%的增值税税率；选项D适用9%的增值税低税率。

9.【答案】A

【解析】销售农机整机适用9%的低税率；销售农机零件和提供加工劳务均不涉及低税率。

10.【答案】D

【解析】一般纳税人销售自己使用过的不得抵扣且未抵扣进项税额的固定资产，按简易办法依3%征收率减按2%征收增值税。

11.【答案】D

【解析】纳税人放弃免税权后，36个月内不得再申请免税。

12.【答案】B

【解析】纳税人采取折扣方式销售货物，在同一张发票上的金额栏分别注明折扣额和销售额的，可以按扣除折扣后的销售额计算增值税。以旧换新方式销售电冰箱按新电冰箱同期销售额计算增值税。以物易物方式及还本销售方式均按货物销售额计算增值税，不能扣除换入货物价值和还本支出。

13.【答案】A

【解析】价外费用，包括价外向购买方收取的手续费、补贴、基金、集资费、返还利润、奖励费、违约金、滞纳金、延期付款利息、赔偿金、代收款项、代垫款项、包装费、优质费以及其他各种性质的价外收费。但不包括销售货物的同时代办保险等向购买方收取的保险费，以及向购买方收取的代购买方缴纳的车辆购置税、车辆牌照费。

14.【答案】B

【解析】目前增值税的法定税率有13%、9%和6%，而购进农产品照章计算抵扣进项税额的扣除率是9%（另有规定除外），所以9%既是增值税法定税率，又是增值税计算抵扣进项税额扣除率。

15.【答案】C

【解析】转让金融商品，按照卖出价扣除买入价后的余额为销售额。

16.【答案】B

【解析】选项B：属于将货物交付他人代销，应视同销售计算征收增值税。选项A：属于将购买的货物用于生产经营，不属于增值税视同销售行为，不缴纳增值税。选项CD：属于外购货物用于集体福利、个人消费，不属于增值税视同销售行为，不缴纳增值税。

17.【答案】B

【解析】选项ACD发生的进项税额均可以抵扣。

18.【答案】D

【解析】选项A：注意理解非正常损失所包含的内容，因管理不善等原因损失产品对应的进项税不可以抵扣，但因自然灾害损失产品所对应的进项税可以抵扣；选项B：专用于免税项目的固定资产进项税不可以抵扣，但同时用于一般计税项目和免税项目的固定资产的进项税可以抵扣；选项C：外购货物分配给股东，增值税视同销售，其进项税额可以从销项税额中抵扣；选项D：纳税人放弃免税权后，其在免税期间发生的全部进项税额不得抵扣。

19.【答案】B

【解析】该生产企业当月可以抵扣增值税进项税额 $=10\div(1+9\%)\times9\%+3\div(1+3\%)\times3\%+2=2.91$（万元）。

20.【答案】D

【解析】纳税人一经放弃免税权，其生产销售的全部应税销售行为均应按照规定征税，不得选择某一免税项目放弃免税权，也不得根据不同销售对象选择部分应税销售行为放弃免税权。

21.【答案】D

【解析】兼用于应税和免税项目的不动产的进项税全部可以抵扣，兼用于应税和免税项目的原材料只能按照销售额分摊抵扣进项税。该厂当月可抵扣的进项税额 =500000+1300+3900×50000÷(50000+70000)=500000+1300+1625=502925(元)。

22.【答案】A

【解析】该电器修理部当月应纳增值税 =40600÷(1+1%)×1%+123600÷(1+1%)×1%=1625.74(元)。

23.【答案】B

【解析】金银首饰以旧换新业务以实际收取的不含增值税的全部价款计算增值税,应纳增值税 =(20×1750+2270)÷(1+13%)×13%=4287.70(元)。

24.【答案】C

【解析】纳税人提供租赁服务采取预收款方式的,增值税纳税义务发生时间为收到预收款的当天。

25.【答案】B

【解析】自 2020 年 5 月 1 日至 2023 年 12 月 31 日,从事二手车经销的纳税人销售其收购的二手车,由原按照简易办法依 3% 征收率减按 2% 征收增值税,改为减按 0.5% 征收增值税。当月该旧机动车交易公司应纳增值税 =402÷(1+0.5%)×0.5%=2(万元)。

26.【答案】D

【解析】药品生产企业销售自产创新药的销售额,为向购买方收取的全部价款和价外费用,其提供给患者后续免费使用的相同创新药,不属于增值税视同销售范围。

27.【答案】C

【解析】增值税一般纳税人销售其自行开发的软件产品,按 13% 税率征收增值税后,对其增值税实际税负超过 3% 的部分实行即征即退政策。将进口软件产品进行本地化改造后对外销售,其销售的软件产品可享受增值税即征即退政策。购进职工福利用品的进项税额不得抵扣。当期软件产品增值税应纳税额 =68000×13%+200000×13%-100000×13%=21840(元),实际税负 =21840÷(68000+200000)×100%=8.15%,即征即退税额 =21840-(68000+200000)×3%= 13800(元)。

28.【答案】A

【解析】选项 A:存款利息不征收增值税。

29.【答案】B

【解析】甲企业应在 A 市预缴税款 =200÷(1+9%)×2%=3.67(万元)。

30.【答案】A

【解析】该企业可抵扣进项税 =55×96%=52.8(万元),不可抵扣进项税的不动产改变成可抵扣的用途,在改变用途的次月抵扣进项税。

31.【答案】D

【解析】选项 A:小规模纳税人转让其取得的不动产,不能自行开具增值税发票的,可向不动产所在地主管税务机关申请代开。选项 B:纳税人向其他个人转让其取得的不动产,不得开具或申请代开增值税专用发票。选项 C:其他个人出租不动产,可向不动产所在地主管税务机关申请代开增值税发票。

32.【答案】C

【解析】应在 B 市预缴税款 =60000÷(1+9%)×3%=1651.38(元)。

33.【答案】B

【解析】房地产开发企业(一般纳税人)采取预收款方式销售所开发的房地产项目,在收到预收款时按照 3% 的预征率预缴增值税。

34.【答案】C

【解析】小规模纳税人转让外购的商铺，应差额计征增值税。由于应纳契税 = 契税的计税金额 × 契税税率，因此契税的计税金额 =9 ÷ 3%=300（万元）；2016 年 4 月 30 日及以前缴纳契税的，增值税应纳税额 =［全部交易价格（含增值税）– 契税计税金额（含营业税）］÷（1+5%）× 5%=（342–300）÷（1+5%）× 5%=2（万元）。

35.【答案】D

【解析】其他个人采取预收款形式出租不动产，取得的预收租金收入，可在预收款对应的租赁期内平均分摊，分摊后的月租金收入不超过 15 万元的，免征增值税。预收半年租金 48000 元分摊后月租金不超过 15 万元，王某收取租金应缴纳的增值税为 0 元。

36.【答案】B

【解析】选项 B 实行免退税办法；选项 ACD 都属于生产企业自营出口或委托出口自产货物范畴，实行免抵退税办法。

37.【答案】A

【解析】未退税前当期期末留抵税额 19 万元，当期免抵退税额 15 万元，因为后者小于前者，所以当期应退税额为 15 万元，则当期免抵税额 = 当期免抵退税额 – 当期应退税额 =15–15=0。

38.【答案】B

【解析】当期不得免征和抵扣税额 =（75–75 × 30%）× 6.8 ×（13%–9%）=14.28（万元），当期应纳税额 =80 × 13%–（39–14.28）–5=–19.32（万元），当期免抵退税额 =（75–75 × 30%）× 6.8 × 9%=32.13（万元），应退税额为 19.32 万元。

39.【答案】A

【解析】要求考生掌握外贸企业应退税额为购进货物所取得的增值税专用发票上注明的金额和该货物所适用的退税率的乘积。应退增值税 =5000 × 120 × 6%=36000（元）。解题时要注意，外贸企业出口退税与出口时的离岸价格没有关系。

40.【答案】B

【解析】真丝睡衣的退税率为 11%，花椒油的退税率为 8%，应退增值税额 = 退税物品销售发票金额（含增值税）× 退税率。兰伯特可申请境外旅客离境退税 =600 × 11%+50 × 8%=70（元）。

41.【答案】D

【解析】商业企业一般纳税人零售的烟、酒、食品、化妆品不得开具增值税专用发票。零售办公用品，可以开具增值税专用发票。

42.【答案】B

【解析】销售折让是指货物销售后由于质量等原因购货方未予退货，但销货方需给予购货方的一种价格折让，销售折让可以从销售额中减除。销售折扣是为了鼓励购货方及时偿还货款而给予的折扣优待，销售折扣不得从销售额中减除。销项税额 =600 × 200 ×（1–15%）× 13%=13260（元）。

43.【答案】C

【解析】采取预收款方式销售货物，增值税纳税义务发生时间一般为货物发出的当天。

44.【答案】A

【解析】进口货物不分纳税人身份，除另有规定外，按货物情况适用 13% 或 9% 的税率，不适用征收率，A 选项错误。BC 选项符合增值税的有关规定。原棉属于免税农产品，不曾缴纳过增值税，也不必退税，D 选项也是正确的。

45.【答案】A

【解析】纳税人发生应税销售行为，其增值税纳税义务发生时间为收讫销售款项或者取得索取销售款项凭据的当天；先开具发票的，为开具发票的当天。收讫销售款项，是指纳税人发生应税销售行为过程中或者完成后收到款项。

46.【答案】B

【解析】选项AB：受托采取填埋、焚烧等方式进行专业化处理后未产生货物的，收取的处理费用属于“现代服务”中的“专业技术服务”适用6%的增值税税率。选项C：专业化处理后产生货物，且货物归属委托方的，受托方属于提供“加工劳务”，其收取的处理费用适用13%的增值税税率。选项D：专业化处理后产生货物，且货物归属受托方的，受托方属于提供“专业技术服务”，其收取的处理费用适用6%的增值税税率；受托方将产生的货物用于销售时，适用货物的增值税税率。

二、多项选择题

1.【答案】BD

【解析】属于增值税视同销售行为的有：（1）将货物交付其他单位或者个人代销；（2）销售代销货物；（3）设有两个以上机构并实行统一核算的纳税人，将货物从一个机构移送其他机构用于销售，但相关机构设在同一县（市）的除外；（4）将自产或者委托加工的货物用于非应税项目；（5）将自产、委托加工的货物用于集体福利或者个人消费；（6）将自产、委托加工或者购进的货物作为投资，提供给其他单位或者个体工商户；（7）将自产、委托加工或者购进的货物分配给股东或者投资者；（8）将自产、委托加工或者购进的货物无偿赠送其他单位或者个人；（9）单位和个体工商户向其他单位或者个人无偿提供应税服务，但用于公益事业或者以社会公众为对象的除外；（10）单位或者个人向其他单位或者个人无偿转让无形资产或者不动产，但用于公益事业或者以社会公众为对象的除外；（11）财政部和国家税务总局规定的其他情形。

2.【答案】AC

【解析】选项B：个体工商户可登记为增值税一般纳税人；选项C：年应税销售额超过小规模纳税人标准的其他个人按小规模纳税人纳税；选项D：年应税销售额超过小规模纳税人标准的事业单位可选择按照小规模纳税人缴纳增值税，也可以选择登记为一般纳税人缴纳增值税。

3.【答案】BD

【解析】选项A：光租和干租业务，属于有形动产租赁服务；程租、期租、湿租业务属于交通运输服务。选项C：武装守护押运服务属于商务辅助服务。

4.【答案】BC

【解析】一项销售行为如果既涉及服务又涉及货物，为混合销售。

5.【答案】AB

【解析】选项C属于物流辅助服务；选项D属于有形动产租赁服务。

6.【答案】BC

【解析】选项A：融资租赁按照“租赁服务”缴纳增值税；选项CD：车辆停放服务、道路通行服务（包括过路费、过桥费、过闸费等）等按照“不动产经营租赁服务”缴纳增值税。

7.【答案】CD

【解析】选项A：属于文化创意服务。选项B：纳税人为客户办理退票而向客户收取的退票费、手续费等收入，按照“其他现代服务”缴纳增值税。选项CD：属于商务辅助服务。

8.【答案】ABC

【解析】选项 ABC 都属于货物的视同销售行为，要计算缴纳增值税；选项 D 是将购买的货物用于集体福利，不视同销售，不缴纳增值税。

9.【答案】AB

【解析】交通运输服务，包括陆路运输服务、水路运输服务、航空运输服务和管道运输服务。

10.【答案】ABCD

11.【答案】ABCD

【解析】选项 ABD 都不能计入当期进项税抵扣，因为这些项目不可能有销项税相对应，增值税计算的一个技巧就在于没有销项税的项目对应的进项税一般不予确认。而对于选项 C，采用简易办法计算增值税的货物也由于没有销项税（计算出来的是应纳税额），所以不能抵扣进项税。

12.【答案】AC

【解析】选项 AC 属于按照 9% 税率计算缴纳增值税的范围；选项 BD 属于免税范围。

13.【答案】BD

【解析】将购买的货物用于劳动保护，属于正常的生产费用支出，可以抵扣进项税。对外无偿赠送货物，增值税视同销售，必须计算其销项税，也可以抵扣进项税。购买的货物用于免税项目、个人消费的，不可以抵扣进项税。

14.【答案】ABCD

【解析】从小规模纳税人处购进原材料所发生的支出，取得税务机关代开的增值税专用发票的，可抵扣进项税额。从农民手中购进免税农产品而支付的买价，按相应的扣除率计算抵扣进项税额。委托修理厂修理生产设备而支付的修理费，按增值税专用发票所列税额抵扣进项税。委托加工厂加工一批用于免费赠送的货物而支付的加工费，按取得的增值税专用发票所列税额抵扣进项税，而且货物在赠送当期还应视同销售计算增值税销项税额。

15.【答案】CD

【解析】选项 CD 为不得抵扣的进项税；选项 AB 为可抵扣的进项税。

16.【答案】BC

【解析】一般纳税人注销或被取消辅导期一般纳税人资格，转为小规模纳税人时，其存货不作进项税额转出处理，其留抵税额也不予以退税。

17.【答案】BCD

【解析】选项 BCD 都属于增值税视同销售行为，应计算缴纳增值税；选项 A 不属于增值税视同销售行为，不计算缴纳增值税。

18.【答案】AC

【解析】选项 BD 适用 6% 的增值税税率。

19.【答案】BC

【解析】选项 A：知识产权服务属于文化创意服务；选项 D：无运输工具承运业务属于交通运输服务。

20.【答案】BD

【解析】选项 A：将购进的货物用于集体福利，不视同销售。选项 C：单位和个体工商户向其他单位或者个人无偿提供应税服务应视同销售，但用于公益事业或者以社会公众为对象的除外。

21.【答案】ABC

【解析】选项 D：中华人民共和国境内的单位和个人向境外单位提供的完全在境外消费的研发服务和设计服务，适用增值税零税率。

22.【答案】ABCD
【解析】纳税人销售自产小轿车属于销售自产产品，发生的销货运输费可以凭票抵扣进项税；2013 年 8 月 1 日以后，纳税人购进应征消费税的小轿车自用，可以抵扣购进时的增值税进项税额，发生的运费也可以凭票抵扣进项税额；纳税人接受境外单位或个人提供的应税服务，可以凭取得的解缴税款的完税凭证抵扣进项税额；汽车经销商境内采购用于销售的小轿车所支付的运费可以凭票抵扣进项税。

23.【答案】ACD
【解析】境内单位和个人向国内海关特殊监管区域及场所内的单位或个人销售服务不属于跨境应税行为，应照章征收增值税。

24.【答案】AD
【解析】选项 AD 属于法定免税项目；选项 BC 都不属于法定免税范围，应当征税。与选项 BC 规定相近的免税项目：外国政府、国际组织无偿援助的进口物资和设备；由残疾人组织直接进口供残疾人专用的物品。

25.【答案】BC
【解析】纳税人为销售货物而出借包装物收取的押金，单独记账核算的，需要区分情况判断是否并入销售额征收增值税；对销售除啤酒、黄酒以外的其他酒类产品收取的包装物押金，无论是否返还及会计上如何核算，均应并入当期销售额征收增值税。

26.【答案】AD
【解析】选项 A 适用免税并退税政策，可以抵扣进项税；选项 BC 采用免税政策，免税项目的进项税不得确认抵扣；选项 D 为正常生产过程中耗用原材料，可以抵扣进项税。

27.【答案】ACD
【解析】选项 ACD 享受免征增值税的优惠政策；选项 B 适用零税率政策。

28.【答案】ABC
【解析】适用先进制造业增值税期末留抵退税政策的，应同时符合以下条件：(1) 增量留抵税额大于零；(2) 纳税信用等级为 A 级或者 B 级；(3) 申请退税前 36 个月未发生骗取留抵退税、出口退税或虚开增值税专用发票情形；(4) 申请退税前 36 个月未因偷税被税务机关处罚两次及以上；(5) 自 2019 年 4 月 1 日起未享受即征即退、先征后返（退）政策。

29.【答案】BCD
【解析】选项 A：跨境电子商务零售进口商品按照货物征收关税和进口环节增值税、消费税。

30.【答案】ABC
【解析】航空运输企业已售票但未提供航空运输服务的逾期票证收入，按照航空运输服务征收增值税。

31.【答案】ACD
【解析】选项 B 属于只免不退的项目；选项 ACD 都属于生产企业自产货物出口范畴，适用“免抵退”税办法计算退税。

32.【答案】ABC
【解析】考核考生对视同自产货物的掌握。同时符合选项 ABC 条件的，不必经过自身加工或组装，可视同自产货物办理退税。

33.【答案】ABCD
【解析】来料加工复出口的货物进口时保税，出口免税不退税；小规模纳税人生产企业委托外贸企业代理出口的自产货物，无法核算生产环节进项税，出口免税不退税；避孕药品属于免税货物，故出口免税不退税；从农业生产者直接购进的免税农产品在国内免税，在出口时不办理退税。

34.【答案】BD

【解析】选项A：以开办实验班、特色班和兴趣班等为由另外收取的费用以及与幼儿入园挂钩的赞助费、支教费等超过规定范围的收入，不属于免征增值税的收入。选项C：从事学历教育的学校提供的教育服务免征增值税，但从事学历教育的学校，不包括职业培训机构等国家不承认学历的教育机构。

35.【答案】AC

【解析】零售商店销售给企业的劳保服装可以开具增值税专用发票。生产企业销售给其他单位的生产工具可以开具增值税专用发票。

36.【答案】ACD

【解析】自2018年5月1日起，对进口抗癌药品，减按3%征收进口环节增值税；自2019年3月1日起，对进口罕见病药品，减按3%征收进口环节增值税。货物不涉及6%的税率，所以排除选项B。

37.【答案】BC

【解析】纳税人提供租赁服务采取预收款方式的，其纳税义务发生时间为收到预收款的当天。采取预收货款方式销售货物，为货物发出的当天，但生产销售生产工期超过12个月的大型机械设备、船舶、飞机等货物，其纳税义务发生时间为收到预收款或者书面合同约定的收款日期的当天。选项A：纳税义务发生时间为发出货物并办妥托收手续的当天。选项D：纳税义务发生时间为报关进口的当天。

38.【答案】BCD

【解析】先进制造业纳税人，是指按照《国民经济行业分类》，生产并销售非金属矿物制品，通用设备，专用设备，计算机、通信和其他电子设备，医药，化学纤维，铁路、船舶、航空航天和其他运输设备，电气机械和器材，仪器仪表销售额占全部销售额的比重超过50%的纳税人。

39.【答案】ABD

【解析】选项C，应使用5%的征收率。选项AB，增值税一般纳税人生产销售和批发、零售抗癌药品或罕见病药品，可选择按照简易办法依照3%征收率计算缴纳增值税。选项D，非企业性单位中的一般纳税人提供的研发和技术服务、信息技术服务、鉴证咨询服务，以及销售技术、著作权等无形资产，可以选择简易计税方法按照3%征收率计算缴纳增值税。

40.【答案】BC

【解析】增值税一般纳税人申报抵扣异常凭证，同时符合下列情形的，其对应开具的增值税专用发票列入异常凭证范围：（1）异常凭证进项税额累计占同期全部增值税专用发票进项税额70%（含）以上的；（2）异常凭证进项税额累计超过5万元的。

三、计算问答题

1.【答案及解析】

（1）业务（1）和业务（2）可抵扣的进项税额=26000×50%+11700=24700（元）

【提示】购入货物用于集体福利的不可抵扣进项税额；用于赠送的书包视同销售计算销项税额，可以抵扣进项税额。

（2）业务（1）和业务（2）增值税销项税额=（150000+10000×20）/（1+13%）×13%=40265.49（元）

（3）该企业当期应抵扣的进项税额=24700+44690/（1+9%）×9%-44690×5%/（1+9%）×9%+3000=

24700+3690−184.5+3000=31205.5（元）

【提示】与销售额相关的返还收入应冲减增值税的进项税额。橄榄油适用 9% 的低税率。3000 元留抵税额可在本月计入可抵扣进项税额。

（4）当期的增值税销项税额 =40265.49+77390/（1+9%）×9%+4520/（1+13%）×13%=40265.49+6390+520=47175.49（元）

【提示】该企业销售自己使用过的包装物按规定税率征税；按征收率计算的税额不属于销项税额。

（5）出租广告位应纳增值税 =40000÷（1+5%）×5%=1904.76（元）

【提示】该企业出租广告位按照不动产经营租赁计算缴纳增值税，由于该企业选择了简易计税方法，适用 5% 的征收率计税。

该企业当期应纳增值税 =47175.49−31205.5+1904.76=17874.75（元）。

2.【答案及解析】

（1）销售 800 辆自行车给予 8% 的现金折扣，不应减少销售额。

业务（1）的增值税销项税额 =800×280×13%=29120（元）

（2）业务（2）的增值税销项税额 =［500×280+47460/（1+13%）］×13%=23660（元）

没收包装物押金计入销售额计税时需要价税分离，适用所包装货物的税率，本题目适用 13% 的税率（货物为自行车）。

（3）业务（4）和业务（5）应纳增值税合计数 =120000÷（1+3%）×2%+80000÷（1+5%）×5%=2330.10+3809.52=6139.62（元）

（4）当月该自行车厂应纳增值税 =29120+23660−27000−15000×9%−3000（期初留抵税额）+6139.62=27569.62（元）。

【提示】注意审题看清发票注明的是“税额”还是“金额”，不要遗忘期初留抵税额 3000 元。

3.【答案及解析】

（1）收购大麦可以抵扣的进项税 =20000×10%=2000（元）

【提示】收购大麦用于生产 13% 税率的膨化食品，扣除率适用 10%。

加工费可以抵扣的进项税 =600/（1+13%）×13%=69.03（元）

购买小工具可以抵扣的进项税 =3500×3%=105（元）

【提示】取得小规模纳税人通过增值税发票管理系统自开的增值税专用发票，可以凭票抵扣进项税。小规模纳税人按照 3% 缴纳增值税，购进方按照 3% 抵扣进项税。

业务（1）和业务（2）可抵扣的进项税合计数 =2000+69.03+105=2174.03（元）

（2）兼用于集体福利的不动产可以全额抵扣进项税。业务（8）可抵扣的进项税为 10000 元。

（3）由于玉米计算抵扣进项税时适用的是 9% 的扣除率，计算抵扣后，账面成本是计算进项税额基数的（1−9%）。玉米因管理不善霉烂作进项税额转出时，注意将农产品账面成本还原成计算进项税时的基数。

进项税额转出 =（3740−100）/（1−9%）×9%+100×9%=360+9=369（元）

（4）当期可以抵扣的进项税 =2174.03+10000−369=11805.03（元）

若考试题目中要求计算“应抵扣进项税额”或“可抵扣进项税额”，是要计算当期进项税发生额加上期留抵税额扣减了进项税额转出后的余额。

（5）销售玉米渣的销项税 =25200×9%=2268（元）

无偿赠送给客户的玉米渣视同销售的销项税 =25200/9×1×9%=252（元）

【提示】玉米渣作为农业初级产品，适用 9% 的低税率。

业务（3）的销项税额 =2268+252=2520（元）

（6）销售夹心饼干的销项税 =100000×13%=13000（元）

转让设备的销项税 =9040÷（1+13%）×13%=1040（元）

【提示】因设备是在增值税转型后购入，则转让时应计算销项税。

允许广告公司在本厂2018年4月建成的围墙上喷涂家电、服装广告属于销售不动产租赁服务，增值税销项税 =50000÷（1+9%）×9%=4128.44（元）

当期销项税额合计 =2520+13000+1040+4128.44=20688.44（元）

（7）该食品加工厂当期应纳增值税税额 =20688.44−11805.03=8883.41（元）。

4.【答案及解析】

（1）甲公司在B县预缴的建筑服务增值税 =（101.8−40）/（1+3%）×3%=1.8（万元）

（2）甲公司在C市预缴的建筑服务增值税 =（169−60）/（1+9%）×2%=2（万元）

（3）甲公司在C市预缴的不动产转让增值税 =（275−220）/（1+5%）×5%=2.62（万元）

（4）业务（2）销项税 =169/（1+9%）×9%=13.95（万元）

业务（3）销项税 =275/（1+9%）×9%=22.71（万元）

当期可抵扣进项税 =4.2/（1+5%）×5%+20=0.2+20=20.2（万元）

甲公司向A市主管税务机关实缴增值税 =13.95+22.71−20.2+1.8−1.8−2.62−2=11.84（万元）。

5.【答案及解析】

（1）当期发生的增值税进项税额 =339000/（1+13%）×13%+1800×9%+1300+5200=39000+162+1300+5200=45662（元）

只要看过申报表（考试大纲要求掌握申报表），就能知道考试题目中要求计算的“当期进项税额”是当期进项税发生额，尚未扣减进项税额转出，也没有加上期留抵税额。

（2）进料加工复出口耗用的进口料件金额 =14600×7×45%=45990（元）

当期应转出的进项税额 =（14600×7−45990）×（13%−10%）+（20000−1800）×13%+1800×9%=1686.3+2366+162=4214.3（元）

（3）当期销项税额 =160000÷（1+13%）×13%=18407.08（元）

（4）当期免抵退税额 =（14600×7−45990）×10%=5621（元）

（5）当期应纳税额 =18407.08−45662+4214.3−3000=−26040.62（元）

由于26040.62元＞5621元，当期应退税额为5621元。

（6）当期该机械厂留到下期抵扣的税额 =26040.62−5621=20419.62（元）。

6.【答案及解析】

（1）农机整机适用9%的低税率；农机零配件和维修费都适用13%的基本税率。

销售农机整机的增值税销项税额 =430000×9%+11990÷（1+9%）×9%=39690（元）

包装费作为价外费用计入销售额计税时，要适用所包装货物的税率，本题目适用9%的税率（货物为农机整机）。

销售农机零配件的增值税销项税额 =35030÷（1+13%）×13%=4030（元）

提供农机维修劳务的增值税销项税额 =32000×13%=4160（元）

该企业当月销项税额 =39690+4030+4160=47880（元）

（2）该企业当月可抵扣的进项税额 =（3052+4142）÷（1+9%）×9%+140000×13%−［（70000−2790）×13%+2790×9%］=594+18200−（8737.3+251.1）=9805.6（元）

【提示】改变用途用于修建职工食堂的钢

材的已抵扣进项税（含钢材进项税和运费进项税）需要转出。

（3）该企业转让小轿车应纳的增值税 =100000/（1+3%）×2%=1941.75（元）

（4）该企业当月应缴纳增值税 =47880-9805.6+1941.75=40016.15（元）。

7.【答案及解析】

（1）该矿山服务公司转让旧设备应纳的增值税 =5.67÷（1+3%）×2%=0.11（万元）

（2）该矿山服务公司出租办公用房应纳的增值税 =12÷（1+5%）×5%=0.57（万元）

（3）购置设备及对应的运费、生产经营用电可以抵扣进项税额；购置电饭煲，不得抵扣进项税额；购置电脑可以抵扣进项税额。

该矿山服务公司当期实际可抵扣的增值税进项税额的合计数 =2.99+5.46+（1+2）×9%+1.3+0.182=10.20（万元）

（4）该矿山服务公司当期应纳的增值税 =80÷（1+13%）×13%+20÷（1+9%）×9%+15÷（1+6%）×6%-10.20+0.11+0.57=9.20+1.65+0.85-10.20+0.11+0.57=2.18（万元）。

【提示】矿山爆破属于建筑服务中的其他建筑服务，按照9%的税率缴纳增值税；矿产品开采技术咨询收入按照6%的税率缴纳增值税。

8.【答案及解析】

（1）业务（1）销项税额 =636÷（1+6%）×6%=36（万元）。

①游艺属于生活服务——旅游娱乐服务，适用税率为6%；②纳税人发生应税销售行为，其纳税义务发生时间为收讫销售款项或者取得索取销售款项凭据的当天，所以收到收入即发生增值税纳税义务，需要计算销项税额。

（2）不需要缴纳增值税。

理由：融资性售后回租业务中，承租方出售资产的行为不属于增值税的征税范围，不征收增值税。

【提示】标的物所有权未发生实质转移，不发生增值税纳税义务。

（3）业务（3）销项税额 =10÷（1+13%）×13%=1.15（万元）。

商业折扣销售方式，销售额必须和折扣额在同一张发票的金额栏中标明，才可以按折后价格计算缴纳增值税。

（4）存在税务规划空间；如果该娱乐企业以商业折扣的形式销售周边产品，将折扣额和销售额在同一张发票的金额栏中标明，则可以按照9万元计算缴纳增值税，此时增值税销项税额 =9÷（1+13%）×13%=1.04（万元），可以节税1.15-1.04=0.11（万元）。

（5）当期应缴纳的增值税 =36+1.15-（40-3）=0.15（万元）。

第三章　消费税法

CHAPTER-3

本章学习指南

一、学习目标

1. 掌握消费税子目、细目的范围，熟练运用比例税率从价计税、定额税率从量计税、比例与定额复合计税多种计税依据和计算公式。

2. 掌握消费税的纳税环节和特殊计税依据。

3. 掌握消费税的抵扣规则，其扣税范围和计算与增值税规则显著不同。

4. 熟悉消费税的征收管理规定。

5. 把握自产自用、委托加工以及进口环节消费税与其他税种（增值税、关税等）的知识点组合。

6. 熟悉卷烟批发、超豪华小汽车零售以及金银首饰零售计算消费税的特殊环节和计算规则。

二、考情概况

消费税是 CPA 税法考试中比较重要的一章。在最近 3 年的考试中，消费税一章的平均分值约为 10 分。消费税可以命制各种题型，而计算问答题一直是消费税中分值比重最大的题型，消费税与增值税、城市维护建设税、关税的混合计算是本章命题的常见考点。

消费税的纳税环节及税基确定是掌握、理解消费税的基础内容。消费税与其他税种（如增值税、城市维护建设税、关税、企业所得税等）关联度强，自产自用应税消费品、委托加工应税消费品、消费税的纳税地点等考点命题频率高。

三、教材变化

调整了消费税纳税申报表。

四、考点框架

- 第三章 消费税法（二）
  - 计税依据
    - 从价计征 ★★★
    - 从量计征 ★★★
    - 从价从量复合计征 ★★★
    - 计税依据的特殊规定 ★★★
  - 应纳税额的计算
    - 生产销售环节应纳消费税的计算 ★★★
    - 委托加工环节应纳消费税的计算 ★★★
    - 进口应税消费品应纳税额的计算 ★★★
    - 已纳消费税扣除的计算 ★★★
    - 特殊环节应纳消费税的计算 ★★★
    - 消费税出口退税的计算 ★★
  - 征收管理
    - 纳税环节 ★★★
    - 纳税义务发生时间 ★★
    - 纳税期限 ★
    - 纳税地点 ★★★
    - 退货的消费税处理 ★★

核心考点精讲

考点 1：消费税的特点

一般来说，消费税的征税对象主要是与居民消费相关的最终消费品和消费行为。与其他税种比较，消费税具有如下几个特点：（1）征收范围具有选择性；（2）一般情况下，征税环节具有单一性；（3）平均税率水平较高且税负差异大；（4）计税方法具有灵活性。

考点 2：消费税与增值税的关系

消费税与增值税构成对流转额交叉征税（双层征收）的格局。缴纳增值税的货物并不都缴纳消费税，而缴纳消费税的货物都是增值税征税范围的货物，且都属于适用增值税基本税率的货物范围，不涉及低税率，但若是增值税小规模纳税人，会涉及增值税的征收率。消费税与增值税除了上述征税对象范围有差异外，还存在如下差异：

名师点拨

（1）双层征收；
（2）不涉及增值税的低税率；
（3）在征税范围、纳税环节、计税依据、与价格的关系、收入归属等方面，增值税与消费税有着明显不同。

差异方面	增值税	消费税
征税范围	（1）销售或进口货物 （2）提供加工、修理修配劳务 （3）销售服务、无形资产或不动产	（1）生产销售应税消费品 （2）委托加工应税消费品 （3）进口应税消费品 （4）零售应税消费品（金银首饰、铂金首饰、钻石及钻石饰品；超豪华小汽车） （5）批发应税消费品（卷烟）
纳税环节	多环节征收：同一货物在生产销售、批发、零售、进口等多环节征收	纳税环节相对单一：除卷烟和超豪华小汽车这两类消费品存在消费税的双环节课征外，其他应税消费品的纳税环节具有单一性。在零售环节缴纳消费税的金银首饰、铂金首饰、钻石及钻石饰品在生产销售、委托加工、批发、进口环节不缴纳消费税；其他在进口环节、生产销售环节（出厂环节，特殊为移送环节）、委托加工环节缴纳消费税的消费品在之后批发、零售环节不再缴纳消费税
计税依据	计税依据具有单一性，计税方法只有从价定率计税	计税依据具有多样性，计税方法包括从价定率计税、从量定额计税、复合计税
与价格的关系	增值税属于价外税	消费税属于价内税
税收收入的归属	进口环节海关代征的增值税和铁路建设基金营业税改征增值税收入属于中央；其他环节税务机关征收的增值税收入由中央与地方共享	消费税收入全部属于中央

由于消费税与增值税混合计算基本上是每年必考的知识点，所以必须理清消费税和增值税在具体纳税环节上的不同。消费税与增值税纳税环节对比：

环节		增值税	消费税
进口应税消费品		缴纳	缴纳（金、银、钻、铂金除外）
生产应税消费品出厂销售		缴纳	缴纳（金、银、钻、铂金除外）
移送使用	将自产应税消费品用于连续生产应税消费品	不缴纳	不缴纳
	将自产应税消费品用于连续生产非应税消费品	不缴纳	缴纳
将自产应税消费品用于投资、分红、赠送、职工福利		缴纳	缴纳
批发应税消费品		缴纳	缴纳（仅限于卷烟）

环节	增值税	消费税
零售应税消费品	缴纳	缴纳（仅限于金银首饰、铂金首饰、钻石及钻石饰品；超豪华小汽车）

第一节　纳税义务人与税目、税率

使用“会计云课堂”App 或“微信”扫码查看本节视频，快速 GET 知识点。

考点 1：纳税义务人 ★

在中华人民共和国境内生产、委托加工和进口应税消费品的单位和个人，以及国务院确定的销售《消费税暂行条例》规定的应税消费品的其他单位和个人，为消费税的纳税义务人。

【理解】鉴于消费税与增值税双层征收的关系，加之消费税的征收限定了特定消费品的范围，又限定了具体征税的环节，使得缴纳消费税的纳税人一般也是缴纳增值税的纳税人。

所谓的“在中华人民共和国境内”，是指生产、委托加工和进口属于应当缴纳消费税的消费品（简称“应税消费品”）的起运地或所在地在境内。消费税的纳税人具体包括以下几个方面：

<table>
<tr><th colspan="2">消费税的纳税人</th><th>备注</th></tr>
<tr><td rowspan="2">生产（含视为生产行为）应税消费品的单位和个人</td><td>自产销售</td><td>纳税人销售时纳税</td></tr>
<tr><td>自产自用</td><td>纳税人自产的应税消费品，用于连续生产应税消费品的，不纳税；用于其他方面的，于移送使用时纳税</td></tr>
<tr><td colspan="2">进口应税消费品的单位和个人</td><td>进口应税消费品的收货人或办理报关手续的单位和个人为消费税的纳税人，进口消费税由海关代征</td></tr>
<tr><td colspan="2">委托加工应税消费品的单位和个人</td><td>委托加工的应税消费品，除受托方为个人外，由受托方在向委托方交货时代收代缴税款</td></tr>
<tr><td colspan="2">零售超豪华小汽车、金银首饰、铂金首饰、钻石及钻石饰品的单位和个人</td><td>（1）每辆零售价格 130 万元（不含增值税）及以上的乘用车和中轻型商用客车，在生产（进口）环节按现行税率征收消费税基础上，在零售环节加征消费税
（2）纳税人生产、进口和批发金银首饰、铂金首饰、钻石及钻石饰品时不征收消费税，在零售时纳税</td></tr>
<tr><td colspan="2">从事卷烟批发业务的单位和个人</td><td>纳税人（卷烟批发商）销售给纳税人以外的单位和个人的卷烟于销售时纳税。纳税人（卷烟批发商）之间销售的卷烟不缴纳消费税</td></tr>
</table>

要点小贴士

（1）“视为生产”行为的实施主体不是工业企业；
（2）存在着对应税消费品的“非改是”“低改高”的表现；
（3）正常批发、零售等流通环节的加价出售不属于“视为生产”行为。

【提示】视为生产——工业企业以外的单位和个人的下列行为视为应税消费品的生产行为，按规定征收消费税：

（1）将外购的消费税非应税产品以消费税应税产品对外销售的；

（2）将外购的消费税低税率应税产品以高税率应税产品对外销售的。

经典题解

【例题1·多选题】下列关于消费税纳税人的说法，正确的有（　　）。

A. 零售金银首饰的纳税人是消费者

B. 委托加工高档化妆品的纳税人是受托加工企业

C. 携带卷烟入境的纳税人是携带者

D. 邮寄入境高档手表的纳税人是收件人

【解析】选项A：零售金银首饰的纳税人是零售单位；选项B：委托加工高档化妆品的纳税人是委托方。

【答案】CD

考点2：税目★★★

税目体现了征税的广度，目前征收消费税的只有15个税目，有的税目还下设若干子税目。

属于征收消费税的15个税目的货物除普遍征收增值税外，还要在出厂环节或进口环节或委托加工环节再征收一次消费税，对列入税目的应税消费品形成消费税与增值税的双层调节。金银首饰、铂金首饰、钻石及钻石饰品改在零售环节征收消费税。在学习消费税税目时应注意的问题：

（一）烟

要点小贴士

卷烟与雪茄烟、烟丝的纳税环节存在差异，计税方法也有差异。

本税目设置了三个子目：（1）卷烟；（2）雪茄烟；（3）烟丝。

子目	分类	纳税环节
卷烟	甲类——调拨价70元（不含增值税，含70元）/标准条以上	生产、委托加工、进口、批发
	乙类——调拨价70元（不含增值税）/标准条以下	
雪茄烟	——	生产、委托加工、进口
烟丝	——	

（二）酒

要点小贴士

消费税的计税：
白酒采用复合计税的方法；
黄酒、啤酒采用从量计税的方法；
其他酒一般采用从价计税的方法。

本税目设置了四个子目：（1）白酒；（2）黄酒；（3）啤酒；（4）其他酒。

【提示】

（1）酒精不属于消费税的征税范围。

（2）对以蒸馏酒或食用酒精为酒基，具有国食健字或卫食健字文号且酒精度低于38度（含）的配制酒，或以发酵酒为酒基，酒精度低于20度（含）的配制酒，按“其他酒”10% 适用税率征收消费税。其他配制酒，按“白酒”适用税率征收消费税。

（3）果啤属于啤酒。

（4）调味料酒不属于消费税的征税范围。

（5）葡萄酒消费税适用“酒”税目下设的“其他酒”子目。

葡萄酒是指以葡萄为原料，经破碎（压榨）、发酵而成的酒精度在 1 度（含）以上的葡萄原酒和成品酒，不含以葡萄为原料的蒸馏酒。

（6）饮食业、商业、娱乐业举办的啤酒屋（啤酒坊）利用啤酒生产设备生产的啤酒，应当按 250 元 / 吨的税率征收消费税。

经典题解

【例题 2 · 单选题】以下属于消费税“其他酒”税目的是（　　）。

A. 葡萄酒　　B. 果汁啤酒

C. 调味料酒　　D. 食用酒精

【解析】选项 B 属于啤酒税目；选项 CD 不属于消费税的征税范围。

【答案】A

（三）高档化妆品

征收范围包括高档美容、修饰类化妆品、高档护肤类化妆品和成套化妆品。

高档美容、修饰类化妆品和高档护肤类化妆品是指生产（进口）环节销售（完税）价格（不含增值税）在 10 元 / 毫升（克）或 15 元 / 片（张）及以上的美容、修饰类化妆品和护肤类化妆品。

【提示】不含舞台、戏剧、影视演员化妆用的上妆油、卸妆油、油彩。

经典题解

【例题 3 · 多选题】依据消费税的有关规定，下列消费品中不属于高档化妆品税目，不需要缴纳消费税的有（　　）。

A. 进口完税价格 10 元一张的面膜

B. 出厂销售价格（不含增值税）20 元一只（50 克）的护手霜

C. 进口完税价格 600 元一瓶（50 毫升）的香水

D. 影视演员化妆用的上妆油、卸妆油

【解析】高档美容、修饰类化妆品和高档护肤类化妆品是指生产（进口）环节销售（完税）价格（不含增值税）在 10 元 / 毫升（克）或 15 元 / 片（张）及以上的美容、修饰类化妆品和护肤类化妆品。舞台、戏剧、影视演员化妆用的上妆油、卸妆油不属于消费税高档化妆品税目的征税范围。

【答案】ABD

（四）贵重首饰及珠宝玉石

本税目征收范围包括：各种金银珠宝首饰和经采掘、打磨、加工的各种珠宝玉石。

【相关链接】 贵重首饰及珠宝玉石的纳税环节：

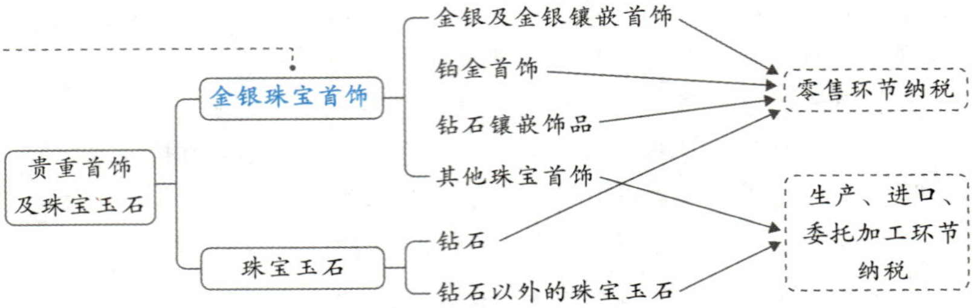

名师点拨

金银珠宝首饰不等同于金银首饰。

（五）鞭炮、焰火

不含体育上用的发令纸，鞭炮药引线。

（六）成品油

成品油设置了七个子目：（1）汽油；（2）柴油；（3）石脑油；（4）溶剂油；（5）润滑油；（6）航空煤油；（7）燃料油。

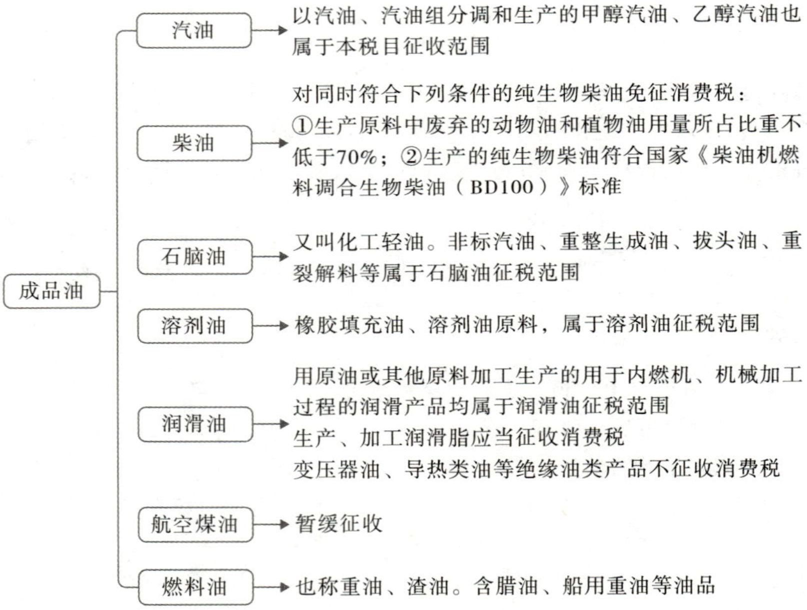

【提示】 纳税人利用废矿物油为原料生产的润滑油基础油、汽油、柴油等工业油料免征消费税政策延长至2023年10月31日。

要求同时符合下列条件：①纳税人必须取得省级以上（含省级）生态环境主管部门颁发的《危险废物（综合）经营许可证》，且该证件上核准生产经营范围应包括“利用”或“综合经营”字样。②生产原料中废矿物油重量必须占到90%以上。产成品中必须包括润滑油基础油，且每吨废矿物油生产的润滑油基础油应不少于0.65吨。③利用废矿物油生产的产品与利用其他原料生产的产品应分别核算。

（七）小汽车

本税目设置了三个子目：（1）乘用车（不超过9座）；（2）中轻型商用客车（10~23座）；（3）超豪华小汽车。

> 要点小贴士
> 小汽车税目不限于小轿车，但不包含货车和大型客车。

【提示】

（1）额定载客为区间值的（如8~10人），按其区间值下限人数确定。

（2）电动汽车以及沙滩车、雪地车、卡丁车、高尔夫车等均不属于本税目征税范围，不征消费税。

（3）对于企业购进货车或厢式货车改装生产的商务车、卫星通讯车等专用汽车不属于消费税征税范围，不征收消费税。

> 要点小贴士
> 列举的特殊改装行为不征收消费税。但对于购进乘用车和中轻型商用客车整车改装生产的汽车，应征收消费税。

（4）超豪华小汽车为每辆零售价格130万元（不含增值税）及以上的乘用车和中轻型商用客车。

（八）摩托车

取消气缸容量250毫升（不含）以下的小排量摩托车消费税。

（九）高尔夫球及球具

包括高尔夫球，高尔夫球杆，高尔夫球包（袋），高尔夫球杆的杆头、杆身和握把。

（十）高档手表

指不含增值税售价每只在10000元（含）以上的手表。

（十一）游艇

本税目只包括艇身长度大于8米（含）小于90米（含），内置发动机，可以在水上移动，一般为私人或团体购置，主要用于水上运动和休闲娱乐等非谋利活动的各类机动艇。

（十二）木制一次性筷子

包括未经打磨、倒角的木制一次性筷子。

> 要点小贴士
> 必须同时具备“木制”“一次性”两个特征。

（十三）实木地板

含各类规格的实木地板、实木指接地板、实木复合地板及用于装饰墙壁、天棚的侧端面为榫、槽的实木装饰板，以及未经涂饰的素板。

（十四）电池

范围包括：原电池、蓄电池、燃料电池、太阳能电池和其他电池。

【提示】电池中的免税规定：对无汞原电池、金属氢化物镍蓄电池（又称“氢镍蓄电池”或“镍氢蓄电池”）、锂原电池、锂离子蓄电池、太阳能电池、燃料电池和全钒液流电池免征消费税。

（十五）涂料

涂料是指涂于物体表面能形成具有保护、装饰或特殊性能的固态涂膜的一类液体或固体材料之总称。自2015年2月1日起对涂料征收消费税，施工状态下挥发性有机物（Volatile Organic Compounds，VOC）含量低于420克/升（含）的涂料免征消费税。

经典题解

【例题4·单选题】下列产品中，属于消费税征税范围的是（　　）。

A. 电动汽车　　B. 载客50座的商用客车

C. 气缸容量200毫升的摩托车　　D. 8座乘用车

【解析】电动汽车、超过23座的商用客车、气缸容量250毫升（不含）以下的摩托车都不属于消费税的征税范围。选项D属于消费税小汽车的征税范围。

【答案】D

【真题5·单选题】下列成品油中，暂缓征收消费税的是（　　）。（2017年）

A. 石脑油　　B. 溶剂油　　C. 航空煤油　　D. 润滑油

【解析】成品油包括七个子目，即汽油、柴油、石脑油、溶剂油、航空煤油、润滑油、燃料油。其中航空煤油暂缓征收消费税。

【答案】C

【真题6·单选题】纳税人生产销售下列产品，应缴纳消费税的是（　　）。（2020年）

A. 船用重油　　B. 燃料电池　　C. 航空煤油　　D. 导热类油

【名师点题】本题目考点细腻。消费税税目中应税、免税和不属于消费税征税范围的区分，属于值得关注的常考点。

【解析】选项A：燃料油包括船用重油，纳税人生产销售船用重油应计算缴纳消费税；选项B：免征消费税；选项C：暂缓征收消费税；选项D：变压器油、导热类油等绝缘油类产品不属于润滑油，不征收消费税。

【答案】A

【真题7·单选题】下列产品中，属于消费税征税范围的是（　　）。（2020年）

A. 卡丁车　　B. 电动汽车　　C. 医用酒精　　D. 铅蓄电池

【名师点题】2014年12月1日起，轮胎和酒精被剔除出消费税的征税范围，一些考生关注以往年度真题，要注意政策的变化。

【解析】选项AB：电动汽车以及沙滩车、雪地车、卡丁车、高尔夫车等均不属于消费税征税范围，不征消费税。选项C：自2014年12月1日起，取消酒精消费税。

【答案】D

【真题8·单选题】企业发生的下列经营行为中，应同时缴纳增值税和消费税的是（　　）。（2021年）

A. 食品加工厂将自产啤酒用于生产熟食制品

B. 百货公司零售金基首饰

C. 连锁超市零售卷烟

D. 4S店销售大型商用客车

【解析】本题目将征税项目与纳税环节相结合。选项 A：自产应税消费品用于生产非应税消费品，移送环节缴纳消费税但不缴纳增值税。选项 C：不属于消费税的纳税环节，只缴纳增值税。选项 D：不属于消费税应税消费品，只缴纳增值税。

【答案】B

考点 3：税率 ★★

（一）消费税税率的基本形式 ★

应税项目	税率形式
啤酒、黄酒、成品油	定额税率
白酒、卷烟	比例税率和定额税率复合计税
除啤酒、黄酒、成品油、卷烟、白酒以外的其他各项应税消费品	比例税率

（二）按照最高税率征税的特殊情况 ★★

要点小贴士

有两种情况消费税税率从高：

一是兼营不同税率的应税消费品未分别核算销售额、销售数量的；

二是将不同税率的应税消费品组成成套消费品销售的。

纳税人兼营不同税率的应税消费品，应当分别核算不同税率应税消费品的销售额或销售数量，未分别核算的，按最高税率征税。纳税人将不同税率的应税消费品、应税消费品与非应税消费品组成成套消费品销售的，按其中最高税率征消费税。

经典题解

【例题 9 · 单选题】某日化厂既生产高档化妆品又生产护发品，为了扩大销路，该厂将高档化妆品和护发品组成礼品盒销售，当月直接销售高档化妆品取得收入 9 万元，直接销售护发品取得收入 6.8 万元，销售高档化妆品和护发品组合的礼品盒取得收入 12 万元，上述收入均不含增值税。该厂当月应缴纳的消费税为（　　）万元。（高档化妆品消费税税率为 15%）

A. 3.15　　B. 4.17　　C. 1.35　　D. 2.37

【解析】纳税人将应税消费品与非应税消费品组成成套消费品销售的，应根据组合产品的销售全额按应税消费品适用税率征税。应纳消费税 =（9+12）×15%=3.15（万元）。

【答案】A

（三）烟的适用税率

要点小贴士

卷烟消费税适用复合计税的方式；雪茄烟、烟丝的消费税仅采用从价计税的方式。

烟的税目细分为卷烟、雪茄烟、烟丝三个子目，不同子目的税率规定存在差异：

税目			税率
卷烟	生产、进口、委托加工环节	甲类卷烟——调拨价 70 元（不含增值税）/ 标准条以上（含 70 元）	56% 加 0.003 元 / 支
		乙类卷烟——调拨价 70 元（不含增值税）/ 标准条以下	36% 加 0.003 元 / 支
	批发环节		11% 加 0.005 元 / 支

税目	税率
雪茄烟	36%
烟丝	30%

【提示】要特别注意以下几个方面的问题：

第一，卷烟在生产、进口、委托加工环节存在甲类和乙类的税率差异；但在批发环节计征卷烟消费税时不区分甲类和乙类。考生要注意卷烟定额税率的换算和运用：

环节	卷烟类型	比例税率	定额税率		
			每支	每标准条（200 支）	每标准箱（5 万支）
生产、进口、委托加工	甲类卷烟	56%	0.003 元	0.6 元	150 元
	乙类卷烟	36%			
批发	卷烟	11%	0.005 元	1 元	250 元

第二，雪茄烟和烟丝只规定了比例税率，不涉及定额税率。

第三，只有卷烟在批发环节缴纳消费税，雪茄烟、烟丝以及其他应税消费品在批发环节只缴纳增值税，不缴纳消费税。

（四）酒的适用税率

【提示 1】考生要注意两方面问题：

第一，白酒同时采用比例税率和定额税率。白酒的比例税率为 20%，定额税率主要把握千克（公斤）、吨与斤等不同计量标准的换算：

计量单位	500 克或 500 毫升或 1 斤	1 千克（1000 克）	1 吨（1000 千克）
单位税额	0.5 元	1 元	1000 元

名师点拨

掌握啤酒的分类标准，记忆啤酒的两档税率。

第二，啤酒分为甲类和乙类，分别适用 250 元 / 吨和 220 元 / 吨的税率。甲类与乙类的分类标准：

啤酒的分类	分类标准	适用定额税率
甲类	每吨出厂价（含包装物和包装物押金）在 3000 元（含 3000 元，不含增值税）以上的	250 元 / 吨
乙类	每吨出厂价（含包装物和包装物押金）在 3000 元（不含增值税）以下的	220 元 / 吨

【提示 2】用于计算划分啤酒类别的包装物押金不包括重复使用的塑料周转箱的押金。

经典题解

【例题 10 · 单选题】2021 年 10 月，某啤酒厂（增值税一般纳税人）销售 A 型啤酒 20 吨给副食品公司，开具的增值税专用发票上注明价款 58000 元，收取包装物押金 3300 元（含塑料周转箱押金 300 元）；销售 B 型啤酒 10 吨给宾馆，取得价税合计收入 32000 元，收取包装物押金 1500 元。该啤酒厂应缴纳的消费税是（ ）元。

A. 5000　　　　B. 6600

C. 7200　　　　D. 7500

【解析】A 型啤酒每吨出厂价（含包装物和包装物押金）=58000÷20+（3300-300）÷（1+13%）÷20=3032.74（元）＞3000 元，包装物押金不包括重复使用的塑料周转箱的押金，A 型啤酒为甲类啤酒，适用的消费税定额税率为 250 元 / 吨；

B 型啤酒每吨出厂价（含包装物和包装物押金）=（32000+1500）÷（1+13%）÷10=2964.60（元）＜3000 元，B 型啤酒属于乙类啤酒，消费税适用 220 元 / 吨的定额税率；

该啤酒厂应纳消费税 =20×250+10×220=7200（元）。

【答案】C

（五）贵重首饰及珠宝玉石的适用税率

贵重首饰及珠宝玉石适用税率及纳税环节的规定见下表：

分类及规定	税率	纳税环节
金基、银基合金首饰以及金、银和金基、银基合金的镶嵌首饰、钻石及钻石饰品、铂金首饰	5%	零售环节
除金、银和金基、银基、钻石、铂金以外的其他贵重首饰和珠宝玉石	10%	生产、进口、委托加工环节

要点小贴士

镀金（银）、包金（银）首饰，以及镀金（银）、包金（银）的镶嵌首饰都不属于金银首饰，应在生产销售环节征收消费税，适用 10% 的消费税税率。

（六）小汽车的适用税率

2016 年 12 月 1 日起，“小汽车”税目下增设“超豪华小汽车”子税目。征收范围为每辆零售价格 130 万元（不含增值税，下同）及以上的乘用车和中轻型商用客车。对超豪华小汽车，在生产（进口）环节按现行税率征收消费税基础上，在零售环节加征消费税，税率为 10%。

小汽车		出厂环节税率	零售环节税率
每辆零售价格＜130 万元的小汽车	乘用车	1%~40%	不缴纳消费税
	中轻型商用客车	5%	
超豪华小汽车（每辆零售价格≥130 万元）	乘用车	1%~40%	10%
	中轻型商用客车	5%	

第二节 计税依据

使用“会计云课堂”App或“微信”扫码查看本节视频，快速GET知识点。

消费税实行从价定率、从量定额，或者从价定率和从量定额复合计税（以下简称“复合计税”）的办法计算应纳税额，计税依据包括销售额和销售数量。

具体计税依据归纳如下：

计征办法	计税依据
从价定率	基本计税依据为销售额 在不同情况下可以是销售额、同类应税消费品售价、组成计税价格
从量定额	基本计税依据为销售数量 在不同情况下可以是销售数量、移送使用数量、委托加工收回的应税消费品数量、进口征税数量
复合计税	销售数量和销售额

考点1：从价计征★★★

（一）销售额的确定

1. 销售额的基本内容

销售额是纳税人销售应税消费品向购买方收取的全部价款和价外费用，包括消费税但不包括增值税。

价外费用是指价外向购买方收取的基金、集资费、返还利润、补贴、违约金、延期付款利息、手续费、包装费、优质费、代收款项、代垫款项以及其他各种性质的价外收费。但符合特定条件的代垫运费和代为收取的政府性基金或行政事业性收费不包括在销售额内。

【提示】关联方交易要符合独立企业之间业务往来的作价原则；白酒生产企业向商业销售单位收取的“品牌使用费”应属于白酒销售价款的组成部分。

2. 包装物的计税问题

包装物计税规则见下表：

情形	计税规则	归纳
销售	应税消费品连同包装物销售的，无论包装物是否单独计价，也不论在会计上如何核算，均应并入应税消费品的销售额中征收消费税	收取时直接并入销售额计税
收取租金	销售应税消费品同时收取包装物租金的，属于价外费用，应并入应税消费品的销售额中征收消费税	

情形	计税规则	归纳
收取押金	对酒类产品生产企业销售酒类产品（除啤酒、黄酒外）而收取的包装物押金，无论押金是否返还及会计上如何核算，均应并入酒类产品销售额中征收消费税	收取时直接并入销售额计税
	对酒类产品、成品油以外的其他应税消费品收取的包装物押金，未到期且收取时间不超过一年的，不计税。但对逾期未收回的包装物不再退还的或已收取一年以上的押金，应并入应税消费品的销售额，按照应税消费品的适用税率征收消费税	逾期并入销售额计税

与增值税政策联系起来学习，包装物押金的计税规则归纳如下：

包装物		计税规定	
		收取押金时	没收押金或收取 1 年以上时
酒、成品油以外的应税消费品		不纳增值税和消费税	换算成不含增值税税基计算增值税和消费税
酒	啤酒、黄酒（成品油适用此规定）	不纳增值税和消费税	换算成不含增值税税基计算增值税
	啤酒、黄酒以外的酒	换算成不含增值税税基计算增值税和消费税	不重复计算增值税和消费税

要点小贴士

啤酒、黄酒、成品油从量计征消费税，包装物押金只影响啤酒类别和税率的适用状况，不直接影响消费税的计算。

（二）含增值税销售额的换算

计算消费税的销售额中如含有增值税税额时，应换算为不含增值税的销售额。换算公式为：

应税消费品的销售额 = 含增值税的销售额（含价外费用）÷（1+ 增值税的税率或征收率）

【解释】如果消费税纳税人属于增值税一般纳税人，就按增值税 13% 的基本税率适用上述换算公式计算；如果属于小规模纳税人，就要按 3% 的征收率适用上述换算公式计算。符合优惠条件的，按照优惠政策的要求换算计税。

【相关链接】消费税与增值税同时对货物征收，但二者与价格的关系是不同的。增值税是价外税，计算增值税的价格中不应包括增值税税额；消费税是价内税，计算消费税的价格中是包括消费税税额的。换句话说，我们通常所说的“不含税价”是指不含增值税的价格，并不意味着不含消费税。

图示记忆

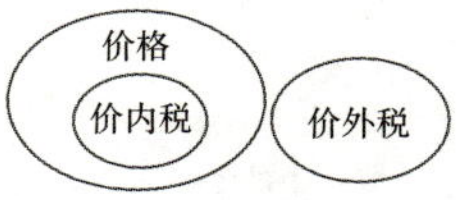

经典题解

【真题 11 · 多选题】消费税应税消费品生产企业收取的下列款项，应计入消费税计税依据的有（　　）。（2021 年）

A. 白酒品牌使用费

B. 购买方延期付款支付的利息

C. 葡萄酒包装物押金

D. 随同高档手表销售收取的包装盒费用

【解析】选项A：生产企业收取的"品牌使用费"是随着应税白酒的销售而向购货方收取的，属于应税白酒销售价款的组成部分，因此，不论企业采取何种方式或以何种名义收取价款，均应并入白酒的销售额中征收消费税。

选项BD：延期付款利息、包装费均属于价外费用，应并入当期销售额征收消费税。

选项C：对销售除啤酒、黄酒外的其他酒类产品而收取的包装物押金，无论是否返还以及会计上如何核算，均应并入当期销售额征收消费税。

【答案】ABCD

【真题12·多选题】消费税纳税人销售货物一并收取的下列款项中，应计入消费税计税依据的有（　　）。（2020年）

A. 增值税税款

B. 运输发票开给购货方收回的代垫运费

C. 销售白酒收取的包装物押金

D. 价外收取的返还利润

【解析】选项A：销售额为纳税人销售应税消费品向购买方收取的全部价款和价外费用，不包括增值税。

选项B：价外费用是指价外向购买方收取的基金、集资费、返还利润、补贴、违约金、延期付款利息、手续费、包装费、优质费、代收款项、代垫款项以及其他各种性质的价外收费。但同时符合以下条件的代垫运输费用不包括在内：（1）承运部门的运输费用发票开具给购买方的；（2）纳税人将该项发票转交给购买方的。

【答案】CD

考点2：从量计征★★★

销售数量的确定：

1. 销售应税消费品的，为应税消费品的销售数量。
2. 自产自用应税消费品的，为应税消费品的移送使用数量。

【提示】自产自用包括纳税人将自产应税消费品用于生产非应税消费品、在建工程、管理部门、非生产机构、提供劳务、馈赠、赞助、集资、广告、样品、职工福利、奖励等方面。

3. 委托加工应税消费品的，为纳税人收回的应税消费品数量。
4. 进口应税消费品的，为海关核定的应税消费品进口征税数量。

要点小贴士

成品油吨与升之间的换算要使用国家税务总局规定的换算标准。

【提示】黄酒、啤酒以吨为单位规定单位税额；成品油以升为单位规定单位税额；卷烟的从量计税部分是以支为单位规定单位税额；白酒从量计税部分是以500克或500毫升为单位规定单位税额。在确定计税数量时注意使用的数据单位要与固定税额的计量单位口径一致，不一致的要换算成一致的口径。

经典题解

【真题 13·多选题】下列各项中关于从量计征消费税计税依据确定方法的表述，正确的有（　　）。（2011 年）

A. 销售应税消费品的，为应税消费品的销售数量

B. 进口应税消费品的，为海关核定的应税消费品进口征税数量

C. 以应税消费品投资入股的，为应税消费品移送使用数量

D. 委托加工应税消费品的，为加工完成的应税消费品数量

【解析】从量计征消费税的应税消费品的销售数量，具体规定为：（1）销售应税消费品的，为应税消费品的销售数量；（2）自产自用应税消费品的，为应税消费品的移送使用数量；（3）委托加工应税消费品的，为纳税人收回的应税消费品数量；（4）进口的应税消费品，为海关核定的应税消费品进口征税数量。

【答案】ABC

考点 3：从价从量复合计征 ★★★

要点小贴士

复合计税既从价，又从量，用“从量税＋从价税”计算应纳税额。

只有卷烟、白酒的消费税计算采用复合计税的方法。

复合计税的项目	纳税环节	复合计税规则
卷烟	生产、进口、委托加工、批发	应纳税额＝应税销售数量 × 定额税率＋应税销售额 × 比例税率
白酒	生产、进口、委托加工	

考点 4：计税依据的特殊规定 ★★★

在确定消费税应税销售额或销售数量时还要注意以下几个方面：

1. 纳税人通过自设非独立核算门市部销售的自产应税消费品，应按门市部对外销售额或者销售数量征收消费税。

经典题解

【例题 14·单选题】某高尔夫球具厂为增值税一般纳税人，下设一非独立核算的门市部，2021 年 12 月该厂将生产的一批成本价 70 万元的高尔夫球具移送门市部，门市部将其中 80% 销售，取得含税销售额 74.58 万元。高尔夫球具的消费税税率为 10%，成本利润率为 10%，该高尔夫球具厂此项业务应缴纳的消费税税额为（　　）万元。

A. 5.31　　B. 6.16　　C. 6.60　　D. 7.66

【名师点题】题目中出现向非独立核算门市部的移送成本价、门市部的销售额这两项金额，在计税依据问题上出现似是而非的多项金额干扰，是 CPA 考试命题常见的考查方式。

【解析】纳税人通过自设非独立核算的门市部销售自产应税消费品的，要按非

独立核算门市部的销售额或销售数量计算消费税税额。该高尔夫球具厂此项业务应缴纳的消费税 =74.58 ÷（1+13%）×10%=6.60（万元）。

【答案】C

2. 纳税人用于换取生产资料、消费资料、投资入股、抵偿债务等方面的应税消费品，以纳税人同类应税消费品的最高销售价格作为计税依据计算消费税。

考点妙记

自产应税消费品"换、投、抵"用最高价计消费税。（增值税则用加权平均价）

经典题解

【真题 15 · 多选题】下列关于缴纳消费税适用计税依据的表述中，正确的有（ ）。（2016 年）

A. 委托加工应税消费品应当首先以受托方同类应税消费品销售价格作为计税依据

B. 投资入股的自产应税消费品应以纳税人同类应税消费品最高售价作为计税依据

C. 用于连续生产非应税消费品的自产应税消费品应以纳税人同类应税消费品最高售价作为计税依据

D. 换取消费资料的自产应税消费品应以纳税人同类应税消费品平均价格作为计税依据

【名师点题】这是一组细腻的政策考点，可以命制客观题，也可以命制主观题，是考生必须要掌握的内容。选项 A 要注意委托加工要以谁的同类价格为计税依据，不是委托方而是受托方；选项 BCD 则考查最高价格计税在消费税中的应用。

【解析】选项 C：用于连续生产非应税消费品的自产应税消费品应以纳税人同类应税消费品平均价格作为计税依据；

选项 D：换取消费资料的自产应税消费品应以纳税人同类应税消费品的最高售价作为计税依据。

【答案】AB

【例题 16 · 多选题】根据消费税的相关规定，下列自产应税消费品，以纳税人同类应税消费品的最高销售价格作为计税依据计算消费税的有（ ）。

A. 用于抵债的应税消费品

B. 用于馈赠的应税消费品

C. 用于换取生产资料的应税消费品

D. 用于对外投资入股的应税消费品

【解析】纳税人用于换取生产资料和消费资料、投资入股和抵偿债务等方面的自产应税消费品，应当以纳税人同类应税消费品的最高销售价格作为计税依据计算消费税。

【答案】ACD

【例题 17 · 单选题】某化妆品厂为增值税一般纳税人，2021 年 2 月发生以下业务：8 日销售高档化妆品 400 箱，每箱不含税价格 600 元；15 日销售同类高档化妆品 500 箱，每箱不含税价格 650 元。当月以 200 箱同类高档化妆品与某公司换取精油。该厂当月应纳消费税（ ）元。（高档化妆品消费税税率为 15%）

名师点拨

如果这 200 箱赠送给客户，则使用加权平均价格作为计税依据。

A. 84750　　B. 102750　　C. 103500　　D. 104250

【解析】纳税人用于换取生产资料和消费资料、投资入股和抵偿债务的应税消费品，应以纳税人同类应税消费品的最高销售价格作为计税依据计算消费税。应纳消费税 =（600×400+650×500+650×200）×15%=104250（元）。

【答案】D

【归纳】通常情况下，从价定率和复合计税中，用于计算从价部分消费税的销售额，与计算增值税的销售额是一致的，但有如下微妙差异：

差异项目	消费税	增值税
用于换取生产资料和消费资料、投资入股和抵偿债务	以纳税人同类应税消费品的最高销售价格作为计税依据	以纳税人同类应税消费品的平均销售价格作为计税依据
啤酒、黄酒的包装物押金	啤酒、黄酒、成品油从量计征消费税，押金是否计入销售额不直接影响消费税税额的计算，但押金计入销售额会影响啤酒适用税率档次的选择，即在计算每吨啤酒出厂价格时，需要包括包装物押金	和其他非酒类产品包装物押金一样，只在到期未退或收取 12 个月以上时并入销售额计征增值税
将自产应税消费品连续生产非应税消费品	在移送环节纳税，计税依据按下列顺序确定： ①同类自产应税消费品的销售价格 ②组成计税价格	在非应税消费品对外销售环节纳税，以非应税消费品对外销售价格为计税依据
委托加工	委托方的计税依据按下列顺序确定： ①受托方同类消费品销售价格 ②组成计税价格	受托方以加工费金额为计税依据

3. 卷烟最低计税价格的核定

自 2012 年 1 月 1 日起，卷烟消费税最低计税价格（以下简称“计税价格”）核定范围为卷烟生产企业在生产环节销售的所有牌号、规格的卷烟。

计税价格由国家税务总局按照卷烟批发环节销售价格扣除卷烟批发环节批发毛利核定并发布。计税价格的核定公式为：

某牌号、规格卷烟计税价格 = 批发环节销售价格 ×（1- 适用批发毛利率）

卷烟批发环节销售价格，按照税务机关采集的所有卷烟批发企业在价格采集期内销售的该牌号、规格卷烟的数量、销售额进行加权平均计算。计算公式为：

批发环节销售价格 = Σ该牌号规格卷烟各采集点的销售额 ÷ Σ该牌号规格卷烟各采集点的销售数量

已经国家税务总局核定计税价格的卷烟，生产企业实际销售价格高于计税价格的，按实际销售价格确定适用税率，计算应纳税款并申报纳税；实际销售价格低于计税价格的，按计税价格确定适用税率，计算应纳税款并申报纳税。

考点妙记

核定价与实际价孰高原则。

经典题解

【例题 18·单选题】某卷烟生产企业的 A 牌卷烟出厂价格为每标准条 55 元（不

含增值税，下同），税务机关采集A牌卷烟批发环节价格为每标准条110元，国家税务总局核定的同类卷烟的批发环节毛利率为29%。该企业当期出厂销售A牌卷烟300标准箱（每标准箱250条），则该企业当期应纳的消费税为（　　）元。

A. 3325200　　B. 2153700

C. 2355000　　D. 1530000

【解析】A牌卷烟计税价格=110×（1−29%）=78.1（元/条），属于甲类卷烟。

该企业当期应纳消费税=300×150+78.1×300箱×250条/箱×56%=45000+3280200=3325200（元）。

【答案】A

要点小贴士

酒类产品生产企业消费税有最低计税价格的规定，增值税没有最低计税价格的规定。

4. 白酒最低计税价格的核定

这个规定的原理：

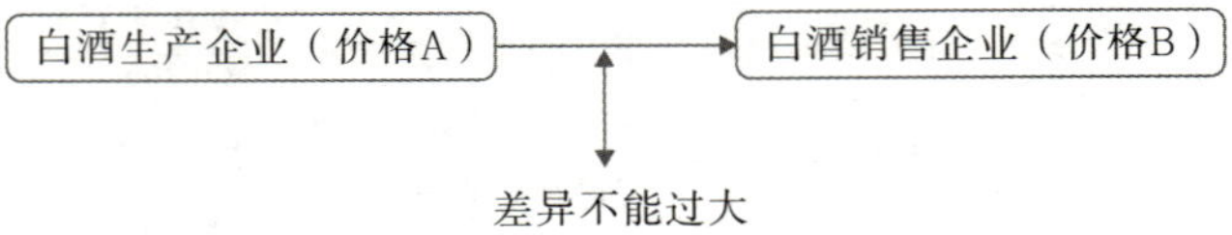

如果A＜70%B，则A为不正常价格，需要核定最低计税价格。

如果A≥70%B，A、B差价小，则A为正常价格，不需要核定最低计税价格。

白酒最低计税价格核定管理办法主要内容：

要点	政策规定	
适用范围	（1）白酒生产企业销售给销售单位的白酒，生产企业消费税计税价格低于销售单位对外销售价格（不含增值税，下同）70%以下的，税务机关应核定消费税最低计税价格 自2015年6月1日起，纳税人将委托加工收回的白酒销售给销售单位，消费税计税价格低于销售单位对外销售价格70%以下的，也应核定消费税最低计税价格 （2）白酒生产企业销售给销售单位的白酒，生产企业消费税计税价格高于销售单位对外销售价格70%（含70%）以上的，税务机关暂不核定消费税最低计税价格	
基本程序	白酒消费税最低计税价格由白酒生产企业自行申报，税务机关核定	
核定主体	国家税务总局	主管税务机关应将白酒生产企业申报的销售给销售单位的消费税计税价格低于销售单位对外销售价格70%以下、年销售额1000万元以上的各种白酒，按照《白酒消费税最低计税价格核定申请表》规定的式样及要求，在规定的时限内逐级上报至国家税务总局。国家税务总局选择其中部分白酒核定消费税最低计税价格
	省、自治区、直辖市和计划单列市税务局	除国家税务总局已核定消费税最低计税价格的白酒外，其他需要核定消费税最低计税价格的白酒，消费税最低计税价格由各省、自治区、直辖市和计划单列市税务局核定
核定标准	消费税最低计税价格由税务机关根据生产规模、白酒品牌、利润水平等情况在销售单位对外销售价格50%至70%范围内自行核定。其中生产规模较大，利润水平较高的企业生产的需要核定消费税最低计税价格的白酒，税务机关核价幅度原则上应选择在销售单位对外销售价格60%至70%范围内	

要点	政策规定
标准的运用	已核定最低计税价格的白酒，生产企业实际销售价格高于消费税最低计税价格的，按实际销售价格申报纳税；实际销售价格低于消费税最低计税价格的，按最低计税价格申报纳税
标准的重新核定	已核定最低计税价格的白酒，销售单位对外销售价格持续上涨或下降时间达到 3 个月以上、累计上涨或下降幅度在 20%（含）以上的，税务机关重新核定最低计税价格

考点妙记

核定价与实际价孰高原则。

经典题解

【例题 19 · 多选题】下列关于消费税计税依据的说法，正确的有（　　）。

A. 啤酒生产企业生产销售啤酒时收取的包装物押金应并入销售额计税

B. 白酒生产企业向商业销售单位收取的“品牌使用费”应并入白酒销售额计税

C. 纳税人自产应税消费品用于换取生产资料和消费资料、投资入股和抵偿债务等方面，应以纳税人同类应税消费品的最高销售价格计税

D. 白酒生产企业实际销售价格低于核定计税价格，按实际销售价格计税

【解析】选项 A：啤酒从量计征消费税，啤酒生产企业生产销售啤酒时收取的包装物押金不征收消费税；选项 D：白酒生产企业实际销售价格低于核定计税价格，按核定计税价格计税。

【答案】BC

5. 金银首饰销售额的确定

对既销售金银首饰，又销售非金银首饰的生产、经营单位，应将两类商品划分清楚，分别核算销售额。凡划分不清或不能分别核算的，在生产环节销售的，一律从高适用税率征收消费税；在零售环节销售的，一律按金银首饰征收消费税。金银首饰与其他产品组成成套消费品销售的，应按销售额全额征收消费税。

金银首饰连同包装物销售的，无论包装物是否单独计价，也无论会计上如何核算，均应并入金银首饰的销售额，计征消费税。

带料加工的金银首饰，应按受托方销售同类金银首饰的销售价格确定计税依据征收消费税。没有同类金银首饰销售价格，按照组成计税价格计算纳税。

纳税人采用以旧换新（含翻新改制）方式销售的金银首饰，应按实际收取的不含增值税的全部价款确定计税依据征收消费税。

经典题解

【例题 20 · 单选题】纳税人将金银首饰与其他非金银首饰组成成套消费品销售的，计算征收消费税的依据是（　　）。

A. 组成计税价格

B. 金银首饰与其他非金银首饰的销售额合计

C. 金银首饰的销售额

D. 金银首饰与其他非金银首饰的购销差额

【解析】金银首饰与其他产品组成成套消费品销售的，应按销售额全额征收消费税。

【答案】B

第三节　应纳税额的计算

使用“会计云课堂”App或“微信”扫码查看本节视频，快速GET知识点。

消费税税率、计税公式概览表：

税率及计税形式	适用项目	计税公式
定额税率（从量计征）	啤酒、黄酒、成品油	应纳税额＝销售数量（移送使用数量、交货数量、进口数量）×消费税定额税率
比例税率和定额税率并用（复合计征）	卷烟、白酒	应纳税额＝销售数量（移送使用数量、交货数量、进口数量）×消费税定额税率＋销售额（同类消费品售价、组成计税价格）×消费税比例税率
比例税率（从价计征）	除上述以外的其他项目	应纳税额＝销售额（同类消费品售价、组成计税价格）×消费税比例税率

考点1：生产销售环节应纳消费税的计算★★★

<table>
<tr><th>纳税人</th><th>行为</th><th>纳税环节</th><th>计税依据</th><th>生产领用抵扣税额</th></tr>
<tr><td rowspan="7">生产应税消费品的单位和个人</td><td rowspan="3">出厂销售</td><td rowspan="3">出厂销售环节</td><td>从价定率：不含增值税的销售额</td><td rowspan="7">符合条件的，在计算出的当期应纳消费税税额中，按当期生产领用量抵扣外购、进口或委托加工收回的应税消费品的已纳消费税税额</td></tr>
<tr><td>从量定额：销售数量</td></tr>
<tr><td>复合计税：不含增值税的销售额、销售数量</td></tr>
<tr><td rowspan="4">自产自用</td><td>用于连续生产应税消费品的，不纳税</td><td>不涉及</td></tr>
<tr><td rowspan="3">用于生产非应税消费品、在建工程、管理部门、非生产机构、提供劳务、馈赠、赞助、集资、广告、样品、职工福利、奖励等方面的，在移送使用时纳税</td><td>从价定率：同类消费品售价或组成计税价格</td></tr>
<tr><td>从量定额：移送使用数量</td></tr>
<tr><td>复合计税：同类消费品售价或组成计税价格、移送使用数量</td></tr>
</table>

（一）直接对外销售应纳消费税的计算

经典题解

【例题 21·单选题】2021 年 12 月，某酒厂（增值税一般纳税人）生产粮食白酒 100 吨全部对外销售，取得含税销售额 480 万元，同时收取品牌使用费 15 万元，销售白酒时收取包装物押金 5 万元，本月没收 3 个月前销售白酒时收取的包装物押金 3 万元。该酒厂当月应纳消费税（　　）万元。

A. 94.96　　B. 95.84

C. 97.61　　D. 98.50

【解析】该酒厂当月应纳消费税 =（480+15+5）÷（1+13%）×20%+100×2000×0.5÷10000=98.50（万元）。

【答案】D

（二）自产自用应纳消费税的计算

自产自用通常指的是纳税人生产应税消费品后，不是直接用于对外销售，而是用于连续生产应税消费品或用于其他方面。

1. 自产自用应税消费品的计税规则

纳税人自产自用的应税消费品，用于连续生产应税消费品的，不纳税；用于其他方面的，于移送使用时纳税。

图示记忆

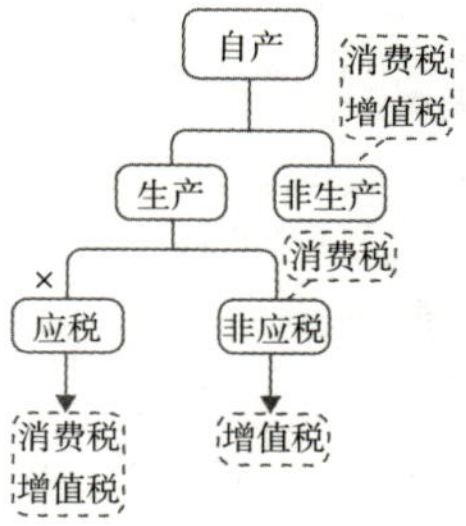

经典题解

【真题 22·单选题】某高尔夫球具生产企业发生的下列业务中，应缴纳消费税的是（　　）。（2021 年）

A. 将自产高尔夫球杆赠送给客户用于市场推广

B. 将外购高尔夫球包用于少年高尔夫球比赛奖励

C. 将自产高尔夫球用于产品质量检测

D. 将外购的高尔夫球杆握把用于生产高尔夫球杆

【解析】（1）纳税人自产的应税消费品，用于连续生产应税消费品的，不纳税；用于其他方面的，于移送使用时纳税。用于其他方面，是指纳税人将自产应税消费品用于生产非应税消费品、在建工程、管理部门、非生产机构、提供劳务、馈赠、赞助、集资、广告、样品、职工福利、奖励等方面。（2）用于产品质量检测的高尔夫球不征消费税，产品质量检测属于生产环节的一道工序。

【答案】A

【例题 23·多选题】纳税人发生的下列行为中，应征收消费税的有（　　）。

A. 白酒厂将自产的白酒用于广告宣传

B. 实木地板厂将自产的实木地板用于工厂内部的会议室装修

C. 化妆品厂将自产的高档香水精用于连续生产香皂

D. 鞭炮厂将自产的鞭炮作为春节福利发给职工

【解析】纳税人自产自用的应税消费品，用于连续生产应税消费品的，不纳税；用于其他方面的，于移送使用时纳税。用于其他方面，是指纳税人将自产应税消费品用于生产非应税消费品、在建工程、管理部门、非生产机构、提供劳务、馈赠、赞助、集资、广告、样品、职工福利、奖励等方面。

【答案】ABCD

2. 自产自用应税消费品的税额计算

纳税人自产自用的应税消费品，凡用于生产非应税消费品、在建工程、管理部门、非生产机构、提供劳务、馈赠、赞助、集资、广告、样品、职工福利、奖励等方面的，应当纳税。具体分为以下两种情况：

考点妙记：有价找价；无价组价。

第一种情况——“有价找价”：有同类消费品的销售价格的，按照纳税人生产的同类消费品的不含增值税的销售价格计算纳税。

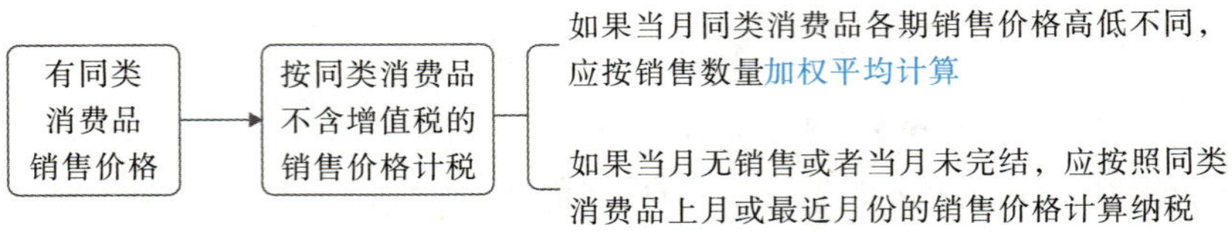

实行从价定率办法计算纳税的：

应纳税额＝同类消费品不含增值税的销售单价×自产自用数量×适用消费税税率

实行复合计税办法计算纳税的：

应纳税额＝自产自用数量×定额税率＋同类消费品不含增值税的销售单价×自产自用数量×适用消费税税率

第二种情况——“无价组价”：没有同类消费品销售价格的，按照组成计税价格计算纳税。

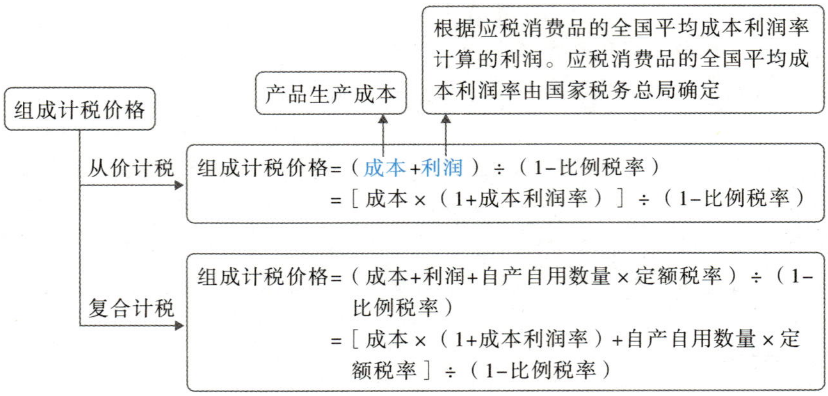

【提示】自产自用复合计税的应税消费品计算组成计税价格时，全部消费税（比例税率和定额税率计算的部分）都要计入组成计税价格。

【相关链接】增值税与消费税组价公式对比：

<table>
<tr><th colspan="2">项目</th><th>消费税组价</th><th>增值税组价</th><th>成本利润率</th></tr>
<tr><td rowspan="3">缴纳
消费税
货物</td><td>从价计税</td><td>（成本＋利润）÷（1－消费税比例税率）
或：成本×（1+成本利润率）÷（1－消费税比例税率）</td><td rowspan="3">成本×（1+成本利润率）+消费税</td><td rowspan="2">应税消费品对应的成本利润率</td></tr>
<tr><td>复合计税</td><td>（成本＋利润＋课税数量×定额税率）÷（1－消费税比例税率）</td></tr>
<tr><td>从量计税</td><td>不组价</td><td rowspan="2">规定的成本利润率，规定出台前沿用旧的规定（10%）</td></tr>
<tr><td colspan="2">不缴纳消费税货物</td><td>不计税</td><td>成本×（1+成本利润率）</td></tr>
</table>

经典题解

【例题 24·计算问答题】某化妆品生产企业（增值税一般纳税人）2021 年 12 月生产高档香水精 50 千克，成本 40 万元，将 7 千克移送投入车间连续生产护手霜；30 千克移送用于连续生产调制高档香水；10 千克对外销售，取得不含税收入 14 万元。企业当期销售护手霜取得不含税收入 120 万元，销售高档香水取得不含税收入 200 万元，当期发生可抵扣增值税进项税 16 万元。已知高档化妆品适用的消费税税率为 15%，该企业当期应纳增值税和消费税合计数为多少万元？

【答案及解析】

销售高档香水精和高档香水既缴纳增值税又缴纳消费税。高档香水精移送用于生产高档香水（应税消费品），在移送环节不缴纳消费税，也不缴纳增值税；高档香水精移送用于生产护手霜（非应税消费品），在移送环节缴纳消费税但不缴纳增值税；销售护手霜缴纳增值税不缴纳消费税。

名师点拨

用高档香水精（应税消费品）生产护手霜（非应税消费品），高档香水精视同销售，按照同类消费品同期销售价格（14÷10×7）计算销售额并缴纳消费税。

该企业当期应纳的增值税＝（14+120+200）×13%−16=27.42（万元）

该企业当期应纳的消费税＝［14÷10×（10+7）+200］×15%=33.57（万元）

当期应缴纳增值税、消费税合计 =27.42+33.57=60.99（万元）。

【例题 25·单选题】2021 年 12 月某化妆品厂将一批成本为 35000 元的自产高档护肤类化妆品用于集体福利；将新研制的高档香水用于赠送客户，生产成本 20000 元。已知高档化妆品的成本利润率为 5%，消费税税率为 15%。上述货物已全部发出，均无同类产品售价。2021 年 12 月该化妆品厂上述业务应纳消费税（　　）元。

A. 11196.43　B. 10191.18　C. 17575　D. 25107.43

【解析】纳税人自产自用的应税消费品，不是用于连续生产应税消费品，而是用于其他方面的，如用于在建工程、馈赠、职工福利、奖励等，应视同销售，于移送使用时缴纳消费税。在计算消费税时，没有同类消费品销售价格的，应按组成计税价格计算纳税。上述业务应纳消费税＝［35000×（1+5%）+20000×（1+5%）］÷（1−15%）×15%=10191.18（元）。

【答案】B

【例题26·计算问答题】2021年1月，某黄酒厂（增值税一般纳税人）将2吨自产黄酒发放给职工作福利，其成本4000元/吨，成本利润率10%，每吨消费税税额240元，分别计算该酒厂此项业务应缴纳的消费税和涉及的增值税销项税额。

【答案及解析】

计算消费税不必组价，应纳消费税税额=2×240=480（元）。

计算增值税需要组成计税价格，由于黄酒采用从量定额方法计算消费税，消费税中没有规定黄酒的成本利润率，进行增值税组价时需要用10%的成本利润率。计算增值税组价=4000×2×（1+10%）+480=9280（元），增值税销项税额=9280×13%=1206.4（元）。

【例题27·计算问答题】某酒厂（增值税一般纳税人）2021年1月将自产白酒1吨发放给职工作为春节福利，无同类白酒的销售价格，其成本4000元/吨，成本利润率5%，则此笔业务应缴纳的消费税和涉及的增值税销项税额为多少元？

【答案及解析】

白酒的消费税从量税=1×2000×0.5=1000（元）

白酒的组成计税价格=[4000×（1+5%）+1000]÷（1−20%）=6500（元）

应纳消费税=1000+6500×20%=2300（元）

增值税销项税额=6500×13%=845（元）

或增值税销项税额=[4000×（1+5%）+2300]×13%=6500×13%=845（元）。

【相关链接】将自产应税消费品用于连续生产应税消费品以外的其他方面的消费税视同销售的规定，有一些与增值税视同销售的规定一致，如用于馈赠、赞助、集资、职工福利、奖励等，这些情况下，消费税与增值税同时作视同销售处理。

但是如果将自产应税消费品用于连续生产非应税消费品、非生产机构、不动产在建工程，这一环节需要作消费税视同销售处理，但不一定作增值税视同销售处理。

例如，化妆品厂将自产高档香水精用于连续生产普通护肤品，应在移送环节缴纳高档香水精的消费税，但在这一移送环节不用缴纳增值税。

【归纳】

行为	是否计税	
	增值税	消费税
将自产应税消费品连续生产应税消费品，如：自产烟丝连续加工卷烟	×	×
将自产应税消费品连续生产非应税消费品，如：自产高档香水精连续生产普通护肤护发品	×	√ 按同类加权平均销售价格计税
将自产应税消费品用于馈赠、赞助、集资、广告、样品、职工福利、奖励等	√ 按同类加权平均销售价格计税	√ 按同类加权平均销售价格计税
将自产应税消费品用于本企业在建工程（福利等除外），如：自产应税涂料用于本企业在建厂房	× 2016年5月1日后不视同销售	√ 按同类加权平均销售价格计税

行为	是否计税	
	增值税	消费税
将自产应税消费品用于换取生产资料或消费资料、投资入股、抵偿债务	√ 按同类加权平均销售价格计税	√ 按同类最高销售价格计税

考点 2：委托加工环节应纳消费税的计算 ★★★

1. 委托加工应税消费品的特点和基本计税规则

这里所指的委托加工生产方式是指委托方提供原料和主要材料，受托方只收取加工费和代垫部分辅料的生产方式。除此之外都不能称作委托加工。

由受托方提供原材料，或受托方先将原材料卖给委托方然后再接受加工，以及由受托方以委托方名义购进原材料生产的应税消费品，不论纳税人在财务上是否作销售处理，都不得作为委托加工应税消费品，而应当按照销售自制应税消费品缴纳消费税。

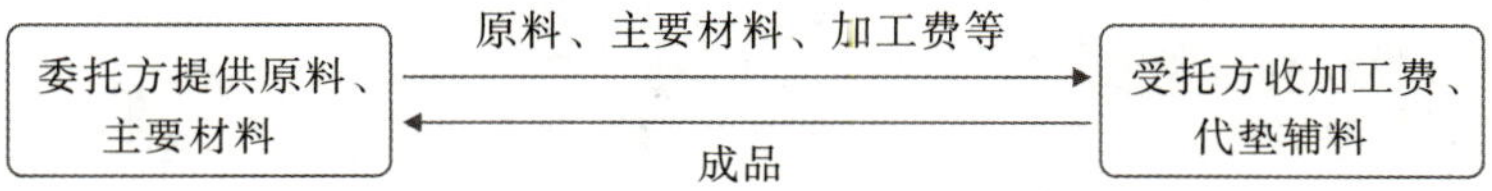

为了避免应缴税款的流失，对委托加工应税消费品应纳的消费税，采取了源泉控制的管理办法。委托加工的应税消费品，除受托方为个人（含个体工商户，下同）外，由受托方在向委托方交货时代收代缴税款。委托加工的应税消费品，委托方收回后用于连续生产应税消费品的，已纳的消费税税款准予按规定抵扣。

名师点拨

委托加工消费税纳税人是委托方，不是受托方，受托方只承担代收代缴的义务（受托方为个人的除外）。即加工完成委托方收回应税消费品时，由受托方代收代缴消费税税款。但是，纳税人委托个人加工应税消费品的，一律由委托方收回后在委托方所在地缴纳消费税。

经典题解

【例题 28 · 单选题】根据消费税的相关规定，委托加工的特点是（　　）。

A. 委托方提供原料或主要材料，受托方代垫部分辅助材料并收取加工费

B. 委托方支付加工费，受托方提供原料或主要材料

C. 委托方支付加工费，受托方以委托方的名义购买原料或主要材料

D. 委托方支付加工费，受托方购买原料或主要材料卖给委托方再接受加工

【解析】委托加工是指委托方提供原料和主要材料，受托方只收取加工费和代垫部分辅料的生产方式。除此之外都不能称作委托加工。

【答案】A

【归纳】委托加工的委托方与受托方之间关系见下表：

项目	委托方	受托方
委托加工关系成立的条件	提供原料和主要材料	收取加工费和代垫部分辅料
加工及提货时涉及的增值税、消费税	①购买材料涉及增值税进项税额 ②支付加工费涉及增值税进项税额 ③委托加工应税消费品应缴纳消费税	①买辅料涉及增值税进项税额 ②收取加工费和代垫辅料费涉及增值税销项税额

项目	委托方	受托方
消费税纳税环节	①提货时由受托方代收代缴（受托方为个人的除外） ②对于受托方没有代收代缴消费税（含受托方为个人）的，收回后由委托方缴纳消费税	①交货时代收代缴委托方应纳的消费税税款（受托方为个人的除外） ②没有履行代收代缴义务的，税务机关向委托方补征税款，对受托方处应代收代缴税款50%以上3倍以下的罚款
代收代缴消费税后的相关处理	①以不高于受托方的计税价格直接出售的，不再缴纳消费税 ②以高于受托方的计税价格出售的，需按照规定申报缴纳消费税，在计税时准予扣除受托方已代收代缴的消费税 ③连续加工应税消费品后销售的，在出厂环节缴纳消费税，符合抵税条件的，可按生产领用量计算抵扣已纳消费税	及时解缴税款，否则按《征管法》规定惩处

2. 受托方代收代缴消费税的计算

委托加工的应税消费品，按照受托方的同类消费品的销售价格计算纳税；没有同类消费品销售价格的，按照组成计税价格计算纳税。

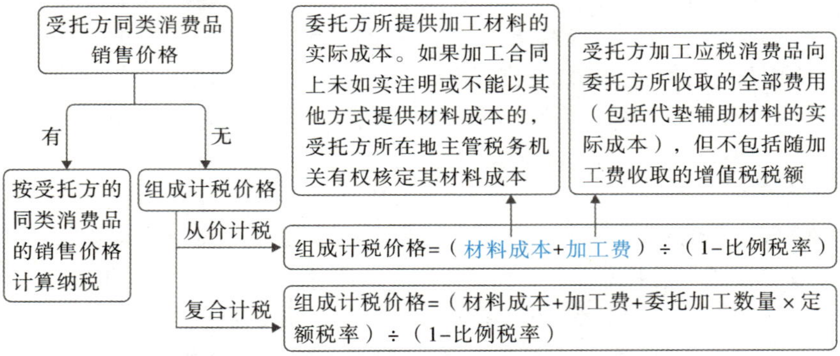

经典题解

【例题29·单选题】甲企业为增值税一般纳税人，2021年12月外购一批木材，取得增值税专用发票注明价款50万元、税额6.5万元；将该批木材运往乙企业委托其加工木制一次性筷子，取得税务局代开的增值税专用发票注明运费1万元、税额0.03万元，支付不含税委托加工费5万元。假定乙企业无同类产品对外销售价格，木制一次性筷子消费税税率为5%。乙企业当月应代收代缴的消费税为（　　）万元。

A. 2.62　　B. 2.67　　C. 2.89　　D. 2.95

【解析】委托加工的应税消费品，受托方没有同类消费品销售价格的，按照组成计税价格计算代收代缴的消费税，实行从价定率办法计算纳税的组成计税价格计算公式：组成计税价格＝（材料成本＋加工费）/（1－比例税率）。

本题要注意两点，一是材料成本的金额包括买价和运输费；二是材料成本和加工费都要使用不含增值税的金额。

乙企业当月应代收代缴的消费税 =(50+1+5)/(1–5%)×5%=2.95(万元)。

【答案】D

3. 如果委托加工的应税消费品提货时受托方没有按规定代收代缴消费税，委托方要补缴税款。

委托方补缴税款的依据：

收回的应税消费品已经直接销售的，按不含增值税销售额（或销售量）计税；

收回的应税消费品尚未销售或不能直接销售的，按下列组成计税价格计税补缴：

组成计税价格 =（材料成本 + 加工费）÷（1– 消费税比例税率）

或，组成计税价格 =（材料成本 + 加工费 + 委托加工数量 × 消费税定额税率）÷（1– 消费税比例税率）。

4. 委托加工的应税消费品在提取货物时已由受托方代收代缴了消费税，委托方将收回的应税消费品，以不高于受托方的计税价格出售的，不再缴纳消费税；委托方以高于受托方的计税价格出售的，需按照规定申报缴纳消费税，在计税时准予扣除受托方已代收代缴的消费税。

图示记忆

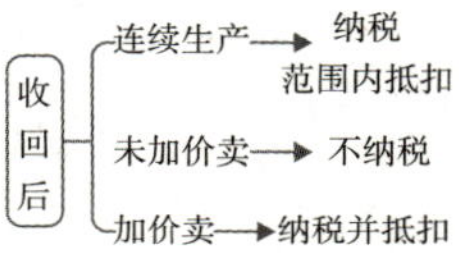

如果委托方将收回的应税消费品用于连续生产成另一种应税消费品，销售时还应按新的应税消费品纳税。为了避免消费税在生产环节重复征税，依照税法规定的项目范围和抵税条件，按当期生产领用量抵扣委托加工收回的应税消费品已纳的消费税税款。

经典题解

【例题 30 · 单选题】甲企业委托乙企业加工一批烟丝，甲企业提供原材料成本 20 万元，支付乙企业加工费 3 万元，乙企业按照本企业同类烟丝销售价格 36 万元代收代缴甲企业消费税 10.8 万元，甲企业将委托加工收回的烟丝的 10% 按照 3.6 万元平价销售给消费者；25% 以 12 万元的价格销售给丙卷烟厂；另有 5% 因管理不善发生毁损。则甲企业收回烟丝后的上述行为应缴纳消费税（　　）万元。（上述价格均不含增值税，烟丝的消费税税率为 30%）

A. 0.9　　B. 1.98　　C. 3.6　　D. 4.75

【解析】（1）甲企业收回的烟丝 10% 按照 3.6 万元平价销售给消费者，没有超过受托方的计税价格［36×10%=3.6（万元）］，不需要缴纳消费税；

（2）甲企业收回的烟丝 25% 按照 12 万元销售给消费者，高于受托方的计税价格［36×25%=9（万元）］，需要计算缴纳消费税 =12×30%–9×30%=0.9（万元）；

（3）另有 5% 因管理不善发生毁损，增值税需要作进项税额转出，但消费税不作处理，即消费税不计也不抵。

【答案】A

名师点拨

进口环节消费税从价计税和复合计税的组价，与该消费品进口环节增值税的组价计算结果是一致的。考生可以用初中数学知识验证这一点。因此，考试和做题时，可将消费税进口环节的组价直接用于进口环节增值税的计算。

考点 3：进口应税消费品应纳税额的计算 ★★★

进口的应税消费品，于报关进口时由海关代征进口环节的消费税。由进口人或其代理人向报关地海关申报纳税，自海关填发海关进口消费税专用缴款书之日起15日内缴纳税款。

（一）适用比例税率的进口应税消费品实行从价定率办法按组成计税价格计算应纳税额

组成计税价格 =（关税完税价格 + 关税）÷（1– 消费税比例税率）

应纳税额 = 组成计税价格 × 消费税比例税率

公式中的关税完税价格是指海关核定的关税计税价格。

（二）适用定额税率的进口应税消费品实行从量定额办法计算应纳税额

应纳税额 = 应税消费品进口数量 × 消费税定额税率

（三）实行复合计税方法的进口应税消费品的应纳税额计算

组成计税价格 =（关税完税价格 + 关税 + 进口数量 × 消费税定额税率）÷（1– 消费税比例税率）

应纳税额 = 应税消费品进口数量 × 消费税定额税率 + 组成计税价格 × 消费税比例税率

【相关链接】

（1）注意进口货物征消费税与征增值税的关系：

①增值税的应税货物进口时，同样要由海关代征进口环节的增值税，但增值税都适用比例税率，没有定额税率。

②消费税从价计税和复合计税适用组成计税价格时，组成的计税价格应为不含增值税但含消费税的价格。

③如果进口的货物不属于消费税的征收范围，消费税不需要组价，增值税组价中的消费税为零。

（2）工业企业进口环节被海关征收过消费税的货物，如果用于企业连续加工符合税法规定范围的同税目的消费品，可按生产领用量计算抵扣已纳的进口环节消费税。

经典题解

【例题31·单选题】某外贸公司进口一批小轿车，关税完税价格折合人民币500万元，关税税率25%，消费税税率9%，则该批小轿车进口环节应纳消费税（　　）万元。

A. 49.45　　B. 61.81　　C. 65.23　　D. 70.31

【解析】该批小轿车进口环节应纳消费税 =500×（1+25%）/（1–9%）×9%=61.81（万元）。

【答案】B

【案例】某公司进口一批粮食白酒共10000瓶，每瓶500克，关税完税价格20万元，关税税率10%，计算其进口环节的消费税：

组成计税价格 =（200000+200000×10%+10000×0.5）÷（1–20%）=281250（元）

应纳消费税 =10000×0.5+281250×20%=61250（元）。

【例题 32·单选题】某进出口公司从境外进口卷烟 5 万条，关税完税价格 360 万元，假定关税税率为 50%，该公司应缴纳消费税（　　）万元。

A. 305.44　　B. 308.44　　C. 691.20　　D. 694.09

【名师点题】进口卷烟的消费税组价比较特殊，由于甲类和乙类卷烟适用不同的税率，所以进口卷烟的消费税组价要做两次，第一次按标准条组价，看是否达到或超过 70 元 / 标准条的甲类卷烟的标准。找到卷烟标准后，按照标准对应的甲类或乙类的税率对该批卷烟进行第二次组价。

要点小贴士

进口卷烟的消费税计算要做两次组价，第一次按标准条组价判断类别确定税率，第二次成批组价计算纳税。

【解析】先计算每标准条进口卷烟组成计税价格，确定该批卷烟是甲类还是乙类，从而确定适用的比例税率。按照规定，查找税率时先用 36% 的税率估算第一次组价。

组成计税价格（每标准条）=（360+360×50%+0.6×5）÷（1-36%）÷5=169.69（元）＞70 元，属于甲类卷烟，适用比例税率为 56%；之后按照适用税率做第二次组价并计算该公司应缴纳消费税 =（360+360×50%+0.6×5）/（1-56%）×56%+0.6×5=694.09（万元）。

【答案】D

考点 4：已纳消费税扣除的计算 ★★★

（一）外购应税消费品已纳税额的扣除

消费税制度中设计了避免生产环节重复征收消费税的规则：如果用外购已税消费品连续生产应税消费品，就会出现重复征税问题。为了平衡生产环节消费税的税收负担，税法规定用外购已税消费品连续生产应税消费品，符合规定的，在对这些生产出来的应税消费品计算征税时，可以按当期生产领用数量计算准予扣除外购应税消费品已纳的消费税税款。

【归纳】外购应税消费品抵税规则：

允许扣税的项目	对扣税规则的理解
1. 外购已税烟丝生产的卷烟 2. 外购已税高档化妆品为原料生产的高档化妆品 3. 外购已税珠宝、玉石为原料生产的贵重首饰及珠宝、玉石 4. 外购已税鞭炮、焰火为原料生产的鞭炮、焰火 5. 外购已税杆头、杆身和握把为原料生产的高尔夫球杆 6. 外购已税木制一次性筷子为原料生产的木制一次性筷子 7. 外购已税实木地板为原料生产的实木地板 8. 外购已税汽油、柴油、石脑油、燃料油、润滑油为原料用于连续生产的应税成品油 9. 从葡萄酒生产企业购进、进口葡萄酒连续生产应税葡萄酒	1. 扣税的目的：避免生产环节重复征收消费税 2. 扣税的范围：一般只涉及同一大类税目中的购入应税消费品的连续加工，不能跨税目抵扣 3. 扣税金额的确定：按生产领用量抵扣，不同于增值税的购进扣税 4. 扣税的依据：需自行计算抵扣。使用类似会计“实地盘存制”的方法，异常发票不得用来抵扣已纳的消费税 5. 扣税消费品的来源：允许扣税的应税消费品一般是从工业企业购进的和进口的应税消费品；但从商业企业购进应税消费品连续生产应税消费品，符合抵扣条件（视为生产）的，也准予扣除外购应税消费品已纳消费税税款 6. 扣税的制约：前一环节征税，后一生产环节扣税；批发、零售（流通环节）不得扣税

【提示】根据《葡萄酒消费税管理办法（试行）》的规定，自2015年5月1日起，从葡萄酒生产企业购进、进口葡萄酒连续生产应税葡萄酒的，准予从葡萄酒消费税应纳税额中扣除所耗用应税葡萄酒已纳消费税税款。如本期消费税应纳税额不足抵扣的，余额留待下期抵扣。

扣税计算公式如下：

当期准予扣除的外购应税消费品已纳税款＝当期准予扣除的外购应税消费品（当期生产领用数量）买价×外购应税消费品适用税率

当期准予扣除的外购应税消费品买价＝期初库存的外购应税消费品买价＋当期购进的应税消费品买价－期末库存的外购应税消费品的买价

买价是指购货发票上的销售额，不包括增值税税额，也不包括运费发票的费用金额。

扣税计算公式中"当期准予扣除的外购应税消费品买价"的计算目的是算出当期生产领用量，计算方法用的是类似会计"实地盘存制"的倒轧的方法。

【辨析1】消费税扣税与增值税扣税的差异：

扣税政策	增值税	消费税
范围	限于一般纳税人反列举不得抵扣	限于同一税目（可跨子目但不可跨税目）正列举可以抵扣
环节	多环节	生产环节
方式	凭票抵扣为主	计算抵扣
时点	取得合规凭证后	生产领用

【提示】一些考生不能区分运费在消费税计税和扣税中的应用，考生需要注意不同环节和立场上运费的不同处理。这里作一下图表归纳：

行为	运费表现	运费的消费税处理
生产应税消费品销售	收取的构成价外费用的运费	计入计税价格计税
	收取的符合代垫费用条件不构成价外费用的运费	不计入计税价格
委托加工应税消费品无同类销售价格	在委托加工合同中列明的材料运费	包含在组成计税价格的材料成本中计税
外购已税消费品连续生产	购进消费品运费发票列明的运费	不计入扣税的买价

【辨析2】关于珠宝首饰抵扣消费税与不得抵扣消费税的案例：

某首饰厂外购1000颗经过其他首饰厂加工的珊瑚珠之后的业务如下：

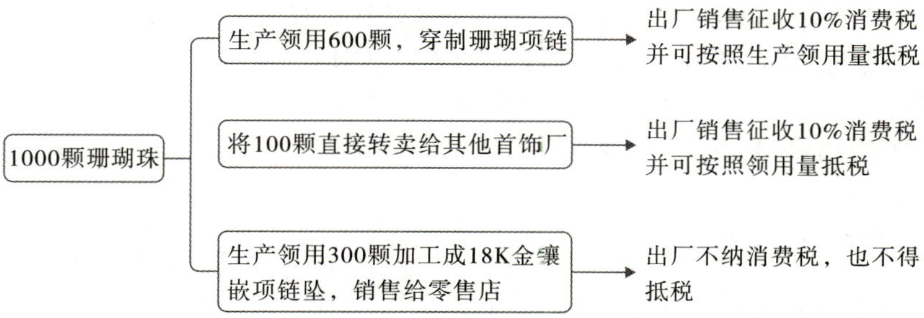

【辨析3】（1）在零售环节纳税的金银首饰、铂金首饰、钻石及钻石饰品不得抵扣外购珠宝玉石的已纳税款；批发环节的卷烟不得抵扣其生产环节缴纳的消费税；零售环节的超豪华小汽车不得抵扣其生产环节缴纳的消费税。

> **要点小贴士**
>
> 批发、零售（流通环节）不得扣税；但生产企业列举项目的转售可以扣税。

（2）对自己不生产应税消费品，而只是购进后再销售应税消费品的工业企业，其销售的化妆品、鞭炮焰火和珠宝玉石，凡不能构成最终消费品直接进入消费品市场，而需进一步生产加工的，应当征收消费税，同时允许扣除上述外购应税消费品的已纳消费税税款。

经典题解

【真题33·单选题】下列产品中，在计算缴纳消费税时准许扣除外购应税消费品已纳消费税的是（　　）。（2020年）

A. 外购已税烟丝连续生产的卷烟

B. 外购已税摩托车生产的应税摩托车

C. 外购已税溶剂油生产的应税涂料

D. 外购已税游艇生产的应税游艇

【解析】选项BCD：不得扣除外购应税消费品的已纳消费税。

【答案】A

【例题34·多选题】下列各项中，外购应税消费品已纳消费税税款准予扣除的有（　　）。

A. 外购已税烟丝生产的卷烟

B. 外购已税电池生产的小轿车

C. 外购已税珠宝玉石为原料生产的金银镶嵌首饰

D. 外购已税润滑油为原料生产的成品油

【解析】本题考核外购应税消费品准予扣除已纳消费税的情况。外购已税电池生产小轿车不可以抵扣电池已纳消费税；外购已税珠宝玉石生产的金银镶嵌首饰不可以抵扣珠宝玉石已纳的消费税。

【答案】AD

（二）委托加工收回的应税消费品已纳税款的扣除

委托加工属于特殊生产环节，委托方在提取货物时已由受托方（受托方为个人的除外）代收代缴了消费税，委托方收回后用于连续生产成另一种应税消费品的，销售时应按新的应税消费品纳税。

为了避免消费税生产环节的重复征税，税法规定部分项目已纳税款准予扣除，扣除税额按当期生产领用量计算。计算公式为：

当期准予扣除的委托加工应税消费品已纳税款 = 期初库存的委托加工应税消费品已纳税款 + 当期收回的委托加工应税消费品已纳税款 – 期末库存的委托加工应税消费品已纳税款

可抵税的项目，与外购应税消费品的抵扣范围基本相同。

【解释】这里注意与外购已税消费品继续生产应税消费品的税务处理原则联系起来复习。两种情况下都有已纳税款的抵扣，与外购应税消费品的抵扣范围相比，委托加工收回消费品连续加工少了葡萄酒的抵扣项目。计算抵税时，无论外购还是委托加工收回的已税消费品，都是按当期生产领用数量计算，都用倒轧的公式计算。同样，在零售环节缴纳消费税的金银首饰、铂金首饰、钻石及钻石饰品也不适用抵税政策。

【提示】纳税人以外购、进口、委托加工收回的应税消费品（以下简称“外购应税消费品”）为原料连续生产应税消费品，准予按现行政策规定抵扣外购应税消费品已纳消费税税款。经主管税务机关核实上述外购应税消费品未缴纳消费税的，纳税人应将已抵扣的消费税税款，从核实当月允许抵扣的消费税中冲减。

经典题解

【例题 35·计算问答题】2021 年 10 月，甲实木地板厂（增值税一般纳税人）从农业生产者手中收购一批原木，税务机关认可的收购凭证上注明收购价款 20 万元，支付收购运费，取得增值税专用发票，运费金额 2 万元，将该批材料委托乙实木地板厂加工成素板（实木地板的一种），乙厂收取加工费和辅料费不含增值税价款 3 万元，乙实木地板厂无同类地板销售价格，甲实木地板厂收回素板后，将其中 80% 继续加工成实木地板成品销售，取得不含税销售收入 35 万元，则：（1）甲厂被代收代缴的消费税是多少？（2）甲厂销售实木地板成品应纳的消费税是多少？（成本利润率 5%；消费税率 5%）

【答案及解析】

（1）甲厂被代收代缴的消费税

材料成本 =20×（1-10%）+2=20（万元）

组价：（20+3）/（1-5%）=24.21（万元）

代收代缴消费税 =24.21×5%=1.21（万元）

（2）甲厂销售成品应纳的消费税 =35×5%-1.21×80%=1.75-0.97=0.78（万元）。

考点 5：特殊环节应纳消费税的计算 ★★★

（一）卷烟批发环节征收消费税的规定★★

1. 复合计税——卷烟批发环节的税率为 11% 的比例税率加 0.005 元 / 支的定额税率；

2. 环节内不征收——批发商之间销售卷烟不缴纳消费税；

【理解】

（1）如果批发商向消费者直接零售卷烟，该行为实际上是跨越了批发、零售两个环节。

（2）要做好两个环节销售额、销售数量的划分，批发环节销售额缴纳消费税，零售加价的部分不缴纳消费税；

未分别核算批发和零售环节销售额、销售数量的，按照全部销售额、销售数量计征批发环节消费税。

3. 不能抵扣以前环节已缴纳的消费税；

4. 总机构与分支机构不在同一地区的，总机构申报纳税。

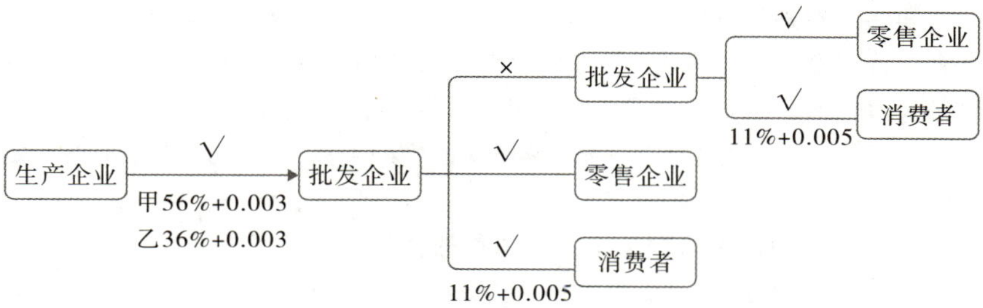

经典题解

【真题36·多选题】下列关于卷烟批发环节消费税征收管理的表述中，正确的有（　　）。（2021年）

A. 适用从价计征和从量计征的复合计征方式

B. 纳税人批发业务和零售业务未分开核算的，全部视同批发征收消费税

C. 总分支机构不在同一地区的批发企业，由总分支机构分别申报消费税

D. 批发企业在计算纳税时可扣除已纳的生产环节消费税税款

【解析】选项C：卷烟批发企业的机构所在地，总机构与分支机构不在同一地区的，由总机构申报纳税。

选项D：批发企业在计算纳税时不得扣除已含的生产环节的消费税税款。

【答案】AB

【例题37·计算问答题】某烟酒批发公司（增值税一般纳税人）主要从事卷烟的批发和零售业务，2021年1月向烟酒零售单位批发A牌卷烟50标准箱，开具的增值税专用发票上注明销售额100万元；向其他的卷烟批发单位销售A牌卷烟20标准箱，开具的增值税专用发票上注明销售额40万元；同时向消费者直接零售B牌卷烟400条，取得含税收入4.52万元。计算该烟酒批发公司上述行为应缴纳的消费税。

【答案及解析】注意两个政策：一是批发商向批发商批发卷烟的环节不缴纳批发环节消费税；二是纳税人兼营卷烟批发和零售业务的，应当分别核算批发和零售（已经缴纳过批发环节的消费税）环节的销售额、销售数量；未分别核算批发和零售环节销售额、销售数量的，按照全部销售额、销售数量计征批发环节消费税。

该烟酒批发公司向零售单位批发卷烟应纳消费税 =100×11%+50×250/10000=12.25（万元）

该烟酒批发公司向其他批发单位批发卷烟不缴纳批发环节消费税。

向消费者直接零售卷烟跨越批发、零售两个环节，批发环节的税金需要计算缴纳，但由于没有分清这一行为中批发、零售这两个环节的销售额，则向消费者零售卷烟应按全部销售额交纳批发环节消费税 =4.52/（1+13%）×11%+400×1/10000=0.48（万元）。

（二）金银首饰零售环节征收消费税的规定 ★★★

关于金银首饰计税要注意的问题：

（1）零售环节适用5%税率征收消费税的金银首饰的范围：限于金、银、金基、银基合金首饰以及金、银和金基、银基合金的镶嵌首饰；钻石、钻石饰品；铂金首饰。具体包含金银首饰带料加工、以旧换新（含翻新改制）。

要点小贴士

受托方是消费税纳税人。

（2）带料加工的金银首饰，应按受托方销售同类金银首饰的销售价格确定计税依据征收消费税。没有同类金银首饰销售价格，按照组成计税价格计算纳税。

（3）金银首饰的计税依据是不含增值税的销售额。纳税人采用以旧换新（含翻新改制）方式销售的金银首饰，应按实际收取的不含增值税的全部价款确定计税依据征收消费税。

考点妙记

增值税有同样规定。

（4）熟悉两个比例（5%税率、6%成本利润率）。

（5）对既销售金银首饰，又销售非金银首饰的生产、经营单位，应将两类商品划分清楚，分别核算销售额。

凡划分不清楚或不能分别核算的，在生产环节销售的，一律从高适用税率征收消费税；在零售环节销售的，一律按金银首饰征收消费税。

金银首饰与其他产品组成成套消费品销售的，应按销售额全额征收消费税。

例如，某首饰厂生产销售首饰，没有划分其中的金银首饰和非金银首饰，则都按10%的税率计算消费税。

又如，某首饰商零售首饰，没有划分其中的金银首饰和非金银首饰，则都按5%的税率计算消费税。

（6）金银首饰连同包装物销售的，无论包装是否单独计价，也无论会计上如何核算，均应并入金银首饰的销售额，计征消费税。

（三）超豪华小汽车特殊的双环节计税 ★★★

将超豪华小汽车销售给消费者的单位和个人为超豪华小汽车零售环节纳税人。

超豪华小汽车零售环节消费税应纳税额计算公式：

应纳税额 = 零售环节销售额（不含增值税，下同）× 零售环节税率

零售环节税率为10%。

【提示】超豪华小汽车是指每辆不含增值税零售价130万元及以上的乘用车和中轻型商用客车。

一般情况下，生产超豪华小汽车的企业在出厂销售环节缴纳生产环节消费税，销售给消费者的汽车销售中心缴纳零售环节的消费税，但如果是国内汽车生产企业

直接销售给消费者的超豪华小汽车，消费税税率按照生产环节税率和零售环节税率加总计算。

消费税应纳税额计算公式：应纳税额 = 销售额 ×（生产环节税率 + 零售环节税率）

经典题解

【例题 38 · 单选题】国内某汽车制造厂将一辆高档小轿车以 140 万元（不含增值税）的价格直接销售给国内某歌星，该小轿车生产环节消费税税率 40%，则该厂应纳消费税（　　）万元。

A. 56　　B. 70　　C. 78　　D. 86

【名师点题】考生注意超豪华小汽车的价格标准和出厂、零售环节两个税率合并计算规则。

【解析】该厂应纳消费税 =140×（40%+10%）=70（万元）。

【答案】B

考点 6：消费税出口退税的计算 ★★

消费税出口退税规则与增值税出口退税的规则有许多差异，基本差异如下表：

项目	增值税出口退税	消费税出口退税
退税比率	使用退税率计算退税	使用征税率计算退税
有出口经营权的生产企业自营或委托出口自产货物	采用免抵退税政策 根据免抵退税的公式和规定退税	采用免税但不退税政策 不计算退税
外贸企业收购货物出口	采用免退税政策 用退税计税依据和规定的退税率计算退税	采用免税并退税政策（退上一环节已征消费税） 用退税计税依据和规定的征税率计算退税

【理解】生产企业出口自产消费品消费税采用免税不退税政策，是因为我国消费税的纳税环节相对单一，主要集中在生产销售（出厂销售）环节，生产企业出口应税消费品，在出口销售环节免税，该消费品没有负担消费税就出口了，所以采用免税不退税政策。而增值税在货物生产、流通多环节征收，生产企业出口货物时，需要免销项税并退还以前环节承担的进项税。

【解释】

（1）消费税退税的计税依据

出口货物的消费税应退税额的计税依据，按购进出口货物的消费税专用缴款书和海关进口消费税专用缴款书确定。

属于从价定率计征消费税的，为已征且未在内销应税消费品应纳税额中抵扣的购进出口货物金额；

属于从量定额计征消费税的，为已征且未在内销应税消费品应纳税额中抵扣的购进出口货物数量；

属于复合计征消费税的，按从价定率和从量定额的计税依据分别确定。

（2）消费税退税的计算

属于复合计征消费税的，消费税应退税额 = 从价定率计征消费税的退税计税依据 × 比例税率 + 从量定额计征消费税的退税计税依据 × 定额税率。

经典题解

【例题 39·多选题】下列各项中，适用消费税出口免税不退税政策的有（　　）。

A. 有出口经营权的鞭炮焰火生产企业出口自产的鞭炮焰火

B. 化妆品生产企业委托外贸企业代理出口自产的高档化妆品

C. 有出口经营权的外贸企业购进实木地板直接出口

D. 外贸企业受其他外贸企业委托代理出口白酒

【解析】选项 AB：适用免税但不退税政策。选项 CD：适用免税并退税政策。

【答案】AB

第四节　征收管理

使用“会计云课堂”App 或“微信”扫码查看本节视频，快速 GET 知识点。

考点 1：纳税环节 ★★★

（一）生产（含视为生产）销售应税消费品

（二）委托加工应税消费品

（三）进口应税消费品

（四）零售应税消费品（超豪华小汽车；金、银、钻、铂金）

为了引导合理消费，促进节能减排，经国务院批准，2016 年 12 月 1 日起，对超豪华小汽车在生产（进口）环节按现行税率征收消费税基础上，在零售环节加征消费税。

经国务院批准，自 1995 年 1 月 1 日起，金银首饰消费税由生产销售环节征收改为零售环节征收。

改在零售环节征收消费税的金银首饰仅限于金基、银基合金首饰以及金、银和金基、银基合金的镶嵌首饰。

零售环节适用税率为 5%，在纳税人销售金银首饰、铂金首饰、钻石及钻石饰品时征收。其计税依据是不含增值税的销售额。

（五）批发应税消费品（卷烟）

经典题解

【真题 40 · 多选题】某商场 2019 年 5 月零售的下列首饰中，应缴纳消费税的有（　　）。（2019 年）

A. 钻石戒指　　B. 金银镶嵌首饰

C. 金银首饰　　D. 翡翠项链

【名师点题】消费税的征税范围是高频考点，考生不仅要重点把握消费税的具体征税项目，还要特别注意消费税的纳税环节。

【解析】选项 ABC：金银首饰（金基、银基合金首饰，以及金、银和金基、银基合金的镶嵌首饰）、钻石及钻石饰品、铂金首饰在零售环节缴纳消费税；

选项 D：翡翠项链在生产销售、委托加工或者进口环节缴纳消费税。

【答案】ABC

【例题 41 · 多选题】下列各项中，应同时计算缴纳增值税和消费税的有（　　）。

A. 批发环节销售的卷烟

B. 零售环节销售的金基合金首饰

C. 生产环节销售的锂原电池

D. 进口的小汽车

【解析】消费税征税环节包括生产环节、委托加工环节、进口环节、零售环节、批发环节（自 2009 年 5 月 1 日起，我国在卷烟批发环节加征一道消费税）。金基合金首饰属于金银首饰，在零售环节同时征收增值税和消费税。锂原电池免征消费税。进口小汽车需同时缴纳增值税和消费税。

【答案】ABD

考点 2：纳税义务发生时间 ★★

1. 纳税人销售的应税消费品，其纳税义务发生时间为：

（1）纳税人采取赊销和分期收款结算方式的，其纳税义务的发生时间为书面合同约定的收款日期的当天。书面合同没有约定收款日期或者无书面合同的，为发出应税消费品的当天。

（2）纳税人采取预收货款结算方式的，其纳税义务的发生时间为发出应税消费品的当天。

（3）纳税人采取托收承付和委托银行收款方式销售的应税消费品，其纳税义务的发生时间为发出应税消费品并办妥托收手续的当天。

（4）纳税人采取其他结算方式的，其纳税义务的发生时间为收讫销售款或者取得索取销售款凭据的当天。

2. 纳税人自产自用的应税消费品，其纳税义务的发生时间为移送使用的当天。

3. 纳税人委托加工的应税消费品，其纳税义务的发生时间为纳税人提货的当天。

4. 纳税人进口的应税消费品，其纳税义务的发生时间为报关进口的当天。

考点妙记

除委托加工应税消费品的纳税义务发生时间是消费税的特有规定之外，消费税的纳税义务发生时间与增值税基本一致。

经典题解

【例题42·单选题】某市一化妆品生产企业（增值税一般纳税人）2021年11月10日以赊销方式销售一批高档化妆品，不含增值税价款为100万元，合同约定客户于2021年12月20日付清款项；但客户因资金紧张仅在12月支付了60%的价款。已知高档化妆品消费税税率为15%。该企业12月就该项业务应缴纳的消费税为（　　）万元。

A. 0　　B. 7.5　　C. 9　　D. 15

【名师点题】本题目是主观化的客观题，将消费税的计算与纳税义务发生时间结合在一起，属于组合型的考点，体现出对考生综合把握和运用知识的要求。

【解析】纳税人采取赊销或分期收款结算方式的，消费税纳税义务发生时间为书面合同约定的收款日期的当天。该企业12月就该项业务应缴纳的消费税=100×15%=15（万元）。

【答案】D

考点妙记

消费税纳税期限的有关规定与增值税的相关规定一致。

考点3：纳税期限 ★

消费税的纳税期限分别为1日、3日、5日、10日、15日、1个月或者1个季度。纳税人的具体纳税期限，由主管税务机关根据纳税人应纳税额的大小分别核定；不能按照固定期限纳税的，可以按次纳税。

纳税人以1个月或者1个季度为1个纳税期的，自期满之日起15日内申报纳税；以1日、3日、5日、10日或者15日为1个纳税期的，自期满之日起5日内预缴税款，于次月1日起15日内申报纳税并结清上月应纳税款。

纳税人进口应税消费品，应当自海关填发海关进口消费税专用缴款书之日起15日内缴纳税款。

考点4：纳税地点 ★★★

<table>
<tr><th colspan="2">情形</th><th colspan="2">纳税地点</th></tr>
<tr><td colspan="2">销售以及自产自用应税消费品的</td><td colspan="2">纳税人机构所在地或者居住地的主管税务机关（另有规定除外）</td></tr>
<tr><td colspan="2">到外县（市）销售或者委托外县（市）代销自产应税消费品的</td><td colspan="2">机构所在地或者居住地主管税务机关</td></tr>
<tr><td rowspan="2">总、分支机构不在同一县（市）的</td><td>不在同一省（自治区、直辖市）范围内</td><td>各自机构所在地主管税务机关</td><td rowspan="2">卷烟批发企业的纳税地点比较特殊，总机构与分支机构不在同一地区的，由总机构申报纳税</td></tr>
<tr><td>在同一省（自治区、直辖市）范围内</td><td>经省（自治区、直辖市）财政厅（局）、税务局审批同意，可以由总机构汇总向总机构所在地的主管税务机关申报纳税</td></tr>
</table>

情形	纳税地点
委托加工的应税消费品（受托方为个人除外）	受托方向机构所在地或居住地主管税务机关解缴消费税税款
进口的应税消费品	报关地海关

考点5：退货的消费税处理 ★★

1. 纳税人销售的应税消费品，如因质量等原因发生退货的，其已缴纳的消费税税款可予以退还。纳税人办理退税手续时，应将开具的红字增值税发票、退税证明等资料报主管税务机关备案。主管税务机关核对无误后办理退税。

2. 纳税人直接出口的应税消费品办理免税后，发生退关或国外退货，复进口时已予以免税的，可暂不办理补税，待其转为国内销售的当月申报缴纳消费税。

经典题解

【例题43·多选题】以下符合卷烟批发环节征收消费税规定的有（　　）。

A. 卷烟批发商之间销售卷烟不缴纳消费税

B. 卷烟批发环节消费税纳税义务发生时间为发出卷烟的当天

C. 总分支机构不在同一地区的，由各批发卷烟的机构独立纳税

D. 计算批发环节消费税时，不得扣除已含的生产环节消费税税款

【解析】选项B：卷烟批发环节消费税纳税义务发生时间为纳税人收讫销售款或者取得索取销售款凭据的当天；

选项C：卷烟批发企业总分支机构不在同一地区的，由总机构申报纳税。

【答案】AD

【例题44·单选题】下列各项中，符合消费税有关规定的是（　　）。

A. 纳税人的总、分支机构不在同一县（市）的，一律在总机构所在地缴纳消费税

B. 纳税人销售的应税消费品，除另有规定外，应向纳税人机构所在地或居住地的主管税务机关申报纳税

C. 纳税人委托加工应税消费品，其纳税义务发生时间为纳税人支付加工费的当天

D. 纳税人到外县（市）销售或者委托外县（市）代销自产应税消费品的，向销售地主管税务机关申报纳税

【解析】选项A：除卷烟的批发企业外，纳税人的总、分支机构不在同一县（市）的，应在各自机构所在地主管税务机关申报缴纳消费税；纳税人的总机构与分支机构不在同一县（市），但在同一省（自治区、直辖市）范围内，经省（自治区、直辖市）财政厅（局）、税务局审批同意，可由总机构汇总向总机构所在地的主管税务机关申报纳税。

选项C：纳税人委托加工应税消费品，其纳税义务发生时间为纳税人提货的当天。

选项D：纳税人到外县（市）销售或者委托外县（市）代销自产应税消费品的，于应税消费品销售后，向机构所在地或者居住地主管税务机关申报纳税。

【答案】 B

【例题45·单选题】 甲市某汽车企业为增值税一般纳税人，2021年1月在甲市销售自产小汽车300辆，不含税售价18万元/辆，另收取优质费2万元/辆；将200辆小汽车发往乙市一经贸公司代销，取得的代销清单显示当月销售120辆、不含税售价18.5万元/辆（已收取对应的销售款）。小汽车消费税税率为5%，则该汽车企业当月应向甲市税务机关申报缴纳的消费税为（　　）万元。

A. 295.86　　　　B. 381

C. 407.55　　　　D. 450

【名师点题】 本题目将章内知识点组合，考查考生对代销行为的消费税纳税义务的政策应用能力。本题将价外费用处理规则、纳税地点和税额计算结合在一起考查，具有一定的难度。

【解析】 纳税人到外县（市）销售或者委托外县（市）代销自产应税消费品的，于应税消费品销售后，向机构所在地或者居住地主管税务机关申报纳税，本题委托代销的自产小汽车应在甲市税务机关申报缴纳消费税。收取的优质费属于价外费用，应看作含税收入，作价税分离以后并入销售额计算缴纳消费税。该汽车企业当月应向甲市税务机关申报缴纳消费税=（300×18+300×2/1.13+120×18.5）×5%=407.55（万元）。

【答案】 C

【例题46·单选题】 下列关于消费税征收管理的表述中，正确的是（　　）。

A. 进口环节消费税由海关负责代征

B. 委托个体工商户加工应税消费品应纳的消费税由受托方代收并向其所在地主管税务机关申报缴纳

C. 消费税纳税人总分支机构在同一地级市但不同县的，由市级税务机关审批同意后可汇总缴纳消费税

D. 消费税收入分别入中央库和地方库

【名师点题】 本题目针对知识点跨章组合，将第一章税收管理及收入划分的内容（选项AD）与消费税的征管规则（选项BC）组合在一起命题，考查考生对知识点融会贯通的能力。

【解析】 选项B：委托个体工商户加工应税消费品应纳的消费税，由委托方收回后在委托方所在地主管税务机关缴纳消费税；

选项C：纳税人总机构和分支机构不在同一县（市）的，但在同一省（自治区、直辖市）范围内，经省（自治区、直辖市）财政厅（局）、税务局审批同意，可以由总机构汇总向总机构所在地的主管税务机关申报缴纳消费税；

选项D：消费税收入全部入中央库。

【答案】 A

考试加油站

一、本章小结

下载“会计云课堂”App学习

您已成功完成“第三章”的学习，本章共20个考点，您都学会了吗？

为了让您对章节有更清晰的理解，加倍巩固。本书作者刘颖老师将通过**“视频导图课”**的方式，带您回顾重要考点。

名师点拨，视听结合，高效提分。

※ 欢迎您扫码，免费观看学习。

二、本章疑难问题解答

1. 贵重首饰及珠宝玉石的消费税税率到底是5%还是10%？

答：金银首饰（金基、银基合金首饰，以及金、银和金基、银基合金的镶嵌首饰）、铂金首饰、钻石及钻石饰品在零售环节缴纳消费税，税率为5%；其他贵重首饰及珠宝玉石在生产、委托加工或进口环节缴纳消费税，税率为10%。

2. 消费税是价内税，增值税是价外税，为什么从价计税的计税依据都是不含增值税的销售额？这样价内税与价外税不就没有差别了吗？

答：计税依据一样，但是计算出税款的经济意义不同，消费税用销售额乘税率计算出来的是销售额里有多少税，今后会在计算利润时，将税金与收入配比减除；增值税用销售额乘税率计算出来的是需要在销售额之外向购买者收取多少税，由于在销售额之外另行发生，计算利润时不能从收入中减除。

3. 甲企业委托乙企业加工应税消费品，在提货时进行消费税组成计税价格的计算，是否包含甲企业用于委托加工的外购材料的运输费？

答：如果在委托加工合同中体现有甲企业提供材料的运输费用，则委托加工消费品在计算组成计税价格时，其包含在甲企业提供的材料成本中。考生要注意应税消费品“加工组价有运费”。

4. 外购已税消费品连续生产列举项目的消费品时，计算扣税的买价是否包含购买该消费品的运输费？

答：消费税计算扣税的买价是指购货发票上的已税消费品的销售额，不包括增值税税额，也不包括购入消费品时取得运费发票的费用金额。考生要注意购买价格看“货票”。

5. 如果进口超豪华小汽车自用，是否就不缴纳零售环节消费税了？

答： 按照财关税〔2016〕63号文件规定，对我国驻外使领馆工作人员、外国驻华机构及人员、非居民常住人员、政府间协议规定等应税（消费税）进口自用，且完税价格130万元及以上的超豪华小汽车消费税，按照生产（进口）环节税率和零售环节税率（10%）加总计算，由海关代征。

历年经典主观题回顾

使用“会计云课堂”App或“微信”扫码快速做题、对答案、看解析、掌握解题思路，开启轻松过关之旅。

1036716

计算问答题

1. 小汽车生产企业甲为增值税一般纳税人，2021年4月相关业务如下：

（1）销售100辆电动小汽车，不含税销售价格18万元/辆，款项已收讫。

（2）将80辆A型燃油小汽车以“以物易物”方式与物资公司乙换取生产资料，A型车曾以不含税销售价格25万元/辆、28万元/辆进行销售。

（3）上月以托收承付方式销售100辆B型燃油小汽车给贸易公司丙，不含税销售价格11万元/辆，本月发出100辆并办妥托收手续。

当月丙贸易公司将上述100辆小汽车全部出口，海关审定的离岸价格为14万元/辆。

（其他相关资料：A型燃油小汽车消费税税率5%，B型燃油小汽车消费税税率3%）

要求： 根据上述资料，按照序号回答问题，如有计算需计算出合计数。

（1）说明业务（1）甲企业是否需要缴纳消费税及体现的税收政策导向。

（2）计算业务（2）甲企业应缴纳的消费税。

（3）说明业务（3）甲企业消费税的纳税义务发生时间所属月份，并计算应缴纳的消费税。

（4）判断丙贸易公司能否享受出口免税并退还消费税政策，如能享受该政策，请计算应退税额。（2021年）

2. 某涂料生产公司甲为增值税一般纳税人，2020年7月发生如下业务：

（1）5日以直接收款方式销售涂料取得不含税销售额350万元；以预收货款方式销售涂料取得不含税销售额200万元，本月已发出销售涂料的80%。

（2）12日赠送给某医院20桶涂料用于装修，将100桶涂料用于换取其他厂家的原材料。当月不含税平均销售价500元/桶，最高不含税销售价540元/桶。

（3）15日委托某涂料厂乙加工涂料，双方约定由甲公司提供原材料，材料成本80万元，乙厂开具的增值税专用发票上注明加工费10万元（含代垫辅助材料费用1万元）、增值税 1.3 万元。乙厂无同类产品对外销售价格。

（4）28 日收回委托乙厂加工的涂料并于本月售出 80%，取得不含税销售额 85 万元。

（其他相关资料：涂料消费税税率 4%）

要求：根据上述资料，按照下列序号回答问题，如有计算需计算出合计数。

（1）计算业务（1）甲公司应缴纳的消费税。

（2）计算业务（2）甲公司应缴纳的消费税。

（3）计算业务（3）由乙厂代收代缴的消费税。

（4）说明业务（4）甲公司是否应缴纳消费税。如应缴纳，计算消费税应纳税额。（2020 年）

3. 甲卷烟厂为增值税一般纳税人，2019 年 5 月发生下列业务：

（1）以分期收款方式销售 A 牌卷烟 180 箱，销售额 650 万元，合同约定当月收取货款的 70%，实际收到 40%。采用直接收款方式销售 B 牌卷烟 80 箱，取得销售额 380 万元。

（2）进口一批烟丝，货物成交价 300 万元，甲卷烟厂另行承担并支付运抵我国口岸前的运费和保险费支出 8 万元。

（3）将 200 箱 B 牌卷烟移送给下设的非独立核算门市部，门市部当月将其对外销售，取得销售额 900 万元。

（4）外购一批烟丝，取得增值税专用发票注明的价款 165 万元，税额 21.45 万元；当月领用 80% 用于连续生产卷烟。

（5）税务机关检查发现，2019 年 3 月甲厂接受乙厂委托加工一批烟丝，甲厂未代收代缴消费税。已知乙厂提供烟叶的成本 95 万元，甲厂收取加工费 20 万元，乙厂尚未销售收回的烟丝。

（其他相关资料：以上销售额和费用均不含增值税，A 牌、B 牌卷烟均为甲类卷烟，甲类卷烟增值税税率 13%，消费税税率 56% 加每箱 150 元，烟丝消费税税率 30%，进口烟丝关税税率 10%）

要求：根据上述资料，按照下列序号回答问题，如有计算需计算出合计数。

（1）计算业务（1）当月应缴纳的消费税额。

（2）计算业务（2）应缴纳的增值税、消费税额。

（3）计算业务（3）应缴纳的消费税额。

（4）计算甲厂国内销售卷烟应缴纳的消费税额。

（5）计算乙厂应补缴的消费税额，并指出甲厂未代收代缴消费税应承担的法律责任。（2019 年）

4. 甲酒厂为增值税一般纳税人，主要经营粮食白酒的生产与销售，2021 年 6 月发生下列业务：

（1）以自产的 10 吨 A 类白酒换入乙企业的蒸汽酿酒设备，取得乙企业开具的增值税专用发票上注明价款 20 万元、增值税 2.6 万元。已知该批白酒的生产成本为 1 万元 / 吨，不含增值税平均销售价格为 2 万元 / 吨，不含增值税最高销售价格为 2.5 万元 / 吨。

（2）移送 50 吨 B 类白酒给自设非独立核算门市部，不含增值税售价为 1.5 万元 / 吨，门市部对外不含增值税售价为 3 万元 / 吨，并将其全部销售。

（3）受丙企业委托加工 20 吨粮食白酒，双方约定由丙企业提供原材料，成本为 30 万元，开具增值税专用发票上注明的加工费 8 万元、增值税 1.04 万元。甲酒厂同类产品不含增值税售价为 2.75 万元 / 吨。

（其他相关资料：白酒消费税税率为20%加0.5元/500克，粮食白酒成本利润率为10%）

要求：根据上述资料，按照下列序号回答问题，如有计算需计算出合计数。
（1）简要说明税务机关应核定白酒消费税最低计税价格的两种情况。
（2）计算业务（1）应缴纳的消费税税额。
（3）计算业务（2）应缴纳的消费税税额。
（4）说明业务（3）的消费税纳税义务人和计税依据。
（5）计算业务（3）应缴纳的消费税税额。（2018年考题改编）

5. 甲礼花厂2017年6月发生如下业务：
（1）委托乙厂加工一批焰火，甲厂提供原材料成本为37.5万元。当月乙厂将加工完毕的焰火交付甲厂，开具增值税专用发票注明收取加工费5万元。
（2）将委托加工收回的焰火60%用于销售，取得不含税销售额38万元，将其余的40%用于连续生产A型组合焰火。
（3）将生产的A型组合焰火的80%以分期收款方式对外销售，合同约定不含税销售额36万元，6月28日收取货款的70%，7月28日收取货款的30%。当月货款尚未收到。另将剩余的20%焰火赠送给客户。
（其他相关资料：焰火消费税税率为15%）

要求：根据上述资料，按照下列序号回答问题，如有计算需计算出合计数。
（1）计算业务（1）中乙厂应代收代缴的消费税。
（2）判断业务（2）中用于销售的焰火是否应缴纳消费税并说明理由，如果需要缴纳，计算应缴纳的消费税。
（3）计算业务（3）中赠送客户焰火计征消费税计税依据的金额。
（4）计算业务（3）中准予扣除的已纳消费税税款。
（5）计算业务（3）6月份应缴纳的消费税。（2017年）

6. 某汽车生产企业主要从事小汽车生产和改装业务，为增值税一般纳税人，2021年9月的经营状况如下：
（1）将生产的800辆小汽车分两批销售，其中300辆开具的增值税专用发票注明金额4500万元、税额585万元；500辆开具的增值税专用发票注明金额6500万元、税额845万元。
（2）将生产的100辆小汽车用于换取生产资料，并按照成本价每辆12万元互相开具增值税专用发票，注明金额1200万元、税额156万元。
（3）将生产的10辆小汽车奖励给劳动模范，并按照成本价记入“应付职工薪酬——职工福利”。
（4）从其他生产企业外购小汽车5辆进行底盘改装，取得的增值税专用发票注明金额40万元、税额5.2万元，改装完成后对外销售，开具增值税专用发票注明金额60万元、税额7.8万元。
（其他相关资料：小汽车消费税税率为5%）

要求：根据上述资料，按照下列序号回答问题，如有计算需计算出合计数。
（1）计算业务（1）应缴纳的消费税。
（2）判断业务（2）的处理是否正确并计算应缴纳的消费税。
（3）判断业务（3）的处理是否正确并计算应缴纳的消费税。

（4）计算业务（4）应缴纳的消费税。

（5）计算该汽车生产企业应缴纳的增值税。（2016年考题改编）

7. 甲地板厂（以下简称“甲厂”）生产实木地板，2021年8月发生下列业务：

（1）外购一批实木素板并支付运费，取得的增值税专用发票注明素板金额50万元、税额6.5万元，取得增值税专用发票注明运费金额1万元、税额0.09万元。

（2）甲厂将外购素板40%加工成A型实木地板，当月对外销售并开具增值税专用发票注明销售金额40万元、税额5.2万元。

（3）受乙地板厂（以下简称“乙厂”）委托加工一批A型实木地板，双方约定由甲厂提供素板，乙厂支付加工费，甲厂将剩余的外购实木素板全部投入加工，当月将加工完毕的实木地板交付乙厂，开具的增值税专用发票注明收取材料费金额30.6万元、加工费5万元，甲厂未代收代缴消费税。

（其他相关资料：甲厂直接持有乙厂30%股份，实木地板消费税税率为5%）

要求：根据上述资料，按照下列序号回答问题，如有计算需计算出合计数。

（1）判断甲厂和乙厂是否为关联企业并说明理由。

（2）计算业务（2）应缴纳的消费税税额。

（3）判断业务（3）是否为消费税规定的委托加工业务并说明理由。

（4）指出业务（3）的消费税纳税义务人，计税依据确定方法及数额。

（5）计算业务（3）应缴纳的消费税税额。（2015年考题改编）

历年经典主观题回顾参考答案及解析

使用“会计云课堂”App或“微信”扫码对答案、看解析、掌握解题思路，开启轻松过关之旅。

计算问答题

1.【答案及解析】

（1）电动汽车不属于“小汽车”征税范围，不征消费税。

体现的税收政策导向：推动转变用能方式，引导绿色能源消费结构和产业结构，促进汽车消费节能减排。

（2）纳税人用于换取生产资料和消费资料、投资入股、抵偿债务等方面的应税消费品，以纳税人同类应税消费品的最高销售价格作为计税依据计算消费税。

甲企业应缴纳的消费税 =28×80×5%=112（万元）。

（3）纳税人采取托收承付方式销售的应税消费品，其消费税纳税义务的发生时间为发出应税消费品并办妥托收手续的当天。所以消费税纳税义务发生时间为“本月”，即“2021年4月”。

甲企业应缴纳的消费税 =11×100×3%=33（万元）。

（4）丙贸易公司可以享受消费税免税并退税政策。

应退税额 =11×100×3%=33（万元）。

2.【答案及解析】

（1）考生要根据题目给出的条件确定消费税的纳税义务发生时间：纳税人采取直接收款方式销售应税消费品的，其纳税义务的发生时间为收讫销售款或者取得索取销售款凭据的当天。纳税人采取预收货款结算方式销售应税消费品的，其纳税义务的发生时间为发出应税消费品的当天。

业务（1）甲公司应缴纳的消费税 =350×4%+200×80%×4%=14+6.4=20.4（万元）。

（2）注意消费税计税依据的特殊规定：应税消费品用于换取生产资料、消费资料、投资入股、抵偿债务的，按照同类应税消费品的最高销售价格计算消费税。将自产应税消费品用于馈赠、赞助、集资、职工福利、奖励的，按照同类应税消费品的平均销售价格计算消费税。

业务（2）甲公司应缴纳的消费税 =20×500÷10000×4%+100×540÷10000×4%=0.04+0.22=0.26（万元）。

（3）委托加工应税消费品应纳税额的计算是高频考点。

业务（3）乙厂代收代缴的消费税 =（80+10）/（1-4%）×4%=93.75×4%=3.75（万元）。

（4）销售价格85万元＞受托方的计税依据 =93.75×80%=75（万元）。

需要缴纳消费税。委托方将委托加工的应税消费品收回后，以高于受托方的计税价格出售的，需按照规定申报缴纳消费税，在计税时准予扣除受托方已代收代缴的消费税。

应缴纳的消费税 =85×4%-75×4%=0.4（万元）。

3.【答案及解析】

（1）纳税人采取赊销和分期收款结算方式的，消费税纳税义务的发生时间为书面合同约定的收款日期的当天。

业务（1）当月应缴纳的消费税额 =（650×56%+180×150÷10000）×70%+380×56%+80×150÷10000=470.69（万元）。

（2）进口烟丝的组成计税价格 =（300+8）×（1+10%）÷（1-30%）=484（万元）。

进口环节应缴纳的消费税 =484×30%=145.2（万元）。

进口环节应缴纳的增值税 =484×13%=62.92（万元）。

业务（2）合计应缴纳的增值税、消费税额 =145.2+62.92=208.12（万元）。

（3）纳税人通过自设非独立核算门市部销售的自产应税消费品，应按门市部对外销售额或者销售数量征收消费税。

业务（3）应缴纳的消费税额 =900×56%+200×150÷10000=507（万元）。

（4）业务（4）中将外购烟丝用于连续生产卷烟的，可以按照当期生产领用量抵扣外购烟丝已纳的消费税。甲厂国内销售卷烟应缴纳的消费税额 =470.69+507-165×30%×80%=938.09（万元）。

（5）

①委托加工的应税消费品提货时受托方没有按规定代收代缴消费税，委托方要补缴税款。收回的应税消费品尚未销售或不能直接销售的，按照组成计税价格计税补缴。

乙厂应补缴的消费税 =（95+20）÷（1-30%）×30%=49.29（万元）。

②根据《税收征收管理法》规定，受托方未按照规定代收代缴消费税的（受托方为个人的除外），对受托方处以应代收代缴税款 50% 以上 3 倍以下的罚款。

4.【答案及解析】

（1）①白酒生产企业销售给销售单位的白酒，生产企业消费税计税价格低于销售单位对外销售价格（不含增值税）70% 以下的，税务机关应核定消费税最低计税价格；②自 2015 年 6 月 1 日起，纳税人将委托加工收回的白酒销售给销售单位，消费税计税价格低于销售单位对外销售价格（不含增值税）70% 以下的，也应核定消费税最低计税价格。

（2）业务（1）应缴纳的消费税 =10×2.5×20%+10×2000×0.5/10000=6（万元）。

纳税人用于换取生产资料、消费资料、投资入股、抵偿债务的应税消费品，按照同类应税消费品的最高销售价格计算消费税。

（3）业务（2）应缴纳的消费税 =3×50×20%+50×2000×0.5/10000=35（万元）。

纳税人通过自设非独立核算门市部销售的自产应税消费品，应按门市部对外销售额或者销售数量征收消费税。

（4）①业务（3）的消费税纳税义务人是丙企业。

符合委托加工条件的应税消费品，消费税的纳税人是委托方。

②从价部分的计税依据 =2.75×20=55（万元）。

从量部分的计税依据为 20 吨。

委托加工的应税消费品，按照受托方的同类消费品的销售价格计算纳税；没有同类消费品销售价格的，按照组成计税价格计算纳税。

（5）业务（3）应缴纳的消费税 =2.75×20×20%+20×2000×0.5/10000=13（万元）。

5.【答案及解析】

（1）组成计税价格 =（37.5+5）÷（1-15%）=50（万元）。

乙厂应代收代缴的消费税 =50×15%=7.5（万元）。

（2）业务（2）中用于销售的焰火应该缴纳消费税。委托加工的应税消费品在提取货物时已由受托方代收代缴了消费税，委托方以高于受托方的计税价格出售的，需按照规定申报缴纳消费税，在计税时准予扣除受托方已代收代缴的消费税。细心的学员应该发现业务（2）的销售价格 38 万元明显高于受托方的计税价格 50×60%=30（万元）。

应纳消费税 =38×15%-7.5×60%=1.2（万元）。

（3）将自产焰火赠送给客户，属于视同销售，应该缴纳消费税，有同类消费品的销售价格的，按照纳税人生产的同类消费品的不含增值税的销售价格计算纳税。

业务（3）中赠送客户焰火计征消费税计税依据的金额 =36÷80%×20%=9（万元）。

（4）准予扣除的已纳消费税税款 =7.5×40%=3（万元）。

委托加工的应税消费品因为已由受托方代收代缴消费税，因此，委托加工收回后用于连续生产应税消费品，符合抵扣范畴的，可以按照当期生产领用数量抵扣已纳消费税。

【提示】消费税的已纳税款扣除依据为“当期生产领用数量”，即无论是否生产完成，无论是否全部销售，都是按照生产领用量进行已纳消费税的扣除。

（5）对于业务（3）：

6 月应纳消费税 =36×70%×15%+9×15%-3=2.13（万元）。

纳税人采取分期收款结算方式的，消费税纳税义务发生时间为书面合同约定的收款日期的当天。

6.【答案及解析】

（1）应纳消费税 =（4500+6500）×5%=550（万元）

（2）这里的处理是不正确的，不能用成本价格，用于换取生产资料的消费品应该用最高销售价格计算消费税，增值税应按平均销售价格计算。

应纳的消费税 =4500÷300×100×5%=15×100×5%=75（万元）

（3）这里的处理是不正确的，本题不能用成本价格记入应付职工薪酬，应以平均销售价格和相应的增值税销项税之和记入该科目。

应纳消费税的计税依据 =（4500+6500）÷800×10=137.5（万元）

【提示】在计算小汽车的平均销售价格时，不需要考虑业务（2），因为换取生产资料的小汽车采用的是成本价，不属于合规价格，所以不能采用不合规价格计算平均销售价格。

应纳的消费税 =137.5×5%=6.88（万元）

（4）应纳的消费税 =60×5%=3（万元）

（5）应纳的增值税 =585+845+（4500+6500）÷800×110×13%+7.8−5.2−156=1473.23（万元）。

7.【答案及解析】

（1）甲厂与乙厂属于关联企业。根据规定，企业相互直接或者间接持有其中一方的股份总和达到25%或以上的，就属于关联企业。本题中“甲厂直接持有乙厂30%股份”，所以双方属于关联企业。

（2）外购已税实木地板为原料生产的实木地板，在计算消费税时准予按生产领用量扣除已纳的消费税税款，实木素板出厂时已纳消费税扣除要使用的买价是指购货发票上的销售额，不包括增值税税额，也不包括运费发票的费用金额。业务（2）应缴纳的消费税税款 =40×5%−50×40%×5%=1（万元）。

（3）不属于。理由：税法中规定的委托加工的应税消费品是指由委托方提供原材料和主要材料，受托方只是收取加工费和代垫部分辅助材料加工的应税消费品。在本业务中，乙厂是委托方，甲厂是受托方，由于是甲厂提供的主要材料，所以不能作为委托加工应税消费品业务处理。

（4）业务（3）的消费税纳税义务人是甲厂，应按照甲厂销售自制应税消费品处理，计税依据为甲厂当月销售同类A型实木地板的销售价格。其计税依据 =40÷40%×60%=60（万元）。

（5）业务（3）应缴纳的消费税税额 =60×5%−50×60%×5%=1.5（万元）。

同步强化练习题

使用“会计云课堂”App或“微信”扫码快速做题、对答案、看解析、掌握解题思路，开启轻松过关之旅。

一、单项选择题

1. 以下关于消费税的表述正确的是（　　）。
   A. 消费税属于直接税
   B. 进口消费品的进口商是消费税税款的实际负担者
   C. 消费税的征收范围具有普遍性
   D. 平均税率水平比较高并且税负差异大

2. 消费税纳税义务人规定中的“在中华人民共和国境内”，是指生产、委托加工和进口属于应当缴纳消费税的消费品的（　　）在境内。
   A. 生产地
   B. 使用地
   C. 起运地或所在地
   D. 销售地

3. 依据消费税的有关规定，下列行为中应缴纳消费税的是（　　）。
   A. 进口涂料
   B. 进口服装
   C. 零售高档化妆品
   D. 批发白酒

4. 下列行为，属于消费税征税范围的是（　　）。
   A. 批发商批发销售的雪茄烟
   B. 竹木制品厂销售的竹制一次性筷子
   C. 鞭炮加工厂销售田径比赛用发令纸
   D. 商场零售的金银首饰

5. 以下视为应税消费品生产行为的是（　　）。
   A. 高档化妆品批发商从厂家进货后加价批发高档化妆品
   B. 餐饮企业购入啤酒为顾客提供现场消费
   C. 油品销售企业将外购的润滑助剂以润滑脂的品名对外销售
   D. 家居商城零售木制一次性筷子

6. 下列项目中，应征收消费税的是（　　）。
   A. 啤酒屋销售的自制果啤
   B. 零售商店出售的外购焰火、鞭炮
   C. 汽车制造厂销售的自产货运加长大卡车
   D. 服装厂转让自己使用过的小轿车

7. 下列消费品，属于消费税“小汽车”税目征税范围的是（　　）。
   A. 高尔夫车
   B. 中轻型商用客车
   C. 卡丁车
   D. 电动汽车

8. 企业生产销售的下列产品中，属于消费税征税范围的是（　　）。
   A. 调味料酒
   B. 鞭炮药引线
   C. 船用重油
   D. 销售价格为9000元的手表

9. 根据消费税的相关规定，下列情况应征收消费税的是（　　）。
A. 汽车厂外购已税电池装配小轿车后销售
B. 商业企业外购已税珍珠后零售
C. 企业将外购的实木地板用于职工福利
D. 企业将委托加工收回的粮食白酒以不高于受托方的计税价格直接销售

10. 企业生产的下列消费品，无须缴纳消费税的是（　　）。
A. 地板生产企业用于装修本企业办公室的实木地板
B. 啤酒生产企业用于交际应酬的啤酒
C. 高档化妆品生产企业用于交易会样品的高档化妆品
D. 汽车生产企业用于本企业碰撞检测的轿车

11. 下列关于以外购已税杆头、杆身和握把为原料连续生产的高尔夫球杆的消费税处理，正确的是（　　）。
A. 外购已税杆头的已纳消费税可以按购进入库数量在应纳消费税税款中扣除
B. 外购已税杆头的已纳消费税可以按生产领用数量在应纳消费税税款中扣除
C. 外购已税杆头的已纳消费税可以按高尔夫球杆出厂销售数量在应纳消费税税款中扣除
D. 外购已税杆身和握把的已纳消费税不可以在应纳消费税税款中扣除

12. 根据现行税法规定，下列消费品的流转环节，既缴纳增值税又缴纳消费税的是（　　）。
A. 葡萄酒的批发环节
B. 金银首饰的生产销售环节
C. 珍珠饰品的零售环节
D. 高档手表的生产销售环节

13. 企业生产的下列消费品，无须缴纳消费税的是（　　）。
A. 地板企业生产用于装修本企业办公室的实木地板
B. 汽车企业生产用于本企业管理部门使用的小轿车
C. 化妆品企业生产用于赠送客户的高档化妆品
D. 卷烟企业生产用于连续生产卷烟的烟丝

14. 某酒厂（增值税一般纳税人）2021年1月份生产一种新型的白酒，用于奖励职工0.8吨，已知该种白酒无同类产品出厂价，生产成本每吨40000元，成本利润率为10%，白酒消费税定额税率为0.5元/500克，消费税比例税率为20%。该酒厂当月应缴纳的消费税为（　　）元。
A. 8600　　B. 8800
C. 9600　　D. 9800

15. 某百货公司是增值税一般纳税人，其黄金饰品部2021年1月直接零售金首饰3000克，每克零售价200元；以旧换新销售金首饰，收回旧首饰200克，换出新首饰600克，收取含税差价80000元，并收取旧首饰折价补偿20元/克。当月该黄金饰品部还零售镀金首饰一批，收取零售收入30000元。已知金银首饰消费税税率为5%。该百货公司黄金饰品部当月应缴纳消费税（　　）元。
A. 29310.34　　B. 30265.49
C. 31034.48　　D. 31206.90

16. 卷烟批发企业甲2021年1月批发销售卷烟500箱，其中批发给另一卷烟批发企业300箱、零售专卖店150箱、个体烟摊50箱。每箱不含税批发价格为13000元。甲企业应缴纳的消费税为(　　)元。
A. 32500　　B. 325000
C. 336000　　D. 195000

17. 下列项目中，纳税人可按生产领用量抵扣委托加工收回应税消费品已纳消费税的是（　　）。

A. 首饰厂将委托加工收回的已税玉珠抛光打孔串成玉珠项链

B. 日化厂以委托加工收回的已税高档香水精为原料生产香皂

C. 首饰厂将委托加工收回的已税红宝石戒面制成22K黄金镶嵌项坠

D. 汽车制造厂将委托加工收回的已税小轿车改装成工程抢修车

18. 某鞭炮厂为增值税一般纳税人，2021年1月销售自产鞭炮两批：第一批1000箱取得不含税收入200万元，第二批500箱取得不含税收入110万元。另将同款100箱赠送某省重大活动庆典，50箱发给职工作为福利。鞭炮焰火消费税税率为15%。该鞭炮厂当月应缴纳的消费税为（　　）万元。

A. 46.50　　B. 48.05

C. 51.15　　D. 51.45

19. 2021年1月，甲厂将一批原材料委托乙厂加工成应税消费品，该批原材料成本10万元，乙厂代垫辅料收费1万元（含税），另收取加工费3万元（含税），假定该应税消费品消费税税率为5%，甲厂、乙厂均为增值税一般纳税人，则该项委托加工业务消费税组成计税价格为（　　）万元。

A. 12.7　　B. 14.25

C. 14.74　　D. 15

20. 某烟酒批发公司（增值税一般纳税人），2021年1月批发销售A牌卷烟5000条给烟酒零售商店，开具的增值税专用发票上注明销售额250万元；批发B牌卷烟2000条给烟酒零售商店，开具的普通发票上注明销售额85.88万元；同时批发雪茄烟300条给烟酒零售商店，开具普通发票，取得含税收入19.21万元；当月允许抵扣的增值税进项税额为31万元。该烟酒批发公司当月应缴纳的增值税、消费税合计为（　　）万元。

A. 42.64　　B. 49.08

C. 50.15　　D. 59.95

21. 某筷子生产企业为增值税一般纳税人，2021年1月取得不含税销售额如下：销售烫花木制筷子15万元；销售竹制筷子18万元；销售木制一次性筷子12万元。另外没收逾期未退还的木制一次性筷子包装物押金0.226万元，该押金于2020年12月收取，已知木制一次性筷子适用的消费税税率为5%。该筷子生产企业当月应纳消费税（　　）万元。

A. 0.61　　B. 0.59

C. 1.36　　D. 2.26

22. 某化妆品生产企业为增值税一般纳税人，2022年2月从境外进口一批高档香水精，海关核定的关税完税价格是35万元，进口关税税率是25%，当月该企业领用其中的60%连续生产高档化妆品，领用其中的10%连续生产普通护肤品，剩余30%留存仓库。高档香水精期初库存为零，已知高档化妆品消费税税率为15%。当月该企业上述业务可以抵扣的外购应税消费品已纳税额为（　　）万元。

A. 4.63　　B. 5.40

C. 7.72　　D. 11.25

23. 税务机关在税务检查中发现，张某委托本地个体户李某加工实木地板。张某已将实木地板收回并销售，但未入账，也不能出示消费税完税证明。下列关于税务机关征管行为的表述中，正确的是（　　）。

A. 要求李某补缴税款

B. 要求张某补缴税款

C. 应对张某处以未缴消费税额0.5倍至3倍的罚款

D. 应对李某处以未代收代缴消费税额0.5倍至3倍的罚款

24. 某商场为增值税一般纳税人，2022年1月珠宝首饰部发生下列业务，零售铂金首饰取得收入12.43万元，将金银首饰与镀金首饰组成配套首饰盒销售，取得收入20.34万元，其中金银首饰18.08万元、镀金首饰2.26万元，已知金银首饰消费税税率为5%。该商场当月应缴纳消费税（　　）万元。

A. 0.55　　B. 0.90

C. 1.45　　D. 1.35

25. 某外贸公司（增值税一般纳税人，具有出口经营权）2021年1月从生产企业购进高档化妆品一批，取得增值税专用发票注明价款25万元、增值税3.25万元，支付购买高档化妆品的运输费用3万元，当月该批高档化妆品全部出口取得销售收入35万元。假定该批高档化妆品增值税退税率为9%，消费税税率为15%，该外贸公司出口高档化妆品应退的增值税和消费税合计金额为（　　）万元。

A. 6　　B. 7

C. 7.75　　D. 10.85

26. 下列关于消费税纳税地点的说法，正确的是（　　）。

A. 纳税人销售应税消费品，应当在销售行为发生地的主管税务机关申报纳税

B. 纳税人总分机构不在同一县（市）的，可以选择由总机构汇总向总机构所在地的主管税务机关申报缴纳消费税

C. 委托加工应税消费品，受托方为个人的，由委托方向其机构所在地或居住地主管税务机关申报纳税

D. 进口应税消费品，由进口人或由其代理人向其机构所在地或住所地主管税务机关申报纳税

27. 下列各项中，关于消费税纳税义务发生时间的表述，说法正确的是（　　）。

A. 进口的应税消费品，为取得进口货物的当天

B. 自产自用的应税消费品，为移送使用的当天

C. 委托加工的应税消费品，为支付加工费的当天

D. 采取预收货款结算方式销售的应税消费品，为收到预收款的当天

28. 某市一高尔夫球具生产企业（增值税一般纳税人）2021年9月1日以分期收款方式销售一批球杆，价税合计为135.6万元，合同约定客户于9月5日、11月5日各支付50%价款；9月5日按照约定收到50%的价款，但并未给客户开具发票。已知高尔夫球具消费税税率为10%。该企业9月就该项业务应缴纳的消费税为（　　）万元。

A. 0　　B. 12

C. 14　　D. 6

29. 纳税人进口应税消费品，应于（　　）缴纳消费税税款。

A. 海关填发海关进口消费税专用缴款书次日起15日内

B. 海关填发海关进口消费税专用缴款书之日起15日内

C. 报关进口次月起7日内

D. 报关进口次月起10日内

30. 下列有关消费税的表述中，正确的是（　　）。

A. 纳税人用生产的应税消费品偿还债务的，应当照章缴纳消费税

B. 随啤酒销售取得的包装物押金，无论是否返还，都应该征收消费税

C. 纳税人进口的应税消费品，其纳税义务的发生时间为货物到岸的当天

D. 纳税人将自产的应税消费品用于连续生产应税消费品的，在使用时缴纳消费税

二、多项选择题

1. 根据消费税现行政策规定，下列属于消费税纳税人的有（　　）。
   A. 钻石的进口商
   B. 高档化妆品的生产商
   C. 卷烟的批发商
   D. 金首饰的零售商

2. 下列环节既缴纳消费税又缴纳增值税的有（　　）。
   A. 卷烟的批发环节
   B. 白酒的批发环节
   C. 金银首饰的零售环节
   D. 高档化妆品的进口环节

3. 根据现行税法规定，下列行为中既缴纳增值税又缴纳消费税的有（　　）。
   A. 日化厂销售自产洗发水和沐浴露
   B. 葡萄酒厂销售自产的葡萄酒
   C. 烟酒经销商店零售外购的已税烟酒
   D. 从国外进口小轿车

4. 下列应税消费品，采用定额税率从量征收消费税的有（　　）。
   A. 黄酒　　B. 葡萄酒
   C. 柴油　　D. 烟丝

5. 下列各项中，应当征收消费税的有（　　）。
   A. 化妆品厂作为样品赠送给客户的高档香水
   B. 用于产品质量检验耗费的高尔夫球杆
   C. 白酒生产企业向百货公司销售的试制药酒
   D. 化妆品厂移送非独立核算门市部待销售的高档化妆品

6. 下列不同用途的应税消费品应缴纳消费税的有（　　）。
   A. 将自产应税消费品用于投资的
   B. 将自产应税消费品用于集体福利的
   C. 用委托加工收回的应税消费品（受托方已代收代缴消费税）连续生产应税消费品后销售的
   D. 将委托加工收回的应税消费品（受托方已代收代缴消费税）以不高于受托方计税价格直接销售的

7. 下列属于消费税征税范围的有（　　）。
   A. 燃料油
   B. 影视演员卸妆用的卸妆油
   C. 未经打磨、倒角的木制一次性筷子
   D. 气缸容量 180 毫升的摩托车

8. 下列属于应征收消费税的项目有（　　）。
   A. 20000 元一只的高档手表
   B. 帆艇
   C. 高档胭脂
   D. 戏剧演员化妆用的油彩

9. 下列各项应税消费品中，在零售环节缴纳消费税的有（　　）。
   A. 翡翠手镯
   B. 钻石胸针
   C. 镀金项链
   D. 18K 金镶嵌翡翠耳钉

10. 下列商品中，目前属于消费税征税范围的有（　　）。
    A. 铅蓄电池　　B. 变压器油
    C. 减压重油　　D. 橡胶填充油

11. 下列委托加工行为中，受托方（非个人）应代收代缴消费税的有（　　）。
    A. 建筑公司委托加工一批涂料
    B. 某企业提供外购汽车底盘及配件委托加工成小货车
    C. 某企业委托加工一批高档化妆品
    D. 某企业提供烟叶委托加工成烟丝

12. 下列消费品中应征收消费税的有（　　）。
    A. 用于职工福利的自产卷烟
    B. 出厂前进行化学检验的自产高档化妆品

C. 作为礼品赠送给客户的自产高档化妆品

D. 用于管理部门的自产应税小汽车

13. 企业生产销售白酒取得的下列款项中，应并入销售额计征消费税的有（　　）。

A. 优质费　　B. 延期付款利息

C. 品牌使用费　　D. 包装物押金

14. 下列纳税人连续生产应税消费品再销售的，可按生产领用量扣除外购应税消费品已纳消费税税款的有（　　）。

A. 外购已税烟丝生产的卷烟

B. 外购已税蒸馏酒生产的配制酒

C. 进口葡萄酒连续生产应税葡萄酒

D. 外购已税润滑油生产的润滑油

15. 纳税人用规定来源的葡萄酒，连续生产葡萄酒的，准予从葡萄酒消费税应纳税额中扣除所耗用应税葡萄酒已纳消费税税款。如本期消费税应纳税额不足抵扣的，余额留待下期抵扣。该规定来源有（　　）。

A. 从葡萄酒生产企业购进

B. 从葡萄酒批发企业购进

C. 从葡萄酒零售企业购进

D. 进口葡萄酒

16. 以下符合卷烟批发环节征收消费税规定的有（　　）。

A. 卷烟批发商之间销售卷烟不缴纳消费税

B. 纳税人批发卷烟和其他商品不能分别核算销售额的，一并征收消费税

C. 卷烟批发企业总分支机构不在同一地区的，由各批发卷烟的分支机构分别纳税

D. 批发环节计算纳税时，不得扣除已含的生产环节消费税税款

17. 对于委托加工应税消费品，受托方（非个人）没有按规定代收代缴税款的，下列说法错误的有（　　）。

A. 受托方代委托方补缴税款

B. 委托方补缴税款

C. 委托方按受托方同类消费品销售价格补缴税款

D. 委托方一律按组成计税价格补缴税款

18. 小汽车生产企业甲2021年1月生产小汽车20辆，其中16辆以每辆120万元（不含增值税，下同）的价格销售给乙汽车销售中心，1辆直接以136万元的价格销售给影星丙；乙汽车销售中心以138万元/辆的价格将该批车辆中的15辆销售给消费者。假定该款车辆生产环节消费税税率为12%，则以下说法错误的有（　　）。

A. 小汽车生产企业甲应缴纳消费税260.76万元

B. 乙汽车销售中心应缴纳消费税207万元

C. 影星丙是消费税的纳税人

D. 超豪华小汽车的判别标准是出厂价超过130万元的小轿车

19. 下列关于消费税计税依据的说法，正确的有（　　）。

A. 啤酒生产企业生产销售啤酒时收取的包装物押金应并入销售额计税

B. 白酒生产企业向商业销售单位收取的“品牌使用费”应并入白酒销售额计税

C. 纳税人自产应税消费品用于换取生产资料和消费资料、投资入股和抵偿债务等方面，应以纳税人同类应税消费品的最高销售价格计税

D. 纳税人通过自设非独立核算门市部销售的自产应税消费品，应当按照门市部对外销售额或者销售数量计税

20. 下列不可抵扣外购应税消费品的已纳消费税税额的项目有（　　）。

A. 为生产实木地板而领用的外购已税涂料

B. 为生产金银首饰而领用的外购已税翡翠首饰

C. 为生产实木地板而领用的外购已税实木地板

D. 领用外购已税白酒勾兑成白酒

21. 以下关于白酒消费税最低计税价格的规定，正确的有（ ）。

A. 白酒消费税最低计税价格由白酒生产企业自行申报，税务机关核定

B. 白酒消费税最低计税价格由税务机关根据生产规模、白酒品牌、利润水平等情况在销售单位对外销售价格70%以上进行核定

C. 已核定最低计税价格的白酒，生产企业实际销售价格低于消费税最低计税价格的，按核定的最低计税价格申报纳税

D. 已核定最低计税价格的白酒，销售单位对外销售价格持续上涨或下降时间达到3个月以上，累计上涨或下降幅度在20%（含）以上的，税务机关重新核定最低计税价格

22. 以下符合消费税纳税义务发生时间规定的有（ ）。

A. 纳税人采取赊销和分期收款结算方式销售应税消费品的，其纳税义务的发生时间为实际收款日期的当天

B. 纳税人自产自用的应税消费品，其纳税义务的发生时间为移送使用的当天

C. 纳税人委托加工的应税消费品，其纳税义务的发生时间为委托方支付加工费的当天

D. 纳税人采取直接收款方式销售应税消费品的，其纳税义务的发生时间为收讫销售款或者取得索取销售款凭据的当天

23. 以下关于消费税的纳税地点表述正确的有（ ）。

A. 委托加工的应税消费品，除受托方为个人外，由受托方向机构所在地或居住地主管税务机关解缴其代收代缴的消费税

B. 纳税人销售的应税消费品，以及自产自用的应税消费品，除另有规定外，应当向纳税人机构所在地或居住地的主管税务机关申报纳税

C. 进口的应税消费品，由进口人或代理人向核算地海关申报纳税

D. 委托个人加工的应税消费品，由委托方向其机构所在地或者居住地主管税务机关申报纳税

24. 以下不符合消费税规定的有（ ）。

A. 进口应税消费品，由进口人或代理人向机构所在地申报纳税

B. 对自己不生产应税消费品，而只是购进后再销售应税消费品的工业企业，其销售的高档化妆品，凡不能构成最终消费品直接进入消费品市场，而需进一步生产加工的，应当征收消费税，但不能扣除外购高档化妆品的已纳税款

C. 委托加工应税消费品的组价公式中，加工费包括加工费和代垫辅料费等向委托方收取的全部费用，但不含增值税税额

D. 委托加工的应税消费品受托方交货时已代收代缴消费税，委托方收回后出售的，一律不再征收消费税

25. 以下关于消费税纳税义务发生时间的说法，正确的有（ ）。

A. 某酒厂销售葡萄酒20箱并收取价款4800元，其纳税义务发生时间为收款的当天

B. 某手表厂采取预收货款方式销售高档手表，其纳税义务发生时间为销售合同约定的收款日期的当天

C. 某烟花生产企业采用托收承付结算方式销售焰火，其纳税义务发生时间为发出焰火并办妥托收手续的当天

D. 某化妆品厂采用赊销方式销售高档化妆品，书面合同约定收款日期为 6 月 30 日，实际收到货款日期为 7 月 30 日，纳税义务发生时间为 6 月 30 日

26. 甲企业从境外进口一批高档化妆品，下列关于该业务征缴消费税的表述中，正确的有（　　）。

A. 海关代征的消费税应分别入中央库和地方库

B. 甲企业应当自海关填发进口消费税专用缴款书之日起 15 日内缴纳税款

C. 甲企业应向报关地海关申报缴纳消费税

D. 甲企业使用该进口已税高档化妆品生产高档化妆品准许扣除进口环节已缴纳的消费税

三、计算问答题

1. 某白酒生产企业甲（以下简称“甲企业”）为增值税一般纳税人，2021 年 1 月发生以下业务：

（1）向某烟酒专卖店销售粮食白酒 20 吨，开具普通发票，取得含税收入 200 万元，另收取品牌使用费 50 万元、包装物租金 20 万元。

（2）提供 10 万元的原材料委托乙企业加工散装药酒 1000 公斤，收回时向乙企业支付不含增值税的加工费 1 万元，乙企业已代收代缴消费税。

（3）委托加工收回后将其中 900 公斤散装药酒继续加工成瓶装药酒 1800 瓶，以每瓶不含税售价 100 元通过非独立核算门市部销售完毕。

（4）进口一批散装葡萄酒，关税完税价格 18 万元，关税税率 14%，缴纳进口环节税金后海关放行并已填发海关专用缴款书。

（5）将进口散装葡萄酒连续加工瓶装葡萄酒全部销售，不含增值税售价 30 万元。

（其他相关资料：白酒的消费税税率为 20% 加 0.5 元 /500 克；其他酒的消费税税率为 10%）

要求：根据上述资料，按照下列序号回答问题，每问需计算出合计数。

（1）计算本月甲企业向烟酒专卖店销售白酒应缴纳的消费税。

（2）计算乙企业已代收代缴的消费税。

（3）计算本月甲企业销售瓶装药酒应缴纳的消费税。

（4）计算进口环节海关代征的消费税。

（5）计算甲企业销售瓶装葡萄酒应纳的消费税。

2. 甲涂料厂（以下简称“甲厂”）为增值税一般纳税人，生产 VOC 含量 450 克 / 升的 A 涂料，平均出厂价格不含增值税 100 元 / 桶，最高出厂价格不含增值税 110 元 / 桶。VOC 含量 420 克 / 升的 B 涂料，平均出厂价格不含增值税 120 元 / 桶，最高出厂价格不含增值税 130 元 / 桶。2021 年 1 月发生下列业务：

（1）外购原材料并支付运费，取得的增值税专用发票注明材料金额 50 万元、税额 6.5 万元，取得运输企业开具的增值税专用发票注明运费金额 1 万元、税额 0.09 万元。

（2）将自产 A 涂料对外销售并开具增值税专用发票注明销售金额 60 万元、税额 7.8 万元。

（3）将自产 A 涂料 200 桶用于车间修缮；将自产 A 涂料 500 桶换取一批生产工具。上述业务未互开发票。

（4）受乙企业委托订制一批带有乙企业标识的 B 涂料 300 桶，乙企业提供主要材料成本 2 万元并支付不含税加工费 1 万元。

（其他相关资料：涂料消费税税率为 4%）

要求：根据上述资料，按照下列序号回答问题，每问需计算出合计数。

（1）业务（2）应缴纳的消费税。

（2）业务（3）应缴纳的消费税。
（3）说明委托加工应税消费品的条件。
（4）业务（4）应缴纳的消费税。
（5）甲厂应缴纳的增值税。

3. 某市卷烟厂为增值税一般纳税人，主要生产云雾牌卷烟，该品牌卷烟平均不含税售价每标准条55元，最高不含税售价每标准条58元。2021年10月发生如下几笔业务：
（1）从甲卷烟厂购入一批已税烟丝，取得防伪税控系统开具的增值税专用发票，注明价款30万元、增值税税额3.9万元；从某供销社购进烟丝，取得普通发票，价税合计金额11.3万元，未取得扣税证明。上述货物均已经验收入库。
（2）进口一批烟丝，关税完税价格100万元，关税税额5万元。海关征收进口环节相关税金后放行并填开了进口消费税专用缴款书。
（3）将国内采购和进口的烟丝均领用了40%，用于生产云雾牌卷烟。
（4）与某商场批发部签订赊销合同，按照平均不含税售价将本厂生产的20标准箱云雾牌卷烟销售给该商场，合同约定当月结款50%，但是商场因资金周转问题，实际只支付了40%的款项。
（5）当月向某烟酒批发站按照平均价销售100标准箱云雾牌卷烟，取得不含税销售额137.5万元。
（6）用10标准箱云雾牌卷烟向某烟酒批发站换取一批白酒。
（其他相关资料：1标准箱=250标准条，1标准条=200支，烟丝消费税税率为30%，云雾牌卷烟消费税税率为36%加0.003元/支）

要求：根据上述资料，按照下列序号回答问题，每问需计算出合计数。
（1）该卷烟厂本月应纳进口环节消费税税额。
（2）该卷烟厂本月应向税务机关缴纳的消费税税额。

4. 王女士为A市甲超市（增值税一般纳税人）财务管理人员，她从2020年9月开始建立家庭消费电子账，2021年春节前从甲超市购买了下列商品：
（1）25毫升高档香水一瓶，支出400元。
（2）白酒1000克，支出280元。
（3）食品支出1054元，其中：橄榄油2500克，支出400元；淀粉1000克，支出10元；新鲜蔬菜50千克，支出600元；面食伴侣香辣酱4瓶，支出44元。
同时她对商品的供货渠道和价格进行了追溯，主要数据如下表：

项目	高档香水	白酒	橄榄油	淀粉	新鲜蔬菜	香辣酱
供货方	B市化妆品厂	B市白酒厂	A市外贸公司	A市调料厂	A市蔬菜公司	A市调料厂
供货方式	自产自销	自产自销	进口销售	自产自销	外购批发	自产自销
不含增值税的供货价	280元/瓶	100元/500克	60元/500克	3元/500克	3元/500克	8元/瓶

（其他相关资料：高档化妆品的消费税税率为15%，白酒消费税税率20%加0.5元/500克）

要求：根据上述资料，按照下列序号回答问题，每问需计算出合计数。
（1）计算甲超市销售给王女士高档香水的增值税销项税额。
（2）计算甲超市销售给王女士白酒的增

值税销项税额。

（3）计算甲超市销售给王女士食品的增值税销项税额。

（4）计算王女士购买高档香水支出中包含的消费税税额，并确定消费税的纳税人和纳税地点。

（5）计算王女士购买白酒支出中包含的消费税税额，并确定消费税的纳税人和纳税地点。

5. 某首饰商城为增值税一般纳税人，2021年1月发生以下业务：

（1）零售金银首饰与镀金首饰组成的套装礼盒，取得收入28.25万元，其中金银首饰收入20万元，镀金首饰收入8.25万元；

（2）采取“以旧换新”方式向消费者销售金项链600条，新项链每条零售价0.35万元，旧项链每条作价0.25万元，每条项链取得差价款0.1万元；

（3）为个人定制加工金银首饰，商城提供原料含税金额30万元，取得个人支付的含税加工费收入3.9万元（商城无同类首饰价格）；

（4）用300条银基项链抵偿债务，该批项链账面成本为39万元，最高零售价67.8万元。

（其他相关资料：金银首饰零售环节消费税税率5%，金银首饰的成本利润率6%）

要求：根据上述资料，按下列序号计算回答问题，每问需计算出合计数。

（1）销售成套礼盒应缴纳的消费税。

（2）说明“以旧换新”方式销售金银首饰的消费税的计税依据。

（3）“以旧换新”销售金项链应缴纳的消费税。

（4）定制加工金银首饰应缴纳的消费税。

（5）用银基项链抵偿债务应缴纳的消费税。

6. 甲造船厂（增值税一般纳税人）2021年1月业务如下：

（1）购买一批造船用材料，取得增值税专用发票注明金额600万元；支付材料运费，取得增值税专用发票注明运费10万元。

（2）购入一批材料，取得增值税专用发票注明金额80万元，将该批材料送至乙锅炉厂，委托其加工成船用锅炉，支付加工费，取得的增值税专用发票注明金额12万元。

（3）与丙广告公司签订价税合计为450万元的广告拍摄和发布合同，预付广告公司50%的款项并取得广告公司开具的与预付款相对应的增值税专用发票。

（4）当期销售自造60米长的游艇3艘，收取价税合计金额1500万元；销售自制4米长的水上娱乐摩托艇20艘，收取价税合计金额82万元。

（5）购买一套办公用房，取得增值税专用发票，价款600万元、增值税54万元。

（其他相关资料：各项购进业务交易对方均为一般纳税人，上述取得的增值税专用发票均在本期申报抵扣，游艇的消费税税率为10%）

要求：根据上述资料，按下列序号计算回答问题，每问需计算出合计数。

（1）计算并说明该造船厂当月销售游艇应纳的消费税。

（2）计算并说明该造船厂当月销售水上摩托艇应纳的消费税。

（3）计算该造船厂当月可抵扣的增值税进项税。

（4）计算该造船厂当月应纳的增值税。

7. 甲电池厂（以下简称“甲厂”）2021年12月发生如下业务：

（1）委托乙厂加工一批铅蓄电池，甲厂提供原材料成本为43万元。当月乙厂将加工完毕的电池交付甲厂，开具增值税专用发票注明收取加工费5万元，乙厂无同类铅蓄电池销售价格。

（2）将委托加工收回的电池80%用于销

售，取得不含税销售额 70 万元，将其余的 20% 用于车间照明。

（3）将自产的 A 牌电池 90% 以赊销方式对外销售，合同约定不含税销售额 45 万元，12 月 28 日收取全部货款，但由于购买方资金周转紧张，当月仅收到 20 万元货款。另将剩余的 10% 的 A 牌电池赠送给客户推广产品。

（其他相关资料：电池消费税税率为 4%）

要求：根据上述资料，计算回答下列问题。

（1）业务（1）中乙厂应代收代缴的消费税。

（2）说明委托加工应税消费品收回后销售的消费税计税规则。

（3）业务（2）中用于销售的铅蓄电池应缴纳的消费税。

（4）业务（2）中委托加工收回用于车间照明的电池移送时应缴纳的消费税。

（5）业务（3）应缴纳的消费税。

四、综合题

某化妆品生产企业为增值税一般纳税人，生产销售高档化妆品和普通护肤品，产成品的成本中外购比例为 70%，2020 年 1 月发生以下业务：

（1）从某工业企业外购高档香水精一批，取得增值税专用发票注明价款 200 万元、增值税 26 万元，当月因管理不善意外遗洒 15%，为职工运动会制造氛围领用了 5%，因暴雨造成水灾损失了 20%，其余全部领用，用于生产高档化妆品。

（2）从某小规模纳税人处购进 5 万元生产用标签，取得普通发票；从另一小规模纳税人购进包装物一批，取得税务机关代开的增值税专用发票，注明价款 10 万元、增值税 0.3 万元。

（3）销售 A 高档化妆品 5 箱给甲商场，取得不含税销售收入 60 万元，另收取包装物押金 2 万元（单独记账）、包装费 4 万元；销售 B 普通护肤品 10 箱给某批发站，收取含税金额 175.5 万元，由于与该批发站有长期合作关系，另赠送批发站同类 B 普通护肤品 2 箱。

（4）为回馈老客户，采取以旧换新方式销售高档口红 1 万支，每支 10 克，规定零售价 175 元，凡顾客将以往使用过的旧口红交回的，旧口红可作价折合 50 元，即顾客仅支付 125 元即可取得新的高档口红一支。

（5）为迎接春节，给本企业女员工（100 人）每人发放 C 礼品套盒一个，内有本企业生产的高档化妆品和普通护肤品，其中高档化妆品同类出厂不含税价 100 元，普通护肤品同类出厂不含税价 80 元。

（6）受托加工高档化妆品一批，原、辅材料均由委托方提供，收取含税加工费 8 万元，并代收代缴消费税 5 万元。

（7）将新研制的一批高档香水赠送给客户，成本价 15 万元，成本利润率为 5%，该新型高档香水无同类产品市场销售价格。

（8）当月因管理不善毁损普通护肤品成品一批，账面成本 10 万元。

（9）转让 2007 年购入的一台旧设备（购入时未抵扣进项税），购入原价 20 万元，转让含税价 9.79 万元，纳税人未放弃减税。

（其他相关资料：以上相关发票符合抵扣条件的均在当期抵扣。高档化妆品消费税税率为 15%）

要求：根据上述资料，回答下列问题。

（1）业务（1）应转出的增值税进项税；

（2）计算该企业当月准予抵扣的进项税额；

（3）计算业务（3）增值税销项税额；

（4）计算业务（4）增值税销项税额；

（5）计算业务（5）增值税销项税额；

（6）计算业务（7）增值税销项税额；

（7）计算该企业当月应纳的增值税；

（8）计算业务（3）的消费税；

（9）计算业务（4）的消费税；

（10）计算业务（5）的消费税；

（11）计算业务（7）的消费税；

（12）计算该企业当月可抵扣的消费税；

（13）计算该企业当期应向税务机关缴纳的消费税。（不包括代收代缴消费税）

同步强化练习题参考答案及解析

使用“会计云课堂”App或“微信”扫码对答案、看解析、掌握解题思路，开启轻松过关之旅。

一、单项选择题

1.【答案】D

【解析】选项A，消费税属于间接税；选项B，消费者是消费税的实际负担者；选项C，消费税的征税范围具有选择性。

2.【答案】C

【解析】消费税纳税义务人规定中的“在中华人民共和国境内”，是指生产、委托加工和进口属于应当缴纳消费税的消费品的起运地或所在地在境内。

3.【答案】A

【解析】服装不属于消费税征税范围；高档化妆品、白酒属于消费税征税范围，但不是在零售和批发环节缴纳消费税。

4.【答案】D

【解析】选项A：批发环节缴纳消费税的货物只涉及卷烟，不包括雪茄烟；选项B：竹制一次性筷子不属于消费税的征税范围；选项C：体育上用的发令纸不属于消费税的征税范围。

5.【答案】C

【解析】工业企业以外的单位和个人的下列行为视为应税消费品的生产行为，按规定征收消费税：（1）将外购的消费税非应税产品以消费税应税产品对外销售的；（2）将外购的消费税低税率应税产品以高税率应税产品对外销售的。

6.【答案】A

【解析】选项B：焰火、鞭炮在生产出厂环节缴纳消费税，在商业零售环节不缴纳消费税；选项C：卡车不属于消费税的征税范围；选项D：小轿车在生产出厂环节缴纳消费税，服装厂销售使用过的小轿车不缴纳消费税。

7.【答案】B

【解析】消费税“小汽车”税目征收范围包括符合规定的乘用车、中轻型商用客车和超豪华小汽车，不含高尔夫车、卡丁车和电动汽车。

8.【答案】C

【解析】选项C：属于燃料油范围，属于消费税征税范围。选项AB：不属于消费税的征税范围。选项D：属于消费税征税范围的高档手表是指销售价格（不含增值税）每只在10000元（含）以上的各类手表。

9.【答案】A

【解析】本题考点是消费税的征税环节和委托加工应税消费品的税务处理。一般情况下，消费税是单一环节征税。选项A：应按“小汽车”税目征收消费税，但要注意电池装配小轿车跨越消费税税目，不得抵扣已纳消费税；选项B：珍珠在生产出厂环节缴纳消费税，商业企业外购已税珍珠零售的，在零售环节不需要缴纳消费税；选项C：实木地板在生产出厂环节缴纳消费税，企业将外购的实木地板用于职工福利不缴纳消费税；选项D：委托方将收回的已税消费品以不高于受托方的计税价格出售的，不再缴纳消费税。

10.【答案】D

【解析】选项ABC均应在移送使用时缴纳消费税；选项D不缴纳消费税。

11.【答案】B

【解析】关于外购应税消费品已纳消费税的扣除，从依据上看，按生产领用量抵扣，不同于增值税的购进扣税。

12.【答案】D

【解析】选项ABC不缴纳消费税，只缴纳增值税；选项D既缴纳增值税又缴纳消费税。

13.【答案】D

【解析】选项ABC均应在消费品移送使用时缴纳消费税；选项D在移送使用环节不缴纳消费税。

14.【答案】D

【解析】注意吨与克的换算，1吨=1000千克，1千克=1000克。

从量税=0.8×2000×0.5=800（元）

从价税=［0.8×40000×（1+10%）+800］÷（1-20%）×20%=9000（元）

该酒厂当月应纳消费税=800+9000=9800（元）。

15.【答案】B

【解析】计征消费税的不含税销售额=（3000×200+80000+200×20）/（1+13%）=605309.73（元）。

应缴纳消费税=605309.73×5%=30265.49（元）。

镀金首饰不在零售环节缴纳消费税。

16.【答案】C

【解析】卷烟批发商之间销售的卷烟不缴纳消费税。甲企业应缴纳消费税=（150+50）×13000×11%+（150+50）×250=336000（元）。

17.【答案】A

【解析】A选项：属于税法规定的用委托加工收回的已税珠宝玉石为原料生产的珠宝玉石，可按生产领用量抵扣已纳消费税；B选项：香皂不属于消费税的征税范围，不得抵扣高档香水精已纳消费税；C选项：黄金镶嵌首饰应在零售环节纳税，不能抵扣红宝石戒面已纳消费税税款；D选项：已税小轿车改装成的工程抢修车不属于消费税的征收范围，不能抵扣上一环节已纳消费税，且已税小轿车继续生产的没有抵扣已纳消费税的规定。

18.【答案】C

【解析】用于赠送和发放给职工作福利的鞭炮应视同销售计算缴纳消费税，计税依据为纳税人当月销售同类鞭炮的加权平均销售价格。该鞭炮厂当月应缴纳的消费税=（200+110）×15%+（200+110）/（1000+500）×（100+50）×15%=51.15（万元）。

19.【答案】B

【解析】委托加工应税消费品组价公式中的材料成本是指委托方提供加工材料的实际成本；加工费是指受托方加工应税消费品向委托方所收取的全部费用

（含代垫辅料费，不含增值税）。
组成计税价格 =［10+（1+3）/（1+13%）］/（1−5%）=14.25（万元）。

20.【答案】C
【解析】应纳消费税 =［250+85.88÷（1+13%）］×11%+（5000+2000）×1÷10000=36.56（万元）
应纳增值税 =［250+（85.88+19.21）/（1+13%）］×13%−31=44.59−31=13.59（万元）
合计应纳增值税、消费税 =36.56+13.59=50.15（万元）。
只针对卷烟在批发环节加征一道消费税，雪茄烟在批发环节不征收消费税。

21.【答案】A
【解析】木制一次性筷子属于消费税征税范围，其逾期的包装物押金也要计入销售额计算消费税。但竹制和烫花木制非一次性的筷子不属于消费税征税范围。
该筷子生产企业应纳消费税 =12×5%+0.226÷（1+13%）×5%=0.61（万元）。

22.【答案】A
【解析】可以抵扣的消费税 =35×（1+25%）/（1−15%）×15%×60%=4.63（万元）。

23.【答案】B
【解析】本题考核消费税代收代缴的有关规定。委托个体户加工应税消费品的，由委托方收回后缴纳消费税。

24.【答案】C
【解析】应纳消费税 =（12.43+20.34）/（1+13%）×5%=1.45（万元）。

25.【答案】A
【解析】外贸公司从生产企业购进高档化妆品直接出口，属于从价定率计征消费税的应税消费品，在计算应退消费税税额时，计税依据只考虑外贸公司从生产企业购进高档化妆品时增值税专用发票上注明的价款，不包括其他费用。
该外贸公司出口高档化妆品应退的增值税 =25×9%=2.25（万元）
该外贸公司出口高档化妆品应退的消费税 =25×15%=3.75（万元）
合计退税 =2.25+3.75=6（万元）。

26.【答案】C
【解析】选项 A：纳税人销售应税消费品，除另有规定外，应当向机构所在地或居住地的主管税务机关申报纳税；选项 B：除卷烟批发企业外，纳税人总分机构不在同一县（市）的，一般由各机构分别向各机构所在地的主管税务机关申报缴纳消费税；选项 D：进口应税消费品，由进口人或由其代理人向进口报关地海关缴纳消费税。

27.【答案】B
【解析】选项 A：进口的应税消费品，消费税的纳税义务发生时间为报关进口的当天；选项 C：委托加工的应税消费品，消费税的纳税义务发生时间为纳税人提货的当天；选项 D：采取预收货款结算方式销售应税消费品的，消费税的纳税义务发生时间为货物发出的当天。只有 B 选项符合规定。

28.【答案】D
【解析】纳税人采取分期收款结算方式的，消费税纳税义务发生时间为书面合同约定的收款日期的当天。该企业 9 月就该项业务应缴纳的消费税 =135.6×50%÷（1+13%）×10%=6（万元）。

29.【答案】B
【解析】纳税人进口应税消费品，应于海关填发海关进口消费税专用缴款书之日起 15 日内缴纳消费税税款。

30.【答案】A

【解析】啤酒属于从量计征消费税的应税消费品，包装物押金不征收消费税，所以B选项不正确；纳税人进口的应税消费品，其纳税义务的发生时间，为报关进口的当天，所以C选项不正确；纳税人将自产的应税消费品用于连续生产应税消费品的，不纳税，所以D选项不正确。

二、多项选择题

1.【答案】BCD

【解析】高档化妆品的生产商在出厂销售时缴纳消费税；卷烟的批发商自2009年5月1日以后在卷烟批发环节（批发商之间销售卷烟除外）加征一道消费税，所以BC选项属于消费税纳税人。金银首饰、钻石、钻石饰品、铂金首饰的零售商在零售环节缴纳消费税，钻石进口环节不缴纳消费税，所以不能选A选项。

2.【答案】ACD

【解析】白酒应于生产、委托加工或进口环节缴纳消费税，批发环节只缴纳增值税，不缴纳消费税。

3.【答案】BD

【解析】洗发水和沐浴露不属于消费税征收范围；烟酒经销商店零售外购的已税烟酒，不属于消费税的纳税环节，不再缴纳消费税。

4.【答案】AC

【解析】啤酒、黄酒、成品油（包括柴油）采用定额税率征收消费税。葡萄酒、烟丝采用比例税率计算消费税。

5.【答案】AC

【解析】选项B：用于产品质量检验的高尔夫球杆不征消费税，产品质量检验属于生产环节的一道工序。选项D：化妆品厂移送非独立核算门市部待销售的高档化妆品，不征消费税，如果门市部已经对外销售，则应当按门市部对外销售额计征消费税。

6.【答案】ABC

【解析】选项AB：属于视同销售应缴纳消费税的情形；选项C：对生产的应税消费品在出厂环节计算缴纳消费税；选项D：委托加工收回的已税消费品以不高于受托方计税价格直接销售时不再缴纳消费税。

7.【答案】AC

【解析】选项B影视演员卸妆用的卸妆油和选项D气缸容量250毫升（不含）以下的摩托车都不属于消费税的征税范围。

8.【答案】AC

【解析】选项A：每只10000元（不含增值税）以上（含）的高档手表征收消费税；选项B：帆艇不属于征收消费税的机动艇，不征收消费税；选项C：高档胭脂属于高档化妆品税目，应征收消费税；选项D：戏剧演员化妆用的油彩不属于征收消费税的范围。

9.【答案】BD

【解析】金银首饰（含金基、银基合金首饰以及金、银和金基、银基合金的镶嵌首饰，但不含包金、包银、镀金、镀银首饰）、铂金首饰、钻石及钻石饰品在零售环节纳税；其他贵重首饰和珠宝玉石在出厂环节纳税。

10.【答案】ACD

【解析】选项A：属于消费税应税电池的范围；选项B：变压器油、导热类油等绝缘油类产品不属于润滑油，不征收消费税；选项C：属于燃料油的征收范围；选项D：属于溶剂油的征税范围。

11.【答案】ACD

【解析】B选项中的小货车不属于消费税的征税范围，不涉及代收代缴消费税。

12.【答案】ACD

【解析】选项ACD均属于视同销售应征收消费税的项目；选项B属于生产必备环节，不征收消费税。

13.【答案】ABCD

【解析】增值税和消费税计税依据中都有价外费用的内容，本题目考查考生对价外费用范围的把握，可以命制客观题也可以命制主观题。选项ABCD均属于应当计入白酒生产企业销售额计征消费税的项目。

14.【答案】ACD

【解析】选项B：除葡萄酒之外的其他酒用于连续生产时，没有抵税规则。

15.【答案】AD

【解析】纳税人从葡萄酒生产企业购进、进口葡萄酒连续生产应税葡萄酒的，准予从葡萄酒消费税应纳税额中扣除所耗用应税葡萄酒已纳消费税税款。如本期消费税应纳税额不足抵扣的，余额留待下期抵扣。

16.【答案】ABD

【解析】卷烟批发企业，总分支机构不在同一地区的，由总机构申报纳税，C选项错误。ABD选项符合税法规定。

17.【答案】ACD

【解析】受托方未按规定代收代缴消费税的，应由委托方补税，受托方按《征管法》规定受到罚款处罚；委托方收回后直接销售的按销售额（不含增值税）补税，尚未销售或不能直接销售的才按照组成计税价格补税。

18.【答案】ACD

【解析】2016年12月1日起，"小汽车"税目下增设"超豪华小汽车"子税目。征收范围为每辆零售价格130万元（不含增值税）及以上的乘用车和中轻型商用客车。对超豪华小汽车，在生产（进口）环节按现行税率征收消费税基础上，在零售环节加征消费税。将超豪华小汽车销售给消费者的单位和个人为超豪华小汽车零售环节纳税人，税率为10%，所以选项C错误。而选项D的表述是出厂价为判别标准且没有表明包括中轻型商用客车，故选项D错误。选项A，甲企业出厂销售16辆小汽车应缴纳生产环节消费税=120×16×12%=230.40（万元）；甲企业将1辆小汽车以136万元销售给影星丙，消费税税率按照生产环节税率和零售环节税率加总计算，应纳消费税=136×（12%+10%）=29.92（万元）；甲企业合计应纳消费税=230.40+29.92=260.32（万元）。选项B，乙汽车销售中心零售15辆超豪华小汽车应纳零售环节消费税=138×15×10%=207（万元）。

19.【答案】BCD

【解析】选项A：啤酒生产企业生产销售啤酒时收取的包装物押金不征收消费税。

20.【答案】ABD

【解析】选项ABD不能抵扣外购应税消费品已纳税额的原因为：涂料和实木地板不属于同一个税目；零售环节纳税的金银首饰和生产环节纳税的珠宝玉石不属于同一环节；白酒不允许抵扣外购白酒的已纳消费税税额。

21.【答案】ACD

【解析】选项B：白酒生产企业销售给销售单位的白酒，生产企业消费税计税价格低于销售单位对外销售价格（不含增值税，下同）70%以下的，消费税最低计税价格由税务机关根据生产规模、白酒品牌、利润水平等情况在销售单位对外销售价格50%至70%范围内自行核定。其中生产规模较大，利润水平较高的企业生产的需要核定消费税最低计税价格的白酒，税务机关核价幅度原则上应选择在销售单位对外销售价格60%至70%范围内。选项C：已核定最低计税价格的白酒，生产企业实际销售价格高于消费税最低计税价格的，按实际销售价格申报纳税；实际销售价格低于消费税最低计税价格的，按最低计税价格申报纳税。

22.【答案】BD

【解析】选项A：纳税人采取赊销和分期收款结算方式销售应税消费品的，其纳税义务的发生时间为书面合同约定的收款日期的当天，书面合同未约定收款日期或无书面合同的，为发出应税消费品的当天；选项C：纳税人委托加工的应税消费品，其纳税义务的发生时间为纳税人提货的当天。

23.【答案】ABD

【解析】选项C：进口的应税消费品，由进口人或者其代理人向报关地海关申报纳税。

24.【答案】ABD

【解析】进口应税消费品，由进口人或代理人向报关地海关申报纳税，A选项错误。对自己不生产应税消费品，而只是购进后再销售应税消费品的工业企业，其销售的高档化妆品，凡不能构成最终消费品直接进入消费品市场，而需进一步生产加工的，应当征收消费税，同时允许扣除外购高档化妆品的已纳税款，B选项错误。委托加工的应税消费品，受托方在交货时已代收代缴消费税，委托方收回后以不高于受托方计税价格出售的，不再缴纳消费税，以高于受托方计税价格出售的，需要按照规定申报缴纳消费税，在计税时准予扣除受托方已代收代缴的消费税，D选项错误。

25.【答案】ACD

【解析】采取直接收款方式的，消费税纳税义务发生时间为收讫销售款或者取得索取销售款凭据的当天，A选项正确；采取预收货款结算方式的，消费税纳税义务发生时间为发出应税消费品的当天，B选项错误；采取托收承付和委托银行收款方式的，消费税纳税义务发生时间为发出应税消费品并办妥托收手续的当天，C选项正确；采取赊销和分期收款结算方式的，消费税纳税义务发生时间为书面合同约定的收款日期的当天，书面合同没有约定收款日期或无书面合同的，为发出应税消费品的当天，D选项正确。

26.【答案】BCD

【解析】选项A：海关代征的消费税全部入中央库。

三、计算问答题

1.【答案及解析】

（1）本月甲企业向烟酒专卖店销售白酒应缴纳消费税 =（200+50+20）÷（1+13%）×20%+20×2000×0.5÷10000=47.79+2=49.79（万元）

【提示】品牌使用费和包装物租金应作增值税价税分离后并入销售额计算消费税。白酒采用复合计税的方法计算缴纳消费税。

（2）乙企业已代收代缴消费税 =（10+1）÷（1−10%）×10%=1.22（万元）

【提示】药酒属于其他酒，消费税计算采用从价计税的方法。

（3）本月甲企业销售瓶装药酒应缴纳消费税 =1800×100÷10000×10%=1.8（万元）

【提示】酒类产品连续加工再销售的，不得扣除外购或委托加工收回的酒类产品已经缴纳过的消费税（外购、进口已税葡萄酒连续加工除外）。

（4）进口环节海关代征的消费税 =18×（1+14%）/（1-10%）×10%=2.28（万元）

（5）甲企业销售瓶装葡萄酒应纳的消费税 =30×10%-2.28=0.72（万元）。

【提示】纳税人从葡萄酒生产企业购进、进口葡萄酒连续生产应税葡萄酒的，准予从葡萄酒消费税应纳税额中扣除所耗用应税葡萄酒已纳消费税税款。

2.【答案及解析】

（1）业务（2）应缴纳的消费税 =60×4%=2.4（万元）

（2）业务（3）应缴纳的消费税 =500×110/10000×4%+200×100/10000×4%=0.22+0.08=0.30（万元）

（3）消费税暂行条例实施细则规定：委托加工的应税消费品，是指由委托方提供原料和主要材料，受托方只收取加工费和代垫部分辅助材料加工的应税消费品。

（4）业务（4）应纳消费税为 0。

B 涂料的 VOC 含量为 420 克 / 升，VOC 含量低于 420 克 / 升（含）的涂料免征消费税。

（5）销项税：

业务（2）：7.8 万元

业务（3）：500×100/10000×13%=0.65（万元）

自产产品用于本厂车间修缮（增值税应税项目）不视同销售。

业务（4）：1×13%=0.13（万元）

增值税销项税合计 =7.8+0.65+0.13=8.58（万元）

甲厂应纳增值税 =8.58-6.5-0.09=1.99（万元）。

【提示】

①自产涂料用于车间修缮，对于消费税而言，属于用于消费税非应税项目，应在移送时计算消费税；但对于增值税而言，属于用于应税项目范畴，不视同销售。

②自产涂料用于换取生产资料，增值税（平均价）和消费税（最高价）的计税依据不同。

3.【答案及解析】

（1）该卷烟厂本月应纳进口环节消费税税额 =（100+5）/（1-30%）×30%=45（万元）

（2）①该卷烟厂与商场批发部赊销业务应纳的消费税税额 =55×20 箱 ×250 条 / 箱 ×50%×36%+20×50%×250×200×0.003=49500+1500=51000（元）=5.1（万元）

②该卷烟厂向烟酒批发站销售卷烟应纳的消费税税额 =137.5×36%+100×250×200×0.003/10000=49.5+1.5=51（万元）

③该卷烟厂用卷烟向烟酒批发站换取白酒应纳的消费税税额 =58×10 箱 ×250 条 / 箱 ×36%+10×250×200×0.003=52200+1500=53700（元）=5.37（万元）

【提示】纳税人用于换取生产资料、消费资料、投资入股、抵偿债务的自产应税消费品，要按照同类消费品最高销售价格计算缴纳消费税。

④该卷烟厂当期应向税务机关缴纳的消费税 =5.1+51+5.37-（30×30%+45）×40%=39.87（万元）。

【提示】从工业企业购入和进口的烟丝可以按生产领用量抵扣已纳的消费税。从供销社购进的烟丝，题目明确未取得扣税证明，无法知道烟丝以前环节缴纳过多少消费税，不符合抵扣条件，所以不能抵扣购进烟丝已纳消费税。

4.【答案及解析】

（1）甲超市销售给王女士高档香水的增值税销项税额 =400÷（1+13%）×13%=46.02（元）

（2）甲超市销售给王女士白酒的增值税销项税额 =280÷（1+13%）×13%=32.21（元）

（3）甲超市销售给王女士食品的增值税销

项税额 =400÷（1+9%）×9%+（10+44）÷（1+13%）×13%=33.03+6.21=39.24（元）

（4）王女士购买高档香水支出中包含的消费税税额 =280×15%=42（元）

消费税纳税人为 B 市化妆品厂，纳税地点为 B 市。

（5）王女士购买白酒支出中包含的消费税税额 =100×2×20%+2×0.5=40+1=41（元）。

消费税纳税人为 B 市白酒厂，纳税地点为 B 市。

5.【答案及解析】

（1）销售成套礼盒应缴纳的消费税 =28.25÷（1+13%）×5%=1.25（万元）

【提示】金银首饰与非金银首饰组成成套消费品销售的，不论是否单独核算，一并计算缴纳消费税。

（2）纳税人采用以旧换新（含翻新改制）方式销售的金银首饰，应按实际收取的不含增值税的全部价款确定计税依据征收消费税。

（3）以旧换新销售金项链应缴纳的消费税 =600×0.1÷（1+13%）×5%=2.65（万元）

（4）定制加工金银首饰应缴纳的消费税 =（30+3.9）÷（1+13%）×（1+6%）÷（1-5%）×5%=33.47×5%=1.67（万元）

【提示】原材料是由商城提供的，所以此项业务不属于委托加工，应视同首饰商城零售自产金银首饰。这里的 6% 为成本利润率，用于组成零售环节的计税价格。

（5）用银基项链抵债应纳消费税 =67.8÷（1+13%）×5%=3（万元）。

6.【答案及解析】

（1）缴纳消费税的游艇长度大于 8 米（含）小于 90 米（含），销售自造 60 米长的游艇应纳消费税。

该造船厂当月销售游艇应纳消费税 =1500÷（1+13%）×10%=132.74（万元）

（2）销售摩托艇应纳消费税为 0。

缴纳消费税的游艇长度大于 8 米（含）小于 90 米（含），因此，销售 4 米长的水上娱乐摩托艇不需要缴纳消费税。

（3）注意区分货物、加工劳务、广告服务、运输服务等不同项目的适用税率。

该造船厂当月可抵扣的增值税进项税 =（600+80+12）×13%+10×9%+450×50%÷（1+6%）×6%+54=89.96+0.9+12.74+54=157.6（万元）

（4）当期增值税销项税 =（1500+82）÷（1+13%）×13%=182（万元）

当期应纳增值税 =182-157.6=24.4（万元）。

7.【答案及解析】

（1）乙厂应代收代缴的消费税 =（43+5）÷（1-4%）×4%=2（万元）。

（2）委托加工的电池在提取货物时已由受托方代收代缴了消费税，委托方以不高于受托方的计税价格直接出售的，不再缴纳消费税；委托方以高于受托方的计税价格出售的，需按照规定申报缴纳消费税，在计税时准予扣除受托方已代收代缴的消费税。

（3）业务（2）应纳消费税 =70×4%-2×80%=1.20（万元）。

（4）委托加工收回自用于车间照明的已税电池不需要再缴纳消费税。

【提示】委托加工电池在提货时缴纳了消费税，收回后直接用于生产经营的，不需要再缴纳消费税，也不涉及消费税的抵扣。

（5）将自产电池赠送给客户，应该缴纳消费税，有同类消费品的销售价格的，按照纳税人生产的同类消费品的不含增值税的销售价格计算纳税。

应纳消费税 =45/90%×4%=2（万元）。

纳税人采取赊销方式销售应税消费品，消费税纳税义务发生时间为书面合同约定的收款日期的当天。

四、综合题

【答案及解析】

(1)业务(1):因管理不善造成的非正常损失和用于集体福利的外购货物进项税额不得抵扣,即外购高档香水精不得抵扣的进项税 =26×(15%+5%)=5.2(万元)。

(2)业务(8):因管理不善导致非正常损失的普通护肤品成品,成本中外购部分需作进项税额转出,这里需要使用 70% 的外购比例计算进项税额转出。

需要转出的进项税额 =10×70%×13%=0.91(万元)

该企业当月准予抵扣的进项税 =26+0.3−5.2−0.91=20.19(万元)

(3)业务(3):高档化妆品的包装物押金收取时不计税。包装费属于价外费用,应换算为不含税收入并入销售额征收增值税和消费税,销售 A 高档化妆品增值税销项税额 =(60+4/1.13)×13%=8.26(万元)。

赠送给批发站的 2 箱 B 普通护肤品,应视同销售,计算增值税,销售 B 普通护肤品销项税额 =175.5/10×12/1.13×13% =24.23(万元)。

业务(3)增值税销项税 =8.26+24.23=32.49(万元)

(4)业务(4):以旧换新方式销售高档口红应按新口红的销售价格计算缴纳增值税和消费税,即含税销售额 =1×175=175(万元),以旧换新销售高档口红增值税销项税额 =175/1.13×13%=20.13(万元)。

(5)业务(5):将自产货物用于职工福利,应视同销售,计征增值税,即不含税销售额 =100×(100+80)÷10000=1.8(万元),发放给女员工的礼品套盒增值税销项税额 =1.8×13%=0.23(万元)。

(6)业务(7):赠送客户高档香水的增值税销项税额 =15×(1+5%)/(1−15%)×13%=2.41(万元)

(7)业务(6):加工劳务增值税销项税额 =8/1.13×13%=0.92(万元)

增值税销项税额合计 =8.26+24.23+20.13+0.23+0.92+2.41=56.18(万元)

业务(9):应纳增值税 =9.79/(1+3%)×2%=0.19(万元)

当月应纳的增值税 = 销项税额 − 可抵扣的进项税额 + 按征收率计算的应纳税额 =56.18−20.19+0.19=36.18(万元)

(8)业务(3)消费税额 =(60+4/1.13)×15%=9.53(万元)

注意普通护肤品不缴纳消费税。

(9)业务(4)消费税额 =175/1.13×15%=23.23(万元)

(10)业务(5)消费税额 =1.8×15%=0.27(万元)

(11)业务(7)消费税额 =15×(1+5%)/(1−15%)×15%=2.78(万元)

(12)业务(1):外购高档香水精按生产领用量抵扣已纳消费税,即可抵扣消费税 =200×(1−15%−5%−20%)×15%=18(万元)。

(13)该企业当期向税务机关缴纳的消费税:

业务(3)、业务(4)、业务(5)、业务(7)都需计算消费税,还要考虑业务(1)的消费税抵扣。

应纳消费税 =9.53+23.23+0.27+2.78−18=17.81(万元)。

东奥教育集团
www.dongao.com

24年丰碑屹立，成就千万学员

轻松过关® 1

TAXATION LAWS

2022年注册会计师考试

应试指导及全真模拟测试

税 法

（中册）

● 刘 颖 主编
● 东奥会计在线 编

北京科学技术出版社

编著名师：刘 颖

国内学者、教授，1985年起从事税收教学和研究，1994年起开始注会考试辅导。编写的“轻松过关®”，是财税人员热衷的考试用书，也是他们常用的工具宝典。讲解条理清晰，题目经典原创，引领行业前沿，对考试把握准确、分析透彻。

正版《轻一》，独享3大「超能力」

1 免费听 → 轻1名师亲授，书课同步 ——*高效学*

- 本章小结“导图课”：重点复盘，精妙点拨
- 前两章“名师网课”：凝结考点，精致解读

2 畅快享 → 全程辅导，解决学习烦恼 ——*省心学*

- 24小时内专业答疑服务（30次/科）
- App同步题库，边学边练

3 随心拍 → 伴读小程序，一键智能解惑 ——*轻松学*

- 拍考点：看视频，做习题
- 拍题目：看答案，听讲解

轻松两步，解锁「超能力」

STEP1

扫码下载“会计云课堂”App

STEP2

刮开封面的防伪码，
用App扫描二维码激活领取

轻松过关®1

2022年注册会计师考试
应试指导及全真模拟测试

税 法

（中册）

刘 颖 主编

东奥会计在线 编

北京科学技术出版社

目录 CONTENTS

第二部分　考点精讲及同步训练

第四章　企业所得税法

CHAPTER-4

本章学习指南

一、学习目标

1. 掌握纳税义务人、征税对象与税率。
2. 掌握应纳税所得额、收入总额、不征税收入和免税收入。
3. 掌握税前扣除原则、范围和标准。
4. 掌握不得扣除的项目。
5. 掌握境内外所得亏损弥补的规定。
6. 掌握资产的计价、折旧、摊销等税务处理。
7. 掌握税法规定与会计规定差异的处理。
8. 熟悉资产损失的定义和扣除政策。
9. 掌握资产损失税前扣除管理。
10. 熟悉企业重组的概念和分类。
11. 熟悉企业重组的一般性税务处理方法和特殊性税务处理方法。
12. 掌握企业所得税的免征与减征优惠。
13. 与国际税收税务管理实务一章呼应，掌握居民企业境内外所得应纳税额的计算、境外所得抵免税额的计算。
14. 掌握居民企业核定征收应纳税额的处理。
15. 与国际税收税务管理实务一章呼应，掌握非居民企业应纳税额的计算。
16. 熟悉非居民企业所得税核定征收办法。
17. 熟悉企业所得税的纳税地点、纳税期限、纳税申报。
18. 与国际税收税务管理实务一章呼应，掌握企业所得税的源泉扣缴。
19. 熟悉跨地区经营汇总纳税企业所得税征收管理。
20. 了解合伙企业所得税的征收管理。
21. 了解居民企业报告境外投资和所得信息的管理。
22. 熟悉纳税申报表重要项目的逻辑关系。

二、考情概况

在最近3年的考试中，本章平均分值为20分，可以命制各种题型。企业所得税既可能单独出题，也可能与其他税种、征管法等混合出题，与其他税种混合出的综合题具有较高的难度。

本章是历年CPA税法考试的重点税种之所在，自身政策难度较大。企业所得税应纳税所得额的计算与调整过程中涉及若干其他税种的扣除。本章知识点的内涵和外延彰显其综合性：

（1）企业所得税的考试命题往往同时涉及增值税、城建税、教育费附加和地方教育附加的计算，也会考核上述税费在企业所得税税前可扣除与不可扣除的规则。（2）土地增值税、房产税、城镇土地使用税、车船税、印花税，都是计算应纳税所得额时可扣除的税种，上述税种也可与企业所得税混合命题。（3）企业所得税计算过程中的纳税调整体现的是对税法与会计核算差异的调整，对考生的会计基础提出了一定的要求。

【建议】考生在学完1~3章和6~11章之后，再开始学习两个所得税。

三、教材变化

1. 新增境外投资者在境内从事混合性投资业务企业所得税处理。
2. 新增企业取得政府财政资金的收入时间确认。
3. 新增企业通过公益性群众团体用于符合法律规定的公益慈善事业捐赠支出，准予按税法规定在计算应纳税所得额时扣除的规定。
4. 新增支持新型冠状病毒感染的肺炎疫情捐赠税收政策。
5. 新增可转换债券转换为股权投资的税务处理。
6. 新增受疫情影响较大的困难行业企业2020年度发生的亏损，最长结转年限由5年延长至8年。
7. 新增企业所得税核定征收改为查账征收后有关资产的税务处理。
8. 新增文物、艺术品资产的税务处理。
9. 删除小型微利企业的认定标准的过时政策表述。
10. 新增小型微利企业2021年1月1日至2022年12月31日优惠政策。
11. 删除高科技型中小企业研究开发费用加计扣除政策。
12. 新增制造业企业研究开发费用加计扣除政策。
13. 新增对疫情防控重点保障物资生产企业为扩大产能新购置的相关设备，允许一次性计入当期成本费用在企业所得税税前扣除。
14. 删除地方政府债券利息所得免征企业所得税的优惠。
15. 删除房地产开发企业所得税预缴税款的处理。
16. 调整保险企业手续费及佣金支出的税前扣除比例。
17. 删除部分教材过时政策表述。

四、考点框架

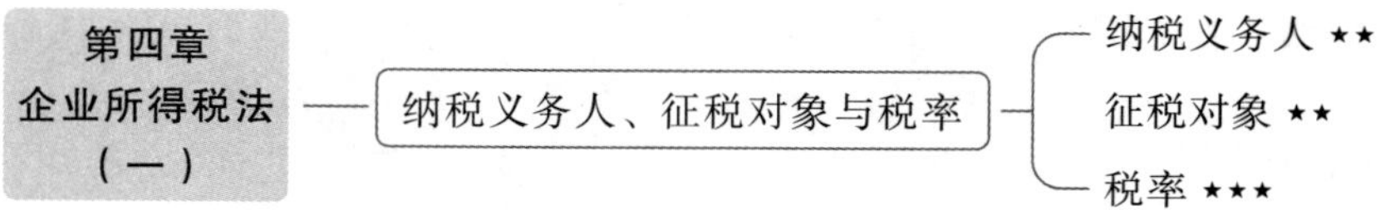

- **第四章 企业所得税法（二）**
  - 应纳税所得额
    - 收入总额 ★★
    - 一般收入的确认 ★★★
    - 符合条件的混合性投资与一般条件下的永续债 ★
    - 特殊收入的确认 ★★★
    - 处置资产收入的确认 ★★★
    - 非货币性资产投资企业所得税的处理 ★★★
    - 企业转让上市公司限售股有关所得税处理 ★★★
    - 企业接收政府和股东划入资产的企业所得税处理 ★★
    - 不征税收入和免税收入 ★★★
    - 税前扣除原则 ★★
    - 扣除项目范围 ★★★
    - 扣除项目及其标准 ★★★
    - 不得扣除的项目 ★★★
    - 亏损弥补 ★★★
  - 资产的税务处理
    - 固定资产的税务处理 ★★★
    - 生物资产的税务处理 ★
    - 无形资产的税务处理 ★★
    - 长期待摊费用的税务处理 ★★
    - 存货的税务处理 ★
    - 投资资产的税务处理 ★★★
    - 税法规定与会计规定差异的处理 ★★
  - 资产损失的所得税处理
    - 资产损失的定义 ★
    - 资产损失扣除政策 ★★
    - 资产损失税前扣除管理 ★★★

- **第四章 企业所得税法（三）**
  - 企业重组的所得税处理
    - 理解相关概念 ★
    - 企业重组的一般性税务处理方法 ★★
    - 企业重组的特殊性税务处理的条件 ★★★
    - 企业重组的特殊性税务处理方法 ★★★
    - 100%控制企业资产划转的特殊性税务处理方法 ★
    - 境内外股权和资产收购交易的特殊性税务处理条件 ★
    - 特殊性税务处理的管理规定 ★
  - 税收优惠
    - 居民企业的主要税收优惠规定 ★★★
    - 非居民企业税收优惠 ★★
    - 特殊行业的税收优惠 ★★
    - 海南自由贸易港企业所得税优惠 ★★
    - 有些税收优惠不得叠加享受 ★★
  - 应纳税额的计算
    - 居民企业应纳税额的计算 ★★★
    - 境外所得抵扣税额的计算 ★★★
    - 居民企业核定征收应纳税额的计算 ★★
    - 非居民企业应纳税额的计算 ★★
    - 非居民企业所得税核定征收办法 ★★★
  - 征收管理
    - 纳税地点、纳税期限、纳税申报的基本规定 ★★
    - 源泉扣缴 ★★★
    - 跨地区经营汇总纳税企业所得税征收管理（居民企业）★★
    - 合伙企业所得税的征收管理 ★★
    - 居民企业报告境外投资和所得信息的管理 ★
    - 跨境电子商务综合试验区核定征收企业所得税 ★

核心考点精讲

企业所得税是对我国境内的企业和其他取得收入的组织的生产经营所得和其他所得征收的一种税。企业所得税的计税依据是应纳税所得额，不是直接意义上的会计利润，更不是收入总额。在计算企业所得税时，计税依据的计算涉及纳税人的收入、成本、费用等各个方面，因此企业所得税计税依据的计算较为复杂。

企业所得税的作用：（1）促进企业改善经营管理活动，提升企业的盈利能力。（2）调节产业结构，促进经济发展。（3）为国家建设筹集财政资金。

第一节　纳税义务人、征税对象与税率

使用“会计云课堂”App 或“微信”扫码查看本节视频，快速 GET 知识点。

考点 1：纳税义务人★★

在中华人民共和国境内的企业和其他取得收入的组织（以下统称“企业”）为企业所得税的纳税人。个人独资企业、合伙企业不适用企业所得税法。

私营企业
- 公司制——交企业所得税
- 个人独资、合伙企业——投资（个人合伙）人交个人所得税

缴纳企业所得税的企业分为居民企业和非居民企业，分别承担不同的纳税义务。

居民企业，是指依法在中国境内成立，或者依照外国（地区）法律成立但实际管理机构在中国境内的企业。

非居民企业，是指依照外国（地区）法律成立且实际管理机构不在中国境内，但在中国境内设立机构、场所的，或者在中国境内未设立机构、场所，但有来源于中国境内所得的企业。

纳税人类型	具备条件	
	在中国境内成立（注册法人）	实际管理机构在中国境内
居民企业	√	×
	×	√
	√	√
非居民企业	×	×

【相关链接】居民企业境外所得、非居民企业境内所得的确认和计税规则，不仅在企业所得税法一章有基本政策规定，在国际税收税务管理实务一章也收录了更细致的政策。这一部分内容一定要将本章和国际税收税务管理实务的内容放在一起复习，才能掌握本知识点的具体应用。

经典题解

【例题 1·多选题】依据企业所得税法的规定，判定居民企业的标准有（　　）。

A. 登记注册地标准　　　　　　B. 所得来源地标准
C. 经营行为实际发生地标准　　D. 实际管理机构所在地标准

【解析】居民企业是指依法在中国境内成立，或者依照外国（地区）法律成立但实际管理机构在中国境内的企业。企业所得税法采用了“登记注册地标准”和“实际管理机构所在地标准”两个衡量标准，对居民企业和非居民企业做了明确的界定。

【答案】AD

考点2：征税对象★★

企业所得税的征税对象从内容上看包括企业的生产经营所得、其他所得和清算所得，从空间范围上看包括来源于中国境内的所得和境外的所得。

1. 居民企业和非居民企业的征税对象

<table>
<tr><th colspan="3">企业类型</th><th>征税对象</th></tr>
<tr><td colspan="3">居民企业</td><td>来源于中国境内、境外的所得</td></tr>
<tr><td rowspan="3">非居民企业</td><td rowspan="2">在中国境内设立机构、场所</td><td>取得的所得与境内所设机构、场所有实际联系</td><td>来源于中国境内的所得，以及发生在中国境外但与其所设机构、场所有实际联系的所得</td></tr>
<tr><td>取得的所得与境内所设机构、场所没有实际联系</td><td rowspan="2">来源于中国境内的所得</td></tr>
<tr><td colspan="2">在中国境内未设立机构、场所</td></tr>
</table>

【提示】非居民企业发生在我国境外的所得在特殊情况下也在我国缴纳企业所得税。例如，非居民企业将在中国境内设立的机构、场所的资产出租到境外收取租金，属于来源于中国境外但与其在我国的机构、场所有实际联系的所得，应在我国缴纳企业所得税。

2. 所得来源的确定

所得类型	所得来源的确定
销售货物所得	按照交易活动发生地确定
提供劳务所得	按照劳务发生地确定
不动产转让所得	按照不动产所在地确定
动产转让所得	按照转让动产的企业或者机构、场所所在地确定
权益性投资资产转让所得	按照被投资企业所在地确定
股息、红利等权益性投资所得	按照分配所得的企业所在地确定
利息所得、租金所得、特许权使用费所得	按照负担、支付所得的企业或者机构、场所所在地确定，或者按照负担、支付所得的个人的住所地确定
其他所得	由国务院财政、税务主管部门确定

经典题解

【真题 2 · 多选题】下列关于所得来源地确定方法的表述中，符合企业所得税法规定的有（　　）。（2019 年）

A. 提供劳务所得按照劳务发生地确定

B. 特许权使用费所得按照收取特许权使用费所得的企业所在地确定

C. 股息所得按照分配股息的企业所在地确定

D. 动产转让所得按照转让动产的企业所在地确定

【解析】选项 B：特许权使用费所得，按照负担、支付所得的企业或者机构、场所所在地确定，或者按照负担、支付所得的个人的住所地确定。

【答案】ACD

【例题 3 · 单选题】依据企业所得税法的规定，下列各项中，按照负担所得的企业所在地确定所得来源地的是（　　）。

A. 销售货物所得　　B. 权益性投资所得

C. 动产转让所得　　D. 特许权使用费所得

【解析】销售货物所得，按照交易活动发生地确定；股息、红利等权益性投资所得，按照分配所得的企业所在地确定；动产转让所得，按照转让动产的企业或者机构、场所所在地确定；利息所得、租金所得、特许权使用费所得，按照负担、支付所得的企业或者机构、场所所在地确定，或者按照负担、支付所得的个人的住所地确定。

【答案】D

考点 3：税率★★★

企业所得税的纳税人类型不同，适用的税率也不同。

<table>
<tr><th colspan="3">纳税人</th><th colspan="2">税收管辖权</th><th>税率</th></tr>
<tr><td colspan="3">居民企业</td><td colspan="2">居民管辖权，就其世界范围的所得征税</td><td rowspan="2">基本税率 25%</td></tr>
<tr><td rowspan="3">非居民企业</td><td rowspan="2">在我国境内设立机构、场所</td><td>取得所得与设立的机构、场所有实际联系的</td><td rowspan="3">地域管辖权</td><td>就其来源于我国境内的所得和发生在中国境外但与其在我国境内所设机构、场所有实际联系的所得征税</td></tr>
<tr><td>取得所得与设立的机构、场所没有实际联系的</td><td rowspan="2">仅就其来源于我国境内的股息、红利等权益性投资收益和利息、租金、特许权使用费、转让财产所得、其他所得征税（简称预提税）</td><td rowspan="2">低税率 20%（实际减按 10% 的税率征收）</td></tr>
<tr><td colspan="2">未在我国境内设立机构、场所，却有来源于我国境内的所得</td></tr>
</table>

名师点拨

有国际税收协定的，预提税的征收比率按照协定规定执行。

【相关链接】居民企业中符合条件的小型微利企业减按 20% 税率征税；国家重点扶持的高新技术企业、经认定的技术先进型服务企业和符合条件的从事污染防治的第三方企业减按 15% 税率征税。

【易错易混】

请考生仔细研读政策，认真观察表格，务必注意辨析：

（1）非居民企业的所得税税率分为 25% 和 20%（目前减按 10%）两种基本情况。

（2）适用低税率（预提税）的非居民纳税人有限定的条件，其所得项目有规定的范围。

经典题解

【例题 4 · 多选题】以下适用 25% 企业所得税税率的企业有（　　）。

A. 在中国境内的居民企业

B. 在中国境内设有机构、场所，且取得的所得与其所设机构、场所有实际联系的非居民企业

C. 在中国境内设有机构、场所，但取得的所得与其所设机构、场所没有实际联系的非居民企业

D. 在中国境内未设立机构、场所的非居民企业

【答案】AB

第二节　应纳税所得额

使用“会计云课堂”App 或“微信”扫码查看本节视频，快速 GET 知识点。

应纳税所得额是企业每一个纳税年度的收入总额，减除不征税收入、免税收入、各项扣除，以及允许弥补的以前年度亏损后的余额。

直接计算法的应纳税所得额计算公式：

应纳税所得额 = 收入总额 − 不征税收入 − 免税收入 − 各项扣除 − 允许弥补的以前年度亏损

间接计算法的应纳税所得额计算公式：

应纳税所得额 = 会计利润总额 ± 纳税调整项目金额

要点小贴士

现实及考试命题一般使用间接计算法计算应纳税所得额。

考点 1：收入总额★★

企业以货币形式和非货币形式从各种来源取得的收入，为收入总额。具体有：销售货物收入，提供劳务收入，转让财产收入，股息、红利等权益性投资收益，利息收入，租金收入，特许权使用费收入，接受捐赠收入，其他收入。

货币形式的收入：现金、存款、应收账款、应收票据、准备持有至到期的债券投资以及债务的豁免等。

非货币形式的收入：固定资产、生物资产、无形资产、股权投资、存货、不准

备持有至到期的债券投资、劳务以及有关权益等。企业以非货币形式取得的收入，应当按照公允价值确定收入额，公允价值即按照市场价格确定的价值。

【提示】债券投资，如果准备持有至到期，那么到期还本付息金额是确定的，所以属于货币形式；如果不准备持有至到期，转让对价取决于转让时的公允价值，金额是不确定的，所以属于非货币形式。

名师点拨

区分货币形式与非货币形式主要看金额是否是确定的。

经典题解

【真题5·多选题】企业取得的下列各项收入中，应缴纳企业所得税的有（　　）。（2020年）

A. 债务重组收入

B. 逾期未退包装物押金收入

C. 企业转让股权收入

D. 已作坏账损失处理后又收回的应收账款

【名师点题】关于收入总额中包含的内容，以及不同收入项目的区分是复习时应关注的考点。

【解析】（1）企业以货币形式和非货币形式从各种来源取得的收入，为收入总额。包括：销售货物收入；提供劳务收入；转让财产收入（选项C）；股息、红利等权益性投资收益；利息收入；租金收入；特许权使用费收入；接受捐赠收入；其他收入。

（2）其他收入包括企业资产溢余收入、逾期未退包装物押金收入（选项B）、确实无法偿付的应付款项、已作坏账损失处理后又收回的应收款项（选项D）、债务重组收入（选项A）、补贴收入、违约金收入、汇兑收益等。

【答案】ABCD

【例题6·多选题】企业所得税法规定的“转让财产收入”包括转让（　　）取得的收入。

A. 无形资产　　B. 存货　　C. 股权　　D. 债权

【解析】B选项：销售存货取得的收入属于销售货物收入。

【答案】ACD

【例题7·多选题】下列属于企业按照公允价值确定收入额的收入形式有（　　）。

A. 债务的豁免　　B. 股权投资

C. 劳务　　D. 不准备持有至到期的债券投资

【答案】BCD

考点2：一般收入的确认★★★

除企业所得税法及实施条例另有规定外，企业销售收入的确认，必须遵循权责发生制原则和实质重于形式原则。

1. 销售货物收入确认的一般规定

企业销售商品同时满足下列条件的，应确认收入的实现：①商品销售合同已经签订，企业已将与商品所有权相关的主要风险和报酬转移给购货方；②企业对已售出的商品既没有保留通常与所有权相联系的继续管理权，也没有实施有效控制；③收入的金额能够可靠地计量；④已发生或将发生的销售方的成本能够可靠地核算。

【解释】所得税确认收入的四个基本条件和新会计准则确认收入的条件存在差异，缺少新会计准则中关于“商业实质”和“对价很可能收回”等条件。

经典题解

【例题8·单选题】根据企业所得税相关规定，下列确认销售商品收入实现的条件，错误的是（　　）。

A. 收入的金额能够可靠地计量

B. 企业因向客户转让商品而有权取得的对价很可能收回

C. 已发生或将发生的销售方的成本能够可靠地核算

D. 销售合同已签订并将与商品所有权相关的主要风险和报酬转移给购货方

【解析】ACD选项符合条件；B选项属于新会计准则确认收入的条件，但不属于税法规定范畴。

【答案】B

2. 提供劳务收入确认的一般规定

企业在各个纳税期末，提供劳务交易的结果能够可靠估计的，应采用完工进度（完工百分比）法确认提供劳务收入。

提供劳务交易的结果能够可靠估计，是指同时满足下列条件：①收入的金额能够可靠地计量；②交易的完工进度能够可靠地确定；③交易中已发生和将发生的成本能够可靠地核算。

企业提供劳务完工进度的确定，可选用下列方法：①已完工作的测量；②已提供劳务占劳务总量的比例；③发生成本占总成本的比例。

企业应按照从接受劳务方已收或应收的合同或协议价款确定劳务收入总额，根据纳税期末提供劳务收入总额乘以完工进度扣除以前纳税年度累计已确认提供劳务收入后的金额，确认为当期劳务收入；同时，按照提供劳务估计总成本乘以完工进度扣除以前纳税期间累计已确认劳务成本后的金额，结转为当期劳务成本。

3. 下表为税法规定的各类收入的确认时间，非常容易命制选择题。

收入类型	一般收入确认的具体规定
销售货物收入	（1）销售商品采用托收承付方式的，在办妥托收手续时确认收入 （2）销售商品采取预收款方式的，在发出商品时确认收入 （3）销售商品需要安装和检验的，在购买方接受商品以及安装和检验完毕时确认收入；如果安装程序比较简单，可在发出商品时确认收入 （4）销售商品采用支付手续费方式委托代销的，在收到代销清单时确认收入

收入类型	一般收入确认的具体规定
提供劳务收入	（1）安装费。应根据安装完工进度确认收入。安装工作是商品销售附带条件的，安装费在确认商品销售实现时确认收入 （2）宣传媒介的收费。应在相关的广告或商业行为出现于公众面前时确认收入。广告的制作费，应根据制作广告的完工进度确认收入 （3）软件费。为特定客户开发软件的收费，应根据开发的完工进度确认收入 （4）服务费。包含在商品售价内可区分的服务费，在提供服务的期间分期确认收入 （5）艺术表演、招待宴会和其他特殊活动的收费。在相关活动发生时确认收入。收费涉及几项活动的，预收的款项应合理分配给每项活动，分别确认收入 （6）会员费 会籍会员费＋所有其他商品或服务另行收费方式——取得该会员费时确认收入 会籍会员费＋免费或低价销售商品或服务方式——受益期内分期确认收入 （7）特许权费。属于提供设备和其他有形资产的特许权费，在交付资产或转移资产所有权时确认收入；属于提供初始及后续服务的特许权费，在提供服务时确认收入 （8）劳务费。长期为客户提供重复的劳务收取的劳务费，在相关劳务活动发生时确认收入
转让财产收入	是指企业转让固定资产、生物资产、无形资产、股权、债权等财产取得的收入 企业转让股权收入，应于转让协议生效且完成股权变更手续时，确认收入的实现 【相关链接】符合条件的非货币性资产投资有税收递延的规定
股息、红利等权益性投资收益	除另有规定外，按照被投资方作出利润分配决定的日期确认收入的实现 【提示】被投资企业将股权（票）溢价所形成的资本公积转为股本的，不作为投资方企业的股息、红利收入，投资方企业也不得增加该项长期投资的计税基础
利息收入	按照合同约定的债务人应付利息的日期确认收入的实现 【提示】对于兼具权益和债权双重特性的混合性投资业务，同时符合5个条件的，按照债权性投资业务进行所得税处理
租金收入	按照合同约定的承租人应付租金的日期确认收入的实现。其中，如果交易合同或协议中规定租赁期限跨年度，且租金提前一次性支付的，根据收入与费用配比原则，出租人可对上述已确认的收入，在租赁期内，分期均匀计入相关年度收入
特许权使用费收入	按照合同约定的特许权使用人应付特许权使用费的日期确认收入的实现
接受捐赠收入	按照实际收到捐赠资产的日期确认收入的实现
其他收入	是指企业取得的除上述收入以外的其他收入，包括企业资产溢余收入、逾期未退包装物押金收入、确实无法偿付的应付款项、已作坏账损失处理后又收回的应收款项、债务重组收入、补贴收入、违约金收入、汇兑收益等 【提示】企业发生债务重组，应在债务重组合同或协议生效时确认收入的实现

名师点拨

另有规定见国际税收CFC。

要点小贴士

其他收入与其他业务收入不是等同概念。

经典题解

【例题9·单选题】依据企业所得税的相关规定，下列关于销售货物收入确认时间的说法，错误的是（　　）。

A. 销售商品采取预收货款方式的，在收到预收货款时确认收入

B. 销售商品采取托收承付方式的，在办妥托收手续时确认收入

C. 销售商品采取支付手续费方式委托代销的，在收到代销清单时确认收入

D. 销售商品需要简单安装的，可在发出商品时确认收入

【解析】选项A：销售商品采取预收款方式的，在发出商品时确认收入。

【答案】A

【真题10·单选题】企业提供下列劳务取得的收入中，应按照完工进度确认收入实现的是（　　）。（2021年）

A. 作为商品销售附带条件的安装

B. 艺术表演

C. 广告制作

D. 会议展览

【解析】选项C：广告的制作费，应根据制作广告的完工进度确认收入。

【答案】C

【注意】注意两方面问题：（1）受赠资产相关金额的确定；（2）一般收入实现的规定。

（1）受赠资产相关金额的确定。

经典题解

【例题11】2021年12月，某居民企业（增值税一般纳税人）接受捐赠一批材料，取得捐赠方按市场价格开具的增值税专用发票上注明价款10万元、增值税税额1.3万元；受赠方委托某运输公司（增值税一般纳税人）将该批材料运回企业，取得运输公司开具的增值税专用发票，注明运费金额0.3万元。已知该企业适用25%的企业所得税税率，取得的相关发票均已确认可以抵扣。则：

受赠非货币性资产计入应纳税所得额的金额（注意学好基础会计）：受赠资产的价值和由捐赠企业负担的增值税（都属于受赠企业的利得），但不包括由受赠企业另外支付的相关税费。

该批材料入账时接受捐赠收入金额（受赠利得）=10+1.3=11.3（万元）

【注意】该批材料的受赠利得不扣除运费0.3万元，是因为按照成本核算规范，0.3万元计入材料成本，后续转化为生产成本、产成品、销售成本，在后续销售环节扣除。

受赠该批材料应纳的企业所得税=11.3×25%=2.83（万元）

该批材料及相关运费可抵扣进项税=1.3+0.3×9%=1.33（万元）

该批材料账面成本=10+0.3=10.3（万元）。

（2）一般收入实现的规定。

经典题解

【例题 12·多选题】以下关于企业所得税收入确认时间的表述正确的有（　　）。

A. 股息、红利等权益性投资收益，按照投资方收到分配金额的日期确认收入的实现

B. 利息收入，按照合同约定的债务人应付利息的日期确认收入的实现

C. 租金收入，在实际收到租金收入时确认收入的实现

D. 接受捐赠收入，在实际收到捐赠资产时确认收入的实现

【解析】股息、红利等权益性投资收益，除另有规定外，按照被投资方作出利润分配决定的日期确认收入的实现；租金收入，一般情况下，按照合同约定的承租人应付租金的日期确认收入的实现。

【答案】BD

考点 3：符合条件的混合性投资与一般条件下的永续债★

【提示】注意区分"明股实债"（符合条件的混合性投资）和"明债实股"（一般条件下的永续债）。

（1）"明股实债"（符合条件的混合性投资）的税务处理规定

企业混合性投资业务，是指兼具权益和债权双重特性的投资业务。同时符合 5 个条件的混合性投资业务即为"明股实债"，按照债权性投资业务进行企业所得税处理。5 个条件为：

①被投资企业接受投资后，需要按投资合同或协议约定的利率定期支付利息（或定期支付保底利息、固定利润、固定股息，下同）；

②有明确的投资期限或特定的投资条件，并在投资期满或者满足特定投资条件后，被投资企业需要赎回投资或偿还本金；

③投资企业对被投资企业净资产不拥有所有权；

④投资企业不具有选举权和被选举权；

⑤投资企业不参与被投资企业日常生产经营活动。

企业投资业务税务处理归纳如下：

投资类别	投资方的税务处理	被投资方的税务处理
权益性投资	投资回报为股息、红利收入——符合条件的居民企业之间的股息、红利等权益性投资收益免征企业所得税	支付的股息、红利不能作为费用在企业所得税前扣除
债权性投资	投资回报为利息收入——取得利息收入按规定缴纳企业所得税	支付的不超标利息可在企业所得税前扣除
混合性投资（同时符合 5 个条件的前提下）	对于被投资企业支付的利息，应于被投资企业应付利息的日期，根据合同或协议约定的利率，计算确认本期利息收入的实现并计入当期应纳税所得额	于应付利息的日期确认本期利息支出，按规定进行所得税前扣除

投资类别	投资方的税务处理			被投资方的税务处理
混合性投资（同时符合5个条件的前提下）	投资期满或满足特定条件后被投资企业按投资合同或协议价格赎回投资时	实际赎价高于投资成本	差额确认为债务重组收益，并计入当期应纳税所得额	差额确认为债务重组损失，并准予在税前扣除
		实际赎价低于投资成本	差额确认为债务重组损失，并准予在税前扣除	差额确认为债务重组收益，并计入当期应纳税所得额

名师点拨

跨境混合投资适用境内混合投资政策，但堵住了避税点。

【注意】境外投资者在境内从事混合性投资业务，满足上述5个规定条件的，可以按照上述规定进行企业所得税处理，但同时符合以下两种情形的除外：（新增）

①该境外投资者与境内被投资企业构成关联关系；

②境外投资者所在国家（地区）将该项投资收益认定为权益性投资收益，且不征收企业所得税。

同时符合上述第①项和第②项规定情形的，境内被投资企业向境外投资者支付的利息应视为股息，不得进行税前扣除。

经典题解

【例题13·多选题】关于混合性投资业务企业所得税的处理，以下规定正确的有（　　）。

A. 企业混合性投资业务，是指兼具权益和债权双重特性的投资业务

B. 同时符合税法规定的5个条件的混合性投资业务，投资企业取得的被投资企业支付的利息视同股息处理

C. 对于被投资企业赎回的投资，投资双方应于赎回时将赎价与投资成本之间的差额确认为债务重组损益，分别计入当期应纳税所得额

D. 对于被投资企业赎回的投资，投资双方应于赎回时将赎价与投资成本之间的差额确认为债务重组损益，但不得影响当期应纳税所得额

【解析】同时符合税法规定的5个条件的混合性投资业务，按下列规定进行企业所得税处理：

（1）对于被投资企业支付的利息，投资企业应于被投资企业应付利息的日期，确认收入的实现并计入当期应纳税所得额；被投资企业应于应付利息的日期，确认利息支出，并按税法相关规定，进行税前扣除。

（2）对于被投资企业赎回的投资，投资双方应于赎回时将赎价与投资成本之间的差额确认为债务重组损益，分别计入当期应纳税所得额。

【答案】AC

（2）"明债实股"（一般条件下的永续债）的税务处理规定

财政部和税务总局发布了2019年第64号公告，明确了企业发行的永续债的税务处理。所谓永续债是指经国家发展改革委员会、中国人民银行、中国银行保险监督管理委员会、中国证券监督管理委员会核准，或经中国银行间市场交易商协会注册、中国证券监督管理委员会授权的证券自律组织备案，依照法定程序发行、附赎

回（续期）选择权或无明确到期日的债券，包括可续期企业债、可续期公司债、永续债务融资工具（含永续票据）、无固定期限资本债券等。

“永续债”一般看作是“明债实股”,但是符合条件的可看作是“债”。符合“债”的规定条件的永续债，是指符合下列条件中 5 条（含）以上的永续债：

①被投资企业对该项投资具有还本义务；

②有明确约定的利率和付息频率；

③有一定的投资期限；

④投资方对被投资企业净资产不拥有所有权；

⑤投资方不参与被投资企业日常生产经营活动；

⑥被投资企业可以赎回，或满足特定条件后可以赎回；

⑦被投资企业将该项投资计入负债；

⑧该项投资不承担被投资企业股东同等的经营风险；

⑨该项投资的清偿顺序位于被投资企业股东持有的股份之前。

永续债的税务处理	投资方的税务处理	发行方的税务处理
可以适用股息、红利企业所得税政策（按照权益性投资处理）	取得的永续债利息收入属于股息、红利性质——符合条件的居民企业之间的股息、红利等权益性投资收益免征企业所得税	支付的永续债利息不能作为费用在企业所得税前扣除
符合规定条件 5 条（含）以上的永续债，也可以按照债券利息适用企业所得税政策（按照债权性投资处理）	投资回报为利息收入——取得利息收入按规定缴纳企业所得税	发行方支付的永续债利息支出准予在其企业所得税税前扣除

企业发行永续债，应当将其适用的税收处理方法在证券交易所、银行间债券市场等发行市场的发行文件中向投资方予以披露。

发行永续债的企业对每一永续债产品的税收处理方法一经确定，不得变更。

（3）关于可转换债券转换为股权投资的税务处理问题（新增）

时点	购买方（投资方）企业	发行方企业	解释
转换前	在其持有期间按照约定利率取得的利息收入，应当依法申报缴纳企业所得税	发生的可转换债券的利息，按照规定在税前扣除	购买方增加所得 发行方按规定扣除
转换后	将应收未收利息一并转为股票的，该应收未收利息即使会计上未确认收入，税收上也应当作为当期利息收入申报纳税；转换后以该债券购买价、应收未收利息和支付的相关税费为该股票投资成本	按照约定将购买方持有的可转换债券和应付未付利息一并转为股票的，其应付未付利息视同已支付，按照规定在税前扣除	按照面值转股，不考虑应收未收利息的，投资人不确认利息收入；发行人也不确认利息支出 按照面值加应收未收利息转为股票的，视同购买方（投资人）取得债券利息收入；债券发行方虽然没有实际向投资方支付现金利息支出，也按相同金额确认利息支出在企业所得税税前扣除

要点小贴士

购买方确认收入；
发行方依规扣除；
购买方不确认收入，
发行方不能扣除。

【提示】可转债的投资涉及两种结局，第一种就是持有至到期获取本金和利息，第二种是到期前行使转股权转为股票。本规定涉及到的是对利息的处理，购买方（投资方）和发行方的企业所得税处理遵循了一致性原则。

考点 4：特殊收入的确认 ★★★

特殊收入的确认	具体规定
以分期收款方式销售货物	按照合同约定的收款日期确认收入的实现
采用售后回购方式销售商品	销售的商品按售价确认收入，回购的商品作为购进商品处理。有证据表明不符合销售收入确认条件的，如以销售商品方式进行融资，收到的款项应确认为负债，回购价格大于原售价的，差额应在回购期间确认为利息费用
采用以旧换新方式销售商品	销售商品应当按照销售商品收入确认条件确认收入，回收的商品作为购进商品处理
商业折扣条件销售	企业为促进商品销售而在商品价格上给予的价格扣除属于商业折扣，商品销售涉及商业折扣的，应当按照扣除商业折扣后的金额确定销售商品收入金额
现金折扣条件销售	债权人为鼓励债务人在规定的期限内付款而向债务人提供的债务扣除属于现金折扣，销售商品涉及现金折扣的，应当按扣除现金折扣前的金额确定销售商品收入金额，现金折扣在实际发生时作为财务费用扣除
折让方式销售	企业因售出商品的质量不合格等原因而在售价上给予的减让属于销售折让；企业因售出商品质量、品种不符合要求等原因而发生的退货属于销售退回。企业已经确认销售收入的售出商品发生销售折让和销售退回，应当在发生当期冲减当期销售商品收入
买一赠一等方式组合销售	企业以买一赠一等方式组合销售本企业商品的，不属于捐赠，应将总的销售金额按各项商品的公允价值的比例来分摊确认各项的销售收入
持续时间超过 12 个月的劳务	企业受托加工制造大型机械设备、船舶、飞机，以及从事建筑、安装、装配工程业务或者提供其他劳务等，持续时间超过 12 个月的，按照纳税年度内完工进度或者完成的工作量确认收入的实现
采取产品分成方式取得收入	按照企业分得产品的日期确认收入的实现，其收入额按照产品的公允价值确定
非货币性资产交换以及货物、财产、劳务流出企业	企业发生非货币性资产交换，以及将货物、财产、劳务用于捐赠、偿债、赞助、集资、职工福利或利润分配等用途的，应当视同销售货物、转让财产和提供劳务，但另有规定的除外

特殊收入的确认	具体规定
企业取得政府财政资金的收入（新增）	企业按市场价格销售货物、提供劳务服务等，凡由政府财政部门根据企业销售货物、提供劳务服务的数量、金额的一定比例给予全部或部分资金支付的，应当按照权责发生制原则确认收入 除上述情形外，企业取得的各种政府财政支付，如财政补贴、补助、补偿、退税等，应当按照实际取得收入的时间确认收入

【注意】注意以下5个方面问题：

1. 非货币性资产交换，以及货物流出企业的税务处理。

经典题解

【例题14·多选题】纳税人下列行为应视同销售确认企业所得税收入的有（　　）。

A. 将货物用于对外投资　　B. 将商品用于捐赠

C. 将产品用于职工福利　　D. 将产品移送跨省分公司

【解析】企业发生非货币性资产交换，以及将货物、财产、劳务用于捐赠、偿债、赞助、集资、职工福利和利润分配等用途，应视同销售。但对于货物在同一法人实体内部之间的转移，比如用于总分机构之间（未离境）转移、管理部门等不作视同销售处理。

【答案】ABC

2. 辨析实物捐赠过程中的收入确认问题。

关于实物捐赠过程中的收入确认问题有两类：

一是受赠——接受捐赠，属于一般收入中的接受捐赠收入，是企业收入总额的一类。

二是赠出——将货物用于对外捐赠，资产移送他人，应分解为视同销售货物和对外捐赠两项行为，属于特殊收入。

【举例】企业通过公益性社会组织将自产的账面成本80万元，公允价值100万元（不含税）的货物捐赠给灾区，如果该企业没有在账面记录该项视同销售收入和成本，则应在企业所得税申报表上调增视同销售收入和视同销售成本，得出视同销售所得20万元。相关其他调整将在后续内容中讲述。

3. 注意各类收入确认的条件。

经典题解

【例题15·单选题】根据企业所得税法律制度的规定，下列关于不同方式下销售商品收入金额确定的表述中，正确的是（　　）。

A. 采用商业折扣方式销售商品的，按照扣除商业折扣前的金额确定销售商品收入金额

B. 采用现金折扣方式销售商品的，按照扣除现金折扣前的金额确定销售商品收入金额

C. 采用售后回购方式销售商品的，按照扣除回购商品公允价值后的余额确定销售商品收入金额

D. 采用以旧换新方式销售商品的，按照扣除回收商品公允价值后的余额确定销售商品收入金额

【解析】选项 A：商品销售涉及商业折扣的，应当按照扣除商业折扣后的金额确定销售商品收入金额；选项 C：采用售后回购方式销售商品的，符合销售收入确认条件的，销售的商品按售价确认收入，回购的商品作为购进商品处理；选项 D：销售商品以旧换新的，销售商品应当按照销售商品收入确认条件确认收入，回收的商品作为购进商品处理。

【答案】B

4. 注意买一赠一的收入确认规则。

经典题解

【例题 16】某服装企业采用买一赠一的方式销售本企业商品，规定以每套 1500 元（不含增值税，下同）购买 A 西服的客户可获赠一条 B 领带，A 西服正常出厂价格 1500 元 / 套，B 领带正常出厂价格 200 元 / 条，当期该服装企业销售西服领带组合，取得收入 150000 元，则 A 西服销售收入为：

150000 × 1500/（1500+200）=132352.94（元）。

【解析】企业以买一赠一等方式组合销售本企业商品的，不属于捐赠，应将总的销售金额按各项商品的公允价值的比例来分摊确认各项的销售收入：

分摊到 A 西服上的收入 = 买一赠一整体收入 × A/（A+B）

分摊到 B 领带上的收入 = 买一赠一整体收入 × B/（A+B）。

5. 企业取得财产（包括各类资产、股权、债权等）转让收入、债务重组收入、接受捐赠收入、无法偿付的应付款收入等，不论是以货币形式还是非货币形式体现，除另有规定外，均应一次性计入确认收入的年度计算缴纳企业所得税。

考点 5：处置资产收入的确认 ★★★

【提示】企业所得税法把所有权属是否发生改变作为是否确认收入的重要条件。

分类	具体处置资产行为	计量
内部处置资产——资产所有权属在形式和实质上均不变，不视同销售确认收入（将资产移至境外的除外）	（1）将资产用于生产、制造、加工另一产品 （2）改变资产形状、结构或性能 （3）改变资产用途（如自建商品房转为自用或经营） （4）将资产在总机构及其分支机构之间转移 （5）上述两种或两种以上情形的混合 （6）其他不改变资产所有权属的用途	相关资产的计税基础延续计算

分类	具体处置资产行为	计量
外部处置资产——资产移送他人，资产所有权属已发生改变，按视同销售确认收入	（1）用于市场推广或销售 （2）用于交际应酬 （3）用于职工奖励或福利 （4）用于股息分配 （5）用于对外捐赠 （6）其他改变资产所有权属的用途	除另有规定外，按照被移送资产的公允价值确认销售收入

【总结】

名师点拨

企业所得税与增值税、消费税的视同销售规则是存在差别的。

行为	增值税	消费税	企业所得税
将自产应税消费品用于连续生产应税消费品	不计	不计	不计
将自产应税消费品用于连续生产非应税消费品	不计	计税	不计
自产应税消费品在境内总机构与境内分支机构之间转移，用于销售的	非同一县（市）计税	非独立核算的分支机构对外销售时计税	不计
将自产应税消费品用于馈赠、赞助、集资、职工福利、奖励等	计税	计税	计税
将自产应税消费品用于换取生产资料和消费资料、投资入股、抵偿债务	按同类平均价计税	按同类最高价计税	按同类公允价计税

经典题解

【真题 17·单选题】企业发生下列处置资产的情形中，应当视同销售确认企业所得税收入的是（　　）。（2020 年）

A. 将自产货物用于职工福利

B. 将开发产品转为固定资产

C. 将自产货物用于企业设备更新

D. 将自产货物在境内总、分支机构之间调拨

【名师点题】企业所得税视同销售的行为特征与增值税、消费税视同销售的行为特征存在差异，要求考生能够理解性地运用。企业所得税视同销售的判定以资产所有权属在实质和形式上是否发生改变为基本尺度；而增值税、消费税的视同销售的判定，除了所有权属变化作为基本判定条件外，还有其他的一些判定条件，如征税领域或链条的完整性、一定程度的管理要求等。

【答案】A

【例题 18·单选题】2021 年 12 月，甲饮料厂给职工发放自制果汁和当月外购的取暖器作为福利，其中果汁的成本为 20 万元，公允价值为 25 万元（不含税，下同）；取暖器的公允价值为 10 万元。根据企业所得税相关规定，该厂发放上述福利应确认的收入是（　　）万元。

A. 10　　B. 20　　C. 30　　D. 35

【解析】该厂发放上述福利应确认的收入 =25+10=35（万元）。

【答案】D

考点 6：非货币性资产投资企业所得税的处理★★★

【解释】非货币性资产投资会涉及资产所有权属的变化，形成视同销售收入和所得。但是由于非货币性资产投资形成的投资环节的非货币性资产转让的所得没有现金流入支撑纳税，故而税法针对符合条件的非货币性资产投资给予了税收递延的照顾。

要点	解释
投资方与被投资方	投资的企业必须是居民企业，被投资企业也必须是居民企业（现存或新设立均适用）
投资方式	非货币性资产投资。非货币性资产是指现金、银行存款、应收账款、应收票据以及准备持有至到期的债券投资等货币性资产以外的资产
核心政策	税收递延——不超过 5 年期限内，分期均匀计入相应年度的应纳税所得额
所得确定	企业以非货币性资产对外投资，应对非货币性资产进行评估并按评估后的公允价值扣除计税基础后的余额，计算确认非货币性资产转让所得
收入的实现	应于投资协议生效并办理股权登记手续时，确认非货币性资产转让收入的实现
递延纳税的停止	企业在对外投资 5 年内注销、转让股权或者收回投资的，应停止执行递延纳税政策，并就递延期内尚未确认的非货币性资产转让所得，在注销、转让股权或者收回投资当年的企业所得税年度汇算清缴时，一次性计算缴纳企业所得税

经典题解

【例题 19·单选题】以下关于居民企业以非货币性资产对其他居民企业投资，符合非货币性资产转让所得的政策的是（　　）。

A. 须在投资协议生效时计入投资年度的应纳税所得额，按规定计算缴纳企业所得税

B. 应在投资收回时计入投资年度的应纳税所得额，按规定计算缴纳企业所得税

C. 可在不超过 5 年期限内，分期均匀计入相应年度的应纳税所得额

D. 应在投资期满 5 年后，一次性计入应纳税所得额

【解析】居民企业以非货币性资产对外投资确认的非货币性资产转让所得，可在不超过 5 年期限内，分期均匀计入相应年度的应纳税所得额，按规定计算缴纳企业所得税。

【答案】C

考点 7：企业转让上市公司限售股有关所得税处理★★★

转让限售股取得收入的企业（包括事业单位、社会团体、民办非企业单位等），为企业所得税的纳税义务人。

1. 企业转让代个人持有的限售股征税问题

因股权分置改革造成原由个人出资而由企业代持有的限售股，企业在转让时按以下规定处理：

（1）企业转让上述限售股取得的收入，应作为企业应税收入计算纳税。

上述限售股转让收入扣除限售股原值和合理税费后的余额为该限售股转让所得。企业未能提供完整、真实的限售股原值凭证，不能准确计算该限售股原值的，主管税务机关一律按该限售股转让收入的 15%，核定为该限售股原值和合理税费。

依照规定完成纳税义务后的限售股转让收入余额转付给实际所有人时不再纳税。

（2）依法院判决、裁定等原因，通过证券登记结算公司，企业将其代持的个人限售股直接变更到实际所有人名下的，不视同转让限售股。

【解释】

①关于限售股：在 2005 年之前，中国股市处于股权分置状态，上市公司股票分为流通股和非流通股，非流通股不允许上市交易，但是可以协议转让。2005 年 4 月，中国证监会正式启动股权分置改革试点，即通过非流通股股东向流通股股东支付对价的方式，购买"流通权"，非流通股就变为了流通股，这些非流通股转化的流通股均有一定的限售期，称之为股权分置改革限售股（简称"股改限售股"）。

②关于代持股：股权分置改革前，由于监管限制，一些个人投资者往往通过法人企业代持的方式购买非流通股，形成"代持股"现象。

③本条代持股政策将范围限定在"股权分置改革造成的限售股"的代持股问题。如果不是因为股权分置改革原因形成的限售股，不适用该政策条款。

④无法提供原值的限售股，参照个人转让限售股政策将限售股原值和合理税费核定为收入的 15%。

⑤对于实质是个人出资的代持股，本政策仍然将纳税人定为法律意义上的持股人，以企业作为纳税人，注重了法律形式，但同时也考虑了"代持股"的业务本质，对转付额不再征收个人所得税。

经典题解

【例题 20】李先生 2004 年将 100 万元交付给 A 公司用以购买非流通股，A 公司属于代持股公司。后来通过股权分置改革，成为限售股。2021 年 11 月，A 公司将限售股转让，取得收入 1000 万元，但是不能准确计算限售股原值。

第一步，A 公司缴纳企业所得税 =1000×（1−15%）×25%=212.5（万元）

第二步，A 公司将剩余的 787.5 万元交付给实际出资人李先生。李先生以原来的 100 万元获取了 787.5 万元的收入，此收入不再缴纳个人所得税。

2. 企业在限售股解禁前转让限售股征税问题

企业在限售股解禁前将其持有的限售股转让给其他企业或个人（以下简称"受让方"），其企业所得税问题按以下规定处理：

（1）企业应按减持在证券登记结算机构登记的限售股取得的全部收入，计入企业当年度应税收入计算纳税。

（2）企业持有的限售股在解禁前已签订协议转让给受让方，但未变更股权登记、仍由企业持有的，企业实际减持该限售股取得的收入，计入企业当年度应税收入计算纳税后，其余额转付给受让方的，受让方不再纳税。

【解释】税法不承认没有办理法律过户的限售股交易，而是严格按照法律形式纳税。企业在限售股解禁前多次协议转让持有的限售股股票，但是股票不在证券登记结算机构过户，按照“法律形式重于经济实质”便于征管的原则，税法只认可法律意义上的限售股转让。

经典题解

【例题21】A公司持有M公司限售股股票10万股，购买成本为10万元，因资金需要协议转让给B公司，作价150万元，B公司又作价400万元卖给了C公司，两次转让均未在证券登记结算机构过户。限售股解禁后，A公司将限售股抛售，取得收入600万元。

A公司转让限售股所得=600-10=590（万元）

A公司将纳税后的余额转付给B公司和C公司时，由于A公司已经就590万元所得全部纳税，B、C公司不再纳税。

考点妙记

政府划入接收价，资本、专用不征税；股东划入公允价，只有资本不征税。

考点8：企业接收政府和股东划入资产的企业所得税处理★★

1. 企业接收政府划入资产的企业所得税处理

【解释】包括企业接收政府投资资产、政府指定用途资产、政府其他无偿划入资产三种情况：

具体情况	企业所得税处理
投资划入	作为国家资本金（包括资本公积）——县级以上人民政府及有关部门将国有资产作为股权投资划入企业的，企业应将其作为国家资本金处理，属于非货币性资产的，其计税基础应按政府确定的接收价值确定
无偿划入且指定专门用途	可作为不征税收入——县级以上人民政府及有关部门将国有资产无偿划入企业，凡指定专门用途，且企业已按专项用途管理的，可作为不征税收入处理
其他无偿划入	作为应税收入——企业接收县级以上人民政府及有关部门无偿划入资产，属于前述情形以外的，按政府确定的该项资产的接收价值计入当期收入总额计算缴纳企业所得税。政府没有确定接收价值的，按资产的公允价值计算确定应税收入

经典题解

【例题22·单选题】县级以上人民政府及有关部门将国有资产无偿划入企业，凡指定专门用途，且企业已按专项用途管理的，（　　）。

A. 应作为国家资本金处理　　B. 可作为不征税收入处理

C. 应作为免税收入处理　　D. 应确定应税收入

【答案】B

【例题 23·单选题】依据企业所得税的相关规定，企业接受县政府以股权投资方式投入的国有非货币性资产，应确定的计税基础是（　　）。

A. 该资产的公允价值　　B. 该资产的账面净值

C. 政府确认的接收价值　　D. 该资产的账面原值

【答案】C

2. 企业接收股东划入资产的企业所得税处理

【解释】包括约定作为资本金（包括资本公积）、作为收入两种情况：

（1）企业接收股东划入资产（包括股东赠与资产、上市公司在股权分置改革过程中接收原非流通股股东和新非流通股股东赠与的资产、股东放弃本企业的股权，下同），凡合同、协议约定作为资本金（包括资本公积）且在会计上已作实际处理的，不计入企业的收入总额，企业应按公允价值确定该项资产的计税基础。

（2）企业接收股东划入资产，凡作为收入处理的，应按公允价值计入收入总额，计算缴纳企业所得税，同时按公允价值确定该项资产的计税基础。

考点 9：不征税收入和免税收入★★★

收入种类	范围
不征税收入	（1）财政拨款 （2）依法收取并纳入财政管理的行政事业性收费、政府性基金 （3）国务院规定的其他不征税收入（规定专项用途并经批准的财政性资金） 【注意】按照相关性原则，企业的不征税收入用于支出所形成的费用或形成的资产计算的折旧、摊销，不得在计算应纳税所得额时扣除
免税收入	（1）国债利息收入 （2）符合条件的居民企业之间的股息、红利等权益性投资收益 （3）在中国境内设立机构、场所的非居民企业从居民企业取得与该机构、场所有实际联系的股息、红利等权益性投资收益 【注意】（2）（3）两项所称的权益性投资收益不包括连续持有居民企业公开发行并上市流通的股票不足 12 个月取得的投资收益 （4）符合条件的非营利组织的收入——非营利组织的非营利收入 符合条件的非营利组织的下列收入为免税收入：①接受其他单位或者个人捐赠的收入；②除《中华人民共和国企业所得税法》第七条规定的财政拨款以外的其他政府补助收入，但不包括因政府购买服务取得的收入；③按照省级以上民政、财政部门规定收取的会费；④不征税收入和免税收入孳生的银行存款利息收入；⑤财政部、国家税务总局规定的其他收入 【注意】企业取得的各项免税收入用于支出所形成的各项成本费用，除另有规定者外，可以在计算企业应纳税所得额时扣除

【解释】不征税收入和免税收入的划分是易考知识点。此知识点易命制选择题，也容易与应纳税额的计算衔接命制计算问答题或综合题。要注意理解：

1. 专项用途财政性资金的规定

（1）企业从县级以上各级人民政府财政部门及其他部门取得的应计入收入总额的财政性资金，凡同时符合以下条件的，可以作为不征税收入，在计算应纳税所得额时从收入总额中减除：

①企业能够提供规定资金专项用途的资金拨付文件；

②财政部门或其他拨付资金的政府部门对该资金有专门的资金管理办法或具体管理要求；

③企业对该资金以及以该资金发生的支出单独进行核算。

（2）企业将符合上述规定条件的财政性资金作不征税收入处理后，在5年（60个月）内未发生支出且未缴回财政部门或其他拨付资金的政府部门的部分，应计入取得该资金第6年的应税收入总额；计入应税收入总额的财政性资金发生的支出，允许在计算应纳税所得额时扣除。

【归纳】

单位性质	收入类型	税务处理
事业单位、社会团体	财政拨款、行政事业性收费、政府性基金、财政补贴收入	不征税收入（另有规定除外）
企业	依法收取并纳入财政管理的行政事业性收费、政府性基金；符合条件的专项用途财政性资金	不征税收入
	5年（60个月）内未支未退的财政性资金	计入第6年的应税收入总额

经典题解

【真题24·多选题】某民办学校计划按照非营利组织的免税收入认定条件，申请学费收入免征企业所得税。下列各项中，属于非营利组织认定条件的有（　　）。（2018年）

A. 工作人员工资福利开支控制在规定的比例内

B. 投入人对投入该学校的财产不保留或者享有任何财产权利

C. 依法履行非营利组织登记手续

D. 财产及孳生息可以在合理范围内根据确定的标准用于分配

【解析】符合条件的非营利组织的收入属于企业所得税中的免税收入。其中符合条件的非营利组织是指：（1）依法履行非营利组织登记手续（选项C）；（2）从事公益性或者非营利性活动；（3）取得的收入除用于与该组织有关的、合理的支出外，全部用于登记核定或者章程规定的公益性或者非营利性事业；（4）财产及其孳生息不用于分配；（5）按照登记核定或者章程规定，该组织注销后的剩余财产用于公益性或者非营利性目的，或者由登记管理机关转赠给与该组织性质、宗旨相同的组织，并向社会公告；（6）投入人对投入该组织的财产不保留或者享有任何财产权利（选项B）；（7）工作人员工资福利开支控制在规定的比例内，不变相分配该组织的财产（选项A）；（8）国务院财政、税务主管部门规定的其他条件。

【答案】ABC

【例题 25 · 单选题】 符合条件的非营利组织取得下列收入，应缴纳企业所得税的是（　　）。

A. 免税收入孳生的银行存款利息收入

B. 按照省级以上财政部门规定收取的会费收入

C. 因政府购买服务而取得的收入

D. 接受个人的捐赠收入

【答案】 C

2. 关于国债利息收入税务处理问题——核心规则：国债利息收入免税；国债转让收入征税。

企业到期前转让国债或者从非发行者投资购买的国债，其持有期间尚未兑付的国债利息收入，按以下公式计算确定：

国债利息收入 = 国债金额 ×（适用年利率 ÷365）× 持有天数

国债		收入确认时间
利息收入	投资持有	应以国债发行时约定应付利息的日期，确认利息收入的实现
	转让时	应在国债转让收入确认时确认利息收入的实现
转让收入	未到期转让	应在转让国债合同、协议生效的日期，或者国债移交时确认转让收入的实现
	到期兑付	应在国债发行时约定的应付利息的日期，确认国债转让收入的实现

经典题解

【例题 26 · 计算问答题】 某企业购入政府发行的年利率为 4.5% 的一年期国债 1000 万元，持有 300 天时以 1040 万元的价格转让。该企业该笔交易的应纳税所得额是多少？

【答案及解析】

国债利息收入 = 国债金额 ×（适用年利率 ÷365）× 持有天数 =1000×（4.5%÷365）×300=36.99（万元）

国债利息收入免税，国债转让收入应计入应纳税所得额。

该笔交易的应纳税所得额 =1040−36.99−1000=3.01（万元）。

3. 从居民企业取得的股息、红利等权益性投资收益的税收政策

居民企业分红

- ①居民企业投资取得的该股息红利免税
- ②非居民企业在中国境内设立的机构场所投资取得该股息红利免税
- ③非居民企业境外机构投资取得该股息红利，汇出境时缴纳预提税

考点妙记

居民拿居民分红免。非居民境内机构拿居民分红免；非居民境外机构拿境内分红缴预提税。

【提示】 ①、②两项免税收益都不包括连续持有居民企业公开发行并上市流通的股票不足 12 个月取得的投资收益。

名师点拨

短期股票获取分红不能享受免税。

经典题解

【例题27·多选题】依据企业所得税税收优惠政策的规定，下列收入中，属于免税收入的有（　　）。

A. 企业购买国债取得的利息收入

B. 非营利组织从事营利性活动取得的收入

C. 在中国境内设立机构的非居民企业从非上市居民企业取得与该机构有实际联系的红利收入

D. 在中国境内设立机构的非居民企业连续持有上市公司股票不足12个月取得的投资收益

【解析】非营利组织从事营利性活动取得的收入，应按规定缴纳企业所得税，不属于免税收入，B选项不正确；免税的投资收益不包括连续持有居民企业公开发行并上市流通的股票不足12个月取得的投资收益，D选项不正确。

【答案】AC

考点10：税前扣除原则★★

企业申报的扣除项目和金额要真实、合法。

税前扣除一般应遵循以下原则：权责发生制原则、配比原则、相关性原则、确定性原则、合理性原则。

经典题解

【例题28·多选题】除税法另有规定外，企业在计算企业所得税时，税前扣除一般应遵循的原则有（　　）。

A. 配比原则　　B. 合理性原则

C. 谨慎性原则　　D. 重要性原则

【答案】AB

考点11：扣除项目范围★★★

企业实际发生的与取得收入有关的、合理的支出，包括成本、费用、税金、损失和其他支出，准予在计算应纳税所得额时扣除。

企业实际发生的与取得收入有关的支出，是指从性质和根源上与取得应税收入相关的支出。所谓合理的支出，是指符合生产经营活动常规，应计入资产成本或当期损益的必要与正常的支出。

企业发生的支出应区分为收益性支出和资本性支出。资本性支出不得在发生当期直接扣除，应按税收法律、行政法规的规定分期在税前扣除或计入有关资产成本。

1. 成本

是指企业销售商品（产品、材料、下脚料、废料、废旧物资等）、提供劳务、转让固定资产、无形资产（包括技术转让）的成本。

【注意】两个问题：

第一个问题，销售成本要与销售收入相匹配。

经典题解

【例题 29·综合题】某小汽车生产企业为增值税一般纳税人，2021 年度自行核算的相关数据为：全年取得产品销售收入总额 68000 万元，应扣除的产品销售成本 45800 万元。2022 年 3 月经聘请的会计师事务所对 2021 年度的经营情况进行审核，发现以下相关问题：

采用支付手续费方式委托代销，12 月 20 日收到代销公司代销 5 辆小汽车的代销清单及货款 158.2 万元（小汽车每辆成本价 20 万元，与代销公司不含税结算价 28 万元）。企业会计处理为：

借：银行存款——代销汽车款　　1582000

　贷：预收账款——代销汽车款　　1582000

则该企业的销售收入和销售成本是多少？

【答案及解析】按照规定采取支付手续费方式委托代销货物，应于收到代销清单的当天确认收入，该企业将收到的代销汽车款记入“预收账款”科目核算不正确。

应调增收入 =28×5=140（万元），同时调增销售成本 =20×5=100（万元）。

因此，该企业 2021 年度产品销售收入总额 =68000+140=68140（万元），扣除的产品销售成本总额 =45800+100=45900（万元）。

第二个问题，与出口退税结合掌握，企业外销货物的成本要包括不予免征和抵扣的增值税。

经典题解

【例题 30·计算问答题】某出口实行免退税政策的外贸企业（增值税一般纳税人），收购一批货物出口，收购时取得了增值税专用发票，注明价款 100 万元，增值税 13 万元，该外贸企业出口收入（FOB）折合人民币 150 万元，货物退税率为 9%，则其外销成本是多少？

【答案及解析】外贸企业外销货物成本 = 外销货物的采购成本 + 不得退还的增值税

外贸企业不得退还的增值税（进项税额转出数）= 购货金额 × 征退税率之差 =100×（13%-9%）=4（万元）

其外销成本 =100+4=104（万元）。

【例题 31·计算问答题】某有出口经营权实行“免抵退”税政策的工业企业（增值税一般纳税人）自产一批货物出口，企业该批货物制造成本 100 万元（不含出口需转出的增值税进项税），出口收入（FOB）折合人民币 150 万元，货物征税率 13%，退税率 9%，则其外销成本是多少？

【答案及解析】工业企业外销货物成本 = 外销的产成品成本 + 免抵退税不得免征和抵扣的税额

工业企业免抵退税不得免征和抵扣的税额（进项税额转出数）=（外销 FOB-

免税购进料件的价格）× 征退税率之差 =150×（13%-9%）=6（万元）

其外销成本 =100+6=106（万元）。

2. 费用

是指企业每一个纳税年度在生产、经营商品及提供劳务等过程中发生的销售费用、管理费用和财务费用，已计入成本的有关费用除外。

费用项目	应重点关注问题
销售费用	（1）广告费和业务宣传费是否超支 （2）销售佣金是否符合对象、方式、比例等规定
管理费用	（1）业务招待费是否超支 （2）保险费是否符合标准
财务费用	（1）利息费用是否超过标准（金融机构同期同类贷款利率等） （2）借款费用资本化与费用化的区分

3. 税金

是指企业发生的除企业所得税和允许抵扣的增值税以外的企业实际缴纳的税金及附加。

【提示】根据财政部关于印发《增值税会计处理规定》的通知（财会〔2016〕22号）的规定，全面试行营业税改征增值税后，“营业税金及附加”科目名称调整为“税金及附加”科目，该科目核算企业经营活动发生的消费税、城市维护建设税、资源税、教育费附加及房产税、城镇土地使用税、车船税、印花税等相关税费；利润表中的“营业税金及附加”项目调整为“税金及附加”项目。

考点妙记

不得扣除的税金：

（1）企业所得税；

（2）缴纳的增值税和可抵扣的增值税。

企业所得税前可扣除的税金如下表：

准予扣除税金的方式	可扣除税金举例
在发生当期扣除	消费税、城市维护建设税、出口关税、资源税、土地增值税（房地产开发企业）、房产税、车船税、城镇土地使用税、印花税、环境保护税，教育费附加和地方教育附加（视同税金扣除）
在发生当期计入相关资产的成本，在以后各期分摊扣除	车辆购置税、契税、耕地占用税、进口关税、按规定不得抵扣的增值税

【相关链接】（1）消费税、出口关税、城市维护建设税、房产税、车船税、城镇土地使用税、印花税、教育费附加及地方教育附加等的计算缴纳，将直接减少应纳税所得额；（2）取得国务院、财政部、国家税务总局没有指定专项用途的消费税、城市维护建设税、教育费附加及地方教育附加的返还，应增加应纳税所得额；（3）增值税是价外税，其缴纳不直接影响企业所得税，但增值税（不含出口退税）返还如未指明专项用途就应增加应纳税所得额。

【归纳】主要税金的缴纳与退还对应纳税所得额的影响：

税种	缴纳	退税（税金退还）
增值税	不影响应纳税所得额	①增值税出口退税不影响所得，不增加应纳税所得额 ②取得国务院、财政部、国家税务总局没有指定专项用途的增值税、消费税、城建税的返还，应增加应纳税所得额
消费税	减少应纳税所得额	
城建税		

经典题解

【例题32·多选题】下列可以当期直接或分期间接在企业所得税前扣除的税金有（　　）。

A. 购买材料允许抵扣的增值税进项税

B. 车辆购置税

C. 出口关税

D. 企业所得税

【解析】不得在企业所得税前扣除的税金包括企业所得税和允许抵扣的增值税。

【答案】BC

【例题33】某企业当期销售货物实际缴纳增值税20万元、消费税15万元、城建税2.45万元、教育费附加1.05万元，还缴纳房产税1万元、城镇土地使用税0.5万元、印花税0.6万元，该企业当期企业所得税前可以扣除的税金合计=15+2.45+1.05+1+0.5+0.6=20.6（万元）。

【例题34·综合题】某市一家居民企业为增值税一般纳税人，2021年6月成立，主要生产销售葡萄酒，假定2021年度有关经营业务如下：

（1）销售葡萄酒取得不含税收入6000万元，与销售收入配比的销售成本4000万元；

（2）转让一项专利技术，取得不含税收入700万元，该企业该项专利的成本和费用共计500万元；

（3）接受原材料捐赠取得增值税专用发票注明材料价款50万元、增值税税额6.5万元，取得国债利息收入30万元；

（4）购进原材料共计2500万元，取得增值税专用发票注明增值税税额325万元；支付材料运输费用，取得运输公司（增值税一般纳税人）开具的增值税专用发票，注明运费金额120万元。

已知：其他酒的消费税税率为10%；该企业取得相关票据均已经过确认；不考虑印花税。

要求：根据上述资料，回答下列问题。

（1）企业当年应缴纳的增值税；

（2）企业当年应缴纳的消费税；

（3）企业当年应缴纳的城市维护建设税和教育费附加、地方教育附加合计；

（4）企业计算应纳税所得额时可扣除的税金。

【答案及解析】

（1）企业应缴纳的增值税=6000×13%-（6.5+325+120×9%）=780-342.3=437.7（万元）

企业转让专利技术与国债利息收入均免征增值税。

（2）企业应缴纳的消费税 =6000×10%=600（万元）

（3）企业应缴纳的城市维护建设税和教育费附加、地方教育附加合计 =（437.7+600）×（7%+3%+2%）=124.52（万元）

（4）企业计算应纳税所得额时可扣除的税金 =600+124.52=724.52（万元）。

4. 损失

是指企业在生产经营活动中发生的固定资产和存货的盘亏、毁损、报废损失，转让财产损失，呆账损失，坏账损失，自然灾害等不可抗力因素造成的损失以及其他损失。

企业发生的损失，减除责任人赔偿和保险赔款后的余额，依照国务院财政、税务主管部门的规定扣除。

企业已经作为损失处理的资产，在以后纳税年度又全部收回或者部分收回时，应当计入当期收入。

经典题解

【例题 35】某企业司机张某驾驶企业小汽车违章行驶造成车辆报废，该小汽车账面净值10万元，保险公司给予赔偿6万元，企业要求张某赔偿3万元，则该小汽车可在企业所得税前扣除的净损失 =10−6−3=1（万元）。

5. 其他支出

是指除成本、费用、税金、损失外，企业在生产经营活动中发生的与生产经营活动有关的、合理的支出。

考点12：扣除项目及其标准★★★

1. 工资、薪金支出

基本规定：企业发生的合理的工资、薪金支出准予据实扣除。

【提示】注意“合理”“据实”两个关键词，还要注意福利性补贴的处理。

（1）注意工资薪金的“合理”性。“合理的工资、薪金”是指企业按照股东大会、董事会、薪酬委员会或相关管理机构制定的工资薪金制度规定实际发放给员工的工资、薪金。属于国有性质的企业，其工资、薪金不得超过政府有关部门给予的限定数额；超过部分，不得计入企业工资、薪金总额，也不得在计算企业应纳税所得额时扣除。

（2）注意工资薪金的“据实”性。可扣除的工资薪金有“实际发放”的特征。企业在年度汇算清缴结束前向员工实际支付的已预提汇缴年度工资薪金，准予在汇缴年度按规定扣除。

【举例】某企业2021年12月的职工工资在当月预提计入成本费用，但跨年在2022年1月才实际支付，则该项工资可在计算2021年度应纳税所得额时扣除。

（3）注意福利性补贴的两类处理规则。企业福利性补贴支出，凡列入企业员工工资薪金制度、固定与工资薪金一起发放且符合上述“合理”“据实”条件的，可作为企业发生的工资薪金支出，按规定在税前扣除。不能同时符合上述合理工资、薪金支出条件的福利性补贴，应作为职工福利费，按规定计算限额税前扣除。

【特殊规定 1】企业接受外部劳务派遣用工所实际发生的费用，应分两种情况按规定在税前扣除：按照协议（合同）约定直接支付给劳务派遣公司的费用，应作为劳务费支出；直接支付给员工个人的费用，应作为工资薪金支出和职工福利费支出。其中属于工资薪金支出的费用，准予计入企业工资薪金总额的基数，作为计算其他各项相关费用扣除的依据。

经典题解

【例题 36 · 单选题】A 企业在 2021 年计入成本费用并据实发放的企业正式员工工资 3000 万元；另外，该企业接受了保安公司和保洁中介公司的外部劳务派遣用工。按照合同约定接受外派保安工作的费用须支付给保安公司；接受外派保洁人员为车间工作的费用要支付给保洁个人。当年按照协议支付保安费用 36 万元和保洁人员费用 20 万元，则 A 企业当年计算应纳税所得额时可扣除的职工教育经费限额为（　　）万元。

A. 76.4　　B. 240　　C. 241.6　　D. 244.48

【解析】支付给保安公司的外派保安工资不属于 A 企业的工资薪金支出，直接支付给保洁人员的工资属于 A 企业的工资薪金支出。A 企业当年计算应纳税所得额时可扣除的职工教育经费限额 =（3000+20）×8%=241.6（万元）。

【答案】C

【特殊规定 2】企业因雇用季节工、临时工、实习生、返聘离退休人员所实际发生的费用，应区分为工资薪金支出和职工福利费支出，并按《企业所得税法》规定在企业所得税前扣除。其中属于工资薪金支出的，准予计入企业工资薪金总额的基数，作为计算其他各项相关费用扣除的依据。

> **名师点拨**
> 例如：职工食堂招临时工发生的费用属于职工福利支出；销售部招季节工发生的费用属于工资薪金支出。

【提示】要明确非常规用工支出不是劳务支出，对非常规用工要注意区分福利部门用工和生产经营活动用工。非福利部门的非常规用工的工资也属于工资薪金总额，可作为职工福利费、工会经费、职工教育经费的扣除限额计算基数；福利部门的非常规用工的工资则属于福利费支出。

经典题解

【例题 37 · 单选题】企业支付给如下员工的工资不属于《企业所得税法》中所称工资薪金支出范畴的是（　　）。

A. 为车间生产雇用季节工　　B. 为宣传产品雇用临时工

C. 为管理部门招用实习生　　D. 为职工食堂返聘退休厨师

【解析】福利部门的非常规用工的工资属于福利费支出。

【答案】D

【特殊规定 3】上市公司依照《上市公司股权激励管理办法》要求建立职工股权激励计划，并按我国企业会计准则的有关规定，在股权激励计划授予激励对象时，按照该股票的公允价格及数量，计算确定作为上市公司相关年度的成本或费用，作为换取激励对象提供服务的对价。

视不同情况进行不同的涉税处理：

（1）对股权激励计划实行后立即可以行权的，上市公司可以根据实际行权时该股票的公允价格与激励对象实际行权支付价格的差额和数量，计算确定作为当年上市公司工资薪金支出，依照税法规定进行税前扣除。

（2）对股权激励计划实行后，需待一定服务年限或者达到规定业绩条件（以下简称“等待期”）方可行权的。上市公司等待期内会计上计算确认的相关成本费用，不得在对应年度计算缴纳企业所得税时扣除。在股权激励计划可行权后，上市公司方可根据该股票实际行权时的公允价格与当年激励对象实际行权支付价格的差额及数量，计算确定作为当年上市公司工资薪金支出，依照税法规定进行税前扣除。

【提示】

①上市公司实行股权激励计划，实质上是通过减少企业的资本公积，换取公司激励对象的服务；或者说，公司是通过资本公积的减少，作为支付给激励对象提供服务的报酬。因此该费用应属于与企业生产经营活动相关的支出，应当准予在税前扣除。由于股权激励计划的对象是企业员工，其所发生的支出，应属于企业职工工资薪金范畴。

②在居民企业实行股权激励计划的费用扣除问题上，存在着税会差异：企业会计准则规定，上市公司股权激励计划一旦开始实施，其估计的金额将计入成本费用。即从授予开始，员工开始提供服务，该服务的成本就应计入企业成本费用。但是税法强调支出的确定性，对于企业工资薪金支出，必须按每年度“实际支付”金额据实扣除。因此，根据税法的规定，这种工资性费用应在激励对象行权时给予扣除。

③根据我国个人所得税法的有关规定，对个人取得股权激励计划标的物（可公开交易的股票期权除外），在计算个人所得税时，也是在个人实际行权时，确认为个人所得，作为个人工资薪金所得项目征税。因此，个人确认收入，与企业确认成本费用，形成相互匹配。

经典题解

【例题 38】假设 A 公司为一上市公司，20×4 年 1 月 1 日，公司向其 200 名管理人员每人授予 100 股股票期权，这些管理人员从 20×4 年 1 月 1 日起在该公司连续服务 3 年，即可以 4 元 / 股的价格购买 100 股 A 公司股票。公司估计该期权在授予日的公允价格为 15 元 / 股。从授予日起的三年时间内，共有 45 名被授予股票期权的管理人员离开 A 公司。假设剩余 155 名被授予股票期权的管理人员都在 20×6 年 12 月 31 日行权，A 公司股票面值为 1 元 / 股，行权日的公允价格为 10 元 / 股。

按照会计准则相关规定，A 公司会计账务处理：

（1）A 公司在三年间共确认管理费用 232500 元（155×15×100），在授予日，不作账务处理；

（2）在等待期三年内，每年 A 公司的账务处理如下：

借：管理费用	77500
贷：资本公积——其他资本公积	77500

（3）职工行权时，A 公司的账务处理如下：

借：银行存款 62000

资本公积——其他资本公积 232500

贷：股本 15500

资本公积——股本溢价 279000

按照税法规定，企业所得税处理为：

企业所得税税前扣除金额 =（职工实际行权时该股票的公允价格 – 职工实际支付价格）× 行权数量 =（10–4）×155×100=93000（元）

A 公司在职工实际行权时，允许当年在企业所得税税前扣除 93000 元。

这是国家税务总局网站公示的例题，其处理也体现出：当税法与会计规定出现差异时，按照税法规定计算纳税的处理原则。

2. 职工福利费、工会经费、职工教育经费

职工福利费、工会经费、职工教育经费三项费用不是采用计提或预提的方法支出，而采用的是“据实支出、限额控制”的方法。其中职工教育经费超支的部分，准予在以后纳税年度结转扣除。

项目	扣除限额的基本规定	超过规定标准部分的处理
职工福利费	不超过工资、薪金总额 14% 的部分	不得扣除
工会经费	不超过工资、薪金总额 2% 的部分	不得扣除
职工教育经费	不超过工资、薪金总额 8% 的部分	准予在以后纳税年度结转扣除

【提示】

（1）工会经费扣除要有凭据。企业拨缴的工会经费，应取得合法、有效的工会经费专用收据或者代收凭据依法在税前扣除。

（2）职工教育经费扣除有范围限定。企业员工参加学历教育（如硕士、博士、EMBA）的费用不能作为职工教育经费扣除，只能由个人自行负担。

（3）软件生产企业发生的职工教育经费中的职工培训费用，根据规定可以全额在企业所得税前扣除。软件生产企业应准确划分职工教育经费中的职工培训费支出，对于不能准确划分的，以及准确划分后职工教育经费中扣除职工培训费用的余额，一律按照工资、薪金总额 8% 的比例扣除。

核力发电企业为培养核电厂操纵员发生的培养费用，可作为企业的发电成本在税前扣除。企业应将核电厂操纵员培养费与员工的职工教育经费严格区分，单独核算，员工实际发生的职工教育经费支出不得计入核电厂操纵员培养费直接扣除。

（4）三项经费按照合理的工资、薪金总额计算税前扣除限额；作为扣除限额计算基数的企业工资、薪金支出还要注意是否合理和据实，不符合规定的职工工资总额不得在企业所得税前扣除，也不能作为计算“三项经费”税前扣除限额的依据。

（5）职工教育经费的超支，属于税法与会计的暂时性差异；职工福利费、工会经费的超支，属于税法和会计的永久性差异。职工教育经费超支额结转以后年度，会影响以后年度的应纳税所得额。

名师点拨

例如：上年教育经费超限额 5 万元，本年教育经费限额 40 万元但只实际发生 32 万元，则上年结转的 5 万元可在本年扣除。本年发生 32 万元，却扣除 32+5 万元，比本年账面多扣的 5 万元应调减应纳税所得额。

经典题解

【例题39·计算问答题】某服装生产企业2021年应付职工工资380万元，实际为本企业雇员支付工资300万元、奖金40万元、地区补贴20万元，假定该企业工资、薪金支出符合合理性标准，当年职工福利费、工会经费和职工教育经费可在企业所得税前列支的限额分别是多少？

【答案及解析】该企业当年可在企业所得税前列支的工资、薪金总额=300+40+20=360（万元）

其当年可在企业所得税前列支的职工福利费限额=360×14%=50.4（万元）

其当年可在企业所得税前列支的工会经费限额=360×2%=7.2（万元）

其当年可在企业所得税前列支的职工教育经费限额=360×8%=28.8（万元）。

3. 社会保险费和其他保险费

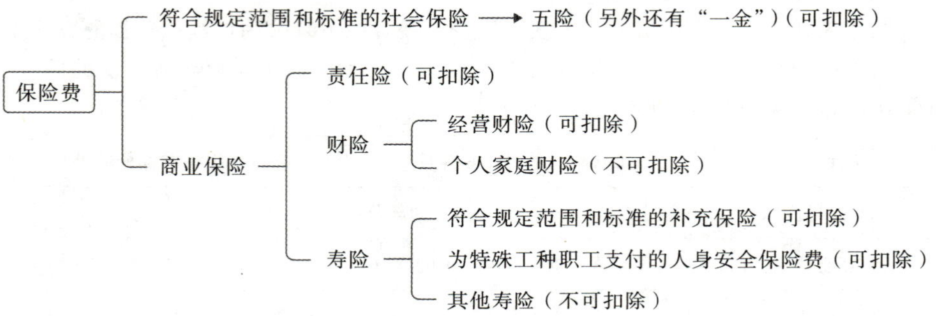

【提示】

（1）为特殊工种职工支付的人身安全保险费和符合国务院财政、税务主管部门规定的商业保险费可以扣除。

（2）企业为投资者或职工支付的补充养老保险费、补充医疗保险费，在国务院财政、税务主管部门规定的范围和标准内，准予扣除。

（3）企业参加雇主责任险、公众责任险等责任保险，按照规定缴纳的保险费，准予在企业所得税税前扣除。

（4）纳税人为其投资者或雇员个人向商业保险机构投保的除上述可扣除外的非社保类的人寿保险或财产保险，不得在企业所得税前扣除，而且在支付时应代扣代缴个人所得税。

经典题解

【例题40·多选题】以下保险费可在企业所得税前扣除的有（　　）。

A. 企业为其职工支付的在国务院财政、税务主管部门规定的范围和标准内的补充养老保险费

B. 企业依照省级政府规定的范围和标准为其职工支付的基本医疗保险费

C. 企业为其投资者或者职工支付的商业养老分红型保险费

D. 企业为其投资者或者职工支付的家庭财产保险费

【答案】AB

4. 利息费用

（1）非金融企业向金融企业借款的利息支出、金融企业的各项存款利息支出和同业拆借利息支出、企业经批准发行债券的利息支出可据实扣除。

（2）非金融企业向非金融企业借款的利息支出，不超过按照金融企业同期同类贷款利率计算的数额的部分可据实扣除，超过部分不允许扣除。

【提示】金融企业不等同于银行。所谓金融企业，是指各类银行、保险公司及经中国人民银行批准从事金融业务的非银行金融机构。包括国家专业银行、区域性银行、股份制银行、外资银行、中外合资银行以及其他综合性银行；还包括全国性保险企业、区域性保险企业、股份制保险企业、中外合资保险企业以及其他专业性保险企业；也包括城市、农村信用社、各类财务公司以及其他从事信托投资、租赁等业务的专业和综合性非银行金融机构。非金融企业，是指除上述金融企业以外的所有企业、事业单位以及社会团体等企业或组织。

名师点拨

关于金融企业同期利率的把握：

（1）金融企业公布同期同类平均利率。

（2）金融企业对某些企业提供的实际利率。

名师点拨

金融企业包括银行以及非银行金融机构。把握非银行金融机构的具体范围。

经典题解

【例题41·计算问答题】某公司2021年度“财务费用”账户中含有两笔利息支出：（1）1月初以年利率8%向某经批准从事信托投资业务的公司借入的期限为9个月的生产周转用资金300万元的借款利息；（2）1月初向某事业单位借入的与第一笔借款同期的生产周转用资金100万元的借款利息10.5万元。该公司2021年度可在计算应纳税所得额时扣除的利息费用是多少？

【答案及解析】经批准从事信托投资业务的公司属于金融企业范畴，该公司可在计算应纳税所得额时扣除的金融企业利息费用=300×8%÷12×9=18（万元）；

向事业单位（非金融企业）借入款项可扣除的利息费用限额=100×8%÷12×9=6（万元），该公司支付的利息10.5万元超过按同期同类金融企业贷款利率计算的利息费用，只可按照限额扣除。

该公司当年可在计算应纳税所得额时扣除的利息费用=18+6=24（万元）。

（3）关联企业利息费用的扣除

①核心内容：进行两个合理性的衡量——总量的合理性和利率的合理性。

第一个合理性——从资本结构角度判别借款总量的合理性，即通过债资比例来判别关联借款总量是否超标。债资比例（接受关联方债权性投资与其权益性投资的比例），金融企业5∶1；其他企业2∶1。

借款总量合理性的衡量结果——超过债资比例的利息不得在当年和以后年度扣除。

第二个合理性——通过合理利率标准来判别那些未超过债资比例的利息是否符合合理的水平，使利率水平符合合理性。

经典题解

【例题42·计算问答题】某新办制造企业（居民企业）2021年1月1日，为生产经营向关联方借入1年期经营性资金600万元，关联借款利息支出50万元，该关联方对企业的权益性投资为200万元，银行同期同类贷款年利率为7%，则该企业当年在计算应纳税所得额时利息费用需纳税调整的金额为多少?

【答案及解析】

第一个合理性判断:合理的借款总量 =200×2=400(万元)

第二个合理性判断:合理的利率水平的利息费用 =400×7%=28(万元)

则利息支出超过规定标准的金额 =50-28=22(万元),需要进行纳税调整,调增应纳税所得额22万元。

要点小贴士

此情形没有债资比的约束,但是利率不能超出合理水平。

②关联方利息支出的其他规定:企业能按规定提供相关资料并证明相关交易活动符合独立交易原则的;或者该企业的实际税负不高于境内关联方的,其实际支付给境内关联方的利息支出,在计算应纳税所得额时准予扣除。

(4)企业向自然人借款的利息支出

向有关联关系的自然人借款的利息支出——企业向股东或其他与企业有关联关系的自然人借款的利息支出,符合规定条件的(关联方债资比例和合理利率标准),准予扣除。

向没有关联关系的自然人借款的利息支出——企业向除上述规定以外的内部职工或其他人员借款的利息支出,其借款情况同时符合以下条件的,其利息支出在不超过按照金融企业同期同类贷款利率计算的数额的部分,准予扣除:①企业与个人之间的借贷是真实、合法、有效的,并且不具有非法集资目的或其他违反法律、法规的行为;②企业与个人之间签订了借款合同。

经典题解

【例题43·计算问答题】某公司(居民企业)2021年度实现利润总额140万元。"财务费用"账户中包括三项利息费用支出:①1月初按照年利率8%向银行借入的期限为9个月的生产经营用资金,支付利息20万元;②1月初按照年利率12%向股东借入与向银行借款同期的生产经营用资金,支付利息45万元,该股东对公司的权益性投资为300万元;③1月初经过批准向本公司职工(非股东)借入与向银行借款同期的生产经营用资金300万元,公司与职工之间签订了借款合同,支付借款利息30万元。假定该公司没有其他纳税调整项目,问:

(1)该公司当年计算应纳税所得额时可扣除的利息费用是多少万元?

(2)该公司当年账面超支的利息费用是多少万元?

(3)该公司当年的应纳税所得额为多少万元?

要点小贴士

这里用利息、利率和借款期限推算出本金。

【答案及解析】向股东借款金额 =45÷(12%÷12×9)=500(万元),小于600万元(权益性投资额的2倍)。

【注意】向关联方借款,计算可扣除利息的借款金额基数按照实际借款额(500万元)和权益性投资额的2倍(600万元)孰小确定。

计算应纳税所得额时可以扣除的股东借款利息 =500×8%÷12×9=30(万元);超标准的利息费用 =45-30=15(万元)

计算应纳税所得额时可以扣除的职工借款利息 =300×8%÷12×9=18(万元);超标准利息 =30-18=12(万元)

则:

(1)该公司当年计算应纳税所得额时可扣除的利息费用 =20+30+18=68(万元)

（2）账面超支利息 =15+12=27（万元）

（3）该公司当年应纳税所得额 =140+27=167（万元）。

5. 借款费用

（1）企业在生产经营活动中发生的合理的不需要资本化的借款费用，准予扣除。

（2）企业为购置、建造固定资产、无形资产和经过12个月以上的建造才能达到预定可销售状态的存货发生借款的，在有关资产购置、建造期间发生的合理的借款费用，应当作为资本性支出计入有关资产的成本；有关资产交付使用后发生的借款利息，可在发生当期扣除。

（3）企业通过发行债券、取得贷款、吸收保户储金等方式融资而发生的合理的费用支出，符合资本化条件的，应计入相关资产成本；不符合资本化条件的，应作为财务费用，准予在企业所得税前据实扣除。

【提示】按照此项规定，不需资本化的融资费用，不必分期摊销，可直接据实扣除。

【相关链接】借款利息是借款费用的组成部分，但不是全部。借款利息也有费用化与资本化之分。由于借款费用的主体为借款利息，特列表分析：

企业行为	借款利息处理
企业为购置、建造固定资产、无形资产和经过12个月以上的建造才能达到预定可销售状态的存货借款，发生在有关资产购置、建造期间的合理的借款利息	资本化处理——列入有关资产成本，用折旧、摊销等方式税前扣除（限符合税法计税基础标准、摊销年限、摊销方式、不超过金融企业同期同类贷款利率等规定）
有关固定资产、无形资产、12个月以上建造期的存货交付使用后发生的借款利息	费用化处理——列入当期损益，直接在当期扣除（限符合金融企业同期同类贷款利率等标准）
企业生产经营过程中的借款利息（特殊情况除外）	

经典题解

【例题44·计算问答题】某居民企业向银行借款400万元用于建造厂房，借款期从2021年1月1日至12月31日，支付当年全年借款利息32万元，该厂房年初开始建造并于2021年10月31日达到预定可使用状态并交付使用，11月30日做完工结算，不考虑折旧问题，该企业当年税前可直接扣除的利息费用是多少？

【答案及解析】固定资产建造期间的合理的利息费用应予以资本化，达到预定可使用状态交付使用后发生的利息，可在发生当期按规定扣除。该企业当年税前可直接扣除的利息费用 =32÷12×2=5.33（万元）。

【真题45·多选题】企业因下列行为发生的借款费用，应当作为资本性支出的有（　　）。（2021年）

A. 为购置固定资产发生借款的，该固定资产购置期间发生的合理借款费用

B. 为购置无形资产发生借款的，该无形资产购置期间发生的合理借款费用

C. 为经过 6 个月的建造才达到预定可销售状态的存货发生借款的，该存货建造期间发生的合理借款费用

D. 为建造固定资产发生借款的，该固定资产建造期间发生的合理借款费用

【解析】企业为购置、建造固定资产、无形资产和经过 12 个月以上的建造才能达到预定可销售状态的存货发生借款的，在有关资产购置、建造期间发生的合理的借款费用，应予以资本化，作为资本性支出计入有关资产的成本。

【答案】ABD

6. 汇兑损失

汇率折算形成的汇兑损失，除已经计入有关资产成本以及与向所有者进行利润分配相关的部分外，准予扣除。

7. 业务招待费

企业发生的与生产经营活动有关的业务招待费支出，按照实际发生额的 60% 扣除，但最高不得超过当年销售（营业）收入的 5‰。

对从事股权投资业务的企业（包括集团公司总部、创业投资企业等），其从被投资企业所分配的股息、红利以及股权转让收入，可以按规定的比例计算业务招待费扣除限额。

企业在筹建期间，发生的与筹办活动有关的业务招待费支出，可按实际发生额的 60% 计入企业筹办费，并按有关规定在税前扣除。

【解释】

第一，作为业务招待费税前扣除限额计算基数的收入，是当年销售（营业）收入，这一收入口径不是会计口径，而是税法规定的口径。销售（营业）收入包括销售货物收入、提供劳务收入等主营业务收入，让渡资产使用权（收取资产租金或使用费）收入等其他业务收入和会计上不确认收入而税法上视同销售的收入等，但是不含营业外收入和投资收益等。

第二，业务招待费开支存在扣除限额，需要做标准与限度的计算并进行比较，将当年销售（营业）收入的 5‰（限度）与业务招待费实际发生额的 60%（标准）比大小，择其小者作为可扣除金额。

第三，业务招待费的税前扣除限额计算基数与广告费和业务宣传费的税前扣除限额计算基数是一致的，都为销售（营业）收入。

第四，由于投资是从事股权投资业务的企业的主营业务，所以其从被投资企业所分配的股息、红利以及股权转让收入是其主营业务收入。从事股权投资业务的企业，其业务招待费的税前扣除限额计算基数包括从被投资企业所分配的股息、红利以及股权转让收入。

第五，对于筹建期间的业务招待费支出，采用了业务招待费的扣除标准、筹办费的扣除方法。业务招待费的扣除标准体现在实际发生额的 60% 的比例限制；筹办费的扣除方法则是纳税人可采用在生产经营当年一次性扣除，或者作为长期待摊费用不短于 3 年摊销。

名师点拨

税法认定的筹办费中不含“业务招待费”的 40% 部分，对筹办费进行分期摊销的企业，应注意各摊销期的纳税调整。

经典题解

【例题46·计算问答题】某工业企业2021年销售货物收入3000万元（不含税，下同），出租设备收入300万元，出租包装物收入100万元，视同销售货物收入600万元，转让一间车库收益700万元，接受捐赠收入20万元，债务重组收益10万元，当年实际发生业务招待费30万元，该企业当年可在企业所得税前列支的业务招待费金额是多少？

【答案及解析】

确定计算业务招待费税前扣除限额的基数=3000+300+100+600=4000（万元）

转让车库收益属于资产处置损益，接受捐赠收入属于营业外收入，债务重组收益属于其他收益，不能作为计算业务招待费税前扣除限额的基数。

标准为发生额的60%：30×60%=18（万元）

限度为销售（营业）收入的5‰：4000×5‰=20（万元）

两数据比大小后择其小者扣除，该企业当年可在企业所得税前列支的业务招待费金额是18万元。

【例题47·单选题】某企业2021年在筹建期间发生支出1330万元，其中人员工资200万元，办公用品费用300万元，各项与筹建有关的注册、证照、咨询费用20万元，业务招待费60万元，业务宣传费150万元，购置生产设备600万元。进入经营期时，该企业选择一次性扣除筹建期费用的方法，该企业一次性在企业所得税前扣除的筹办费是（　　）万元。

A. 556　　B. 596　　C. 660　　D. 706

【解析】购置生产设备不属于筹办费支出；对于筹建期间的业务招待费支出，采用了业务招待费的扣除标准、筹办费的扣除方法。业务招待费的扣除标准体现在实际发生额的60%的比例限制。另外，在筹建期间的业务宣传费，可按实际发生额计入企业筹办费并可按规定在税前扣除。该企业一次性在企业所得税前扣除的筹办费=200+300+20+60×60%+150=706（万元）。

【答案】D

8. 广告费和业务宣传费

（1）企业发生的符合条件的广告费和业务宣传费支出，除国务院财政、税务主管部门另有规定外，不超过当年销售（营业）收入15%的部分，准予扣除；超过部分，准予结转以后纳税年度扣除。

（2）至2025年12月31日止，对化妆品制造或销售、医药制造和饮料制造（不含酒类制造）企业发生的广告费和业务宣传费支出，不超过当年销售（营业）收入30%的部分，准予扣除；超过部分，准予在以后纳税年度结转扣除。

考点妙记

产销化妆品；制造药饮料。

（3）对签订广告费和业务宣传费分摊协议（以下简称“分摊协议”）的关联企业，其中一方发生的不超过当年销售（营业）收入税前扣除限额比例内的广告费和业务宣传费支出可以在本企业扣除，也可以将其中的部分或全部按照分摊协议归集至另一方扣除。另一方在计算本企业广告费和业务宣传费支出企业所得税税前扣除限额时，可将按照上述办法归集至本企业的广告费和业务宣传费不计算在内。

【举例】甲乙两企业是关联企业，签订有广宣费分摊协议，甲企业当期实际发生广宣费1000万元，未超限额，按照分摊协议将其中300万元分摊给乙企业扣除，则乙企业接受分摊的300万元（甲企业限额内）的广宣费可以直接在乙企业当期的税前列支，不受乙企业自身广宣费限额的影响。若甲企业将超出自身限额的广宣费分摊给乙企业，超出限额的部分不得在乙企业税前列支。

（4）企业在筹建期间，发生的广告费和业务宣传费支出，可按实际发生额计入企业筹办费，并按有关规定在税前扣除。

（5）烟草企业的烟草广告费和业务宣传费支出，一律不得在计算应纳税所得额时扣除。

【相关链接】注意四个问题：

第一，注意业务招待费和业务宣传费不是同一个概念。

业务招待费是因管理、购销等各个部门业务需要而进行的交际应酬的开支，如请客吃饭、娱乐等，发生在各个部门的交际应酬费一般都归集在“管理费用——业务招待费”中。两个税前扣除限额择其小者扣除。

业务宣传费计入销售费用，只有一个税前扣除限额。

第二，业务招待费、广告费和业务宣传费计算税前扣除限额的基数都是销售（营业）收入，不是企业全部收入。销售（营业）收入包括销售货物收入、提供劳务收入等主营业务收入，让渡资产使用权（收取资产租金或使用费）收入等其他业务收入和会计上不确认收入而税法上视同销售的收入等，但是不含营业外收入和投资收益等。

第三，广告费和业务宣传费的超标准部分可无限期向以后纳税年度结转扣除，属于税法与会计制度的暂时性差异；而业务招待费的超标准部分不能向以后纳税年度结转扣除，属于税法与会计制度的永久性差异。

第四，要注意广告费、业务宣传费与赞助费的区别。与生产经营无关的非广告性质的赞助费支出在企业所得税前不得列支。

经典题解

【例题48·单选题】2021年某服装生产企业实现商品销售收入2000万元，另发生现金折扣100万元，接受捐赠收入100万元，获得投资收益20万元。该企业当年实际发生业务招待费30万元，广告费240万元（已取得相应发票），业务宣传费80万元。2021年度该企业在计算应纳税所得额时可扣除的业务招待费、广告费和业务宣传费合计（　　）万元。

A. 294.5　　B. 310　　C. 325.5　　D. 330

【解析】销售商品涉及现金折扣，应按照扣除现金折扣前的金额确定销售收入。业务招待费按发生额的60%扣除，但不得超过当年销售（营业）收入的5‰；广告费和业务宣传费不超过当年销售（营业）收入15%的部分，准予在当年扣除。业务招待费：2000×5‰=10（万元）＜30×60%=18（万元），可扣除业务招待费10万元；广告费、业务宣传费：2000×15%=300（万元）＜320万元（240+80），可扣除广告费和业务宣传费300万元；可税前扣除的业务招待费、广告费和业务宣传

费合计 =10+300=310（万元）。

【答案】B

【例题 49】2021 年某制药企业销售营业收入 5000 万元，当年实际发生广宣费 1000 万元（已取得相应发票），以前年度累计结转扣除额 200 万元。则：

当年广宣费限额 =5000×30%=1500（万元）

当年实际发生 1000 万元小于限额可以扣除，限额余额 =1500−1000=500（万元）。

本题以前年度累计结转扣除额 200 万元＜限额余额 500 万元，当年应纳税所得额调减 200 万元。

假如题目已知条件给出的以前年度累计结转扣除额为 600 万元，则当年应纳税所得额调减 500 万元。

9. 环境保护专项资金

企业依照法律、行政法规有关规定提取的用于环境保护、生态恢复等方面的专项资金，准予扣除；上述专项资金提取后改变用途的，不得扣除。

10. 租赁费

考点妙记

经营租赁均匀扣；融资租赁提折旧。

企业根据生产经营活动的需要租入固定资产支付的租赁费，按照以下方法扣除：

（1）属于经营性租赁发生的租入固定资产的租赁费支出，根据租赁期限均匀扣除。

（2）属于融资性租赁发生的租入固定资产的租赁费支出，构成融资租入固定资产价值的部分应当提取折旧费用，分期扣除；租赁费支出不得在当期直接扣除。

11. 劳动保护费

（1）劳动保护支出是指确因工作需要为雇员配备或提供工作服、手套、安全保护用品、防暑降温用品等所发生的支出。企业发生的合理的劳动保护支出，准予扣除。

（2）自 2011 年 7 月 1 日起，企业根据其工作性质和特点，由企业统一制作并要求员工工作时统一着装所发生的工作服饰费用，根据规定，可以作为企业合理的支出给予税前扣除。

【相关链接】不同来源的劳动保护用品与职工福利用品的涉税比较：

用途	来源	增值税	企业所得税
劳动保护用品	外购货物	可以抵扣进项	不属于企业所得税的应税收入，列入成本费用扣除
	自产货物	不计销项	
职工福利用品	外购货物	不得抵扣进项	属于企业所得税的应税收入，在职工福利费限额内扣除
	自产货物	视同销售计销项	

12. 公益性捐赠支出

要点小贴士

（1）一般——利润 12%；

（2）目标脱贫——100%。

【基本规定】企业实际发生的公益性捐赠支出，在年度利润总额 12% 以内的部分，准予在计算应纳税所得额时扣除。

这里的年度利润总额，是指企业按照国家统一会计制度的规定计算的大于零的数额。

公益性捐赠支出超过年度利润总额12%的部分，准予以后3年内在计算应纳税所得额时结转扣除。

自2019年1月1日至2025年12月31日，企业通过公益性社会组织或者县级（含县级）以上人民政府及其组成部门和直属机构，用于目标脱贫地区的扶贫捐赠支出，准予在计算企业所得税应纳税所得额时据实扣除。在政策执行期限内，目标脱贫地区实现脱贫的，可继续适用上述政策。

要点小贴士

纳入捐赠票据的按捐赠支出扣除；不纳入捐赠票据的按费用支出扣除。

【提示】关于公益性捐赠支出相关费用的扣除问题：（新增）

企业在非货币性资产捐赠过程中发生的运费、保险费、人工费用等相关支出，凡纳入国家机关、公益性社会组织开具的公益捐赠票据记载的数额中的，作为公益性捐赠支出按照规定在税前扣除；上述费用未纳入公益性捐赠票据记载的数额中的，作为企业相关费用按照规定在税前扣除。

经典题解

【例题50】2021年度，甲公司利润总额900万元，公益性捐赠限额为900×12%=108（万元），当年通过中华慈善总会向教育事业捐赠一批货物，公允价值为100万元，发生运费10万元，则该项行为的涉税思路：

名师点拨

不纳入捐赠票据，做费用直接扣除，不受12%捐赠限额的限制，对捐赠方有利。

票据开具	涉税处理
情形1：中华慈善总会开具的捐赠票据的记载金额为包含运费的110万元	甲公司的公益性捐赠金额为110万元，超过108万元限额，当年扣108万元，调增当年应纳税所得额2万元，超限额的2万元结转以后3年内扣除
情形2：中华慈善总会开具的捐赠票据的记载金额为100万元，即不包含运费	甲公司的公益性捐赠金额为100万元，未超过108万元限额，可以在计算应纳税所得额时全额扣除 甲公司以运输公司开具的10万元运费发票作为税前扣除凭证，在计算应纳税所得额时全额扣除10万元的运费，不需要调增应纳税所得额

【归纳】应注意的问题：

第一，要注意区分公益性捐赠与非公益性捐赠。非公益性捐赠企业所得税税前不得扣除。

这里所说的公益性捐赠，必须符合对象和渠道两个条件。

（1）对象条件——列举的慈善活动、公益事业。

（2）渠道条件——县级（含县级）以上人民政府及其组成部门和直属机构或公益性社会组织。

《中华人民共和国慈善法》规定公益活动包括以下内容：①扶贫、济困；②扶老、救孤、恤病、助残、优抚；③救助自然灾害、事故灾难和公共卫生事件等突发事件造成的损害；④促进教育、科学、文化、卫生、体育等事业的发展；⑤防治污染和其他公害，保护和改善生态环境；⑥符合本法规定的其他公益活动。

不符合对象或渠道条件的捐赠，如纳税人直接向受赠人的捐赠等，除另有规定外，不属于公益性捐赠，在计算应纳税所得额时不得扣除，应作纳税调整。

第二，年度利润总额，是按照国家规定计算出来的年度会计利润，尚未扣除允许弥补的以前年度的亏损。

第三，当年扣除的公益性捐赠支出有限定比例的规定，一般是在年度利润总额12% 以内的部分。但是个别特殊项目在一定期限内有全额扣除的规定。

第四，公益性捐赠有货币捐赠和非货币捐赠之分。非货币性捐赠要分解为视同销售货物和捐赠支出两个行为。（注意企业所得税纳税申报表的调整规则）

第五，企业发生的超标准的公益性捐赠，当年不得扣除，准予向以后年度结转扣除，但结转年限自捐赠发生年度的次年起最长不得超过 3 年。企业在对公益性捐赠支出计算扣除时，应先扣除以前年度结转的捐赠支出，再扣除当年发生的捐赠支出。即结转后，先发生的支出先扣除。

名师点拨

公益性捐赠支出跨年扣除步骤：①计算限额，先捐先扣；②限额余额与本年数较小者，税前扣除；③上年有结转额时限额大于本年发生额的金额会有调减所得的计算步骤。

经典题解

【例题 51】某居民企业按照规定计算出利润总额 300 万元，当年直接到受灾现场给受灾灾民发放慰问金 10 万元，通过省级人民政府机关对受灾地区捐赠 30 万元，其当年捐赠应调整应纳税所得额多少万元？

【答案及解析】

其当年可在企业所得税前列支的公益性捐赠限额 =300×12%=36（万元）

通过省级人民政府机关对受灾地区的捐赠 30 万元低于限额 36 万元，所以可以全额在税前扣除，不需纳税调整。

直接给受赠人的捐赠在企业所得税前不得扣除（另有规定除外）。所以当年捐赠应调增应纳税所得额 10 万元。

【例题 52】居民企业甲 2020 年当年仅有一笔发生在 11 月的符合公益性捐赠条件的慈善捐赠 130 万元，在 2021 年年初对 2020 年所得税汇算清缴时，得知该企业年度会计利润 900 万元，无其他纳税调整金额。该企业 2021 年度发生公益性捐赠 200 万元，2021 年年度会计利润 1000 万元，无其他纳税调整金额，则：

2020 年度捐赠扣除限额 =900×12%=108（万元）；企业所得税应纳税所得额 =900+130−108=922（万元）；公益性捐赠超支结转 =130−108=22（万元）

2021 年度捐赠扣除限额 =1000×12%=120（万元），在对公益性捐赠支出计算扣除时，应先扣除以前年度结转的捐赠支出，再扣除当年发生的捐赠支出。所以本题应先扣除上年超限额结转的 22 万元，再扣除本年度发生的 =120−22=98（万元），企业应纳税所得额 =1000+200−22（上年结转额）−98（本年可扣除额）=1080（万元）。2021 年度结转至以后年度扣除的捐赠额 =200−98=102（万元）。

【深度分析】关于捐赠成本的争议，已经伴随着近几年企业所得税纳税申报表的调整而尘埃落定：企业将货物用于捐赠，一方面要确认视同销售收入和视同销售成本；另一方面按规定衡量该捐赠是公益性捐赠还是非公益性捐赠，如果是公益性捐赠，则要考虑是否超过了规定的捐赠税前扣除限额，如果是非公益性捐赠，不得在税前扣除。这里考虑视同销售收入和视同销售成本及同时考虑捐赠税前扣除限额的思路要在做综合题的时候特别注意。

经典题解

【例题53】某企业（增值税一般纳税人）在2021年12月将一批自产货物对外捐赠，该批货物账面成本80万元，公允价值100万元（不含税）。按照国税总局2016年第80号文件的规定，除另有规定外，对外捐赠的资产，按被移送资产的公允价值确定销售收入（处置资产收入的确认）。因此，不论企业会计账面如何记录，税法应作如下处理：

（1）该企业视同销售收入100万元和视同销售成本80万元都要体现在企业所得税纳税申报表中，也要在《捐赠支出及纳税调整明细表》的账载全额中体现。

（2）该企业应按照公允价值计算增值税销项税=100×13%=13（万元）。

（3）确定捐赠成本和纳税调整。近几年企业所得税纳税申报表调整之后，捐赠成本和纳税调整规则非常明确，下面将本例按照非公益性捐赠、限额扣除的公益性捐赠和全额扣除的公益性捐赠的纳税调整情况分别计算（不考虑上年结转数）：

项目	非公益性捐赠	限额扣除的公益性捐赠	全额扣除的公益性捐赠
营业收入	100万元（申报表）		
营业成本	80万元（申报表）		
捐赠支出成本（会计账面）	该企业执行会计准则，捐赠支出成本93万元（成本80万元+视同销售增值税13万元）		
捐赠支出成本（申报表的账载栏）	税法口径113万元		
对当年捐赠扣除的影响	计算应纳税所得额时不得扣除	按照所得税申报表上所列明的视同销售金额和增值税合计的113万元捐赠总成本与捐赠限额（会计利润总额的12%）对比看是否超限额	计算应纳税所得额时全额扣除
对当年应纳税所得额的影响	视同销售毛利调增20万元－捐赠支出成本调增20万元+账载栏113万元 即：调增所得113万元	视同销售毛利调增20万元－捐赠支出成本调增20万元+捐赠超限额数 即：捐赠超限额数调增所得	视同销售毛利调增20万元－捐赠支出成本调增20万元 即：0

名师点拨　小企业会计准则的很多要求与税法规定一致，目的是适应小企业的核算水平，减少纳税调整。

由于现实中有大量小企业执行小企业会计准则，小企业的上述捐赠行为的处理与大企业不同：

项目	非公益性捐赠	限额扣除的公益性捐赠	全额扣除的公益性捐赠
营业收入	100万元（申报表）		
营业成本	80万元（申报表）		

项目	非公益性捐赠	限额扣除的公益性捐赠	全额扣除的公益性捐赠
捐赠支出成本（会计账面）	113 万元（执行小企业会计准则与税法口径一致）		
捐赠支出成本（申报表的账载栏）	税法口径 113 万元		
对当年捐赠扣除的影响	计算应纳税所得额时不得扣除	按照所得税申报表上所列明的视同销售金额和增值税合计的 113 万元捐赠总成本与捐赠限额（会计利润总额的 12%）对比看是否超限额	计算应纳税所得额时全额扣除
对当年应纳税所得额的影响	调增所得 113 万元	捐赠超限额数调增所得	0

【提示】近几年企业所得税纳税申报表在此有重要调整，实施小企业会计准则和会计准则等不同核算规则的捐赠，不论会计账面是否因核算规则不同而存在差异，最终实现了同类捐赠的税务处理结果的一致性。由于公益性捐赠要通过县以上（含县级）人民政府及其组成部门和直属机构或公益性社会组织，必须取得捐赠的收据，收据上体现的是市场公允价格，所以捐赠成本应和收据列明的金额一致。如果是非公益性捐赠，也应该按照市场公允价格确定捐赠的金额，但不得税前列支。既然税法要求对外捐赠要视同销售处理，就要看作将销售回款用于捐赠支出，所以税法口径的捐赠成本为 113 万元。希望深入学习的考生可关注企业所得税 A105000《纳税调整项目明细表》填报说明和 A105070《捐赠支出及纳税调整明细表》填报说明。

名师点拨

现实中执行小企业会计准则的企业不少，但考试一般考执行企业会计准则的涉税业务。

13. 有关资产的费用

（1）企业转让各类固定资产发生的费用，允许扣除。

（2）企业按规定计算的固定资产折旧费、无形资产的摊销费，准予扣除。

【解释】企业转让各类固定资产发生的费用包括清理费用。

企业转售固定资产的收益，记入资产处置损益或营业外收入账户影响应纳税所得额。

14. 总机构分摊的费用

非居民企业在中国境内设立的机构、场所，就其中国境外总机构发生的与该机构、场所生产经营有关的费用，能够提供总机构出具的费用汇集范围、定额、分配依据和方法等证明文件，并合理分摊的，准予扣除。

15. 资产损失

（1）企业当期发生的固定资产和流动资产盘亏、毁损净损失，准予扣除。

（2）企业因存货盘亏、毁损、报废等原因不得从销项税额中抵扣的进项税额，应视同企业资产损失，准予与存货损失合并在企业所得税前按规定扣除。

经典题解

【例题 54 · 单选题】某企业（增值税一般纳税人）2021 年由于管理不善，库存的一批外购材料丢失，该批材料账面成本 30450 元，已抵扣过进项税额 3958.5 元，保险公司审理后同意赔付 30000 元，税务机关接受了该企业的资产损失专项申报，则该企业在企业所得税前可扣除的损失金额为（　　）元。

A. 450　　B. 1850.5　　C. 4408.5　　D. 5000

【解析】由于管理不善造成材料丢失，导致不得从销项税额中抵扣的进项税额，应视同企业资产损失，准予与存货损失一起在企业所得税前按规定扣除。

在企业所得税前可扣除的损失金额 =30450+3958.5−30000=4408.5（元）。

【答案】C

16. 其他项目

如会员费、合理的会议费、差旅费、违约金、诉讼费用等，准予扣除。

经典题解

【例题 55 · 多选题】下列支出中，在符合真实性交易原则的前提下，可以从企业所得税应纳税所得额中直接据实扣除的有（　　）。

A. 违约金　　B. 诉讼费用

C. 提取未付的职工工资　　D. 实际发生的业务招待费

【解析】选项 AB：在符合真实性交易原则的前提下，可以从应纳税所得额中直接据实扣除；选项 C：尚未实际支付的工资，不得在企业所得税前扣除；选项 D：按照规定的标准计算扣除，不能直接据实扣除。

【答案】AB

17. 手续费及佣金支出

【解释】对于与生产经营有关的手续费、佣金支出有五个方面的限制：

第一，手续费、佣金有支付对象限制。

手续费、佣金的支付对象不能是本企业的人员（含雇员、代理人、代表人等），也不能是对方单位的人员，前者属于工资、薪金性质的奖金；后者属于回扣、返利等，甚至属于给对方当权者的职务贿赂。手续费、佣金的支付对象应该是具有合法经营资格的中介服务机构或个人。

企业应与具有合法经营资格的中介服务企业或个人签订代办协议或合同，并按国家有关规定支付手续费及佣金。

第二，手续费及佣金支出有计算基数和开支比例限制。

①对于保险企业，自 2019 年 1 月 1 日起，保险企业发生与其经营活动有关的手续费及佣金支出，不超过当年全部保费收入扣除退保金等后余额的 18%（含本数）的部分，在计算应纳税所得额时准予扣除；超过部分，允许结转以后年度扣除。

> **名师点拨**
>
> 职工教育经费、广告费和业务宣传费、保险企业的手续费及佣金支出跨年扣除步骤：
>
> ①先算限额，扣本年数；
>
> ②限额余额与结转未扣除额较小者，扣结转数；
>
> ③以前年份结转本年扣除的金额调减所得。

保险企业发生的手续费及佣金支出税前扣除的其他事项继续按原相关规定处理。

②对于其他企业，按与具有合法经营资格中介服务机构或个人（不含交易双方

及其雇员、代理人和代表人等）所签订服务协议或合同确认的收入金额的5%计算限额。

③从事代理服务、主营业务收入为手续费、佣金的企业（如证券、期货、保险代理等企业），其为取得该类收入而实际发生的营业成本（包括手续费及佣金支出），准予在企业所得税前据实扣除。（注意：无比例限制）

【提示】以佣金（手续费）收入为主营业务收入的企业，为取得佣金（手续费）而发生的佣金（手续费）支出是营业成本，而不是销售费用；且其佣金（手续费）支出没有扣除限额标准，准予据实扣除。

第三，手续费及佣金支出不能计入回扣、业务提成、返利、进场费等费用。

第四，手续费和佣金有支付方式限制。

除委托个人代理外，企业以现金等非转账方式支付的手续费及佣金不得在税前扣除。

第五，权益化的手续费、佣金不得扣除。

如企业为发行权益性证券支付给有关证券承销机构的手续费及佣金不得在税前扣除。

经典题解

【例题56·单选题】自2019年1月1日起，下列企业的手续费和佣金支出，在计算应纳税所得额时，按照规定比例计算的部分准予扣除；超过部分，允许结转以后年度扣除的是（　　）。

A. 期货代理企业　　B. 商业企业

C. 咨询企业　　D. 保险企业

【答案】D

【例题57·单选题】下列符合企业所得税佣金扣除规定，可以在企业所得税税前全额扣除的佣金是（　　）。

A. 甲企业销售给乙企业1000万元货物，签订合同并收取款项后，甲企业支付乙企业采购科长40万元

B. 甲生产企业委托丁中介公司介绍客户，成功与丁介绍的客户签订的合同表明交易金额300万元，甲企业以18万元转账支票支付丁公司佣金

C. 丙生产企业委托丁中介公司介绍客户，成功与丁介绍的客户签订的合同表明交易金额500万元，丙企业以20万元现金支付丁公司佣金

D. 乙企业支付某中介个人0.5万元佣金，以酬劳其介绍成功10万元的交易（签订合同）

【解析】A选项不属于佣金支出；B选项超过了5%佣金支出的标准；C选项采用现金方式支付给非个人的佣金，不符合佣金支付方式的限制，不能在税前扣除。

【答案】D

18. 企业维简费支出

维简费指的是从成本费用中提取的专用于维持简单再生产的资金。从会计核

算角度看，维简费的提取影响成本费用，能否得到税法认可进行所得税前的扣除，2013年之前，不同行业有不同的规定。自2013年1月1日起，各行业维简费的基本规则进行了统一。

（1）实际发生的开支区分收益性支出与资本性支出——企业实际发生的维简费支出，属于收益性支出的，可作为当期费用在税前扣除；属于资本性支出的，应计入有关资产成本，并按企业所得税法规定计提折旧或摊销费用在税前扣除。

（2）不认可预提的方式——企业按照有关规定预提的维简费，不得在当期税前扣除。

【解释】2013年之前，煤矿企业维简费支出执行的就是上述政策，但其他行业没有具体规定，导致非煤矿企业无所适从，各地执行口径也有差异。2013年1月1日起，各行业企业维简费处理规定都与煤矿企业维简费的税收政策类同。因此，上述政策对煤矿企业而言没有变化，前后一致，但一些非煤矿企业就有可能会有前后政策的变化。对于本规定实施前，企业按照有关规定提取且已在当期税前扣除的维简费，按以下规定处理：

预提并已税前扣除的维简费	处理规则
未使用的（提而未用）	未作纳税调整的，可不作纳税调整，应首先抵减2013年实际发生的维简费，仍有余额的，继续抵减以后年度实际发生的维简费，至余额为零时，企业方可按收益性支出、资本性支出各自的规定处理
	已作纳税调整的，不再调回，直接按收益性支出、资本性支出各自的规定处理
已使用的（提后已用）	已用于资产投资并形成相关资产全部成本的，该资产提取的折旧或费用摊销额，不得税前扣除；已用于资产投资并形成相关资产部分成本的，该资产提取的折旧或费用摊销额中与该部分成本对应的部分，不得税前扣除；已税前扣除的，应调整作为2013年度应纳税所得额

要点小贴士

提而未用且未调整的，以用抵提，抵完后执行现行维简费列支政策。

要点小贴士

提而未用已调整的，直接执行现行维简费列支政策。

19. 对企业依据财务会计制度规定，并实际在财务会计处理上已确认的支出，凡没有超过《企业所得税法》和有关税收法规规定的税前扣除范围和标准的，可按企业实际会计处理确认的支出，在企业所得税前扣除，计算其应纳税所得额。

【解释】根据规定，在计算应纳税所得额时，企业财务、会计处理办法与税收法律、行政法规的规定不一致的，应当依照税收法律、行政法规的规定计算。但企业按照会计要求确认的支出，没有超过税法规定的标准和范围的，如企业设定厂房折旧年限为30年，税法规定的最低折旧年限为20年，会计折旧年限没有低于税法规定的最低年限，为减少会计与税法差异的调整，便于税收征管，企业按照会计要求确认的支出，在税务处理时，将不再进行调整。

20. 企业参与政府统一组织的棚户区改造支出

企业参与政府统一组织的工矿（含中央下放煤矿）棚户区改造、林区棚户区改造、垦区危房改造并同时符合一定条件的棚户区改造支出，准予在企业所得税前扣除。同时符合一定条件的棚户区改造支出，须同时满足6项条件。在企业所得税年度纳税申报时，企业应向主管税务机关提供其棚户区改造支出同时符合6项规定条件的书面说明材料。

21. 金融企业贷款损失准备金企业所得税税前扣除有关政策

除涉农贷款和中小企业贷款外的金融企业贷款，自2019年1月1日起至2023年12月31日止，损失准备金企业所得税税前扣除按以下规定处理。

（1）准予税前提取贷款损失准备金的范围：

准予税前提取贷款损失准备金的范围	不得提取贷款损失准备金的范围
①贷款（含抵押、质押、保证、信用等贷款） ②银行卡透支、贴现、信用垫款（含银行承兑汇票垫款、信用证垫款、担保垫款等）、进出口押汇、同业拆出、应收融资租赁款等各项具有贷款特征的风险资产 ③由金融企业转贷并承担对外还款责任的国外贷款，包括国际金融组织贷款、外国买方信贷、外国政府贷款、日本国际协力银行不附条件贷款和外国政府混合贷款等资产	金融企业的委托贷款、代理贷款、国债投资、应收股利、上交央行准备金以及金融企业剥离的债权和股权、应收财政贴息、央行款项等不承担风险和损失的资产

（2）金融企业准予当年税前扣除的贷款损失准备金计算公式如下：

准予当年税前扣除的贷款损失准备金＝本年末准予提取贷款损失准备金的贷款资产余额 $\times 1\%-$ 截至上年末已在税前扣除的贷款损失准备金的余额

金融企业按上述公式计算的数额如为负数，应当相应调增当年应纳税所得额。

（3）金融企业发生的符合条件的贷款损失，应先冲减已在税前扣除的贷款损失准备金，不足冲减部分可据实在计算当年应纳税所得额时扣除。

【归纳】

（1）主要扣除规则

要点		具体规定
扣除原则（5个）		权责发生制原则、配比原则、相关性原则、确定性原则、合理性原则
基本范围		成本、费用、税金、损失、其他支出
具体项目和标准	按照实际发生额扣除（在符合扣除原则的前提下）	工薪（合理和据实）、五险一金、财险、向金融企业借款利息、汇兑损失、劳动保护费、环境保护专项资金（限定用途）
	限定比例扣除（最重要）	补充养老保险、补充医疗保险、职工福利费、职工教育经费、工会经费、业务招待费、公益性捐赠、广告费和业务宣传费、向非金融企业或个人借款的利息、手续费及佣金
	限定手续扣除	总机构分摊的费用、资产损失

（2）超过税法规定的年度列支限额，但可结转以后纳税年度扣除的项目：职工教育经费、广告费和业务宣传费、保险企业手续费及佣金支出（2019年1月1日之后）、公益性捐赠支出（3年）。

考点13：不得扣除的项目★★★

企业所得税前不得扣除的项目见下表：

计算应纳税所得额时不得扣除的项目	说明
（1）向投资者支付的股息、红利等权益性投资收益款项 （2）企业所得税税款 （3）税收滞纳金 （4）罚金、罚款和被没收财物的损失 （5）超过规定标准的捐赠支出（当年不可扣） （6）赞助支出（指企业发生的与生产经营活动无关的各种非广告性质的赞助支出） （7）未经核定的准备金支出（指不符合国务院财政、税务主管部门规定的各项资产减值准备、风险准备等准备金支出） （8）企业之间支付的管理费、企业内营业机构之间支付的租金和特许权使用费，以及非银行企业内营业机构之间支付的利息 （9）与取得收入无关的其他支出	这些规定的核心： （1）区分企业违规违章支出和正常经营费用支出 （2）区分确实的支出和可能的支出 （3）区分与生产经营有关的支出和无关的支出 这里还需要明确与罚款和罚金相关的政策：一是经营过程中企业之间的罚款，如企业间罚息、违约金可以在企业所得税前列支，但政府对企业的行政罚款不得在企业所得税前列支；二是罚款与罚金不是一个概念，罚款包括企业间罚款（企业所得税前可扣除）和政府对企业的行政罚款（企业所得税前不可扣除）两类，而罚金是法院判处的经济刑，属于刑事责任中的附加刑，在企业所得税前不得扣除

图示记忆

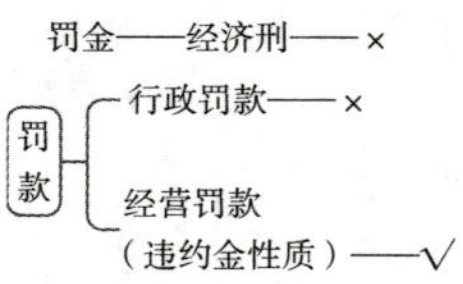

【归纳】所得税前利息支付规则：

可费用化扣除的利息	（1）向金融机构借入的生产经营贷款利息 （2）向非金融机构借入的不超过金融机构同期同类贷款利率的经营性借款利息 （3）购置、建造固定资产、无形资产交付使用后发生的利息 （4）逾期偿还经营贷款，银行加收的罚息 （5）支付给关联企业的不超过债资比且不超过金融机构同期同类贷款利率的正常经营借款利息 （6）支付给实际税负高于企业的境内关联方且不超过金融机构同期同类贷款利率的正常经营借款利息
可资本化扣除的利息	购置、建造固定资产、无形资产和经过12个月以上的建造才能达到预定可销售状态的存货发生借款的利息支出（交付使用前）
不可扣除的利息	（1）非银行企业内营业机构之间支付的利息 （2）注册资金未投足时充当资本金使用的借款利息（教材未收录） （3）支付税负较低关联方的超过债资比的关联利息 （4）特别纳税调整加收的利息

经典题解

【真题58·单选题】企业发生的下列支出中，在计算企业所得税应纳税所得额时准予扣除的是（　　）。（2019年）

A. 缴纳的增值税税款

B. 违反消防规定被处以的行政罚款

C. 向投资者分配的红利

D. 按规定缴纳的财产保险费

【答案】D

【真题59·单选题】下列支出在计算企业所得税应纳税所得额时，准予按规定扣除的是（　　）。（2017年）

A. 企业之间发生的管理费支出

B. 企业筹建期间发生的广告费支出

C. 企业内营业机构之间发生的特许权使用费支出

D. 企业内营业机构之间发生的租金支出

【名师点题】企业所得税前可扣除或不可扣除的项目，属于CPA每年必考的高频考点。

【答案】B

【真题60·多选题】居民企业发生的下列支出中，可在企业所得税税前扣除的有（　　）。（2015年）

A. 逾期归还银行贷款的罚息

B. 以经营租赁方式租入固定资产的租金

C. 企业内营业机构之间支付的租金

D. 未能形成无形资产的研究开发费用

【答案】ABD

考点14：亏损弥补★★★

1. 基本规定

除另有规定外，企业某一纳税年度发生的亏损，可以用下一年度的所得弥补，下一年度的所得不足以弥补的，可以逐年延续弥补，但结转年限最长不得超过5年。

企业在汇总计算缴纳企业所得税时，其境外营业机构的亏损不得抵减境内营业机构的盈利。

【相关链接】企业所得税亏损的5年弥补年限，针对的是纳税人的实际亏损额（应纳税所得额的负数），由于其境外营业机构的亏损不得抵减境内营业机构的盈利，在企业整体盈利时境外机构存在未弥补的亏损，即形成企业的非实际亏损额，非实际亏损额不受5年弥补期限的限制，这是国际税收税务管理实务一章的重要考点，考生要注意结合在一起理解掌握。

要点小贴士

可弥补的亏损是税法口径，不是会计口径。

考点妙记

亏损负所得，结转补5年。

高新中小科，最长补10年。

可以外补内，不能内补外。

经典题解

【例题61·计算问答题】下表为经税务机关审定的某国有企业连续7年的弥补亏损前的境内应纳税所得额的情况，假设该企业一直执行5年亏损弥补规定，计算该企业7年间需缴纳的企业所得税。

单位：万元

年度	2015	2016	2017	2018	2019	2020	2021
弥补亏损前的应纳税所得额	-1000	100	-200	300	200	300	800

【答案及解析】本题目涉及纳税人境内实际亏损额的弥补计算，要注意5年的弥补期限，还要注意先发生的亏损先弥补的弥补顺序。

关于2015年的亏损，要用2016年至2020年的所得弥补，尽管期间2017年亏损，也要占用5年抵亏期的一个抵扣年度，且先亏先补，2017年的亏损需在2015年的亏损问题解决之后才能考虑。到了2020年，2015年的亏损未弥补完但5年抵亏期已满，还有100万元亏损不得用2021年的应纳税所得额弥补。

2018年至2020年之间的所得，已被用于弥补2015年的亏损，2017年的亏损只能用2021年所得弥补，在弥补2017年亏损后，2021年应纳税所得额=800-200=600（万元），要计算纳税，应纳企业所得税税额=600×25%=150（万元）。

2. 特殊规定

自2018年1月1日起，当年具备高新技术企业或科技型中小企业资格（以下统称“资格”）的企业，其具备资格年度之前5个年度发生的尚未弥补完的亏损（是指当年具备资格的企业，其前5个年度无论是否具备资格，所发生的尚未弥补完的亏损），准予结转以后年度弥补，最长结转年限由5年延长至10年。

3. 其他相关规定

（1）企业筹办期间不计算为亏损年度，企业自开始生产经营的年度，为开始计算企业损益的年度。企业从事生产经营之前进行筹办活动期间发生筹办费用支出，不得计算为当期的亏损，企业可以在开始经营之日的当年一次性扣除，也可以按照税法有关长期待摊费用的处理规定处理，但一经选定，不得改变。

（2）税务机关对企业以前年度纳税情况进行检查时调增的应纳税所得额，凡企业以前年度发生亏损且该亏损属于企业所得税法规定允许弥补的，应允许调增的应纳税所得额弥补该亏损。弥补该亏损后仍有余额的，按照企业所得税法规定计算缴纳企业所得税。

（3）对企业发现以前年度实际发生的、按照税收规定应在企业所得税前扣除而未扣除或者少扣除的支出，企业作出专项申报及说明后，准予追补至该项目发生年度计算扣除，但追补确认期限不得超过5年。

企业由于上述原因多缴的企业所得税税款，可以在追补确认年度企业所得税应纳税款中抵扣，不足抵扣的，可以向以后年度递延抵扣或申请退税。

亏损企业追补确认以前年度未在企业所得税前扣除的支出，或盈利企业经过追补确认后出现亏损的，应首先调整该项支出所属年度的亏损额，然后再按照弥补亏损的原则计算以后年度多缴的企业所得税款，并按前款规定处理。

要点小贴士

多缴的税可抵可退。

第三节　资产的税务处理

使用“会计云课堂”App 或“微信”扫码查看本节视频，快速 GET 知识点。

资产的税务处理涉及资产的计价、折旧、摊销等问题。

“计税基础”是一个与“计税成本”相类似的概念，与会计账面成本不是等同概念。税法口径的计税基础与会计口径的账面成本之间经常存在税会差异。

这部分内容较多较杂，重点内容为固定资产折旧规定，可以命制各种题型。其他关于无形资产、长期待摊费用等的规定，一般易命制客观题。

考点 1：固定资产的税务处理★★★

固定资产的概念只强调使用时间（超过 12 个月的非货币性资产），不强调使用价值。

（一）固定资产的计税基础

1. 外购的固定资产，以购买价款和支付的相关税费以及直接归属于使该资产达到预定用途发生的其他支出为计税基础。

2. 自行建造的固定资产，以竣工结算前发生的支出为计税基础。

3. 融资租入的固定资产，以租赁合同约定的付款总额和承租人在签订租赁合同过程中发生的相关费用为计税基础，租赁合同未约定付款总额的，以该资产的公允价值和承租人在签订租赁合同过程中发生的相关费用为计税基础。

4. 盘盈的固定资产，以同类固定资产的重置完全价值为计税基础。

> **名师点拨**
>
> 融资租入的固定资产（付款总额和相关费用）、盘盈的固定资产（重置完全价值）与会计政策不同。

5. 通过捐赠、投资、非货币性资产交换、债务重组等方式取得的固定资产，以该资产的公允价值和支付的相关税费为计税基础。

6. 改建的固定资产，除足额提取折旧的固定资产和租入固定资产以外的其他固定资产，以改建过程中发生的改建支出增加计税基础。

7. 企业所得税核定征收改为查账征收后有关资产的税务处理问题：（新增）

（1）企业能够提供资产购置发票的，以发票载明金额为计税基础；不能提供资产购置发票的，可以凭购置资产的合同（协议）、资金支付证明、会计核算资料等记载金额，作为计税基础。

（2）企业核定征税期间投入使用的资产，改为查账征税后，按照税法规定的折旧、摊销年限，扣除该资产投入使用年限后，就剩余年限继续计提折旧、摊销额并在税前扣除。

【相关链接】除另有规定外，企业在重组过程中，应当在交易发生时确认有关资产的转让所得或者损失，相关资产应当按照交易价格重新确定计税基础。

（二）固定资产折旧的范围

下列固定资产不得计算折旧扣除：

（1）房屋、建筑物以外未投入使用的固定资产；

（2）以经营租赁方式租入的固定资产；

（3）以融资租赁方式租出的固定资产；

（4）已足额提取折旧仍继续使用的固定资产；

（5）与经营活动无关的固定资产；

（6）单独估价作为固定资产入账的土地；

（7）其他不得计算折旧扣除的固定资产。

经典题解

【真题62·单选题】企业盘盈的固定资产，其计税基础是（　　）。（2021年）

A. 同类固定资产的评估价格

B. 该固定资产的公允价值

C. 同类固定资产的重置完全价值

D. 该固定资产的可变现净值

【答案】C

【例题63·多选题】下列各项中，按企业所得税法规定应当提取折旧的有（　　）。

A. 大修理停用的机器设备

B. 房屋、建筑物以外未投入使用的固定资产

C. 以融资租赁方式租入的固定资产

D. 以经营租赁方式租入的固定资产

【解析】本题考核考生对固定资产折旧规则的理解。房屋、建筑物以外未投入使用的固定资产（选项B）和以经营租赁方式租入的固定资产（选项D）不得计提折旧。

【答案】AC

（三）固定资产折旧的计提方法

1. 企业应当自固定资产投入使用月份的次月起计算折旧；停止使用的固定资产，应当自停止使用月份的次月起停止计算折旧。

2. 企业应当根据固定资产的性质和使用情况，合理确定固定资产的预计净残值。固定资产的预计净残值一经确定，不得变更。

3. 固定资产按照直线法计算的折旧，准予扣除。

年折旧率＝（1－预计净残值率）÷预计使用年限×100%

经典题解

【例题64】某企业（增值税一般纳税人）2021年5月购入一台不需要安装的生产设备，取得增值税专用发票上注明价款600万元，增值税税额78万元，购入设备发生运费，取得增值税专用发票上注明金额4万元，增值税0.36万元。该设

备当月投入使用，假定该企业生产设备折旧年限为 10 年，预计净残值率 5%，则该企业在企业所得税前扣除的该生产设备的月折旧额是多少万元？

【答案及解析】购入生产设备及运费的进项税可以抵扣，则购入该生产设备的计税基础 =600+4=604（万元）

该生产设备可提折旧金额 =604×（1−5%）=573.8（万元）

该生产设备月折旧额 =573.8/（10×12）=4.78（万元）。

（四）固定资产折旧的计提年限

除国务院财政、税务主管部门另有规定外，固定资产计算折旧的最低年限如下：

（1）房屋、建筑物，为 20 年；

（2）飞机、火车、轮船、机器、机械和其他生产设备，为 10 年；

（3）与生产经营活动有关的器具、工具、家具等，为 5 年；

（4）飞机、火车、轮船以外的运输工具，为 4 年；

（5）电子设备，为 3 年。

经典题解

【例题 65 · 单选题】除国务院财政、税务主管部门另有规定外，以下各项与生产经营活动有关的固定资产中，最低折旧年限为 5 年的是（　　）。

A. 建筑物　　　　B. 生产设备

C. 家具　　　　D. 电子设备

【答案】C

【例题 66 · 计算问答题】某企业（增值税一般纳税人）2021 年 7 月 5 日购进一台生产设备，取得增值税专用发票上注明价款 600 万元，增值税税额 78 万元，且发生不含税安装费共计 64 万元，该生产设备 8 月投入使用。假定该企业固定资产预计净残值率 5%，计算该生产设备在当年企业所得税前最多可扣除的折旧额为多少万元？（不考虑加速折旧税收优惠）

【答案及解析】生产设备的折旧年限最低为 10 年，该生产设备可抵扣增值税进项税，自 9 月开始计提折旧。

该生产设备计税基础 =600+64=664（万元）

当年企业所得税前最多可扣除的折旧额 =664×（1−5%）÷（10×12）×4=21.03（万元）。

（五）固定资产改扩建的税务处理

1. 未提足折旧推倒重置的——净值并入重置后固定资产的计税成本。

2. 未提足折旧提升功能增加面积的——改扩建支出并入固定资产的计税基础，折旧年限按照税法规定的折旧年限与尚可使用年限孰短的标准重新确定。

3. 已提足折旧的——按照长期待摊费用，在规定的年限内摊销。

名师点拨

例如：原固定资产净值 20 万元，推倒重置支出 80 万元，重置后该资产计税成本为 100 万元。

名师点拨

固定资产折旧的税会差异的处理要坚持会计从税的原则。

要点小贴士

折旧年限孰长原则：会短税长按税；会长税短按会。

（六）固定资产折旧的税会差异处理

差异	要点
折旧年限差异	企业固定资产会计折旧年限如果短于税法规定的最低折旧年限，其按会计折旧年限计提的折旧高于按税法规定的最低折旧年限计提的折旧部分，应调增当期应纳税所得额 企业固定资产会计折旧年限已期满且会计折旧已提足，但税法规定的最低折旧年限尚未到期且税收折旧尚未足额扣除，其未足额扣除的部分准予在剩余的税收折旧年限继续按规定扣除 【归纳】会计折旧年限短于税法最低年限的，按照税法最低年限
	企业固定资产会计折旧年限如果长于税法规定的最低折旧年限，其折旧应按会计折旧年限扣除，税法另有规定的除外 【归纳】会计折旧年限长于税法最低年限的，按照会计年限
计税基础差异	企业按会计规定提取的固定资产减值准备，不得税前扣除，其折旧仍按税法确定的固定资产计税基础计算扣除 【归纳】①固定资产减值准备是税法不得扣除的项目；②税法认可的折旧，计算基础要依从税法规定
加速折旧差异	企业按税法规定实行加速折旧的，其按加速折旧办法计算的折旧额可全额在税前扣除 企业实施加速折旧但不符合税法规定条件的，按照税法规定的折旧方法计算扣除 【归纳】计提折旧的方式要依从税法规定
特殊企业差异	石油天然气开采企业在计提油气资产折耗（折旧）时，由于会计与税法规定计算方法不同导致的折耗（折旧）差异，应按税法规定进行纳税调整

考点2：生物资产的税务处理★

生物资产分为消耗性生物资产、生产性生物资产和公益性生物资产。

种类	定义	举例
消耗性生物资产	指为出售而持有的或者将来收获为农产品的生物资产	农田作物、蔬菜、用材林、存栏待售的牲畜
生产性生物资产	指为产出农产品、提供劳务或者出租等目的而持有的生物资产	经济林、薪炭林、产畜、役畜
公益性生物资产	指以防护、环境保护为主要目的的生物资产	防风固沙林、水土保持林、水源涵养林

税法对生产性生物资产计算折旧的最低年限规定如下：

1. 林木类生产性生物资产，为10年；
2. 畜类生产性生物资产，为3年。

经典题解

【例题 67·单选题】下列各项中，依据企业所得税法相关规定可计提折旧的生物资产是（　　）。

A. 经济林　　　　B. 防风固沙林

C. 用材林　　　　D. 存栏待售牲畜

【答案】A

考点 3：无形资产的税务处理★★

在计算应纳税所得额时，企业按照规定计算的无形资产摊销费用，准予扣除。

1. 下列无形资产不得计算摊销费用扣除：

（1）自行开发的支出已在计算应纳税所得额时扣除的无形资产；

（2）自创商誉；

（3）与经营活动无关的无形资产；

（4）其他不得计算摊销费用扣除的无形资产。

2. 无形资产的摊销

（1）无形资产按照直线法计算的摊销费用，准予扣除。

（2）无形资产的摊销年限不得低于 10 年。

（3）作为投资或者受让的无形资产，有关法律规定或者合同约定了使用年限的，可以按照规定或者约定的使用年限分期摊销。

（4）外购商誉的支出，在企业整体转让或者清算时，准予扣除。

经典题解

【例题 68·多选题】下列各项中，不得在企业所得税税前扣除的有（　　）。

A. 自创商誉计算的摊销费用

B. 企业整体转让时外购商誉的支出

C. 以融资租赁方式租入的固定资产计提的折旧

D. 与经营活动无关的无形资产的摊销

【解析】自创商誉、与经营活动无关的无形资产，不得在企业所得税税前计算摊销费用扣除；外购商誉的支出在企业整体转让或者清算时，准予扣除；以融资租赁方式租入的固定资产可以通过计提折旧的方式在企业所得税税前扣除。

【答案】AD

考点 4：长期待摊费用的税务处理★★

长期待摊费用，是指企业发生的应在一个年度以上或几个年度进行摊销的费用。在计算应纳税所得额时，企业发生的下列支出作为长期待摊费用，按照规定摊销的，准予扣除。

作为长期待摊费用的情形	摊销期限
已足额提取折旧的固定资产的改建支出	按照固定资产预计尚可使用年限分期摊销
租入固定资产的改建支出	按照合同约定的剩余租赁期限分期摊销
固定资产的大修理支出	按照固定资产尚可使用年限分期摊销
其他应当作为长期待摊费用的支出	自支出发生月份的次月起，分期摊销，摊销年限不得低于3年

【注意】固定资产的修理支出不等同于固定资产的大修理支出。固定资产的修理支出可在发生当期直接扣除；固定资产的大修理支出，则要按照固定资产尚可使用年限分期摊销，在税前扣除。

企业所得税法所指固定资产的大修理支出，是指同时符合下列条件的支出：

（1）修理支出达到取得固定资产时的计税基础50%以上；

（2）修理后固定资产的使用年限延长2年以上。

【相关链接】企业筹办费可在开始经营之日的当年一次性扣除；也可以按照长期待摊费用的规定，按照不低于3年的期限分期摊销，一经选定，不得改变。

经典题解

【真题69·多选题】下列支出中，可作为长期待摊费用核算的有（　　）。（2017年）

A. 固定资产的大修理支出

B. 租入固定资产的改建支出

C. 已足额提取折旧的固定资产的改建支出

D. 接受捐赠固定资产的改建支出

【答案】ABC

【真题70·单选题】企业发生的下列支出中，可在发生当期直接在企业所得税税前扣除的是（　　）。（2015年）

A. 固定资产改良支出

B. 已足额提取折旧的固定资产的改建支出

C. 租入固定资产的改建支出

D. 固定资产的日常修理支出

【名师点题】本题目在解答时要注意审题，关键词是“直接”税前扣除而不是摊销扣除，看清问题才能有针对性地准确解答。

【解析】选项A：企业的固定资产改良支出，如果有关固定资产尚未提足折旧，可增加固定资产价值，按规定的期限计提折旧；如果有关固定资产已提足折旧，可作为长期待摊费用，在规定的期间内平均摊销。选项BC：要作为长期待摊费用，在规定的期限内平均摊销。

【答案】D

考点 5：存货的税务处理★

存货的计税基础（成本确定）——支付现金方式取得的，以购买价款和支付的相关税费为成本；非现金方式取得的，以公允价值和支付的相关税费为成本；生产性生物资产收获的农产品，以产出或采收过程中发生的材料费、人工费和分摊的间接费用等必要支出为成本。

存货的成本计算方法——不能使用后进先出法。

经典题解

【例题 71 · 单选题】依据企业所得税相关规定，以下关于存货的税务处理正确的是（ ）。

A. 通过支付现金方式取得的存货，以公允价值和支付的相关税费为成本

B. 通过支付现金以外的方式取得的存货，以评估价值和支付的相关税费为成本

C. 生产性生物资产收获的农产品，以产出或者采收过程中发生的材料费、人工费和分摊的间接费用等必要支出为成本

D. 企业使用或销售存货的成本计算方法可以在先进先出法、后进先出法、加权平均法中选用一种

【解析】选项 A：通过支付现金方式取得的存货，以购买价款和支付的相关税费为成本；选项 B：通过支付现金以外的方式取得的存货，以该存货的公允价值和支付的相关税费为成本；选项 D：企业使用或销售存货的成本计算方法可以在先进先出法、加权平均法、个别计价法中选用一种，计价方法一经选用，不得随意变更。

【答案】C

考点 6：投资资产的税务处理★★★

（一）投资资产的成本

1. 通过支付现金方式取得的投资资产——购买价款。

2. 通过支付现金以外的方式取得的投资资产——该资产的公允价值 + 支付的相关税费。

（二）投资资产成本的扣除方法

企业对外投资期间，投资资产的成本在计算应纳税所得额时不得扣除，企业在转让或者处置投资资产时，投资资产的成本准予扣除。

【提示】企业购买的文物、艺术品用于收藏、展示、保值增值的，作为投资资产进行税务处理。文物、艺术品资产在持有期间，计提的折旧、摊销费用，不得税前扣除。（新增）

经典题解

【真题 72 · 单选题】某居民企业以其持有的一处房产投资设立一家公司（居民

企业），如不考虑特殊性税务处理，下列关于该投资行为涉及的企业所得税处理是（　　）。（2018年）

A. 以房产的账面价值作为被投资方的计税基础

B. 以房产对外投资确认的转让所得，按6年分期均匀计入相应年度的应纳税所得额

C. 以签订投资协议的当天为纳税申报时间

D. 对房产进行评估，并按评估后的公允价值扣除计税基础后的余额确认房产的转让所得

【解析】选项A：以房产的公允价值作为被投资方的计税基础。选项B：以房产对外投资确认的转让所得在不超过5年期限内，分期均匀计入相应年度的应纳税所得额。选项C：应于投资协议生效并办理股权登记手续时，确认非货币性资产转让收入的实现。

【答案】D

（三）投资企业撤回或减少投资的税务处理

自2011年7月1日起，投资企业从被投资企业撤回或减少投资，其取得的资产中，相当于初始出资的部分，应确认为投资收回；相当于被投资企业累计未分配利润和累计盈余公积按减少实收资本比例计算的部分，应确认为股息所得；其余部分确认为投资资产转让所得。

被投资企业发生的经营亏损，由被投资企业按规定结转弥补；投资企业不得调整减低其投资成本，也不得将其确认为投资损失。

经典题解

【例题73】A公司（居民企业）2016年7月以1000万元投资M公司（居民企业），取得M公司30%的股份。2021年7月经股东会批准，A公司将其持有的30%股份撤资，撤资时M公司累计未分配利润为3000万元，A公司撤资分得银行存款2000万元。则A公司分得的2000万元中：

1000万元为投资资本的收回（原投资就是1000万元）；

3000×30%=900（万元），确认为股息所得，属于符合条件的居民企业之间的股息，免征企业所得税；

2000-1000-900=100（万元），剩余部分100万元确认为股权转让所得缴纳企业所得税。

（四）转让股权的税务处理

企业转让股权收入，应于转让协议生效、且完成股权变更手续时，确认收入的实现。转让股权收入扣除为取得该股权所发生的成本后，为股权转让所得。企业在计算股权转让所得时，不得扣除被投资企业未分配利润等股东留存收益中按该项股权所可能分配的金额。

经典题解

【真题74·单选题】甲公司2017年8月以500万元直接投资于乙公司，占有

乙公司 20% 的股权。2021 年 12 月甲公司将全部股权转让取得收入 800 万元，并完成股权变更手续，转让时乙公司账面累计盈余公积 100 万元，甲公司应确认股权转让的应纳税所得额为（　　）万元。（2021 年）

A．280　　B．300

C．200　　D．680

【解析】企业在计算股权转让所得时，不得扣除被投资企业未分配利润等股东留存收益中按该项股权所可能分配的金额。甲公司应确认股权转让的应纳税所得额 = 800−500=300（万元）。

名师点拨

辨析转股与撤资不同的扣除规定。假如本题为撤资收回 800 万元，则股权转让的应纳税所得额 =800−500−100×20%=280（万元）。

【答案】B

考点 7：税法规定与会计规定差异的处理★★

1．企业不能提供完整、准确的收入及成本、费用凭证，不能正确计算应纳税所得额的，由税务机关核定其应纳税所得额。

2．企业依法清算时，以其清算终了后的清算所得为应纳税所得额，按规定缴纳企业所得税。所谓清算所得，是指企业全部资产可变现价值或交易价格减除资产净值、清算费用以及相关税费等后的余额。

【归纳】投资企业取得被投资企业清算所得的税务处理。

投资方企业从被清算企业分得的剩余资产，“两步减除”：

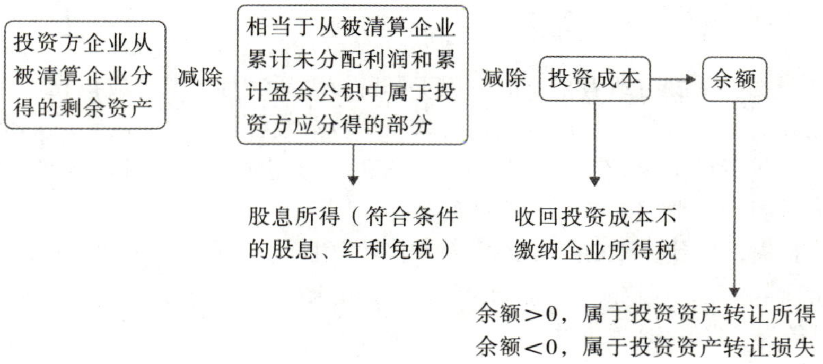

经典题解

【例题 75·单选题】甲企业 2017 年 11 月对乙企业进行投资，投资成本为 160 万元，2021 年 11 月乙企业进行清算，甲企业分得剩余资产 204 万元，其中含累计未分配利润和累计盈余公积 24 万元，甲、乙企业均属于境内居民企业，则该项业务甲企业应纳企业所得税（　　）万元。

A．5　　B．11

C．45　　D．51

【解析】该项业务甲企业应缴纳企业所得税 =（204−24−160）×25%=5（万元）。

【答案】A

【相关链接】投资持有收益与投资转让收益的归纳：

企业行为	税务处理规定
转让股权	全部确认为转让收益，不确认其中的权益性投资收益
撤回或减少投资	区分确认权益性投资收益和转让收益
清算分得剩余资产	区分确认权益性投资收益和转让收益

3. 在申报纳税时，税法规定与会计制度、准则之间出现差异，对企业按有关财务会计规定计算的利润总额，要按照税法规定进行必要调整后，才能作为应纳税所得额计算缴纳企业所得税。

4. 自2011年7月1日起，企业当年度实际发生的相关成本、费用，由于各种原因未能及时取得该成本、费用的有效凭证，企业在预缴季度所得税时，可暂按账面发生金额进行核算；但在汇算清缴时，应补充提供该成本、费用的有效凭证。

第四节　资产损失的所得税处理

使用“会计云课堂”App或“微信”扫码查看本节视频，快速GET知识点。

考点1：资产损失的定义★

资产是指企业拥有或者控制的、用于经营管理活动且与取得应税收入有关的资产，包括现金、银行存款、应收及预付款项（包括应收票据、各类垫款、企业之间往来款项）等货币资产，存货、固定资产、在建工程、生产性生物资产等非货币资产，以及债权性投资和股权（权益）性投资。

名师点拨

资产损失的资产范围非常广泛。

资产损失，是指企业在生产经营活动中实际发生的、与取得应税收入有关的资产损失，包括现金损失，存款损失，坏账损失，贷款损失，股权投资损失，固定资产和存货的盘亏、毁损、报废、被盗损失，自然灾害等不可抗力因素造成的损失以及其他损失。

考点2：资产损失扣除政策★★

（一）可扣除的资产损失

这部分内容比较繁杂，将其中容易混淆的损失项目、损失原因、可确认损失额度列表辨析：

损失项目	损失原因	可确认损失额度
现金	短缺	短缺额减除责任人赔偿后的余额
货币性资金	存入的法定机构依法破产、清算或政府责令停业、关闭	确实不能收回的部分

要点小贴士

该损失只限于“存入法定具有吸收存款职能的机构”的部分。

损失项目	损失原因	可确认损失额度
坏账损失——除贷款类债权外的应收、预付账款	1. 债务人依法宣告破产、关闭、解散、被撤销，或者被依法注销、吊销营业执照，其清算财产不足清偿的 2. 债务人死亡，或者依法被宣告失踪、死亡，其财产或者遗产不足清偿的 3. 债务人逾期 3 年以上未清偿，且有确凿证据证明已无力清偿债务的 4. 与债务人达成债务重组协议或法院批准破产重整计划后，无法追偿的 5. 因自然灾害、战争等不可抗力导致无法收回的 6. 国务院财政、税务主管部门规定的其他条件	减除可收回金额后确认的无法收回的应收、预付款项
贷款损失——贷款类债权	列举的十二种情形	按未能收回的债权确认贷款损失
股权投资	1. 被投资方依法宣告破产、关闭、解散、被撤销，或者被依法注销、吊销营业执照的 2. 被投资方财务状况严重恶化，累计发生巨额亏损，已连续停止经营 3 年以上，且无重新恢复经营改组计划的 3. 对被投资方不具有控制权，投资期限届满或者投资期限已超过 10 年，且被投资单位因连续 3 年经营亏损导致资不抵债的 4. 被投资方财务状况严重恶化，累计发生巨额亏损，已完成清算或清算期超过 3 年以上的 5. 国务院财政、税务主管部门规定的其他条件	投资额减除可收回金额后确认的无法收回的股权投资
固定资产和存货	盘亏的固定资产或存货	该固定资产的账面净值或存货的成本减除责任人赔偿后的余额
	毁损、报废的固定资产或存货	该固定资产的账面净值或存货的成本减除残值、保险赔款和责任人赔偿后的余额
	被盗的固定资产或存货	该固定资产的账面净值或存货的成本减除保险赔款和责任人赔偿后的余额
	对于企业因存货盘亏、毁损、报废、被盗等原因不得从增值税销项税额中抵扣的进项税额，可以与存货损失一起在计算应纳税所得额时扣除	

经典题解

【真题 76 · 多选题】下列在会计上已作损失处理的除贷款债权外的应收账款损失中，可在计算企业所得税应纳税所得额时扣除的有（　　）。（2021 年）

A. 因自然灾害导致无法收回的应收账款损失

B. 法院批准破产重整计划后无法追偿的应收账款损失

C. 债务人逾期 2 年未清偿预计难以收回的应收账款损失

D. 债务人被依法注销其清算财产不足清偿的应收账款损失

【答案】ABD

（二）关于资产损失的其他政策

1. 收回已扣除的资产损失需要列入收入——企业在计算应纳税所得额时已经扣除的资产损失，在以后纳税年度全部或者部分收回时，其收回部分应当作为收入计入收回当期的应纳税所得额。

2. 境外损失不能影响境内所得——企业境内、境外营业机构发生的资产损失应分开核算，对境外营业机构由于发生资产损失而产生的亏损，不得在计算境内应纳税所得额时扣除。

3. 损失扣除需要合法证据、证明——企业对其扣除的各项资产损失，应当提供能够证明资产损失确属已实际发生的合法证据，包括具有法律效力的外部证据、具有法定资质的中介机构的经济鉴证证明、具有法定资质的专业机构的技术鉴定证明等。

经典题解

【例题 77 · 单选题】以下关于企业资产损失的规定表述正确的是（　　）。

A. 股权投资损失指的是投资额减除股权转让金额后无法收回的股权投资

B. 企业在计算应纳税所得额时已经扣除的资产损失，在以后纳税年度全部或者部分收回时，其收回部分应当追溯调整原损失年度的应纳税所得额

C. 企业就应收账款与债务人达成债务重组协议但又无法追偿的，不能确认资产损失

D. 对境外营业机构由于发生资产损失而产生的亏损，不得在计算境内应纳税所得额时扣除

【解析】股权投资损失指的是投资额减除可收回金额后确认的无法收回的股权投资，所以 A 选项不正确；企业在计算应纳税所得额时已经扣除的资产损失，在以后纳税年度全部或者部分收回时，其收回部分应当作为收入计入收回当期的应纳税所得额，所以 B 选项不正确；企业就应收款项与债务人达成债务重组协议或法院批准破产重整计划后，无法追偿的，以应收款项减除可收回金额后确认的无法收回的应收款项，确认坏账损失，所以 C 选项不正确。

【答案】D

考点3：资产损失税前扣除管理★★★

企业资产损失税前扣除管理的基本原则：准予在企业所得税税前扣除的资产损失，是指企业在实际处置、转让资产过程中发生的合理损失（以下简称“实际资产损失”），以及企业虽未实际处置、转让资产，但符合规定条件计算确认的损失（以下简称“法定资产损失”）。

企业发生的资产损失，应按规定的程序和要求向主管税务机关申报后方能在税前扣除。未经申报的损失，不得在税前扣除。

【提示】资产损失扣除取消了审批制度，取而代之的是“申报扣除”制度。企业向税务机关申报扣除资产损失，仅需填报企业所得税年度纳税申报表《资产损失税前扣除及纳税调整明细表》，不再报送资产损失相关资料。相关资料由企业留存备查。

损失种类	具体规定
实际资产损失	企业在实际处置、转让资产过程中发生的合理损失 应当在其实际发生且会计上已作损失处理的年度申报扣除 企业以前年度发生的实际资产损失未能在当年税前扣除的，可以按照规定，向税务机关说明并进行专项申报扣除。准予追补至该项损失发生年度扣除，其追补确认期限一般不得超过5年，但因计划经济体制转轨过程中遗留的资产损失、企业重组上市过程中因权属不清出现争议而未能及时扣除的资产损失、因承担国家政策性任务而形成的资产损失以及政策定性不明确而形成资产损失等特殊原因形成的资产损失，其追补确认期限经国家税务总局批准后可适当延长
法定资产损失	企业虽未实际处置、转让资产，但符合规定条件计算确认的损失 应当在会计上已作损失处理的年度申报扣除 企业以前年度发生的法定资产损失未能在当年税前扣除的，可以按照规定，向税务机关说明并进行专项申报扣除。法定资产损失应在申报年度扣除

要点小贴士

实际资产损失——在发生年度扣除；法定资产损失——在申报年度扣除。

第五节 企业重组的所得税处理

使用“会计云课堂”App或“微信”扫码查看本节视频，快速GET知识点。

本节是企业所得税最难的一节但不是最重要的一节，难度大、重点不多。注意把握难点中的重点。本节学习思路：在理解三组概念的基础上，理解立法意图，从而记住政策规则。

第一步，理解三组概念；

第二步，理解立法意图；

第三步，企业重组的税务处理区分不同条件分别适用一般性税务处理规定和特殊性税务处理规定。

考点1：理解相关概念★

第一步，理解三组概念：

1. 企业重组的概念

企业重组，是指企业在日常经营活动以外发生的法律结构或经济结构重大改变的交易，包括企业法律形式改变、债务重组、股权收购、资产收购、合并、分立等。

2. 股权支付与非股权支付的概念

所称股权支付，是指企业重组中购买、换取资产的一方支付的对价中，以本企业或其控股企业的股权、股份作为支付的形式；

所称非股权支付，是指以本企业的现金、银行存款、应收款项、本企业或其控股企业股权和股份以外的有价证券、存货、固定资产、其他资产以及承担债务等作为支付的形式。

3. 账面成本、计税基础、公允价值的关系

（1）计税基础不等于账面成本。

（2）计税基础，是指企业收回资产账面价值过程中，计算应纳税所得额时按照税法规定可以自应税经济利益中抵扣的金额。

资产的计税基础＝未来可税前列支的金额

（3）公允价值，是指在公平交易中，熟悉情况的交易双方自愿进行资产交换或者债务清偿的金额。

【归纳】三个方面的概念的理解

重组交易具有非日常性；

重组对价的股权支付和非股权支付；

重组涉税资产的计量一般使用计税基础、公允价值。

第二步，理解立法意图：企业重组的所得税处理的规则强调了计税基础的税收责任——重组交易中的增加价值在履行过税收责任后才具有计税基础的地位。

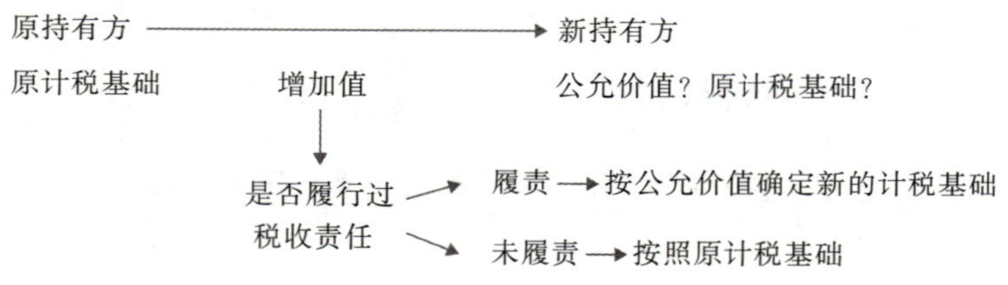

基本规则的最通俗的举例：计税基础100、公允价值130

重组的原持有方按照（130－100）确定损益，增加值30承担了所得税责任，则新持有方按照130作为新的计税基础；

原持有方符合特殊规定没有对（130－100）确定损益，增加值30没有承担所得税责任，则新持有方只能按照100作为计税基础。

第三步，企业重组的税务处理区分不同条件分别适用一般性税务处理规定和特殊性税务处理规定。

【归纳】

<table>
<tr><th colspan="2">企业重组</th><th>具体规定</th></tr>
<tr><td colspan="2">一般性税务处理</td><td rowspan="2">原持有方确认资产的转让所得或损失；新持有方按公允价值确认资产或负债的计税基础</td></tr>
<tr><td rowspan="2">特殊性税务处理</td><td>非股权支付部分</td></tr>
<tr><td>股权支付部分</td><td>原持有方暂不确认有关资产的转让所得或损失；新持有方按原计税基础确认资产或负债的计税基础</td></tr>
</table>

考点 2：企业重组的一般性税务处理方法★★

> 名师点拨
>
> 体现了承担税收责任的税务处理思路——被重组方确认重组损益，重组方取得股权和资产的计税基础按照公允价值为基础确定。

（一）企业法律形式改变的处理：

企业由法人转变为个人独资企业、合伙企业等非法人组织，或将登记注册地转移至中华人民共和国境外（包括港澳台地区），应视同企业进行清算、分配，股东重新投资成立新企业。企业的全部资产以及股东投资的计税基础均应以公允价值为基础确定。

企业发生其他法律形式简单改变的，可直接变更税务登记，除另有规定外，有关企业所得税纳税事项（包括亏损结转、税收优惠等权益和义务）由变更后企业承继，但因住所发生变化而不符合税收优惠条件的除外。

（二）企业债务重组，相关交易应按以下规定处理：

债务重组的方式主要包括以非货币资产清偿债务、将债务转为资本、修改其他债务条件以及以上三种方式的组合等。

1. 以非货币性资产清偿债务，应当分解为转让相关非货币性资产、按非货币性资产公允价值清偿债务两项业务，确认相关资产的所得或损失。

2. 发生债权转股权的，应当分解为债务清偿和股权投资两项业务，确认有关债务清偿所得或损失。

> 图示记忆
>
> 1000万元债权→800万元股权
>
> 行为1：偿债——有清偿所得或损失
>
> 行为2：投资

3. 债务人应当按照支付的债务清偿额低于债务计税基础的差额，确认债务重组所得；债权人应当按照收到的债务清偿额低于债权计税基础的差额，确认债务重组损失。

> 图示记忆
>
> 1000万元债权→800万元清偿
>
> 债权人——有债务重组损失
>
> 债务人——有债务重组所得

4. 债务人的相关所得税纳税事项原则上保持不变。

经典题解

【例题 78】甲居民企业（简称“甲企业”，增值税一般纳税人）2021 年 12 月与乙公司达成债务重组协议，甲企业以一批库存商品抵偿所欠乙公司一年前的债务 25.6 万元，该批库存商品的账面成本为 16 万元，市场不含税销售价为 20 万元，该批商品的增值税税率为 13%，甲企业适用 25% 的企业所得税税率。假定城市维护建设税、教育费附加和地方教育附加不予考虑，甲企业给乙公司开具了增值税专用发票。甲企业的该项重组业务应纳企业所得税是多少？乙公司的债务重组损失是多少？

【答案及解析】应将甲企业的行为分解为视同销售和债务清偿两个环节，

第一个环节是视同将库存商品按市场价格销售，第二个环节是将视同销售资金用于偿还债务。

就第一个环节而言，视同甲企业按照市场价格销售取得20万元销售款和2.6万元增值税销项税。由于该批库存商品成本为16万元，因此第一个环节甲企业有4万元（20–16）视同销售的所得。

就第二个环节而言，甲企业用视同销售收回的全部资金22.6万元（20+2.6）清偿债务，债务金额为25.6万元，该债务重组意味着用22.6万元偿还了25.6万元的债务，甲企业由此产生债务重组利得3万元，而乙公司则相对产生债务重组损失3万元。

该重组事项，甲企业应确认应纳税所得额=4+3=7（万元）。

7万元含两方面的所得：此项债务重组利得3万元和库存商品视同销售所得4万元。甲企业该项重组业务应纳企业所得税=7×25%=1.75（万元）。

乙公司的债务重组损失=25.6–20–2.6=3（万元）。

（三）企业股权收购、资产收购重组交易，相关交易应按以下规定处理：

1. 被收购方应确认股权、资产转让所得或损失。
2. 收购方取得股权或资产的计税基础应以公允价值为基础确定。
3. 被收购企业的相关所得税事项原则上保持不变。

经典题解

【例题79】2021年9月，A公司以500万元的银行存款购买B公司的部分经营性资产，A公司购买的B公司该部分经营性资产的账面价值420万元，计税基础460万元，公允价值500万元。

涉税处理：

（1）A公司（受让方/收购方）的税务处理：

A公司购买该经营性资产后，应以该资产的公允价值500万元为基础确定计税基础。

（2）B公司（转让方/被收购方）的税务处理：

B公司应确认资产转让所得=500–460=40（万元）。

【提示】账面价值体现会计口径，计税基础体现税法口径。公允价值是重组交易中双方认可的符合市场交易条件的价值。企业重组的税法规定中，不提及会计口径，而使用税法口径的计税基础，按照计税基础与公允价值之间的差异是否得到认可为原则，处理重组各方的收益与成本。

经典题解

【真题80·多选题】下列关于企业股权收购重组的一般性税务处理的表述中，正确的有（　　）。（2017年）

A. 被收购方应确认股权的转让所得或损失

B. 被收购企业的相关所得税事项原则上保持不变

C. 收购方取得被收购方股权的计税基础以被收购股权的原有计税基础确定

D. 收购方取得股权的计税基础应以公允价值为基础确定

【名师点题】企业重组的所得税一般性税务处理的核心是计税基础要承担税收责任，所以在被收购方确认了所得或损失、承担了税收责任的前提下，收购方取得被收购方股权的计税基础以公允价值为基础确定。

【答案】ABD

（四）企业合并，当事各方应按下列规定处理：

1. 合并企业应按公允价值确定接受被合并企业各项资产和负债的计税基础。
2. 被合并企业及其股东都应按清算进行所得税处理。
3. 被合并企业的亏损不得在合并企业结转弥补。

【举例】

吸收合并：A 企业 +B 企业 =A 企业

则 B 及股东获得的利益按照清算计算盈亏并承担税收责任；A 按照接受 B 的公允价值（不是原计税基础）确定新的计税基础。

创立合并：A 企业 +B 企业 =C 企业

则 AB 及股东获得的利益按照清算计算盈亏并承担税收责任；C 按照接受 AB 的公允价值（不是原计税基础）确定新的计税基础。

经典题解

【真题 81·多选题】企业实施合并重组，适用企业所得税一般性税务处理方法时，下列处理正确的有（　　）。（2016 年）

A. 被合并企业及其股东都应按清算进行所得税处理

B. 合并企业应按账面价值确定接受被合并企业负债的计税基础

C. 被合并企业的亏损不得在合并企业结转弥补

D. 合并企业应按公允价值确定接受被合并企业各项资产的计税基础

【名师点题】一般性税务处理的具体规定属于考试命题的高频考点。企业重组的所得税一般性税务处理的核心是计税基础要承担税收责任，所以被合并企业及其股东都应按清算进行所得税处理以履行税收责任，承担过税收责任的公允价值可作为新的计税基础。

【答案】ACD

（五）企业分立，当事各方应按下列规定处理：

1. 被分立企业对分立出去资产应按公允价值确认资产转让所得或损失。
2. 分立企业应按公允价值确认接受资产的计税基础。
3. 被分立企业继续存在时，其股东取得的对价应视同被分立企业分配进行处理。

【举例】A 企业分立成 A 企业和 B 企业——派生分立（存续型分立）

对派生分立（存续型分立）的处理规定，如果存续型分立按一般性税务处理，则“被分立企业继续存在时，其股东取得的对价应视同被分立企业分配进行处理”。其中：

企业股东因为被分立视同分配而获得的对价，按照取得股息红利处理；

个人股东因为被分立视同分配而获得的对价，按规定缴纳个人所得税。

4. 被分立企业不再继续存在时，被分立企业及其股东都应按清算进行所得税处理。

【举例】A企业分立成B企业和C企业——新设型分立

对新设型分立的处理规定，如果分立企业按一般性税务处理，则“被分立企业不再继续存在时，被分立企业及其股东都应按清算进行所得税处理”。即理解为被分立企业解散，其股东以分得的资产向分立企业再投资。具体执行的清算政策：

相当于被清算企业累计未分配利润和累计盈余公积中按该股东所占股份比例计算的部分，应确认为股息所得；剩余资产减除股息所得后的余额，超过或低于股东投资成本的部分，应确认为股东的投资转让所得或损失。

5. 企业分立相关企业的亏损不得相互结转弥补。

【提示】被分立企业已按照清算处理，不允许结转清算前的亏损。

【归纳】企业重组的所得税处理规则强调了计税基础的税收责任。重组交易中的增加价值在缴纳过企业所得税后才具有计税基础的地位。企业重组的一般性税务处理规定的核心，体现出重组交易中的增加值一定要缴纳企业所得税。不论这个交易采用何种支付方式（股权支付或非股权支付），都要对公允价值中大于原计税基础的所得进行确认，承担税收责任，重组后企业的资产才可以按照公允价值作为新的计税基础。

考点妙记

企业特殊性税务处理的五个条件是同时满足“一个目的（合理的商业目的）”“两个比例（50%、85%）”“两个持续（12个月）”。

考点3：企业重组的特殊性税务处理的条件★★★

企业重组同时符合下列条件的，适用特殊性税务处理规定：

1. 具有合理的商业目的，且不以减少、免除或者推迟缴纳税款为主要目的。
2. 被收购、合并或分立部分的资产或股权比例符合规定的比例。
3. 企业重组后的连续12个月内不改变重组资产原来的实质性经营活动。
4. 重组交易对价中涉及股权支付金额符合规定比例。
5. 企业重组中取得股权支付的原主要股东，在重组后连续12个月内，不得转让所取得的股权。

名师点拨

企业重组的纳税责任递延。

考点4：企业重组的特殊性税务处理方法★★★

企业重组符合特殊性税务处理5个条件的，交易各方对其交易中的股权支付部分，可以按以下规定进行特殊性税务处理：

1. 企业债务重组确认的应纳税所得额占该企业当年应纳税所得额50%以上，可以在5个纳税年度的期间内，均匀计入各年度的应纳税所得额。

【解释】由于债务重组确认的损益很少形成货币资金的流入或流出，所以税法针对债务重组产生的所得，比重较大的，运用税收递延的方式，分5年计入应纳税所得额。

企业发生债权转股权业务，对债务清偿和股权投资两项业务暂不确认有关债务清偿所得或损失，股权投资的计税基础以原债权的计税基础确定。企业的其他相关所得税事项保持不变。

【举例】甲企业对乙企业拥有计税基础1000万元的债权，经债务重组转换成400万股股权，每股市值2元。如果符合特殊性税务处理要求，则债务人乙企业不确认债务重组利得，债权人甲企业不确认债务清偿损失，其取得股权的计税基础按照1000万元确定。

经典题解

【例题82·单选题】根据企业所得税相关规定，企业债务重组确认的应纳税所得额占该企业当年应纳税所得额（　　）以上的，可以在5个纳税年度内均匀计入各年度的应纳税所得额。

A. 50%　　B. 60%

C. 75%　　D. 85%

【答案】A

2. 股权收购，收购企业购买的股权不低于被收购企业全部股权的50%，且收购企业在该股权收购发生时的股权支付金额不低于其交易支付总额的85%，可以选择按以下规定处理：

（1）被收购企业的股东取得收购企业股权的计税基础，以被收购股权的原有计税基础确定。

（2）收购企业取得被收购企业股权的计税基础，以被收购股权的原有计税基础确定。

（3）收购企业、被收购企业的原有各项资产和负债的计税基础和其他相关所得税事项保持不变。

【提示】企业重组特殊性税务处理是指重组交易各方暂不确认股权支付部分有关资产的转让所得或损失，而非股权支付部分仍应在交易当期确认相应的资产转让所得或损失，并调整相应资产的计税基础。

经典题解

【例题83·计算问答题】甲公司共有股权1000万股，为了将来有更好的发展，将70%的股权让乙公司收购，然后成为乙公司的子公司。假定收购日甲公司每股资产的计税基础为7元，每股资产的公允价值为9元。在收购对价中乙公司以股权形式支付5670万元，以银行存款支付630万元。假设该交易符合其他特殊性税务处理条件，则此项业务的应纳税所得额为多少？

【答案及解析】

此项业务取得非股权支付额对应的资产转让所得计算思路如下：

（1）从股权收购比重以及股权支付金额占交易总额的比重看是否适用于特殊性税务处理：

股权收购比重为70%，大于规定的50%。

股权支付金额占交易总额的比重=5670/（5670+630）×100%=90%，大于规定的85%。

根据上述条件，此项业务适用企业重组的特殊性税务处理方法。

（2）公允价值中高于原计税基础的增加值=1000×70%×（9-7）=1400（万元）。

（3）非股权支付比例=630/（5670+630）×100%=10%。

（4）此项业务取得股权支付额对应的增加值不确认损益，但是非股权支付额对应的增加值应确认股权转让所得=1400×10%=140（万元）。

甲公司取得乙公司股权的计税基础=1000×70%×7×90%=4410（万元）；

乙公司取得甲公司股权的计税基础=4410+630=5040（万元）。

【归纳】

（1）企业重组的特殊性税务处理，依然强调了计税基础的税收责任。对于符合“一个目的（合理的商业目的）”“两个比例（50%、85%）”“两个持续（12个月）”特定条件的企业重组，将其对价的股权支付部分和非股权支付部分区别处理，其股权支付部分可以暂不确认所得或损失，但非股权支付部分应确认所得或损失。

（2）重组中大于原计税基础的所得确认依然还是新的计税基础得以确认的前提条件，对于公允价值大于原计税基础的差额中，得到暂不确认为所得的交易额，亦不能成为新的计税基础的组成部分。

3. 资产收购，受让企业收购的资产不低于转让企业全部资产的50%，且受让企业在该资产收购发生时的股权支付金额不低于其交易支付总额的85%，可以选择按以下规定处理：

（1）转让企业取得受让企业股权的计税基础，以被转让资产的原有计税基础确定。

（2）受让企业取得转让企业资产的计税基础，以被转让资产的原有计税基础确定。

4. 企业合并，企业股东在该企业合并发生时取得的股权支付金额不低于其交易支付总额的85%，以及同一控制下且不需要支付对价的企业合并，可以选择按以下规定处理：

（1）合并企业接受被合并企业资产和负债的计税基础，以被合并企业的原有计税基础确定。

（2）被合并企业合并前的相关所得税事项由合并企业承继。

（3）可由合并企业弥补的被合并企业亏损的限额=被合并企业净资产公允价值×截至合并业务发生当年年末国家发行的最长期限的国债利率。

（4）被合并企业股东取得合并企业股权的计税基础，以其原持有的被合并企业股权的计税基础确定。

经典题解

【例题84·单选题】下列有关企业合并的说法中，符合企业所得税特殊性税务处理规定的是（　　）。

A. 被合并企业合并前的相关所得税事项由合并企业承继

B. 被合并企业未超过法定弥补期限的亏损额不能结转到合并企业

C. 被合并企业可要求合并企业支付其合并资产总额 50% 的货币资金

D. 被合并企业股东取得合并企业股权的计税基础以市场公允价值确定

【解析】选项 B：被合并企业合并前的相关所得税事项由合并企业承继，也就是说，被合并企业未超过法定弥补期限的亏损额可以结转到合并企业，可由合并企业弥补的被合并企业亏损的限额 = 被合并企业净资产公允价值 × 截至合并业务发生当年年末国家发行的最长期限的国债利率；选项 C：企业合并的特殊性税务处理中，企业股东在该企业合并发生时取得的股权支付金额不低于其交易支付总额的 85%，也就是说货币资金支付部分不能高于 15%，更不能是 50%；选项 D：被合并企业股东取得合并企业股权的计税基础，以其原持有的被合并企业股权的计税基础确定。

【答案】A

【例题 85·计算问答题】10 月 6 日，某摩托车生产企业合并一家小型股份公司，股份公司全部资产公允价值为 5700 万元、全部负债为 3200 万元、未超过弥补年限的亏损额为 620 万元。合并时摩托车生产企业给股份公司的股权支付额为 2300 万元、银行存款 200 万元。该合并业务符合企业重组特殊税务处理的条件且选择此方法执行。可由该摩托车生产企业弥补的被合并公司亏损是多少？（假定截至当年年末国家发行的最长期限的国债年利率为 6%）

【答案及解析】

可由合并企业弥补的被合并企业亏损的限额 = 被合并企业净资产公允价值 × 截至合并业务发生当年年末国家发行的最长期限的国债利率 =（5700−3200）× 6%=150（万元）。

5. 企业分立，被分立企业所有股东按原持股比例取得分立企业的股权，分立企业和被分立企业均不改变原来的实质经营活动，且被分立企业股东在该企业分立发生时取得的股权支付金额不低于其交易支付总额的 85%，可以选择按以下 4 条规定处理：

（1）分立企业接受被分立企业资产和负债的计税基础，以被分立企业的原有计税基础确定。

（2）被分立企业已分立出去资产相应的所得税事项由分立企业承继。

（3）被分立企业未超过法定弥补期限的亏损额可按分立资产占全部资产的比例进行分配，由分立企业继续弥补。

（4）被分立企业的股东取得分立企业的股权（以下简称“新股”），如需部分或全部放弃原持有的被分立企业的股权（以下简称“旧股”），“新股”的计税基础应以放弃“旧股”的计税基础确定。

> **要点小贴士**
>
> 即：弃旧换新，以新代旧。

如不需放弃“旧股”，则其取得“新股”的计税基础可从以下两种方法中选择确定：直接将“新股”的计税基础确定为零；或者以被分立企业分立出去的净资产占被分立企业全部净资产的比例先调减原持有的“旧股”的计税基础，再将调减的计税基础平均分配到“新股”上。

> **要点小贴士**
>
> 即：留旧收新，新零或分割各算。

6. 重组交易各方按上述1~5项规定对交易中股权支付暂不确认有关资产的转让所得或损失的，其非股权支付仍应在交易当期确认相应的资产转让所得或损失，并调整相应资产的计税基础。

非股权支付对应的资产转让所得或损失＝（被转让资产的公允价值－被转让资产的计税基础）×（非股权支付金额÷被转让资产的公允价值）

【归纳】一般性税务处理和特殊性税务处理的关键记忆：

一般性税务处理（快刀斩乱麻）	特殊性税务处理（藕断丝还连）
非股权支付，容易变现 加价算收益，获益纳税 公允做基础，双方互利 被组前亏损，不能跨转	用股权支付，不易变现 加价未交税，税收递延 保持原基础，不增基础 被组前亏损，比例结转

考点5：100%控制企业资产划转的特殊性税务处理方法★

对100%直接控制的居民企业之间，以及受同一或相同多家居民企业100%直接控制的居民企业之间按账面净值划转股权或资产，凡具有合理商业目的、不以减少、免除或者推迟缴纳税款为主要目的，股权或资产划转后连续12个月内不改变被划转股权或资产原来实质性经营活动，且划出方企业和划入方企业均未在会计上确认损益的，可以选择按以下规定进行特殊性税务处理：

名师点拨：政策目的：降低集团企业内部交易的税收成本。

（1）划出方企业和划入方企业均不确认所得。

（2）划入方企业取得被划转股权或资产的计税基础，以被划转股权或资产的原账面净值确定。

（3）划入方企业取得的被划转资产，应按其原账面净值计算折旧扣除。

上述所称“对100%直接控制的居民企业之间，以及受同一或相同多家居民企业100%直接控制的居民企业之间”是指：

考点妙记：母转子获股权，母长投。

①100%直接控制的母子公司之间，母公司向子公司按账面净值划转其持有的股权或资产，母公司获得子公司100%的股权支付。母公司按增加长期股权投资处理，子公司按接受投资（包括资本公积，下同）处理。母公司获得子公司股权的计税基础以划转股权或资产的原计税基础确定。

考点妙记：母转子未获股，母减资。

②100%直接控制的母子公司之间，母公司向子公司按账面净值划转其持有的股权或资产，母公司没有获得任何股权或非股权支付。母公司按冲减实收资本（包括资本公积，下同）处理，子公司按接受投资处理。

考点妙记：子转母未获股，母撤资或受资；子减资。

③100%直接控制的母子公司之间，子公司向母公司按账面净值划转其持有的股权或资产，子公司没有获得任何股权或非股权支付。母公司按收回投资处理，或按接受投资处理，子公司按冲减实收资本处理。母公司应按被划转股权或资产的原计税基础，相应调减持有子公司股权的计税基础。

④受同一或相同多家母公司 100% 直接控制的子公司之间，在母公司主导下，一家子公司向另一家子公司按账面净值划转其持有的股权或资产，划出方没有获得任何股权或非股权支付。划出方按冲减所有者权益处理，划入方按接受投资处理。

考点妙记

子转子未获股，划出方冲减所有者权益。

【归纳】

100% 直接控制的母子公司（居民企业）之间划转股权或资产	税务处理
母转子获股权支付	母公司按增加长期股权投资处理；子公司按接受投资处理
母转子未获股权或非股权支付	母公司按减少实收资本处理；子公司按接受投资处理
子转母未获股权或非股权支付	母公司按收回投资或接受投资处理；子公司按冲减实收资本处理
子转子未获股权或非股权支付	划出方按冲减所有者权益处理；划入方按接受投资处理

经典题解

【例题 86 · 多选题】100% 直接控制的母子公司之间，母公司向子公司按账面净值划转其持有的股权或资产，母公司没有获得任何股权或非股权支付。则以下符合企业所得税相关规定的有（　　）。

A. 母公司按增加长期股权投资处理

B. 母公司按冲减实收资本（包括资本公积）处理

C. 子公司按接受投资处理

D. 子公司按冲减实收资本处理

【答案】BC

考点 6：境内外股权和资产收购交易的特殊性税务处理条件★

企业发生涉及中国境内与境外之间（包括港澳台地区）的股权和资产收购交易，除应符合上述考点 3 规定的条件外，还应同时符合下列条件，才可选择适用特殊性税务处理规定：

1. 非居民企业向其 100% 直接控股的另一非居民企业转让其拥有的居民企业股权，没有因此造成以后该项股权转让所得预提税负变化，且转让方非居民企业向主管税务机关书面承诺在 3 年（含 3 年）内不转让其拥有受让方非居民企业的股权。

2. 非居民企业向与其具有 100% 直接控股关系的居民企业转让其拥有的另一居民企业股权。

3. 居民企业以其拥有的资产或股权向其 100% 直接控股的非居民企业进行投资。

4. 财政部、国家税务总局核准的其他情形。

考点7：特殊性税务处理的管理规定★

1. 在企业吸收合并中，合并后的存续企业性质及适用税收优惠的条件未发生改变的，可以继续享受合并前该企业剩余期限的税收优惠，其优惠金额按存续企业合并前一年的应纳税所得额（亏损计为零）计算。

在企业存续分立中，分立后的存续企业性质及适用税收优惠的条件未发生改变的，可以继续享受分立前该企业剩余期限的税收优惠，其优惠金额按该企业分立前一年的应纳税所得额（亏损计为零）乘以分立后存续企业资产占分立前该企业全部资产的比例计算。

2. 企业在重组发生前后连续12个月内分步对其资产、股权进行交易，应根据实质重于形式原则将上述交易作为一项企业重组交易进行处理。

3. 企业发生符合上述规定的特殊性重组条件并选择特殊性税务处理的，当事各方应在该重组业务完成当年企业所得税年度申报时，向主管税务机关提交书面备案资料，证明其符合各类特殊性重组规定的条件。企业未按规定书面备案的，一律不得按特殊重组业务进行税务处理。

第六节　税收优惠

使用“会计云课堂”App或“微信”扫码查看本节视频，快速GET知识点。

企业所得税的税收优惠方式包括免税、减税、加计扣除、加速折旧、减计收入、税额抵免等。

【提示】企业所得税的税收优惠要与应纳企业所得税税额的计算联系起来掌握。

考点1：居民企业的主要税收优惠规定★★★

下面根据优惠方式列表归纳企业所得税中主要税收优惠政策：

（一）税基式减免的优惠

优惠种类	具体规定	
减半征收	从事农、林、牧、渔业项目的所得	花卉、茶以及其他饮料作物和香料作物的种植；海水养殖、内陆养殖
免税		蔬菜、谷物、薯类、油料、豆类、棉花、麻类、糖料、水果、坚果的种植；农作物新品种的选育；中药材的种植；林木的培育和种植；牲畜、家禽的饲养；林产品的采集；灌溉、农产品初加工、兽医、农技推广、农机作业和维修等农、林、牧、渔服务业项目；远洋捕捞

考点妙记

花茶饮料香，海内养殖忙。

优惠种类	具体规定	
免税	符合条件的技术转让所得	年度所得不超过 500 万元的部分
减半征收		年度所得超过 500 万元的部分
三免三减半	从事国家重点扶持的公共基础设施项目投资经营的所得	自项目取得第一笔生产经营收入所属年度起，第 1 年至第 3 年免征企业所得税，第 4 年至第 6 年减半征收企业所得税
	从事符合条件的环境保护、节能节水项目的所得	
两免三减半	西部地区的列举行业，符合规定的可享受“两免三减半”优惠	
减计收入	1. 企业综合利用资源，生产符合国家产业政策规定的产品所取得的收入，在计算应纳税所得额时，减按 90% 计入收入总额 2. 对企业投资者持有 2019~2023 年发行的铁路债券取得的利息收入，减半征收企业所得税	
加速折旧	企业的固定资产由于技术进步等原因，确需加速折旧的，可以缩短折旧年限或者采取加速折旧的方法	
加计扣除	1. 企业开展研发活动中实际发生的研发费用，未形成无形资产计入当期损益的，在按规定据实扣除的基础上，在 2018 年 1 月 1 日至 2023 年 12 月 31 日期间，再按照实际发生额的 75% 在税前加计扣除；形成无形资产的，在上述期间按照无形资产成本的 175% 在税前摊销 2. 制造业企业开展研发活动中实际发生的研发费用，未形成无形资产计入当期损益的，在按规定据实扣除的基础上，自 2021 年 1 月 1 日起，再按照实际发生额的 100% 在税前加计扣除；形成无形资产的，按照无形资产成本的 200% 在税前摊销（新增） 【提示】制造业企业，是指以制造业业务为主营业务，享受优惠当年主营业务收入占收入总额的比例达到 50% 以上的企业 3. 安置残疾人员所支付的工资（加计 100% 扣除）	
单独扣除	创业投资企业从事国家需要重点扶持和鼓励的创业投资，期限满 2 年（24 个月）的，可以按投资额的 70% 抵扣应纳税所得额	

（二）税率式减免优惠——减按低税率

1. 国家需要重点扶持的高新技术企业，减按 15% 的税率征收企业所得税。

【提示】企业的高新技术企业资格期满当年，在通过重新认定前，其企业所得税暂按 15% 的税率预缴，在年底前仍未取得高新技术企业资格的，应按规定补缴相应期间的税款。

2. 对经认定的技术先进型服务企业，减按 15% 的税率征收企业所得税。

3. 对注册在海南自由贸易港并实质性运营的鼓励类产业企业，减按 15% 的税率征收企业所得税。

4. 对设在西部地区国家鼓励类产业企业，在2021年1月1日至2030年12月31日期间，减按15%的税率征收企业所得税。

5. 自2019年1月1日起至2023年12月31日，对符合条件的从事污染防治的第三方企业（简称“第三方防治企业”）减按15%的税率征收企业所得税。

6. 自2021年1月1日起至2022年12月31日，对小型微利企业年应纳税所得额不超过100万元的部分，减按12.5%计入应纳税所得额，按20%的税率缴纳企业所得税。（调整）

名师点拨：该优惠实质是税率式减免与税基式减免混合发挥作用。

对年应纳税所得额超过100万元但不超过300万元的部分，减按50%计入应纳税所得额，按20%的税率缴纳企业所得税。

（三）税额式减免优惠

优惠种类	具体规定
税额抵免	企业购置并实际使用规定的环境保护、节能节水、安全生产等专用设备的投资额的10%抵免应纳税额
减征或者免征税额	民族自治地方的自治机关对本民族自治地方的企业应缴纳的企业所得税中属于地方分享的部分，可以决定减征或者免征。自治州、自治县决定减征或者免征的，须报省、自治区、直辖市人民政府批准

【归纳1】按照行业、项目对主要税收优惠进行归纳：

行业、项目		优惠政策
环保节能	从事符合条件的环保、节能节水项目的所得	三免三减半
	购置并实际使用规定的环保、节能节水、安全生产专用设备	设备投资额的10%抵免应纳税额
企业创新	研究开发费用	加计75%（制造业企业加计100%）扣除
	高新技术企业、经认定的技术先进型服务企业	15%优惠税率
符合条件的技术转让所得		年度所得不超过500万元的部分免征企业所得税，超过500万元的部分减半征收企业所得税
农、林、牧、渔业项目所得		免税或减半征税
国家重点扶持的公共基础设施项目投资经营所得		三免三减半

经典题解

【真题87·单选题】企业从事下列项目取得的所得中，免征企业所得税的是（　　）。（2014年）

A. 花卉种植　　　　B. 蔬菜种植

C. 海水养殖　　　　D. 内陆养殖

【解析】选项 ACD 均应减半征收企业所得税。

【答案】B

【例题 88 · 单选题】依据企业所得税法的规定，企业购买规定的专用设备的投资额可按一定比例实行税额抵免，该设备应符合的条件是（　　）。

A. 用于创业投资

B. 用于综合利用资源

C. 用于开发新产品

D. 用于环境保护

【答案】D

【例题 89 · 单选题】企业从事国家重点扶持的公共基础设施项目投资经营的所得，从（　　）起，第一年至第三年免征企业所得税，第四年至第六年减半征收企业所得税。

A. 获利年度

B. 盈利年度

C. 项目取得第一笔生产经营收入所属纳税年度

D. 领取营业执照年度

【答案】C

【例题 90 · 单选题】2021 年 8 月某居民企业购买规定的安全生产专用设备用于生产经营，取得的增值税专用发票金额 80 万元（不含增值税，相关增值税已作抵扣）。已知该企业 2019 年亏损 50 万元，2020 年未弥补亏损前的应纳税所得额为 20 万元。2021 年度经审核未弥补亏损前的应纳税所得额为 360 万元。该企业适用的企业所得税税率为 25%，2021 年度该企业实际应缴纳企业所得税（　　）万元。

A. 72.5　　　　B. 74.5

C. 77　　　　D. 82.5

【解析】2021 年实际应纳税额 =［360−（50−20）］× 25%−80 × 10%=74.5（万元）。

【答案】B

【例题 91 · 单选题】以下关于企业所得税的优惠政策说法正确的是（　　）。

A. 企业综合利用资源，生产符合国家产业政策规定的产品所取得的收入，可以在计算应纳税所得额时减按 90% 计入收入总额

B. 创投企业从事国家需要重点扶持和鼓励的创业投资，可按投资额的 70% 在当年及以后纳税年度应纳税额中抵免

C. 企业购置并实际使用规定的环境保护、节能节水、安全生产等专用设备的，可以按设备投资额的 10% 抵免当年及以后年度的应纳税所得额

D. 企业安置残疾人员所支付的工资，按照支付给残疾人员工资的 50% 加计扣除

【解析】创业投资企业从事国家需要重点扶持和鼓励的创业投资，采取股权投

资方式直接投资于初创科技型企业满2年的，可以按照投资额的70%在股权持有满2年的当年抵扣该创业投资企业的应纳税所得额，B选项错误有三处：一是没有讲明享受优惠应具备的条件，二是混淆了抵免税额与抵扣应纳税所得额的规定，三是抵扣时间的规定。企业购置并实际使用规定的环境保护、节能节水、安全生产等专用设备的，可以按设备投资额的10%抵免当年企业所得税应纳税额，当年应纳税额不足抵免的，可以在以后5个纳税年度结转抵免，C选项混淆了抵免税额与抵扣应纳税所得额以及税额抵免时间的规定。企业安置残疾人员所支付的工资，按照支付给残疾人员工资的100%加计扣除，D选项加计扣除的比例错误。

【答案】A

【归纳2】研发费用加计扣除项目：

研究开发费范围	可以加计扣除的研究开发费的具体规定
人员人工费用	（1）直接从事研发活动人员的工资薪金、基本养老保险费、基本医疗保险费、失业保险费、工伤保险费、生育保险费和住房公积金 【提示】工资薪金包括按规定可以在税前扣除的对研发人员股权激励的支出 （2）外聘研发人员（劳务用工、临时聘用、劳务派遣）的劳务费用
直接投入费用	（1）研发活动直接消耗的材料、燃料和动力费用 （2）用于中间试验和产品试制的模具、工艺装备开发及制造费，不构成固定资产的样品、样机及一般测试手段购置费，试制产品的检验费 （3）用于研发活动的仪器、设备的运行维护、调整、检验、维修等费用 （4）通过经营租赁方式租入的用于研发活动的仪器、设备租赁费
折旧费用	用于研发活动的仪器、设备的折旧费 【提示】企业用于研发活动的仪器、设备，符合税法规定且选择加速折旧优惠政策的，在享受研发费用税前加计扣除政策时，就税前扣除的折旧部分计算加计扣除
无形资产摊销费用	用于研发活动的软件、专利权、非专利技术（包括许可证、专有技术、设计和计算方法等）的摊销费用 【提示】用于研发活动的无形资产，符合税法规定且选择缩短摊销年限的，在享受研发费用税前加计扣除政策时，就税前扣除的摊销部分计算加计扣除
新产品设计费、新工艺规程制定费、新药研制的临床试验费、勘探开发技术的现场试验费	企业在新产品设计、新工艺规程制定、新药研制的临床试验、勘探开发技术的现场试验过程中发生的与开展该项活动有关的各类费用

研究开发费范围	可以加计扣除的研究开发费的具体规定
其他相关费用	其他相关费用指与研发活动直接相关的其他费用，如技术图书资料费、资料翻译费、专家咨询费、高新科技研发保险费，研发成果的检索、分析、评议、论证、鉴定、评审、评估、验收费用，知识产权的申请费、注册费、代理费，差旅费、会议费，职工福利费、补充养老保险费、补充医疗保险费 此类费用总额不得超过可加计扣除研发费用总额的10% 全部研发项目的其他相关费用限额 = 全部研发项目的人员人工等五项费用之和 ×10%/（1−10%） “人员人工等五项费用”包括“人员人工费用”“直接投入费用”“折旧费用”“无形资产摊销”和“新产品设计费、新工艺规程制定费、新药研制的临床试验费、勘探开发技术的现场试验费” 当“其他相关费用”实际发生数小于限额时，按实际发生数计算税前加计扣除额；当“其他相关费用”实际发生数大于限额时，按限额计算税前加计扣除额

要点小贴士

“其他相关费用”按照实际发生数与限额孰低的原则计算税前加计扣除额。

【**注意**】其他事项：

（1）企业取得的政府补助，会计处理时采用直接冲减研发费用方法且税务处理时未将其确认为应税收入的，应按冲减后的余额计算加计扣除金额。

（2）企业取得研发过程中形成的下脚料、残次品、中间试制品等特殊收入，在计算确认收入当年的加计扣除研发费用时，应从已归集研发费用中扣减该特殊收入，不足扣减的，加计扣除研发费用按零计算。

（3）企业开展研发活动中实际发生的研发费用形成无形资产的，其资本化的时点与会计处理保持一致。

（4）失败的研发活动所发生的研发费用可享受税前加计扣除政策。

（5）“研发活动发生费用”是指委托方实际支付给受托方的费用。无论委托方是否享受研发费用税前加计扣除政策，受托方均不得加计扣除。

委托方委托关联方开展研发活动的，受托方需向委托方提供研发过程中实际发生的研发项目费用支出明细情况。

【**辨析**】委托研发费用加计扣除的规定

企业 →

委托境内单位和个人研发
①由委托方加计扣除
②加计75%（或100%）的基数是研发费用实际发生额80%的金额

委托境外单位（不能是个人）研发
①由委托方加计扣除
②加计75%（或100%）的基数是研发费用实际发生额80%与境内符合条件的研发费用2/3孰低的原则确定的金额

经典题解

要点小贴士

制造业企业加计扣除的比例是 100%。

【例题 92】A 制造业企业 2021 年自行研发费用为 180 万元，当年 A 企业委托境内 B 企业进行研发活动，符合独立交易原则，也符合研发费用加计扣除的相关条件，且研发活动未形成无形资产，A 企业支付 B 企业委托研发费用 100 万元。则：

（1）自行研发费用据实扣除 180 万元；加计扣除 =180×100%=180（万元）；

（2）委托境内 B 企业研发费用按实际发生额据实扣除 100 万元基础上，加计扣除基数标准为委托研发费用实际发生额的 80%=100×80%=80（万元）；可加计扣除金额 =80×100%=80（万元）

自行研发和委托研发可据实扣除研发费用合计 =180+100=280（万元）

自行研发和委托研发加计扣除合计 =180+80=260（万元）。

要点小贴士

题干未提是制造业企业，加计扣除比例是 75%。

【例题 93】A 科技企业 2021 年境内符合条件的研发费用为 180 万元，当年 A 企业委托境外 B 企业进行研发活动，符合独立交易原则，也符合研发费用加计扣除的相关条件，且研发活动未形成无形资产，A 企业支付 B 企业委托研发费用 100 万元。则：

（1）自行研发费用据实扣除 180 万元；加计扣除 =180×75%=135（万元）；

（2）委托境外 B 企业研发费用按实际发生额据实扣除 100 万元基础上，加计 75% 扣除的基数是委托境外研发费用实际发生额 80% 与境内符合条件研发费用的 2/3 孰低的金额。本例题委托境外研发费用实际发生额的 80%=100×80%=80（万元）；境内研发费用 180 万元的三分之二 =180×2/3=120（万元），所以 A 企业委托境外研发费用在按规定据实扣除的基础上，还可以获得加计扣除的金额为 80×75%=60（万元）。

自行研发和委托研发可据实扣除研发费用合计 =180+100=280（万元）

自行研发和委托研发加计扣除合计 =135+60=195（万元）。

【例题 94·多选题】除另有规定外，企业开展研发活动中实际发生的研发费用，自 2018 年 1 月 1 日至 2023 年 12 月 31 日，未形成无形资产计入当期损益的，在按规定据实扣除的基础上，按照研究开发费用的 75% 加计扣除；形成无形资产的，按照无形资产成本的 175% 在税前摊销。以下属于研发费用范围的有（　　）。

A. 直接从事研发活动人员的住房公积金

B. 外聘研发人员的劳务费用

C. 通过经营租赁方式租入的专用于研发活动的仪器、设备租赁费

D. 新药研制的临床试验费

【答案】ABCD

【真题 95·多选题】下列关于研发费用加计扣除政策的表述中，符合企业所得税法规定的有（　　）。（2020 年）

A. 企业委托境外机构的研发费用可全额加计扣除

B. 按规定对研发人员进行股权激励的支出可作为人员人工费用全额加计扣除

C. 委托关联企业开展研发活动发生的费用可按照实际发生额 70% 加计扣除

D. 临时聘用且直接参与研发活动临时工的劳务费用可全额加计扣除

【答案】BD

【例题 96·多选题】A 制造业企业 2021 年境内符合条件的研发费用为 120 万元，当年 A 企业委托境外 B 企业进行研发活动，符合独立交易原则，也符合研发费用加计扣除的相关条件，且研发活动未形成无形资产，A 企业支付 B 企业委托研发费用 110 万元。则以下说法正确的有（　　）。

A. 境内研发费用在扣除 120 万元的基础上加计扣除 90 万元

B. 境内研发费用在扣除 120 万元的基础上加计扣除 120 万元

C. 委托境外研发费用扣除 88 万元

D. 委托境外研发费用在扣除 110 万元的基础上加计扣除 80 万元

【解析】制造业企业境内研发费用在据实扣除 120 万元基础上加计扣除 100%，即 120 万元，选项 A 错误、选项 B 正确；委托境外研发费用按实际发生额据实扣除 110 万元，选项 C 错误；委托境外研发费用加计扣除要用基数标准和基数限度比大小，择其小者和 100% 相乘确定加计扣除金额。基数标准为委托境外研发费用实际发生额的 80%=110×80%=88（万元）；基数限度为境内研发费用的三分之二，即 120×2/3=80（万元），所以 A 企业委托境外研发费用在按规定据实扣除的基础上，还可以加计扣除的金额为 80×100%=80（万元），选项 D 正确。

【答案】BD

【归纳 3】小微企业的企业所得税优惠：

（1）小型微利企业认定的条件——符合四项条件的享受税基和税率双重优惠。

必备条件	具体规定
企业性质	全部生产经营活动产生的所得均负有我国企业所得税纳税义务且从事国家非限制和禁止行业（包括采取查账征收方式和核定征收方式的企业）；不能是非居民企业
盈利水平及所得优惠	年应纳税所得额不超过 300 万元 自 2021 年 1 月 1 日至 2022 年 12 月 31 日，对小型微利企业年应纳税所得额不超过 100 万元的部分，减按 12.5% 计入应纳税所得额 对年应纳税所得额超过 100 万元但不超过 300 万元的部分，减按 50% 计入应纳税所得额 【提示】按 20% 优惠税率计税
从业人数	不超过 300 人（不分行业） 包括与企业建立劳动关系的职工人数和企业接受的劳务派遣用工人数
资产总额	不超过 5000 万元（不分行业）

从业人数和资产总额指标，应按企业全年的季度平均值确定。具体计算公式如下：

季度平均值 =（季初值 + 季末值）÷2

全年季度平均值 = 全年各季度平均值之和 ÷4

年度中间开业或者终止经营活动的，以其实际经营期作为一个纳税年度确定上述相关指标。

（2）小型微利企业税收优惠的手续——自行享受，无须审批。

符合规定条件的小型微利企业自行申报享受减免政策。汇算清缴时，小型微利企业通过填报企业所得税年度纳税申报表中“资产总额、从业人数、所属行业、国家限制和禁止行业”等内容可享受小型微利企业所得税减免政策。

企业预缴时享受了减免政策，但汇算清缴时不符合规定条件的，应当按照规定补缴税款。

经典题解

【真题97·单选题】某企业成立于2010年5月，其财务人员于2021年4月向聘请的注册会计师咨询可享受企业所得税优惠政策的小型微利企业认定标准。财务人员的下列表述中，符合税法规定的是（　　）。（2020年）

A. 小型微利企业优惠政策可适用于限制性行业

B. 年度中间开业的小型微利企业从下一实际经营期开始确定相关指标

C. 计算小型微利企业从业人数指标时不包括企业接受的劳务派遣人数

D. 小型微利企业资产总额指标按企业全年的季度平均值确定

【解析】选项A：符合条件的小微企业是指：全部生产经营活动产生的所得均负有我国企业所得税纳税义务且从事国家非限制和禁止行业的企业（包括采取查账征收方式和核定征收方式的企业）；选项B：年度中间开业或者终止经营活动的，以其实际经营期作为一个纳税年度确定相关指标；选项C：从业人数包括与企业建立劳动关系的职工人数和企业接受劳务派遣用工人数；选项D：从业人数和资产总额指标，应按企业全年的季度平均值确定。

【答案】D

【真题98·单选题】某公司从事国家非限制和禁止行业，2021年从业人数130人，资产总额2000万元，年度应纳税所得额210万元，则该公司当年应纳企业所得税为（　　）万元。（2020年考题改编）

A. 10.5　　B. 13.5　　C. 16　　D. 42

【解析】应纳税额=100×12.5%×20%+（210−100）×50%×20%=13.5（万元）。

【答案】B

【归纳4】西部大开发的税收优惠：

自2021年1月1日至2030年12月31日，对设在西部地区的鼓励类产业企业减按15%的税率征收企业所得税。本条所称鼓励类产业企业是指以《西部地区鼓励类产业目录》中规定的产业项目为主营业务，且其主营业务收入占企业收入总额60%以上的企业。

注意西部的范围：享受此政策的西部地区包括内蒙古自治区、广西壮族自治区、重庆市、四川省、贵州省、云南省、西藏自治区、陕西省、甘肃省、青海省、宁夏回族自治区、新疆维吾尔自治区和新疆生产建设兵团。湖南省湘西土家族苗族自治州、湖北省恩施土家族苗族自治州、吉林省延边朝鲜族自治州和江西省赣州市，可以比照西部地区的企业所得税政策执行。

考点妙记

蒙桂川，渝黔滇，青藏新，陕甘宁；恩施湘西土家苗，延边鲜族和赣州。

经典题解

【例题 99 · 多选题】下列地区，属于西部大开发企业所得税优惠政策适用范围的有（ ）。

A. 吉林省延边朝鲜族自治州

B. 重庆市

C. 广东省连南瑶族自治县

D. 湖北恩施土家族苗族自治州

【答案】ABD

【归纳 5】一次性计入成本费用在当期计算应纳税所得额时扣除的设备、器具

依据财税〔2018〕54 号文件、国家税务总局公告 2018 年第 46 号和财政部 税务总局公告 2021 年第 6 号规定：

企业在 2018 年 1 月 1 日至 2023 年 12 月 31 日期间新购进的设备、器具，单位价值不超过 500 万元的，允许一次性计入当期成本费用在计算应纳税所得额时扣除，不再分年度计算折旧；单位价值超过 500 万元的，仍按《企业所得税法实施条例》《财政部 国家税务总局关于完善固定资产加速折旧企业所得税政策的通知》（财税〔2014〕75 号）《财政部 国家税务总局关于进一步完善固定资产加速折旧企业所得税政策的通知》（财税〔2015〕106 号）等相关规定执行。

要点	规定
政策执行期间	2018 年 1 月 1 日至 2023 年 12 月 31 日 固定资产购进时点按以下原则确认：以货币形式购进的固定资产，除采取分期付款或赊销方式购进外，按发票开具时间确认；以分期付款或赊销方式购进的固定资产，按固定资产到货时间确认；自行建造的固定资产，按竣工结算时间确认
设备、器具范围	除房屋、建筑物以外的固定资产
设备、器具来源	以货币形式购进或自行建造 其中以货币形式购进的固定资产包括购进的使用过的固定资产
设备、器具价值	单位价值≤ 500 万元 以货币形式购进的固定资产，以购买价款和支付的相关税费以及直接归属于使该资产达到预定用途发生的其他支出确定单位价值；自行建造的固定资产，以竣工结算前发生的支出确定单位价值
税前扣除时间	固定资产在投入使用月份的次月所属年度一次性税前扣除 **【举例】**2021 年 3 月投入使用的设备，可在 2021 年 4 月所属年度（2021 年）一次性税前扣除；2021 年 12 月投入使用的设备，可在 2022 年 1 月所属年度（2022 年）一次性税前扣除
税前扣除的选择	企业根据自身生产经营核算需要，可自行选择享受一次性税前扣除政策。未选择享受一次性税前扣除政策的，以后年度不得再变更

要点小贴士

设备、器具范围可以是机器、设备、车辆，但不能是房屋、建筑物。

要点小贴士

投入使用时间与购买时间不是等同概念。

【归纳 6】缩短折旧年限的限制性规定：

企业按规定缩短折旧年限的，对其购置的新固定资产，最低折旧年限不得低于《企业所得税法实施条例》规定的折旧年限的 60%；企业购置已使用过的固定资产，其最低折旧年限不得低于《企业所得税法实施条例》规定的最低折旧年限减去已使用年限后剩余年限的 60%。采取加速折旧方法的，可采取双倍余额递减法或者年数总和法。上述规定之外的企业固定资产加速折旧所得税处理问题，继续按照企业所得税法及其实施条例和现行税收政策规定执行。

经典题解

【例题 100 · 单选题】甲制药企业外购一台乙企业使用过 3 年的生产设备，按规定采用缩短折旧年限的方式计提折旧，甲制药企业对该设备的最低折旧年限是（　　）。

A. 规定的最低折旧年限减去已使用年限后剩余年限的 50%

B. 规定的最低折旧年限减去已使用年限后剩余年限的 60%

C. 剩余折旧年限

D. 税法规定的折旧年限

【答案】B

考点 2：非居民企业税收优惠★★

优惠种类	具体规定
减按低税率	减按 10% 的税率征收企业所得税
免征企业所得税	非居民企业取得的下列所得免征企业所得税： 1. 外国政府向中国政府提供贷款取得的利息所得 2. 国际金融组织向中国政府和居民企业提供优惠贷款取得的利息所得 3. 经国务院批准的其他所得

【提示】上述非居民企业，是指在中国境内未设立机构、场所的，或者虽设立机构、场所但取得的所得与其所设机构、场所没有实际联系的企业。

经典题解

【真题 101 · 多选题】符合条件的非居民企业取得的下列利息所得中，免征企业所得税的有（　　）。（2014 年）

A. 外国政府向中国政府提供贷款取得的利息所得

B. 国际金融组织向中国政府提供优惠贷款取得的利息所得

C. 国际金融组织向中国居民企业提供优惠贷款取得的利息所得

D. 外国银行的中国分行向中国居民企业提供贷款取得的利息所得

【答案】ABC

考点 3：特殊行业的税收优惠★★

（一）鼓励软件、集成电路产业发展的优惠政策

<table>
<tr><th colspan="2">企业（项目）及条件</th><th>优惠政策</th><th>优惠期的起算</th></tr>
<tr><td colspan="2">国家鼓励的重点集成电路设计企业和软件企业</td><td>第一年至第五年免征企业所得税，接续年度减按 10% 的税率征收企业所得税</td><td rowspan="2">自获利年度起计算优惠期</td></tr>
<tr><td colspan="2">国家鼓励的集成电路设计、装备、材料、封装、测试企业和软件企业</td><td rowspan="2">“两免三减半”，减半是按照 25% 的法定税率减半征收企业所得税</td></tr>
<tr><td rowspan="3">集成电路生产企业或项目</td><td>国家鼓励的集成电路线宽小于 130 纳米（含），且经营期在 10 年以上的集成电路生产企业或项目</td><td rowspan="3">（1）按照集成电路生产企业享受该税收优惠政策的，自企业获利年度起计算优惠期
（2）按照集成电路生产项目享受该优惠的，自项目取得第一笔生产经营收入所属纳税年度起计算优惠期</td></tr>
<tr><td>国家鼓励的集成电路线宽小于 65 纳米（含），且经营期在 15 年以上的集成电路生产企业或项目</td><td>“五免五减半”，减半是按照 25% 的法定税率减半征收企业所得税</td></tr>
<tr><td>国家鼓励的集成电路线宽小于 28 纳米（含），且经营期在 15 年以上的集成电路生产企业或项目</td><td>第一年至第十年免征企业所得税</td></tr>
</table>

（二）关于鼓励证券投资基金发展的优惠政策

1. 对证券投资基金从证券市场中取得的收入，包括买卖股票、债券的差价收入，股权的股息、红利收入，债券的利息收入及其他收入，暂不征收企业所得税。

2. 对投资者从证券投资基金分配中取得的收入，暂不征收企业所得税。

3. 对证券投资基金管理人运用基金买卖股票、债券的差价收入，暂不征收企业所得税。

（三）关于促进节能服务公司发展的税收优惠

对符合条件的节能服务公司实施合同能源管理项目，符合企业所得税法有关规定的，自项目取得第一笔生产经营收入所属纳税年度起，第一年至第三年免征企业所得税，第四年至第六年按照 25% 的法定税率减半征收企业所得税。

考点 4：海南自由贸易港企业所得税优惠★★

2020 年 6 月 1 日，中共中央、国务院印发《海南自由贸易港建设总体方案》，总体方案包括总体要求、制度设计、分步骤分阶段安排和组织实施四大部分。其中与税收相关的内容较多，涉及到多个税种。《财政部 税务总局关于海南自由贸易港

企业所得税优惠政策的通知》（财税〔2020〕31号）集中体现了自2020年1月1日起执行至2024年12月31日的企业所得税相关的主要优惠政策：

优惠政策	适用范围	
减按15%的税率	注册并运营在海南自由贸易港	注册在海南自由贸易港并实质性运营的鼓励类产业企业 **【注意】**所称鼓励类产业企业，是指以海南自由贸易港鼓励类产业目录中规定的产业项目为主营业务，且其主营业务收入占企业收入总额60%以上的企业。所称实质性运营，是指企业的实际管理机构设在海南自由贸易港，并对企业生产经营、人员、账务、财产等实施实质性全面管理和控制。对不符合实质性运营的企业，不得享受优惠
	机构在海南自由贸易港	对总机构设在海南自由贸易港的符合条件的企业，仅就其设在海南自由贸易港的总机构和分支机构的所得 对总机构设在海南自由贸易港以外的企业，仅就其设在海南自由贸易港内的符合条件的分支机构的所得
免征企业所得税	境外直接投资	对在海南自由贸易港设立的旅游业、现代服务业、高新技术产业企业新增境外直接投资取得的所得 新增境外直接投资所得应当符合以下条件： （1）从境外新设分支机构取得的营业利润，或从持股比例超过20%（含）的境外子公司分回的，与新增境外直接投资相对应的股息所得 （2）被投资国（地区）的企业所得税法定税率不低于5% 上述所称旅游业、现代服务业、高新技术产业，按照海南自由贸易港鼓励类产业目录执行
一次计入当期成本费用	固定资产或无形资产	对在海南自由贸易港设立的企业，新购置（含自建、自行开发）固定资产或无形资产，单位价值不超过500万元（含）的，允许一次性计入当期成本费用在计算应纳税所得额时扣除，不再分年度计算折旧和摊销；新购置（含自建、自行开发）固定资产或无形资产，单位价值超过500万元的，可以缩短折旧、摊销年限或采取加速折旧、摊销的方法 上述所称固定资产，是指除房屋、建筑物以外的固定资产

要点小贴士

总机构在海南——设立在海南的总机构和分支机构享受优惠；
总机构不在海南——设立在海南的符合条件的分支机构享受优惠。

经典题解

【例题102·多选题】对在海南自由贸易港设立的部分产业企业，新增境外直接投资取得的所得，符合规定条件的，免征企业所得税的有（　　）。

A. 商业　　B. 现代服务业

C. 高新技术产业　　D. 旅游业

【答案】BCD

考点5：有些税收优惠不得叠加享受★★

企业所得税多项优惠政策存在交叉的，有些优惠不叠加享受，由企业选择一项最优惠政策执行。由于企业所得税优惠政策较多，有些优惠可以叠加享受，有些优惠不能叠加享受。教材也没有列举出现实中所有的优惠政策，所以从复习备考角度看，当企业适用所得减半项目税收优惠时（例如从事花卉、茶以及其他饮料作物和香料作物的种植，海水养殖、内陆养殖；从事国家重点扶持的公共基础设施项目、符合条件的环境保护、节能节水项目自项目取得第一笔生产经营收入所属纳税年度起，第四年至第六年的投资经营所得；重点软件企业及集成电路企业的规定减半计税的所得；年技术转让所得超过500万元以上的部分等），除另有规定外，这些优惠在申报表上都体现出享受了所得减半优惠，在使用税率时，不能叠加使用优惠税率减半。高新技术企业涉及所得减半征收项目的，也应按法定税率25%计算减半，不能叠加使用优惠税率减半。

企业所得税中，也存在可以叠加享受的优惠，如小微企业税基式减免与税率式减免可以叠加享受；西部大开发15%税率的企业，涉及定期减半征收或专项所得减半优惠的，可以按照企业适用税率（15%）计算减半。

经典题解

【例题103·计算问答题】某高新技术企业2021年度取得技术转让收入900万元，技术转让成本200万元，除该项所得外，该企业其他应税所得1000万元，假设该企业无以前年度亏损及投资抵扣优惠。则该企业2021年应缴纳企业所得税为多少万元？

【答案及解析】该企业技术转让所得=900-200=700（万元），500万元以下免税，超过500万元的部分（200万元）减半征税。税基减半不能叠加优惠税率，只能使用法定税率计税。

技术转让所得应纳所得税额=（700-500）×50%×25%=25（万元）；

其他应税所得应纳所得税额适用高新技术企业的优惠税率，应缴纳的企业所得税=1000×15%=150（万元）；

该企业2021年度应纳所得税额=25+150=175（万元）。

第七节 应纳税额的计算

使用“会计云课堂”App或“微信”扫码查看本节视频，快速GET知识点。

考点1：居民企业应纳税额的计算★★★

要点小贴士：解决核算健全的居民企业的税额计算。

应纳税额=应纳税所得额×适用税率-减免税额-抵免税额

（一）直接计算法的应纳税所得额计算公式：

应纳税所得额=收入总额-不征税收入-免税收入-各项扣除金额-允许弥补的以前年度亏损

（二）间接计算法的应纳税所得额计算公式：

应纳税所得额 = 会计利润总额 ± 纳税调整项目金额

名师点拨

若题目中的会计账务处理错误，则需要调整会计利润（调账）。若会计账务处理正确，但存在税会差异，则调整应纳税所得额（调表不调账）。

【提示】由于企业所得税法中有需要使用会计利润总额为基数计算的扣除项目，如公益性捐赠支出的扣除限额，所以考试题目很有可能要求运用间接计算法的公式计算应纳税所得额，在会计利润总额基础上加减纳税调整项目金额计算出应纳税所得额。解题时要根据题干的提示条件和要求判别会计利润是否正确，再在正确利润总额的基础上进行纳税调整。

【阶段性小结】计算应纳税所得额过程中，需要调增或调减的项目很多很细，这里将考试中常见的考点项目做一下列示。

1. 主要纳税调增项目汇总

（1）限额扣除、视同销售

项目		扣除标准
限额扣除	职工福利费	≤工资薪金总额的14%
	工会经费	≤工资薪金总额的2%
	职工教育经费（可结转以后年度扣除）	≤工资薪金总额的8%
	补充养老保险费	≤工资薪金总额的5%
	补充医疗保险费	≤工资薪金总额的5%
	非金融企业向非金融企业借款的利息支出（非关联方）	≤按照金融企业同期同类贷款利率计算的数额
	向关联方借款的利息支出	≤按照金融企业同期同类贷款利率计算的数额；且符合债资比例（2 ∶ 1或者5 ∶ 1）的要求
	业务招待费	标准：按照发生额的60%扣除 限度：≤当年销售（营业）收入的5‰ 按照标准和限度孰低扣除
	广告费和业务宣传费（可结转以后年度扣除）	≤当年销售（营业）收入的15%（或30%）
	公益性捐赠支出（可结转以后3个纳税年度扣除）	≤年度利润总额的12%
	手续费及佣金支出（保险企业可结转以后年度扣除）	①保险企业限额扣除比例为18% ②其他企业限额扣除比例为5%
视同销售	会计准则规定不确认销售收入但税法规定计销售收入，形成企业所得税视同销售的，要确认视同销售收入和视同销售成本。如：将自产货物对外捐赠	

（2）不得扣除

不得扣除	向投资者支付的股息、红利等权益性投资收益款项
	可抵扣的增值税（不在收入和成本费用中，不影响损益）；企业所得税税款
	税收滞纳金，罚金、罚款和被没收财物的损失
	企业发生与生产经营活动无关的各种非广告性质的赞助支出
	未经核定的准备金支出
	直接捐赠支出（除另有规定外）；超标的公益性捐赠支出（当年不得扣除）
	企业之间支付的管理费，企业内营业机构之间支付的租金、特许权使用费，非银行企业内营业机构之间支付的利息
	企业以现金等非转账方式向非个人代理支付的手续费及佣金
	烟草企业的烟草广告费和业务宣传费支出

2. 主要纳税调减项目汇总

项目	相关规定	
不征税收入	财政拨款	
	依法收取并纳入财政管理的行政事业性收费、政府性基金	
	由国务院财政、税务主管部门规定专项用途并经国务院批准的财政性资金	
免税收入	国债利息收入	
	符合条件的股息、红利等权益性投资收益（来自居民企业）	
	符合条件的非营利组织的收入（非营利组织的非营利收入）	
加计扣除	残疾人员工资	加计扣除实际发生额的 100%
	研发费用	未形成无形资产的加计扣除实际发生额的 75%（制造业企业 100%） 形成无形资产的加计摊销 75%（制造业企业 100%）
税收优惠	农、林、牧、渔业项目	部分所得免税；部分所得减半征税
	技术转让所得	所得≤500 万元的部分，免税 所得＞500 万元的部分，减半征税
	创投企业——抵扣所得额	直接投资于初创科技型企业，满 2 年的，投资额的 70% 抵扣应纳税所得额
	综合利用资源——减计收入	减按 90% 计入收入总额
	重点扶持的公共基础设施项目与环境保护、节能节水项目	自项目取得第一笔生产经营收入所属纳税年度起——三免三减半
	加速折旧——固定资产	缩短折旧年限；采取加速折旧方法（双倍余额递减法、年数总和法）

要点小贴士

职工教育经费、广宣费、公益性捐赠、保险企业手续费及佣金，在超限年份作纳税调增，结转以后年度扣除时，在结转扣除年度涉及纳税调减。

项目	相关规定
亏损弥补	企业某一纳税年度发生的亏损可以用下一年度的所得弥补，下一年度的所得不足弥补的，可以逐年延续弥补，但最长不得超过 5 年（高新技术企业或科技型中小企业，最长不得超过 10 年；受疫情影响较大的困难行业企业 2020 年度发生的亏损，最长不得超过 8 年）

经典题解

【例题 104·单选题】2021 年某居民企业实现产品销售收入 1200 万元，视同销售收入 400 万元，债务重组收益 100 万元，发生的成本费用总额 1600 万元，其中业务招待费支出 20 万元。假定不存在其他纳税调整事项，2021 年度该企业应缴纳企业所得税（　　）万元。

A. 16.2　　B. 16.8　　C. 27　　D. 28

【解析】本题有三个考点：一是业务招待费是否超标的判断；二是纳税调整的计算；三是应纳税额的基本计算。产品销售收入和视同销售收入都构成计算业务招待费税前扣除限额的基数，但是作为企业收入总额组成部分的债务重组收益，不属于销售（营业）收入，不构成计算业务招待费扣除限额的基数。业务招待费税前扣除限额计算：（1200+400）×5‰=8（万元）＜20×60%=12（万元），业务招待费应调增应纳税所得额=20−8=12（万元）；应纳税所得额=1200+400+100−1600+12=112（万元）；应纳企业所得税税额=112×25%=28（万元）。

【答案】D

【例题 105·计算问答题】某电器制造企业（居民企业）2021 年发生下列业务：

（1）销售产品取得收入 2000 万元（不含税，下同）。

（2）12 月接受捐赠材料一批，取得捐赠方开具的增值税专用发票上注明价款 10 万元，增值税税额 1.3 万元；企业找一家运输公司将该批材料运回本企业，支付运杂费 0.3 万元。

（3）报废生产线残值收入 60 万元。

（4）收取当年让渡专利使用权的专利实施许可费，取得特许权使用费收入 30 万元。

（5）取得国债利息收入 2 万元。

（6）全年销售成本 1000 万元；税金及附加 100 万元。

（7）全年销售费用 500 万元，含广告费 400 万元；全年管理费用 200 万元，含业务招待费 80 万元；全年财务费用 50 万元。

（8）全年营业外支出 40 万元（含向目标脱贫地区捐赠 12 万元，通过市政府部门对灾区捐款 15 万元，直接对私立小学捐款 8 万元，违反政府规定被市场监管部门罚款 2 万元）。

要求：根据上述资料，分别回答下列问题。

（1）该企业的会计利润总额；

（2）该企业对国债利息收入的纳税调整额；

（3）该企业对广告费的纳税调整额；

（4）该企业对业务招待费的纳税调整额；

（5）该企业对营业外支出的纳税调整额；

（6）该企业应纳税所得额和应纳企业所得税额。

【答案及解析】

（1）该企业的会计利润总额 =2000+10+1.3+60+30+2-1000-100-500-200-50-40=213.3（万元）

（2）2 万元国债利息收入属于免税收入，应调减应纳税所得额 2 万元。

（3）以销售（营业）收入 2030 万元（2000+30）为基数计算广告费的税前扣除限额，不能包括营业外收入和投资收益。

广告费税前扣除限额 =（2000+30）×15%=304.5（万元）；广告费超支 =400-304.5=95.5（万元）

调增应纳税所得额 95.5 万元。

（4）实际发生额的 60%=80×60%=48（万元）；销售（营业）收入的 5‰ =（2000+30）×5‰ =10.15（万元）

业务招待费扣除限额为 10.15 万元，超支 69.85 万元，调增应纳税所得额 69.85 万元。

（5）公益性捐赠扣除限额 =213.3×12%=25.6（万元）

该企业 12 万元向目标脱贫地区的捐赠不受限额限制可全额扣除，15 万元公益性捐赠未超限额可以全额扣除；直接对私立小学的捐赠不得扣除；行政罚款不得扣除。

营业外支出应调增应纳税所得额 =8+2=10（万元）

（6）该企业应纳税所得额 =213.3-2+95.5+69.85+10=386.65（万元）

该企业应纳所得税额 =386.65×25%=96.66（万元）。

要点小贴士

业务（2）支付的运杂费 0.3 万元应计入材料成本（不影响损益），不能直接在计算会计利润时扣除。

考点 2：境外所得抵扣税额的计算★★★

名师点拨

解决国际间重复征税。

境外已纳税额扣除，是避免国际间对同一所得重复征税的一项重要措施，我国税法规定，对境外已纳税款实行限额扣除。境外缴纳的所得税税额，是指企业来源于中国境外的所得依照中国境外税收法律以及相关规定应当缴纳并已经实际缴纳的企业所得税性质的税款。

2017 年 1 月 1 日前，境外已纳税额抵免采用分国不分项的计算原则。自 2017 年 1 月 1 日起，企业可以选择按国（地区）别分别计算［“分国（地区）不分项”，也称“分国抵免法”］，或者不按国（地区）别汇总计算［“不分国（地区）不分项”，也称“综合抵免法”］其来源于境外的应纳税所得额，并按照有关规定分别计算其可抵免境外所得税税额和抵免限额。上述方式一经选择，5 年内不得改变。

【相关链接】第十二章国际税收税务管理实务中有较为细致的境外所得抵扣税款规则。

（一）抵免适用情况

1. 直接抵免——（总分机构之间）对境外经营所得已纳税款的抵扣

（1）居民企业来源于中国境外的应税所得；

（2）非居民企业在中国境内设立机构、场所，取得发生在中国境外但与该机构、场所有实际联系的应税所得。

2. 间接抵免——（母子或母子孙公司之间）对境外投资所得已纳税款的抵扣

居民企业从其直接或者间接控制的外国企业分得的来源于中国境外的股息、红利等权益性投资收益，外国企业在境外实际缴纳的所得税税额中属于该项所得负担的部分，可以作为该居民企业的可抵免境外所得税税额，在税法规定的抵免限额内抵免。

直接控制是指居民企业直接持有外国企业20%以上股份；间接控制是指居民企业以间接持股方式持有外国企业20%以上的股份。

（二）抵免限额的计算

境外所得税税款扣除限额公式：

1. 分国不分项计算的抵免限额 = 境内、境外所得按税法规定计算的应纳税总额 × 来源于某国（地区）的应纳税所得额 ÷ 境内、境外应纳税所得总额

该公式可以简化成：

抵免限额 = 来源于某国（地区）的（税前）应纳税所得额 × 我国税率

2. 不分国不分项计算的抵免限额 = 境内、境外所得按税法规定计算的应纳税总额 × 来源于境外的应纳税所得额 ÷ 境内、境外应纳税所得总额

该公式可以简化成：

抵免限额 = 来源于境外的应纳税所得额 × 我国税率

名师点拨

考试时要注意区分境外分回所得是税前所得还是税后所得。

【解释】

（1）公式中的所得是税前所得（含税所得）。如果题目明确分回的是税后所得，可选用以下两种方法将税后所得还原成税前所得：

①用分回的税后所得除以（1- 境外所得税税率或征收比率）还原。如果分回税后所得在境外缴纳过经营所得税和离境前预提税，需要进行多步骤的还原。

②用境外已纳税额加分回税后收益还原。

（2）公式中税率的运用——25%或15%。

税率一般为法定税率25%。但是以境内、境外全部生产经营活动有关的研究开发费用总额、总收入、销售收入总额、高新技术产品（服务）收入等指标申请并经认定的高新技术企业，其来源于境外的所得可以享受高新技术企业所得税优惠政策，即对其来源于境外所得可以按照15%的优惠税率缴纳企业所得税，在计算境外抵免限额时，可按照15%的优惠税率计算境内外应纳税总额。

（三）抵免限额的具体应用

1. 理论应用——用抵免限额与境外实纳税额比大小，择其小者在境内外合计应纳税额中抵扣。

（1）如果纳税人来源于境外的所得在境外实际缴纳的税款低于抵免限额，可从应纳税额中据实扣除；

（2）如果超过抵免限额，其超过部分不得从本年度应纳税额中扣除，也不得列为本年度费用支出，但可以用以后年度抵免限额抵免当年应抵税额后的余额进行抵补，补扣期限最长不能超过5年。

经典题解

【例题 106】某境内公司企业所得税税率为 25%，2021 年取得境内应纳税所得额 160 万元，境外应纳税所得额 50 万元，在境外已缴纳企业所得税 10 万元。计算 2021 年度该公司汇总纳税时实际应向我国缴纳的企业所得税。

【答案及解析】境外缴纳企业所得税的抵免限额 =50×25%=12.5（万元），在境外已缴纳企业所得税 10 万元，那么此部分境外已经缴纳的企业所得税 10 万元可以全额抵免，汇总纳税时实际应向我国缴纳企业所得税 =（160+50）×25%-10=42.5（万元）。

【例题 107】某企业 2020 年来自境外 A 国的已纳所得税因超过抵免限额尚未扣除的余额为 1 万元，2021 年在我国境内所得 160 万元，来自 A 国税后所得 20 万元，在 A 国已纳所得税额 5 万元，其在我国汇总缴纳多少所得税？

【答案及解析】

2021 年境内、外所得总额 =160+20+5=185（万元）

境内外总税额 =185×25%=46.25（万元）

2021 年 A 国所得抵免限额 =46.25×（20+5）/185=6.25（万元）

在我国汇总纳税 =46.25-5-1=40.25（万元）。

2. 实际应用（申报表应用）——境外是否补税需要单独计算。从申报表顺序看：

利润总额 ± 调整项目金额（调整时剔出境外应税所得）

↓

境内应税所得

× 税率

↓

应纳境内所得税

+境外所得应纳所得税额（抵免限额）

-境外所得抵免所得税额（抵免限额与实纳较小者）

↓

境内外向我国汇总应纳税额

考点 3：居民企业核定征收应纳税额的计算★★

要点小贴士

解决核算不健全的居民企业的税额计算。

【解释】核定征收具体分为定率（核定应税所得率）和定额（核定应纳所得税额）两种方法。

1. 居民企业征收方法

居民企业征收方法		纳税人核算水平
查账征收		纳税人能正确核算收入及成本费用等
核定征收	定率——核定应税所得率	能正确核算（查实）、合理计算和推定纳税人的成本费用总额
		能正确核算（查实）、合理计算和推定纳税人的收入总额

居民企业征收方法		纳税人核算水平
核定征收	定额——核定税额	纳税人的收入总额和成本费用总额均不能查实、合理计算和推定

【**注意**】汇总纳税企业、上市公司、会计审计税务等社会中介机构、金融企业、专门从事股权（股票）投资业务的企业，不得核定征收企业所得税。

2. 税务机关采用下列方法核定征收企业所得税：

（1）参照当地同类行业或者类似行业中经营规模和收入水平相近的纳税人的税负水平核定；

（2）按照应税收入额或成本费用支出额定率核定；

（3）按照耗用的原材料、燃料、动力等推算或测算核定；

（4）按照其他合理方法核定。

采用上述所列一种方法不足以正确核定应纳税所得额或应纳税额的，可以同时采用两种以上的方法核定。采用两种以上方法测算的应纳税额不一致时，可按测算的应纳税额从高核定。

采用应税所得率方式核定征收企业所得税的，应纳所得税额计算公式如下：

应纳所得税额 = 应纳税所得额 × 适用税率

应纳税所得额 = 应税收入额 × 应税所得率

或：应纳税所得额 = 成本（费用）支出额 /（1− 应税所得率）× 应税所得率

实行应税所得率方式核定征收企业所得税的纳税人，经营多业的，无论其经营项目是否单独核算，均由税务机关根据其主营项目确定适用的应税所得率。

经典题解

【**例题 108 · 多选题**】居民企业在计算企业所得税时，应核定其应税所得率的情形有（　　）。

A. 能正确核算（查实）收入总额，但不能正确核算（查实）成本费用总额的

B. 能正确核算（查实）成本费用总额，但不能正确核算（查实）收入总额的

C. 通过合理方法，能计算和推定纳税人收入总额或成本费用总额的

D. 无法正确核算（查实）也不能计算和推定纳税人收入总额和成本费用总额的

【**解析**】ABC 选项应采用定率（核定应税所得率）的办法；D 选项只能采用定额（核定应纳所得税额）的办法。

【**答案**】ABC

【**例题 109 · 单选题**】某小型微利企业，2021 年度自行申报营业收入总额 1300 万元、成本费用总额 1500 万元，当年亏损 200 万元。经税务机关审核，该企业申报的收入总额无法核实，成本费用核算正确。假定对该企业采取核定征收企业所得税，应税所得率为 9%，该小型微利企业 2021 年度应缴纳企业所得税（　　）万元。

A. 7.34　　　　B. 9.84

C. 14.84　　　　D. 29.67

【解析】应纳税所得额 =1500÷（1-9%）×9%=148.35（万元）；年应纳税所得额＜300 万元，该小型微利企业 2021 年度应缴纳企业所得税 =（100×12.5%+48.35×50%）×20%=7.34（万元）。

【答案】A

【例题 110·单选题】某服装生产居民企业，因无法准确核算成本支出，被税务机关确定为核定征收企业所得税，企业 2021 年收入总额 530 万元，其中 7 月份取得股票转让收入 20 万元，转让成本 15 万元。核定应税所得率 15%，该企业 2021 年应缴纳企业所得税（　　）万元。

A. 13.25　　　　B. 19.13

C. 19.88　　　　D. 21.15

【解析】

（1）该企业采用应税所得率方式核定征收企业所得税，即应纳税额 = 应税收入额 × 应税所得率 × 适用税率；

（2）对采取应税所得率方式核定征收的企业，取得的转让股权（股票）收入，应全额计入应税收入额，按照主营项目（业务）确定适用的应税所得率计算纳税；

（3）该题目未明确该企业为小微企业，则按照 25% 的税率计税。当年应缴纳企业所得税 =530×15%×25%=19.88（万元）。

【答案】C

考点 4：非居民企业应纳税额的计算 ★★

要点小贴士

主要针对未在我国境内设立机构、场所但有来源于我国所得的税额计算。

在中国境内未设立机构、场所的，或者虽设立机构、场所但取得的所得与其所设机构、场所没有实际联系的非居民企业，应当就其来源于中国境内的所得缴纳企业所得税。

其应纳税所得额按照下列方法计算：

1. 股息、红利等权益性投资收益和利息、租金、特许权使用费所得，以收入全额为应纳税所得额；

2. 转让财产所得，以收入全额减除财产净值后的余额为应纳税所得额；

3. 其他所得，参照前两项规定的方法计算应纳税所得额。

经典题解

【例题 111·单选题】境外某公司在中国境内未设立机构、场所，2021 年取得境内甲公司支付的贷款利息收入 100 万元（不含增值税，下同），取得境内乙公司支付的不动产转让收入 80 万元，该项不动产位于中国境内，净值 60 万元。2021 年度该境外公司在我国应缴纳企业所得税（　　）万元。

A. 12　　　　B. 14

C. 18　　　　D. 36

【解析】在中国境内未设立机构、场所的非居民企业从中国境内取得的股息、红利等权益性投资收益和利息、租金、特许权使用费所得，以收入全额为应纳税所得额；转让财产所得以收入全额减除财产净值后的余额为应纳税所得额。中国境内未设立机构、场所的非居民企业，实际征税时减按10%的企业所得税税率计算。应纳企业所得税＝［100+（80-60）］×10%=12（万元）。

【答案】A

要点小贴士

主要针对在我国境内设立机构、场所并有我国纳税义务所得且核算不健全的非居民企业。

考点5：非居民企业所得税核定征收办法★★★

（一）非居民企业因会计账簿不健全，资料残缺难以查账，或者其他原因不能准确计算并据实申报其应纳税所得额的，税务机关有权采取一定方法核定其应纳税所得额。

核定方法	适用状况及计算公式
按收入总额核定应纳税所得额	适用于能够正确核算收入或通过合理方法推定收入总额，但不能正确核算成本费用的非居民企业 应纳税所得额＝收入总额 × 经税务机关核定的利润率
按成本费用核定应纳税所得额	适用于能够正确核算成本费用，但不能正确核算收入总额的非居民企业 应纳税所得额＝成本费用总额 ÷（1-经税务机关核定的利润率）×经税务机关核定的利润率
按经费支出换算收入核定应纳税所得额	适用于能够正确核算经费支出总额，但不能正确核算收入总额和成本费用的非居民企业 应纳税所得额＝经费支出总额 ÷（1-经税务机关核定的利润率）×经税务机关核定的利润率

税务机关可按照以下标准确定非居民企业的利润率：

（1）从事承包工程作业、设计和咨询劳务的，利润率为15%~30%；

（2）从事管理服务的，利润率为30%~50%；

（3）从事其他劳务或劳务以外经营活动的，利润率不低于15%。

税务机关有根据认为非居民企业的实际利润率明显高于上述标准的，可以按照比上述标准更高的利润率核定其应纳税所得额。

（二）特殊情况下的核定方法

非居民企业与中国居民企业签订机器设备或货物销售合同，同时提供设备安装、装配、技术培训、指导、监督服务等劳务，其销售货物合同中未列明提供上述劳务收费金额，或者计价不合理的，主管税务机关可以根据实际情况，参照相同或相近业务的计价标准核定劳务收入。无参照标准的，以不低于销售货物合同总价款的10%为原则，确定非居民企业的劳务收入。

第八节　征收管理

使用“会计云课堂”App 或“微信”扫码查看本节视频，快速 GET 知识点。

考点 1：纳税地点、纳税期限、纳税申报的基本规定★★

要点	具体规定
纳税地点	（1）居民企业：除税收法律、行政法规另有规定外，居民企业以企业登记注册地为纳税地点；但登记注册地在境外的，以实际管理机构所在地为纳税地点 （2）非居民企业：机构、场所所在地（多机构、场所的符合条件可以选择汇总计算缴纳）；扣缴义务人所在地
纳税期限	（1）企业所得税按年计征，分月或者分季预缴，年终汇算清缴，多退少补 （2）企业所得税的纳税年度采用公历年制 （3）企业在一个纳税年度中间开业，或者终止经营活动，使该纳税年度的实际经营期不足 12 个月的，应当以其实际经营期为一个纳税年度 （4）企业清算时，应当以清算期间为一个纳税年度 （5）企业应当自年度终了之日起 5 个月内，向税务机关报送年度企业所得税纳税申报表，并汇算清缴，结清应缴应退税款 （6）企业在年度中间终止经营活动的，应当自实际经营终止之日起 60 日内，向税务机关办理当期企业所得税汇算清缴
纳税申报	（1）按月或按季预缴的，企业应当自月份或者季度终了之日起 15 日内，向税务机关报送预缴企业所得税纳税申报表，预缴税款 （2）企业在报送企业所得税纳税申报表时，应当按照规定附送财务会计报告和其他有关资料

经典题解

【例题 112·多选题】以下关于企业所得税征收管理的规定，表述正确的有（　　）。

A. 非居民企业在中国境内设立机构、场所取得的所得，均以机构、场所所在地为纳税地点

B. 居民企业在中国境内设立不具有法人资格的营业机构的，应当汇总计算并缴纳企业所得税

C. 非居民企业在中国境内设立两个或者两个以上机构、场所的，符合国务院税务主管部门规定条件的，可以选择由其主要机构、场所汇总缴纳企业所得税

D. 除国务院另有规定外，企业之间不得合并缴纳企业所得税

【答案】BCD

考点2：源泉扣缴★★★

（一）扣缴义务人（分法定和指定两类）

法定：支付人为扣缴义务人。支付人是指依照有关法律规定或者合同约定对非居民企业直接负有支付相关款项义务的单位或者个人。

所称支付包括现金支付、汇拨支付、转账支付和权益兑价支付等货币支付和非货币支付。

指定：税务机关也可指定工程价款或劳务费的支付人为扣缴义务人。

【易错易混】源泉扣缴适用的企业所得税税率

扣缴义务人情况	源泉扣缴适用税率
法定扣缴义务人——基于非居民企业在我国境内未设立机构、场所却有来源于我国的所得，或虽然设立机构、场所，但所得与该机构、场所无实际联系的情形	10%（如有协定规定按协定执行）
指定扣缴义务人——基于非居民企业在我国境内设立了工程、劳务等机构、场所，但缺乏核算能力的情形	25%

（二）扣税时间和入库申报时间

扣税时间：税款由扣缴义务人在每次支付或者到期应支付时，从支付或者到期应支付的款项中扣缴。

到期应支付的款项，是指支付人按照权责发生制原则应当计入相关成本、费用的应付款项。

入库申报时间：扣缴义务人每次代扣的税款，应当自代扣之日起7日内缴入国库，并向所在地的税务机关报送扣缴企业所得税报告表。

经典题解

【例题113·单选题】依据企业所得税相关规定，下列表述正确的是（　　）。

A. 境外营业机构的盈利可以弥补境内营业机构的亏损

B. 扣缴义务人每次代扣的税款，应当自代扣之日起10日内缴入国库

C. 扣缴义务人对非居民企业未依法扣缴税款的，由扣缴义务人缴纳税款

D. 居民企业在中国境内设立不具有法人资格的营业机构，可在设立地缴纳企业所得税

【解析】境外营业机构的亏损不得抵减境内营业机构的盈利，但是境外营业机构的盈利可以弥补境内营业机构的亏损，A选项正确。扣缴义务人每次代扣的税款，应自代扣之日起7日内缴入国库，B选项错误。应当扣缴的所得税，扣缴义务人未依法扣缴或者无法履行扣缴义务的，由企业在所得发生地缴纳；企业未依法缴纳的，税务机关可以从该企业在中国境内其他收入项目的支付人应付的款项中，追缴该企业的应纳税款，所以C选项错误。居民企业在中国境内设立不具有法人资格的营业机构应当汇总计算并缴纳企业所得税，所以D选项错误。

【答案】A

考点 3：跨地区经营汇总纳税企业所得税征收管理（居民企业）★★

（一）基本原则和适用范围

1. 实行“统一计算、分级管理、就地预缴、汇总清算、财政调库”的企业所得税征收管理办法。

2. 适用范围：跨省市总分机构企业是指跨省（自治区、直辖市和计划单列市，下同）设立不具有法人资格分支机构的居民企业。总机构和具有主体生产经营职能的二级分支机构就地预缴企业所得税。

不适用本办法的企业或机构：

（1）按照规定，国有邮政企业、国有银行、中石油、中海油等企业总分机构缴纳的企业所得税（包括滞纳金、罚款收入）为中央收入，全额上缴中央国库，不实行本办法。

（2）当年新设立的分支机构第 2 年起参与分摊；当年撤销的分支机构自办理注销税务登记之日起不参与分摊。

经典题解

【例题 114 · 单选题】根据企业所得税相关规定，以下说法错误的是（　　）。

A. 现行财政体制中，所得税收入全额上缴中央的企业，不适用“跨地区经营汇总纳税办法”

B. 当年撤销的分支机构自办理注销税务登记之日起不参与分摊预缴税款

C. 新设立的分支机构，设立当年起参与分摊预缴税款

D. 企业在中国境外设立的不具有法人资格的营业机构，不就地预缴企业所得税

【答案】C

（二）税额分配方式

1. 企业应由总机构统一计算企业应纳税所得额和应纳所得税额，并分别由总机构、分支机构按月或按季就地预缴。

【提示】统一计算所得税款的 50% 由总机构分摊缴纳，其中 25% 就地办理缴库（或退库），税款收入由中央与总机构所在地按 60 ∶ 40 分享；剩余 25% 就地全额缴入中央国库（或退库），税款收入 60% 为中央收入，40% 由财政部按照 2004 年至 2006 年各省市三年实际分享企业所得税占地方分享总额的比例定期向各省市分配。

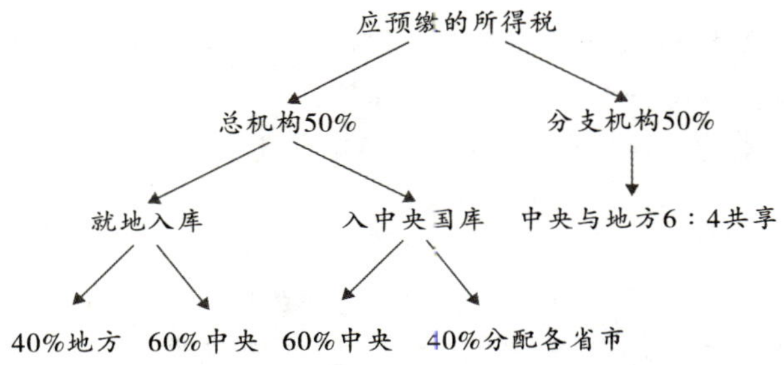

2. 总机构按以下公式计算分摊税款：

总机构分摊税款＝统一计算的企业当期应纳所得税额×50%

3. 分支机构按以下公式计算分摊税款：

所有分支机构分摊税款总额＝汇总纳税企业当期应纳所得税额×50%

某分支机构分摊税款＝所有分支机构分摊税款总额×该分支机构分摊比例

总机构应按照上年度各省市分支机构的营业收入、职工薪酬和资产总额三个因素计算各分支机构分摊所得税款的比例；三个因素的权重依次为0.35、0.35、0.30。

【解释】其中上年度分支机构的营业收入、职工薪酬和资产总额，是指分支机构上年度全年的营业收入、职工薪酬数据和上年度12月31日的资产总额数据，是依照国家统一会计制度的规定核算的数据。

计算公式如下：

某分支机构分摊比例＝（该分支机构营业收入/各分支机构营业收入之和）×0.35+（该分支机构职工薪酬/各分支机构职工薪酬之和）×0.35+（该分支机构资产总额/各分支机构资产总额之和）×0.30

要点小贴士

公式中分支机构仅指需要就地预缴的分支机构。

经典题解

【例题115·综合题】某大型企业总机构设在我国某大城市，还分别在我国A、B、C三省省城设有二级分支机构。该企业实行以实际利润额按季预缴分摊企业所得税的办法，根据2021年第一季度报表得知，企业第一季度取得营业收入共计360万元、发生的税前可扣除的成本费用税金共计260.2万元。此外，从企业以前年度报表中得知A、B、C三省的二级分支机构2020年年末有关资料如下：

单位：万元

项目	营业收入	职工薪酬	资产总额
A省分支机构	2000	200	1100
B省分支机构	4000	500	1500
C省分支机构	5600	640	2600
合计金额	11600	1340	5200

要求：根据上述资料，按序号回答下列问题，如有计算，每问需计算出合计数。

（1）计算企业2021年第一季度共计应预缴的企业所得税。

（2）简要回答总分机构企业所得税的征收管理办法。

（3）简要回答分支机构分摊比例的计算公式。

（4）计算A省分支机构2021年第一季度的分摊比例。

（5）计算A省分支机构2021年第一季度预缴的企业所得税。

（6）计算B省分支机构2021年第一季度的分摊比例。

（7）计算B省分支机构2021年第一季度预缴的企业所得税。

（8）计算C省分支机构2021年第一季度的分摊比例。

（9）计算C省分支机构2021年第一季度预缴的企业所得税。

（10）计算总机构2021年第一季度就地办理缴库的企业所得税。

（11）计算总机构2021年第一季度预缴中央国库的企业所得税。

【答案及解析】

（1）2021年第一季度共计应预缴的企业所得税 =（360−260.2）×25%=99.8×25%=24.95（万元）

（2）居民企业在中国境内跨地区（指跨省、自治区、直辖市和计划单列市）设立不具有法人资格的分支机构的，该居民企业为汇总纳税企业（另有规定者除外）。企业实行“统一计算、分级管理、就地预缴、汇总清算、财政调库”的企业所得税征收管理办法。

（3）总机构应按照上年度各省市分支机构的营业收入、职工薪酬和资产总额三个因素，将统一计算的企业当期应纳税额的50%在各分支机构之间进行分摊（总机构所在省市同时设有分支机构的，同样按三个因素分摊）。分摊时三个因素的权重依次为0.35、0.35、0.30，计算公式如下：

某分支机构分摊比例 =0.35×（该分支机构营业收入 / 各分支机构营业收入之和）+0.35×（该分支机构职工薪酬 / 各分支机构职工薪酬之和）+0.30×（该分支机构资产总额 / 各分支机构资产总额之和）

（4）A省分支机构2021年第一季度的分摊比例 =0.35×（2000/11600）+ 0.35×（200/1340）+0.30×（1100/5200）=6.03%+5.22%+6.35%=17.60%

（5）A省分支机构2021年第一季度预缴的企业所得税 =24.95×50%×17.60%=2.20（万元）

（6）B省分支机构2021年第一季度的分摊比例 =0.35×（4000/11600）+0.35×（500/1340）+0.30×（1500/5200）=12.07%+13.06%+8.65%=33.78%

（7）B省分支机构2021年第一季度预缴的企业所得税 =24.95×50%×33.78%=4.21（万元）

（8）C省分支机构2021年第一季度的分摊比例 =0.35×（5600/11600）+0.35×（640/1340）+0.30×（2600/5200）=16.90%+16.72%+15%=48.62%

（9）C省分支机构2021年第一季度预缴的企业所得税 =24.95×50%×48.62%=6.07（万元）

（10）总机构2021年第一季度就地办理缴库的企业所得税 =24.95×25%=6.24（万元）

总机构应将统一计算的企业当期应纳税额的25%，就地办理缴库。

（11）总机构2021年第一季度预缴中央国库的企业所得税 =24.95×25%=6.24（万元）

总机构应将统一计算的企业当期应纳税额的25%，就地全额缴入中央国库，所缴纳税款收入60%为中央收入，40%由财政部按照2004年至2006年各省市三年实际分享企业所得税占地方分享总额的比例定期向各省市分配。

（三）汇总清算

企业总机构汇总计算企业年度应纳所得税额，扣除总机构和各境内分支机构已预缴的税款，计算出应补应退税款，分别由总机构和各分支机构（不包括当年已办理注销税务登记的分支机构）就地办理税款缴库或退库。

考点 4：合伙企业所得税的征收管理★★

要点	规定
纳税义务人	合伙企业以每一个合伙人为纳税义务人。合伙企业合伙人是自然人的，缴纳个人所得税；合伙人是法人和其他组织的，缴纳企业所得税
“先分后税”的原则	合伙企业生产经营所得和其他所得采取“先分后税”的原则。生产经营所得和其他所得包括合伙企业分配给所有合伙人的所得和企业当年留存的所得（利润）
确定应纳税所得额的原则	（1）合伙企业的合伙人以合伙企业的生产经营所得和其他所得，按照合伙协议约定的分配比例确定应纳税所得额 （2）合伙协议未约定或者约定不明确的，以全部生产经营所得和其他所得，按照合伙人协商决定的分配比例确定应纳税所得额 （3）协商不成的，以全部生产经营所得和其他所得，按照合伙人实缴出资比例确定应纳税所得额 （4）无法确定出资比例的，以全部生产经营所得和其他所得，按照合伙人数量平均计算每个合伙人的应纳税所得额 （5）合伙协议不得约定将全部利润分配给部分合伙人
亏损处理	合伙企业的合伙人是法人和其他组织的，合伙人在计算其缴纳企业所得税时，不得用合伙企业的亏损抵减其盈利

考点 5：居民企业报告境外投资和所得信息的管理★

要点	解释
适用范围	一是居民企业发生规定的境外投资或取得境外所得；二是非居民企业在境内设立机构、场所，取得发生在境外但与其所设机构、场所有实际联系的所得
确认投资、处置行为	按照中国会计制度确认境外股权投资或处置行为发生的时间和数量
持股比例要求	（1）在规定施行之日（2014 年 9 月 1 日，下同），居民企业直接或间接持有外国企业股份或有表决权股份达到 10%（含）以上 （2）在规定施行之日后，居民企业在被投资外国企业中直接或间接持有的股份或有表决权股份自不足 10% 的状态改变为达到或超过 10% 的状态 （3）在规定施行之日后，居民企业在被投资外国企业中直接或间接持有的股份或有表决权股份自达到或超过 10% 的状态改变为不足 10% 的状态

考点 6：跨境电子商务综合试验区核定征收企业所得税★

自 2020 年 1 月 1 日起，对综试区内的跨境电商企业核定征收企业所得税。

核定征收要点	具体规定
纳税人范围	所称综试区，是指经国务院批准的跨境电子商务综合试验区；所称跨境电商企业，是指自建跨境电子商务销售平台或利用第三方跨境电子商务平台开展电子商务出口的企业
应具备条件	综试区内的跨境电商企业，同时符合下列条件的，试行核定征收企业所得税： （1）在综试区注册，并在注册地跨境电子商务线上综合服务平台登记出口货物日期、名称、计量单位、数量、单价、金额的 （2）出口货物通过综试区所在地海关办理电子商务出口申报手续的 （3）出口货物未取得有效进货凭证，其增值税、消费税享受免税政策的（“无票免税”）
核定方法	综试区内核定征收的跨境电商企业应准确核算收入总额，并采用应税所得率方式核定征收企业所得税。应税所得率统一按照 4% 确定 应纳税所得额 = 应税收入额 × 4%
税收优惠	综试区内实行核定征收的跨境电商企业符合小型微利企业优惠政策条件的，可享受小型微利企业所得税优惠政策；其取得的收入属于《中华人民共和国企业所得税法》第二十六条规定的免税收入的，可享受免税收入优惠政策

考试加油站

一、本章小结

您已成功完成“第四章”的学习，本章共 50 个考点，您都学会了吗？

为了让您对章节有更清晰的理解，加倍巩固。本书作者刘颖老师将通过“**视频导图课**”的方式，带您回顾重要考点。

名师点拨，视听结合，高效提分。

※ 欢迎您扫码，免费观看学习。

下载“会计云课堂”App 学习

二、本章疑难问题解答

1. 业务招待费、广告费和业务宣传费的扣除限额的计算基数，含不含本企业取得的境外分公司的经营收入？

答： 计算业务招待费、广告费和业务宣传费扣除限额的基数为销售（营业）收入，从企业所得税的纳税申报表来看，销售（营业）收入包含境外分公司的经营收入。

2. 居民企业将自产产品发给职工作福利，是否记营业收入（也就是说是否可以作为计算广告费和业务宣传费、业务招待费扣除限额的基数），是否计算会计利润（是否在计算公益性捐赠限额的基数中），需不需要调增应纳税所得额？

答：自产产品作为职工福利，企业所得税上视同销售，应计入销售（营业）收入，作为计算广告费和业务宣传费、业务招待费扣除限额的基数；按照会计相关处理的规则，企业将自产产品发给职工作福利，需要作销售处理，会计上要记营业收入，进而计算会计利润，形成计算公益性捐赠限额的基数。这一点上会计和税法的规定一致，所以不必作应纳税所得额的纳税调整。

3. 如果企业领用自产产品用于在建工程，在计算业务招待费等税前扣除限额基数时，是否可以包含在内？

答：企业领用自产产品用于在建工程，企业所得税上不视同销售，会计上也不确认收入，销售（营业）收入中就不包含这个金额，当然也不能作为计算业务招待费等税前扣除限额的基数。

4. 罚金、罚款、罚息、滞纳金如何区分？

答：罚金属于刑事处罚范畴，是由人民法院判处的一种经济附加刑。罚金在计算企业所得税时不得税前扣除。

罚款分为两大类：一类是行政罚款，属于行政处罚范畴，由政府部门或行政机关针对违规违章者的一种经济制裁，在企业所得税前不得扣除；另一类是经营罚款，是企业之间对违反合同、协议的一方实施的经济制裁，带有违约金性质，可以在企业所得税前扣除。

罚息一般指银行罚息，是指借款人没有在银行规定的时间内还款造成逾期，对于逾期还款，银行以日为单位计算的加收利息，可以在企业所得税前扣除。

滞纳金既有惩罚性又有利息性，税收滞纳金是因纳税人不能按期履行纳税义务而被按日加收的经济惩罚，因此滞纳金不得在企业所得税前扣除。

5. 企业所得税的纳税人规定：个人独资企业、合伙企业不适用企业所得税法，但是在本章最后又有合伙企业所得税的征收管理，这个是否矛盾？要怎么理解？

答：不矛盾的。个人独资企业、合伙企业不适用企业所得税法，其投资者个人要缴纳个人所得税。但是上述规定与合伙企业的所得要先分后税并不矛盾，合伙企业的所得要先分到各个合伙人的头上，按照合伙人的性质缴纳所得税，合伙人是自然人的，缴纳个人所得税，合伙人是法人和其他组织的，缴纳企业所得税。

6. 企业所得税不得扣除的项目里没有个人所得税，是否意味着企业为员工代付的个人所得税可以在计算应纳税所得额时扣除？

答：不能一概而论。个人所得税确实没有列入企业所得税法规定的不得扣除的项目中，但不能因此而下结论说该项税款可以在企业所得税应纳税所得额中扣除，而需要看该企业扣缴的个人所得税是从哪个项目中列支的。一般情况下，企业职工应纳的个人所得税款是包含在企业实际发放的工资薪金中的，企业只是履行法定扣缴义务的责任，对员工应纳的个人所得税款足额扣缴。这种情形下，个人所得税款是企业劳动力成本的组成部分，在计提工资、薪金时计入了相关成本费用，在计算应纳税所得额时是准予扣除的。但是，如果企业在工资、薪金成本之外，为个人负担了本该由个人缴纳的个人所得税，这些个人所得税款形成企业的支出，是企业不该承担的与生产经营无关的支出，就不能在计算企业所得税应纳税所得额时扣除。

7. 近几年的所得税申报表发生调整，影响我们考试吗？

答：考试大纲要求掌握申报表，但不可能考查全套申报表填写，而是要把握好数据逻辑关系。申报表是一个重要载体，承载着一些税法政策在计算上的逻辑和数据关系。以往年度，实物捐赠（捐出）如何进行纳税调整是存在争议的，近几年企业所得税纳税申报表调整后，相关逻辑关系给予了明确，以往年度关于实物公益性捐赠捐出成本及纳税调整的考题答案也就过时了。

历年经典主观题回顾

综合题

1. 某信息技术服务企业为增值税一般纳税人，自2019年起被认定为技术先进型服务企业。2020年实现营业收入17000万元、投资收益180万元、其他收益2800万元、资产处置损益600万元；发生营业成本3600万元、税金及附加440万元、管理费用5800万元、销售费用4900万元、财务费用200万元、营业外支出800万元。2020年度该企业自行计算的会计利润为4840万元，企业已预缴企业所得税450万元。

2021年2月该企业进行2020年企业所得税汇算清缴时，聘请了某会计师事务所进行审核，发现如下事项：

（1）1月1日租入一间办公室，双方签订的合同中注明租期三年，不含增值税年租金10万元，当月一次性支付三年租金30万元，全额计入管理费用，该合同未计算缴纳印花税。

（2）5月3日依照法院裁定将其代员工持有的面值200万元的限售股，通过证券登记结算公司变更到实际持有人名下，企业未就该事项确认收入。

（3）12月20日购置门面房作为顾客体验店，取得增值税专用发票注明价款1000万元、增值税90万元，尚未办理房屋权属登记，未缴纳契税。

（4）其他收益中含增值税进项税额加计抵减额800万元，企业将其计入不征税收入。

（5）“资产处置损益”中含专利技术转让所得480万元，经审核符合技术转让所得优惠条件。

（6）成本费用中含实际发放的合理工资总额2500万元、发生职工福利费400万元、职工教育经费300万元、拨缴的工会经费40万元，工会经费取得合法票据。

（7）全年投入900万元用于研发新产品，其中600万元形成无形资产，于7月1日取得专利证书并投入使用，该无形资产摊销期限为10年，当年未计提累计摊销。其余300万元支出计入了管理费用。

（8）期间费用中含广告费和业务宣传费2000万元，业务招待费100万元。

（9）结转上年度未扣除的广告费和业务宣传费500万元。

（其他相关资料：当地契税税率为5%，财产租赁合同印花税税率为1‰，各扣除项目均在汇算清缴期取得有效凭证）

要求：根据上述资料，按照顺序计算回答问题，如有计算需计算出合计数。

（1）计算业务（1）应缴纳的印花税及应调整的企业所得税应纳税所得额；租赁费应调整的企业所得税应纳税所得额。

（2）判断业务（2）企业未确认收入的处理是否正确并说明理由。

（3）计算业务（3）应缴纳的契税，并计算该门面房作为固定资产进行税务处理时应确定的计税基础。

（4）判断业务（4）企业将其作为不征税收入是否正确并说明理由。

（5）回答技术转让享受减免企业所得税优惠的条件；计算业务（5）应调整的企业所得税应纳税所得额。

（6）计算职工福利费、职工教育经费、工会经费应调整的企业所得税应纳税所得额。

（7）计算业务（7）应调整的企业所得税应纳税所得额。

（8）计算业务招待费应调整的企业所得税应纳税所得额。

（9）计算广告费和业务宣传费应调整的企业所得税应纳税所得额。

（10）计算该企业2020年度应补缴的企业所得税。（2021年）

2. 某饮料生产企业甲为增值税一般纳税人，适用企业所得税税率25%。2021年度实现营业收入80000万元，自行核算的2021年度会计利润为5600万元，2022年5月经聘请的会计师事务所审核后，发现如下事项：

（1）2月份收到市政府支持产业发展拨付的财政激励资金500万元，会计处理全额计入营业外收入，企业将其计入企业所得税不征税收入，经审核符合税法相关规定。

（2）3月份转让持有的部分国债，取得收入1285万元，其中包含持有期间尚未兑付的利息收入20万元。该部分国债按照先进先出法确定的取得成本为1240万元。

（3）5月份接受百分之百控股母公司乙无偿划转的一台设备。该设备原值3000万元，已按税法规定计提折旧500万元，其市场公允价值为2200万元。该业务符合特殊性重组条件，企业选择采用特殊性税务处理。

（4）6月份购置一台生产线支付的不含税价格为400万元（进项已抵扣）并于当月投入使用，会计核算按照使用期限5年、预计净残值率5%计提了折旧，企业选择一次性在企业所得税前进行扣除。

（5）发生广告费和业务宣传费用7300万元，其中300万元用于冠名的真人秀于2022年2月制作完成并播放，企业所得税汇算清缴结束前尚未取得相关发票。

（6）成本费用中含发放的合理职工工资6000万元，发生的职工福利费900万元、职工教育经费500万元，取得工会经费代收凭据注明的拨缴工会经费100万元。

（7）发生业务招待费800万元。

（8）12月1日签订两项借款合同，向非关联供货商借款1000万元（符合规定利率标准），向银行借款4000万元，未计提印花税。甲企业于2022年3月1日补缴印花税税款及滞纳金，借款合同印花税税率为0.05‰。

（9）甲企业从2015年以来经税务机关审核后未弥补亏损前的应纳税所得额数据如下表：

年份	2015年	2016年	2017年	2018年	2019年	2020年
应纳税所得额（万元）	-4000	-2000	-600	1200	1800	3000

要求：根据上述资料，按照下列顺序计算回答问题，如有计算需计算出合计数。

（1）回答税法关于财政性资金计入企业所得税不征税收入的相关条件。

（2）计算业务（1）应调整的企业所得税应纳税所得额。

（3）回答企业转让不同时间购买的同一品种国债时，税法规定转让成本的确定方法。

（4）计算业务（2）应调整的企业所得税应纳税所得额。

（5）业务（3）符合特殊性税务重组，请确认甲企业接受无偿划转设备的计税基础。

（6）计算业务（4）应调整的企业所得税应纳税所得额。

（7）计算业务（5）应调整的企业所得税应纳税所得额。

（8）计算业务（6）应调整的企业所得税应纳税所得额。

（9）计算业务（7）业务招待费应调整的企业所得税应纳税所得额。

（10）计算业务（8）应调整的企业所得税应纳税所得额。

（11）计算2021年甲企业在企业所得税前可弥补的亏损额。

（12）计算2021年甲企业应缴纳的企业所得税。（2020年考题改编）

3. 位于县城的中药生产企业甲为上市公司，是增值税一般纳税人。2021年甲企业实现营业收入86000万元，投资收益4000万元，发生营业成本43000万元，税金及附加2200万元，管理费用4600万元，销售费用28000万元，财务费用1200万元，营业外支出800万元。甲企业自行计算当年实现利润10200万元。

2022年2月甲企业进行2021年所得税汇算清缴时聘请了某会计师事务所进行审核，发现如下事项：

（1）6月将一批自产药品分配给股东，该药品的成本为300万元，市场不含税销售价格为450万元，企业未作任何账务处理。

（2）11月份采用预收款方式销售药品，该药品成本1000万元，市场不含税销售价格1300万元；协议约定的发货时间为2022年1月，截至2021年底未发货。甲企业收到预收款即确认销售收入并结转成本，未开具增值税发票，增值税未缴纳。

（3）持有乙公司10%股权，11月底全部转让，转让收入2000万元，该股权取得成本为1200万元，截至11月底乙公司账面累计未分配利润300万元，甲企业以770万元计入投资收益。

（4）1月初对120名高管授予股票期权，约定2022年年末业绩增长达到20%后每人可以8.5元/股价格购买2000股公司股票，授予日股票公允价格为17.5元/股，12月31日甲企业按照企业会计准则进行如下会计处理：

借：管理费用　　　　1080000

　贷：资本公积——其他资本公积　　　　1080000

（5）成本费用中含实际发放职工工资15000万元，按照合同约定直接给接受派遣的生产车间员工工资800万元。

（6）成本费用中含发生职工福利费1000万元、职工教育经费1280万元；拨缴工会经费320万元，已经取得相关收据。

（7）自行研发产生费用1800万元，受关联方委托进行研发，收取研发费用1000万元。

（8）发生广告费和业务宣传费25000万元，业务招待费500万元。

（其他相关资料：2021年各月月末“应交税费——应交增值税”科目均无借方余额，2021年6月企业药品销售适用增值税税率为13%）

要求：根据上述资料，按照下列顺序计算回答问题，如有计算需计算出合计数。

（1）计算业务（1）应缴纳的增值税额、城市维护建设税额、教育费附加及地方教育附加。

（2）计算业务（1）应调整的会计利润。

（3）业务（2）处理是否正确，如错误，计算应调整的会计利润。

（4）业务（3）处理是否正确，如错误，计算应调整的会计利润。

（5）业务（4）应调整的企业所得税应纳税所得额。

（6）支付给劳务派遣人员的工资能否计入企业的工资薪金总额基数，请说明原因。

（7）计算职工福利费、职工教育经费、工会经费应调整的企业所得税应纳税所得额。

（8）回答收取受托研发的研发费用能否税前扣除，并计算研发费用应调整的企业所得税应纳税所得额。

（9）计算广告费和业务宣传费应调整的企业所得税应纳税所得额。

（10）计算业务招待费应调整的企业所得税应纳税所得额。

（11）计算调整后的会计利润（不考虑税收滞纳金）。

（12）计算应缴纳的企业所得税额。（2019年考题改编）

4. 某生物药品制造企业2021年度取得主营业务收入56000万元、其他业务收入3000万元、营业外收入1200万元、投资收益800万元、资产处置收益1000万元，发生主营业务成本25000万元、其他业务成本1400万元、营业外支出1300万元、税金及附加4500万元、管理费用5000万元、销售费用12000万元、财务费用1100万元，实现年度利润总额11700万元。当年发生的相关具体业务如下：

（1）广告费支出9500万元。

（2）业务招待费支出500万元。

（3）实发工资5000万元。其中，为本企业残疾职工所发放工资为100万元。

（4）拨缴职工工会经费110万元，发生职工福利费750万元、职工教育经费140万元。

（5）专门用于新产品研发的费用1200万元，已独立核算管理（未形成无形资产）。

（6）12月进口一台专门用于研发的设备，关税完税价格为人民币800万元。

（7）企业取得的投资收益中包括国债利息收入150万元、企业债券利息收入150万元。

（8）转让一项专利技术取得收入900万元，与之相关的成本和税费为200万元。

（其他相关资料：进口环节增值税税率为13%；各扣除项目均已取得有效凭证，相关优惠已办理必要手续；进口设备的关税税率为10%）

要求：根据上述资料，按照下列顺序计算回答问题，如有计算需计算出合计数。

（1）计算广告费支出应调整的应纳税所得额。

（2）计算业务招待费支出应调整的应纳税所得额。

（3）计算残疾职工工资应调整的应纳税所得额。

（4）计算工会经费、职工福利费和职工教育经费应调整的应纳税所得额。

（5）计算研发费用应调整的应纳税所得额。

（6）计算进口设备海关应代征的增值税。

（7）判断12月份进口的专门用于研发的设备的成本能否一次性税前列支并说明理由。

（8）计算投资收益应调整的应纳税所得额。

（9）计算转让专利技术应调整的应纳税所得额。

（10）计算该企业2021年应纳税所得额。

（11）计算该企业2021年应缴纳的企业所得税税额。（2018年考题改编）

5. 某电器生产企业为增值税一般纳税人，2021年度会计自行核算取得营业收入25000万元、营业外收入3000万元、投资收益1000万元，扣除营业成本12000万元、营业外支出1000万元、税金及附加300万元、管理费用6000万元、销售费用5000万元、财务费用2000万元，企业自行核算实现年度利润总额2700万元。

2022年年初聘请某会计师事务所进行审计，发现如下问题：

（1）2月28日企业签订租赁合同将一处原值600万元的仓库对外出租，取得本年不含税租金收入30万元，未计算缴纳房产税和印花税。

（2）与境内关联企业签订资产交换协议，以成本300万元，不含税售价400万元的中央空调换入等值设备一台，会计上未作收入核算（成本已核算，增值税、城建税及附加均已缴纳，换入设备已按规定进行折旧），未计算缴纳印花税。

（3）管理费用和销售费用中含业务招待费500万元，广告费3000万元。

（4）上年结转未抵扣的广告费850万元。

（5）管理费用中含新产品研究开发费用1500万元。

（6）计入成本、费用的实发工资8000万元。拨缴职工工会经费150万元，发生职工福利费1200万元、职工教育经费690万元。

（7）该企业接受境内关联企业甲公司权益性投资金额2000万元。2021年以年利率6%向甲公司借款5000万元，支付全年利息300万元计入财务费用，金融机构同期同类贷款利率为5%，该企业实际税负高于甲公司，并无法提供资料证明其借款活动符合独立交易原则。

（8）营业外支出中含通过中国青少年发展基金会援建希望小学捐款400万元，并取得合法票据。

（9）12月购进属于《安全生产专用设备企业所得税优惠目录》规定的安全生产专用设备并投入使用，取得增值税专用发票，注明价款500万元、进项税额65万元。

（其他相关资料：当地房产余值减除比例为30%，购销合同印花税税率为0.3‰，财产租赁合同印花税税率为1‰，各扣除项目均已取得有效凭证，相关优惠已办理必要手续）

要求：根据上述资料，按照下列顺序计算回答问题，需计算出合计数。

（1）计算业务（1）应缴纳的房产税和印花税。

（2）计算业务（2）应缴纳的印花税。

（3）计算该企业2021年度的会计利润总额。

（4）计算广告费支出应调整的应纳税所得额。
（5）计算业务招待费支出应调整的应纳税所得额。
（6）计算研发费用应调整的应纳税所得额。
（7）计算工会经费、职工福利费和职工教育经费应调整的应纳税所得额。
（8）计算利息支出应调整的应纳税所得额。
（9）计算公益性捐赠应调整的应纳税所得额。
（10）计算该企业2021年度的应纳税所得额。
（11）计算该企业2021年度应缴纳的企业所得税税额。（2017年考题改编）

6. 位于某市的一家家具生产企业，2021年度会计自行核算取得主营业务收入68000万元、其他业务收入6000万元、资产处置收益2500万元、营业外收入2000万元、投资收益1500万元，应扣除的主营业务成本42000万元、其他业务成本3500万元、营业外支出3200万元、税金及附加6100万元、管理费用6500万元、销售费用13000万元、财务费用3100万元，当年实现利润总额2600万元，拟申报的企业所得税应纳税所得额与利润总额相等，全年已预缴企业所得税240万元，2022年2月经聘请的会计师事务所进行审核，发现该企业2021年度自行核算存在以下问题：
（1）一栋闲置生产车间未申报缴纳房产税和城镇土地使用税，该生产车间占地面积1000m^2，原值650万元，已提取折旧420万元，车间余值为230万元。
（2）2021年12月8日购置办公楼一栋，支付不含增值税的金额2200万元、增值税110万元并办妥权属证明，当月已经提取折旧费用20万元，但未缴纳契税。
（3）营业外支出中包含通过公益性社会组织向水灾地区捐款360万元。
（4）扣除的成本和费用中包含了实发工资总额5600万元、职工福利费920万元、拨缴的工会经费120万元、职工教育经费160万元。
（5）销售费用和管理费用中包含全年发生的广告费11300万元、业务招待费660万元。
（6）财务费用中含向非居民企业（非关联方）借款支付的6个月利息费用130万元，借款金额为3200万元，当年同期同类银行贷款年利息率为6%。
（7）管理费用中含新产品研究开发费用345万元。
（8）投资收益中含取得的国债利息收入70万元、直接投资居民企业一年的股息收入150万元。
（9）收入中含技术转让收入2300万元，与收入对应的成本和税费共计1400万元。
（其他相关资料：该企业计算房产余值的扣除比例为20%，契税税率为4%，城镇土地使用税适用税额30元/m^2，各扣除项目均已取得有效凭证）

要求：根据上述相关资料，按照下列顺序计算回答问题。
（1）分别计算该企业2021年度应补缴的城镇土地使用税和房产税。
（2）计算该企业12月购置办公楼应缴纳的契税。
（3）分别计算该企业2021年度的利润总额、向水灾地区捐款应调整的应纳税所得额。
（4）计算职工福利费、工会经费和职工教育经费合计应调整的应纳税所得额。
（5）分别计算广告费用、业务招待费应调整的应纳税所得额。
（6）计算向非居民企业借款支付利息费用应调整的应纳税所得额。
（7）计算新产品研究开发费用应调整的应纳税所得额。
（8）说明国债利息收入、投资居民企业的股息收入应调整的应纳税所得额。

（9）计算该企业技术转让收入应缴纳的企业所得税。

（10）计算该企业 2021 年度应补缴的企业所得税。（2017 年考题改编）

7. 位于市区的某制药公司由外商持股 75% 且为增值税一般纳税人，该公司 2021 年主营业务收入 5500 万元，其他业务收入 400 万元，营业外收入 300 万元，主营业务成本 2800 万元，其他业务成本 300 万元，营业外支出 210 万元，税金及附加 420 万元，管理费用 550 万元，销售费用 900 万元，财务费用 180 万元，投资收益 120 万元。

当年发生的其中部分具体业务如下：

（1）向境外股东企业支付全年含税技术咨询指导费 120 万元。境外股东企业常年派遣指导专员驻本公司并对其工作成果承担全部责任和风险，对其业绩进行考核评估。

（2）实际发放职工工资 1200 万元（其中残疾人员工资 40 万元），发生职工福利费支出 180 万元，拨缴工会经费 25 万元并取得专用收据，发生职工教育经费支出 20 万元，以前年度累计结转至本年的职工教育经费未扣除额为 5 万元。另为投资者支付商业保险费 10 万元。

（3）发生广告费支出 800 万元，非广告性质的赞助支出 50 万元。发生业务招待费支出 60 万元。

（4）从事《国家重点支持的高新技术领域》规定项目的研究开发活动，对研发费用实行专账管理，发生研发费用支出 75 万元且未形成无形资产。

（5）对外捐赠货币资金 140 万元（通过县级政府向目标脱贫地区捐赠 120 万元，直接向某学校捐赠 20 万元）。

（6）为治理污水排放，8 月从一般纳税人处购置污水处理设备并投入使用，设备购置价为 300 万元（含增值税且已作进项税额抵扣）。处理公共污水，当年取得收入 20 万元，相应的成本费用支出为 12 万元。

（7）撤回对境内某非上市公司的股权投资取得 100 万元，其中含原投资成本 60 万元，相当于被投资公司累计未分配利润和累计盈余公积按减少实收资本比例计算的部分 10 万元。

（其他相关资料：除非特别说明，各扣除项目均已取得有效凭证，相关优惠已办理必要手续；因境外股东企业在中国境内会计账簿不健全，主管税务机关核定技术咨询指导劳务的利润率为 20% 且指定该制药公司为其税款扣缴义务人；购进的污水处理设备为《环境保护专用设备企业所得税优惠目录》所列设备且未选择享受一次性税前扣除政策）

要求：根据上述相关资料，按照下列顺序计算回答问题。

（1）分别计算在业务（1）中该制药公司应当扣缴的企业所得税、增值税、城市维护建设税、教育费附加及地方教育附加金额。

（2）分别计算业务（2）中各业务应调整的应纳税所得额。

（3）分别计算业务（3）中各业务应调整的应纳税所得额。

（4）计算业务（4）应调整的应纳税所得额。

（5）分别计算业务（5）中各业务应调整的应纳税所得额。

（6）分别计算业务（6）应调整的应纳税所得额和可以抵免的应纳税额。

（7）计算业务（7）应调整的应纳税所得额。

（8）计算该制药公司 2021 年应纳企业所得税税额。（2014 年考题改编）

历年经典主观题回顾参考答案及解析

使用“会计云课堂”App 或“微信”扫码对答案、看解析、
掌握解题思路，开启轻松过关之旅。

综合题

1.【答案及解析】

（1）①财产租赁合同印花税的计税依据为租金总额，应缴纳印花税 $=10\times3\times1‰=0.03$（万元），应调减应纳税所得额 0.03 万元。

②经营性租赁发生的租入固定资产的租赁费支出，根据租赁期限均匀扣除，租赁费应调增应纳税所得额 $=30-10=20$（万元）。

合计调增应纳税所得额 $=20-0.03=19.97$（万元）。

（2）①正确。

②理由：依法院判决、裁定等原因，通过证券登记结算公司，企业将其代持的个人限售股直接变更到实际所有人名下的，不视同转让限售股。

（3）①应缴纳契税 $=1000\times5\%=50$（万元）。

②企业外购的固定资产，以购买价款和支付的相关税费以及直接归属于使该资产达到预定用途发生的其他支出为计税基础。一般纳税人外购不动产用于生产经营进项税额可以抵扣，90 万元进项税不计入固定资产计税基础。该门面房作为固定资产的计税基础 $=1000+50=1050$（万元）。

（4）①不正确。

②理由：由于增值税加计抵减优惠部分不符合不征税收入的条件（不同时具备专项资金拨付文件、专门资金管理办法、资金收入支出单独核算这三个条件），应按规定缴纳企业所得税。

（5）①享受减免企业所得税优惠的技术转让应符合以下条件：

A. 享受优惠的技术转让主体是企业所得税法规定的居民企业；

B. 技术转让属于财政部、国家税务总局规定的范围；

C. 境内技术转让经省级以上科技部门认定；

D. 向境外转让技术经省级以上商务部门认定；

E. 国务院税务主管部门规定的其他条件。

②本题中企业转让专利技术取得所得 480 万元，不超过 500 万元，可全部免征企业所得税。应调减应纳税所得额 480 万元。

（6）①职工福利费扣除限额 $=2500\times14\%=350$（万元）＜实际发生额 400 万元，调增应纳税所得额 $=400-350=50$（万元）。

②职工教育经费扣除限额 =2500 × 8%=200（万元）＜实际发生额 300 万元，调增应纳税所得额 =300−200=100（万元）。

③工会经费扣除限额 =2500 × 2%=50（万元）＞实际发生额 40 万元，无须纳税调整。

合计调增应纳税所得额 =50+100=150（万元）。

（7）2018 年 1 月 1 日至 2023 年 12 月 31 日，非制造业企业的研究开发费，未形成无形资产计入当期损益的，在按规定据实扣除的基础上，按照研究开发费用的 75% 加计扣除；形成无形资产的，按照无形资产成本的 175% 摊销。

600 万元形成无形资产，7 月 1 日投入使用，应从当月起计提摊销费用。当年应补提 6 个月的摊销费用 =600 × 175% ÷ 10 × 6 ÷ 12=52.5（万元）。

300 万元研发费计入管理费用，应调减应纳税所得额 =300 × 75%=225（万元）。

合计调减应纳税所得额 =52.5+225=277.5（万元）。

（8）企业发生的与生产经营活动有关的业务招待费支出，按照实际发生额的 60% 扣除，但最高不得超过当年销售（营业）收入的 5‰。业务招待费支出扣除限额 1=100 × 60%=60（万元）＜扣除限额 2=17000 × 5‰ =85（万元），应调增应纳税所得额 =100−60=40（万元）。

（9）企业发生的符合条件的广告费和业务宣传费支出，除另有规定外，不超过当年销售（营业）收入 15% 的部分，准予扣除；超过部分，准予结转以后纳税年度扣除。

广告费和业务宣传费扣除限额 =17000 × 15%=2550（万元）＞待扣除金额 =2000+500=2500（万元），应调减应纳税所得额 500 万元。

（10）该企业当年应纳税所得额 =4840+19.97（问题 1 调增额）−480（问题 5 调减额）+150（问题 6 调增额）−277.5（问题 7 调减额）+40（问题 8 调增额）−500（问题 9 调减额）=3792.47（万元）。

对经认定的技术先进型服务企业，减按 15% 的税率征收企业所得税。当年应补缴企业所得税 =3792.47 × 15%−450（预缴）=118.87（万元）。

2.【答案及解析】

（1）财政性资金计入不征税收入应同时满足下列条件：

①企业能够提供规定资金专项用途的资金拨付文件；

②财政部门或其他拨付资金的政府部门对该资金有专门的资金管理办法或具体管理要求；

③企业对该资金以及以该资金发生的支出单独进行核算。

（2）业务（1）应调减应纳税所得额 500 万元。不征税收入不计入应纳税所得额。

（3）企业在不同时间购买同一品种国债的，其转让时的成本计算方法，可在先进先出法、加权平均法、个别计价法中选用一种。计价方法一经选用，不得随意改变。

（4）国债利息收入免税，业务（2）应调减应纳税所得额 20 万元。

题目已告知会计利润，说明国债的成本在计算会计利润时已经减除，计算应纳税所得额时，只调减免税的国债利息收入。

（5）甲企业接受无偿划转设备的计税基础 =3000−500=2500（万元）

对 100% 直接控制的居民企业之间按账面净值划转股权或资产，且选择采用特殊性税务处理的，划入方企业取得被划转股权或资产的计税基础，以被划转股权或资产的原账面净值确定。

（6）会计上计提的折旧 =400 ×（1−5%）÷ 5 ÷ 12 × 6=38（万元）

这里要注意税会差异：本题购入生产线的价格为 400 万元且题目告知选择一次性税前扣除。

会计上是计提折旧在会计利润中减除的，所以计算会计利润时只减除了折旧额38万元，税法允许将400万元一次性扣除，因此业务（4）应调减的应纳税所得额=400-38=362（万元）。

（7）企业发生支出，应取得税前扣除凭证，作为计算企业所得税应纳税所得额时扣除相关支出的依据。企业应在当年度企业所得税法规定的汇算清缴期结束前取得税前扣除凭证，未取得相关发票，不得在税前扣除，因此未取得发票的300万元需要纳税调增。

广宣费的扣除限额=80000×30%=24000（万元）＞7000（万元）（7300-300），7000万元的广宣费可以据实扣除。

业务（5）应调增的应纳税所得额为300万元。

（8）职工福利费扣除限额=6000×14%=840（万元）＜实际发生额900万元，应纳税调增=900-840=60（万元）

职工教育经费扣除限额=6000×8%=480（万元）＜实际发生额500万元，应纳税调增=500-480=20（万元）

工会经费扣除限额=6000×2%=120（万元）＞实际发生额100万元,实际发生的100万元，可以据实扣除。

业务（6）合计应调增应纳税所得额=60+20=80（万元）。

（9）业务招待费扣除限额1=80000×5‰=400（万元）＜业务招待费扣除限额2=800×60%=480（万元），税前可以扣除400万元。

业务（7）应调增应纳税所得额=800-400=400（万元）。

（10）应补缴的印花税=4000×0.05‰=0.2（万元），应调减应纳税所得额0.2万元。

【注意】银行与其他金融组织和借款人所签订的借款合同需要缴纳印花税，企业与非金融性质的企业或个人签订的借款合同不需要缴纳印花税。

因2021年至2022年3月之间的滞纳行为而产生的滞纳金，由于计算和缴纳金额的确定都在2022年3月，与2021年损益和所得调整无关。

（11）2021年企业所得税前可弥补的亏损额600万元。

（12）应纳税所得额=5600-500-20-362+300+80+400-0.2-600=4897.80（万元）

应缴纳的企业所得税=4897.80×25%=1224.45（万元）。

3.【答案及解析】

（1）应缴纳的增值税=450×13%=58.5（万元）

应缴纳的城建税、教育费附加和地方教育附加=58.5×（5%+3%+2%）=5.85（万元）

应缴纳的增值税、城建税、教育费附加和地方教育附加合计=58.5+5.85=64.35（万元）

（2）业务（1）应确认收入450万元，结转成本300万元。缴纳的城建税、教育费附加和地方教育附加5.85万元，准予在计算会计利润时扣除。

业务（1）应调增的会计利润=450-300-5.85=144.15（万元）

（3）业务（2）处理不正确，2021年药品未发出，不应确认收入，不应结转成本。

业务（2）应调减的会计利润=1300-1000=300（万元）

（4）业务（3）处理不正确，股权转让不得扣除被投资企业未分配利润等股东留存收益中按该项股权所可能分配的金额。考生要注意辨析股权转让与撤资不同的税务处理规定。

业务（3）应调增会计利润=2000-1200-770=30（万元）

（5）业务（4）应调增企业所得税应纳税所得额1080000元（108万元）。

上市公司在等待期内会计上计算确认的相关成本费用，不得在对应年度计算缴纳企业所得税时扣除。

（6）支付给劳务派遣人员的工资可以计入企业的工资薪金总额基数。

理由：企业接受外部劳务派遣用工所实际发生的费用，应分两种情况按规定在税前扣除：按照协议（合同）约定直接支付给劳务派遣公司的费用，应作为劳务费支出；直接支付给员工个人的费用，应作为工资薪金支出和职工福利费支出。其中属于工资薪金支出的费用，准予计入企业工资薪金总额的基数，作为计算其他各项相关费用扣除的依据。

（7）职工福利费扣除限额 =（15000+800）×14%=2212（万元），扣除限额大于实际发生额，无须纳税调整。

职工教育经费扣除限额 =（15000+800）×8%=1264（万元），扣除限额小于实际发生额，应纳税调增 =1280-1264=16（万元）

工会经费扣除限额 =（15000+800）×2%=316（万元），扣除限额小于实际发生额，应纳税调增 =320-316=4（万元）

职工福利费、职工教育经费、工会经费合计应调增企业所得税应纳税所得额 =16+4=20（万元）

（8）收取受托研发费用，对于受托方而言是"收入"，不涉及在税前扣除的问题。对于委托方，支付委托研发费用，在税前据实扣除的基础上还可以享受加计扣除。

企业自行研发发生的研发费用应加计扣除 =1800×100%=1800（万元）

（9）广告费和业务宣传费税前扣除限额 =（86000+450-1300）×30%=25545（万元）。扣除限额大于实际发生额，无须调整应纳税所得额。

（10）扣除限额 1=500×60%=300（万元）＜扣除限额 2=（86000+450-1300）×0.5%=425.75（万元），税前可以扣除 300 万元。

业务招待费应调增应纳税所得额 =500-300=200（万元）

（11）调整后的会计利润 =10200+144.15-300+30=10074.15（万元）

（12）应纳税所得额 =10074.15+108+20-1800+200=8602.15（万元）

应纳税额 =8602.15×25%=2150.54（万元）。

4.【答案及解析】

（1）对化妆品制造或销售、医药制造和饮料制造（不含酒类制造）企业发生的广告费和业务宣传费支出，不超过当年销售（营业）收入 30% 的部分，准予扣除；超过部分，准予在以后纳税年度结转扣除。广告费税前扣除限额 =（56000+3000）×30%=17700（万元），大于实际发生金额，无须纳税调整。

（2）业务招待费税前扣除限额 1=（56000+3000）×5‰ =295（万元）

业务招待费税前扣除限额 2=500×60%=300（万元）

可以在税前扣除的业务招待费金额为 295 万元，应调增应纳税所得额 =500-295=205（万元）。

（3）企业安置残疾人员的，计算企业所得税时，在按照支付给残疾职工工资税前据实扣除的基础上，按照支付给残疾人员工资的 100% 加计扣除。

残疾职工工资应调减应纳税所得额 100 万元。

（4）工会经费税前扣除限额 =5000×2%=100（万元），应调增应纳税所得额 =110-100=10（万元）

职工福利费税前扣除限额 =5000×14%=700（万元），应调增应纳税所得额 =750-700=50（万元）

职工教育经费税前扣除限额 =5000×8%=400（万元），未超标，无须调整应纳税所得额。

合计应调增应纳税所得额 =10+50=60（万元）。

（5）研发费用应调减应纳税所得额 =1200×100%=1200（万元）。

（6）进口设备海关应代征的增值税 =800×（1+10%）×13%=114.4（万元）。

（7）不可以。

理由：企业在 2018 年 1 月 1 日至 2023 年 12 月 31 日期间新购进的设备、器具，单位价值不超过 500 万元的，允许一次性计入当期成本费用在计算应纳税所得额时扣除，不再分年度计算折旧；单位价值超过 500 万元的，仍按《企业所得税法实施条例》《财政部 国家税务总局关于完善固定资产加速折旧企业所得税政策的通知》（财税〔2014〕75 号）《财政部 国家税务总局关于进一步完善固定资产加速折旧企业所得税政策的通知》（财税〔2015〕106 号）等相关规定执行。

（8）国债利息免征企业所得税。

投资收益应调减应纳税所得额 150 万元。

（9）转让专利技术应调减应纳税所得额 =500+（900−200−500）×50%=600（万元）。

（10）该企业 2021 年应纳税所得额 =11700+205−100+60−1200−150−600=9915（万元）。

（11）该企业 2021 年应缴纳企业所得税税额 =9915×25%=2478.75（万元）。

5.【答案及解析】

（1）应缴纳的房产税 =600×（1−30%）×1.2%×2/12+30×12%=4.44（万元）；

应缴纳的印花税 =30×1‰ =0.03（万元）；

应缴纳的房产税和印花税合计 =4.44+0.03=4.47（万元）。

（2）业务（2）以货（中央空调）易货（设备），按购、销合计金额计税贴花。应缴纳的印花税 =（400+400）×0.3‰ =0.24（万元）。

（3）该企业 2021 年度的会计利润总额 =2700+400−4.47−0.24=3095.29（万元）。

（4）广告费支出扣除限额 =（25000+400）×15%=3810（万元），本年发生 3000 万元，可以据实扣除。此时扣除限额剩余 =3810−3000=810（万元），而上年结转至本年的金额是 850 万元，因此上年结转到本年的，只能在本年扣除 810 万元。由于上年超支额未体现在本年的会计利润中，所以纳税调减 810 万元。也可以理解为，上年不准扣除 850 万元，所以纳税调增并结转到本年，本年允许扣 810 万元，所以纳税调减。

（5）业务招待费扣除限额 1=（25000+400）×5‰ =127（万元）＜业务招待费扣除限额 2=500×60%=300（万元），可以扣除 127 万元的业务招待费，纳税调增 =500−127=373（万元）。

（6）制造业企业研发费用可以加计扣除 100%，纳税调减 =1500×100%=1500（万元）。

（7）工会经费扣除限额 =8000×2%=160（万元）＞实际发生额 150 万元，不需要纳税调整；

职工教育经费扣除限额 =8000×8%=640（万元）＜实际发生额 690 万元，需要纳税调增 =690−640=50（万元）；

职工福利费扣除限额 =8000×14%=1120（万元）＜实际发生额 1200 万元，需要纳税调增 =1200−1120=80（万元）；

三项经费合计应调增应纳税所得额 =50+80=130（万元）。

（8）利息支出的扣除限额 =2000×2×5%=200（万元）＜实际发生额 300 万元，需要纳税调增 =300−200=100（万元）。

（9）公益性捐赠的扣除限额 =3095.29×12%=371.43（万元）＜实际发生额 400 万元，需要纳税调增 =400－371.43=28.57（万元）。

（10）2021 年度应纳税所得额 =3095.29－810+373－1500+130+100+28.57=1416.86（万元）。

（11）2021 年度应纳税额 =1416.86×25%－500×10%=304.22（万元）。

6.【答案及解析】

（1）应补缴 2021 年度房产税 =650×（1－20%）×1.2%=6.24（万元）。

应补缴 2021 年度城镇土地使用税 =1000×30÷10000=3（万元）。

（2）该企业 12 月购置办公楼应缴纳的契税 =2200×4%=88（万元）。

（3）业务（2）缴纳的契税应资本化，计入办公楼原值中，不能直接在计算会计利润时扣除。业务（2）购进固定资产，应自投入使用的次月起计提折旧，当月不计提折旧，所以需要将当月计提的折旧费用 20 万元调增会计利润。

该企业 2021 年度的利润总额 =2600－6.24－3+20=2610.76（万元）。

向水灾地区捐款扣除限额 =2610.76×12%=313.29（万元），实际发生 360 万元，应调增应纳税所得额 =360－313.29=46.71（万元）。

（4）职工福利费扣除限额 =5600×14%=784（万元），实际发生 920 万元，应调增应纳税所得额 =920－784=136（万元）；工会经费扣除限额 =5600×2%=112（万元），实际发生 120 万元，应调增应纳税所得额 =120－112=8（万元）；职工教育经费扣除限额 =5600×8%=448（万元），实际发生 160 万元，无须调整应纳税所得额。

职工福利费、工会经费和职工教育经费应调增的应纳税所得额合计数 =136+8=144（万元）。

（5）广告费扣除限额 =（68000+6000）×15%=11100（万元），实际发生 11300 万元，应调增应纳税所得额 =11300－11100=200（万元）。

业务招待费扣除限额 1=660×60%=396（万元），业务招待费扣除限额 2=（68000+6000）×5‰ =370（万元），因此业务招待费税前可扣除 370 万元，实际发生额为 660 万元，应调增应纳税所得额 =660－370=290（万元）。

（6）非金融企业向非金融企业借款的利息支出：不超过按照金融企业同期同类贷款利率计算的数额的部分可据实扣除，超过部分不得扣除。

向非居民企业借款支付利息费用扣除限额 =3200×6%÷12×6=96（万元），实际发生额 130 万元，应调增应纳税所得额 =130－96=34（万元）。

（7）制造业企业开展研发活动中实际发生的研发费用未形成无形资产的加计 100% 在税前扣除。应调减应纳税所得额 =345×100%=345（万元）。

（8）国债利息收入和符合条件的居民企业之间的投资收益属于免税收入。应调减应纳税所得额 =70+150=220（万元）。

（9）一个纳税年度内，居民企业转让技术所得不超过 500 万元的部分，免征企业所得税；超过 500 万元的部分，减半征收企业所得税。技术转让所得 =2300－1400=900（万元）。应缴纳的企业所得税 =（900－500）×50%×25%=50（万元）。

（10）该企业 2021 年应补缴企业所得税 =［2610.76+46.71+144+200+290+34－345－220－（2300－1400）］×25%+50－240=275.12（万元）。

【解释】①计算除“技术转让所得”之外的其他所得的应纳税额。所以从总所得额中减去（2300－1400）；②第（9）问技术转让所得应纳税额为 50 万元；③总税额 = ① + ②；④补缴税额 = 总税额 － 预缴税额。

7.【答案及解析】

（1）该制药公司应当扣缴企业所得税 =120/（1+6%）×20%×25%=5.66（万元）

【提示】这里考查了考生对企业所得税纳税人、课税对象和税率的基本规则的运用，题目告知“境外股东企业常年派遣指导专员驻本公司并对其工作成果承担全部责任和风险”，那么该专员视为非居民企业在中国境内设立的机构、场所，所以适用题目给出的 20% 利润率和 25% 的企业所得税税率计算企业所得税。

应当扣缴增值税 =120/（1+6%）×6%=6.79（万元）

应当扣缴城市维护建设税 =6.79×7%=0.48（万元）

应当扣缴教育费附加 =6.79×3%=0.20（万元）

应当扣缴地方教育附加 =6.79×2%=0.14（万元）

（2）残疾人员工资 40 万元应按 100% 加计扣除。应调减应纳税所得额 40 万元。

可以扣除的职工福利费限额 =1200×14%=168（万元）＜实际发生额 180 万元。

应调增应纳税所得额 =180−168=12（万元）

可以扣除的工会经费限额 =1200×2%=24（万元）＜实际发生额 25 万元。

应调增应纳税所得额 =25−24=1（万元）

可以扣除的职工教育经费限额 =1200×8%=96（万元）＞实际发生额 20 万元。

本年职工教育经费支出可全额扣除，并可扣除上年结转的未扣除额 5 万元。考生注意掌握本辅导书中职工教育经费和广宣费上年结转扣除相关规则的分析归纳的内容。

应调减应纳税所得额 5 万元。

为投资者支付的商业保险费不能税前扣除，应调增应纳税所得额 10 万元。

（3）计算广告费和业务招待费扣除限额的计算基数 =5500+400=5900（万元）

可以扣除的广告费限额 =5900×30%=1770（万元）

当年发生的 800 万元广告费无须作纳税调整，但非广告性质的赞助支出不能在税前扣除。

应调增应纳税所得额 50 万元。

业务招待费限额 1=5900×5‰ =29.5（万元）

业务招待费限额 2=60×60%=36（万元）

可以扣除 29.5 万元。

应调增应纳税所得额 =60−29.5=30.5（万元）

【提示】对化妆品制造或销售、医药制造和饮料制造（不含酒类制造）企业发生的广告费和业务宣传费支出，不超过当年销售（营业）收入 30% 的部分，准予扣除；超过部分，准予在以后纳税年度结转扣除。

（4）制造业企业研发费用未形成无形资产的，可按 100% 加计扣除。

应调减应纳税所得额 =75×100%=75（万元）

（5）通过县级政府向目标脱贫地区捐赠 120 万元可以全额扣除，不需要作纳税调整。

直接向某学校捐赠 20 万元不能税前扣除，应调增应纳税所得额 20 万元。

（6）可以抵免的应纳所得税额 =300÷（1+13%）×10%=26.55（万元）

符合条件的环境保护、节能节水项目，包括公共污水处理，企业从事符合条件的环境保护、节能节水项目的所得，自项目取得第一笔生产经营收入所属纳税年度起，第一年至第三年免征企业所得税，第四年至第六年减半征收企业所得税。该公司当年即是该项目运营的第一年，该项目所得可以享受免征所得税的优惠政策。可以免税的所得额 =20−12=8（万元）

应调减应纳税所得额 8 万元。

（7）撤回投资取得资产中相当于被投资公司累计未分配利润和累计盈余公积按减少实收资本比例计算的部分，应确认为股息红利所得，符合条件的免征企业所得税。

会计确认的所得 =100-60=40（万元）；税法确认的所得 =100-60-10（从未上市公司分回股息免税）=30（万元），因此纳税调减 10 万元。

（8）会计利润 =5500+400+300-2800-300-210-420-550-900-180+120=960（万元）

应纳税所得额 =960-40+12+1-5+10+50+30.5-75+20-8-10=945.5（万元）

应纳所得税额 =945.5×25%-26.55=209.83（万元）。

同步强化练习题

使用“会计云课堂”App 或“微信”扫码快速做题、对答案、看解析、掌握解题思路，开启轻松过关之旅。

一、单项选择题

1. 下列各项不属于企业所得税纳税人的是（　　）。
   A. 股份制企业
   B. 合伙企业
   C. 外商投资企业
   D. 有经营所得的其他组织

2. 在中国境内设立机构场所的非居民企业取得的下列所得，实际适用 10% 的企业所得税税率的是（　　）。
   A. 与境内机构场所没有实际联系的境外所得
   B. 与境内机构场所没有实际联系的境内所得
   C. 与境内机构场所有实际联系的境外所得
   D. 与境内机构场所有实际联系的境内所得

3. 依据企业所得税法的规定，下列各项所得中，按负担、支付所得的企业或机构、场所所在地或者个人的住所所在地确定所得来源地的是（　　）。
   A. 提供劳务所得
   B. 转让房屋所得
   C. 权益性投资所得
   D. 特许权使用费所得

4. 2021 年年末，某造船厂拟对一艘在建远洋客轮按照完工进度法确认其提供劳务的收入。下列测算方法，不符合企业所得税相关规定的是（　　）。
   A. 已完工作的测量
   B. 发生成本占总成本的比例
   C. 已提供劳务占劳务总量的比例
   D. 已建造时间占合同约定时间的比例

5. 符合条件的非营利组织取得的下列收入，免征企业所得税的是（　　）。
   A. 从事营利活动取得的收入

B. 因政府购买服务而取得的收入
C. 不征税收入孳生的银行存款利息收入
D. 按照县级民政部门规定收取的会费收入

6. 以下关于企业所得税收入确认时间的表述中，正确的是（　　）。
A. 股息、红利等权益性投资收益，以投资方收到分配金额的日期确认收入的实现
B. 利息收入，按照合同约定的债务人应付利息的日期确认收入的实现
C. 租金收入，在实际收到租金收入时确认收入的实现
D. 特许权使用费收入，在实际收到使用费收入时确认收入的实现

7. 按照企业所得税的相关规定，下列说法中，正确的是（　　）。
A. 销售商品采用托收承付方式的，在发出商品时确认收入
B. 销售商品采取预收款方式的，在收到预收款时确认收入
C. 销售商品采用支付手续费方式委托代销的，在收到代销清单时确认收入
D. 企业以买一赠一方式组合销售本企业商品的，对赠品按照捐赠行为进行税务处理

8. 2021年6月，某居民企业转让代个人持有的解禁后的限售股，取得转让收入560万元，企业不能提供完整、真实的限售股原值凭证，无法准确计算该限售股原值。按照企业所得税的相关规定，该企业转让代个人持有的限售股应缴纳企业所得税（　　）万元。

A. 98　　B. 119
C. 126　　D. 140

9. 纳税人在计算企业所得税应纳税所得额时，企业发生的下列项目中，不超过规定比例的部分准予在税前扣除，超过部分，准予在以后纳税年度结转扣除的是（　　）。
A. 职工福利费
B. 工会经费
C. 职工教育经费
D. 基本社会保险费

10. 某境内居民企业2021年度“财务费用”账户中利息金额，含有以年利率8%向银行借入的9个月的生产用200万元资金的借款利息；也包括12万元的向本企业职工（与本企业无关联关系）借入的与银行借款同期的生产用100万元资金的借款利息。假设向本企业职工的借款，双方签订了借款合同，也取得了相关合法票据。该企业2021年度在计算应纳税所得额时允许扣除的利息费用是（　　）万元。

A. 28　　B. 21
C. 20　　D. 18

11. 下列行为中，属于企业所得税视同销售的是（　　）。
A. 房地产企业将开发的房产用于本企业办公
B. 钢铁企业将自产的钢材用于修建本企业厂房
C. 电视机厂将自产电视安装在本厂食堂供职工观看
D. 食品公司将委托加工收回的月饼发给职工作为福利

12. 某设备制造企业2021年度取得销售自产设备收入5000万元，出租自产设备收入1000万元，债务重组收益150万元，当年管理费用中的业务招待费60万元；该企业当年度可在企业所得税前扣除的业务招待费为（　　）万元。

A. 60　　B. 30.75
C. 36　　D. 30

13. 2021年某居民企业主营业务收入5000

万元、投资收益 80 万元，与收入配比的成本 4100 万元，全年发生税金及附加、管理费用、销售费用和财务费用共计 700 万元，营业外支出 60 万元（其中含向希望小学的公益性捐赠支出 50 万元），2020 年度经核定结转的亏损额 30 万元。该企业当年无其他纳税调整事项，则 2021 年度该企业应缴纳企业所得税（　　）万元。

A. 47.5　　B. 53.4
C. 53.6　　D. 54.3

14. 某居民企业购入政府发行的年利息率为 5% 的三年期国债 2000 万元，持有 270 天时以 2100 万元的价格转让。该企业就该笔交易计算企业所得税时应纳税所得额是(　　)万元。(不考虑其他税费)

A. 0　　B. 19.33
C. 26.03　　D. 33.97

15. 在计算企业所得税时，通过支付现金以外的方式取得的投资资产，以该资产的（　　）为成本。

A. 公允价值
B. 公允价值和支付的相关税费
C. 购买价款
D. 成本与市价孰低的价值

16. 在计算企业所得税时，通过支付现金方式取得的存货，以（　　）为成本。

A. 公允价值
B. 公允价值和支付的相关税费
C. 购买价款
D. 购买价款和支付的相关税费

17. 2021 年 3 月甲企业将持有乙企业 5% 的股权以 1000 万元的价格转让，转让价格中包含乙企业未分配利润中归属于该股权的 20 万元，股权的购置成本为 800 万元。甲企业应确认的股权转让所得为（　　）万元。（不考虑其他税费）

A. 50　　B. 180
C. 200　　D. 220

18. 某奶粉厂外购奶牛支付价款 20 万元，依据企业所得税相关规定，该项资产在企业所得税税前扣除方法为（　　）。

A. 一次性在税前扣除
B. 按奶牛寿命在税前分期扣除
C. 按直线法以不低于 3 年的折旧年限计算折旧税前扣除
D. 按直线法以不低于 10 年的折旧年限计算折旧税前扣除

19. 依据企业所得税法的规定，无形资产的摊销年限不得（　　）。

A. 低于 5 年　　B. 高于 5 年
C. 低于 10 年　　D. 高于 10 年

20. 在计算企业所得税时，已足额提取折旧的固定资产的改建支出应（　　）。

A. 一次性列入成本费用扣除
B. 按照不少于 3 年的时间分期摊销扣除
C. 按照不少于 5 年的时间分期摊销扣除
D. 按照固定资产预计尚可使用年限分期摊销扣除

21. 在计算企业所得税时，除已足额提取折旧的固定资产的改建支出、租入固定资产改建支出、固定资产大修理支出之外，其他应当作为长期待摊费用的支出，从支出发生月份的次月起，分期摊销，摊销年限不得低于（　　）。

A. 3 年　　B. 4 年
C. 5 年　　D. 10 年

22. 2019 年 1 月，某上市公司对本公司 20 名管理人员实施股票期权激励政策，约定如在公司连续服务 2 年，即可以 4 元 / 股的价格购买本公司股票 1000 股。2021 年 1 月，20 名管理人员全部行权，行权日股票收盘价 20 元 / 股。根据企业所得税相关规定，行权时该公司所得税前应扣除的费用金额是（　　）元。

A. 300000　　B. 320000
C. 380000　　D. 400000

23. 某居民企业（增值税一般纳税人）因管理不善导致2021年6月从一般纳税人处购进的一批价值50万元（不含税，已抵扣进项税额）的材料霉烂。保险公司审理后同意赔付5万元，则该业务企业所得税前可以扣除的损失金额为（　　）万元。
A. 45　　B. 50
C. 51.50　　D. 53

24. 下列各项中，符合企业所得税弥补亏损规定的是（　　）。
A. 被投资企业发生经营亏损，可用投资方所得弥补
B. 投资方企业发生亏损，可用被投资企业分回的所得弥补
C. 企业境内总机构发生的亏损，只能用总机构以后年度的所得弥补
D. 企业境外分支机构的亏损，可用境内总机构的所得弥补

25. 某商贸企业2021年开始筹建，当年未取得收入，筹建期间发生业务招待费300万元、业务宣传费20万元、广告费用200万元。根据企业所得税相关规定，上述支出可计入企业筹办费并在税前扣除的金额是（　　）万元。
A. 200　　B. 220
C. 400　　D. 520

26. 2021年9月某化肥厂（增值税一般纳税人）购进一台污水处理设备并投入使用（该设备属于环境保护专用设备企业所得税优惠目录列举项目），取得增值税专用发票注明设备价款700万元、进项税额91万元，该化肥厂可抵免企业所得税税额（　　）万元。
A. 70　　B. 79.1
C. 700　　D. 791

27. 根据企业所得税的相关规定，企业以《资源综合利用企业所得税优惠目录》规定的资源作为主要原材料，生产国家非限制和禁止并符合国家和行业相关标准的产品取得的收入（　　）。
A. 实施免税
B. 减按90%计入收入总额
C. 减半征收企业所得税
D. 减征30%税款

28. 2021年8月，一家新开业的小型微利商业企业，为了拓展市场，从开业之日起至12月31日销售商品一律实行买一赠一活动，开业5个月销售商品共计取得不含税销售收入225万元，赠送商品的不含税市场价格为15万元，销售商品和赠送商品的全部成本为160万元，应扣除的税金及附加和全部费用共计42万元。假设不存在其他纳税调整事项，该商业企业2021年度应缴纳企业所得税（　　）万元。
A. 1.15　　B. 1.9
C. 1.44　　D. 0.58

29. 某批发兼零售的小型微利企业，2021年度自行申报营业收入总额280万元、成本费用总额300万元，当年亏损20万元。经税务机关审核，该企业申报的收入总额无法核实，成本费用核算正确。假定对该企业采取核定征收企业所得税，应税所得率为9%，该企业2021年度应缴纳企业所得税（　　）万元。
A. 0.74　　B. 1.16
C. 1.48　　D. 1.58

30. 某外国公司实际管理机构不在中国境内，也未在中国境内设立机构场所，2021年从中国境内某企业取得商标使用权转让收入500万元（含增值税），发生成本200万元。该外国公司在中国境内应被扣缴企业所得税（　　）万元。

A. 28.30　　B. 30
C. 47.17　　D. 50

31. 企业从事符合条件的环境保护、节能节水项目的所得，自项目取得第一笔生产经营收入所属纳税年度起（　　）。
A. 第一年至第五年免征企业所得税
B. 第一年免征企业所得税，第二年至第三年减半征收企业所得税
C. 第一年至第二年免征企业所得税，第三年至第五年减半征收企业所得税
D. 第一年至第三年免征企业所得税，第四年至第六年减半征收企业所得税

32. 采取缩短折旧年限方法的，最低折旧年限不得低于规定折旧年限的（　　）。
A. 60%　　B. 50%
C. 40%　　D. 30%

33. 企业所得税的扣缴义务人每次代扣非居民纳税人的税款，应当自（　　）缴入国库，并向所在地的税务机关报送扣缴企业所得税报告表。
A. 代扣之日起 7 日内
B. 代扣之日起 10 日内
C. 次月 10 日内
D. 次月 15 日内

34. 除税收法律、行政法规另有规定外，居民企业以（　　）为企业所得税的纳税地点。
A. 企业登记注册地
B. 企业实际经营地
C. 企业会计核算地
D. 企业管理机构所在地

35. 甲创投企业 2019 年 12 月 20 日采取股权投资方式直接向乙企业（初创科技型企业）投资 200 万元，股权持有到 2021 年 12 月 31 日。甲企业 2021 年度实现利润 500 万元，假设该企业当年无其他纳税调整事项，则该企业 2021 年应纳税所得额为（　　）万元。
A. 500　　B. 360
C. 350　　D. 300

36. 2021 年 8 月甲企业以吸收方式合并乙企业，合并业务符合特殊性税务处理的条件且企业选择按此方法处理。合并时乙企业净资产账面价值 1100 万元，市场公允价值 1300 万元，弥补期限内的亏损 70 万元，截至当年年末国家发行的最长期限的国债利率为 4.5%。2021 年可以由甲企业弥补的乙企业的亏损额为（　　）万元。
A. 3.15　　B. 49.50
C. 58.50　　D. 70.00

37. 依据企业所得税法的规定，企业在年度中间终止经营活动的，向税务机关办理当期企业所得税汇算清缴的期限是自实际经营终止之日起（　　）。
A. 60 日内　　B. 90 日内
C. 120 日内　　D. 150 日内

38. 根据企业所得税的相关规定，下列说法不正确的是（　　）。
A. 企业之间支付的管理费、企业内营业机构之间支付的租金和特许权使用费，以及非银行企业内营业机构之间支付的利息，不得税前扣除
B. 企业应当从固定资产投入使用月份的当月起计算折旧；停止使用的固定资产，应当从停止使用月份的当月起停止计算折旧
C. 作为投资或者受让的无形资产，有关法律规定或者合同约定使用年限的，可以按照规定或者约定的使用年限分期摊销
D. 通过捐赠、投资、非货币性资产交换、债务重组等方式取得的生产性生物资产，以该资产的公允价值和支付的相关税费为计税基础

39. 在计算企业所得税应纳税所得额时，下列项目准予扣除的是（　　）。
A. 经济合同的违约金支出
B. 各项税收滞纳金支出
C. 罚金支出
D. 非广告性质的赞助支出

40. 某高新技术企业2021年度取得境内应纳税所得额2000万元，境外应纳税所得额折合人民币500万元，在境外已缴纳企业所得税折合人民币70万元。该企业汇总纳税时实际应缴纳企业所得税（　　）万元。
A. 375　　B. 355
C. 325　　D. 305

41. 某工业企业从事国家非限制和禁止行业，为我国居民企业，会计核算健全，从业人员30人，资产总额500万元。该企业2021年收入总额480万元，成本费用支出额396万元，另因自然灾害导致存货发生净损失为37万元，其当年应纳企业所得税（　　）万元。
A. 2.35　　B. 2.94
C. 4.2　　D. 1.18

42. 依据企业所得税核定征收办法的规定，纳税人的生产经营范围、主营业务发生重大变化，或者应纳税所得额或应纳税额增减变化达到（　　）的，应及时向税务机关申报调整已确定的应纳税额或应税所得率。
A. 10%　　B. 20%
C. 30%　　D. 40%

二、多项选择题

1. 依据企业所得税法的规定，下列企业属于我国企业所得税纳税人的有（　　）。
A. 依照中国法律在中国境内成立的股份制企业
B. 依照中国法律在中国境内成立的个人独资企业
C. 依照外国法律成立但实际管理机构在中国境内的企业
D. 依照外国法律成立且未在中国境内设立机构，但有来源于中国境内所得的企业

2. 依据企业所得税相关规定，下列对所得来源地的确定，正确的有（　　）。
A. 销售货物所得，按照机构所在地确定
B. 提供劳务所得，按照劳务发生地确定
C. 股息、红利等权益性投资所得，按照分配所得的企业所在地确定
D. 动产转让所得，按照转让动产的企业或者机构、场所所在地确定

3. 依据企业所得税相关规定，企业将资产移送用于下列情形，应视同销售确定收入的有（　　）。
A. 用于对外捐赠
B. 用于市场推广或销售
C. 从总机构转移到其境内分支机构
D. 用于职工奖励或福利

4. 下列关于永续债的表述正确的有（　　）。
A. 企业发行的永续债，只能按照债券利息适用企业所得税政策
B. 企业发行永续债，应当将其适用的税收处理方法在证券交易所、银行间债券市场等发行市场的发行文件中向投资方予以披露
C. 发行永续债的企业对永续债产品的税收处理方法一经确定，一年内不得变更
D. 企业对永续债采取的税收处理办法与会计核算方式不一致的，发行方、投资方在进行税收处理时须作出相应纳税调整

5. 按照企业所得税相关规定，以下按照完工进度法确认收入的项目有（　　）。

A. 宣传媒介的收费
B. 广告的制作费
C. 为特定客户开发软件的收费
D. 商品售价内可区分的服务费

6. 企业在计算企业所得税应纳税所得额时，应计入应纳税所得额的收入有（　　）。
A. 购买国债到期兑现的利息
B. 外单位欠款给付的利息
C. 收取的逾期未退回包装物的押金
D. 确实无法偿付的应付款

7. 纳税人下列经营业务，可以分期确认收入并据以计算企业所得税应纳税所得额的有（　　）。
A. 出租财产，租赁期限跨年度且提前一次性收取租金
B. 转让持有的股权
C. 从事建筑安装工程，持续时间超过 12 个月的
D. 受托加工、制造大型机械设备，持续时间超过 12 个月的

8. 下列关于销售收入确认时间的表述中，正确的有（　　）。
A. 销售商品采用托收承付方式的，在办妥托收手续时确认收入
B. 销售商品采取预收款方式的，在发出商品时确认收入
C. 销售商品采用支付手续费方式委托代销的，在支付手续费时确认收入
D. 属于提供设备和其他有形资产的特许权费，在交付资产或转移资产所有权时确认收入

9. 确定企业所得税税前扣除项目时应遵循的原则有（　　）。
A. 确定性原则　　B. 相关性原则
C. 权责发生制原则　　D. 谨慎性原则

10. 下列税金中，可在企业所得税前扣除的有（　　）。
A. 缴纳的增值税
B. 土地增值税
C. 出口关税
D. 资源税

11. 下列各项中，不属于企业所得税工资、薪金支出范围的有（　　）。
A. 向雇员支付加班奖金支出
B. 雇员年终加薪的支出
C. 按规定为雇员缴纳社会保险的支出
D. 为雇员提供的劳动保护费支出

12. 居民企业甲 2020 年当年仅有一笔发生在 11 月的符合公益性捐赠条件的慈善捐赠（用于非目标脱贫地区，下同）200 万元，在 2021 年年初对 2020 年企业所得税汇算清缴时，得知该企业 2020 年年度会计利润总额 1000 万元，除捐赠之外的其他纳税调增项目金额 300 万元。该企业 2021 年度发生公益性捐赠 230 万元，2021 年年度会计利润 1100 万元，除捐赠之外的其他纳税调增项目金额 310 万元，则以下说法正确的有（　　）。
A. 2020 年度企业所得税应纳税所得额为 1344 万元
B. 2021 年度在对公益性捐赠支出计算扣除时，应先扣除当年的捐赠支出，再扣除以前年度结转的捐赠支出
C. 2021 年度在对公益性捐赠支出计算扣除时，应先扣除以前年度结转的捐赠支出，再扣除当年发生的捐赠支出
D. 2021 年度企业应纳税所得额为 1508 万元

13. 依据企业所得税的相关规定，下列支出可作为长期待摊费用进行税务处理的有（　　）。
A. 固定资产的大修理支出
B. 经营租入固定资产的改建支出
C. 融资租入固定资产的租赁费支出
D. 未提足折旧的固定资产改建支出

14. 依据企业所得税的相关规定，发生的广告费和业务宣传费可按当年销售（营业）收入30%的限制比例扣除的企业有（　　）。
A. 化妆品销售企业
B. 化妆品制造企业
C. 医药制造企业
D. 饮料销售企业

15. 在计算企业所得税时，下列支出允许在税前扣除的有（　　）。
A. 企业发生的诉讼费用
B. 企业向银行支付的罚息
C. 企业向投资者支付的股息、红利
D. 企业缴纳的企业所得税税款

16. 根据企业所得税法规定，下列借款费用应资本化的有（　　）。
A. 为建造固定资产发生借款的，该资产建造期间发生的合理的借款费用
B. 为购置无形资产发生借款的，该资产购置期间发生的合理的借款费用
C. 为经过6个月以上的建造才能达到预定可销售状态的存货发生借款的，该存货建造期间发生的合理的借款费用
D. 为经过12个月以上的建造才能达到预定可销售状态的存货发生借款的，该存货建造期间发生的合理的借款费用

17. 根据企业所得税法规定，企业在生产经营活动中发生的下列利息支出，准予税前据实扣除的有（　　）。
A. 非金融企业向金融企业借款的利息支出
B. 非金融企业向非金融企业借款的利息支出
C. 金融企业的各项存款利息支出
D. 金融企业的同业拆借利息支出

18. 企业发生的下列保险费支出，准予在企业所得税前列支的有（　　）。
A. 企业参加的雇主责任险支出
B. 国务院财政、税务主管部门规定标准内的雇员补充医疗保险支出
C. 职工家庭财产保险费用支出
D. 企业厂房保险支出

19. 以下符合税法规定的固定资产折旧规定的有（　　）。
A. 企业固定资产会计折旧年限如果长于税法规定的最低年限，其折旧应按会计折旧年限扣除，税法另有规定的除外
B. 企业按会计规定提取的固定资产减值准备，不得税前扣除，其折旧仍按税法规定的固定资产计税基础计算扣除
C. 企业按税法规定实行加速折旧的，其按加速折旧办法计算的折旧额可全额在税前扣除
D. 企业按会计规定实行加速折旧的，其按加速折旧办法计算的折旧额可全额在税前扣除

20. 纳税人在计算企业所得税应纳税所得额时，不得税前扣除的项目有（　　）。
A. 被司法机关没收财物的损失
B. 计提的未经核定的固定资产减值准备
C. 延期缴纳税款的滞纳金
D. 法院判处的罚金

21. 下列项目中，在计算企业所得税应纳税所得额时，允许税前扣除的有（　　）。
A. 逾期归还银行贷款而支付的罚息
B. 企业发生的合理的会议费
C. 以经营租赁方式租入固定资产的租金支出
D. 企业之间支付的管理费

22. 以下符合企业所得税法固定资产计税基础的规定的有（　　）。

A. 外购的固定资产，以购买价款和支付的相关税费以及直接归属于使该资产达到预定用途发生的其他支出为计税基础
B. 自行建造的固定资产，以竣工结算前发生的支出为计税基础
C. 盘盈的固定资产，以同类固定资产的重置完全价值为计税基础
D. 通过捐赠方式取得的固定资产，以该资产的公允价值和支付的相关税费为计税基础

23. 在计算企业所得税应纳税所得额时，下列固定资产不得计算折旧扣除的有（　　）。
A. 单独估价作为固定资产入账的土地
B. 未投入使用的机器设备
C. 以经营租赁方式租出的固定资产
D. 已足额提取折旧仍继续使用的固定资产

24. 下列固定资产的改建支出，应增加该固定资产计税基础以计提折旧方式在税前扣除的有（　　）。
A. 已足额提取折旧的固定资产的改建支出
B. 租入固定资产的改建支出
C. 尚未提足折旧的自建固定资产的改建支出
D. 尚未提足折旧的外购固定资产的改建支出

25. 以下各项中，属于最低折旧年限为 4 年的固定资产有（　　）。
A. 家具　　B. 小汽车
C. 运输大卡车　　D. 电子设备

26. 生产性生物资产，是指为产出农产品、提供劳务或者出租等目的而持有的生物资产，包括（　　）。
A. 经济林　　B. 薪炭林
C. 产畜　　D. 役畜

27. 外购商誉的支出，在（　　）时准予在企业所得税前扣除。
A. 无形资产摊销
B. 企业清算
C. 企业整体转让
D. 企业年终决算

28. 企业使用或者销售存货的成本计算方法，可以在（　　）中选用一种。
A. 先进先出法
B. 后进先出法
C. 加权平均法
D. 个别计价法

29. 下列关于投资企业从被投资企业撤回或减少投资的税务处理，符合企业所得税相关规定的有（　　）。
A. 取得的资产中，相当于初始出资的部分，应确认为投资收回
B. 被投资企业发生的经营亏损，由被投资企业按规定结转弥补
C. 被投资企业发生的经营亏损，投资企业可以调整减低投资成本
D. 取得的资产中，相当于被投资企业累计未分配利润和累计盈余公积按减少实收资本比例计算的部分，应确认为股息所得

30. 按照企业所得税规定，所得税前可扣除的企业资产损失有（　　）。
A. 生产性生物资产损失
B. 坏账损失
C. 股权（权益）性投资损失
D. 存货的盘亏损失

31. 国家税务总局发布的《企业资产损失所得税税前扣除管理办法》中，允许税前扣除资产损失的范围包括（　　）。
A. 无形资产损失
B. 各类垫付款项损失
C. 企业之间往来款项损失
D. 债权性投资损失

32. 企业下列项目的所得免征企业所得税的有（　　）。
A. 麻类种植
B. 油料种植
C. 林木种植
D. 远洋捕捞

33. 企业下列项目的所得减半征收企业所得税的有（　　）。
A. 海水养殖
B. 内陆养殖
C. 牲畜饲养
D. 家禽饲养

34. 根据跨地区经营汇总纳税企业所得税征收管理规定，总机构应按照上年度分支机构的（　　）因素计算各分支机构当期应分摊所得税款的比例。
A. 营业收入
B. 经营利润
C. 资产总额
D. 职工薪酬

35. 下列各项中，在计算企业所得税应纳税所得额时不得扣除的有（　　）。
A. 企业之间支付的管理费
B. 企业内营业机构之间支付的租金
C. 企业向投资者支付的股息
D. 银行企业内营业机构之间支付的利息

36. 在中国境内未设立机构、场所的非居民企业从中国境内取得的下列所得，应按不含增值税收入全额计算征收企业所得税的有（　　）。
A. 股息所得
B. 利息所得
C. 租金所得
D. 转让财产所得

37. 以下关于企业所得税相关政策的说法中，正确的有（　　）。
A. 销售商品涉及现金折扣的，应当按扣除现金折扣前的金额确定销售商品收入金额，现金折扣在实际发生时作为财务费用扣除
B. 入会会员只允许取得会籍，所有其他服务或商品都要另行收费的，该会员费应在整个受益期内分期确认收入
C. 属于提供设备和其他有形资产的特许权费，在交付资产或转移资产所有权时确认收入
D. 企业发生的全部工资、薪金支出准予据实扣除

38. 根据企业所得税的相关规定，以下说法正确的有（　　）。
A. 合伙企业合伙人是自然人的，缴纳个人所得税，合伙人是法人和其他组织的，缴纳企业所得税
B. 合伙企业生产经营所得和其他所得采取“先分后税”的原则
C. 无法确定合伙人出资比例的，以全部生产经营所得和其他所得，按照合伙人数量平均计算每个合伙人的应纳税所得额
D. 合伙企业生产经营所得和其他所得包括合伙企业分配给合伙人的所得，但是不包括合伙企业当年留存的所得

39. 某企业账面会计利润900万元，其中通过省政府向养老院捐赠自产饮水机的账载金额93万元（含制造成本80万元和按照市场公允价格100万元计算的增值税销项税额13万元），其捐赠自产饮水机按规定计算缴纳了增值税等税金及附加，但按照会计准则没有在账面作商品销售处理。则以下表述正确的有（　　）。
A. 该企业的公益性捐赠限额为108万元
B. 公益性捐赠须取得符合规定的捐赠的收据
C. 该企业此项捐赠共应调增应纳税所得额20万元
D. 该企业此项捐赠共应调增应纳税所得额5万元

三、综合题

1. 某机器设备生产企业2021年全年主营业务收入6000万元，其他业务收入1800万元，营业外收入800万元，主营业务成本3500万元，其他业务成本500万元，营业外支出600万元，销售费用700万元，管理费用900万元，财务费用30万元，投资收益1150万元，可以扣除的相关税金及附加320万元。

当年发生的部分业务如下：

（1）实际发放合理职工工资薪金总额1500万元（已计入相关成本费用），含向本企业安置的10名残疾人员支付的工资薪金36万元。

（2）发生职工福利费支出220万元，拨缴工会经费24万元并取得专用收据，发生职工教育经费支出122.5万元。

（3）发生广告费支出500万元，以前年度累计结转至本年的广告费扣除额为200万元。发生与企业生产经营业务相关的业务招待费支出80万元。

（4）取得经国务院批准、所在省财政厅财政补贴款100万元并已全额计入“营业外收入”，省财政厅文件具体要求该资金专门用于某种设备生产技术的研发，企业能对该资金及支出单独进行核算，当年尚未使用该资金。

（5）实际发生研究开发经费200万元，由于研发失败，已将200万元据实计入管理费用。

（6）购买名人艺术字画一幅用于展示和收藏，管理费列支成本及折旧共110万元。

（7）取得股息300万元，其中含来自境内40%持股子公司（非上市居民企业）的股息200万元；来自海外100%持股子公司的股息100万元（不考虑预提所得税），海外子公司已在所在国缴纳了企业所得税，海外子公司适用的企业所得税税率为20%。

（其他相关资料：除非特别说明，各扣除项目均已取得有效凭证，相关优惠及税收抵免已办理必要手续，不考虑税收协定的影响）

要求：根据上述资料，按顺序回答下列问题，每问需计算出合计数。

（1）计算业务（1）应调整的应纳税所得额。

（2）计算业务（2）应调整的应纳税所得额。

（3）计算业务（3）应调整的应纳税所得额。

（4）计算业务（4）应调整的应纳税所得额并说明理由。

（5）计算业务（5）应调整的应纳税所得额并说明理由。

（6）计算业务（6）应调整的应纳税所得额并说明理由。

（7）分别计算业务（7）应调整的境内应纳税所得额、境外已纳所得税款总额、当年抵免限额。

（8）计算该企业当年应纳企业所得税额。

2. 某玩具生产企业（增值税一般纳税人）注册资金1000万元，2021年销售收入5500万元，销售成本2600万元，可以扣除的相关税金及附加500万元，销售费用1100万元，管理费用790万元，财务费用410万元，投资损失26万元，营业外支出100万元，账面利润为-26万元。会计师事务所在对该企业进行所得税汇算清缴时发现下列资料：

（1）投资收益-26万元为用权益法核算对境内居民企业甲的投资损失26万元。

（2）财务费用中，50万元为购建固定资产向银行贷款的利息支出（该固定资产当年未达到可使用状态）；360万元为向低税负地区100%持股的母公司借款9个月用于生产经营的3000万元的利息支出，金融机构同期同类贷款年利率为9%。

（3）管理费用中，60万元为预计负债支出；5万元为一项专利使用权的摊销金额，该专利使用权为当年7月份以100

万元价款（不含增值税）向境外企业（未在中国境内设立机构、场所）购买，合同付款期已到但企业因故尚未支付价款，企业已将该项专利使用权按照10年的使用期限进行摊销，但未作扣缴税款的处理。

（4）销售费用中，115万元为支付给某中介单位的销售佣金，该佣金在税法规定的扣除限额内，但是佣金中的40%为现金支付，取得了相关发票；800万元为广告费用支出。

（5）营业外支出100万元中的70万元为违反购销合同的违约金支出，10万元为诉讼费支出，20万元为违反政府规定被相关职能部门处罚的罚款支出。

（6）审核相关账务时还发现，该企业在8月接受了一台不需要安装的机器设备的赠与并于当月投入使用，对方开具增值税专用发票注明价款550万元，增值税71.5万元，企业自行支付2万元运杂费将该设备运回，但是企业在抵扣了设备增值税进项税的同时，将该项受赠收入挂在往来账上，且没有对该设备计提折旧（该企业设备净残值率规定为10%，折旧年限按照税法规定最低折旧年限计算）。

要求：根据上述资料，按顺序回答下列问题，每问需计算出合计数。

（1）该企业投资收益的纳税调整金额；

（2）该企业借款利息的纳税调整金额；

（3）该企业管理费用的纳税调整金额；

（4）该企业销售费用的纳税调整金额；

（5）该企业营业外支出的纳税调整金额；

（6）该企业接受捐赠及设备使用应调整的会计利润；

（7）该企业的应纳税所得额；

（8）该企业当年应纳的所得税额；

（9）该企业应扣缴的企业所得税。

3. 位于我国境内某市的一家电子产品生产企业，为增值税一般纳税人，拥有自己的核心自主知识产权，2015年至2021年经相关机构认定为高新技术企业，2021年度有关经营情况如下：

（1）全年取得销售电子产品的不含税收入7000万元，提供技术咨询服务取得不含税收入200万元。当年增值税销项税额合计922万元。

（2）全年购进与生产电子产品相关的原材料取得增值税专用发票，原材料进项税额合计344万元并进行了抵扣；12月购进并使用安全生产专用设备（属于企业所得税优惠目录规定的范围）取得增值税专用发票，注明价款50万元、进项税额6.5万元，并进行了进项税额抵扣。

（3）全年与销售电子产品相关的销售成本4150万元；全年发生销售费用1400万元，其中含广告费1100万元；全年发生管理费用600万元，其中含新技术研究开发费240万元、与生产经营有关的业务招待费75万元。

（4）计入成本、费用中的实发工资400万元、实际拨缴工会经费9万元并取得专用票据，发生职工福利费支出70万元、职工教育经费支出13万元。

（5）单独核算的技术所有权转让收入700万元，与之配比的技术转让成本费用100万元。

（6）全年发生营业外支出300万元，其中支付合同违约金6万元。

（其他相关资料：假设不考虑其他税费且企业选择最优惠的方式计税）

要求：根据上述资料，按顺序回答下列问题，每问需计算出合计数。

（1）当年该企业计算应纳税所得额可扣除的城建税及附加的合计金额。

（2）当年该企业实现的会计利润。

（3）计算当年应纳税所得额时，职工福利费、工会经费、职工教育经费共计应调增应纳税所得额的金额。

（4）当年该企业广告费、业务招待费共计应调增应纳税所得额的金额。

（5）该企业新技术研发费用应调减的应纳税所得额。
（6）该企业技术转让所得应调减的应纳税所得额。
（7）当年该企业应纳税所得额。
（8）当年该企业应缴纳的企业所得税额。

4. 某电器生产企业是我国居民企业，为增值税一般纳税人，适用增值税基本税率。2021年该企业自行核算主营业务收入8700万元，其他业务收入1200万元，账面实现利润总额900万元。进行2021年企业所得税汇算清缴时，注册会计师发现下列情况：
（1）接受某公司捐赠的原材料一批，取得增值税专用发票，注明价款20万元、增值税额2.6万元，该项业务未反映在账务中，但相关进项税已抵扣。
（2）该企业拥有居民企业M公司20%的股权，当年12月已将该股权全部转让给居民企业B，该股权投资成本1000万元，转让价格1800万元，转让业务发生时，M公司累计未分配利润600万元，该项股权转让业务未反映在账务中（会计上采用成本法核算）。
（3）符合规定的境内自行研发费用510万元和委托境外单位研发实际发生的费用300万元单独记账且未纳入损益计算（未形成无形资产）。
（4）成本400万元的产品被盗，外购比例60%，获得保险公司赔偿80万元，该业务未反映在账务中。
（5）该企业账面体现业务招待费100万元、支付给母公司的管理费500万元。
（6）该企业账面体现在2021年6月1日向非金融企业（非关联方）借入资金800万元用于经营（借款期限为一年），当年支付利息80万元，同期同类银行贷款年利率为7%。
（7）该企业账面体现对外捐赠200万元（通过县级政府向自然灾害地区捐赠150万元，直接向某技术学校捐赠50万元）；被市场监管部门处以罚款20万元。
（8）该企业账面体现有国债利息收入20万元，从境内居民企业A公司（未上市）分回股息100万元。

要求： 不考虑其他税费，根据上述资料，回答下列问题，每问需计算出合计数。
（1）业务（1）应调整的会计利润。
（2）业务（2）应调整的会计利润。
（3）分别计算业务（3）境内研发费用应调整的会计利润和应纳税所得额。
（4）分别计算业务（3）委托境外研发费用应调整的会计利润和应纳税所得额。
（5）业务（4）应调整的会计利润。
（6）当年该企业符合规定的会计利润。
（7）业务（5）应调整的应纳税所得额。
（8）业务（6）应调整的应纳税所得额。
（9）业务（7）应调整的应纳税所得额。
（10）业务（8）应调整的应纳税所得额。
（11）当年该企业应纳税所得额。
（12）当年该企业实际应缴纳的企业所得税。

同步强化练习题参考答案及解析

使用“会计云课堂”App或“微信”扫码对答案、看解析、掌握解题思路，开启轻松过关之旅。

一、单项选择题

1.【答案】B

【解析】根据《企业所得税法》的规定，除个人独资企业、合伙企业不适用企业所得税法外，在我国境内的企业和其他取得收入的组织为企业所得税的纳税人，依照法律规定缴纳企业所得税。这里给考生明确的一个问题是，合伙企业的法人合伙人是企业所得税的纳税人，但是合伙企业自身是不缴纳企业所得税的，只是对其法人合伙人征企业所得税。

2.【答案】B

【解析】选项A：不需要在我国纳税；选项CD：按25%的企业所得税税率缴纳企业所得税。

3.【答案】D

【解析】A选项的所得来源地应为劳务发生地；B选项的所得来源地应为房屋所在地；C选项的所得来源地应为分配所得的企业所在地。

4.【答案】D

【解析】企业提供劳务完工进度的确定，可选用下列方法：（1）已完工作的测量；（2）已提供劳务占劳务总量的比例；（3）发生成本占总成本的比例。

5.【答案】C

【解析】符合条件的非营利组织的下列收入为免税收入：（1）接受其他单位或者个人捐赠的收入；（2）除税法规定的财政拨款以外的其他政府补助收入，但不包括因政府购买服务而取得的收入；（3）按照省级以上民政、财政部门规定收取的会费；（4）不征税收入和免税收入孳生的银行存款利息收入；（5）财政部、国家税务总局规定的其他收入。

6.【答案】B

【解析】股息、红利等权益性投资收益，除另有规定外，以被投资方作出利润分配决定的日期确认收入的实现；租金收入，一般按照合同约定的承租人应付租金的日期确认收入的实现；特许权使用费收入，按照合同约定的特许权使用人应付特许权使用费的日期确认收入的实现。

7.【答案】C

【解析】销售商品采用托收承付方式的，在办妥托收手续时确认收入；销售商品采取预收款方式的，在发出商品时确认收入；企业以买一赠一等方式组合销售本企业商品的，不属于捐赠，应将总的销售金额按各项商品的公允价值的比例来分摊确认各项的销售收入。

8.【答案】B

【解析】企业未能提供完整、真实的限售股原值凭证，不能准确计算该限售股原值的，主管税务机关一律按该限售股转让收入的 15%，核定为该限售股原值和合理税费。该企业转让代个人持有的限售股应缴纳企业所得税 =560×（1-15%）×25%=119（万元）。

9.【答案】C

【解析】在计算企业所得税应纳税所得额时，企业发生的职工福利费支出，不超过工资、薪金总额 14% 的部分，准予扣除；企业拨缴的工会经费，不超过工资、薪金总额 2% 的部分，准予扣除；但上述两项费用不得结转扣除。企业发生的职工教育经费支出，不超过工资、薪金总额 8% 的部分，准予扣除，超过部分，准予在以后纳税年度结转扣除。企业按照国务院有关主管部门或者省级人民政府规定的范围和标准为职工缴纳的基本社会保险费和住房公积金，准予据实扣除。

10.【答案】D

【解析】可在计算应纳税所得额时扣除的银行利息费用 =200×8%÷12×9=12（万元）；向本企业职工借入款项可扣除的利息费用限额 =100×8%÷12×9=6（万元），该企业支付职工的利息费用只能按同期同类银行贷款利率计算的限额扣除，超过部分不得税前扣除；该企业 2021 年度可在计算应纳税所得额时扣除的利息费用 =12+6=18（万元）。

11.【答案】D

【解析】企业发生处置资产，如果资产所有权属在形式和实质上均不发生改变，可作为内部处置资产，不视同销售。如果企业将资产移送他人，因资产所有权属已发生改变而不属于内部处置，视同销售。选项 ABC 属于内部处置，不视同销售；选项 D 属于外部处置，视同销售。

12.【答案】D

【解析】业务招待费税前扣除限额 1=（5000+1000）×5‰=30（万元）＜扣除限额 2=60×60%=36（万元），所以税前可扣除的业务招待费为 30 万元。

13.【答案】B

【解析】企业发生的公益性捐赠支出，不超过年度利润总额 12% 的部分，准予在当年税前扣除。

扣除限额 =（5000+80-4100-700-60）×12%=220×12%=26.4（万元）

当年应纳税所得额 =220+（50-26.4）-30=213.6（万元）

【提示】计算会计利润时不能扣除上年亏损额。计算应纳税所得额时可以扣除上年亏损额。

当年应纳企业所得税 =213.6×25%=53.4（万元）。

14.【答案】C

【解析】国债利息收入 = 国债金额 ×（适用年利率 ÷365）× 持有天数 =2000×（5%÷365）×270=73.97（万元）；国债利息收入免税，转让所得应计入应纳税所得额。

该笔交易的应纳税所得额 =2100-73.97-2000=26.03（万元）。

15.【答案】B

【解析】按照企业所得税的规定，通过支付现金以外的方式取得的投资资产，以该资产的公允价值和支付的相关税费为成本。

16.【答案】D

【解析】按照企业所得税的规定，通过支付现金方式取得的存货，以购买价款和支付的相关税费为成本。

17.【答案】C

【解析】计算股权转让所得时，不得扣除被投资企业未分配利润等股东留存收益中按该项股权所可能分配的金额。应确认的股权转让所得 =1000-800=200（万元）。

18.【答案】C

【解析】按照企业所得税的规定，外购的奶牛属于畜类生产性生物资产，最低折旧年限为3年。生产性生物资产按照直线法计算的折旧，准予在企业所得税税前扣除。

19.【答案】C

【解析】除另有规定外，无形资产的摊销年限不得低于10年。

20.【答案】D

【解析】已足额提取折旧的固定资产的改建支出，按照固定资产预计尚可使用年限分期摊销在税前扣除。

21.【答案】A

【解析】除已足额提取折旧固定资产的改建支出、租入固定资产改建支出、固定资产大修理支出之外，其他应当作为长期待摊费用的支出，从支出发生月份的次月起，分期摊销，摊销年限不得低于3年。

22.【答案】B

【解析】对股权激励计划实行后，需待一定服务年限或者达到规定业绩条件（以下简称“等待期”）方可行权的，上市公司等待期内会计上计算确认的相关成本费用，不得在对应年度计算缴纳企业所得税时扣除。在股权激励计划可行权后，上市公司方可根据该股票实际行权时的公允价格与当年激励对象实际行权支付价格的差额及数量，计算确定作为当年上市公司工资薪金支出，依照税法规定进行税前扣除。应扣除的费用金额 =（20−4）× 20 × 1000=320000（元）。

23.【答案】C

【解析】可以税前扣除的损失 =50 ×（1+13%）−5=51.50（万元）。

24.【答案】B

【解析】被投资企业的亏损应由被投资企业按规定结转弥补，不得用投资方所得弥补；企业境内总机构发生的亏损可用分支机构的所得弥补；企业境外分支机构的亏损，不可以用境内总机构的所得弥补。

25.【答案】C

【解析】企业筹建期间发生的业务招待费直接按实际发生额的60%计入筹办费；广告费和业务宣传费按实际发生额计入筹办费。计入筹办费的金额 = 300 × 60%+20+200=400（万元）。

26.【答案】A

【解析】企业购置并实际使用规定的环境保护、节能节水、安全生产等专用设备的，该专用设备的投资额的10%可以从企业当年的应纳税额中抵免；当年不足抵免的，可以在以后5个纳税年度结转抵免。可抵免的企业所得税税额 = 700 × 10%=70（万元）。

27.【答案】B

【解析】企业以《资源综合利用企业所得税优惠目录》规定的资源作为主要原材料，生产国家非限制和禁止并符合国家和行业相关标准的产品取得的收入，减按90%计入收入总额。

28.【答案】D

【解析】企业以买一赠一等方式组合销售本企业商品的，不属于捐赠，应将总的销售金额按各项商品的公允价值的比例来分摊确认各项的销售收入。该企业总的销售金额是225万元，应纳税所得额 =225−160−42=23（万元），其所得减按12.5%计入应纳税所得额，按20%税率计征企业所得税。其应纳税所得额 = 23 × 12.5%=2.88（万元），应纳的企业所得税 =2.88 × 20%=0.58（万元）。

29.【答案】A

【解析】应纳税所得额 =300÷（1-9%）×9%=29.67（万元），年应纳税所得额< 100 万元，应缴纳企业所得税 =29.67×12.5%×20%=0.74（万元）。

30.【答案】C

【解析】应被扣缴的企业所得税 =500/（1+6%）×10%=47.17（万元）。

31.【答案】D

【解析】企业从事符合条件的环境保护、节能节水项目的所得，自项目取得第一笔生产经营收入所属纳税年度起，第一年至第三年免征企业所得税，第四年至第六年减半征收企业所得税。

32.【答案】A

【解析】采取缩短折旧年限方法的，最低折旧年限不得低于规定折旧年限的 60%。

33.【答案】A

34.【答案】A

【解析】除税收法律、行政法规另有规定外，居民企业以企业登记注册地为企业所得税的纳税地点。

35.【答案】B

【解析】创业投资企业采取股权投资方式直接投资于初创科技型企业满 2 年的，可以按照其投资额的 70% 在股权持有满 2 年的当年抵扣该创业投资企业的应纳税所得额；当年不足抵扣的，可以在以后纳税年度结转抵扣。该企业可抵扣的应纳税所得额 =200×70%=140（万元），则该企业 2021 年应纳税所得额 =500-140=360（万元）。

36.【答案】C

【解析】特殊性税务处理的吸收合并，可由合并企业弥补的被合并企业的亏损限额为被合并企业净资产的公允价值乘以截至合并业务发生当年年末国家发行的最长期限的国债利率。可以由甲企业弥补的乙企业的亏损额 =1300×4.5%=58.50（万元）<实际亏损 70 万元，则 2021 年可以由甲企业弥补的乙企业的亏损额为 58.5 万元。

37.【答案】A

【解析】企业在年度中间终止经营活动的，应当自实际经营终止之日起 60 日内，向税务机关办理当期企业所得税汇算清缴。

38.【答案】B

【解析】选项 B：企业应当从固定资产投入使用月份的次月起计算折旧；停止使用的固定资产，应当从停止使用月份的次月起停止计算折旧。

39.【答案】A

【解析】经济合同违约金支出可以在企业所得税前扣除；BCD 选项均不得在税前扣除。

40.【答案】D

【解析】境外应纳税所得额的抵免限额 =500×15%=75（万元），汇总纳税时实际应缴纳企业所得税 =2000×15%+75-70=305（万元）。

41.【答案】D

【解析】符合条件的小型微利企业在 2021 年的年应纳税所得额不超过 100 万元（含 100 万元）的部分，减按 12.5% 计入应纳税所得额，按 20% 的税率缴纳企业所得税。当年该企业应纳企业所得税 =（480-396-37）×12.5%×20%=47×12.5%× 20%=1.18（万元）。

42.【答案】B

【解析】此题考查居民企业核定征收企

业所得税的规定，纳税人的生产经营范围、主营业务发生重大变化，或者应纳税所得额或应纳税额增减变化达到20%的，应及时向税务机关申报调整已确定的应纳税额或应税所得率。

二、多项选择题

1.【答案】ACD

【解析】我国境内个人独资企业、合伙企业不适用企业所得税法。企业所得税的纳税人分为居民企业和非居民企业。居民企业，是指依法在中国境内成立，或者依照外国（地区）法律成立但实际管理机构在中国境内的企业；非居民企业，是指依照外国（地区）法律成立且实际管理机构不在中国境内，但在中国境内设立机构、场所的，或者在中国境内未设立机构、场所，但有来源于中国境内所得的企业。

2.【答案】BCD

【解析】选项A：销售货物所得，按照交易活动发生地确定所得来源地。

3.【答案】ABD

【解析】选项C：属于企业内部的转移，不属于企业所得税视同销售情形。

4.【答案】BD

【解析】选项A：企业发行的永续债，可以适用股息、红利企业所得税政策，符合条件的也可以按照债券利息适用企业所得税政策；选项C：发行永续债的企业对每一永续债产品的税收处理方法一经确定，不得变更。

5.【答案】BC

【解析】宣传媒介的收费应在相关的广告或商业行为出现于公众面前时确认收入；广告的制作费根据制作广告的完工进度确认收入；为特定客户开发软件的收费，应根据开发的完工进度确认收入；在商品售价内可区分的服务费，在提供服务的期间分期确认收入。

6.【答案】BCD

【解析】国债利息收入免征企业所得税；BCD选项都属于应计入应纳税所得额的收入。

7.【答案】ACD

【解析】企业转让股权，应于转让协议生效且完成股权变更手续时，一次确认收入的实现。

8.【答案】ABD

【解析】选项C：销售商品采用支付手续费方式委托代销的，在收到代销清单时确认收入。

9.【答案】ABC

【解析】确定企业所得税税前扣除项目不遵循谨慎性原则；ABC三项都是确定企业所得税税前扣除项目应遵循的原则。

10.【答案】BCD

【解析】可扣除的税金是指纳税人按规定缴纳的消费税、资源税、关税、城市维护建设税、土地增值税、教育费附加，以及发生的房产税、车船税、城镇土地使用税、印花税等；增值税因其属于价外税，故不在扣除之列。

11.【答案】CD

【解析】为雇员缴纳社会保险的支出属于社会保险费支出，不属于工资、薪金支出；企业为雇员支付的劳动保护费支出，不属于工资、薪金支出；AB选项都属于企业工资、薪金支出的范围。

12.【答案】CD

【解析】选项A，2020年度企业所得税应纳税所得额=1000+300+(200−1000×12%)=1380（万元）。选项BC，在对公益性捐赠支出计算扣除时，应先扣除以前年度结转的捐赠支出，再扣除当年发生的捐赠支出。选项D，2021年度捐赠扣除限额=1100×12%=132（万元），应先扣除上年超支结转的80万元，此时扣除限额剩余132-80=52（万元），可用于扣除本年度发生的52万元，企业应纳税所得额=1100+310+230-132=1508（万元）[会计账面开支230万元，税法限额内开支132万元（含上年结转80万元和本年可扣除的52万元）]；结转以后年度扣除捐赠额=230-52=178（万元）。

13.【答案】AB

【解析】企业发生的下列支出作为长期待摊费用，按照规定摊销的，准予扣除：

（1）已足额提取折旧的固定资产的改建支出，按照固定资产预计尚可使用年限分期摊销。

（2）租入固定资产的改建支出，按照合同约定的剩余租赁期限分期摊销。

（3）固定资产的大修理支出，按照固定资产尚可使用年限分期摊销。

14.【答案】ABC

【解析】化妆品制造或销售、医药制造、饮料制造（不含酒类制造）企业发生的广告费和业务宣传费支出，不超过当年销售（营业）收入30%的部分，准予扣除。超过部分，准予结转以后纳税年度扣除。

15.【答案】AB

【解析】选项CD：不得在企业所得税前扣除。

16.【答案】ABD

【解析】企业为购置、建造固定资产、无形资产和经过12个月以上的建造才能达到预定可销售状态的存货发生借款的，在有关资产购置、建造期间发生的合理的借款费用，应当作为资本性支出计入有关资产的成本，并按照有关规定扣除。

17.【答案】ACD

【解析】ACD选项为税法规定准予税前据实扣除的利息支出；选项B：非金融企业向非金融企业借款的利息支出，不超过按照金融企业同期同类贷款利率计算的数额的部分准予扣除。

18.【答案】ABD

【解析】企业按规定范围和标准缴纳的五险一金、补充养老保险、补充医疗保险和企业财产保险支出，以及企业参加雇主责任险、公众责任险等责任保险，按照规定缴纳的保险费，可以在企业所得税前扣除；职工家庭财产保险支出是与企业生产、经营无关的支出，不得以保险费形式在企业所得税前扣除。

19.【答案】ABC

20.【答案】ABCD

【解析】纳税人因违反国家有关法律、法规规定，被有关部门处以的罚款，以及被司法机关处以的罚金和被没收财物的损失，被税务机关处以的滞纳金，不得税前扣除；未经核定的固定资产减值准备不得在所得税前列支。

21.【答案】ABC

【解析】逾期归还银行贷款而支付的罚息不属于行政性罚款，可以在税前扣除；企业发生的合理的会议费可以在所得税前扣除；以经营租赁方式租入固定资产的租金支出可以在税前扣除；企业之间支付的管理费不得在税前扣除。

22.【答案】ABCD

23.【答案】ABD

【解析】ABD选项均为税法规定不得提取折旧在税前扣除的固定资产；C选项

作为经营租赁的出租方，是资产的所有者，可以计提折旧在企业所得税前扣除。

24.【答案】CD

【解析】选项AB：发生的支出应作为长期待摊费用，按照规定摊销在税前扣除；选项CD：以改建过程中发生的改建支出增加计税基础。

25.【答案】BC

【解析】按照企业所得税法的规定，与生产经营活动有关的家具的最低折旧年限为5年；飞机、火车、轮船以外的运输工具最低折旧年限为4年，所以小汽车、运输大卡车的最低折旧年限为4年；电子设备的最低折旧年限为3年。

26.【答案】ABCD

【解析】生产性生物资产，是指为产出农产品、提供劳务或者出租等目的而持有的生物资产，包括经济林、薪炭林、产畜和役畜等。

27.【答案】BC

【解析】外购商誉的支出，在企业整体转让或者清算时，准予在企业所得税前扣除。

28.【答案】ACD

【解析】企业使用或者销售的存货的成本计算方法，可以在先进先出法、加权平均法、个别计价法中选用一种。计价方法一经选用，不得随意变更。

29.【答案】ABD

【解析】本题目考查投资资产的税务处理规则。投资企业从被投资企业撤回或减少投资，其取得的资产中，相当于初始出资的部分，应确认为投资收回；相当于被投资企业累计未分配利润和累计盈余公积按减少实收资本比例计算的部分，应确认为股息所得；其余部分确认为投资资产转让所得。被投资企业发生的经营亏损，由被投资企业按规定结转弥补；投资企业不得调整减低其投资成本，也不得将其确认为投资损失。

30.【答案】ABCD

【解析】准予在税前扣除的资产损失中的资产是指企业拥有或者控制的、用于经营管理活动且与取得应税收入有关的资产，包括现金、银行存款、应收及预付款项（包括应收票据、各类垫款、企业之间往来款项）等货币资产，无形资产、存货、固定资产、在建工程、生产性生物资产等非货币资产，以及债权性投资和股权（权益）性投资。

31.【答案】ABCD

【解析】国家税务总局2011年发布的《企业资产损失所得税税前扣除管理办法》允许税前扣除资产损失的范围包括无形资产损失、各类垫付款项损失、企业之间往来款项损失、债权性投资损失和股权（权益）性投资损失等。

32.【答案】ABCD

33.【答案】AB

【解析】AB选项为企业所得税减半征税项目；CD选项为免税项目。

34.【答案】ACD

【解析】根据跨地区经营汇总纳税企业所得税征收管理规定，总机构应按照上年度各分支机构的营业收入、职工薪酬和资产总额三个因素计算各分支机构应分摊所得税款的比例。

35.【答案】ABC

【解析】企业之间支付的管理费、企业内营业机构之间支付的租金和特许权使用费，以及非银行企业内营业机构之间支付的利息，不得在企业所得税税前扣除。

36.【答案】ABC

【解析】在中国境内未设立机构、场所的非居民企业从中国境内取得的股息、红利等权益性投资收益和利息、租金、特许权使用费所得，以收入全额为应纳税所得额；转让财产所得以收入全额减除财产净值后的余额为应纳税所得额。

37.【答案】AC

【解析】入会会员只允许取得会籍，所有其他服务或商品都要另行收费的，在取得该会员费时确认收入；企业所得税法规定，企业实际发生的合理的职工工资、薪金准予在税前扣除。

38.【答案】ABC

【解析】选项 D：合伙企业生产经营所得和其他所得包括合伙企业分配给所有合伙人的所得和企业当年留存的所得（利润）。

39.【答案】ABD

【解析】税法口径捐赠支出成本 =100×（1+13%）=113（万元），公益性捐赠限额 =900×12%=108（万元），该企业应调增所得 =113-108=5（万元）。

或整体看：第一步，调增视同销售收入 100 万元、视同销售成本 80 万元，求得视同销售毛利 20 万元（调增所得 20 万元）；第二步，将捐赠成本调整成税法口径 113 万元，从而调增成本 20 万元（调减所得 20 万元）；第三步，按税法口径计算公益性捐赠超限额数 113-108=5（万元）；第四步，合计纳税调增 =20（第一步）-20（第二步）+5（第三步）=5（万元）。

三、综合题

1.【答案及解析】

（1）业务（1）应调减应纳税所得额 36 万元。

（2）职工福利费税前扣除限额 =1500×14%=210（万元），实际支出 220 万元，应调增应纳税所得额 =220-210=10（万元）

工会经费税前扣除限额 =1500×2%=30（万元），实际拨缴 24 万元，准予全额扣除，不需要进行调整。

职工教育经费税前扣除限额 =1500×8%=120（万元），实际发生 122.5 万元，应调增应纳税所得额 =122.5-120=2.5（万元）

业务（2）应调增应纳税所得额 =10+2.5=12.5（万元）。

（3）广告费税前扣除限额 =（6000+1800）×15%=1170（万元），实际发生 500 万元未超过扣除限额，准予全额扣除；以前年度累计结转至本年的广告费扣除额 200 万元，也可以在本年扣除，应纳税调减 200 万元。

业务招待费实际发生额的 60%=80×60%=48（万元），销售（营业）收入的 5‰ =（6000+1800）×5‰ =39（万元），业务招待费税前扣除限额为 39 万元，应调增应纳税所得额 =80-39=41（万元）

业务（3）应调减的应纳税所得额 =200-41=159（万元）。

（4）业务（4）应调减应纳税所得额 100 万元。

理由：企业取得国务院财政、税务主管部门规定专项用途并经国务院批准的财政性资金，且企业对该资金以及以该资金发生的支出单独进行核算，属于不征税收入，在计算应纳税所得额时从收入总额中减除。

（5）可加计扣除研发费用 =200×100%=200（万元）

理由：失败的研发活动所发生的研发费用也可享受加计扣除。

2021 年 1 月 1 日起，制造业企业研发费用加计扣除比例由 75% 提高至 100%。

业务（5）应调减的应纳税所得额为 200 万元。

（6）调增应纳税所得额110万元。

理由：企业购买的文物、艺术品用于收藏、展示、保值增值的，作为投资资产进行税务处理。文物、艺术品资产在持有期间，计提的折旧、摊销费用，不得税前扣除。企业对外投资期间，投资资产的成本在计算应纳税所得额时不得扣除。

（7）业务（7）共调减应纳税所得额300万元。应调减的境内应纳税所得额200万元，这是因为符合条件的居民企业之间的股息红利免税；还要调减境外所得100万元，这是因为按照所得税申报表，境外所得先要从应纳税所得额中调出。

【注意】考生请按照考试大纲要求注意阅读所得税申报表，以及轻一中境外所得的相关所得税处理的内容，或注意听课件中的境外所得税务处理的讲解。

境外已纳所得税款总额=100÷（1-20%）×20%=25（万元）

当年抵免限额=100÷（1-20%）×25%=31.25（万元）。

（8）先计算境内应纳税所得额和境内应纳所得税额，再考虑境外所得的补税。

境内应纳税所得额=6000+1800+800-3500-500-600-320-900-700-30+1150-36+12.5-159-200+110-100-300=2527.50（万元）

该企业2021年应纳企业所得税额=2527.50×25%+（31.25-25）=638.13（万元）。

2.【答案及解析】

（1）由于税法不承认权益法核算的投资损失，该企业投资收益的纳税调增金额为26万元。

（2）该企业借款利息的纳税调增金额为275万元。

① 50万元应资本化的利息在当年企业所得税前不得扣除；

②向关联企业的经营性借款本金不能超过权益性投资的2倍，并注意将借款年利率计算出的利息折合成借款期间的利息。

可在所得税前扣除的利息=1000×2×9%÷12×9=135（万元）

该企业借款利息的纳税调增额=50+（360-135）=275（万元）。

（3）该企业管理费用的纳税调增金额为60万元。

60万元预计负债在所得税前不得扣除，需要进行纳税调增。

（4）该企业销售费用的纳税调增金额为46万元。

广告费扣除限额=5500×15%=825（万元），该企业广告费未超过限额。

用现金形式支付中介单位的销售佣金不得在所得税前扣除。

需要纳税调增的金额=115×40%=46（万元）。

（5）该企业营业外支出的纳税调增金额为20万元。

① 70万元违反购销合同的违约金支出以及10万元诉讼费支出可以在所得税前扣除；

② 20万元违反政府规定被相关职能部门处罚的罚款支出在所得税前不得扣除。

（6）该企业接受捐赠及设备使用应调增的会计利润为604.94万元。

①该企业受赠设备应调增会计利润=550+71.5=621.5（万元）

企业受赠未作收入处理，账务处理错误，因此应按照受赠设备价税合计金额621.5万元调增会计利润。运杂费2万元未明确是运费还是装卸费，也没说有增值税专票，不能抵扣进项税，只能计入设备原值。

②该企业当年将设备提取折旧调减会计利润=（550+2）×（1-10%）÷10÷12×4=16.56（万元）

企业支付的不含增值税的设备价款和2万元运杂费应计入设备原值，通过计提折旧的方式分期扣除。固定资产应自投入使用的次月起计提折旧，但是该企业未对设备计提折旧，账务处理错误，应将计提的折旧费用调减会计利润。

总计应调增会计利润 =621.5−16.56=604.94（万元）。

（7）该企业当年应纳税所得额 =−26+604.94+26+275+60+46+20=1005.94（万元）。

（8）该企业应纳的所得税额 =1005.94×25%=251.49（万元）。

（9）该企业外购专利使用权付款期已到且已进行摊销，应源泉扣缴企业所得税 =100×10%=10（万元）。

3.【答案及解析】

（1）应缴纳的增值税 =922−（344+6.5）=571.5（万元）；

【注意】纳税人提供技术转让、技术开发和与之相关的技术咨询、技术服务，免征增值税。

所得税前可扣除城市维护建设税、教育费附加和地方教育附加 =571.5×（7%+3%+2%）=68.58（万元）。

（2）该企业实现的会计利润 =7000+200+700−4150−1400−600−300−100−68.58=1281.42（万元）。

（3）税前允许扣除的职工福利费限额 =400×14%=56（万元）＜实际发生额 70 万元，应调增应纳税所得额 =70−56=14（万元）；

税前允许扣除的工会经费限额 =400×2%=8（万元）＜实际发生额 9 万元，应调增应纳税所得额 =9−8=1（万元）；

税前允许扣除的职工教育经费限额 =400×8%=32（万元）＞实际发生额 13 万元，无须纳税调整；

职工福利费、工会经费、职工教育经费共计应调增应纳税所得额 =14+1=15（万元）。

（4）税前允许扣除的广告费限额 =（7000+200）×15%=1080（万元）＜实际发生额 1100 万元，应调增应纳税所得额 =1100−1080=20（万元）；业务招待费的扣除限额 1=（7000+200）×5‰ =36（万元）＜扣除限额 2=75×60%=45（万元），应调增应纳税所得额 =75−36=39（万元）；合计调增应纳税所得额 =20+39=59（万元）。

【注意】销售（营业）收入 = 会计上确认的主营业务收入、其他业务收入 + 会计上不确认收入而税法上视同销售的收入；不包含营业外收入、投资收益、资产处置损益（技术转让收入）等。

（5）制造业企业新技术研究开发费用可以加计扣除 100%，所以应调减应纳税所得额 =240×100%=240（万元）。

（6）企业技术转让所得 =700−100=600（万元）

应调减的应纳税所得额 =500+（600−500）×50%=550（万元）。

（7）该企业应纳税所得额 =1281.42+15+59−240−550=565.42（万元）。

（8）高新技术企业的企业所得税税率为 15%，但技术转让超过 500 万元的所得为 100 万元，享受减半征税时不能同时享受 15% 税率的优惠，只能选择最优惠的所得减半但使用法定 25% 税率进行计税。

该企业剔除技术转让所得的应纳税所得额 =565.42−（600−550）=515.42（万元）

该企业应缴纳企业所得税 =515.42×15%+（600−500）×50%×25%−50×10%=84.81（万元）

或者使用申报表说明给定的公式（教材未收录）计算：565.42×15%+（600−500）×50%×（25%−15%）−50×10%=84.81（万元）。

【提示】①新购进的固定资产单位价值不超过 500 万元，可以一次性税前扣除，扣除时间是投入使用月份的次月所属年度。本题是 12 月购进的，应在次年考虑一次性扣除的问题，本年无须考虑，所以本年不用调整。②注意安全生产专用设备投资额10%的抵税规定。

4.【答案及解析】

（1）受赠利得=20+2.6=22.6（万元）。

应调增22.6万元会计利润。

（2）股权转让所得=1800-1000=800（万元）。

应调增800万元会计利润。

【提示】股权转让不得扣除被投资企业未分配利润等股东留存收益中按该项股权所可能分配的金额。会计和税法上应确认的股权转让所得=股权转让收入-股权投资成本。

（3）应调减510万元会计利润，税法规定加计扣除=510×100%=510（万元），在此基础上调减510万元应纳税所得额。

（4）300×80%=240（万元）<510×2/3=340（万元），加计扣除=240×100%=240（万元）。

应调减300万元会计利润，在此基础上调减240万元应纳税所得额。

（5）进项税额转出=400×60%×13%=31.2（万元）。

【注意】要用外购比例计算半成品和产成品的增值税进项税额转出。

财产损失金额=400+31.2-80=351.2（万元）。

应调减351.2万元的会计利润。

（6）当年度该企业符合规定的会计利润=900+22.6+800-510-300-351.2=561.4（万元）。

（7）业务招待费扣除限额1=（8700+1200）×5‰=49.5（万元）<业务招待费扣除限额2=100×60%=60（万元），税前可扣除49.5万元。

业务招待费纳税调增=100-49.5=50.50（万元）。

支付给母公司的500万元管理费不得在所得税前扣除。

业务（5）应调增的应纳税所得额=50.50+500=550.50（万元）。

（8）允许税前扣除的利息费用=800×7%×7÷12=32.67（万元），纳税调增=80-32.67=47.33（万元）。

（9）捐赠支出扣除限额=561.4×12%=67.37（万元）。

捐赠支出纳税调增=（150-67.37）+50=132.63（万元）。

行政罚款20万元不得扣除，共计调增应纳税所得额=132.63+20=152.63（万元）。

（10）20万元国债利息、100万元居民企业分回股息免交企业所得税，不计入应纳税所得额。

业务（8）应调减的应纳税所得额120万元。

（11）当年该企业应纳税所得额=561.4-510-240+550.50+47.33+152.63-120=441.86（万元）。

（12）应缴纳企业所得税=441.86×25%=110.47（万元）。

第五章　个人所得税法

CHAPTER-5

本章学习指南

一、学习目标

1. 熟悉个人所得税的纳税义务人。
2. 掌握征税范围、各收入项目的划分。
3. 与第十二章呼应掌握所得来源地的确定。
4. 掌握税率应用，记忆税率中的比例税率。
5. 掌握各收入项目应纳税所得额的确定。
6. 掌握税收优惠。
7. 掌握税法规定的来源境外所得的抵免原则、抵免限额确定和可抵免税额的计算。
8. 熟悉居民个人境外所得享受协定待遇的规定。
9. 熟悉居民个人境外所得纳税年度判定规则、凭纳税凭证享受抵免。
10. 熟悉居民个人被派往境外工作，取得所得的税款预扣预缴规定。
11. 掌握居民个人综合所得应纳税额的计算。
12. 掌握非居民个人工资薪金所得、劳务报酬所得、稿酬所得和特许权使用费所得应纳税所得额的计算。
13. 掌握经营所得应纳税额的计算。
14. 掌握财产租赁所得、财产转让所得应纳税额的计算。
15. 掌握利息、股息、红利所得和偶然所得应纳税额的计算。
16. 掌握应纳税额计算中的特殊问题。
17. 掌握自行申报纳税和全员全额扣缴申报纳税。
18. 熟悉专项附加扣除的操作办法。
19. 熟悉反避税规定。

二、考情概况

本章是CPA税法考试比较重要的一章，内容繁杂，考点较多，常考点主要是各项所得的应纳税额计算、专项附加扣除的具体规定、境外所得的税额扣除和税收优惠。

2019年，我国个人所得税开启了分类综合相结合的征收模式。改革以来，个人所得税知识点有了比较细碎的变化，本章的复习备考需要考生拿出更多的耐心和细心。

※本章对教材进行内容和顺序上的调整，便于考生按照考试出题逻辑进行学习。

本章在历年考试中命制过各种题型，最近3年本章的平均分值约为10分，题型主要是单选题、多选题和计算问答题。

三、教材变化

1. 调整应纳税额的计算和全员全额扣缴申报纳税的教材顺序。

2. 新增对个体工商户年应纳税所得额的税收优惠政策。

3. 调整全年一次性奖金个人所得税的税收政策期限，将其延长至2023年12月31日。

4. 删除外籍个人有关津贴的政策。

5. 新增新三板精选层公司转为北交所上市公司，以及创新层挂牌公司通过公开发行股票进入北交所上市后，投资北交所上市公司涉及的个人所得税、印花税相关政策。

四、考点框架

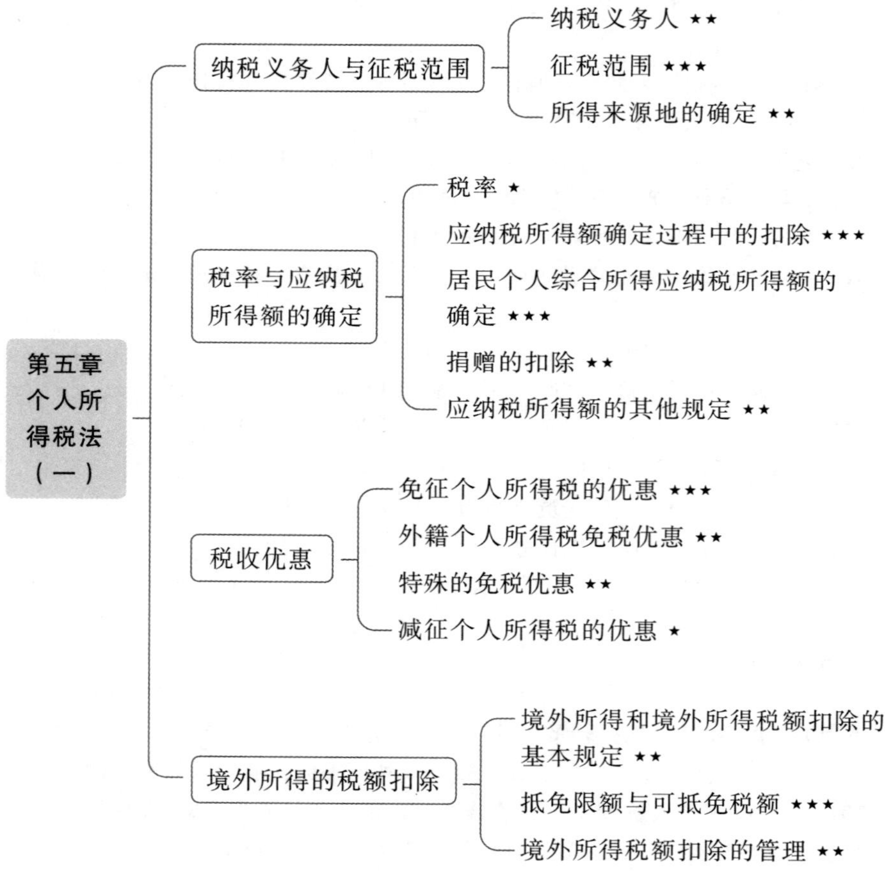

- **第五章 个人所得税法（二）**
  - 应纳税额的计算
    - 居民个人综合所得年税额的计算 ★★★
    - 居民个人工资薪金所得的预扣预缴 ★★★
    - 居民个人劳务报酬所得、稿酬所得、特许权使用费所得的预扣预缴 ★★★
    - 居民个人劳务报酬所得的特殊预扣方法——累计预扣 ★
    - 非居民个人取得工资、薪金所得，劳务报酬所得，稿酬所得和特许权使用费所得应纳税额的计算 ★★
    - 经营所得应纳税额的计算 ★★
    - 财产租赁所得应纳税额的计算 ★★★
    - 财产转让所得应纳税额的计算 ★★★
    - 利息、股息、红利所得应纳税额的计算 ★★★
    - 偶然所得应纳税额的计算 ★★
  - 应纳税额计算中的特殊问题处理
    - 居民个人全年一次性奖金的规定 ★★★
    - 企业年金、职业年金个人所得税的计税规定 ★★
    - 关于解除劳动关系、提前退休、内部退养的一次性补偿收入的政策 ★★★
    - 个人股票期权所得个人所得税的征税方法 ★★★
    - 科技人员取得职务科技成果转化现金奖励有关个人所得税政策 ★★★
    - 关于股权奖励个人所得税规定 ★★★
    - 完善股权激励和技术入股有关个人所得税的规定 ★★
    - 在外商投资企业、外国企业和外国驻华机构工作的中方人员取得的工资、薪金所得的征税问题 ★
    - 在中国境内无住所的个人取得工资薪金所得的征税问题 ★★
    - 与投资相关的几个特殊问题的处理 ★★★
    - 其他易考的政策规定 ★
  - 征收管理
    - 自行申报纳税 ★★★
    - 全员全额扣缴申报纳税 ★★
    - 办理 2020 年度个人所得税综合所得汇算清缴的规定 ★★
    - 专项附加扣除的操作办法 ★★★
    - 反避税规定 ★
    - 自然人纳税识别号的规定 ★
    - 个人所得税《税收完税证明》调整为《纳税记录》的规定 ★
    - 建立个人所得税纳税信用管理机制 ★

核心考点精讲

个人所得税是主要以自然人取得的各类应税所得为征税对象而征收的一种所得税，是政府利用税收对个人收入进行调节的一种手段。个人所得税的纳税人不仅包括自然人还包括具有自然人性质的企业。

从世界范围看个人所得税的征收模式分为三类，具体情况见下表：

征收模式	具体内容
分类征收制	将纳税人不同来源、性质的所得项目，分别规定不同的税率征税 【说明】我国2019年之前的个人所得税的征收采用的是此种模式 优点：对纳税人全部所得区分性质进行区别征税，能够体现国家的政治、经济与社会政策，便于源泉扣缴税款，体现税收的效率原则 缺点：难以体现纳税人整体负担水平，容易导致实际税负的不公平
综合征收制	对纳税人全年的各项所得加以汇总，就其总额进行征税 优点：可以针对纳税人整体负担水平计税，有利于平衡纳税人税负，体现税收公平的原则 缺点：它不利于针对不同收入进行调节
混合征收制	对纳税人不同来源、性质的所得先分别按照不同的税率征税，然后将全年的各项所得进行汇总征税 【说明】2019年，我国个人所得税已初步建立分类与综合相结合的征收模式，即混合征收制

经典题解

【例题1·多选题】下列关于个人所得税税制模式的表述中，正确的有（　　）。

A. 实行分类征收制模式便于征收管理，但不利于平衡纳税人税负

B. 实行综合征收制模式征收管理相对复杂，但有利于平衡纳税人税负

C. 我国目前个人所得税已初步建立分类与综合相结合的征收模式

D. 我国目前个人所得税是综合征收制模式

【答案】ABC

第一节　纳税义务人与征税范围

使用“会计云课堂”App 或“微信”扫码查看本节视频，快速 GET 知识点。

考点 1：纳税义务人★★

1. 基本规定：个人所得税的纳税人不仅涉及中国公民，也涉及在中国境内取得所得的外籍人员（包括无国籍人员）和港、澳、台同胞，还涉及个体户、个人独资企业和合伙企业的个人投资者。

2. 居民个人和非居民个人的划分★★

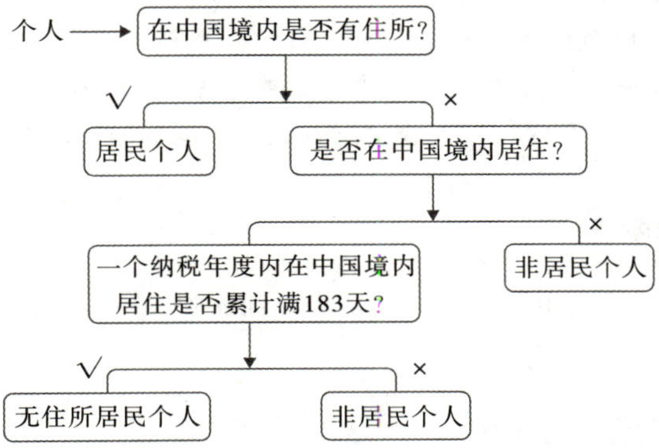

个人所得税的纳税人按照国际通用的做法，依据住所和居住时间两个标准，区分为居民个人和非居民个人，分别承担不同的纳税义务。具体划分见下表：

纳税人类别	承担的纳税义务	判定标准
居民个人	负有无限纳税义务，其所取得的应纳税所得，无论是来源于中国境内还是中国境外任何地方，都要在中国缴纳个人所得税	住所标准和居住时间标准只要具备一个就成为居民个人： ①住所标准：“在中国境内有住所”是指因户籍、家庭、经济利益关系而在中国境内习惯性居住 ②居住时间标准：“无住所而一个纳税年度内在中国境内居住累计满 183 天”是指在一个纳税年度（公历 1 月 1 日起至 12 月 31 日止，下同）内，在中国境内居住累计满 183 天
非居民个人	承担有限纳税义务，只就其来源于中国境内的所得，向中国缴纳个人所得税	非居民个人的判定标准是以下两条必须同时具备： ①在中国境内无住所 ②在中国境内不居住或在一个纳税年度内在境内居住累计不满 183 天

【举例】在我国境内无住所的某外籍人员 2020 年 9 月 15 日来华工作，2021 年 4 月 30 日结束工作离境，则该外籍人员是我国的非居民个人。这是因为该外籍人

员在我国境内无住所且在2020年和2021年两个纳税年度中都未在我国境内居住累计满183天，则其为我国非居民个人。

3. 税法中关于无住所个人境内居住天数的具体规定

【注意】判定纳税义务时计算在中国境内居住天数

无住所个人一个纳税年度内在中国境内累计居住天数，按照个人在中国境内累计停留的天数计算。在中国境内停留的当天满24小时的，计入中国境内居住天数，在中国境内停留的当天不足24小时的，不计入中国境内居住天数。

【提示】由于一国两制和税收管辖权的缘故，我国现行税法中关于“中国境内”不含港澳台。

【举例】潘先生为香港居民，在深圳工作，每周一早上来深圳上班，周五晚上回香港。由于周六和周日在香港，周一和周五当天停留都不足24小时，不计入境内居住天数，因此每周可计入境内居住的天数仅为3天。按照全年52周计算，潘先生一个纳税年度内在境内居住天数为156天，不构成居民个人。

考点2：征税范围★★★

【学习指导】个人所得税征税范围包括九项所得，考生要特别注意辨析区分这九项所得分别包含的具体内容。

（一）工资、薪金所得★★★

工资、薪金所得，是指个人因任职或者受雇而取得的工资、薪金、奖金、年终加薪、劳动分红、津贴、补贴以及与任职或者受雇有关的其他所得。

奖金是指所有具有工资性质的奖金，免税奖金的范围在税法中另有规定。

【提示】工资、薪金所得建立在取得收入者与支付单位之间存在任职受雇关系上，这种任职受雇关系在现实中主要体现为劳动关系或人事关系。

经典题解

【例题2·多选题】下列所得，属于个人所得税“工资、薪金所得”应税项目的有（　　）。

A. 甲公司会计张三利用每周末到乙事务所做业余审计助理的兼职所得

B. 李四出差取得的规定标准的差旅费津贴

C. 任职于杂志社的记者王五在本单位杂志上发表作品取得的所得

D. 某公司总经理赵六兼任本公司董事取得的董事费所得

【解析】选项CD：都属于工资、薪金所得。选项A：张三兼职所得属于“劳务报酬所得”项目。选项B：差旅费津贴不属于工资薪金范围。

【答案】CD

【注意】考生要辨析下列三方面的差异，这些差异在考试命题中容易出现：

1. 辨析劳动分红与股份分红。劳动分红属于劳动所得，列入工资、薪金所得项目征收个人所得税；股份分红属于资本利得，列入利息、股息、红利所得项目征收个人所得税。

2. 辨析不属于工资、薪金所得的项目。具体包括：（1）独生子女补贴；（2）执行公务员工资制度未纳入基本工资总额的补贴、津贴差额和家属成员的副食品补贴；（3）托儿补助费；（4）差旅费津贴、误餐补助，但是单位以误餐补助名义发放给职工的补助、津贴不包括在内；（5）外国来华留学生，领取的生活津贴费、奖学金。

经典题解

【例题3·多选题】下列各项中，应当按照工资、薪金所得项目征收个人所得税的有（　　）。

A. 劳动分红　　　　B. 独生子女补贴

C. 差旅费津贴　　　D. 超过规定标准的误餐费

【解析】BC选项不列入工资、薪金所得项目，不计征个人所得税。

【答案】AD

（二）劳务报酬所得★★★

名师点拨

（1）劳务报酬——独立、非雇用，如：兼职收入；

（2）工资、薪金——非独立、雇用。

劳务报酬所得，是指个人独立从事各种非雇用的劳务取得的所得。包括设计、装潢、安装、制图、化验、测试、医疗、法律、会计、咨询、讲学、翻译、审稿、书画、雕刻、影视、录音、录像、演出、表演、广告、展览、技术服务、介绍服务、经纪服务、代办服务以及其他劳务。

【易错易混】

情形		征税项目
担任董事、监事取得的董事费、监事费 【提示】适用于个人担任公司董事、监事，且不在公司任职、受雇的情形		劳务报酬所得
兼任董事、监事取得的董事费、监事费 【提示】适用于个人在公司（包括关联公司）任职、受雇，同时兼任董事、监事的情形		工资、薪金所得
在商品营销活动中，企业和单位对营销业绩突出的营销人员以培训班、研讨会、工作考察等名义组织旅游活动，通过免收差旅费、旅游费对个人实行的营销业绩奖励（包括实物、有价证券等），应根据所发生费用的全额并入营销人员当期的收入	营销人员为非雇员	劳务报酬所得
	营销人员为雇员	工资、薪金所得

经典题解

【例题4·多选题】下列各项中，按“劳务报酬所得”项目缴纳个人所得税的有（　　）。

A. 外部董事的董事费收入

B. 个人业余兼职收入

C. 某高校在职教师为某企业讲课取得的收入

D. 个人举办盆景展取得的收入

【解析】选项ABCD都属于劳务报酬收入，按照“劳务报酬所得”项目计征个人所得税。

【答案】ABCD

【真题5·多选题】对居民个人取得的下列收入或奖励，应按照“劳务报酬所得”项目预扣预缴个人所得税的有（　　）。（2021年）

A. 雇员兼任本公司董事取得董事费收入

B. 证券经纪人取得佣金收入

C. 非雇员获得免费旅游业绩奖励

D. 退休人员再任职取得收入

【解析】选项AD：应按照“工资、薪金所得”项目预扣预缴个人所得税。

【答案】BC

【真题6·单选题】下列收入应按“劳务报酬所得”项目纳入综合所得缴纳个人所得税的是（　　）。（2020年）

A. 退休后再受雇取得的收入

B. 在就职单位取得的加班收入

C. 证券经纪人取得的佣金收入

D. 个人购买彩票取得的中奖收入

【解析】选项AB：属于“工资、薪金所得”；选项D：属于“偶然所得”。

【答案】C

（三）稿酬所得★★★

个人因其作品以图书、报刊形式出版、发表而取得的所得。作者去世后，财产继承人取得的遗作稿酬，亦应按此项目征收个人所得税。

【注意】以是否发表、是否在本单位发表以及作者专业状况为标准，辨析稿酬所得、劳务报酬所得和工资、薪金所得。

1. 纳税人将其作品以图书、报刊形式出版、发表取得的所得，按照“稿酬所得”征税；未出版、发表而从外单位取得的报酬按照“劳务报酬所得”征税。

2. 任职、受雇于报纸、杂志等单位的记者、编辑等专业人员，因在本单位的报纸、杂志上发表作品而取得的所得，属于因任职、受雇而取得的所得，应与其当月工资收入合并，按“工资、薪金所得”项目征收个人所得税。

除上述专业人员以外，其他人员在本单位的报纸、杂志上发表作品取得的所得，应按“稿酬所得”项目征收个人所得税。

3. 出版社或报刊、杂志内部的专业审稿人员的审稿收入属于工资、薪金所得；外聘审稿人员的审稿报酬属于劳务报酬所得。

经典题解

【例题7·单选题】下列属于稿酬所得的项目是（　　）。

A. 记者在本单位刊物发表文章取得的报酬

B. 提供著作权的使用权而取得的报酬

C. 将国外的作品翻译出版取得的报酬

D. 书画家出席笔会现场书写作画的出场费收入

【解析】A选项属于工资、薪金所得；B选项属于特许权使用费所得；D选项属于劳务报酬所得。

【答案】C

（四）特许权使用费所得★★★

特许权使用费所得，是指个人提供专利权、商标权、著作权、非专利技术以及其他特许权的使用权取得的所得。

【注意】特许权使用费所得、稿酬所得和财产转让所得的差异。

1. 提供著作权的使用权取得的所得（不包括稿酬所得）属于特许权使用费所得。

2. 对于作者将自己的文字作品手稿原件或复印件公开拍卖（竞价）取得的所得，属于提供著作权的使用权所得，故应按特许权使用费所得项目征收个人所得税。

3. 特许权使用费所得的突出特征是提供专利权、商标权、著作权、非专利技术等的使用权的所得。

名师点拨

转让无形资产的所有权属于财产转让所得。

经典题解

【例题8·多选题】下列个人收入，应按照“特许权使用费所得”项目缴纳个人所得税的有（　　）。

A. 个人提供著作权的使用权取得的所得

B. 作家公开拍卖自己的文字作品手稿复印件的收入

C. 作家公开拍卖自己写作时用过的金笔的收入

D. 电视剧编剧从电视剧制作中心获得的剧本使用费收入

【解析】ABD选项均属于“特许权使用费所得”；C选项按“财产转让所得”项目缴纳个人所得税。

【答案】ABD

【例题9·多选题】个人取得的下列收入中，应按“特许权使用费所得”项目计征个人所得税的有（　　）。

A. 作者将自己的文字作品手稿原件公开拍卖取得的收入

B. 作者去世后，财产继承人取得的遗作稿酬收入

C. 摄影记者在本单位杂志上发表摄影作品取得的收入

D. 个人取得专利权的经济赔偿收入

【解析】选项B：应按“稿酬所得”项目计征个人所得税。选项C：应按“工资、薪金所得”项目计征个人所得税。

【答案】AD

（五）经营所得★

经营所得，包括四个方面：

1. 个体工商户从事生产、经营活动取得的所得，个人独资企业投资人、合伙企业的个人合伙人来源于境内注册的个人独资企业、合伙企业生产、经营的所得。

【提示】个体工商户以业主为个人所得税纳税义务人。

2. 个人依法从事办学、医疗、咨询以及其他有偿服务活动取得的所得。

3. 个人对企业、事业单位承包经营、承租经营以及转包、转租取得的所得。

4. 个人从事其他生产、经营活动取得的所得。例如：个人因从事彩票代销业务而取得的所得；从事个体出租车运营的出租车驾驶员取得的收入。

【注意】

1. 辨析出租车是否归属于个人，以判断驾驶员从事客货营运所得的征税项目。

归属	分类	具体内容
出租车归属于个人	经营所得	（1）从事个体出租车运营的出租车驾驶员取得的收入 （2）出租车属个人所有，但挂靠出租汽车经营单位或企事业单位，驾驶员向挂靠单位缴纳管理费的 （3）出租汽车经营单位将出租车所有权转移给驾驶员的，出租车驾驶员从事客货营运取得的收入
出租车不属于个人	工资、薪金所得	出租汽车经营单位对出租车驾驶员采取单车承包或承租方式运营，出租车驾驶员从事客货营运取得的收入

2. 辨析个体户的生产、经营所得与非生产、经营所得，分别适用不同的征税项目。

个体工商户和从事生产、经营的个人，取得与生产、经营活动无关的其他各项应税所得，应分别按照其他应税项目的有关规定，计算征收个人所得税。如对外投资取得的股息所得，应按“利息、股息、红利所得”项目的规定单独计征个人所得税。

经典题解

要点小贴士

看清题干的条件“从事生产、经营的个人”。

【真题10·多选题】从事生产、经营的个人取得的下列所得中，应按照“经营所得”项目计征个人所得税的有（　　）。（2020年）

A. 提供有偿咨询服务的所得

B. 从事彩票代销业务的所得

C. 资金存入银行的利息所得

D. 从事个体出租车运营的所得

【解析】选项A：本题的前提是“从事生产、经营的个人”，比如个人工作室有偿提供咨询服务，属于经营所得。选项C：属于“利息、股息、红利所得”。

【答案】ABD

【例题 11·多选题】下列各项中，应按“经营所得”项目征收个人所得税的有（　　）。

A. 个人因从事彩票代销业务而取得的所得

B. 法人企业的个人投资者以企业资金为本人购买的汽车

C. 个人独资企业的个人投资者以企业资金为本人购买的住房

D. 出租汽车经营单位对出租车驾驶员采取单车承包或承租方式运营，出租车驾驶员从事客货营运取得的所得

【解析】选项 B：除个人独资企业、合伙企业以外的其他企业的个人投资者以企业资金为本人购买的汽车，视为企业对个人投资者的红利分配，按“利息、股息、红利所得”征收个人所得税；选项 D：出租汽车经营单位对出租车驾驶员采取单车承包或承租方式运营，出租车驾驶员从事客货营运取得的收入，按“工资、薪金所得”征收个人所得税。

【答案】AC

3. 按照登记和分配的不同情况，区分经营所得应纳的个人所得税与企业所得税。

个人承包登记状况	是否缴纳企业所得税	按何种税目缴纳个人所得税
承包后工商登记改变为个体工商户的	不缴纳企业所得税	按照经营所得缴纳个人所得税
承包后工商登记仍为企业的	缴纳企业所得税	承包、承租人对企业经营成果不拥有所有权，仅按合同（协议）规定取得一定所得的，应按工资、薪金所得项目征收个人所得税
		承包、承租人按合同（协议）规定只向发包方、出租方缴纳一定的费用，缴纳承包、承租费后的企业经营成果归承包、承租人所有的，其取得的所得，按经营所得项目征收个人所得税

经典题解

【例题 12·多选题】张某承包了一家餐厅，餐厅每年支付张某报酬 10 万元，张某不参与分享餐厅经营成果；李某承包了一家国有招待所，承包合同规定每月支付李某工资 4000 元，同时李某每年要上缴承包费 50 万元，其余招待所经营成果归李某所有。则下列关于个人所得税的说法正确的有（　　）。

A. 张某取得的所得按照工资、薪金所得项目征税

B. 张某取得的所得按照经营所得项目征税

C. 李某取得的工资按照工资、薪金所得项目征税

D. 李某取得的工资和承包经营成果都按照经营所得项目征税

【解析】张某不参与分享餐厅经营成果，其取得的报酬实质上属于岗位责任工资，所以按照“工资、薪金所得”项目征税。李某参与分享承包招待所的经营成果，其从招待所取得的工资、薪金和承包经营成果都属于“经营所得”。

【答案】AD

（六）利息、股息、红利所得★★

利息、股息、红利所得，是指个人拥有债权、股权而取得的利息、股息、红利所得。

一般情况下，个人股东获得转增的股本，应按照“利息、股息、红利所得”项目，适用 20% 的税率征收个人所得税。

【注意】辨析企业性质及取得所得个人的身份，以判断取得企业为其购买房产等适用的征税项目。

企业资金购买房屋等财产的情况	应税项目
个人独资企业、合伙企业用企业资金为其个人投资者或其家庭成员购买房屋等财产	经营所得
个人独资企业、合伙企业以外的其他企业用企业资金为其个人投资者或其家庭成员购买房屋等财产	利息、股息、红利所得
企业用企业资金为本企业除投资者以外的雇员购买房屋等财产	工资、薪金所得

【相关链接】1 名或多名个人投资者以股权收购方式取得被收购企业 100% 股权，股权收购前，被收购企业原账面金额中的“资本公积、盈余公积、未分配利润”等盈余积累未转增股本，而在股权交易时将其一并计入股权转让价格并履行了所得税纳税义务。股权收购后，企业将原账面金额中的盈余积累向个人投资者（新股东，下同）转增股本，有关个人所得税问题区分以下情形处理：

（1）新股东以不低于净资产价格收购股权的，企业原盈余积累已全部计入股权交易价格，新股东取得盈余积累转增股本的部分，不征收个人所得税。

（2）新股东以低于净资产价格收购股权的，企业原盈余积累中，对于股权收购价格减去原股本的差额部分已经计入股权交易价格，新股东取得盈余积累转增股本的部分，不征收个人所得税；对于股权收购价格低于原所有者权益的差额部分未计入股权交易价格，新股东取得盈余积累转增股本的部分，应按照“利息、股息、红利所得”项目征收个人所得税。

新股东以低于净资产价格收购企业股权后转增股本，应按照下列顺序进行，即先转增应税的盈余积累部分，然后再转增免税的盈余积累部分。

【解释】转增股本的企业原账面金额中的盈余积累是由原股东创造并拥有，原股东在转让股权过程中没有事先转增股本，而是将其一并计入了股权交易价格中，新自然人股东为此已经支付了对价，如对此次转增股本征税则存在重复征税问题，有违税收公平原则。此外，为支持企业正常重组行为，考虑到企业股权转让过程中，盈余积累与股权转让所得存在相互转化的可能性，税收政策方面，对于原股东转让股权前事先利润分配与新股东事后利润分配应尽量保证税负平衡，不应由于原股东事先利润分配与新股东事后利润分配而产生较大税负差异。

【举例】甲企业原账面资产总额 8000 万元，负债 3000 万元，所有者权益 5000 万元，其中：实收资本（股本）1000 万元，资本公积、盈余公积、未分配利润等盈余积累合计 4000 万元。假定多名自然人投资者（新股东）向甲企业原股东购买该企业100%股权，股权收购价4500万元，新股东收购企业后，甲企业将资本公积、盈余公积、未分配利润等盈余积累4000万元向新股东转增实收资本。

【分析】在新股东4500万元股权收购价格中，除了实收资本1000万元外，实际上相当于以3500万元购买了原股东4000万元的盈余积累，即4000万元盈余积累中，有3500万元计入了股权交易价格，剩余500万元未计入股权交易价格。甲企业向新股东转增实收资本时，其中所转增的3500万元不征收个人所得税，所转增的500万元应按“利息、股息、红利所得”项目缴纳个人所得税。

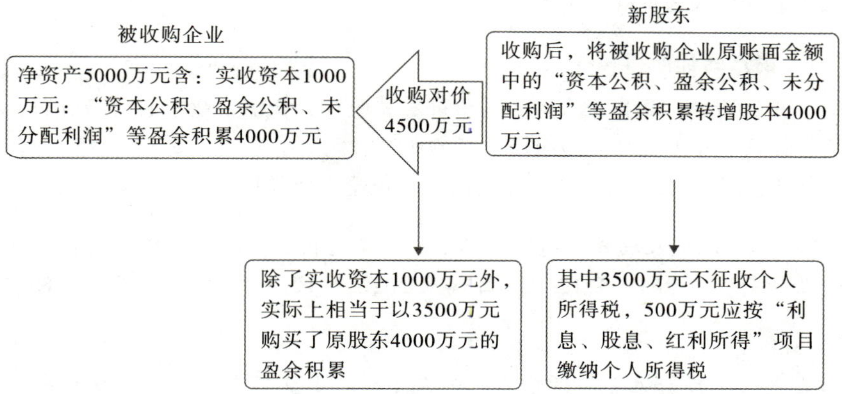

【归纳】利息、股息、红利所得的征免规定：

征免	具体状况
应征	（1）个人拥有债权、股权而取得的利息、股息、红利所得 （2）个人独资企业、合伙企业以外的其他企业用企业资金为其个人投资者、家庭成员及其相关人员支付与企业生产经营无关的消费性支出及购买汽车、住房等财产性支出 （3）个人取得量化资产的分红（以股份形式取得企业量化资产参与企业分配而获得的股息、红利）
不征	在股权交易时将“资本公积、盈余公积、未分配利润”等盈余积累一并计入股权转让价格，并缴纳了所得税，对于盈余积累已转化为原股东的股权转让所得计税，支付对价的新股东对已支付对价取得的盈余积累转增资本（股本）
免征	（1）个人取得国债利息、国家发行的金融债券利息、储蓄存款利息 （2）外籍个人从外商投资企业取得的股息、红利所得

经典题解

【例题13·多选题】以下应按照利息、股息、红利所得项目征收个人所得税的有（　　）。

A. 个人购买上市公司股票分得的股利分红

B. 合伙企业的个人投资者以企业资金为本人购买住房

C. 股份有限公司的个人投资者以企业资金为本人购买汽车

D. 个人取得的单位经批准集资支付的集资利息

【解析】B选项应按照“经营所得”项目征收个人所得税。

【答案】ACD

（七）财产租赁所得★★★

财产租赁所得是指个人出租不动产、机器设备、车船以及其他财产取得的所得。

个人取得的财产转租收入，属于“财产租赁所得”的征税范围。

产权所有人死亡，在未办理产权继承手续期间，该财产出租且有租金收入的，以领取租金的个人为纳税义务人。

（八）财产转让所得★★★

财产转让所得，是指个人转让有价证券、股权、合伙企业中的财产份额、不动产、机器设备、车船以及其他财产取得的所得。

1. 转让境内上市公司股票取得的所得免征个人所得税。

【提示】内地个人投资者通过沪港通、深港通投资香港联交所上市股票取得的转让差价所得，自2019年12月5日起至2022年12月31日止，暂免征收个人所得税。

对香港市场投资者（包括企业和个人）投资上交所上市A股、深交所上市A股取得的转让差价所得，暂免征收所得税。

2. 企业改组改制过程中个人取得量化资产征税问题：

行为		具体处理
取得	取得的仅作为分红依据，不拥有所有权的企业量化资产	不征个人所得税
	以股份形式取得的拥有所有权的企业量化资产	暂缓征收个人所得税
转让		按“财产转让所得”计征个人所得税
分红		按“利息、股息、红利所得”征收个人所得税

3. 个人住房转让所得应纳税额的计算。

个人住房转让应以实际成交价格为转让收入。纳税人申报的住房成交价格明显低于市场价格且无正当理由的，征收机关依法有权根据有关信息核定其转让收入，但必须保证各税种计税价格一致。

对转让住房收入计算个人所得税应纳税所得额时，纳税人可凭原购房合同、发票等有效凭证，经税务机关审核后，允许从其转让收入中减除房屋原值、转让住房过程中缴纳的税金及有关合理费用。

【注意】作者将自己的文字作品手稿原件或复印件拍卖取得的所得，按照“特许权使用费所得”项目缴纳个人所得税。个人拍卖别人的作品手稿或个人拍卖除文字作品手稿原件及复印件外的其他财产，都应按照“财产转让所得”项目缴纳个人所得税。

经典题解

【例题 14 · 多选题】以下应按照财产转让所得项目征收个人所得税的有（ ）。

A. 个人转让债券取得的所得

B. 个人转让住房取得的所得

C. 个人将其收藏的已故作家文字作品手稿拍卖取得的所得

D. 个人将自己的文字作品手稿复印件拍卖取得的所得

【解析】ABC 选项都属于财产转让所得；D 选项属于特许权使用费所得。

【答案】ABC

【归纳】股票与股权不是等同概念。股票与股权转让规定归纳如下：

征免	具体情形
免	（1）个人转让深沪上市公司流通股股票、新三板非原始股股票 （2）内地个人投资者转让通过沪港通、深港通投资香港联交所上市股票 （3）香港市场个人投资者转让所投资的上交所上市 A 股、深交所上市 A 股
征	（1）个人转让非上市公司股票 （2）个人转让新三板原始股股票 （3）个人转让股权

图示记忆

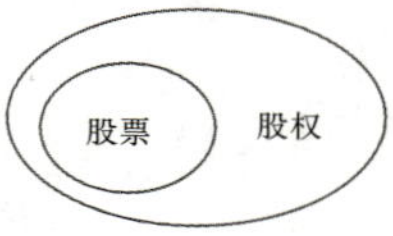

（九）偶然所得 ★★

偶然所得，是指个人得奖、中奖、中彩以及其他偶然性质的所得。主要包括：

（1）个人为单位或他人提供担保获得收入；

（2）个人取得的企业向个人支付的不竞争款项。

【归纳 1】企业促销展业赠送礼品有关个人所得税问题的处理

征收规定	具体表现
不征税的情况	企业在销售商品（产品）和提供服务过程中向个人赠送礼品，属于下列情形之一的，不征收个人所得税： （1）企业通过价格折扣、折让方式向个人销售商品（产品）和提供服务 （2）企业在向个人销售商品（产品）和提供服务的同时给予赠品，如通信企业对个人购买手机赠话费、入网费，或者购话费赠手机等 （3）企业对累积消费达到一定额度的个人按消费积分反馈礼品 （4）企业赠送的具有价格折扣或折让性质的消费券、代金券、抵用券、优惠券等礼品

名师点拨

不征税的四种情况都是与企业销售直接挂钩的礼品赠送。

征收规定	具体表现
征税的情况	企业向个人赠送礼品，属于下列情形之一的，取得该项所得的个人应依法按照“偶然所得”缴纳个人所得税，全额适用20%的税率，税款由赠送礼品的企业代扣代缴： （1）企业在业务宣传、广告等活动中，随机向本单位以外的个人赠送礼品（包括网络红包，下同），对个人取得的礼品所得 （2）企业在年会、座谈会、庆典以及其他活动中向本单位以外的个人赠送礼品，对个人取得的礼品所得 （3）企业对累积消费达到一定额度的顾客，给予额外抽奖机会，个人的获奖所得 【提示】企业赠送的礼品是自产产品（服务）的，按该产品（服务）的市场销售价格确定个人的应税所得；是外购商品（服务）的，按该商品（服务）的实际购置价格确定个人的应税所得

名师点拨

征税的三种情况，赠送礼品与销售不直接挂钩，带有随机的特点。

经典题解

【例题15·多选题】个人获取的下列所得，按照“偶然所得”项目计征个人所得税的有（　　）。

A. 参加客户单位的周年庆典活动，收到客户单位随机赠送的网络红包

B. 无偿获得房产公司赠与的住房

C. 为他人提供担保取得的收入

D. 参加本单位的年会活动，获得的有奖竞猜奖品

【答案】ABC

【例题16·单选题】企业向个人赠送商品和提供服务的下列情形中，应征收个人所得税的是（　　）。

A. 企业通过价格折扣方式向个人销售商品

B. 企业通过价格折让方式向个人提供服务

C. 企业对累积消费达到一定额度的个人按消费积分反馈礼品

D. 企业对累积消费达到一定额度的顾客，给予额外抽奖机会，个人的获奖所得

【解析】ABC选项与销售直接相关，属于不征收个人所得税的情形；D选项带有额外性和偶然性，取得该项所得的个人应按“偶然所得”项目缴纳个人所得税，税款由提供奖品的企业代扣代缴。

【答案】D

【真题17·多选题】张某在足球世界杯期间参加下列活动所获得的收益中，应当缴纳个人所得税的有（　　）。（2014年）

A. 参加某电商的秒杀活动，以100元购得原价2000元的足球鞋一双

B. 为赴巴西看球，开通手机全球漫游套餐，获赠价值1500元的手机一部

C. 参加某电台举办世界杯竞猜活动，获得价值6000元的赴巴西机票一张

D. 作为某航空公司金卡会员被邀请参加世界杯抽奖活动，抽得市价2500元球衣一套

【解析】选项 A：企业通过价格折扣、折让方式向个人销售商品（产品）和提供服务，不征收个人所得税；选项 B：企业在向个人销售商品（产品）和提供服务的同时给予赠品，如通信企业对个人购买手机赠话费、入网费，或者购话费赠手机等，不征收个人所得税；选项 C：按照“偶然所得”项目征收个人所得税；选项 D：企业对累积消费达到一定额度的顾客，给予额外抽奖机会，个人的获奖所得，按照“偶然所得”项目，全额适用 20% 的税率缴纳个人所得税。

【答案】CD

【归纳 2】个人赠与或接受赠与不动产的个人所得税政策

征收情况	具体表现
双方不征税的情况	以下情形的房屋产权无偿赠与，对当事双方不征收个人所得税： （1）房屋产权所有人将房屋产权无偿赠与配偶、父母、子女、祖父母、外祖父母、孙子女、外孙子女、兄弟姐妹 （2）房屋产权所有人将房屋产权无偿赠与对其承担直接抚养或者赡养义务的抚养人或者赡养人 （3）房屋产权所有人死亡，依法取得房屋产权的法定继承人、遗嘱继承人或者受遗赠人
受赠人须缴税的情况	除以上不征税情形以外，房屋产权所有人将房屋产权无偿赠与他人的，受赠人因无偿受赠房屋取得的受赠所得，按照“偶然所得”项目缴纳个人所得税

考点 3：所得来源地的确定★★

所得的来源地和所得的支付地不是一个概念，来源于中国境内的所得，其支付地可能在境内，也可能在境外；来源于中国境外的所得，其支付地可能在境外，也可能在境内。

除另有规定外，下列所得，不论支付地点是否在中国境内，均为来源于中国境内的所得：

1. 因任职、受雇、履约等在中国境内提供劳务取得的所得；
2. 将财产出租给承租人在中国境内使用而取得的所得；
3. 转让中国境内的不动产等财产或者在中国境内转让其他财产取得的所得；
4. 许可各种特许权在中国境内使用而取得的所得；
5. 从中国境内企业、事业单位、其他组织以及居民个人取得的利息、股息、红利所得。

【举例】外籍人员詹姆斯受雇于我国境内某合资企业担任长驻总经理，合同期三年。合同规定其月薪 5000 美元，其中 2000 美元由中国境内企业支付，3000 美元由境外母公司支付。则其来源于我国境内的所得是每月 5000 美元。因为所得支付地不等于所得来源地，其因任职受雇在中国境内提供劳务而取得的所得，不管于何处支付，都属于来源于中国境内的所得。

经典题解

【例题18·单选题】下列在中国境内无住所且不居住的个人中，应向我国缴纳个人所得税的是（ ）。

A. 从境内的外商投资企业取得特许权使用费收入的个人

B. 为境内单位的境外派出机构修理机器设备取得所得的个人

C. 将住房出租给境内公司在境外分支机构使用取得所得的个人

D. 担任境外企业的董事、监事和高级管理职务取得所得的个人

【解析】非居民个人取得来源于中国境内的所得，应向我国缴纳个人所得税。选项A：许可特许权在中国境内企业使用而取得的所得，属于来源于中国境内的所得，应向我国缴纳个人所得税。选项BCD：均为来源于中国境外的所得，不需要向我国缴纳个人所得税。

【答案】A

第二节 税率与应纳税所得额的确定

使用“会计云课堂”App或“微信”扫码查看本节视频，快速GET知识点。

考点1：税率★

（一）综合所得适用税率表

综合所得个人所得税税率表（居民个人适用）

级数	全年应纳税所得额	税率（%）	速算扣除数（元）
1	不超过36000元的	3	0
2	超过36000元至144000元的部分	10	2520
3	超过144000元至300000元的部分	20	16920
4	超过300000元至420000元的部分	25	31920
5	超过420000元至660000元的部分	30	52920
6	超过660000元至960000元的部分	35	85920
7	超过960000元的部分	45	181920

（二）个人所得税月度税率表

月度税率表（选择单独计税的全年一次性奖金，非居民个人工资薪金、劳务报酬、稿酬、特许权使用费所得等适用）

级数	应纳税所得额	税率（%）	速算扣除数（元）
1	不超过 3000 元的	3	0
2	超过 3000 元至 12000 元的部分	10	210
3	超过 12000 元至 25000 元的部分	20	1410
4	超过 25000 元至 35000 元的部分	25	2660
5	超过 35000 元至 55000 元的部分	30	4410
6	超过 55000 元至 80000 元的部分	35	7160
7	超过 80000 元的部分	45	15160

（三）经营所得适用税率表

经营所得个人所得税税率表

级数	全年应纳税所得额	税率（%）	速算扣除数（元）
1	不超过 30000 元的	5	0
2	超过 30000 元至 90000 元的部分	10	1500
3	超过 90000 元至 300000 元的部分	20	10500
4	超过 300000 元至 500000 元的部分	30	40500
5	超过 500000 元的部分	35	65500

（四）其他所得适用税率

利息、股息、红利所得，财产租赁所得，财产转让所得和偶然所得，适用 20% 的比例税率。

【归纳】个人所得税不同所得项目有累进税率和比例税率之分，比例税率需要考生记忆。

税率	适用情况
3%~45% 的七级超额累进税率	年税率表：居民个人综合所得、居民个人工薪预扣、解除劳动关系一次性补偿、提前退休一次性补贴、股权激励行权、企业（职业）年金按年或符合条件的一次性领取 月税率表：居民个人年终奖选择单独计税，内退一次性补贴，企业（职业）年金按月或按季领取，非居民个人工资薪金所得、劳务报酬所得、稿酬所得、特许权使用费所得

税率	适用情况
5%~35% 的五级超额累进税率	经营所得
20% 的比例税率（记忆）	利息、股息、红利所得，财产租赁所得，财产转让所得，偶然所得 【提示】其中有特例，财产租赁所得中，个人出租住房取得的所得减按 10% 的税率征税

经典题解

【例题 19 · 多选题】李某在 2022 年 1 月将一处住房出租给某公司作为招待客房（已签订合同，该公司也索要了增值税专用发票）。下列各项税务处理中，正确的有（　　）。

A. 应按 12% 的税率缴纳房产税

B. 应按 0.05% 的税率缴纳印花税

C. 应按 10% 的税率缴纳个人所得税

D. 应在 5% 征收率基础上减按 1.5% 计算缴纳增值税

【解析】个人出租居住用房，应按 4% 的税率缴纳房产税；按 10% 的税率缴纳个人所得税；在 5% 征收率基础上减按 1.5% 缴纳增值税；对个人出租、承租住房签订的租赁合同，免征印花税。

【答案】CD

考点 2：应纳税所得额确定过程中的扣除★★★

《个人所得税法》对纳税义务人的征税方法有三种：一是按年计征，如经营所得，居民个人取得的综合所得；二是按月计征，如非居民个人取得的工资、薪金所得；三是按次计征，如利息、股息、红利所得，财产租赁所得，财产转让所得，偶然所得和非居民个人取得的劳务报酬所得、稿酬所得、特许权使用费所得等。

征税项目	所得类别及计征方式	
工资、薪金所得 劳务报酬所得 稿酬所得 特许权使用费所得	居民个人取得的该四项所得称为综合所得	按纳税年度合并计算个人所得税
	非居民个人取得该四项所得不属于综合所得	按月（工资薪金）或者按次（劳务报酬、稿酬、特许权使用费）分项计算个人所得税，不做年度合并
经营所得	按年度计税	
利息、股息、红利所得	属于分类所得	按次计税
财产租赁所得		
财产转让所得		
偶然所得		

（一）每次收入的确定

按次计征的方法中，如何准确划分“次”是十分重要的。《个人所得税法实施条例》对个人所得的“次”作出了明确规定。

“次”的分类	具体情形	“次”的规定
一次为一次	劳务报酬所得、稿酬所得、特许权使用费所得，属于一次性收入的	以取得该项收入为一次
	利息、股息、红利所得	以支付利息、股息、红利时取得的收入为一次
	偶然所得	以每次取得该项收入为一次
一月为一次	一次性劳务报酬收入以分月支付方式取得的	以一个月内取得的收入为一次
	劳务报酬所得、稿酬所得、特许权使用费所得，属于同一项目连续性收入的	
	财产租赁所得	

经典题解

【真题20·单选题】居民个人取得的下列所得，应纳入综合所得计征个人所得税的是（　　）。（2019年）

A. 偶然所得　　B. 特许权使用费所得

C. 股息红利所得　　D. 财产转让所得

【解析】居民个人的综合所得包括工资薪金所得、劳务报酬所得、稿酬所得和特许权使用费所得。

【答案】B

【例题21·多选题】依据个人所得税相关规定，下列关于“每次收入”确定的说法，正确的有（　　）。

A. 偶然所得，以取得该项收入为一次

B. 财产租赁所得，以一个月内取得的收入为一次

C. 利息所得，以合同约定的应取得利息收入的时间为一次

D. 因同一项目连续取得劳务报酬所得，以一个月内取得的收入为一次

【解析】选项C：利息、股息、红利所得，以支付利息、股息、红利时取得的收入为一次。

【答案】ABD

【真题22·单选题】居民个人取得的下列所得中，适用按次征收个人所得税的是（　　）。（2018年）

A. 个体工商户的经营所得

B. 出租房产取得的租金所得

C. 在公司任职取得的季度奖

D. 承包某乡镇企业取得的经营所得

【解析】选项AD：经营所得按年计税；选项B：财产租赁所得按次计税；选项C：工资、薪金所得按月预扣预缴，并计入综合所得按年计税。

【答案】B

（二）应纳税所得额的确定

个人所得税的计税依据是应纳税所得额，应纳税所得额不等同于收入，需要从收入中对基本生活费、取得收入付出的代价、慈善捐赠等方面的支出进行扣除，不同征税方法有着不同的费用减除规定，进而影响应纳税所得额的确定。

【提示】个人所得税法中的收入、收入额、应纳税所得额是三个不同的概念。不同收入项目，收入与收入额的关系也存在差异。例如工资薪金的收入等于收入额；但是劳务报酬所得、稿酬所得、特许权使用费所得的收入经过规定比例减除，折算形成收入额。综合所得的收入额经过规定扣除形成应纳税所得额。

图示记忆

收入
↓（定率扣除）
收入额
↓（定额扣除，定率或定额扣除，核算扣除）
应纳税所得额

<table>
<tr><th colspan="4">费用扣除方法及项目</th><th>具体扣除内容</th><th>适用所得项目</th></tr>
<tr><td>计算收入额</td><td colspan="3">定率扣除20%</td><td>减除20%的余额为收入额</td><td>劳务报酬所得、稿酬所得、特许权使用费所得（居民个人汇算清缴时；非居民个人扣缴时）稿酬所得的收入额减按70%计算，即减除20%的基础上减按70%</td></tr>
<tr><td rowspan="5">计算应纳税所得额</td><td rowspan="5">可以扣除费用</td><td rowspan="5">定额扣除</td><td>基本减除费用</td><td>60000元/年</td><td rowspan="4">（1）居民个人综合所得
（2）取得经营所得的个人没有综合所得的</td></tr>
<tr><td>专项扣除</td><td>基本养老保险、基本医疗保险、失业保险等社会保险费和住房公积金</td></tr>
<tr><td>专项附加扣除</td><td>子女教育、继续教育、大病医疗、住房贷款利息或者住房租金、赡养老人等支出</td></tr>
<tr><td>依法确定的其他扣除</td><td>符合国家规定的企业年金、职业年金，符合国家规定的商业健康保险、税收递延型商业养老保险的支出</td></tr>
<tr><td>基本减除费用</td><td>5000元/月</td><td>非居民个人工资、薪金所得</td></tr>
</table>

要点小贴士

区分专项扣除与专项附加扣除。

<table>
<tr><th colspan="3">费用扣除方法及项目</th><th>具体扣除内容</th><th>适用所得项目</th></tr>
<tr><td rowspan="4">计算应纳税所得额</td><td rowspan="3">可以扣除费用</td><td>定额（800元）或定率（20%）扣除</td><td>每次收入不超过4000元的，减除费用800元；4000元以上的，减除20%的费用</td><td>（1）财产租赁所得
（2）居民个人劳务报酬所得、稿酬所得、特许权使用费所得（预扣预缴时）</td></tr>
<tr><td rowspan="2">核算扣除</td><td>减除成本、费用以及损失</td><td>经营所得</td></tr>
<tr><td>减除财产原值和合理费用</td><td>财产转让所得</td></tr>
<tr><td colspan="3">除另有规定外，不得扣除费用</td><td>（1）利息、股息、红利所得
（2）偶然所得</td></tr>
</table>

考点3：居民个人综合所得应纳税所得额的确定★★★

居民个人取得综合所得，以每年收入额减除费用60000元以及专项扣除、专项附加扣除和依法确定的其他扣除后的余额，为应纳税所得额。

> **图示记忆**
>
> 收入→收入额→应纳税所得额

第一步：确定收入额

1. 工资薪金收入全额计入收入额。

2. 劳务报酬、特许权使用费收入的80%作为收入额。

3. 稿酬收入的56%作为收入额。

> **要点小贴士**
>
> 即：收入×（1−20%）。

> **要点小贴士**
>
> 即：收入×（1−20%）×70%。

第二步：汇总综合所得的收入额，进行规定扣除后计算出应纳税所得额

按照规定标准确定居民个人四项所得的收入额，再以每年收入额减除费用60000元以及专项扣除、专项附加扣除和依法确定的其他扣除后的余额，为应纳税所得额。

1. 基本减除费用：6万元/年。

2. 专项扣除：居民个人按照国家规定的范围和标准缴纳的基本养老保险、基本医疗保险、失业保险等社会保险费和住房公积金等。

3. 专项附加扣除：包括子女教育、继续教育、大病医疗、住房贷款利息或者住房租金、赡养老人。

（1）专项附加扣除——子女教育

<table>
<tr><td rowspan="2">范围</td><td>包括</td><td>（1）年满3周岁的子女接受学前教育
（2）子女的境内和境外的全日制义务教育、高中阶段教育和高等教育（学历教育）
（3）拥有义务教育学籍的特殊教育（如聋哑学校）</td></tr>
<tr><td>不包括</td><td>（1）不满3周岁子女的教育
（2）子女的境内外非学历教育
（3）在职研究生教育（非全日制）
（4）进入博士后工作站期间</td></tr>
</table>

> **名师点拨**
>
> 高等教育含大专、本科、硕士、博士等学历教育。

扣除标准	按照每个子女每月 1000 元的标准定额扣除
扣除方	父母可以选择由其中一方按扣除标准的 100% 扣除，也可以选择由双方分别按扣除标准的 50% 扣除，具体扣除方式在一个纳税年度内不能变更 【提示】法定监护人，包括生父母、继父母、养父母以及父母之外的担任未成年人的法定监护人的其他人
计算时间	（1）学前教育阶段，为子女年满 3 周岁当月至小学入学前一月 （2）学历教育，为子女接受全日制学历教育入学的当月至全日制学历教育结束的当月
资料留存	纳税人子女在中国境外接受教育的，纳税人应当留存境外学校录取通知书、留学签证等相关教育的证明资料备查

（2）专项附加扣除——继续教育

范围	**包括**	（1）个人接受境内本科及以下学历（学位）继续教育（参加教育部认可学籍的夜大、函授、现代远程教育、广播电视大学等非全日制教育） （2）境内在职研究生教育 （3）纳税人接受人社部发布的国家职业资格目录列明的（如焊工、游泳救生员等）技能人员职业资格继续教育 （4）纳税人接受人社部发布的国家职业资格目录列明的（如 CPA、TA 等）专业技术人员职业资格继续教育
	不包括	（1）境外继续教育 （2）境外颁发的技能证书 （3）境内人社部发布的国家职业资格目录之外的教育和证书 （4）同一学历（学位）超过 4 年（48 个月）扣除期限的继续教育支出 【提示】同一纳税人，在同一纳税年度可以同时享受一个学历（学位）继续教育和一个职业资格继续教育。不能同时享受多个学历（学位）继续教育或多个职业资格继续教育
扣除标准		（1）学历（学位）继续教育，在学历（学位）教育期间按照每月 400 元定额扣除 （2）技能人员职业资格继续教育、专业技术人员职业资格继续教育，在取得相关证书的当年，按照 3600 元定额扣除
扣除方		（1）本人 （2）个人接受本科及以下学历（学位）继续教育，符合税法规定扣除条件的，可以选择由其父母（按照子女教育）扣除，也可以选择由本人扣除
计算时间		（1）学历（学位）继续教育，为在中国境内接受学历（学位）继续教育入学的当月至学历（学位）继续教育结束的当月，同一学历（学位）继续教育的扣除期限最长不得超过 48 个月 （2）技能人员职业资格继续教育、专业技术人员职业资格继续教育，为取得相关证书的当年
资料留存		纳税人接受技能人员职业资格继续教育、专业技术人员职业资格继续教育的，应当留存相关证书等资料备查

（3）专项附加扣除——大病医疗

<table>
<tr><td rowspan="2">范围</td><td>包括</td><td>纳税人或配偶、未成年子女分别在一个纳税年度内医保目录范围内的自付部分累计超过15000元的部分（在80000元限额内据实扣除）</td></tr>
<tr><td>不包括</td><td>（1）医保目录范围外的医药费支出
（2）医保目录范围内未超过大病医疗支出的“起扣线”（15000元）的部分
（3）纳税人父母的医药费支出</td></tr>
<tr><td colspan="2">扣除标准</td><td>在一个纳税年度内，纳税人发生的与基本医保相关的医药费用支出，扣除医保报销后个人负担（指医保目录范围内的自付部分）累计超过15000元的部分，由纳税人在办理年度汇算清缴时，在80000元限额内据实扣除</td></tr>
<tr><td colspan="2">扣除方</td><td>纳税人发生的医药费用支出可以选择由本人或者其配偶扣除；未成年子女发生的医药费用支出可以选择由其父母一方扣除</td></tr>
<tr><td colspan="2">计算时间</td><td>医疗保障信息系统记录的医药费用实际支出的当年</td></tr>
<tr><td colspan="2">资料留存</td><td>留存医药服务收费及医保报销相关票据原件（或复印件）等资料备查</td></tr>
</table>

（4）专项附加扣除——住房贷款利息

<table>
<tr><td rowspan="2">范围</td><td>包括</td><td>本人或者配偶购买中国境内住房，贷款来源于商业银行或者住房公积金的首套住房贷款利息支出
【提示】首套住房贷款是指购买住房享受首套住房贷款利率的住房贷款</td></tr>
<tr><td>不包括</td><td>（1）购买中国境外住房的房贷利息
（2）父母贷款但产权登记为子女的购房贷款利息
（3）商业银行或者住房公积金之外的贷款购房的利息
（4）与首套住房贷款利率水平不相符的房贷利息
（5）享受首套住房贷款利息扣除后的再次购房的房贷利息
（6）贷款购房当年已享受住房租金专项附加扣除</td></tr>
<tr><td colspan="2">扣除标准</td><td>在实际发生贷款利息的年度，按照每月1000元的标准定额扣除
【提示】纳税人只能享受一套首套住房贷款利息扣除</td></tr>
<tr><td colspan="2">扣除方</td><td>（1）夫妻双方可约定选择由其中一方扣除，确定后，一个纳税年度内不得变更
（2）夫妻双方婚前分别购买住房发生的首套住房贷款，其贷款利息支出，婚后可以选择其中一套购买的住房，由购买方按扣除标准的100%扣除，也可以由夫妻双方对各自购买的住房分别按扣除标准的50%扣除，具体扣除方式在一个纳税年度内不能变更</td></tr>
<tr><td colspan="2">计算时间</td><td>贷款合同约定开始还款的当月至贷款全部归还或贷款合同终止的当月，扣除期限最长不得超过240个月</td></tr>
<tr><td colspan="2">资料留存</td><td>留存住房贷款合同、贷款还款支出凭证备查</td></tr>
</table>

要点小贴士

有具体期限的专项附加扣除：

（1）学历（学位）继续教育：4年。

（2）住房贷款利息：20年。

（5）专项附加扣除——住房租金

范围	包括	纳税人及配偶在主要工作城市没有自有住房且签订住房租赁合同租房的
	不包括	（1）在主要工作城市有自有住房（取得自有住房产权证或购买自有住房时的契税完税证明） （2）不付租金的职工宿舍或借住房 （3）纳税人及其配偶在一个纳税年度内已享受住房贷款利息专项附加扣除
扣除标准		（1）直辖市、省会（首府）城市、计划单列市以及国务院确定的其他城市，扣除标准为每月1500元 （2）除上述所列城市外，市辖区户籍人口超过100万的城市，扣除标准为每月1100元；市辖区户籍人口不超过100万的城市，扣除标准为每月800元 【提示1】纳税人无任职受雇单位的，主要工作城市为受理其综合所得汇算清缴的税务机关所在城市 【提示2】一个纳税年度内不得同时分别享受住房贷款利息专项附加扣除和住房租金专项附加扣除
扣除方		夫妻双方主要工作城市相同的，只能由一方（签订租赁住房合同的承租人）扣除住房租金支出
计算时间		租赁合同（协议）约定的房屋租赁期开始的当月至租赁期结束的当月。提前终止合同（协议）的，以实际租赁期限为准
资料留存		留存住房租赁合同、协议等有关资料备查

（6）专项附加扣除——赡养老人

范围	包括	（1）年满60周岁的父母 （2）子女均已去世的年满60周岁的祖父母、外祖父母
	不包括	赡养的其他关系人（如岳父母、公婆等）
扣除标准		（1）纳税人为独生子女的，按照每月2000元的标准定额扣除 （2）纳税人为非独生子女的，由其与兄弟姐妹分摊每月2000元的扣除额度，每人分摊的额度最高不得超过每月1000元。可以由赡养人均摊或者约定分摊，也可以由被赡养人指定分摊。约定或者指定分摊的须签订书面分摊协议，指定分摊优于约定分摊。具体分摊方式和额度在一个纳税年度内不得变更
扣除方		赡养人
计算时间		被赡养人年满60周岁的当月至赡养义务终止的年末
资料留存		留存约定或指定分摊的书面分摊协议等资料备查

名师点拨

（1）被赡养人中一位或多位年满60周岁；
（2）被赡养人是祖父母、外祖父母的，其子女均已去世。

经典题解

【例题23·多选题】以下属于个人所得税专项扣除的项目有（　　）。

A. 基本医疗保险　　B. 住房公积金

C. 大病医疗　　D. 住房租金

【名师点题】个人所得税的专项扣除与专项附加扣除是初学者容易混淆的概念，考生注意辨析。专项扣除，包括居民个人按照国家规定的范围和标准缴纳的基本养老保险、基本医疗保险、失业保险等社会保险费和住房公积金等。专项附加扣除目前包含了子女教育、继续教育、大病医疗、住房贷款利息或者住房租金、赡养老人等6项支出。

【解析】选项AB属于个人所得税专项扣除的项目；选项CD属于个人所得税专项附加扣除的项目。

【答案】AB

【真题24·单选题】居民个人取得的下列所得中，在计缴个人所得税时可享受专项附加扣除的是（　　）。（2020年）

A. 偶然所得　　B. 财产租赁所得

C. 经营所得　　D. 财产转让所得

【解析】（1）居民个人取得综合所得可以扣除专项附加扣除；（2）纳税人取得经营所得没有综合所得的，可以扣除专项附加扣除。

【答案】C

【例题25·多选题】以下关于个人所得税专项附加扣除的表述不正确的有（　　）。

A. 甲参加驾校培训取得驾驶执照，可以享受继续教育专项附加扣除

B. 乙赡养60周岁以上的岳父母，可以享受赡养老人专项附加扣除

C. 丙在中国境外贷款购买住房，可享受住房贷款利息专项附加扣除

D. 丁父母的医药费支出，在一个纳税年度内医保目录范围内的自付部分累计超过15000元的部分，可以由丁享受大病医疗专项附加扣除

【答案】ABCD

【例题26·单选题】以下符合个人所得税专项附加扣除规定的是（　　）。

A. 纳税人子女在中国境内接受高中教育的支出，按照每月400元（每年4800元）定额扣除

B. 可扣除的首套住房贷款利息是指购买唯一住房的住房贷款利息

C. 享受住房租金专项附加扣除的纳税人，夫妻双方主要工作城市相同的，只能由一方扣除住房租金支出

D. 纳税人可同时分别享受住房贷款利息专项附加扣除和住房租金专项附加扣除

【解析】选项A，混淆了子女教育支出和继续教育支出。纳税人子女在中国境内接受高中教育的支出，按照每个子女每月1000元（每年12000元）的标准定额扣除。选项B，首套住房贷款是指购买住房享受首套住房贷款利率的住房贷款。选项D，纳税人及其配偶在一个纳税年度内不得同时分别享受住房贷款利息专项附加扣除和住房租金专项附加扣除。

【答案】C

4. 依法确定的其他扣除

范围	扣除标准
企业年金、职业年金	在不超过本人缴费工资计税基数的4%标准内的部分，从应纳税所得额中扣除
符合国家规定的商业健康保险	（1）个人自行购买的符合规定的商业健康保险，单位应自其提交保费凭单的次月起，按照不超过2400元/年（200元/月）的限额，在计算其个人所得税应纳税所得额时扣除 （2）单位统一为员工购买符合规定的商业健康保险产品的支出，应分别计入员工个人工资薪金，视同个人购买，自购买产品的次月起按2400元/年（200元/月）的限额予以扣除
税收递延型商业养老保险	试点地区个人通过个人商业养老资金账户购买符合规定的商业养老保险产品的支出，允许在一定标准内税前扣除，扣除限额按照当月工资薪金、连续性劳务报酬收入的6%和1000元孰低办法确定

经典题解

【例题27】居民个人李某为独生子，2021年共取得税前工资收入25万元，劳务报酬收入6万元，稿酬收入1万元，按规定缴纳社保和住房公积金共6万元。李某有两个上小学的小孩且均由其100%扣除子女教育专项附加扣除，李某的父母健在且均已年满60周岁。当年3月，单位统一为员工购买3000元的符合规定的商业健康保险产品。计算其当年综合所得的收入额和应纳税所得额。

名师点拨：单位为个人购买的商业健康保险3000元作为个人的非货币所得，在购买当月计入工资薪金收入。从购买次月起按照200元/月的限额扣除。

（1）全年综合所得的收入额=250000+3000+60000×（1-20%）+10000×（1-20%）×70%=306600（元）

（2）全年符合规定的扣除额=60000+60000+12000×2+24000+200×9个月=169800（元）

李某综合所得应纳税所得额=306600-169800=136800（元）。

考点4：捐赠的扣除★★

个人将其所得对教育、扶贫、济困等公益慈善事业进行捐赠，捐赠额未超过纳税人申报的应纳税所得额30%的部分，可以从其应纳税所得额中扣除，超过部分不得扣除。

国务院规定对公益慈善事业捐赠实行全额税前扣除的，从其规定。

经典题解

【例题28】张三参加某商城有奖销售活动获奖金5000元，他当即让该商城以张三名义通过政府列入名单的慈善机构向境内某水灾地区捐款2000元，假设张三无其他所得，则：

张三该笔捐赠扣除限额 =5000×30%=1500（元）

张三该笔奖金的应纳税所得额 =5000-1500=3500（元）

假若张三捐款额为 1000 元，则张三该笔奖金的应纳税所得额 =5000-1000=4000（元）。

公益慈善事业捐赠	具体规定
捐赠渠道	（1）境内公益性社会组织，包括依法设立或登记并按规定条件和程序取得公益性捐赠税前扣除资格的慈善组织、其他社会组织和群众团体 （2）县级以上人民政府及其部门等国家机关
捐赠扣除比例	一般规定： （1）捐赠额未超过纳税人申报的应纳税所得额 30% 的部分，可以从其应纳税所得额中扣除，超过部分不得扣除 （2）个人捐赠住房作为公租房，符合税收法律法规规定的，对其公益性捐赠支出未超过其申报的应纳税所得额 30% 的部分，准予从其应纳税所得额中扣除 特殊规定：国务院规定对公益慈善事业捐赠实行全额税前扣除的，从其规定
多项捐赠的扣除次序确定	个人同时发生按 30% 扣除和全额扣除的公益捐赠支出，自行选择扣除次序
捐赠支出金额的确定	（1）捐赠货币性资产的，按照实际捐赠金额确定 （2）捐赠股权、房产的，按照个人持有股权、房产的财产原值确定 （3）捐赠除股权、房产以外的其他非货币性资产的，按照非货币性资产的市场价格确定
捐赠票据的取得与提供	（1）公益捐赠票据的开具与取得：公益性社会组织、国家机关在接受个人捐赠时，应当按照规定开具捐赠票据；个人索取捐赠票据的，应予以开具。个人发生公益捐赠时不能及时取得捐赠票据的，可以暂时凭公益捐赠银行支付凭证扣除，并向扣缴义务人提供公益捐赠银行支付凭证复印件。个人应在捐赠之日起 90 日内向扣缴义务人补充提供捐赠票据，如果个人未按规定提供捐赠票据的，扣缴义务人应在 30 日内向主管税务机关报告。机关、企事业单位统一组织员工开展公益捐赠的，纳税人可以凭汇总开具的捐赠票据和员工明细单扣除 （2）预扣预缴、代扣代缴税款时捐赠票据的提供：个人通过扣缴义务人享受公益捐赠扣除政策，应当告知扣缴义务人符合条件可扣除的公益捐赠支出金额，并提供捐赠票据的复印件，其中捐赠股权、房产的还应出示财产原值证明。扣缴义务人应当按照规定在预扣预缴、代扣代缴税款时予以扣除，并将公益捐赠扣除金额告知纳税人 【提示】个人应留存捐赠票据，留存期限为 5 年

考点妙记

捐出方要索票，
受赠方应开票；
不能及时有票，
暂用银行证明；
捐赠 90 日内，
必须提供票据。
单位统一组织捐赠；
汇总开票明细到人。

【归纳】财政部　税务总局2019年第99号公告中，对居民个人和非居民个人的公益捐赠支出，分别做了具体规定：

公益慈善事业捐赠支出		具体规定
居民个人	所得项目	可以在财产租赁所得、财产转让所得、利息股息红利所得、偶然所得（以下统称“分类所得”）、综合所得或者经营所得中扣除 （1）允许跨项扣除：在当期一个所得项目扣除不完的公益捐赠支出，可以按规定在其他所得项目中继续扣除 （2）允许选择扣除顺序：根据各项所得的收入、公益捐赠支出、适用税率等情况，自行决定在综合所得、分类所得、经营所得中扣除的公益捐赠支出的顺序
	在综合所得中扣除公益捐赠支出的处理	（1）取得工资薪金所得的，可以选择在预扣预缴时扣除，也可以选择在年度汇算清缴时扣除。选择在预扣预缴时扣除的，应按照累计预扣法计算扣除限额，其捐赠当月的扣除限额为截至当月累计应纳税所得额的30%（全额扣除的从其规定）。个人从两处以上取得工资薪金所得，选择其中一处扣除，选择后当年不得变更 （2）取得劳务报酬所得、稿酬所得、特许权使用费所得的，预扣预缴时不扣除公益捐赠支出，统一在汇算清缴时扣除 （3）取得全年一次性奖金、股权激励等所得，且按规定采取不并入综合所得而单独计税方式处理的，公益捐赠支出扣除比照分类所得的扣除规定处理
	在分类所得中应扣未扣公益捐赠支出追补扣除规定	可在捐赠当月取得的分类所得中扣除。当月分类所得应扣除未扣除的公益捐赠支出，可以按照以下规定追补扣除： （1）扣缴义务人已经代扣但尚未解缴税款的，居民个人可以向扣缴义务人提出追补扣除申请，退还已扣税款 （2）扣缴义务人已经代扣且解缴税款的，居民个人可以在公益捐赠之日起90日内提请扣缴义务人向征收税款的税务机关办理更正申报追补扣除，税务机关和扣缴义务人应当予以办理 （3）居民个人自行申报纳税的，可以在公益捐赠之日起90日内向主管税务机关办理更正申报追补扣除 居民个人捐赠当月有多项多次分类所得的，应先在其中一项一次分类所得中扣除。已经在分类所得中扣除的公益捐赠支出，不再调整到其他所得中扣除

考点妙记

居民所得三大类，综合、分类与经营。
慈善允许跨项扣，项目、顺序自选定。
未尽扣除转他项，已扣金额不调项。
工薪捐赠何时扣？预缴、汇缴均可行。
劳务稿酬特许权，只能汇缴统一扣。
捐赠扣除复凭据，股权房产原值明。
分扣未缴漏捐赠，申请补记索退税。
分类扣缴漏捐赠，90日内办更正。
经营所得经营扣，预缴、汇缴可选择。
核定征收不查账，公益捐赠不能扣。
非居民分类当月扣，未尽扣除转经营。

公益慈善事业捐赠支出		具体规定
居民个人	在经营所得中扣除公益捐赠支出的处理	（1）个体工商户发生的公益捐赠支出，在其经营所得中扣除 （2）个人独资企业、合伙企业发生的公益捐赠支出，其个人投资者应当按照捐赠年度合伙企业的分配比例（个人独资企业分配比例为100%），计算归属于每一个人投资者的公益捐赠支出，个人投资者应将其归属的个人独资企业、合伙企业公益捐赠支出和本人需要在经营所得扣除的其他公益捐赠支出合并，在其经营所得中扣除 （3）在经营所得中扣除公益捐赠支出的，可以选择在预缴税款时扣除，也可以选择在汇算清缴时扣除 （4）经营所得采取核定征收方式的，不扣除公益捐赠支出
非居民个人		非居民个人发生的公益捐赠支出，未超过其在公益捐赠支出发生的当月应纳税所得额30%的部分，可以从其应纳税所得额中扣除。扣除不完的公益捐赠支出，可以在经营所得中继续扣除。非居民个人按规定可以在应纳税所得额中扣除公益捐赠支出而未实际扣除的，参照上述"在分类所得中应扣未扣公益捐赠支出追补扣除规定"处理

经典题解

【例题29·多选题】以下关于居民个人公益捐赠支出的表述，符合个人所得税政策规定的有（　　）。

A. 在当期一个所得项目扣除不完的公益捐赠支出，可以按规定在其他所得项目中继续扣除

B. 当月分类所得应扣除未扣除的公益捐赠支出，在年终汇算清缴时统一扣除

C. 个人同时发生按30%扣除和全额扣除的公益捐赠支出，应先扣除全额扣除的公益捐赠支出

D. 纳税人可自行决定在综合所得、分类所得、经营所得中扣除的公益捐赠支出的顺序

【解析】选项B，分类所得项目没有汇算清缴的规定，当月分类所得应扣除未扣除的公益捐赠支出，可以按照规定追补扣除。选项C，个人同时发生按30%扣除和全额扣除的公益捐赠支出，自行选择扣除次序。

【答案】AD

【真题30·多选题】下列关于个体工商户公益捐赠支出税前扣除的表述中，符合个人所得税法规定的有（　　）。（2021年）

A. 可自行选择按30%标准扣除和全额扣除的公益捐赠支出的扣除次序

B. 发生的公益捐赠支出在其经营所得中扣除

C. 应妥善留存捐赠相关票据至少5年

D. 只能选择其对年度经营所得汇算清缴时扣除

【解析】选项D：在经营所得中扣除公益捐赠支出的，可以选择在预缴税款时扣除，也可以选择在汇算清缴时扣除。

【答案】ABC

考点5：应纳税所得额的其他规定★★

1. 非货币所得的确定

个人所得的形式，包括现金、实物、有价证券和其他形式的经济利益；所得为实物的，应当按照取得的凭证上所注明的价格计算应纳税所得额，无凭证的实物或者凭证上所注明的价格明显偏低的，参照市场价格核定应纳税所得额；所得为有价证券的，根据票面价格和市场价格核定应纳税所得额；所得为其他形式的经济利益的，参照市场价格核定应纳税所得额。

2. 中介费的扣除

对个人从事技术转让、提供劳务等过程中所支付的中介费，如能提供有效、合法凭证的，允许从其所得中扣除。

第三节 税收优惠

使用“会计云课堂”App或“微信”扫码查看本节视频，快速GET知识点。

个人所得税的减免税优惠是需要考生掌握的重要内容。由于个人所得税税收优惠政策多而杂，这里分类收录易考的主要优惠政策。

考点1：免征个人所得税的优惠★★★

名师点拨

任职受雇单位发放给个人的奖金计入个人工资薪金所得。

名师点拨

项目	增	企	个
国债利息	免	免	免
储蓄存款利息	不征	征	免
保险赔款	不征	抵减损失	免

1. 省级人民政府、国务院部委和中国人民解放军军以上单位，以及外国组织颁发（颁布）的科学、教育、技术、文化、卫生、体育、环境保护等方面的奖金（奖学金）。

2. 国债和国家发行的金融债券利息；地方政府债券利息。

3. 按照国家统一规定发给的补贴、津贴。

指按照国务院规定发给的政府特殊津贴、院士津贴和国务院规定免纳个人所得税的补贴、津贴。

4. 福利费、抚恤金、救济金。

福利费，是指根据国家有关规定，从企业、事业单位、国家机关、社会团体提留的福利费或者工会经费中支付给个人的生活补助费；救济金，是指各级人民政府民政部门支付给个人的生活困难补助费。

5. 保险赔款。

6. 军人的转业费、复员费。

7. 按照国家统一规定发给干部、职工的安家费、退职费、基本养老金或者退休费、离休费、离休生活补助费。

8. 依照我国有关法律规定应予免税的各国驻华使馆、领事馆的外交代表、领事官员和其他人员的所得。

9. 中国政府参加的国际公约以及签订的协议中规定免税的所得。

10. 个人按照省级以上人民政府规定的比例缴付的住房公积金、医疗保险金、基本养老保险金、失业保险金，允许在个人应纳税所得额中扣除，免予征收个人所得税。

11. 个人举报、协查各种违法、犯罪行为而获得的奖金。

12. 个人办理代扣代缴税款手续，按规定取得的扣缴手续费。

13. 个人转让自用达 5 年以上并且是家庭唯一的生活用房取得的所得。

名师点拨

个人转让住房：

（1）个税——满 5 唯一，免。

（2）土增——免。

（3）增值税：

<table>
<tr><th colspan="3">情形</th><th>征免</th></tr>
<tr><td colspan="3">自建自用</td><td>免</td></tr>
<tr><td rowspan="3">非自建</td><td colspan="2">＜2 年</td><td>全额 5%</td></tr>
<tr><td rowspan="2">≥ 2 年</td><td>四市非普通</td><td>差额 5%</td></tr>
<tr><td>其他</td><td>免</td></tr>
</table>

【提示】自用 5 年以上是指个人购房至转让房屋的时间达 5 年以上。家庭唯一生活用房是指在同一省、自治区、直辖市范围内纳税人（有配偶的为夫妻双方）仅拥有一套住房。

14. 符合地方政府规定条件的城镇住房保障家庭从地方政府领取的住房租赁补贴，免征个人所得税。

经典题解

【真题 31 · 单选题】个人转让下列财产取得的差价收入中，免征个人所得税的是（　　）。（2021 年）

A. 自行研发的机器设备

B. 从二级市场购买的 A 股股票

C. 从二手车市场购入的机动车辆

D. 从二级市场购买的企业债券

【解析】选项 B：个人转让境内上市公司股票取得的所得免征个人所得税。选项 ACD：按照财产转让所得缴纳个人所得税。

【答案】B

【真题 32 · 单选题】个人取得的下列利息收入中，应缴纳个人所得税的是（　　）。（2020 年）

A. 财政部发行国债的利息

B. 国家发行金融债券的利息

C. 企业发行公司债券的利息

D. 个人教育储蓄存款的利息

【解析】选项 ABD：免征个人所得税。

【答案】C

【真题33·多选题】下列个人所获得的收入，属于免征个人所得税的有（ ）。（2020年）

A. 保险理赔金额5000元

B. 商场抽奖所得500元

C. 单张发票中奖金额1000元

D. 退休工资收入8000元

【解析】选项B：属于"偶然所得"，没有免税优惠。选项C：个人取得单张有奖发票奖金所得不超过800元（含800元）的，暂免征收个人所得税；个人取得单张有奖发票奖金所得超过800元的，应全额按照"偶然所得"项目征收个人所得税。

【答案】AD

【真题34·单选题】下列收入免征个人所得税的是（ ）。（2019年考题改编）

A. 退休人员再任职取得的收入

B. 大学教授取得的岗位津贴

C. 提前退休人员取得的一次性补贴收入

D. 员工从破产企业取得的一次性安置费

【解析】选项A：退休人员再任职取得的收入，在减除按个人所得税法规定的费用扣除标准后，按"工资、薪金所得"应税项目缴纳个人所得税；选项B：大学教授取得的岗位津贴按工资、薪金所得计征个人所得税，税款由所在学校扣缴；选项C：个人办理提前退休手续而取得的一次性补贴收入，应按照办理提前退休手续至法定离退休年龄之间实际年度数平均分摊，确定适用税率和速算扣除数，单独适用综合所得税率表，计算纳税。

【答案】D

【真题35·单选题】国内某大学教授取得的下列所得中，免予征收个人所得税的是（ ）。（2017年）

A. 因任某高校兼职教授取得的课酬

B. 按规定领取原提存的住房公积金

C. 因拥有持有期不足1年的某上市公司股票取得的股息

D. 被学校评为校级优秀教师获得的奖金

【名师点题】个人所得税的免税规定属于CPA税法考试的高频考点，在考试命题时往往体现出政策的基本应用，考生不能死记硬背，而要活学活用。

【解析】选项AD：照章缴纳个人所得税。选项C：2015年9月8日以后，个人从公开发行和转让市场取得的上市公司股票，持股期限超过1年的，股息红利所得暂免征收个人所得税。个人从公开发行和转让市场取得的上市公司股票，持股期限在1个月以内（含1个月）的，其股息红利所得全额计入应纳税所得额；持股期限在1个月以上至1年（含1年）的，暂减按50%计入应纳税所得额；上述所得统一适用20%的税率计征个人所得税。

【答案】B

考点 2：外籍个人所得税免税优惠★★

1. 外籍个人从外商投资企业取得的股息、红利所得。

2. 凡符合下列条件之一的外籍专家取得的工资、薪金所得可免征个人所得税：

（1）根据世界银行专项贷款协议由世界银行直接派往我国工作的外国专家。

（2）联合国组织直接派往我国工作的专家。

（3）为联合国援助项目来华工作的专家。

（4）援助国派往我国专为该国无偿援助项目工作的专家。

（5）根据两国政府签订文化交流项目来华工作两年以内的文教专家，其工资、薪金所得由该国负担的。

（6）根据我国大专院校国际交流项目来华工作两年以内的文教专家，其工资、薪金所得由该国负担的。

（7）通过民间科研协定来华工作的专家，其工资、薪金所得由该国政府机构负担的。

经典题解

【例题 36 · 多选题】下列项目不得享受个人所得税免税优惠的有（　　）。

A. 外籍个人从外商投资企业取得的股息所得

B. 通过民间科研协定来华工作的外籍专家取得的由中国政府机构负担的工资、薪金所得

C. 个人取得的保险赔款

D. 个人取得的企业债券利息收入

【解析】选项 B：通过民间科研协定来华工作的专家，其工资、薪金所得由该国政府机构负担的才可以免征个人所得税；选项 D：国债和国家发行的金融债券利息是免税的，对于企业债券利息没有免税规定，应按规定计算纳税。

【答案】BD

考点 3：特殊的免税优惠★★

1. 对被拆迁人按照国家有关城镇房屋拆迁管理办法规定的标准取得的拆迁补偿款（含因棚户区改造而取得的拆迁补偿款），免征个人所得税。

2. 对个人投资者从投保基金公司取得的行政和解金，暂免征收个人所得税。

3. 自 2020 年 1 月 1 日起：

（1）对参加疫情防治工作的医务人员和防疫工作者按照政府规定标准取得的临时性工作补助和奖金，免征个人所得税。政府规定标准包括各级政府规定的补助和奖金标准。

对省级及省级以上人民政府规定的对参与疫情防控人员的临时性工作补助和奖金，比照执行。

（2）单位发给个人用于预防新型冠状病毒感染的肺炎的药品、医疗用品和防护用品等实物（不包括现金），不计入工资、薪金收入，免征个人所得税。

4. 北京2022年冬奥会和冬残奥会个人所得税的规定

（1）个人捐赠北京2022年冬奥会、冬残奥会、测试赛的资金和物资支出可在计算个人应纳税所得额时予以全额扣除。

（2）对受北京冬奥组委邀请的，在北京2022年冬奥会、冬残奥会、测试赛期间临时来华，从事奥运相关工作的外籍顾问以及裁判员等外籍技术官员取得的由北京冬奥组委、测试赛赛事组委会支付的劳务报酬免征个人所得税。

（3）对于参赛运动员因北京2022年冬奥会、冬残奥会、测试赛比赛获得的奖金和其他奖赏收入，按现行税收法律法规的有关规定征免应缴纳的个人所得税。

（4）对国际奥委会及其相关实体、国际残奥委会及其相关实体的外籍雇员、官员、教练员、训练员以及其他代表在2019年6月1日至2022年12月31日期间临时来华，从事与北京冬奥会相关的工作，取得由北京冬奥组委支付或认定的收入，免征个人所得税。

考点4：减征个人所得税的优惠★

1. 个人投资者持有2019~2023年发行的铁路债券取得的利息收入，减按50%计入应纳税所得额计算征收个人所得税。税款由兑付机构在向个人投资者兑付利息时代扣代缴。

2. 自2019年1月1日起至2023年12月31日止，一个纳税年度内在船航行时间累计满183天的远洋船员，其取得的工资薪金收入减按50%计入应纳税所得额，依法缴纳个人所得税。远洋船员可选择在当年预扣预缴税款或者次年个人所得税汇算清缴时享受上述减征优惠政策。

3. 自2021年1月1日起至2022年12月31日止，对个体工商户经营所得年应纳税所得额不超过100万元的部分，在现行优惠政策基础上，再减半征收个人所得税。个体工商户不区分征收方式，均可享受。（新增）

4. 有下列情形之一的，可减征个人所得税，具体幅度和期限，由省、自治区、直辖市人民政府规定，并报同级人大常委会备案：

（1）残疾、孤老人员和烈属的所得。

（2）因自然灾害遭受重大损失的。

（3）国务院可以规定其他减税情形，报全国人民代表大会常务委员会备案。

第四节　境外所得的税额扣除

使用“会计云课堂”App 或“微信”扫码查看本节视频，快速 GET 知识点。

考点 1：境外所得和境外所得税额扣除的基本规定★★

（一）来源于中国境外的所得

下列所得，为来源于中国境外的所得：

1. 因任职、受雇、履约等在中国境外提供劳务取得的所得。
2. 中国境外企业以及其他组织支付且负担的稿酬所得。
3. 许可各种特许权在中国境外使用而取得的所得。
4. 在中国境外从事生产、经营活动而取得的与生产、经营活动相关的所得。
5. 从中国境外企业、其他组织以及非居民个人取得的利息、股息、红利所得。
6. 将财产出租给承租人在中国境外使用而取得的所得。
7. 转让中国境外的不动产、转让对中国境外企业以及其他组织投资形成的股票、股权以及其他权益性资产（以下简称“权益性资产”）或者在中国境外转让其他财产取得的所得。但转让对中国境外企业以及其他组织投资形成的权益性资产，该权益性资产被转让前 3 年（连续 36 个公历月份）内的任一时间，被投资企业或其他组织的资产公允价值 50% 以上直接或间接来自位于中国境内的不动产的，取得的所得为来源于中国境内的所得。
8. 中国境外企业、其他组织以及非居民个人支付且负担的偶然所得。
9. 财政部、国家税务总局另有规定的，按照相关规定执行。

（二）限额抵免的基本规定

税法规定，居民个人从中国境外取得的所得，准予其在应纳税额中抵免已在境外缴纳的个人所得税税额。但抵免额不得超过该纳税人境外所得依照我国税法规定计算的应纳税额。居民个人在一个纳税年度内来源于中国境外的所得，依照所得来源国家（地区）税收法律规定在中国境外已缴纳的所得税税额允许在抵免限额内从其该纳税年度应纳税额中抵免。

纳税人境外所得依照《个人所得税法》规定计算的应纳税额，是居民个人抵免已在境外缴纳的综合所得、经营所得以及其他所得的所得税税额的限额（以下简称“抵免限额”）。除国务院财政、税务主管部门另有规定外，来源于中国境外一个国家（地区）的综合所得抵免限额、经营所得抵免限额以及其他所得抵免限额之和，为来源于该国家（地区）所得的抵免限额。

居民个人在中国境外一个国家（地区）实际已经缴纳的个人所得税税额，低于依照规定计算出的来源于该国家（地区）所得的抵免限额的，应当在中国缴纳差额部分的税款；超过来源于该国家（地区）所得的抵免限额的，其超过部分不得在本纳税年度的应纳税额中抵免，但是可以在以后纳税年度来源于该国家（地区）所得的抵免限额的余额中补扣。补扣期限最长不得超过 5 年。

居民个人申请抵免已在境外缴纳的个人所得税税额，应当提供境外税务机关出具的税款所属年度的有关纳税凭证。

考点2：抵免限额与可抵免税额★★★

（一）抵免限额的计算规则

【解释】改革后的个人所得税法，境外所得抵免限额的计算需要历经三个步骤。

来源于境外的所得项目或类别	第一步：分类或分项计算应纳税额	第二步：分国计算分类或分项的抵免限额	第三步：分国别确定抵免限额
综合所得	与境内综合所得合并计算应纳税额	来源于一国（地区）综合所得的抵免限额＝中国境内和境外综合所得依照第一步计算的综合所得应纳税额×来源于该国（地区）的综合所得收入额÷中国境内和境外综合所得收入额合计	来源于一国（地区）所得的抵免限额＝来源于该国（地区）综合所得抵免限额＋来源于该国（地区）经营所得抵免限额＋来源于该国（地区）其他分类所得抵免限额
经营所得	与境内经营所得合并计算应纳税额	来源于一国（地区）经营所得的抵免限额＝中国境内和境外经营所得依照第一步计算的经营所得应纳税额×来源于该国（地区）的经营所得应纳税所得额÷中国境内和境外经营所得应纳税所得额合计	
其他分类所得（利息、股息、红利所得，财产租赁所得，财产转让所得和偶然所得）	不与境内所得合并，应当分别单独计算应纳税额	来源于一国（地区）其他分类所得的抵免限额＝该国（地区）的其他分类所得依照第一步计算的应纳税额	

【注意】这里避免国际间重复征税的原理与企业所得税相同，但计算境外税款抵免限额的方法采用的是分国分项计算、分国加总的方法，不同于企业所得税的境外税款抵免限额可选择分国法（分国不分项）和综合法（不分国不分项）的计算方法。

（二）可抵免税额

名师点拨

企业所得税中也有类似规定，详见第12章第3节考点4。

1. 可抵免的境外所得税税额，是指居民个人取得境外所得，依照该所得来源国（地区）税收法律应当缴纳且实际已经缴纳的所得税性质的税额。可抵免的境外所得税税额不包括以下5种情形：

（1）按照境外所得税法律属于错缴或错征的境外所得税税额。

（2）按照我国政府签订的避免双重征税协定以及内地与香港、澳门签订的避免双重征税安排（以下统称税收协定）规定不应征收的境外所得税税额。

（3）因少缴或迟缴境外所得税而追加的利息、滞纳金或罚款。

（4）境外所得税纳税人或者其利害关系人从境外征税主体得到实际返还或补偿的境外所得税税款。

（5）按照我国《个人所得税法》及其实施条例规定，已经免税的境外所得负担的境外所得税税款。

2. 居民个人从与我国签订税收协定的国家（地区）取得的所得，按照该国（地区）税收法律享受免税或减税待遇，且该免税或减税的数额按照税收协定饶让条款规定应视同已缴税额在中国的应纳税额中抵免的，该免税或减税数额可作为居民个人实际缴纳的境外所得税税额按规定申报税收抵免——饶让抵免。

（三）抵免限额的应用

居民个人一个纳税年度内来源于一国（地区）的所得实际已经缴纳的所得税税额，低于依照上述规定计算出的来源于该国（地区）该纳税年度所得的抵免限额的，应以实际缴纳税额作为抵免额进行抵免；超过来源于该国（地区）该纳税年度所得的抵免限额的，应在限额内进行抵免，超过部分可以在以后 5 个纳税年度内结转抵免。

经典题解

【例题 37 · 单选题】2021 年中国公民黄某在 A 国转让股权应纳税所得额 40000 元，按 A 国税法规定缴纳了个人所得税 6500 元；在 A 国还取得偶然所得 10000 元，按 A 国税法规定缴纳了个人所得税 3000 元。黄某当年在国内外没有其他所得项目，则黄某在我国应补缴个人所得税（　　）元。（以上货币均为人民币）

A. 50　　　B. 500　　　C. 1000　　　D. 1100

【解析】境外所得的抵免限额为同一国家内不同应税项目，依照我国税法计算的应纳税额之和。

转让股权按我国税法计算的应纳税额 =40000×20%=8000（元）

偶然所得按我国税法计算的应纳税额 =10000×20%=2000（元）

黄某 A 国所得的抵免限额 =8000+2000=10000（元）＞ 6500+3000=9500（元）

黄某应在我国补缴个人所得税 =10000-9500=500（元）。

【答案】B

考点 3：境外所得税额扣除的管理★★

要点	规定
申报时间	取得所得的次年 3 月 1 日至 6 月 30 日内申报纳税
申报地点	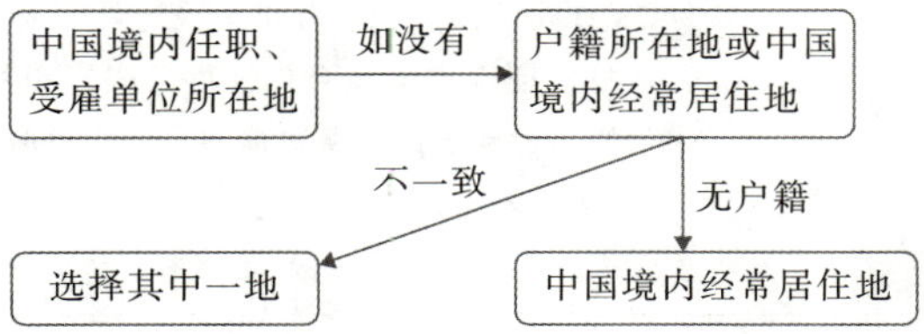

要点	规定
纳税年度的确定	居民个人取得境外所得的境外纳税年度与公历年度不一致的，取得境外所得的境外纳税年度最后一日所在的公历年度，为境外所得对应的我国纳税年度 【举例】居民个人王先生在A国取得所得，按A国税收法律规定，其纳税年度为每年4月6日至次年4月5日。王先生在2020年4月6日至2021年4月5日期间，从A国取得所得的最后一日所在年度为2021年，其对应的我国纳税年度为2021年度，故应于2022年3月1日至6月30日申报境外所得
凭证要求	居民个人申报境外所得税收抵免时，除另有规定外，应当提供境外征税主体出具的税款所属年度的完税证明、税收缴款书或者纳税记录等纳税凭证，未提供符合要求的纳税凭证，不予抵免 纳税人确实无法提供纳税凭证的，可同时凭境外所得纳税申报表（或者境外征税主体确认的缴税通知书）以及对应的银行缴款凭证办理境外所得抵免事宜
外币折算	所得为人民币以外货币的，按照办理纳税申报或者扣缴申报的上一月最后一日人民币汇率中间价，折合成人民币计算应纳税所得额。年度终了后办理汇算清缴的，对已经按月、按季或者按次预缴税款的人民币以外货币所得，不再重新折算；对应当补缴税款的所得部分，按照上一纳税年度最后一日人民币汇率中间价，折合成人民币计算应纳税所得额
漏抵追溯	居民个人已申报境外所得、未进行税收抵免，在以后纳税年度取得纳税凭证并申报境外所得税收抵免的，可以追溯至该境外所得所属纳税年度进行抵免，但追溯年度不得超过5年。自取得该项境外所得的5个年度内，境外征税主体出具的税款所属纳税年度纳税凭证载明的实际缴纳税额发生变化的，按实际缴纳税额重新计算并办理补退税，不加收税收滞纳金，不退还利息
预扣税款	（1）居民个人被境内企业、单位、其他组织（以下称“派出单位”）派往境外工作，取得的工资、薪金所得或者劳务报酬所得，由派出单位或者其他境内单位支付或负担的，派出单位或者其他境内单位应按照规定预扣预缴税款 （2）居民个人被派出单位派往境外工作，取得的工资薪金所得或者劳务报酬所得，由境外单位支付或负担的，如果境外单位为境外任职、受雇的中方机构（以下简称“中方机构”）的，可以由境外任职、受雇的中方机构预扣税款，并委托派出单位向主管税务机关申报纳税。中方机构未预扣税款的或者境外单位不是中方机构的，派出单位应当于次年2月28日前向其主管税务机关报送外派人员情况，包括：外派人员的姓名、身份证件类型及身份证件号码、职务、派往国家和地区、境外工作单位名称和地址、派遣期限、境内外收入及缴税情况等 【提示】中方机构包括中国境内企业、事业单位、其他经济组织以及国家机关所属的境外分支机构、子公司、使（领）馆、代表处等

考点妙记（外币折算）：
本月申报上月末；
中间价格算所得；
汇算清缴不再折；
补税要按上年末。

考点妙记（漏抵追溯）：
漏抵免；追5年。

经典题解

【例题38·计算问答题】居民个人刘某2021年度取得在中国境内工作期间的工资薪金收入25万元，假设可以扣除基本减除费用6万元、专项扣除6万元、专项附加扣除3.6万元，以及依法确定的其他扣除0.24万元；另取得在境外A国工作期间的工资薪金收入20万元，特许权使用费收入20万元，股息收入4万元；同时在境外B国取得利息收入5万元。除上述外，刘某无其他所得。根据A国和B国税法规定，刘某在A国缴纳个人所得税6万元，同时在B国缴纳个人所得税0.8万元。假定刘某在境内已预缴工资薪金个人所得税0.7万元，不考虑国际税收协定因素，刘某在2021年个人所得税年度汇算时应如何处理？

【答案及解析】

第一步：计算境内外综合所得合计应纳税所得额和所得税额——综合所得境内、外合计

（1）刘某2021年度综合所得应纳税所得额：

①综合所得应纳税所得额=来源于境内工资薪金收入额+来源于A国工资薪金收入额+特许权使用费收入额-基本减除费用-专项扣除-专项附加扣除-其他扣除

②特许权使用费收入额=特许权使用费收入×（1-20%）

③综合所得应纳税所得额=25+20+20×（1-20%）-6-6-3.6-0.24=45.16（万元）。

（2）刘某2021年综合所得应纳税额：

综合所得应纳税额=境内和境外综合所得应纳税所得额×税率-速算扣除数

刘某2021年度综合所得应纳税额=45.16×30%-5.292=8.256（万元）。

第二步：居民个人来源于中国境外的利息、股息、红利所得，财产租赁所得，财产转让所得和偶然所得等其他分类所得，不与境内所得合并，应当分别单独计算应纳税额——分类所得境外单算

计算来源于境外股息所得应纳税额和利息所得应纳税额：

①利息、股息、红利所得应纳税额=利息、股息、红利应纳税所得额×20%

②来源于A国股息所得应纳税额=4×20%=0.8（万元）

③来源于B国利息所得应纳税额=5×20%=1（万元）。

第三步：计算刘某境外所得抵免限额。

刘某来自A国综合所得的抵免限额=境内和境外综合所得依法计算的应纳税额×来源于A国的综合所得收入额÷境内和境外综合所得收入额合计

刘某来自A国（B国）的其他分类所得的抵免限额=来源于A国（B国）其他分类所得×20%

居民个人来源于一国（地区）所得的抵免限额=来源于一国（地区）综合所得抵免限额+来源于一国（地区）经营所得抵免限额+来源于一国（地区）分类所得项目抵免限额

刘某2021年度来源于A国的综合所得抵免限额=8.256×[20+20×（1-20%）]÷[25+20+20×（1-20%）]=4.872（万元）

刘某2021年来源于A国股息所得抵免限额=4×20%=0.8（万元）

刘某2021年来源于A国所得的抵免限额合计=4.872+0.8=5.672（万元），小

于在 A 国实纳税额 6 万元，可以按照限额抵免。

刘某 2021 年来源于 B 国所得的抵免限额 1 万元，大于在 B 国的实纳税额 0.8 万元，按照实纳税额抵免。

刘某应在取得境外所得的次年 3 月 1 日至 6 月 30 日内申报纳税。

刘某当年应补（退）税额 = 境内和境外应纳税额合计 – 境内所得已在境内缴纳税额 – 境外所得已纳所得税可抵免额 =（8.256+0.8+1）–0.7–（5.672+0.8）=2.884（万元）。

第五节　应纳税额的计算

使用“会计云课堂”App 或“微信”扫码查看本节视频，快速 GET 知识点。

考点 1：居民个人综合所得年税额的计算★★★

居民个人综合所得年税额的计算首先按照规定标准先确定四项所得的收入额。再以每年收入额减除费用 60000 元以及专项扣除、专项附加扣除和依法确定的其他扣除后的余额，为应纳税所得额。最终计算税额。

收入 ⟶ 收入额 ⟶ 应纳税所得额 ⟶ 应纳税额

基本规定一览表：

<table>
<tr><th rowspan="2">综合所得包含项目</th><th colspan="2">应纳税所得额</th><th rowspan="2">计税公式</th></tr>
<tr><th>计入综合所得的收入额</th><th>扣除项目</th></tr>
<tr><td>工资、薪金所得</td><td>全额计入收入额</td><td rowspan="4">（1）基本减除费用 6 万元
（2）专项扣除
（3）专项附加扣除
（4）依法确定的其他扣除</td><td rowspan="4">全年应纳税额 = Σ（每一级数的全年应纳税所得额 × 对应级数的适用税率）=（全年收入额 –60000 元 – 专项扣除 – 专项附加扣除 – 其他扣除）× 适用税率 – 速算扣除数</td></tr>
<tr><td>劳务报酬所得</td><td rowspan="2">收入额是实际取得劳务报酬、特许权使用费收入的 80%</td></tr>
<tr><td>特许权使用费所得</td></tr>
<tr><td>稿酬所得</td><td>收入额是实际取得稿酬收入的 56%（80% × 70%）</td></tr>
</table>

经典题解

【真题 39·计算问答题】居民个人李某之子小学在读，2020 年 3 月又生育一女。2020 年李某的收入与部分支出情况如下：

（1）每月工资 9000 元，含按国家标准缴纳的“三险一金”2000 元。

（2）2 月自行购买符合个人所得税税前扣除规定的商业健康保险，年保费 4000 元，并于当月向单位提交了保单凭证。

（3）4 月通过出版社出版一部作品，税前稿酬 15000 元。

（其他相关资料：相关专项附加扣除均由李某 100% 扣除，李某已向单位报送其专项附加扣除信息）

要求：根据上述资料，按照序号回答问题，如有计算需计算出合计数。

（1）判断李某能否就 2020 年 3 月新生女儿享受当年度子女教育专项附加扣除。并简要说明理由。

（2）判断李某能否在个人所得税税前全额扣除每年 4000 元的商业健康保险保费，并简要说明理由。

（3）计算出版社对李某支付稿酬时应预扣预缴的个人所得税。

（4）计算李某 2020 年综合所得的应纳税所得额及应缴纳的个人所得税。（2021 年）

【答案及解析】

（1）不能享受。纳税人年满 3 周岁的子女接受学前教育和学历教育的相关支出，按照每个子女每月 1000 元的标准定额扣除，因此李某 2020 年 3 月“新生女儿”不能享受当年度子女教育专项附加扣除。

（2）不能全额扣除。个人自行购买的符合规定的商业健康保险，单位应自其提交保费凭单的次月起，按照不超过 200 元 / 月（2400 元 / 年）的标准扣除。4000 元＞ 2400 元，所以不能全额扣除。

（3）稿酬所得应预扣预缴的个人所得税 =15000×（1-20%）×70%×20%=1680（元）。

（4）李某 2020 年综合所得的应纳税所得额 =9000×12+15000×（1-20%）×70%-60000-2000×12-1000×12-200×10=18400（元）

李某 2020 年综合所得应缴纳的个人所得税 =18400×3%=552（元）。

【名师点题】居民个人取得综合所得的应纳税额，采用了预扣预缴、年终汇算清缴的方式。本题展示的是全年整体计算纳税人应纳税额的情形。综合所得取得时有预扣预缴的计算。

考点 2：居民个人工资薪金所得的预扣预缴★★★

扣缴义务人向居民个人支付工资、薪金所得时，应当按照累计预扣法计算预扣税款，并按月办理扣缴申报。

累计预扣法，是指扣缴义务人在一个纳税年度内预扣预缴税款时，以纳税人在本单位截至当前月份工资、薪金所得累计收入减除累计免税收入、累计减除费用、累计专项扣除、累计专项附加扣除和累计依法确定的其他扣除后的余额为累计预扣预缴应纳税所得额，适用居民个人工资、薪金所得预扣率表，计算累计应预扣预缴税额，再减除累计减免税额和累计已预扣预缴税额，其余额为本期应预扣预缴税额。余额为负值时，暂不退税。纳税年度终了后余额仍为负值时，由纳税人通过办理综合所得年度汇算清缴，税款多退少补。

具体实施中，针对居民纳税人工资薪金的不同情况，累计预扣法计算规则有微妙差异。

1. 一般情况下居民个人工资、薪金的累计预扣的计算

本期应预扣预缴税额 =(累计预扣预缴应纳税所得额 × 预扣率 – 速算扣除数)– 累计减免税额 – 累计已预扣预缴税额

累计预扣预缴应纳税所得额 = 累计收入 – 累计免税收入 – 累计减除费用 – 累计专项扣除 – 累计专项附加扣除 – 累计依法确定的其他扣除

其中：

（1）累计减除费用，按照 5000 元 / 月乘以纳税人当年截至本月在本单位的任职受雇月份数计算。

（2）对一个纳税年度内首次取得工资、薪金所得的居民个人，扣缴义务人在预扣预缴个人所得税时，可按照 5000 元 / 月乘以纳税人当年截至本月月份数计算累计减除费用。

居民个人工资、薪金所得预扣率表

级数	累计预扣预缴应纳税所得额	预扣率（%）	速算扣除数（元）
1	不超过 36000 元的	3	0
2	超过 36000 元至 144000 元的部分	10	2520
3	超过 144000 元至 300000 元的部分	20	16920
4	超过 300000 元至 420000 元的部分	25	31920
5	超过 420000 元至 660000 元的部分	30	52920
6	超过 660000 元至 960000 元的部分	35	85920
7	超过 960000 元的部分	45	181920

居民个人向扣缴义务人提供有关信息并依法要求办理专项附加扣除的，扣缴义务人应当按照规定在工资、薪金所得按月预扣预缴税款时予以扣除，不得拒绝。

年度预扣预缴税额与年度应纳税额不一致的，由居民个人于次年 3 月 1 日至 6 月 30 日向主管税务机关办理综合所得年度汇算清缴，税款多退少补。

经典题解

【例题 40】某居民个人 2021 年每月取得工资收入 12000 元，每月缴纳社保费用和住房公积金 1400 元，该居民个人作为独生子独立赡养自己 62 周岁的父母，全年均享受住房贷款利息专项附加扣除，请计算该居民个人的工资薪金扣缴义务人 2021 年 1 月、2 月和 12 月预扣预缴的税款金额。(对上述专项附加扣除该个人选择在任职单位预扣预缴其税款时扣除)

【答案及解析】

时间	累计预扣预缴应纳税所得额	本期应预扣预缴税额
1 月	12000–5000–1400–2000–1000=2600（元）	2600×3%=78（元）
2 月	24000–10000–2800–4000–2000=5200（元）	5200×3%–78=78（元）
12 月	144000–60000–16800–24000–12000=31200（元）	31200×3%–78×11=78（元）

【例题 41】张某 2021 年 7 月研究生毕业入职某公司，每月工资收入 12000 元，每月缴纳社保费用和住房公积金 1400 元，请计算该公司 2021 年 7 月、11 月和 12 月预扣预缴张某的税款金额。

【答案及解析】

对一个纳税年度内首次取得工资、薪金所得的居民个人，扣缴义务人在预扣预缴个人所得税时，可按照 5000 元 / 月乘以纳税人当年截至本月月份数计算累计减除费用。

时间	累计预扣预缴应纳税所得额	本期应预扣预缴税额
7 月	12000–5000 × 7–1400=–24400（元）< 0	0
11 月	12000 × 5–5000 × 11–1400 × 5=–2000（元）< 0	0
12 月	12000 × 6–60000–1400 × 6=3600（元）	3600 × 3%–0=108（元）

名师点拨

7 月毕业入职，基本减除费用要减除 1 月至 7 月共 7 个 5000 元。

2. 特殊情况下居民个人工资、薪金的累计预扣的计算

对上一完整纳税年度内每月均在同一单位预扣预缴工资、薪金所得个人所得税且全年工资、薪金收入不超过 6 万元的居民个人，扣缴义务人在预扣预缴本年度工资、薪金所得个人所得税时，累计减除费用自 1 月份起直接按照全年 6 万元计算扣除。即，在纳税人累计收入不超过 6 万元的月份，暂不预扣预缴个人所得税；在其累计收入超过 6 万元的当月及年内后续月份，再预扣预缴个人所得税。

扣缴义务人应当按规定办理全员全额扣缴申报，并在《个人所得税扣缴申报表》相应纳税人的备注栏注明“上年各月均有申报且全年收入不超过 6 万元”字样。

经典题解

【例题 42 · 单选题】中国居民韩某为某单位雇员，2021 年 1~12 月从单位取得工资 55000 元，2022 年 1~3 月每月的工资收入为 8000 元，2022 年 3 月份计算韩某工资、薪金所得预扣预缴税款时，累计减除费用是（　　）元。

A. 5000　　B. 10000　　C. 15000　　D. 60000

【解析】对上一完整纳税年度内每月均在同一单位预扣预缴工资、薪金所得个人所得税且全年工资、薪金收入不超过 6 万元的居民个人，扣缴义务人在预扣预缴本年度工资、薪金所得个人所得税时，累计减除费用自 1 月份起直接按照全年 6 万元计算扣除。

【答案】D

考点 3：居民个人劳务报酬所得、稿酬所得、特许权使用费所得的预扣预缴 ★★★

扣缴义务人向居民个人支付劳务报酬所得、稿酬所得、特许权使用费所得时，应当按照规定方法按次或者按月预扣预缴税款。

名师点拨

取得收入时预扣预缴，年终纳入综合所得按年度汇算清缴。

【归纳 1】劳务报酬所得的预扣预缴规则。

首先，居民个人劳务报酬所得适用三档预扣率表。

要点小贴士

劳务报酬预扣率表只在预扣预缴时使用，年终汇算清缴不使用。

级数	预扣预缴应纳税所得额	预扣率（%）	速算扣除数（元）
1	不超过 20000 元的	20	0
2	超过 20000 元至 50000 元的部分	30	2000
3	超过 50000 元的部分	40	7000

其次，预扣预缴劳务报酬所得的个人所得税有规定的公式。

要点小贴士

与年终汇算清缴收入额的确定不同。汇算清缴没有扣除 800 元的规定。

要点	规则
预扣预缴应纳税所得额的计算	每次收入不超过 4000 元的： 预扣预缴应纳税所得额 = 每次收入 -800 每次收入 4000 元以上的： 预扣预缴应纳税所得额 = 每次收入 ×（1-20%）
关于“次”的规定	①属于一次性收入的，以取得该项收入为一次 ②属于同一项目连续性收入的，以一个月内取得的收入为一次
预扣率	劳务报酬所得有三档预扣率（参见上表）
预扣预缴税额计算公式	按次计税 ①每次收入不超过 4000 元的： 预扣预缴税额 = 预扣预缴应纳税所得额 × 预扣率 =（每次收入 -800）× 20% ②每次收入在 4000 元以上但预扣预缴应纳税所得额不超过 20000 元的： 预扣预缴税额 = 预扣预缴应纳税所得额 × 预扣率 = 每次收入 ×（1-20%）× 20% ③每次收入的预扣预缴应纳税所得额超过 20000 元的： 预扣预缴税额 = 预扣预缴应纳税所得额 × 预扣率 - 速算扣除数 = 每次收入 ×（1-20%）× 预扣率 - 速算扣除数
汇算清缴规定	居民个人办理年度综合所得汇算清缴时，应当依法计算劳务报酬所得的收入额，并入年度综合所得计算应纳税款，税款多退少补

经典题解

【例题 43】某演员一次获得表演收入 60000 元，按照“劳务报酬所得”项目预扣预缴个人所得税的计算如下：

预扣预缴应纳税所得额 =60000×（1-20%）=48000（元）

预扣预缴个人所得税税额 =48000×30%-2000=12400（元）。

【归纳 2】稿酬所得的预扣预缴规则。

首先，稿酬所得只有 20% 一档预扣率。

其次，预扣预缴稿酬所得的个人所得税有减计收入额的规定和规定的公式。

要点	规则
预扣预缴应纳税所得额的计算	每次收入不超过 4000 元的： 预扣预缴应纳税所得额 =（每次收入 -800）×70% 每次收入 4000 元以上的： 预扣预缴应纳税所得额 = 每次收入 ×（1-20%）×70% 【提示】两人或两人以上合写一本书出版的，按照每个人取得的稿酬，各自分别计算应纳个人所得税税额
关于“次”的规定	①属于一次性收入的，以取得该项收入为一次 ②属于同一项目连续性收入的，以一个月内取得的收入为一次
预扣率	20%
预扣预缴税额计算公式	按次计税 ①每次收入不超过 4000 元的： 预扣预缴税额 = 预扣预缴应纳税所得额 × 预扣率 =（每次收入 -800）×70%×20% ②每次收入在 4000 元以上的： 预扣预缴税额 = 预扣预缴应纳税所得额 × 预扣率 = 每次收入 ×（1-20%）×70%×20%
汇算清缴规定	居民个人办理年度综合所得汇算清缴时，应当依法计算稿酬所得的收入额，并入年度综合所得计算应纳税款，税款多退少补

要点小贴士

与年终汇算清缴收入额的确定不同。汇算清缴没有扣除 800 元的规定。

经典题解

【例题 44】教授王某 2021 年 3 月在北京日报发表一篇评论文章，取得稿酬 1500 元；当月他的一部著作由某出版社出版，取得稿酬 40000 元。王某所获稿酬在 3 月应预扣预缴的个人所得税计算如下：

北京日报应预扣预缴王某个人所得税 =（1500-800）×70%×20%=98（元）

某出版社应预扣预缴王某个人所得税 =40000×（1-20%）×70%×20%=4480（元）。

【归纳 3】特许权使用费所得的预扣预缴规则。

首先，特许权使用费所得只有 20% 一档预扣率。

其次，预扣预缴特许权使用费所得的个人所得税有规定的公式。

要点	规则
预扣预缴应纳税所得额的计算	每次收入不超过 4000 元的： 预扣预缴应纳税所得额 = 每次收入 -800 每次收入 4000 元以上的： 预扣预缴应纳税所得额 = 每次收入 ×（1-20%） 【提示】特许权使用费所得与稿酬所得收入额的确定有所不同，特许权使用费所得没有减计收入额的规定

要点小贴士

与年终汇算清缴收入额的确定不同。汇算清缴没有扣除 800 元的规定。

要点	规则
关于“次”的规定	①属于一次性收入的，以取得该项收入为一次 ②属于同一项目连续性收入的，以一个月内取得的收入为一次
预扣率	20%
预扣预缴税额计算公式	按次计税 ①每次收入不超过4000元的： 预扣预缴税额 = 预扣预缴应纳税所得额 × 预扣率 =（每次收入 -800）×20% ②每次收入在4000元以上的： 预扣预缴税额 = 预扣预缴应纳税所得额 × 预扣率 = 每次收入 ×（1-20%）×20%
汇算清缴规定	居民个人办理年度综合所得汇算清缴时，应当依法计算特许权使用费所得的收入额，并入年度综合所得计算应纳税款，税款多退少补

经典题解

【例题45·单选题】某作家将自己的文字作品手稿复印件拍卖给甲商城并取得收入20万元，该商城应预扣预缴作家个人所得税（　　）万元。

A. 2.24　　B. 3.2　　C. 4.6　　D. 5.7

【解析】个人拍卖自己的文字作品手稿复印件取得的收入按照特许权使用费所得计算缴纳个人所得税，应预扣预缴税额 =20×（1-20%）×20%=3.2（万元）。

【答案】B

考点4：居民个人劳务报酬所得的特殊预扣方法——累计预扣★

（一）保险营销员、证券经纪人取得的佣金收入的个人所得税规定

保险营销员、证券经纪人取得的佣金收入，属于劳务报酬所得，以不含增值税的收入减除20%的费用后的余额为收入额，收入额减去展业成本以及附加税费后，并入当年综合所得，计算缴纳个人所得税。保险营销员、证券经纪人展业成本按照收入额的25%计算。

对保险营销员、证券经纪人取得的佣金收入，扣缴单位应当按照累计预扣法计算预扣个人所得税。结合个人所得税法及其实施条例有关规定，累计预扣法预扣预缴个人所得税的具体计算公式和思路为：

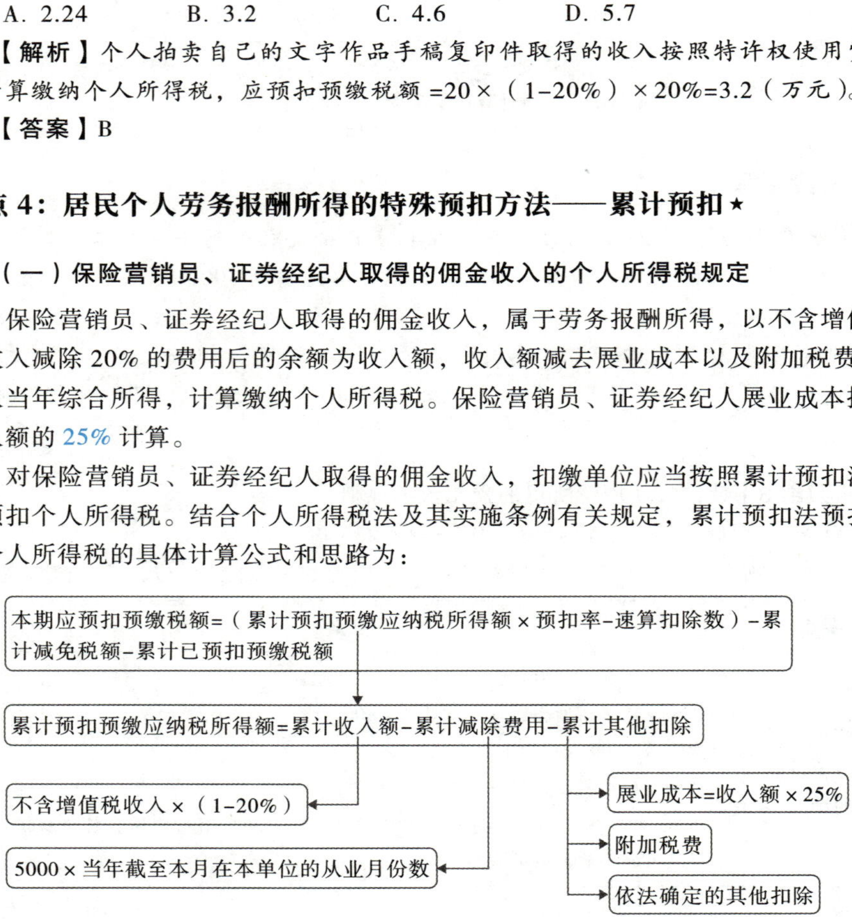

【辨析】（1）尽管保险营销员、证券经纪人取得的佣金收入的性质为劳务报酬所得，但是比照工资、薪金所得预扣率表，采用累计预扣法计算当期应预扣预缴税额。（2）专项扣除和专项附加扣除，在预扣预缴环节暂不扣除，待年度终了后汇算清缴申报时办理。

经典题解

【例题 46】小王是某保险公司营销员，2021 年 1~2 月共取得不含增值税保险营销佣金收入 55000 元，1 月的佣金收入已由保险公司预扣个人所得税 320 元。假定不考虑附加税费，保险公司 2 月预扣预缴小王的个人所得税多少元？

【答案及解析】

累计收入额 =55000×（1-20%）=44000（元）

展业成本 =44000×25%=11000（元）

累计预扣预缴应纳税所得额 =44000-（5000+5000）-11000=23000（元）

累计应预扣预缴税额 =23000×3%=690（元）

2 月应预扣预缴税额 =690-320=370（元）。

【提示】对按照累计预扣法预扣预缴劳务报酬所得个人所得税的居民个人，上年各月均在同一单位取酬申报且全年收入不超过 6 万元的，扣缴义务人比照工资薪金累计预扣的简化规则处理。扣缴义务人在预扣预缴本年度劳务报酬所得个人所得税时，累计减除费用自 1 月起直接按照全年 6 万元计算扣除。即，在纳税人累计收入不超过 6 万元的月份，暂不预扣预缴个人所得税；在其累计收入超过 6 万元的当月及年内后续月份，再预扣预缴个人所得税。

扣缴义务人应当按规定办理全员全额扣缴申报，并在《个人所得税扣缴申报表》相应纳税人的备注栏注明“上年各月均有申报且全年收入不超过 6 万元”字样。

（二）正在接受全日制学历教育的学生因实习取得劳务报酬所得的规定

正在接受全日制学历教育的学生中，因实习取得劳务报酬所得的居民个人，扣缴义务人预扣预缴个人所得税时，可按照累计预扣法计算并预扣预缴税款。扣缴义务人在预扣预缴个人所得税时，累计减除费用按照 5000 元 / 月乘以纳税人在本单位开始实习月份起至本月的实习月份数计算。

【举例】学生小王 8 月份在某公司实习取得劳务报酬 3000 元。扣缴单位在为其预扣预缴劳务报酬所得个人所得税时，可采取累计预扣法预扣预缴税款。若采用该方法，小王 8 月份劳务报酬扣除 5000 元减除费用后则无须预缴税款，若小王年内再无其他综合所得，全年均达不到纳税标准，也就无须办理年度汇算退税。

考点 5：非居民个人取得工资、薪金所得，劳务报酬所得，稿酬所得和特许权使用费所得应纳税额的计算 ★★

非居民个人在我国取得的所得项目不能体现其整体负担能力，也难以采用汇算清缴的方式来汇总计算综合所得的个人所得税，所以非居民个人在我国取得工资、薪金所得，劳务报酬所得，稿酬所得和特许权使用费所得，按月或者按次分项计算个人所得税，不办理汇算清缴。

所得项目	应纳税所得额	适用税率	计税公式
工资、薪金所得	每月收入额 -5000 元	七级超额累进税率（按月或按次适用）	每月或每次应纳税额 = 应纳税所得额 × 适用税率 - 速算扣除数
劳务报酬所得	实际取得劳务报酬收入的 80%		
特许权使用费所得	实际取得特许权使用费收入的 80%		
稿酬所得	实际取得稿酬收入的 56%（80% × 70%）		

经典题解

【例题 47】 假定某美国专家（非居民个人）临时来华工作，2021 年 2 月取得由境内企业发放的工资收入 40000 元人民币，此外还受某大学邀请担任外语比赛评委取得劳务报酬 6000 元人民币。请计算当月其应纳个人所得税税额。

【答案及解析】

（1）企业扣缴该非居民个人当月工资、薪金所得应纳税额 =（40000-5000）× 25%-2660=6090（元）

（2）大学扣缴该非居民个人当月劳务报酬所得应纳税额 =6000×（1-20%）× 10%-210=270（元）。

【名师点题】 非居民个人的工资、薪金所得，以每月收入额减除费用 5000 元后的余额为应纳税所得额；劳务报酬所得、稿酬所得、特许权使用费所得，以每次收入额为应纳税所得额。非居民个人工资、薪金所得，劳务报酬所得，稿酬所得，特许权使用费所得适用七级超额累进月税率表。

要点小贴士

非居民个人工资、薪金所得，劳务报酬所得，稿酬所得，特许权使用费所得的税额计算与扣缴规则与居民个人有所不同。

【提示】 非居民个人取得工资、薪金所得，劳务报酬所得，稿酬所得和特许权使用费所得，有扣缴义务人的，由扣缴义务人按月或者按次代扣代缴税款，不办理汇算清缴。

非居民个人在一个纳税年度内税款扣缴方法保持不变，达到居民个人条件时，应当告知扣缴义务人基础信息变化情况，年度终了后按照居民个人有关规定办理汇算清缴。

考点 6：经营所得应纳税额的计算★★

经营所得应纳税额的计算公式为：

应纳税额 = 全年应纳税所得额 × 适用税率 - 速算扣除数

或 =（全年收入总额 - 成本、费用以及损失）× 适用税率 - 速算扣除数

名师点拨

个体工商户个人所得税应纳税所得额计算与企业所得税相关规定有同有异。

（一）个体工商户应纳税额的计算

1. 基本政策规定

要点	规则
纳税人	个体工商户的生产经营所得以业主为个人所得税纳税义务人

要点	规则
应纳税所得额的计算	个体工商户的生产、经营所得，以每一纳税年度的收入总额，减除成本、费用、税金、损失、其他支出以及允许弥补的以前年度亏损后的余额，为应纳税所得额 其中可扣除的税金是指个体工商户在生产经营活动中发生的除个人所得税和允许抵扣的增值税以外的各项税金及附加
适用税率	五级超额累进税率
应纳税额计算公式	应纳税额 = 应纳税所得额 × 适用税率 − 速算扣除数 =（全年收入总额 − 成本、费用以及损失等）× 适用税率 − 速算扣除数 【提示】个体工商户的生产经营所得的计税，分为查账征税方式和核定征收方式
特殊优惠（新增）	自 2021 年 1 月 1 日起至 2022 年 12 月 31 日止，个体工商户经营所得年应纳税所得额不超过 100 万元的部分，在现行优惠政策基础上，再减半征收个人所得税。个体工商户不区分征收方式，均可享受 减免税额 =(个体工商户经营所得应纳税所得额不超过 100 万元部分的应纳税额 − 其他政策减免税额 × 个体工商户经营所得应纳税所得额不超过 100 万元部分 ÷ 经营所得应纳税所得额) × （1−50%） 【提示】预缴税款时即可享受，其年应纳税所得额暂按截至本期申报所属期末的情况进行判断；从两处以上取得经营所得，办理年度汇总纳税申报时，合并个体工商户经营所得年应纳税所得额，重新计算减免税额，多退少补
其他规定	（1）要注意个体工商户生产经营所得与其取得的其他方面所得的划分。取得与生产经营无关的各项应税所得，应分别适用各应税项目的规定计算征收个人所得税。例如：个体户王某在生产经营之外偶然中奖取得的收入，应按偶然所得缴纳个人所得税 （2）个体工商户资产的税务处理，参照企业所得税相关法律、法规和政策规定执行 （3）个体工商户有两处或两处以上经营所得的，选择向其中一处经营管理所在地主管税务机关办理年度汇总申报 （4）个体工商户终止生产经营的，应当在注销工商登记或者向政府有关部门办理注销前向主管税务机关结清有关纳税事宜

2. 个体工商户应纳税所得额的计算

要点小贴士

注意与企业所得税的异同。

要点	主要规定
无综合所得的特别扣除	取得经营所得的个人，没有综合所得的，计算其每一纳税年度的应纳税所得额时，应当减除费用 6 万元、专项扣除、专项附加扣除以及依法确定的其他扣除 专项附加扣除在办理汇算清缴时减除
据实扣除	（1）按照规定缴纳的摊位费、行政性收费、协会会费等，按实际发生数额扣除 （2）个体工商户研究开发新产品、新技术、新工艺所发生的开发费用，以及研究开发新产品、新技术而购置单台价值在 10 万元以下的测试仪器和试验性装置的购置费准予直接扣除；单台价值在 10 万元以上（含 10 万元）的测试仪器和试验性装置，按固定资产管理，不得在当期直接扣除

要点	主要规定
限额扣除	（1）生产经营与个人、家庭生活混用难以分清的费用，其 40% 视为与生产经营有关费用，准予扣除 （2）向非金融企业和个人借款的利息支出，不超过按照金融企业同期同类贷款利率计算的数额的部分，准予扣除 （3）拨缴的职工教育经费支出在工资薪金总额 2.5% 的部分，准予扣除 （4）通过公益性社会团体或者县级以上人民政府及其部门，用于《中华人民共和国公益事业捐赠法》规定的公益事业的捐赠，捐赠额不超过其应纳税所得额 30% 的部分，准予扣除；财政部、国家税务总局规定可以全额在税前扣除的捐赠支出项目，按有关规定执行 （5）购买符合规定的商业健康保险产品支出，可按照规定标准（限额 2400 元 / 年，200 元 / 月）在个人所得税前扣除 （6）业主缴纳的税收递延型商业养老保险保费准予在申报扣除当年计算应纳税所得额时予以限额据实扣除，扣除限额按照不超过当年应税收入的 6% 和 12000 元孰低办法确定（试点区域）
不得扣除	（1）业主的工资薪金支出 （2）代其从业人员或者他人负担的税款

【归纳】应纳税所得额计算中，个体工商户个人所得税与企业所得税的异同比较：

与企业所得税相同的扣除项目和标准	从业人员工资；为从业人员缴纳的基本养老保险费、基本医疗保险费、失业保险费、生育保险费、工伤保险费和住房公积金；向当地工会组织拨缴的工会经费、实际发生的职工福利费；向金融企业借款的利息支出；借款费用；租赁费；汇兑损益；业务招待费、一般企业的广告费和业务宣传费；劳动保护费；亏损弥补等规定，均与企业所得税的基本规定一致
与企业所得税不同的扣除项目和标准	（1）个体工商户业主的工资薪金支出不得税前扣除 （2）符合规定的商业健康保险产品支出，可按照规定标准（限额 2400 元 / 年，200 元 / 月）税前扣除 （3）在个人税收递延型商业养老保险试点区域内，业主缴纳的税收递延型商业养老保险保费准予在申报扣除当年计算应纳税所得额时按照不超过当年应税收入的 6% 和 12000 元孰低办法确定限额据实扣除 （4）对于生产经营与个人、家庭生活混用难以分清的费用，其 40% 视为与生产经营有关费用，准予扣除 （5）个体工商户实际发生的职工教育经费支出在工资薪金总额 2.5% 的标准内据实扣除 （6）个体工商户代其从业人员或者他人负担的税款，不得税前扣除 （7）公益性捐赠，捐赠额不超过其应纳税所得额 30% 的部分可以据实扣除财政部、国家税务总局规定可以全额在税前扣除的捐赠支出项目，按有关规定执行 （8）个体工商户研究开发新产品、新技术、新工艺所发生的开发费用，以及研究开发新产品、新技术而购置单台价值在 10 万元以下的测试仪器和试验性装置的购置费准予直接扣除；单台价值在 10 万元以上（含 10 万元）的测试仪器和试验性装置，按固定资产管理，不得在当期直接扣除

经典题解

【真题48·单选题】某个体工商户2020年向员工实际发放工资200000元，该个体工商户计算当年应纳个人所得税时，可扣除员工的职工教育经费限额是( )。(2021年)

A. 28000元 B. 5000元 C. 16000元 D. 4000元

【解析】个体工商户实际发生的职工教育经费支出在工资薪金总额2.5%的标准内据实扣除。可扣除员工的职工教育经费限额=200000×2.5%=5000(元)。

【答案】B

【真题49·单选题】某个体工商户发生的下列支出中，允许在个人所得税税前扣除的是( )。(2017年)

A. 家庭生活用电支出

B. 直接向某灾区小学的捐赠

C. 已缴纳的城市维护建设税及教育费附加

D. 代员工负担的个人所得税税款

【名师点题】个体工商户生产经营所得的扣除项目是多次命制过客观题的考点。

【解析】选项A：个体工商户生产经营活动中，应当分别核算生产经营费用和个人、家庭费用。对于生产经营与个人、家庭生活混用难以分清的费用，其40%视为与生产经营有关费用，准予扣除；单纯的家庭生活支出，不得税前扣除。选项B：直接捐赠支出，不得税前扣除。选项D：个体工商户代其从业人员或者他人负担的税款，不得税前扣除。

【答案】C

【例题50·单选题】个体工商户生产经营活动中，应当分别核算生产经营费用和个人、家庭费用。对于生产经营与个人、家庭生活混用难以分清的费用，按照一定比例视为与生产经营有关费用准予扣除。这一比例是( )。

A. 60% B. 20% C. 30% D. 40%

【答案】D

【例题51·单选题】徐某2021年承包某加工厂，根据协议变更登记为个体工商户，当年加工厂取得收入总额100万元，准予扣除的成本、费用及损失等合计85万元(不含业主扣除费用，含徐某每月从加工厂领取的工资4000元)。徐某没有综合所得，但有1个上小学的孩子且由他扣除子女教育专项附加扣除，徐某2021年个人所得税应纳税所得额为( )万元。

A. 12.6 B. 13.8 C. 18.6 D. 7.8

【解析】个体工商户业主的工资不能在计算经营所得应纳税所得额时扣除。

应纳税所得额=100−85+0.4×12−0.5×12−1.2=12.6(万元)。

【答案】A

(二)个人独资企业、合伙企业生产经营所得应纳税额的计算

【提示】个人独资企业、合伙企业经营所得的税额计算与个体工商户基本一致，

也分为查账征税方式和核定征收方式，适用 5 级超额累进税率。但个人独资企业和合伙企业计税管理方式有自身的特点。

要点	规则
查账征税方式	1. 查账征税应纳税额计算公式 应纳税额 = 应纳税所得额 × 适用税率 – 速算扣除数 =（全年收入总额 – 成本、费用以及损失等）× 适用税率 – 速算扣除数 2. 个人独资企业和合伙企业因在纳税年度中间开业、合并、注销及其他原因，导致该纳税年度的实际经营期不足 1 年的，对个人独资企业投资者和合伙企业自然人合伙人的生产经营所得计算个人所得税时，以其实际经营期为 1 个纳税年度。未取得综合所得的，投资者本人的费用扣除标准，统一确定为 60000 元 / 年，即 5000 元 / 月。计算公式如下： 应纳税所得额 = 该年度收入总额 – 成本、费用及损失等 – 当年投资者本人的费用扣除额 应纳税额 = 应纳税所得额 × 适用税率 – 速算扣除数 3. 个人独资企业投资者、合伙企业自然人合伙人对其购买符合规定的商业健康保险产品支出，可按照限额 2400 元 / 年（200 元 / 月）规定标准在个人所得税前扣除 4. 试点地区个人独资企业投资者、合伙企业自然人合伙人通过个人商业养老资金账户购买符合规定的税收递延型商业养老保险产品，缴纳的保费准予在申报扣除当年计算应纳税所得额时予以限额据实扣除，扣除限额按照不超过当年应税收入的 6% 和 12000 元孰低办法确定 5. 查账征税方式的特殊计税规则 投资者兴办两个或两个以上个人独资企业，于年终汇算清缴时，采用以下步骤： （1）汇总其投资兴办的所有企业的经营所得 （2）按汇总所得作为应纳税所得额，并按此金额确定税率计算整体应纳税额 （3）将整体应纳税额按各企业经营所得占所有企业经营所得的比重分配，算出各企业的应纳所得税额 （4）计算各企业应补缴的税款 6. 自 2022 年 1 月 1 日起，持有股权、股票、合伙企业财产份额等权益性投资的个人独资企业、合伙企业（简称“独资合伙企业”），一律适用查账征收方式计征个人所得税 【提示】独资合伙企业应自持有上述权益性投资之日起 30 日内，主动向税务机关报送持有权益性投资的情况（新增）
核定征收方式	1. 核定征收方式的计税规则 （1）核定征收方式包括定额征收、核定应税所得率征收以及其他合理的征收方式，与企业所得税类似 （2）实行核定征税的投资者，不能享受个人所得税的优惠政策 （3）实行查账征税改为核定征税的纳税人，在查账征税方式下认定的年度经营亏损未弥补完的部分，不得再继续弥补 2. 核定应税所得率征收方式应纳税额计算公式 应纳个人所得税额 = 应纳税所得额 × 适用税率 应纳税所得额 = 收入总额 × 应税所得率 或 = 成本费用支出额 ÷（1– 应税所得率）× 应税所得率
适用税率	五级超额累进税率

要点	规则
其他规定	个人独资企业、合伙企业的个人投资者以企业资金为本人、家庭成员及其相关人员支付与企业生产经营无关的消费性支出及购买汽车、住房等财产性支出，视为企业对个人投资者的利润分配，并入投资者个人的经营所得，依照"经营所得"项目计征个人所得税

（三）对企事业单位的承包经营、承租经营所得应纳税额的计算

要点	规则
应纳税所得额的计算	对企事业单位的承包经营、承租经营所得，以每一纳税年度的收入总额，减除必要费用后的余额，为应纳税所得额 每一纳税年度的收入总额，是指纳税人按照承包经营、承租经营合同规定分得的经营利润和工资、薪金性质的所得之和；必要费用在没有综合所得前提下按年减除60000元 企事业单位承包承租经营者自行购买符合条件的商业健康保险产品的支出，在不超过2400元/年（200元/月）的标准内扣除 试点地区承包承租经营者通过个人商业养老资金账户购买符合规定的税收递延型商业养老保险产品，缴纳的保费准予在申报扣除当年计算应纳税所得额时予以限额据实扣除，扣除限额按照不超过当年应税收入的6%和12000元孰低办法确定
适用税率	五级超额累进税率
应纳税额计算公式	应纳税额＝应纳税所得额×适用税率－速算扣除数＝（纳税年度收入总额－必要费用）×适用税率－速算扣除数
计税方法	（1）按年计税。在一个纳税年度内分次取得承包、承租经营收入要预缴个人所得税，在取得所得的次年3月31日前汇算清缴，多退少补 （2）在一个纳税年度中，承包经营、承租经营的经营期不足1年的，以其实际经营期为一个纳税年度

经典题解

【例题52】2021年1月1日起，张某承包一招待所，合同规定张某每月取得工资6000元，年终从企业所得税税后利润中上缴承包费50000元，其余经营成果归张某所有。2021年该招待所税后利润120000元，当年张某共应缴纳多少个人所得税？（张某没有综合所得）

【答案及解析】

纳税年度收入总额＝企业税后利润＋业主工薪－承包费

=120000+6000×12-50000=142000（元）

年应纳税所得额=142000-5000×12=82000（元）

应纳个人所得税=82000×10%-1500=6700（元）。

【例题53·计算问答题】李某从2021年1月起承包一市区招待所（增值税一般纳税人），合同规定李某平时不领取工资，从企业净利润中上缴承包费110000元，其余经营成果归李某所有。2021年该招待所利润总额250000元，企业所得税税率

25%，但是招待所在年终汇算清缴时发现，漏计餐饮收入10600元（含增值税），业务招待费超支3000元，没有其他纳税调整项目，则2021年招待所应缴纳多少企业所得税？李某应缴纳多少个人所得税？（不考虑任何税收优惠政策且李某没有综合所得）

【答案及解析】

注意审题并理清解题思路：本题李某承包招待所并取得承包所得，首先要计算招待所的企业所得税和税后利润，才能算出李某的承包所得和个人所得税。而招待所的利润总额调整成应纳税所得额的过程中，存在调账调表（违反会计准则和税法规定）和调表不调账（符合会计准则但不符合税法规定）两类情况。

①漏计餐饮收入既不符合会计政策，也不符合税法规定，需要调整企业账务，也需要调整申报表。

调整账目收入：10600/（1+6%）=10000（元）

调整账目补缴增值税：10000×6%=600（元）

调整账目补缴城建税、教育费附加和地方教育附加：600×（7%+3%+2%）=72（元）

②招待费超支没有违反会计准则，但不符合税法规定，不需要调整账目，只需要调整申报表。

调整申报表业务招待费：3000元

【归纳】关于业务招待费的调整：

情形	招待费纳税调整
企业经营招待费	做企业所得税应纳税所得额的纳税调整
个体户经营过程中的招待费	做个人所得税经营所得应纳税所得额的纳税调整
个人独资企业和合伙企业的招待费	
个人承包企业（改登记为个体户），承包经营中的招待费	
个人承包企业（未改登记），承包经营中的招待费	做企业所得税应纳税所得额的纳税调整

（1）计算企业所得税

考生注意审题，题干中提到企业所得税税率并要求计算企业所得税，先从企业所得税应纳税所得额开始计算。调账调表和调表不调账的金额都在计算应纳税所得额过程中体现出来。

招待所的应纳税所得额=250000+10000−72+3000=262928（元）

应缴纳企业所得税=262928×25%=65732（元）

（2）计算个人所得税

税后净利润=250000+10000−72−65732=194196（元）

名师点拨

审题技巧：题目给了25%的税率，且没有给符合小微企业的资料，说明该招待所不符合小微企业条件，按照法定税率计税。

【注意】计算税后净利润时企业账面数字、调账数字对税后利润都有直接影响。但是调表不调账的金额对税后净利润没有直接影响。需要考生具备会计基础和企业所得税纳税调整的基础。懂得利润分配程序和所得税纳税调整中“调表”与“调账”的关系。基础不牢地动山摇哦！

个人承包所得应纳税所得额 = 企业税后利润 + 业主工薪 – 承包费 –60000（无综合所得）=194196–110000–60000=24196（元）

应纳个人所得税额 =24196×5%=1209.8（元）。

考点 7：财产租赁所得应纳税额的计算★★★

要点	规则
应纳税所得额的计算	每次（月）收入不超过 4000 元的： 应纳税所得额 = 每次（月）收入额 – 准予扣除项目 – 修缮费用（800 元为限）–800 元 每次（月）收入超过 4000 元的： 应纳税所得额 =［每次（月）收入额 – 准予扣除项目 – 修缮费用（800 元为限）］×（1–20%） 财产租赁收入扣除费用包括：税费、基金 + 修缮费 + 法定扣除标准 个人将承租房屋转租取得的租金收入也按照财产租赁所得征税，扣除费用包括：税费、基金 + 向出租方支付的租金 + 修缮费 + 法定扣除标准 （1）在出租财产过程中缴纳的税金和教育费附加等税费要有完税（缴款）凭证 （2）取得转租收入的个人向出租方支付的租金要有房屋租赁合同和合法的支付凭据 （3）由纳税人负担的该出租财产实际开支的修缮费用要能够提供有效、准确的凭证；允许扣除的修缮费每月以 800 元为限，一次扣除不完的，未扣完的余额可无限期向以后月份结转扣除 （4）法定扣除标准为 800 元或 20%
关于“次”的规定	财产租赁所得以一个月内取得的收入为一次
适用税率	（1）财产租赁所得适用 20% 的比例税率 （2）对个人按市场价格出租住房取得的所得，减按 10% 的税率征收个人所得税
应纳税额计算公式	（1）每次（月）收入不超过4000元的：应纳税额 = 应纳税所得额 × 适用税率 =［每次（月）收入额 – 准予扣除项目 – 修缮费用（800 元为限）–800］×20%（10%） （2）每次（月）收入超过 4000 元的：应纳税额 = 应纳税所得额 × 适用税率 =［每次（月）收入额 – 准予扣除项目 – 修缮费用（800 元为限）］×（1–20%）×20%（10%）

【提示 1】国家税务总局《关于个人转租房屋取得收入征收个人所得税问题解读》对财产租赁所得个人所得税前扣除税费的扣除次序问题重新进行了明确，即在计算财产租赁所得个人所得税时，应首先扣除财产租赁过程中缴纳的税费（不含本次出租的增值税。因为增值税是价外税，没有包含在收入额中，所以不能扣除）；其次扣除个人向出租方支付的租金和增值税额（此项增值税是转租方支付给出租方的增值税，即计算二房东所得时扣除支付给一房东的增值税）；第三扣除由纳税人负担的该出租财产实际开支的修缮费用；最后减除税法规定的费用扣除标准，即经上述前三项减除后，如果余额不足 4000 元，则减去 800 元，如果余额超过 4000 元，则减去 20%。

【提示2】在实际征税过程中，有时会出现财产租赁所得的纳税人不明确的情况。对此，在确定财产租赁所得纳税人时，应以产权凭证为依据。无产权凭证的，由主管税务机关根据实际情况确定纳税人。如果产权所有人死亡，在未办理产权继承手续期间，该财产出租且有租金收入的，以领取租金收入的个人为纳税人。

经典题解

【例题54】我国居民张某将租入的一幢住房转租，原租入租金每月2100元（能提供合法支付凭证），转租收取租金每月4500元（不含增值税），出租住房每月实际缴纳增值税以外的税费80元（有相关凭据），则其每月应纳个人所得税为：

（4500−80−2100−800）×10%=1520×10%=152（元）。

考点8：财产转让所得应纳税额的计算★★★

要点	规则
应纳税所得额的计算	财产转让所得，以转让财产的收入额减除财产原值和合理费用后的余额，为应纳税所得额 （1）财产原值，是指： ①有价证券，为买入价以及买入时按照规定缴纳的有关费用 ②建筑物，为建造费或者购进价格以及其他有关费用 ③土地使用权，为取得土地使用权所支付的金额、开发土地的费用以及其他有关费用 ④机器设备、车船，为购进价格、运输费、安装费以及其他有关费用 ⑤其他财产，参照以上方法确定 纳税义务人未提供完整、准确的财产原值凭证，不能正确计算财产原值的，由主管税务机关核定其财产原值 （2）合理费用，是指卖出财产时按照规定支付的有关税费
适用税率	财产转让所得适用20%的比例税率
应纳税额计算公式	应纳税额＝应纳税所得额×适用税率＝（收入总额－财产原值－合理费用）×20%

【解释】财产转让所得在教材中主要涉及：个人住房转让所得、股票（权）转让所得、量化资产股份转让所得、处置债权取得的所得、个人拍卖财产所得（特殊情况除外）。

1. 个人住房转让所得应纳税额的计算

个人住房转让应以实际成交价格为转让收入。纳税人申报的住房成交价格明显低于市场价格且无正当理由的，征收机关依法有权根据有关信息核定其转让收入，但必须保证各税种计税价格一致。

对转让住房收入计算个人所得税应纳税所得额时，纳税人可凭原购房合同、发票等有效凭证，经税务机关审核后，允许从其转让收入中减除房屋原值、转让住房过程中缴纳的税金及有关合理费用。

要点	规则	
房屋原值的确定	商品房	购置该房屋实际支付的房价款 + 相关税费
	自建住房	实际发生的建造费用 + 建造和取得产权时实际缴纳的相关税费
	经济适用房（含集资合作建房、安居工程住房）	原购房人实际支付的房价款 + 相关税费 + 按规定缴纳的土地出让金
	已购公有住房	原购公有住房标准面积 × 当地经济适用房价格 + 超标准面积实际支付的房价款 + 按规定缴纳的所得收益 + 相关税费
	城镇拆迁安置住房	（1）房屋拆迁取得货币补偿后购置房屋的：购置该房屋实际支付的房价款 + 相关税费 （2）房屋拆迁采取产权调换方式的：《房屋拆迁补偿安置协议》注明的价款 + 相关税费 （3）房屋拆迁采取产权调换方式，被拆迁人除取得所调换房屋，又取得部分货币补偿的：《房屋拆迁补偿安置协议》注明的价款 + 缴纳的相关税费 − 货币补偿 （4）房屋拆迁采取产权调换方式，被拆迁人取得所调换房屋，又支付部分货币的：《房屋拆迁补偿安置协议》注明的价款 + 缴纳的相关税费 + 货币补偿
转让住房过程中缴纳的税金	纳税人在转让住房时实际缴纳的城市维护建设税、教育费附加、地方教育附加、土地增值税、印花税等税金	
合理费用的确定	住房装修费用	支付的住房装修费用。纳税人能提供实际支付装修费用的税务统一发票，并且发票上所列付款人姓名与转让房屋产权人一致的，经税务机关审核，其转让的住房在转让前实际发生的装修费用，可在以下规定比例内扣除： （1）已购公有住房、经济适用房：最高扣除限额为房屋原值的 15% （2）商品房及其他住房：最高扣除限额为房屋原值的 10% 纳税人原购房为装修房，即合同注明房价款中含有装修费（铺装了地板，装配了洁具、厨具等）的，不得再重复扣除装修费用
	住房贷款利息	纳税人出售以按揭贷款方式购置的住房，其向贷款银行实际支付的住房贷款利息，凭贷款银行出具的有效证明据实扣除
	其他	纳税人按照有关规定实际支付的手续费、公证费等，凭有关部门出具的有效证明据实扣除

考点妙记

房屋原值的确定——实际支付、实际发生、实际缴纳。

经典题解

【例题 55 · 多选题】根据个人所得税的相关规定，以下关于个人转让住房的说法不正确的有（　　）。

A. 房屋拆迁采取产权调换方式，被拆迁人除取得所调换房屋，又取得部分货币补偿的，所调换房屋原值为《房屋拆迁补偿安置协议》注明的价款和缴纳的相关税费，加上货币补偿后的金额

B. 转让已购公有住房，装修费最高扣除限额为房屋原值的15%

C. 纳税人原购房为装修房，即合同注明房价款中含有装修费（铺装了地板，装配了洁具、厨具等）的，不得再重复扣除装修费用

D. 个人销售以按揭贷款方式购置的住房，其向贷款银行实际支付的住房贷款利息，不得在计算个人所得税时扣除

【答案】AD

2. 个人转让股票、股权应纳税额的计算

【提示】股票和股权不是等同概念。

基本政策：(1) 境内上市公司股票转让所得免征个人所得税；(2) 非上市公司股权转让所得，应按照“财产转让所得”，适用20%的比例税率征收个人所得税。

【相关链接】自2018年11月1日（含）起，对个人转让新三板挂牌公司非原始股取得的所得，暂免征收个人所得税。对个人转让新三板挂牌公司原始股取得的所得，按照“财产转让所得”，适用20%的比例税率征收个人所得税。

2019年9月1日之前，个人转让新三板挂牌公司原始股的个人所得税，征收管理办法按照现行股权转让所得有关规定执行，以股票受让方为扣缴义务人，由被投资企业所在地税务机关负责征收管理。

自2019年9月1日（含）起，个人转让新三板挂牌公司原始股的个人所得税，以股票托管的证券机构为扣缴义务人，由股票托管的证券机构所在地主管税务机关负责征收管理。

新三板精选层公司转为北交所上市公司，以及创新层挂牌公司通过公开发行股票进入北交所上市后，投资北交所上市公司涉及的个人所得税、印花税相关政策，暂按照现行新三板适用的税收规定执行。（新增）

【解释】股权是指自然人股东（以下简称“个人”）投资于在中国境内成立的企业或组织（以下统称“被投资企业”，不包括个人独资企业和合伙企业）的股权或股份。2015年1月1日起施行的《股权转让所得个人所得税管理办法（试行）》规范了个人转让股权计税的规则和流程。

要点	规则
股权转让行为	（1）出售股权 （2）公司回购股权 （3）发行人首次公开发行新股时，被投资企业股东将其持有的股份以公开发行方式一并向投资者发售 （4）股权被司法或行政机关强制过户 （5）以股权对外投资或进行其他非货币性交易 （6）以股权抵偿债务

要点	规则
股权转让行为	（7）其他股权转移行为 以上情形，股权已经发生了实质上的转移，而且转让方也相应获取了报酬或免除了责任，因此都应当属于股权转让行为，个人取得的所得应按规定缴纳个人所得税
纳税人与扣缴义务人	个人股权转让所得个人所得税，以股权转让方为纳税人，以受让方为扣缴义务人。受让方无论是企业还是个人，均应按个人所得税法规定认真履行扣缴税款义务
收入确定的原则及方法	股权转让收入应当按照公平交易原则确定。纳税人转让股权，应当获得与之相匹配的回报，无论回报是何种形式或名义，都应作为股权转让收入的组成部分 通常情况下，股权转让收入就是转让方在转让当期或后续期间获得的各种形式及名义的收入
核定收入	1. 符合下列情形之一的，主管税务机关可以核定股权转让收入： （1）申报的股权转让收入明显偏低且无正当理由的 （2）未按照规定期限办理纳税申报，经税务机关责令限期申报，逾期仍不申报的 （3）转让方无法提供或拒不提供股权转让收入的有关资料 （4）其他应核定股权转让收入的情形 【解释】属于对违反了公平交易原则或不配合税收管理的纳税人实施的一种税收保障措施 2. 符合下列情形之一，视为股权转让收入明显偏低： （1）申报的股权转让收入低于股权对应的净资产份额的。其中，被投资企业拥有土地使用权、房屋、房地产企业未销售房产、知识产权、探矿权、采矿权、股权等资产的，申报的股权转让收入低于股权对应的净资产公允价值份额的 （2）申报的股权转让收入低于初始投资成本或低于取得该股权所支付的价款及相关税费的 （3）申报的股权转让收入低于相同或类似条件下同一企业同一股东或其他股东股权转让收入的 （4）申报的股权转让收入低于相同或类似条件下同类行业的企业股权转让收入的 （5）不具合理性的无偿让渡股权或股份 （6）主管税务机关认定的其他情形 3. 符合下列条件之一的股权转让收入明显偏低，视为有正当理由： （1）能出具有效文件，证明被投资企业因国家政策调整，生产经营受到重大影响，导致低价转让股权 （2）继承或将股权转让给其能提供具有法律效力身份关系证明的配偶、父母、子女、祖父母、外祖父母、孙子女、外孙子女、兄弟姐妹以及对转让人承担直接抚养或者赡养义务的抚养人或者赡养人 （3）相关法律、政府文件或企业章程规定，并有相关资料充分证明转让价格合理且真实的本企业员工持有的不能对外转让股权的内部转让 （4）股权转让双方能够提供有效证据证明其合理性的其他合理情形

考点妙记

有文件、给至亲、内部转。

要点	规则
转让收入的核定方法	【解释】主管税务机关在对股权转让收入进行核定时，必须依次按照净资产核定法、类比法、其他合理方法的先后顺序进行核定。被投资企业账证健全或能够对资产进行评估核算的，应当采用净资产核定法进行核定。被投资企业净资产难以核实的，如其股东存在其他符合公平交易原则的股权转让或类似情况的股权转让，主管税务机关可以采用类比法核定股权转让收入。以上方法都无法适用的，可采用其他合理方法 净资产主要依据被投资企业会计报表计算确定。对于土地使用权、房屋、房地产企业未销售房产、知识产权、探矿权、采矿权、股权等资产占企业总资产比例超过20%的被投资企业，其以上资产需要按照评估后的市场价格确定。评估有关资产时，由纳税人选择有资质的中介机构，同时，为了减少纳税人资产评估方面的支出，对6个月内多次发生股权转让的情况，给予了简化处理，对净资产未发生重大变动的，可参照上一次的评估情况
股权原值的确认	【解释】通常情况下，股权原值按照纳税人取得股权时的实际支出进行确认。如纳税人在获得股权时，转让方已经被核定征收过个人所得税的，纳税人在此次转让时，股权原值可以按照取得股权时发生的合理税费与税务机关核定的转让方股权转让收入之和确定。这也是为了使整个转让环节前后衔接，避免重复征税 对自然人多次取得同一被投资企业股权的，转让部分股权时，采用“加权平均法”确定其股权原值
纳税地点	个人股权转让所得个人所得税以被投资企业所在地税务机关为主管税务机关。股权转让所得纳税人需要在被投资企业所在地办理纳税申报

经典题解

【例题56·单选题】主管税务机关在对个人股权转让收入进行核定时首选的方法是（　　）。

A. 净资产核定法　　B. 类比法

C. 加权平均法　　D. 参照法

【答案】A

【例题57·单选题】对个人多次取得同一被投资企业股权的，计算部分股权转让的应纳税所得额时，确定转让股权原值采用的方法是（　　）。

A. 先进先出法　　B. 加权平均法

C. 后进先出法　　D. 移动平均法

【答案】B

3. 个人因购买和处置债权取得所得的计税方法

个人通过招标、竞拍或其他方式购置债权以后，通过相关司法或行政程序主张债权而取得的所得，应按照“财产转让所得”项目缴纳个人所得税。

个人通过上述方式取得“打包”债权，只处置部分债权的，其应纳税所得额按以下方式确定：

（1）以每次处置部分债权的所得，作为一次财产转让所得征税。

（2）其应税收入按照个人取得的货币资产和非货币资产的评估价值或市场价值的合计数确定。

（3）所处置债权成本费用（财产原值），按下列公式计算：当次处置债权成本费用 = 个人购置“打包”债权实际支出 × 当次处置债权账面价值（或拍卖机构公布价值）÷“打包”债权账面价值（或拍卖机构公布价值）。

（4）个人购买和处置债权过程中发生的拍卖招标手续费、诉讼费、审计评估费以及缴纳的税金等合理税费，在计算个人所得税时允许扣除。

经典题解

【例题 58 · 单选题】中国公民吴某购买“打包”债权实际支出为 40 万元，2021 年 3 月处置该债权的 40%，取得处置收入 25 万元，在债权处置过程中发生评估费用 2 万元。吴某处置“打包”债权应缴纳个人所得税（　　）万元。

A. 1.20　　B. 1.40　　C. 1.56　　D. 1.80

【解析】吴某处置“打包”债权应缴纳个人所得税 =（25−40×40%−2）× 20%=1.40（万元）。

【答案】B

4. 个人拍卖财产所得应纳税额的计算

个人拍卖除文字作品原稿及复印件外的其他财产，应以其转让收入额减除财产原值和合理费用后的余额为应纳税所得额，按照“财产转让所得”项目适用 20% 税率缴纳个人所得税。

纳税人如不能提供合法、完整、准确的财产原值凭证，不能正确计算财产原值的，按转让收入额的 3% 征收率计算缴纳个人所得税；拍卖品为经文物部门认定是海外回流文物的，按转让收入额的 2% 征收率计算缴纳个人所得税。

【相关链接】作者将自己的文字作品手稿原件或复印件拍卖取得的所得，按照“特许权使用费所得”项目计征个人所得税——如果是居民个人，在取得时适用 20% 预扣率预扣预缴个人所得税，该收入需并入综合所得，在年度终了后汇算清缴时适用七级超额累进税率（年税率表）。如果是非居民个人，在取得时适用七级超额累进税率（月税率表）计算个人所得税，年度终了后不做汇算清缴。

要点小贴士

按“特许权使用费”计税的手稿，一必须是自己的，二必须是文字作品。

经典题解

【例题 59 · 单选题】关于计算个人拍卖财产的个人所得税时可扣除的财产原值，下列表述正确的是（　　）。

A. 拍卖受赠获得的物品，原值为该拍卖品的市场价值

B. 拍卖通过拍卖行拍得的物品，原值为该物品的评估价值

C. 拍卖祖传的藏品，原值为该祖传藏品的评估价值

D. 拍卖从画廊购买的油画，原值为购买该油画时实际支付的价款

【解析】选项 A：拍卖受赠获得的物品，原值为受赠该拍卖品时发生的相关税费；选项 B：拍卖通过拍卖行拍得的物品，原值为拍得该物品实际支付的价款及相关税

费；选项C：拍卖祖传的藏品，原值为收藏该拍卖品而发生的费用。

【答案】D

5. 关于沪港股票市场交易互联互通机制试点、深港股票市场交易互联互通机制试点有关税收政策的规定

投资人	项目	沪港通／深港通税收政策
内地个人投资者通过沪港通／深港通投资香港联交所上市股票	转让差价所得	暂免征收个人所得税；免征增值税
	股息红利	（1）H股股息红利：H股公司应向中国证券登记结算有限责任公司（以下简称“中国结算”）提出申请，由中国结算向H股公司提供内地个人投资者名册，H股公司按照20%的税率代扣个人所得税 （2）非H股股息红利：由中国结算按照20%的税率代扣个人所得税
	印花税	买卖、继承、赠与联交所上市股票，按照香港特别行政区现行税法规定缴纳印花税
香港市场投资者（包括企业和个人）投资上交所／深交所上市A股	转让差价所得	暂免征收所得税；免征增值税
	股息红利	在香港结算不具备向中国结算提供投资者的身份及持股时间等明细数据的条件之前，暂不执行按持股时间实行差别化征税政策，由上市公司按照10%的税率代扣所得税，并向其主管税务机关办理扣缴申报
	印花税	买卖、继承、赠与上交所／深交所上市A股，按内地现行税制规定缴纳证券交易印花税

经典题解

【真题60·单选题】居民个人王某2020年12月通过沪港通购买了境内某公司在香港联交所上市的H股股票。2021年3月，该公司向王某分配上年度H股股息10000元。该公司对此笔股息应代扣代缴个人所得税（　　）元。（2021年）

A. 2000　　B. 0　　C. 1000　　D. 500

【解析】对内地个人投资者通过沪港通投资香港联交所上市H股取得的股息、红利，由H股公司按照20%的税率代扣个人所得税。应代扣代缴的个人所得税＝10000×20%=2000（元）。

【答案】A

【真题61·单选题】某内地个人投资者于2015年5月通过沪港通投资在香港联交所上市的H股股票，取得股票转让差价所得和股息红利所得。下列有关该投资者股票投资所得计征个人所得税的表述中，正确的是（　　）。（2016年）

A. 股票转让差价所得按照10%的税率征收个人所得税

B. 股息红利所得由H股公司按照20%的税率代扣代缴个人所得税

C. 股息红利由中国证券登记结算有限责任公司按照20%的税率代扣代缴个人所得税

D. 股票转让差价所得按照 20% 的税率征收个人所得税

【答案】B

6. 个人以非货币资产投资的个人所得税规定

【解释】从 2015 年 4 月 1 日起，将个人以股权、不动产、技术发明成果等非货币性资产进行投资的实际收益，由一次性纳税改为分期纳税的优惠政策。非货币性资产，是指现金、银行存款等货币性资产以外的资产，包括股权、不动产、技术发明成果以及其他形式的非货币性资产。非货币性资产投资，包括以非货币性资产出资设立新的企业，以及以非货币性资产出资参与企业增资扩股、定向增发股票、股权置换、重组改制等投资行为。主要规定梳理：

<table>
<tr><th colspan="2">要点</th><th>规则解释</th></tr>
<tr><td colspan="2">个人以非货币性资产投资的应税项目</td><td>属于同时发生个人转让非货币性资产和投资两项行为。对个人转让非货币性资产的所得，应按照“财产转让所得”项目，依法计算缴纳个人所得税；投资行为不涉税</td></tr>
<tr><td rowspan="3">计税依据</td><td>应纳税所得额</td><td>应纳税所得额 = 非货币性资产转让收入 – 该资产原值及合理税费</td></tr>
<tr><td>转让收入</td><td>应按评估后的公允价值确认非货币性资产转让收入</td></tr>
<tr><td>扣除项目</td><td>（1）资产原值
非货币性资产原值为纳税人取得该项资产时实际发生的支出。纳税人不能提供相关证明资料，不能准确计算原值的，主管税务机关可依法进行核定
（2）合理税费
合理税费是指纳税人在非货币性资产投资过程中发生的与资产转移相关的税金及合理费用。允许扣除的税费必须与非货币性资产投资相关，且具有合理性
（3）例外情形
对以股权投资的情形，股权原值的确认等问题按照股权转让个人所得税的有关规定处理</td></tr>
<tr><td colspan="2">收入确认</td><td>应于非货币性资产转让、取得被投资企业股权时，确认非货币性资产转让收入的实现</td></tr>
<tr><td colspan="2">申报与缴纳</td><td>个人应在发生上述应税行为的次月 15 日内向主管税务机关申报纳税。纳税人一次性缴税有困难的，可合理确定分期缴纳计划并报主管税务机关备案后，自发生上述应税行为之日起不超过 5 个公历年度内（含）分期缴纳个人所得税</td></tr>
<tr><td colspan="2">纳税地点</td><td>纳税人以不动产投资的，以不动产所在地税务机关为主管税务机关；纳税人以其持有的企业股权对外投资的，以该企业所在地税务机关为主管税务机关；对纳税人以其他非货币资产投资的情形，以被投资企业所在地税务机关为主管税务机关</td></tr>
</table>

名师点拨

5 年分期缴纳≠5 年均匀缴纳。

经典题解

【例题62·多选题】非货币性资产投资个人所得税由纳税人向主管税务机关自行申报缴纳。以下关于纳税地点的表述正确的有（ ）。

A. 纳税人以不动产投资的，以不动产所在地税务机关为主管税务机关

B. 纳税人以其持有的企业股权对外投资的，以该企业所在地税务机关为主管税务机关

C. 纳税人以机器设备投资的，以其居住所在地税务机关为主管税务机关

D. 纳税人以发明成果投资的，以被投资企业所在地税务机关为主管税务机关

【答案】ABD

考点9：利息、股息、红利所得应纳税额的计算★★★

要点	规则
应纳税所得额的计算	利息、股息、红利所得的基本规定是按收入全额计税，不得扣除任何费用。但根据个人从公开发行和转让市场取得的上市公司股票的持股期限不同，有如下特殊规定： （1）持股期限超过1年的，股息红利所得暂免征收个人所得税 （2）持股期限在1个月以内（含1个月）的，其股息红利所得全额计入应纳税所得额 （3）持股期限在1个月以上至1年（含1年）的，暂减按50%计入应纳税所得额 上述所得统一适用20%的税率计征个人所得税 全国中小企业股份转让系统（新三板）挂牌公司股息红利差别化个人所得税政策也按上述政策执行
关于“次”的规定	以支付利息、股息、红利时取得的收入为一次
适用税率	利息、股息、红利所得适用20%的比例税率
应纳税额计算公式	应纳税额＝应纳税所得额×适用税率＝每次收入额×20%
其他规定	（1）外籍个人从外商投资企业取得的股息、红利所得，暂免征收个人所得税 （2）一般情况下，个人股东获得转增的股本，应按照“利息、股息、红利所得”项目，适用20%税率征收个人所得税 （3）自2008年10月9日起暂免征收居民储蓄存款利息的个人所得税

经典题解

【例题63·多选题】以下按照“利息、股息、红利所得”项目征收个人所得税的有（ ）。

A. 个人取得的企业债券利息

B. 合伙企业的个人投资者以企业资金为本人购买住房

C. 股份有限公司的个人投资者以企业资金为本人购买汽车

D. 公司职工取得的用于购买企业国有股权的劳动分红

【**解析**】选项 B：应按照“经营所得”项目征税；选项 D：应按照“工资、薪金所得”项目征收个人所得税。

【**答案**】AC

【**例题 64·单选题**】中国公民王某于 2020 年 9 月以 6 万元的资金持有上海证券交易所的某境内上市公司的股票 10000 股。2021 年 2 月，该上市公司宣布实施每股 0.8 元的分红决定，王某在 3 月将上述股票以 7 万元的价格转让，王某上述行为应缴纳个人所得税（　　）元。

A. 0　　B. 800　　C. 2700　　D. 2800

【**解析**】王某转让境内上市公司股票的行为免征个人所得税；获得分红的股息、红利所得，持股期限在 1 个月以上至 1 年（含）的，暂减按 50% 计入应纳税所得额。

王某上述行为应纳个人所得税 =10000×0.8×50%×20%=800（元）。

【**答案**】B

【**特殊政策**】关于企业转增股本个人所得税规定。

自 2016 年 1 月 1 日起，全国范围内的中小高新技术企业以未分配利润、盈余公积、资本公积向个人股东转增股本时，个人股东一次缴纳个人所得税确有困难的，可根据实际情况自行制定分期缴税计划，在不超过 5 个公历年度内（含）分期缴纳，并将有关资料报主管税务机关备案。

【**解释 1**】本政策执行范围仅限于非上市的中小高新技术企业或未在全国中小企业股份转让系统（新三板）挂牌的中小高新技术企业。上市中小高新技术企业或在全国中小企业股份转让系统挂牌的中小高新技术企业向个人股东转增股本（不含以股票发行溢价形成的资本公积转增股本），股东应纳的个人所得税，不执行此项政策，继续按照现行有关股息红利差别化个人所得税政策执行。

【**解释 2**】分期纳税的政策是为了照顾纳税人缺乏现金收入的状况。如果股东转让股权并取得现金收入的，该现金收入应优先用于缴纳尚未缴清的税款。在股东转让该部分股权之前，企业依法宣告破产，股东进行相关权益处置后没有取得收益或收益小于初始投资额的，主管税务机关对其尚未缴纳的个人所得税可不予追征。

考点 10：偶然所得应纳税额的计算★★

要点	规则
应纳税所得额的计算	除另有规定外，偶然所得以每次收入额为应纳税所得额
关于“次”的规定	以每次取得该项收入为一次

要点	规则
适用税率	偶然所得适用 20% 的比例税率
应纳税额计算公式	应纳税额 = 应纳税所得额 × 适用税率 = 每次收入额 ×20%
其他规定	（1）个人取得单张有奖发票奖金所得不超过 800 元（含 800 元）的，暂免征收个人所得税；个人取得单张有奖发票奖金所得超过 800 元的，应全额按照“偶然所得”项目征收个人所得税 （2）个人购买社会福利有奖募捐奖券、体育彩票一次中奖收入不超过 10000 元的，暂免征收个人所得税；对一次中奖收入超过 10000 元的，应全额按照“偶然所得”项目征收个人所得税 （3）除不征税情形以外，房屋产权所有人将房屋产权无偿赠与他人的，受赠人因无偿受赠房屋取得的受赠所得，按照“偶然所得”项目缴纳个人所得税，其应纳税所得额为房地产赠与合同上标明的赠与房屋价值，减除赠与过程中受赠人支付的相关税费后的余额 【提示】受赠人再转让受赠房屋的，按照“财产转让所得”项目缴纳个人所得税，应纳税所得额 = 转让受赠房屋的收入 – 原捐赠人取得该房屋的实际购置成本 – 赠与和转让过程中受赠人支付的相关税费

经典题解

【例题 65】张某将一处新购置的房产无偿赠与同窗好友林某，房地产赠与合同上标明该房产价值 60 万元，赠与过程中林某支付契税等可扣除的相关税费 2 万元。则：

林某接受赠与取得该房产时按照偶然所得计算的应纳税额 =（60–2）×20%=11.6（万元）。

【归纳】扣缴义务人支付利息、股息、红利所得，财产租赁所得，财产转让所得或者偶然所得时，应当依法按次或者按月代扣代缴税款。

利息、股息、红利所得，财产租赁所得，财产转让所得或者偶然所得，居民个人和非居民个人的代扣代缴及计税规则是一致的。

第六节　应纳税额计算中的特殊问题处理

使用“会计云课堂”App 或“微信”扫码查看本节视频，快速 GET 知识点。

考点 1：居民个人全年一次性奖金的规定★★★

1. 全年一次性奖金是指行政机关、企事业单位等扣缴义务人根据其全年经济效益和对雇员全年工作业绩的综合考核情况，向雇员发放的一次性奖金。上述一次性奖金也包括年终加薪、实行年薪制和绩效工资办法的单位根据考核情况兑现的年薪和绩效工资。

居民个人取得全年一次性奖金，在 2023 年 12 月 31 日前，可以选择并入当年综合所得计算纳税，也可选择不并入当年综合所得。

2. 基本计税规则

纳税人取得的全年一次性奖金，选择不并入当年综合所得的，按以下计税办法，由扣缴义务人发放时代扣代缴：

（1）先将居民个人取得的全年一次性奖金，除以 12 个月，按其商数依照按月换算后的综合所得税率表确定适用税率和速算扣除数。

（2）将居民个人取得的全年一次性奖金，按上述第（1）条确定的适用税率和速算扣除数计算征税。计算公式如下：

应纳税额 = 居民个人取得的全年一次性奖金收入 × 适用税率 – 速算扣除数

经典题解

【例题 66 · 多选题】与个人任职有关的下列收入，可按全年一次性奖金计算个人所得税的有（　　）。

A. 实行绩效工资办法兑现的绩效工资收入

B. 实行年薪制而兑现的年薪收入

C. 与单位解除劳动关系而取得的一次性补偿收入

D. 提前退休而取得的一次性补贴收入

【解析】全年一次性奖金也包括年终加薪、实行年薪制和绩效工资办法的单位根据考核情况兑现的年薪和绩效工资。

【答案】AB

【例题 67】中国公民肖某 2022 年 1 月份取得 2021 年的年终奖金 60000 元。肖某选择不并入当年综合所得的计税方法，其年终奖应纳个人所得税如何计算？

【答案及解析】

肖某选择不并入当年综合所得的计税方法，其年终奖单独计税，不与综合所得合并计税。年终奖单独计税时，需要按照月平均水平找税率。年终奖 60000 元除以 12 算出月平均奖金 5000 元，不能再做其他扣除，须直接查找月度税率表，对应税率为 10%，速算扣除数为 210 元，年终奖应缴纳个人所得税 =60000 × 10%–210=5790（元）。

3. 限制性要求

（1）在一个纳税年度内，对每一个纳税人，选择不并入综合所得而单独计税的计税办法只允许采用一次。

（2）居民个人取得除全年一次性奖金以外的其他各种名目奖金，如半年奖、季度奖、加班奖、先进奖、考勤奖等，一律与当月工资、薪金收入合并，按税法规定缴纳个人所得税。

【相关链接】非居民个人数月奖金的计税规定

非居民个人一个月内取得数月奖金，单独按照规定计算当月收入额，不与当月其他工资薪金合并，按6个月分摊计税，不减除费用，适用月度税率表计算应纳税额，在一个公历年度内，对每一个非居民个人，该计税办法只允许适用一次。计算公式如下：

当月数月奖金应纳税额=[（数月奖金收入额÷6）×适用税率－速算扣除数]×6。

考点2：企业年金、职业年金个人所得税的计税规定★★

企业年金是指企业及其职工按照规定，在依法参加基本养老保险的基础上，自愿建立的补充养老保险制度。企业年金主要由个人缴费、企业缴费，年金基金投资运营收益和领取年金三部分组成。税法对个人缴费和企业缴费的个人所得税处理作出了规范。

【解释】自2014年1月1日起，企业年金、职业年金个人所得税的计算征收采用“递延纳税”政策——在年金缴费环节和年金基金投资运营收益分配环节暂不征收个人所得税，将纳税义务递延到个人实际领取年金的环节。核心规定如下：

形成和支配环节	核心政策规定
年金缴费环节	对单位根据国家有关政策规定为在本单位任职或者受雇的全体职工缴付的企业年金或职业年金单位缴费部分，在计入个人账户时，个人暂不缴纳个人所得税；个人根据国家有关政策规定缴付的年金个人缴费部分，在不超过本人缴费工资计税基数的4%标准内的部分，暂从个人当期的应纳税所得额中扣除 但超过上述规定的标准缴付的年金单位缴费和个人缴费部分，应并入个人当期的工资、薪金所得，依法计征个人所得税
个人扣除标准	比例标准：不超过本人缴费工资计税基数的4% 基数标准： （1）企业年金个人缴费工资计税基数为本人上一年度月平均工资。月平均工资按国家统计局规定列入工资总额统计的项目计算。月平均工资超过职工工作地所在设区城市上一年度职工月平均工资300%以上的部分，不计入个人缴费工资计税基数 （2）职业年金个人缴费工资计税基数为职工岗位工资和薪级工资之和。职工岗位工资和薪级工资之和超过职工工作地所在设区城市上一年度职工月平均工资300%以上的部分，不计入个人缴费工资计税基数
年金基金投资运营收益	企业年金或职业年金基金投资运营收益分配计入个人账户时，暂不征收个人所得税
年金领取环节	个人达到国家规定的退休年龄领取的企业年金或职业年金，不并入综合所得，全额单独计算应纳个人所得税

形成和支配环节	核心政策规定
领取年金 具体计税方法	（1）按月领取的，适用月度税率表计算纳税 （2）按季领取的，平均分摊计入各月，按每月领取额适用月度税率表计算纳税 （3）按年领取的，适用综合所得税率表计算纳税 （4）个人因出境定居而一次性领取的年金个人账户资金，或个人死亡后，其指定的受益人或法定继承人一次性领取的年金个人账户余额，适用综合所得税率表计算纳税 （5）对个人除上述特殊原因外一次性领取年金个人账户资金或余额的，适用月度税率表计算纳税
税款的扣缴	个人领取年金时，其应纳税款由受托人代表委托人委托托管人代扣代缴 建立年金计划的单位、年金托管人，应按照个人所得税法和税收征收管理法的有关规定，实行全员全额扣缴明细申报

经典题解

【例题68·单选题】下列关于年金的个人所得税处理中，正确的是（　　）。

A. 年金的企业缴费计入个人账户的部分，应视为个人一个月的工资缴纳个人所得税

B. 个人按本人缴费工资计税基数的5%缴纳的年金，在计算个人所得税时可全额扣除

C. 按年缴纳年金的企业缴费部分，应按照全年一次性奖金的计税方法缴纳个人所得税

D. 企业根据国家有关政策规定的办法和标准，为本单位全体职工缴付的企业年金单位缴费部分，在计入个人账户时，暂不缴纳个人所得税

【解析】选项ACD：企业和事业单位根据国家有关政策规定的办法和标准，为在本单位任职或者受雇的全体职工缴付的年金单位缴费部分，在计入个人账户时，个人暂不缴纳个人所得税。选项B：个人根据国家有关政策规定缴付的年金个人缴费部分，在不超过本人缴费工资计税基数的4%标准内的部分，暂从个人当期的应纳税所得额中扣除。

【答案】D

考点3：关于解除劳动关系、提前退休、内部退养的一次性补偿收入的政策★★★

【归纳】取得上述收入的政策差异：

项目	适用范围	特点	个税的征免
法定退休	各类人员	属于达到法定退休年龄的正式退休	按照国家统一规定发放的退休费、离休费和离休生活补助费免税

项目	适用范围	特点	个税的征免
内部退养	企业减员增效和行政事业单位、社会团体在机构改革过程中实行内部退养办法人员	属于非正式退休。因未达到法定退休年龄，由企业发给基本生活费，达到退休年龄时正式办理退休手续	办理内部退养手续后从原任职单位取得的一次性收入和至法定离退休年龄之间取得的基本生活费收入均应按工资薪金所得纳税
提前退休	机关、企事业单位人员	属于正式退休。按照规定提前退休的人员可享受此待遇	取得按照统一标准发放的一次性补贴收入应按照工资薪金所得纳税
解除劳动关系	各类人员	增效减员脱离关系	取得一次性补偿收入在扣除一定的免税额度后，单独计算纳税

1. 解除劳动关系取得的一次性补偿收入

要点小贴士：合同到期离职和个人主动离职都不能享受这一政策。

【政策核心】单位炒了个人的“鱿鱼”所支付的补偿金，在扣除一定的免税额度后，单独计算应纳税额。

【具体规定】个人与用人单位解除劳动关系取得一次性补偿收入（包括用人单位发放的经济补偿金、生活补助费和其他补助费），在当地上年职工平均工资3倍数额以内的部分，免征个人所得税；超过3倍数额的部分，不并入当年综合所得，单独适用综合所得税率表，计算纳税。

个人在解除劳动合同后又再次任职、受雇的，已纳税的一次性补偿收入不再与再次任职、受雇的工资薪金所得合并计算补缴个人所得税。

企业依照国家有关法律规定宣告破产，企业职工从该破产企业取得的一次性安置费收入，免征个人所得税。

经典题解

【例题69】2021年2月，某单位增效减员与在单位工作了8年的张三解除劳动关系，张三取得一次性补偿收入20万元，当地上年职工平均工资65000元，则张三该项收入应纳的个人所得税是多少？

【答案及解析】

（1）计算免征额=65000×3=195000（元）

（2）应纳税所得额=200000-195000=5000（元）

（3）查找综合所得税率表，适用3%的税率，应纳税额=5000×3%=150（元）。

2. 个人提前退休取得补贴收入征收个人所得税的规定

【政策核心】提前退休属于特殊情形下的正式退休，退休工资法定免税，一次性补贴收入不属于免税范畴，需要将一次性收入折算成办理提前退休手续至法定离退休年龄之间的年度平均所得水平，减去年度费用扣除标准、查找税率计税。

【具体规定】个人办理提前退休手续而取得的一次性补贴收入，应按照办理提前退休手续至法定离退休年龄之间实际年度数平均分摊，确定适用税率和速算扣除数，单独适用综合所得税率表，计算纳税。计算公式：

应纳税额 ={［（一次性补贴收入 ÷ 办理提前退休手续至法定退休年龄的实际年度数）－费用扣除标准］× 适用税率 － 速算扣除数 }× 办理提前退休手续至法定退休年龄的实际年度数

【提示】该项计算不与办理提前退休手续当月的工资、薪金所得合并，即按照统一标准取得的提前退休一次性补贴收入与其当月取得的工资、薪金或其他收入应分别计算个人所得税。

经典题解

【例题 70】李某因身体原因，符合规定的 30 年以上工龄可申请提前退休的条件，于 2022 年 1 月办理提前退休手续（比正常退休提前 3 年），取得单位按照统一标准发放的一次性补贴收入 36000 元。当月，李某还领取退休工资 6000 元，则：

（1）将一次性补贴收入按办理提前退休手续至法定离退休年龄之间的实际年度数平均分摊：36000/3 年 =12000（元）

（2）由于该平均数 12000 元小于 60000 元基本费用扣除标准，该项按照统一标准发放的提前退休一次性补贴收入不必缴纳个人所得税。

提前退休属于正式退休，可享受退休金法定免税政策，其取得的 6000 元退休工资免征个人所得税。

3. 关于企业减员增效和行政事业单位、社会团体在机构改革过程中实行内部退养办法人员取得收入的征税问题

实行内部退养的个人在其办理内部退养手续后至法定离退休年龄之间从原任职单位取得的工资、薪金，不属于离退休工资，应按“工资、薪金所得”项目计征个人所得税。个人办理内部退养手续后从原任职单位取得的一次性收入，应按规定计征个人所得税。

个人在办理内部退养手续后从原任职单位取得的一次性收入，应按办理内部退养手续后至法定离退休年龄之间的所属月份进行平均，并与领取当月的“工资、薪金”所得合并后减除当月费用扣除标准，以余额为基数确定适用税率，再将当月工资、薪金加上取得的一次性收入，减去费用扣除标准，按适用税率计征个人所得税。

经典题解

【例题 71】李某于 2021 年 1 月办理内退手续（比正常退休提前 3 年），取得原任职单位发放的一次性收入 36000 元。当月从原单位领取基本工资 4500 元，若无其他可减除费用，则其当月应纳个人所得税 1065 元。

计算过程：

①将一次性收入按办理内部退养手续后至法定离退休年龄之间的所属月份进行平均：36000/（3 年 ×12 个月）=1000（元）

②与当月工资薪金合并查找月税率表：1000（平均结果）+4500（当月工资）−5000（费用扣除标准）=500（元），适用3%的税率。

③当月应纳个人所得税 =（36000+4500−5000）×3%=1065（元）

④其每月取得4500元内退工资收入应并入综合所得计征个人所得税。

考点4：个人股票期权所得个人所得税的征税方法★★★

实施股票期权计划的企业授予该企业员工的股票期权所得，应按《个人所得税法》及其实施条例有关规定征收个人所得税。

企业员工股票期权（以下简称"股票期权"）是指上市公司按照规定的程序授予本公司及其控股企业员工的一项权利，该权利允许被授权员工在未来时间内以某一特定价格购买本公司一定数量的股票。

【解释】

1. 居民个人股票期权的计税规则——在2022年12月31日前不计入综合所得，全额单独适用综合所得税率表，计算纳税。计算公式为：

应纳税额 = 股权激励收入 × 适用税率 − 速算扣除数

居民个人一个纳税年度内取得两次以上（含两次）股权激励的，应合并按上述规定公式计算纳税。

2. 股权激励个人所得税有递延纳税的规定。上市公司授予个人的股票期权、限制性股票和股权奖励，经向主管税务机关备案，个人可自股票期权行权、限制性股票解禁或取得股权奖励之日起，在不超过12个月的期限内缴纳个人所得税。

3. 为了方便考生理解，对于股票期权的涉税情况图示如下：

第一种情况，如果居民个人取得不可公开交易的股票期权。

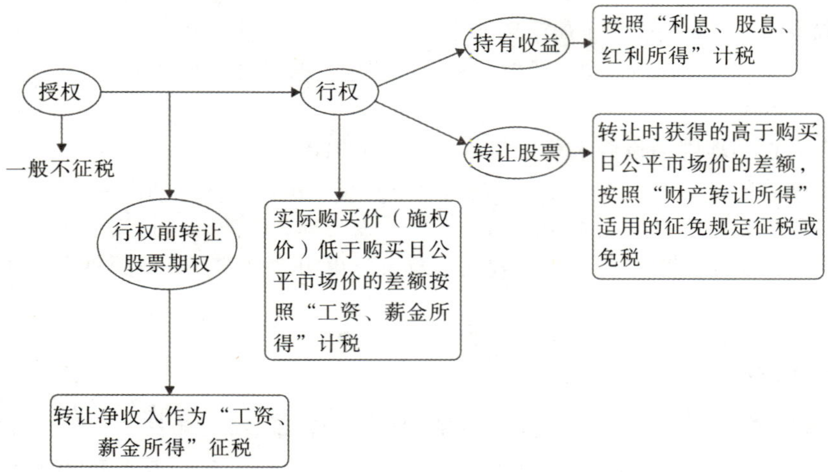

第二种情况，如果居民个人取得可公开交易的股票期权。

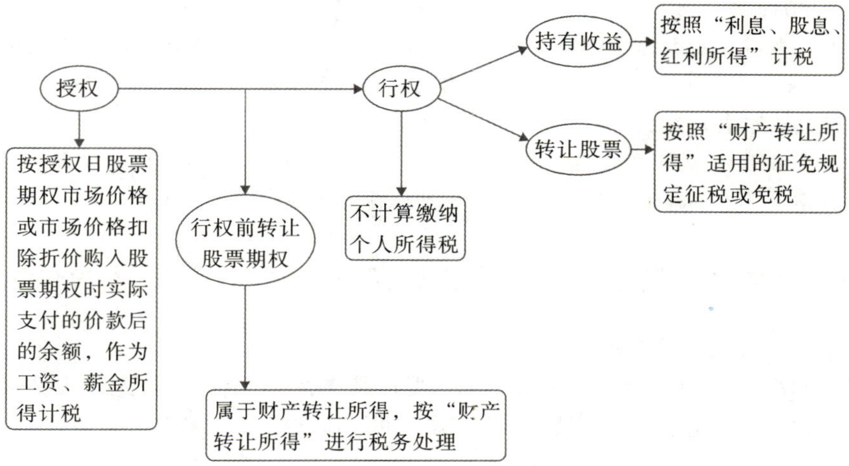

经典题解

【例题72·单选题】下列关于股票期权（不可公开交易）个人所得税征收管理的说法，符合政策规定的是（　　）。

A. 个人转让行权后的境外上市公司股票而取得的所得，应缴纳个人所得税

B. 员工因股票期权行权后而参与企业税后利润分配取得的所得，应按照综合所得缴纳个人所得税

C. 员工接受实施股票期权计划企业授予股票期权时，以授予价并入综合所得缴纳个人所得税

D. 对因特殊情况员工在行权日之前将股票期权转让的不计算缴纳个人所得税

【解析】选项B：应按“利息、股息、红利所得”项目计算缴纳个人所得税；选项C：员工接受实施股票期权计划企业授予股票期权时，除另有规定外，一般不作为应税所得征税；选项D：对因特殊情况员工在行权日之前将股票期权转让的，以股票期权的转让净收入作为工资、薪金所得征收个人所得税。

【答案】A

【例题73】某上市公司实施股权激励计划，公司授予员工小李股票期权（该股票期权不可公开交易），承诺小李自2021年1月至2022年1月在公司履行工作义务一年，则可以每股1元的价格购买该公司股票800000股。2021年1月小李得到期权时不纳税；2022年1月小李行权时，该股票市价每股3元，居民个人取得股票期权等股权激励，在2022年12月31日前，不并入当年综合所得，单独按照综合所得税率表纳税。

小李股票期权行权所得应纳个人所得税：

应纳税所得额=800000×（3−1）=1600000（元）

应纳税额=1600000×45%−181920=538080（元）。

根据财税〔2016〕101号文件规定，经向主管税务机关备案，小李可自股票期权行权之日起，在不超过12个月的期限内缴纳个人所得税。

【相关链接】非居民个人取得上市公司股权激励的计税

自2019年1月1日起，非居民个人一个月内取得股权激励所得，单独按照无住所个人取得工资薪金所得依法计算归属境内的收入额，不与当月其他工资薪金合并，按6个月分摊计税（一个公历年度内的股权激励所得应合并计算），不减除费用，适用月度税率表计算应纳税额。计算公式：

当月股权激励所得应纳税额＝[（本公历年度内股权激励所得合计额÷6）×适用税率－速算扣除数]×6－本公历年度内股权激励所得已纳税额

考点5：科技人员取得职务科技成果转化现金奖励有关个人所得税政策★★★

依法批准设立的非营利性研究开发机构和高等学校（以下简称“非营利性科研机构和高校”）根据《中华人民共和国促进科技成果转化法》规定，从职务科技成果转化收入中给予科技人员的现金奖励，可减按50%计入科技人员当月“工资、薪金所得”，依法缴纳个人所得税。

非营利性科研机构和高校包括国家设立的科研机构和高校、民办非营利性科研机构和高校。

科技成果转化是指非营利性科研机构和高校向他人转让科技成果或者许可他人使用科技成果。现金奖励是指非营利性科研机构和高校在取得科技成果转化收入3年（36个月）内奖励给科技人员的现金。

考点6：关于股权奖励个人所得税规定★★★

1. 针对科研机构和高校的正式员工职务科技成果的股权、出资比例的奖励暂不征税——科研机构、高等学校转化职务科技成果以股份或出资比例等股权形式给予科技人员个人奖励，暂不征收个人所得税。

2. 针对非上市非新三板高新技术企业技术人员的科技成果转化股权奖励可分期递延纳税——全国范围内的高新技术企业转化科技成果，给予本企业相关技术人员的股权奖励，个人一次缴纳税款有困难的，可根据实际情况自行制定分期缴税计划，在不超过5个公历年度内（含）分期缴纳，并将有关资料报主管税务机关备案。

【解释1】上述政策的最大特点是区分不同的获奖主体和不同的限定条件设计暂不征税和分期递延纳税。

【解释2】企业技术人员的该所得项目按照工资薪金所得缴纳个人所得税。但可以分期递延纳税。

【解释3】获得股权奖励的企业技术人员一旦转让奖励的股权（含奖励股权孳生的送、转股）并取得现金收入的，该现金收入应优先用于缴纳尚未缴清的税款（股权转让收入首先要用于缴纳分摊税额中未到期的税款）。

【解释4】如果技术人员在转让奖励的股权之前企业依法宣告破产，技术人员进行相关权益处置后没有取得收益或资产，或取得的收益和资产不足以缴纳其取得股权尚未缴纳的应纳税款的部分，税务机关可不予追征。

企业面向全体员工实施的股权奖励，不得按本政策执行，不得享受分期纳税政策。上市公司及新三板公司也不在本政策的范围内。

3. 个人获得股权奖励时，按照“工资薪金所得”项目纳税，在 2022 年 12 月 31 日前，该部分收入不并入当年综合所得，全额单独适用综合所得税率表按照下列公式和要求计算扣缴其个人所得税：

应纳税额 = 股权激励收入 × 适用税率 – 速算扣除数

居民个人一个纳税年度内取得两次以上（含两次）股权激励的，应合并按上述公式计税。股权奖励的计税价格参照获得股权时的公平市场价格确定。

考点 7：完善股权激励和技术入股有关个人所得税的规定 ★★

1. 符合条件的非上市公司股票期权、股权期权、限制性股票和股权奖励实行递延纳税政策。

非上市公司授予本公司员工的股票期权、股权期权、限制性股票和股权奖励，符合规定条件的，经向主管税务机关备案，可实行递延纳税政策，即员工在取得股权激励时可暂不纳税，递延至转让该股权时纳税；股权转让时，按照股权转让收入减除股权取得成本以及合理税费后的差额，适用“财产转让所得”项目，按照 20% 的税率计算缴纳个人所得税。

股权转让时，股票（权）期权取得成本按行权价确定，限制性股票取得成本按实际出资额确定，股权奖励取得成本为零。

经典题解

【例题 74 · 多选题】某境内非上市公司 2017 年 8 月对员工实施股权期权的股权激励，小张（居民个人）于 2020 年 8 月行权时，以 100 万元的价格购买该公司 2% 的股权（评估其市场价格 250 万元），小张于 2021 年 9 月以 300 万元的价格转让上述股权。假设符合递延纳税条件，不考虑其他税费，则以下表述正确的有（　　）。

A. 小张行权时可暂不缴纳个人所得税，但该非上市公司需在行权当月末向税务机关报送备案表

B. 小张在转让股权时，应计算行权时所得，按照工资薪金所得计税

C. 小张在转让股权时，应计算行权时所得，按照财产转让所得计税

D. 小张在转让股权时应纳个人所得税 40 万元

【解析】由于该股权激励符合递延纳税条件，小张在 2020 年 8 月行权时可暂不纳税，递延至转让该股权时纳税，但该非上市公司需要在行权的次月 15 日内，向主管税务机关报送《非上市公司股权激励个人所得税递延纳税备案表》。2021 年 9 月转让股权时，小张应纳个人所得税 =（股权转让收入 – 股权原值和合理税费）× 税率 =（300–100）× 20%=40（万元）。

【答案】CD

2. 企业或个人以技术成果投资入股到境内居民企业，被投资企业支付的对价全部为股票（权）的，企业或个人可选择继续按现行有关税收政策执行，也可选择适用递延纳税优惠政策。

选择技术成果投资入股递延纳税政策的，经向主管税务机关备案，投资入股当

期可暂不纳税，允许递延至转让股权时，按股权转让收入减去技术成果原值和合理税费后的差额计算缴纳所得税。

经典题解

【例题75】赵教授2021年7月以其所有的某项专利技术投资作价200万元入股A企业，赵教授发明该项专利技术的成本为30万元，入股时发生评估费及其他合理税费共15万元。2022年4月，赵教授将这部分股权以300万元卖掉，转让时发生税费25万元，赵教授应如何计算纳税？

【答案及解析】

赵教授以专利技术投资入股，有两种税收处理方式：一是按照原有政策，在入股当期，对专利技术转让收入扣除专利技术财产原值和相关税费的差额计算个人所得税，并在当期或分期5年缴纳；二是专利技术投资入股时不计税，待转让这部分股权时，直接以股权转让收入扣除专利技术的财产原值和合理税费的差额计算个人所得税。

<table>
<tr><th colspan="2">可选择的税务处理方式</th><th>税额计算</th><th>税款合计</th></tr>
<tr><td rowspan="2">分环节缴纳</td><td>技术入股环节</td><td>（200−30−15）×20%=31（万元）
在当期或分期5年缴纳</td><td rowspan="2">合计纳税=31+15=46（万元）</td></tr>
<tr><td>转让股权环节</td><td>（300−200−25）×20%=15（万元）</td></tr>
<tr><td colspan="2">递延至转让时一次性缴纳</td><td>［300−（30+15）−25］×20%=46（万元）</td><td>纳税46万元
有充足的资金流纳税</td></tr>
</table>

【归纳1】科技成果转化现金和股权奖励与一般情况下奖励股权的政策辨析

获奖励主体	方式	政策规定
非营利性科研机构和高校的科技人员	3年内从职务科技成果转化收入中给予的现金奖励	减按50%计入科技人员当月“工资、薪金所得”
科研机构和高校的正式员工	职务科技成果转化以股份或出资比例等股权形式给予个人奖励	暂不征收个人所得税
高新技术企业（非上市非新三板）技术人员	科技成果转化股权奖励	可在不超过5个公历年度内（含）分期缴纳；也可选择递延至转让该股权时纳税
上市公司及新三板公司的技术人员；企业面向全体员工实施的股权奖励	获取股权	居民个人不并入当年综合所得，全额单独适用综合所得税率表 非居民个人不与当月其他工资薪金合并，不减除费用，按6个月分摊计税

【归纳 2】与工资薪金所得相关的特殊计税规则一览表

<table>
<tr><th colspan="2">个人特殊所得项目</th><th>计税方式</th><th>特殊计税依据</th><th>适用税率（表）</th></tr>
<tr><td colspan="2" rowspan="2">居民个人全年一次性奖金、央企负责人取得年度绩效薪金延期兑现收入和任期奖励</td><td>可选择单独计税</td><td>全额，但用全额 ÷12 确定税率</td><td>月税率表</td></tr>
<tr><td>可选择并入综合所得</td><td>全额计入年度综合所得</td><td>年税率表</td></tr>
<tr><td colspan="2">解除劳动关系一次性补偿</td><td>单独计税</td><td>补偿－当地上年职工平均工资三倍－用补偿缴纳的社保、住房公积金</td><td>年税率表</td></tr>
<tr><td colspan="2">提前退休一次性补贴</td><td>单独计税</td><td>补贴 ÷ 提前退休年数－年费用扣除</td><td>年税率表</td></tr>
<tr><td colspan="2">内部退养一次性补贴</td><td>补贴与当月“工资、薪金所得”相加单独计税</td><td>补贴＋当月工资薪金－月费用扣除，但用“补贴 ÷ 退养至退休剩余月份数＋当月工资薪金－月费用扣除”确定税率</td><td>月税率表</td></tr>
<tr><td colspan="2">居民个人取得上市公司股权激励</td><td>单独计税</td><td>股权激励收入</td><td>年税率表</td></tr>
<tr><td rowspan="6">个人领取企业年金、职业年金</td><td>退休后按月领取</td><td>单独计税</td><td>月领取额</td><td>月税率表</td></tr>
<tr><td>退休后按季领取</td><td>单独计税</td><td>季领取额 ÷3（摊至月）</td><td>月税率表</td></tr>
<tr><td>退休后按年领取</td><td>单独计税</td><td>年领取额</td><td>年税率表</td></tr>
<tr><td>出境定居一次性领取</td><td>单独计税</td><td>领取全额</td><td>年税率表</td></tr>
<tr><td>死亡后继承一次性领取</td><td>单独计税</td><td>领取全额</td><td>年税率表</td></tr>
<tr><td>其他原因一次性领取</td><td>单独计税</td><td>领取全额</td><td>月税率表</td></tr>
<tr><td colspan="2">领取税收递延型商业养老保险的养老金</td><td>单独计税</td><td>75% 的部分</td><td>10% 比例税率</td></tr>
</table>

名师点拨

应纳税额＝领取金额×（1−25%）×10%

例如：张三领取递延型商业养老金 2000 元，应纳税额＝2000×（1−25%）×10%=150（元）。

【提示】单位为个人办理补充养老保险退保后个人所得税的处理

单位为职工个人购买商业性补充养老保险等，在办理投保手续时应作为个人所得税的“工资、薪金所得”项目，按税法规定缴纳个人所得税；因各种原因退保，个人未取得实际收入的，已缴纳的个人所得税应予以退回。

考点8：在外商投资企业、外国企业和外国驻华机构工作的中方人员取得的工资、薪金所得的征税问题★

情形	核心规则解释和举例
工资、薪金由雇用单位和派遣单位分别支付的（从两处以上取得工资、薪金收入的情况）	【解释】纳税人从两处以上取得工资薪金收入的，只能扣除一次基本减除费用，即由雇用单位扣除基本减除费用，派遣单位不能对其重复扣除基本减除费用
有效合同或凭证能够证明其工资、薪金所得的一部分按规定上缴派遣（介绍）单位的（名义工资与实际工资不一致的情况）	【解释】个人的实际工资和名义工资不一致的，在能提供有效证明的前提下，按实际工资纳税 【举例】某外商投资企业财务经理张某劳动合同上注明名义工资每月30000元，张某与中方派遣单位签订协议，每月上缴中方派遣单位10000元，则其个人所得税按实际工资20000元扣除各项扣除后查表找税率计算个人所得税

考点9：在中国境内无住所的个人取得工资薪金所得的征税问题★★

【解释】关于工资、薪金所得来源地的确定，要明确工资薪金的来源地与支付地是可能存在差异的。即个人实际在中国境内工作期间取得的工资、薪金，不论是由中国境内还是境外企业或个人雇主支付的，均属于来源于中国境内的所得；个人实际在中国境外工作期间取得的工资、薪金，不论是由中国境内还是境外企业或个人雇主支付的，均属于来源于中国境外的所得。

个人取得归属于中国境内（以下称“境内”）工作期间的工资薪金所得为来源于境内的工资薪金所得。境内工作期间按照个人在境内工作天数计算，包括其在境内的实际工作日以及境内工作期间在境内、境外享受的公休假、个人休假、接受培训的天数。在境内、境外单位同时担任职务或者仅在境外单位任职的个人，在境内停留的当天不足24小时的，按照半天计算境内工作天数。

【相关链接】税法中关于无住所个人境内居住天数和境内实际工作期间的具体规定，即在境内停留的当天不足24小时的两类处理：

应用目的	具体规定	具体应用方向
判定纳税义务时计算在中国境内居住天数	无住所个人一个纳税年度内在中国境内累计居住天数，按照个人在中国境内累计停留的天数计算。在中国境内停留的当天满24小时的，计入中国境内居住天数，在中国境内停留的当天不足24小时的，不计入中国境内居住天数	①在判断无住所个人是居民个人还是非居民个人时使用 ②在判断无住所个人因实际累计居住时间的长短而享受不同居住时间段优惠政策时使用

应用目的	具体规定	具体应用方向
税额计算时计算在中国境内实际工作天数	境内工作期间按照个人在境内工作天数计算 在境内工作的天数＝境内实际工作天数＋境内工作期间在境内外享受的公休假、个人休假天数＋境内外接受培训的天数 在境内、境外单位同时担任职务或者仅在境外单位任职的个人，在境内停留的当天不足24小时的，按照半天计算境内工作天数	在具体计算应纳税额时使用

无住所个人在境内、境外单位同时担任职务或者仅在境外单位任职，且当期同时在境内、境外工作的，按照工资薪金所属境内、境外工作天数占当期公历天数的比例计算确定来源于境内、境外工资薪金所得的收入额。境外工作天数按照当期公历天数减去当期境内工作天数计算。

1. 无住所个人为非居民个人的情形

（1）非居民个人境内居住时间累计不超过90天的情形。

在一个纳税年度内，在境内累计居住不超过90天的非居民个人，仅就归属于境内工作期间并由境内雇主支付或者负担的工资薪金所得计算缴纳个人所得税。

$$\text{当月工资、薪金收入额}=\text{当月境内外工资、薪金总额}\times\frac{\text{当月境内支付工资、薪金数额}}{\text{当月境内外工资、薪金总额}}\times\frac{\text{当月工资、薪金所属工作期间境内工作天数}}{\text{当月工资、薪金所属工作期间公历天数}}$$

境内支付占比　　境内所得占比

（2）非居民个人境内居住时间累计超过90天不满183天的情形。

在一个纳税年度内，在境内累计居住超过90天但不满183天的非居民个人，取得归属于境内工作期间的工资薪金所得，均应当计算缴纳个人所得税；其取得归属于境外工作期间的工资薪金所得，不征收个人所得税。

$$\text{当月工资、薪金收入额}=\text{当月境内外工资、薪金总额}\times\frac{\text{当月工资、薪金所属工作期间境内工作天数}}{\text{当月工资、薪金所属工作期间公历天数}}$$

境内所得占比

2. 无住所个人为居民个人的情形

在一个纳税年度内，在境内累计居住满183天的无住所居民个人取得工资、薪金所得，当月工资、薪金收入额按照以下规定计算：

（1）无住所居民个人在境内居住累计满183天的年度连续不满6年的情形。

在中国境内无住所的个人，在中国境内居住累计满183天的年度连续不满6年的，经向主管税务机关备案，其来源于中国境外且由境外单位或者个人支付的所得，免予缴纳个人所得税。则其取得的全部工资薪金所得，除归属于境外工作期间且由境外单位或者个人支付的工资薪金所得部分外，均应计算缴纳个人所得税。

$$\text{当月工资、薪金收入额}=\text{当月境内外工资、薪金总额}\times\left[1-\underbrace{\frac{\text{当月境外支付工资、薪金数额}}{\text{当月境内外工资、薪金总额}}}_{\text{境外支付占比}}\times\underbrace{\frac{\text{当月工资、薪金所属工作期间境外工作天数}}{\text{当月工资、薪金所属工作期间公历天数}}}_{\text{境外所得占比}}\right]$$

（2）无住所居民个人在境内居住累计满183天的年度连续满6年的情形。

在境内居住累计满183天的年度连续满6年后，不符合《个人所得税法实施条例》第四条优惠条件的无住所居民个人，其从境内、境外取得的全部工资、薪金所得均应计算缴纳个人所得税。即：

当月工资薪金收入额 = 当月境内外工资薪金总额

在中国境内居住累计满183天的任一年度中有一次离境超过30天的，其在中国境内居住累计满183天的年度的连续年限重新起算。

要点小贴士

此表是上述公式内涵的表格化体现。

【归纳】在中国境内无住所的个人，我国对其实施税收管辖权的范围，随着其居住时间的增长而扩大。具体规则如下表：

<table>
<tr><th rowspan="2">非高管居住时间</th><th rowspan="2">纳税人性质</th><th colspan="2">来自境内的工薪所得</th><th colspan="2">来自境外的工薪所得</th></tr>
<tr><th>境内支付或境内负担</th><th>境外支付</th><th>境内支付</th><th>境外支付</th></tr>
<tr><td>累计不超过90天</td><td rowspan="2">非居民个人</td><td>在我国纳税</td><td>免税</td><td colspan="2">不在我国纳税</td></tr>
<tr><td>累计90天~183天</td><td colspan="2">在我国纳税</td><td colspan="2">不在我国纳税</td></tr>
<tr><td>累计满183天的年度连续不满6年</td><td rowspan="2">居民个人</td><td colspan="3">在我国纳税</td><td>免税</td></tr>
<tr><td>累计满183天的年度连续满6年</td><td colspan="4">在我国纳税</td></tr>
</table>

经典题解

【例题76】汤姆先生为境内无住所个人，是A国123母公司派至中国子公司的一名产品质量专员（非高层管理人员），同时为母子公司工作，2025年11月，汤姆先生的境内工作天数是18天，境外工作天数是12天。其取得的当月工资收入（折合人民币）：境内工作期间，A国公司支付1万元，中国公司支付2.8万元；境外工作期间，A国公司支付3.5万元，中国公司支付2万元。

根据上述资料，假定汤姆先生2025年的境内累计居住时间分别为70天，150天，300天（且没有单次离境超过30天的）的情形下，不考虑税收协定因素，其11月应计入境内工资薪金的收入额的计算如下：

居住时间	应计入境内工资薪金的收入额
境内居住时间为 70 天，不超过 90 天，为非居民个人	（1+2.8+3.5+2）×4.8÷9.3×18÷30=2.88（万元）
境内居住时间为 150 天，超过 90 天但不满 183 天，为非居民个人	（1+2.8+3.5+2）×18÷30=5.58（万元）
境内居住时间为 300 天，满 183 天，为居民个人，假定累计满 183 天的年度连续不满 6 年	（1+2.8+3.5+2）×（1−4.5÷9.3×12÷30）=7.5（万元）
境内居住时间为 300 天，满 183 天，为居民个人，假定累计满 183 天的年度连续满 6 年	1+2.8+3.5+2=9.3（万元）

【例题 77 · 单选题】韩国居民崔先生受其任职的境外公司委派，来华从事设备安装调试工作，在华停留 60 天，期间取得境外公司支付的工资 40000 元，取得中国体育彩票中奖收入 20000 元。崔先生应在中国缴纳个人所得税（　　）元。

A. 4000　　B. 6090

C. 9650　　D. 10090

【解析】首先判断崔先生为我国非居民个人，由于在华居住天数累计不超过 90 天，其境外支付且不由中国境内机构负担的工资、薪金免予在我国纳税。而体彩中奖收入 20000 元作为来源于我国境内的偶然所得，应在我国缴纳个人所得税 = 20000×20%=4000（元）。

【答案】A

【注意】对于担任境内居民企业的董事、监事及高层管理职务的个人（以下统称“高管人员”），无论是否在境内履行职务，取得由境内居民企业支付或者负担的董事费、监事费、工资薪金或者其他类似报酬（以下统称“高管人员报酬”），属于来源于境内的所得。

所称高层管理职务包括企业正、副（总）经理、各职能总师、总监及其他类似公司管理层的职务。

<table>
<tr><th rowspan="2">高管居住时间</th><th rowspan="2">纳税人性质</th><th colspan="2">来自境内的工薪所得</th><th colspan="2">来自境外的工薪所得</th></tr>
<tr><th>境内支付或境内负担</th><th>境外支付</th><th>境内支付</th><th>境外支付</th></tr>
<tr><td>累计不超过 90 天</td><td rowspan="2">非居民个人</td><td>在我国纳税</td><td>免税</td><td>在我国纳税</td><td>不在我国纳税</td></tr>
<tr><td>累计 90 天 ~183 天</td><td colspan="3">在我国纳税</td><td>不在我国纳税</td></tr>
<tr><td>累计满 183 天的年度连续不满 6 年</td><td rowspan="2">居民个人</td><td colspan="3">在我国纳税</td><td>免税</td></tr>
<tr><td>累计满 183 天的年度连续满 6 年</td><td colspan="4">在我国纳税</td></tr>
</table>

经典题解

【例题 78】根据例题 76 的资料，假定汤姆先生为高层管理人员，其他条件不变，其 11 月应计入境内工资薪金的收入额的计算如下：

居住时间	应计入境内工资薪金的收入额
境内居住时间为 70 天，不超过 90 天，为非居民个人	（1+2.8+3.5+2）×4.8÷9.3=4.8（万元）
境内居住时间为 150 天，超过 90 天但不满 183 天，为非居民个人	（1+2.8+3.5+2）×（1−4.5÷9.3×12÷30）=7.5（万元）
境内居住时间为 300 天，满 183 天，为居民个人，假定累计满 183 天的年度连续不满 6 年	
境内居住时间为 300 天，满 183 天，为居民个人，假定累计满 183 天的年度连续满 6 年	1+2.8+3.5+2=9.3（万元）

考点 10：与投资相关的几个特殊问题的处理★★★

【提示】非货币资产投资等政策已在本辅导书上一节收录，本节收录几个特殊政策。

（一）个人终止投资经营收回款项征收个人所得税的规定

1. 个人因各种原因终止投资、联营、经营合作等行为，从被投资企业或合作项目、被投资企业的其他投资者以及合作项目的经营合作人取得股权转让收入、违约金、补偿金、赔偿金及以其他名目收回的款项等，均属于个人所得税应税收入，应按照“财产转让所得”项目适用的规定计算缴纳个人所得税。

2. 应纳税所得额的计算公式如下：

应纳税所得额 = 个人取得的股权转让收入、违约金、补偿金、赔偿金及以其他名目收回款项合计数 − 原实际出资额（投入额）及相关税费

应纳税额 = 应纳税所得额 ×20%

经典题解

【例题 79】李四在 2019 年投资 30 万元与 A 公司联营某品牌销售，2021 年 1 月，由于 A 公司违规经营，该销售无以为继，李四收回投资款 28 万元，A 公司还支付李四违约金 3 万元和补偿金 2 万元，假定没有发生投资和撤回过程中的相关税费，李四应缴纳多少个人所得税？

【答案及解析】

应纳税所得额 =28+3+2−30=3（万元）

应纳税额 =3×20%=0.6（万元）。

（二）纳税人收回转让的股权征收个人所得税的规定

1. 股权转让合同履行完毕、股权已作变更登记，且所得已经实现的，转让人取得的股权转让收入应当依法缴纳个人所得税。转让行为结束后，当事人双方签订

并执行解除原股权转让合同、退回股权的协议，是另一次股权转让行为，对前次转让行为征收的个人所得税款不予退回。

要点小贴士

收回转让的股权不属于解除原有交易，而是视为新的交易。

2. 股权转让合同未履行完毕，因执行仲裁委员会作出的解除股权转让合同及补充协议的裁决、停止执行原股权转让合同，并原价收回已转让股权的，由于其股权转让行为尚未完成、收入未完全实现，随着股权转让关系的解除，股权收益不复存在，根据《个人所得税法》和《税收征收管理法》的有关规定，以及从行政行为合理性原则出发，纳税人不应缴纳个人所得税。

（三）关于创业投资企业个人合伙人和天使投资个人有关个人所得税的规定

1. 合伙创投企业采取股权投资方式直接投资于初创科技型企业满 2 年（24 个月，下同）的，合伙创投企业的个人合伙人可以按照对初创科技型企业投资额的 70% 抵扣个人合伙人从合伙创投企业分得的经营所得；当年不足抵扣的，可以在以后纳税年度结转抵扣。

2. 天使投资个人采取股权投资方式直接投资于初创科技型企业满 2 年的，可以按照投资额的 70% 抵扣转让该初创科技型企业股权取得的应纳税所得额；当期不足抵扣的，可以在以后取得转让该初创科技型企业股权的应纳税所得额时结转抵扣。

天使投资个人投资多个初创科技型企业的，对其中办理注销清算的初创科技型企业，天使投资个人对其投资额的 70% 尚未抵扣完的，可自注销清算之日起 36 个月内抵扣天使投资个人转让其他初创科技型企业股权取得的应纳税所得额。

【提示】该政策与企业所得税优惠政策中关于创业投资企业直接投资初创科技型企业的政策原理相同。

（四）关于创业投资企业个人合伙人所得税政策的规定

【主要政策】自 2019 年 1 月 1 日起至 2023 年 12 月 31 日止：

1. 创投企业可以选择按单一投资基金核算或者按创投企业年度所得整体核算两种方式之一，对其个人合伙人来源于创投企业的所得计算个人所得税应纳税额。

2. 创投企业选择按单一投资基金核算的，其个人合伙人从该基金应分得的股权转让所得和股息红利所得，按照 20% 税率计算缴纳个人所得税。

创投企业选择按年度所得整体核算的，其个人合伙人应从创投企业取得的所得，按照“经营所得”项目、5%~35% 的超额累进税率计算缴纳个人所得税。

【解释】该政策对创投企业个人合伙人给予了“二选一”的核算方式，使得投资人能在一定期限内选择对自身有利的方式，体现出政府对创投行业的支持。

项目	单一投资基金核算	年度所得整体核算
特点	个人合伙人根据项目取得所得计税	个人合伙人根据从创投企业取得所得计税
税率	股权转让所得和股息红利所得，20% 税率	经营所得，5%~35% 的超额累进税率

项目	单一投资基金核算	年度所得整体核算
盈亏处理	一个纳税年度内不同项目之间盈亏可以互抵，但不能将互抵后的亏损结转下年（股权转让所得）	整体核算盈亏，亏损可以结转5年
投资额70%抵减所得	符合条件的，可以按照被转让项目对应投资额的70%抵扣其应从基金年度股权转让所得中分得的份额后再计算其应纳税额，当期不足抵扣的，不得向以后年度结转	符合条件的，可以按照被转让项目对应投资额的70%抵扣其可以从创投企业应分得的经营所得后再计算其应纳税额
其他扣除	——	按照“经营所得”项目计税的个人合伙人，没有综合所得的，可依法减除基本减除费用、专项扣除、专项附加扣除以及国务院确定的其他扣除。从多处取得经营所得的，应汇总计算个人所得税，只减除一次上述费用和扣除
适用期间	创投企业选择按单一投资基金核算或按创投企业年度所得整体核算后，3年内不能变更	

考点11：其他易考的政策规定★

（一）律师事务所从业人员取得收入征收个人所得税的有关规定

雇员律师分成收入扣除办案费用支出后，与工资薪金合并征税，办案费用支出在律师当月分成收入的30%比例内确定。

兼职律师从事务所取得工资、薪金性质的所得，律师事务所在扣缴其个人所得税时不再减除个人所得税法规定的费用扣除标准，以收入全额（取得分成收入的为扣除办案支出费用后的余额）直接确定适用预扣率，计算预扣预缴个人所得税。

（二）个人的外币收入折合成人民币的换算方法

1. 个人取得的收入和所得为美元、日元、港币的，统一使用中国人民银行公布的人民币对上述三种货币的基准汇价计税。

2. 个人取得的收入和所得为其他货币的，应当根据美元对人民币的基准汇价和国家外汇管理局提供的纽约外汇市场美元对主要外币的汇价套算，按照套算以后的汇价计税。套算公式为：

某种货币对人民币的汇价 = 美元对人民币的基准汇价 / 纽约外汇市场美元对该种货币的汇价

3. 个人在报送纳税申报表时，应当附送汇价折算的计算过程。

第七节 征收管理

使用“会计云课堂”App 或“微信”扫码查看本节视频，快速 GET 知识点。

个人所得税的纳税办法，全国通用实行的有自行申报纳税和全员全额扣缴申报纳税两种。此外，税收征管法还对无法查账征收的纳税人规定了核定征收的方式。

考点 1：自行申报纳税★★★

自行申报纳税，是由纳税人自行在税法规定的纳税期限内，向税务机关申报取得的应税所得项目和数额，如实填写个人所得税的纳税申报表，并按税法规定计算应纳税额，据此缴纳个人所得税的一种方法。

有下列情形之一的，纳税人应当依法办理纳税申报：

1. 取得综合所得需要办理汇算清缴。
2. 取得应税所得没有扣缴义务人。
3. 取得应税所得，扣缴义务人未扣缴税款。
4. 取得境外所得。
5. 因移居境外注销中国户籍。
6. 非居民个人在中国境内从两处以上取得工资、薪金所得。
7. 国务院规定的其他情形。

【提示】

1. 纳税人可以采用远程办税端、邮寄等方式申报，也可以直接到主管税务机关申报。

2. 其他有关问题：

（1）纳税人办理自行纳税申报时，应当一并报送税务机关要求报送的其他有关资料。首次申报或者个人基础信息发生变化的，还应报送《个人所得税基础信息表（B 表）》。

（2）纳税人在办理纳税申报时需要享受税收协定待遇的，按照享受税收协定待遇有关办法办理。

经典题解

【例题 80·多选题】纳税人应当依法自行办理纳税申报的情形有（　　）。

A. 取得应税所得没有扣缴义务人

B. 取得境外所得

C. 取得偶然所得

D. 因移居境外注销中国户籍

【答案】ABD

【归纳1】自行申报纳税的具体情形以及申报时间、地点和资料要求：

情形	具体情形	申报时间、地点和资料要求
（1）取得综合所得需要办理汇算清缴	取得综合所得且符合下列情形之一的纳税人，应当依法办理汇算清缴： ①从两处以上取得综合所得，且综合所得年收入额减除专项扣除后的余额超过6万元 ②取得劳务报酬所得、稿酬所得、特许权使用费所得中一项或者多项所得，且综合所得年收入额减除专项扣除的余额超过6万元 ③纳税年度内预缴税额低于应纳税额 ④纳税人申请退税	在取得所得的次年3月1日至6月30日内向任职、受雇单位所在地主管税务机关办理纳税申报，并报送《个人所得税年度自行纳税申报表》。纳税人有两处以上任职、受雇单位的，选择向其中一处任职、受雇单位所在地主管税务机关办理纳税申报；纳税人没有任职、受雇单位的，向户籍所在地或经常居住地主管税务机关办理纳税申报 纳税人办理综合所得汇算清缴，应当准备与收入、专项扣除、专项附加扣除、依法确定的其他扣除、捐赠、享受税收优惠等相关的资料，并按规定留存备查或报送
（2）取得应税所得没有扣缴义务人	税法对“经营所得”没有规定扣缴义务人。经营所得包括以下情形： ①个体工商户从事生产、经营活动取得的所得，个人独资企业投资人、合伙企业的个人合伙人来源于境内注册的个人独资企业、合伙企业生产、经营的所得 ②个人依法从事办学、医疗、咨询以及其他有偿服务活动取得的所得 ③个人对企业、事业单位承包经营、承租经营以及转包、转租取得的所得 ④个人从事其他生产、经营活动取得的所得	纳税人取得经营所得，按年计算个人所得税，由纳税人在月度或季度终了后15日内，向经营管理所在地主管税务机关办理预缴纳税申报，并报送《个人所得税经营所得纳税申报表（A表）》。在取得所得的次年3月31日前，向经营管理所在地主管税务机关办理汇算清缴，并报送《个人所得税经营所得纳税申报表（B表）》 从两处以上取得经营所得的，选择向其中一处经营管理所在地主管税务机关办理年度汇总申报，并报送《个人所得税经营所得纳税申报表（C表）》
（3）取得应税所得，扣缴义务人未扣缴税款	居民个人取得综合所得的，且符合前述第（1）项所述需要办理汇算清缴情形的	应当按照第（1）项规定办理汇算清缴

情形	具体情形	申报时间、地点和资料要求
（3）取得应税所得，扣缴义务人未扣缴税款	非居民个人取得工资、薪金所得，劳务报酬所得，稿酬所得，特许权使用费所得的	应当在取得所得的次年6月30日前，向扣缴义务人所在地主管税务机关办理纳税申报，并报送《个人所得税自行纳税申报表（A表）》。有两个以上扣缴义务人均未扣缴税款的，选择向其中一处扣缴义务人所在地主管税务机关办理纳税申报 非居民个人在次年6月30日前离境（临时离境除外）的，应当在离境前办理纳税申报
	纳税人取得利息、股息、红利所得，财产租赁所得，财产转让所得和偶然所得的	应当在取得所得的次年6月30日前，按相关规定向主管税务机关办理纳税申报，并报送《个人所得税自行纳税申报表（A表）》
（4）从中国境外取得所得	应当在取得所得的次年3月1日至6月30日内，向中国境内任职、受雇单位所在地主管税务机关办理纳税申报；在中国境内没有任职、受雇单位的，向户籍所在地或中国境内经常居住地主管税务机关办理纳税申报；户籍所在地与中国境内经常居住地不一致的，选择其中一地主管税务机关办理纳税申报；在中国境内没有户籍的，向中国境内经常居住地主管税务机关办理纳税申报	
（5）因移居境外注销中国户籍	应当在申请注销中国户籍前，向户籍所在地主管税务机关办理纳税申报，进行税款清算 ①纳税人在注销户籍年度取得综合所得的，应当在注销户籍前，办理当年综合所得的汇算清缴，并报送《个人所得税年度自行纳税申报表》。尚未办理上一年度综合所得汇算清缴的，应当在办理注销户籍纳税申报时一并办理 ②纳税人在注销户籍年度取得经营所得的，应当在注销户籍前，办理当年经营所得的汇算清缴，并报送《个人所得税经营所得纳税申报表（B表）》。从两处以上取得经营所得的，还应当一并报送《个人所得税经营所得纳税申报表（C表）》。尚未办理上一年度经营所得汇算清缴的，应当在办理注销户籍纳税申报时一并办理 ③纳税人在注销户籍当年取得利息、股息、红利所得，财产租赁所得，财产转让所得和偶然所得的，应当在注销户籍前，申报当年上述所得的完税情况，并报送《个人所得税自行纳税申报表（A表）》 ④纳税人有未缴或者少缴税款的，应当在注销户籍前，结清欠缴或未缴的税款。纳税人存在分期缴税且未缴纳完毕的，应当在注销户籍前，结清尚未缴纳的税款 ⑤纳税人办理注销户籍纳税申报时，需要办理专项附加扣除、依法确定的其他扣除的，应当向税务机关报送《个人所得税专项附加扣除信息表》《商业健康保险税前扣除情况明细表》《个人税收递延型商业养老保险税前扣除情况明细表》等	

情形	具体情形	申报时间、地点和资料要求
（6）非居民个人在中国境内从两处以上取得工资、薪金所得	非居民个人在中国境内从两处以上取得工资、薪金所得的，应当在取得所得的次月 15 日内，向其中一处任职、受雇单位所在地主管税务机关办理纳税申报，并报送《个人所得税自行纳税申报表（A 表）》	
（7）国务院规定的其他情形	——	

【归纳 2】自行申报纳税的申报期限、地点见下表（2019 年 1 月 1 日起施行）：

纳税申报情形	预缴税款及申报	汇算清缴或汇总申报	申报地点及税务机关
居民个人综合所得	取得所得的次月 15 日内预扣预缴	取得所得的次年 3 月 1 日至 6 月 30 日内	①任职、受雇单位所在地主管税务机关 ②有两处以上任职、受雇单位的，选择其中一处任职、受雇单位所在地主管税务机关 ③纳税人没有任职、受雇单位的，为户籍所在地或经常居住地主管税务机关
经营所得	按月预缴：每月终了后 15 日内办理预缴纳税申报 按季预缴：每个季度终了后 15 日内办理预缴纳税申报	取得所得的次年 3 月 31 日前	①经营管理所在地主管税务机关 ②从两处以上取得经营所得的，选择其中一处经营管理所在地主管税务机关
应扣未扣税款（居民个人取得综合所得除外）	——	取得所得的次年 6 月 30 日前或离境前	（1）非居民个人取得工资、薪金所得，劳务报酬所得，稿酬所得，特许权使用费所得： ①扣缴义务人所在地主管税务机关 ②有两个以上扣缴义务人均未扣缴税款的，选择其中一处扣缴义务人所在地主管税务机关 （2）纳税人取得利息、股息、红利所得，财产租赁所得，财产转让所得和偶然所得：按相关规定向主管税务机关办理纳税申报

纳税申报情形	预缴税款及申报	汇算清缴或汇总申报	申报地点及税务机关
境外所得	——	取得所得的次年3月1日至6月30日内	①任职、受雇单位所在地主管税务机关 ②在中国境内没有任职、受雇单位的，为户籍所在地或中国境内经常居住地主管税务机关 ③户籍所在地与中国境内经常居住地不一致的，选择其中一地主管税务机关 ④在中国境内没有户籍的，为中国境内经常居住地主管税务机关
移居境外注销中国户籍	按税法关于各项所得的要求预缴和申报	申请注销中国户籍前	户籍所在地主管税务机关
非居民个人在境内取得两处以上工资薪金	取得所得的次月15日内申报	——	其中一处任职、受雇单位所在地主管税务机关

考点2：全员全额扣缴申报纳税★★

要点小贴士

无论扣税与否；支付必须申报。

税法规定：扣缴义务人向个人支付应税款项时，应当依照个人所得税法规定预扣或者代扣税款，按时缴库，并专项记载备查。

全员全额扣缴申报，是指扣缴义务人应当在代扣税款的次月15日内，向主管税务机关报送其支付所得的所有个人的有关信息、支付所得数额、扣除事项和数额、扣缴税款的具体数额和总额以及其他相关涉税信息资料。这种方法有利于控制税源、防止漏税和逃税。

（一）扣缴义务人和代扣预扣税款的范围

【解释】全员全额扣缴申报，对代扣代缴个人所得税的范围和规范进行了细致要求。

1. 个人所得税全员全额扣缴申报的范围包括个人所得税法中除经营所得以外所列的各个所得项目。所得形式包括现金支付、汇拨支付、转账支付和以有价证券、实物以及其他形式的支付。

2. 从申报内容看，包含了扣缴义务人支付所得（不论是否达到纳税标准）的所有个人的有关信息、支付所得数额、扣除事项和数额、扣缴税款的具体数额和总额以及其他相关涉税信息资料。

3. 扣缴义务人每月或者每次预扣、代扣的税款，应当在次月15日内缴入国库，并向税务机关报送《个人所得税扣缴申报表》。

4. 纳税人需要享受税收协定待遇的，应当在取得应税所得时主动向扣缴义务人提出，并提交相关信息、资料，扣缴义务人代扣代缴税款时按照享受税收协定待遇有关办法办理。

5. 对扣缴义务人按照规定扣缴的税款，按年付给2%的手续费。不包括税务机关、司法机关等查补或者责令补扣的税款。

考点妙记

2点手续费；查补不能给。

6. 扣缴义务人未将扣缴的税款解缴入库的，不影响纳税人按照规定申请退税，税务机关应当凭纳税人提供的有关资料办理退税。

【相关链接】扣缴义务人不按规定履行代扣代缴义务的，税务机关负责向纳税人追缴税款，但对扣缴义务人将依《征管法》的规定处以应扣未扣税款50%以上3倍以下的罚款。

经典题解

【例题81·多选题】实行个人所得税全员全额扣缴申报的应税所得有（　　）。

A. 劳务报酬所得　　B. 财产转让所得

C. 个人独资企业经营所得　　D. 个体工商户经营所得

【解析】实行个人所得税全员全额扣缴申报的应税所得包括：（1）工资、薪金所得；（2）劳务报酬所得；（3）稿酬所得；（4）特许权使用费所得；（5）利息、股息、红利所得；（6）财产租赁所得；（7）财产转让所得；（8）偶然所得，不包括经营所得。

【答案】AB

（二）不同项目所得扣缴方法归纳

纳税人	所得项目	扣缴方法	说明
居民个人	工资薪金所得	累计预扣法	一般可分为四种情况：预扣时扣减全年基本扣除和累计专项扣除、累计专项附加扣除、累计其他扣除；预扣时扣减全年基本扣除和累计专项扣除、累计其他扣除；预扣时扣减累计基本扣除和累计专项扣除、累计专项附加扣除、累计其他扣除；预扣时扣减累计基本扣除和累计专项扣除、累计其他扣除
	劳务报酬所得		适用保险营销员、证券经纪人取得的佣金收入；接受全日制学历教育的学生因实习取得劳务报酬所得 【注意】专项扣除和专项附加扣除，在预扣预缴环节暂不扣除，待年度终了后汇算清缴申报时办理
		按次预扣预缴	一般情况下适用
	稿酬所得		
	特许权使用费所得		

纳税人	所得项目及扣缴方法
非居民个人	非居民个人取得工资、薪金所得，劳务报酬所得，稿酬所得和特许权使用费所得，有扣缴义务人的，由扣缴义务人按月或者按次代扣代缴税款，不办理汇算清缴
居民个人和非居民个人	扣缴义务人支付利息、股息、红利所得，财产租赁所得，财产转让所得或者偶然所得时，应当依法按次或者按月代扣代缴税款

考点 3：办理 2020 年度个人所得税综合所得汇算清缴的规定★★

（一）2020 年度汇算的内容

具体计算公式如下：

2020 年度汇算应退或应补税额 =［（综合所得收入额 –60000 元 –“三险一金”等专项扣除 – 子女教育等专项附加扣除 – 依法确定的其他扣除 – 捐赠）× 适用税率 – 速算扣除数］–2020 年已预缴税额

【解释 1】依据税法规定，2020 年度汇算不涉及财产租赁等分类所得，以及纳税人按规定选择不并入综合所得计算纳税的全年一次性奖金等所得。

【解释 2】确定汇算清缴的综合所得计税依据时，下列未申报扣除或未足额扣除的税前扣除项目，纳税人可在年度汇算期间办理扣除或补充扣除：（1）纳税人及其配偶、未成年子女符合条件的大病医疗支出；（2）纳税人符合条件的子女教育、继续教育、住房贷款利息或住房租金、赡养老人专项附加扣除，以及减除费用、专项扣除、依法确定的其他扣除；（3）纳税人符合条件的捐赠支出。

（二）无须办理年度汇算的情形和需要办理年度汇算的情形

无须办理年度汇算的情形	需要办理年度汇算的情形
（1）年度汇算需补税但综合所得收入全年不超过 12 万元的 （2）年度汇算需补税金额不超过 400 元的 （3）已预缴税额与年度应纳税额一致或者不申请退税的	（1）已预缴税额大于年度应纳税额且申请退税的 （2）综合所得收入全年超过 12 万元且需要补税金额超过 400 元的

（三）征管规定

办理时间	纳税人办理 2020 年度汇算的时间为 2021 年 3 月 1 日至 6 月 30 日。在中国境内无住所的纳税人在 2021 年 3 月 1 日前离境的，可以在离境前办理年度汇算

办理方式	纳税人可自主选择下列办理方式： （1）自行办理年度汇算 （2）通过任职受雇单位（含按累计预扣法预扣预缴其劳务报酬所得个人所得税的单位，下同。以下简称“单位”）代为办理。纳税人提出代办要求的，单位应当代为办理，或者培训、辅导纳税人通过网上税务局（包括手机个人所得税 APP）完成年度汇算申报和退（补）税。由单位代为办理的，纳税人应在 2021 年 4 月 30 日前与单位以书面或者电子等方式进行确认，补充提供其 2020 年度在本单位以外取得的综合所得收入、相关扣除、享受税收优惠等信息资料，并对所提交信息的真实性、准确性、完整性负责 （3）委托涉税专业服务机构或其他单位及个人（以下称“受托人”）办理，受托人需与纳税人签订授权书 【提示】单位或受托人为纳税人办理年度汇算后，应当及时将办理情况告知纳税人。纳税人发现申报信息存在错误的，可以要求单位或受托人办理更正申报，也可自行办理更正申报
接受年度汇算申报的税务机关	（1）纳税人自行办理或受托人为纳税人代为办理年度汇算的，向纳税人任职受雇单位所在地的主管税务机关申报；有两处及以上任职受雇单位的，可自主选择向其中一处单位所在地的主管税务机关申报。纳税人没有任职受雇单位的，向其户籍所在地、经常居住地或者主要收入来源地的主管税务机关申报 （2）单位为纳税人代办年度汇算的，向单位的主管税务机关申报
办理渠道	渠道 1：网络办税渠道办理。纳税人可优先通过网上税务局办理年度汇算，税务机关将按规定为纳税人提供申报表预填服务 渠道 2：通过邮寄方式或到办税服务厅办理。选择邮寄申报的，纳税人需将申报表寄送至任职受雇单位（没有任职受雇单位的，为户籍所在地、经常居住地或者主要收入来源地）所在省、自治区、直辖市、计划单列市税务局公告的地址
资料留存	纳税人、代办年度汇算的单位，需各自将年度汇算申报表以及纳税人综合所得收入、扣除、已缴税额或税收优惠等相关资料，自年度汇算期结束之日起留存 5 年
年度汇算的退税	纳税人申请年度汇算退税，应当提供其在中国境内开设的符合条件的银行账户。税务机关按规定审核后，按照国库管理有关规定，在接受年度汇算申报的税务机关所在地（汇算清缴地）就地办理税款退库 纳税人综合所得全年收入额不超过 6 万元且已预缴个人所得税的，税务机关在网上税务局提供便捷退税功能，纳税人可以在 2021 年 3 月 1 日至 5 月 31 日期间，通过简易申报表办理年度汇算退税

经典题解

【例题 82·多选题】根据办理年度个人所得税综合所得汇算清缴的规定，无须办理年度汇算的情形有（　　）。

A. 纳税人年度汇算需补税但年度综合所得收入不超过 20 万元的

B. 纳税人年度汇算可退税600元，但纳税人放弃退税的
C. 纳税人已预缴税额与年度应纳税额一致的
D. 纳税人已预缴税额与年度应纳税额不一致，但需补税500元的
【答案】BC

【例题83·多选题】综合所得汇算清缴的办理渠道有（　　）。
A. 网络办税渠道办理　　　　B. 电话语音办理
C. 邮寄方式办理　　　　　　D. 到办税服务厅办理
【解析】目前办理个人所得税综合所得汇算清缴的方式没有电话语音方式。
【答案】ACD

考点4：专项附加扣除的操作办法★★★

（一）享受扣除及办理时间

【归纳】纳税人享受子女教育、继续教育、大病医疗、住房贷款利息或者住房租金、赡养老人专项附加扣除的办理规定：

专项附加扣除项目	计算时间	享受扣除及办理时间
子女教育	（1）学前教育阶段，为子女年满3周岁当月至小学入学前一月 （2）学历教育，为子女接受全日制学历教育入学的当月至全日制学历教育结束的当月。包含因病或其他非主观原因休学但学籍继续保留的休学期间，以及施教机构按规定组织实施的寒暑假等假期	自符合条件开始，可以向支付工资、薪金所得的扣缴义务人提供上述专项附加扣除有关信息，由扣缴义务人在预扣预缴税款时，按其在本单位本年可享受的累计扣除额办理扣除；也可以在次年3月1日至6月30日内，向汇缴地主管税务机关办理汇算清缴申报时扣除 纳税人同时从两处以上取得工资、薪金所得，并由扣缴义务人办理上述专项附加扣除的，对同一专项附加扣除项目，一个纳税年度内，纳税人只能选择从其中一处扣除
继续教育	（1）学历（学位）继续教育，为在中国境内接受学历（学位）继续教育入学的当月至学历（学位）继续教育结束的当月，同一学历（学位）继续教育的扣除期限最长不得超过48个月。包含因病或其他非主观原因休学但学籍继续保留的休学期间，以及施教机构按规定组织实施的寒暑假等假期 （2）技能人员职业资格继续教育、专业技术人员职业资格继续教育，为取得相关证书的当年	
住房贷款利息	为贷款合同约定开始还款的当月至贷款全部归还或贷款合同终止的当月，扣除期限最长不得超过240个月	
住房租金	为租赁合同（协议）约定的房屋租赁期开始的当月至租赁期结束的当月。提前终止合同（协议）的，以实际租赁期限为准	
赡养老人	为被赡养人年满60周岁的当月至赡养义务终止的年末	

名师点拨

专项附加扣除中的前5项，符合条件的在预扣预缴时或汇算清缴时均可申报扣除。只有大病医疗在预扣预缴时不能扣除，只能在汇算清缴时扣除。

专项附加扣除项目	计算时间	享受扣除及办理时间
大病医疗	为医疗保障信息系统记录的医药费用实际支出的当年	由享受扣除的纳税人在次年 3 月 1 日至 6 月 30 日内，自行向汇缴地主管税务机关办理汇算清缴申报时扣除

经典题解

【真题 84 · 单选题】下列关于个人所得税专项附加扣除时限或时间的表述中，符合税法规定的是（　　）。（2019 年）

A. 住房贷款利息，扣除时限最长不得超过 180 个月

B. 子女教育，扣除时间为子女年满 3 周岁当月至全日制学历教育结束的次月

C. 同一学历继续教育，扣除时限最长不得超过 48 个月

D. 专业技术人员职业资格继续教育，扣除时间为取得相关证书的次年

【解析】选项 A：住房贷款利息支出，扣除期限最长不得超过 240 个月。选项 B：子女教育扣除期间为子女年满 3 周岁当月至全日制学历教育结束的当月。选项 D：技能人员职业资格继续教育、专业技术人员职业资格继续教育，扣除时间为取得相关证书的当年。

【答案】C

【例题 85 · 多选题】以下符合个人所得税专项附加扣除的办理规定的有（　　）。

A. 学前教育阶段的计算时间，为子女年满 3 周岁当月至小学入学当月

B. 学历教育的计算时间，为子女接受全日制学历教育入学的当月至全日制学历教育结束的当月

C. 同一学历（学位）继续教育的扣除期限最长不得超过 48 个月

D. 大病医疗的计算时间，为医疗保障信息系统记录的医药费用实际支出的次年

【解析】选项 A，学前教育阶段的计算时间为子女年满 3 周岁当月至小学入学前一月；选项 D，大病医疗的计算时间为医疗保障信息系统记录的医药费用实际支出的当年。

【答案】BC

（二）报送信息及留存备查资料

1. 纳税人选择在扣缴义务人发放工资、薪金所得时享受专项附加扣除的，首次享受时应当填写并向扣缴义务人报送《扣除信息表》；纳税年度中间相关信息发生变化的，纳税人应当更新《扣除信息表》相应栏次，并及时报送给扣缴义务人。

更换工作单位的纳税人，需要由新任职、受雇扣缴义务人办理专项附加扣除的，应当在入职的当月，填写并向扣缴义务人报送《扣除信息表》。

2. 纳税人次年需要由扣缴义务人继续办理专项附加扣除的，应当于每年 12 月份对次年享受专项附加扣除的内容进行确认，并报送至扣缴义务人。纳税人未及时确认的，扣缴义务人于次年 1 月起暂停扣除，待纳税人确认后再行办理专项附加扣除。

扣缴义务人应当将纳税人报送的专项附加扣除信息，在次月办理扣缴申报时一并报送至主管税务机关。

3. 纳税人选择在汇算清缴申报时享受专项附加扣除的，应当填写并向汇缴地主管税务机关报送《扣除信息表》。

4. 纳税人将需要享受的专项附加扣除项目信息填报至《扣除信息表》相应栏次。填报要素完整的，扣缴义务人或者主管税务机关应当受理；填报要素不完整的，扣缴义务人或者主管税务机关应当及时告知纳税人补正或重新填报。纳税人未补正或重新填报的，暂不办理相关专项附加扣除，待纳税人补正或重新填报后再行办理。

纳税人应当对报送的专项附加扣除信息的真实性、准确性、完整性负责。

专项附加扣除项目	报送信息	留存备查资料
子女教育	填报配偶及子女的姓名、身份证件类型及号码、子女当前受教育阶段及起止时间、子女就读学校以及本人与配偶之间扣除分配比例等信息	子女在境外接受教育的，应当留存境外学校录取通知书、留学签证等境外教育佐证资料
继续教育	①接受学历（学位）继续教育的，应当填报教育起止时间、教育阶段等信息 ②接受技能人员或者专业技术人员职业资格继续教育的，应当填报证书名称、证书编号、发证机关、发证（批准）时间等信息	纳税人接受技能人员职业资格继续教育、专业技术人员职业资格继续教育的，应当留存职业资格相关证书等资料
住房贷款利息	填报住房权属信息、住房坐落地址、贷款方式、贷款银行、贷款合同编号、贷款期限、首次还款日期等信息；纳税人有配偶的，填写配偶姓名、身份证件类型及号码	住房贷款合同、贷款还款支出凭证等资料
住房租金	填报主要工作城市、租赁住房坐落地址、出租人姓名及身份证件类型和号码或者出租方单位名称及纳税人识别号（社会统一信用代码）、租赁起止时间等信息；纳税人有配偶的，填写配偶姓名、身份证件类型及号码	住房租赁合同或协议等资料
赡养老人	填报纳税人是否为独生子女、月扣除金额、被赡养人姓名及身份证件类型和号码、与纳税人关系；有共同赡养人的，需填报分摊方式、共同赡养人姓名及身份证件类型和号码等信息	约定或指定分摊的书面分摊协议等资料
大病医疗	填报患者姓名、身份证件类型及号码、与纳税人关系、与基本医保相关的医药费用总金额、医保目录范围内个人负担的自付金额等信息	大病患者医药服务收费及医保报销相关票据原件或复印件，或者医疗保障部门出具的纳税年度医药费用清单等资料

经典题解

【例题 86 · 多选题】以下符合个人所得税专项附加扣除的后续管理规定的有（　　）。

A. 纳税人应当将《扣除信息表》及相关留存备查资料，自法定汇算清缴期结束后保存5年

B. 纳税人报送给扣缴义务人的《扣除信息表》，扣缴义务人应当自预扣预缴年度的当年起留存5年

C. 扣缴义务人应当为纳税人报送的专项附加扣除信息保密

D. 扣缴义务人应当于年度终了后6个月内，向纳税人提供已办理的专项附加扣除项目及金额等信息

【解析】选项B，纳税人报送给扣缴义务人的《扣除信息表》，扣缴义务人应当自预扣预缴年度的次年起留存5年；选项D，除纳税人另有要求外，扣缴义务人应当于年度终了后2个月内，向纳税人提供已办理的专项附加扣除项目及金额等信息。

【答案】AC

考点5：反避税规定★

（一）有下列情形之一的，税务机关有权按照合理方法进行纳税调整

1. 个人与其关联方之间的业务往来不符合独立交易原则而减少本人或者其关联方应纳税额，且无正当理由。

2. 居民个人控制的，或者居民个人和居民企业共同控制的设立在实际税负明显偏低的国家（地区）的企业，无合理经营需要，对应当归属于居民个人的利润不作分配或者减少分配。

3. 个人实施其他不具有合理商业目的的安排而获取不当税收利益。

名师点拨：反避税的补税不加收滞纳金，而是加征利息。

（二）补税及加征利息

1. 税务机关依照前述规定情形作出纳税调整，需要补征税款的，应当补征税款，并依法加收利息。

2. 依法加征的利息，应当按照税款所属纳税申报期最后一日中国人民银行公布的与补税期间同期的人民币贷款基准利率计算，自税款纳税申报期满次日起至补缴税款期限届满之日止按日加收。纳税人在补缴税款期限届满前补缴税款的，利息加收至补缴税款之日。

经典题解

【例题87·单选题】税务机关针对个人实施不具有合理商业目的的安排而获取不当税收利益的情形作出纳税调整，需要补征税款的，应当补征税款，并依法加收利息。依法加征的利息，应当按照税款所属纳税申报期最后一日中国人民银行公布的与补税期间同期的人民币贷款基准利率计算，自（　　）起至补缴税款期限届满之日止按日加收。

A. 税款所属期最后一日　　B. 税款纳税申报期满次日

C. 每季度结束后次日　　D. 汇算清缴期满次日

【答案】B

考点 6：自然人纳税识别号的规定★

1. 自然人纳税人识别号，是自然人纳税人办理各类涉税事项的唯一代码标识。

2. 有中国公民身份号码的，以其中国公民身份号码作为纳税人识别号；没有中国公民身份号码的，由税务机关赋予其纳税人识别号。

3. 纳税人首次办理涉税事项时，应当向税务机关或者扣缴义务人出示有效身份证件，并报送相关基础信息。

4. 税务机关应当在赋予自然人纳税人识别号后告知或者通过扣缴义务人告知纳税人其纳税人识别号，并为自然人纳税人查询本人纳税人识别号提供便利。

5. 自然人纳税人办理纳税申报、税款缴纳、申请退税、开具完税凭证、纳税查询等涉税事项时应当向税务机关或扣缴义务人提供纳税人识别号。

考点 7：个人所得税《税收完税证明》调整为《纳税记录》的规定★

1. 从 2019 年 1 月 1 日起，纳税人申请开具税款所属期为 2019 年 1 月 1 日（含）以后的个人所得税缴（退）税情况证明的，税务机关不再开具《税收完税证明》（文书式），调整为开具《纳税记录》；纳税人申请开具税款所属期为 2018 年 12 月 31 日（含）以前个人所得税缴（退）税情况证明的，税务机关继续开具《税收完税证明》（文书式）。

2. 纳税人 2019 年 1 月 1 日以后取得应税所得并由扣缴义务人向税务机关办理了全员全额扣缴申报，或根据税法规定自行向税务机关办理纳税申报的，不论是否实际缴纳税款，均可以申请开具《纳税记录》。

3. 纳税人可以通过电子税务局、手机 App 申请开具本人的个人所得税《纳税记录》，也可到办税服务厅申请开具。

4. 纳税人可以委托他人持下列证件和资料到办税服务厅代为开具个人所得税《纳税记录》：

（1）委托人及受托人有效身份证件原件；

（2）委托人书面授权资料。

5. 纳税人对个人所得税《纳税记录》存在异议的，可以向该项记录中列明的税务机关申请核实。

6. 税务机关提供个人所得税《纳税记录》的验证服务，支持通过电子税务局、手机 App 等方式进行验证。具体验证方法见个人所得税《纳税记录》中的相关说明。

经典题解

【例题 88 · 单选题】从 2019 年 1 月 1 日起，纳税人申请开具税款所属期为 2019 年 1 月 1 日（含）以后的个人所得税缴（退）税情况证明的，税务机关应开具（　　）。

A.《税收完税证明》（文书式）　B.《税收完税证明》（表格式）

C.《纳税情况证明》　D.《纳税记录》

【答案】D

考点 8：建立个人所得税纳税信用管理机制★

全面实施个人所得税申报信用承诺制。税务部门在个人所得税自行纳税申报表、个人所得税专项附加扣除信息表等表单中设立格式规范、标准统一的信用承诺书，纳税人需对填报信息的真实性、准确性、完整性作出守信承诺。信用承诺的履行情况纳入个人信用记录，提醒和引导纳税人重视自身纳税信用，并视情况予以失信惩戒。

考试加油站

一、本章小结

下载“会计云课堂”App 学习

您已成功完成“第五章”的学习，本章共 44 个考点，您都学会了吗？

为了让您对章节有更清晰的理解，加倍巩固。本书作者刘颖老师将通过**“视频导图课”**的方式，带您回顾重要考点。

名师点拨，视听结合，高效提分。

※ 欢迎您扫码，免费观看学习。

二、本章疑难问题解答

1. 不征个人所得税的差旅费津贴和误餐补助指的是什么？有标准吗？

答：差旅费津贴是指员工因经营需要而出差办理与企业经营有关事项所享有的具有真实性和合理性的津贴，员工出差会发生住宿费、交通费和伙食费等，其中住宿和往返出差地的交通费在规定的限额内凭票报销，行政事业单位有各地省级财政规定的不同职级人员的住宿费、跨区域交通费的限额标准，企业也可以制定本企业的差旅住宿费标准和跨区域交通费标准，员工在标准内的跨地区交通、住宿支出形成企业单位的费用支出，不属于员工的报酬。由于没有出差的时候，员工在本企业所在地上班不能报销伙食费和上下班交通费，导致出差期间的伙食费和抵达出差地之后的交通费一般也不是单位的报销范围，且出差过程一直离家，属于特殊工作状态，因此单位会规定一定的标准支付给员工津贴。目前，行政事业单位的差旅费津贴是省级财政统一规定的标准，企业的差旅费津贴标准可以自定但必须具有真实性和合理性才能不征个人所得税。

误餐补助不等同于午餐补助，误餐补助是因工作需要错过正常就餐时间，如会计人员去税务机关报税在正常就餐时间不能返回单位，单位按照一定标准发放的补助，行政事业单位员工的误餐补助有各省财政规定的标准，企业员工的误餐补助也要具备真实性和合理性才能不征个人所得税。午餐补助是单位给员工的统一福利，不论是否外出错过就餐时间都可取得，如某单位规定出勤到岗的职工每天 10 元午餐补助，午餐补助需要并入工资薪金缴纳个人所得税。

2. 财产租赁所得“每次（月）收入不超过 4000 元的，定额减除费用 800 元，每次（月）收入在 4000 元以上的，定率减除 20% 的费用”，如果某人某月取得不含增值税租金收入 4500 元，支付可税前扣除的相关税费 180 元，修缮费 600 元，那么他是定额扣除 800 元还是定率扣除 20%？

答： 个人所得税的扣除有“依次扣除以下费用”的描述，有了“依次”二字，就明确规定了扣除顺序。首先扣除有凭证且允许扣除的税费、基金，再扣除能提供有效、准确凭证的修缮费（每月 800 元为限，扣完为止），（收入 – 税费、基金 – 修缮费）后再减除 800 元或 20%。因此，本题中不含增值税租金收入 4500 元，应优先扣除税费和修缮费，扣除税费和修缮费后的余额 3720 元（4500–180–600）不超过 4000 元，应定额扣除 800 元。也就是说，在存在税费、基金、修缮费的时候，800 元或 20% 的法定扣除不是以收入总额为标准，而是以扣除上述金额后的余额为标准。

3. 个人独资企业和合伙企业是否不再缴纳企业所得税了？

答： 是的。个人独资企业和合伙企业的个人投资者自 2000 年 1 月 1 日起缴纳个人所得税，不再缴纳企业所得税。合伙企业以每个合伙人为纳税人，合伙人为自然人的，缴纳个人所得税；合伙人为法人的，缴纳企业所得税。

4. 个人独资企业和合伙企业对外投资分回的股息、红利如何计算个人所得税？

答： 个人独资企业对外投资分回的股息、红利，不并入企业的收入，而应单独作为投资者个人取得的股息、红利所得，按“利息、股息、红利所得”应税项目计算缴纳个人所得税。以合伙企业名义对外投资分回的股息、红利，应按相关比例确定各个投资者的股息、红利所得，分别按“利息、股息、红利所得”应税项目计算缴纳每个投资者的个人所得税。

5. 中小高新技术企业以未分配利润、盈余积累、资本公积向个人股东转增股本可分 5 年纳税的规定，是否适用于所有高新技术企业？

答： 不是的。该政策仅适用于非上市及未在全国中小企业股份转让系统（新三板）挂牌的中小高新技术企业，还要符合注册在中国境内实行查账征收的、经认定取得高新技术企业资格，且年销售额和资产总额均不超过 2 亿元、从业人数不超过 500 人的条件。符合规定条件的企业以未分配利润、盈余公积、资本公积向个人股东转增股本，个人股东一次缴纳个人所得税确有困难的，纳税人可分期缴纳个人所得税。该政策不适用于上市公司和在全国中小企业股份转让系统挂牌的企业，也不适用于非上市及未在全国中小企业股份转让系统挂牌的其他（非高新）企业。不符合规定条件的企业以未分配利润、盈余公积、资本公积向个人股东转增股本的，应及时代扣代缴个人所得税。

历年经典主观题回顾

使用“会计云课堂”App或“微信”扫码快速做题、对答案、看解析、掌握解题思路，开启轻松过关之旅。

计算问答题

1. 居民个人张某与其妻子在某城市工作并居住。2020年与个人所得税汇算清缴相关的收入及支出如下：

（1）全年从单位领取扣除按规定比例缴纳的社保费用和住房公积金后的工资共计120000元，单位已为其预扣预缴个人所得税款1404元。

（2）出版一部作品，取得出版方分两次向其支付的稿酬20000元。

（3）每月按首套住房贷款利率为其购于某县城的自有房产偿还房贷2000元。

（4）在居住城市无自有住房，与其妻子一起租房居住，每月支付房租3000元。

（其他相关资料：张某工作地城市为除直辖市、省会城市、计划单列市及国务院确定其他城市之外的市辖区户籍人口超过100万的城市；以上专项附加扣除均由张某100%扣除）

综合所得个人所得税税率表（部分）

级数	全年应纳税所得额	税率（%）	速算扣除数（元）
1	不超过36000元的	3	0
2	超过36000~144000元的部分	10	2520
3	超过144000~300000元的部分	20	16920

要求：根据上述资料，按照下列序号回答问题，如有计算需计算出合计数。

（1）从税后所得最大化出发，回答张某应选择享受的专项附加扣除并说明理由。

（2）计算出版方支付稿酬所得应预扣预缴的个人所得税款。

（3）计算张某可申请的个人所得税退税款。

（4）张某如需办理2020年度个人所得税汇算清缴，回答其可选择哪些办理的渠道及受理的税务机关。（2020年考题改编）

2. 居民个人王某及配偶名下均无房，在某省会城市工作并租房居住，2018年9月开始攻读工商管理硕士。2019年王某取得收入和部分支出如下：

（1）每月从单位领取扣除社保费用和住房公积金后的工资8000元，截至11月底累计已预扣预缴个人所得税款363元。

（2）取得年终奖48000元，选择单独计税。

（3）利用业余时间出版一部摄影集，取得稿酬 20000 元。
（4）每月支付房租 3000 元。
（其他相关资料：以上专项附加扣除均由王某 100% 扣除）

综合所得个人所得税税率表暨居民个人工资薪金所得预扣率表（部分）

级数	全年应纳税所得额（累计预扣预缴应纳税所得额）	税率（预扣率）（%）	速算扣除数（元）
1	不超过 36000 元的	3	0
2	超过 36000 元至 144000 元的部分	10	2520
3	超过 144000 元至 300000 元的部分	20	16920

按月换算后的综合所得税率表（部分）

级数	月应纳税所得额	税率（%）	速算扣除数（元）
1	不超过 3000 元的	3	0
2	超过 3000 元至 12000 元的部分	10	210
3	超过 12000 元至 25000 元的部分	20	1410

要求：根据上述资料，按照下列序号回答问题，如有计算需计算出合计数。
（1）计算 2019 年 12 月王某取得的工资应预扣预缴的个人所得税额。
（2）计算王某取得的年终奖应缴纳的个人所得税额。
（3）计算王某取得的稿酬所得应预扣预缴的个人所得税额。
（4）计算王某取得的 2019 年综合所得应缴纳的个人所得税额。
（5）计算王某就 2019 年综合所得向主管税务机关办理汇算清缴时，应补缴的税款或申请的应退税额。（2019 年）

3. 张某为我国居民个人，2020 年发生以下经济行为：
（1）以市场价 200 万元转让 2008 年购入的家庭唯一普通商品住房，原值 60 万元。
（2）拍卖自己的文字作品手稿原件，取得收入 8000 元。

要求：根据上述资料，按照下列序号回答问题，如有计算需计算出合计数。
（1）判断张某转让住房是否应缴纳个人所得税并说明理由。
（2）说明张某取得的拍卖收入缴纳个人所得税时适用的所得项目。
（3）计算张某取得的拍卖收入应预扣预缴的个人所得税。（2018 年考题改编）

4. 国内某高校张教授 2020 年取得部分收入项目如下：
（1）5 月份出版了一本书稿，获得稿酬 20000 元。
（2）9 月份教师节期间获得全国教学名师奖，获得教育部颁发的奖金 50000 元。
（3）10 月份取得 5 年期国债利息收入 8700 元，一年期定期储蓄存款利息收入 500 元，某上市公司发行的企业债利息收入 1500 元。
（4）11 月份因持有两年前购买的某境内上市公司股票 10000 股，取得该公司股票分红所得2000元，随后将该股票卖出，获得股票转让所得50000元。

（5）12月份应A公司邀请给本公司财务人员培训，取得收入30000元，A公司未履行扣缴个人所得税义务。

要求：根据上述资料，按照下列序号回答问题，如有计算需计算出合计数。

（1）计算张教授5月份稿酬所得应预扣预缴的个人所得税。

（2）9月份张教授获得的全国教学名师奖金是否需要纳税，请说明理由。如需要，请计算应预扣预缴的个人所得税。

（3）10月份张教授取得的利息收入是否需要纳税。如需要，请计算其应纳税额。

（4）11月份张教授股息所得和股票转让所得是否需要纳税，请说明理由。如需要，请计算其应纳税额。

（5）回答A公司未履行扣缴个人所得税义务应承担的法律责任，税务机关应对该项纳税事项如何进行处理。（2017年考题改编）

历年经典主观题回顾参考答案及解析

使用“会计云课堂”App或“微信”扫码对答案、看解析、掌握解题思路，开启轻松过关之旅。

计算问答题

1.【答案及解析】

（1）张某应选择享受的专项附加扣除为住房租金。

理由：张某工作地城市的住房租金扣除标准为每月1100元，而住房贷款利息的扣除标准为每月1000元。前者比后者抵税效果更好，税后所得更大。

（2）出版方支付稿酬所得应预扣预缴的个人所得税款=20000×（1-20%）×70%×20%=2240（元）。

（3）汇算清缴时张某应纳个人所得税=［120000+20000×（1-20%）×70%-60000-1100×12］×10%-2520=3280（元）。

张某可申请的个人所得税退税款=2240+1404-3280=364（元）。

（4）

①张某可以选择的办理渠道：

渠道1：网络办税渠道办理。纳税人可优先通过网上税务局（包括手机个人所得税App）办理年度汇算，税务机关将按规定为纳税人提供申报表预填服务。

渠道2：通过邮寄方式或到办税服务厅办理。选择邮寄申报的，纳税人需将申报表寄送至任职受雇单位（没有任职受雇单位的，为户籍所在地、经常居住地或者主要收入来源地）

所在省、自治区、直辖市、计划单列市税务局公告的地址。

②受理的税务机关：

A. 纳税人自行办理或受托人为纳税人代为办理2020年度汇算的，向纳税人任职受雇单位所在地的主管税务机关申报；有两处及以上任职受雇单位的，可自主选择向其中一处申报。纳税人没有任职受雇单位的，向其户籍所在地、经常居住地或者主要收入来源地的主管税务机关申报。

B. 单位为纳税人代办年度汇算的，向单位的主管税务机关申报。

2.【答案及解析】

（1）12月王某取得的工资应预扣预缴的个人所得税额 =（8000×12-5000×12-1500×12-400×12）×3%-363=33（元）。

（2）48000÷12=4000（元），适用按月换算后的综合所得税率表，税率为10%，速算扣除数为210元，王某取得的年终奖应缴纳的个人所得税额 =48000×10%-210=4590（元）。

（3）王某取得的稿酬所得应预扣预缴的个人所得税额 =20000×（1-20%）×70%×20%=2240（元）。

（4）王某取得的2019年综合所得应缴纳的个人所得税额 =[8000×12+20000×（1-20%）×70%-5000×12-1500×12-400×12]×3%=732（元）。

（5）732-363-33-2240=-1904（元），王某就2019年综合所得向主管税务机关办理汇算清缴时申请的应退税额为1904元。

居民个人办理年度综合所得汇算清缴时，应当依法计算稿酬所得的收入额，并入年度综合所得计算应纳税款，税款多退少补。

3.【答案及解析】

（1）不需要缴纳个人所得税。

理由：个人转让自用达5年以上并且是家庭唯一的生活用房取得的所得，免征个人所得税。

（2）张某取得的拍卖收入缴纳个人所得税时适用的所得项目是“特许权使用费所得”。

（3）应预扣预缴的个人所得税 =8000×（1-20%）×20%=1280（元）。

4.【答案及解析】

（1）张教授5月份稿酬所得应预扣预缴的个人所得税 =20000×（1-20%）×70%×20%=2240（元）。

（2）9月份张教授获得的全国教学名师奖金不需要缴纳个人所得税。

理由：省级人民政府、国务院部委和中国人民解放军军以上单位，以及外国组织颁发的科学、教育、技术、文化、卫生、体育、环境保护等方面的奖金免征个人所得税。

（3）10月份张教授取得的企业债利息收入需要纳税。应纳税额 =1500×20%=300（元）。

国债和国家发行的金融债券利息免征个人所得税，对个人储蓄存款利息所得暂免征收个人所得税。

（4）11月份张教授股息所得和股票转让所得不需要纳税。

理由：个人从公开发行和转让市场取得的上市公司股票，持股期限超过1年的，股息红利所得暂免征收个人所得税。个人转让境内上市公司股票免征个人所得税。

（5）对扣缴义务人应扣未扣的税款，由税务机关向纳税人追缴，对扣缴义务人处以应扣未扣税款50%以上3倍以下的罚款。

同步强化练习题

使用“会计云课堂”App或“微信”扫码快速做题、对答案、
看解析、掌握解题思路，开启轻松过关之旅。

一、单项选择题

1. 我国目前个人所得税采用（　　）模式。
   A. 分类征收制
   B. 综合征收制
   C. 混合征收制
   D. 组合征收制

2. 根据个人所得税法及实施条例的规定，居民个人是指在中国境内有住所，或者无住所而在中国境内居住满一定天数的个人，该天数是指（　　）。
   A. 一个纳税年度在中国境内居住累计满183天
   B. 一个纳税年度在中国境内居住累计满365天
   C. 一个纳税年度在中国境内居住连续满183天
   D. 一个纳税年度在中国境内居住连续满365天

3. 出租车经营单位对出租车驾驶员采取单车承包或承租方式运营，出租车驾驶员从事客货营运取得的收入，按（　　）项目征收个人所得税。
   A. 工资、薪金所得
   B. 经营所得
   C. 劳务报酬所得
   D. 特许权使用费所得

4. 画家个人参加笔会现场作画取得的作画所得属于（　　）。
   A. 工资、薪金所得
   B. 稿酬所得
   C. 劳务报酬所得
   D. 经营所得

5. 以下不属于特许权使用费所得项目的是（　　）。
   A. 提供商标权使用权取得的所得
   B. 提供非专利技术使用权取得的所得
   C. 提供专利权使用权取得的所得
   D. 转让土地使用权取得的所得

6. 对个人代销彩票取得的所得计征个人所得税时，适用的所得项目是（　　）。
   A. 劳务报酬所得
   B. 工资、薪金所得
   C. 偶然所得
   D. 经营所得

7. 个体工商户发生的下列支出中，允许在个人所得税税前扣除的是（　　）。
   A. 用于家庭的支出
   B. 生产经营过程中发生的财产转让损失
   C. 非广告性质赞助支出
   D. 已缴纳的增值税税款

8. 个人对企业承包经营、承租经营时，承包、承租人对企业经营成果不拥有所有权，仅按合同（协议）规定取得一定所得的，

应按（　　）项目征收个人所得税。
A. 工资、薪金所得
B. 劳务报酬所得
C. 经营所得
D. 特许权使用费所得

9. 以下属于我国个人所得税法中规定的专项扣除的项目是（　　）。
A. 基本养老保险
B. 子女教育支出
C. 企业年金
D. 税收递延型商业养老保险

10. 某职员（独生子）2021 年 1 月工资、薪金收入 12000 元，其中含单位应为其扣缴的基本养老保险 260 元、基本医疗保险 120 元、失业保险 40 元；单位当月代扣欠缴供暖费 500 元；该职员还要赡养其 62 岁的父母及供其七年级的女儿读书（对子女教育和赡养老人专项附加扣除选择在单位预扣预缴其税款时扣除），则其当月工资薪金的累计预扣预缴应纳税所得额是（　　）元。
A. 4580　　B. 4080
C. 3580　　D. 3080

11. 以下关于个人所得税专项附加扣除的表述正确的是（　　）。
A. 纳税人境内在职研究生教育支出，可选择由其父母扣除（子女教育），也可本人扣除（继续教育）
B. 参加境外非全日制继续教育，属于“继续教育”专项附加扣除的范围
C. 父母贷款但产权登记为子女的购房，选择父母或子女享受住房贷款利息定额扣除政策
D. 纳税人 2021 年同时取得 CPA 和 TA 证书，不能同时享受 2 个职业资格继续教育专项附加扣除

12. 我国公民马某工作所在城市［非直辖市、省会（首府）城市、计划单列市以及国务院规定的其他城市］有 120 万人口，2021 年 1 月取得扣除“三险一金”之后的工资 8000 元，马某还负担 2 名子女（八年级）的教育费用，由于没有自有住房而租房每月需支付 2000 元租金。取得上年年终奖 30000 元，假定选择对年终奖单独计税，则马某当月应缴纳的个人所得税为（　　）元。（对上述专项附加扣除马某选择在单位预扣预缴其税款时扣除）
A. 900　　B. 903
C. 906　　D. 910

13. 住房贷款利息专项附加扣除的计算时间，为贷款合同约定开始还款的当月至贷款全部归还或贷款合同终止的当月，扣除期限最长不得超过（　　）。
A. 60 个月
B. 120 个月
C. 180 个月
D. 240 个月

14. 中国公民王先生在甲公司工作了 2 年，2021 年 1 月与甲公司解除聘用关系，取得一次性补偿收入 150000 元。甲公司所在地上年职工平均工资为 40000 元。王先生的补偿收入应缴纳个人所得税（　　）元。
A. 0　　B. 750
C. 900　　D. 1050

15. 我国居民李某于 2021 年 12 月取得偶然所得 3000 元，当即将偶然所得中的 1000 元通过国家机关捐赠给贫困地区（取得捐赠证明），则支付其偶然所得的单位应扣缴李某的个人所得税为（　　）元。
A. 500　　B. 400
C. 420　　D. 600

16. 个人股权转让相关协议签订后 5 个工作日内，将股权转让的有关情况报告主管

税务机关的报告主体是（ ）。

A. 纳税人

B. 扣缴义务人

C. 被投资企业

D. 原股东

17. 个体工商户研究开发新产品、新技术而购置一定价值的测试仪器和试验性装置的购置费准予在计算个人所得税应纳税所得额时直接扣除，该仪器、装置的单台价值（ ）。

A. 在10万元以下

B. 在12万元以下

C. 在15万元以下

D. 在20万元以下

18. 王某于2021年7月购入某境内上市公司股票，2022年2月从该上市公司分得红利4000元并转让该股票，则王某分得红利应纳个人所得税（ ）元。

A. 800　　B. 640

C. 400　　D. 320

19. 合伙企业的投资者李某以企业资金为其家庭购买汽车和住房，则李某取得该汽车和住房应按（ ）计征个人所得税。

A. 工资、薪金所得

B. 财产转让所得

C. 经营所得

D. 利息、股息、红利所得

20. 某股份合作制企业投资人王某在征得企业同意的情况下，用企业资金为自己购买住房，则王某取得该住房应按（ ）计征个人所得税。

A. 工资、薪金所得

B. 财产转让所得

C. 经营所得

D. 利息、股息、红利所得

21. 某股份公司投资人赵某2021年3月从该公司借款5万元用于其个人消费，到年底仍未归还。则赵某借用的该款项应按（ ）计征个人所得税。

A. 工资、薪金所得

B. 财产转让所得

C. 经营所得

D. 利息、股息、红利所得

22. 个人取得下列所得应缴纳个人所得税的是（ ）。

A. 职工达到法定退休年龄每月取得的退休工资4000元

B. 职工领取的原提存的住房公积金30000元

C. 退休人员再就业取得报酬6000元

D. 个人单张有奖发票中奖800元

23. 个人取得的下列所得中，免予征收个人所得税的是（ ）。

A. 企业职工李某领取原提存的住房公积金

B. 退休教授张某受聘任另一高校兼职教授每月取得6000元报酬

C. 王某在单位任职表现突出获得5万元总裁特别奖金

D. 徐某因持有某非上市公司股票取得该公司年度分红

24. 非居民个人约翰，2022年9月在我国某出版社出版一部长篇小说，取得稿酬收入100000元。该出版社应代扣代缴其个人所得税（ ）元。

A. 15400　　B. 12440

C. 10040　　D. 20840

25. 中国公民王某于2021年1月以5万元的资金持有深圳证券交易所的某境内上市公司的股票10000股。2022年2月取得该上市公司每股0.6元的分红，王某在3月将上述股票以6.2万元的价格转让，王某上述行为应缴纳个人所得税（ ）元。

A. 0　　B. 600

C. 2000　　D. 2500

26. 个人转让已购经济适用房在转让前实际发生的装修费用，符合规定的，可在房屋原值（　　）的比例内扣除。
A. 5%　　B. 10%
C. 15%　　D. 20%

27. 纳税人拍卖非海外回流文物时，如不能提供合法、完整、准确的财产原值凭证，不能正确计算财产原值的，按（　　）计算缴纳个人所得税。
A. 转让收入额和 20% 的税率
B. 转让收入额和 10% 的税率
C. 转让收入额和 3% 征收率
D. 转让收入额和 2% 征收率

28. 某人有一件拍卖品经文物部门认定是海外回流文物，进行拍卖时取得拍卖收入 10 万元，不能提供合法、准确、完整的财产原值凭证。则其应缴纳个人所得税（　　）万元。
A. 0　　B. 0.2
C. 0.3　　D. 1

29. 2021 年中国公民张某在 A 国取得中奖收入 30000 元，在 A 国按 A 国税法缴纳了个人所得税 4800 元。张某没有来源于我国境内的所得，则应就来源于 A 国的所得在国内补缴个人所得税（　　）元。
A. 1200　　B. 2800
C. 4200　　D. 6000

30. 甲企业原账面资产总额 5000 万元，负债 2000 万元，所有者权益 3000 万元，其中：实收资本（股本）1800 万元，资本公积、盈余公积、未分配利润等盈余积累合计 1200 万元。假定多名自然人投资者（新股东）向甲企业原股东购买该企业 100% 的股权，股权收购价 2800 万元，新股东收购企业后，甲企业将资本公积、盈余公积、未分配利润等盈余积累 1200 万元向新股东转增实收资本。则按股息红利所得计征的个人所得税税额是（　　）万元。
A. 0　　B. 40
C. 60　　D. 240

31. 小王是某保险公司营销员，2022 年 1 月取得不含增值税保险营销佣金收入 30000 元，假定不考虑附加税费，保险公司应预扣预缴小王的个人所得税（　　）元。
A. 390　　B. 1880
C. 2600　　D. 5200

32. 张某为熟食加工个体户，2021 年取得生产经营收入 20 万元，生产经营成本为 18 万元（含购买一辆非经营用小汽车支出 8 万元）；另取得个人文物拍卖收入 30 万元，不能提供原值凭证，该文物经文物部门认定为海外回流文物。下列关于张某 2021 年个人所得税纳税事项的表述中，正确的是（　　）。（张某没有综合所得）
A. 购买小汽车支出可以在税前扣除
B. 经营所得应纳个人所得税的计税依据为 4 万元
C. 文物拍卖所得按文物拍卖收入额的 3% 缴纳个人所得税
D. 文物拍卖所得应并入经营所得一并缴纳个人所得税

33. 享受大病医疗专项附加扣除的纳税人，由其在规定时间内，自行向汇缴地主管税务机关办理汇算清缴申报时扣除大病医疗专项附加扣除项目。该规定的时间是（　　）。
A. 次年 1 个月内
B. 次年 3 个月内
C. 次年 6 个月内
D. 次年 3 月 1 日至 6 月 30 日内

34. 除纳税人另有要求外，扣缴义务人应当于规定时限内，向纳税人提供已办理的专项附加扣除项目及金额等信息，该规定时限是（　　）。
A. 年度终了后1个月内
B. 年度终了后2个月内
C. 年度终了后3个月内
D. 次年3月1日至6月30日内

35. 纳税人取得利息、股息、红利所得，财产租赁所得，财产转让所得和偶然所得，扣缴义务人未扣缴税款的，纳税人应当在规定的时限内按相关规定向主管税务机关办理纳税申报。该规定的时限是（　　）。
A. 取得所得的7日内
B. 取得所得的次月15日内
C. 取得所得的30日内
D. 取得所得的次年6月30日前

36. 上市公司授予个人的股票期权、限制性股票和股权奖励，经向主管税务机关备案，个人可自股票期权行权、限制性股票解禁或取得股权奖励之日起，用递延的方式，在一定的期限内缴纳个人所得税。该规定的期限是（　　）。
A. 不超过6个月
B. 不超过12个月
C. 不超过3年
D. 不超过5年

37. 扣缴义务人每月或者每次预扣、代扣的税款，应当在规定的期限内缴入国库，并向税务机关报送《个人所得税扣缴申报表》。该规定的期限是（　　）。
A. 次月10日内
B. 次月15日内
C. 代扣代缴的7日内
D. 代扣代缴的15日内

38. 在一个纳税年度内仅取得经营所得的个人，在计算个人所得税应纳税所得额时，只能在办理汇算清缴时减除的项目是（　　）。
A. 专项扣除
B. 专项附加扣除
C. 基本减除费用
D. 依法规定的其他扣除

二、多项选择题

1. 以下不计入工资、薪金所得项目的有（　　）。
A. 外国来华留学生领取的生活津贴费
B. 独生子女补贴
C. 差旅费津贴
D. 企业按出勤天数发放的午餐补贴

2. 张某承包经营一国有企业（拥有企业经营成果所有权），每年上缴承包费用5万元，该承包费用（　　）。
A. 在计算企业所得税时不允许税前扣除
B. 在计算企业所得税时允许税前扣除
C. 在计算个人所得税时不允许税前扣除
D. 在计算个人所得税时允许税前扣除

3. 下列各项中，应计入个人所得税的工资、薪金所得的有（　　）。
A. 季度奖金
B. 劳动分红
C. 职务工资
D. 饭费补贴

4. 下列行为中，企业应按照"工资、薪金所得"预扣预缴个人所得税的有（　　）。
A. 支付给在本公司任职人员的董事费
B. 个体工商户支付给业主本人的工资
C. 支付给职工的全勤奖
D. 支付给职工的午餐费

5. 以下属于我国个人所得税法中规定的专项扣除的项目有（　　）。
A. 基本医疗保险
B. 住房公积金
C. 大病医疗支出
D. 继续教育支出

6. 以下属于我国个人所得税法中规定的专项附加扣除的项目有（　　）。
A. 失业保险
B. 住房贷款利息支出
C. 大病医疗支出
D. 住房公积金

7. 纳税人子女所处的下列情形中，纳税人可享受“子女教育”个人所得税专项附加扣除的有（　　）。
A. 接受境内在职研究生教育
B. 4 岁但未上幼儿园
C. 接受教育部认可学籍的广播电视大学的教育
D. 进入博士后工作站

8. 纳税人以下情形可享受“继续教育”个人所得税专项附加扣除的有（　　）。
A. 接受境内在职研究生教育
B. 接受境外在职研究生教育
C. 参加烹饪培训班取得培训班发给的证书
D. 参加教育部认可学籍的夜大的非全日制函授学习

9. 下列各项中，符合个人所得税有关规定的有（　　）。
A. 个人出售自有住房取得的所得可按照“财产租赁所得”项目征收个人所得税
B. 对个人转让已自用 2 年并且是家庭唯一居住用房取得的所得免征个人所得税
C. 个人转租房产而取得的转租收入，属于“财产租赁所得”的征税范围，由房产转租人缴纳个人所得税
D. 房屋产权所有人将房屋产权无偿赠与对其承担直接抚养或者赡养义务的抚养人或者赡养人的，对当事双方不征收个人所得税

10. 以下符合企业年金个人所得税规定的有（　　）。
A. 年金个人缴费部分，在不超过本人缴费工资计税基数的 4% 标准内的部分，暂从个人当期的应纳税所得额中扣除
B. 年金基金投资运营收益分配计入个人账户时，个人暂不缴纳个人所得税
C. 个人领取年金时，其应纳税款由受托人代表委托人委托托管人代扣代缴
D. 建立年金计划的单位应于建立年金计划的 30 日内，向其所在地主管税务机关报送年金方案、人力资源和社会保障部门出具的方案备案函、计划确认函以及主管税务机关要求报送的其他相关资料

11. 按照我国个人所得税法律法规，纳税人年满 3 周岁的子女接受学前教育和学历教育的相关支出，按照每个子女每月 1000 元（每年 12000 元）的标准定额扣除。下列关于扣除的相关表述正确的有（　　）。
A. 父母可以选择由其中一方按扣除标准的 100% 扣除
B. 父母可以选择由双方分别按扣除标准的 70%、30% 扣除
C. 父母可以选择由双方分别按扣除标准的 50% 扣除
D. 具体扣除方式在一个纳税年度内不能变更

12. 小雨全日制本科毕业后被保送读本校全日制研究生，下列关于读研期间教育费用的扣除，说法正确的有（　　）。
A. 由其父母扣除
B. 可以选择由其父母扣除，也可以选择由本人扣除
C. 按照每月 1000 元（每年 12000 元）的标准定额扣除
D. 按照每月 400 元（每年 4800 元）定额扣除

13. 小雷大学毕业工作一年后开始攻读在职研究生，下列关于三年在职读研期间的教育费用的扣除，说法正确的有（　　）。
A. 由本人扣除
B. 可以选择由其父母扣除，也可以选择由本人扣除
C. 按照每月1000元（每年12000元）的标准定额扣除
D. 按照每月400元（每年4800元）定额扣除

14. 下列按工资、薪金所得征收个人所得税的项目有（　　）。
A. 办理内退手续后至法定退休年龄之间从原单位取得的收入
B. 挂靠出租车经营单位的拥有出租车所有权的个人从事客货运营取得的收入
C. 对企业经营成果不拥有所有权仅按合同规定取得一定所得的承包承租人的所得
D. 雇员因销售业绩突出而获得的单位组织的免费旅游奖励

15. 下列与个人任职有关的收入中，可按全年一次性奖金的计税方法计算缴纳个人所得税的有（　　）。
A. 年终加薪
B. 与单位解除劳动关系取得的一次性补偿收入
C. 实行年薪制兑现的年薪
D. 实行绩效工资办法兑现的绩效工资

16. 下列不属于稿酬所得的项目有（　　）。
A. 摄影作品以图书形式出版取得的所得
B. 作者拍卖自己的文字作品手稿原件取得的所得
C. 为非雇用企业写发展史取得的所得
D. 受托为出版社审稿取得的所得

17. 以下属于财产转让所得的项目有（　　）。
A. 转让股权取得的所得
B. 转让土地使用权取得的所得
C. 提供专利权的使用权取得的所得
D. 转让有价证券取得的所得

18. 某集体所有制企业改制为股份合作制企业时，职工张某支出1000元取得10000股拥有所有权的量化股份，之后张某以13000元转让该股份，假设不考虑转让过程中发生的费用，则下列说法正确的有（　　）。
A. 取得量化资产按利息、股息、红利所得计征个人所得税，应纳税所得额为1000元
B. 取得量化资产暂缓征收个人所得税
C. 转让股份按财产转让所得计征个人所得税，应纳税所得额为12000元
D. 转让股份暂缓征收个人所得税

19. 计算个人转让住房应缴纳的个人所得税时允许扣除的合理费用有（　　）。
A. 住房装修费用
B. 住房贷款利息
C. 手续费
D. 公证费

20. 个人因与用人单位解除劳动关系而取得的一次性补偿收入及缴纳的相关费用中，不缴纳个人所得税的有（　　）。
A. 在当地职工上年平均工资4倍数额以内的部分
B. 在当地职工上年平均工资3倍数额以内的部分
C. 按政府规定实际缴纳的社会保险费
D. 按政府规定实际缴纳的住房公积金

21. 下列说法中，符合个人所得税相关规定的有（　　）。
A. 偶然所得，以1个月内取得的收入为一次
B. 编剧从电视剧制作单位取得的剧本使用费属于稿酬所得

C. 财产租赁所得，以1个月内取得的收入为一次

D. 出版社的专业作者翻译的作品以图书形式出版取得的报酬属于稿酬所得

22. 以下对企事业单位的承包经营、承租经营所得的税务处理办法，符合当前规定的有（　　）。

A. 对企事业单位的承包经营、承租经营所得，计算个人所得税时可扣除的必要费用为每月5000元（无综合所得）

B. 承包人对被承包企业经营成果拥有所有权的，在计算个人所得税时，承包者上缴的承包费用可作为费用扣除

C. 在一个纳税年度内，纳税人承包经营期不足12个月的，应将收入换算为12个月计算缴纳个人所得税

D. 承包人对被承包企业经营成果不拥有所有权，仅是按合同规定取得一定所得，其所得按“工资、薪金所得”项目征收个人所得税

23. 根据现行税法规定，下列各项中，免征个人所得税的有（　　）。

A. 张某取得退休工资6000元

B. 李某取得境内上市公司股票转让所得5万元

C. 王某取得救济金2万元

D. 赵某举报税务违法行为获得奖金1万元

24. 根据现行税法规定，下列个人所得可以免征个人所得税的有（　　）。

A. 购买公司债券取得的利息

B. 外籍个人从外商投资企业取得的股息、红利所得

C. 个人办理代扣代缴税款手续，按规定取得的扣缴手续费

D. 个人转让自用达2年并且是家庭唯一的生活用房取得的所得

25. 下列各项中，准予免征个人所得税的有（　　）。

A. 个人取得的保险赔款

B. 军人的转业费

C. 国家发行的金融债券利息

D. 个人取得的午餐补助

26. 以下关于企业为投资者以及员工个人购房的个人所得税处理正确的有（　　）。

A. 个人独资企业、合伙企业以企业资金为投资者及其亲属购买住房，按照经营所得计算缴纳个人所得税

B. 除个人独资企业、合伙企业以外的企业为投资者购买住房，按照利息、股息、红利所得计算缴纳个人所得税

C. 企业以福利为目的，为在本企业任职受雇的员工购房，以低于购置价卖给员工的，员工少支出的差价部分按照工资、薪金所得计算缴纳个人所得税

D. 企业为投资者和员工购房，均按照工资、薪金所得计算缴纳个人所得税

27. 下列房产处置行为，应缴纳个人所得税的有（　　）。

A. 转让离婚析产商铺

B. 通过离婚析产的方式分割房屋产权

C. 转让无偿受赠房屋

D. 将房屋产权无偿赠与子女

28. 下列个人所得中，应当征收个人所得税的有（　　）。

A. 企业集资利息

B. 外籍个人从外商投资企业取得的股息、红利所得

C. 企业债券利息

D. 国家发行的金融债券利息

29. 在我国境内无住所但居住累计满183天的年度连续不满6年的外籍个人，其下列所得应在我国计算缴纳个人所得税的有（　　）。

A. 来源于中国境内的劳务报酬所得
B. 出租其在境外的住房取得境外企业支付的租金所得
C. 从外商投资企业取得的股息所得
D. 在中国境内工作期间取得的中国境内企业支付的工资所得

30. 下列各项中，符合个人拍卖财产的财产原值的相关规定的有（　　）。
A. 通过商店、画廊等途径购买的，为购买该拍卖品时实际支付的价款
B. 通过拍卖行拍得的，为拍得该拍卖品实际支付的价款及缴纳的相关税费
C. 通过祖传收藏的，为该拍卖品的评估值
D. 通过赠送取得的，为其受赠该拍卖品时发生的相关税费

31. 以下按照规定实际支付的费用属于个人财产拍卖的有关合理费用的有（　　）。
A. 拍卖佣金
B. 被拍卖财产的鉴定费
C. 被拍卖财产的评估费
D. 被拍卖财产的证书费

32. 根据现行的个人所得税政策，下列各项说法正确的有（　　）。
A. 对非居民个人来源于中国境内但支付地点在境外的所得，免征个人所得税
B. 超过政府规定标准缴纳的失业、养老、医疗保险的部分应计入职工当期工资、薪金收入，依法计征个人所得税
C. 企业按照省级人民政府规定的比例缴付的基本养老保险金、失业保险金，免予征收个人所得税
D. 个人取得应税所得，没有扣缴义务人的，应自行申报缴纳个人所得税

33. 以下与个人所得税相关政策不相符的有（　　）。
A. 纳税人出售以按揭贷款方式购置的住房，其向贷款银行实际支付的住房贷款利息，在转让该房产时不得扣除
B. 个体户张某对外投资，从被投资企业分得红利，属于投资经营所得，应依法按经营所得缴纳个人所得税
C. 对企业承租经营的承租人取得的所得，一律按照个人所得税法中的五级超额累进税率计算其应纳税额
D. 非居民个人取得工资、薪金所得，劳务报酬所得，稿酬所得和特许权使用费所得，有扣缴义务人的，由扣缴义务人按月或者按次代扣代缴税款，不办理汇算清缴

34. 企业向个人赠送礼品，不征收个人所得税的有（　　）。
A. 企业对累积消费达到一定额度的个人按消费积分反馈礼品
B. 企业对累积消费达到一定额度的顾客，给予额外抽奖机会，个人的获奖所得
C. 企业在业务宣传活动中随机向本单位以外的个人赠送礼品
D. 企业在向个人提供服务的同时给予赠品

35. 纳税人享受继续教育专项附加扣除，接受技能人员或者专业技术人员职业资格继续教育的，应当填报的信息有（　　）。
A. 证书名称
B. 证书编号
C. 发证机关
D. 发证（批准）时间

36. 以下符合享受专项附加扣除的计算时间的有（　　）。
A. 学前教育阶段，为子女年满3周岁当月至小学入学前一月
B. 学历教育，为子女接受全日制学历教育入学的当月至全日制学历教育结束的当月

C. 学历（学位）继续教育，为在中国境内接受学历（学位）继续教育入学的当月至学历（学位）继续教育结束的当月，最长不超过 48 个月
D. 赡养老人，为被赡养人年满 60 周岁的当月至赡养义务终止的月末

37. 以下关于居民个人公益捐赠支出的政策表述，符合个人所得税政策规定的有（　　）。
A. 捐赠股权、房产的，公益捐赠支出金额按照个人持有股权、房产的市场价值确定
B. 居民个人取得工资薪金所得的，可以选择在预扣预缴时扣除，也可以选择在年度汇算清缴时扣除
C. 经营所得采取核定征收方式的，不扣除公益捐赠支出
D. 当月分类所得应扣除未扣除的公益捐赠支出，居民个人自行申报纳税的，可以在年度结束前向主管税务机关办理更正申报追补扣除

38. 居民个人取得的下列收入，按照累计预扣法预扣预缴个人所得税的有（　　）。
A. 保险营销员取得的佣金收入
B. 员工取得的工资薪金收入
C. 正在接受全日制学历教育的学生因实习取得的劳务报酬收入
D. 在职研究生参与导师课题研究取得的劳务报酬收入

39. 个人取得的下列利息收入中，免征个人所得税的有（　　）。
A. 教育储蓄存款利息收入
B. 国家金融债券利息收入
C. 个人投资者持有 2019~2023 年发行的铁路债券取得的利息收入
D. 国债利息收入

40. 个人取得的股票转让所得，可暂免征收个人所得税的有（　　）。
A. 内地个人投资者通过沪港通投资香港联交所上市股票取得的转让差价所得
B. 个人转让境内上市公司限售股取得的所得
C. 香港市场个人投资者通过沪港通投资上交所上市 A 股取得的转让差价所得
D. 个人转让“新三板”挂牌公司原始股取得的所得

三、计算问答题

1. 在甲单位就职的工程师李某每月取得扣除“三险一金”后的工资薪金 25000 元，负担其就读于九年级的女儿的教育费用。2021 年 1 月和 2 月还取得以下收入：
（1）1 月，甲单位统一给包括李某在内的全体员工购买了每人每年 3000 元的符合规定的商业健康保险产品。
（2）1 月某一个休息日，业余帮乙单位检查设备运行，乙单位按照 10000 元的标准支付给李某报酬。
（3）2 月领取 2020 年年终奖 36000 元，选择单独计税。
（4）2 月在丙杂志社发表一篇技术分析文章，取得稿酬 2000 元。
（其他相关资料：对子女教育专项附加扣除李某选择在甲单位预扣预缴其税款时扣除）

要求：根据上述资料，按照下列序号计算回答问题，每问需计算出合计数。
（1）甲单位 1 月应预扣预缴李某的个人所得税。
（2）乙单位 1 月应预扣预缴李某的个人所得税。
（3）甲单位 2 月应预扣预缴李某的个人所得税。
（4）甲单位 2 月应扣缴李某年终奖的个人所得税。

（5）丙杂志社2月应预扣预缴李某的个人所得税。

2. 某高校赵教授2021年1~4月取得部分收入项目如下：

（1）每月从学校取得的收入包括基本工资3800元、教授津贴6000元。负责赡养其68岁的父母并负担一套按照首套住房贷款利率的房贷，按照所在省人民政府规定的比例提取并缴付“三险一金”1200元。

（2）2月因持有两年前在上交所购买的某上市公司股票13000股，取得该公司股票分红所得2600元。

（3）自1月1日起将自有的面积为120平方米的住房按市场价格出租给李某居住，每月不含增值税租金5500元，租期为一年，全年租金收入66000元。其中，2月份因墙面开裂发生修缮费用3200元，取得装修公司出具的正式发票。

（4）4月10日因担任另一高校的博士论文答辩主席取得答辩费5000元。

（5）4月取得国债利息收入1850元、一年期定期储蓄存款利息收入375元、某上市公司发行的企业债券利息收入1000元。

（其他相关资料：赵教授未婚且为独生子，对住房贷款利息和赡养老人专项附加扣除选择在学校预扣预缴其税款时扣除）

要求：根据上述资料，按照下列序号计算回答问题，每问需计算出合计数。

（1）赵教授1月从学校取得的收入应预扣预缴的个人所得税。

（2）赵教授2月取得的上市公司股票分红收入应缴纳的个人所得税。

（3）赵教授2月取得的租金收入应缴纳的个人所得税。（不考虑租金收入应缴纳的其他税费及附加）

（4）赵教授4月取得的答辩费应预扣预缴的个人所得税。

（5）赵教授4月取得的利息收入应缴纳的个人所得税。

（6）说明赵教授享受住房贷款利息专项附加扣除应报送的信息和留存的资料。

3. 约翰为在某市某外商投资企业工作的外籍人士（非居民个人），在中国境内无住所，假设约翰2021年1月取得收入如下：

（1）从中国境内任职的外商投资企业取得工资收入35000元。

（2）从境内另一外商投资企业取得红利12000元。

（3）在境内购买福利彩票中奖30000元，当即通过国家机关向贫困山区捐款9000元，对于公益性捐赠支出选择在本次偶然所得中扣除。

（4）在某奢侈品店累积消费金额很高，取得该店给予的按消费积分反馈的价值500元的礼品；同时参加该店对累积消费达到一定额度的顾客，给予额外抽奖的活动，抽中奖品价值1000元。

要求：根据上述资料，按照下列序号计算回答问题，每问需计算出合计数。

（1）约翰1月工资收入应缴纳的个人所得税。

（2）约翰取得的红利所得应缴纳的个人所得税。

（3）约翰取得彩票中奖收入应缴纳的个人所得税。

（4）约翰取得礼品和抽奖所得应缴纳的个人所得税。

4. 居民个人张某名下有一套按照首套住房贷款利率贷款购买的住房，2021年张某取得收入和部分支出如下：

（1）全年扣除三险一金后工资薪金合计150000元，累计已预扣预缴个人所得税款5280元。

（2）取得年终奖42000元，选择单独计税。

（3）每周的周末去甲单位做一次技术培训，甲单位按照每月5000元的标准给张某付酬。

（4）利用业余时间出版一部小说，取得稿酬 30000 元。
（5）张某当年取得了 CPA 和 TA 两个职业资格证书。
（其他相关资料：住房贷款利息支出由张某全额扣除）

要求：根据上述资料，按照下列序号回答问题，如有计算需计算出合计数。
（1）计算张某取得的年终奖应缴纳的个人所得税额。
（2）计算甲单位 2021 年预扣预缴张某的个人所得税的合计数。
（3）计算张某取得的稿酬所得应预扣预缴的个人所得税额。
（4）计算张某 2021 年取得的综合所得应缴纳的个人所得税额。
（5）计算张某就 2021 年综合所得向主管税务机关办理汇算清缴时应补缴的税款或申请的应退税额，并说明综合所得汇算清缴的时间规定。

5. 居民个人王某 2021 年度取得在中国境内工作期间的工资薪金收入 25 万元，假设可以扣除基本减除费用 6 万元、专项扣除 6 万元、专项附加扣除 3.6 万元以及依法确定的其他扣除 0.24 万元；另取得在境外 A 国工作期间的工资薪金收入 30 万元，稿酬收入 20 万元，偶然中奖收入 2 万元；同时在境外 B 国取得特许权使用费收入 10 万元。除上述外，王某无其他所得。王某根据 A 国和 B 国税法规定，在 A 国缴纳个人所得税 10 万元，同时在 B 国缴纳个人所得税 1.2 万元。王某境内综合所得已预扣税款 1.5 万元；不考虑税收协定因素。

要求：根据上述资料，按照下列序号回答问题，如有计算需计算出合计数。
（1）计算王某当年综合所得应纳税所得额。
（2）计算王某当年综合所得应纳税额。
（3）计算王某当年分类所得项目应纳税额。
（4）计算王某来源于 A 国所得的抵免限额。
（5）计算王某来源于 B 国所得的抵免限额。
（6）计算王某应补（退）个人所得税的金额，并说明取得境外所得的申报时间。

6. 张某（独生子）在某县投资兴办了 A、B 两家个人独资企业，均为增值税小规模纳税人，依照税收法规，张某选择在 A 企业扣除投资人基本减除费用。2021 年 A、B 两家企业经营情况如下：
（1）A 企业为装饰装修企业，年终决算前账面销售收入 1000000 元，利润 -70000 元，在其利润计算过程中的成本费用包括支付张某每月工资 9000 元、一次支付女儿奥数学费 6000 元、招待费 10000 元、计提存货跌价准备 8000 元。年终决算时发现漏计含税收入 51500 元，进行了账务调整。
（2）B 企业为咨询服务企业，因核算不健全，税务机关对其采用核定征税的方法，确定其成本费用支出额为 450000 元，要求其按 20% 的应税所得率计算纳税。
（其他相关资料：张某没有综合所得；假定汇算清缴时，张某提交了承担女儿教育费用和赡养 60 周岁以上父母的凭证；假设不考虑疫情期间优惠政策及其他税收优惠，小规模纳税人适用征收率 3%）

要求：根据上述资料，按照下列序号回答问题，如有计算需计算出合计数。
（1）计算 A 企业全年应预缴的税额。
（2）计算 B 企业全年应预缴的税额。
（3）张某年终汇算清缴时 A、B 两企业应补（退）税额。

同步强化练习题参考答案及解析

使用“会计云课堂”App 或“微信”扫码对答案、看解析、掌握解题思路，开启轻松过关之旅。

一、单项选择题

1.【答案】C

【解析】目前，我国个人所得税已初步建立分类与综合相结合的征收模式，即混合征收制的模式。

2.【答案】A

【解析】居民个人是指在中国境内有住所，或者无住所而一个纳税年度在中国境内居住累计满 183 天的个人。

3.【答案】A

【解析】出租车经营单位对出租车驾驶员采取单车承包或承租方式运营，出租车驾驶员从事客货营运取得的收入，按工资、薪金所得项目计算征收个人所得税。

4.【答案】C

【解析】画家个人参加笔会现场作画取得的作画所得属于劳务报酬所得。注意不属于稿酬所得。

5.【答案】D

【解析】转让土地使用权取得的所得属于财产转让所得，不属于特许权使用费所得。

6.【答案】D

【解析】个人因从事彩票代销业务而取得的所得，应按照“经营所得”项目计征个人所得税。

7.【答案】B

【解析】个体工商户下列支出不得税前扣除：(1) 个人所得税税款；(2) 税收滞纳金；(3) 罚金、罚款和被没收财物的损失；(4) 不符合扣除规定的捐赠支出；(5) 赞助支出（选项 C）；(6) 用于个人和家庭的支出（选项 A）；(7) 与取得生产经营收入无关的其他支出；(8) 国家税务总局规定不准扣除的支出。

8.【答案】A

【解析】承包、承租人对企业经营成果不拥有所有权，仅按合同（协议）规定取得一定所得的，应按“工资、薪金所得”项目征收个人所得税。

9.【答案】A

【解析】注意区分专项扣除、专项附加扣除与依法确定的其他扣除。选项 A 属于我国个人所得税法中规定的专项扣除项目；选项 B 属于专项附加扣除项目；选项 CD 属于依法确定的其他扣除。

10.【答案】C

【解析】累计预扣预缴应纳税所得额 = 12000-5000-（260+120+40）-2000-1000=3580（元）。

11.【答案】D

【解析】选项 A，纳税人境内在职研究生教育支出，只能本人享受继续教育专项附加扣除；选项 B，“继续教育”专项附加扣除仅限于境内的符合条件的教育，不含境外教育；选项 C，父母贷款但产权登记为子女的购房，父母和子女均不能享受住房贷款利息定额扣除政策；选项 D，同一纳税人，在同一纳税年度可以同时享受一个学历（学位）继续教育和一个职业资格继续教育专项附加扣除。不能同时享受多个学历（学位）继续教育或多个职业资格继续教育专项附加扣除。

12.【答案】A

【解析】工资薪金累计预扣预缴应纳税所得额 =8000−5000−2000−1100=−100（元）＜ 0，不需要预扣预缴工资薪金的个人所得税。30000/12=2500（元），确定年终奖适用 3% 的税率，应纳个人所得税 =30000×3%=900（元）。

13.【答案】D

14.【答案】C

【解析】王先生的补偿收入应缴纳个人所得税 =（150000−40000×3）×3%=900（元）。

15.【答案】C

【解析】捐赠扣除限额 =3000×30%=900（元），支付偶然所得的单位应扣缴李某的个人所得税 =（3000−900）×20%=420（元）。

16.【答案】B

17.【答案】A

【解析】个体工商户研究开发新产品、新技术、新工艺所发生的开发费用，以及研究开发新产品、新技术而购置单台价值在 10 万元以下的测试仪器和试验性装置的购置费准予直接扣除；单台价值在 10 万元以上（含 10 万元）的测试仪器和试验性装置，按固定资产管理，不得在当期直接扣除。

18.【答案】C

【解析】个人投资者从上市公司取得的持股期限在 1 个月以上至 1 年（含 1 年）的股息、红利所得，暂减按 50% 计入个人所得税应纳税所得额，依照现行税法规定计征个人所得税。应纳个人所得税 =4000×50%×20%=400（元）。

19.【答案】C

【解析】个人独资企业、合伙企业的个人投资者以企业资金为本人、家庭成员及其相关人员支付与企业生产经营无关的消费性支出及购买汽车、住房等财产性支出，视为企业对个人投资者的利润分配，并入投资者个人的生产经营所得，依照“经营所得”项目计征个人所得税。

20.【答案】D

【解析】个人独资企业、合伙企业以外的其他企业的个人投资者，以企业资金为本人、家庭成员及其相关人员支付与企业经营无关的消费性支出及购买汽车、住房等财产性支出，视为企业对个人投资者的红利分配，依照“利息、股息、红利所得”项目计征个人所得税。

21.【答案】D

【解析】纳税年度内个人投资者从其投资企业（个人独资企业、合伙企业除外）借款，在该纳税年度终了后仍不归还，又未用于企业生产经营的，其未归还的借款可视为企业对个人投资者的红利分配，依照“利息、股息、红利所得”项目计征个人所得税。

22.【答案】C

【解析】选项 A：个人达到法定退休年龄取得的退休工资免征个人所得税；选项 B：个人领取原提存的住房公积金、医疗保险金、基本养老保险金，免予征收个人所得税；选项 D：对个人取得单张有奖发票奖金所得不超过800元（含800元）的，暂免征收个人所得税，超过800元的，全额征收个人所得税。

23.【答案】A

【解析】选项A：个人领取原提存的住房公积金、医疗保险金、基本养老保险金时，免予征收个人所得税；选项BCD：应照章征收个人所得税。

24.【答案】B

【解析】非居民个人稿酬所得以收入减除20%的费用后的余额为收入额。稿酬所得的收入额再减按70%计算。该出版社应代扣代缴其个人所得税=100000×（1-20%）×70%×35%-7160=12440（元）。

25.【答案】A

【解析】王某转让境内上市公司股票的行为免征个人所得税；获得的股息、红利所得，持股期限超过1年的，股息红利所得暂免征收个人所得税。

26.【答案】C

27.【答案】C

【解析】个人财产（非海外回流文物）拍卖时，纳税人如不能提供合法、完整、准确的财产原值凭证，不能正确计算财产原值的，按转让收入额和3%征收率计算缴纳个人所得税。

28.【答案】B

【解析】纳税人进行财产拍卖时，如不能提供合法、完整、准确的财产原值凭证，不能正确计算财产原值的，拍卖品经文物部门认定是海外回流文物的，按转让收入额的2%征收率计算缴纳个人所得税。应纳个人所得税=10×2%=0.2（万元）。

29.【答案】A

【解析】中奖所得抵免限额=30000×20%=6000（元），在A国实际缴纳税款4800元，应在我国补缴个人所得税=6000-4800=1200（元）。

30.【答案】B

【解析】在新股东2800万元股权收购价格中，除了实收资本（股本）1800万元外，实际上相当于以1000万元购买了原股东1200万元的盈余积累，即1200万元盈余积累中，有1000万元计入了股权交易价格，剩余200万元未计入股权交易价格。甲企业向新股东转增实收资本时，其中所转增的1000万元不征收个人所得税，所转增的200万元应按“利息、股息、红利所得”项目缴纳个人所得税。应纳个人所得税=200×20%=40（万元）。

31.【答案】A

【解析】预扣预缴应纳税所得额=30000×（1-20%）×（1-25%）-5000=13000（元）

应预扣预缴税额=13000×3%=390（元）。

32.【答案】B

【解析】选项A：用于个人和家庭的支出不允许在税前扣除；选项B：经营所得应纳个人所得税的计税依据=20-18+8-6=4（万元）；选项C：纳税人不能提供合法、完整、准确的财产原值凭证，拍卖品经文物部门认定是海外回流文物的，按转让收入额的2%征收率计算缴纳个人所得税；选项D：文物拍卖应单独按照“财产转让所得”计算缴纳个人所得税，不并入经营所得计税。

33.【答案】D

【解析】享受大病医疗专项附加扣除的纳税人，由其在次年3月1日至6月30

日内，自行向汇缴地主管税务机关办理汇算清缴申报时扣除大病医疗专项附加扣除项目。

34.【答案】B

35.【答案】D

36.【答案】B

37.【答案】B

38.【答案】B

【解析】取得经营所得的个人，没有综合所得的，计算其每一纳税年度的应纳税所得额时，应当减除费用6万元、专项扣除、专项附加扣除以及依法确定的其他扣除。专项附加扣除在办理汇算清缴时减除。

二、多项选择题

1.【答案】ABC

【解析】选项D，属于企业的伙食补贴，不属于误餐补助，应计入工资、薪金所得项目。

2.【答案】AD

【解析】考核承包费与企业所得税、个人所得税的关系；张某承包经营一国有企业（拥有企业经营成果的所有权），每年上缴承包费用5万元，该承包费用在计算企业所得税时不允许税前扣除，但在计算个人所得税时允许税前扣除。

3.【答案】ABCD

【解析】选项ABCD均属于工资、薪金所得项目范围。注意：饭费补贴不是误餐补助。

4.【答案】ACD

【解析】选项B：按经营所得计税；选项D：午餐费与误餐补助不是等同概念，午餐费属于工资薪金所得范围。

5.【答案】AB

【解析】注意区分专项扣除与专项附加扣除。选项AB属于我国个人所得税法中规定的专项扣除项目；选项CD属于专项附加扣除项目。

6.【答案】BC

【解析】注意区分专项扣除与专项附加扣除。选项AD属于我国个人所得税法中规定的专项扣除项目；选项BC属于专项附加扣除项目。

7.【答案】BC

【解析】选项A，应由接受境内在职研究生教育的个人自行享受“继续教育”专项附加扣除；选项B，纳税人年满3周岁的子女无论是否上幼儿园，均可以享受子女教育的专项附加扣除；选项C，可选择由其父母按照子女教育扣除，也可本人按照继续教育扣除；选项D，属于专门的工作阶段，不能享受“子女教育”个人所得税专项附加扣除。

8.【答案】AD

【解析】纳税人在国外接受的学历（学位）继续教育和国外颁发的技能证书，不符合“中国境内”的规定，不能享受专项附加扣除政策。继续教育扣除的范围也不包括境内人社部发布的国家职业资格目录之外的教育和证书。

9.【答案】CD

【解析】选项A：个人出售自有住房取得的所得按照“财产转让所得”项目征收个人所得税；选项B：对个人转让自用5年以上并且是家庭唯一的生活用房取得的所得，免征个人所得税。

10.【答案】ABC

【解析】建立年金计划的单位应于建立年金计划的次月15日内，向其所在地主管税务机关报送年金方案、人力资源和社会保障部门出具的方案备案函、计划确认函以及主管税务机关要求报送的其他相关资料。

11.【答案】ACD

【解析】父母可以选择由其中一方按扣除标准的100%扣除，也可以选择由双方分别按扣除标准的50%扣除，具体扣除方式在一个纳税年度内不能变更。

12.【答案】AC

【解析】注意区分子女教育与继续教育的不同扣除规定。小雨属于接受学历教育，按照子女教育由其父母按照每个子女每月1000元（每年12000元）的标准定额扣除。

13.【答案】AD

【解析】注意区分子女教育与继续教育的不同扣除规定。小雷属于接受学历(学位）继续教育，在职读研是本科以上的继续教育，应由本人在学历（学位）继续教育期间按照每月400元（每年4800元）定额扣除继续教育支出，扣除期限不能超过48个月（4年）。

14.【答案】ACD

【解析】B选项按经营所得缴纳个人所得税；ACD选项都属于工资、薪金所得项目。

15.【答案】ACD

【解析】个人因与用人单位解除劳动关系而取得的一次性补偿收入，其收入在当地上年职工平均工资3倍数额以内的部分，免征个人所得税；超过的部分按照规定计算缴纳个人所得税。

16.【答案】BCD

【解析】稿酬所得的特点是个人作品以图书、报刊形式出版、发表。A选项属于稿酬所得；B选项属于特许权使用费所得；CD选项属于劳务报酬所得。

17.【答案】ABD

【解析】财产转让所得，是指个人转让有价证券、股权、合伙企业中的财产份额、不动产、机器设备、车船以及其他财产取得的所得。提供专利权的使用权取得的所得属于特许权使用费所得。

18.【答案】BC

【解析】集体所有制企业在改制为股份合作制企业时，对职工个人以股份形式取得的拥有所有权的企业量化资产，暂缓征收个人所得税；待个人将股份转让时，就其转让收入额，减除个人取得该股份时实际支付的费用支出和合理转让费用后的余额，按“财产转让所得”项目计征个人所得税。

19.【答案】ABCD

【解析】计算个人转让住房应缴纳的个人所得税时允许扣除的合理费用，是指实际支付的住房装修费用、住房贷款利息、手续费、公证费等费用。

20.【答案】BCD

【解析】考核因解除劳动关系而取得一次性补偿收入时，收入中可免予征税和可扣除的项目和金额。

21.【答案】CD

【解析】选项A：偶然所得，以每次取得该项收入为一次；选项B：编剧从电视剧的制作单位取得的剧本使用费，按照“特许权使用费所得”项目计征个人所得税；选项D：出版社的专业作者撰写、编写或翻译的作品，由本社以图书形式出版而取得的报酬，应按“稿酬所得”项目计算缴纳个人所得税。

22.【答案】ABD

【解析】在一个纳税年度内，承包经营或承租经营期限不足1年的，以实际承包、承租经营的期限为一个纳税年度计算缴纳个人所得税。

23.【答案】ABCD

24.【答案】BC

【解析】A 选项不是国债和国家发行的金融债券利息，故不免税；D 选项自用未达 5 年以上，故不免税。

25.【答案】ABC

【解析】误餐补助不等同于午餐补助，午餐补助是单位给员工的统一福利，需要并入工资薪金缴纳个人所得税。

26.【答案】ABC

【解析】个人独资企业、合伙企业以企业资金为投资者及其亲属购买住房，按照经营所得计算缴纳个人所得税；除个人独资企业、合伙企业以外的企业以企业资金为投资者购买住房，按照利息、股息、红利所得计算缴纳个人所得税；企业为投资者以外的员工购房，以低于购置价卖给员工的，员工少支出的差价部分，按照工资、薪金所得计算缴纳个人所得税。

27.【答案】AC

【解析】选项 A：个人转让离婚析产房屋所取得的收入，允许扣除其相应的财产原值和合理费用后，余额按照规定的税率缴纳个人所得税。个人转让离婚析产房屋所取得的收入，符合家庭生活自用 5 年以上唯一住房的，可以申请免征个人所得税。选项 C：按照财产转让所得缴纳个人所得税。选项 BD 均不缴纳个人所得税。

28.【答案】AC

【解析】选项 B：外籍个人从外商投资企业取得的股息、红利所得，免征个人所得税；选项 D：国家发行的金融债券利息免征个人所得税。

29.【答案】AD

【解析】在中国境内无住所的个人，在中国境内居住累计满 183 天的年度连续不满 6 年的，经向主管税务机关备案，其来源于中国境外且由境外单位或者个人支付的所得，免予缴纳个人所得税，选项 AD 应该在我国计算缴纳个人所得税。将财产出租给承租人在中国境外使用而取得的所得，属于来源于境外的所得，选项 B 属于境外所得境外支付的部分，不用在我国缴纳个人所得税。根据税法中税收优惠政策的规定，外籍个人从外商投资企业取得的股息、红利所得免征个人所得税，所以选项 C 不需要计算缴纳个人所得税。

30.【答案】ABD

【解析】个人拍卖财产的财产原值，是指售出方个人取得该拍卖品的价格（以合法有效凭证为准）。具体为：通过商店、画廊等途径购买的，为购买该拍卖品时实际支付的价款；通过拍卖行拍得的，为拍得该拍卖品实际支付的价款及缴纳的相关税费；通过祖传收藏的，为其收藏该拍卖品而发生的费用；通过赠送取得的，为其受赠该拍卖品时发生的相关税费；通过其他形式取得的，参照以上原则确定财产原值。

31.【答案】ABCD

【解析】个人财产拍卖的有关合理费用，是指拍卖财产时纳税人按照规定实际支付的拍卖费（佣金）、鉴定费、评估费、图录费、证书费等费用。

32.【答案】BCD

【解析】在中国境内无住所的个人，在一个纳税年度内在中国境内居住累计不超过 90 天的，其来源于中国境内的所得，由境外雇主支付并且不由该雇主在中国境内的机构、场所负担的部分，免予缴纳个人所得税，A 选项错误。

33.【答案】ABC

【解析】纳税人出售以按揭贷款方式购

置的住房，其向贷款银行实际支付的住房贷款利息，凭贷款银行出具的有效证明据实扣除，A选项错误。按税法规定，个体户取得与生产经营无关的各项应税所得，应分别按各应税项目的规定计算征收个人所得税。个体户从其投资的企业分得的红利，应按“利息、股息、红利所得”项目征收个人所得税，B选项错误。对企业承租经营的承租人取得的所得，按其承包收益方式不同，在计算个人所得税时有两类情况：其一是按照个人所得税法中的五级超额累进税率计算其应纳税额；其二是按照个人所得税法中的七级超额累进税率计算其应纳税额，C选项错误。选项D符合税法规定。

34.【答案】AD

【解析】AD选项与销售直接相关，属于不征收个人所得税的情形；BC选项带有额外性和偶然性，按照偶然所得征收个人所得税。

35.【答案】ABCD

【解析】纳税人享受继续教育专项附加扣除，接受学历（学位）继续教育的，应当填报教育起止时间、教育阶段等信息；接受技能人员或者专业技术人员职业资格继续教育的，应当填报证书名称、证书编号、发证机关、发证（批准）时间等信息。

36.【答案】ABC

【解析】赡养老人专项附加扣除的计算时间，为被赡养人年满60周岁的当月至赡养义务终止的年末。

37.【答案】BC

【解析】选项A，捐赠股权、房产的，公益捐赠支出金额按照个人持有股权、房产的财产原值确定。选项D，当月分类所得应扣除未扣除的公益捐赠支出，居民个人自行申报纳税的，可以在公益捐赠之日起90日内向主管税务机关办理更正申报追补扣除。

38.【答案】ABC

【解析】选项D：按“次”预扣预缴个人所得税。

39.【答案】ABD

【解析】选项C：个人投资者持有2019~2023年发行的铁路债券取得的利息收入，减按50%计入应纳税所得额计算征收个人所得税。

40.【答案】AC

【解析】选项BD：按照“财产转让所得”征收个人所得税。

三、计算问答题

1.【答案及解析】

（1）单位统一组织为员工购买符合规定的商业健康保险产品，在办理投保手续的当月应作为个人所得税的“工资、薪金所得”项目，计入个人收入。

累计预扣预缴应纳税所得额=25000+3000-5000-1000=22000（元）

商业健康保险的扣除不在投保当月，而是次月。所以当月扣除“三险一金”的收入，只需再扣除5000元基本减除费用和子女教育专项附加扣除。

李某1月被甲单位预扣预缴个人所得税=22000×3%=660（元）

（2）乙单位1月应预扣预缴李某的个人所得税=10000×（1-20%）×20%=1600（元）

（3）由于单位统一购买的商业健康保险产品在项目上符合规定但金额超标，所以自2月起按照200元/月的限额在5000元基本减除费用和规定“三险一金”扣除、子女教育专项附加扣除之外进行扣除。

累计预扣预缴应纳税所得额=25000×

2+3000−5000×2−1000×2−200=40800（元）

【提示】单位为全体员工购买了每人每年3000元的符合规定的商业健康保险产品，即对李某而言一共3000元，所以计算2月累计预扣预缴应纳税所得额时，不必乘以2。

李某2月被甲单位预扣预缴个人所得税＝40800×10%−2520−660=1560−660=900（元）

（4）36000/12=3000（元），适用3%的税率。

李某年终奖的个人所得税=36000×3%=1080（元）

（5）丙杂志社2月应预扣预缴李某的个人所得税＝（2000−800）×70%×20%=168（元）。

2.【答案及解析】

（1）1月工资薪金累计预扣预缴应纳税所得额=3800+6000−5000−1200−2000−1000=600（元）

学校应预扣预缴个人所得税=600×3%=18（元）

（2）赵教授2月份取得的上市公司股票分红收入应缴纳的个人所得税为零。

【注意】自2015年9月8日起，个人从公开发行和转让市场取得的上市公司股票，持股期限超过1年的，股息、红利所得暂免征收个人所得税。

（3）应纳税所得额＝（5500−800）×（1−20%）=3760（元）

赵教授2月取得的租金收入应纳个人所得税=3760×10%=376（元）

（4）答辩费收入应预扣预缴个人所得税＝5000×（1−20%）×20%=800（元）

（5）赵教授4月取得的利息收入应缴纳的个人所得税=1000×20%=200（元）

（6）纳税人享受住房贷款利息专项附加扣除，应当填报住房权属信息、住房坐落地址、贷款方式、贷款银行、贷款合同编号、贷款期限、首次还款日期等信息；纳税人有配偶的，填写配偶姓名、身份证件类型及号码。

纳税人需要留存备查资料包括：住房贷款合同、贷款还款支出凭证等资料。

3.【答案及解析】

（1）1月工资收入应缴纳个人所得税＝（35000−5000）×25%−2660=4840（元）

（2）外籍个人从外商投资企业取得的股息、红利所得免征个人所得税。因此，约翰取得的红利所得应缴纳的个人所得税为0。

（3）个人通过国家机关向贫困山区的捐款，不超过应纳税所得额30%的部分准予扣除。捐赠扣除限额＝30000×30%=9000（元），应缴纳个人所得税＝（30000−9000）×20%=4200（元）

（4）企业对累积消费达到一定额度的个人按消费积分反馈礼品与销售直接相关，不征个人所得税；企业对累积消费达到一定额度的顾客，给予额外抽奖机会，个人的获奖所得带有额外性和偶然性，按照偶然所得征收个人所得税。

约翰应纳个人所得税=1000×20%=200（元）。

4.【答案及解析】

（1）42000÷12=3500（元），适用按月换算后的综合所得税率表，税率为10%，速算扣除数为210元，张某取得的年终奖应缴纳的个人所得税税额=42000×10%−210=3990（元）

（2）甲单位2021年合计预扣预缴个人所得税税额=5000×（1−20%）×20%×12=4000×20%×12=9600（元）

（3）稿酬所得应预扣预缴的个人所得税额=30000×（1−20%）×70%×20%=16800×20%=3360（元）

（4）张某2021年取得的综合所得收入额

扣除三险一金后的金额=150000+5000×（1-20%）×12+30000×（1-20%）×70%=214800（元）

应纳税所得额=214800-60000-3600-1000×12=139200（元）

取得两个职业资格证书也只能在当年扣除3600元继续教育专项附加扣除。

应缴纳的个人所得税税额=139200×10%-2520=11400（元）

（5）11400-5280-9600-3360=-6840（元），张某就2021年综合所得向主管税务机关办理汇算清缴时申请的应退税额为6840元。

居民个人办理年度综合所得汇算清缴的时间规定是取得所得次年（本题为2022年）3月1日至6月30日。

5.【答案及解析】

（1）综合所得应纳税所得额=来源于境内工资薪金收入额+来源于A国工资薪金收入额、稿酬收入额+来源于B国特许权使用费收入额-基本减除费用-专项扣除-专项附加扣除-依法确定的其他扣除

其中：稿酬收入额=稿酬收入×（1-20%）×70%

特许权使用费收入额=特许权使用费收入×（1-20%）

综合所得应纳税所得额=25+30+20×（1-20%）×70%+10×（1-20%）-6-6-3.6-0.24=58.36（万元）。

（2）综合所得应纳税额=境内和境外综合所得应纳税所得额×税率-速算扣除数

王某综合所得应纳税额=58.36×30%-5.292=12.216（万元）。

（3）偶然所得应纳税额=偶然所得应纳税所得额×20%=2×20%=0.4（万元）。

【分析】居民个人应当按照以下方法计算当期境内和境外所得的应纳税额：①居民个人来源于中国境外的综合所得，应当与境内综合所得合并计算应纳税额。②居民个人来源于中国境外的经营所得，应当与境内经营所得合并计算应纳税额。居民个人来源于境外的经营所得，按照个人所得税法及其实施条例的有关规定计算的亏损，不得抵减其境内或他国（地区）的应纳税所得额，但可以用来源于同一国家（地区）以后年度的经营所得按中国税法规定弥补。③居民个人来源于中国境外的利息、股息、红利所得，财产租赁所得，财产转让所得和偶然所得，不与境内所得合并，应当分别单独计算应纳税额。

（4）王某来源于A国的综合所得抵免限额=12.216×［30+20×（1-20%）×70%］÷［25+30+20×（1-20%）×70%+10×（1-20%）］=12.216×41.2÷74.2=6.783（万元）

王某来源于A国偶然所得的抵免限额=2×20%=0.4（万元）

王某来自A国抵免限额合计=6.783+0.4=7.183（万元）。

【分析】居民个人境外所得抵免限额具体计算方法为：①来源于一国（地区）综合所得的抵免限额=境内和境外综合所得依法计算的应纳税额×来源于该国（地区）的综合所得收入额÷境内和境外综合所得收入额合计；②来源于一国（地区）经营所得的抵免限额=境内和境外经营所得依法计算的应纳税额×来源于该国（地区）的经营所得应纳税所得额÷境内和境外经营所得应纳税所得额合计；③来源于一国（地区）其他分类所得的抵免限额=该国（地区）其他分类所得×20%；④居民个人来源于一国（地区）所得的抵免限额=来源于该国（地区）综合所得抵免限额+来源于该国（地区）经营所得抵免限额+来源于该国（地区）其他分类所得抵免限额。

（5）王某来源于B国的综合所得抵免限

额 =12.216×10×（1−20%）÷［25+30+20×（1−20%）×70%+10×（1−20%）］=12.216×8÷74.2=1.317（万元）。

（6）居民个人取得的境外所得实际抵免税额按照抵免限额和可抵免的境外所得税税额孰低原则确定。由于王某已在 A 国缴纳个人所得税 10 万元，大于抵免限额 7.183 万元，按照孰低原则，王某 2021 年来源于 A 国的境外所得仅可抵免 7.183 万元，尚未抵免完的 2.817 万元（10−7.183）可以在以后 5 个纳税年度从 A 国取得的境外所得抵免限额的余额中结转抵免。

王某 2021 年来源于 B 国的所得抵免限额 =1.317（万元），大于实际缴纳的个人所得税 1.2 万元，故可抵免 1.2 万元，需就其差额部分补缴税额。

王某当年应补税额 = 应纳税额合计 − 已预缴税额 − 境外所得已纳所得税抵免额 =（12.216+0.4）−1.5−（7.183+1.2）=2.733（万元）。

王某应在取得境外所得的次年（2022 年）3 月 1 日至 6 月 30 日内申报纳税。

6.【答案及解析】

（1）投资经营 A 企业全年应预缴税额计算如下：

①调整收入补缴增值税 =51500/（1+3%）×3%=50000×3%=1500（元）

②补缴城建税和两个附加 =1500×（5%+3%+2%）=150（元）

③张某工资不得税前扣除，只能做基本费用扣除，则调增应税所得金额 =9000×12−5000×12=48000（元）

④支付张某女儿奥数学费 6000 元属于生活费用，不能税前扣除。

⑤招待费超支调增应税所得金额 =10000−（1000000+50000）×5‰ =10000−5250=4750（元）

⑥存货跌价准备不得税前扣除。

⑦ A 企业全年应纳税所得额 =−70000+50000−150+48000+6000+4750+8000=46600（元）

投资经营 A 企业应预缴个人所得税 =46600×10%−1500=3160（元）。

（2）投资经营 B 企业全年应预缴税额的计算如下：

B 企业全年应纳税所得额 =450000÷（1−20%）×20%=112500（元）

投资经营 B 企业应预缴个人所得税 =112500×20%−10500=12000（元）。

（3）年终汇算清缴的个人所得税的计算如下：

①汇总应纳税所得额 =46600+112500−24000−12000=123100（元）

②汇总应纳税额 =123100×20%−10500=14120（元）

③ A 企业应纳税额 =14120×46600/（46600+112500）=4135.71（元）

A 企业应补税 =4135.71−3160=975.71（元）

④ B 企业应纳税额 =14120×112500/（46600+112500）=9984.29（元）

B 企业应退税 =12000−9984.29=2015.71（元）。

第六章　城市维护建设税法和烟叶税法

CHAPTER-6

本章学习指南

一、学习目标

（一）城市维护建设税法

1. 熟悉纳税义务人和征税范围。
2. 记忆税率、掌握计税依据与应纳税额的计算。
3. 掌握税收优惠和征收管理。

（二）烟叶税法

1. 熟悉纳税义务人与征税范围。
2. 记忆税率、掌握应纳税额的计算。
3. 熟悉征收管理。

（三）教育费附加和地方教育附加

1. 熟悉征收范围及计征依据。
2. 记忆计征比率。
3. 掌握计算。
4. 熟悉减免规定。

二、考情概况

本章包括城市维护建设税（简称“城建税”）、烟叶税、教育费附加和地方教育附加的政策和计算内容。在具体计算上，城建税、教育费附加和地方教育附加与增值税、消费税、土地增值税、企业所得税有着密切的关系。烟叶税的计算和缴纳也与增值税计算抵扣进项税额存在一定的关系。本章在最近3年的考试中平均分值为2.5分，属于CPA税法考试的非重点章。

本章在考试中可命制各种题型，既可以将本章多考点混合命制税额计算、税率适用与纳税地点相混合的单选题和多选题，也可以与增值税、消费税、土地增值税、所得税混合出综合题或计算问答题。

《中华人民共和国烟叶税法》于2018年7月1日起实施，《中华人民共和国城市维护建设税法》于2021年9月1日起实施。

三、教材变化

本章今年无变化。

四、考点框架

- 第六章 城市维护建设税法和烟叶税法
  - 城市维护建设税法
    - 城建税的纳税人和征收范围 ★
    - 税率 ★★★
    - 计税依据 ★★★
    - 应纳税额的计算 ★★★
    - 税收优惠 ★★★
    - 纳税环节、纳税地点、纳税期限 ★
  - 烟叶税法
    - 纳税义务人、征税范围、计税依据与税率 ★★
    - 应纳税额的计算与征收管理 ★★
  - 教育费附加和地方教育附加
    - 两个附加的基本计算 ★★
    - 两个附加的特殊优惠 ★

核心考点精讲

第一节　城市维护建设税法

使用“会计云课堂”App 或“微信”扫码查看本节视频，快速 GET 知识点。

考点 1：城建税的纳税人和征收范围 ★

城市维护建设税是对从事工商经营，缴纳增值税、消费税（简称“两税”）的单位和个人征收的一种税。

（一）纳税人

在中华人民共和国境内缴纳增值税、消费税的单位和个人，为城市维护建设税的纳税人。

城市维护建设税的扣缴义务人为负有增值税、消费税扣缴义务的单位和个人，在扣缴增值税、消费税的同时扣缴城市维护建设税（特殊情况除外）。增值税、消费税的代扣代缴、代收代缴义务人同时也是城市维护建设税的代扣代缴、代收代缴义务人。

【提示 1】并不是说同时缴纳增值税、消费税两种税才涉及缴纳城建税，而是指除特殊环节（进口）外，只要缴纳增值税和消费税中任何一种税，都会涉及缴纳城建税。

【提示2】有两类特殊情况，缴纳增值税、消费税但不缴纳城建税：一是因进口货物海关代征的增值税、消费税；二是因境外单位和个人向境内销售劳务、服务、无形资产，扣缴义务人代扣代缴的增值税。

名师点拨

城市维护建设税不仅仅在城市开征。

（二）征收范围

【归纳】城市维护建设税的征收范围，涵盖了增值税、消费税两个税种的征收范围，但不含因进口货物或境外单位和个人向境内销售劳务、服务、无形资产缴纳的"两税"税额。

城市维护建设税的征收范围较广，具体包括市区、县城、建制镇，以及税法规定的其他地区。

名师点拨

建议记忆城建税三档税率的具体规定。

考点2：税率★★★

（一）城市维护建设税税率的基本规定

城市维护建设税采用地区差别比例税率，纳税人按所在地在市区、县城、镇和不在上述区域适用不同税率。市区、县城、镇按照行政区划确定。纳税人所在地不同，适用税率的档次也不同。具体规定：

1. 纳税人所在地为市区的，税率为7%；
2. 纳税人所在地为县城、镇的，税率为5%；
3. 纳税人所在地不在市区、县城或镇的，税率为1%。

（二）"纳税人所在地"授权地方确定

按照城建税法的规定，纳税人所在地，是指纳税人住所地或者与纳税人生产经营活动相关的其他地点，具体地点由省、自治区、直辖市确定。

【解释】随着城镇化的不断推进、城乡一体化发展以及行政区划的调整，"纳税人所在地"也随之发生变化，各地实际情况有所不同，无法在全国范围统一明确纳税人所在地，因此，就需要地方根据实际情况，具体明确本地区"纳税人所在地"的内涵。

经典题解

【例题1·单选题】乙企业在B县县城注册成立，但其具体的生产经营主要集中在邻县C县县城。随着城镇化推进，B县撤县设区，纳入市区统一规划建设，则乙企业的"纳税人所在地"的确定方法是（　　）。

A. 按照注册地确定

B. 按照主要生产经营地确定

C. 在生产经营地预缴税款，回注册地进行申报

D. 由省、自治区、直辖市确定

【答案】D

（三）行政区划变动引发税率变化

行政区划变更的，自变更完成当月起适用新行政区划对应的城建税税率，纳税人在变更完成当月的下一个纳税申报期按新税率申报缴纳。

考点 3：计税依据★★★

考点妙记

进口不征、出口不退、免抵要交、留抵退要扣。

城市维护建设税以纳税人依法实际缴纳的增值税、消费税税额为计税依据。

依法实际缴纳的“两税”税额，是指纳税人依照增值税、消费税相关法律法规和税收政策规定计算的应当缴纳的“两税”税额（不含因进口货物或境外单位和个人向境内销售劳务、服务、无形资产缴纳的“两税”税额），加上增值税免抵税额，扣除直接减免的“两税”税额和期末留抵退税退还的增值税税额后的金额。具体计算公式如下：

城建税计税依据 = 依法实际缴纳的增值税税额 + 依法实际缴纳的消费税税额

依法实际缴纳的增值税税额 = 纳税人依照增值税相关法律法规和税收政策规定计算应当缴纳的增值税税额 + 增值税免抵税额 – 直接减免的增值税税额 – 留抵退税额

依法实际缴纳的消费税税额 = 纳税人依照消费税相关法律法规和税收政策规定计算应当缴纳的消费税税额 – 直接减免的消费税税额

【提示 1】直接减免的“两税”税额，是指依照增值税、消费税相关法律法规和税收政策规定，直接减征或免征的“两税”税额，不包括实行先征后返、先征后退、即征即退办法退还的“两税”税额。

【提示 2】关于免抵增值税计算城建税：免抵的增值税是出口未采用退的方式，而用冲抵内销应纳税额方式少交的增值税。如果按照正常计税流程，内销应纳增值税和城建税，出口应退增值税但不退城建税，免抵退税的计税规则使内销应纳增值税与出口应退增值税对冲了，这部分金额对应的城建税是应缴纳的，所以计入城建税的计税依据。

【提示 3】关于留抵退税的扣除：城市维护建设税的计税依据应当按照规定扣除期末留抵退税退还的增值税税额。期末留抵退税退还的增值税为企业内销未抵扣完的进项税额。如果不退税，作为可抵扣的进项税额从以后的销项税额中减除，从而减少应纳增值税和城建税的计税依据。把应在未来少交的增值税提前退还，应提前缩小城建税的计税依据。

要点小贴士

留抵退税不能从简易计税方法计算的应纳增值税中扣减。

纳税人自收到留抵退税额之日起，应当在下一个纳税申报期从城建税计税依据中扣除。留抵退税额仅允许在按照增值税一般计税方法确定的城建税计税依据中扣除。当期未扣除完的余额，在以后纳税申报期按规定继续扣除。

经典题解

【例题 2】位于某市市区的甲企业，2022 年 1 月收到增值税留抵退税 145 万元。2022 年 2 月申报期，申报缴纳增值税 120 万元（其中按照一般计税方法产生 100 万元，按照简易计税方法产生 20 万元）；2022 年 3 月申报期，该企业申报缴纳增值税 95 万元，均为按照一般计税方法产生的，则 145 万元留抵退税在 2 月申报期扣减 100 万元，在 3 月申报期扣减 45 万元：

甲企业 2 月应申报缴纳的城建税 =（100–100）×7%+20×7%=1.4（万元）

甲企业 3 月应申报缴纳的城建税 =（95–45）×7%=3.5（万元）。

【归纳1】城市维护建设税计税依据的包含因素和不包含因素：

城建税计税依据的包含因素	城建税计税依据的不包含因素
1. 纳税人向税务机关依法实际缴纳的“两税”税额（注意除外情形） 2. 纳税人被税务机关查补的“两税”税额（注意除外情形） 3. 增值税免抵税额	1. 纳税人进口环节被海关代征的“两税”税额 2. 境外单位和个人向境内销售劳务、服务、无形资产向税务机关缴纳的增值税税额 3. 直接减免的“两税”税额 4. 期末留抵退税退还的增值税 5. 除“两税”以外的其他税 6. 非税款项（纳税人违反“两税”有关规定而被加收的滞纳金和罚款等）

【归纳2】城建税具有附加税、受益税的特点，突出体现在其计税依据的规定上。城建税以纳税人向税务机关实际缴纳的增值税、消费税为计税依据，表现出城建税是增值税、消费税的附加税。进口货物或者境外单位和个人向境内销售劳务、服务、无形资产缴纳的增值税、消费税税额，不征收城市维护建设税，是因为进口货物、劳务、服务、无形资产在进口或输入环节尚未享受过我国的市政利益，城建税的受益税性质决定了进口环节不属于城建税的纳税环节，海关对进口货物代征的增值税、消费税不是城建税的计税依据，税务机关对境外单位和个人向境内销售劳务、服务、无形资产征收的增值税也不是城建税的计税依据。

经典题解

【真题3·单选题】企业缴纳的下列税额中，应作为城市维护建设税计税依据的是（　　）。（2016年）

A. 消费税税额　　B. 房产税税额

C. 关税税额　　D. 城镇土地使用税税额

【名师点题】城建税的计税依据是每年必考的考点，此考点可以命制各种题型。

【答案】A

【例题4·多选题】下列各项中，应计入城市维护建设税计税依据的有（　　）。

A. 偷逃增值税而被查补的税款

B. 偷逃消费税而被加收的滞纳金

C. 因增值税违规被处以的罚款

D. 出口产品征收的消费税税额

【解析】本题属于常考不衰的传统考点。城建税的计税依据是纳税人实际缴纳的增值税、消费税税额，不包括非税款项。

【答案】AD

【例题5·多选题】下列各项中，不征收城市维护建设税的有（　　）。

A. 海关代征境内某贸易公司进口货物的增值税、消费税税额

B. 境外A公司向我国境内B公司转让商标权被B公司代扣代缴的增值税税额

C. 境内C公司委托境内D公司加工应税消费品被D公司代收代缴的消费税

D. 境内E公司出口矿石缴纳的资源税

【解析】选项AB，进口货物或者境外单位和个人向境内销售劳务、服务、无形资产缴纳的增值税、消费税税额，不征收城市维护建设税；选项C，境内委托加工业务缴纳的消费税属于城建税计税依据；选项D，资源税不属于城建税的计税依据，不征收城建税。

【答案】ABD

考点4：应纳税额的计算★★★

城建税税额的计算公式：

应纳税额 = 纳税人实际缴纳的增值税、消费税税额 × 适用税率

经典题解

【例题6·单选题】位于市区的某企业属于增值税期末留抵退税的纳税人。2022年3月收到留抵退还增值税18万元，4月申报期向税务机关申报缴纳增值税和向海关缴纳进口环节税金合计462万元，其中进口关税102万元、进口环节缴纳的增值税和消费税260万元。该企业4月应申报缴纳的城市维护建设税为（　　）万元。

A. 5.74　　B. 7　　C. 14　　D. 18.27

【解析】本题有三个考核点：城建税的征税范围、计税依据和税率。城建税以纳税人实际缴纳的增值税、消费税为计税依据；关税以及进口环节海关代征的增值税和消费税不计征城建税；对实行增值税期末留抵退税的纳税人，允许其从城市维护建设税、教育费附加和地方教育附加的计税（征）依据中扣除退还的增值税税额。纳税人所在地为市区的，税率为7%。所以该企业应申报缴纳的城建税 =（462-102-260-18）×7%=5.74（万元）。

【答案】A

【例题7·单选题】位于甲省某市的甲地板厂在2022年1月购进一批木材，取得增值税专用发票注明不含税价格800000元，当月委托位于乙省县城的乙工厂加工成实木地板，支付不含税加工费150000元。乙工厂2月交付50%的实木地板，3月完工交付剩余部分。已知实木地板消费税税率为5%，乙工厂3月应代收代缴城市维护建设税（　　）元。

A. 1250　　B. 1750　　C. 2500　　D. 3500

【名师点题】本题有四个考点：一是纳税人实际被代收代缴的消费税在受托方同类应税消费品价格未知的情况下，需要组价计算；二是消费税纳税义务发生时间的确定，纳税人委托加工应税消费品要按照委托方提货时间确定消费税的纳税义务发生时间；三是城建税税率的运用，要使用实际解缴消费税的代收方所在地适用的税率；四是看清题目要求计算代收代缴的城建税。

名师点拨

委托加工业务中，“加工费”由受托方收取，受托方为增值税的纳税人，并自行申报缴纳增值税、城建税。委托方为消费税的纳税人，由受托方（除个人外）代收代缴消费税，所以代收代缴的城建税的计税依据仅为代收代缴的消费税。

【解析】应代收代缴城建税 =（150000+800000）÷（1-5%）×5%（消费税税率）×50%×5%（城建税税率）=1250（元）。

【答案】A

要点小贴士

小税种的优惠既可以单独命制客观题，也可以与应纳税额的计算结合命制主观题。

考点5：税收优惠★★★

【提示】城建税的附加税性质，使得其与增值税、消费税的征免相呼应：城建税随同增值税、消费税的减免而减免。

根据国民经济和社会发展的需要，国务院对重大公共基础设施建设、特殊产业和群体以及重大突发事件应对等情形可以规定减征或者免征城市维护建设税，报全国人民代表大会常务委员会备案。

【易错易混】城建税和教育费附加、地方教育附加（简称"两个附加"）与增值税、消费税的退还关系：

退还增值税、消费税的原因	城建税和两个附加的处理
错征税款导致退还"两税"	退还附征的城市维护建设税和两个附加
法定减免税的实施导致退还"两税"	退还附征的城市维护建设税和两个附加
对"两税"实行先征后返、先征后退、即征即退办法的	除另有规定外，对随"两税"附征的城市维护建设税和两个附加一律不予退（返）还
出口退还"两税"的	不退还附征的城市维护建设税和两个附加
实行增值税期末留抵退税的	允许其从城市维护建设税和两个附加的计税（征）依据中扣除退还的增值税税额

经典题解

【例题8·单选题】位于某市市区的甲企业，2021年11月申报期，享受直接减免增值税优惠后申报缴纳增值税55万元，10月已核准增值税免抵税额10万元（其中涉及出口货物6万元，涉及增值税零税率应税服务4万元），10月收到增值税留抵退税额5万元，该企业11月应申报缴纳的城建税为（　　）万元。

A. 2.8　　B. 3.92　　C. 4.2　　D. 4.55

【解析】城建税计税依据＝纳税人依照增值税相关法律法规和税收政策规定计算应当缴纳的增值税税额＋增值税免抵税额－直接减免的增值税税额－留抵退税额

该企业11月应申报缴纳的城建税＝（55+10−5）×7%=4.2（万元）。

【答案】C

【例题9·单选题】位于市区的某生产企业为增值税一般纳税人，自营出口自产货物。2022年2月申报期，应纳增值税−320万元，出口货物"免抵退"税额380万元（在1月经税务机关核准）；申报数据中还有被查补增值税5万元，并处以滞纳金和罚款，该企业2022年2月应申报缴纳城市维护建设税（　　）万元。

A. 0　　B. 4.55　　C. 22.40　　D. 26.95

【解析】该企业应纳增值税−320万元，免抵退税的限度380万元，320万元<380万元，故该企业当期实纳增值税为0，应退税额320万元，免抵税额=380−320=60（万元）。该企业位于市区，城建税税率为7%，当期应纳城建税＝（60+5）×7%=4.55（万元）。

【答案】B

【例题 10 · 多选题】纳税人的下列各项收入免征或不征城市维护建设税的有（　　）。

A. 蔬菜批发收入

B. 境外单位向境内单位转让在境内使用的专利技术的收入

C. 军队空余房产租赁取得的收入

D. 季度销售额 28 万元的增值税小规模纳税人（按季纳税）所取得的销售收入

【解析】这是与增值税税收优惠密切关联的题目。选项 ACD：目前适用增值税免税政策，城建税随之免征；选项 B：境外单位和个人向境内销售无形资产，不征收城建税。

【答案】ABCD

考点 6：纳税环节、纳税地点、纳税期限★

考点妙记

同时、同地、同期、同环节（进口除外）。

要点	相关规定
纳税环节	纳税人缴纳增值税、消费税的环节（不含进口）
纳税义务发生时间	城市维护建设税的纳税义务发生时间与增值税、消费税的纳税义务发生时间一致，分别与增值税、消费税同时缴纳
纳税地点	一般而言，纳税人缴纳增值税、消费税的地点，就是该纳税人缴纳城建税的地点
纳税期限	城建税的纳税期限分别与增值税、消费税的纳税期限一致

第二节　烟叶税法

使用“会计云课堂”App 或“微信”扫码查看本节视频，快速 GET 知识点。

考点 1：纳税义务人、征税范围、计税依据与税率★★

税法要素	规定及解释
纳税人	在中华人民共和国境内，依照《中华人民共和国烟草专卖法》的规定收购烟叶的单位为烟叶税的纳税人
征税范围	烤烟叶、晾晒烟叶
计税依据	烟叶税的计税依据为纳税人收购烟叶实际支付的价款总额，包括实际支付的烟叶收购价款和价外补贴。其中，价外补贴统一按烟叶收购价款的 10% 计算 实际支付的价款总额 = 烟叶收购价款 ×（1+10%）
税率	烟叶税实行比例税率，税率为 20%

名师点拨

建议记忆烟叶税的税率。

考点2：应纳税额的计算与征收管理★★

（一）应纳税额的计算

烟叶税的应纳税额按照纳税人收购烟叶实际支付的价款总额乘以税率计算。因此，实际应用的烟叶税计税公式：

应纳税额 = 烟叶收购价款 ×（1+10%）× 税率

经典题解

【例题11·单选题】某烟草公司2022年1月8日支付烟叶收购价款88万元，另向烟农支付了价外补贴10万元。该烟草公司1月收购烟叶应缴纳的烟叶税为（　　）万元。

A. 17.6　　B. 19.36

C. 21.56　　D. 19.6

【名师点题】烟叶税的计税依据是重要考点。纳税人收购烟叶实际支付的价款总额包括纳税人支付给烟叶生产销售单位和个人的烟叶收购价款和价外补贴。其中，价外补贴统一按烟叶收购价款的10%计算。

【解析】应该缴纳的烟叶税=88×（1+10%）×20%=19.36（万元）。

【答案】B

【相关链接】收购烟叶的价外补贴在不同税种中有不同的规定：

税种	情形	价外补贴金额的规定
烟叶税	收购烟叶计算烟叶税	统一规定为收购价款的10%
增值税	收购烟叶计算抵扣进项税	实际支付的价外补贴
消费税	计算加工烟丝的收购烟叶的成本	实际支付的价外补贴

（二）征收管理

要点	规定
纳税地点	纳税人应当向烟叶收购地的主管税务机关申报缴纳烟叶税
纳税义务发生时间	纳税人收购烟叶的当日
纳税期限	按月计征，纳税人应当于纳税义务发生月终了之日起15日内申报并缴纳税款
征管依据	《中华人民共和国烟叶税法》及《中华人民共和国税收征收管理法》

名师点拨

按照《民法典》第201条：按照年、月、日计算期间的，开始的当日不计入，自下一日开始计算。

经典题解

【真题12·多选题】2019年7月，甲市某烟草公司向乙县某烟叶种植户收购了一批烟叶，收购价款100万元、价外补贴10万元。下列关于该笔烟叶交易涉及烟叶税的相关表述中，符合税法规定的有（　　）。（2019年）

A. 纳税人为烟草公司

B. 应向甲市主管税务机关申报纳税

C. 应纳烟叶税税额为 22 万元

D. 应在次月 15 日内申报纳税

【名师点题】本题目几乎将烟叶税的全部考点都组合在一起了，考点非常细腻全面，对考生的踏实复习提出了很高的要求。

【解析】选项 A：烟草公司作为收购单位，是烟叶税的纳税人。选项 B：纳税人应当向烟叶收购地（乙县）的主管税务机关申报缴纳烟叶税。选项 C：应纳烟叶税 =100×（1+10%）×20%=22（万元）。选项 D：烟叶税按月计征，纳税人应当于纳税义务发生月终了之日起 15 日内申报并缴纳税款。

【答案】ACD

第三节 教育费附加和地方教育附加

使用“会计云课堂”App 或“微信”扫码查看本节视频，快速 GET 知识点。

教育费附加和地方教育附加是我国财政性教育经费的两大来源。

教育费附加和地方教育附加是对缴纳增值税、消费税的单位和个人，就其实际缴纳的税额为计算依据征收的一种附加费。教育费附加的规定是国务院 1986 年发布的，从当年 7 月 1 日起执行，后经三次修订和补充，成为现行规定。

为贯彻落实《国家中长期教育改革和发展规划纲要（2010~2020 年）》，进一步规范和拓宽财政性教育经费筹措渠道，支持地方教育事业发展，2010 年 11 月，财政部下文对地方教育附加进行统一规范，要求全国统一开征地方教育附加、统一地方教育附加征收标准。

考点 1：两个附加的基本计算★★

要素	教育费附加	地方教育附加
征收比率	3%	2%
征收范围	实际缴纳增值税、消费税的单位和个人	
计征依据	与城市维护建设税计税依据一致	
纳税期限	与增值税、消费税同时缴纳	
计算公式	应纳教育费附加 = 实际缴纳的增值税、消费税税额 ×3%	应纳地方教育附加 = 实际缴纳的增值税、消费税税额 ×2%

名师点拨

建议记忆两个附加的征收比率。

名师点拨

教育费附加和地方教育附加可以在计算企业所得税应纳税所得额时扣除，但是由于教育费附加和地方教育附加不是税，故不适用《征管法》。

【解释】教育费附加和地方教育附加的征收范围、计征依据与城建税一致，都有进口环节不征、出口环节不退、免抵要交、留抵退税要扣的规定。但教育费附加和地方教育附加的计征比率不因纳税人所在地区的不同而不同。每年 CPA 税法考试的计算问答题、综合题的命题，都包含城建税和教育费附加、地方教育附加的计算。

考点 2：两个附加的特殊优惠★

自 2016 年 2 月 1 日起，按月纳税的月销售额或营业额不超过 10 万元（按季度纳税的季度销售额或营业额不超过 30 万元）的缴纳义务人，免征教育费附加、地方教育附加。

【归纳】月（季）销售额对不同纳税人的税务处理影响辨析（2021 年 4 月 1 日至 2022 年 12 月 31 日）：

纳税人	销售额	增值税	城建税	教育费附加	地方教育附加
小规模纳税人	月销售额≤ 15 万元 （季度销售额≤ 45 万元）	免征			
一般纳税人	月销售额≤ 10 万元 （季度销售额≤ 30 万元）	征收		免征	

自 2021 年 4 月 1 日至 2022 年 12 月 31 日，增值税小规模纳税人发生增值税应税销售行为，合计月销售额超过 15 万元（以 1 个季度为 1 个纳税期的，季度销售额超过 45 万元）的，但扣除本期发生的销售不动产的销售额后未超过 15 万元（以 1 个季度为 1 个纳税期的，季度销售额未超过 45 万元）的，其销售货物、劳务、服务、无形资产取得的销售额免征增值税，同时免征城建税及两个附加。

考试加油站

一、本章小结

下载“会计云课堂”App 学习

您已成功完成“第六章”的学习，本章共 10 个考点，您都学会了吗？

为了让您对章节有更清晰的理解，加倍巩固。本书作者刘颖老师将通过“**视频导图课**”的方式，带您回顾重要考点。

名师点拨，视听结合，高效提分。

※ 欢迎您扫码，免费观看学习。

二、本章疑难问题解答

1. 城市维护建设税的税款是专款专用吗？

答： 我国 1985 年出台的《中华人民共和国城市维护建设税暂行条例》规定了城建税税款只能用于城市维护和建设的专门用途，这也形成了城建税的特点之一。但随着近些年我国财政预算改革，自 2016 年起城建税收入已由一般公共预算统筹安排，不再指定专项用途。2021 年 9 月 1 日实施的新的城建税法按照实际情况删除了城建税税款专用的相关表述。

2. 如果一个生产企业为增值税一般纳税人，当期的应纳税额为负数，是否本期就不缴纳城建税和教育费附加了？

答： 一般情况下，作为增值税一般纳税人的应纳税额为负数时，没有实际缴纳的增值税，就没有计算城建税和教育费附加的依据。但是也存在特殊情况，即在应纳税额为负数的同时，存在经税务局正式审核批准的当期免抵的增值税税额，这时尽管没有实际缴纳增值税，但出口免抵的增值税减少了内销的应纳税额，这部分免抵税额也应纳入城建税和教育费附加的计税（征）范围，并据以计算缴纳城建税和教育费附加。

同步强化练习题

使用“会计云课堂”App 或“微信”扫码快速做题、对答案、看解析、掌握解题思路，开启轻松过关之旅。

一、单项选择题

1. 下列关于城市维护建设税的说法，正确的是（　　）。
   A. 只要缴纳增值税就要缴纳城建税
   B. 只有同时缴纳增值税、消费税的纳税人才能成为城建税的纳税人
   C. 只要退还增值税、消费税就退还城建税
   D. 城建税的纳税人是负有缴纳增值税、消费税义务的单位和个人

2. 甲生产企业地处市区，是实行增值税期末留抵退税的纳税人，2021 年 12 月收到增值税留抵退税 18 万元，2022 年 1 月申报期申报缴纳增值税 15 万元、消费税 25 万元。甲生产企业 2022 年 1 月应申报缴纳城市维护建设税（　　）万元。
   A. 0.49　　B. 1.75
   C. 1.54　　D. 2.80

3. 单位或个人的下列行为中，在缴纳相关税种的同时，还应缴纳城建税的是（　　）。
   A. 私营企业销售货物
   B. 博物馆举办文化活动的第一道门票收入
   C. 企业购置车辆自用
   D. 个人取得稿酬所得

4. 某生产企业为增值税一般纳税人（位于市区），主要经营内销和进出口业务，2022年3月实际向税务机关缴纳增值税44万元。另外，进口应税消费品缴纳增值税17万元、消费税30万元。该企业2022年3月应缴纳城市维护建设税（　　）万元。

A. 2.80　　B. 3.08

C. 2.52　　D. 5.81

5. 某外贸公司（位于县城，属增值税一般纳税人）2021年11月取得增值税出口退税款15万元，出口退还消费税30万元；进口半成品缴纳进口环节增值税60万元，内销产品缴纳增值税200万元；本月将位于本县的一处办公用房（系2015年2月购入）出租，取得含税租金收入12万元（选择简易计税方法计税），该公司本月应缴纳城市维护建设税和教育费附加、地方教育附加合计（　　）万元。

A. 21.74　　B. 20.11

C. 20.60　　D. 20.06

6. 位于甲省某市区一卷烟厂委托乙省某县城一卷烟厂加工一批雪茄烟，双方均为增值税一般纳税人。委托方提供原材料40000元（不含增值税），支付加工费5000元（不含增值税），雪茄烟消费税税率为36%，受托方无同类雪茄烟市场销售价格。受托方代收代缴消费税时，应代收代缴的城市维护建设税为（　　）元。

A. 810　　B. 1120.24

C. 1265.63　　D. 1334.23

7. 某企业地处市区，2021年12月被税务机关查补增值税45000元、消费税25000元、企业所得税30000元；还被加收滞纳金2000元、被处罚款50000元。该企业应补缴城市维护建设税、教育费附加和地方教育附加共计（　　）元。

A. 6000　　B. 8400

C. 9600　　D. 12000

8. 下列关于城市维护建设税的说法，正确的是（　　）。

A. 某企业出口服装退还增值税后，还应退还城市维护建设税

B. 某企业享受增值税先征后返的税收优惠政策，城市维护建设税应当同时先征后返

C. 某企业进口小汽车，海关代征增值税和消费税，应同时代征城市维护建设税

D. 某市外商投资企业生产销售货物并缴纳了增值税，需同时缴纳城市维护建设税

9. 某烟草公司（增值税一般纳税人）2022年1月收购烟叶，支付烟叶生产者收购价款50000元，并支付了价外补贴3000元，则其应纳烟叶税（　　）元。

A. 10000　　B. 10600

C. 11000　　D. 11200

10. 纳税人收购烟叶，其烟叶税纳税地点规定正确的是（　　）。

A. 应当向烟叶收购地的主管税务机关申报纳税

B. 应当向机构所在地的主管税务机关申报纳税

C. 应当向烟叶收购地的主管税务机关预缴税款，再向机构所在地的主管税务机关申报纳税

D. 纳税人可以选择向机构所在地或烟叶收购地的主管税务机关申报纳税

11. 甲县某烟草公司去相邻的乙县收购烟叶，2021年11月9日支付烟叶收购价款80万元，另对烟农支付了价外补贴，下列纳税事项的表述中，正确的是（　　）。

A. 烟草公司应在12月10日前申报缴纳烟叶税

B. 烟草公司收购烟叶的纳税义务发生时间是11月10日

C. 烟草公司 11 月收购烟叶应缴纳烟叶税 17.6 万元

D. 烟草公司应向甲县主管税务机关申报缴纳烟叶税

二、多项选择题

1. 下列行为中，需要缴纳城建税、教育费附加和地方教育附加的有（　　）。

A. 政府机关出租房屋行为

B. 企业购买房屋行为

C. 油田开采天然原油并销售的行为

D. 企业将土地使用权转让给农业生产者用于农业生产的行为

2. 下列情况中，不缴纳城建税的有（　　）。

A. 某合资企业 2022 年 1 月缴纳的罚款

B. 某外商投资企业 2021 年 11 月缴纳的消费税滞纳金

C. 某内资企业 2022 年 1 月进口货物被海关代征的消费税

D. 某服务型内资企业 2022 年 1 月直接免征的增值税

3. 下列项目中，不属于城建税计税依据的有（　　）。

A. 纳税人实际缴纳的增值税、消费税税额

B. 纳税人违反增值税、消费税有关规定而被处以的罚款

C. 纳税人实际缴纳的土地增值税

D. 受托方代收代缴的消费税

4. 某生产企业（小规模纳税人）生产销售柴油，某季度取得的销售收入 50 万元（不含税）应缴纳的税费有（　　）。

A. 增值税　　B. 消费税

C. 城建税　　D. 教育费附加

5. 下列情形中，不缴纳城建税的有（　　）。

A. 某个人缴纳的车船税

B. 某企业进口货物被海关代征的增值税

C. 某企业销售古旧图书直接免征的增值税

D. 某生产企业自产应税消费品移送加工非应税消费品，在移送环节缴纳的消费税

6. 依据城市维护建设税的有关规定，下列说法中正确的有（　　）。

A. 城建税适用的税率均应按纳税人所在地的税率执行

B. 城建税计税依据是实际缴纳的增值税、消费税税额，不包括加收的滞纳金

C. 海关对进口产品代征增值税、消费税的，不代征城市维护建设税

D. 对出口产品退还增值税、消费税的，同时退还已缴纳的城市维护建设税

7. 以下关于城建税的表述正确的有（　　）。

A. 城市维护建设税的计税依据应当按照规定扣除期末留抵退税退还的增值税税额

B. 城市维护建设税计税依据的具体确定办法，由省、自治区、直辖市确定

C. 城市维护建设税的纳税义务发生时间与增值税、消费税的纳税义务发生时间一致，分别与增值税、消费税同时缴纳

D. 城市维护建设税的扣缴义务人为负有增值税、消费税扣缴义务的单位和个人，一般在扣缴增值税、消费税的同时扣缴城市维护建设税

8. 以下情形缴纳的增值税、消费税，不征收城市维护建设税的有（　　）。

A. 进口高档化妆品，海关代征的增值税、消费税

B. 境内批发销售进口的化妆品，税务机关征收的增值税

C. 境外单位向境内销售劳务、服务，税务机关征收的增值税

D. 境外单位向境内销售无形资产，税务机关征收的增值税

9. 根据国民经济和社会发展的需要，针对一些情形，国务院可以规定减征或者免征城市维护建设税，报全国人民代表大会常务委员会备案，这些情形包括（　　）。

A. 重大公共基础设施建设

B. 特殊产业

C. 特殊群体

D. 重大突发事件应对

10. 某纳税人按税法规定，实行增值税先征后返优惠政策，除另有规定外，其城建税的正确处理办法有（　　）。

A. 缴纳增值税同时缴纳城建税

B. 返还增值税同时返还城建税

C. 返还增值税时，按比例返还已缴纳的城建税

D. 返还增值税时不返还城建税

11. 以下关于城建税、教育费附加和地方教育附加的说法，正确的有（　　）。

A. 对出口产品退还增值税、消费税的，也应同时退还已缴纳的城建税

B. 进口环节代征增值税也要代征教育费附加和地方教育附加

C. 对增值税实行先征后返办法的，一般情况下附征的城建税不予返还

D. 纳税人直接缴纳增值税、消费税的，一般在增值税、消费税缴纳地缴纳城市维护建设税

12. 以下关于烟叶税的说法不正确的有（　　）。

A. 收购烟叶的单位和个人为烟叶税的纳税人

B. 烟叶税的征税范围包括生烟叶、熟烟叶、烤烟叶

C. 烟叶税实行比例税率，税率为20%

D. 纳税人应当自纳税义务发生之日起15日内申报纳税

三、计算问答题

1. 坐落在市区的某日化厂为增值税一般纳税人，2021年12月进口一批高档香水精，支付成交价格85万元，运抵我国境内输入地点起卸前的运费及保险费共计5万元，日化厂缴纳进口环节税金后海关放行并开具了海关进口增值税专用缴款书；日化厂当月领用进口高档香水精的80%用于生产高档化妆品。本月从国内购进材料取得增值税专用发票，注明价款120万元、增值税15.6万元，销售高档化妆品取得不含税销售额500万元。该日化厂本月应向税务机关缴纳的增值税、消费税、城建税、教育费附加和地方教育附加合计为多少万元？（已知：本月取得的增值税抵扣凭证在本月申报抵扣，关税税率为50%，消费税税率为15%）

2. 某镇的A卷烟厂（增值税一般纳税人）2021年12月主要经营活动和缴纳税金的情况如下：

（1）进口一批烟丝被海关征收关税60000元、增值税80000元、消费税184615元；

（2）受位于市区的B卷烟厂（增值税一般纳税人）委托，加工烟丝一批，B卷烟厂提供烟叶成本70000元，A卷烟厂向B卷烟厂收取代垫辅料费8000元（不含增值税）和加工费10000元（含增值税），A卷烟厂无同类烟丝的市场销售价格；

（3）因生产经营活动向税务机关正常缴纳消费税40000元、增值税30000元；

（4）因税务检查被查补出厂环节消费税10000元、增值税5000元，被处以罚款8000元，加收滞纳金600元。

（已知，烟丝消费税税率为30%）

要求：

（1）A卷烟厂应代收代缴B卷烟厂的城建税、教育费附加和地方教育附加合计数额；

（2）A卷烟厂自身业务应缴纳的城建税、教育费附加和地方教育附加合计数额。

同步强化练习题参考答案及解析

使用“会计云课堂”App 或“微信”扫码对答案、看解析、掌握解题思路，开启轻松过关之旅。

一、单项选择题

1.【答案】D

【解析】选项 A：对进口货物或者境外单位和个人向境内销售劳务、服务、无形资产缴纳的增值税、消费税税额，不征收城市维护建设税；选项 B：并不是同时缴纳增值税、消费税的单位和个人才能成为城建税的纳税人，只要缴纳增值税和消费税中任何一种税都会涉及缴纳城建税；选项 C：出口和对“两税”实行先征后返、先征后退、即征即退办法，除另有规定外，退还增值税、消费税但不退还城建税。

2.【答案】B

【解析】纳税人自收到留抵退税额之日起，应当在下一个纳税申报期从城建税计税依据中扣除。留抵退税额仅允许在按照增值税一般计税方法确定的城建税计税依据中扣除。当期未扣除完的余额，在以后纳税申报期按规定继续扣除。甲生产企业应纳城建税 =［(15−15)+25］×7%=1.75（万元）。

3.【答案】A

【解析】选项 B：博物馆举办文化活动的第一道门票收入免征增值税，城建税同时免征；选项 CD：企业购置车辆自用缴纳车辆购置税，个人取得稿酬所得缴纳个人所得税，车辆购置税和个人所得税都不附征城建税。

4.【答案】B

【解析】城建税进口不征，出口不退。应纳城建税 =44×7%=3.08（万元）。

5.【答案】D

【解析】出口退还增值税、消费税的，不退还已缴纳的城市维护建设税和教育费附加、地方教育附加；进口不征城市维护建设税和教育费附加、地方教育附加；应缴纳城市维护建设税和教育费附加、地方教育附加合计 =200×（5%+3%+2%）+12÷（1+5%）×5%×（5%+3%+2%）=20+0.06=20.06（万元）。

6.【答案】C

【解析】受托方应代收代缴城建税 =(40000+5000）÷（1−36%）×36%×5%=1265.63（元）。

7.【答案】B

【解析】考点有两个：一是城建税、教育费附加和地方教育附加的计税（征）依据不包括增值税、消费税以外的税款及非税款项；二是城建税的税率运用及教育费附加、地方教育附加的征收比率的掌握。应补缴城建税、教育费附加和地方教育附加共计 =（45000+25000）×（7%+3%+2%）=8400（元）。

8.【答案】D

【解析】城建税进口不征、出口不退，选项 AC 错误；先征后返的增值税，除另有规定外，其对应的城建税不予返还，选项B错误。

9.【答案】C

【解析】该烟草公司应纳烟叶税 =50000×（1+10%）×20%=11000（元）。

10.【答案】A

【解析】纳税人收购烟叶，应当向烟叶收购地的主管税务机关申报纳税。

11.【答案】C

【解析】选项AB：按照《烟叶税法》的规定，烟叶税按月计征，纳税人应当于纳税义务发生月终了之日起15日内申报并缴纳税款。该烟草公司收购烟叶的纳税义务发生时间为收购烟叶的当天（11月9日），那么应于12月15日前（含当天）申报缴纳烟叶税。

选项D：纳税人收购烟叶应当向烟叶收购地（乙县）的主管税务机关申报纳税。

选项C：纳税人收购烟叶实际支付的价款总额包括纳税人支付给烟叶生产销售单位和个人的烟叶收购价款和价外补贴。其中，价外补贴统一按烟叶收购价款的10%计算。其应纳烟叶税 =80×（1+10%）×20%=17.6（万元）。

二、多项选择题

1.【答案】AC

【解析】选项B：企业购买房屋的行为，可能会涉及印花税、契税，不会涉及缴纳增值税和消费税，所以不需要缴纳城市维护建设税、教育费附加和地方教育附加；选项D：企业将土地使用权转让给农业生产者用于农业生产，免征增值税，同时也免征城建税、教育费附加和地方教育附加。

2.【答案】ABCD

【解析】选项AB：城建税的计税依据不包括非税款项；选项C：进口环节海关代征的消费税不附征城建税；选项D：直接减免增值税、消费税的，城建税随增值税、消费税减免而减免。

3.【答案】BC

【解析】城建税以纳税人实际缴纳的增值税、消费税为计税依据，不包括非税款项和土地增值税；受托方代收代缴消费税的，也随之代收代缴城建税。

4.【答案】ABCD

【解析】本题考核点是城建税和教育费附加与其他税种的结合。纳税人生产销售的柴油属于消费税的征收范围，也属于增值税的征收范围，在征收消费税、增值税的同时，也应征收城建税和教育费附加。

5.【答案】ABC

【解析】选项A：城建税的纳税人是实际缴纳增值税、消费税的单位和个人，只缴纳车船税的个人，不缴纳城建税；选项B：进口环节海关代征的增值税不附征城建税；选项C：城建税随增值税、消费税减免而减免；选项D：纳税人移送环节缴纳的消费税应纳入城市维护建设税和两个附加的计税（征）依据。

6.【答案】BC

【解析】选项A：城市维护建设税的适用税率，一般按纳税人所在地的适用税率执行，但特殊情况：由受托方代扣代缴、代收代缴增值税、消费税的单位和个人，其代扣代缴、代收代缴的城建税按受托方所在地适用税率执行。选项D：城市维护建设税进口不征，出口不退。

7.【答案】ACD

【解析】选项B：城市维护建设税计税依据的具体确定办法，由国务院依据《城市维护建设税法》和有关税收法律、行政法规规定，报全国人民代表大会常务委员会备案。

8.【答案】ACD

【解析】选项 ACD：对进口货物或者境外单位和个人向境内销售劳务、服务、无形资产缴纳的增值税、消费税税额，不征收城市维护建设税。选项 B：货物进口后批发、零售缴纳的增值税需要缴纳城建税。

9.【答案】ABCD

【解析】根据国民经济和社会发展的需要，国务院对重大公共基础设施建设、特殊产业和群体以及重大突发事件应对等情形可以规定减征或者免征城市维护建设税，报全国人民代表大会常务委员会备案。

10.【答案】AD

【解析】对增值税、消费税实行先征后返、先征后退、即征即退办法的，除另有规定外，对随增值税、消费税附征的城市维护建设税和教育费附加，一律不予退（返）还。

11.【答案】CD

【解析】对出口产品退还增值税、消费税的，不退还已缴纳的城建税，所以 A 选项错误。教育费附加、地方教育附加与城建税都有进口不征、出口不退的规则，所以 B 选项错误。

12.【答案】ABD

【解析】选项 A：在我国境内收购烟叶的单位为烟叶税的纳税人，不包括个人。选项 B：烟叶税的征税范围是指晾晒烟叶、烤烟叶。选项 D：烟叶税按月计征，纳税人应当于纳税义务发生月终了之日起 15 日内申报并缴纳税款。

三、计算问答题

1.【答案及解析】

进口高档香水精应纳关税 =（85+5）×50%=90×50%=45（万元）

进口高档香水精应纳消费税 =（90+45）÷（1−15%）×15%=23.82（万元）

进口高档香水精应纳增值税 =（90+45+23.82）×13%=20.65（万元）

【提示】用外购（含进口）高档化妆品连续生产高档化妆品，可以按生产领用量抵扣外购高档化妆品的已纳消费税。

应向税务机关缴纳的增值税 =500×13%−20.65−15.6=28.75（万元）

【提示】进口环节海关代征的增值税凭海关填发的增值税专用缴款书作为后续生产经营的进项税抵扣；国内采购环节凭票抵扣进项税。

应向税务机关缴纳的消费税 =500×15%−23.82×80%=55.94（万元）

【提示】进口应税消费品连续加工列举的同税目应税消费品，其由海关代征的消费税按照生产领用量抵扣。

应向税务机关缴纳的增值税、消费税、城建税、教育费附加和地方教育附加合计 =（28.75+55.94）×（1+7%+3%+2%）=94.85（万元）。

2.【答案及解析】

（1）A 卷烟厂应代收代缴 B 卷烟厂的消费税 =［70000+8000+10000÷（1+13%）］÷（1−30%）×30%=37221.24（元）

A 卷烟厂应代收代缴 B 卷烟厂的城建税、教育费附加和地方教育附加合计数额 =37221.24×（5%+3%+2%）=3722.12（元）

（2）A 卷烟厂自身业务应缴纳的增值税和消费税合计数 = 正常缴纳消费税 40000 元 + 正常缴纳增值税 30000 元 + 查补消费税 10000 元 + 查补增值税 5000 元 =85000（元）

A 卷烟厂自身业务应缴纳的城建税、教育费附加和地方教育附加合计数额 =85000×（5%+3%+2%）=8500（元）。

第七章　关税法和船舶吨税法

CHAPTER-7

本章学习指南

一、学习目标

（一）关税征税对象与纳税义务人

1. 了解征税对象。
2. 熟悉纳税义务人。

（二）进出口税则

1. 了解进出口税则概况、税则归类。
2. 熟悉关税税率。

（三）关税完税价格与应纳税额的计算

1. 掌握一般进口货物的完税价格和特殊进口货物的完税价格。
2. 掌握出口货物的完税价格。
3. 掌握应纳税额的计算。
4. 熟悉跨境电子商务零售进口税收政策。

（四）关税减免

1. 掌握法定减免税。
2. 熟悉特定减免税、暂时免税。

（五）征收管理

1. 熟悉关税的申报与缴纳。
2. 了解关税的强制执行。
3. 熟悉关税退还、补征和追征。
4. 了解关税纳税争议的处理。

（六）船舶吨税

1. 熟悉征收范围和税率。
2. 掌握应纳税额的计算。
3. 掌握税收优惠。
4. 熟悉征收管理。

二、考情概况

本章包括关税和船舶吨税的政策法规内容，最近 3 年本章的平均分值为 4 分。尽管本章分值不高，但关税的政策规定在 CPA 考试中具有重要的战略地位，其重要性在于关税是计算进口增值税和进口消费税以及车辆购置税的基础因素。关税计算是否正确会直接影响后续其他税种的计算，几乎每年都与进口增值税、进口消费税结合出计算问答题、综合题。又由于关税中特殊性的规定比较多，容易命制客观题，故本章可以在考试中命制各种题型。

关税和船舶吨税不适用于《征管法》，与国内其他税种不同，所以在复习时应细致掌握。

三、教材变化

1. 调整细化应计入进口货物完税价格的调整项目。
2. 更正跨境电子商务零售进口税收政策的过时表述。
3. 补充完善船舶吨税税收优惠的个别表述。

四、考点框架

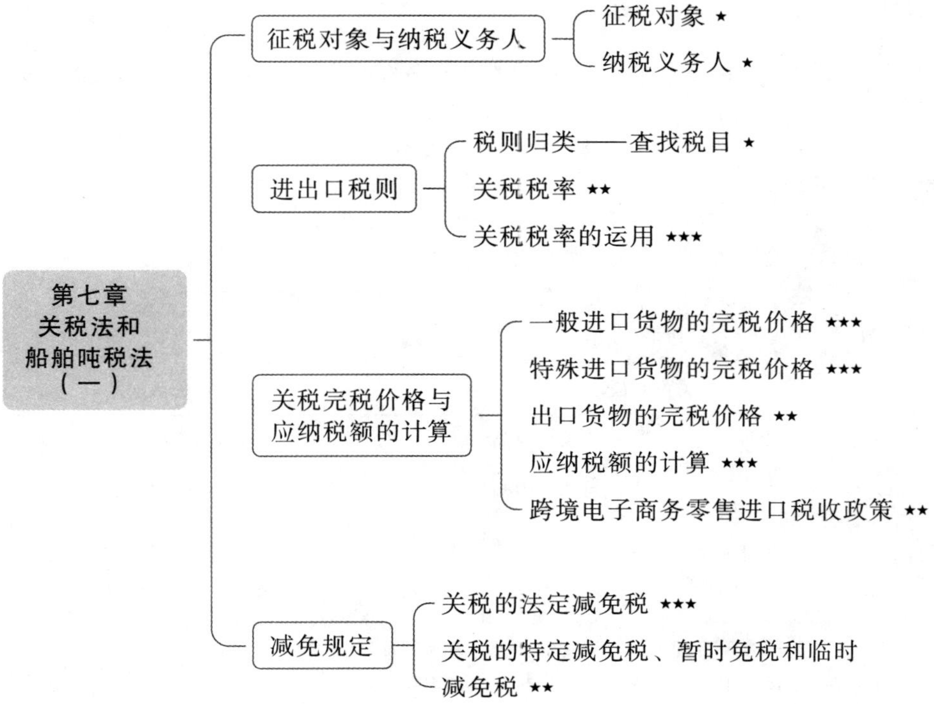

- 第七章 关税法和船舶吨税法（二）
  - 征收管理
    - 关税的申报与缴纳 ★★
    - 关税的强制执行 ★★
    - 关税的退还、补征和追征 ★★
  - 船舶吨税法
    - 吨税的征税范围和税率 ★
    - 吨税应纳税额的计算 ★
    - 吨税的税收优惠 ★
    - 吨税的征收管理 ★

核心考点精讲

我国关税以《中华人民共和国海关法》为法律依据，以《中华人民共和国进出口关税条例》，以及《中华人民共和国海关进出口税则》和《中华人民共和国海关关于入境旅客行李物品和个人邮递物品征收进口税办法》为基本法规。

第一节 征税对象与纳税义务人

使用“会计云课堂”App或“微信”扫码查看本节视频，快速GET知识点。

考点1：征税对象 ★

名师点拨：我国关境小于国境。

关税是海关依法对进出境货物、物品征收的一种税。所谓“境”是指关境，又称“海关境域”“关税领域”，是国家《海关法》全面实施的领域。

关税的征税对象是准许进出境的货物和物品。

名师点拨：货物和物品在计征关税时有不同的计税规则。

<table>
<tr><th colspan="3">关税的征税对象</th><th>税收政策</th></tr>
<tr><td>货物</td><td colspan="2">贸易性商品</td><td rowspan="2">按照货物征收——一般贸易管理</td></tr>
<tr><td rowspan="3">跨境电商零售进口商品</td><td colspan="2">超过年度限额的</td></tr>
<tr><td rowspan="2">未超年度限额的</td><td>未超单次限额</td><td rowspan="2">按照货物征收——跨境电子商务零售进口税收政策</td></tr>
<tr><td>超过单次限额且订单下仅一件商品</td></tr>
<tr><td>进境物品</td><td colspan="2">旅客随身携带的行李物品、个人邮递物品、各种运输工具上的服务人员携带进口的自用物品、馈赠物品以及其他方式进境的个人物品</td><td>行李及邮递物品进口税（简称“行邮税”）</td></tr>
</table>

考点 2：纳税义务人 ★

具体情况	纳税义务人
进口货物	收货人
出口货物	发货人
进出境物品	所有人和推定所有人（携带人、收件人、寄件人或托运人等）

经典题解

【**例题 1 · 多选题**】下列各项中，属于关税纳税人的有（　　）。

A. 进口货物的收货人　　　B. 出口货物的发货人

C. 进出口货物的经纪人　　D. 进出境物品的携带人

【**解析**】关税的纳税人包括进口货物的收货人、出口货物的发货人、进出境物品的所有人和推定所有人（携带人、收件人、寄件人或托运人等）。

【**答案**】ABD

第二节　进出口税则

使用"会计云课堂"App或"微信"扫码查看本节视频，快速 GET 知识点。

考点 1：税则归类——查找税目 ★

进出口税则是一国政府根据国家关税政策和经济政策，通过一定立法程序制定公布实施的进出口货物和物品应税的关税税率表。

我国海关总署制定有《中华人民共和国进境物品归类表》（以下简称《归类表》）和《中华人民共和国进境物品完税价格表》（以下简称《完税价格表》）。进境物品依次遵循以下原则归类：

1.《归类表》已列名的物品，归入其列名类别。

2.《归类表》未列名的物品，按其主要功能（或用途）归入相应类别。

3. 不能按照上述原则归入相应类别的物品，归入"其他物品"类别。

4. 纳税义务人对进境物品的归类、完税价格的确定持有异议的，可以依法提请行政复议。

考点 2：关税税率 ★★

（一）进口关税税率

1. 进口货物税率形式

我国进口税则设有最惠国税率、协定税率、特惠税率、普通税率、关税配额税率等。对进口货物在一定期限内可实行暂定税率。

进口税率形式	适用	备注
最惠国税率	适用原产于与我国共同适用最惠国待遇条款的世界贸易组织成员的进口货物，或原产于与我国签订有相互给予最惠国待遇条款的双边贸易协定的国家或地区进口的货物，以及原产于我国境内的进口货物	自 2021 年 7 月 1 日起，我国对信息技术产品最惠国税率实施第六步降税
协定税率	适用原产于与我国签订含有关税优惠条款的区域性贸易协定的国家或地区的进口货物	——
特惠税率	适用原产于与我国签订含有特殊关税优惠条款的贸易协定的国家或地区的进口货物	除赤道几内亚外，对与我国建交并完成换文手续的其他最不发达国家继续实施特惠税率
普通税率	适用于原产于上述国家或地区以外的其他国家或地区的进口货物，以及原产地不明的进口货物	按照普通税率征税的进口货物，经国务院关税税则委员会特别批准，可以适用最惠国税率
暂定税率	是在海关进出口税则规定的进口优惠税率基础上，对进口的某些重要的工农业生产原材料和机电产品关键部件（但只限于从与中国订有关税互惠协议的国家和地区进口的货物）和出口的特定货物实施的更为优惠的关税税率	一般按照年度制定
配额税率	指对实行关税配额管理的进口货物，关税配额内的，适用关税配额税率；关税配额外的，按不同情况分别适用于最惠国税率、协定税率、特惠税率或普通税率	——

考点妙记

（1）“暂”优于“惠”；
（2）“协”“惠”
——有规从规；
无规从低；
（3）“协”“特”“暂”
——从低。

2. 进口货物税率适用规则

（1）暂定税率优先适用于优惠税率或最惠国税率，所以适用最惠国税率的进口货物有暂定税率的，适用暂定税率；当最惠国税率低于或等于协定税率时，协定有规定的，按相关协定的规定执行；协定无规定的，两者从低适用。

适用协定税率、特惠税率的进口货物有暂定税率的，应当从低适用税率。

按照国家规定实行关税配额管理的进口货物，关税配额内的，适用关税配额税率；关税配额外的，按其适用税率的规定执行。

（2）按照有关法律、行政法规的规定，对进口货物采取反倾销、反补贴、保障措施的，其税率的适用按照《中华人民共和国反倾销法》（国务院令第 401 号）、《中华人民共和国反补贴法》（国务院令第 402 号）和《中华人民共和国保障措施条例》（国务院令第 403 号）的有关规定执行。

经典题解

【例题 2·单选题】下列进口货物税率形式中，适用原产于与我国签订含有关税优惠条款的区域性贸易协定的国家或地区的进口货物的税率是（　　）。

A. 最惠国税率　　B. 协定税率

C. 特惠税率　　D. 配额税率

【答案】B

【例题 3·多选题】以下符合进口货物税率适用规则的有（　　）。

A. 最惠国税率优先适用于优惠税率或暂定税率

B. 当最惠国税率低于或等于协定税率时，协定有规定的，按相关协定的规定执行；协定无规定的，两者从低适用

C. 适用协定税率、特惠税率的进口货物有暂定税率的，应当从低适用税率

D. 实行关税配额管理的进口货物，关税配额内的，适用关税配额税率；关税配额外的，按其适用税率的规定执行

【解析】选项 A：暂定税率优先适用于优惠税率或最惠国税率。

【答案】BCD

3. 进境物品税率

自 2019 年 4 月 9 日起，除另有规定外，我国对准予应税进口的旅客行李物品、个人邮寄物品以及其他个人自用物品，均由海关按照《中华人民共和国进境物品进口税税率表》的规定，征收进口关税、代征进口环节增值税和消费税等进口税。

中华人民共和国进境物品进口税税率表

税目序号	物品名称	税率（%）
1	书报、刊物、教育用影视资料；计算机、视频摄录一体机、数字照相机等信息技术产品；食品、饮料；金银；家具；玩具，游戏品、节日或其他娱乐用品和药品	13
2	运动用品（不含高尔夫球及球具）、钓鱼用品；纺织品及其制成品；电视摄像机及其他电器用具；自行车；税目 1、3 中未包含的其他商品	20
3	烟、酒；贵重首饰及珠宝玉石；高尔夫球及球具；高档手表；高档化妆品	50

注：①对国家规定减按 3% 征收进口环节增值税的进口药品，按照货物税率征税。

②税目 3 所列商品的具体范围与消费税征收范围一致。

名师点拨

旅客行李物品和个人邮递物品进口税（简称“行邮税”）的税率，是将关税、增值税、消费税合并计算的比率。

（二）出口关税税率

出口关税税率与进口关税多栏税率有显著不同——我国出口税则为一栏税率，即出口税率。国家仅对少数资源性产品及易于竞相杀价、盲目进口、需要规范出口秩序的半制成品征收出口关税。自 2021 年 1 月 1 日起，我国继续对铬铁等 107 项出口商品征收出口关税，适用出口税率或出口暂定税率。

【提示】对关税税率的理解要注意以下三方面：

第一，进口适用税率的选择是根据货物的不同原产地而确定的，适用最惠国税率、协定税率、特惠税率的国家或地区的名单，由国务院关税税则委员会决定，报国务院批准后执行。

进口商品绝大部分采用从价定率的征税方法，对部分商品实行从量税、复合税和滑准税。滑准税是一种特殊的从价定率征税方法。

第二，进境个人行李及邮递物品与进口贸易性商品物资，二者所运用的税率和计税规则都不同。

第三，征收出口关税的货物项目很少。

经典题解

【例题4·多选题】以下关于关税税率的表述，错误的有（　　）。

A. 进口适用税率的选择是根据货物的不同起运地而确定的

B. 适用最惠国税率、协定税率、特惠税率的国家或地区的名单，由国务院关税税则委员会决定

C. 我国进口商品绝大部分采用从价定率的征税方法

D. 原产地不明的进口货物不予征税

【解析】进口适用税率的选择是根据货物的不同原产地而确定的，所以选项A错误；原产地不明的进口货物实行普通税率，所以选项D错误。

【答案】AD

考点3：关税税率的运用 ★★★

关税税率的运用规则如下：

1. 一般规定

进出口货物，应当适用海关接受该货物申报进口或者出口之日实施的税率。

2. 特殊进出口方式的货物或违规货物的税率规定

具体情况	适用税率
进口货物到达之前，经海关核准先行申报的	装载此货物的运输工具申报进境之日实施的税率
进口转关运输货物	指运地海关接受该货物申报进口之日实施的税率 货物运抵指运地前，经海关核准先行申报的，应当适用装载该货物的运输工具抵达指运地之日实施的税率
出口转关运输货物	启运地海关接受该货物申报出口之日实施的税率
经海关批准，实行集中申报的进出口货物	每次货物进出口时海关接受该货物申报之日实施的税率
因超过规定期限未申报而由海关依法变卖的进口货物	装载该货物的运输工具申报进境之日实施的税率

具体情况	适用税率
因纳税义务人违反规定需要追征税款的进出口货物	违反规定的行为发生之日实施的税率；行为发生之日不能确定的，适用海关发现该行为之日实施的税率

3．保税、减免税等货物的补税规定

已申报进境并放行的保税货物、减免税货物、租赁货物或者已申报进出境并放行的暂时进出境货物，有下列情形之一需缴纳税款的，应当适用海关接受纳税义务人再次填写报关单申报办理纳税及有关手续之日实施的税率：

（1）保税货物经批准不复运出境的；

（2）保税仓储货物转入国内市场销售的；

（3）减免税货物经批准转让或者移作他用的；

（4）可暂不缴纳税款的暂时进出境货物，不复运出境或者进境的；

（5）租赁进口货物，分期缴纳税款的。

4．补征或者退还进出口货物关税税款，应当按照前述规定确定适用的税率。

经典题解

【例题5·单选题】2021年12月1日，某企业按照规定免税进口一批货物，12月8日该货物报关入境；后来该企业因经营范围改变，于2022年2月12日经海关批准转让该批货物，2月20日海关接受了企业再次填写的报关单，当日办理相关补税手续。该批货物补征关税时适用的关税税率为（　　）。

A．2021年12月1日的税率　　B．2021年12月8日的税率

C．2022年2月12日的税率　　D．2022年2月20日的税率

【解析】已申报进境并放行的减免税货物，经批准转让或移作他用需予补税的，应按照海关接受纳税人再次填写报关单申报办理纳税及有关手续之日实施的税率征税。

因此，该批货物补征关税时适用的关税税率为2022年2月20日的税率。

【答案】D

【例题6·单选题】下列关于我国关税税率运用的表述中，正确的是（　　）。

A．经海关批准，实行集中申报的进出口货物，应当适用海关接受该货物第一次申报之日实施的税率

B．因超过规定期限未申报而由海关依法变卖的进口货物，适用变卖之日实施的税率

C．出口转关运输货物，应当适用指运地海关接受该货物申报出口之日实施的税率

D．进口仪器到达前，经海关核准先行申报的，适用装载此仪器的运输工具申报进境之日实施的税率

【解析】选项A：经海关批准，实行集中申报的进出口货物，应当适用每次货物进出口时海关接受该货物申报之日实施的税率。选项B：因超过规定期限未申报而由海关依法变卖的进口货物，其税款计征应当适用装载该货物的运输工具申报进

境之日实施的税率。选项C：出口转关运输货物，应当适用启运地海关接受该货物申报出口之日实施的税率。

【答案】D

第三节　关税完税价格与应纳税额的计算

使用“会计云课堂”App或“微信”扫码查看本节视频，快速GET知识点。

考点1：一般进口货物的完税价格★★★

关税完税价格是指货物的关税计税价格。《海关法》规定，进出口货物的完税价格，由海关以该货物的成交价格为基础审查确定。成交价格不能确定时，完税价格由海关估定。

根据《海关法》规定，进口货物的完税价格包括货物的货价、货物运抵我国境内输入地点起卸前的运输及其相关费用、保险费。

进口货物完税价格的确定方法	适用情况
成交价格估价方法	以进口货物成交价格为基础进行调整
海关估价方法	进口货物成交价格不符合规定条件或成交价格不能确定

（一）成交价格估价方法

正常情况下，进口货物以成交价格为基础进行调整，从而确定进口货物的完税价格。

进口货物的成交价格，是指卖方向我国境内销售该货物时买方为进口该货物向卖方实付、应付的，并且按照《完税价格办法》有关规定调整后的价款总额，包括直接支付的价款和间接支付的价款。

1. 进口货物的成交价格应当符合的条件

对进口货物成交价格而言，交易应是真实的；价格应是确定的、完整的、公允的。进口货物完税价格所包含的因素可用下图表示：

名师点拨

进口货物完税价格由完整的CIF构成。CIF=C成本+I保险+F运费。

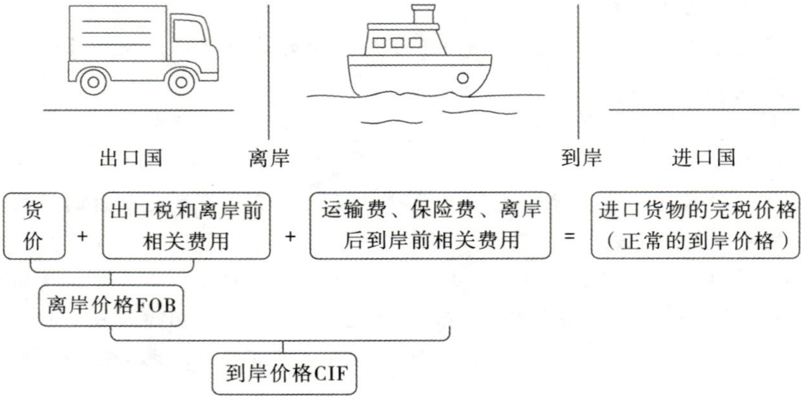

2. 应计入完税价格的调整项目

进口货物完税价格中的货价应该是完整的，包括应由买方负担、支付的佣金、经纪费、包装费用、与货物视为一体的容器费用和其他费用等。但不包括买方向自己的采购代理人支付的购货佣金，也不包括货物进口后发生的安装、运输费用等。

为了方便理解，我们可把进口货物的完税价格简单归纳为正常的 CIF，其中 C 是完整的货价，包含支付的佣金（支付给自己的采购代理人的购货佣金除外）；I 是保险费，包含在出口国和进口途中的保险费；F 是运费和相关费用，包含在出口国和进口途中的运费和其他费用。计算进口货物关税的完税价格如果不正常或不完整，则需要进行调整。

【归纳】进口货物关税完税价格的构成：

进口货物完税价格的构成因素	不计入完税价格的因素
基本构成： 货价 + 至运抵口岸前的运费及相关费用 + 保险费 综合考虑可能调整的项目： （1）买方负担、支付的中介佣金、经纪费 （2）买方负担的包装劳务费和包装材料费、与货物视为一体的容器费用 （3）买方付出的其他相关费用，例如买方通过免费或低于成本的方式提供，并可以按适当比例分摊的规定的货物或者服务的价值（调整） （4）与进口货物有关的且构成进口条件的特许权使用费 （5）卖方直接或间接从买方对该货物进口后销售、处置或使用所得中获得的收益	（1）购货佣金（向自己的采购代理人支付的劳务费用） （2）货物进口后发生的建设、安装、装配、维修、技术援助费（保修费用除外） （3）运抵境内输入地点起卸后的运输及其相关费用、保险费 （4）进口关税、进口环节海关代征税及其他国内税 （5）为在境内复制进口货物而支付的费用 （6）境内外技术培训及境外考察费用 （7）符合条件的为进口货物而融资产生的利息费用

要点小贴士

进口货物关税完税价格：
包含中介佣金但不含购货佣金；
包含境外运费但不含境内运费；
包含境内保修费但不含维修费。

【提示】2022 年教材调整计入进口货物完税价格的内容：由买方以免费或者以低于成本的方式提供，并且可以按适当比例分摊的下列货物或者服务的价值：进口货物包含的材料、部件、零件和类似货物；在生产进口货物过程中使用的工具、模具和类似货物；在生产进口货物过程中消耗的材料；在境外进行的为生产进口货物所需的工程设计、技术研发、工艺及制图等相关服务。

【相关链接】与进口货物有关的且构成进口条件的特许权使用费计入进口货物完税价格征收关税、增值税，也可能涉及进口环节消费税。但是不构成货物进口条件的特许权使用费不缴纳关税，只由税务机关征收增值税。

经典题解

【真题 7 · 单选题】下列进口货物价款中单独列明的各项税费，应计入关税完税价格的是（　　）。（2020 年）

A. 境外技术培训费用

B. 设备进口后的保修费用

C. 进口环节海关代征的增值税

D. 运抵境内输入地点起卸后发生的运输费

【名师点题】关税完税价格的构成因素属于高频考点，考生必须细致掌握。

【答案】B

【真题8·多选题】下列各项中，应当计入进口货物关税完税价格的有（　　）。（2011年）

A. 由买方负担的购货佣金

B. 由买方负担的境外包装材料费用

C. 由买方负担的境外包装劳务费用

D. 由买方负担的与进口货物视为一体的容器费用

【解析】应当计入关税完税价格的内容包括：（1）由买方负担的除购货佣金以外的佣金和经纪费。（2）由买方负担的与该货物视为一体的容器费用。（3）由买方负担的包装材料费用和包装劳务费用。（4）与进口货物的生产和向中华人民共和国境内销售有关的，由买方以免费或者以低于成本的方式提供，并且可以按适当比例分摊的下列货物或者服务的价值：进口货物包含的材料、部件、零件和类似货物；在生产进口货物过程中使用的工具、模具和类似货物；在生产进口货物过程中消耗的材料；在境外进行的为生产进口货物所需的工程设计、技术研发、工艺及制图等相关服务。（5）与该货物有关并作为卖方向我国销售该货物的一项条件，应当由买方直接或间接支付的特许权使用费。（6）卖方直接或间接从买方对该货物进口后销售、处置或使用所得中获得的收益。

【答案】BCD

【例题9·计算问答题】某进出口公司从美国进口一批化工原料共500吨，货物以境外口岸离岸价格成交，单价折合人民币为20000元/吨，买方承担包装费每吨500元人民币，另向中介支付佣金每吨1000元人民币，向自己的采购代理人支付购货佣金5000元人民币，已知该批化工原料运抵中国境内输入地点起卸前的运输费、保险费和其他劳务费用为每吨2000元人民币，进口后另发生运输费和装卸费用为每吨300元人民币，计算该批化工原料的关税完税价格。

【答案及解析】计入进口货物关税完税价格的，包括货价、支付的佣金（不包括买方向自己的采购代理人支付的购货佣金）、买方负担的包装费、进口途中的运输费（不包括进口后发生的运输费、装卸费）和保险费及其他劳务费用。

进口该批化工原料的关税完税价格=（20000+500+1000+2000）×500÷10000=1175（万元）。

3. 进口货物完税价格中的运输及相关费用、保险费的计算

进口货物完税价格中的运输及相关费用、保险费的计算归纳为下表：

进口运载方式		运输及其相关费用的确定	保险费的确定
一般进口	实际支付了运保费	进口货物的运输及其相关费用，应当按照由买方实际支付或者应当支付的费用计算	进口货物的保险费，应当按照实际支付的费用计算
	运输及其相关费用无法确定；保险费无法确定或未实际发生	海关应当按照该货物进口同期的正常运输成本审查确定	（货价+运费）×3‰

进口运载方式	运输及其相关费用的确定	保险费的确定
运输工具作为进口货物，利用自身动力进境的	海关在审查确定完税价格时，不再另行计入运输及其相关费用	参照一般进口规定
邮运进口的货物	应当以邮费作为运输及其相关费用、保险费	

【相关链接】进口货物的运输费和保险费与完税价格的确定有直接关系。

一般方式进口货物，完税价格中包括货价 C、抵达口岸前的运输及相关费用 F 和保险费 I，运输及相关费用无法确定、保险费无法确定或未实际发生的，海关应当按照该货物进口同期的正常运输成本审查确定运费，按照（货价 + 运费）× 3‰ 计算保险费，将计算出的运保费计入完税价格。

经典题解

【例题 10 · 单选题】某企业海运进口一批货物，海关审定货价折合人民币 5000 万元，运抵境内输入地点起卸前的运费折合人民币 20 万元，保险费无法查明，该批货物进口关税税率为 5%，则该企业应纳关税（　　）万元。

A. 250　　　　B. 251

C. 251.75　　　　D. 260

【解析】按照有关海关法规规定，进口货物保险费无法确定或未实际发生，按“货价加运费”两者总额的 3‰计算。完税价格 =（5000+20）×（1+3‰）=5035.06（万元）；应纳关税 =5035.06 × 5%=251.75（万元）。

【答案】C

（二）进口货物海关估价方法

对于进口货物的成交价格不符合规定条件或成交价格不能确定的，海关经了解有关情况，并且与纳税义务人进行价格磋商后，依次使用的方法包括：

1. 相同货物成交价格估价方法；
2. 类似货物成交价格估价方法；
3. 倒扣价格估价方法；
4. 计算价格估价方法；
5. 合理估价方法。

【易错易混】

（1）上述方法依次使用，一般不能跨顺序选择，但是纳税义务人向海关提供有关资料后，可以提出申请，颠倒倒扣价格估价方法和计算价格估价方法的适用次序。

考点妙记

一是一，二是二，颠三倒四。

（2）使用合理估价方法，是海关使用前 4 种估价方法均无法确定海关估价时适用的“最后一招”，应以客观量化的数据资料为基础审查确定进口货物完税价格。

【提示】海关估价不得使用以下价格：

①境内生产的货物在境内的销售价格；②可供选择的价格中较高的价格；③货物在出口地市场的销售价格；④以计算价格估价方法规定之外的价值或费用计算的

相同或者类似货物的价格；⑤出口到第三国或者地区的货物的销售价格；⑥最低限价或者武断、虚构的价格。

名师点拨

要用可选择价格中的实际最低价，但不能是最低限价，因为最低限价是约定底线，不一定真实发生。

经典题解

【例题11·多选题】对于进口货物的成交价格不符合规定条件或成交价格不能确定的，以下海关估价方法的表述正确的有（　　）。

A. 海关可以提出申请，颠倒相同货物成交价格估价方法和类似货物成交价格估价方法的适用次序

B. 选择类似货物时，应主要考虑货物的品质、信誉和现有商标

C. 海关估价方法的“最后一招”是计算价格估价方法

D. 合理估价方法不得使用最低限价

【解析】海关估价方法应“依次”有序使用，相同货物成交价格估价方法和类似货物成交价格估价方法的适用次序不能跨顺序选择，但是纳税义务人向海关提供有关资料后，可以提出申请，颠倒倒扣价格估价方法和计算价格估价方法的适用次序。海关使用前4种估价方法均无法确定海关估价时适用的“最后一招”，是使用合理估价方法，以客观量化的数据资料为基础审查确定进口货物完税价格。

【答案】BD

【真题12·单选题】海关采用相同货物成交价格估价方法时，以与进口货物同时或者大约同时向我国境内销售的相同货物的成交价格为基础审查确定进口货物完税价格。其中，“大约同时”是指海关接受货物申报之日的大约同时，其不应超过的最长期限是（　　）。（2021年）

A. 海关接受货物申报之日前的20日

B. 海关接受货物申报之日后的15日

C. 海关接受货物申报之日的前后45日

D. 海关接受货物申报之日的前后60日

【解析】相同货物成交价格估价方法中的“大约同时”，是指海关接受货物申报之日的大约同时，最长不应当超过前后45日。

【答案】C

【例题13·单选题】按照倒扣价格法审查确定进口货物的完税价格时，如果进口货物、相同或者类似货物没有在海关接受进口货物申报之日前后45日内在境内销售，可以将在境内销售的时间延长至接受货物申报之日前后的一定时间之内，该时间是（　　）。

A. 60日　　B. 75日

C. 90日　　D. 120日

【解析】按照倒扣价格法审查确定进口货物的完税价格时，如果进口货物、相同或者类似货物没有在海关接受进口货物申报之日前后45日内在境内销售，可以将在境内销售的时间延长至接受货物申报之日前后90日内。

【答案】C

考点2：特殊进口货物的完税价格 ★★★

这一部分内容容易命制选择题，具体规定见下表：

具体情况		完税价格的审定和估定
运往境外修理的货物，出境时已向海关报明，并在海关规定期限内复运进境		以境外修理费、料件费为基础审查确定完税价格
运往境外加工的货物，出境时已向海关报明，并在海关规定期限内复运进境		以境外加工费、料件费、复运进境的运输及相关费用、保险费为基础审查确定完税价格
经海关批准的暂时进境的货物应当缴纳税款的		按一般进口货物完税价格确定的有关规定，审查确定完税价格
租赁方式进口货物	租金方式支付（租赁期间）	海关审定的租金（利息应当予以计入）
	留购的租赁货物	海关审定的留购价格
	纳税义务人申请一次性缴纳税款	可以选择按照“进口货物海关估价方法”确定完税价格，或者按照海关审查确定的租金总额作为完税价格
境内留购的进口货样、展览品和广告陈列品		以海关审定的留购价格作为完税价格
予以补税的减免税货物		海关审定的该货物原进口时的价格扣除折旧部分
易货贸易、寄售、捐赠、赠送等不存在成交价格的进口货物		由海关与纳税人进行价格磋商后，按照“进口货物海关估价方法”的规定，估定完税价格
进口软件介质		进口载有专供数据处理设备用软件的介质，具有下列情形之一的，应当以介质本身的价值或者成本为基础审查确定完税价格： ①介质本身的价值或者成本与所载软件的价值分列 ②介质本身的价值或者成本与所载软件的价值虽未分列，但是纳税义务人能够提供介质本身的价值或者成本的证明文件，或者能提供所载软件价值的证明文件 含有美术、摄影、声音、图像、影视、游戏、电子出版物的介质不适用上述规定

考点妙记

境外修理出境报，限期进境仅修、料；境外加工算工、料，复运进境有运保。

【相关链接1】予以补税的减免税货物的计税依据要与税率规则相结合进行复习。

特定地区、特定企业或者有特定用途的特定减免税进口货物，应当接受海关监管。特定减免税进口货物的监管年限为：①船舶、飞机：8年；②机动车辆：6年；③其他货物：3年。监管年限自货物进口放行之日起计算。

减税或免税进口的货物需予补税时，应当以海关审定的该货物原进口时的价格，扣除折旧部分作为完税价格，其计算公式如下：

名师点拨

按监管期未使用期间占整个监管期的比重乘以原进口价格作为完税价格。

考点妙记

转除人变按月补；移作他用按日补。

（1）减免税货物因转让、提前解除监管以及减免税申请人发生主体变更、依法终止情形或者其他原因需要补征税款的，补税的完税价格以货物原进口时的完税价格为基础，按照减免税货物已进口时间与监管年限的比例进行折旧，其计算公式如下：

补税的完税价格＝减免税货物原进口时的完税价格×［1－减免税货物已进口时间÷（监管年限×12）］

上述计算公式中，减免税货物已进口时间自货物放行之日起按月计算。不足1个月但是超过15日的，按照1个月计算；不超过15日的，不予计算。（教材未收录）

名师点拨

现实中，减免税进口货物补税的规则很细碎，比教材收录的政策多。对于教材未收录的内容，考生仅作工作了解即可。

（2）减免税申请人将减免税货物移作他用，需要补缴税款的，补税的完税价格以货物原进口时的完税价格为基础，按照需要补缴税款的时间与监管年限的比例进行折旧，其计算公式如下：（教材未收录）

补税的完税价格＝减免税货物原进口时的完税价格×［需要补缴税款的时间÷（监管年限×365）］

上述计算公式中，需要补缴税款的时间为减免税货物移作他用的实际时间，按日计算，每日实际使用不满8小时或者超过8小时的均按1日计算。

【相关链接2】已申报进境并且放行的减免税的进口货物，经批准转让或移作他用需补税的，应当适用海关接受纳税人再次填写报关单申报办理纳税及有关手续之日实施的税率征税。

经典题解

【例题14·计算问答题】2019年9月1日某公司由于承担国家重要工程项目，经批准免税进口了一套电子设备。使用2年后项目完工，2021年9月1日公司经批准将该设备出售给了国内另一家公司，并向海关申报办理补税手续。已知该电子设备进口时，海关审定的完税价格为300万元，2019年进口时该设备适用的关税税率为9%，2021年海关接受该公司申报办理补缴关税手续时，该设备适用的关税税率为7%，海关规定的监管年限为3年，按规定该公司应补缴关税多少万元？

【答案及解析】需要扣除的折旧不是该设备的账面折旧，而是按照该设备使用期占监管期的比例计算分摊的设备完税价格。补税时适用的关税税率不是原进口时的税率，而是海关接受纳税人再次填写报关单申报办理纳税手续之日实施的税率。

应补缴关税税额＝300×［1－（2×12）/（3×12）］×7%=7（万元）。

【例题15·多选题】关于以租赁方式进口设备的关税税务处理，下列说法正确的有（　　）。

A. 在租赁期间以海关审查确定的租金（包括利息）作为完税价格

B. 租赁期满企业留购该设备，不缴纳关税

C. 在租赁期间可申请暂时不缴纳关税

D. 纳税人申请一次性缴纳税款的，可以选择以海关审查确定的租金总额作为完税价格

【解析】选项AC：租赁方式进口货物中，以租金方式对外支付的租赁货物，在租赁期间以海关审查确定的租金作为完税价格，利息应当予以计入。选项B：留购的租赁货物，以海关审定的留购价格作为完税价格。选项D：纳税义务人申请一次

性缴纳税款的，可以选择申请按规定方法确定完税价格或者按照海关审查确定的租金总额作为完税价格。

【答案】AD

【例题16·单选题】某企业2020年4月向境外企业租赁一台大型设备，租期1年，支付租金10万元，另支付境内运费、保险费2万元。2021年4月，企业决定将该设备买下，双方成交价格60万元，海关审定的留购价格65万元，以上金额均为人民币。该企业2021年4月应缴纳关税（ ）万元。（关税税率10%）

A. 6.50　　B. 6.00

C. 1.20　　D. 1.00

【解析】留购的租赁货物，以海关审定的留购价格作为完税价格。该企业2021年4月应缴纳关税=65×10%=6.50（万元）。

【答案】A

【例题17·单选题】某生产企业2021年10月将机器运往境外修理，出境时已向海关报明，并在海关规定期限内复运进境。已知机器原值为100万元，已提折旧20万元，报关出境前发生运费和保险费1万元，境外修理费5万元，修理料件费1.2万元；复运进境发生的运费和保险费1.5万元，以上金额均为人民币。该机器再次报关入境时应申报缴纳关税（ ）万元。（关税税率10%）

A. 8.77　　B. 0.77　　C. 8.87　　D. 0.62

【解析】运往境外修理的货物，出境时已向海关报明并在规定期限内复运进境的，以境外修理费、料件费为基础确定完税价格。因此应纳关税=（5+1.2）×10%=0.62（万元）。

【答案】D

【例题18·单选题】2021年11月，某公司将货物运往境外加工，出境时已向海关报明，并在海关规定期限内复运进境。已知货物价值100万元，境外加工费和料件费30万元，复运进境的运费1万元、保险费0.39万元。关税税率10%。该公司上述业务应缴纳关税（ ）万元。

A. 3.10　　B. 3.14　　C. 10.14　　D. 13.14

【解析】运往境外加工的货物，出境时已向海关报明，并在海关规定期限内复运进境，以境外加工费、料件费、复运进境的运输及相关费用、保险费为基础审查确定完税价格。该公司上述业务应缴纳关税=（30+1+0.39）×10%=3.14（万元）。

【答案】B

考点3：出口货物的完税价格★★

出口货物的完税价格，由海关以该货物向境外销售的成交价格为基础审查确定，并应当包括货物运至中华人民共和国境内输出地点装载前的运输及其相关费用、保险费。但其中包含的出口关税税额，应当扣除。

出口货物的成交价格，是指该货物出口销售时，卖方为出口该货物应当向买方直接收取和间接收取的价款总额。下列税收、费用不计入出口货物的完税价格：（1）出口关税；（2）在货物价款中单独列明的货物运至我国境内输出地点装载后的运输及其相关费用、保险费。

考点妙记

出口只算离岸前；FOB剔关税。

【归纳】出口货物关税完税价格的构成：

出口货物完税价格的构成因素	不计入完税价格的因素
基本构成： FOB－出口关税	（1）出口关税 （2）单独列明的离岸后的运输及其相关费用、保险费

出口货物的成交价格不能确定时，海关经了解有关情况，并且与纳税义务人进行价格磋商后，依次以下列价格审查确定该货物的完税价格：

1. 同时或大约同时向同一国家或地区出口的相同货物的成交价格；
2. 同时或大约同时向同一国家或地区出口的类似货物的成交价格；
3. 根据境内生产相同或类似货物的成本、利润和一般费用（包括直接费用和间接费用）、境内发生的运输及其相关费用、保险费计算所得的价格；
4. 按照合理方法估定的价格。

经典题解

【真题19·多选题】下列各项税费中，应计入出口货物完税价格的有（　　）。（2018年）

A. 货物运至我国境内输出地点装载前的保险费

B. 货物运至我国境内输出地点装载前的运输费用

C. 货物出口关税

D. 货价中单独列明的货物运至我国境内输出地点装载后的运输费用

【解析】出口货物的完税价格，由海关以该货物向境外销售的成交价格为基础审查确定，并应当包括货物运至中华人民共和国境内输出地点装载前的运输及其相关费用、保险费。但其中包含的出口关税税额及在货物价款中单独列明的货物运至我国境内输出地点装载后的运输及其相关费用、保险费，应当扣除。

【答案】AB

【真题20·多选题】下列出口货物完税价格确定方法中，符合关税相关规定的有（　　）。（2003年）

A. 海关依法估价确定的完税价格

B. 以成交价格为基础确定的完税价格

C. 根据境内生产类似货物的成本、利润和一般费用、境内发生的运输及其相关费用、保险费计算出的价格

D. 以相同或类似的进口货物在境内销售价格为基础估定的完税价格

【解析】本题考的是出口货物的完税价格确定问题。选项ABC符合规定，选项D用境外货物境内售价估定完税价格，是不能使用的估价方法。

【答案】ABC

考点 4：应纳税额的计算 ★★★

关税应纳税额计算有如下公式：

（一）从价计税应纳税额

关税税额 = 应税进（出）口货物数量 × 单位完税价格 × 税率

（二）从量计税应纳税额

关税税额 = 应税进（出）口货物数量 × 单位货物税额

（三）复合计税应纳税额

关税税额 = 应税进（出）口货物数量 × 单位货物税额 + 应税进（出）口货物数量 × 单位完税价格 × 税率

（四）滑准税应纳税额

关税税额 = 应税进（出）口货物数量 × 单位完税价格 × 滑准税税率

【提示】按征收关税的标准，可以分成从价税、从量税、复合税、滑准税。

【相关链接】关税税额的计算公式较多，按照不同计征方式适用不同公式。还要注意与进口货物在进口环节海关代征的增值税、消费税的组价公式一起记忆。

经典题解

【真题 21 · 单选题】按照随进口货物的价格由高至低而由低至高设置的关税税率计征的关税是（　　）。（2019 年）

A. 滑准税　　B. 从量税

C. 复合税　　D. 选择税

【名师点题】关于滑准税的知识点以往考查过四次。

【解析】滑准税是根据货物的不同价格适用不同税率的一类特殊的从价关税。它是一种关税税率随进口货物价格由高至低而由低至高设置计征关税的方法。

【答案】A

【真题 22 · 单选题】某演出公司进口舞台设备一套，实付金额折合人民币 185 万元，其中包含单独列出的进口后设备安装费 10 万元、中介经纪费 5 万元；运输保险费无法确定，海关按该货物进口同期的正常运输成本审查确定运费 25 万元。假定关税税率 20%，该公司进口舞台设备应缴纳的关税为（　　）万元。（2013 年考题改编）

A. 34　　B. 40.12　　C. 40　　D. 35

【解析】进口货物的完税价格不包括进口后的安装费，但包括中介经纪费、运抵口岸起卸前的运输费、保险费；如果进口货物的保险费无法确定或者未实际发生，海关应当按照“货价加运费”两者总额的 3‰计算保险费计入进口货物完税价格。

该公司应纳关税 =（185−10+25）×（1+3‰）×20%=40.12（万元）。

【答案】B

【真题 23·单选题】我国某公司 2021 年 3 月从国内甲港口出口一批锌锭到国外，货物成交价格 158 万元（不含出口关税），其中包括货物运抵甲港口装载前的运输费、保险费共计 10 万元。另支付甲港口到国外目的地港口之间的运输保险费 20 万元。锌锭出口关税税率为 20%。该公司出口锌锭应缴纳的出口关税为（　　）万元。（2014 年考题改编）

A. 25.6　　　　B. 29.6

C. 31.6　　　　D. 34

【解析】出口货物的完税价格，由海关以该货物向境外销售的成交价格为基础审查确定，并应包括货物运至我国境内输出地点装载前的运输及其相关费用、保险费，但其中包含的出口关税税额，应当扣除。出口货物完税价格为 158 万元，应纳出口关税 =158 × 20%=31.6（万元）。

【答案】C

考点 5：跨境电子商务零售进口税收政策 ★★

【说明】在 2016 年 4 月 8 日之前，个人购买跨境电商零售的商品，是按照行李及邮递物品进口税（简称“行邮税”）的计税规则计税的，“行邮税”是进口关税、增值税、消费税的混合体，采用综合比例税率。但是 2016 年 3 月，财政部、海关总署和国家税务总局联合发布通知，规定自 2016 年 4 月 8 日起，跨境电商零售进口商品不再按“物品”的行邮税规则征收，而是按“货物”征收关税、进口环节增值税、消费税等。为了体现税负公平、堵塞漏洞，也对非电商的个人行邮税相关税率进行了调整。

1. 适用范围

跨境电子商务零售进口税收政策适用于从其他国家或地区进口的、《跨境电子商务零售进口商品清单》范围内的以下商品：

（1）所有通过与海关联网的电子商务交易平台交易，能够实现交易、支付、物流电子信息“三单”比对的跨境电子商务零售进口商品；

（2）未通过与海关联网的电子商务交易平台交易，但快递、邮政企业能够统一提供交易、支付、物流等电子信息，并承诺承担相应法律责任进境的跨境电子商务零售进口商品。

不属于跨境电子商务零售进口的个人物品以及无法提供交易、支付、物流等电子信息的跨境电子商务零售进口商品，按现行规定执行。

2. 主要征收规定

要点	具体规定
纳税人与扣缴义务人	购买跨境电子商务零售进口商品的个人作为纳税义务人 电子商务企业、电子商务交易平台企业或物流企业可作为代收代缴义务人
计税依据	实际交易价格（包括货物零售价格、运费和保险费）作为完税价格 【提示】这里实际交易价格的货价是零售价格，与本章其他进口货物的规则不同

要点	具体规定
计征限额和计税规则	2019 年 1 月 1 日起，跨境电子商务零售进口商品的单次交易限值为人民币 5000 元，个人年度交易限值为人民币 26000 元 在限值以内进口的跨境电子商务零售进口商品，关税税率暂设为 0%；进口环节增值税、消费税暂按法定应纳税额的 70% 征收 完税价格超过 5000 元单次交易限值但低于 26000 元年度交易限值，且订单下仅一件商品时，可以自跨境电商零售渠道进口，按照货物税率全额征收关税和进口环节增值税、消费税，交易额计入年度交易总额，但年度交易总额超过年度交易限值的，应按一般贸易管理 【归纳】单次和年度限值均不超的关税税率为 0%，但进口环节增值税、消费税 7 折征收；超单次交易限值但不超年度限值且订单下仅一件商品时，可以自跨境电商零售渠道进口，全额照章缴纳关税、增值税、消费税；超过年度交易限值的，应按一般贸易管理，全额照章缴纳关税、增值税、消费税
退税及限额调整	跨境电子商务零售进口商品自海关放行之日起 30 日内退货的，可申请退税，并相应调整个人年度交易总额

经典题解

【真题 24 · 多选题】跨境电子商务零售进口商品按照货物征收关税，下列企业可以作为代收代缴义务人的有（　　）。（2017 年）

A. 物流企业　　B. 商品生产企业

C. 电子商务交易平台企业　　D. 电子商务企业

【解析】跨境电子商务零售进口商品按照货物征收关税和进口环节增值税、消费税，购买跨境电子商务零售进口商品的个人作为纳税义务人，实际交易价格（包括货物零售价格、运费和保险费）作为完税价格，电子商务企业、电子商务交易平台企业或物流企业可作为代收代缴义务人。

【答案】ACD

【真题 25 · 多选题】2021 年 1 月，李先生通过与海关联网的甲电子商务交易平台从国外购买列入《跨境电子商务零售进口商品清单》中的配方奶粉，该次交易支付价款 3000 元。当月无其他交易。下列关于对该笔进口交易税务处理的表述中，正确的有（　　）。（2021 年）

A. 纳税人为甲电子商务平台

B. 由海关核定征税

C. 进口环节增值税按法定应纳税额的 70% 征收

D. 适用关税税率为 0%

【解析】选项 A：购买跨境电子商务零售进口商品的个人（李先生）作为纳税义务人。选项 BCD：对跨境电子商务零售进口商品的单次交易限值为人民币 5000 元，个人年度交易限值为人民币 26000 元，在限值以内进口的跨境电子商务零售进口商品，关税税率暂设为 0%；进口环节增值税、消费税，暂按法定应纳税额的 70% 征收。

【答案】CD

第四节　减免规定

使用“会计云课堂”App或“微信”扫码查看本节视频，快速GET知识点。

关税的减免分为法定减免、特定减免、暂时免税和临时减免。

考点1：关税的法定减免税★★★

法定减免是依照关税基本法规的规定，对列举的课税对象给予的减免。无须纳税人提出申请，海关可按规定直接予以减免税。海关对法定减免税货物一般不进行后续管理。

我国《海关法》和《进出口关税条例》明确规定，下列货物、物品予以减免关税：

1. 关税税额在人民币50元以下的一票货物，可免征关税。
2. 无商业价值的广告品和货样，可免征关税。
3. 外国政府、国际组织无偿赠送的物资，可免征关税。
4. 进出境运输工具装载的途中必需的燃料、物料和饮食用品，可免征关税。
5. 在海关放行前损失的货物，可免征关税。
6. 在海关放行前遭受损坏的货物，可以根据海关认定的受损程度减征关税。
7. 我国缔结或者参加的国际条约规定减征、免征关税的货物、物品，按照规定予以减免关税。
8. 法律规定减征、免征关税的其他货物、物品。

经典题解

【例题26·单选题】下列进口货物中，免征进口关税的是（　　）。

A. 外国政府无偿赠送的物资

B. 具有一定商业价值的货样

C. 海关放行后损坏的进口货物

D. 关税税额为人民币80元的一票货物

【解析】选项B：无商业价值的广告品和货样，可免征关税；选项C：在海关放行前损失的货物，可免征关税；选项D：关税税额在人民币50元以下的一票货物，可免征关税。

【答案】A

考点2：关税的特定减免税、暂时免税和临时减免税★★

（一）特定减免税★

特定减免税是指在法定减免税之外，国家按国际通行规则和我国实际情况，制定发布的特定或政策性减免税。包括：科教用品；残疾人专用品；慈善捐赠物资；重大技术装备。

为继续支持我国重大技术装备制造业发展，自2020年1月8日起，对符合规定条件的企业及核电项目业主为生产国家支持发展的重大技术装备或产品而确有必要进口的部分关键零部件及原材料，免征关税和进口环节增值税。

工业和信息化部会同财政部、海关总署、国家税务总局、能源局核定企业及核电项目业主免税资格，每年对新申请享受进口税收政策的企业及核电项目业主进行认定，每3年对已享受进口税收政策企业及核电项目业主进行复核。

取得免税资格的企业及核电项目业主可向主管海关提出申请，选择放弃免征进口环节增值税，只免征进口关税。企业及核电项目业主主动放弃免征进口环节增值税后，36个月内不得再次申请免征进口环节增值税。

取得免税资格的企业及核电项目业主应按照《中华人民共和国海关进出口货物减免税管理办法》及海关有关规定办理有关重大技术装备或产品进口关键零部件及原材料的减免税手续。

（二）暂时免税★★★

暂时进境或者暂时出境的下列货物，在进境或者出境时纳税义务人向海关缴纳相当于应纳税款的保证金或者提供其他担保的，可以暂不缴纳关税，并应当自进境或者出境之日起6个月内复运出境或者复运进境；需要延长复运出境或者复运进境期限的，纳税义务人应当根据海关总署的规定向海关办理延期手续：

1. 在展览会、交易会、会议及类似活动中展示或者使用的货物。
2. 文化、体育交流活动中使用的表演、比赛用品。
3. 进行新闻报道或者摄制电影、电视节目使用的仪器、设备及用品。
4. 开展科研、教学、医疗活动使用的仪器、设备及用品。
5. 在上述第1项至第4项所列活动中使用的交通工具及特种车辆。
6. 货样。
7. 供安装、调试、检测设备时使用的仪器、工具。
8. 盛装货物的容器。
9. 其他用于非商业目的的货物。

经典题解

【例题27·多选题】暂时进境或者暂时出境的某些货物，在进境或者出境时纳税义务人向海关缴纳相当于应纳税款的保证金或者提供其他担保的，可以暂不缴纳关税，并应当自进境或者出境之日起6个月内复运出境或者复运进境。该货物包括（　　）。

A. 加工贸易作为固定资产使用的机器设备

B. 医疗活动使用的仪器、设备

C. 体育交流活动中使用的比赛用品

D. 货样

【名师点题】本题涉及内容易命制多项选择题。考生要熟悉这些政策和基本运用。

【解析】选项A：不属于暂免征收关税的范围；选项BCD：均包含在提供担保或缴纳保证金后，在一定期限内暂不缴纳关税的范围。

【答案】BCD

（三）临时减免税

临时减免税是指在以上减免税以外，由国务院运用一案一批原则，针对某个单位、某类商品、某个项目或某批进出口货物的特殊情况，给予特别照顾，临时给予的减免。

第五节　征收管理

使用“会计云课堂”App或“微信”扫码查看本节视频，快速GET知识点。

考点1：关税的申报与缴纳 ★★

1. 关税的申报时间：进口货物应自运输工具申报进境之日起14日内；出口货物除海关特准外，应自货物运抵海关监管区后、装货的24小时以前。

2. 纳税人应自海关填发税款缴款书之日起15日内缴纳关税。

经典题解

【例题28·单选题】关税纳税义务人因不可抗力或者在国家税收政策调整的情形下，不能按期缴纳税款的，经依法提供税款担保后，可以延期缴纳税款，但最多不得超过（　　）。

A. 3个月　　B. 6个月

C. 9个月　　D. 12个月

【解析】关税的延期纳税的最长时限是6个月，条件是提供担保，这与《征管法》规定中的其他税种的最长延期纳税时限和条件不同。

【答案】B

考点妙记

关税最长延期6个月，要担保；《征管法》最长延期3个月，无担保，省级税局批。

考点2：关税的强制执行 ★★

关税的强制执行措施，包括征收滞纳金和强制征收。

1. 滞纳金＝滞纳关税税额×滞纳天数×0.5‰

滞纳天数：自关税缴纳期限届满滞纳之日起，至纳税义务人缴纳关税之日止。

2. 强制征收：纳税义务人自缴纳税款期限届满之日起3个月仍未缴纳税款，经直属海关关长或其授权的隶属海关关长批准，海关可以采取强制扣缴、变价抵缴等强制措施。

经典题解

【真题29·多选题】下列措施中，属于《海关法》赋予海关可以采取的强制措施有（　　）。（2016年）

A. 补征税额　　B. 强制扣缴

C. 变价抵缴　　　　D. 征收关税滞纳金

【答案】BCD

考点3：关税的退还、补征和追征 ★★

关税退还是指海关将实际征收多于应当征收的税额（溢征关税）退还给纳税人的一种行政行为。溢征关税海关发现后应立即退还。纳税人发现的，申请退税时限为缴纳税款之日起1年内。

关税的补征和追征，是指海关在纳税义务人按海关核定的税额缴纳关税后，发现实际征收税额少于应征税额（短征关税）时，责令纳税义务人补缴所差税款的一种行政行为。补征和追征概念的差异在于导致少纳税款的责任不同，责任的不同也带来补征与追征时限的不同。

由于关税不执行《征管法》，有其独特的管理规定。溢征关税和补征、追征关税的处理与《征管法》规定不同，特列表如下：

考点妙记

关税：一退一补三追→“113”

征管法：三退三补三追→“333，5无”

情况	关税规定	征管法规定
溢征	海关发现的，应立即退还；纳税人发现的，自缴纳税款之日起1年内书面申请退税，并加算银行同期活期存款利息	税务机关发现的，应立即退还；纳税人发现的，自结算缴纳税款之日起3年内申请退税，并加算银行同期活期存款利息
补征	海关发现的，自缴纳税款或货物、物品放行之日起1年内补征，不加收滞纳金	因税务机关责任致使未缴或少缴税款的，在3年内补征税款，不加收滞纳金
追征	因纳税人违反规定而造成的少征或者漏征税款，自纳税人缴纳税款或者货物、物品放行之日起3年内追征，按日加收万分之五的滞纳金	因纳税人、扣缴义务人责任致使未缴或少缴税款的，在3年内追征税款、滞纳金；特殊情况追征期延长至5年；偷（逃）、抗、骗税无追征期限制，按日加收万分之五的滞纳金

经典题解

【真题30·单选题】因纳税义务人违反规定而造成的少征关税，海关可以自纳税义务人缴纳税款或者货物、物品放行之日起的一定期限内追征。这一期限是（　　）。（2020年）

A. 1年　　　　B. 10年

C. 5年　　　　D. 3年

【解析】因纳税人违反规定而造成的少征或者漏征税款，海关可自纳税人缴纳税款或者货物、物品放行之日起3年内追征，按日加收万分之五的滞纳金。

【答案】D

第六节　船舶吨税法

使用“会计云课堂”App 或“微信”扫码查看本节视频，快速 GET 知识点。

船舶吨税简称“吨税”，是对自境外港口进入中华人民共和国境内港口的船舶，因享受了我国的航道和导航设施而付出的代价。

考点 1：吨税的征税范围和税率 ★

1. 征税范围与税率

要素		规定
征税范围		自中华人民共和国境外港口进入境内港口的船舶（以下称“应税船舶”），应当缴纳船舶吨税
税率	优惠税率	适用优惠税率的船舶包括： （1）中华人民共和国国籍的应税船舶 （2）船籍国（地区）与中华人民共和国签订含有相互给予船舶税费最惠国待遇条款的条约或者协定的应税船舶
	普通税率	除了适用优惠税率的船舶之外的其他应税船舶

2. 吨税税目税率表

税目（按船舶净吨位划分）	税率（元/净吨）						备注
	普通税率（按执照期限划分）			优惠税率（按执照期限划分）			
	1 年	90 日	30 日	1 年	90 日	30 日	
不超过 2000 净吨	12.6	4.2	2.1	9.0	3.0	1.5	（1）拖船按照发动机功率每千瓦折合净吨位 0.67 吨 （2）无法提供净吨位证明文件的游艇，按照发动机功率每千瓦折合净吨位 0.05 吨 （3）拖船和非机动驳船分别按相同净吨位船舶税率的 50% 计征税款
超过 2000 净吨，但不超过 10000 净吨	24.0	8.0	4.0	17.4	5.8	2.9	
超过 10000 净吨，但不超过 50000 净吨	27.6	9.2	4.6	19.8	6.6	3.3	
超过 50000 净吨	31.8	10.6	5.3	22.8	7.6	3.8	

【提示】船舶吨税按船舶净吨位和执照标明的停留期限确定税额标准，按照 30 日、90 日、1 年的三类期限具体划分普通税率和优惠税率。

考点 2：吨税应纳税额的计算 ★

吨税按照船舶净吨位和吨税执照期限征收。净吨位，是指由船籍国（地区）政府签发或者授权签发的船舶吨位证明书上标明的净吨位。计算公式：

应纳税额 = 船舶净吨位 × 定额税率（元 / 净吨）

应税船舶负责人缴纳吨税或者提供担保后，海关按照其申领的执照期限填发吨税执照。

应税船舶在进入港口办理入境手续时，应当向海关申报纳税领取吨税执照，或者交验吨税执照（或者申请核验吨税执照电子信息）。应税船舶在离开港口办理出境手续时，应当交验吨税执照（或者申请核验吨税执照电子信息）。

应税船舶负责人申领吨税执照时，应当向海关提供下列文件：

1. 船舶国籍证书或者海事部门签发的船舶国籍证书收存证明；
2. 船舶吨位证明。

经典题解

【例题 31 · 计算问答题】有一美国籍净吨位为 9000 净吨的货轮“维多利亚”号，停靠在我国天津新港装卸货物。货轮负责人已向我国海关领取了吨税执照，在港口停留期限为 30 天，美国已与我国签订含有相互给予船舶税费最惠国待遇条款的条约，计算对该货轮应征的船舶吨税。

【答案及解析】第一步确定适用税率，净吨位 9000 净吨的货轮 30 天期的优惠税率为 2.9 元 / 净吨。

第二步即可计算应纳税额。船舶吨税的计算公式：吨税应纳税额 = 船舶净吨位 × 定额税率

应征船舶吨税 =9000 × 2.9=26100（元）。

【例题 32 · 计算问答题】有一艘船籍国为甲国的游艇停靠我国口岸，并拟办理 30 日吨税执照，该游艇无法提供净吨位证明文件，但已知该游艇发动机功率 1800 千瓦，甲国与我国签订含有相互给予船舶税费最惠国待遇条款的条约，计算对该游艇应征的船舶吨税。

【答案及解析】第一步用发动机功率折算净吨位并确定税率，无法提供净吨位证明文件的游艇，按照发动机功率每千瓦折合净吨位 0.05 吨。该游艇折合净吨位 = 1800 × 0.05=90（净吨），30 天期的优惠税率为 1.5 元 / 净吨。

第二步即可计算应纳税额。船舶吨税的计算公式：吨税应纳税额 = 船舶净吨位 × 定额税率

应征船舶吨税 =90 × 1.5=135（元）。

考点3：吨税的税收优惠 ★

（一）直接优惠

下列船舶免征吨税：

1. 应纳税额在人民币50元以下的船舶；
2. 自境外以购买、受赠、继承等方式取得船舶所有权的初次进口到港的空载船舶；
3. 吨税执照期满后24小时内不上下客货的船舶；
4. 非机动船舶（不包括非机动驳船）；
5. 捕捞、养殖渔船；
6. 避难、防疫隔离、修理、改造、终止运营或者拆解，并不上下客货的船舶；
7. 军队、武装警察部队专用或者征用的船舶；
8. 警用船舶；
9. 依照法律规定应当予以免税的外国驻华使领馆、国际组织驻华代表机构及其有关人员的船舶；
10. 国务院规定的其他船舶。

符合上述第5~9项的优惠规定的船舶，应当提供海事部门、渔业船舶管理部门等部门、机构出具的具有法律效力的证明文件或者使用关系证明文件，申明免税的依据和理由。

经典题解

【真题33·单选题】下列从境外进入我国港口的船舶中，免征船舶吨税的是（　　）。（2018年）

A. 养殖渔船

B. 非机动驳船

C. 拖船

D. 吨税执照期满后24小时内上下客货的船舶

【解析】选项A：免征船舶吨税。选项BC：非机动驳船和拖船分别按相同净吨位船舶税率的50%计征税款。选项D：吨税执照期满后24小时内“不上下”客货的船舶免征船舶吨税。

【答案】A

（二）延期优惠

在吨税执照期限内，应税船舶发生下列情形之一的，海关按照实际发生的天数批注延长吨税执照期限：

1. 避难、防疫隔离、修理、改造，并不上下客货。
2. 军队、武装警察部队征用。

符合延期优惠规定的船舶，应当提供海事部门、渔业船舶管理部门等部门、机构出具的具有法律效力的证明文件或者使用关系证明文件，申明延长吨税执照期限的依据和理由。

经典题解

【真题 34·多选题】 应税船舶在吨税执照期限内发生的下列情形中，海关可按照实际发生的天数批注延长吨税执照期限的有（　　）。（2020 年）

A. 避难并不上下客货的　　B. 防疫隔离不上下客货的

C. 补充供给不上下旅客的　　D. 武装警察部队征用的

【答案】 ABD

考点 4：吨税的征收管理 ★

1. 征收机关

吨税由海关负责征收。海关征收吨税应当制发缴款凭证。

2. 纳税期限

吨税纳税义务发生时间为应税船舶进入港口的当日。

应税船舶在吨税执照期满后尚未离开港口的，应当申领新的吨税执照，自上一次执照期满的次日起续缴吨税。

应税船舶负责人应当自海关填发吨税缴款凭证之日起 15 日内缴清税款。未按期缴清税款的，自滞纳税款之日起至缴清税款之日止，按日加收滞纳税款万分之五的税款滞纳金。

3. 纳税担保

应税船舶到达港口前，经海关核准先行申报并办结出入境手续的，应税船舶负责人应当向海关提供与其依法履行吨税缴纳义务相适应的担保；应税船舶到达港口后，依照规定向海关申报纳税。

下列财产、权利可以用于担保：

（1）人民币、可自由兑换货币；

（2）汇票、本票、支票、债券、存单；

（3）银行、非银行金融机构的保函；

（4）海关依法认可的其他财产、权利。

4. 领取吨税执照后船舶变化的处理

应税船舶在吨税执照期限内，因修理、改造导致净吨位变化的，吨税执照继续有效。应税船舶办理出入境手续时，应当提供船舶经过修理、改造的证明文件。

应税船舶在吨税执照期限内，因税目税率调整或者船籍改变而导致适用税率变化的，吨税执照继续有效。

5. 执照毁损或遗失

吨税执照在期满前毁损或者遗失的，应当向原发照海关书面申请核发吨税执照副本，不再补税。

经典题解

【例题 35·多选题】 下列关于船舶吨税的表述不正确的有（　　）。

A. 吨税的应税船舶不包括中华人民共和国国籍的船舶

B. 吨税纳税义务发生时间为应税船舶进入港口的当日

C. 应税船舶在吨税执照期限内，因修理导致净吨位变化的，吨税执照失效

D. 吨税执照在期满前毁损或者遗失的，应当补税

【解析】选项 A：自中华人民共和国境外港口进入境内港口的船舶，应当缴纳船舶吨税，包含中华人民共和国国籍的船舶。选项 C：应税船舶在吨税执照期限内，因修理、改造导致净吨位变化的，吨税执照继续有效。应税船舶办理出入境手续时，应当提供船舶经过修理、改造的证明文件。选项 D：吨税执照在期满前毁损或者遗失的，应当向原发照海关书面申请核发吨税执照副本，不再补税。

【答案】ACD

考试加油站

一、本章小结

下载“会计云课堂”App 学习

您已成功完成“第七章”的学习，本章共 19 个考点，您都学会了吗？

为了让您对章节有更清晰的理解，加倍巩固。本书作者刘颖老师将通过“**视频导图课**”的方式，带您回顾重要考点。

名师点拨，视听结合，高效提分。

※ 欢迎您扫码，免费观看学习。

二、本章疑难问题解答

1. 计入完税价格的佣金和不计入完税价格的佣金如何区分？

答：首先要区分是计算进口关税还是计算出口关税。

如果是计算进口关税，购货佣金（向买方代理人支付的劳务费用）不计入完税价格，因为买方代理人属于买方内部的派出机构或人员，向自己内部机构或人员支付款项不应构成完税价格；向其他中介机构或人员支付的佣金计入完税价格，是因为其他中介机构或人员是企业外部的机构或人员，所以应计入进口货物的完税价格。

如果是计算出口关税，货价中买方承担的各类佣金与卖方向买方收取的佣金都不能从出口货物的完税价格中减除。

2. 向境外购买无形资产是否需要缴纳进口关税？

答：关税只对有形的货品征收，对无形的货品不征关税。因此，与货物进口或销售无关的单独购买的商标权、专利权等无形资产不缴纳关税，但是如果无形资产与进口货物或境内销售直接相关或构成进口货物的条件了，则需要和货物一起缴纳关税。

因此可以这么来理解：进口货物时买方向卖方或者有关方直接或间接支付的特许权使用

费，符合下列情形之一的，不计入关税完税价格：

（1）特许权使用费与该货物无关；

（2）特许权使用费的支付不构成该货物向境内销售的条件。

情形	缴纳的税种	负责征管的部门
与进口货物有关的且构成进口条件的特许权使用费	与进口货物一起缴纳关税、增值税、消费税	海关
特许权使用费与该货物无关；或特许权使用费的支付不构成该货物向境内销售的条件	增值税	税务机关

3. 关税征收管理中有“运输工具申报进境之日起 14 日内”，也有“填发税款缴款书之日起 15 日内”，这两个时间有什么关系？

答：前者是进口货物申报的时限；后者是进出口货物缴纳税款的时限。

历年经典主观题回顾

使用“会计云课堂”App 或“微信”扫码快速做题、对答案、看解析、掌握解题思路，开启轻松过关之旅。

计算问答题

位于市区的某动漫软件公司为增值税一般纳税人，2021 年 7 月经营业务如下：

（1）进口一台机器设备，国外买价折合人民币 640000 元，运抵我国入关地前支付的运费折合人民币 42000 元、保险费折合人民币 38000 元，入关后运抵公司所在地，取得运输公司开具的增值税专用发票，注明运费 16000 元、税额 1440 元。

（2）支付给境外某公司特许权使用费，扣缴相应税款并取得完税凭证，合同约定的特许权使用费的金额为人民币 1000000 元（含按税法规定应由该动漫软件公司代扣代缴的税款）。

（其他相关资料：已知该机器设备进口关税税率为 12%）

要求：根据上述资料，按照下列顺序回答问题，如有计算需计算出合计数。

（1）计算业务（1）应缴纳的进口关税。

（2）计算业务（1）应缴纳的进口环节增值税。

（3）计算业务（2）应代扣代缴的增值税。（2016 年考题节选改编）

历年经典主观题回顾参考答案及解析

使用“会计云课堂”App或“微信”扫码对答案、看解析、掌握解题思路，开启轻松过关之旅。

计算问答题

【答案及解析】

（1）进口关税＝（640000+42000+38000）×12%=86400（元）

（2）进口增值税＝（640000+42000+38000）×（1+12%）×13%=104832（元）

（3）应代扣代缴的增值税=1000000÷（1+6%）×6%=56603.77（元）

由于购买境外的特许权使用费与进口货物无关，不涉及关税，也不需要组成计税价格，按照支付的不含增值税金额计算代扣代缴的增值税，由税务机关负责征收管理。

用支付境外的含税金额作增值税价税分离，特许权使用费适用6%的增值税税率。

同步强化练习题

使用“会计云课堂”App或“微信”扫码快速做题、对答案、看解析、掌握解题思路，开启轻松过关之旅。

一、单项选择题

1. 关税税率随进口商品价格由高到低而由低到高设置，这种计征关税的方法称为（　　）。

A. 从价税　　B. 从量税

C. 复合税　　D. 滑准税

2. 我国海关总署制定有《中华人民共和国进境物品归类表》，对于《归类表》未列名的进境物品，按归类原则首选的做法是（　　）。

A. 按其名称相似度归入相应类别

B. 按其主要功能（或用途）归入相应类别

C. 归入不征税范畴

D. 归入“其他物品”类别

3. 除个别国家外，对与我国建交并完成换文手续的其他最不发达国家继续实施的税率是（　　）。
A. 最惠国税率　　B. 协定税率
C. 特惠税率　　D. 暂定税率

4. 以下项目需计入进口货物关税完税价格的是（　　）。
A. 货物运抵境内输入地点起卸后的运输费用
B. 进口关税
C. 货物运抵境内输入地点起卸后发生的国内保险费
D. 卖方间接从买方对该货物进口后使用所得中获得的收益

5. 依据关税的有关规定，下列费用中不计入进口货物关税完税价格的是（　　）。
A. 货价
B. 境外运费
C. 由买方负担的包装费
D. 由买方负担的购货佣金

6. 经海关批准，实行集中申报的进出口货物，应当适用的税率是（　　）。
A. 第一次进出口日所实施的税率
B. 每次货物进出口时海关接受该货物申报之日实施的税率
C. 最后一次进出口日实施的税率
D. 集中申报期间的平均税率

7. 某企业2022年2月进口卷烟30箱（标准箱，下同），每箱成交价格1000欧元，支付境外自己的采购代理人佣金40欧元/箱，运抵我国境内输入地点起卸前的运费110欧元/箱，保险费100欧元/箱。该企业进口环节应纳关税（　　）元。（关税税率20%，1欧元=6.95元人民币）
A. 52125　　B. 50457
C. 252285　　D. 234375

8. 甲企业进口一批货物，海关审定货价折合人民币5460万元，支付到达我国境内输入地点起卸前的运费折合人民币40万元，境内运费5万元，该批货物进口关税税率为10%，保险费无法确定，甲企业进口该批货物应缴纳关税（　　）万元。
A. 546.00　　B. 550.00
C. 550.50　　D. 551.65

9. 下列项目中，属于进口货物关税完税价格组成部分的是（　　）。
A. 进口人向自己的境外采购代理人支付的劳务费用
B. 进口人负担的向中介机构支付的经纪费
C. 进口设备报关后的安装调试费用
D. 货物运抵境内输入地点起卸之后的运输费用

10. 下列各项中，符合关税完税价格有关规定的是（　　）。
A. 运往境外加工的货物，出境时已向海关报明，并在海关规定期限内复运进境的，应以该货物进境时的到岸价格为完税价格
B. 准予暂时进口的施工机械，按其离岸价格为完税价格
C. 转让进口时免税的旧货物需补税时，以该货物原入境的成交价格为完税价格
D. 运输工具作为进口货物，利用自身动力进境的，海关在审查确定完税价格时，不再另行计入运输及其相关费用

11. 依据关税的有关规定，以租金方式对外支付的进口租赁货物，在租赁期间作为完税价格的是（　　）。
A. 海关审定的租金（含利息）
B. 海关审定的采购价格
C. 按照一般进口货物估定的完税价格
D. 货物成交价格

12. 某公司将一台价值150万元人民币的机械设备运往境外修理，出境时向海关报

明，并在规定期限内复运进境，已知该公司支付境外修理费7000美元，料件费2500美元，复运进境的运输费2000美元、保险费400美元。当期汇率1美元=6.7元人民币，该设备适用关税税率7%，则该公司将该设备复运进境时应缴纳的进口关税为（　　）元。

A．5581.1　　B．5393.5

C．4455.5　　D．4408.6

13．特定地区、特定企业或者有特定用途的特定减免税进口货物，应当接受海关监管。特定减免税进口货物中的机动车辆的监管年限为（　　）。

A．3年　　B．5年

C．6年　　D．8年

14．某科技公司2019年4月1日经批准进口一套特定免税设备用于研发项目，2021年10月1日经海关批准，该公司将设备出售，取得销售收入180万元，该设备进口时经海关审定的完税价格为330万元，已提折旧60万元。2021年10月该公司应补缴关税（　　）万元。（该货物2019年关税税率为7%，2021年关税税率为5%）

A．2.75　　B．3.85

C．9　　D．12.6

15．下列项目中，应计入出口货物完税价格的是（　　）。

A．单独列明的离境口岸至境外口岸之间的运输费

B．单独列明的离境后保险费

C．工厂至离境口岸之间的运输费、保险费

D．出口关税

16．依据关税的有关规定，下列进口货物中可享受法定免税的是（　　）。

A．有商业价值的进口货样

B．外国政府无偿赠送的物资

C．福利机构进口国内不能生产的符合规定的残疾人专用品

D．科贸公司进口的科教用品

17．以关税特定减免税方式进口的大型设备，海关监管的年限为（　　）年。

A．3　　B．6

C．8　　D．10

18．中国公民张女士2022年1月通过跨境电商购买一只皮革钱包，根据税法规定计算的实际交易价格是1800元。假定关税税率10%。则张女士上述行为（　　）。

A．应缴纳关税180元

B．应缴纳增值税163.8元

C．应缴纳增值税234元

D．应缴纳消费税150元

19．进出口货物完税放行后，如发现少征或者漏征关税税款（非纳税人原因），海关应自缴纳税款或者货物、物品放行之日起（　　）内，向纳税人补征。

A．1年　　B．2年

C．3年　　D．5年

20．如纳税义务人自缴纳税款期限届满之日起的规定时间内仍未缴纳税款，经直属海关关长或者其授权的隶属海关关长批准，海关可以采取强制扣缴、变价抵缴等强制措施。该规定时间是（　　）。

A．15日　　B．30日

C．3个月　　D．6个月

21．有一泰国国籍净吨位为1800净吨的非机动驳船，停靠在我国某港口装卸货物。驳船负责人已向我国海关领取了吨税执照，在港口停留期限为30天，泰国已与我国签订含有相互给予船舶税费最惠国待遇条款的条约。已知不超过2000净吨的船舶，30天期限的普通税率为2.1元/净吨，优惠税率为1.5元/净吨，其应纳的船舶吨税为（　　）元。

A. 3780　　B. 2700
C. 1350　　D. 0

22. 应税船舶在吨税执照期限内，因修理、改造导致净吨位变化，应税船舶办理出入境手续时，提供了船舶经过修理、改造的证明文件，则该船舶（　　）。
A. 按修理、改造后净吨位重新计税
B. 按修理、改造后净吨位与原净吨位的差补交或退还税款
C. 按修理、改造后净吨位与原净吨位的差补税但不退税
D. 吨税执照继续有效

二、多项选择题

1. 已申报进境并放行的保税货物、减免税货物、租赁货物或者已申报进出境并放行的暂时进出境货物，有规定情形之一需缴纳税款的，应当适用海关接受纳税义务人再次填写报关单申报办理纳税及有关手续之日实施的税率，这些规定情形包括（　　）。
A. 保税货物复运出境的
B. 保税仓储货物转入国内市场销售的
C. 减免税货物经批准转让或者移作他用的
D. 租赁进口货物，分期缴纳税款的

2. 以下符合进口货物税率适用规则的有（　　）。
A. 暂定税率优先适用于优惠税率或最惠国税率
B. 适用最惠国税率的进口货物有暂定税率的，适用暂定税率
C. 适用协定税率、特惠税率的进口货物有暂定税率的，应当从低适用税率
D. 当最惠国税率低于或等于协定税率时，两者从低适用

3. 运往境外修理的机械器具、运输工具或其他货物，出境时已向海关报明，并在海关规定期限内复运进境的，其完税价格包含的因素有（　　）。
A. 境外修理费
B. 境外料件费
C. 运输及相关费用
D. 保险费

4. 由买方负担的下列费用中，应计入进口货物关税完税价格的有（　　）。
A. 境外考察费
B. 境外运输费
C. 境外保险费
D. 境外包装劳务费

5. 下列能独立区分的项目不计入进口货物关税完税价格的有（　　）。
A. 机械进口后的维修费
B. 货物运抵境内输入地点起卸前的运输费
C. 进口关税
D. 设备进口后的保修费

6. 下列税费中，应计入进口货物关税完税价格的有（　　）。
A. 进口环节缴纳的消费税
B. 由买方负担的包装劳务费用
C. 设备进口后的安装费用
D. 设备进口后的保修费用

7. 海关可以客观量化的数据资料为基础审查确定进口货物的完税价格，但下列价格中不得使用的有（　　）。
A. 境内生产的货物在境内的销售价格
B. 可供选择的价格中较高的价格
C. 货物在出口地市场的销售价格
D. 最低限价或武断、虚构的价格

8. 出口货物的成交价格不能确定时，海关经了解有关情况，并且与纳税义务人进行价格磋商后，可使用（　　）审查确定出口完税价格。
A. 同时或大约同时向同一国家或地区出口的相同货物的成交价格
B. 同时或大约同时向同一国家或地区出口的类似货物的成交价格

C. 根据境内生产相同或类似货物的成本、利润和一般费用、境内发生的运输及其相关费用、保险费计算所得的价格

D. 按照合理方法估定的价格

9. 下列出口货物成交价格包含的税收和费用中，不计入出口货物关税完税价格的有（ ）。

A. 出口关税税额

B. 单独列明由买方支付给境内第三方的佣金

C. 货物运至我国境内输出地点装载前的运输费用

D. 我国离境口岸至境外口岸之间的保险费

10. 根据关税的有关规定，下列说法正确的有（ ）。

A. 由于纳税人违反海关规定而少征或漏征的关税，海关在1年内可以追征

B. 由于纳税人违反海关规定而少征或漏征的关税，海关在3年内可以追征

C. 非因纳税人违反海关规定造成的少征或漏征的关税，海关应自缴纳税款或货物、物品放行之日起1年内补征

D. 非因纳税人违反海关规定造成的少征或漏征的关税，海关应自缴纳税款或货物、物品放行之日起3年内补征

11. 有下列（ ）情形之一的，进出口货物的纳税人自缴纳税款之日起1年内可以向海关申请退税。

A. 销售方修改价格而多缴的进口关税

B. 已征进口关税的货物，因品质或者规格原因，原状退货复运出境的

C. 已征出口关税的货物，因品质或者规格原因，原状退货复运进境，未重新缴纳因出口退还的国内环节有关税收的

D. 已征出口关税的货物，因故未装运出口，申报退关的

12. 依据关税的有关规定，下列进口货物中可享受法定免税的有（ ）。

A. 外国企业无偿赠送的物资

B. 国际组织无偿赠送的物资

C. 福利机构进口的国内不能生产的、符合规定的残疾人专用品

D. 关税税额在人民币50元以下的一票货物

13. 下列各项符合关税延期纳税规则的有（ ）。

A. 因不可抗力或在国家税收政策调整的情形下造成无法按期纳税

B. 经税务机关批准

C. 经提供税款担保

D. 期限最长不得超过3个月

14. 下列关于出口货物关税完税价格的说法，正确的有（ ）。

A. 出口关税税额不计入完税价格

B. 在境内输出地点装载前发生的运费，应包含在完税价格中

C. 出口货物关税完税价格包含出口关税税额

D. 在境内输出地点装载后发生的保险费，不计入完税价格

15. 暂时进境或者暂时出境的某些货物，在进境或者出境时纳税义务人向海关缴纳相当于应纳税款的保证金或者提供其他担保的，可以暂不缴纳关税，并应当自进境或者出境之日起6个月内复运出境或者复运进境。该货物包括（ ）。

A. 货样

B. 盛装货物的容器

C. 进行新闻报道使用的设备及用品

D. 供安装、调试、检测设备时使用的仪器、工具

16. 根据跨境电子商务零售进口商品征税规定，下列说法正确的有（　　）。
A. 跨境电子商务零售进口商品缴纳行邮税
B. 购买跨境电子商务零售进口商品的个人作为纳税人
C. 物流企业可作为进口环节税款代收代缴义务人
D. 跨境电子商务零售进口商品超过单次交易限值，按照一般贸易方式全额征税

17. 以下船舶免征船舶吨税的有（　　）。
A. 防疫隔离不上下客货的船舶
B. 自境外以购买、受赠、继承等方式取得船舶所有权的初次进口到港的空载船舶
C. 吨税执照期满后 8 小时内上下客货的船舶
D. 捕捞、养殖渔船

18. 下列船舶中，免征船舶吨税的有（　　）。
A. 养殖渔船
B. 非机动驳船
C. 军队征用的船舶
D. 应纳税额为人民币 100 元的船舶

19. 应税船舶在吨税执照期限内，发生如下（　　）情况的，吨税执照继续有效。
A. 因税目调整而导致适用税率变化的
B. 因税率调整而导致适用税率变化的
C. 因船籍改变而导致适用税率变化的
D. 因修理、改造导致净吨位变化的

三、计算问答题

1. 某市进出口企业（增值税一般纳税人）2022 年 1 月发生如下业务：
进口设备一批，合同规定货款 50000 美元，进口海运费（起卸前）1000 美元，报关费及港口至企业的内陆运费 200 美元（均取得增值税普通发票），买方另支付进口货物到达我国关境内输入地点起卸前的保险费 100 美元，向自己的采购代理人支付佣金 200 美元，向货物代理中介支付中介费 500 美元，缴纳进口环节税金后海关填发税款专用缴款书。（设备关税税率为 7%，美元当期汇率 1：6.2）进口后将该批设备以 500000 元人民币的含税价格销售，开具普通发票。

要求：
（1）计算其进口环节应纳关税；
（2）计算其进口环节应纳的其他税金合计；
（3）计算内销环节实际应缴纳的各项税金及附加合计。

2. 某企业（具有金银首饰经营资质的增值税一般纳税人）2021 年 12 月海运进口一批银首饰，海关审定货价折合人民币 6970 万元，运保费无法确定，海关按该货物进口同期的正常运输成本审查确定的运费折合人民币 9.06 万元，该批银首饰进口关税税率为 15%，消费税税率为 5%。

要求：
（1）计算进口环节应缴纳的关税；
（2）计算进口环节应缴纳的消费税；
（3）计算进口环节应缴纳的增值税。

同步强化练习题参考答案及解析

使用“会计云课堂”App或“微信”扫码对答案、看解析、掌握解题思路，开启轻松过关之旅。

一、单项选择题

1.【答案】D

【解析】关税税率随进口商品价格由高到低而由低到高设置，这种计征关税的方法称为滑准税。

2.【答案】B

【解析】进境物品依次遵循以下原则归类：(1)《归类表》已列名的物品，归入其列名类别。(2)《归类表》未列名的物品，按其主要功能（或用途）归入相应类别。(3)不能按照上述原则归入相应类别的物品，归入“其他物品”类别。(4)纳税义务人对进境物品的归类、完税价格的确定持有异议的，可以依法提请行政复议。

3.【答案】C

【解析】除赤道几内亚外，对与我国建交并完成换文手续的其他最不发达国家继续实施特惠税率。

4.【答案】D

【解析】卖方直接或间接从买方对该货物进口后销售、处置或使用所得中获得的收益应计入关税完税价格。

5.【答案】D

【解析】由买方负担的购货佣金不计入进口货物关税完税价格。

6.【答案】B

【解析】经海关批准，实行集中申报的进出口货物，应当适用每次货物进出口时海关接受该货物申报之日实施的税率。

7.【答案】B

【解析】支付给境外自己的采购代理人的佣金属于不需要计入关税完税价格的购货佣金。

关税完税价格 =（1000+110+100）×6.95×30=252285（元）

应纳关税 =252285×20%=50457（元）。

8.【答案】D

【解析】如果进口货物的保险费无法确定或未实际发生，海关应按“货价加运费”两者总额的3‰计算保险费。境内运费不计入进口关税的完税价格。

甲企业进口该批货物应缴纳关税 =(5460+40)×（1+3‰）×10%=551.65（万元）。

9.【答案】B

【解析】选项AB：计入关税完税价格的佣金不包括购货佣金（进口人向自己的境内外采购代理人支付的劳务费用），但是包括进口人负担的向中介机构支付的经纪费。选项CD：进口设备报关后的安装调试费用和货物运抵境内输入地点起卸之后的运输费用都属于进口后发生的费用，不应计入进口货物关税的完税价格。

10.【答案】D

【解析】选项 A：运往境外加工的货物，出境时已向海关报明，并在海关规定期限内复运进境的，应以境外加工费、料件费、复运进境的运输及相关费用、保险费为基础审查确定完税价格；选项 B：准予暂时进口的施工机械，按一般进口货物完税价格确定的有关规定，审查确定完税价格；选项 C：转让进口的免税旧货物需补税时，以海关审定的该货物原进口时的价格扣除折旧部分作为完税价格；只有选项 D 与规定表述一致。

11.【答案】A

【解析】租赁方式进口的货物中，以租金方式对外支付的租赁货物，在租赁期间内，以海关审定的租金作为完税价格，利息应当予以计入。

12.【答案】C

【解析】运往境外修理的机械器具、运输工具或其他货物，出境时已向海关报明，并在海关规定期限内复运进境的，应当以境外修理费和料件费为基础确定完税价格。

进口关税 =（7000+2500）×7%×6.7=4455.5（元）。

13.【答案】C

【解析】特定减免税进口货物的监管年限为：①船舶、飞机：8 年；②机动车辆：6 年；③其他货物：3 年。

14.【答案】A

【解析】该公司已进口使用该设备的时间为 30 个月，而除车、船、飞机外其他货物的监管年限为 3 年（36 个月）。

该公司应补缴关税 =330×（1−30/36）×5%=2.75（万元）。

15.【答案】C

【解析】出口货物的完税价格，由海关以该货物向境外销售的成交价格为基础审查确定，并应包括货物运至我国境内输出地点装载前的运输及其相关费用、保险费，但其中包含的出口关税税额，应扣除。

16.【答案】B

【解析】无商业价值的广告品和货样免征关税，所以选项 A 不正确；符合条件的残疾人专用品属于特定减免税而不属于法定减免税，所以选项 C 不正确；科贸公司进口科教用品照章征税，所以选项 D 不正确。

17.【答案】A

【解析】除海关总署另有规定外，进口减免税货物的监管年限为：（1）船舶、飞机：8 年；（2）机动车辆：6 年；（3）其他货物：3 年。

18.【答案】B

【解析】张女士所购钱包未超过单次 5000 元的限值从而关税税率为 0%，但需缴纳增值税，同时可享受 7 折优惠，皮革钱包不属于消费税的征税范围，不缴纳消费税。

张女士应纳增值税 =1800×13%×70%=163.8（元）。

19.【答案】A

【解析】非纳税人原因的少征或漏征关税，海关的补征期为 1 年。

20.【答案】C

【解析】如纳税义务人自缴纳税款期限届满之日起 3 个月仍未缴纳税款，经直属海关关长或者其授权的隶属海关关长批准，海关可以采取强制扣缴、变价抵缴等强制措施。

21.【答案】C

【解析】非机动驳船按相同净吨位船舶税率的 50% 计征吨税；应纳船舶吨税 =1800×1.5×50%=1350（元）。

22.【答案】D

【解析】应税船舶在吨税执照期限内，因修理、改造导致净吨位变化的，吨税执照继续有效。应税船舶办理出入境手续时，应当提供船舶经过修理、改造的证明文件。

二、多项选择题

1.【答案】BCD

【解析】已申报进境并放行的保税货物、减免税货物、租赁货物或者已申报进出境并放行的暂时进出境货物，有下列情形之一需缴纳税款的，应当适用海关接受纳税义务人再次填写报关单申报办理纳税及有关手续之日实施的税率：(1)保税货物经批准不复运出境的；(2)保税仓储货物转入国内市场销售的；(3)减免税货物经批准转让或者移作他用的；(4)可暂不缴纳税款的暂时进出境货物，不复运出境或者进境的；(5)租赁进口货物，分期缴纳税款的。

2.【答案】ABC

【解析】选项D：当最惠国税率低于或等于协定税率时，协定有规定的，按相关协定的规定执行；协定无规定的，两者从低适用。

3.【答案】AB

【解析】运往境外修理的机械器具、运输工具或其他货物，出境时已向海关报明，并在海关规定期限内复运进境的，应当以境外修理费和料件费为基础审查确定完税价格。

这里注意区分与运往境外加工的货物的完税价格构成因素不同。

4.【答案】BCD

【解析】进口货物关税完税价格包括货价、货物运抵我国境内输入地点起卸前的运输及其相关费用、保险费，由买方负担的包装材料费和包装劳务费应计入完税价格。境外考察费不得计入进口货物完税价格。

5.【答案】AC

【解析】进口关税和机械进口后的维修费不计入关税完税价格，但设备进口后的保修费和货物运抵境内输入地点起卸前的运输费应计入关税完税价格。

6.【答案】BD

【解析】进口货物的完税价格包括货物的货价、货物运抵我国境内输入地点起卸前的运输及其相关费用、保险费。还应当包括包装劳务费用和设备进口后的保修费用，但不应包括进口环节缴纳的税金和设备进口后的安装费用。

7.【答案】ABCD

【解析】使用合理估价方法时，海关以客观量化的数据资料为基础审查确定完税价格，但不得使用以下价格：(1)境内生产的货物在境内的销售价格；(2)可供选择的价格中较高的价格；(3)货物在出口地市场的销售价格；(4)以计算价格估价方法规定之外的价值或费用计算的相同或类似货物的价格；(5)出口到第三国或地区的货物的销售价格；(6)最低限价或武断、虚构的价格。

8.【答案】ABCD

【解析】考核出口货物关税完税价格的估定方法。

9.【答案】AD

【解析】出口货物的完税价格，由海关以该货物向境外销售的成交价格为基础审查确定，并应当包括货物运至中华人民共和国境内输出地点"装载前"的运输及其相关费用、保险费。不包括出口关税和单独列明的离岸后的运输及其相关费用、保险费。

10.【答案】BC

【解析】由于纳税人违反海关规定而少征或漏征的关税，海关在 3 年内可以追征；非因纳税人违反海关规定造成的少征或漏征的关税，海关应予补征，补征期限为缴纳税款或货物、物品放行之日起 1 年内。

11.【答案】BD

【解析】有下列情形之一的，纳税义务人自缴纳税款之日起 1 年内，可以申请退还关税，并应当以书面形式向海关说明理由，提供原缴款凭证及相关资料：（1）已征进口关税的货物，因品质或者规格原因，原状退货复运出境的；（2）已征出口关税的货物，因品质或者规格原因，原状退货复运进境，并已重新缴纳因出口而退还的国内环节有关税收的；（3）已征出口关税的货物，因故未装运出口，申报退关的。

12.【答案】BD

【解析】外国企业无偿赠送的物资不在法定免征关税的范围内，所以选项 A 不正确；特定机构进口国内不能生产的、符合条件的残疾人专用品属于特定减免税而不属于法定减免税，所以选项 C 不正确。

13.【答案】AC

【解析】关税纳税义务人因不可抗力或者在国家税收政策调整的情形下，不能按期缴纳税款的，依法提供税款担保后，可以延期缴纳税款，但最长不得超过 6 个月。

14.【答案】ABD

【解析】下列税收、费用不计入出口货物的完税价格：（1）出口关税；（2）在货物价款中单独列明的货物运至中华人民共和国境内输出地点装载后的运输及其相关费用、保险费。

15.【答案】ABCD

【解析】选项 ABCD 均属于在提供担保或缴纳保证金后，在一定期限内暂不缴纳关税的范围。

16.【答案】BC

【解析】选项 A：跨境电子商务零售进口商品按照货物征收关税和进口环节增值税、消费税；选项 D：完税价格超过 5000 元单次交易限值但低于 26000 元年度交易限值，且订单下仅一件商品时，可以自跨境电商零售渠道进口，按照货物税率全额征收关税和进口环节增值税、消费税，交易额计入年度交易总额，但年度交易总额超过年度交易限值的，应按一般贸易管理。

17.【答案】ABD

【解析】选项 C：吨税执照期满后 24 小时内不上下客货的船舶，免征吨税。

18.【答案】AC

【解析】选项 A：捕捞、养殖渔船免征船舶吨税；选项 B：非机动船舶（不包括非机动驳船）免征船舶吨税；选项 C：军队、武装警察部队专用或者征用的船舶免征船舶吨税；选项 D：应纳税额在人民币 50 元以下的船舶免征船舶吨税。

19.【答案】ABCD

【解析】按照船舶吨税法的规定，应税船舶在吨税执照期限内，因修理、改造导致净吨位变化的，吨税执照继续有效。应税船舶在吨税执照期限内，因税目税率调整或者船籍改变而导致适用税率变化的，吨税执照继续有效。

三、计算问答题

1.【答案及解析】

（1）关税完税价格 = 成交价格 + 进口海运费 + 进口保险费 + 支付的中介费 =（50000+1000+100+500）×6.2=319920（元）

应缴纳关税 =319920×7%=22394.4（元）

（2）进口环节应纳增值税 =（关税完税价格 + 关税）× 增值税税率 =（319920+22394.4）×13%=44500.87（元）

进口环节应纳的其他税金合计为44500.87元。

设备进口不缴纳消费税，也不涉及城建税、教育费附加、地方教育附加。

（3）内销环节增值税销项税额 =500000÷（1+13%）×13%=57522.12（元）

报关费及港口至企业的内陆运费200美元均取得增值税普通发票，所以不得抵扣进项税额。

应缴纳增值税 =57522.12−44500.87=13021.25（元）

应缴纳城建税、教育费附加和地方教育附加 =13021.25×（7%+3%+2%）=1562.55（元）

内销环节实际应缴纳的各项税金及附加合计 =13021.25+1562.55=14583.80（元）。

2.【答案及解析】

（1）按照关税有关法规规定：如果进口货物的运输及其相关费用、保险费无法确定的，应按该货物进口同期的正常运输成本审查确定运费；按“货价加运费”两者总额的3‰计算保险费。

关税完税价格 =（6970+9.06）×（1+3‰）=7000（万元）

应缴纳关税 =7000×15%=1050（万元）

（2）应纳消费税为0，因为适用5%消费税税率的银首饰属于零售环节缴纳消费税的消费品，所以进口环节不征收消费税。

（3）进口环节应纳增值税 =（7000+1050）×13%=1046.5（万元）。

◇中教科（保定）印刷股份有限公司

东奥教育集团
www.dongao.com

轻松过关®1

2022年注册会计师考试
应试指导及全真模拟测试

TAXATION
LAWS

全真模拟3套卷

税法

● 刘 颖 主编
● 东奥会计在线 编

加赠“全真模拟测试题”3套

——— 轻1名师亲编 ———

考前点押

名师融汇政策及行业最新变化，亲撰好题，考点覆盖全面，难度贴近真实考题。

机考模拟

3套全真模拟测试题，同步上传至东奥“机考系统”，100%还原真实机考场景；客观题、主观题系统自动判分，帮您精准查缺补漏，做到心中有数。

三步实现「机考模拟」

STEP 1

扫码下载“会计云课堂”App

STEP 2

扫描轻1上册封面防伪码，即可激活领取正版服务

STEP 3

激活后，请用电脑登录 www.dongao.com

“学员中心”—“机考系统”即可轻松机考模拟

目录 CONTENTS

2022 年注册会计师考试
全真模拟测试题（一）

使用“会计云课堂”App 或“微信”扫码快速做题、对答案、看解析、掌握解题思路，开启轻松过关之旅。

1036758
扫码做题

● 建议答卷时长 120 分钟　● 答卷开始时间 ______　● 答卷结束时间 ______

一、单项选择题

本题型共 26 小题，每小题 1 分，共 26 分。每小题只有一个正确答案，请从每小题的备选答案中选出一个你认为正确的答案。

1. 下列关于税法原则的表述，正确的是（　　）。

A. 税收公平原则是税法基本原则中的核心

B. 实质课税原则是关于税收争讼法的原则

C. 法律优位原则属于税法的基本原则

D. 税收法定主义贯穿税收立法和执法的全部领域，其内容包括税收要件法定原则和税务合法性原则

2. 纳税人受托对垃圾、污泥、污水、废气等废弃物进行专业化处理，其收取的处理费适用 13% 增值税税率的是（　　）。

A. 专业化处理后未产生货物的，收取的处理费用

B. 专业化处理不彻底且未产生货物的，收取的处理费用

C. 专业化处理后产生货物，且货物归属委托方的，收取的处理费用

D. 专业化处理后产生货物，且货物归属受托方的，收取的处理费用

3. 某境外旅客 2022 年 2 月 8 日在内地某退税商店购买了一件旗袍和两张京剧唱片，旗袍价税合计金额 1200 元，唱片价税合计金额 200 元，取得退税商店开具的增值税普通发票及退税申请单，发票注明旗袍税率 13%；唱片税率 9%。2022 年 2 月 10 日该旅客离境，应退增值税（　　）元。

A. 131.49　　B. 148

C. 154.56　　D. 174

4. 某从事二手车经营的增值税小规模纳税人，2022 年第一季度经营二手车取得含税收入 50 万元，提供停车场停车服务，取得含税收入 9.45 万元，该纳税人上述业务应缴纳增值税（　　）万元。

A. 0.53　　B. 0.70

C. 1.42　　D. 1.73

5. 以下商品，需要缴纳消费税的是（　　）。

A. 调味料酒

B. 船用重油

C. 变压器油

D. 气缸容量 200 毫升的摩托车

6. 甲啤酒厂为增值税一般纳税人，2021年6月销售鲜啤酒10吨给乙烟酒批发销售公司，开具的增值税专用发票上注明金额29000元，另开收据收取包装物押金2000元（含塑料周转箱押金500元）；销售无醇啤酒5吨给丙商贸公司，开具增值税专用发票注明金额13800元，另开收据收取包装物押金750元。上述押金均单独核算。甲厂当月应缴纳消费税（　　）元。

A. 2500　　B. 3300

C. 3600　　D. 3750

7. 下列准予扣除外购或委托加工收回应税消费品已纳消费税税款的是（　　）。

A. 外购已税溶剂油生产的溶剂油

B. 外购已税白酒生产的白酒

C. 委托加工收回的已税高档手表以高于受托方计税价格出售

D. 委托加工收回的已税珠宝玉石生产的金银镶嵌首饰

8. 以下符合烟叶税政策规定的是（　　）。

A. 烟叶税的纳税人是收购烟叶的单位和个人

B. 纳税人应当向机构所在地的主管税务机关申报缴纳烟叶税

C. 烟叶税的纳税义务发生时间为纳税人收购烟叶的当日

D. 烟叶税按次计征，纳税人应当于收购行为发生之日起15日内申报并缴纳税款

9. 依据企业所得税的相关规定，下列关于收入确认的时间，正确的是（　　）。

A. 接受捐赠收入，按照合同约定的捐赠日期确认收入的实现

B. 特许权使用费收入，以实际取得收入的日期确认收入的实现

C. 采取产品分成方式取得收入的，按照企业分得产品的日期确认收入的实现

D. 企业转让股权收入，应于收讫股权转让价款的日期确认收入的实现

10. 2021年某总机构设在海南自由贸易港的符合条件的企业，其设在海南自由贸易港的总机构和分支机构取得所得合计1500万元，位于上海的分支机构取得所得2000万元，则该企业应纳企业所得税（　　）万元。

A. 525　　B. 700

C. 725　　D. 875

11. 关于非居民个人取得工资、薪金所得的征收管理，下列说法正确的是（　　）。

A. 有扣缴义务人的，由扣缴义务人依据综合所得年度税率表，按月代扣代缴税款

B. 有扣缴义务人的，由扣缴义务人按月代扣代缴税款，不办理汇算清缴

C. 按规定可以在工资薪金应纳税所得额中扣除公益捐赠支出而未实际扣除的，可以在次年6月30日前申请补扣

D. 可向扣缴义务人提供专项附加扣除信息的，由扣缴义务人按扣除专项附加后的余额代扣税款

12. 2021年居民陈某发生大病医药费15.5万元，其中医保报销11万元，其余均为医保目录范围内的个人自付部分。陈某大病医疗的税前扣除金额是（　　）万元。

A. 4.5　　B. 3.0

C. 2.5　　D. 1.5

13. 2019年2月10日某公司由于承担国家重要工程项目，经批准免税进口了一套

电子设备。免税放行并使用2年后项目完工，2021年5月10日公司经批准将该设备出售给了国内另一家公司，并向海关申报办理补税手续。已知该套电子设备进口时，海关审定的完税价格为600万元，已计提折旧130万元。2019年进口时该套设备适用的关税税率为7%，2021年海关接受该公司申报办理补缴关税手续时，该套设备适用的关税税率为5%，按规定该公司应补缴关税（　　）万元。

A. 16.5　　B. 10.5

C. 23.5　　D. 7.5

14. 按照资源税法的相关规定，纳税人申报的应税产品销售额明显偏低且无正当理由的，或者有自用应税产品行为而无销售额的，主管税务机关在无法找到纳税人最近时期同类产品的平均销售价格和其他纳税人最近时期同类产品的平均销售价格时，首选的确定销售额方法是（　　）。

A. 按应税产品组成计税价格确定，组成计税价格 = 成本 ×（1+ 成本利润率）÷（1− 资源税税率）

B. 按后续加工非应税产品销售价格，减去后续加工环节的成本利润后确定

C. 按纳税人以前时期销售额资料推算确定

D. 由纳税人自行估定

15. 某工业企业昼间噪声标准限值为65分贝，夜间噪声标准限值为55分贝。经监测，其4月份噪声超标天数为10天，昼间最高分贝为72分贝，夜间最高分贝为60分贝。（超标4 ~ 6分贝，税额每月700元；超标7 ~ 9分贝，税额每月1400元），则该企业当月应纳环保税（　　）元。

A. 700　　B. 1050

C. 1400　　D. 2100

16. 关于土地增值税清算，下列表述正确的是（　　）。

A. 凡符合应办理土地增值税清算条件的项目，纳税人应当在满足条件之日起30日内到主管税务机关办理清算手续

B. 凡属税务机关要求纳税人进行土地增值税清算的项目，纳税人应当在接到主管税务机关下发的清算通知之日起90日内，到主管税务机关办理清算手续

C. 房地产开发企业实际缴纳的城市维护建设税、教育费附加，凡不能够按清算项目准确计算的，不得扣除

D. 纳税人按规定预缴土地增值税后，清算补缴的土地增值税，应加收滞纳金

17. 下列说法符合耕地占用税法规定的是（　　）。

A. 防洪、排涝水利工程占用耕地免征耕地占用税

B. 某市一家企业占用基本农田1000平方米从事工业制造，当地耕地占用税税率35元 / 平方米，则该企业应纳耕地占用税52500元

C. 纳税义务发生时间为纳税人占用耕地的当日

D. 自纳税义务发生之日起60日内申报纳税

18. 甲企业2021年1月购置原值为1000万元的一幢存量房，当月办妥过户手续取得权属证书，3月1日启动该房产大修，9月30日大修完毕，增加房产原值200万元，11月5日将该房产转让给乙企业。

假定甲企业所在省政府规定房产原值减除比例为30%，甲企业2021年应纳房产税（　　）万元。

A. 0　　B. 1.54

C. 2.24　　D. 2.38

19. 下列关于契税计税依据的说法，错误的是（　　）。

A. 以出让方式取得土地使用权的，城市基础设施配套费包含在计税依据之中

B. 房屋买卖的，计税依据为房屋买卖合同的总价款但不包括装修费用

C. 契税的计税依据不包含增值税

D. 房屋互换的，以互换房屋价格的差额为计税依据

20. 以下不符合土地增值税政策规定的是（　　）。

A. 房地产开发企业发生的前期工程费、建筑安装工程费、基础设施费、开发间接费用的凭证或资料不符合清算要求或不实的，不得扣除

B. 房地产开发企业的预提费用，除另有规定外，不得扣除

C. 房地产开发企业逾期开发缴纳的土地闲置费不得扣除

D. 回迁户支付给房地产开发企业的补差价款，应抵减本项目拆迁补偿费

21. 2021年12月20日，章某因汽车质量问题与经销商达成退车协议，并于当日向税务机关申请退还已纳车辆购置税。经销商开具的退车证明和退车发票上显示，章某于2020年11月21日购买该车辆，支付价税合计金额282500元，并于当日足额缴纳了车辆购置税。则章某退车应退回车辆购置税（　　）元。

A. 12500　　B. 18500

C. 22500　　D. 25000

22. 下列应税车辆中，以“整备质量每吨”作为车船税计税单位的是（　　）。

A. 挂车

B. 摩托车

C. 客车

D. 机动船舶

23. 下列关于印花税的说法正确的是（　　）。

A. 财产保险合同以所保财产的金额为计税依据

B. 借款合同以合同所载借款金额为计税依据

C. A企业用100万元货物和50万元银行存款换取B企业150万元货物，应以300万元为计税依据

D. 转让专有技术使用权，按照技术合同缴纳印花税

24. 我国一居民总公司在B国设有一分公司，某纳税年度，总公司在我国取得所得600万元，在B国分公司取得所得100万元，分公司适用20%税率，但因处在B国税收减半优惠期而向B国政府实际缴纳所得税10万元，我国所得税税率为25%，按照限额饶让抵免法，则我国应对总公司征税（　　）万元。

A. 175　　B. 165

C. 155　　D. 145

25. 以下各项文书中，税务机关可通过电子税务局等特定系统向纳税人、扣缴义务人送达电子版式税务文书的是（　　）。

A. 税务行政处罚决定书（简易程序处罚）

B. 税务行政处罚决定书(一般程序处罚)
C. 税务处理决定书
D. 税收强制执行决定书

26. 税务机关作出具体行政行为时，未告知公民、法人或者其他组织起诉期限的，起诉期限从公民、法人或者其他组织知道或者应该知道起诉期限之日起计算，但从知道或者应当知道行政行为内容之日起最长不得超过（　　）。

A. 60 天　　B. 183 天
C. 1 年　　D. 2 年

二、多项选择题

本题型共 16 小题，每小题 1.5 分，共 24 分。每小题均有多个正确答案，请从每小题的备选答案中选出你认为正确的答案，每小题所有答案选择正确的得分，不答、错答、漏答均不得分。

1. 按照现行财税管理体制，以下属于中央收入的有（　　）。
A. 海关代征的增值税
B. 海洋石油企业缴纳的资源税
C. 中国国家铁路集团集中缴纳的城市维护建设税
D. 各银行总行缴纳的房产税

2. A 公司将其持有的买入价 10 元 / 股（含增值税价，下同）的甲公司 100 万股股票无偿划转至 B 公司，当日市场价 16 元 / 股。B 公司取得该股票 5 个月后减持了该 100 万股甲公司股票，平均减持价格 19 元 / 股，则以下表述正确的有（　　）。
A. A 公司无偿划转股票的卖出价为 16 元 / 股
B. A 公司划转股票需要计算缴纳增值税 0 元
C. B 公司减持股票需要缴纳增值税 107.55 万元
D. B 公司减持股票需要缴纳增值税 50.94 万元

3. 依据“营改增”的政策规定，下列各项中属于物流辅助服务的有（　　）。
A. 无运输工具承运业务
B. 打捞救助服务
C. 装卸搬运服务
D. 收派服务

4. 符合条件的非营利组织取得下列收入，属于企业所得税免税收入的有（　　）。
A. 免税收入孳生的银行存款利息收入
B. 按照省级以上财政部门规定收取的会费收入
C. 因政府购买服务而取得的收入
D. 接受个人的捐赠收入

5. 下列关于专项附加扣除的说法，符合个人所得税相关规定的有（　　）。
A. 住房贷款利息扣除的期限最长不得超过 240 个月
B. 直辖市的住房租金支出的扣除标准是每月 1500 元
C. 赡养老人专项附加扣除的起始时间为被赡养人年满 65 周岁的当月
D. 职业资格继续教育在取得相关证书的次年，按照 3600 元定额标准扣除

6. 未包括在货物实付或应付价格中的下列费用，不计入进口货物完税价格的有（　　）。
A. 机械进口后的保修费用
B. 设备进口后的维修、技术援助费用
C. 购货佣金
D. 为在境内复制进口货物而支付的费用

7. 下列船舶中，免征船舶吨税的有（　　）。
   A. 应纳税额在人民币50元以下的船舶
   B. 非机动驳船
   C. 自境外购买取得船舶所有权的初次进口到港的空载船舶
   D. 吨税执照期满后24小时内不上下客货的船舶

8. 下列表述中，符合资源税法直接规定的优惠政策的有（　　）。
   A. 从深水油气田开采的原油减征30%资源税
   B. 从低丰度油气田开采的原油减征40%资源税
   C. 油田范围内运输原油过程中用于加热的原油免征资源税
   D. 纳税人开采或生产应税产品过程中，因意外事故或自然灾害等原因遭受重大损失的免征资源税

9. 下列关于城镇土地使用税纳税义务发生时间的表述中，符合税法规定的有（　　）。
   A. 纳税人出租房产，自交付出租房产之次月起纳税
   B. 纳税人购置新建商品房，自房屋交付使用之次月起纳税
   C. 纳税人以出让方式有偿取得土地使用权，合同未约定交付土地时间的，由受让方从实际交付土地之次月起纳税
   D. 纳税人新征用的耕地，自批准征用之次月起纳税

10. 下列各项中，纳税人应进行土地增值税清算的有（　　）。
    A. 房地产开发项目全部竣工、销售90%以上的
    B. 整体转让未竣工决算房地产开发项目的
    C. 取得销售（预售）许可证满三年仍未销售完毕的
    D. 直接转让土地使用权的

11. 下列各项中，符合房产税有关规定的有（　　）。
    A. 房地产开发企业出售前已使用或出租、出借的商品房，应按规定征收房产税
    B. 毁损不堪居住的房屋和危险房屋，经有关部门鉴定，在继续使用时免征房产税
    C. 纳税单位与免税单位共同使用的房屋，按各自使用的部分分别征收或免征房产税
    D. 企业办的各类学校、托儿所、幼儿园自用的房产，免征房产税

12. 下列取得土地房屋权属的情形，应缴纳契税的有（　　）。
    A. 以偿还债务方式承受房屋的
    B. 取得任职单位年终奖励房屋的
    C. 受让土地经营权的
    D. 竞得土地使用权的

13. 下列车辆，属于车辆购置税征税范围的有（　　）。
    A. 排气量200毫升的摩托车
    B. 有轨电车
    C. 汽车挂车
    D. 电动摩托车

14. 下列关于车船税的说法，正确的有（　　）。
    A. 已缴纳车船税的车船在同一纳税年度内办理转让过户的，需要重新纳税
    B. 已缴纳车船税的车船因质量问题发生退货时，可申请退还车船税
    C. 拖船按照机动船舶税额的60%计算应纳税额
    D. 经批准临时入境的香港特别行政区、澳门特别行政区的车船，不征收车船税

15. 在我国未设立机构、场所的非居民企业取得来源于中国境内股息、红利等权益

性投资收益，以下符合非居民企业税收管理规定的有（　　）。

A. 以依照有关法律规定或者合同约定对非居民企业直接负有支付相关款项义务的单位和个人为扣缴义务人

B. 应扣缴增值税和企业所得税的预提税

C. 扣缴义务人应当自扣缴义务发生之日起 7 日内向扣缴义务人所在地主管税务机关申报和解缴代扣税款

D. 相关应纳税款扣缴义务发生之日为被投资企业作出利润分配决定的日期

16. 以下符合税务行政复议管辖规定的有（　　）。

A. 对各级税务局的具体行政行为不服的，向其上一级税务局申请行政复议

B. 对计划单列市税务局的具体行政行为不服的，向省级税务局申请行政复议

C. 对税务所（分局）、各级税务局的稽查局的具体行政行为不服的，向其所属税务局申请行政复议

D. 对税务机关与其他行政机关以共同的名义作出的具体行政行为不服的，向上一级税务机关申请行政复议

三、计算问答题

本题型共 4 小题 20 分。涉及计算的，要求列出计算步骤。

1. 甲高尔夫球具厂是增值税一般纳税人（纳税信用 B 级），生产销售高尔夫球及球杆、高尔夫球包、高尔夫三轮车。2022 年 1 月发生以下业务：

（1）销售自产高尔夫球及球杆，取得销售额（不含增值税，下同）60 万元；销售高尔夫球包取得销售额 15 万元；销售高尔夫三轮车取得销售额 20 万元。

（2）接受乙俱乐部委托，为乙俱乐部加工带有乙俱乐部 LOGO 的高尔夫球具 100 套，乙俱乐部提供 50 万元的主要材料，甲厂收取加工费 8 万元、辅料费 5 万元，甲厂没有同类球具的销售价格。

（3）接受丙厂委托，为丙厂加工车载高尔夫球包 300 套，甲厂自行购买材料 6 万元，收取丙厂加工费 3 万元，甲厂该类球包平均销售价格为每套 0.04 万元。

（4）甲厂从其他高尔夫球具厂购入高尔夫球杆握把，不含增值税买价 25 万元；当月还购入无纺布，不含增值税买价 10 万元，当月将购入上述物料的 80% 领用连续生产高尔夫球具。

（5）接到税务机关通知，该厂三个月前购买的一批高尔夫球杆握把取得的一张不含增值税金额为 16 万元的增值税专用发票为增值税异常扣税凭证，该发票之前已经进行了增值税进项税额和消费税应纳税额的全额抵扣。

（其他相关资料：高尔夫球及球具消费税税率为 10%；成本利润率为 10%）

要求：根据上述资料，回答下列问题。

（1）计算业务（1）的消费税。（不考虑消费税的抵扣）

（2）计算业务（2）的消费税，并说明业务（2）消费税的纳税人。

（3）计算业务（3）的消费税，并说明业务（3）消费税的纳税人。

（4）说明甲厂对异常扣税凭证应如何处理，并计算当月可抵扣的消费税。

2. 某保险公司 2022 年 2 月部分支出业务如下：

（1）按照当年固定的工资标准，每月支

付财务部张三扣除社保和公积金后的工资薪金11000元。张三的两个孩子分别为4岁、10岁，张三需要支付首套房贷款；张三父母双亡，但共同生活的岳母年龄为65岁；由于疫情防控原因，公司每月发放张三价值100元的口罩、消毒酒精。另外，发放张三年终奖40000元（选择单独计税）。（专项附加扣除均由张三按扣除标准的100%扣除）

（2）支付独立董事李四董事费50000元，李四当即决定将其中2000元通过红十字会捐赠用于抗击新冠疫情。

（3）支付保险营销员王五不含增值税保险营销佣金，王五1~2月佣金收入合计50000元，王五有一个6岁的孩子，1月的佣金收入已由保险公司预扣预缴个人所得税320元。

（4）当月接受全日制在校硕士赵六实习，支付赵六当月实习报酬3000元。

（其他相关资料：假定不考虑其他税费和附加，可选择当月扣除的费用均在当月扣除）

要求：根据上述资料，回答下列问题。

（1）计算张三工资薪金所得1~2月累计预扣预缴的个人所得税。

（2）计算张三年终奖应扣缴的个人所得税。

（3）说明李四公益性捐赠可否在当月计算扣除，并计算其董事费应预扣预缴的个人所得税。

（4）计算王五佣金收入2月应预扣预缴的个人所得税。

（5）计算赵六实习报酬应预扣预缴的个人所得税。

附：综合所得个人所得税税率表暨居民个人工资薪金所得预扣率表（部分）

级数	全年应纳税所得额(累计预扣预缴应纳税所得额)	税率(预扣率)(%)	速算扣除数(元)
1	不超过36000元的部分	3	0
2	超过36000元至144000元的部分	10	2520
3	超过144000元至300000元的部分	20	16920

按月换算后的综合所得税率表（部分）

级数	月应纳税所得额	税率(%)	速算扣除数(元)
1	不超过3000元的部分	3	0
2	超过3000元至12000元的部分	10	210
3	超过12000元至25000元的部分	20	1410

3. 某县房地产开发公司（增值税一般纳税人）于2019年1月承受政府出让一宗土地的使用权，支付地价款7000万元（取得相关部门的财政票据）并支付相关税费。自2019年2月起至2021年10月末，该房地产开发公司使用受让土地开发建造一栋写字楼并在2021年11月至2022年2月期间销售可售面积的90%；其余面积自用。依据销售合同共计取得含税销售收入23992万元。在开发过程

中，根据建筑承包合同应支付给建筑公司的不含税建筑成本共计6000万元，支付时扣除施工方300万元的质量保证金，施工方按合同全额开具了建筑安装发票。开发销售期间发生管理费用600万元、销售费用500万元、利息费用500万元（不能够提供金融机构的证明）。主管税务机关要求该房地产开发公司对该房地产项目进行清算。

（其他相关资料：该房地产开发公司销售写字楼计算土地增值税时可扣除的税金及附加为32万元；当地契税税率为4%；房地产开发费用扣除比例按照规定相关上限执行）

要求：根据上述资料，回答下列问题。

（1）说明税务机关可要求该纳税人进行土地增值税清算的政策依据。

（2）计算该房地产开发公司计算土地增值额时可扣除的“取得土地使用权所支付的金额”和“房地产开发成本”，说明质保金的处理。

（3）计算该房地产开发公司销售写字楼的增值税销项税额。

（4）计算该房地产开发公司销售写字楼的扣除项目金额合计。

4. 中国居民企业A公司在我国的企业所得税税率为25%，境内所得的应纳税所得额为3000万元。A公司核算的2021年度境外所得情况如下：

（1）在甲国设有一不具备独立法人地位的分公司，2021年度该分公司经营亏损300万元。

（2）在乙国设有一子公司，A公司持股比例18%，2021年度从该子公司分回税后所得239.7万元，乙国适用15%的企业所得税税率，乙国预提所得税的税率为6%。

（其他相关资料：甲国、乙国和我国应纳税所得额计算规定一致；A公司选择分国不分项抵免方法）

要求：根据上述资料，回答下列问题。

（1）说明甲国分公司的亏损如何弥补。

（2）计算并说明A公司在我国汇算清缴时，来自乙国子公司的所得可直接抵免的所得税。

（3）计算并说明A公司在我国汇算清缴时，来自乙国子公司的所得可间接抵免的所得税。

四、综合题

本题型共2小题30分。涉及计算的，要求列出计算步骤。

1. 甲县A矿业联合企业是增值税一般纳税人。2022年1月发生如下业务：

（1）以每吨350元（不含增值税）价格销售自产铁选矿5万吨，并将1万吨用于对外投资。

（2）将上月购入的150万元（不含增值税）的铁原矿（已取得增值税专用发票并在上月抵扣了进项税额），与自采的铁原矿混合洗选加工为铁选矿进行销售，不含税销售额为520万元。

（3）支付勘探服务费，取得增值税专用发票，注明税额68万元；购买开采设备，取得增值税专用发票，注明税额210万元。

（4）承租一栋楼房，一楼作为职工食堂兼管理流程展示厅，二楼及以上由本企业研发机构使用。合同约定，租期5年，不含税租金共计180万元，按年支付。本月支付第一年租金，取得增值税专用发票，注明金额36万元，税额3.24万元。

（5）员工国内出差，报销时提供注明员工身份信息的航空运输电子客票行程单，合计票价5万元、燃油附加费0.45万元、民航发展基金0.5万元；提供注明员工身份信息的铁路客票，合计票价3.27万元；提供注明员工身份信息的长途车票，合计票价2.06万元。

（6）进口一批生产工具，成交价格折合人民币300万元，运抵我国境内输入地点起卸前的运费4万元人民币，保险费无法查明；进口自用6台装卸货用叉车，关税完税价格18万元；上述进口货物均已取得海关进口增值税专用缴款书。

（7）转让一座位于乙县的2019年5月购置的器材库，含增值税转让价545万元，购置原价230万元（含税）。

（其他相关资料：当地铁原矿资源税税率为4%，铁选矿资源税税率为2%；进口生产工具及叉车关税税率为5%，本月取得的相关票据均符合税法规定并在本月申报抵扣进项税额）

要求：根据上述资料，回答下列问题。

（1）计算业务（1）应纳的资源税。

（2）计算业务（2）应纳的资源税。

（3）计算业务（3）和业务（4）准予从销项税额中抵扣的进项税额合计数。

（4）计算业务（5）可抵扣的进项税额。

（5）计算业务（6）该企业应纳的进口关税。

（6）计算业务（6）该企业被海关代征的进口环节增值税。

（7）计算业务（6）该企业应纳的车辆购置税。

（8）计算业务（1）增值税的销项税额。

（9）计算业务（2）增值税的销项税额。

（10）计算业务（7）在乙县预缴的增值税。

（11）计算该企业当月应向甲县税务机关缴纳的增值税。

2. 位于某县的服装生产企业，系增值税一般纳税人。企业核算2021年度销售（营业）收入3000万元，实现会计利润800万元。2022年4月注册会计师受聘对其2021年度的企业所得税进行汇算清缴，发现该企业以下业务未作纳税调整：

（1）销售费用账户中广告费400万元，上年超支结转至本年广告费70万元；管理费用账户中业务招待费20万元。

（2）本企业境内研发费用账户中已记录的研发人员工资及“五险一金”50万元、外聘研发人员劳务费用5万元、直接投入材料费用20万元；支付境外机构的委托研发费用70万元。

（3）11月购进并投入使用环保专用设备一台（属于环保专用设备所得税优惠目录规定的设备），取得增值税专用发票注明价款240万元，已抵扣进项税31.2万元，会计上按直线法计提折旧，期限4年，净残值为0。所得税处理时企业选择享受一次性扣除政策。

（4）全年发放工资1000万元（其中残疾人员工资50万元），发生职工福利费150万元，税务机关代收工会经费25万元并取得工会经费收入专用收据，职工教育经费30万元。上年超支结转至本年的职工教育经费10万元。

（5）该企业通过政府部门向目标脱贫地区捐赠60万元；通过政府部门向教育捐

赠100万元。

（6）支付某幼儿园非广告性质赞助费16万元；违反定价规定被市场监管局罚款40万元。

（7）该企业转让A企业股权收入300万元，该股权投资成本270万元，未分配利润和累计盈余公积金额20万元未从股权转让收入中扣除。

（8）该企业持有2019年发行的铁路债券，当年取得铁路债券利息10万元。

（9）该企业从持股的境内B未上市居民企业获得分红25万元，B居民企业处在企业所得税的免税年度。

要求：根据上述资料，回答下列问题。

（1）计算业务（1）该企业广告费和业务招待费的纳税调整额。

（2）计算业务（2）该企业研发费用的纳税调整额。

（3）计算业务（3）购置环保专用设备应调整的应纳税所得额和可抵免的所得税额。

（4）计算业务（4）应调整的应纳税所得额。

（5）计算业务（5）应调整的应纳税所得额。

（6）计算业务（6）应调整的应纳税所得额。

（7）计算业务（7）应调整的应纳税所得额。

（8）计算业务（8）应调整的应纳税所得额。

（9）计算业务（9）应调整的应纳税所得额。

（10）计算该企业2021年度应纳税所得额。

（11）计算该企业2021年度应纳的所得税额。

客观题答案速查

我做对了 ________ 题　　我得了 ________ 分

一、单项选择题

序号	1	2	3	4	5	6	7	8	9	10
答案	D	C	B	B	B	C	C	C	C	C
序号	11	12	13	14	15	16	17	18	19	20
答案	B	B	D	B	B	B	B	D	B	A
序号	21	22	23	24	25	26				
答案	C	A	B	C	A	C				

二、多项选择题

序号	1	2	3	4	5	6	7	8	9	10
答案	ABC	BD	BCD	ABD	AB	BCD	ACD	AC	AB	BD
序号	11	12	13	14	15	16				
答案	ACD	ABD	ABC	BD	AC	AC				

参考答案及解析

“使用“会计云课堂”App 或“微信”扫码对答案、看解析、掌握解题思路，开启轻松过关之旅。

扫码看解析

一、单项选择题

1.【答案】D

【解析】选项 A：**税收法定原则**是税法基本原则中的核心。选项 B：**程序优于实体原则**是关于税收争讼法的原则。选项 C：法律优位原则属于税法的**适用原则**。

2.【答案】C

【解析】选项 AB，纳税人受托对垃圾、污泥、污水、废气等废弃物采取填埋、焚烧等方式进行专业化处理后未产生货物的，收取的处理费用属于“现代服务”中的“专业技术服务”，适用 6% 的增值税税率。选项 C，专业化处理后产生货物，且货物归属委托方的，受托方属于提供“加工劳务”，其收取的处理费用适用 13% 的增值税税率。选项 D，专业化处理后产生货物，且货物归属受托方的，受托方属于提供“专业技术服务”，其收取的处理费用适用 6% 的增值税税率；受托方将产生的货物用于销售时，适用货物的增值税税率。

3.【答案】B

【解析】应退增值税额 = 退税物品销售发票金额（含增值税）× 退税率，所以应退增值税 =1200 × 11%+200 × 8%=148（元）。

4.【答案】B

【解析】该纳税人上述业务应缴纳增值税 = 50 ÷（1+0.5%）× 0.5%+9.45 ÷（1+5%）× 5%=0.25+0.45=0.70（万元）。

5.【答案】B

【解析】选项 ACD，不属于消费税的征税范围。选项 B，船用重油属于应缴纳消费税的燃料油范畴。

6.【答案】C

【解析】（1）啤酒分为甲类和乙类，分别适用 250 元 / 吨和 220 元 / 吨的单位税额。啤酒分类以每吨出厂价的高低作为划分标准，每吨不含增值税出厂价（含包装物及包装物押金）3000 元（含 3000 元）以上的是甲类啤酒；在 3000 元以下的是乙类啤酒。计算啤酒分类的包装物押金**不包括**供重复使用的塑料周转箱的押金。（2）鲜啤酒每吨出厂价 = [29000+（2000–500）÷（1+13%）] ÷ 10=3032.74（元），为甲类啤酒；无醇啤酒每吨出厂价 = [13800+750 ÷（1+13%）] ÷ 5=2892.74（元），为乙类啤酒。（3）甲厂当月应缴纳消费税 =10 × 250+5 × 220=3600（元）。

7.【答案】C

【解析】（1）用已税消费品连续生产应税消费品的，允许抵扣税额的税目从大类上看，原则上不包括酒（葡萄酒除外）、小汽车、摩托车、高档手表、游艇、涂料、电池。从允许抵扣项目的子目上看，不包括雪茄烟、溶剂油、航空煤油、金银铂钻。（2）委托加工收回的已税消费品以高于受托方的计税价格出售的，需按照规定申报缴纳消费税，在计税时准予扣除受托方已代收代缴的消费税，此处没有范围限制。

8.【答案】C

【解析】选项A：依照《中华人民共和国烟草专卖法》的规定收购烟叶的**单位**为烟叶税的纳税人；选项B：纳税人应当向**烟叶收购地**的主管税务机关申报缴纳烟叶税；选项D：烟叶税按月计征，纳税人应当于**纳税义务发生月终了**之日起15日内申报并缴纳税款。

9.【答案】C

【解析】选项A：接受捐赠收入，按照**实际收到捐赠资产的日期**确认收入的实现。选项B：特许权使用费收入，按照合同约定的特许权使用人应付特许权使用费的日期确认收入的实现。选项D：企业转让股权收入，应于转让协议生效且完成股权变更手续时，确认收入的实现。

10.【答案】C

【解析】总机构设在海南自由贸易港的符合条件的企业，仅就其**设在海南自由贸易港的总机构和分支机构**的所得，适用15%税率。按照命题惯例，不提示特殊区域或行业的企业所得税税率采用25%。该企业应纳企业所得税 =1500×15%+2000×25%=725（万元）。

11.【答案】B

【解析】选项A：适用按月换算后的综合所得税率表，按月代扣代缴税款。选项C：非居民个人按规定可以在应纳税所得额中扣除公益捐赠支出而未实际扣除的，可以参照“居民个人在分类所得中应扣未扣公益捐赠支出追补扣除规定”处理。选项D：非居民个人不享受专项附加扣除。

12.【答案】B

【解析】在一个纳税年度内，纳税人发生的与基本医保相关的医药费用支出，扣除医保报销后个人负担（指医保目录范围内的自付部分）累计超过15000元的部分（15.5−11−1.5=3万元），由纳税人在办理年度汇算清缴时，在80000元限额内据实扣除。故陈某大病医疗的税前扣除金额为3万元。

13.【答案】D

【解析】需要扣除的折旧不是该设备的账面折旧，而是按照该设备使用期占监管期的比例计算分摊的设备完税价格。补税时适用的关税税率不是原进口时的税率，而是**海关接受纳税人再次填写报关单申报办理纳税手续之日实施的税率**。特定减免税进口货物的监管年限为：①船舶、飞机：8年；②机动车辆：6年；③**其他货物：3年**。监管年限自货物进口放行之日起计算。应补缴关税税额 =600×［1−27/（3×12）］×5%=7.5（万元）。

14.【答案】B

【解析】纳税人申报的应税产品销售额

明显偏低且无正当理由的，或者有自用应税产品行为而无销售额的，主管税务机关可以按**下列方法和顺序**确定其应税产品销售额：

（1）按纳税人最近时期同类产品的平均销售价格确定。

（2）按其他纳税人最近时期同类产品的平均销售价格确定。

（3）按后续加工非应税产品销售价格，减去后续加工环节的成本利润后确定。

（4）按应税产品组成计税价格确定。

组成计税价格 = 成本 ×（1+ 成本利润率）÷（1- 资源税税率）

上述公式中的成本利润率由省、自治区、直辖市税务机关确定。

（5）按其他合理方法确定。

15.【答案】B

【解析】声源一个月内超标不足 15 天的**减半**计算应纳税额。该企业 4 月噪声超标仅 10 天，不足 15 天，应减半计算应纳税额。

昼间超标值：72-65=7（分贝），夜间超标值：60-55=5（分贝）。

该企业当月应纳环保税 =（1400+700）× 50%=1050（元）。

16.【答案】B

【解析】选项 A：凡符合应办理土地增值税清算条件的项目，纳税人应当在满足条件之日起 **90 日内**到主管税务机关办理清算手续。选项 C：“营改增”后，房地产开发企业实际缴纳的城市维护建设税、教育费附加，凡能够按清算项目准确计算的，允许据实扣除；凡不能按清算项目准确计算的，则按该清算项目预缴增值税时实缴的城市维护建设税和教育费附加扣除。选项 D：纳税人按规定预缴土地增值税后，清算补缴的土地增值税，在主管税务机关规定的期限内补缴的，**不加收滞纳金**。

17.【答案】B

【解析】选项 A：防洪、排涝水利工程占用耕地减按**每平方米 2 元**的税额征收耕地占用税。选项 B：应纳耕地占用税 = 1000 × 35 × 150%=52500（元）。选项 C：纳税义务发生时间为纳税人收到自然资源主管部门办理占用耕地手续书面通知当日。选项 D：纳税人应自纳税义务发生之日起 **30 日内**申报纳税。

18.【答案】D

【解析】本题目涉及三个考点：一是纳税人购置存量房，自办理房屋权属转移、变更登记手续，房地产权属登记机关签发房屋权属证书之**次月**起缴纳房产税。二是纳税人因房屋大修导致连续停用半年以上的，在房屋大修期间**免征**房产税。三是纳税人因房产的实物或权利状态发生变化，而依法终止房产税纳税义务的，其应纳税款的计算应截止到房产的实物或权利状态发生变化的**当月末**。甲企业应纳房产税 =1000 ×（1-30%）× 1.2%/12 × 1+（1000+200）×（1-30%）× 1.2%/12 × 2=0.7+1.68=2.38（万元）。

19.【答案】B

【解析】选项 B：房屋买卖的契税计税价格为房屋买卖合同确定的成交价格。承受已装修房屋的，应将包括装修费用在内的费用计入承受方应交付的总价款。

20.【答案】A

【解析】房地产开发企业发生的前期工程费、建筑安装工程费、基础设施费、开发间接费用的凭证或资料不符合清算要求或不实的，可**核定扣除**。

21.【答案】C

【解析】车辆退回生产企业或者经销商的，纳税人申请退税时，主管税务机关自纳税人办理纳税申报之日起，按已缴纳税款**每满 1 年扣减 10%** 计算退税额；未满 1 年的，按已缴纳税款全额退税。应退给章某车辆购置税 =282500/（1+13%）×10%×（1−10%）=22500（元）。

22.【答案】A

【解析】选项 BC：以“每辆”作为车船税计税单位；选项 D：以“净吨位每吨”作为车船税计税单位。

23.【答案】B

【解析】选项 A：财产保险合同的计税依据为**保险费金额**，不包括所保财产的金额。选项 C：用以货换货方式进行商品交易签订的合同，是反映既购又销双重经济行为的合同，该合同换出货物金额 100 万元，换入货物金额 150 万元，应按合同所载的购、销金额合计数 250 万元计税贴花。选项 D：转让专有技术使用权，按照产权转移书据缴纳印花税。

24.【答案】C

【解析】抵免限额 =100×25%=25（万元）；境外优惠饶让视同纳税 =100×20%=20（万元）。

视同实纳 20 万元＜抵免限额 25 万元，可抵免 20 万元；我国应征所得税额 =（100+600）×25%−20=155（万元）。

25.【答案】A

【解析】税务处理决定书、税务行政处罚决定书（**不含简易程序处罚**）、税收保全措施决定书、税收强制执行决定书、阻止出境决定书以及税务稽查、税务行政复议过程中使用的税务文书等暂不适用“税务文书电子送达”规定。

26.【答案】C

【解析】税务机关作出具体行政行为时，未告知公民、法人或者其他组织起诉期限的，起诉期限从公民、法人或者其他组织知道或者应该知道起诉期限之日起计算，但从知道或者应当知道行政行为内容之日起最长不得超过 **1 年**。

二、多项选择题

1.【答案】ABC

2.【答案】BD

【解析】选项 A，A 公司划转股票的卖出价为其买入价 10 元 / 股，而不是市场价 16 元 / 股。选项 B，A 公司应计算缴纳增值税 =（10−10）×100/（1+6%）×6%=0（元）。选项 CD，B 公司取得该 100 万股甲公司股票的买入价按 A 公司的卖出价 10 元 / 股确定；B 公司减持该 100 万股股票时需要缴纳的增值税 =（19−10）×100/（1+6%）×6%=50.94（万元）。

3.【答案】BCD

【解析】选项 BCD：均属于物流辅助服务；选项 A：属于**交通运输服务**。

4.【答案】ABD

【解析】符合条件的非营利组织下列收入为免税收入：（1）接受其他单位或者个人捐赠的收入；（2）除《企业所得税法》第七条规定的财政拨款以外的其他政府补

助收入，但**不包括因政府购买服务而取得的收入**；（3）按照省级以上民政、财政部门规定收取的会费；（4）不征税收入和免税收入孳生的银行存款利息收入；（5）财政部、国家税务总局规定的其他收入。

5.【答案】AB

【解析】选项C：赡养老人专项附加扣除的起始时间为被赡养人年满**60周岁**的当月；选项D：职业资格继续教育在取得相关证书的**当年**，按照3600元定额标准扣除。

6.【答案】BCD

【解析】选项A计入完税价格，选项BCD不计入完税价格。

7.【答案】ACD

【解析】选项B：非机动船舶（**不包括非机动驳船**），免征船舶吨税。

8.【答案】AC

【解析】选项B：从低丰度油气田开采的原油、天然气，减征20%资源税；选项D：纳税人开采或生产应税产品过程中，因意外事故或自然灾害等原因遭受重大损失的，省、自治区、直辖市可以决定免征或者减征资源税。

9.【答案】AB

【解析】选项C：以出让或转让方式有偿取得土地使用权，应由受让方从**合同约定交付土地时间**之次月起缴纳城镇土地使用税；合同未约定交付土地时间的，由受让方从合同签订之次月起缴纳城镇土地使用税。选项D：纳税人新征用的耕地，自批准征用之日起**满1年时**开始缴纳城镇土地使用税。

10.【答案】BD

【解析】纳税人应进行土地增值税清算的情况：（1）房地产开发项目全部竣工、完成销售的；（2）整体转让未竣工决算房地产开发项目的；（3）直接转让土地使用权的。选项AC为可要求清算的情形。

11.【答案】ACD

【解析】选项B，毁损不堪居住的房屋和危险房屋，经有关部门鉴定，**在停止使用后**可免征房产税。

12.【答案】ABD

【解析】选项C：土地使用权的转让不包括土地承包经营权和土地经营权的转移。

13.【答案】ABC

【解析】选项D：电动摩托车不属于车辆购置税的征税范围。

14.【答案】BD

【解析】选项A：已缴纳车船税的车船在同一纳税年度内办理转让过户的，不另纳税，也不退税。选项C：拖船按照机动船舶税额的50%计算车船税应纳税额。

15.【答案】AC

【解析】选项B，股息红利不是增值税的征税范围。选项D，相关应纳税款扣缴义务发生之日为股息、红利等权益性投资收益**实际支付之日**。

16.【答案】AC

【解析】选项B：对计划单列市税务局的具体行政行为不服的，**向国家税务总局**申请行政复议；选项D：对税务机关与其他行政机关以共同的名义作出的具体行政行为不服的，向其**共同上一级行政机关**申请行政复议。

三、计算问答题

1.【答案及解析】

（1）业务（1）的消费税 =（60+15）×10%=7.5（万元）。

【注意】高尔夫球杆、球包、握把都属于消费税征税范围，但**高尔夫车不属于消费税的征税范围**。

（2）业务（2）消费税的纳税人是乙俱乐部，在乙俱乐部提货时由甲厂代收代缴消费税 =（50+8+5）/（1−10%）×10%=7（万元）。

（3）由于业务（3）的原材料由**受托方**提供，不符合消费税委托加工的条件，业务（3）消费税的纳税人是甲厂，应纳消费税 =300×0.04×10%=1.2（万元）。

（4）甲厂取得列入异常扣税凭证范围的增值税专用发票，已经申报抵扣增值税进项税额的，除另有规定外，应作进项税额转出处理。

以外购的已税消费品为原料连续生产应税消费品，已申报扣除原料已纳消费税税款的，冲减当期允许抵扣的消费税税款，当期不足冲减的应当补缴税款。

甲厂当月可抵扣的消费税 =25×80%×10%−16×10%=0.4（万元）。

2.【答案及解析】

（1）张三工资薪金所得1~2月累计预扣预缴应纳税所得额 =11000×2−5000×2−1000×2×2−1000×2=6000（元）

累计预扣预缴工资薪金个人所得税 =6000×3%=180（元）。

（2）张三年终奖应扣缴的个人所得税：

查找税率：40000/12=3333.33（元），适用10%的税率，速算扣除数210元。

张三年终奖应扣缴的个人所得税 =40000×10%−210=3790（元）。

（3）李四董事费属于劳务报酬所得，公益性捐赠只能在汇算清缴时扣除。

李四董事费应预扣预缴的个人所得税 =50000×（1−20%）×30%−2000=10000（元）。

（4）王五佣金收入累计收入额 =50000×（1−20%）=40000（元）

累计展业成本 =40000×25%=10000（元）

专项扣除和专项附加扣除，在预扣预缴环节暂不扣除，待年度终了后汇算清缴申报时扣除。

累计预扣预缴应纳税所得额 =40000−5000×2−10000=20000（元）

累计应预扣预缴税额 =20000×3%=600（元）

2月应预扣预缴税额 =600−320=280（元）。

（5）赵六实习报酬应纳税所得额 =3000−5000<0，无须预缴税款。

正在接受全日制学历教育的学生中，因实习取得劳务报酬所得的居民个人，可按照累计预扣法计算并预扣预缴税款。扣缴义务人在预扣预缴个人所得税时，累计减除费用按照5000元/月乘以纳税人在本单位开始实习月份起至本月的实习月份数计算。

3.【答案及解析】

（1）政策依据：已竣工验收的房地产开发项目，已转让的房地产建筑面积占整个项目可售建筑面积的比例在85%以上，或该比例虽未超过85%，但剩余的可售建筑面积已经出租或自用的，主管税务机关可要求纳税人进行土地增值税清算。

（2）该房地产开发公司取得土地使用权支付的全部金额 =7000×（1+4%）=7280（万元）

可扣除的取得土地使用权支付金额 =7280×90%=6552（万元）

可扣除的开发成本 =6000×90%=5400（万元）

质保金的处理：房地产开发企业在工程竣工验收后，根据合同约定，扣留建筑安装施工企业一定比例的工程款，作为开发项目的质量保证金，在计算土地增值税时，建筑安装施工企业就质量保证金对房地产开发企业开具发票的，按**发票所载金额**予以扣除；未开具发票的，扣留的质保金不得计算扣除。本题目扣留的质保金包含在施工方开具的全额发票中，可以扣除。

（3）该房地产开发公司增值税销项税额 =（23992–7000×90%）/（1+9%）×9%=1460.81（万元）

（4）可扣除的开发费用 =（6552+5400）×10%=1195.2（万元）

加计扣除 =（6552+5400）×20%=2390.4（万元）

扣除项目金额合计 =6552+5400+1195.2+2390.4+32=15569.6（万元）。

4.【答案及解析】

（1）由于分国不分项方法下，A公司境外分公司亏损不能用境内所得弥补，也不能用境外其他国家和地区的所得弥补，在A公司整体盈利时，分公司的不能弥补的亏损成为"非实际亏损"。可无限期地用来自甲国的所得结转弥补。

（2）A公司从乙国分回的所得，该所得汇出时缴纳的预提税，为其直接负担的税款，可直接抵免。可直接抵免的预提税 =239.7/（1–6%）×6%=255×6%=15.3（万元）。

（3）可间接抵免的所得税为0。A公司对乙国子公司持股18%，不符合间接抵免的持股比例要求，分回所得所对应的乙国所得税，不能进行间接抵免。

四、综合题

1.【答案及解析】

（1）资源税在应税产品销售或自用环节计算缴纳，以资源税应税产品投资，视同应税产品销售缴纳资源税。

业务（1）应纳资源税 =（5+1）×350×2%=42（万元）。

（2）该企业在计算应税产品销售额时，准予扣减的外购铁选矿购进金额 =150×（4%÷2%）=300（万元）。

业务（2）应纳资源税 =（铁选矿销售金额–准予扣减的外购铁选矿购进金额）×税率 =（520–300）×2%=4.4（万元）。

（3）纳税人租入固定资产、不动产，既用于一般计税方法计税项目，又用于简易计税方法计税项目、免征增值税项目、集体福利或者个人消费的，其进项税额准予从销项税额中**全额抵扣**。

业务（3）和业务（4）准予从销项税额中抵扣的进项税额 =68+210+3.24=281.24（万元）。

（4）业务（5）可抵扣的进项税 =（5+0.45+3.27）/（1+9%）×9%+2.06/（1+3%）×3%=0.78（万元）。

（5）生产工具应纳进口关税 =（300+4）×（1+0.3%）×5%=15.25（万元）。

叉车应纳进口关税 =18×5%=0.9（万元）。

业务（6）该企业应纳关税合计 =15.25+0.9=16.15（万元）。

（6）生产工具进口环节增值税 =（300+4）×（1+0.3%）×（1+5%）×13%=41.62（万元）。

叉车进口环节增值税 =18×（1+5%）×13%=2.46（万元）。

业务（6）进口环节增值税合计 =41.62+2.46=44.08（万元）。

（7）应纳的车辆购置税为 0，叉车**不属于**车辆购置税的征税范围。

（8）业务（1）增值税销项税额 =（5+1）×350×13%=273（万元）。

（9）业务（2）增值税销项税额 =520×13%=67.6（万元）。

（10）业务（7）在乙县预缴的增值税 =（545-230）/（1+5%）×5%=15（万元）。

（11）转让不动产增值税销项税额 =545/（1+9%）×9%=45（万元）。

该企业当月增值税的销项税额 =273+67.6+45=385.6（万元）。

该企业当月应向甲县税务机关缴纳的增值税 =385.6-281.24-0.78-44.08-15=44.5（万元）。

2.【答案及解析】

（1）广告费扣除限额 = 销售（营业）收入 ×15%=3000×15%=450（万元）；大于实际发生额 400 万元，限额余额 50 万元，可将上年超支额 70 万元中的 50 万元结转扣除并调减所得额，广告费纳税调减额 50 万元。

业务招待费扣除限额 1= 实际发生额的 60%=20×60%=12（万元），扣除限额 2= 销售（营业）收入 ×0.5%=3000×0.5%=15（万元）。业务招待费纳税调增额 =20-12=8（万元）。广告费和业务招待费合计的纳税调减额 =50-8=42（万元）。

（2）委托境外进行研发活动所发生的费用，按照费用实际发生额的 80% 计入委托方的委托境外研发费用。委托境外研发费用不超过境内符合条件的研发费用 2/3 的部分，可以按规定在企业所得税前加计扣除。

境外研发费用的 80%=70×80%=56（万元），境内研发费用的 2/3=（50+5+20）×2/3=50（万元）。

境外研发费用可以加计扣除的金额 =50×100%=50（万元）。

境内研发费用可以加计扣除的金额 =（50+5+20）×100%=75（万元）。

该企业研发费用合计纳税调减额 =50+75=125（万元）。

（3）

①会计上计提的折旧 =240÷4÷12×1=5（万元）。

企业选择享受一次性扣除政策，则应纳税调减 =240-5=235（万元）。

②企业购置并实际使用规定的环境保护、节能节水、安全生产等专用设备的，可以按设备投资额的 10% 抵免当年企业所得税**应纳税额**。可抵免的应纳税额 =240×10%=24（万元）。

（4）残疾人员的工资可以加计扣除 100%，纳税调减 50 万元。

职工福利费的扣除限额 =1000×14%=140（万元）<本年实际发生额 150 万元，纳税调增额 =150-140=10（万元）。

工会经费的扣除限额 =1000×2%=20（万元）<本年实际发生额 25 万元，纳税调增额 =25-20=5（万元）。

职工教育经费的扣除限额 =1000×8%=80（万元）>本年实际发生额 30 万元，30 万元可据实扣除，并且上年结转至本年的职工教育经费 10 万元，也可以在本年扣除，纳税调减 10 万元。

业务（4）合计应调减的应纳税所得额=50+10-10-5=45（万元）。

（5）通过政府部门向目标脱贫地区捐赠60万元可以全额扣除，不需要作纳税调整。通过政府部门向教育捐赠限额扣除，扣除限额=800×12%=96（万元）＜实际捐赠额100万元，纳税调增4万元。

（6）非广告性赞助支出和行政罚款均不能扣除，纳税调增=16+40=56（万元）。

（7）股权转让不得扣除被投资企业未分配利润等股东留存收益中按该项股权所可能分配的金额。所以业务（7）无须纳税调整。

（8）对企业投资者持有2019~2023年发行的铁路债券取得的利息收入，减半征收企业所得税。

业务（8）应纳税调减=10×50%=5（万元）。

（9）来自未上市居民企业的股息红利免征企业所得税。

业务（9）应纳税调减25万元。

（10）2021年度的应纳税所得额=800-42-125-235-45+4+56-5-25=383（万元）。

（11）2021年度的应纳税额=383×25%-24=71.75（万元）。

2022年注册会计师考试
全真模拟测试题（二）

“使用“会计云课堂”App或“微信”扫码快速做题、对答案、看解析、掌握解题思路，开启轻松过关之旅。

扫码做题

● 建议答卷时长 120分钟　● 答卷开始时间 ________　● 答卷结束时间 ________

一、单项选择题

本题型共26小题，每小题1分，共26分。每小题只有一个正确答案，请从每小题的备选答案中选出一个你认为正确的答案。

1. 下列税种中，属于中央政府与地方政府共享收入的是（　　）。
   A. 印花税
   B. 消费税
   C. 土地增值税
   D. 契税

2. 下列金融服务免征增值税的是（　　）。
   A. 证券公司转让有价证券
   B. 保险公司提供财产保险服务
   C. 企业集团统借资金在集团内单位之间无偿借贷行为
   D. 银行对大型工业企业的贷款业务

3. 下列行为中，涉及的进项税额不得从销项税额中抵扣的是（　　）。
   A. 将外购的货物用于本单位集体福利
   B. 将外购的货物分配给股东和投资者
   C. 将外购的货物无偿赠送给其他个人
   D. 将外购的货物作为投资提供给其他单位

4. 某制药企业系增值税一般纳税人，2022年1月同时生产感冒药和抗癌药，本期购买生产设备一台，取得增值税专用发票上注明税额为10万元；为生产感冒药购买药原料，取得增值税专用发票上注明税额为4万元，为生产感冒药和抗癌药共同购买药原料，取得增值税专用发票上注明税额为12万元。当月实现感冒药不含税销售收入210万元，抗癌药不含税销售收入150万元，该企业对抗癌药选择适用简易计税方法计算纳税，当月应纳增值税额为（　　）万元。
   A. 5.8　　B. 8.8
   C. 10.8　　D. 17.8

5. 根据消费税的相关规定，下列说法正确的是（　　）。
   A. 化妆品生产企业通过自设非独立核算门市部销售高档化妆品，按移送价格征收消费税
   B. 鞭炮药引线、果啤、调味料酒均属于消费税的征税范围，应征收消费税
   C. 白酒生产企业向商业销售单位收取的品牌使用费，应并入白酒的销售额中缴纳消费税

D. 纳税人将自产葡萄酒用于抵偿债务，按其同类葡萄酒的平均销售价格计征消费税

6. 纳税人生产销售下列产品，应缴纳消费税的是（ ）。

A. 沐浴露　　B. 燃料电池

C. 铅蓄电池　　D. 变压器油

7. 下列各项中，有关消费税纳税地点的说法正确的是（ ）。

A. 纳税人进口应税消费品，在纳税人机构所在地缴纳消费税

B. 纳税人自产自用应税消费品，应在销售地缴纳消费税

C. 纳税人委托加工应税消费品，应由委托方回其机构所在地缴纳消费税

D. 纳税人到外县销售自产应税消费品，应于应税消费品销售后回机构所在地或者居住地缴纳消费税

8. 关于烟叶税征收管理，下列说法正确的是（ ）。

A. 按季度计征

B. 纳税义务发生时间是收购烟叶的当天

C. 纳税地点是销售地主管税务机关

D. 缴库期限是纳税义务发生月终了之日起10日内

9. 根据关税的相关规定，除个别国家外，对与我国建交并完成换文手续的其他最不发达国家继续实施的税率是（ ）。

A. 最惠国税率　　B. 协定税率

C. 特惠税率　　D. 暂定税率

10. 关于资源税税收优惠，下列说法正确的是（ ）。

A. 从深水油气田开采的原油、天然气，减征20%资源税

B. 从低丰度油气田开采的原油、天然气，减征30%资源税

C. 开采原油过程中用于加热的原油免征资源税

D. 开采原油过程中同时开采的天然气免征资源税

11. 以下符合环境保护税政策规定的是（ ）。

A. 非道路移动机械排放应税污染物应缴纳环境保护税

B. 环境保护税的纳税义务发生时间为纳税人排放应税污染物的当日

C. 纳税人应当向机构所在地的税务机关申报缴纳环境保护税

D. 环境保护税按月计算，按年申报缴纳

12. 以下符合城镇土地使用税政策规定的是（ ）。

A. 经济落后地区城镇土地使用税的适用税额标准可适当降低，但降低额不得超过规定最低税额的50%

B. 经济发达地区城镇土地使用税的适用税额标准可以适当提高，但提高幅度不得超过50%

C. 物流企业承租用于大宗商品仓储设施的土地，减按所属土地等级适用税额标准的50%计征城镇土地使用税

D. 纳税人新征用的耕地，自批准征用之次月起缴纳城镇土地使用税

13. 因土地规模化耕种需要，农村居民张某经批准搬迁，搬迁前住宅占用耕地220平方米，搬迁后新建自用住宅占用耕地260平方米（规定用地标准内），当地耕

地占用税税额每平方米20元，张某应缴纳耕地占用税（　　）元。

A. 0　　B. 400

C. 800　　D. 2600

14. 关于房产税计税依据，下列说法正确的是（　　）。

A. 房屋租赁合同约定有免租期的，以免租期间的租金为计税依据

B. 房屋出典的，以出典人取得的出典收入为计税依据

C. 以房产投资联营共担风险的，以房产的计税余值为计税依据

D. 对原有房屋进行扩建的，以新增的房产价值为计税依据

15. 契税的纳税期限是（　　）。

A. 纳税人接收土地、房屋的30日内

B. 纳税人支付土地、房屋款项的15日内

C. 纳税人依法办理土地、房屋权属登记手续前

D. 纳税人取得土地、房屋权属证书的10日内

16. 以下表述不符合现行税收法律法规的是（　　）。

A. 气缸容量200毫升的摩托车不缴纳消费税

B. 购置排气量200毫升的摩托车自用不缴纳车辆购置税

C. 挂车按照货车税额的50%计算车船税

D. 自用的拖拉机不缴纳车船税

17. A国驻华使馆进口一辆中轻型商用客车自用，关税完税价格为30万元。已知，消费税税率为5%，关税税率为20%。关于进口商用客车的税务处理，下列说法正确的是（　　）。

A. 应缴纳进口环节消费税4.5万元

B. 应缴纳进口环节消费税5.68万元

C. 应缴纳进口环节消费税1.89万元

D. 应缴纳车辆购置税15.16万元

18. 某企业受托研发一项专利技术，合同约定研发费用900万元、劳务报酬100万元，已知，技术合同印花税税率为0.3‰。该企业应缴纳印花税（　　）元。

A. 5　　B. 3000

C. 300　　D. 305

19. 企业从事下列项目的所得，减半征收企业所得税的是（　　）。

A. 油料作物的种植

B. 糖料作物的种植

C. 麻类作物的种植

D. 香料作物的种植

20. 下列有关企业合并的说法中，符合企业所得税特殊性税务处理规定的是（　　）。

A. 被合并企业合并前的相关所得税事项由合并企业承继

B. 被合并企业未超过法定弥补期限的亏损额不能结转到合并企业

C. 被合并企业可要求合并企业支付其合并资产总额75%的货币资金

D. 被合并企业股东取得合并企业股权的计税基础以市场公允价值确定

21. 2019年11月甲企业购进符合税法规定可享受税额抵免优惠政策安全生产专用设备一台，增值税专用发票注明金额700万元、税额91万元。甲企业依法进行了进项税额抵扣，并享受了企业所得税抵免优惠。2021年11月甲企业将该设备转让给乙企业，下列税务处理正确的是（　　）。

A．甲企业转让设备可税前扣除的资产净值为791万元

B．甲企业转让设备后应补缴已抵免的企业所得税税款

C．乙企业不得享受企业所得税抵免优惠

D．甲企业转让设备时应转出已抵扣的进项税额

22．下列各项属于个人所得税专项扣除项目的是（　　）。

A．基本医疗保险

B．大病医疗支出

C．住房贷款利息支出

D．赡养老人支出

23．在计算个人所得税时，下列各项可选择由其父母扣除，也可选择由本人扣除的项目是（　　）。

A．境内在职研究生教育

B．境外颁发的技能证书

C．住房贷款利息

D．教育部认可学籍的非全日制本科教育

24．中国居民企业A公司，2021年境内所得1000万元，在甲国投资设立了B全资子公司，甲国政府为鼓励境外投资，对B公司第一个获利年度实施了企业所得税免税。按甲国的税法规定，企业所得税税率为18%。A公司获得了B公司免税年度分回的利润800万元。中国和甲国政府签订了包含有饶让条款的税收协定，A公司2021年在我国实际应缴纳企业所得税（　　）万元。（不考虑预提所得税）

A．250　　B．306

C．374　　D．450

25．下列关于纳税人因有特殊困难，需要延期缴纳税款的说法中正确的是（　　）。

A．应在规定期限内提出书面或口头申请

B．经县以上税务局局长批准

C．延期期限最长不超过6个月

D．批准期限内免予加收滞纳金

26．下列关于申请行政复议的表述中，符合税务行政复议管辖规定的是（　　）。

A．对被撤销的税务机关在撤销以前所作出的具体行政行为不服的，向继续行使其职权的税务机关申请行政复议

B．对税务所（分局）、各级税务局的稽查局的具体行政行为不服的，向其所属税务局申请行政复议

C．对计划单列市税务局的具体行政行为不服的，向所在省税务局申请行政复议

D．对国家税务总局的具体行政行为不服的，向财政部申请行政复议

二、多项选择题

本题型共16小题，每小题1.5分，共24分。每小题均有多个正确答案，请从每小题的备选答案中选出你认为正确的答案，每小题所有答案选择正确的得分，不答、错答、漏答均不得分。

1．以下关于我国现行税法体系的表述中，正确的有（　　）。

A．我国的税法体系由18个税种组成

B．一般而言，国际税法的效力高于国内税法

C．税收征收管理法是我国的税收基本法

D．国家税收制度的确立，要根据本国的具体政治经济条件

2. 下列项目中，适用5%的征收率计算增值税的有（　　）。
A. 一般纳税人收取试点前开工的一级公路、二级公路、桥、闸通行费，选择适用简易计税方法的
B. 一般纳税人提供非学历教育服务、教育辅助服务，选择适用简易计税方法的
C. 一般纳税人提供人力资源外包服务，选择适用简易计税方法的
D. 小规模纳税人提供劳务派遣服务选择差额纳税的

3. 商业企业一般纳税人零售下列货物，不得开具增值税专用发票的有（　　）。
A. 劳保服装
B. 办公用品
C. 化妆品
D. 糕点食品

4. 关于资管产品增值税的征收管理，下列说法正确的有（　　）。
A. 管理人运营资管产品过程中发生的增值税应税行为不适用简易计税方法
B. 管理人运营资管产品提供贷款服务，以利息及利息性质的收入为销售额
C. 管理人可选择分别或汇总核算资管产品运营业务销售额和增值税应纳税额
D. 资管产品包括银行理财产品

5. 下列关于境外旅客购物离境退税政策的说法中，正确的有（　　）。
A. 所购退税物品由境外旅客本人或其指定代理人随身携带或随行托运出境
B. 境外旅客是指在中华人民共和国境内连续居住不超过183天的外国人和港澳台同胞
C. 离境日距退税物品购买日不超过183天
D. 退税额超过10000元的，以银行转账方式退税

6. 下列各项中，应当计入进口货物关税完税价格的有（　　）。
A. 由买方负担的购货佣金
B. 由买方负担的进口设备的保修费用
C. 由买方负担的境外包装劳务费用
D. 为在境内复制进口货物而支付的费用

7. 下列污染物中，不属于环境保护税征收范围的有（　　）。
A. 二氧化碳
B. 二氧化硫
C. 交通噪声
D. 光污染

8. 下列关于房产税纳税人的说法，正确的有（　　）。
A. 产权属于国家所有的，由经营管理单位缴纳房产税
B. 产权出典的，由出典人缴纳房产税
C. 出租房产有免租期的，由使用人代为缴纳房产税
D. 产权所有人不在房屋所在地，由房产代管人或使用人缴纳房产税

9. 下列用地，可免征城镇土地使用税的有（　　）。
A. 盐场的盐滩用地
B. 国家机关的办公用地
C. 纳税单位无偿使用免税单位的土地
D. 企业内部道路绿化用地

10. 根据房地产开发企业进行土地增值税清算的规定，下列表述正确的有（　　）。
A. 房地产开发企业开发建造的与清算项目配套的停车场，建成后产权属于全

体业主所有的，其成本、费用可以扣除

B. 房地产开发企业提供的建筑安装工程费资料不实的，不得扣除

C. 属于多个房地产项目共同的成本费用，应按清算项目可售建筑面积占多个项目可售总建筑面积的比例或其他合理的方法，计算确定清算项目的扣除金额

D. 房地产开发企业销售已装修房屋，其装修费用可计入房地产开发成本

11. 下列关于耕地占用税征收管理的说法，正确的有（　　）。

A. 占用基本农田的，应当按照当地适用税额加按150%征收

B. 耕地占用税的应税土地面积包括经批准占用耕地面积和未经批准占用耕地面积

C. 纳税人因建设项目施工或者地质勘查临时占用耕地，应当缴纳耕地占用税

D. 农村烈士遗属，在规定用地标准以内新建自用住宅占用耕地，减半征收耕地占用税

12. 在计算企业所得税时，下列支出允许在税前扣除的有（　　）。

A. 企业发生的诉讼费用

B. 企业向银行支付的罚息

C. 企业向投资者支付的股息、红利

D. 企业缴纳的企业所得税税款

13. 根据车辆购置税规定，下列说法正确的有（　　）。

A. 悬挂应急救援专用号牌的国家综合性消防救援车辆免税

B. 纳税义务发生时间为纳税人购置应税车辆的次日

C. 不需要办理车辆登记的单位纳税人，向机构所在地主管税务机关纳税

D. 将已纳车辆购置税的车辆退回车辆生产企业，可以申请退税

14. 在计算个人所得税时，下列支出允许从个体工商户生产经营收入中扣除的有（　　）。

A. 代从业人员负担的个人所得税税额

B. 个体工商户业主的工资

C. 为业主和从业人员缴纳的符合标准的失业保险费

D. 经营过程中发生的除已经计入有关资产成本部分以外的汇兑损失

15. 下列税费的征收管理，适用《中华人民共和国税收征收管理法》的有（　　）。

A. 船舶吨税

B. 教育费附加

C. 环境保护税

D. 个人所得税

16. 以下符合税务行政处罚政策规定的有（　　）。

A. 税务行政处罚的实施主体主要是县以上的税务机关

B. 税务所可以实施罚款额在2000元以下的税务行政处罚

C. 税务行政处罚简易程序的特点是当场收缴罚款

D. 对公民作出1000元以上或者对法人或者其他组织作出20000元以上罚款的案件需要听证

三、计算问答题

本题型共4小题20分。涉及计算的，要求列出计算步骤。

1. 某鞭炮焰火厂（增值税一般纳税人）2022年1月发生以下业务：

（1）月初库存外购已税鞭炮的金额为12000元（不含增值税，下同），当月购进已税鞭炮300箱，增值税专用发票上注明的每箱购进金额为300元。月末库存外购已税鞭炮的金额为8000元。其余为当月生产领用，用于生产甲鞭炮和乙鞭炮。甲鞭炮最高销售价格850元/箱，平均销售价格800元/箱；乙鞭炮最高销售价格1150元/箱，平均销售价格1100元/箱。

（2）销售给A商贸公司甲鞭炮100箱，每箱不含税销售价格为800元。将30箱甲鞭炮移送该厂自设非独立核算门市部销售，当月门市部销售了20箱，每箱不含税销售价格为850元。

（3）销售给B商贸公司乙鞭炮250箱，每箱不含税销售价格为1100元。

（4）将200箱乙鞭炮换取火药厂的鞭炮药引线，双方按易货价格互相开具了增值税专用发票，将50箱乙鞭炮作为春节福利发给职工。

（其他相关资料：鞭炮的消费税税率为15%）

要求：根据上述资料，回答下列问题。

（1）说明业务（2）中通过非独立核算门市部销售的计税依据，计算该厂业务（2）应缴纳的消费税。（不考虑消费税的抵扣）

（2）计算该厂业务（3）应缴纳的消费税。（不考虑消费税的抵扣）

（3）说明业务（4）消费税计税依据，计算该厂业务（4）应缴纳的消费税。（不考虑消费税的抵扣）

（4）计算该厂当月实际应缴纳的消费税。

2. 某出版社2022年1月发生的部分支出业务如下：

（1）支付张三（本出版社编辑）扣除法定“三险一金”的工资薪金20000元，张三有两个孩子，女儿7岁，儿子2岁，张三（独生子）父母均健在，年龄均为63岁，张三在省会城市租房居住（名下无住房），张三按扣除标准的100%扣除子女教育支出、赡养老人支出和住房租金支出，并选择在该出版社预扣预缴其税款时进行专项附加扣除。

（2）支付大学教授李四审稿费3000元。

（3）支付作家王五拍卖文字作品原稿复印件费用20000元，王五当即将该收入中的5000元通过政府部门捐赠给受灾地区。

（4）支付理查德（非居民个人）稿酬50000元。

要求：根据上述资料，回答下列问题。

（1）计算1月应预扣预缴张三工资薪金的个人所得税。

（2）说明李四审稿收入的所得项目，并计算应预扣预缴李四审稿所得的个人所得税。

（3）说明王五拍卖文字作品原稿复印件收入的所得项目，并计算应预扣预缴王五拍卖文字作品原稿复印件所得的个人所得税。

（4）计算应扣缴理查德稿酬收入的个人所得税。

（5）假定张三除每月取得出版社固定的工资薪金外，还有来自其他单位的稿酬所得和劳务报酬所得，则是否需要在年度终了进行所得税汇算清缴，若需要请说明理由、汇算清缴申报时间和地点。

附：综合所得个人所得税税率表

级数	全年应纳税所得额	税率（%）	速算扣除数（元）
1	不超过 36000 元的部分	3	0
2	超过 36000 元至 144000 元的部分	10	2520
3	超过 144000 元至 300000 元的部分	20	16920
4	超过 300000 元至 420000 元的部分	25	31920
5	超过 420000 元至 660000 元的部分	30	52920
6	超过 660000 元至 960000 元的部分	35	85920
7	超过 960000 元的部分	45	181920

按月换算后的综合所得税率表

级数	应纳税所得额	税率（%）	速算扣除数（元）
1	不超过 3000 元的部分	3	0
2	超过 3000 元至 12000 元的部分	10	210
3	超过 12000 元至 25000 元的部分	20	1410
4	超过 25000 元至 35000 元的部分	25	2660
5	超过 35000 元至 55000 元的部分	30	4410
6	超过 55000 元至 80000 元的部分	35	7160
7	超过 80000 元的部分	45	15160

3. 2021 年 12 月，某市税务机关拟对辖区内某房地产开发公司开发的房产项目进行土地增值税清算。该房地产开发公司提供该房产开发项目的资料如下：

（1）2015 年 3 月以 8000 万元拍得用于该房地产开发项目的一宗土地，并缴纳契税；因闲置 1 年，支付土地闲置费 400 万元。

（2）2016 年 3 月开始动工建设，发生开发成本 5000 万元，其中包含银行贷款凭证显示与该项目相关的利息支出 1000 万元。

（3）2021 年 12 月，该项目已销售可售建筑面积的 80%，共计取得含税收入 21000 万元；可售建筑面积的 20% 投资入股某酒店，约定共担风险、共享收益。

（4）公司已按照规定的预征率预缴了土地增值税 1200 万元。

（其他相关资料：当地适用的契税税率为

5%，省级政府规定其他房地产开发费用的扣除比例为5%，该公司选择简易计税方法计算增值税，该公司在计算土地增值税时可扣除的与转让房地产有关的税金包括地方教育附加）

要求：根据上述资料，回答下列问题。

（1）该公司清算土地增值税时允许扣除的取得土地使用权所支付的金额。

（2）该公司计算土地增值税时可扣除的房地产开发费用。

（3）该公司计算土地增值税时可扣除的税金及附加。

（4）该公司计算土地增值税时可扣除项目金额合计。

（5）说明该公司进行土地增值税清算的政策依据，并计算应补缴的土地增值税。

4. 非居民企业甲于2021年12月与居民企业乙签订一项大型设备销售合同并提供培训、指导劳务，双方在合同中约定乙企业支付甲企业价款400万元（不含增值税），未单独列明培训、指导劳务的金额，甲企业派遣员工在境内负责该项业务的实施，由于无法提供真实有效的材料证明其在境内外发生的劳务及金额，税务机关对其劳务部分核定征收企业所得税并由乙企业扣缴税款，核定利润率为30%。

（其他相关资料：假定税务机关对于未准确列明的培训、指导劳务收入采用最低标准进行核定，不考虑其他税费）

要求：根据上述资料，回答下列问题。

（1）计算税务机关对其核定的劳务收入的金额。

（2）计算培训、指导劳务收入按照核定征收的方式应纳的企业所得税。

（3）计算培训、指导劳务收入应纳的增值税。

（4）说明扣缴义务人向其主管税务机关申报办理扣缴税款登记的时间。

（5）说明乙企业代扣代缴非居民企业甲的企业所得税后向税务机关申报的时间。

四、综合题

本题型共2小题30分。涉及计算的，要求列出计算步骤。

1. 某商贸企业为增值税一般纳税人，从事商品批发、零售和进口业务。2022年2月有关业务如下：

（1）从国外进口一辆中轻型商务客车，作为企业办公使用，海关审定的关税完税价格18万元，关税税率为30%。该企业按照规定缴税后海关放行，并取得了进口增值税专用缴款书。

（2）批发商品取得不含税销售额24万元，由于购货方提前偿还货款，按合同规定，给予购货方2%的销售折扣，实际收到货款23.52万元。销售金银首饰取得零售收入7.91万元，销售摩托车取得零售收入10.17万元，销售其他商品取得零售收入67.8万元。

（3）从国内采购商品，取得一般纳税人开具的增值税专用发票上注明金额60万元、税额7.8万元；购货过程中发生运输及装卸费用，取得一般纳税人开具的增值税专用发票，注明运费金额4万元、装卸费金额1万元；从国营农场购进免税水果用于销售，支付收购金额22万元，开具合法收购凭证；购入运输服务，将该批水果运回企业，取得一般纳税人开具的增值税专用发票，注明运费金额1万元。相关进项税额抵扣后，将该批水果10%用于职工食堂。

（4）没收啤酒的逾期包装物押金2.26万元、白酒的逾期包装物押金3.39万元。

（5）将6年前抵债得到的不动产（取得时作价400万元）转让，取得价税合计金额560万元。

（6）上月销售的一辆摩托车因质量问题被退回，该商贸企业退还含税货款0.678万元，并开具红字专用发票；商贸企业将其退给厂家，取得厂家开具的红字专用发票注明金额0.5万元，税额0.065万元。

（7）职工食堂领用上月从一般纳税人处购进已抵扣了进项税额的餐具，成本2万元。

（8）月末盘点时发现上月从一般纳税人处购进的服装丢失，账面成本12万元，已抵扣进项税。

（其他相关资料：当月取得的相关票据符合税法规定并在当月抵扣。该企业对转让不动产选择简易计税方法计算增值税。中轻型商务客车、金银首饰消费税税率均为5%）

要求：根据上述资料，回答下列问题。

（1）计算该商贸企业进口环节向海关缴纳的消费税；

（2）计算该商贸企业进口环节向海关缴纳的增值税；

（3）计算业务（3）的进项税转出金额；

（4）计算业务（7）的进项税转出金额；

（5）计算业务（8）的进项税转出金额；

（6）计算该商贸企业当月应抵扣进项税额合计金额；

（7）计算该商贸企业转让不动产应缴纳增值税；

（8）计算该商贸企业当月增值税的销项税额合计金额；

（9）计算该商贸企业当月应向税务机关缴纳的增值税；

（10）计算该商贸企业当月应向税务机关缴纳的消费税。

2. 某符合条件的国家鼓励的软件生产企业是我国居民企业，2018年4月成立，经营期限为15年，为增值税一般纳税人，该企业设立的当年获利。2021年该企业自行核算主营业务收入8700万元，其他业务收入1200万元，账面实现利润总额900万元。进行2021年企业所得税汇算清缴时，注册会计师发现下列情况：

（1）接受某公司捐赠的原材料一批，取得增值税专用发票，注明价款20万元、增值税额2.6万元，该项业务未反映在账务中，但相关进项税已抵扣。

（2）该企业拥有居民企业M公司80%的股权，当年12月已将该股权全部转让给居民企业B，该股权投资成本1000万元，转让价格1800万元，转让业务发生时，M公司累计未分配利润600万元，该项股权转让业务未反映在账务中（会计上采用成本法核算）。

（3）符合规定的境内自行研发费用510万元和委托境外单位研发实际发生的费用300万元单独记账且均未纳入损益计算（均未形成无形资产）。

（4）成本400万元的自产产品被盗，外购比例60%，适用13%的增值税税率，获得保险公司赔偿80万元，该业务未反映在账务中。

（5）该企业账面体现业务招待费100万元、支付给母公司的管理费500万元。

（6）该企业账面体现在2021年6月1日向非金融企业（非关联方）借入资金800万元用于经营，借款期限为7个月，当年支付利息80万元，同期同类银行贷款年利率为7%。

（7）该企业账面体现对外捐赠200万元（通过县级政府向自然灾害地区捐赠150万元，直接向某技术学校捐赠50万元）；被市场监管部门处以罚款20万元。

（8）该企业账面体现有国债利息收入20万元，从境内居民企业A公司（未上市）分回股息100万元。

要求：不考虑其他税费，根据上述资料，回答下列问题。

（1）业务（1）应调整的会计利润。

（2）业务（2）应调整的会计利润。

（3）分别计算业务（3）境内研发费用应调整的会计利润和应纳税所得额。

（4）分别计算业务（3）委托境外研发费用应调整的会计利润和应纳税所得额。

（5）业务（4）应调整的会计利润。

（6）当年该企业符合规定的会计利润。

（7）业务（5）应调整的应纳税所得额。

（8）业务（6）应调整的应纳税所得额。

（9）业务（7）应调整的应纳税所得额。

（10）业务（8）应调整的应纳税所得额。

（11）当年该企业应纳税所得额。

（12）当年该企业实际应缴纳的企业所得税。

客观题答案速查

我做对了 ________ 题　我得了 ________ 分

一、单项选择题

序号	1	2	3	4	5	6	7	8	9	10
答案	A	C	A	C	C	C	D	B	C	C
序号	11	12	13	14	15	16	17	18	19	20
答案	B	C	B	C	C	B	C	C	D	A
序号	21	22	23	24	25	26				
答案	B	A	D	B	D	B				

二、多项选择题

序号	1	2	3	4	5	6	7	8	9	10
答案	BD	ACD	CD	BCD	BD	BC	ACD	AD	AB	ACD
序号	11	12	13	14	15	16				
答案	ABC	AB	ACD	CD	CD	AB				

参考答案及解析

使用“会计云课堂”App或“微信”扫码对答案、看解析、掌握解题思路，开启轻松过关之旅。

扫码看解析

一、单项选择题

1.【答案】A

【解析】选项A：印花税收入属于中央政府和地方政府共享收入（证券交易印花税收入归中央政府，其他印花税收入归地方政府）；选项B：消费税收入属于**中央政府固定收入**；选项CD：土地增值税收入和契税收入属于**地方政府固定收入**。

2.【答案】C

【解析】选项ABD：照章缴纳增值税。选项C：免征增值税。

3.【答案】A

【解析】选项A涉及的进项税额不得从销项税额中抵扣，选项BCD均属于视同销售行为，需要计算销项税额，同时可以抵扣相关进项税额。

4.【答案】C

【解析】兼用于一般计税项目和简易计税项目的生产设备可以**全额**抵扣进项税，但兼用于一般计税项目和简易计税项目且无法划分的原材料需要按照销售额进行**分摊**，分摊在一般计税项目上的原材料进项税可以抵扣，分摊在简易计税项目上的原材料进项税不能抵扣。该企业当月可抵扣的进项税 $=10+4+12\times210\div(210+150)=21$（万元）。

应纳增值税 $=210\times13\%-21+150\times3\%=27.3-21+4.5=10.8$（万元）。

5.【答案】C

【解析】选项A：化妆品生产企业通过自设非独立核算门市部销售高档化妆品，按**门市部的对外销售额**征税；选项B：果啤属于消费税征税范围，但鞭炮药引线和调味料酒不属于消费税的征税范围；选项D：纳税人将自产葡萄酒用于抵偿债务，按其同类葡萄酒的**最高销售价格**计税。

6.【答案】C

【解析】选项A：沐浴露不属于高档化妆品的范围，不征收消费税；选项B：免征消费税；选项D：变压器油、导热类油等绝缘油类产品不属于润滑油，不征收消费税。

7.【答案】D

【解析】选项A：进口的应税消费品，由进口人或者其代理人向**报关地海关**申报纳税。选项B：纳税人自产自用应税消费品，除另有规定外，应向纳税人**机构所在地或者居住地**缴纳消费税。选项C：委托加工的应税消费品，由**受托方**向**机构所在地或者居住地**的主管税务机关解缴消费税税款（受托方为个人的除外）。

8.【答案】B

【解析】选项A：烟叶税**按月计征**。选项C：纳税人收购烟叶，应当向**烟叶收购地**的主管税务机关申报缴纳烟叶税。选项D：纳税人应当于纳税义务发生月终了之日起**15日内**申报并缴纳烟叶税。

9.【答案】C

【解析】除赤道几内亚外，对与我国建交并完成换文手续的其他最不发达国家继续实施**特惠税率**。

10.【答案】C

【解析】选项A：从深水油气田开采的原油、天然气，资源税减征30%；选项B：从低丰度油气田开采的原油、天然气，资源税减征20%；选项D：与原油同时开采的天然气照章缴纳资源税。

11.【答案】B

【解析】选项A，机动车、铁路机车、非道路移动机械、船舶和航空器等流动污染源排放应税污染物的，暂免征收环境保护税。选项C，纳税人应当向**应税污染物排放地**的税务机关申报缴纳环境保护税。选项D，环境保护税按月计算，**按季申报**缴纳。

12.【答案】C

【解析】选项A：经济落后地区城镇土地使用税的适用税额标准可适当降低，但降低额不得超过规定最低税额的**30%**。选项B：经济发达地区的适用税额标准可以适当提高，但须报**财政部**批准。选项D：纳税人新征用的耕地，自批准征用之日起**满一年时**缴纳城镇土地使用税。

13.【答案】B

【解析】农村居民在规定用地标准以内占用耕地新建自用住宅，按照当地适用税额**减半**征收耕地占用税；其中农村居民经批准搬迁，新建自用住宅占用耕地**不超过**原宅基地面积的部分，**免征**耕地占用税。张某应缴纳耕地占用税＝（260−220）×20×50%=400（元）。

14.【答案】C

【解析】选项A：对出租房产，租赁双方签订的租赁合同约定有免收租金期限的，免收租金期间由产权所有人按照房产余值缴纳房产税。选项B：房屋产权出典的，由承典人按照房产余值缴纳房产税。选项D：对原有房屋进行改建、扩建的，要相应"增加"房屋的原值，而不仅以新增的房产价值为计税依据。

15.【答案】C

【解析】纳税人应当在依法办理土地、房屋权属登记手续前缴纳契税。

16.【答案】B

【解析】购置排气量**超过150毫升**的摩托车自用需要缴纳车辆购置税。

17.【答案】C

【解析】选项ABC：应缴纳进口环节消费税=30×（1+20%）÷（1−5%）×5%=1.89（万元）。选项D：依照法律规定应当予以免税的外国驻华使馆、领事馆和国际组织驻华机构及其有关人员自用车辆，免征车辆购置税。

18.【答案】C

【解析】对技术合同只就合同所载的价

款、报酬或使用费计税，研究开发经费不作为计税依据。应缴纳的印花税 =1000000×0.3‰ =300（元）。

19.【答案】D

【解析】选项 ABC 为企业所得税免税项目；选项 D 为减半征收企业所得税项目。

20.【答案】A

【解析】选项 B：被合并企业合并前的相关所得税事项由合并企业承继，也就是说被合并企业未超过法定弥补期限的亏损额可以结转到合并企业，可由合并企业弥补的被合并企业亏损的限额 = 被合并企业净资产公允价值 × 截至合并业务发生当年年末国家发行的最长期限的国债利率；选项 C：企业合并时，企业股东在该企业合并发生时取得的股权支付金额不低于其交易支付总额的 85%，也就是说货币资金支付部分不能高于 15%，更不能是 75%；选项 D：被合并企业股东取得合并企业股权的计税基础，以其原持有的被合并企业股权的计税基础确定。

21.【答案】B

【解析】选项 A：甲企业转让设备可税前扣除的资产净值应以扣除折旧后的金额计算，且不包括可以抵扣的进项税额。选项 BC：企业购置符合税法规定可享受税额抵免优惠政策的环境保护、节能节水、安全生产等专用设备在 **5 年内**转让、出租的，应当停止享受企业所得税优惠，并补缴已经抵免的企业所得税税款。转让的受让方可以按照该专用设备投资额的 10% 抵免当年企业所得税应纳税额；当年应纳税额不足抵免的，可以在以后 5 个纳税年度结转抵免。选项 D：甲企业转让设备时不需要转出已抵扣的进项税额。

22.【答案】A

【解析】专项扣除，包括居民个人按照国家规定的范围和标准缴纳的基本养老保险、基本医疗保险、失业保险等社会保险费和住房公积金等。专项附加扣除目前包含了子女教育、继续教育、大病医疗、住房贷款利息或者住房租金、赡养老人等 6 项支出。选项 A 属于个人所得税专项扣除的项目；选项 BCD 属于个人所得税专项附加扣除的项目。

23.【答案】D

【解析】选项 A 只能由本人按照继续教育的规定扣除；选项 B 不得扣除；选项 C 由未婚者本人扣除，已婚夫妻选择一方扣除，婚前各自购房的选择一套由购买方按扣除标准的 100% 扣除或双方对各自购买的住房各按扣除标准扣除 50%。

24.【答案】B

【解析】境内外所得共应在我国纳税 =（1000+800）×25%=450（万元）；由 A 公司抵免的间接负担的境外税额 = 800×18%=144（万元）；A 公司在我国实际应纳企业所得税 =450−144=306（万元）。

25.【答案】D

【解析】本题考核延期缴纳税款的限定条件及要求：（1）延期缴纳税款的需经**省、自治区、直辖市税务局**批准；（2）需在规定期限内提交**书面申请**；（3）延期期限最长不超过 **3 个月**；（4）批准的延期内**免予**加收滞纳金。

26.【答案】B

【解析】选项A：对被撤销的税务机关在撤销以前所作出的具体行政行为不服的，向**继续行使其职权的税务机关的上一级税务机关**申请行政复议。选项C：对计划单列市税务局的具体行政行为不服的，向**国家税务总局**申请行政复议。选项D：对国家税务总局的具体行政行为不服的，向**国家税务总局**申请行政复议。

二、多项选择题

1.【答案】BD

【解析】选项A，18个税种构成我国的税收实体法体系；选项C，我国目前没有制定统一的税收基本法，将研究制定税收基本法。

2.【答案】ACD

【解析】选项B，提供非学历教育服务、教育辅助服务，一般纳税人选择简易计税办法适用3%征收率。

3.【答案】CD

【解析】商业企业一般纳税人零售的烟、酒、食品、服装、鞋帽（不包括劳保专用部分）、化妆品等消费品不得开具增值税专用发票，只能开具普通发票。

4.【答案】BCD

【解析】选项A：资管产品管理人运营资管产品过程中发生的增值税应税行为，暂适用简易计税方法，按照3%的征收率缴纳增值税。

5.【答案】BD

【解析】选项A：所购退税物品由境外**旅客本人**随身携带或随行托运出境；选项C：离境日距退税物品购买日不超过**90天**。

6.【答案】BC

【解析】应当计入关税完税价格的内容包括：（1）由买方负担的**除购货佣金以外**的佣金和经纪费；（2）由买方负担的与该货物视为一体的容器费用；（3）由买方负担的包装材料费用和包装劳务费用；（4）与进口货物的生产和向中华人民共和国境内销售有关的，由买方以免费或者以低于成本的方式提供并可以按适当比例分摊的规定货物或者服务的价值；（5）与该货物有关并作为卖方向我国销售该货物的一项条件，应当由买方直接或间接支付的特许权使用费；（6）卖方直接或间接从买方对该货物进口后销售、处置或使用所得中获得的收益。

7.【答案】ACD

【解析】环境保护税征税范围的应税污染物是指规定的大气污染物（**不包括二氧化碳**）、水污染物、固体废物和噪声（仅包括**工业噪声**）。

8.【答案】AD

【解析】选项B：产权出典的，由**承典人**纳税；选项C：出租房产有免租期的，免收租金期间由**产权所有人**按照房产余值缴纳房产税。

9.【答案】AB

【解析】选项C：纳税单位无偿使用免税单位的土地，纳税单位缴纳城镇土地使用税。选项D：对企业厂区（**包括生产、办公及生活区**）**以内**的绿化用地，照章征收城镇土地使用税。

10.【答案】ACD

【解析】选项B可核定扣除。

11.【答案】ABC

【解析】选项D：农村烈士遗属，在规定用地标准以内新建自用住宅占用耕地，**免征**耕地占用税。

12.【答案】AB

【解析】选项CD：不得在企业所得税前扣除。

13.【答案】ACD

【解析】选项B：纳税义务发生时间为纳税人购置应税车辆的**当日**。

14.【答案】CD

【解析】选项A：个体工商户代从业人员和他人负担的税款不得扣除。选项B：个体工商户业主的工资不得扣除；实际支付给从业人员的、合理的工资薪金支出，准予扣除。选项C：个体工商户按照国务院有关主管部门或省政府规定的范围和标准为其业主和从业人员缴纳的基本养老保险费、基本医疗保险费、失业保险费、生育保险费、工伤保险费和住房公积金，准予扣除。选项D：个体工商户经营过程中发生的汇兑损失，除已经计入有关资产成本部分外，准予扣除。

15.【答案】CD

【解析】《征管法》的适用范围是依法由税务机关征收的各种税收的征收管理。选项A：海关征收的船舶吨税，不适用《征管法》，而适用其他法律、法规的规定。选项B：由税务机关征收的教育费附加不是税，不能采取《征管法》规定的措施，其具体管理办法由其条例和规章决定。

16.【答案】AB

【解析】选项C：税务行政处罚简易程序的特点是**当场作出处罚决定**，但不一定当场收缴罚款。选项D：税务行政处罚听证的范围包括对公民作出**2000元**以上或者对法人或者其他组织作出**10000**元以上罚款的案件。

三、计算问答题

1.【答案及解析】

(1)纳税人通过自设非独立核算门市部销售自产应税消费品，应当按照**门市部对外销售额或销售数量**计算征收消费税。

该厂销售给A商贸公司鞭炮应缴纳的消费税 =100×800×15%=12000（元）。

该厂门市部销售鞭炮应缴纳的消费税 =20×850×15%=2550（元）。

业务（2）应缴纳的消费税 =12000+2550=14550（元）。

(2)业务（3）应缴纳的消费税 =250×1100×15%=41250（元）。

(3)用于换取生产资料、消费资料、投资入股、抵偿债务的应税消费品，使用同类消费品**最高销售价格**计算缴纳消费税。作为春节福利发放的应税消费品使用同类消费品**平均销售价格**计算缴纳消费税。

该厂用鞭炮换取鞭炮药引线应缴纳的消费税 =200×1150×15%=34500（元）。

该厂用鞭炮作为福利发放应缴纳的消费税 =50×1100×15%=8250（元）。

业务（4）应缴纳的消费税 =34500+8250=42750（元）。

(4)该厂当月允许扣除的已纳消费税 =（12000+300×300−8000）×15%=14100（元）。

该厂当月实际应缴纳的消费税 =14550+41250+42750−14100=84450（元）。

2.【答案及解析】

（1）1月预扣预缴应纳税所得额=20000-5000-1000-2000-1500=10500（元）

应预扣预缴张三工资薪金个人所得税=10500×3%=315（元）

（2）李四审稿收入属于劳务报酬所得。

应预扣预缴李四个人所得税=（3000-800）×20%=440（元）

（3）王五拍卖文字作品原稿复印件收入属于特许权使用费所得。居民个人取得劳务报酬所得、稿酬所得、特许权使用费所得的，预扣预缴时不扣除公益捐赠支出，统一在汇算清缴时扣除。

应预扣预缴王五个人所得税=20000×（1-20%）×20%=3200（元）

（4）理查德稿酬应纳税所得额=50000×（1-20%）×70%=28000（元）

应扣缴理查德个人所得税=28000×25%-2660=4340（元）

（5）张三需要在年度终了进行所得税汇算清缴。

理由：张三从两处以上取得综合所得，且综合所得年收入额减除专项扣除后的余额超过6万元。

在取得所得的**次年3月1日至6月30日**内向**任职、受雇单位所在地**主管税务机关办理纳税申报，并报送《个人所得税年度自行纳税申报表》。

3.【答案及解析】

（1）该公司清算土地增值税时允许扣除的取得土地使用权所支付的金额=8000+8000×5%=8400（万元）

（2）房地产开发成本=5000-1000=4000（万元）

该公司计算土地增值税时可扣除的房地产开发费用=1000+（8400+4000）×5%=1620（万元）

（3）该公司应该缴纳的增值税=21000÷80%÷（1+5%）×5%=1250（万元）

【注意】销售了80%，但有20%的视同销售，所以用80%的销售额推算100%的销售额。

该公司计算土地增值税时可扣除的税金及附加=1250×（7%+3%+2%）=150（万元）

（4）扣除项目金额合计=8400+4000+1620+150+（8400+4000）×20%=16650（万元）

（5）政策依据：该公司应进行土地增值税清算，因为该公司开发项目全部竣工，实现了税法口径的全部销售（80%销售和20%的视同销售）。

增值额=21000÷80%÷（1+5%）-16650=8350（万元），增值率=8350÷16650×100%=50.15%，适用税率40%，速算扣除系数5%。

应纳土地增值税=8350×40%-16650×5%=3340-832.5=2507.5（万元）

应补缴土地增值税=2507.5-1200=1307.5（万元）。

4.【答案及解析】

（1）非居民企业与中国居民企业签订机器设备或货物销售合同，同时提供设备安装、装配、技术培训、指导、监督服务等劳务，其销售货物合同中未列明上述劳务收费金额并且无参照标准的，以不低于销售货物合同总价款的10%为原则，确认非居民企业的劳务收入，所以税务机关应该核定的劳务收入=400×10%=40（万元）

（2）应纳税所得额=收入总额×核定的利润率=40×30%=12（万元）

按照核定征收的方式应纳企业所得税 = 12×25%=3（万元）

【注意】使用利润率计算所得的，已考虑了计算利润过程中的扣除，故应使用法定税率计税。

（3）应缴纳的增值税 =40×6%=2.4（万元）

（4）扣缴义务人乙企业应当自扣缴义务发生之日起30日内向其主管税务机关申报办理扣缴税款登记。

（5）乙企业代扣代缴的税款应当自代扣之日起7日内缴入国库，并向所在地税务机关报送扣缴企业所得税报告表。

四、综合题

1.【答案及解析】

（1）进口消费税 =18×（1+30%）÷（1-5%）×5%=1.23（万元）

（2）进口增值税 =18×（1+30%）÷（1-5%）×13%=3.20（万元）

（3）业务（3）购进水果用于职工食堂要作进项税额转出 =（22×9%+1×9%）×10%=0.21（万元）

（4）业务（7）职工食堂领用餐具要作进项税转出 =2×13%=0.26（万元）

（5）业务（8）服装丢失要作进项税转出 = 12×13%=1.56（万元）

（6）业务（3）（7）（8）转出进项税 = 0.21+0.26+1.56=2.03（万元）

考生要关注增值税纳税申报表的结构，在没有出口退税及没有查补税额的前提下，“应抵扣税额合计”是本期进项税额加上期留抵税额，再扣除进项税额转出后的余额。

应抵扣进项税 =7.8+4×9%+1×6%+22×9%+1×9%+3.20-2.03-0.065=11.40（万元）

（7）转让不动产应缴纳的增值税 =（560-400）÷（1+5%）×5%=7.62（万元）

（8）销项税额 =［24+（7.91+10.17+67.8-0.678+2.26）÷（1+13%）］×13%=13.18（万元）

（9）商贸企业当月应向税务机关缴纳的增值税 =13.18-11.40+7.62=9.40（万元）

（10）商贸企业当月应向税务机关缴纳的消费税（零售金银首饰）=7.91÷（1+13%）×5%=0.35（万元）。

2.【答案及解析】

（1）受赠利得 =20+2.6=22.6（万元）。

应调增22.6万元会计利润。

（2）股权转让所得 =1800-1000=800（万元）。

应调增800万元会计利润。

（3）税法规定加计扣除 =510×75%=382.50（万元）。

应调减510万元会计利润，在此基础上再纳税调减382.50万元应纳税所得额。

（4）300×80%=240（万元）＜510×2/3=340（万元），加计扣除 =240×75%=180（万元）。

应调减300万元会计利润，在此基础上再纳税调减180万元应纳税所得额。

（5）进项税额转出 =400×60%×13%=31.2（万元）。

财产损失金额 =400+31.2-80=351.2（万元）。

应调减351.2万元的会计利润。

（6）当年度该企业符合规定的会计利润 = 900+22.6+800-510-300-351.2=561.4（万元）。

（7）业务招待费扣除限额1=（8700+1200）×5‰ =49.5（万元）。

业务招待费扣除限额2=100×60%=60（万元）。

扣除限额1＜扣除限额2，税前可扣除49.5万元。

业务招待费纳税调增=100−49.5=50.50（万元）。

支付给母公司的500万元管理费不得在所得税前扣除。

业务（5）应调增的应纳税所得额=50.50+500=550.50（万元）。

（8）允许税前扣除的利息费用=800×7%×7÷12=32.67（万元），纳税调增=80−32.67=47.33（万元）。

（9）公益性捐赠支出扣除限额=561.4×12%=67.37（万元）。

向自然灾害地区捐赠支出纳税调增=150−67.37=82.63（万元）。

直接捐赠的50万元和行政罚款20万元不得扣除，业务（7）共计调增应纳税所得额=82.63+50+20=152.63（万元）。

（10）国债利息收入20万元免税；从未上市居民企业分回股息100万元免税。业务（8）应调减应纳税所得额120万元。

（11）当年该企业应纳税所得额=561.4−382.50−180+550.50+47.33+152.63−120=629.36（万元）。

（12）国家鼓励的软件企业自获利年度享受"两免三减半"税收优惠政策，企业按25%的税率减半征收企业所得税。

应缴纳企业所得税=629.36×50%×25%=78.67（万元）。

2022 年注册会计师考试
全真模拟测试题（三）

使用“会计云课堂”App 或“微信”扫码快速做题、对答案、看解析、掌握解题思路，开启轻松过关之旅。

扫码做题

● 建议答卷时长 120 分钟　● 答卷开始时间 ______　● 答卷结束时间 ______

一、单项选择题

本题型共 26 小题，每小题 1 分，共 26 分。每小题只有一个正确答案，请从每小题的备选答案中选出一个你认为正确的答案。

1. 下列各项税法原则中，属于税法基本原则的是（　　）。
   A. 法律优位原则
   B. 实体从旧、程序从新原则
   C. 实质课税原则
   D. 程序优于实体原则

2. 某从事货物运输服务业务的小规模纳税人，2021 年 12 月运输取得价税合计（下同）收入 200000 元，出租车库取得收入 18900 元，该小规模纳税人当期应缴纳的增值税为（　　）元。
   A. 1895.02　　B. 2880.20
   C. 6375.73　　D. 6725.24

3. 商业企业一般纳税人零售下列货物，可以开具增值税专用发票的是（　　）。
   A. 香水　　B. 香烟
   C. 羊绒衫　　D. 工作服

4. 汽车销售公司销售小轿车时一并向购买方收取的下列款项中，应作为价外费用计算增值税销项税额的是（　　）。
   A. 收取的小轿车改装费
   B. 因代办缴税收取的车辆购置税税款
   C. 因代办保险收取的保险费
   D. 因代办牌照收取的车辆牌照费

5. 中国公民刘女士 2022 年 1 月首次通过跨境电商购买 4 只高档口红，海关口径的实际交易价格是 600 元。假定高档口红进口关税税率为 10%，消费税税率为 15%，则刘女士上述行为需缴纳的税金合计是（　　）元。
   A. 117.60　　B. 138.36
   C. 152.19　　D. 197.65

6. 下列关于消费税计税价格的说法中，错误的是（　　）。
   A. 采用以旧换新方式销售金银首饰，应以实际收取的不含增值税的全部价款为计税依据
   B. 委托加工烟丝，按照受托方（非个人）同类烟丝的销售价格计算纳税；没有同类烟丝销售价格的，按照组成计税价格计算纳税
   C. 委托加工从价计征消费税的应税消费

品，一律组成计税价格计算纳税

D. 纳税人通过自设非独立核算门市部销售的自产应税消费品，应按门市部对外销售额或者销售数量计算纳税

7. 某小汽车制造厂2022年1月将4辆小汽车以每辆138万元的价格(不含增值税,下同)直接销售给消费者；另将10辆同款小汽车以每辆125万元的价格销售给4S店，要求4S店以138万元统一价格销售，该款小汽车生产环节消费税税率25%，则该小汽车制造厂当月应纳消费税（　　）万元。

A. 483.00　　B. 505.70

C. 612.50　　D. 676.20

8. 位于市区的某企业属于增值税期末留抵退税的纳税人。2022年1月收到留抵退还增值税12万元；2022年2月申报期，享受直接减免增值税优惠后向税务机关申报缴纳增值税60万元；进口货物向海关缴纳关税22万元、进口环节增值税30万元、进口环节消费税18万元。该企业2月应申报缴纳的城市维护建设税为（　　）万元。

A. 3.36　　B. 4.2

C. 6.72　　D. 7.56

9. 我国海关总署制定有《中华人民共和国进境物品归类表》(简称《归类表》)，对于《归类表》未列名的进境物品，按归类原则首选的做法是（　　）。

A. 按其名称相似度归入相应类别

B. 按其主要功能（或用途）归入相应类别

C. 归入不征税范畴

D. 归入“其他物品”类别

10. 某外国籍净吨位为3000吨的非机动驳船，停靠在我国某港口装卸货物。驳船负责人已向我国海关领取了吨税执照，在港口停留期为30天，该国已与我国签订相互给予船舶税费最惠国待遇条款。已知超过2000净吨但不超过10000净吨的船舶，30天期的普通税率4元/净吨，优惠税率2.9元/净吨，该非机动驳船应缴纳船舶吨税（　　）元。

A. 4350　　B. 12000

C. 6000　　D. 8700

11. 根据资源税法规定，以下矿产资源中，仅以原矿为征税对象的是（　　）。

A. 砂石　　B. 钼

C. 中重稀土　　D. 铀

12. 某工厂2021年8月25日签订合同购买一幢旧厂房，10月14日在房地产权属管理部门办理了产权转移登记手续并取得房屋权属证书。该厂房所占土地由该工厂开始缴纳城镇土地使用税的时间是2021年（　　）月份。

A. 8　　B. 9

C. 10　　D. 11

13. 张三以价值80万元(不含增值税,下同)的字画交换李四的一套价值100万元的房屋，并支付李四差价20万元，则以下符合契税规定的是（　　）。

A. 张三以20万元为计税依据缴纳契税

B. 李四以20万元为计税依据缴纳契税

C. 张三以100万元为计税依据缴纳契税

D. 李四以100万元为计税依据缴纳契税

14. 我国车辆购置税实行法定减免税，下列不属于车辆购置税减免税范围的是（　　）。

A. 外国驻华使馆、领事馆和国际组织驻华机构及其有关人员自用车辆

B. 回国服务的在外留学人员用人民币现金购买1辆个人自用国产小汽车

C. 新能源汽车

D. 长期来华定居专家进口1辆自用小汽车

15. 甲企业（增值税一般纳税人）有一独立地下建筑物一直用于存放物资，2021年7月15日将其出租给乙企业用于仓储用途，该地下建筑物原价300万元，月租金3万元（不含增值税），该企业所在省财政和税务部门确定地下建筑物的房产原价的折算比例为60%，该企业所在省政府确定房产原值减除比例为30%。甲企业的该地下建筑物在2021年应缴纳房产税（　　）万元。

A. 2.68　　B. 2.74

C. 2.82　　D. 2.98

16. 某企业经批准，占用基本农田7000平方米，其中4000平方米建设仓库，3000平方米建设省政府批准设立的技工学校，假定当地耕地占用税税额为20元/平方米，则该企业应缴纳耕地占用税（　　）元。

A. 120000　　B. 140000

C. 165000　　D. 210000

17. 某航运公司2021年年初拥有机动船舶4艘，每艘净吨位为3000吨；拖船1艘，发动机功率为1500千瓦。机动船舶净吨位超过200吨但不超过2000吨的，车船税年基准税额为每吨4元；净吨位超过2000吨但不超过10000吨的，车船税年基准税额为每吨5元。该航运公司2021年应缴纳车船税（　　）元。

A. 61800　　B. 62010

C. 63000　　D. 64020

18. 某企业以其持有的一套房产对子公司增资，该房产原值500万元，增资合同与产权转移书据注明该房产作价1000万元，子公司于增资合同签署当天调增了资金账簿记录。已知，产权转移书据印花税税率为0.5‰，营业账簿印花税税率为0.5‰。子公司该增资事项应缴纳印花税（　　）万元。

A. 0.38　　B. 0.75

C. 0.50　　D. 0.25

19. 2018年1月甲居民企业以800万元直接投资非上市乙居民企业，取得40%的股权。2021年12月，甲企业将所持乙企业股权全部转让，取得转让收入1000万元。投资期间乙企业累计盈余公积和未分配利润400万元。下列关于甲企业股权转让业务的税务处理，正确的是（　　）。

A. 应确认股权转让所得40万元

B. 应确认股权转让所得200万元

C. 应确认应纳税所得额160万元

D. 应确认股息红利所得160万元

20. 2021年某公司给自有员工实际发放合理工资总额为1000万元；公司生产部门接受外部劳务派遣员工6人，每月直接向派遣人员支付劳动报酬3000元/人。假设公司当年发生的职工福利费为200万元，职工福利费应调增应纳税所得额（　　）万元。

A. 56.98　　B. 55.97

C. 60.00　　D. 54.96

21. 以下个人所得税专项附加扣除的表述正确的是（　　）。

A. 纳税人接受境内在职研究生教育，可选择由其父母扣除（子女教育），也

可本人扣除（继续教育）

B. 参加境外非全日制继续教育，属于"继续教育"专项附加扣除的范围

C. 父母贷款但产权登记为子女的购房，可由父母或子女选择享受住房贷款利息定额扣除政策

D. 纳税人2021年同时取得CPA和TA证书，不能同时享受2个职业资格继续教育专项附加扣除

22. 个人独资企业、合伙企业用企业资金为其个人投资者或其家庭成员购买房屋等财产，适用个人所得税的征收项目是（　　）。

A. 工资、薪金所得

B. 经营所得

C. 利息、股息、红利所得

D. 偶然所得

23. 在一个纳税年度内仅取得经营所得的个人，在计算个人所得税应纳税所得额时，只能在办理汇算清缴时减除的项目是（　　）。

A. 专项扣除

B. 专项附加扣除

C. 费用扣除

D. 依法规定的其他扣除

24. 自2017年1月1日起，企业在境外取得的股息所得，在按规定计算该企业境外股息所得的可抵免所得税额和抵免限额时，由该企业直接或者间接持有20%以上股份的外国企业，限于按照规定持股方式确定的规定层级的外国企业，该规定层级是（　　）。

A. 3层　　B. 5层

C. 6层　　D. 8层

25. 以下关于纳税信用等级评估结果的应用，不正确的表述是（　　）。

A. 主动向社会公告年度A、B、C、D、M级纳税人名单

B. 对纳税信用评价为A级的纳税人，普通发票按需领用

C. 对于因评价指标得分评为D级的纳税人，次年评价时加扣11分

D. 对于因直接判级评为D级的纳税人，D级评价保留两年、第三年纳税信用不得评价为A级

26. 税务机关对当事人作出罚款行政处罚决定的，当事人应当在收到行政处罚决定书之日起15日内缴纳罚款。到期不缴纳的，税务机关可以根据罚款数额对当事人按日加处罚款，计算加处罚款的比例是（　　）。

A. 1‰　　B. 3‰

C. 1%　　D. 3%

二、多项选择题

本题型共16小题，每小题1.5分，共24分。每小题均有多个正确答案，请从每小题的备选答案中选出你认为正确的答案，每小题所有答案选择正确的得分，不答、错答、漏答均不得分。

1. 根据《财政部　税务总局关于实施小微企业普惠性税收减免政策的通知》（财税〔2019〕13号）的规定，由省、自治区、直辖市人民政府根据本地区实际情况，以及宏观调控需要确定，对增值税小规模纳税人可以在50%的税额幅度内减征的税费有（　　）。

A. 资源税

B. 耕地占用税

C. 证券交易印花税

D. 城市维护建设税和教育费附加、地方教育附加

2. 下列有关跨境电子商务零售进口商品的说法中，正确的有（　　）。

A. 跨境电子商务零售进口商品应征增值税的代收代缴义务人是进口地海关

B. 跨境电子商务零售进口商品的单次交易限值为人民币1000元，限值内的，增值税按应纳税额70%征收

C. 跨境电子商务零售进口商品的纳税人是购买人

D. 购买超过个人年度交易限值的进口商品，按照一般贸易方式管理

3. 一般纳税人提供劳务派遣服务，选择差额纳税时允许扣除的项目有（　　）。

A. 为劳务派遣人员办理的社会保险及住房公积金

B. 代用工单位支付给劳务派遣员工的福利

C. 代用工单位支付给劳务派遣员工的工资

D. 劳务派遣公司收取的管理费

4. 以下情形缴纳的增值税、消费税，不征收城市维护建设税的有（　　）。

A. 进口高档化妆品，海关代征的增值税、消费税

B. 境内批发进口化妆品，税务机关征收的增值税

C. 境外单位向境内销售劳务、服务，税务机关征收的增值税

D. 境外单位向境内销售无形资产，税务机关征收的增值税

5. 下列关于关税完税价格的说法，正确的有（　　）。

A. 出口货物关税的完税价格不包含出口关税

B. 进口货物的保险费无法确定时，海关应按照货价的5%计算保险费

C. 进口货物的关税完税价格不包括进口关税

D. 邮运进口的货物，应当以邮费作为运输及其相关费用、保险费

6. 根据房地产开发企业进行土地增值税清算的规定，下列表述不正确的有（　　）。

A. 房地产开发企业的预提费用，除另有规定外，不得扣除

B. 房地产开发企业提供的开发间接费用资料不实的，不得扣除

C. 房地产开发企业提供的前期工程费的凭证不符合清算要求的，不得扣除

D. 房地产开发企业销售已装修房屋，其装修费用可计入房地产开发成本

7. 以下关于我国车船税税目税率的表述，正确的有（　　）。

A. 车船税实行定额税率

B. 客货两用汽车按照货车征税

C. 半挂牵引车属于货车税目

D. 拖船和非机动驳船分别按机动船舶税额的0.67计算征税

8. 以下符合税法规定的有（　　）。

A. 纳税人自建新房用于生产经营，从生产经营之月起缴纳房产税

B. 纳税人以转让方式有偿取得土地使用权的，从合同签订之月起缴纳城镇土地使用税

C. 纳税人购置机动车，取得车辆所有权或管理权的当月发生车船税纳税义务

D. 纳税人征用的耕地，自批准征用之日起满1年时开始缴纳城镇土地使用税

9. 以下由省、自治区、直辖市决定减免契税的有（　　）。
A. 因房屋被县级以上人民政府征收，重新承受房屋权属
B. 居民住房需求保障
C. 承受荒地用于牧业生产的
D. 因不可抗力灭失住房，重新承受住房权属

10. 环境保护税采用定额税率，具体适用税额的确定和调整由省、自治区、直辖市人民政府统筹考虑本地区环境承载能力、污染物排放现状和经济社会生态发展目标要求，在《环境保护税税目税额表》规定的税额幅度内提出，报同级人民代表大会常务委员会决定，并报全国人民代表大会常务委员会和国务院备案的应税污染物有（　　）。
A. 大气污染物
B. 固体废物
C. 水污染物
D. 噪声

11. 下列所得，可以减按10%的税率征收企业所得税的有（　　）。
A. 符合条件的小型微利企业取得的所得
B. 经认定的技术先进型服务企业取得的所得
C. 在中国境内设立机构、场所的非居民企业，取得与该机构、场所没有实际联系的境内所得
D. 在中国境内未设立机构、场所的非居民企业，取得的来源于中国境内的所得

12. 甲企业2019年开始从事符合税法“三免三减半”企业所得税优惠的公共污水处理项目，该项目2020年取得第一笔生产经营收入，2021年开始盈利。2022年甲企业将该项目转让给乙企业，乙企业当年未取得项目收入。下列关于甲、乙企业享受税收优惠政策的说法正确的有（　　）。
A. 乙企业自受让之日起在剩余期限内享受规定的减免税优惠
B. 甲企业从2020年开始享受“三免三减半”优惠政策
C. 享受优惠政策企业应在优惠年度汇算清缴结束之前向税务机关报备
D. 甲企业转让项目时应补缴免征的企业所得税税款

13. 以下应按照财产转让所得项目征收个人所得税的有（　　）。
A. 个人转让债券取得的所得
B. 个人转让住房取得的所得
C. 个人将其收藏的已故作家文字作品手稿拍卖取得的所得
D. 个人将自己的文字作品手稿原件拍卖取得的所得

14. 纳税信用评价周期为一个纳税年度，有（　　）情形的纳税人，不参加本期的评价。
A. 纳入纳税信用管理时间不满一个评价年度的
B. 因涉嫌税收违法被立案查处尚未结案的
C. 被审计、财政部门依法查出税收违法行为，税务机关正在依法处理，尚未办结的
D. 已申请税务行政复议、提起行政诉讼尚未结案的

15. 税款优先原则体现在（　　）。
A. 税收优先于无担保债权

B. 纳税人发生欠税在前的，税收优先于抵押权、质权和留置权的执行
C. 税收优先于罚款、没收非法所得
D. 税收优先于工资、社保费的支付

16. 关于税务行政诉讼，以下表述不正确的有（　　）。
A. 人民法院审理行政案件，对行政行为是否合理进行审查
B. 依法实行合议、回避、公开审判和三审终审制度
C. 因税款征纳发生的争议，可以直接提起税务行政诉讼
D. 税务行政诉讼的被告必须是税务机关或经法律、法规授权的行使税务行政管理权的组织，而不是其他行政机关或组织

三、计算问答题

本题型共4小题20分。涉及计算的，要求列出计算步骤。

---

1. 某企业为增值税一般纳税人，2021年12月经营状况如下：
（1）用高粱生产的食用酒精作为酒基，生产42度清香白酒，当月销售25吨，开具的增值税专用发票注明金额20万元。
（2）将自产的食用酒精作为酒基，加入食品添加剂调制成20度的配制保健酒（有国食健字批号），当月全部销售，开具的增值税专用发票注明金额22万元。
（3）生产14度青梅酒一批，将90%的青梅酒对外销售，开具的增值税专用发票注明金额36万元、税额4.68万元，款项未收到。
（4）将剩余10%的青梅酒用于生产酒心巧克力，采用赊销方式销售酒心巧克力，不含税总价为20万元，货已经交付，合同约定次年6月30日付款。
（其他相关资料：白酒的消费税税率为20%加0.5元/500克，其他酒的消费税税率为10%）

要求：根据上述资料，回答下列问题。
（1）业务（1）当月应缴纳的消费税。
（2）业务（2）当月应缴纳的消费税。
（3）业务（3）当月应缴纳的消费税。
（4）业务（4）当月应缴纳的消费税。

2. 某工业企业（增值税一般纳税人）2022年3月1日转让其位于县城的一栋自建的办公楼，转让协议写明含税收入12000万元。2008年建造该办公楼时，为取得土地使用权所支付的金额为3000万元，发生建造成本4000万元，转让时经政府批准设立的房地产评估机构评估后，确定该办公楼的重置成本价为8000万元。
（其他相关资料：该企业选择简易计税方法计算增值税，产权转移书据适用的印花税税率0.5‰，成新度折扣率60%）

要求：根据上述资料，回答下列问题。
（1）计算该企业办公楼的评估价格；
（2）计算该企业转让自建办公楼应缴纳的增值税；
（3）计算土地增值税时允许扣除的税金及教育费附加、地方教育附加合计数；
（4）计算土地增值税时允许扣除项目金额的合计数；

（5）计算转让办公楼应缴纳的土地增值税。

3. A上市公司2022年3月与个人收入有关的部分业务如下：

（1）支付员工张某扣除“三险一金”后的当月工资薪金5800元，张某是入职公司两年的勤杂工，上年全年工资仅为59000元且均按规定进行纳税申报，本年每月工资扣除“三险一金”后均为5800元；

（2）支付新入职研究生王某（首次参加工作）的扣除“三险一金”后的当月工资薪金9000元；

（3）支付实习生赵某（某高校全日制研究生在读）的实习报酬，协议自2月起实习期4个月，每月实习报酬4000元；

（4）员工吴某的股权激励计划行权，以每股2元的价格购买A公司股票5万股，公司当日收盘价5元/股。（金额不含增值税）

要求：根据上述资料，回答下列问题。

（1）计算3月累计预扣预缴张某个人所得税额，说明申报要求。

（2）计算3月累计预扣预缴新入职研究生王某个人所得税额。

（3）计算3月累计预扣预缴实习生赵某个人所得税额。

（4）计算代扣代缴吴某的个人所得税额。

综合所得个人所得税税率表

级数	全年应纳税所得额	税率（%）	速算扣除数（元）
1	不超过36000元的部分	3	0
2	超过36000元至144000元的部分	10	2520
3	超过144000元至300000元的部分	20	16920
……	……	……	……

4. 张三于2021年6月来到某小城镇创业，当月用25万元购置一套88平方米的普通住房（张三名下没有其他住房），用20万元购置一间60平方米的临街商铺。为满足创业需要，当月他从某工厂用5万元购置了一辆该厂使用过的二手面包车（该厂能提供车辆购置税和车船税完税凭证）；从某汽车销售公司用12万元购置一辆新款小轿车。

（其他相关资料：上述行为均取得了相应凭证或合同且金额均不含增值税；当地契税税率4%；张三于当月取得了房屋产权证和所购车辆所有权；当地省政府规定房产原值减除比例为30%；汽车每辆车船税年基准税额为600元）

要求：根据上述资料，回答下列问题。（金额单位为元）

（1）张三上述行为应缴纳的契税。

（2）计算并说明张三上述行为应缴纳的车辆购置税。

（3）张三上述行为当年应缴纳的房产税。（不考虑税费对房产原值的影响）

（4）计算并说明张三上述行为当年应缴纳的车船税。

四、综合题

本题型共2小题30分。涉及计算的，要求列出计算步骤。

1. 位于大湖市区的甲企业是一家摩托车生产企业，生产A型（气缸容量300毫升）、B型（气缸容量140毫升）两款两轮摩托车。位于小溪县城的乙企业为外贸企业，专营进出口业务。位于小井县城的丙建筑公司专营建筑安装业务。2021年1月初，上述企业（均为增值税一般纳税人且位于不同省份）均没有留抵税额。2021年1月，各企业往来业务如下：

（1）甲企业自行申报进口一批摩托车零件，支付给国外的买价120万元、包装费2万元，支付到达我国海关以前的装卸费、运输费、保险费8万元，支付购货佣金3万元，由甲企业向海关缴纳税金后，海关开具增值税专用缴款书并放行。

（2）甲企业当月月初采用赊销方式销售自产A型摩托车200辆，合同约定当月月末由购买方支付价税合计金额113万元，由于购买方资金紧张，仅支付了80万元。当月，甲企业将5辆A型摩托车赠送协作单位。

（3）甲企业当月销售自产B型摩托车600辆，取得不含税收入120万元；支付运输公司当月运费，取得一般纳税人开具的增值税专用发票列明金额6万元。

（4）甲企业将位于小溪县城的一座2017年购进的仓库出租，预收了2年的租金48万元（不含增值税）。

（5）乙企业当月收购甲企业A型摩托车80辆出口，甲企业给乙企业开具增值税专用发票，金额40万元、增值税额5.2万元，乙企业申报该批摩托车出口的离岸价格合计45万元。

（6）丙建筑公司在大湖市区承建甲企业的实验楼，当月收到甲企业支付的部分工程款，丙公司给甲企业开具增值税专用发票，金额300万元、税额27万元，价税合计327万元。

（其他相关资料：①甲企业进口零件的关税税率为6%；②应税摩托车适用10%的消费税税率；③摩托车增值税出口退税率13%；④假定相关可抵扣进项税均在当月抵扣，当月出口业务均完成报关及收汇程序）

要求：根据上述资料，回答下列问题。如有计算，计算出合计数。

（1）甲企业进口摩托车零件应向海关缴纳的关税。

（2）甲企业进口摩托车零件应向海关缴纳的增值税。

（3）甲企业业务（2）和业务（3）当月的增值税销项税。

（4）甲企业业务（2）和业务（3）当月应纳的消费税。

（5）甲企业业务（4）在小溪县城预缴的增值税。

（6）甲企业业务（4）在小溪县城缴纳的城建税和两个附加。

（7）甲企业各项业务当月增值税销项税的合计数。

（8）甲企业当月增值税全部可抵扣的进项税的合计数。

（9）乙企业该项出口业务应申请退还的增值税和消费税。

（10）丙公司承建实验楼在大湖市预缴的增值税。

（11）丙公司承建实验楼在大湖市缴纳的城建税和两个附加。

2. 向阳化妆品销售企业总部设在我国，在甲国和乙国分别设有分支机构A和B。2021年境内销售收入8000万元，销售成本及费用7000万元，可以扣除的相关税金及附加300万元，营业外支出180万元。该企业在甲国的A分支机构销售收入折合人民币1000万元，实现税前所得200万元；在乙国B分支机构销售收入折合人民币600万元，亏损250万元。

当年发生的部分业务如下：

（1）管理费用中实际发生与企业生产经营业务相关的业务招待费支出180万元。

（2）销售费用中发生广告费支出1500万元，以前年度累计结转至本年的广告费为100万元。

（3）财务费用中发生经营利息支出100万元，为按照10%的年利率向谭某借入的1年期经营性借款的利息，谭某是该企业的股东，对企业的权益性投资为400万元。金融机构同类同期贷款年利率7%。

（4）企业因安全隐患问题被消防部门处以30万元行政罚款。

（5）企业通过省政府向目标脱贫地区捐款100万元；通过红十字会向水灾灾区捐款80万元。

（6）企业购买境外T公司（在我国境内未设立机构、场所）1项商标使用权，合同约定当年应支付T公司使用权费含税金额折合人民币200万元，企业已使用该商标并在2021年进行无形资产摊销（已计入相关成本费用中），但经友好协商，该项使用权费的支付延迟到次年年底支付。

（其他相关资料：①该企业选择“分国不分项”的抵免方式；②境外分支机构A按照甲国税法，缴纳企业所得税40万元，但未将所得汇回境内；③除非特别说明，各扣除项目均已取得有效凭证；④该企业相关优惠及税收抵免已办理必要手续）

要求：根据上述资料，回答下列问题。

（1）计算业务（1）应调整的应纳税所得额。

（2）计算业务（2）应调整的应纳税所得额。

（3）计算业务（3）应调整的应纳税所得额。

（4）计算业务（4）应调整的应纳税所得额。

（5）计算业务（5）应调整的应纳税所得额。

（6）计算该企业应扣缴谭某的个人所得税（不考虑增值税）。

（7）说明该企业在乙国B分支机构亏损的弥补方式和弥补期限。

（8）计算境外已纳所得税款的抵免限额。

（9）计算该企业当年应在境内缴纳的企业所得税额。

（10）计算该企业当年应代扣代缴的企业所得税。

客观题答案速查

我做对了 ______ 题　　我得了 ______ 分

一、单项选择题

序号	1	2	3	4	5	6	7	8	9	10
答案	C	B	D	A	B	C	B	A	B	A
序号	11	12	13	14	15	16	17	18	19	20
答案	D	D	C	B	A	A	B	B	B	A
序号	21	22	23	24	25	26				
答案	D	B	B	B	A	D				

二、多项选择题

序号	1	2	3	4	5	6	7	8	9	10
答案	ABD	CD	ABC	ACD	ACD	BC	ABC	CD	AD	AC
序号	11	12	13	14	15	16				
答案	CD	AB	ABC	ABCD	ABC	ABC				

参考答案及解析

“使用“会计云课堂”App 或“微信”扫码对答案、看解析、掌握解题思路，开启轻松过关之旅。

扫码看解析

一、单项选择题

1.【答案】C

【解析】税法的基本原则：税收法定原则；税收公平原则；税收效率原则；实质课税原则。税法的适用原则：法律优位原则；法律不溯及既往原则；新法优于旧法原则；特别法优于普通法原则；实体从旧、程序从新原则；程序优于实体原则。

2.【答案】B

【解析】本题考点为小规模纳税人 1% 的优惠征收率。该小规模纳税人当期应纳增值税 =200000/（1+1%）×1%+18900/（1+5%）×5%=1980.20+900=2880.20（元）。

3.【答案】D

【解析】商业企业一般纳税人零售的烟、酒、食品、化妆品、服装、鞋帽（**不包括劳保专用部分**）等消费品不得开具增值税专用发票，只能开具普通发票。工作服属于劳动保护用品用于生产经营，可以开具增值税专用发票。

4.【答案】A

【解析】价外费用，包括价外向购买方收取的手续费、补贴、基金、集资费、返还利润、奖励费、违约金、滞纳金、延期付款利息、赔偿金、代收款项、代垫款项、包装费、优质费以及其他各种性质的价外收费。但**不包括**销售货物的同时代办保险等向购买方收取的保险费，以及向购买方收取的代购买方缴纳的车辆购置税、车辆牌照费。

5.【答案】B

【解析】刘女士所购高档口红未超过单次 5000 元的限值，从而关税税率为 0%，但需缴纳增值税、消费税，按应纳税款的 70% 征收。

应纳增值税 =（600+0）/（1-15%）×13%×70%=64.24（元）

应纳消费税 =（600+0）/（1-15%）×15%×70%=74.12（元）

合计纳税 =64.24+74.12=138.36（元）。

6.【答案】C

【解析】委托加工从价计征的应税消费品，按照受托方（非个人）同类消费品销售价格计算纳税，没有受托方同类消费品销售价格的，按照组成计税价格计算纳税。

7.【答案】B

【解析】汽车生产企业将每辆零售价格 130 万元（不含增值税）及以上的超豪

华小汽车直接销售给消费者的，消费税税率按照生产环节税率和零售环节税率（10%）加总计算；销售给4S店的，只计算生产环节消费税。

该厂当月应纳消费税 =138×4×（25%+10%）+125×10×25%=505.70（万元）。

8.【答案】A

【解析】该企业应申报缴纳的城建税 =（60−12）×7%=3.36（万元）。

9.【答案】B

【解析】进境物品依次遵循以下原则归类：(1)《归类表》已列名的物品，归入其列名类别。(2)《归类表》未列名的物品，按其主要功能（或用途）归入相应类别。(3）不能按照上述原则归入相应类别的物品，归入“其他物品”类别。(4）纳税义务人对进境物品的归类、完税价格的确定持有异议的，可以依法提请行政复议。

10.【答案】A

【解析】非机动驳船按照相同净吨位船舶税率的50%计征税款。船籍国(地区)与中华人民共和国签订含有相互给予船舶税费最惠国待遇条款的条约或者协定的应税船舶，适用优惠税率。应缴纳船舶吨税 =3000×2.9×50%=4350（元）。

11.【答案】D

【解析】选项A以原矿或选矿为征税对象；选项BC以选矿为征税对象；选项D以原矿为征税对象。

12.【答案】D

【解析】纳税人购置存量房，自办理房屋权属转移、变更登记手续，房地产权属登记机关签发房屋权属证书之次月起，缴纳城镇土地使用税。

13.【答案】C

【解析】实物交换房屋不等同于房屋互换。实物交换房屋，由承受房屋的一方参照房屋买卖确定计税依据缴纳契税。

14.【答案】B

【解析】回国服务的在外留学人员用现汇购买1辆自用国产小汽车的免征车辆购置税。

15.【答案】A

【解析】该独立的地下建筑物2021年1月到7月需要按照折算比例对房产原价打折，再减除损耗计税，要特别注意折算的规则。8月至12月应从租计税。

甲企业独立地下建筑物应缴纳房产税 =300×60%×（1−30%）×1.2%×7/12+3×5×12%=0.88+1.80=2.68（万元）。

16.【答案】A

【解析】按照《耕地占用税法》规定，占用基本农田的，加按150%征收耕地占用税；占用耕地建设学校的免征耕地占用税。该企业应纳税额 =4000×20×150%=120000（元）。

17.【答案】B

【解析】拖船和非机动驳船按照机动船舶税额的50%计算车船税。拖船按照发动机功率每1千瓦折合净吨位0.67吨计算征收车船税。应纳车船税 =3000×4×5+1500×0.67×4×50%=62010（元）。

18.【答案】B

【解析】应缴纳的印花税 =1000×0.5‰+1000×0.5‰×50%=0.75（万元）。

19.【答案】B

【解析】转让股权收入扣除为取得该股权所发生的成本后，为股权转让所得。企业在计算股权转让所得时，**不得扣除**被投资企业未分配利润等股东留存收益中按该项股权所可能分配的金额。所以应确认股权转让所得（应纳税所得额）=1000−800=200（万元）。

20.【答案】A

【解析】企业接受外部劳务派遣用工所实际发生的费用，应分两种情况按规定在税前扣除：按照协议（合同）约定直接支付给劳务派遣公司的费用，应作为劳务费支出；直接支付给员工个人的费用，应作为工资薪金支出和职工福利费支出。其中属于工资薪金支出的费用，准予计入企业工资薪金总额的基数，作为计算其他各项相关费用扣除的依据。职工福利费税前扣除限额 =（1000+0.3×12×6）×14%=143.02（万元）＜实际发生额 200 万元，应调增应纳税所得额 =200−143.02=56.98(万元)。

21.【答案】D

【解析】选项 A，纳税人接受境内在职研究生教育，只能本人享受继续教育专项附加扣除；选项 B，“继续教育”专项附加扣除仅限于境内的符合条件的教育，**不含境外教育**；选项 C，父母贷款但产权登记为子女的购房，父母和子女均不能享受住房贷款利息定额扣除政策；选项 D，同一纳税人，在同一纳税年度可以同时享受一个学历（学位）继续教育和一个职业资格继续教育，不能同时享受多个学历（学位）继续教育或多个职业资格继续教育。

22.【答案】B

【解析】个人独资企业、合伙企业用企业资金为其个人投资者或其家庭成员购买房屋等财产，按照经营所得计算缴纳个人所得税。

23.【答案】B

【解析】取得经营所得的个人，没有综合所得的，计算其每一纳税年度的应纳税所得额时，应当减除费用 6 万元、专项扣除、专项附加扣除以及依法确定的其他扣除。专项附加扣除在办理汇算清缴时减除。

24.【答案】B

【解析】自 2017 年 1 月 1 日起，企业在境外取得的股息所得，在按规定计算该企业境外股息所得的可抵免所得税额和抵免限额时，由该企业直接或者间接持有 20% 以上股份的外国企业，限于按照规定持股方式确定的 5 层外国企业。

25.【答案】A

【解析】选项 A，主动向社会公告年度 A 级纳税人名单；公开 D 级纳税人及其直接责任人名单。

26.【答案】D

【解析】税务机关根据罚款数额对当事人按日加处罚款的比例采用的是特定的 3% 的比例，不同于滞纳金比例。

二、多项选择题

1.【答案】ABD

【解析】由省、自治区、直辖市人民政府根据本地区实际情况，以及宏观调控需要确定，对增值税小规模纳税人可以在50%的税额幅度内减征资源税、城市维护建设税、房产税、城镇土地使用税、印花税（不含证券交易印花税）、耕地占用税和教育费附加、地方教育附加。

2.【答案】CD

【解析】选项A：电子商务企业、电子商务交易平台企业或物流企业可作为跨境电子商务零售进口商品应征增值税的代收代缴义务人。选项B：跨境电子商务零售进口商品的单次交易限值为人民币5000元，个人年度交易限值为人民币26000元。在限值以内进口的跨境电子商务零售进口商品，关税税率暂设为0%；进口环节增值税、消费税取消免征税额，暂按法定应纳税额的70%征收。

3.【答案】ABC

【解析】一般纳税人提供劳务派遣服务，可以选择差额纳税，以取得的全部价款和价外费用，扣除代用工单位支付给劳务派遣员工的工资、福利和为其办理社会保险及住房公积金后的余额为销售额。

4.【答案】ACD

【解析】选项ACD，对进口货物或者境外单位和个人向境内销售劳务、服务、无形资产缴纳的增值税、消费税税额，不征收城市维护建设税。选项B，货物进口后批发、零售缴纳的增值税需要缴纳城建税。

5.【答案】ACD

【解析】选项B，如果进口货物的保险费无法确定或者未实际发生，海关应当按照“货价加运费”两者总额的3‰计算保险费。

6.【答案】BC

【解析】选项BC可核定扣除。

7.【答案】ABC

【解析】选项D，拖船和非机动驳船分别按机动船舶税额的50%计算征税，拖船按照发动机功率每1千瓦折合净吨位0.67吨计算征收车船税。

8.【答案】CD

【解析】选项A：纳税人自行新建房屋用于生产经营，从建成之次月起，缴纳房产税。选项B：纳税人以出让或转让方式有偿取得土地使用权的，应由受让方从合同约定交付土地时间的次月起缴纳城镇土地使用税；合同未约定交付土地时间的，由受让方从合同签订的次月起缴纳城镇土地使用税。

9.【答案】AD

【解析】选项B属于授权国务院决定减免的情形；选项C属于法定免税的情形。

10.【答案】AC

【解析】环境保护税四大税目中的两个——应税大气污染物和水污染物的具体适用税额的确定和调整，由省、自治区、直辖市人民政府统筹考虑本地区环境承载能力、污染物排放现状和经济社会生态发展目标要求，在《环境保护税税目税额表》规定的税额幅度内提出，报同级人民代表大会常务委员会决定，并报全国人民代表大会常务委员会和国务院备案。

11.【答案】CD

【解析】选项A，符合条件的小型微利企业取得所得，适用的税率为20%；选项B，经认定的技术先进型服务企业取得所得，适用的税率为15%。

12.【答案】AB

【解析】选项ABD：纳税人从事符合条件的环境保护、节能节水项目的所得，自**项目取得第一笔生产经营收入**所属纳税年度起，第1年至第3年免征企业所得税，第4年至第6年减半征收企业所得税。上述优惠项目，在减免税期限内转让的，受让方自受让之日起，可以在剩余期限内享受规定的减免税优惠。选项C：企业享受优惠事项采取"自行判别、申报享受、相关资料留存备查"的办理方式。

13.【答案】ABC

【解析】选项ABC都属于财产转让所得项目；选项D属于特许权使用费所得项目。

14.【答案】ABCD

【解析】纳税信用评价周期为一个纳税年度，有下列情形之一的纳税人，不参加本期的评价：

（1）纳入纳税信用管理时间不满一个评价年度的；（2）因涉嫌税收违法被立案查处尚未结案的；（3）被审计、财政部门依法查出税收违法行为，税务机关正在依法处理，尚未办结的；（4）已申请税务行政复议、提起行政诉讼尚未结案的；（5）其他不应参加本期评价的情形。

15.【答案】ABC

【解析】税款优先原则体现在具体三个方面的优先：（1）税收优先于无担保债权。（2）纳税人发生欠税在前的，税收优先于抵押权、质权和留置权的执行。（3）税收优先于罚款、没收非法所得。

16.【答案】ABC

【解析】选项A：人民法院审理行政案件，对行政行为是否**合法**进行审查；选项B：依法实行合议、回避、公开审判和**两审终审**制度；选项C：因税款征纳发生的争议，行政复议是行政诉讼的必经前置程序。

三、计算问答题

1.【答案及解析】

（1）应纳的消费税 =25×0.1+20×20%=6.5（万元）

注意复合计税的公式的运用。

（2）应纳的消费税 =22×10%=2.2（万元）。

（3）应纳的消费税 =36×10%=3.6（万元）

尽管未收到货款，但开具发票即发生纳税义务，应计算缴纳消费税。

（4）应纳的消费税 =36÷90%×10%×10%=0.4（万元）

自产应税消费品（青梅酒）连续生产非应税消费品（酒心巧克力），在移送时纳税。

2.【答案及解析】

（1）该办公楼的评估价格 =8000×60%=4800（万元）。

（2）该企业应纳增值税 =12000/（1+5%）×5%=571.43（万元）。

转让自建不动产选择按照简易计税办法计算增值税时，用全额和5%的征收率价税分离计算。

（3）城建税及附加 =571.43×（5%+3%+2%）=57.14（万元）。

印花税 =12000×0.5‰ =6（万元）。

可以扣除的税金及附加合计数 =57.14+6=63.14（万元）。

（4）扣除项目金额合计数 =4800+3000+

63.14=7863.14（万元）。

（5）土地增值额 =12000–571.43–7863.14=3565.43（万元）。

增值率 = 3565.43 ÷ 7863.14 × 100% = 45.34%，适用税率30%。

应纳土地增值税 =3565.43 × 30%= 1069.63（万元）。

3.【答案及解析】

（1）5800 × 3–60000 < 0，3月累计预扣预缴张某的个人所得税为0。

居民个人上一完整纳税年度内每月均在同一单位预扣预缴工资、薪金所得个人所得税，且全年工资、薪金收入不超过6万元的，扣缴义务人在预扣预缴本年度工资、薪金所得个人所得税时，累计减除费用自1月份起**直接按照全年6万元计算扣除**。

扣缴义务人应当按规定办理全员全额扣缴申报，并在《个人所得税扣缴申报表》相应纳税人的备注栏注明“上年各月均有申报且全年收入不超过6万元”字样。

（2）9000–5000 × 3 < 0，3月累计预扣预缴王某的个人所得税为0。

对一个纳税年度内**首次**取得工资、薪金所得的居民个人，扣缴义务人在预扣预缴个人所得税时，可按照5000元/月乘以纳税人当年截至本月月份数计算累计减除费用。

（3）4000 × 2–5000 × 2 < 0，3月累计预扣预缴赵某的个人所得税为0。

正在接受全日制学历教育的学生中，因实习取得劳务报酬所得的居民个人，扣缴义务人预扣预缴个人所得税时，可按照累计预扣法计算并预扣预缴税款。扣缴义务人在预扣预缴个人所得税时，累计减除费用按照5000元/月乘以纳税人在本单位开始实习月份起至本月的实习月份数计算。

（4）应纳税所得额 =（5–2）× 50000 = 150000（元）

应纳个人所得税 =150000 × 20%–16920=13080（元）。

4.【答案及解析】

（1）对个人购买90平方米及以下家庭唯一普通住房的，减按1%缴纳契税；购置商铺按照4%缴纳契税。

应纳契税 =（25 × 1%+20 × 4%）× 10000=10500（元）。

（2）说明：从工厂购置已税二手车且能提供完税凭证的不再缴纳车辆购置税，仅就购置的新车缴纳车辆购置税。

应纳车辆购置税 =120000 × 10%=12000（元）。

（3）个人居住用房免纳房产税；商铺房产税从7月起计算。

应纳房产税 =200000 ×（1–30%）× 1.2% × 6/12=840（元）。

（4）说明：车船税按年申报，分月计算，**一次性缴纳**。从工厂购置当年已税二手车且能提供完税凭证的在当年不再缴纳车船税；仅就购置的新车缴纳车船税。

应纳车船税 =600 × 7/12=350（元）。

四、综合题

1.【答案及解析】

（1）甲企业进口摩托车零件进口环节应纳的关税 =（120+2+8）× 6%=7.80（万元）。

（2）甲企业进口摩托车零件应向海关缴纳的增值税 =（120+2+8）×（1+6%）× 13%=17.91（万元）。

（3）甲企业业务（2）和业务（3）的增值

税销项税 =［113/（1+13%）/200×（200+5）+120］×13%=28.93（万元）。

（4）甲企业业务（2）和业务（3）应纳的消费税 =113/（1+13%）/200×（200+5）×10%=10.25（万元）。

B 型摩托车气缸容量低于 250 毫升，不属于消费税的征税范围。

（5）甲企业业务（4）在小溪县城预缴的增值税 =48×3%=1.44（万元）。

（6）甲企业业务（4）在小溪县城缴纳的城建税和两个附加 =1.44×（5%+3%+2%）=0.14（万元）。

（7）甲企业各项业务增值税销项税的合计数 =28.93+5.2+48×9%=38.45（万元）。

不要遗漏甲企业卖给乙企业出口摩托车的销项税和甲企业出租仓库在机构所在地申报的销项税。

（8）甲企业当月增值税全部可抵扣的进项税的合计数 =17.91+6×9%+27=45.45（万元）。

不要遗漏运费进项税和建筑工程的进项税。

（9）外贸企业收购摩托车出口采用免退税的方法。乙企业出口退免税计税依据是收购时取得的增值税专用发票上注明的金额。

乙企业申请退还增值税 =40×13%=5.20（万元）。

乙企业申请退还消费税 =40×10%=4（万元）。

申请退还的增值税和消费税合计金额 =5.20+4=9.20（万元）。

（10）丙公司承建实验楼在大湖市预缴的增值税 =300×2%=6（万元）。

（11）丙公司承建实验楼在大湖市缴纳的城建税和两个附加 =6×（7%+3%+2%）=0.72（万元）。

2.【答案及解析】

（1）业务招待费实际发生额的 60%=180×60%=108（万元）

销售（营业）收入的 5‰ =（8000+1000+600）×5‰ =48（万元），业务招待费税前扣除限额为 48 万元，应调增应纳税所得额 =180−48=132（万元）

业务（1）应调增应纳税所得额 132 万元。

（2）广告费税前扣除限额 =（8000+1000+600）×30%=2880（万元），实际发生 1500 万元未超过扣除限额，准予全额扣除；以前年度累计结转至本年的广告费 100 万元，也可以在本年扣除。

业务（2）应调减应纳税所得额 100 万元。

（3）借款金额 =100/10%=1000（万元）；权益性投资 400 万元；债资比超过 2 ：1。企业所得税前可扣除利息 =400×2×7%=56（万元）

业务（3）应调增应纳税所得额 =100−56=44（万元）。

（4）业务（4）应调增应纳税所得额 30 万元。

（5）利润总额 =8000−7000−300−180+200−250=470（万元）

捐赠扣除限额 =470×12%=56.4（万元）

业务（5）应调增应纳税所得额 =80−56.4=23.6（万元）。

（6）应按照利息、股息、红利所得扣缴谭某的个人所得税 =100×20%=20（万元）。

（7）该企业选择“分国不分项”的境外所得抵免方式，乙国的亏损不得用我国境内所得弥补，也不得用来自甲国的所得弥补。乙国 B 分支机构的 250 万元亏损只能用来自乙国的所得弥补，由于该项亏损属于**非实际亏损**，可**无限期**用来自乙国的所得弥补。

（8）甲国所得的抵免限额 =200×25%=50（万元）。

（9）该企业当年境内应纳税所得额 =8000-7000-300-180+132-100+44+30+23.6=649.6（万元）

境外甲国A分支机构所得即便未汇回境内，也应计入该企业当期所得补税。

该企业应在境内缴纳企业所得税 =649.6×25%+50-40=172.4（万元）。

（10）该企业应扣缴企业所得税额 =200/（1+6%）×10%=18.87（万元）。

◇中教科（保定）印刷股份有限公司

0106070120227453

扫描二维码
下载安装“会计云课堂”App

“东奥会计在线”
微信公众号

“东奥会计在线”
官方微博

东奥教育集团
www.dongao.com

24年丰碑屹立，成就千万学员

轻松过关® 1

TAXATION LAWS

2022年注册会计师考试
应试指导及全真模拟测试
税 法（下册）

● 刘 颖 主编
● 东奥会计在线 编

北京科学技术出版社

编著名师：刘　颖

国内学者、教授，1985年起从事税收教学和研究，1994年起开始注会考试辅导。编写的“轻松过关®”，是财税人员热衷的考试用书，也是他们常用的工具宝典。讲解条理清晰，题目经典原创，引领行业前沿，对考试把握准确、分析透彻。

正版《轻一》，独享3大「超能力」

1 免费听 → 轻1名师亲授，书课同步 ——*高效学*

- 本章小结“导图课”：重点复盘，精妙点拨
- 前两章“名师网课”：凝结考点，精致解读

2 畅快享 → 全程辅导，解决学习烦恼 ——*省心学*

- 24小时内专业答疑服务（30次/科）
- App同步题库，边学边练

3 随心拍 → 伴读小程序，一键智能解惑 ——*轻松学*

- 拍考点：看视频，做习题
- 拍题目：看答案，听讲解

轻松两步，解锁「超能力」

STEP1

扫码下载“会计云课堂”App

STEP2

刮开封面的防伪码，
用App扫描二维码激活领取

轻松过关® 1

2022 年注册会计师考试
应试指导及全真模拟测试

税　法

（下册）

刘　颖　主编
东奥会计在线　编

北京科学技术出版社

目录
CONTENTS

第二部分　考点精讲及同步训练

第三部分 跨章节主观题演练

第八章　资源税法和环境保护税法

CHAPTER-8

本章学习指南

一、学习目标

（一）资源税法

1. 熟悉资源税的纳税人，理解“进口不征、出口不退”的规则。
2. 掌握资源税的征税范围和税目。
3. 掌握资源税的计税依据与税额计算。
4. 掌握资源税“税不重征”的扣除规定。
5. 掌握资源税的税收优惠政策。
6. 熟悉资源税的征收管理。

（二）环保税法

1. 了解环保税的特点。
2. 掌握环保税税目和税率的基本规定。
3. 熟悉环保税的计税依据和税额计算。
4. 熟悉环保税的税收优惠。
5. 掌握环保税的征收管理规定。

二、考情概况

本章收录了资源税和环境保护税的政策法规。我国2019年8月全国人大常委会通过了资源税法，自2020年9月1日起正式实施。预计2022年考试聚焦资源税的征税范围、税率规则、计税依据和税收优惠，分值大约3分。环境保护税是“费改税”的税种，其征免税政策、税率的特殊规定、税额计算以及特殊的征管规则易成为考点，近三年分值大约2分。

三、教材变化

增加环境保护税中不同企业排（产）污系数、物料衡算方法的规定。

四、考点框架

- **第八章 资源税法和环境保护税法**
  - 资源税法
    - 纳税义务人 ★
    - 资源税的税目 ★★★
    - 资源税的税率 ★★
    - 计税依据 ★★★
    - 资源税销售额、销售量的扣减——体现“税不重征”★★★
    - 资源税应纳税额的计算 ★★★
    - 资源税的税收优惠 ★★★
    - 资源税征收管理 ★★
    - 水资源税改革试点实施办法 ★
  - 环境保护税法
    - 环保税的特点 ★
    - 环保税纳税义务人 ★
    - 环保税的税目、税额 ★★★
    - 环保税的计税依据 ★★
    - 环保税应纳税额的计算 ★
    - 环保税的税收减免 ★
    - 环保税的征收管理 ★★★

核心考点精讲

第一节　资源税法

图示记忆

要理解与增值税的关系。

使用“会计云课堂”App 或“微信”扫码查看本节视频，快速 GET 知识点。

资源税是对在我国领域及管辖的其他海域开发应税资源的单位和个人课征的一种税，属于对自然资源开发课税的范畴。

我国资源税的改革在不断地推进中。1994 年起按照“普遍征收、级差调节”的原则，就资源赋税情况、开采条件、资源等级、地理位置等客观条件的差异规定了幅度税额，为每一个课税矿区规定了适用税率。这一规定考虑了资源条件优劣的差别，对级差收益进行了有效调节。

2010 年 6 月起，国家在新疆对原油、天然气进行了从价计征的改革试点；

2014 年 12 月又对煤炭资源税由从量计征改为从价计征；2016 年 7 月 1 日起全面推进资源税改革，对绝大部分应税产品实行从价计征方式。同时在河北省开征水资源税试点工作，采取水资源“费改税”方式，将地表水和地下水纳入征税范围，实行从量定额计征，并探索逐步将其他自然资源纳入征收范围。根据财税〔2017〕80 号规定：自 2017 年 12 月 1 日起在北京、天津、山西、内蒙古、山东、河南、四川、陕西、宁夏等 9 个省（自治区、直辖市）扩大水资源税改革试点。

考点 1：纳税义务人 ★

在中华人民共和国领域和中华人民共和国管辖的其他海域开发应税资源的单位和个人，为资源税的纳税人。

纳税人开采或者生产应税产品自用的，如果属于应当缴纳资源税的情形，应当依照规定缴纳资源税。纳税人自用应税产品应当缴纳资源税的情形，包括纳税人以应税产品用于非货币性资产交换、捐赠、偿债、赞助、集资、投资、广告、样品、职工福利、利润分配或者连续生产非应税产品等。但是，纳税人开采或者生产应税产品自用于连续生产应税产品的，不缴纳资源税。

要点小贴士

应税产品用于连续加工应税产品不缴纳资源税；应税产品用于非应税项目或连续加工非应税产品都应缴纳资源税。

行为	是否计税	
	增值税	资源税
自采或自产应税产品连续加工应税产品，如自采原煤加工选煤	×	×
自采或自产应税产品连续加工非应税产品，如自采原油加工汽油	×	√
自采或自产应税产品用于非生产，如自采矿泉水用于职工福利、偿债、捐赠、赞助、集资、投资、广告、样品、利润分配、非货币性资产交换等	√	√

2011 年 11 月 1 日前已依法订立中外合作开采陆上、海上石油资源合同的，在该合同有效期内，继续依照国家有关规定缴纳矿区使用费，不缴纳资源税；合同期满后，依法缴纳资源税。

【**解释**】能否成为资源税的纳税人要受开采地点、开采品目、产品用途的限制。

第一，缴纳资源税的资源开采地点是中华人民共和国领域和中华人民共和国管辖的其他海域，这会带来资源税“进口不征、出口不退”的规则。

第二，资源产品有应税与非应税的区别。

第三，资源税有视同销售的规定，且资源税视同销售的行为与消费税视同销售行为基本一致。

第四，开采海洋油气资源已经“费改税”，资源税取代了矿区使用费。

经典题解

【**例题 1 · 多选题**】下列各项中，属于资源税纳税人的有（　　）。

A. 开采原煤的国有企业

B. 进口铁矿石的私营企业

C. 开采石灰岩的个体经营者

D. 开采天然原油的外商投资企业

【解析】进口应税产品不属于"境内开采"，不征收资源税，所以应选择选项ACD。

【答案】ACD

【例题2·多选题】纳税人以下行为中，需要缴纳资源税的有（　　）。

A. 纳税人开采铜原矿用于连续加工铜选矿

B. 纳税人开采地热用于投资

C. 纳税人开采粘土用于连续加工陶器

D. 纳税人开采原煤用于换取检测设备

考点妙记：用排除法，只有"应税产品用于连续生产应税产品"的情形不缴纳资源税。

【解析】纳税人自用应税产品应当缴纳资源税的情形，包括纳税人以应税产品用于非货币性资产交换（选项D）、捐赠、偿债、赞助、集资、投资（选项B）、广告、样品、职工福利、利润分配或者连续生产非应税产品（选项C）等。但是，纳税人开采或者生产应税产品自用于连续生产应税产品的（选项A），不缴纳资源税。

【答案】BCD

考点2：资源税的税目★★★

（一）资源税税目的基本规定

资源税的税目包括能源矿产、金属矿产、非金属矿产、水气矿产和盐5大类，在5个税目下面又设有若干子目。目前所列的税目有164个，涵盖了所有已经发现的矿种和盐。

部分应税资源的征税对象规定为原矿产品，部分应税资源的征税对象规定为选矿产品，还有一部分应税资源的征税对象规定为原矿或选矿产品。

考点妙记：原矿：油水热气，铀和钍；选矿：钠镁钾锂的盐，稀钨钼；原矿或选矿：上述除外。

资源税税目税率表

税目		征税对象	税率
能源矿产	原油	原矿	6%
	天然气、页岩气、天然气水合物	原矿	6%
	煤	原矿或者选矿	2%~10%
	煤成（层）气	原矿	1%~2%
	铀、钍	原矿	4%
	油页岩、油砂、天然沥青、石煤	原矿或者选矿	1%~4%
	地热	原矿	1%~20%或者每立方米1~30元

续表

税目			征税对象	税率
金属矿产	黑色金属	铁、锰、铬、钒、钛	原矿或者选矿	1%~9%
	有色金属	铜、铅、锌、锡、镍、锑、镁、钴、铋、汞	原矿或者选矿	2%~10%
		铝土矿	原矿或者选矿	2%~9%
		钨	选矿	6.5%
		钼	选矿	8%
		金、银	原矿或者选矿	2%~6%
		铂、钯、钌、锇、铱、铑	原矿或者选矿	5%~10%
		轻稀土	选矿	7%~12%
		中重稀土	选矿	20%
		铍、锂、锆、锶、铷、铯、铌、钽、锗、镓、铟、铊、铪、铼、镉、硒、碲	原矿或者选矿	2%~10%
非金属矿产	矿物类	高岭土	原矿或者选矿	1%~6%
		石灰岩	原矿或者选矿	1%~6% 或者每吨（或者每立方米）1~10 元
		磷	原矿或者选矿	3%~8%
		石墨	原矿或者选矿	3%~12%
		萤石、硫铁矿、自然硫	原矿或者选矿	1%~8%
		天然石英砂、脉石英、粉石英、水晶、工业用金刚石、冰洲石、蓝晶石、硅线石（矽线石）、长石、滑石、刚玉、菱镁矿、颜料矿物、天然碱、芒硝、钠硝石、明矾石、砷、硼、碘、溴、膨润土、硅藻土、陶瓷土、耐火粘土、铁矾土、凹凸棒石粘土、海泡石粘土、伊利石粘土、累托石粘土	原矿或者选矿	1%~12%

续表

税目			征税对象	税率
非金属矿产	矿物类	叶蜡石、硅灰石、透辉石、珍珠岩、云母、沸石、重晶石、毒重石、方解石、蛭石、透闪石、工业用电气石、白垩、石棉、蓝石棉、红柱石、石榴子石、石膏	原矿或者选矿	2%~12%
		其他粘土（铸型用粘土、砖瓦用粘土、陶粒用粘土、水泥配料用粘土、水泥配料用红土、水泥配料用黄土、水泥配料用泥岩、保温材料用粘土）	原矿或者选矿	1%~5%或者每吨（或者每立方米）0.1~5元
	岩石类	大理岩、花岗岩、白云岩、石英岩、砂岩、辉绿岩、安山岩、闪长岩、板岩、玄武岩、片麻岩、角闪岩、页岩、浮石、凝灰岩、黑曜岩、霞石正长岩、蛇纹岩、麦饭石、泥灰岩、含钾岩石、含钾砂页岩、天然油石、橄榄岩、松脂岩、粗面岩、辉长岩、辉石岩、正长岩、火山灰、火山渣、泥炭	原矿或者选矿	1%~10%
		砂石	原矿或者选矿	1%~5%或者每吨（或者每立方米）0.1~5元
	宝玉石类	宝石、玉石、宝石级金刚石、玛瑙、黄玉、碧玺	原矿或者选矿	4%~20%
水气矿产	二氧化碳气、硫化氢气、氦气、氡气		原矿	2%~5%
	矿泉水		原矿	1%~20%或者每立方米1~30元
盐	钠盐、钾盐、镁盐、锂盐		选矿	3%~15%
	天然卤水		原矿	3%~15%或者每吨（或者每立方米）1~10元
	海盐		——	2%~5%

【提示】资源税征税范围的易考点

税目	具体规定	
	包括的范围	特别提示
原油	天然原油	不包括人造石油

税目	具体规定	
	包括的范围	特别提示
天然气	专门开采、与原油同时开采的天然气	能源矿产中的煤成（层）气不属于天然气税目。煤炭开采企业因安全生产需要抽采的煤成（层）气免征资源税
煤炭	原煤、洗选煤	不包括其他煤炭制品

经典题解

【例题 3·多选题】以下应税资源的征税对象规定为原矿或选矿产品的有（　　）。

A. 原油、天然气　　B. 煤炭

C. 钨、钼　　D. 砂石

【解析】原油、天然气的征税对象为原矿；钨、钼的征税对象为选矿；煤炭、砂石的征税对象为原矿或选矿。

【答案】BD

【真题 4·多选题】下列项目中，属于资源税征税范围的有（　　）。（2021 年）

A. 海盐　　B. 天然卤水

C. 地热　　D. 人造石油

【名师点题】本题目细致考查了资源税应税范围与非应税项目的辨析，属于 CPA 税法命题中记忆型的高频考点。

【解析】选项 D：资源税的征税范围包括原油，不包括人造石油。

【答案】ABC

【例题 5·多选题】下列各项中，应计算缴纳资源税的有（　　）。

A. 进口的天然气

B. 专门开采的天然气

C. 煤炭开采企业因安全生产需要抽采的煤成气

D. 与原油同时开采的天然气

【解析】选项 A：进口应税产品不属于“境内开采”，不征收资源税；选项 BD：专门开采的天然气和与原油同时开采的天然气征收资源税；选项 C：煤炭开采企业因安全生产需要抽采的煤成（层）气免征资源税。

【答案】BD

（二）资源税税目的特殊规定

资源税的税目税率表体现出有些应税资源是以原矿为征税对象的，按照原矿规定了税率，也有一些应税资源以选矿为征税对象，按照选矿规定了税率。由于纳税人在销售应税资源时可能是以自采原矿（经过采矿过程采出后未进行选矿或者加工的矿石）直接销售，或者自用于应当缴纳资源税情形的，也可能是以自采原矿洗选加工为选矿产品（通过破碎、切割、洗选、筛分、磨矿、分级、提纯、脱水、干燥等过程形成的产品，包括富集的精矿和研磨成粉、粒级成型、切割成型的原矿加工品）销售，或者将选矿产品自用于应当缴纳资源税情形的，征税对象的确定规则如下：

情形	征税对象的确定	税率的规定
自采原矿销售或自用于应纳资源税情形的	按照原矿计征资源税	原矿和选矿的适用税率应分别确定
自采原矿洗选加工为选矿产品销售或将选矿产品自用于应纳资源税情形的	按照选矿产品计征资源税，在原矿移送环节不缴纳资源税	
无法区分原生岩石矿种的粒级成型砂石颗粒	按照砂石税目征收资源税	

经典题解

【**例题6·多选题**】下列按照原矿缴纳资源税的有（　　）。

A. 纳税人自采矿泉水原矿销售

B. 纳税人自采矿泉水原矿赠送客户

C. 纳税人销售自采原煤加工成的洗选煤

D. 纳税人自采原煤加工成洗选煤，并将洗选煤用于投资

【**解析**】纳税人以自采原矿直接销售（选项A），或者自用于应当缴纳资源税情形的（选项B），按照原矿计征资源税。纳税人以自采原矿洗选加工为选矿产品销售（选项C），或者将选矿产品自用于应当缴纳资源税情形的（选项D），按照选矿产品计征资源税，在原矿移送环节不缴纳资源税。

【**答案**】AB

考点3：资源税的税率 ★★

1. 资源税税率的基本规定：资源税采取从价定率或者从量定额的办法计征。具体来说，资源税按不同的资源品目分别实行固定税率和幅度税率。原矿和选矿的适用税率应分别确定。

税率规定		应税资源举例	备注
固定税率	固定比例税率	原油、天然气、钨、钼、中重稀土	——
幅度税率	幅度比例税率	黑色金属类矿产、金、银、宝玉石类非金属矿产	具体的适用税率由省级人民政府提出，同级人大常委会决定，并报全国人民代表大会常务委员会和国务院备案
	幅度比例或幅度定额税率	地热、石灰岩、其他粘土、砂石、矿泉水、天然卤水	

【**解释**】资源税主要采用比例税率从价计征，部分应税资源的税率形式适用幅度比例税率或幅度定额税率，在幅度内具体税率的选择权不在中央而在地方（省级政府提出，同级人大常委会决定，并报全国人民代表大会常务委员会和国务院备案）。

2. 从高适用税率的两类情况：

纳税人行为	按适用税率纳税的要求	从高适用税率的情况
开采或者生产不同税目应税产品	应当分别核算不同税目应税产品的销售额或者销售数量	未分别核算或者不能准确提供不同税目应税产品的销售额或者销售数量的
开采或者生产同一税目下适用不同税率应税产品	应当分别核算不同税率应税产品的销售额或者销售数量	未分别核算或者不能准确提供不同税率应税产品的销售额或者销售数量的

考点 4：计税依据 ★★★

资源税的计税依据为应税产品的销售额或销售数量。

实行从价计征的，应纳税额按照应税资源产品（以下称“应税产品”）的销售额乘以具体适用税率计算。实行从量计征的，应纳税额按照应税产品的销售数量乘以具体适用税率计算。

计税依据	举例
从价计征——销售额	原油、天然气、煤、宝玉石类非金属矿产、二氧化碳气
从量计征——销售数量	税目税率表无直接规定，只有选择性规定
选择实行从价计征或者从量计征，具体计征方式由省、自治区、直辖市人民政府提出，报同级人民代表大会常务委员会决定，并报全国人民代表大会常务委员会和国务院备案	地热、石灰岩、其他粘土、砂石、矿泉水、天然卤水

（一）从价定率征收的计税依据 ★★★

1. 销售额的基本规定

实行从价定率征收资源税的销售额，包括纳税人销售应税产品向购买方收取的全部价款，不包括增值税税额。

> **名师点拨**
> 资源税的销售额不包括价外费用。

2. 运杂费用的扣减

计入销售额中的相关运杂费用，凡取得增值税发票或者其他合法有效凭据的，准予从销售额中扣除。相关运杂费用是指应税产品从坑口或者洗选（加工）地到车站、码头或者购买方指定地点的运输费用、建设基金以及随运销产生的装卸、仓储、港杂费用。

> **要点小贴士**
> 支付运杂费的处理：收取已并入销售额——销售额中减除（有支付凭证）；收取未并入销售额——与销售额无关。

3. 特殊情形下销售额的确定

（1）纳税人开采或者生产不同税目应税产品的，应当分别核算不同税目应税产品的销售额或者销售数量；纳税人开采或者生产同一税目下适用不同税率应税产品的，应当分别核算不同税率应税产品的销售额或者销售数量。未分别核算或者不能准确提供销售额或者销售数量的，从高适用税率。

（2）纳税人开采或者生产应税产品自用的，应当依照规定缴纳资源税；但是，自用于连续生产应税产品的，不缴纳资源税。

【归纳】从价定率征收资源税的计税依据：

情形	计税依据的确定	计税依据不包含的因素
一般销售	向购买方收取的全部价款	（1）收取的符合条件的运杂费用 （2）增值税税额
纳税人申报的应税产品销售额明显偏低且无正当理由的，或者有自用应税产品行为而无销售额的	主管税务机关可以按下列方法和顺序确定其应税产品销售额： （1）按纳税人最近时期同类产品的平均销售价格确定 （2）按其他纳税人最近时期同类产品的平均销售价格确定 （3）按后续加工非应税产品销售价格，减去后续加工环节的成本利润后确定 （4）按应税产品组成计税价格确定 组成计税价格＝成本 ×（1+ 成本利润率）÷（1－资源税税率） （5）按其他合理方法确定	—

（二）从量定额征收的计税依据★★★

应税产品的销售数量，包括纳税人开采或者生产应税产品的实际销售数量和自用于应当缴纳资源税情形的应税产品数量。课税数量确定的几种基本情况：

具体情况	课税数量的确定
各种应税产品，凡直接对外销售的	以实际销售数量为课税数量
各种应税产品，凡自产自用的（包括用于非生产项目和生产非应税产品）	自用于应当缴纳资源税情形的应税产品数量

经典题解

【例题7·单选题】纳税人开采应税矿产品销售的，其资源税的征税数量为（　　）。

A. 开采数量　　　　B. 实际产量

C. 计划产量　　　　D. 销售数量

【解析】该题考点在于资源税的计税数量，纳税人开采应税矿产品销售的，资源税的征税数量不是开采量，而是开采或生产的应税资源的销售数量。

【答案】D

（三）《税目税率表》中规定可以选择实行从价计征或者从量计征的，具体计征方式由省、自治区、直辖市人民政府提出，报同级人民代表大会常务委员会决定，并报全国人民代表大会常务委员会和国务院备案。

考点5：资源税销售额、销售量的扣减——体现“税不重征”★★★

纳税人外购应税产品与自采应税产品混合销售或者混合加工为应税产品销售的，在计算应税产品销售额或者销售数量时，准予扣减外购应税产品的购进金额或者购进数量；当期不足扣减的，可结转下期扣减。纳税人应当准确核算外购应税产品的购进金额或者购进数量，未准确核算的，一并计算缴纳资源税。

扣减情形	扣减规则
外购后混合销售	纳税人以外购原矿与自采原矿混合为原矿销售，或者以外购选矿产品与自产选矿产品混合为选矿产品销售的，在计算应税产品销售额或者销售数量时，直接扣减外购原矿或者外购选矿产品的购进金额或者购进数量 **【例题8】**A矿业公司2022年1月8日购入150万元（不含增值税，下同）的铁原矿（已取得增值税专用发票），与自采的铁原矿混合进行销售，销售额为480万元。已知当地铁原矿税率为4%，则A矿业公司在计算应税产品销售额时，准予扣减外购铁原矿购进金额150万元，应纳资源税税额=（铁原矿销售金额－准予扣减的外购铁原矿购进金额）×税率=（480－150）×4%=13.2（万元）
外购后混产销售	纳税人以外购原矿与自采原矿混合洗选加工为选矿产品销售的，在计算应税产品销售额或者销售数量时，按照下列方法进行扣减： 准予扣减的外购应税产品购进金额（数量）=外购原矿购进金额（数量）×（本地区原矿适用税率÷本地区选矿产品适用税率） 混产后选矿应纳税额=［混产后选矿销售额（数量）－准予扣减的外购应税产品购进金额（数量）］×选矿税率 **【公式变形简化】**混产后选矿应纳税额=［混产后选矿销售额－外购原矿金额×（原矿税率÷选矿税率）］×选矿税率 =混产后选矿销售额×选矿税率－外购原矿金额×原矿税率 **【例题9】**A矿业公司2022年1月8日购入150万元（不含增值税，下同）的铁原矿（已取得增值税专用发票），与自采的铁原矿混合洗选加工为铁选矿进行销售，销售额为520万元。已知当地铁原矿税率为4%，铁选矿税率为2%，则A矿业公司在计算应税产品销售额时，准予扣减的外购铁选矿购进金额=150×（4%÷2%）=300（万元），应纳资源税税额=（铁选矿销售金额－准予扣减的外购铁选矿购进金额）×税率=（520－300）×2%=4.4（万元）
扣减依据	应当依据外购应税产品的增值税发票、海关进口增值税专用缴款书或者其他合法有效凭据
扣减限度	（1）“准予扣减的外购应税产品购进数量”的扣减限额以“计税销售数量”减至0为限，当期不足扣减或未扣减的，可结转下期扣减 （2）“准予扣减的外购应税产品购进金额”为按规定准予扣减的外购应税产品购进金额，当期不足扣减或未扣减的，可结转下期扣减

名师点拨

如果考税额计算的选择题，可以直接用变形后的公式；如果考需要文字作答的计算问答题，应按照变形前的公式分步骤作答。

经典题解

【真题10·单选题】某煤炭开采企业为增值税一般纳税人，2021年6月销售原煤向购买方收取全部价款500万元，其中销售额450万元、从坑口到购买方指定地点的运输费用40万元、装卸费用10万元，均已取得合法有效凭证。另将外购原煤与自采原煤混合销售取得销售额460万元，外购原煤增值税专用发票注明金额200万元。上述价款均不含增值税，当地原煤资源税税率8%。该企业当月应缴纳资源税（　　）万元。（2021年）

A. 57.6　　B. 72.8　　C. 76.8　　D. 56.8

【解析】这道题目组合了三个考点：（1）计入销售额中的相关运杂费用，凡取得增值税发票或者其他合法有效凭据的，准予从销售额中扣除。（2）纳税人外购应税产品与自采应税产品混合销售的，在计算应税产品销售额或者销售数量时，准予扣减外购应税产品的购进金额或者购进数量。（3）该企业当月应缴纳资源税=（500-40-10）×8%+（460-200）×8%=56.8（万元）。

【答案】D

考点6：资源税应纳税额的计算★★★

资源税的应纳税额，按照从价定率或者从量定额的办法，以应税产品的销售额乘以纳税人具体适用的比例税率或者以应税产品的销售数量乘以纳税人具体适用的定额税率计算。

（一）从价定率应纳税额的计算

应纳税额=计税销售额×适用税率

经典题解

【例题11·计算问答题】某石化企业为增值税一般纳税人，2021年7月发生以下业务：

（1）从国外某石油公司进口原油50000吨，支付不含税价款折合人民币9000万元，其中包含包装费及保险费折合人民币10万元。

（2）开采原油10000吨，并将开采的原油对外销售6000吨，取得含税销售额2340万元，另外支付运输费用6.78万元。

（3）将开采的原油1000吨用于投资。

（4）用开采的原油2000吨加工生产1300吨汽油。

（其他相关资料：原油的资源税税率为6%；该企业原油的平均含税售价为0.39万元/吨）

要求：根据上述资料，按照下列序号回答问题，如有计算需计算出合计数。

（1）说明业务（1）中该石化企业是否应对从国外某石油公司进口的原油计算缴纳资源税，如需要计算缴纳，计算应缴纳的资源税额。

（2）计算业务（2）应缴纳的资源税额。

（3）计算业务（3）应缴纳的资源税额。

考点妙记

“换投抵”的计税价格：

（1）消费税：最高价；

（2）增值税和资源税：平均价。

（4）计算业务（4）应缴纳的资源税额。

【答案及解析】

（1）不需要缴纳资源税。资源税是对在中华人民共和国领域和管辖的其他海域开发应税资源的单位和个人征收的一种税。缴纳资源税的资源开采地点是“境内”，这会带来资源税“进口不征、出口不退”的规则。

（2）实行从价定率征收资源税的销售额，包括纳税人销售应税产品向购买方收取的全部价款，不包括增值税税额。由于题目没有表述运费计入了销售额，所以运费与销售额无关，不需要从销售额中减除。

应缴纳的资源税额 =2340/（1+13%）×6%=124.25（万元）。

（3）纳税人开采应税产品用于投资的，应缴纳的资源税额 =1000×0.39/（1+13%）×6%=20.71（万元）。

（4）将开采的资源税应税产品连续加工非应税产品的，于移送使用时缴纳资源税。应缴纳的资源税额 =2000×0.39/（1+13%）×6%=41.42（万元）。

【提示 1】资源税应纳税额的计算关键是要确定从价计征的销售额和从量计征的课税数量。从以往考试出题情况看，往往把资源税应纳税额的计算与税收优惠混合在一起考核，所以考生在应纳税额计算过程中还要特别注意有无减征、免征规定。

【提示 2】资源税具有单一环节一次课征的特点，只在开采后出厂销售或移送自用环节纳税，其他批发、零售环节不再纳税。

【提示 3】考生要关注资源税与增值税、企业所得税的关系。资源税不仅很容易与增值税混合出计算问答题，也可以与企业所得税混合出综合题。考生应注意：

（1）凡是需要同时计算资源税和增值税的矿产品，在计算增值税时，大多适用 13% 的基本税率，但是天然气、地热适用 9% 的低税率。

（2）在计算企业所得税税前扣除金额时，由于资源税是价内税，记入税金及附加科目，在计算企业所得税应纳税所得额时可以扣除；而增值税是价外税，实际缴纳的增值税不在企业所得税前可扣除税金的范围之内。

（二）从量定额应纳税额的计算

应纳税额 = 课税数量 × 适用的单位税额

经典题解

【例题 12 · 单选题】某砂石厂 2021 年 12 月开采砂石 5000 立方米，对外销售 4000 立方米，当地砂石资源税税率为 3 元 / 立方米，则该厂当月应纳资源税（　　）万元。

A. 1.5　　　　B. 1.2

C. 0.6　　　　D. 0.3

【解析】本题有两个考点：一是资源税的课税数量是销售量而不是开采量；二是从量定额资源税的计算。该厂应纳资源税 =4000×3÷10000=1.2（万元）。

【答案】B

名师点拨

资源税税收优惠分为4个方面：
（1）资源税法明确的法定减免；
（2）授权国务院规定的政策减免；
（3）授权省、自治区、直辖市规定的特殊减免；
（4）资源税法施行后继续执行的资源税原优惠政策。

考点7：资源税的税收优惠★★★

（一）法定减免

1. 原油、天然气优惠政策

免税政策	减税政策
开采原油以及在油田范围内运输原油过程中用于加热的原油、天然气	（1）从低丰度油气田开采的原油、天然气，减征20%资源税 （2）高含硫天然气、三次采油和从深水油气田开采的原油、天然气，减征30%资源税 （3）稠油、高凝油减征40%资源税

经典题解

【例题13·单选题】某低丰度油气田原油价格每吨6000元(不含增值税,下同)，天然气每立方米2元。2022年2月，该油气田开采原油25万吨，当月销售20万吨，加热用2万吨，将3万吨原油赠送给协作单位；开采天然气700万立方米，当月销售600万立方米，待售100万立方米。已知原油、天然气的资源税税率均为6%，该油气田当月应纳资源税（　　）万元。

A. 9084.5　　B. 8364.2　　C. 8352　　D. 6681.6

【解析】开采原油过程中，用于加热的原油免税；低丰度油气田资源税减征20%。该油气田当月应纳资源税=［（20+3）×6000×6%+600×2×6%］×（1-20%）=8352×（1-20%）=6681.6（万元）。

【答案】D

2. 除原油、天然气外应税资源优惠政策

（1）煤炭开采企业因安全生产需要抽采的煤成（层）气免征资源税；

（2）从衰竭期矿山开采的矿产品，减征30%资源税。

（二）资源税减免税的备案

根据国民经济和社会发展需要，国务院对有利于促进资源节约集约利用、保护环境等情形可以规定免征或者减征资源税，报全国人民代表大会常务委员会备案。

（三）有下列情形之一的，省、自治区、直辖市可以决定免征或者减征资源税：

1. 纳税人开采或者生产应税产品过程中，因意外事故或者自然灾害等原因遭受重大损失；

2. 纳税人开采共伴生矿、低品位矿、尾矿。

前款规定的免征或者减征资源税的具体办法，由省、自治区、直辖市人民政府提出，报同级人民代表大会常务委员会决定，并报全国人民代表大会常务委员会和国务院备案。

（四）资源税法施行后继续执行的资源税原优惠政策

1. 对青藏铁路公司及其所属单位运营期间自采自用的砂、石等材料免征资源税。

2. 自 2018 年 4 月 1 日至 2023 年 12 月 31 日，对页岩气资源税减征 30%。

3. 自 2019 年 1 月 1 日至 2021 年 12 月 31 日，对增值税小规模纳税人可以在 50% 的税额幅度内减征资源税。

4. 自 2014 年 12 月 1 日至 2023 年 8 月 31 日，对充填开采置换出来的煤炭，资源税减征 50%。

经典题解

【真题 14 · 单选题】下列开采项目中，免征资源税的是（　　）。（2020 年）

A. 开采稠油

B. 开采页岩气

C. 煤炭开采企业因为安全生产需要抽采煤层气

D. 从衰竭期矿山开采矿产品

【名师点题】资源税免征与减征的政策把握，是 CPA 税法考试的重要考点。

【解析】选项 A：稠油、高凝油减征 40% 资源税；选项 B：对页岩气资源税（按 6% 的规定税率）减征 30%；选项 D：从衰竭期矿山开采的矿产品，减征 30% 资源税。

【答案】C

【例题 15 · 多选题】下列纳税人开采的资源产品的减免税规定，由省、自治区、直辖市人民政府提出，报同级人民代表大会常务委员会决定，并报全国人民代表大会常务委员会和国务院备案的有（　　）。

A. 煤炭开采企业因安全生产需要抽采的煤成（层）气免征资源税

B. 纳税人开采的低品位矿、尾矿的免征或者减征

C. 从衰竭期矿山开采的矿产品减征 30% 资源税

D. 纳税人开采共伴生矿的免征或者减征

【解析】本题考查资源税税收优惠的层次。选项 AC 属于法定免税、减税政策。

【答案】BD

【例题 16 · 多选题】下列各项关于资源税的表述中，正确的有（　　）。

A. 对出口的应税产品免征资源税

B. 对进口的应税产品不征收资源税

C. 开采原油过程中用于加热的原油免征资源税

D. 开采应税产品过程中因自然灾害有重大损失的可由省级人民政府提出减征或免征资源税办法，报同级人民代表大会常务委员会决定，并报全国人民代表大会常务委员会和国务院备案

【解析】选项 A：按照税法规定，对出口的应税产品没有资源税减免税的优惠。

【答案】BCD

【例题 17 · 单选题】下列关于矿产资源享受资源税减征优惠的说法中，正确的是（　　）。

A. 从低丰度油田开采的原油减征 30%

B. 从衰竭期矿山开采的矿产资源减征 30%

C. 高凝油减征 30%

D. 高含硫天然气减征20%

【答案】B

（五）资源税减免税的享受

纳税人享受资源税优惠政策，实行“自行判别、申报享受、有关资料留存备查”的办理方式，另有规定的除外。纳税人对资源税优惠事项留存材料的真实性和合法性承担法律责任。

纳税人开采或者生产同一应税产品，其中既有享受减免税政策的，又有不享受减免税政策的，按照免税、减税项目的产量占比等方法分别核算确定免税、减税项目的销售额或者销售数量。

纳税人开采或者生产同一应税产品同时符合两项或者两项以上减征资源税优惠政策的，除另有规定外，只能选择其中一项执行。

考点8：资源税征收管理★★

征管要点	具体规定
纳税义务发生时间	（1）销售应税产品，收讫销售款或者取得索取销售款凭据的当日 （2）自用应税产品，移送应税产品的当日
纳税期限	资源税按月或者按季申报缴纳；不能按固定期限计算缴纳的，可以按次申报缴纳： （1）按月或者按季申报缴纳的，自月度或者季度终了之日起15日内，向税务机关申报缴纳 （2）按次申报缴纳的，自纳税义务发生之日起15日内，向税务机关申报缴纳
纳税地点	矿产品的开采地或者海盐的生产地
征管机构	（1）一般应税产品：开采地或者生产地的税务机关 （2）海上开采的原油和天然气：海洋石油税务管理机构

经典题解

【例题18·单选题】2022年年初，A省甲铜矿企业兼并了B省乙铜矿企业，并将其作为下属非独立核算生产单位。2022年3月，甲铜矿企业共计销售铜选矿700吨，取得不含增值税销售额2800万元，60%为乙铜矿企业移送，已知A省铜选矿资源税税率为6%，B省铜选矿资源税税率为5%。甲铜矿企业2022年3月在A省应缴纳资源税（　　）万元。

A. 168　　B. 151.2　　C. 67.2　　D. 56

【解析】应税资源应在开采地或者生产地纳税，60%为乙铜矿企业移送，这60%的部分应该在B省缴纳资源税。甲铜矿企业当月在A省应纳的资源税=2800×（1-60%）×6%=67.2（万元）。

名师点拨

甲铜矿企业当月在B省应纳的资源税=2800×60%×5%=84（万元）。

【答案】C

考点 9：水资源税改革试点实施办法 ★

为全面贯彻落实党的十九大精神，推进资源全面节约和循环利用，推动形成绿色发展方式和生活方式，财政部、国家税务总局、水利部 2017 年 11 月 24 日发布《扩大水资源税改革试点实施办法》（以下简称《试点实施办法》），自 2017 年 12 月 1 日起，北京、天津、山西、内蒙古、河南、山东、四川、陕西、宁夏 9 个省、区、市纳入水资源税改革试点，由征收水资源费改为征收水资源税。

（一）纳税义务人

除规定情形外，水资源税的纳税人为直接取用地表水、地下水的单位和个人，包括直接从江、河、湖泊（含水库）和地下取用水资源的单位和个人。

下列情形，不缴纳水资源税：

1. 农村集体经济组织及其成员从本集体经济组织的水塘、水库中取用水的。
2. 家庭生活和零星散养、圈养畜禽饮用等少量取用水的。
3. 水利工程管理单位为配置或者调度水资源取水的。
4. 为保障矿井等地下工程施工安全和生产安全必须进行临时应急取用（排）水的。
5. 为消除对公共安全或者公共利益的危害临时应急取水的。
6. 为农业抗旱和维护生态与环境必须临时应急取水的。

名师点拨

不缴纳水资源税的项目的规律：一是农村集体经济组织取用自身水塘、水库的水；二是生活和零星散养的少量取水；三是公共需要调配或临时应急用水。

经典题解

【例题 19 · 多选题】根据水资源税试点规定，下列情形中，不缴纳水资源税的有（　　）。

A. 为农业抗旱必须临时应急取水的

B. 为维护生态与环境必须临时应急取水的

C. 农村居民圈养畜禽饮用少量取用水的

D. 家庭生活饮用少量取用水的

【名师点题】不缴纳水资源税的六种情形，是 CPA 税法命题几率较高的知识点，考生要注意把握，并且要将不征税行为和免税行为作出区分。

【答案】ABCD

（二）税率

除中央直属和跨省（区、市）水力发电取用水外，由试点省份省（区、市）人民政府统筹考虑本地区水资源状况、经济社会发展水平和水资源节约保护要求，在《试点实施办法》所附《试点省份水资源税最低平均税额表》规定的最低平均税额基础上，分类确定具体适用税额。

为发挥水资源税调控作用，按不同取用水性质实行差别税额：

（1）地下水税额要高于地表水。

（2）超采区地下水税额要高于非超采区，严重超采地区的地下水税额要大幅高于非超采地区。

（3）对超计划或超定额用水加征 1~3 倍，对特种行业从高征税，对超过规定限额的农业生产取用水、农村生活集中式饮水工程取用水从低征税。

经典题解

【例题20·单选题】以下关于水资源税税率的表述正确的是（　　）。

A. 地表水税额要高于地下水

B. 超采区地下水税额要高于非超采区

C. 对超计划或超定额用水加征3~5倍

D. 对超过规定限额的农业生产取用水免税

【答案】B

（三）应纳税额的计算

水资源税实行从量计征。对一般取用水按照实际取用水量征税，对采矿和工程建设疏干排水按照排水量征税；对水力发电和火力发电贯流式（不含循环式）冷却取用水按照实际发电量征税。

取水用途	计税依据	计算公式
一般取用水	实际取用水量	应纳税额＝实际取用水量×适用税额
疏干排水	实际取用水量（按照排水量确定）	
水力发电和火力发电贯流式（不含循环式）冷却取用水	实际发电量	应纳税额＝实际发电量×适用税额

【解释1】疏干排水是指在采矿和工程建设过程中破坏地下水层、发生地下涌水的活动。

【解释2】火力发电贯流式冷却取用水，是指火力发电企业从江河、湖泊（含水库）等水源取水，并对机组冷却后将水直接排入水源的取用水方式。火力发电循环式冷却取用水，是指火力发电企业从江河、湖泊（含水库）、地下等水源取水并引入自建冷却水塔，对机组冷却后返回冷却水塔循环利用的取用水方式。

名师点拨

注意区分减免水资源税与不征水资源税的差异。

从特点分析，减免水资源税的项目一般具有限额内农业生产用水、军事单位非公共方式用水、水的循环利用等特征。

（四）税收减免

下列情形，予以免征或者减征水资源税：

1. 规定限额内的农业生产取用水，免征水资源税。

2. 取用污水处理再生水，免征水资源税。

3. 除接入城镇公共供水管网以外，军队、武警部队通过其他方式取用水的，免征水资源税。

4. 抽水蓄能发电取用水，免征水资源税。

5. 采油排水经分离净化后在封闭管道回注的，免征水资源税。

6. 财政部、国家税务总局规定的其他免征或者减征水资源税情形。

经典题解

【例题21·多选题】按照水资源税政策，下列情形中可免征水资源税的有（　　）。

A. 取用污水处理再生水

B. 抽水蓄能发电取用水

C. 维护生态与环境必须临时应急取水

D. 家庭圈养畜禽饮用少量取用水

【名师点题】考生注意区分水资源税的不征税项目和减免税项目。

【解析】选项 AB 与水资源循环利用有关，为水资源税的免税项目；选项 CD 属于公共临时应急、家庭少量用水，为水资源税的不征税项目。

【答案】AB

（五）征收管理

为加强税收征管、提高征管效率,《试点实施办法》确定了“税务征管、水利核量、自主申报、信息共享”的征管模式，即税务机关依法征收管理；水行政主管部门负责核定取用水量；纳税人依法办理纳税申报；税务机关与水行政主管部门建立涉税信息共享平台和工作配合机制，定期交换征税和取用水信息资料。

水资源税的纳税义务发生时间为**纳税人取用水资源的当日**。除农业生产取用水外，水资源税**按季或者按月**征收，由主管税务机关根据实际情况确定。对超过规定限额的农业生产取用水水资源税可按年征收。不能按固定期限计算纳税的，可以按次申报纳税。纳税人应当自纳税期满或者纳税义务发生之日起 15 日内申报纳税。

水资源税由生产经营所在地的主管税务机关征收管理，跨省（区、市）调度的水资源，由调入区域所在地的税务机关征收水资源税。在试点省份内取用水，其纳税地点需要调整的，由省级财政、税务部门决定。

经典题解

【例题 22 · 多选题】以下符合水资源税征收管理规定的有（　　）。

A. 水资源税的纳税义务发生时间为纳税人取用水资源的当日

B. 除农业生产取用水外，水资源税按季或者按月征收

C. 超过规定限额的农业生产取用水水资源税可按年征收

D. 跨省（区、市）调度的水资源，由调出区域所在地的税务机关征收水资源税

【解析】选项 D：跨省（区、市）调度的水资源，由调入区域所在地的税务机关征收水资源税。

【答案】ABC

第二节　环境保护税法

使用“会计云课堂”App 或“微信”扫码查看本节视频，快速 GET 知识点。

为了保护和改善环境，减少污染物排放，推进生态文明建设，第十二届全国人民代表大会常务委员会第二十五次会议于 2016 年 12 月 25 日通过了《中华人民共和国环境保护税法》，这是我国第四部经过立法机关正式立法的税收实体法。环境保护税（简称“环保税”）作为“费改税”开征的税种，自 2018 年 1 月 1 日起施行。

考点 1：环保税的特点 ★

环境保护税是对在中华人民共和国领域和中华人民共和国管辖的其他海域，直接向环境排放应税污染物的企业事业单位和其他生产经营者征收的一种税。

作为落实生态文明建设的重要税制改革举措而推出的环境保护税，具有以下基本特点：

（1）属于调节型税种。（2）其渊源是排污收费制度。（3）属于综合型环境税。（4）属于直接排放税。（5）对大气污染物、水污染物规定了幅度定额税率。（6）采用税务、生态环境主管部门紧密配合的征收方式。（7）收入纳入一般预算收入，全部划归地方。

经典题解

【例题 23 · 多选题】以下符合环境保护税特点的有（　　）。

A. 属于调节型税种

B. 属于单一型环境税

C. 属于直接和间接排放税

D. 收入纳入一般预算收入，全部划归地方

【答案】AD

考点 2：环保税纳税义务人 ★

在中华人民共和国领域和中华人民共和国管辖的其他海域，直接向环境排放应税污染物的企业事业单位和其他生产经营者为环境保护税的纳税人，应当依法缴纳环境保护税。

【提示】

1. 环保税的纳税人有直接向环境排放应税污染物的行为。

有下列情形之一的，不属于直接向环境排放污染物，不缴纳相应污染物的环境保护税：

（1）企业事业单位和其他生产经营者向依法设立的污水集中处理、生活垃圾集中处理场所排放应税污染物的。

（2）企业事业单位和其他生产经营者在符合国家和地方环境保护标准的设施、场所贮存或者处置固体废物的。

（3）达到省级人民政府确定的规模标准并且有污染物排放口的畜禽养殖场，应当依法缴纳环境保护税，但依法对畜禽养殖废弃物进行综合利用和无害化处理的。

依法设立的城乡污水集中处理、生活垃圾集中处理场所超过国家和地方规定的排放标准向环境排放应税污染物的，应当缴纳环境保护税。

2. 所称应税污染物，是指《环境保护税税目税额表》《应税污染物和当量值表》规定的大气污染物、水污染物、固体废物和噪声。

【解释】企业事业单位和其他生产经营者向依法设立的污水集中处理、生活垃圾集中处理场所排放应税污染物的，不缴纳环境保护税；依法设立的城乡污水集中处理、生活垃圾集中处理场所超过国家和地方规定的排放标准向环境排放应税污染物的，应当缴纳环境保护税。这是从两类排污主体——直接产生污染物的企业与集中处理污染物的企业，两个角度阐述政策。

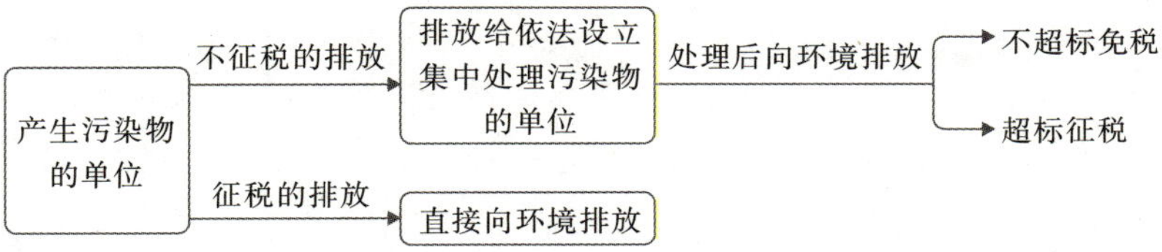

经典题解

【例题 24 · 单选题】下列情形中，应缴纳环境保护税的是（　　）。

A. 企业向依法设立的污水集中处理场所排放应税污染物

B. 个体户向依法设立的生活垃圾集中处理场所排放应税污染物

C. 事业单位在符合国家和地方环境保护标准的设施贮存固体废物

D. 企业在不符合地方环境保护标准的场所处置固体废物

【答案】D

考点 3：环保税的税目、税额 ★★★

要点小贴士

（1）大气污染物税目中不包括温室气体二氧化碳。

（2）固体废物税目含半固态、液态废物。

（3）应纳环保税的噪声只包括工业噪声。

（4）注意税目税额表噪声计税备注说明。

环境保护税的税目、税额，依照环境保护税法所附《环境保护税税目税额表》执行。

税目		计税单位	税额	备注
大气污染物		每污染当量	1.2 元至 12 元	——
水污染物		每污染当量	1.4 元至 14 元	——
固体废物	煤矸石	每吨	5 元	——
	尾矿	每吨	15 元	
	危险废物	每吨	1000 元	
	冶炼渣、粉煤灰、炉渣、其他固体废物（含半固态、液态废物）	每吨	25 元	

税目		计税单位	税额	备注
噪声	工业噪声	超标1~3分贝	每月350元	1. 一个单位边界上有多处噪声超标，根据最高一处超标声级计算应纳税额；当沿边界长度超过100米有两处以上噪声超标，按照两个单位计算应纳税额 2. 一个单位有不同地点作业场所的，应当分别计算应纳税额，合并计征 3. 昼、夜均超标的环境噪声，昼、夜分别计算应纳税额，累计计征 4. 声源一个月内超标不足15天的，减半计算应纳税额 5. 夜间频繁突发和夜间偶然突发厂界超标噪声，按等效声级和峰值噪声两种指标中超标分贝值高的一项计算应纳税额
		超标4~6分贝	每月700元	
		超标7~9分贝	每月1400元	
		超标10~12分贝	每月2800元	
		超标13~15分贝	每月5600元	
		超标16分贝以上	每月11200元	

应税大气污染物和水污染物采用幅度定额税率，最高税率是最低税率的10倍，具体适用税额的确定和调整，由省、自治区、直辖市人民政府统筹考虑本地区环境承载能力、污染物排放现状和经济社会生态发展目标要求，在《环境保护税税目税额表》规定的税额幅度内提出，报同级人民代表大会常务委员会决定，并报全国人民代表大会常务委员会和国务院备案。

经典题解

【真题25·单选题】下列各种噪音中，属于环境保护税征税范围的是（　　）。（2020年）

A. 建筑噪音　B. 工业噪音　C. 生活噪音　D. 交通噪音

【答案】B

【真题26·多选题】下列排放物中，属于环境保护税征收范围的有（　　）。（2020年）

A. 危险废物　B. 氮氧化物

C. 二氧化碳　D. 交通噪声

【答案】AB

【例题27·多选题】环境保护税的税目中，由省、自治区、直辖市人民政府统筹考虑后在规定的幅度内按规定程序确定具体适用税额的有（　　）。

A. 大气污染物　B. 水污染物

C. 固体废物　D. 噪声

【名师点题】环境保护税的税率确定规则属于考生必须掌握的重要考点。

【解析】应税大气污染物和水污染物的具体适用税额的确定和调整，由省、自治区、直辖市人民政府统筹考虑后在规定的幅度内按规定程序确定。

【答案】AB

考点 4：环保税的计税依据 ★★

（一）计税依据确定的基本方法

税目	计税依据	计税依据确定方法	解释
大气污染物 水污染物	污染当量数	污染当量数 = 该污染物的排放量 ÷ 该污染物的污染当量值	污染当量，是指根据污染物或者污染排放活动对环境的有害程度以及处理的技术经济性，衡量不同污染物对环境污染的综合性指标或者计量单位。同一介质相同污染当量的不同污染物，其污染程度基本相当
固体废物	排放量	（1）固体废物的排放量 = 当期固体废物的产生量 − 当期固体废物的综合利用量 − 当期固体废物的贮存量 − 当期固体废物的处置量 （2）纳税人有下列情形之一的，以其当期应税固体废物的产生量作为固体废物的排放量： ①非法倾倒应税固体废物 ②进行虚假纳税申报	（1）固体废物的贮存量、处置量，是指在符合国家和地方环境保护标准的设施、场所贮存或者处置的固体废物数量 （2）固体废物的综合利用量，是指按照国务院发展改革、工业和信息化主管部门关于资源综合利用要求以及国家和地方环境保护标准进行综合利用的固体废物数量
噪声	超标分贝数	按超过国家规定标准的分贝数确定	超过国家规定标准的分贝数是指实际产生的工业噪声与国家规定的工业噪声排放标准限值之间的差值

经典题解

【真题 28·多选题】下列应税污染物中，按照污染物排放量折合的污染当量数作为环境保护税计税依据的有（　　）。（2019 年）

A. 噪声　　B. 大气污染物　C. 固体废物　　D. 水污染物

【答案】BD

【例题 29】某企业 2022 年 3 月向大气直接排放二氧化硫 10000 千克，根据大气污染物污染当量值表，二氧化硫的污染当量值为 0.95 千克，其污染当量数 = 10000/0.95=10526.32。

【解释】由于每一排放口或者没有排放口的大气、水的污染物不止一种，征收环保税的项目也有具体的规定：

<table>
<tr><th>具体情形</th><th colspan="2">确定征税项目</th></tr>
<tr><td>每一排放口或者没有排放口的应税大气污染物</td><td>按照污染当量数从大到小排序</td><td>对前三项污染物征收环境保护税</td></tr>
<tr><td rowspan="2">每一排放口的应税水污染物</td><td rowspan="2">按照《环境保护税法》所附《应税污染物和当量值表》，区分第一类水污染物和其他类水污染物，按照污染当量数从大到小排序</td><td>对第一类水污染物按照前五项征收环境保护税</td></tr>
<tr><td>对其他类水污染物按照前三项征收环境保护税</td></tr>
</table>

【提示】省、自治区、直辖市人民政府根据本地区污染物减排的特殊需要，可以增加同一排放口征收环境保护税的应税污染物项目数，不仅局限于前三项或前五项，但需报同级人民代表大会常务委员会决定，并报全国人民代表大会常务委员会和国务院备案。

经典题解

【真题30·单选题】下列应税污染物中，在确定计税依据时只对超过规定标准的部分征收环境保护税的是（ ）。（2019年）

A. 固体废物 B. 大气污染物 C. 工业噪声 D. 水污染物

【解析】应税噪声按照超过国家规定标准的分贝数确定计税依据。

【答案】C

（二）应税大气污染物、水污染物、固体废物的排放量和噪声分贝数的确定方法

应税大气污染物、水污染物、固体废物的排放量和噪声的分贝数，按照下列方法和顺序计算：

1. 纳税人安装使用符合国家规定和监测规范的污染物自动监测设备的，按照污染物自动监测数据计算。

2. 纳税人未安装使用污染物自动监测设备的，按照监测机构出具的符合国家有关规定和监测规范的监测数据计算。

3. 因排放污染物种类多等原因不具备监测条件的，按照国务院生态环境主管部门规定的排污系数、物料衡算方法计算。

排污单位类型	计算方法（新增）
属于排污许可管理的排污单位	适用生态环境部发布的排污许可证申请与核发技术规范中规定的排（产）污系数、物料衡算方法计算应税污染物排放量；排污许可证申请与核发技术规范未规定相关排（产）污系数的，适用生态环境部发布的排放源统计调查制度规定的排（产）污系数方法计算应税污染物排放量
不属于排污许可管理的排污单位	适用生态环境部发布的排放源统计调查制度规定的排（产）污系数方法计算应税污染物排放量

4. 不能按照上述第 1 项至第 3 项规定的方法计算的，按照省、自治区、直辖市人民政府生态环境主管部门规定的抽样测算方法。

考点 5：环保税应纳税额的计算 ★

环境保护税应纳税额按照下列方法计算：

应税污染物	计税依据的确定	环保税计算公式
应税大气污染物	污染当量数 = 排放量 / 污染当量值	应纳税额 = 污染当量数 × 适用税额
应税水污染物	1. 适用监测数据法的水污染物（包括第一类水污染物和第二类水污染物） 污染当量数 = 排放量 / 污染当量值 2. 适用抽样测算法的水污染物 适用抽样测算法的情形，纳税人按照环境保护税法所附《禽畜养殖业、小型企业和第三产业水污染物污染当量值》表所规定的当量值计算污染当量数 （1）规模化禽畜养殖业排放的水污染物 污染当量数 = 月均存栏量 ÷ 污染当量值 （2）小型企业和第三产业排放的水污染物 污染当量数 = 污水排放量（吨）÷ 污染当量值（吨） （3）医院排放的水污染物 ①污染当量数 = 医院床位数 ÷ 污染当量值 ②污染当量数 = 污水排放量 ÷ 污染当量值	应纳税额 = 污染当量数 × 适用税额
应税固体废物	固体废物排放量 = 当期固体废物的产生量 − 当期固体废物的综合利用量 − 当期固体废物的贮存量 − 当期固体废物的处置量	应纳税额 = 固体废物排放量 × 适用税额
应税噪声	超标分贝数 = 产生噪声分贝数 − 排放标准限值	应纳税额为超过国家规定标准的分贝数对应的具体适用税额

经典题解

【例题 31 · 计算问答题】某企业 2022 年 3 月向大气直接排放二氧化硫、氟化物各 100 千克，一氧化碳 150 千克，氯化氢 120 千克，假设当地大气污染物每污染当量税额 1.2 元，二氧化硫、氟化物、一氧化碳、氯化氢的污染当量值分别为 0.95、0.87、16.7、10.75（单位：千克），该企业只有一个排放口。计算该企业当月应纳税额。

【答案及解析】

第一步：计算各污染物的污染当量数。

污染当量数 = 该污染物的排放量 ÷ 该污染物的污染当量值

据此计算出题干中4项污染物中每项的污染当量数。

二氧化硫污染当量数 =100/0.95=105.26

氟化物污染当量数 =100/0.87=114.94

一氧化碳污染当量数 =150/16.7=8.98

氯化氢污染当量数 =120/10.75=11.16

第二步：按污染当量数给4项污染物排序，对大气污染物确定排序前三项的污染物。

氟化物污染当量数（114.94）＞二氧化硫污染当量数（105.26）＞氯化氢污染当量数（11.16）＞一氧化碳污染当量数（8.98）

该企业只有一个排放口，排序选取计税前三项污染物为：氟化物、二氧化硫、氯化氢。

第三步：就排序的前三项污染物的污染当量数之和乘以规定的定额税率计算应纳税额。

应税大气污染物的应纳税额 = 污染当量数 × 适用税额

应纳税额 =（114.94+105.26+11.16）×1.2=277.63（元）。

【例题32·计算问答题】甲化工厂是环境保护税纳税人，该厂仅有1个污水排放口且直接向河流排放污水，已安装使用符合国家规定和监测规范的污染物自动监测设备。监测数据显示，该排放口2022年2月共排放污水5万吨（折合5万立方米），应税污染物为六价铬，浓度为0.5mg/L。请计算该化工厂2月份应缴纳的环境保护税（该厂所在省的水污染物税率为2.8元/污染当量，六价铬的污染当量值为0.02千克）。

【答案及解析】

（1）计算污染当量数：

根据环保税纳税申报要求，采用监测数据法计算污染物排放量的，污染物排放量 = 污水排放量 × 实测浓度值 ÷1000（注：将污染物排放量换算成千克）。

六价铬污染物的排放量 = 污水排放总量 × 浓度值 =50000立方米 ×1000L×0.5mg/L÷1000÷1000=25（千克）

名师点拨

"÷1000÷1000"是为了将"毫克"换算成"克"再换算成"千克"。

六价铬污染当量数 = 污染物排放量 ÷ 污染当量值 =25÷0.02=1250

（2）应纳税额 = 污染当量数 × 适用税额 =1250×2.8=3500（元）。

【例题33·单选题】某养殖场2022年2月养牛平均存栏量为100头，污染当量值为0.1头，假设当地水污染物适用税额为每污染当量2.8元，当月应纳环境保护税税额（ ）元。

A. 0　　B. 28　　C. 280　　D. 2800

【名师点题】这类题目是CPA考试命题的经典题目，不管什么行业，只要是大气污染或水污染，都要首先计算污染当量数，一般只用除法计算，特殊情况下在除之前有乘浓度值或超标倍数的情形。

【解析】禽畜养殖业水污染物当量数 = 月均存栏量 ÷ 污染当量值

水污染物污染当量数 =100÷0.1=1000，应纳税额 =1000×2.8=2800（元）。

【答案】D

【例题 34 · 单选题】假设某企业 2022 年 3 月产生尾矿 1000 吨，其中综合利用的尾矿 400 吨（符合国家相关规定），在符合国家和地方环境保护标准的设施贮存 300 吨。尾矿环保税适用税额为每吨 15 元，该企业当月尾矿应缴纳环境保护税（　　）元。

A. 15000　　B. 10500　　C. 6000　　D. 4500

【解析】固体废物的计税依据需要用减法计算：固体废物排放量 = 当期固体废物的产生量 – 当期固体废物的综合利用量 – 当期固体废物的贮存量 – 当期固体废物的处置量

尾矿排放量 =1000–400–300=300（吨），尾矿环境保护税应纳税额 =300 × 15=4500（元）。

【答案】D

考点 6：环保税的税收减免 ★

1. 下列情形，暂予免征环境保护税：

（1）农业生产（不包括规模化养殖）排放应税污染物的；

（2）机动车、铁路机车、非道路移动机械、船舶和航空器等流动污染源排放应税污染物的；

（3）依法设立的城乡污水集中处理、生活垃圾集中处理场所排放相应应税污染物，不超过国家和地方规定的排放标准的；

（4）纳税人综合利用的固体废物，符合国家和地方环境保护标准的；

（5）国务院批准免税的其他情形，由国务院报全国人民代表大会常务委员会备案。

2. 纳税人排放应税大气污染物或者水污染物的浓度值低于国家和地方规定的污染物排放标准 30% 的，减按 75% 征收环境保护税。纳税人排放应税大气污染物或者水污染物的浓度值低于国家和地方规定的污染物排放标准 50% 的，减按 50% 征收环境保护税。

3. 纳税人噪声声源一个月内累计昼间超标不足 15 昼或者累计夜间超标不足 15 夜的，分别减半计算应纳税额。

经典题解

【例题 35】某工业企业厂界长度超过 100 米，有两处以上噪声源，昼间噪声标准限值为 65 分贝，夜间噪声标准限值为 55 分贝。经监测，其 4 月份噪声超标天数为 10 天，昼间最高分贝为 74.6，夜间最高分贝为 60。该企业 4 月份噪声污染应缴纳多少环境保护税？（超标 4~6 分贝，税额每月 700 元；超标 7~9 分贝，税额每月 1400 元；超标 10~12 分贝，税额每月 2800 元）

【答案及解析】应税噪声的应纳税额为超过国家规定标准的分贝数对应的具体适用税额。应税噪声超标的分贝数不是整数的，按四舍五入取整。

（1）当沿边界长度超过 100 米有两处以上噪声超标，按照 2 个单位计算应纳税额。

（2）声源一个月内超标不足 15 天的减半计算应纳税额。

该企业4月噪声超标仅10天，不足15天，应减半计算应纳税额。

昼间超标值：74.6−65=9.6（分贝），取10分贝；

夜间超标值：60−55=5（分贝）；

该企业4月应缴环保税＝（2800+700）×50%×2=3500（元）。

名师点拨

排放标准和浓度值是两个不同的概念，不要混淆。

【相关链接】依法设立的城乡污水集中处理、生活垃圾集中处理场所排放相应应税污染物，不超过国家和地方规定的排放标准的，暂予免征环境保护税；超过国家和地方规定的排放标准向环境排放应税污染物的，应当缴纳环境保护税。上述政策要从两类排污主体角度理解，详细理解思路归纳列表如下：

排污主体	排放对象	环境保护税	备注
企业事业单位和其他生产经营者	向依法设立的城乡污水集中处理、生活垃圾集中处理场所排放	不征	——
	向环境排放	减征	浓度值低于规定标准
		应征	浓度值不低于规定标准
依法设立的城乡污水集中处理、生活垃圾集中处理场所	向环境排放	免征	不超排放标准
		减征	超排放标准但浓度值低于规定标准（现实几乎无此情况）
		应征	超排放标准且超浓度值标准

经典题解

【例题36·多选题】下列情形，暂予免征环境保护税的有（　　）。

A. 农业种植排放应税污染物的

B. 规模化养殖排放应税污染物的

C. 机动车行驶排放应税污染物的

D. 依法设立的城乡污水集中处理场所排放相应应税污染物不超过国家和地方规定的排放标准的

【名师点题】环境保护税的税收优惠政策值得考生在复习备考时重视。

【答案】ACD

考点7：环保税的征收管理★★★

县级以上地方人民政府应当建立税务机关、生态环境主管部门和其他相关单位分工协作工作机制，加强环境保护税征收管理，保障税款及时足额入库。

要点	具体规定
纳税义务发生时间	纳税人排放应税污染物的当日

要点	具体规定
纳税期限	环境保护税按月计算，按季申报缴纳。不能按固定期限计算缴纳的，可以按次申报缴纳 （1）按季申报缴纳的，应当自季度终了之日起15日内，向税务机关办理申报纳税 （2）按次申报缴纳的，应当自纳税义务发生之日起15日内，向税务机关办理申报纳税 【提示】纳税人申报缴纳时，应当向税务机关报送所排放应税污染物的种类、数量，大气污染物、水污染物的浓度值，以及税务机关根据实际需要要求纳税人报送的其他纳税资料
纳税地点	应税污染物排放地 （1）应税大气污染物、水污染物排放口所在地 （2）应税固体废物产生地；应税噪声产生地
税额复核	税务机关发现纳税人的纳税申报数据资料异常或者纳税人未按照规定期限办理纳税申报的，可以提请生态环境主管部门进行复核，生态环境主管部门应当自收到税务机关的数据资料之日起15日内向税务机关出具复核意见。税务机关应当按照生态环境主管部门复核的数据资料调整纳税人的应纳税额
担责	直接向环境排放应税污染物的企业事业单位和其他生产经营者，除依照环境保护税法规定缴纳环境保护税外，应当对所造成的损害依法承担责任。即纳税不能免除污染责任

经典题解

【例题37·多选题】以下符合环境保护税政策规定的有（　　）。

A. 环境保护税的纳税义务发生时间为纳税人排放应税污染物的当日

B. 纳税人应当向机构所在地的税务机关申报缴纳环境保护税

C. 环境保护税按月计算，按季申报缴纳

D. 纳税人按次申报缴纳的，应当自季度终了之日起15日内，向税务机关办理纳税申报并缴纳税款

【名师点题】环境保护税的征收管理政策比较特殊，易在考试中命题。

【解析】选项B，纳税人应当向应税污染物排放地的税务机关申报缴纳环境保护税。选项D，纳税人按次申报缴纳的，应当自纳税义务发生之日起15日内，向税务机关办理纳税申报并缴纳税款。

【答案】AC

【例题38·多选题】纳税人应当向应税污染物排放地的税务机关申报缴纳环境保护税。应税污染物排放地是指（　　）。

A. 应税大气污染物排放口所在地

B. 应税水污染物排放企业所在地

C. 应税固体废物产生地

D. 应税固体废物堆放地

【解析】纳税人应当向应税污染物排放地的税务机关申报缴纳环境保护税。应税污染物排放地是指应税大气污染物、水污染物排放口所在地；应税固体废物产生地；应税噪声产生地。

【答案】AC

考试加油站

本章小结

下载“会计云课堂”App 学习

您已成功完成“第八章”的学习，本章共16个考点，您都学会了吗？

为了让您对章节有更清晰的理解，加倍巩固。本书作者刘颖老师将通过**“视频导图课”**的方式，带您回顾重要考点。

名师点拨，视听结合，高效提分。

※ 欢迎您扫码，免费观看学习。

同步强化练习题

使用“会计云课堂”App或“微信”扫码快速做题、对答案、看解析、掌握解题思路，开启轻松过关之旅。

一、单项选择题

1. 下列企业既是增值税纳税人又是资源税纳税人的是（　　）。
   A. 在境内销售金属矿产品的贸易公司
   B. 进口金属矿产品的企业
   C. 在境内开采金属矿原矿销售的企业
   D. 在境外开采金属矿原矿销售的企业

2. 资源税纳税人以自采原矿洗选加工后的选矿连续生产非应税产品的，视同（　　）。
   A. 原矿销售
   B. 选矿销售
   C. 应税产品销售
   D. 非应税产品销售

3. 纳税人开采以下资源，资源税法直接规定免征资源税的是（　　）。
   A. 煤炭开采企业因安全生产需要抽采的煤成（层）气
   B. 纳税人开采尾矿

C. 纳税人开采共伴生矿
D. 纳税人开采石煤

4. 某油田开采原油 80 万吨，2022 年 1 月销售原油 70 万吨，非生产性自用 5 万吨，另有 2 万吨采油过程中用于加热，3 万吨待售。已知该油田每吨原油不含税售价为 5000 元，适用的资源税税率为 6%，则该油田应纳的资源税税额为（　　）万元。
A. 21000　　B. 22500
C. 23100　　D. 24000

5. 资源税计税销售额按应税产品组成计税价格确定时，公式中的成本利润率由（　　）确定。
A. 国务院
B. 财政部
C. 国家税务总局
D. 省、自治区、直辖市税务机关

6. 关于资源税税率，下列说法正确的是（　　）。
A. 有色金属选矿一律实行幅度比例税率
B. 开采不同应税产品的，未分别核算或不能准确提供不同应税产品的销售额或销售数量，从高适用税率
C. 原油和天然气税目不同，适用税率也不同
D. 实行幅度税率的，具体适用税率由省级人民政府提出，报全国人民代表大会常委会决定

7. 甲公司 2022 年 1 月 12 日购入 200 万元（不含增值税，下同）的铜原矿，已取得增值税专用发票，与自采的铜原矿混合进行销售，销售额为 600 万元。已知当地铜原矿税率为 5%，则甲公司应纳资源税（　　）万元。
A. 10　　B. 20
C. 30　　D. 40

8. 乙公司 2022 年 1 月 20 日购入 300 万元（不含增值税，下同）的锰原矿，已取得增值税专用发票，与自采的锰原矿混合洗选加工为锰选矿进行销售，销售额为 600 万元。已知当地锰原矿税率为 8%，锰选矿税率为 5%，则乙公司应纳资源税（　　）万元。
A. 15　　B. 11
C. 9　　D. 6

9. 以下资源减征 50% 资源税的是（　　）。
A. 稠油、高凝油
B. 煤炭开采企业因安全生产需要抽采的煤成（层）气
C. 从衰竭期矿山开采的矿产品
D. 充填开采置换出来的煤炭

10. 关于资源税纳税地点的说法，正确的是（　　）。
A. 纳税人应当向纳税人机构所在地的主管税务机关缴纳资源税
B. 纳税人应当向应税产品的开采地或生产地税务机关申报缴纳资源税
C. 纳税人应当向核算地主管税务机关缴纳资源税
D. 纳税人跨省开采资源税应税产品的，一律向总机构主管税务机关缴纳资源税

11. 纳税人开采或者生产同一应税产品，其中既有享受减免税政策的，又有不享受减免税政策的，核算确定免税、减税项目的销售额或者销售数量的方法是（　　）。
A. 按照免税、减税项目的产量占比等方法分别核算确定
B. 按照免税、减税项目的销售额占比等方法分别核算确定
C. 按照免税、减税项目的成本占比等方法分别核算确定
D. 按照免税、减税项目的费用占比等方法分别核算确定

12. 以下关于水资源税税率的表述，正确的是（　　）。
A. 地表水税额要高于地下水
B. 地下水税额要高于地表水
C. 对超过规定限额的农村生活集中式饮水工程取用水免税
D. 对超计划或超定额用水加征 1~5 倍

13. 以下符合水资源税征收管理规定的是（　　）。
A. 水资源税的纳税义务发生时间为纳税人取用水资源的次日
B. 水资源税按年征收
C. 纳税人应当自纳税期满或者纳税义务发生之日起 15 日内申报纳税
D. 跨省（区、市）调度的水资源，由调出区域所在地的税务机关征收水资源税

14. 以下关于环境保护税的税率规定正确的是（　　）。
A. 环境保护税采用定额税率
B. 环境保护税全部应税污染物适用税额的确定和调整均由省、自治区、直辖市人民政府统筹考虑，在规定的税额幅度内提出
C. 环境保护税全部应税污染物适用税额的确定和调整均由国家税务总局决定
D. 环境保护税全部应税污染物适用税额的确定和调整均需报国务院备案

15. 每一排放口或者没有排放口的应税大气污染物，在计征环保税时应（　　）。
A. 按照排放量从大到小排序，对前三项污染物征收环境保护税
B. 按照污染当量数从大到小排序，对前三项污染物征收环境保护税
C. 按照排放量从大到小排序，对前五项污染物征收环境保护税
D. 对所有污染物征收环境保护税

16. 下列应税污染物中，按照污染物排放量作为环境保护税计税依据的是（　　）。
A. 噪声
B. 大气污染物
C. 固体废物
D. 水污染物

17. 某纳税人直接向河流排放总铅 6000 千克，已知总铅污染当量值为 0.025 千克，假定其所在省公布的水污染物环保税税额为每污染当量 4 元，则该纳税人应纳的环保税为（　　）元。
A. 600　　B. 24000
C. 680000　　D. 960000

18. 某县医院，床位 126 张，每月按时消毒，无法计量月污水排放量，污染当量值为 0.14 床，假设当地水污染物适用税额为每污染当量 2.1 元，每月应纳环境保护税（　　）元。
A. 900　　B. 1120
C. 1890　　D. 2170

19. 假设某企业 2022 年 1 月产生煤矸石 1000 吨，其中综合利用煤矸石 250 吨（符合国家相关规定），在符合国家和地方环境保护标准的设施贮存 200 吨。煤矸石环保税适用税额为每吨 5 元，该企业当月煤矸石应缴纳环境保护税（　　）元。
A. 3750　　B. 2250
C. 4000　　D. 2750

20. 下列情形应缴纳环境保护税的是（　　）。
A. 农业种植排放应税污染物
B. 存栏 300 头奶牛的养牛场排放应税污染物
C. 船舶行驶排放应税污染物
D. 企业直接向依法设立的垃圾集中处理中心运送应税污染物

21. 某企业 2022 年 2 月累计 9 天发生的工业噪声分贝数超过国家标准 8 分贝。按照环保税税目税额表规定，噪声超标 7~9 分贝的，应纳税额每月 1400 元。则该企业当月应纳环保税（　　）元。

A. 0　　B. 350

C. 700　　D. 1400

22. 以下需要缴纳环保税的是（　　）。

A. 建筑噪声

B. 汽车尾气

C. 农业种植排放的应税污染物

D. 规模化饲养排放的应税污染物

23. 以下关于环境保护税的表述不正确的是（　　）。

A. 环境保护税的收入全部划归地方

B. 一个单位有不同地点作业场所的，其超标噪声应当分别计算应纳税额，合并计征

C. 一个单位边界（不超过 100 米）上有多处噪声超标，其超标噪声应当分别计算应纳税额，合并计征

D. 固体废物税目中包含半固态、液态废物

二、多项选择题

1. 下列各项中，应征收资源税的有（　　）。

A. 进口原油

B. 生产销售钾盐

C. 销售以未税原煤加工的选煤

D. 开采销售金属矿原矿

2. 以下关于资源税的规定正确的有（　　）。

A.《税目税率表》中规定征税对象为原矿或者选矿的，应当分别确定具体适用税率

B. 资源税按照《税目税率表》实行从价计征或者从量计征

C. 资源税应税产品为矿产品的，包括原矿和选矿产品

D. 未分别核算或者不能准确提供不同税目应税产品的销售额或者销售数量的，从高适用税率

3. 下列各项中，应征收资源税的有（　　）。

A. 自产钠盐并销售

B. 外购已税原煤自制煤炭制品并销售

C. 进口铁矿石并销售

D. 开采铁矿石并销售

4. 根据资源税法的规定，下列说法不正确的有（　　）。

A. 原油是资源税的应税资源，包括天然原油和人造石油

B. 出口应税资源免征资源税

C. 煤炭开采企业因安全生产需要抽采的煤层气免征资源税

D. 纳税人应当向应税产品的开采地或生产地缴纳资源税

5. 企业生产或开采的下列资源产品中，应当计算缴纳资源税的有（　　）。

A. 地热

B. 深水油气田开采的天然气

C. 人造石油

D. 从低丰度油田开采的原油

6. 下列符合资源税法规定的有（　　）。

A. 纳税人自采大理石原矿销售，按照原矿计征资源税

B. 纳税人自采玉石原矿用于连续加工成选矿待售，按照原矿计征资源税

C. 纳税人以自采铁矿石原矿加工成选矿销售，按照选矿计征资源税

D. 纳税人以自采磷原矿加工成选矿，并将磷选矿用于抵债，按照选矿计征资源税

7. 纳税人开采或者生产应税产品过程中，以下情形由省、自治区、直辖市可以决定免征或者减征资源税的有（　　）。

A. 对充填开采置换出来的煤炭

B. 因意外事故或者自然灾害等原因遭受重大损失

C. 从衰竭期矿山开采的矿产品

D. 开采尾矿

8. 以下关于资源税的表述正确的有（　　）。

A. 纳税人核算并扣减当期外购应税产品购进金额、购进数量，应当依据外购应税产品的增值税发票、海关进口增值税专用缴款书或者其他合法有效凭据

B. 纳税人开采或者生产同一应税产品同时符合两项或者两项以上减征资源税优惠政策的，除另有规定外，可叠加执行

C. 纳税人应当在矿产品的开采地或者海盐的生产地缴纳资源税

D. 海上开采的原油和天然气资源税由海洋石油税务管理机构征收管理

9. 以下关于资源税的表述，正确的有（　　）。

A. 资源税的纳税人是开采和进口应税资源的单位和个人

B. 纳税人开采或生产不同税目应税产品的，应当分别核算不同税目应税产品的销售额或者销售数量；未分别核算或者不能准确提供不同税目应税产品的销售额或者销售数量的，从高适用税率

C. 资源税在应税产品的开采环节计算缴纳

D. 不能按固定期限计算缴纳资源税的，可以按次申报缴纳

10. 以下关于资源税的表述正确的有（　　）。

A. 对在中国境内开采原煤的单位和个人，应按税法规定征收资源税，但对进口原煤的单位和个人，则不征收资源税

B. 原油是资源税的应税资源，包括天然原油和人造石油

C. 纳税人进口应税资源不缴纳资源税，但要缴纳增值税和关税

D. 开采资源税应税产品销售的，应向销售地的主管税务机关缴纳资源税

11. 以下关于资源税的表述不正确的有（　　）。

A. 出口原油不退（免）资源税

B. 纳税人开采的共伴生矿一律免税

C. 在生产、批发、零售各环节均对应税资源征收资源税

D. 缴纳资源税的纳税人，应当向应税产品的开采地或者生产地主管税务机关缴纳税款

12. 某煤矿开采销售原煤，应缴纳的税金有（　　）。

A. 资源税

B. 增值税

C. 消费税

D. 城建税

13. 环境保护税中所称的应税污染物是指（　　）。

A. 大气污染物

B. 水污染物

C. 霓虹灯光

D. 交通噪声

14. 下列污染物中，属于环境保护税征收范围的有（　　）。

A. 冶炼渣

B. 粉煤灰

C. 交通噪声

D. 建筑噪声

15. 以下符合环境保护税政策规定的有（　　）。

A. 环保税的纳税义务发生时间是季度终了之日起15日内

B. 纳税人应当向应税污染物排放地的税务机关申报缴纳环境保护税

C. 不能按固定期限计算缴纳的，可以按次申报缴纳环境保护税

D. 县级以上地方人民政府应当建立税务机关、生态环境主管部门和其他相关单位分工协作工作机制

16. 纳税人应当向应税污染物排放地的税务机关申报缴纳环境保护税。应税污染物排放地是指（ ）。

A. 产生应税大气污染物企业注册地

B. 应税水污染物排放口所在地

C. 应税固体废物堆放地

D. 应税噪声产生地

三、计算问答题

1. 某内资原煤生产企业为增值税一般纳税人，按月申报缴纳资源税。2022 年 2 月发生以下业务：

（1）开采原煤 12000 吨。采取分期收款方式销售原煤 9000 吨，每吨不含税单价 500 元，购销合同约定，本月应收取 1/3 的价款，但实际只收取不含税价款 120 万元。另支付销售活动中不含税运费，并取得运输企业（增值税一般纳税人）开具给本企业的增值税专用发票，发票金额 4 万元。

（2）为职工宿舍供暖，使用本月开采的原煤 200 吨；另将本月开采的原煤 500 吨无偿赠送给某有长期业务往来的客户。

（3）外购原煤 350 吨，增值税专用发票上注明单价 490 元 / 吨（不含增值税），将外购原煤和自采原煤混合生产选煤并销售，取得不含增值税销售额 50 万元，另向购买方收取运输费用 3 万元（能提供相关发票）。

（已知，该企业所在地原煤的资源税税率为 6%，选煤资源税税率为 5%）

要求：根据上述资料，回答下列问题。（单位：万元）

（1）业务（1）销售原煤应缴纳的资源税。

（2）业务（2）应缴纳的资源税。

（3）业务（3）销售选煤应缴纳的资源税。

（4）说明该企业资源税的纳税地点和纳税申报期限。

2. 某生物制药企业厂界长度超过 100 米，有两处以上噪声源，2022 年 1 月，其应税污染物排放情况如下：

（1）噪声超标天数为 16 天，昼间最高分贝为 78，夜间最高分贝为 60。

（2）生产过程中产生医药废物 90 吨，当期在符合国家和地方标准的场所存储了 20 吨、处置了 10 吨，综合利用了 15 吨（符合国家相关规定）。

（3）将生产过程中产生的水污染物 20 千克排放给依法设立的污水处理厂。

（其他相关资料：昼间噪声标准限值为 65 分贝，夜间噪声标准限值为 55 分贝。超标 4~6 分贝，税额每月 700 元；超标 7~9 分贝，税额每月 1400 元；超标 10~12 分贝，税额每月 2800 元；超标 13~15 分贝，税额每月 5600 元。医药废物属于固体废物中的危险废物，税额标准 1000 元 / 吨。水污染物污染当量值为 0.02 千克，税额标准 5 元 / 污染当量）

要求：根据上述资料，回答下列问题。

（1）业务（1）应缴纳的环境保护税。

（2）业务（2）应缴纳的环境保护税。

（3）业务（3）应缴纳的环境保护税。

（4）说明纳税人因排放污染物种类多不具备监测条件，污染物排放量和噪声分贝数的确定方法。

同步强化练习题参考答案及解析

使用“会计云课堂”App或“微信”扫码对答案、看解析、掌握解题思路，开启轻松过关之旅。

一、单项选择题

1.【答案】C

【解析】选项AB缴纳增值税但不缴纳资源税；选项C既缴纳增值税又缴纳资源税；选项D不属于我国资源税和增值税的纳税人。

2.【答案】B

【解析】资源税视同销售包括以下情形：（1）纳税人以自采原矿直接加工为非应税产品的，视同原矿销售；（2）纳税人以自采原矿洗选加工后的选矿连续生产非应税产品的，视同选矿销售；（3）以应税产品投资、利润分配、偿债、捐赠、非货币性资产交换等，视同应税产品销售。

3.【答案】A

【解析】选项BC：由省、自治区、直辖市人民政府提出免征或者减征，报同级人民代表大会常务委员会决定，并报全国人民代表大会常务委员会和国务院备案；选项D：为应征税项目，但若因意外事故或者自然灾害等原因遭受重大损失的，省、自治区、直辖市可以决定免征或者减征资源税。

4.【答案】B

【解析】开采原油销售和非生产性自用的原油都应缴纳资源税，开采原油过程中用于加热的原油免征资源税。该油田应纳资源税=（70+5）×5000×6%=22500（万元）。

5.【答案】D

【解析】资源税组成计税价格公式中的成本利润率由省、自治区、直辖市税务机关确定。

6.【答案】B

【解析】选项A：有色金属选矿有的适用幅度比例税率，有的适用固定比例税率。选项C：原油和天然气属于能源矿产税目下的二级子税目，适用税率均为6%。选项D：实行幅度税率的，具体适用税率由省、自治区、直辖市人民政府统筹考虑该应税资源的品位、开采条件以及对生态环境的影响等情况，在《税目税率表》规定的税率幅度内提出，报同级人民代表大会常务委员会决定，并报全国人民代表大会常务委员会和国务院备案。

7.【答案】B

【解析】应纳资源税=（600-200）×5%=20（万元）。

8.【答案】D

【解析】准予扣减的外购锰选矿购进金额=300×（8%÷5%）=480（万元），应纳资源税税额=（锰选矿销售金额-准予扣减的外购锰选矿购进金额）×税率=（600-480）×5%=6（万元）。

9.【答案】D

【解析】选项 A，稠油、高凝油减征 40% 资源税；选项 B，煤炭开采企业因安全生产需要抽采的煤成（层）气免征资源税；选项 C，从衰竭期矿山开采的矿产品减征 30% 资源税。

10.【答案】B

【解析】选项 AC：纳税人应缴纳的资源税，应当向应税产品的开采地或者生产地税务机关缴纳；选项 D：纳税人跨省开采资源税应税产品的，应当向应税产品的开采地或者生产地的税务机关缴纳。

11.【答案】A

【解析】纳税人开采或者生产同一应税产品，其中既有享受减免税政策的，又有不享受减免税政策的，按照免税、减税项目的产量占比等方法分别核算确定免税、减税项目的销售额或者销售数量。

12.【答案】B

【解析】为发挥水资源税调控作用，按不同取用水性质实行差别税额，地下水税额要高于地表水，超采区地下水税额要高于非超采区，严重超采地区的地下水税额要大幅高于非超采地区。对超计划或超定额用水加征 1~3 倍，对特种行业从高征税，对超过规定限额的农业生产取用水、农村生活集中式饮水工程取用水从低征税。具体适用税额，授权省级人民政府统筹考虑本地区水资源状况、经济社会发展水平和水资源节约保护的要求确定。

13.【答案】C

【解析】选项 A：水资源税的纳税义务发生时间为纳税人取用水资源的当日。选项 B：除农业生产取用水外，水资源税按季或者按月征收，由主管税务机关根据实际情况确定。对超过规定限额的农业生产取用水水资源税可按年征收。选项 D：跨省（区、市）调度的水资源，由调入区域所在地的税务机关征收水资源税。

14.【答案】A

【解析】环境保护税四大税目中的两个——应税大气污染物和水污染物的具体适用税额的确定和调整，由省、自治区、直辖市人民政府统筹考虑本地区环境承载能力、污染物排放现状和经济社会生态发展目标要求，在《环境保护税税目税额表》规定的税额幅度内提出，报同级人民代表大会常务委员会决定，并报全国人民代表大会常务委员会和国务院备案。

15.【答案】B

【解析】每一排放口或者没有排放口的应税大气污染物，按照污染当量数从大到小排序，对前三项污染物征收环境保护税。

16.【答案】C

【解析】应税污染物的计税依据，按照下列方法确定：（1）应税大气污染物按照污染物排放量折合的污染当量数确定；（2）应税水污染物按照污染物排放量折合的污染当量数确定；（3）应税固体废物按照固体废物的排放量确定；（4）应税噪声按照超过国家规定标准的分贝数确定。

17.【答案】D

【解析】污染当量数 = 污染物排放量 / 污染当量值 =6000/0.025=240000

应纳环保税 = 污染当量数 × 具体适用税额 =240000 × 4=960000（元）。

18.【答案】C

【解析】水污染物污染当量数 =126 ÷ 0.14=900；应纳税额 =900 × 2.1=1890（元）。

19.【答案】D

【解析】固体废物的计税依据需要用减法计算：固体废物排放量 = 当期固体废物的产生量 - 当期固体废物的综合利用量 - 当期固体废物的贮存量 - 当期固体废物的处置量

煤矸石排放量=1000-250-200=550(吨)

环境保护税应纳税额=550×5=2750(元)。

20.【答案】B

【解析】选项A：农业生产（不包括规模化养殖）排放应税污染物的暂免征收环保税。选项C：机动车、铁路机车、非道路移动机械、船舶和航空器等流动污染源排放应税污染物的暂免征收环保税。选项D：不属于直接向环境排放应税污染物，不需要缴纳环保税。

21.【答案】C

【解析】应税噪声的应纳税额为超过国家规定标准分贝数对应的具体适用税额。声源1个月内超标不足15天的，减半计算应纳税额。该企业当月应纳环保税 = 1400×50%=700（元）。

22.【答案】D

【解析】选项A不属于环保税的征税范围；选项BC暂免征收环保税。

23.【答案】C

【解析】一个单位边界（不超过100米）上有多处噪声超标，根据最高一处超标声级计算应纳税额。

二、多项选择题

1.【答案】BCD

【解析】资源税只对在中华人民共和国领域和管辖的其他海域开发的应税资源课税，对进口资源不征收资源税；以未税原煤加工的洗选煤属于资源税征税范围。

2.【答案】ABCD

3.【答案】AD

【解析】选项AD：属于资源税的征税范围，应征收资源税。选项B：资源税单一环节征收，外购已税原煤已缴纳过资源税，用外购已税原煤连续生产非应税产品的无须再缴纳资源税。选项C：进口资源不是境内开采的资源，不征收资源税。

4.【答案】AB

【解析】选项A：应征收资源税的原油是指开采的天然原油，不包括人造石油；选项B：出口应税资源没有免征资源税的规定。

5.【答案】ABD

【解析】选项A：地热属于资源税能源矿产的征税范围；选项B：深水油气田开采的天然气征收资源税，但有资源税减征30%的优惠；选项C：人造石油不属于资源税征税范围，不缴纳资源税；选项D：从低丰度油气田开采的原油、天然气应征收资源税，但有减征20%的优惠。

6.【答案】ACD

【解析】纳税人以自采原矿直接销售（选项A），或者自用于应当缴纳资源税情形的，按照原矿计征资源税。纳税人以自采原矿洗选加工为选矿产品销售（选项C），或者将选矿产品自用于应当缴纳资源税情形的（选项D），按照选矿产品计征资源税，在原矿移送环节不缴纳资源税（选项B）。

7.【答案】BD

【解析】选项A，减征50%资源税，是财政部、国家税务总局公告继续实施的优惠政策；选项C，减征30%资源税，属于法定减税范围；选项BD，由省、自治区、直辖市人民政府提出，报同级人民代表大会常务委员会决定，并报全国人民代表大会常务委员会和国务院备案。

8.【答案】ACD

【解析】选项 B，纳税人开采或者生产同一应税产品同时符合两项或者两项以上减征资源税优惠政策的，除另有规定外，只能选择其中一项执行。

9.【答案】BD

【解析】资源税的纳税人仅涉及在中华人民共和国领域和管辖的其他海域开发应税资源的单位和个人，不涉及进口应税资源的单位和个人，A 选项错误。资源税在应税产品的销售或自用环节计算缴纳，C 选项错误。

10.【答案】AC

【解析】资源税进口不征、出口不退，A 选项正确；开采的天然原油征收资源税，人造石油不征税，B 选项错误；我国资源税只对境内开采或生产应税资源征收，进口不征，由于应税资源均为有形动产，所以进口需要缴纳关税和增值税，C 选项正确；缴纳资源税的纳税人，应当向应税产品的开采地或者生产地主管税务机关缴纳税款，D 选项错误。

11.【答案】BC

【解析】资源税进口不征，出口不退也不免税，A 选项正确；纳税人开采共伴生矿、低品位矿、尾矿，可以由省、自治区、直辖市人民政府提出免征或减征的具体办法，报同级人民代表大会常务委员会决定，并报全国人民代表大会常务委员会和国务院备案，B 选项错误；资源税的纳税环节具有单一性，仅在开采或生产应税资源销售环节或自用环节征税，之后流转环节不再征收资源税，C 选项错误。

12.【答案】ABD

【解析】原煤属于资源税的征税范围，且属于有形动产，销售原煤应缴纳资源税和增值税，并随增值税税额缴纳城建税。原煤不属于消费税的征税范围，不征收消费税。

13.【答案】AB

【解析】所称应税污染物，是指《环境保护税税目税额表》《应税污染物和当量值表》规定的大气污染物、水污染物、固体废物和噪声（仅指工业噪声）。

14.【答案】AB

【解析】冶炼渣和粉煤灰属于环保税税目中的固体废物；环保税征税范围内的噪声特指的是工业噪声，不包括建筑噪声和交通噪声。

15.【答案】BCD

【解析】不要混淆纳税义务发生时间与申报缴纳税款时间。环保税的纳税义务发生时间为纳税人排放应税污染物的当日。

16.【答案】BD

【解析】纳税人应当向应税污染物排放地的税务机关申报缴纳环境保护税。应税污染物排放地是指应税大气污染物、水污染物排放口所在地；应税固体废物产生地；应税噪声产生地。

三、计算问答题

1.【答案及解析】

（1）业务（1）销售原煤应缴纳的资源税 = 9000/3 × 500 × 6%/10000=9（万元）

这里注意资源税的纳税义务发生时间的规定的应用，纳税人销售应税产品，纳税义务发生时间为收讫销售款或者取得索取销售款凭据的当日。而索取销售款凭据在税法中主要体现在合同约定上，因此采取分期收款方式销售原煤，取得索取销售款凭据即按照合同约定的本期应收的金额计算资源税。

（2）业务（2）应缴纳的资源税 =（200+500）× 500 × 6%/10000=2.1（万元）

用于职工福利和赠送的原煤都应计算缴纳资源税。自用应税产品的，纳税义务发生时间为移送应税产品的当日。

（3）业务（3）准予扣减的外购选煤购进金额 =（350×490/10000）×（6%÷5%）=20.58（万元）

该企业销售选煤应缴纳的资源税 =（50-20.58）×5%=1.47（万元）

单独收取的运输费用不属于销售额的组成部分。

（4）纳税人应当向应税产品开采地或者生产地的税务机关申报缴纳资源税。纳税人按月申报缴纳的，应当自月度终了之日起15日内，向税务机关办理纳税申报并缴纳税款。

2.【答案及解析】

（1）应税噪声的应纳税额为超过国家规定标准的分贝数对应的具体适用税额。当沿边界长度超过100米有两处以上噪声超标，按照两个单位计算应纳税额。

昼间超标值：78-65=13（分贝）；

夜间超标值：60-55=5（分贝）；

业务（1）环保税应纳税额 =（5600+700）×2=12600（元）。

（2）业务（2）环保税应纳税额 =（90-20-10-15）×1000=45000（元）。

（3）应纳税额为0。企业事业单位和其他生产经营者向依法设立的污水集中处理、生活垃圾集中处理场所排放应税污染物的，不属于向环境直接排放，不缴纳环境保护税。

（4）因排放污染物种类多等原因不具备监测条件的，按照国务院生态环境主管部门规定的排污系数、物料衡算方法计算。依然不能确定的，按照省、自治区、直辖市人民政府生态环境主管部门规定的抽样测算的方法核定计算。

第九章　城镇土地使用税法和耕地占用税法

CHAPTER-9

本章学习指南

一、学习目标

（一）城镇土地使用税法

1. 熟悉纳税义务人与征税范围。
2. 熟悉税率的设置。
3. 结合税收优惠掌握计税依据、税额计算。
4. 熟悉纳税义务发生时间、纳税地点等征收管理规定。
5. 掌握与房产税、耕地占用税、企业所得税的关系。

（二）耕地占用税法

1. 掌握纳税义务人与征税范围。
2. 熟悉税率设置。
3. 结合税收优惠与加按 150% 征收的规定掌握计税依据和应纳税额的计算。
4. 掌握纳税义务发生时间、纳税期限、退税等征收管理规定。
5. 掌握与城镇土地使用税、土地增值税的关系。

二、考情概况

本章属于 CPA 税法考试的小税种章节，收录了城镇土地使用税和耕地占用税两个税种的政策法规，这两个税种的征税对象都与土地资源占用相关。在近 3 年的考试中，本章平均分值 3.5 分，其中城镇土地使用税常规考 2~3 分，耕地占用税常规考 1~2 分。

城镇土地使用税易命制税收优惠与税额计算相结合的题目，并作为与房产税密切联系且在所得税前可扣除的税种，易与企业所得税混合命制综合题。耕地占用税的征税范围和税收优惠在以往考试中频频命题。

三、教材变化

1. 删除了一些城镇土地使用税的税收优惠政策。
2. 更正和补充了耕地占用税的个别表述。

四、考点框架

- **第九章 城镇土地使用税法和耕地占用税法**
  - 城镇土地使用税法
    - 纳税义务人与征税范围 ★
    - 税率、计税依据和应纳税额的计算 ★★
    - 税收优惠 ★★★
    - 征收管理 ★★★
  - 耕地占用税法
    - 纳税义务人与征税范围 ★
    - 税率、计税依据和应纳税额的计算 ★★
    - 税收优惠 ★★★
    - 征收管理 ★

核心考点精讲

第一节　城镇土地使用税法

使用“会计云课堂”App 或“微信”扫码查看本节视频，快速 GET 知识点。

考点 1：纳税义务人与征税范围 ★

（一）纳税义务人 ★

城镇土地使用税是以土地为征税对象，对拥有土地使用权的单位和个人征收的一种税。

城镇土地使用税纳税人的一般规定	在城市、县城、建制镇、工矿区范围内使用土地的单位和个人为纳税义务人 所称单位，包括国有企业、集体企业、私营企业、股份制企业、外商投资企业、外国企业及其他企业和事业单位、社会团体、国家机关、军队及其他单位 所称个人，包括个体工商户及其他个人
城镇土地使用税纳税人的具体规定	（1）拥有土地使用权的单位和个人为纳税义务人 （2）拥有土地使用权的单位和个人不在土地所在地的，其土地的实际使用人或代管人为纳税义务人 （3）土地使用权未确定或权属纠纷未解决的，其实际使用人为纳税义务人 （4）土地使用权共有的，共有各方都是纳税义务人，由共有各方分别纳税 （5）在城镇土地使用税征税范围内，承租集体所有建设用地的，由直接从集体经济组织承租土地的单位和个人，缴纳城镇土地使用税

名师点拨

城镇土地使用税纳税人的具体分类，有些规定和房产税相关规定一致或相似，考生也应对比记忆，以应对考试可能出现的客观题。

（二）征税范围★

城镇土地使用税的征税范围，包括在城市、县城、建制镇和工矿区内的国家所有和集体所有的土地。建立在城市、县城、建制镇和工矿区以外的工矿企业则不需要缴纳城镇土地使用税。对城市、县城、建制镇和工矿区的具体征税范围的确定，由省、自治区、直辖市人民政府具体划定。

名师点拨

城镇土地使用税开征区域的规定和房产税一样，考生对这部分内容可与房产税相关内容对比记忆。

考点2：税率、计税依据和应纳税额的计算★★

要素	基本规定	详细规定
税率	城镇土地使用税采用定额税率	每平方米土地的城镇土地使用税年税额标准规定如下：（1）大城市1.5元至30元；（2）中等城市1.2元至24元；（3）小城市0.9元至18元；（4）县城、建制镇、工矿区0.6元至12元 每个幅度税额的差距规定为20倍 经济落后地区城镇土地使用税的适用税额标准可适当降低，但降低额不得超过上述规定最低税额标准的30%。经济发达地区的适用税额标准可以适当提高，但须报财政部批准
计税依据	城镇土地使用税以纳税义务人实际占用的土地面积为计税依据	纳税义务人实际占用的土地面积按下列方法确定： （1）凡由省、自治区、直辖市人民政府确定的单位组织测定土地面积的，以测定的面积为准 （2）尚未组织测量，但纳税人持有政府部门核发的土地使用证书的，以证书确认的土地面积为准 （3）尚未核发土地使用证书的，应由纳税人申报土地面积，据以纳税，等到核发土地使用证以后再作调整 （4）对在城镇土地使用税征税范围内单独建造的地下建筑用地，按规定征收城镇土地使用税。其中，已取得地下土地使用权证的，按土地使用权证确认的土地面积计算应征税款；未取得地下土地使用权证或地下土地使用权证上未标明土地面积的，按地下建筑垂直投影面积计算应征税款 对上述地下建筑用地暂按应征税款的50%征收城镇土地使用税
税额计算	全年应纳税额=实际占用应税土地面积（平方米）×适用税额	按照规定的单位年税额乘以纳税人实际占用的应税土地面积计算出来的应纳税额是年税额，城镇土地使用税规定的纳税期限是按年计算、分期缴纳，所以在计算应缴纳的税额时，要注意计算缴纳的是年税额还是季度税额或者月税额

考点妙记

税率可降可提。降低有度，提高报批。

要点小贴士

实际占用面积，是占地面积，不是建筑面积。

经典题解

【例题1·单选题】 甲企业位于某经济落后地区，2020年12月取得一宗土地的使用权（未取得土地使用证书），假定2021年1月已按1500平方米申报缴纳了全年的城镇土地使用税。2021年4月该企业取得了政府部门核发的土地使用证书，上面注明的土地面积为2000平方米。已知该地区城镇土地使用税适用每平方米0.9元~18元的幅度税额，当地政府规定的固定税额为每平方米0.9元，并另按照国家规定的最高比例降低税额标准。则甲企业2021年应该补缴的城镇土地使用税为（ ）元。

A. 0　　B. 315　　C. 945　　D. 1260

【解析】本题考查以下三个知识点：（1）尚未核发土地使用证书的，应由纳税人申报土地面积，据以纳税，等到核发土地使用证以后再作调整。（2）经济落后地区，城镇土地使用税的适用税额标准可适当降低，但降低额不得超过规定最低税额标准的30%。当地年固定税额=0.9×（1-30%）=0.63（元/平方米）。（3）城镇土地使用税的计算和补税的计算。甲企业应补税额=（2000-1500）×0.63=315（元）。

【答案】B

【真题2·单选题】某企业2016年度拥有位于市郊的一宗地块，其地上面积为1万平方米，单独建造的地下建筑占地面积为4千平方米（已取得地下土地使用权证）。该市规定的城镇土地使用税税率为2元/平方米。则该企业2016年度就此地块应缴纳的城镇土地使用税为（ ）万元。（2017年）

A. 0.8　　B. 2　　C. 2.8　　D. 2.4

【解析】对在城镇土地使用税征税范围内单独建造的地下建筑用地，按规定征收城镇土地使用税。其中，已取得地下土地使用权证的，按土地使用权证确认的土地面积计算应征税款。并且单独建造的地下建筑用地暂按应征税款的50%征收城镇土地使用税。该企业2016年度就此地块应缴纳的城镇土地使用税=1×2+0.4×2×50%=2.4（万元）。

【答案】D

考点3：税收优惠★★★

城镇土地使用税的税收优惠是CPA考试的高频考点。考生要特别注意，城镇土地使用税的税收优惠分为两个层次——法定免缴城镇土地使用税的优惠和省、自治区、直辖市税务局确定减免城镇土地使用税的优惠。与税收优惠有关的考点也往往聚焦在三个方面——对税收优惠条款的具体把握程度、对享受哪个层面的税收优惠的辨析、计算优惠后的应纳税额。

考点妙记

机关团体和军队，
财政拨款事业编，
街道广场绿化地，
寺庙公园和古迹，
自用、公用才免税，
出租、经营税不免。
照顾农林牧种养，
加工办公不能免。
开山填海靠自力，
5到10年有限期。
医疗妇幼和疾控，
必须自用非营利。
托幼园所和学校，
国拨、企办免房地。

（一）法定税收优惠

【易错易混1】城镇土地使用税的税收优惠比较细碎，是历年考试高频命题点，一些基本免税政策的关键点需要考生注意辨析：

免税优惠	注意辨析的关键点
1. 国家机关、人民团体、军队自用的土地	办公、自身业务“自用”的免税，出租等非自用的不免税
2. 由国家财政部门拨付事业经费的单位自用的土地	

免税优惠	注意辨析的关键点
3. 宗教寺庙、公园、名胜古迹自用的土地	举行宗教仪式用地和宗教人员生活用地免税；供公共参观游览用地和管理办公用地免税，但附设的影剧院、茶社、饮食部、照相馆等经营用地不免税
4. 市政街道、广场、绿化地带等公共用地	强调“公共”用地
5. 直接用于农、林、牧、渔业的生产用地	直接用于种植、养殖、饲养的专业用地免税；但农副产品加工场地和生活、办公用地不免税
6. 经批准开山填海整治的土地和改造的废弃土地，从使用的月份起免征城镇土地使用税 5 年至 10 年	使用自身开山填海整治的土地和改造的废弃土地可享受一定期限的免税；但是购买其他单位开山填海整治的土地和改造的废弃土地不享受免税
7. 非营利性医疗机构、疾病控制机构和妇幼保健机构等卫生机构和非营利性科研机构自用的土地	注意“非营利性”“自用”
8. 对国家拨付事业经费和企业办的各类学校、托儿所、幼儿园自用的土地	注意用途是学校、托儿所、幼儿园

【易错易混 2】企业的一些特殊用地的征免税界限要辨析：

免税优惠	注意辨析的关键点
对石油天然气生产建设中用于地质勘探、钻井、井下作业、油气田地面工程等施工临时用地，石油天然气生产企业厂区以外的铁路专用线、公路及输油（气、水）管道用地，油气长输管线用地	施工临时用地、厂区以外暂免税
企业的铁路专用线、公路等用地在厂区以外、与社会公用地段未加隔离的	企业厂区以外的免税；厂区以内的不免
企业厂区以外的公共绿化用地和向社会开放的公园用地	
盐场的盐滩、盐矿的矿井用地	盐滩、矿井免税

考点妙记

油气勘钻要施工，“临时”暂免抓字眼。管道铁路和公路，厂区以外才能免。绿化用地分内外，内征外免常考点。盐场盐矿滩井免，特殊优惠有界限。

【易错易混 3】不同拥有主体和不同使用主体条件下的纳税规则：

项目	拥有人	使用人	纳税人
无偿使用土地	纳税单位	免税单位	免税
	免税单位	纳税单位	纳税单位（使用人）
有偿使用土地	纳税单位	免税单位	纳税单位（拥有人）
	免税单位	纳税单位	免税单位（拥有人）

考点妙记

无偿或有偿使用土地的征免城镇土地使用税规则是：“无偿看使用；有偿找拥有”。

【易错易混4】到2022年12月31日止（含当日），对物流企业自有的（包括自用和出租）大宗商品仓储设施用地和物流企业承租用于大宗商品仓储设施的土地，减按所属土地等级适用税额标准的50%计征城镇土地使用税。

企业性质	土地使用权	土地用途	优惠政策	享受优惠的纳税人
物流企业	自有自用	大宗商品仓储设施用地	减按所属土地等级适用税额标准的50%计征城镇土地使用税	物流企业
	自有出租			
	承租（非自有）			出租方

【注意】物流企业的办公、生活区用地及其他非直接用于大宗商品仓储的土地，不属于本项规定的减税范围，应按规定征收城镇土地使用税。

经典题解

【真题3·单选题】下列单位用地中，可免征城镇土地使用税的是（　　）。（2021年）

A. 物流企业仓库用地　　B. 厂区内部绿化用地

C. 工业企业生产用地　　D. 国家机关办公用地

【解析】选项A：对物流企业自有的（包括自用和出租）大宗商品仓储设施用地和物流企业承租用于大宗商品仓储设施的土地，减按所属土地等级适用税额标准的50%计征城镇土地使用税。选项B：企业厂区（包括生产、办公及生活区）以内的绿化用地，应照章征收城镇土地使用税；厂区以外的公共绿化用地和向社会开放的公园用地，暂免征收城镇土地使用税。选项C：照章征收城镇土地使用税。

【答案】D

【真题4·单选题】下列用地中，应缴纳城镇土地使用税的是（　　）。（2020年）

A. 公园内茶社用地　　B. 养殖业专业用地

C. 部队训练用地　　D. 盐矿的矿井用地

【解析】该题目用“应税”角度考查考生对城镇土地使用税“免税”政策的把握。宗教寺庙、公园、名胜古迹自用的土地，免征城镇土地使用税，但附设的影剧院、茶社、饮食部、照相馆等经营用地不免税。盐场的盐滩、盐矿的矿井用地，暂免征收城镇土地使用税。

【答案】A

【真题5·单选题】某企业2018年年初占用土地20000平方米，其中幼儿园占地400平方米，其余为生产经营用地；6月购置一栋办公楼，占地300平方米。该企业所在地城镇土地使用税年税额6元/平方米，则该企业2018年应缴纳的城镇土地使用税为（　　）元。（2019年）

A. 118350　　B. 119400　　C. 118500　　D. 118650

【解析】企业办的各类学校、托儿所、幼儿园自用的土地，免征城镇土地使用税；该企业2018年应缴纳的城镇土地使用税 =（20000-400）×6+300×6÷12×6=118500（元）。

【答案】C

【例题6·单选题】2020年年底某会计师事务所与政府机关因各自办公所需共同购得一栋办公楼，占地面积5000平方米，建筑面积40000平方米，楼高10层，政府机关占用7层。该楼所在地城镇土地使用税的年税额为5元/平方米，则该会计师事务所与政府机关2021年共计应缴纳城镇土地使用税（　　）元。

A. 7500　　B. 17500　　C. 25000　　D. 200000

【解析】本题目有三个考点：一是政府机关自用土地免征城镇土地使用税，会计师事务所自用土地应缴纳城镇土地使用税。二是城镇土地使用税的计税依据是纳税人实际占地面积而不是建筑面积。三是征免税单位共同使用、共有土地使用权的多层建筑，按照各自占用建筑面积占总建筑面积的比例来划分征免税。该会计师事务所与政府机关2021年共计应纳城镇土地使用税 =5000×（1-7/10）×5=7500（元）。

考点妙记

征免单位共占地，划分征免找比例。

【答案】A

【例题7·单选题】某物流企业2021年拥有面积为10000平方米的土地使用权，其中9000平方米为大宗商品仓储设施占地，该设施90%自用，10%出租；1000平方米为该企业管理服务设施占地。当地城镇土地使用税税额标准为每平方米12元，则该企业2021年应缴纳的城镇土地使用税为（　　）元。

A. 66000　　B. 71400　　C. 77200　　D. 80000

【名师点题】对物流企业自有的（包括自用和出租）大宗商品仓储设施用地，减按所属土地等级适用税额标准的50%计征城镇土地使用税。物流企业的办公、生活区用地及其他非直接用于大宗商品仓储的用地，不属于优惠范围，应按规定征收城镇土地使用税。此优惠属于易命制单选题的知识点。

【解析】应缴纳的城镇土地使用税 =9000×12×50%+1000×12=54000+12000=66000（元）。

【答案】A

【提示】在商品住房等开发项目中配套建造安置住房的，依据政府部门出具的相关材料、房屋征收（拆迁）补偿协议或棚户区改造合同（协议），按改造安置住房建筑面积占总建筑面积的比例免征城镇土地使用税。

（二）省、自治区、直辖市税务局确定减免城镇土地使用税的优惠

1. 个人所有的居住房屋及院落用地。
2. 房产管理部门在房租调整改革前经租的居民住房用地。
3. 免税单位职工家属的宿舍用地。
4. 集体和个人办的各类学校、医院、托儿所、幼儿园用地。

考点妙记

省级税务机关规定免税的四项占地：个人住房以及院落；免税单位家属宿舍；房管改前经租住房，集体个人校医园所。

经典题解

【例题8·多选题】下列各项中，属于省、自治区、直辖市税务局确定的减免

税项目有（　　）。

A. 个人所有的居住房屋及院落用地

B. 宗教寺庙自用的土地

C. 免税单位职工家属的宿舍用地

D. 个人办的医院、托儿所和幼儿园用地

【名师点题】从往年命题规律看，考生应注意细致掌握具有普遍性的优惠规定。同时注意，作为地方性税种，城镇土地使用税的税收优惠是分为两个层次的：一是税法条例中明确规定的法定税收优惠；二是各省、自治区、直辖市税务局确定减免的税收优惠。在复习时既要把握税收优惠的具体规定，又要明确优惠规定属于哪个层次。

【答案】ACD

【真题9·多选题】下列土地中，属于法定免缴城镇土地使用税的有（　　）。（2018年）

A. 个人所有的居住房屋用地

B. 免税单位无偿使用纳税单位的土地

C. 名胜古迹自用土地

D. 国家财政部门拨付事业经费的学校用地

【解析】选项A：属于省、自治区、直辖市税务局确定的城镇土地使用税减免优惠，不是“法定免缴”。

【答案】BCD

考点4：征收管理★★★

（一）纳税地点和征收机构★

城镇土地使用税的纳税地点为土地所在地，由土地所在地的税务机关负责征收。

城镇土地使用税的属地性强。有两种情况需要注意：一是对纳税人使用的土地不属于同一省、自治区、直辖市管辖范围内的，由纳税人分别向土地所在地的税务机关申报缴纳城镇土地使用税；二是对在同一省、自治区、直辖市管辖范围内的，纳税人跨地区使用的土地，由各省、自治区、直辖市税务局确定纳税地点。

（二）纳税义务发生时间★★★

要点小贴士：纳税人占用土地，一般是从次月起发生城镇土地使用税的纳税义务，只有新征用耕地是在批准征用之日起满1年时开始缴纳城镇土地使用税。

具体归纳如下：

具体情形	纳税义务发生时间
购置新建商品房	房屋交付使用之次月起（与房产税相同）
购置存量房	办理房屋权属转移、变更登记手续，房地产权属登记机关签发房屋权属证书之次月起（与房产税相同）

具体情形	纳税义务发生时间
出租、出借房产	交付出租、出借房产之次月起（与房产税相同）
以出让或转让方式有偿取得土地使用权的	应由受让方从合同约定交付土地时间之次月起缴纳城镇土地使用税；合同未约定交付土地时间的，由受让方从合同签订之次月起缴纳城镇土地使用税
新征用的耕地	批准征用之日起满 1 年时
新征用的非耕地	批准征用次月起
纳税人因土地的权利状态发生变化而依法终止城镇土地使用税纳税义务的	其应纳税款的计算应截止到土地的权利状态发生变化的当月末（与房产税相同）

（三）纳税期限★

城镇土地使用税实行按年计算、分期缴纳的征收办法，具体纳税期限由省、自治区、直辖市人民政府确定。

经典题解

【真题 10 · 单选题】下列关于城镇土地使用税征收方法的表述中，符合税法规定的是（　　）。（2020 年）

A. 按月计算缴纳

B. 按半年计算、分期缴纳

C. 按年计算、分期缴纳

D. 按季计算缴纳

【解析】城镇土地使用税实行按年计算、分期缴纳的征收方法，具体纳税期限由省、自治区、直辖市人民政府确定。

【答案】C

【真题 11 · 多选题】下列关于城镇土地使用税纳税义务发生时间的表述中，符合税法规定的有（　　）。（2019 年）

A. 纳税人出租房产，自交付出租房产之次月起纳税

B. 纳税人购置新建商品房，自房屋交付使用之次月起纳税

C. 纳税人出借房产，自交付出借房产之次月起纳税

D. 纳税人新征用的耕地，自批准征用之次月起纳税

【解析】选项 D：纳税人新征用的耕地，自批准征用之日起满 1 年时开始缴纳城镇土地使用税。

【答案】ABC

【例题 12 · 单选题】某企业购买一幢单独建造的地下建筑物用于存放货物，于 2021 年 8 月 2 日签署合同并办理权属转移、变更登记手续，在 8 月 15 日取得了地下建筑物产权证书及土地使用证书，注明土地面积 400 平方米，当地城镇土地

使用税单位年税额为每平方米12元，则该企业2021年应纳的城镇土地使用税是（ ）元。

A. 800 B. 1000

C. 1600 D. 2400

【解析】对在城镇土地使用税征税范围内单独建造的地下建筑用地，按规定征收城镇土地使用税。其中，已取得地下土地使用权证的，按土地使用权证确认的土地面积计算应征税款；未取得地下土地使用权证或地下土地使用权证上未标明土地面积的，按地下建筑垂直投影面积计算应征税款。对上述地下建筑用地暂按应征税款的50%征收城镇土地使用税。该企业2021年应纳城镇土地使用税$=400\times12\times4/12\times50\%=800$（元）。

【答案】A

第二节 耕地占用税法

使用“会计云课堂”App或“微信”扫码查看本节视频，快速GET知识点。

耕地占用税是在全国范围内，对占用耕地建设建筑物、构筑物或者从事非农业建设的单位和个人，按照实际占用的应税土地面积和规定税率一次性征收的税种。它属于对特定土地资源占用课税。现行耕地占用税法的基本规范，是2018年12月29日第十三届全国人民代表大会常务委员会第七次会议通过的《中华人民共和国耕地占用税法》（以下简称《耕地占用税法》）。自2019年9月1日起实施。

考点1：纳税义务人与征税范围★

耕地占用税的纳税人是指在中华人民共和国境内占用耕地建设建筑物、构筑物或者从事非农业建设的单位和个人。

批准、标明与否		纳税人的规定
经批准占用耕地的	审批文件标明了建设用地人	纳税人为农用地转用审批文件中标明的建设用地人
	审批文件未标明建设用地人	纳税人为用地申请人，其中用地申请人为各级人民政府的，由同级土地储备中心、自然资源主管部门或政府委托的其他部门、单位履行耕地占用税申报纳税义务
未经批准占用耕地的		纳税人为实际用地人

耕地占用税的征税范围包括纳税人占用耕地建设建筑物、构筑物或者从事非农业建设的国家所有和集体所有的耕地。

【辨析】占用耕地：

名师点拨

归属上包括国有和集体土地；
性质上包括耕地和农用地；
占用行为特征为非农业占用。

耕地的范围	（1）耕地。是指用于种植农作物的土地 （2）农用地。包括园地、林地、草地、农田水利用地、养殖水面、渔业水域滩涂以及其他农用地。占用上述农用地建设建筑物、构筑物或者从事非农业建设的，依照耕地占用税法的规定缴纳耕地占用税
耕地的占用	（1）占用耕地建设建筑物、构筑物或者从事非农业建设的 （2）因挖损、采矿塌陷、压占、污染等损毁耕地属于税法所称的非农业建设，应依照税法规定缴纳耕地占用税 【提示】 （1）占用耕地建设农田水利设施的，不缴纳耕地占用税 （2）占用农用地建设直接为农业生产服务的生产设施的，不缴纳耕地占用税 （3）临时占用耕地，应当依照规定缴纳耕地占用税。纳税人在批准临时占用耕地的期限内恢复所占用耕地原状的，全额退还已经缴纳的耕地占用税

经典题解

【例题13·多选题】根据耕地占用税有关规定，下列属于耕地占用税征税范围的有（　　）。

A. 果园　　　　B. 花圃

C. 茶园　　　　D. 菜地

【答案】ABCD

考点2：税率、计税依据和应纳税额的计算★★

（一）税率

要点小贴士

人均耕地面积越少，单位税额越高，每级税额中最高单位税额是最低单位税额的5倍。

耕地占用税实行四级地区差别幅度定额税率：

（1）人均耕地不超过1亩的地区（以县、自治县、不设区的市、市辖区为单位，下同），每平方米为10元至50元；

（2）人均耕地超过1亩但不超过2亩的地区，每平方米为8元至40元；

（3）人均耕地超过2亩但不超过3亩的地区，每平方米为6元至30元；

（4）人均耕地超过3亩的地区，每平方米为5元至25元。

各地区耕地占用税的适用税额，由省、自治区、直辖市人民政府根据人均耕地面积和经济发展等情况，在《耕地占用税法》规定的税额幅度内提出，报同级人民代表大会常务委员会决定，并报全国人民代表大会常务委员会和国务院备案。各省、自治区、直辖市耕地占用税适用税额的平均水平，不得低于《耕地占用税法》所附《各省、自治区、直辖市耕地占用税平均税额表》规定的平均税额。

【归纳】耕地占用税税率的加征、提高和降低：

占用耕地的种类		税率的加征、提高和降低
耕地	基本农田	占用《基本农田保护条例》划定的基本农田保护区范围内的耕地，按照适用税额加按150%征收
	基本农田以外的耕地	在人均耕地低于0.5亩的地区，省、自治区、直辖市可以根据当地经济发展情况，适当提高耕地占用税的适用税额，但提高的部分不得超过税法规定适用税额的50%
农用地		在人均耕地低于0.5亩的地区，省、自治区、直辖市可以根据当地经济发展情况，适当提高耕地占用税的适用税额，但提高的部分不得超过税法规定适用税额的50% 占用农用地可以适当低于适用税额，但降低的部分不得超过50%。具体适用税额由省、自治区、直辖市人民政府提出，报同级人民代表大会常务委员会决定，并报全国人民代表大会常务委员会和国务院备案

名师点拨

此降低规定见《耕地占用税法》第12条，仅限于占用农用地——园地、林地、草地、农田水利用地、养殖水面、渔业水域滩涂以及其他农用地。

经典题解

【例题14·单选题】在人均耕地低于一定标准的地区，省、自治区、直辖市可以根据当地经济发展情况，适当提高耕地占用税的适用税额，但提高的部分不得超过税法规定的适用税额的50%。该一定标准是指人均耕地低于（　　）。

A. 0.3亩　　　　B. 0.5亩

C. 0.8亩　　　　D. 1亩

【答案】B

（二）计税依据

耕地占用税以纳税人实际占用的应税土地面积为计税依据。

实际占用的应税土地面积，包括经批准占用的耕地面积和未经批准占用的耕地面积。

（三）税额计算

耕地占用税以纳税人实际占用的属于耕地占用税征税范围的土地（以下简称“应税土地”）面积为计税依据，按应税土地当地适用税额计税，实行一次性征收。

耕地占用税计算公式为：

应纳税额＝应税土地面积×适用税额

占用基本农田，加按150%征收耕地占用税的计算公式为：

应纳税额＝应税土地面积×适用税额×150%

考点妙记

单位——1个强有力+4个老弱病残；个人——农村居民中的残疾军人、遗属和低保，不超标的新建自用住宅。

考点3：税收优惠★★★

（一）免征耕地占用税

1. 军事设施占用耕地。
2. 学校、幼儿园、社会福利机构、医疗机构占用耕地。

【提示】免税的社会福利机构，是指依法登记的养老服务机构、残疾人服务机构、儿童福利机构及救助管理机构、未成年人救助保护机构内专门为老年人、残疾人、未成年人及生活无着落的流浪乞讨人员提供养护、康复、托管等服务的场所。

3. 农村烈士遗属、因公牺牲军人遗属、残疾军人以及符合农村最低生活保障条件的农村居民，在规定用地标准以内新建自用住宅，免征耕地占用税。

（二）减征耕地占用税

1. 铁路线路、公路线路、飞机场跑道、停机坪、港口、航道、水利工程占用耕地，减按每平方米 2 元的税额征收耕地占用税。

2. 农村居民在规定用地标准以内占用耕地新建自用住宅，按照当地适用税额减半征收耕地占用税；其中农村居民经批准搬迁，新建自用住宅占用耕地不超过原宅基地面积的部分，免征耕地占用税。

依照规定，免征或者减征耕地占用税后，纳税人改变原占地用途，不再属于免征或者减征耕地占用税情形的，应当自改变用途之日起 30 日内按照当地适用税额补缴耕地占用税。

考点妙记

铁路公路线，飞机跑又停，港口航水利，2 元记得清。农居建自用，标内减半征，搬迁增面积，原面积免征。

【注意】

（1）军用机场跑道和停机坪、军用港口占用耕地属于免税范围，但民用机场跑道和停机坪、民用港口占用耕地属于减税范围。

（2）农田水利用地（包括农田排灌沟渠及相应附属设施用地）与水利工程用地不是等同概念，农田水利用地本身就属于农用地范畴，占用耕地建设农田水利设施的，不缴纳耕地占用税，但水利工程占用耕地减征耕地占用税。

（3）免税的学校，具体范围包括县级以上人民政府教育行政部门批准成立的大学、中学、小学、学历性职业教育学校和特殊教育学校，以及由国务院人力资源社会保障行政部门和省级人民政府或其人力资源社会保障行政部门批准成立的技工院校。但学校内经营性场所和教职工住房占用耕地的，按照当地适用税额缴纳耕地占用税。

（4）免税的医疗机构，具体范围限于县级以上人民政府卫生健康行政部门批准设立的医疗机构内专门从事疾病诊断、治疗活动的场所及其配套设施。但医疗机构内职工住房占用耕地的，按照当地适用税额缴纳耕地占用税。

（5）减税的铁路线路突出“公用”特征，具体减税范围限于铁路路基、桥梁、涵洞、隧道及其按照规定两侧留地、防火隔离带。但具有“专用”特征的专用铁路和铁路专用线占用耕地的，按照当地适用税额缴纳耕地占用税。

（6）减税的公路线路也有范围限制，限于经批准建设的国道、省道、县道、乡道和属于农村公路的村道的主体工程以及两侧边沟或者截水沟。但专用公路和城区内机动车道占用耕地的，按照当地适用税额缴纳耕地占用税。

要点小贴士

（1）铁路——军用的免税；非军用非专用的 2 元 / 平方米纳税；非军用专用线照章纳税。

（2）公路——军用的免税；非军用非专用的 2 元 / 平方米纳税；非军用专用公路和城区内机动车道照章纳税。

（3）水利工程——农用的不征；非农用的 2 元 / 平方米纳税。

（4）学校医院——教育医疗设施免税，教师职工住房照章纳税。

经典题解

【真题15·多选题】下列项目占用耕地，需要缴纳耕地占用税的有（　　）。（2021年）

A. 机场跑道　　B. 军用靶场

C. 铁路线路　　D. 港口码头

【名师点题】耕地占用税的税收优惠政策是每年CPA税法考试必考的内容。考生必须掌握耕地占用税的免税与减税政策的划分。本题干四个项目都有减税或免税规定，考生要注意辨析。

【解析】选项B：军事设施占用耕地，免征耕地占用税。选项ACD：减按每平方米2元的税额征收耕地占用税，减税是需要缴纳部分税款的。

【答案】ACD

【真题16·单选题】某农户2021年3月经批准占用耕地1000平方米，其中900平方米用于种植花卉，剩余100平方米用于非搬迁新建自用住宅。当地耕地占用税适用税额25元/平方米，该农户应缴纳耕地占用税（　　）元。（2021年）

A. 12500　　B. 2500

C. 25000　　D. 1250

【解析】（1）占用耕地种植花卉不需要缴纳耕地占用税。（2）农村居民在规定用地标准以内占用耕地新建自用住宅，按照当地适用税额减半征收耕地占用税。（3）该农户应缴纳耕地占用税=100×25×50%=1250（元）。

【答案】D

【例题17·单选题】以下占用耕地，减按每平方米2元税额征收耕地占用税的是（　　）。

A. 专用铁路线路占用耕地

B. 城区内机动车道占用耕地

C. 水利工程占用耕地

D. 农田水利设施占用耕地

【解析】选项AB均应按照当地适用税额缴纳耕地占用税。选项D仍属于农业用途，不需要缴纳耕地占用税。选项C减按每平方米2元税额征收耕地占用税。

【答案】C

【例题18·单选题】因土地规模化耕种需要，农村居民张某经批准搬迁，搬迁前住宅占用耕地220平方米，搬迁后在规定用地标准内新建自用住宅占用耕地260平方米，当地耕地占用税税额每平方米20元，张某应缴纳耕地占用税（　　）元。

A. 0　　B. 400

C. 800　　D. 2600

【解析】农村居民在规定用地标准以内占用耕地新建自用住宅，按照当地适用税额减半征收耕地占用税；其中农村居民经批准搬迁，新建自用住宅占用耕地不超过原宅基地面积的部分，免征耕地占用税。张某应缴纳耕地占用税 =（260−220）× 20 × 50%=400（元）。

【答案】B

考点 4：征收管理★

征管要点	具体规定
征管机构	耕地占用税由税务机关负责征收 耕地占用税的征收管理，依照《中华人民共和国耕地占用税法》和《中华人民共和国税收征收管理法》的规定执行
纳税义务发生时间	（1）为纳税人收到自然资源主管部门办理占用耕地手续的书面通知的当日 （2）未经批准占用耕地的，耕地占用税纳税义务发生时间为自然资源主管部门认定的纳税人实际占用耕地的当日 （3）因挖损、采矿塌陷、压占、污染等损毁耕地的纳税义务发生时间为自然资源、农业农村等相关部门认定损毁耕地的当日 （4）纳税人改变原占地用途，需要补缴耕地占用税的，其纳税义务发生时间为改变用途当日，具体为：经批准改变用途的，纳税义务发生时间为纳税人收到批准文件的当日；未经批准改变用途的，纳税义务发生时间为自然资源主管部门认定纳税人改变原占地用途的当日
申报缴纳	（1）纳税人应当自纳税义务发生之日起 30 日内申报缴纳耕地占用税 （2）纳税人改变原占地用途，不再属于免征或减征情形的，应自改变用途之日起 30 日内申报补缴税款，补缴税款按改变用途的实际占用耕地面积和改变用途时当地适用税额计算
纳税地点	纳税人占用耕地，应当在耕地所在地申报纳税
复垦退税	（1）纳税人因建设项目施工或者地质勘查临时占用耕地，应当依照规定缴纳耕地占用税。纳税人在批准临时占用耕地期满之日起 1 年内依法复垦，恢复种植条件的，全额退还已经缴纳的耕地占用税 【提示】临时占用耕地，是指经自然资源主管部门批准，在一般不超过 2 年内临时使用耕地并且没有修建永久性建筑物的行为 （2）因挖损、采矿塌陷、压占、污染等损毁耕地属于税法所称的非农业建设，应依照税法规定缴纳耕地占用税；自自然资源、农业农村等相关部门认定损毁耕地之日起 3 年内依法复垦或修复，恢复种植条件的，比照第（1）条的规定办理退税

经典题解

【真题19·单选题】下列关于耕地占用税征收管理的表述中，符合税法规定的是（　　）。（2020年）

A. 耕地占用税由自然资源主管部门负责征收

B. 占用耕地的个人纳税人应在其户籍所在地缴纳耕地占用税

C. 纳税义务发生时间为纳税人收到自然资源主管部门办理占用耕地手续通知书的次日

D. 未经批准占用耕地的，纳税义务发生时间为自然资源主管部门认定其实际占用耕地的当日

【解析】选项A：耕地占用税由税务机关负责征收；选项B：纳税人占用耕地，应当在耕地所在地申报纳税；选项C：耕地占用税纳税义务发生时间为纳税人收到自然资源主管部门办理占用耕地手续的书面通知的当日。

【答案】D

【例题20·多选题】下列关于耕地占用税的表述中，正确的有（　　）。

A. 建设直接为农业生产服务的生产设施而占用农用地的，不征收耕地占用税

B. 耕地占用税的纳税义务发生时间为占用耕地的当日

C. 纳税人应当自纳税义务发生之日起30日内申报缴纳耕地占用税

D. 纳税人在批准临时占用耕地期满之日起3年内依法复垦，恢复种植条件的，全额退还已经缴纳的耕地占用税

【解析】耕地占用税的纳税义务发生时间为纳税人收到自然资源主管部门办理占用耕地手续的书面通知的当日，选项B不正确。纳税人因建设项目施工或者地质勘查临时占用耕地，应当依照规定缴纳耕地占用税，纳税人在批准临时占用耕地期满之日起1年内依法复垦，恢复种植条件的，全额退还已经缴纳的耕地占用税，选项D不正确。

【答案】AC

考试加油站

本章小结

下载“会计云课堂”App学习

您已成功完成“第九章”的学习，本章共8个考点，您都学会了吗？

为了让您对章节有更清晰的理解，加倍巩固。本书作者刘颖老师将通过“**视频导图课**”的方式，带您回顾重要考点。

名师点拨，视听结合，高效提分。

※ 欢迎您扫码，免费观看学习。

同步强化练习题

使用“会计云课堂”App或“微信”扫码快速做题、对答案、看解析、掌握解题思路，开启轻松过关之旅。

一、单项选择题

1. 下列关于城镇土地使用税的表述中，以土地的实际使用人或代管人为纳税义务人的是（　　）。
   A. 出租土地使用权的
   B. 在城镇土地使用税征税范围内，承租集体所有建设用地的
   C. 拥有土地使用权的单位和个人不在土地所在地的
   D. 土地使用权共有的

2. 在城镇土地使用税征税范围内，承租集体所有建设用地的，缴纳城镇土地使用税的规定是（　　）。
   A. 免税
   B. 减半征税
   C. 由出租土地的单位缴纳城镇土地使用税
   D. 由直接从集体经济组织承租土地的单位和个人缴纳城镇土地使用税

3. 某企业在市区拥有一块地，尚未由有关部门组织测量面积，但持有政府部门核发的土地使用证书，下列关于该企业履行城镇土地使用税纳税义务的表述中，正确的是（　　）。
   A. 暂缓履行纳税义务
   B. 以证书确认的土地面积作为计税依据履行纳税义务
   C. 自行测量土地面积并履行纳税义务
   D. 待将来有关部门测定完土地面积后再履行纳税义务

4. 某公司与政府机关共同使用一栋共有土地使用权的建筑物。该建筑物占用土地面积2000平方米，建筑面积10000平方米（公司与政府机关的占用比例为4:1），该公司所在市城镇土地使用税年税额为每平方米5元。该公司全年应纳城镇土地使用税（　　）元。
   A. 0　　B. 2000
   C. 8000　　D. 10000

5. 2021年年初某厂实际占地60000平方米，其中厂区内学校占地800平方米，托儿所占地500平方米，将100平方米土地无偿提供给公安局派出所使用，厂区内还有600平方米绿化用地，该厂所在地区城镇土地使用税年税额为2元/平方米，该厂当年应缴纳城镇土地使用税（　　）元。
   A. 11600　　B. 117200
   C. 118800　　D. 120000

6. 经批准开山填海整治的土地和改造的废弃土地，从使用的月份起免缴城镇土地使用税5年至10年。具体免税期限由（　　）确定。
   A. 省级税务局　　B. 地市级税务局
   C. 县级税务局　　D. 国家税务总局

7. 某房地产企业2021年1月至10月在6千平方米的土地上开发建成一幢建筑面积为6万平方米的商品房，年内未销售；2021年4月有偿受让填海形成的土地2万平方米（合同约定当月交付使用）。当地城镇土地使用税的单位年税额每平方米3元，该企业2021年应缴纳的城镇土地使用税为（ ）元。

A. 18000　　B. 58000

C. 78000　　D. 220000

8. 下列用地，可以免征城镇土地使用税的是（ ）。

A. 人民法院的办公楼用地

B. 企业内道路占用的土地

C. 农产品加工场地

D. 公园的照相馆经营用地

9. 下列情况中应计算缴纳城镇土地使用税的是（ ）。

A. 某县城军事仓库用地

B. 某工厂仓库用地

C. 某村农产品种植用地

D. 市政街道、广场等公共用地

10. 下列表述符合城镇土地使用税有关规定的是（ ）。

A. 城镇土地使用税按年计算，分期缴纳

B. 城镇土地使用税的具体纳税期限由省、自治区、直辖市税务局确定

C. 城镇土地使用税的纳税地点为纳税人机构所在地或居住地

D. 纳税人新征用的非耕地，自批准征用之月起缴纳城镇土地使用税

11. 某物流企业2021年拥有面积为12000平方米的土地使用权，其中10000平方米为大宗商品仓储设施占地，该设施80%自用，20%出租；500平方米为幼儿园占地；1500平方米为该企业生活、管理服务设施占地。当地城镇土地使用税年税额标准为每平方米10元，则该企业2021年应缴纳的城镇土地使用税为（ ）元。

A. 35000　　B. 65000

C. 95000　　D. 115000

12. 某县肉制品加工企业2021年占地60000平方米，其中办公占地5000平方米，生猪养殖基地占地28000平方米，肉制品加工车间占地16000平方米，企业内部道路及绿化占地11000平方米。企业所在地城镇土地使用税单位年税额每平方米0.8元。该企业全年应缴纳城镇土地使用税（ ）元。

A. 16800　　B. 25600

C. 39200　　D. 48000

13. 某盐场2021年度占地200000平方米，其中办公楼占地20000平方米，盐场内部绿化占地50000平方米，盐场附属幼儿园占地10000平方米，盐滩占地120000平方米。盐场所在地城镇土地使用税单位年税额每平方米0.7元。该盐场2021年应缴纳的城镇土地使用税为（ ）元。

A. 14000　　B. 49000

C. 56000　　D. 140000

14. 以下关于城镇土地使用税的说法正确的是（ ）。

A. 城镇土地使用税的开征区域不包括市郊和农村

B. 纳税单位无偿使用免税单位的土地免征城镇土地使用税，免税单位无偿使用纳税单位的土地照章征收城镇土地使用税

C. 纳税人使用的土地不属于同一省、自治区、直辖市管辖范围的，由纳税人分别向土地所在地的税务机关缴纳城镇土地使用税

D. 对土地使用权未确定的土地暂时不缴纳城镇土地使用税，待权属确定时补缴城镇土地使用税

15. 以下关于城镇土地使用税的说法正确的是（　　）。
A. 纳税人新征用的耕地，自批准征用之日起满 1 年时开始缴纳城镇土地使用税
B. 在同一省、自治区、直辖市管辖范围内，纳税人跨地区使用的土地，由纳税人分别向土地所在地的税务机关缴纳城镇土地使用税
C. 以出让或转让方式有偿取得土地使用权的，应由受让方从合同约定交付土地时间的次月起缴纳城镇土地使用税；合同未约定交付土地时间的，由受让方从合同签订的当月起缴纳城镇土地使用税
D. 经批准开山填海整治的土地和改造的废弃土地，从使用的次月起免缴城镇土地使用税 5 年至 10 年

16. 以下关于耕地占用税的表述不正确的是（　　）。
A. 耕地占用税是以纳税人实际占用的应税土地面积为计税依据，按照规定的适用税额一次性征收
B. 耕地占用税实行地区差别幅度比例税率
C. 占用果园、桑园用以建房的应缴纳耕地占用税
D. 个人占用耕地建房应缴纳耕地占用税

17. 某单位经批准占用基本农田 15000 平方米，其中 800 平方米用于建造幼儿园、2000 平方米用于建造医院，其余用于建造购物中心。当地耕地占用税税额为 20 元 / 平方米。该单位应缴纳耕地占用税（　　）万元。
A. 24.4　　B. 28.4
C. 30　　D. 36.6

18. 耕地占用税的纳税义务发生时间为纳税人收到自然资源主管部门办理占用耕地手续的书面通知的当日。纳税人应当自纳税义务发生之日起（　　）内申报缴纳耕地占用税。
A. 7 日　　B. 15 日
C. 30 日　　D. 60 日

19. 根据耕地占用税法规定，各省、自治区、直辖市耕地占用税适用税额的平均水平，不得低于耕地占用税法所附《各省、自治区、直辖市耕地占用税平均税额表》规定的（　　）。
A. 30%　　B. 50%
C. 最低税额　　D. 平均税额

20. 某农户有一处花圃，占地 1200 平方米，2021 年 10 月将其中的 1000 平方米改造为果园，30 平方米建造农业灌溉用机井房，其余 170 平方米建造自用住宅（在规定用地标准以内）。已知该地适用的耕地占用税定额税率为每平方米 25 元。则该农户应缴纳的耕地占用税为（　　）元。
A. 2125　　B. 2500
C. 4250　　D. 5000

21. 纳税人改变原占地用途，不再属于免征或减征情形的，应自改变用途之日起的一定时限内申报补缴税款，该时限是（　　）。
A. 15 日　　B. 30 日
C. 45 日　　D. 60 日

22. 某企业经批准，占用基本农田 7000 平方米，其中 4000 平方米建设仓库，3000 平方米建设省政府批准设立的技工学校，假定当地耕地占用税税额为 20 元 / 平方米，则该企业应缴纳耕地占用税（　　）元。
A. 120000　　B. 140000
C. 165000　　D. 210000

23. 临时占用耕地，是指经自然资源主管部门批准，在一般不超过规定期限临时使

用耕地并且没有修建永久性建筑物的行为，该规定期限是（ ）。

A. 1年内

B. 2年内

C. 3年内

D. 5年内

24. 某省教育部门批准一所新建中学占用基本农田3000平方米，其中2200平方米建造教学楼和操场，800平方米建造教职工住房。假定当地耕地占用税税率每平方米25元，则应纳耕地占用税（ ）元。

A. 0　　B. 20000

C. 30000　　D. 37500

二、多项选择题

1. 下列属于城镇土地使用税纳税人的有（ ）。

A. 拥有土地使用权的外资企业

B. 用自有房产经营小卖部的个体工商户

C. 拥有农村承包责任田的农民

D. 权属纠纷未解决的土地使用权的实际使用人

2. 下列可以成为城镇土地使用税纳税人的有（ ）。

A. 拥有土地使用权的单位和个人

B. 土地的实际使用人

C. 土地的代管人

D. 共有土地使用权的各方

3. 下列关于城镇土地使用税的表述中，正确的有（ ）。

A. 城镇土地使用税采用有幅度的差别税额，每个幅度税额的差距为20倍

B. 经批准开山填海整治的土地和改造的废弃土地，从使用的月份起免缴城镇土地使用税10年至20年

C. 对在城镇土地使用税征税范围内单独建造的地下建筑用地，暂按应征税款的50%征收城镇土地使用税

D. 经济落后地区，城镇土地使用税的适用税额标准可适当降低，但降低额不得超过规定最低税额的30%

4. 下列选项中，应计算缴纳城镇土地使用税的有（ ）。

A. 学校教师食堂用地

B. 工厂实验室用地

C. 盐场的盐滩用地

D. 百货大楼仓库用地

5. 纳税人实际占用的土地面积是城镇土地使用税的计税依据，其具体内容有（ ）。

A. 省人民政府确定的单位组织测定的土地面积

B. 政府部门核发的土地使用证书上确认的土地面积

C. 纳税人不同意土地使用证书列明的面积而自测的土地面积

D. 省人民政府确定的单位尚未组织测量，且纳税人未取得土地使用证书而自测申报的土地面积

6. 下列各项中，可由省、自治区、直辖市税务局确定减免城镇土地使用税的有（ ）。

A. 免税单位职工家属的宿舍用地

B. 集体和个人办的各类学校用地

C. 个人所有的居住房屋及院落用地

D. 免税单位无偿使用纳税单位的土地

7. 下列各项中，按税法规定属于法定免征城镇土地使用税的有（ ）。

A. 寺庙内宗教人员的宿舍用地

B. 国家机关职工家属的宿舍用地

C. 个人所有的居住房屋及院落用地

D. 家禽养殖基地专业用地

8. 下列各项中，应计算缴纳城镇土地使用税的有（ ）。

A. 用于水产养殖业的生产用地

B. 名胜古迹园区内附设的茶水部用地
C. 公园中管理单位的办公用地
D. 向社会营业的学校食堂用地

9. 以下关于城镇土地使用税的说法不正确的有（　　）。
A. 公园的经营用地免征城镇土地使用税
B. 直接用于种植、养殖的生产用地和农副产品加工场地均免征城镇土地使用税
C. 个人办的学校用地，由省、自治区、直辖市税务局确定减免城镇土地使用税
D. 市政街道用地免征城镇土地使用税

10. 下列关于城镇土地使用税的纳税义务发生时间的表述正确的有（　　）。
A. 纳税人购置新建商品房，自房屋交付使用之次月起缴纳城镇土地使用税
B. 纳税人购置存量房，自房屋交付使用之次月起缴纳城镇土地使用税
C. 以出让或转让方式有偿取得土地使用权的，应由受让方从合同约定交付土地时间的次月起缴纳城镇土地使用税
D. 纳税人新征用的非耕地，自批准征用次月起缴纳城镇土地使用税

11. 下列各项中，符合城镇土地使用税规定的有（　　）。
A. 城镇土地使用税实行按年计算、分期缴纳的征收方法
B. 纳税人使用的土地不属于同一省的，由纳税人向注册地税务机关缴纳
C. 纳税单位无偿使用免税单位的土地，纳税单位应当缴纳城镇土地使用税
D. 纳税人实际占用土地但尚未组织测量且未核发土地使用证书的，由税务机关核定计税依据

12. 以下关于耕地占用税纳税人的表述正确的有（　　）。
A. 经批准占用耕地的，纳税人为农用地转用审批文件中标明的建设用地人
B. 农用地转用审批文件中未标明建设用地人，且用地申请人为各级人民政府的，免纳耕地占用税
C. 未经批准占用耕地的，不需要缴纳耕地占用税
D. 未经批准占用耕地的，纳税人为实际用地人

13. 根据耕地占用税相关制度的规定，以下说法正确的有（　　）。
A. 依照规定免征或者减征耕地占用税后，纳税人改变原占地用途，不再属于免征或者减征耕地占用税情形的，应当按照当地适用税额补缴耕地占用税
B. 建设直接为农业生产服务的生产设施占用耕地的不征耕地占用税
C. 纳税人临时占用耕地可不缴纳耕地占用税
D. 农民占用耕地建房免征耕地占用税

14. 某计划单列市人民政府教育行政部门批准成立的学历性职业教育学校，其下列占地中免征耕地占用税的有（　　）。
A. 学校教学楼占用耕地
B. 学校图书馆占用耕地
C. 学校内经营性场所占用耕地
D. 学校内教职工住房占用耕地

15. 下列工程占用耕地，可减征耕地占用税的有（　　）。
A. 军用机场跑道占用耕地
B. 民用机场跑道占用耕地
C. 农田水利设施占用耕地
D. 水利工程占用耕地

16. 以下符合耕地占用税规定的有（　　）。
A. 未经批准占用耕地的，纳税人为实际用地人
B. 实际占用的耕地面积，包括经批准占

用的耕地面积和未经批准占用的耕地面积

C. 免税医疗机构内职工住房占用耕地的，免征耕地占用税

D. 经批准建设的国道、专用公路，减征耕地占用税

17. 2021年9月开始兴建的某民航机场，当月经批准征用耕地2万平方米用于机场跑道建设，征用耕地3万平方米用于停机坪建设，征用耕地1万平方米用于职工宿舍建设，在9月30日收到自然资源主管部门办理占用耕地手续的书面通知。当月还征用非耕地0.8万平方米用于办公楼建设。假定当地耕地占用税税率每平方米20元，则下列说法正确的有（　　）。

A. 该机场应纳耕地占用税120万元

B. 该机场应在11月15日前缴纳耕地占用税

C. 该机场占用的耕地应自批准征用之日起满1年时开始缴纳城镇土地使用税

D. 该机场占用的非耕地应在批准征用次月开始缴纳城镇土地使用税

18. 以下符合耕地占用税法规定的有（　　）。

A. 符合农村最低生活保障条件的农村居民在规定用地标准以内新建自用住宅，免征耕地占用税

B. 占用基本农田的，应当按照适用税额加征100%

C. 耕地占用税的纳税义务发生时间为纳税人收到自然资源主管部门办理占用耕地手续的书面通知的当日

D. 建设直接为农业生产服务的生产设施占用农用地的，不征收耕地占用税

19. 关于耕地占用税纳税义务发生时间，下列说法正确的有（　　）。

A. 经批准占用耕地的，为收到相关部门建设用地批准书的当日

B. 企业未经批准占用耕地的，为相关部门认定纳税人实际占用耕地的当日

C. 医疗机构未经批准改变占地用途需补税的，为相关部门认定其改变原占地用途的当日

D. 军事单位经批准改变占地用途需补税的，为收到相关部门批准文件的当日

同步强化练习题参考答案及解析

使用“会计云课堂”App或“微信”扫码对答案、看解析、掌握解题思路，开启轻松过关之旅。

一、单项选择题

1.【答案】C

【解析】城镇土地使用税的纳税人：(1)拥有土地使用权的单位和个人为纳税义务人。(2)拥有土地使用权的单位和个人不在土地所在地的，其土地的实际使用人或代管人为纳税义务人。(3)土地使用权未确定或权属纠纷未解决的，其实际使用人为纳税义务人。(4)土地使用

权共有的，共有各方都是纳税义务人，由共有各方分别纳税。（5）在城镇土地使用税征税范围内，承租集体所有建设用地的，直接从集体经济组织承租土地的单位和个人为纳税义务人。

2.【答案】D

【解析】在城镇土地使用税征税范围内，承租集体所有建设用地的，由直接从集体经济组织承租土地的单位和个人，缴纳城镇土地使用税。

3.【答案】B

【解析】按照规定，城镇土地使用税以纳税人实际占用的土地面积为计税依据。纳税人实际占用的土地面积按下列办法确定：（1）由省、自治区、直辖市人民政府确定的单位组织测定土地面积的，以测定的面积为准；（2）尚未组织测量，但纳税人持有政府部门核发的土地使用证书的，以证书确认的土地面积为准；（3）尚未核发土地使用证书的，应由纳税人据实申报土地面积，据以纳税，待核发土地使用证以后再作调整。

4.【答案】C

【解析】纳税单位与免税单位共同使用共有土地使用权的多层建筑，对纳税单位可按其占用的建筑面积占建筑总面积的比例来划分其实际占用的土地面积，并据此计征城镇土地使用税，该公司全年应纳城镇土地使用税 =2000 × 4/（4+1）× 5=8000（元）。

5.【答案】B

【解析】该厂当年应缴纳城镇土地使用税 =（60000−800−500−100）× 2=117200（元）。

6.【答案】A

【解析】经批准开山填海整治的土地和改造的废弃土地，从使用的月份起免缴城镇土地使用税 5 年至 10 年，由省、自治区、直辖市税务局在规定期限内确定免税的具体期限。

7.【答案】B

【解析】经批准开山填海整治的土地，从使用的月份起免缴城镇土地使用税 5~10 年。但此处的开山填海整治的土地是指纳税人经有关部门批准后自行填海整治的土地，不包括纳税人通过出让、转让、划拨等方式取得的已填海整治的土地，所以此处的受让填海形成的土地不免税。该企业 2021 年应缴纳的城镇土地使用税 = 6000 × 3+20000 × 3 × 8/12=58000（元）。

8.【答案】A

【解析】选项 A：国家机关、人民团体、军队自用的土地免征城镇土地使用税，自用指的是单位本身办公用地和公务用地；选项 B：企业内的道路用地不免征城镇土地使用税；选项 C：农产品加工场地不在免税范围内；选项 D：公园中附设的营业场所使用的土地，应征收城镇土地使用税。

9.【答案】B

【解析】选项 A：军事仓库用地免征城镇土地使用税；选项 C：农村不开征城镇土地使用税；选项 D：市政街道、广场、绿化地带等公共用地免征城镇土地使用税。

10.【答案】A

【解析】选项 B：城镇土地使用税的具体纳税期限由省、自治区、直辖市人民政府确定；选项 C：城镇土地使用税的纳税地点为土地所在地；选项 D：纳税人新征用的非耕地，自批准征用次月起缴纳城镇土地使用税。

11.【答案】B

【解析】到 2022 年 12 月 31 日止（含当日），对物流企业自有的（包括自用和出租）大宗商品仓储设施用地，减按所属土地等级适用税额标准的 50% 计征城镇土地使用税。幼儿园占地免征城镇土地使用税。物流企业的办公、生活区用地及其他非直接从事大宗商品仓储的用地，不属于优惠范围。应缴纳的城镇土地使用税 =10000×10×50%+1500×10=65000（元）。

12.【答案】B

【解析】本题考核城镇土地使用税的税额计算与税收优惠的结合。直接用于农、林、牧、渔业的生产用地免征城镇土地使用税，但不包括农副产品加工场地和生活、办公用地；对特定企业厂区以外的公共绿化用地和向社会开放的公园用地，暂免征收城镇土地使用税，企业厂区以内的绿化用地照章征收城镇土地使用税；对特定企业的铁路专用线、公路等用地，在企业厂区以外、与社会公用地段未加隔离的，暂免征收城镇土地使用税，企业内部道路用地照章征收城镇土地使用税。应纳城镇土地使用税 =（60000–28000）×0.8=25600（元）。

13.【答案】B

【解析】本题考核城镇土地使用税的税额计算与税收优惠的结合。企业办的各类学校、托儿所、幼儿园自用的土地，免征城镇土地使用税；盐场的盐滩占地暂免征收城镇土地使用税，该盐场2021年应缴纳的城镇土地使用税 =（200000–10000–120000）×0.7=70000×0.7=49000（元）。

14.【答案】C

【解析】城镇土地使用税的开征区域包括城市、县城、建制镇和工矿区，其中城市包括市区和郊区，农村不在开征区域范围内，A选项不正确。纳税单位无偿使用免税单位的土地，纳税单位照章缴纳城镇土地使用税；免税单位无偿使用纳税单位的土地，免征城镇土地使用税，B选项不正确。土地使用权未确定或权属纠纷未解决的，由土地的实际使用人缴纳城镇土地使用税，D选项不正确。

15.【答案】A

【解析】B选项错误，在同一省、自治区、直辖市管辖范围内，纳税人跨地区使用的土地，城镇土地使用税的纳税地点由各省、自治区、直辖市税务局确定。C选项错误，以出让或转让方式有偿取得土地使用权的，应由受让方从合同约定交付土地时间的次月起缴纳城镇土地使用税；合同未约定交付土地时间的，由受让方从合同签订的次月起缴纳城镇土地使用税。D选项错误，经批准开山填海整治的土地和改造的废弃土地，从使用的月份起免缴城镇土地使用税5年至10年，注意是“使用的月份起”而不是“使用的次月起”。

16.【答案】B

【解析】耕地占用税实行地区差别幅度定额税率。

17.【答案】D

【解析】本题将耕地占用税的税收优惠与税额计算结合在一起进行考核。学校、幼儿园、社会福利机构、医疗机构占用耕地免征耕地占用税。占用基本农田的，应当按照适用税额加按150%征收。应缴纳耕地占用税 =（15000–2000–800）×20×150%/10000=36.6（万元）。

18.【答案】C

【解析】耕地占用税的纳税义务发生时间为纳税人收到自然资源主管部门办理占用耕地手续的书面通知的当日。纳税人应当自纳税义务发生之日起30日内申报缴纳耕地占用税。

19.【答案】D

【解析】各地区耕地占用税的适用税额，

由省、自治区、直辖市人民政府根据人均耕地面积和经济发展等情况，在耕地占用税法规定的税额幅度内提出，报同级人民代表大会常务委员会决定，并报全国人民代表大会常务委员会和国务院备案。各省、自治区、直辖市耕地占用税适用税额的平均水平，不得低于耕地占用税法所附《各省、自治区、直辖市耕地占用税平均税额表》规定的平均税额。

20.【答案】A

【解析】花圃改造成果园和灌溉用机井房（农田水利设施）仍属于农业用途，不属于耕地占用税的征税范围；农民在规定用地标准以内建造自用住宅占用耕地，属于耕地占用税的征税范围，并可按当地适用税额减半征收耕地占用税。该农户应缴纳的耕地占用税 = 170 × 25 × 50%=2125（元）。

21.【答案】B

【解析】纳税人改变原占地用途，不再属于免征或减征情形的，应自改变用途之日起 30 日内申报补缴税款。

22.【答案】A

【解析】按照《耕地占用税法》规定，占用基本农田的，加按 150% 征收耕地占用税；占用耕地建设学校的免征耕地占用税。该企业应纳耕地占用税税额 = 4000 × 20 × 150%=120000（元）。

23.【答案】B

【解析】临时占用耕地，是指经自然资源主管部门批准，在一般不超过 2 年内临时使用耕地并且没有修建永久性建筑物的行为。

24.【答案】C

【解析】耕地占用税对县级以上人民政府教育行政部门批准成立的大学、中学、小学、学历性职业教育学校和特殊教育学校，以及由国务院人力资源社会保障行政部门和省级人民政府或其人力资源社会保障行政部门批准成立的技工院校免税。但学校内经营性场所和教职工住房占用耕地的，按照当地适用税额缴纳耕地占用税。占用基本农田的，加按 150% 征收耕地占用税。应纳耕地占用税 =800 × 25 × 150%=30000（元）。

二、多项选择题

1.【答案】ABD

【解析】选项 AB：拥有土地使用权的外资企业和个体工商户都是城镇土地使用税的纳税人。选项 D：土地使用权未确定或权属纠纷未解决的，实际使用人为纳税人。选项 C：农村不属于城镇土地使用税的开征区域。

2.【答案】ABCD

【解析】城镇土地使用税纳税人的一般规定为拥有土地使用权的单位和个人，BCD 选项都是不同情况下城镇土地使用税纳税人的具体规定。

3.【答案】ACD

【解析】经批准自行开山填海整治的土地和改造的废弃土地，从使用的月份起免缴城镇土地使用税 5 年至 10 年，B 选项错误。

4.【答案】BD

【解析】BD 选项都属于经营用土地，应照章缴纳城镇土地使用税。A 选项属于国家财政部门拨付事业经费的单位的自用土地，免征城镇土地使用税。盐场的盐滩用地和盐矿的矿井用地免征城镇土地使用税。

5.【答案】ABD

【解析】纳税义务人实际占用的土地面积按下列办法确定：（1）凡由省、自治区、直辖市人民政府确定的单位组织测定土地面积的，以测定的面积为准；（2）尚未组织测量，但纳税人持有政府部门核发的土地使用证书的，以证书确认的土地面积为准;（3）尚未核发土地使用证书的，应由纳税人申报土地面积，据以纳税，等到核发土地使用证以后再作调整。

6.【答案】ABC

【解析】这里考核城镇土地使用税的减免税规定的级次。免税单位无偿使用纳税单位的土地可以免税的规定存在，但不是省、自治区、直辖市税务局规定的减免税范围，而是属于法定免缴城镇土地使用税的优惠。

7.【答案】AD

【解析】AD选项按照税法规定免征城镇土地使用税；BC选项属于由省、自治区、直辖市税务局确定减免城镇土地使用税的情况。

8.【答案】BD

【解析】选项A：直接用于农、林、牧、渔业的生产用地免缴城镇土地使用税；选项BC：公园、名胜古迹园区内供公共参观游览的用地和管理单位办公用地免征城镇土地使用税，但附设的茶水部用地应照章征收城镇土地使用税；选项D：国家财政部门拨付事业经费的学校虽属于免税单位，但其对外经营用地应依法缴纳城镇土地使用税。

9.【答案】AB

【解析】公园的公共游览用地和管理单位的办公用地免征城镇土地使用税，但经营用地（如饮食部、茶社等）不属于免税范围，所以A选项错误。直接从事种植、养殖、饲养的专业用地免征城镇土地使用税，农副产品加工场地应征收城镇土地使用税，所以B选项错误。集体和个人办的各类学校、医院、托儿所、幼儿园用地，由省、自治区、直辖市税务局确定减免城镇土地使用税，所以C选项正确。市政街道、广场、绿化地带等公用土地免征城镇土地使用税，所以D选项正确。

10.【答案】ACD

【解析】ACD选项符合税法规定。B选项不正确，纳税人购置存量房，自办理房屋权属转移、变更登记手续，房地产权属登记机关签发房屋权属证书之次月起，缴纳城镇土地使用税。

11.【答案】AC

【解析】纳税人使用的土地不属于同一省、自治区、直辖市管辖范围的，由纳税人分别向土地所在地的税务机关缴纳城镇土地使用税，B选项不正确；纳税人实际占用土地但尚未组织测量且未核发土地使用证书的，应由纳税人申报土地面积，据以纳税，待核发土地使用证后再作调整，D选项不正确。

12.【答案】AD

【解析】经批准占用耕地的，纳税人为农用地转用审批文件中标明的建设用地人；农用地转用审批文件中未标明建设用地人的，纳税人为用地申请人，其中用地申请人为各级人民政府的，由同级土地储备中心、自然资源主管部门或政府委托的其他部门、单位履行耕地占用税申报纳税义务。未经批准占用耕地的，纳税人为实际用地人。

13.【答案】AB

【解析】AB选项符合耕地占用税管理规定。C选项错误，纳税人临时占用耕地，应按照规定缴纳耕地占用税，纳税人在批准临时占用耕地的期限内恢复所占用耕地原状的，全部退还已缴纳的耕地占用税。D选项错误，农民在规定用地标准以内占用耕地新建自用住宅，按当地适用税额减半征收耕地占用税。

14.【答案】AB

【解析】免征耕地占用税的学校，具体范围包括县级以上人民政府教育行政部门批准成立的大学、中学、小学、学历性职业教育学校和特殊教育学校，以及由国务院人力资源社会保障行政部门和省级人民政府或其人力资源社会保障行政部门批准成立的技工院校。学校内经营性场所和教职工住房占用耕地的，按照当地适用税额缴纳耕地占用税。

15.【答案】BD

【解析】选项A：属于军事设施占用耕地，免征耕地占用税。选项C：占用耕地建设农田水利设施的，不缴纳耕地占用税。选项BD：铁路线路、公路线路、飞机场跑道、停机坪、港口、航道、水利工程占用耕地，减按每平方米2元的税额征收耕地占用税。

16.【答案】AB

【解析】选项C：医疗机构内职工住房占用耕地的，按照当地适用税额缴纳耕地占用税。选项D：经批准建设的国道，减征耕地占用税。专用公路占用耕地的，按照当地适用税额缴纳耕地占用税。

17.【答案】CD

【解析】该机场应在接到自然资源主管部门办理占用耕地手续的书面通知之日起30日内缴纳耕地占用税。应纳耕地占用税 =（2+3）×2+1×20=10+20=30（万元）。

18.【答案】ACD

【解析】选项B：占用基本农田的，应当按照适用税额加按150%征收。

19.【答案】BCD

【解析】选项A：耕地占用税的纳税义务发生时间为纳税人收到自然资源主管部门办理占用耕地手续的书面通知的当日。

第十章　房产税法、契税法和土地增值税法

CHAPTER-10

本章学习指南

一、学习目标

（一）房产税法

1. 掌握纳税义务人与征税范围。
2. 掌握税率、计税依据和应纳税额的计算。
3. 熟悉税收优惠。
4. 熟悉征收管理。

（二）契税法

1. 掌握纳税义务人和征税范围。
2. 掌握税率、计税依据和应纳税额的计算。
3. 掌握税收优惠。
4. 熟悉征收管理。

（三）土地增值税法

1. 了解纳税义务人。
2. 掌握征税范围和税率。
3. 掌握应税收入与扣除项目。
4. 掌握应纳税额的计算。
5. 掌握房地产开发企业土地增值税清算。
6. 熟悉税收优惠。
7. 了解征收管理。

二、考情概况

本章收录了房产税、契税和土地增值税的政策规定，其中契税和土地增值税都与房地产权属转移有关。本章考试命题分值平均在8分左右，其中房产税和契税的分值能达到3分左右，土地增值税5分左右。本章可以命制各种题型，单选、多选题型较为常见，房产税也可与企业所得税混合命制综合题；土地增值税也易与增值税、城市维护建设税、印花税混合命制计算问答题。2017年考试中，命制了契税、房产税与企业所得税混合计算的综合题。2021年考试命制了契税与企业所得税混合计算的综合题。

本章的学习，要注意“营改增”对房产税、契税和土地增值税的影响。考生尤其要从法

理角度感悟这些“营改增”政策对土地增值税计算的影响，理解和把握好各个税种之间的关系。

三、教材变化

1. 明确对企事业单位、社会团体以及其他组织向个人、专业化规模化住房租赁企业出租住房的，减按 4% 的税率征收房产税。
2. 细化契税的应税情形、计税依据。
3. 大量新增契税的税收优惠政策。
4. 明确特殊情形下，契税纳税义务发生时间。
5. 明确了契税的纳税申报资料。
6. 新增企业改制重组有关土地增值税政策。
7. 删除部分房产税的优惠政策。

四、考点框架

- 第十章 房产税法、契税法和土地增值税法
  - 房产税法
    - 纳税义务人与征税范围 ★★
    - 房产税的税率 ★★★
    - 计税依据和应纳税额计算的一般规定 ★★★
    - 计税依据和应纳税额计算的特殊规定 ★★★
    - 房产税的税收优惠 ★★
    - 房产税纳税义务发生时间 ★★★
    - 纳税期限和纳税地点 ★
  - 契税法
    - 契税征税对象的规定 ★★★
    - 契税的纳税人 ★★★
    - 税率、计税依据与应纳税额的计算 ★★★
    - 契税税收优惠 ★★★
    - 征收管理 ★★
  - 土地增值税法
    - 纳税义务人和征税范围 ★★★
    - 土地增值税的税率 ★★
    - 土地增值税的应税收入 ★★★
    - 扣除项目的确定 ★★★
    - 土地增值税增值额的确定 ★★
    - 应纳税额的计算方法 ★★★
    - 房地产开发企业土地增值税清算 ★★★
    - 土地增值税的税收优惠 ★
    - 征收管理 ★

核心考点精讲

第一节 房产税法

使用“会计云课堂”App 或“微信”扫码查看本节视频，快速 GET 知识点。

考点 1：纳税义务人与征税范围★★

要素		规定
纳税人	基本规定	房产税的纳税义务人是指征税范围内的房屋产权所有人。具体包括经营管理单位、集体单位和个人、房产承典人、房产代管人或使用人
	具体规定	（1）产权属于国家所有的，由经营管理单位纳税；产权属于集体和个人所有的，由集体单位和个人纳税 （2）产权出典的，由承典人纳税 （3）产权所有人、承典人不在房屋所在地，或产权未确定及租典纠纷未解决的，由房产代管人或使用人纳税 （4）无租使用其他单位房产的应税单位和个人，依照房产余值代缴纳房产税
征税范围		（1）征税对象范围：房产税的征税对象是房产，即有屋面和围护结构（有墙或两边有柱），能够遮风避雨，可供人们在其中生产、学习、工作、娱乐、居住或储藏物资的场所 【提示】判断某一建筑物是否征收房产税要用房产的特征来衡量。如加油站罩棚、露天游泳池都不属于房产，不征收房产税 （2）开征区域范围：房产税的征税范围包括城市、县城、建制镇和工矿区

要点小贴士

（1）房产不等于建筑物。

（2）农村房产未纳入房产税征税范围。

【归纳】房产税的纳税人一般是产权所有人，但要注意区分特殊情况：

	产权所有人		非产权所有人
	自行纳税	他人代缴	
房产税的纳税人	产权属于集体和个人所有的，由集体单位和个人纳税	无租使用其他单位房产的应税单位和个人，依照房产余值代缴纳房产税	（1）产权属于国家所有的，由经营管理单位纳税 （2）产权出典的，由承典人纳税 （3）产权所有人、承典人不在房屋所在地，或产权未确定及租典纠纷未解决的，由房产代管人或使用人纳税

经典题解

【真题 1 · 单选题】下列房屋及建筑物中，属于房产税征税范围的是（ ）。（2020 年）

A. 加油站的遮阳棚　　B. 建在室外的露天游泳池

C. 位于市区的经营性用房　　D. 农村的居住用房

【名师点题】考试要注意我国现行房产税征税范围需要具备房产特征、区域特征。农村房产不征房产税；居民自住的住房免征房产税（上海、重庆试点地区除外）。

【解析】（1）判断某一建筑物是否征收房产税首先要用房产的特征来衡量。如加油站遮阳棚（选项 A）、露天游泳池（选项 B）都不属于房产，不征收房产税。（2）房产税的征税范围包括城市、县城、建制镇和工矿区，不包括农村（选项 D）。

【答案】C

【例题 2 · 多选题】下列情形中，应由房产代管人或者使用人缴纳房产税的有（ ）。

A. 房屋产权未确定的　　B. 房屋产权所有人不在房屋所在地的

C. 房屋租典纠纷未解决的　　D. 房屋承典人不在房屋所在地的

【名师点题】房产税纳税人的特殊规定属于税法命题的高频考点。

【答案】ABCD

考点 2：房产税的税率 ★★★

房产税采用比例税率，有两档规定税率，另有一档优惠税率。以下为归纳的税率适用情况表：

税率	税率适用情况
1.2% 的规定税率	自有房产用于生产经营
12% 的规定税率	出租非居住的房产
4% 的优惠税率	①个人出租住房（不分出租后用途） ②对企事业单位、社会团体以及其他组织向个人、专业化规模化住房租赁企业出租住房（调整）

【归纳】个人出租住房，应缴纳的税种及对应税率（征收率）如下（未考虑城建税及教育费附加、地方教育附加，免征印花税和城镇土地使用税）：

税种	税率（征收率）
增值税	5% 减按 1.5%
房产税	4%
个人所得税	10%

【相关链接】自 2021 年 4 月 1 日至 2022 年 12 月 31 日，其他个人，采取一次性收取租金形式出租不动产取得的租金收入，可在对应的租赁期内平均分摊，分摊

后的月租金收入未超过15万元的，免征增值税。

自2019年1月1日至2021年12月31日，对增值税小规模纳税人可以在50%的税额幅度内减征资源税、城市维护建设税、房产税、城镇土地使用税、印花税（不含证券交易印花税）、耕地占用税和教育费附加、地方教育附加。

经典题解

【例题3·多选题】下列有关房产税税率的表述，符合现行规定的有（　　）。

A. 工厂拥有并使用的车间适用1.2%的房产税税率

B. 个体户房屋用于自办小卖部的，适用1.2%的房产税税率

C. 个人出租住房用于美容机构开设连锁店的，适用12%的房产税税率

D. 个人出租住房，不区分用途，按照4%的房产税优惠税率计税

【解析】选项AB：自用经营性房屋适用1.2%的房产税税率，从价计征房产税；个人出租住房，不分出租后用途，均按照4%的优惠税率计征房产税，所以C选项错误，D选项正确。

【答案】ABD

考点3：计税依据和应纳税额计算的一般规定★★★

房产税计税依据、税率和计税公式的一般规定：

计税方法	计税依据	税率	计税公式
从价计征	计税余值——按照房产原值一次减除10%~30%损耗后的余值（不等同于会计账面的固定资产净值）	年税率1.2%	应纳税额＝应税房产原值×（1－原值减除比例）×1.2%
从租计征	租金收入（包括实物收入和货币收入，不包括增值税）	12%（或4%）	应纳税额＝租金收入×12%（或4%）

【解释1】房产税从价计征公式的理解：

从价计征的计税依据	税率	计税公式
按照房产原值一次减除10%~30%损耗后的余值计征，10%~30%的具体扣除比例由省、自治区、直辖市人民政府确定 【提示】 （1）房产原值以会计账簿记录为基础，但无论会计上如何核算，房产原值均应包含地价和不可移动的房屋附属设施 （2）独立的地下建筑物在进行10%~30%的扣除前先对房产的原值进行确定： ①地下建筑物为工业用途的，以房屋原价的50%~60%作为应税房产原值 ②地下建筑物为商业及其他用途的，以房屋原价的70%~80%作为应税房产原值	年税率1.2%	应纳税额＝应税房产原值×（1－原值减除比例）×1.2% 【提示】 （1）按照上述公式计算出的是年税额 （2）“应税房产原值”涉及独立地下建筑物时需要进行折扣计算 （3）“原值减除比例”不论地上建筑物还是地下建筑物都需要在计税时运用

名师点拨

计税公式中的房产原值尽管以会计账簿记录为基础，但是不等同于会计账面的固定资产原值。扣除的损耗也不等同于折旧。

【提示 1】对按照房产原值计税的房产，无论会计上如何核算，房产原值均应包含地价，包括为取得土地使用权支付的价款、开发土地发生的成本费用等。宗地容积率低于 0.5 的，按房产建筑面积的 2 倍计算土地面积并据此确定计入房产原值的地价。即：计入房产原值的地价所对应的土地面积是有限度的——不超过房产建筑面积的 2 倍。

名师点拨

宗地是土地权属界址线围成的地块。容积率 = 建筑面积 ÷ 占地面积

宗地高容积率往往意味着地小房大密度高；低容积率意味着地大房小密度低。

【提示 2】一些不可随意移动的房屋附属设施（如中央空调、智能化楼宇设施等），无论会计上是否单独核算，均应并入计征房产税的房产原值中。

经典题解

【例题 4 · 单选题】2020 年某企业支付 8500 万元（不含增值税，下同）取得 12 万平方米的土地使用权，花费 500 万元对土地进行开发，新建厂房建筑面积 5 万平方米，厂房建造成本 2000 万元，2021 年年底竣工验收，对该企业征收房产税的房产原值是（　　）万元。

A. 2000　　B. 9083.33　　C. 9500　　D. 10500

【解析】宗地容积率 =5/12=0.42 ＜ 0.5，按房产建筑面积的 2 倍计算土地面积并据此确定计入房产原值的地价，该企业计入房产原值的地价 = 建筑面积 ×2× 单位土地面积的价格 =5×2×（8500+500）/12=7500（万元）。征收房产税的房产原值 =7500+2000=9500（万元）。

【答案】C

【提示 3】地上房产与地下建筑物房产税从价计税的税额计算步骤：

房产类型	从价计征房产税的税额计算步骤
地上房产	【归纳】按照四个步骤计算房产税： 第 1 步是确定房产原值：房产原值包含地价和房屋附属设施 第 2 步是确定计税余值：需要用房产原值减除规定比例的损耗来确定计税余值 第 3 步是计算年税额：用确定的计税余值乘税率计算房产税年税额 第 4 步是计算当期应纳税额：按照房产税的纳税义务发生时间对应纳税额进行确定
地下建筑物	【归纳】与地上房屋相连的地下建筑物，要将地上地下视为一个整体，按照地上房屋建筑物的规定分四个步骤计算房产税；但是，单独的地下建筑物在从价计税时四个步骤中的第一步比较特殊： 第 1 步是原价折原值：按照工业用途或商业用途及其他用途对房产原价按规定比例进行应税原值确认 第 2 步是确定计税余值：用调整好的地下建筑物应税原值减除规定比例的损耗计算确定计税余值 第 3 步是计算年税额：用确定的计税余值乘税率计算房产税年税额 第 4 步是计算当期应纳税额：按照房产税的纳税义务发生时间对应纳税额进行确定

要点小贴士

（1）计算年税额时，需要结合税收优惠。

（2）计算当期应纳税额时，需要由年税额折算成应履行纳税期间的应纳税额。

经典题解

【例题 5 · 单选题】2021 年 3 月底，某企业将其与办公楼相连的地下停车场和另一独立的地下建筑物改为地下生产车间，停车场原值 100 万元，地下建筑物原价

200万元，该企业所在省确定的工业用途的独立地下建筑物的房产原价折算比例为50%，房产原值减除比例为30%。该企业以上两处地下建筑物2021年4月至12月应缴纳房产税（　　）万元。

A. 0.95　　B. 1.15　　C. 1.26　　D. 1.89

【解析】与地上房屋相连的地下建筑物，要将地上地下视为一个整体，按照地上房屋建筑物的规定计税；独立的地下建筑物作为工业用途的，需要用房屋原价的一定比例折算为应税房产原值，再减除损耗价值计税。2021年4月至12月应缴纳房产税=（100+200×50%）×（1-30%）×1.2%×9/12=1.26（万元）。

【答案】C

【解释2】房产税从租计征公式的理解：

从租计征的计税依据	税率	计税公式
租金收入（包括实物收入和货币收入，不包括增值税） 【提示】 （1）以劳务或其他形式为报酬抵付房租收入的，按当地同类房产租金水平确定 （2）出租的地下建筑，按出租地上房屋建筑的有关规定计税	12% （或4%）	应纳税额=租金收入×12%（或4%）

经典题解

【例题6·单选题】某公司2016年购置办公大楼原值30000万元，2021年2月28日将其中部分闲置房间出租，租期2年。出租部分房产原值5000万元，租金每年1000万元（不含增值税）。当地规定房产原值减除比例为20%，2021年该公司应缴纳房产税（　　）万元。

名师点拨：每年租金与当年租金不是等同概念。

A. 288　　B. 340　　C. 348　　D. 360

【解析】经营自用的房产从价计征房产税；出租的房产从租计征房产税。还要注意每年租金是12个月的年租金，当年租金是按当年出租月份计算的租金，本题条件是每年租金1000万元，但当年出租了10个月，需要按出租月份的时间权重对当年计税租金进行折算。如果本题说"当年收取租金1000万元"，说明这是10个月的租金，则不需要考虑时间权重。应纳房产税=（30000-5000）×（1-20%）×1.2%+5000×（1-20%）×1.2%×2/12+1000×10/12×12%=348（万元）。

【答案】C

【相关链接】循序渐进掌握地上、地下房产类建筑物的跨章节不同税种政策：

房产类建筑物	房产税计税依据		城镇土地使用税计税依据
	从价计征	从租计征	
地上的	原值扣除一次性损耗	不含增值税租金收入	占地面积
地下与地上一体的	原值扣除一次性损耗	不含增值税租金收入	占地面积
独立地下的	折扣后的原值扣除一次性损耗	不含增值税租金收入	证书确认或地下建筑垂直投影面积；按应征税款的50%征收

考点 4：计税依据和应纳税额计算的特殊规定★★★

在确定房产税的计税依据时，还需要注意以下几个特殊规定：

1. 对投资联营的房产应纳房产税的规定

情形	计税依据	纳税人
参与投资利润分红，共担风险	房产余值	被投资方
只收取固定收入，不承担联营风险	租金收入	出租方

【归纳】不同投资联营方式的相关税费计税规定：

投资联营方式	相关税费计税规定
以房产投资联营，投资者参与投资利润分红，共担风险的	增值税： （1）适用一般计税方法的一般纳税人按照“销售不动产”9% 的税率计征 （2）小规模纳税人或选择简易计税办法的一般纳税人按照 5% 的征收率计征 （3）个人将住房投资共担风险的，以购买是否达到 2 年期限、是否为普通住宅以及所在市的具体情况确定征免
	城建税和教育费附加、地方教育附加： 按照增值税税额及法定税率、征收比率计征
	土地增值税： 自 2021 年 1 月 1 日至 2023 年 12 月 31 日，单位、个人在改制重组时以房地产作价入股进行投资，对其将房地产转移、变更到被投资的企业，暂不征土地增值税 【提示】房地产转移任意一方为房地产开发企业的不适用上述政策，应当征收土地增值税
	契税： 以房产作投资、入股，参照房屋买卖，由产权承受方计算缴纳契税 【提示】以自有房产作股投入本人独资经营的企业，不缴纳契税
	房产税：被投资方按照房产计税余值从价计征
只收取固定收入，不承担联营风险的	增值税： （1）适用一般计税方法的一般纳税人按照“不动产租赁服务”9% 的税率计征 （2）小规模纳税人及选择简易计税办法的一般纳税人按照 5% 的征收率计征 （3）个人将住房投资固定取酬的，按 5% 的征收率减按 1.5% 计征
	城建税和教育费附加、地方教育附加： 按照增值税税额及法定税率、征收比率计征
	土地增值税：视同房地产出租，产权未发生转移，不征收土地增值税
	契税：视同房地产出租，产权未发生转移，不征收契税
	房产税：投资方按照不含增值税的房产租金收入从租计征

经典题解

【真题7·单选题】企业以房产投资联营，参与投资利润分红并共担风险的，计算应纳房产税的计税依据是（　　）。（2021年）

A. 房产市值　　B. 房产现值

C. 房产余值　　D. 房产原值

【解析】对以房产投资联营，投资者参与投资利润分红，共担风险的，由被投资方按房产余值作为计税依据计征房产税；对只收取固定收入，不承担联营风险的，由投资方按租金收入计征房产税。

【答案】C

名师点拨

命题规律：题目未提“交付”时间，则从开始取得收入的时间从租计税。

【例题8·单选题】某公司2016年3月购进一处房产，2021年5月1日用于投资联营（收取固定收入，不承担联营风险），投资期3年，当年取得固定含税收入160万元。该房产原值3000万元，当地政府规定的减除幅度为30%，该公司选择简易办法计算增值税，则该公司2021年应缴纳的房产税为（　　）万元。

A. 21.2　　B. 27.6

C. 26.69　　D. 34.41

【解析】用房产投资联营，只收取固定收入，不承担联营风险的，按不含增值税的租金收入计缴房产税，则该公司2021年应纳房产税为未联营期间按房产余值计算的房产税，与对外联营取得固定收入比照租金收入计算的房产税的两项之和。该公司2021年应纳房产税$=3000\times(1-30\%)\times1.2\%\times4/12+160/(1+5\%)\times12\%=8.4+18.29=26.69$（万元）。

【答案】C

2. 对融资租赁房屋应纳房产税的规定

经典题解

【真题9·单选题】下列各项中，应作为融资租赁房屋房产税计税依据的是（　　）。（2011年）

A. 房产售价　　B. 房产余值

C. 房产原值　　D. 房产租金

考点妙记

合同有约——约次月；

合同无约——签次月。

【解析】融资租赁的房产，由承租人自融资租赁合同约定开始日的次月起依照房产余值缴纳房产税。合同未约定开始日的，由承租人自合同签订的次月起依照房产余值缴纳房产税。

【答案】B

3. 关于房屋附属设备和配套设施的计税规定

为了维持和增加房屋的使用功能或使房屋满足设计要求，凡以房屋为载体，不可随意移动的附属设备和配套设施，如给排水、采暖、消防、中央空调、电气及智能化楼宇设备等，无论在会计核算中是否单独记账与核算，都应计入房产原值，计征房产税。

对于更换房屋附属设备和配套设施的，在将其价值计入房产原值时，可扣减原来相应设备和设施的价值；对附属设备和配套设施中易损坏、需要经常更换的零配件，更新后不再计入房产原值，原零配件的原值也不扣除。

经典题解

【例题 10 · 单选题】某企业有一栋厂房原值 200 万元，2020 年年初对该厂房进行扩建，2021 年 8 月底完工并办理验收手续，增加了房产原值 45 万元，另外对厂房安装了价值 15 万元的排水设备并单独作为固定资产核算。已知当地政府规定计算房产余值的扣除比例为 20%，2021 年度该企业应缴纳房产税（　　）元。

A. 20640　　B. 21000　　C. 21120　　D. 21600

名师点拨

扩建不等同于大修。不执行大修的房产税政策。

【解析】本题目有四组考点：一是纳税人对原有房屋进行改建、扩建的，要相应增加房屋的原值。二是原值应包括与房屋不可分割的各种附属设备或一般不单独计算价值的配套设施。三是对经营自用的房屋，从价计征房产税。四是房产税的纳税义务发生时间。应纳房产税 =200×（1−20%）×1.2%÷12×8×10000+（200+45+15）×（1−20%）×1.2%÷12×4×10000=21120（元）。

【答案】C

4. 对居民住宅区内业主共有的经营性房产，由实际经营（包括自营和出租）的代管人或使用人缴纳房产税。其中自营的，依照房产原值减除 10%~30% 后的余值计征，没有房产原值或不能将业主共有房产与其他房产的原值准确划分开的，由房产所在地税务机关参照同类房产核定房产原值；出租的，依照租金收入计征。

经典题解

【真题 11 · 多选题】下列关于房产税计税依据的表述中，符合税法规定的有（　　）。（2020 年）

A. 融资租赁房屋的，以房产余值计算缴纳房产税

B. 纳税人对原有房屋进行改建、扩建的，要相应增加房屋的原值

C. 房屋出典的，由承典人按重置成本计算缴纳房产税

D. 经营租赁房屋的，以评估价格计算缴纳房产税

【名师点题】房产税的计税依据是考生必须掌握的内容，考试命题可以从不同侧面考查考生对房产税计税依据的掌握。

【解析】选项 C：产权出典的房产，由承典人依照房产余值缴纳房产税。选项 D：房产出租的，以房产租金收入为房产税的计税依据。

【答案】AB

5. 对出租房产，租赁双方签订的租赁合同约定有免收租金期限的，免收租金期间由产权所有人按照房产余值缴纳房产税。

【注意】免租期与无租使用房产不是等同概念。

免租期 → 产权所有人按照房产余值计算缴纳房产税

无租使用房产 → 使用人按照房产余值代为缴纳房产税

要点小贴士

纳税人出租不动产，租赁合同中约定免租期的，免租期间房产税从价计征；增值税不视同销售。

【相关链接】纳税人出租不动产，租赁合同中约定免租期的，不属于《营业税改征增值税试点实施办法》（财税〔2016〕36号文件印发）第十四条规定的视同销售服务。即：纳税人出租不动产，免租期内由产权所有人按房产计税余值从价计算缴纳房产税，但是不必将免租期间视同销售，不需要对该行为缴纳增值税。

经典题解

【真题12·单选题】下列经营性房产中，应从租计征房产税的是（　　）。（2020年）

A. 以融资租赁方式出租的房产

B. 处于免收租金期间内的出租房产

C. 收取固定收入，不承担风险的对外投资联营房产

D. 居民住宅区内业主共有从事自营业务的经营性房产

【解析】选项A：融资租赁的房产，由承租人自融资租赁合同约定开始日的次月起依照房产余值缴纳房产税；合同未约定开始日的，由承租人自合同签订的次月起依照房产余值缴纳房产税。选项B：租赁双方签订的租赁合同约定有免收租金期限的，免收租金期间由产权所有人按照房产余值缴纳房产税。选项D：对居民住宅区内业主共有的经营性房产，由实际经营（包括自营和出租）的代管人或使用人缴纳房产税。其中自营的，依照房产余值计征。

【答案】C

【例题13·单选题】甲企业与乙商户签订房屋租赁合同，将一幢原值2500万元的写字楼租给乙商户使用。合同规定因乙租期为2年，可在租赁开始时有1个月的免收租金期限。按照合同约定，该写字楼月租金20万元（不含增值税），写字楼于2020年12月30日交付承租方，并规定了甲自2021年2月1日起向乙收取租金。则甲企业在2021年应缴纳的房产税为（　　）万元。（当地的房产原值减除比例为20%）

A. 26.4　　B. 26.8　　C. 28.4　　D. 28.8

【名师点题】免租期与无租使用房产不是等同概念。租赁双方签订的租赁合同约定有免收租金期限的，免收租金期间由产权所有人按照房产余值缴纳房产税。但是无租使用房产则是由使用人按照房产余值代为缴纳房产税。

【解析】甲企业2021年对于该写字楼应纳的房产税应在1月从价计税，2月至12月从租计税。2021年甲企业应纳房产税=2500×（1−20%）×1.2%/12+20×12%×11=2+26.4=28.4（万元）。

【答案】C

名师点拨

在复习这部分内容时，要注意与其他税种对比记忆。例如有多条类似规定在城镇土地使用税中出现。

考点5：房产税的税收优惠★★

1. 主要优惠政策的征、免对比

房产所属	免	征
国家机关、人民团体、军队的房产	自用（本身办公、公务用）	出租房产以及非自身业务使用的生产、营业用房；所属的附属工厂、商店、招待所等

房产所属	免	征
国家财政部门拨付事业经费（实行全额或差额预算管理的）事业单位所有的房产	本身业务范围内使用	经费来源实行自收自支的单位
宗教寺庙、公园、名胜古迹的房产	自用	附设的营业单位，如影剧院、饮食部、茶社、照相馆等所使用的房产及出租的房产
个人所有的房产	非营业用	营业用房或者出租的房产
在基建工地为基建工地服务的各种工棚、材料棚、休息棚、办公室、食堂、茶炉房、汽车房等临时性房屋	施工期间	基建工程结束后，施工企业将该临时性房屋交还或者估价转让给基建单位的，应当从基建单位接收的次月起缴纳房产税
纳税单位与免税单位共同使用的房屋	免税单位使用的部分	纳税单位使用的部分

2. 其他免征

考点妙记

几个易考点：
廉租公租私还产，
租金合规可以免。
个人住房要自住，
营业出租都不免。
基建工地有临建，
工程未完可以免。
危房鉴定要停用，
大修半年期间免。

房产性质	免征
非营利性医疗机构、疾病控制机构和妇幼保健机构等卫生机构	自用房产
公有住房、廉租住房、落实私房政策中带户发还产权向居民出租的私有住房	按政府规定价格出租 【提示】免征的公有住房和廉租住房包括企业和自收自支事业单位向职工出租的单位自有住房，房管部门向居民出租的公有住房
公租房	租金收入
企业办的	各类学校、托儿所、幼儿园自用的房产
毁损不堪居住的房屋和危险房屋	经有关部门鉴定，停止使用后
房屋大修导致连续停用半年以上的	房屋大修期间
由财政部门拨付事业经费的文化事业单位转制为企业的	自转制注册之日起 5 年内其自用房产 【提示】2018 年 12 月 31 日之前已完成转制的企业，自 2019 年 1 月 1 日起，对其自用房产可继续免征 5 年房产税

3. 有优惠期间的免征

优惠期间		免征
2019 年 6 月 1 日 ~ 2025 年 12 月 31 日	为社区提供养老、托育、家政等服务的机构	自用或通过承租、无偿使用等方式取得并用于提供社区养老、托育、家政服务的房产

优惠期间		免征
2018年1月1日～2023年12月31日	从事大型民用客机发动机、中大功率民用涡轴涡桨发动机研制项目的纳税人及其全资子公司	自用的科研、生产、办公房产

【提示】这部分内容的命题方式分两类，一类是对优惠规定单纯记忆性的考核；一类是将税收优惠与税额计算结合在一起的运用性考核。这两种命题方式在以往考试中都很常见。尤其要注意，税收优惠与税额计算的混合命题，是小税种的一种典型命题模式，考生对所有小税种的复习都必须关注税额计算与税收优惠的结合。

经典题解

【例题14·多选题】下列各项中，符合房产税优惠政策规定的有（ ）。

A. 个人所有的非营业用房产免征房产税

B. 宗教寺庙、名胜古迹自用的房产免征房产税

C. 国家机关附属招待所使用的房产免征房产税

D. 经营公租房的租金收入免征房产税

【答案】ABD

【例题15·多选题】下列各项中，符合房产税法有关规定的有（ ）。

A. 对按政府规定价格出租的公有住房和廉租住房，暂免征收房产税

B. 损坏不堪居住的房屋和危险房屋，经有关部门鉴定，在继续使用时免征房产税

C. 在基建工地为基建工地服务的各种工棚等临时性房屋，在施工期间免征房产税

D. 因房屋大修导致连续停用半年以上的，该房屋在当年免征房产税

【解析】选项B，损坏不堪居住的房屋和危险房屋，经有关部门鉴定，在停止使用后免征房产税；选项D，因房屋大修导致连续停用半年以上的，在房屋大修期间免征房产税。

【答案】AC

要点小贴士

一般强调“次月”——取证、使用、交付、建成、验收的次月。只有将原有房产用于生产经营的，是从“之月”起缴纳房产税。

考点6：房产税纳税义务发生时间★★★

考点妙记

注意行为特征：
自己建，要建成；
委托建，办验收；
买新房，交付用；
存量房，产权证；
出租出借看交付；
房开自用要使用；
月份中间权属变，
纳税义务月末完。

具体情况	纳税义务发生时间
原有房产用于生产经营	自生产经营之月起
自行新建房屋用于生产经营	自建成之次月起
委托施工企业建设房屋	自办理验收手续之次月起
购置新建商品房	自房屋交付使用之次月起
购置存量房	自办理房屋权属转移、变更登记手续，房地产权属登记机关签发房屋权属证书之次月起

具体情况	纳税义务发生时间
出租、出借房产	自交付出租、出借房产之次月起
房地产开发企业自用、出租、出借本企业建造的商品房	自房屋使用或交付之次月起
因房产的实物或权利状态发生变化，而依法终止房产税纳税义务	截止到房产的实物或权利状态发生变化的当月末

【相关链接】注意纳税义务发生时间对房产税应纳税额计算的影响。由于从价计算房产税公式计算出来的是年税额，需要从纳税义务发生时间角度看应纳税额是否需要按月折算。

经典题解

【真题16·多选题】下列关于房产税纳税义务发生时间的表述中，正确的有（　　）。（2018年）

A. 纳税人自行新建房屋用于生产经营，从建成之月起缴纳房产税

B. 纳税人将原有房产用于生产经营，从生产经营之月起缴纳房产税

C. 纳税人出租房产，自交付出租房产之次月起缴纳房产税

D. 房地产开发企业自用本企业建造的商品房，自房屋使用之次月起缴纳房产税

【答案】BCD

【例题17·单选题】甲企业2021年年初拥有厂房原值2000万元，仓库原值500万元。2021年5月10日，将仓库以1000万元的价格转让给乙企业，当地政府规定房产原值减除比例为30%。甲企业当年应缴纳房产税（　　）万元。

A. 17.65　　B. 18.2　　C. 18.55　　D. 20.3

【解析】本题目有两组考核点，一是房产税的计税依据与税额计算；二是纳税人因房产的实物或权利状态发生变化，而依法终止房产税纳税义务的，其应纳税款的计算应截止到房产的实物或权利状态发生变化的当月末。甲企业5月10日转让的仓库，其房产税计算到5月末。甲企业当年应缴纳房产税=2000×（1-30%）×1.2%+500×（1-30%）×1.2%×5/12=18.55（万元）。

【答案】C

考点7：纳税期限和纳税地点★

房产税实行按年计算、分期缴纳的征收办法，具体纳税期限由省、自治区、直辖市人民政府确定。房产税在房产所在地缴纳。对房产不在同一地方的纳税人，应按房产的坐落地点分别向房产所在地的税务机关申报纳税。

【相关链接】和城镇土地使用税一样，房产税和城镇土地使用税的属地性强，均实行按年计算、分期缴纳的征收办法。具体纳税期限由省、自治区、直辖市人民政府确定。在房产、土地所在地申报纳税。

第二节　契税法

使用“会计云课堂”App或“微信”扫码查看本节视频，快速GET知识点。

考点1：契税征税对象的规定★★★

契税的征税对象是在境内发生土地使用权、房屋所有权权属转移的土地和房屋。转移土地、房屋权属的行为见下表：

契税的应税行为	
一般规定	土地使用权出让（国有土地使用权出让；集体经营性建设用地的出让）
	土地使用权转让，包括出售、赠与、互换（不包括土地承包经营权和土地经营权的转移）
	房屋买卖、赠与、互换
特殊规定	以作价投资（入股）、偿还债务、划转、奖励等方式转移土地、房屋权属
	因共有不动产份额变化的；因共有人增加或者减少的
	因人民法院、仲裁委员会的生效法律文书或者监察机关出具的监察文书等因素，发生土地、房屋权属转移的

名师点拨

以自有房产作股投入本人独资经营的企业，因未发生权属变化，不需办理房产变更手续，故不缴纳契税。

【相关链接】这里要注意辨析几个类似表述。

具体情况	基本含义	特点	是否属于契税征税范围
土地使用权出让	土地所有者将土地使用权在一定年限内让与土地使用者，并由土地使用者支付土地出让金的行为（含国有土地使用权的出让和经依法登记的集体经营性建设用地的出让）	土地权属的一级市场	属于契税的征税范围
土地使用权的转让	土地使用者通过出让等形式取得土地使用权后，将土地使用权出售、交换、赠与等再转让的行为	土地权属的二级市场	属于契税的征税范围
土地经营权转移	土地承包经营权和土地经营权的转移	不属于土地权属交易	不属于契税的征税范围

名师点拨

《契税法》将集体土地使用权的出让纳入到征税范围，这与《土地管理法》的第63条的修改相适应。

【提示】买房者不论其购买目的是为了拆用材料还是为了得到旧房后翻建成新房，都要涉及办理产权转移手续，只要发生房屋权属变化，就要照章缴纳契税。

【易错易混】注意辨析与房屋赠与有关的规定：

（1）房屋的赠与是指房屋所有者将其房屋无偿转让给受赠者的行为，受赠人原则上按规定缴纳契税。以获奖方式取得房屋产权，实质上是接受赠与房产的行为，也应缴纳契税。

（2）婚姻关系存续期间夫妻之间变更土地、房屋权属的免征契税。

（3）房屋的继承要区分法定继承与非法定继承，法定继承免征契税，非法定继承属于契税的征税范围。按照《中华人民共和国民法典》规定，非法定继承人根据遗嘱承受死者生前的土地、房屋权属，属于赠与行为，应征收契税。

经典题解

【例题18·单选题】下列有关契税的表述中，正确的是（　　）。

A. 买房用以拆料或翻建新房的，应缴纳契税

B. 受让土地承包经营权的，应缴纳契税

C. 以实物交换房屋的，应以差价部分作为契税的计税依据

D. 承受国有土地使用权，不缴纳契税

【解析】受让土地承包经营权的，不征契税，选项B不正确；以实物交换房屋的，应该参照土地使用权出让、出售或房屋买卖确定契税适用税率、计税依据等，选项C不正确；承受国有土地使用权要计征契税，选项D不正确。

【答案】A

【例题19·单选题】下列行为中，应计算缴纳契税的是（　　）。

A. 法定继承人继承房产

B. 企业以自有房产投资于另一企业并取得相应的股权

C. 企业以自有房产等价互换另一企业的房产

D. 个人以自有房产投入本人独资经营的企业

【名师点题】契税的征免规定属于CPA税法高频考点。

【解析】选项A免征契税；选项C契税计税依据为零，无须缴纳契税；选项D不缴纳契税。

【答案】B

考点2：契税的纳税人★★★

在中华人民共和国境内转移土地、房屋权属，承受的单位和个人为契税的纳税人。

【解释】与其他税种不同，契税的纳税人是境内转移土地、房屋权属的承受的一方，而非转让的一方。正是因为契税纳税人为承受方，会带来契税征税范围规定与土地增值税征税范围规定的差异性。

【归纳】对于转让房地产权属的行为，转让方和承受方的纳税情况如下表：

转让方	承受方
（1）增值税（销售不动产、转让土地使用权） （2）城建税和教育费附加、地方教育附加 （3）印花税（产权转移书据） （4）土地增值税 （5）企业所得税（或个人所得税）	（1）印花税（产权转移书据） （2）契税

经典题解

【例题20·单选题】 经协商，张三和李四原按4 ∶ 6比例共有的商铺，份额改为3 ∶ 7，以下关于契税的说法正确的是（　　）。

A. 张三和李四都应缴纳契税　　B. 张三和李四都不需要缴纳契税

C. 仅张三缴纳契税　　D. 仅李四缴纳契税

【解析】 因共有不动产份额变化的，承受方应当依法缴纳契税。李四所占份额从60%增加到70%，作为承受方应缴纳契税。

【答案】 D

考点3：税率、计税依据与应纳税额的计算★★★

1. 基本规定

征税对象	纳税人	计税依据	税率	计税公式
土地使用权出让、出售，房屋买卖	受让方	不含增值税的成交价格，包括应交付的货币以及实物、其他经济利益对应的价款（实际取得增值税发票的，成交价格以发票上注明的不含税价格确定）	3%~5%的幅度税率，由省、自治区、直辖市人民政府在幅度内提出，报同级人大常委会决定，并报全国人大常委会和国务院备案	应纳税额=计税依据×税率
土地使用权互换、房屋互换	付出差价方	不含增值税价格的差额		
土地使用权赠与、房屋赠与以及其他没有价格的转移土地、房屋权属行为	受赠方、承受方	税务机关参照土地使用权出售、房屋买卖的市场价格依法核定的价格		

要点小贴士

成交价格等契税的计税依据不含增值税。税务机关核定的计税价格或收入即不含增值税。

【提示】 纳税人申报的成交价格、互换价格差额明显偏低且无正当理由的，由税务机关依照《中华人民共和国税收征收管理法》的规定核定。

2. 具体规定（调整）

契税的计税依据不包括增值税。房地产权属转移方式不同，契税计税依据的具体规定也不同：

权属转移方式	纳税人	缴纳契税的计税依据
以划拨方式取得的土地使用权，经批准改为出让方式重新取得该土地使用权的——划拨改为出让	该土地使用权人	补缴的土地出让价款
先以划拨方式取得土地使用权，后经批准转让房地产，划拨土地性质改为出让的——划拨改为出让＋转让	承受方	应分别以补缴的土地出让价款和房地产权属转移合同确定的成交价格为计税依据
先以划拨方式取得土地使用权，后经批准转让房地产，划拨土地性质未发生改变的——划拨经批准转让	承受方	应以房地产权属转移合同确定的成交价格为计税依据
土地使用权及所附建筑物、构筑物等（包括在建的房屋、其他建筑物、构筑物和其他附着物）转让的	承受方	应交付的总价款
土地使用权出让的	承受方	包括土地出让金、土地补偿费、安置补助费、地上附着物和青苗补偿费、征收补偿费、城市基础设施配套费、实物配建房屋等应交付的货币以及实物、其他经济利益对应的价款
房屋附属设施（包括停车位、机动车库、非机动车库、顶层阁楼、储藏室及其他房屋附属设施）	承受方	（1）与房屋为同一不动产单元的，计税依据为应交付的总价款，并适用与房屋相同的税率 （2）与房屋为不同不动产单元的，计税依据为转移合同确定的成交价格，并按当地确定的适用税率计税
承受已装修房屋的	承受方	应将包括装修费用在内的费用计入承受方应交付的总价款
土地使用权互换、房屋互换	支付差额的一方	互换价格相等的，互换双方计税依据为零；互换价格不相等的，以其差额为计税依据

【易错易混】等价互换房屋、土地权属与实物交换房屋、土地权属不是等同概念：

要点	等价互换房屋、土地权属	实物交换房屋、土地权属
业务特征	土地使用权互换、房屋互换	用古玩字画、机动车、机器设备、存货等实物交换房屋或土地使用权
契税政策	互换价格相等的，互换双方计税依据为零；互换价格不相等的，以其差额为计税依据，由支付差额的一方缴纳契税	参照土地使用权出让、出售或房屋买卖确定适用税率、计税依据等

【提示】房屋附属设施征收契税的规定：

（1）不涉及土地使用权和房屋所有权移交变动的，不征收契税。

（2）承受的房屋附属设施权属如与房屋为不同不动产单元的，按照当地确定的适用税率征收契税；如与房屋为同一不动产单元的，适用与房屋相同的契税税率。

经典题解

【例题21·多选题】下列关于契税计税依据的表述中，正确的有（　　）。

A. 购买的房屋以成交价格作为计税依据

B. 接受赠与的房屋参照市场价格核定计税依据

C. 房屋附属设施与房屋为同一不动产单元的，参照市场价格核定计税依据

D. 房屋互换的，计税依据为市场价格

【解析】选项A：房屋买卖，以成交价格为契税计税依据；选项B：土地使用权赠与、房屋赠与，由税务机关参照土地使用权出售、房屋买卖的市场价格核定契税的计税依据；选项C：房屋附属设施与房屋为同一不动产单元的，计税依据为承受方应交付的总价款；选项D：房屋互换，互换价格相等的，互换双方计税依据为零；互换价格不相等的，以其差额为计税依据。

【答案】AB

【例题22·单选题】甲企业2月份受让一宗土地，土地出让合同记载土地出让金12000万元、征收补偿费4000万元、城市基础设施配套费1500万元、青苗补偿费500万元。该企业受让土地使用权应缴纳契税（　　）万元。（当地契税税率为3%）

A. 540　　　　B. 525

C. 480　　　　D. 360

【解析】土地使用权出让的，计税依据包括土地出让金、土地补偿费、安置补助费、地上附着物和青苗补偿费、征收补偿费、城市基础设施配套费、实物配建房屋等应交付的货币以及实物、其他经济利益对应的价款。该企业受让土地使用权，应缴纳契税=（12000+4000+1500+500）×3%=540（万元）。

【答案】A

【例题23·多选题】甲企业在2021年8月得到政府无偿划拨来的一宗土地使用权，开发建造完工后，经批准在补办了土地使用权出让手续、缴纳土地出让金后，甲企业将房产连同土地使用权转让给乙企业。以下说法正确的有（　　）。

A. 甲企业补办土地使用权出让手续、缴纳土地出让金时应缴纳契税

B. 甲企业将房产转让给乙企业应缴纳增值税、城建税

C. 甲企业将房产转让给乙企业应缴纳土地增值税

D. 乙企业取得甲企业转让的房产应缴纳契税

【解析】以划拨方式取得土地使用权，经批准改为出让方式重新取得该土地使用权的，土地受让方依法补缴契税，所以甲企业在补办土地使用权出让手续、补缴土地出让金时应补缴契税；甲企业转让房产应按照销售不动产缴纳增值税、城建税、土地增值税、教育费附加、地方教育附加等；乙企业取得甲企业转让的房产，作为承受方应缴纳契税。

【答案】ABCD

【例题 24·单选题】甲企业 2022 年 1 月因无力偿还乙企业已到期的债务 3000 万元，经双方协商甲企业同意以自有房产偿还债务。该房产的原值 5000 万元，账面净值 2000 万元，不含增值税的评估市值 9000 万元。双方按评估市值签署协议，乙企业支付了差价款，双方办理了产权过户手续。则乙企业计缴契税的计税依据是（　　）。

A. 2000 万元

B. 不含增值税的差价款

C. 9000 万元

D. 5000 万元

【解析】以作价投资（入股）、偿还债务等应交付经济利益的方式转移土地、房屋权属的，参照土地使用权出让、出售或房屋买卖确定契税适用税率、计税依据等。本题契税计税依据为 9000 万元。

【答案】C

【例题 25·单选题】居民乙因拖欠居民甲 180 万元的款项无力偿还，2021 年 6 月经当地有关部门调解，以房产抵偿该笔债务，居民甲因此取得该房产的产权并支付给居民乙差价款 20 万元。假定当地规定的契税税率为 5%，金额均不含增值税。下列表述中正确的是（　　）。

A. 居民甲应缴纳契税 1 万元

B. 居民乙应缴纳契税 1 万元

C. 居民甲应缴纳契税 10 万元

D. 居民乙应缴纳契税 10 万元

【解析】契税的纳税人为承受房产权属的单位和个人，所以应该是居民甲缴纳契税。由于该房产是用 180 万元债权外加 20 万元款项取得，故计税依据为 200 万元，居民甲应纳契税 =（180+20）×5%=10（万元）。

【答案】C

考点 4：契税税收优惠★★★

（一）法定减免

有下列情形之一的，免征契税：

1. 国家机关、事业单位、社会团体、军事单位承受土地、房屋权属用于办公、教学、医疗、科研、军事设施；

2. 非营利性的学校、医疗机构、社会福利机构承受土地、房屋权属用于办公、教学、医疗、科研、养老、救助；

3. 承受荒山、荒地、荒滩土地使用权用于农、林、牧、渔业生产；

4. 婚姻关系存续期间夫妻之间变更土地、房屋权属；

5. 法定继承人通过继承承受土地、房屋权属；

6. 依照法律规定应当予以免税的外国驻华使馆、领事馆和国际组织驻华代表机构承受土地、房屋权属。

（二）授权国务院减免

根据国民经济和社会发展的需要，国务院对居民住房需求保障、企业改制重组、灾后重建等情形可以规定免征或者减征契税，报全国人民代表大会常务委员会备案。

（三）省、自治区、直辖市可以决定对下列情形免征或者减征契税

1. 因土地、房屋被县级以上人民政府征收、征用，重新承受土地、房屋权属；

2. 因不可抗力灭失住房，重新承受住房权属。

前款规定的免征或者减征契税的具体办法，由省、自治区、直辖市人民政府提出，报同级人民代表大会常务委员会决定，并报全国人民代表大会常务委员会和国务院备案。

（四）延续执行的《契税法》实施前制定的税收优惠（调整）

1. 夫妻因离婚分割共同财产发生土地、房屋权属变更的，免征契税。

考点妙记

夫妻间无论婚姻关系持续期间还是离婚时分割，土地、房屋权属变更均免征契税。

2. 个人购买住房有不同的契税优惠政策。

个人购买住房	契税优惠政策
城镇职工按规定第一次购买公有住房（含按政策经批准的集资房、房改房）	免征契税
已购公有住房经补缴土地出让价款成为完全产权住房的	
个人购买家庭唯一住房，面积为90平方米及以下的	减按1%税率征收契税
个人购买家庭唯一住房，面积为90平方米以上的	减按1.5%税率征收契税
个人购买家庭第二套改善性住房，面积为90平方米及以下的（不含北京、上海、广州、深圳的住房）	减按1%税率征收契税
个人购买家庭第二套改善性住房，面积为90平方米以上的（不含北京、上海、广州、深圳的住房）	减按2%的税率征收契税

名师点拨

关于家庭住房，家庭成员范围包括购房人、配偶以及未成年子女。

3. 外国银行分行按照《中华人民共和国外资银行管理条例》等相关规定改制为外商独资银行（或其分行），改制后的外商独资银行（或其分行）承受原外国银行分行的房屋权属的，免征契税。

4. 2021年1月1日至2023年12月31日，公租房经营管理单位购买住房作为公租房，免征契税。

5. 2021年1月1日至2023年12月31日，饮水工程运营管理单位为建设饮水工程而承受土地使用权，免征契税。

6. 2019年6月1日至2025年12月31日，为社区提供养老、托育、家政等服务的机构，承受房屋、土地用于提供社区养老、托育、家政服务，免征契税。

7. 自2021年1月1日起至2023年12月31日，有关企业改制、事业单位改制、公司合并、公司分立、企业破产、资产划转、债权转股权、划拨用地出让或作价出资、公司股权（股份）转让规定，归纳为下表：

<table>
<tr><th>特殊行为</th><th>具体情况</th><th>契税政策</th></tr>
<tr><td>企业改制</td><td>包括非公司制企业改制为有限责任公司或股份有限公司，有限责任公司变更为股份有限公司，股份有限公司变更为有限责任公司，原企业投资主体存续并在改制（变更）后的公司中所持股权（股份）比例超过 75%，且改制（变更）后公司承继原企业权利、义务的，对改制（变更）后公司承受原企业土地、房屋权属</td><td rowspan="6">免征</td></tr>
<tr><td>事业单位改制</td><td>事业单位按照国家有关规定改制为企业，原投资主体存续并在改制后企业中出资（股权、股份）比例超过 50% 的，对改制后企业承受原事业单位土地、房屋权属</td></tr>
<tr><td>公司合并</td><td>两个或两个以上的公司，按法律规定、合同约定合并为一个公司，且原投资主体存续的，对合并后的公司承受原合并各方的土地、房屋权属</td></tr>
<tr><td>公司分立</td><td>公司按法律规定、合同约定分立为两个或两个以上与原公司投资主体相同的公司，对分立后公司承受原公司土地、房屋权属</td></tr>
<tr><td rowspan="3">企业破产</td><td>企业依照有关法律法规规定实施破产，债权人（包括破产企业职工）承受破产企业抵偿债务的土地、房屋权属</td></tr>
<tr><td>对非债权人承受破产企业土地、房屋权属，凡按照《中华人民共和国劳动法》等国家有关法律法规政策妥善安置原企业全部职工，与原企业全部职工签订服务年限不少于 3 年的劳动用工合同的，对其承受所购企业土地、房屋权属</td></tr>
<tr><td>对非债权人承受破产企业土地、房屋权属，按规定妥善安置原企业全部职工，与原企业超过 30% 的职工签订服务年限不少于 3 年的劳动用工合同的，对其承受所购企业土地、房屋权属</td><td>减半征收</td></tr>
<tr><td rowspan="3">资产划转</td><td>对承受县级以上人民政府或国有资产管理部门按规定进行行政性调整、划转国有土地、房屋权属的单位</td><td rowspan="3">免征</td></tr>
<tr><td>同一投资主体内部所属企业之间土地、房屋权属的划转，包括母公司与其全资子公司之间，同一公司所属全资子公司之间，同一自然人与其设立的个人独资企业、一人有限公司之间土地、房屋权属的划转</td></tr>
<tr><td>母公司以土地、房屋权属向其全资子公司增资，视同划转</td></tr>
<tr><td>债权转股权</td><td>经国务院批准实施债权转股权的企业，对债权转股权后新设立的公司承受原企业的土地、房屋权属</td><td>免征</td></tr>
<tr><td>划拨用地出让或作价出资</td><td>以出让方式或国家作价出资（入股）方式承受原改制重组企业、事业单位划拨用地的</td><td>对承受方征税</td></tr>
<tr><td>公司股权（股份）转让</td><td>在股权（股份）转让中，单位、个人承受公司股权（股份），公司土地、房屋权属不发生转移</td><td>不征</td></tr>
</table>

考点妙记

（1）继承：仅法定继承免契税；

（2）赠与或分割：仅夫妻之间婚姻关系存续期间或离婚析产变更土地、房屋权属免契税。

【易错易混】注意辨析与房屋赠与有关的规定：

辨析	情形	契税征免
继承	法定继承	免征
赠与	婚姻关系存续期间夫妻之间变更土地、房屋权属	免征
赠与	非法定继承人根据遗嘱承受死者生前的土地、房屋权属	征收
赠与	父子间、亲友间的赠与	征收
赠与	以获奖方式取得房屋产权的，其实质是接受赠与	征收
分割	夫妻因离婚分割共同财产发生土地、房屋权属变更的	免征

经典题解

【例题26·多选题】以下属于于契税法直接规定减免的有（　　）。

A. 因不可抗力灭失住房，重新承受住房权属的

B. 营利性驾驶学校承受土地、房屋权属用于训练、教学的

C. 承受荒地用于牧业生产的

D. 婚姻关系存续期间夫妻之间变更土地、房屋权属的

【名师点题】契税的税收优惠分为四个层次：法定减免；授权国务院减免；授权省、自治区、直辖市减免；延续执行的《契税法》实施前制定的税收优惠。考生要注意区分四个层次减免的具体内容。

【答案】CD

【例题27·单选题】山东省某市居民张先生和太太2019年以52.5万元（发票注明价款50万元，增值税2.5万元）购买一套74平方米的住房用作结婚新房，2021年8月生子后，改善住房条件，以94.5万元（发票注明价款90万元，增值税4.5万元）购买了第二套100平方米的住房，则张先生一家两次共缴纳契税（　　）万元。

A. 1.85　　B. 2.3　　C. 2.6　　D. 3.2

【解析】第一套90平方米以下住房按照1%税率征收契税；第二套改善性住房超过90平方米，按照2%的税率征收契税。张先生一家两次共缴纳契税=50×1%+90×2%=2.3（万元）。

【答案】B

【例题28·多选题】下列方式获得的房屋中，可以免征契税的有（　　）。

A. 以实物交换取得的房屋权属

B. 经批准因债转股新设立的公司承受原企业的房屋

C. 运动员以获奖方式承受的房屋

D. 医院购买用于门诊部的商铺

【解析】选项B：经国务院批准实施债权转股权的企业，对债权转股权后新设立的公司承受原企业的土地、房屋权属的，免征契税。选项D：非营利性的学校、医疗机构、社会福利机构承受土地、房屋权属用于办公、教学、医疗、科研、养老、救助，免征契税。

【答案】BD

考点 5：征收管理★★

（一）纳税义务发生时间和纳税期限

1. 基本规定

契税的纳税义务发生时间，为纳税人签订土地、房屋权属转移合同的当日，或者纳税人取得其他具有土地、房屋权属转移合同性质凭证的当日。

纳税人应当在依法办理土地、房屋权属登记手续前申报缴纳契税。

【提示】未按照规定缴纳契税的，不动产登记机构不予办理土地、房屋权属登记。

考点妙记

先交税后办证——先税后证。

2. 特殊规定（新增）

情形	纳税义务发生时间	纳税期限
因人民法院、仲裁委员会的生效法律文书或者监察机关出具的监察文书等发生土地、房屋权属转移的	法律文书等生效当日	（1）纳税人应当在依法办理土地、房屋权属登记手续前申报缴纳契税 （2）按规定不再需要办理土地、房屋权属登记的，纳税人应自纳税义务发生之日起 90 日内申报缴纳契税
因改变土地、房屋用途等情形应当缴纳已经减征、免征契税的	改变有关土地、房屋用途等情形的当日	
因改变土地性质、容积率等土地使用条件需补缴土地出让价款，应当缴纳契税的	改变土地使用条件当日	

（二）纳税地点

契税由土地、房屋所在地的税务机关依照《契税法》和《中华人民共和国税收征收管理法》的规定征收管理。

（三）特殊退税（调整）

纳税人缴纳契税后发生下列情形，可依照有关法律法规申请退税：

1. 因人民法院判决或者仲裁委员会裁决导致土地、房屋权属转移行为无效、被撤销或者被解除，且土地、房屋权属变更至原权利人的；

2. 在出让土地使用权交付时，因容积率调整或实际交付面积小于合同约定面积需退还土地出让价款的；

3. 在新建商品房交付时，因实际交付面积小于合同约定面积需返还房价款的。

（四）纳税申报资料（新增）

契税纳税人依法纳税申报时，应填报相关表格，并根据具体情形提交下列资料：（1）纳税人身份证件。（2）土地、房屋权属转移合同或其他具有土地、房屋权属转移合同性质的凭证。（3）交付经济利益方式转移土地、房屋权属的，提交土地、房屋权属转移相关价款支付凭证，其中，土地使用权出让为财政票据，土地使用权出售、互换和房屋买卖、互换为增值税发票。（4）因人民法院、仲裁委员会的生效法律文书或者监察机关出具的监察文书等因素发生土地、房屋权属转移的，提交生效法律文书或监察文书等。

符合减免税条件的，应按规定附送有关资料或将资料留存备查。

经典题解

【例题29·多选题】居民甲将其拥有的一处房产转让给居民乙，双方签订房屋权属转移合同并按规定办理了房屋产权过户手续。下列关于契税和印花税的表述中，正确的有（　　）。

A. 作为交易的双方，居民甲和居民乙均同时负有印花税和契税的纳税义务

B. 契税的计税依据为房屋权属转移合同中确定的房产成交价格

C. 契税纳税人应在该房产的所在地缴纳契税，印花税的纳税人应在签订合同时就地纳税

D. 契税纳税人的纳税义务在房屋权属转移合同签订的当天发生，印花税纳税人在合同签订时贴花

【解析】印花税由签订产权转移书据的双方缴纳，契税的纳税义务人是房产权属的承受方，所以选项A错误。

【答案】BCD

第三节　土地增值税法

使用“会计云课堂”App或“微信”扫码查看本节视频，快速GET知识点。

土地增值税是对有偿转让国有土地使用权及地上建筑物和其他附着物产权，取得增值收入的单位和个人征收的一种税。

考点1：纳税义务人和征税范围★★★

（一）纳税义务人

土地增值税的纳税义务人是转让国有土地使用权、地上建筑物及其附着物并取得收入的单位和个人。包括内外资企业、行政事业单位、中外籍个人等。

（二）征税范围

土地增值税的基本征税范围：（1）转让国有土地使用权；（2）地上建筑物及其附着物连同国有土地使用权一并转让；（3）存量房地产买卖。

【解释】

1. 土地增值税的基本征税范围不仅仅限于土地交易，还包括了连同土地使用权一并交易的地上建筑物及其附着物、存量房地产的交易。

2. 土地增值税的征税范围具有“国有”“转让”两个关键特征，其征税范围不包括土地使用权出让。

（1）转让土地使用权的土地是否为国有土地：转让国有土地使用权，征收土地

增值税；转让集体所有制土地，应先在有关部门办理（或补办）土地征用或出让手续，使之变为国家所有才可转让，并纳入土地增值税的征税范围。集体土地的自行转让是一种违法行为。

（2）土地使用权、地上建筑物及其附着物是否发生产权转让：国有土地使用权的转让征收土地增值税，而国有土地使用权的出让不征收土地增值税；未转让土地使用权、房产产权的（如房地产出租）不征收土地增值税。这里的“土地使用权出让”是指土地使用者在政府垄断的土地一级市场，通过支付土地出让金而获得一定年限的土地使用权的行为。“土地使用权转让”是指土地使用者通过出让等形式取得土地使用权后，在土地二级市场上将土地使用权再转让的行为。

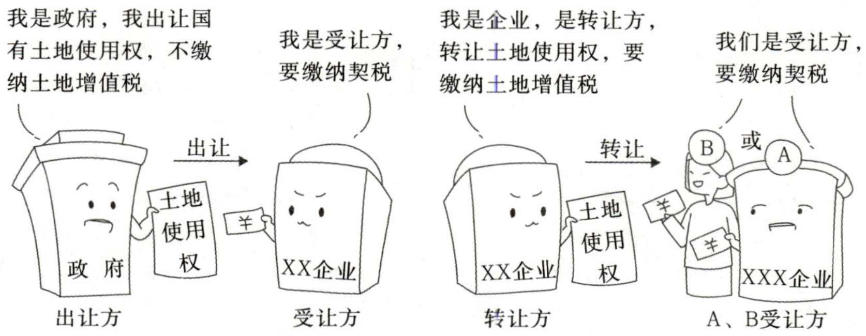

上述内容的具体化适用经常在考试中出现，具体情况可归纳为应征、不征、免征三个方面。将经常出现的房地产若干具体情况的征免规定汇总归纳如下：

应征土地增值税的情况	不征或暂不征收土地增值税的情况	免征或暂免征收土地增值税的情况
（1）转让国有土地使用权 （2）地上建筑物及其附着物连同国有土地使用权一并转让 （3）存量房地产的买卖 （4）除直系亲属、承担直接赡养义务人、法定继承人、公益性之外的赠与 （5）抵押期满以房地产抵债（发生权属转让） （6）单位之间交换房地产（有实物形态收入） （7）合作建房建成后转让的 （8）房地产开发企业的房地产投资、公司制改造、合并、分立中的房地产权属变化	（1）房地产继承（无收入） （2）房地产赠与（①赠与直系亲属、承担直接赡养义务人、法定继承人；②公益性赠与）（无收入） （3）房地产出租（权属未变） （4）抵押期内的房地产（权属未变） （5）房地产的代建房行为（权属未变） （6）房地产评估增值（权属未变） （7）与房地产开发企业无关的重组投资、公司制改造、合并、分立中房地产权属变化	（1）个人之间互换自有居住用房地产，经当地税务机关核实 （2）合作建房建成后按比例分房自用 （3）因国家建设需要依法征用、收回的房地产 （4）建造普通标准住宅出售，增值额未超过扣除项目金额20%的 （5）企事业单位、社会团体以及其他组织转让旧房作为改造安置住房或公租房房源，且增值额未超过扣除项目金额20%的 （6）个人销售住房

【相关链接】这里要注意土地增值税与增值税、契税征税范围的对比记忆，三

个税种在征税范围方面存在差异，其存在差异的原因主要是由于契税的纳税人是承受方，而增值税和土地增值税的纳税人是转让方。

具体情况	是否为土地增值税征税范围	是否为契税征税范围	是否为增值税征税范围
国有土地使用权出让	不是	是	免税
土地使用权的转让	是	是	是
房屋买卖（含以房产抵债、投资、买房拆料或翻建新房等视同房屋买卖行为）	是	是	是
房屋赠与（含获奖、继承方式）	赠与直系亲属、承担直接赡养义务人以及公益性赠与、继承不是，上述以外均是	①法定继承免税；②国家机关、事业单位、社会团体、军事单位、非营利性的机构等受赠用于规定用途免税；③婚姻关系存续期间夫妻之间变更免税；④除此之外均纳税	①赠与直系亲属、承担直接抚养义务人或赡养义务人以及继承、受遗赠免税；②用于公益事业或者以社会公众为对象，不征税；③上述以外均纳税
房屋互换	是（个人互换居住用房，经核实可免税）	是（等价互换计税依据为0）	是

经典题解

【**真题30·单选题**】下列行为中，应征收土地增值税的是（　　）。（2021年）

A. 将闲置房产对外出租　　B. 房地产价值重新评估

C. 以房屋产权清偿债务　　D. 出让国有土地使用权

【**名师点题**】土地增值税的征税范围是CPA税法高频考点，是考生必须掌握的内容。

【**解析**】选项AB：房地产权属没有发生变化，均不属于土地增值税的征税范围，不征收土地增值税。选项D：土地增值税的征税范围不包括土地使用权出让。

【**答案**】C

【**真题31·单选题**】下列行为中，属于土地增值税征税范围的是（　　）。（2020年）

A. 企业间的房屋置换

B. 某企业通过福利机构将一套房产无偿赠与养老院

C. 某人将自有的一套闲置住房出租

D. 某人将自有房产无偿赠与子女

【**解析**】（1）选项BD：房产无偿用于公益事业捐赠或者赠与直系亲属，不属于土地增值税征税范围；（2）选项C：出租未发生房产的权属转移，不发生土地增值税的纳税义务，不征收土地增值税。

【**答案**】A

考点 2：土地增值税的税率★★

名师点拨

记忆土地增值税的税率表，考试时经常不提供该税率表。

土地增值税采用四级超率累进税率。与超额累进税率相比，超率累进税率累进依据为相对数，而超额累进税率的累进依据为绝对数；本税种的累进依据为增值额与扣除项目金额之间的比率。

级数	增值额与扣除项目金额的比率	税率	速算扣除系数
1	不超过 50% 的部分	30%	0
2	超过 50%~100% 的部分	40%	5%
3	超过 100%~200% 的部分	50%	15%
4	超过 200% 的部分	60%	35%

【提示】土地增值税采用四级超率累进税率，是我国唯一一个采用超率累进税率的税种。

考点 3：土地增值税的应税收入★★★

纳税人转让房地产取得的应税收入，包括转让房地产取得的全部价款及有关的经济收益。从形式上看包括货币收入、实物收入和其他收入。实物收入要按照取得收入时的市场价折算成货币。

【提示】2016 年 5 月“营改增”后，土地增值税纳税人转让房地产取得的收入为不含增值税收入。

适用增值税一般计税方法的纳税人，其转让房地产的土地增值税应税收入不含增值税销项税额；适用简易计税方法的纳税人，其转让房地产的土地增值税应税收入不含增值税应纳税额。

房地产开发企业在营改增后进行房地产开发项目土地增值税清算时，按以下方法确定应税收入：土地增值税应税收入 = 营改增前转让房地产取得的收入 + 营改增后转让房地产取得的不含增值税收入。

经典题解

【例题 32·单选题】某房地产开发企业为增值税一般纳税人，2016 年 4 月 30 日前转让 A 项目部分房产，取得转让收入 30000 万元；2016 年 5 月 1 日后转让 A 项目部分房产，取得含税收入 50000 万元。该项目已达到土地增值税清算条件，该房地产企业对 A 项目选择“简易征收”方式缴纳增值税。该企业在土地增值税清算时应确认应税收入（　　）万元。

A. 80000.00　　B. 76190.48

C. 77619.05　　D. 75045.05

【解析】房地产开发企业在营改增后进行房地产开发项目土地增值税清算时，按以下方法确定应税收入：

土地增值税应税收入=营改增前转让房地产取得的收入+营改增后转让房地产取得的不含增值税收入=30000+50000÷（1+5%）=77619.05（万元）。

【答案】C

【例题33】某房地产开发公司（增值税一般纳税人）于2020年6月受让一宗土地使用权，依据受让合同支付政府部门地价款7000万元（已取得相关部门的财政票据），当月办妥土地使用证并支付相关税费。自2020年7月起至2022年3月末，该房地产开发公司在受让土地上开发建造一栋写字楼，并销售建筑面积的80%，其余面积出租。依据销售合同共计取得含税销售收入20000万元。该房地产开发公司在土地增值税清算时确认不含税转让收入多少万元？

【答案及解析】首先注意增值税差额计税的规定，房地产开发企业一般计税方法计算销项税的销售额要扣减支付给政府部门的土地价款，扣减还要注意与销售规模（此题为80%）的配比性。该房地产开发公司增值税销项税额=（20000-7000×80%）÷（1+9%）×9%=1188.99（万元）

其次，该房地产开发公司的不含税转让收入金额要用含税销售额减除增值税销项税，不含税收入=20000-1188.99=18811.01（万元）。

名师点拨

各个税种有不同的确认不含税收入的方法，土地增值税确认不含税收入的规则比较特殊。

考点4：扣除项目的确定★★★

准予从转让收入额中减除的扣除项目及适用情况如下（主要区分新建房转让和存量房转让）：

1. 取得土地使用权所支付的金额（适用新建房转让和存量房地产转让）

包括地价款和取得土地使用权时按国家统一规定缴纳的有关费用。

房地产开发企业为取得土地使用权所支付的契税，应视同“按国家统一规定缴纳的有关费用”，计入“取得土地使用权所支付的金额”中扣除。

经典题解

【例题34·多选题】在计算土地增值税应纳税额时，纳税人为取得土地使用权支付的地价款准予扣除。这里的地价款是指（　　）。

A. 以协议出让方式取得土地使用权的，为支付的土地出让金

B. 以转让方式取得土地使用权的，为实际支付的地价款

C. 以拍卖出让方式取得土地使用权的，为支付的土地出让金

D. 以行政划拨方式取得土地使用权变更为有偿使用的，为补缴的土地出让金

【名师点题】这里是考核考生对不同取得方式下地价款含义的理解。

【答案】ABCD

2. 房地产开发成本（适用新建房转让）

包括土地征用及拆迁补偿费（土地征用费、耕地占用税等）、前期工程费、建筑安装工程费、基础设施费（含开发项目的排污费）、公共配套设施费、开发间接费用等。

3. 房地产开发费用（适用新建房转让）

房地产开发费用是指与房地产开发项目有关的销售费用、管理费用和财务费用。

（1）纳税人能够按转让房地产项目计算分摊利息支出并能提供金融机构贷款证明的：

允许扣除的房地产开发费用 = 利息 +（取得土地使用权所支付的金额 + 房地产开发成本）×5% 以内（注：利息最高不能超过按商业银行同类同期贷款利率计算的金额）

（2）纳税人不能按转让房地产项目计算分摊利息支出或不能提供金融机构贷款证明的（包含全部使用自有资金没有利息支出的情况）：

允许扣除的房地产开发费用 =（取得土地使用权所支付的金额 + 房地产开发成本）×10% 以内

（3）房地产开发企业既向金融机构借款，又有其他借款的，其房地产开发费用计算扣除时不能同时适用上述（1）（2）项所述两种办法。

要点小贴士

三项房地产开发费用不是按实际发生额扣除，而是按照规定的公式和标准计算扣除。

【提示】土地增值税清算时，按照会计规则已经计入房地产开发成本的利息支出，应按照土地增值税规则调整至财务费用中计算扣除。考生要注意仔细审题。

若房地产开发成本 5000 万元，其中利息支出 1000 万元——意味着 5000 万元是会计口径的成本，从成本中调出利息后，计算土地增值税的房地产开发成本只有 4000 万元。

若房地产开发成本 5000 万元；利息支出 1000 万元——意味着 5000 万元就是计算土地增值税口径的房地产开发成本。

名师点拨

注意房地产开发成本存在税会差异——会计口径成本含资本化利息；土地增值税口径的成本不含利息。考生要注意仔细审题看成本的口径。

经典题解

【真题 35 · 多选题】房地产开发企业计算土地增值税时，下列与开发项目相关的支出中，属于扣除范围的有（　　）。（2021 年）

A. 逾期归还贷款支付的罚息　　B. 开发项目的排污费

C. 开发项目的公共配套设施费　D. 土地折迁补偿费

【解析】选项 A：对于超过贷款期限的利息部分和加罚的利息不允许扣除。选项 BCD：土地增值税扣除项目中的房地产开发成本包括土地征用及拆迁补偿费、前期工程费、建筑安装工程费、基础设施费（含开发项目的排污费）、公共配套设施费、开发间接费用等。

【答案】BCD

【例题 36】某企业开发房地产取得土地使用权所支付的金额为 1000 万元；房地产开发成本为 6000 万元；向金融机构借入资金发生利息支出 400 万元（能提供金融机构贷款证明且可以按转让房地产项目合理分摊），其中超过国家规定上浮幅度的金额为 100 万元；该房地产所在地政府规定能提供金融机构贷款证明且可以合理分摊利息支出的，其他房地产开发费用的计算扣除比例为 5%。该企业允许扣除的房地产开发费用 =（400−100）+（1000+6000）×5%=650（万元）。

4. 与转让房地产有关的税金（适用新建房转让和存量房地产转让）

包括转让房地产时缴纳的城建税、印花税（非房地产开发企业）。教育费附加

名师点拨

土地增值税条例和细则中没有地方教育附加扣除的规定。现实中各省对地方教育附加能否扣除有着不同的规定，考试时应注意题干提示和要求。

视同税金扣除。

考生还要辨析计算土地增值额时可扣除的与转让新建房地产有关税金的具体规定。房地产开发企业与非房地产开发企业的税金扣除政策存在差异：

企业类型	转让环节可扣除税金	详细说明
房地产开发企业	城建税、教育费附加	（1）“营改增”后，转让房地产取得的收入为不含增值税收入，因此转让环节税金中不必重复扣除收入中已不包含的增值税 （2）“营改增”之前，印花税是在“管理费用”科目下核算的，由于“管理费用”在房地产开发费用项下计算扣除，所以在计算土地增值额时不能单独再次重复扣除。“营改增”后，印花税在“税金及附加”中核算，不再体现在管理费用中，法理上可以单独扣除，但税务机关没有允许扣除的规定，出现政策矛盾（考试一般回避矛盾，考生可按照教材“不能单独扣除”掌握）
非房地产开发企业	（1）印花税 （2）城建税、教育费附加	印花税税率为0.5‰（产权转移书据）

【提示】“营改增”后，房地产开发企业实际缴纳的城市维护建设税、教育费附加，凡能够按清算项目准确计算的，允许据实扣除；凡不能按清算项目准确计算的，则按该清算项目预缴增值税时实缴的城市维护建设税和教育费附加扣除。

5. 财政部规定的其他扣除项目（适用房地产开发企业新开发房地产的转让）

从事房地产开发的纳税人加计扣除 =（取得土地使用权所支付的金额 + 房地产开发成本）×20%

【提示】

（1）此项加计扣除仅对房地产开发企业转让新开发的房地产有效，非房地产开发企业转让房地产没有此项政策；

（2）房地产开发企业取得土地使用权后未经开发就转让的，不得加计扣除。

经典题解

【例题37】某房地产开发公司整体出售了其新建的商品房，已知与商品房相关的取得土地使用权支付金额和开发成本共计10000万元；该公司没有按房地产项目计算分摊借款利息；该项目所在省政府规定，计征土地增值税时房地产开发费用扣除比例按国家规定允许的最高比例执行；与转让该商品房有关的税金为200万元。计算转让该商品房项目缴纳的土地增值税时，应扣除的“房地产开发费用”和“其他扣除项目”的合计金额 =10000×（10%+20%）=3000（万元）。

6. 旧房及建筑物的评估价格（适用存量房地产转让）

税法规定，纳税人转让旧房的，应按房屋及建筑物的评估价格、取得土地使用权所支付的地价款和按国家统一规定缴纳的有关费用以及在转让环节缴纳的税金

（不含增值税），作为扣除项目金额计征土地增值税。

（1）能取得评估价格

“旧房及建筑物的评估价格”是指转让已使用过的房屋及建筑物时，由政府批准设立的房地产评估机构评定的重置成本价乘以成新度折扣率后的价格。评估价格须经当地税务机关确认。

评估价格 = 重置成本价 × 成新度折扣率

如某企业转让一幢使用过多年的办公楼，经当地税务机关认定的重置成本价为 12000 万元，成新度折扣率为 70%，则该办公楼评估价格 =12000×70%=8400（万元）。

（2）不能取得评估价格

纳税人转让旧房及建筑物，凡不能取得评估价格，但能提供购房发票的，经当地税务部门确认，可按发票所载金额并从购买年度起至转让年度止每年加计 5% 计算扣除。计算扣除项目时“每年”按购房发票所载日期起至售房发票开具之日止，每满 12 个月计一年；超过一年，未满 12 个月但超过 6 个月的，可以视同为一年。

考点妙记

不满 12 个月，不得加计 5%；
若 1 年 5 个月，加计 1 个 5%；
若 1 年 7 个月，加计 2 个 5%。

【提示】纳税人购房时缴纳的契税，凡能提供契税完税凭证的，准予作为“与转让房地产有关的税金”予以扣除，但不作为加计 5% 的基数。

（3）对于转让旧房及建筑物，既没有评估价格，又不能提供购房发票的，税务机关可以根据《税收征管法》第三十五条的规定，实行核定征收。

经典题解

【例题 38 · 单选题】位于县城的某商贸公司（增值税一般纳税人）2021 年 3 月销售一栋旧办公楼，取得含增值税收入 1000 万元，缴纳印花税 0.5 万元。因无法取得评估价格，公司提供了购房发票，该办公楼购于 2016 年 1 月，购价为 600 万元，缴纳契税 18 万元（能提供契税完税凭证）。已知该公司选择简易计税办法计算增值税，该省允许地方教育附加在税金及附加中扣除，则该公司销售办公楼计算土地增值税时，可扣除项目金额的合计数为（　　）万元。

A. 751.9　　B. 768.5　　C. 770.4　　D. 740.4

【解析】一般纳税人（非房地产开发企业）转让其 2016 年 4 月 30 日前取得（不含自建）的不动产，可以选择适用简易计税方法计税，以取得的全部价款和价外费用扣除不动产购置原价或者取得不动产时的作价后的余额为销售额，按照 5% 的征收率计算应纳税额。

名师点拨

各税种销售额的确定规则不同。增值税差额计算的销售额，只减除购置原价或作价，不减除其他税费。

可扣除项目金额的合计数 =600×（1+5%×5）+18+0.5+（1000−600）÷（1+5%）×5%×（5%+3%+2%）=770.4（万元）。

【答案】C

（4）对取得土地使用权时未支付地价款或不能提供已支付的地价款凭据的，不允许扣除取得土地使用权时所支付的金额。

【提示】纳税人转让旧房及建筑物时，因计算纳税需要对房地产进行评估所支付的评估费可以作为计算土地增值税的扣除金额，但是因纳税人隐瞒、虚报房地产

成交价格等按照评估价格计税时发生的评估费，不允许在计算土地增值税时扣除。(教材未收录)

经典题解

【例题 39·多选题】转让旧房产，计算其土地增值税增值额时准予扣除的项目有( )。

A. 旧房产的评估价格

B. 支付评估机构的费用

C. 建造旧房产的重置成本

D. 转让环节缴纳的增值税以外的各种税费

【解析】转让旧房的，应按房屋及建筑物的评估价格、取得土地使用权所支付的地价款和按国家统一规定缴纳的有关费用及在转让环节缴纳的税金，作为扣除项目金额计征土地增值税，所以应选 AD 选项。纳税人转让旧房及建筑物时，因计算纳税需要对房地产进行评估所支付的评估费可以作为计算土地增值税的扣除金额，B 选项按照政策也可以扣除，但是超出教材给定的政策范围。

【答案】ABD

【归纳 1】《中华人民共和国土地增值税暂行条例》等规定的土地增值税扣除项目涉及的增值税进项税额，允许在销项税额中抵扣的，不计入扣除项目；不允许在销项税额中抵扣的，可以计入扣除项目。即扣除项目中包括不得抵扣的增值税进项税额。

【归纳 2】从不同转让标的看扣除项目的差异。

可从转让收入额中减除的扣除项目及适用情况如下表：

可扣除项目	适用情况
(1)取得土地使用权所支付的金额	新建房转让和存量房地产转让
(2)房地产开发成本	新建房转让
(3)房地产开发费用	新建房转让
(4)与转让房地产有关的税金	新建房转让和存量房地产转让
(5)旧房及建筑物的评估价格	存量房地产转让
(6)财政部规定的其他扣除项目	房地产开发企业的新开发房地产的转让

经典题解

【例题 40·多选题】以下项目中，转让新建房产和转让旧房产，计算土地增值税增值额时均能扣除的项目有( )。

A. 取得土地使用权所支付的金额

B. 房地产开发成本

C. 与转让房地产有关的税金

D. 旧房及建筑物的评估价格

【答案】AC

【归纳3】从不同转让主体的不同转让行为看扣除项目的差异。

企业类型	转让房地产情况	可扣除项目
房地产开发企业	转让新建房	(1)取得土地使用权所支付的金额 (2)房地产开发成本 (3)房地产开发费用 ①纳税人能按转让房地产项目分摊利息支出并能提供金融机构贷款证明的： 允许扣除的房地产开发费用＝利息(不包括加息、罚息)+(取得土地使用权所支付的金额＋房地产开发成本)×5%以内 ②纳税人不能按转让房地产项目分摊利息支出或不能提供金融机构贷款证明的： 允许扣除的房地产开发费用＝(取得土地使用权所支付的金额＋房地产开发成本)×10%以内 (4)与转让房地产有关的税金：城建税；教育费附加 (5)财政部规定的其他扣除项目(加计扣除) 从事房地产开发的纳税人可加计扣除＝(取得土地使用权所支付的金额＋房地产开发成本)×20%
非房地产开发企业	转让新建房	(1)取得土地使用权所支付的金额 (2)房地产开发成本 (3)房地产开发费用 (4)与转让房地产有关的税金：①印花税；②城建税、教育费附加
各类企业	转让存量房	(1)取得土地使用权所支付的金额 (2)房屋及建筑物的评估价格 评估价格＝重置成本价 × 成新度折扣率 【提示】不能取得评估价格但能提供购房发票的，(1)(2)项按发票所载金额并从购买年度起至转让年度止每年加计5%计算扣除 (3)转让环节缴纳的税金：①印花税；②城建税、教育费附加；③购房时缴纳的契税(仅适用于按发票金额每年加计5%计算扣除且能提供契税完税凭证的纳税人)
	单纯转让未经开发的土地	(1)取得土地使用权所支付的金额 (2)转让环节缴纳的税金

【易错易混】契税在计算土地增值税时的扣除规则：

契税支付环节		税务处理
纳税人转让新建房或直接转让未经开发的土地使用权，取得土地使用权时支付的契税		视同“按国家统一规定缴纳的有关费用”，计入“取得土地使用权所支付的金额”中扣除
纳税人转让存量房，其原购入环节缴纳的契税	转让有评估价格的存量房	已经包含在旧房及建筑物的评估价格之中，故计征土地增值税时，不另作为与转让房地产有关的税金扣除
	转让无评估价格的存量房	凡能提供契税完税凭证的，准予作为“与转让房地产有关的税金”予以扣除，但不作为加计5%的基数

考点5：土地增值税增值额的确定★★

土地增值税增值额的计算采用扣除法和评估法两类方法。

增值额的确定方法及适用		内容及目标
扣除法	一般情况适用	以纳税人转让房地产取得的收入减法定扣除项目后的余额确定增值额
评估法	对旧房及建筑物的转让	以评估价格为基础确定扣除项目金额
	隐瞒、虚报房地产成交价格的	评估确定转让收入
	转让房地产的成交价格低于房地产评估价格又无正当理由的	
	提供扣除项目金额不实的	评估确定扣除项目金额

要点小贴士

评估法可评估价格、收入或成本。

【解释】房地产评估价格是由政府批准设立的房地产评估机构根据相同地段、同类房地产进行综合评定的价格。不是由税务机关进行评估，但需经税务机关确认。

经典题解

【例题41·多选题】下列项目中，计征土地增值税时需要用评估价格来确定转让房地产收入、扣除项目金额的包括（　　）。

A. 虚报房地产成交价格的

B. 转让房地产的成交价格低于房地产评估价格，又无正当理由的

C. 提供扣除项目金额不实的

D. 以房地产进行投资联营的

【解析】纳税人有下列情况之一的，需要对房地产进行评估，并以房地产的评估价格来确定转让房地产收入、扣除项目的金额：（1）隐瞒、虚报房地产成交价格的；（2）提供扣除项目金额不实的；（3）转让房地产的成交价格低于房地产评估价格，又无正当理由的。

【答案】ABC

考点6：应纳税额的计算方法★★★

（一）计算土地增值税的步骤和公式

第一步，计算收入总额。

第二步，计算扣除项目金额。

第三步，用不含增值税的收入总额减除扣除项目金额计算增值额。

增值额＝转让房地产收入（不含增值税）－扣除项目金额

第四步，计算增值额与扣除项目金额之间的比例，以确定适用税率的档次和对应的速算扣除系数。

第五步，套用公式计算税额。公式：

应纳税额＝增值额×税率－扣除项目金额×速算扣除系数

经典题解

【例题 42·计算问答题】某市房地产开发公司（增值税一般纳税人）于 2021 年 5 月将一新建写字楼转让给某单位，取得含税转让收入 15750 万元，公司即按税法规定缴纳了有关税金（该公司的写字楼为“营改增”之前开始建造，转让时选择了增值税简易征收方式）。已知该公司为取得土地使用权而支付的地价款和按国家统一规定缴纳的有关费用共 3000 万元；投入房地产开发成本为 4000 万元；房地产开发费用中的利息支出为 1200 万元（不能按转让房地产项目计算分摊利息支出，也不能提供金融机构贷款证明）。另知该公司所在省人民政府规定的房地产开发费用的计算扣除比例为 10%，不考虑印花税扣除因素，所在省政府允许扣除地方教育附加。请计算该公司转让此楼应纳的土地增值税税额。

【答案及解析】

（1）确定转让房地产取得的收入：

增值税简易征收不能扣除支付的土地价款，需要用 5% 征收率换算成不含税收入。

增值税 =15750/（1+5%）×5%=15000×5%=750（万元）；

不含税转让收入 =15750-750=15000（万元）；

（2）确定转让房地产的扣除项目金额：

①取得土地使用权所支付的金额为 3000 万元；

②房地产开发成本为 4000 万元；

③房地产开发费用：

（3000+4000）×10%=700（万元）；

④与转让房地产有关的税金：

城建税及两个附加 =750×（7%+3%+2%）=90（万元）；

⑤从事房地产开发的加计扣除：

（3000+4000）×20%=1400（万元）；

⑥转让房地产的扣除项目金额合计：

3000+4000+700+90+1400=9190（万元）；

（3）计算转让房地产的增值额：

15000-9190=5810（万元）；

（4）计算增值额与扣除项目金额的比率：

5810÷9190×100%=63.22%，适用税率为 40%，速算扣除系数为 5%；

（5）计算应纳土地增值税税额：

应纳土地增值税 =5810×40%-9190×5%=2324-459.5=1864.5（万元）。

名师点拨

土地增值税在计算企业所得税时可以在税前扣除。

（二）土地增值税计算中的配比规则

【提示】关于土地增值税计算的命题，要注意“步骤”，更要注意“配比”。在纷繁成本费用项目条件中，只有已售（含视同销售、产权属于全体业主所有、无偿移交政府等）房地产的地价成本和建造成本可扣除；未开发以及已开发未售的地价成本和建造成本不可扣除。

【配比型计算方法归纳】

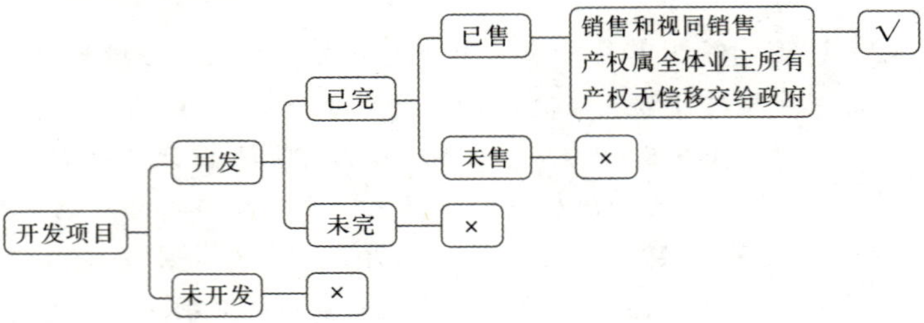

经典题解

【例题43·计算问答题】位于县城的某国有工业企业（增值税一般纳税人）利用厂区空地建造写字楼，发生的相关业务如下：

（1）按照国家有关规定补缴土地出让金4000万元，缴纳相关税费160万元；

（2）写字楼开发成本3000万元，其中装修费用500万元；

（3）写字楼开发费用中的利息支出为300万元（不能提供金融机构贷款证明）；

（4）写字楼于2021年5月底竣工验收。6月1日将总建筑面积的1/2销售，签订销售合同，取得不含税收入6500万元；同时将另外1/2的建筑面积出租，当年取得租金收入（不含增值税）15万元。

（其他相关资料：该企业所在省规定，按土地增值税暂行条例实施细则规定的最高扣除比例计算扣除房地产开发费用，同时规定允许扣除地方教育附加。该企业写字楼项目立项和开始动工于“营改增”之前，故选择简易征收方法计算销售房产和租赁房产的增值税）

要求：根据上述资料，按下列序号计算回答问题，每问需计算出合计数。

（1）企业计算土地增值税时应扣除的取得土地使用权所支付的金额；

（2）企业计算土地增值税时应扣除的开发成本的金额；

（3）企业计算土地增值税时应扣除的开发费用的金额；

（4）企业计算土地增值税时应扣除的有关税金；

（5）企业应缴纳的土地增值税；

（6）企业应缴纳的增值税、城市维护建设税和教育费附加、地方教育附加；

（7）出租写字楼企业应缴纳的房产税。

【答案及解析】

这是近年土地增值税的命题风格，本题考核了完工项目已售与未售的成本分摊，也考到了土地增值税与其他税种、附加的关系。

（1）应扣除的取得土地使用权所支付的金额＝（4000+160）×1/2=2080（万元）

（2）应扣除的房地产开发成本＝3000×1/2=1500（万元）

【提示】根据国税发〔2006〕187号规定：房地产开发企业销售已装修的房屋，其装修费用可以计入房地产开发成本。这一规定在现实中和考试时同样适用于非房地产开发企业。

（3）应扣除的房地产开发费用＝（2080+1500）×10%=358（万元）

（4）应扣除的与转让房地产有关的税金：

城建税与两个附加＝6500×5%×（5%+3%+2%）=32.5（万元）

印花税 =6500×0.5‰ =3.25（万元）

可扣除税金合计 =32.5+3.25=35.75（万元）

（5）扣除项目总额 =2080+1500+358+35.75=3973.75（万元）

增值额 =6500−3973.75=2526.25（万元）

增值率 =2526.25÷3973.75×100%=63.57%

适用的税率为 40%，速算扣除系数为 5%。

应纳土地增值税 =2526.25×40%−3973.75×5%=1010.5−198.69=811.81（万元）

（6）企业应缴纳的增值税、城市维护建设税和教育费附加、地方教育附加 =（6500+15）×5%×（1+5%+3%+2%）=325.75×（1+5%+3%+2%）=358.33（万元）

（7）应纳房产税 =15×12%=1.8（万元）。

名师点拨

当题目中出现“合同”字样，就要考虑印花税。这是本题的陷阱之一。

（三）出售旧房应纳税额的计算方法

出售旧房及建筑物，首先按评估价格及有关因素计算、确定扣除项目金额，再根据土地增值税的计算步骤计算应纳税额。具体计算步骤：

第一步，计算评估价格。其公式为：

评估价格 = 重置成本价 × 成新度折扣率

第二步，汇集扣除项目金额。

第三步，计算增值额。

第四步，计算增值率。依据增值率确定适用税率及速算扣除系数。

第五步，套用公式计算税额。

应纳税额 = 增值额 × 适用税率 − 扣除项目金额 × 速算扣除系数

经典题解

【例题 44·单选题】2021 年某企业转让一栋六成新的旧仓库，取得不含税转让收入 2000 万元，可扣除的相关税费共计 1 万元。该仓库原造价 1000 万元，重置成本价 1800 万元。该企业转让仓库应缴纳土地增值税（　　）万元。

A. 114.95　　B. 296.15　　C. 313.55　　D. 476.05

【解析】出售旧房及建筑物，首先按评估价格及有关因素确定扣除项目，再根据土地增值税的计算步骤计算应纳税额。

其中评估价格 = 重置成本价 × 成新度折扣率。本题仓库的成新度折扣率为 60%，即 6 成新，其评估价格 =1800×60%=1080（万元）。

该转让项目的土地增值额 =2000−1080−1=919（万元）。

土地增值率 =919/1081×100%=85.01%，适用 40% 的税率，速算扣除系数 5%。

该企业转让旧仓库应纳土地增值税 =919×40%−1081×5%=313.55（万元）。

【答案】C

考点 7：房地产开发企业土地增值税清算★★★

土地增值税清算是指纳税人在符合土地增值税清算条件后，依照税收法律、法规及土地增值税有关政策规定，计算房地产开发项目应缴纳的土地增值税税额，并填写土地增值税清算申报表，向主管税务机关提供有关资料，办理土地增值税清算手续，结清该房地产项目应缴纳土地增值税税款的行为。

1. 清算的条件以及时间

<table>
<tr><th>要点</th><th colspan="2">主要规定</th></tr>
<tr><td>清算单位</td><td colspan="2">（1）土地增值税以国家有关部门审批的房地产开发项目为单位进行清算，对于分期开发的项目，以分期项目为单位清算
（2）开发项目中同时包含普通住宅和非普通住宅的，应分别计算增值额</td></tr>
<tr><td rowspan="2">清算条件</td><td>纳税人应进行土地增值税清算的三种情况</td><td>（1）房地产开发项目全部竣工、完成销售的
（2）整体转让未竣工决算房地产开发项目的
（3）直接转让土地使用权的</td></tr>
<tr><td>主管税务机关可要求纳税人进行土地增值税清算的四种情况</td><td>（1）已竣工验收的房地产开发项目，已转让的房地产建筑面积占整个项目可售建筑面积的比例在85%以上，或该比例虽未超过85%，但剩余的可售建筑面积已经出租或自用的
（2）取得销售（预售）许可证满三年仍未销售完毕的
（3）纳税人申请注销税务登记但未办理土地增值税清算手续的
（4）省税务机关规定的其他情况</td></tr>
<tr><td>清算时间</td><td colspan="2">（1）凡符合应办理土地增值税清算条件的项目，纳税人应当在满足条件之日起90日内到主管税务机关办理清算手续
（2）凡属税务机关要求纳税人进行土地增值税清算的项目，纳税人应当在接到主管税务机关下发的清算通知之日起90日内，到主管税务机关办理清算手续</td></tr>
</table>

经典题解

【例题45·单选题】对房地产开发公司进行土地增值税清算时，可作为清算单位的是（　　）。

A. 规划申报项目　　B. 审批备案项目

C. 商业推广项目　　D. 设计建筑项目

【解析】土地增值税以国家有关部门审批的房地产开发项目为单位进行清算，对于分期开发的项目，以分期项目为单位清算。

【答案】B

【真题46·单选题】下列情形中，纳税人应当进行土地增值税清算的是（　　）。（2015年）

A. 直接转让土地使用权的

B. 取得销售（预售）许可证满1年仍未销售完毕的

C. 转让未竣工决算房地产开发项目50%股权的

D. 房地产开发项目尚未竣工但已销售面积为50%的

【答案】A

2. 收入的确认

<table>
<tr><th>要点</th><th colspan="2">主要规定</th></tr>
<tr><td>一般情形下销售收入的确认</td><td colspan="2">房地产开发项目的销售行为跨越“营改增”前后的：
土地增值税清算应税收入 = “营改增”前转让房地产取得的收入 + “营改增”后转让房地产取得的不含增值税收入</td></tr>
<tr><td rowspan="3">非直接销售和自用房地产的收入确定</td><td>房地产开发企业将开发产品用于职工福利、奖励、对外投资、分红、偿债、换取非货币性资产等，发生所有权转移时应视同销售房地产</td><td rowspan="2">收入按下列方法和顺序确认：
（1）按本企业在同一地区、同一年度销售的同类房地产的平均价格确定
（2）由主管税务机关参照当地当年、同类房地产的市场价格或评估价值确定</td></tr>
<tr><td>房地产开发企业用建造的房地产安置回迁户的，安置用房视同销售处理</td></tr>
<tr><td>房地产开发企业将开发的部分房地产转为企业自用或用于出租等商业用途时，产权未发生转移的</td><td>不征收土地增值税，在税款清算时不列收入，不扣除相应的成本和费用</td></tr>
</table>

3. 扣除项目的规定

<table>
<tr><th>要点</th><th colspan="3">主要规定</th></tr>
<tr><td rowspan="6">可据实扣除的项目</td><td colspan="3">（1）房地产开发企业开发建造的与清算项目配套的居委会和派出所用房、会所、停车场（库）、物业管理场所、变电站、热力站、水厂、文体场馆、学校、幼儿园、托儿所、医院、邮电通信等公共设施：</td></tr>
<tr><td>产权</td><td>收入</td><td>成本、费用</td></tr>
<tr><td>全体业主所有</td><td>——</td><td>可以扣除</td></tr>
<tr><td>无偿移交给政府、公用事业单位用于非营利性社会公共事业</td><td>——</td><td>可以扣除</td></tr>
<tr><td>有偿转让</td><td>应计算收入</td><td>可以扣除</td></tr>
<tr><td colspan="3">（2）房地产开发企业销售已装修的房屋，其装修费用可以计入房地产开发成本
（3）房地产开发企业在工程竣工验收后，根据合同约定，扣留建筑安装施工企业一定比例的工程款，作为开发项目的质量保证金，在计算土地增值税时，建筑安装施工企业就质量保证金对房地产开发企业开具发票的，按发票所载金额予以扣除
（4）房地产开发企业为取得土地使用权所支付的契税，应视同“按国家统一规定缴纳的有关费用”，计入“取得土地使用权所支付的金额”中扣除
（5）房地产开发企业支付给回迁户的补差价款，计入拆迁补偿费；回迁户支付给房地产开发企业的补差价款，应抵减本项目拆迁补偿费
（6）货币安置拆迁的，房地产开发企业凭合法有效凭据计入拆迁补偿费</td></tr>
<tr><td>可核定扣除的项目</td><td colspan="3">前期工程费、建筑安装工程费、基础设施费、开发间接费用的凭证或资料不符合清算要求或不实的</td></tr>
</table>

要点	主要规定
不可扣除的项目	（1）除另有规定外，扣除取得土地使用权所支付的金额、房地产开发成本、费用及与转让房地产有关税金，不能提供合法有效凭证的，不予扣除 （2）房地产开发企业的预提费用，除另有规定外，不得扣除 （3）房地产开发企业在工程竣工验收后，根据合同约定，扣留建筑安装施工企业一定比例的工程款，作为开发项目的质量保证金，建筑安装施工企业就质量保证金未对房地产开发企业开具发票的，扣留的质保金，不得扣除 （4）房地产开发企业逾期开发缴纳的土地闲置费不得扣除

考点妙记

房开企业扣留质保金：施工开票可扣除；未开发票禁扣除。

经典题解

【**例题 47·多选题**】土地增值税清算时，房地产开发企业开发建造的与清算项目配套的会所等公共设施，其成本费用可以扣除的情形有（　　）。

A. 建成后开发企业转为自用的　B. 建成后开发企业用于出租的

C. 建成后有偿转让的　D. 建成后产权属于全体业主所有的

【**解析**】本题考核土地增值税清算时扣除项目的规定。房地产开发企业开发建造的与清算项目配套的会所等公共设施，建成后产权属于全体业主所有的，其成本、费用可以扣除；建成后有偿转让的，应计算收入，并准予扣除成本、费用。

【**答案**】CD

【**例题 48·单选题**】房地产开发企业进行土地增值税清算时，下列各项中，允许在计算增值额时扣除的是（　　）。

A. 加罚的利息

B. 已售精装修房屋的装修费用

C. 逾期开发土地缴纳的土地闲置费

D. 未取得建筑安装施工企业开具发票的扣留质量保证金

【**解析**】房地产开发企业销售已装修的房屋，其装修费用可以计入房地产开发成本扣除；选项 ACD 均不得扣除。

【**答案**】B

4. 核定征收以及清算后的相关规定

要点	主要规定	
土地增值税的核定征收	税务机关可以参照与房地产开发企业开发规模和收入水平相近的当地企业的土地增值税税负情况，按不低于预征率的征收率核定征收土地增值税的五种情形	（1）依照法律、行政法规的规定应当设置但未设置账簿的 （2）擅自销毁账簿或者拒不提供纳税资料的 （3）虽设置账簿，但账目混乱或者成本资料、收入凭证、费用凭证残缺不全，难以确定转让收入或扣除项目金额的 （4）符合土地增值税清算条件，未按照规定的期限办理清算手续，经税务机关责令限期清算，逾期仍不清算的 （5）申报的计税依据明显偏低，又无正当理由的
	核定征收率的规定	为了规范核定工作，核定征收率原则上不得低于5%，各省级税务机关要结合本地实际，区分不同房地产类型制定核定征收率

名师点拨

税务机关核定的计税价格或收入不含增值税。

名师点拨

核定征收率≠预征率

预征率：除保障房外，不同地区省份分别规定不低于2%、1.5%、1%。

要点	主要规定
清算后再转让房地产	在土地增值税清算时未转让的房地产，清算后销售或有偿转让的，纳税人应按规定进行土地增值税的纳税申报，扣除项目金额按清算时的单位建筑面积成本费用乘以销售或转让面积计算 单位建筑面积成本费用 = 清算时的扣除项目总金额 ÷ 清算的总建筑面积
清算后应补税与滞纳金	纳税人按规定预缴土地增值税后，清算补缴的土地增值税，在主管税务机关规定的期限内补缴的，不加收滞纳金

经典题解

【真题 49 · 计算问答题】某房地产开发公司注册地在甲市，2018 年 7 月对其在乙市开发的一房地产项目进行土地增值税清算，相关资料如下：

（1）2017 年 3 月，公司经“招拍挂”以 24000 万元取得该房地产项目土地使用权，缴纳了契税。

（2）自 2017 年 4 月起，公司对受让土地进行项目开发建设，发生开发成本 15000 万元、发生与该项目相关的利息支出 3000 万元，并能提供金融机构的贷款证明。

（3）2018 年 6 月项目实现全部销售，共取得不含税收入 75000 万元，允许扣除的有关税金及附加 360 万元，已预缴土地增值税 750 万元。

（其他相关资料：当地适用的契税税率为 5%，省级政府规定其他开发费用的扣除比例为 5%）

要求：根据上述资料，按照下列序号回答问题，如有计算需计算出合计数。

（1）回答该公司办理土地增值税申报纳税的地点。

（2）计算该公司清算土地增值税时允许扣除的土地使用权支付金额。

（3）计算该公司清算土地增值税时允许扣除项目金额的合计数。

（4）计算该公司清算土地增值税时应补缴的土地增值税。（2018 年）

【答案及解析】

（1）土地增值税的纳税人应向房地产所在地（乙市）主管税务机关办理纳税申报。

纳税人是法人的，如果转让的房地产坐落地与其机构所在地或经营所在地不一致时，则应在房地产坐落地的主管税务机关申报纳税。

（2）该公司清算土地增值税时允许扣除的土地使用权支付金额 =24000+24000×5%=25200（万元）

取得土地使用权所支付的金额包括地价款和取得土地使用权时按国家规定缴纳的有关费用。“招拍挂”属于土地使用权出让环节，不涉及增值税。

（3）取得土地使用权所支付的金额 =25200（万元）

开发成本 =15000（万元）

开发费用 =3000+（25200+15000）×5%=5010（万元）

允许扣除的税金及附加 =360（万元）

加计扣除项目金额 =（25200+15000）×20%=8040（万元）

该公司清算土地增值税时允许扣除项目金额的合计数 =25200+15000+5010+360+8040=53610（万元）。

（4）增值额 =75000–53610=21390（万元）

增值率 =21390/53610×100%=39.90%

适用税率为30%，速算扣除系数为0。

应补缴的土地增值税 =21390×30%–750=5667（万元）。

考点8：土地增值税的税收优惠★

1. 建造普通标准住宅出售，增值额未超过扣除项目金额20%的，免征土地增值税。

2005年6月1日起，普通标准住宅应同时满足：住宅小区建筑容积率在1.0以上；单套建筑面积在120平方米以下；实际成交价格低于同级别土地上住房平均交易价格1.2倍以下。各省、自治区、直辖市要根据实际情况，制定本地区享受优惠政策普通住房的具体标准。允许单套建筑面积和价格标准适当浮动，但向上浮动的比例不得超过上述标准的20%。

【提示】纳税人建造普通标准住宅出售，增值额超过扣除项目金额20%的，应就其全部增值额按规定计税。

2. 因国家建设需要依法征用、收回的房地产，免征土地增值税。

3. 因城市实施规划、国家建设的需要而搬迁，由纳税人自行转让原房地产的，免征土地增值税。

4. 对企事业单位、社会团体以及其他组织转让旧房作为改造安置住房或公租房房源，且增值额未超过扣除项目金额20%的，免征土地增值税。

5. 自2008年11月1日，个人销售住房暂免征收土地增值税。

经典题解

【例题50·多选题】下列项目中，按税法规定可以免征土地增值税的有（　　）。

A. 国家机关转让自用的房产

B. 个人转让商铺

C. 纳税人建造普通标准住宅出售，增值额未超过扣除项目金额20%的

D. 因国家建设需要而被依法征用的房产

【解析】土地增值税的纳税人是指转让国有土地使用权、地上建筑物及其附着物并取得收入的单位和个人，包括中外资企业、行政事业单位、中外籍个人等。选项A属于应计算缴纳土地增值税的情况；选项B，自2008年11月1日，个人销售住房暂免征收土地增值税，但转让商铺应缴纳土地增值税；选项CD属于免征土地增值税的情况。

【答案】CD

考点9：征收管理★

（一）预征率的确定

预征率的确定要科学合理，除保障性住房外，东部地区省份预征率不得低于2%，中部地区和东北地区省份不得低于1.5%，西部地区省份不得低于1%。

（二）纳税申报及纳税地点

纳税人应在转让房地产合同签订后 7 日内，向房地产所在地主管税务机关办理纳税申报，并向税务机关提交相关合同等资料。纳税人转让的房地产坐落在两个或两个以上地区的，应向房地产所在地分别申报纳税。

名师点拨

土地增值税的纳税申报时间和清算办理时间是不同的概念。

纳税人因经常发生房地产转让而难以在每次转让后申报（是指房地产开发企业开发建造的房地产、因分次转让而频繁发生纳税义务、难以在每次转让后申报纳税的情况），土地增值税可按月或按各省、自治区、直辖市和计划单列市税务局规定的期限申报缴纳。纳税人选择定期申报方式的，应向纳税所在地的税务机关备案。定期申报方式确定后，一年之内不得变更。

经典题解

【例题 51 · 单选题】根据《土地增值税暂行条例》的规定，纳税人应在转让房地产合同签订后的（　　）内，到房地产所在地主管税务机关办理纳税申报。

A. 5 日　　B. 7 日

C. 10 日　　D. 15 日

【答案】B

【例题 52 · 单选题】法人纳税人转让房地产需要缴纳土地增值税时，如果转让的房屋坐落地与其经营所在地不一致，纳税地点是（　　）。

A. 总机构所在地

B. 房地产坐落地

C. 生产经营所在地

D. 办理税务登记的税务机关所在地

【答案】B

考试加油站

一、本章小结

您已成功完成“第十章”的学习，本章共 21 个考点，您都学会了吗？

为了让您对章节有更清晰的理解，加倍巩固。本书作者刘颖老师将通过**“视频导图课”**的方式，带您回顾重要考点。

名师点拨，视听结合，高效提分。

※ 欢迎您扫码，免费观看学习。

下载“会计云课堂”App 学习

二、本章疑难问题解答

1. 如果个人7月把住房出租了，是从8月开始缴纳房产税吗？

答：纳税人出租、出借房产，自交付出租、出借房产之次月起缴纳房产税，所以7月出租住房，从次月（8月）开始计税。一般情况下，交付的时间和正式出租的时间不一致。比如6月1日起出租的房屋，一般会在5月底交付，此时就从6月开始从租计算缴纳房产税。

2. 房地产开发企业将买来但未进行任何开发的土地转手卖出，是否还可以加扣20%？非房地产开发企业转让新建房能否加扣20%？

答：房地产开发企业将取得的但未进行任何开发的土地出售，是不能享受加扣20%的政策的。非房地产开发企业转让新建房也不能加扣20%。

3. 土地增值税的税率需要记忆吗？

答：近五年来，土地增值税的税率在考试时有时未提供，建议考生记忆。

历年经典主观题回顾

使用"会计云课堂"App或"微信"扫码快速做题、对答案、看解析、掌握解题思路，开启轻松过关之旅。

计算问答题

1. 某房地产开发企业拟对其开发的位于县城一房地产项目进行土地增值税清算，该项目相关信息如下：

（1）2015年12月以10000万元竞得国有土地一宗，并按规定缴纳契税。

（2）该项目2016年开工建设，未取得《建筑工程施工许可证》，建筑工程承包合同注明的开工日期为3月25日，2019年1月竣工，发生房地产开发成本7000万元；开发费用3400万元。

（3）该项目所属物业用房建成后产权归全体业主所有，并已移交物业公司使用，物业用房开发成本500万元。

（4）2019年4月，该项目销售完毕，取得含税销售收入42000万元。

（其他相关资料：契税税率4%，利息支出无法提供金融机构证明，当地省政府规定的房地产开发费用扣除比例为10%，企业对该项目选择简易计税方法计征增值税）

要求：根据上述资料，按照下列序号回答问题，如有计算需计算出合计数。

（1）说明该项目选择简易计税方法计征增值税的理由。

（2）计算该项目应缴纳的增值税额。
（3）计算土地增值税时允许扣除的城市维护建设税额、教育费附加和地方教育附加。
（4）计算土地增值税时允许扣除的开发费用。
（5）计算土地增值税时允许扣除项目金额的合计数。
（6）计算该房地产开发项目应缴纳的土地增值税额。（2019 年）

2. 某药厂 2018 年 7 月 1 日转让其位于市区的一栋办公大楼，取得不含增值税销售收入 24000 万元。2010 年建造该办公楼时，为取得土地使用权支付金额 6000 万元，发生建造成本 8000 万元。转让时经政府批准的房地产评估机构评估后，确定该办公楼的重置成本价为 16000 万元，成新度折扣率为 60%，允许扣除的有关税金及附加 1356 万元。

要求：根据上述资料，按照下列序号回答问题，如有计算需计算出合计数。
（1）回答药厂办理土地增值税纳税申报的期限。
（2）计算土地增值税时该药厂办公楼的评估价格。
（3）计算土地增值税时允许扣除项目金额的合计数。
（4）计算转让办公楼应缴纳的土地增值税。（2018 年）

3. 2017 年 4 月，税务机关对某房地产开发公司开发的房产项目进行土地增值税清算，该房地产开发公司提供的资料如下：
（1）2014 年 6 月，以 18000 万元拍得一宗土地使用权，并缴纳了契税。
（2）自 2015 年 5 月起，对受让土地 40% 的面积进行一期普通住宅项目开发，发生开发成本 6000 万元、利息支出 600 万元（未能提供金融机构的贷款证明），允许扣除的有关税金及附加 150 万元。
（3）2017 年 3 月，该项目实现全部销售，取得不含增值税收入 25000 万元。公司已按照 2% 的预征率预缴该项目土地增值税 500 万元。
（其他相关资料：当地适用的契税税率为 5%）

要求：根据上述资料，按照下列序号回答问题，如有计算需计算出合计数。
（1）简要说明土地增值税的清算单位。
（2）简要说明主管税务机关可要求纳税人进行土地增值税清算的情形。
（3）计算该公司清算土地增值税时允许扣除的土地使用权支付金额。
（4）计算该公司清算土地增值税时允许扣除项目金额的合计数。
（5）计算该公司清算土地增值税时补缴的土地增值税。（2017 年）

历年经典主观题回顾参考答案及解析

计算问答题

1.【答案及解析】

（1）一般纳税人销售自行开发的房地产老项目，可以选择适用简易计税方法按照 5% 的征收率计税。房地产老项目，是指：①《建筑工程施工许可证》注明的合同开工日期在 2016 年 4 月 30 日前的房地产项目；②《建筑工程施工许可证》未注明合同开工日期或者未取得《建筑工程施工许可证》但建筑工程承包合同注明的开工日期在 2016 年 4 月 30 日前的建筑工程项目。本题虽未取得《建筑工程施工许可证》，但建筑工程承包合同注明的开工日期在 2016 年 4 月 30 日前，属于销售自行开发的房地产老项目，可以选择简易计税。

（2）该项目应缴纳的增值税额 =42000/（1+5%）×5%=2000（万元）

（3）允许扣除的城市维护建设税、教育费附加和地方教育附加 =2000×（5%+3%+2%）=200（万元）

（4）允许扣除的取得土地使用权所支付的金额 =10000×（1+4%）=10400（万元）

允许扣除的开发成本 =7000（万元）

允许扣除的开发费用 =（10400+7000）×10%=1740（万元）

（5）加计扣除 =（10400+7000）×20%=3480（万元）

允许扣除项目金额的合计数 =10400+7000+1740+200+3480=22820（万元）

（6）不含税收入 =42000-2000=40000（万元）

增值额 =40000-22820=17180（万元）

增值率 =17180/22820×100%=75.28%，适用税率 40%，速算扣除系数为 5%。

应缴纳的土地增值税额 =17180×40%-22820×5%=5731（万元）。

2.【答案及解析】

（1）纳税人应在转让房地产合同签订后 7 日内，向房地产所在地主管税务机关办理纳税申报，并向税务机关提交相关合同等资料。

（2）该药厂办公楼的评估价格 = 重置成本价 × 成新度折扣率 =16000×60%=9600（万元）。

（3）转让存量房的扣除项目：①取得土地使用权所支付的金额；②房屋及建筑物的评估价格；③转让环节缴纳的税金。

计算土地增值税时允许扣除项目金额的合计数 =6000+9600+1356=16956（万元）。

（4）增值额 =24000-16956=7044（万元）。

增值率 =7044 ÷ 16956 × 100%=41.54% ＜ 50%，税率为 30%。
转让办公楼应缴纳的土地增值税 =7044 × 30%=2113.2（万元）。

3.【答案及解析】
（1）土地增值税以国家有关部门审批的房地产开发项目为单位进行清算，对于分期开发的项目，以分期项目为单位清算。
（2）纳税人应进行土地增值税的清算与税务机关可要求纳税人进行土地增值税的清算，分别有不同的政策规定。本题目中纳税人实现开发房地产的全部销售，应进行清算。但题目提问主管税务机关可要求纳税人进行土地增值税清算的四种情况：
①已竣工验收的房地产开发项目，已转让的房地产建筑面积占整个项目可售建筑面积的比例在 85% 以上，或该比例虽未超过 85%，但剩余的可售建筑面积已经出租或自用的；
②取得销售（预售）许可证满三年仍未销售完毕的；
③纳税人申请注销税务登记但未办理土地增值税清算手续的；
④省税务机关规定的其他情况。
（3）该公司清算土地增值税时允许扣除的土地使用权支付金额 =18000 ×（1+5%）× 40%=7560（万元）。
（4）允许扣除的开发成本为 6000 万元；
允许扣除的开发费用 =（7560+6000）× 10%=1356（万元），从解题技巧看，本题没有给出计算房地产开发费用的具体比例，只能默认用 10% 计算；
允许扣除的有关税金及附加为 150 万元；
加计扣除金额 =（7560+6000）× 20%=2712（万元）；
该公司清算土地增值税时允许扣除项目金额的合计数 =7560+6000+1356+150+2712=17778（万元）。
（5）增值额 =25000−17778=7222（万元）；
增值率 =7222 ÷ 17778 × 100%=40.62%，适用税率为 30%；
应纳土地增值税 =7222 × 30%=2166.6（万元）；
已预缴土地增值税 500 万元，则该公司清算土地增值税时补缴的土地增值税 =2166.6−500=1666.6（万元）。

同步强化练习题

使用“会计云课堂”App或“微信”扫码快速做题、对答案、看解析、掌握解题思路，开启轻松过关之旅。

一、单项选择题

1. 以下关于房产税纳税人和征税范围的说法，正确的是（　　）。
   A. 房产税的征税对象是房屋和建筑物
   B. 房产税不对个人征收
   C. 房屋产权出典的，以承典人为房产税的纳税人
   D. 农民出租农村的房屋也应缴纳房产税

2. 下列各项中，符合房产税纳税义务人规定的是（　　）。
   A. 产权属于集体所有的房产出租的，由承租人缴纳房产税
   B. 房屋产权出典的，由出典人缴纳房产税
   C. 房屋租典纠纷未解决的，由房屋代管人或使用人缴纳房产税
   D. 房屋产权属于国家所有的，不缴纳房产税

3. 以下属于应缴纳房产税的房产是（　　）。
   A. 集团公司的仓库
   B. 加油站罩棚
   C. 股份制企业的围墙
   D. 工厂的独立烟囱

4. 下列各项，在计算房产税时不应计入房产原值的是（　　）。
   A. 消防设备
   B. 智能化楼宇设备
   C. 中央空调
   D. 室外露天游泳池

5. 某工厂与某派出所建立了警民共建关系，由派出所将其一占地20平方米的平房布置成工厂的产品展示厅，由工厂无偿使用。下列关于这20平方米土地及对应房产的税务处理正确的是（　　）。
   A. 由派出所缴纳城镇土地使用税，工厂缴纳房产税
   B. 由派出所缴纳城镇土地使用税和房产税
   C. 由工厂缴纳城镇土地使用税，派出所缴纳房产税
   D. 由工厂缴纳城镇土地使用税和房产税

6. 2020年某企业支付8000万元（不含增值税，下同）取得10万平方米的土地使用权，新建厂房建筑面积6万平方米，工程成本2000万元，2021年2月底竣工验收，对该企业征收房产税的房产原值是（　　）万元。
   A. 2000　　B. 6400
   C. 8000　　D. 10000

7. 某企业拥有2011年购入的房产原值为400万元，2020年12月5日签约，将其中的原值为100万元的房产自2021年1月1日对外出租，含增值税年租金60万元，已知当地省政府规定的房产原值减除比例为30%，该企业选择简易计税办

法计算增值税，则该企业 2021 年应缴纳房产税（　　）万元。

A. 9.94　　B. 9.86

C. 9.72　　D. 9.38

8. 某企业拥有一幢三层的办公楼，原值 6000 万元，其中的 1/3 以每月 15 万元（不含增值税）的租金出租给其他单位使用，2021 年 4 月底，原租户的租期到期，该企业将该幢办公楼进行改建，更换楼内电梯，将原值 80 万元的电梯更换为价值 120 万元的新电梯，为该楼安装了价值 300 万元的智能化楼宇设施，这些改建工程于 7 月底完工，该企业所在地省级人民政府规定计算房产余值的减除比例为 30%，该企业 2021 年应纳房产税（　　）万元。

A. 51.49　　B. 52.38

C. 53.05　　D. 53.19

9. 某企业 2021 年有一处独立的地下建筑物，为商业用途房产（房产原价 80 万元），10 月 10 日将其出售。当地省政府规定房产原值减除比例为 30%，商业用途地下建筑以原价的 70% 作为应税房产原值。当年该企业应缴纳房产税（　　）元。

A. 3920　　B. 4312

C. 4704　　D. 4820

10. 下列关于房产税的税收优惠表述正确的是（　　）。

A. 国家机关出租办公楼免征房产税

B. 个人对外出租的自有住房免征房产税

C. 房管部门按政府规定价格向居民出租的公有住房暂免征收房产税

D. 纳税单位无偿使用免税单位的房产不需缴纳房产税

11. 以下符合房产税规定的是（　　）。

A. 凡以房屋为载体，不可随意移动的附属设备和配套设施，无论在会计核算中是否单独记账与核算，都应计入房产原值，计征房产税

B. 房产出租时，如果以劳务为报酬抵付房租的，应根据当地同类劳务的平均价格折算为房产租金，据此计征房产税

C. 对房地产开发企业建造的商品房，在出售前，一律不征收房产税

D. 个人所有的房产，除出租外，一律免征房产税

12. 某企业向其他企业购置一幢使用过的办公楼，于 2021 年 1 月交付使用，2021 年 3 月办理完权属变更手续领取房产证。会计在固定资产账面记录房产原值 2000 万元，在无形资产账面记载了购买该幢楼支付的土地使用权金额 800 万元，当地省人民政府规定的计算房产余值的减除比例为 30%，则该企业 2021 年应纳房产税（　　）万元。

A. 16.80　　B. 17.64

C. 19.60　　D. 21.56

13. 某公司 2016 年购进一处房产，2021 年 5 月 1 日用于投资联营（收取固定收入，不承担联营风险），投资期 3 年，当年固定收取 168 万元（含增值税），选择简易计税办法计征增值税。该房产原值 3000 万元，当地省政府规定的计算房产计税余值的扣除比例为 30%。该公司 2021 年应缴纳的房产税为（　　）万元。

A. 21.2　　B. 27.6

C. 28.56　　D. 29.41

14. 某企业 2021 年 2 月委托一施工单位新建厂房，9 月对建成的厂房办理验收手续，同时接管基建工地价值 100 万元的材料棚，一并转入固定资产，原值合计 1100 万元。该企业所在省规定的计算房产余值的扣除比例为 30%。2021 年企业该项固定资产应缴纳房产税（　　）万元。

A. 2.1　　B. 2.31

C. 2.8　　D. 3.08

15. 下列行为中，应计算缴纳契税的是（　　）。
A. 以抵债方式取得土地使用权
B. 以相等价格互换房屋
C. 以划拨方式取得土地使用权
D. 转移农村集体土地承包经营权

16. 根据契税的有关规定，土地使用权的转让不包括（　　）。
A. 城市土地使用权的赠与
B. 企业倒闭出售空地
C. 甲、乙两个企业交换经营场所
D. 农村集体土地承包经营权的转移

17. 某学校将一栋闲置不用的房屋转让给A公司，房产价值400万元，该房产的土地使用权当年是以无偿划拨方式取得后经批准改为出让方式取得的。按规定上述行为（　　）。
A. 应由A公司缴纳土地使用权的契税
B. 应由学校缴纳房屋转让的契税
C. 应由学校和A公司各负担一半房屋转让的契税
D. 应由学校补缴土地使用权的契税，A公司缴纳房屋买卖的契税

18. 事业单位按照国家有关规定改制为企业，原投资主体存续并在改制后企业中出资（股权、股份）比例超过规定比例的，对改制后企业承受原事业单位土地、房屋权属的，免征契税，该规定比例是（　　）。
A. 30%　　B. 50%
C. 75%　　D. 85%

19. 企业破产，非债权人承受破产企业土地、房屋权属，按照规定妥善安置原企业全部职工，与原企业30%以上职工签订服务年限不少于3年的劳动用工合同的，（　　）契税。
A. 免征　　B. 减半征收
C. 暂缓征收　　D. 照章征收

20. 某企业破产清算时，其房地产评估价值为4000万元，其中以价值3000万元的房地产抵偿债务，将价值1000万元的房地产进行拍卖，拍卖收入1200万元。债权人获得房地产后，与他人进行房屋互换，取得额外补偿500万元。上述行为中当事人各方合计应缴纳契税（　　）万元。（假定适用的契税税率均为3%，上述金额均不含增值税）
A. 15　　B. 36
C. 51　　D. 126

21. 居民甲有两套住房，将一套出售给居民乙，成交价格为100000元；将另一套价值150000元的两居室住房与居民丙互换成两套一居室住房，并支付换房差价款40000元。居民丙将取得的房屋与居民丁的住房进行等价互换。以下说法正确的是（　　）。（假定适用的契税税率均为3%，上述金额均不含增值税）
A. 甲和丙不缴纳契税，乙缴纳契税3000元，丁缴纳契税1200元
B. 甲缴纳契税1200元，乙缴纳契税3000元，丙和丁不缴纳契税
C. 甲和丁不缴纳契税，乙缴纳契税3000元，丙缴纳契税1200元
D. 甲缴纳契税1200元，乙不缴纳契税，丙、丁各缴纳契税1200元

22. 安徽省某市居民王先生和太太2021年以80万元（不含税）购买一套80平方米的住房用作结婚新房（家庭唯一住房），则应缴纳契税（　　）万元。
A. 0　　B. 0.8
C. 1.2　　D. 1.6

23. 甲企业8月份受让一宗土地，土地出让合同记载土地出让金15000万元、土地补偿费3000万元、安置补助费2000万元，当地契税税率为4%，应纳契税（　　）万元。

A. 600　　B. 680
C. 720　　D. 800

24. 下列关于契税计税依据的说法，正确的是（　　）。
A. 契税的计税依据不含增值税
B. 买卖精装修的房屋，契税计税依据不包括装修费用
C. 承受国有土地，契税计税依据仅包括土地出让金
D. 房屋互换价格差额明显不合理且无正当理由的，由税务机关参照成本价格核定

25. 先以划拨方式取得土地使用权，后经批准改为出让方式重新取得该土地使用权的，土地受让方应依法补缴契税，其计税依据为（　　）。
A. 应补缴的土地出让价款
B. 税务机关核定的价格
C. 应补缴的土地出让价款和土地收益
D. 应补缴的土地出让价款扣除土地收益

26. 下列情形中，属于《契税法》直接规定免征契税的是（　　）。
A. 事业单位、社会团体承受土地、房屋用于办公、科研的
B. 营利性烹饪学校承受土地、房屋权属用于教学
C. 承受荒山、荒地、荒滩土地使用权，并用于工业园区建设
D. 法定继承人通过赠与承受土地、房屋权属

27. 下列各项中，应计算缴纳土地增值税的是（　　）。
A. 公司与公司之间互换房产
B. 房地产开发公司为客户代建房产
C. 个人销售住房
D. 双方合作建房后按比例分配房产自用

28. 某单位转让一幢2000年建造的公寓楼，当时的造价为500万元。经房地产评估机构评定，该楼的重置成本价为2000万元，成新度折扣率为六成。在计算土地增值税时，该楼的评估价格为（　　）万元。
A. 500　　B. 1200
C. 2000　　D. 1500

29. 下列关于土地增值税扣除项目的说法，错误的是（　　）。
A. 为取得土地使用权所支付的契税，应计入取得土地使用权所支付的金额进行扣除
B. 房地产开发费用中的销售费用应按照账载金额进行扣除
C. 土地增值税清算时，已经计入房地产开发成本的利息支出，应调整至财务费用中计算扣除
D. 加罚的利息不允许扣除

30. 纳税人建造普通标准住宅出售，增值额超过扣除项目金额20%的，应就其（　　）按规定计算缴纳土地增值税。
A. 超过部分的增值额
B. 全部增值额
C. 扣除项目金额
D. 出售金额

31. 某房地产开发企业在计算土地增值税可扣除的房地产开发费用时，有如下资料：取得土地使用权所支付的金额为1000万元，房地产开发成本为2000万元，开发期间发生管理费用、销售费用、财务费用共计1100万元；财务费用中的利息支出共计400万元，包括超过贷款期限的利息110万元及加收的罚息40万元，利息支出能够按转让房地产项目分摊且能提供金融机构贷款证明；省级人民政府确定的其他房地产开发费用扣除比例为5%。则该企业在计算土地增值税时可扣除的房地产开发费用为（　　）万元。
A. 550　　B. 396.5
C. 1100　　D. 400

32. 某市一家商贸企业2021年11月转让一块位于市区的土地使用权，签订了产权转移书据，取得含税收入560万元。2016年年初取得该土地使用权时支付地价款434万元，取得土地使用权时发生相关税费8万元。该企业选择简易计税方法计算缴纳增值税，则该企业转让土地使用权应纳土地增值税（　　）万元。（所在省政府允许扣除地方教育附加）

A. 33.3　　B. 34.6

C. 35.12　　D. 36.23

33. 2021年4月，张某将2020年6月购入的商铺转让，取得收入600万元。张某持有购房增值税普通发票，注明金额350万元、税额17.5万元，无法取得商铺评估价格。张某计算缴纳土地增值税时，可以扣除旧房金额以及加计扣除共计（　　）万元。

A. 350　　B. 367.5

C. 385.88　　D. 404.25

34. 以下项目在计算土地增值税时，不得扣除其成本费用的是（　　）。

A. 建成后产权属于全体业主所有的会所

B. 建成后无偿移交给派出所用于办公的房屋

C. 建成后有偿出售的停车场

D. 建成后待售的商业用房

35. 根据土地增值税清算的规定，下列说法不正确的是（　　）。

A. 房地产企业用建造的本项目房地产安置回迁户的，安置用房视同销售处理

B. 回迁户支付给房地产开发企业的补差价款，应作为房地产企业的销售收入

C. 房地产开发企业逾期开发缴纳的土地闲置费，在计算土地增值税时不得扣除

D. 房地产开发企业的预提费用，除另有规定外，在计算土地增值税时不得扣除

36. 对房地产开发企业进行土地增值税清算时，下列表述正确的是（　　）。

A. 房地产开发企业的预提费用，除另有规定外，不得扣除

B. 房地产开发企业提供的开发间接费用资料不实的，不得扣除

C. 房地产开发企业提供的前期工程费的凭证不符合清算要求的，不得扣除

D. 房地产开发企业销售已装修房屋，可以扣除的装修费用不得超过房屋价值的10%

37. 土地增值税纳税人应在签订房地产转让合同后的7日内，到（　　）税务机关办理纳税申报。

A. 房地产所在地　　B. 纳税人注册地

C. 纳税人核算地　　D. 合同签订地

38. 符合应办理土地增值税清算条件的项目，纳税人应当在满足条件之日起的一定时限内到主管税务机关办理清算手续，该规定时限是（　　）。

A. 30日内　　B. 60日内

C. 90日内　　D. 180日内

二、多项选择题

1. 下列关于房产税的有关规定，表述正确的有（　　）。

A. 纳税单位无租使用免税单位的房产免纳房产税

B. 房产不在同一地方的，应分别向房产所在地税务机关缴纳房产税

C. 独立的地下建筑物的房屋原价折算为应税房产原值的具体比例，由各省、自治区、直辖市人民政府确定

D. 融资租赁房屋的，房产税纳税人为承租方

2. 下列关于房产税的有关规定，说法正确的有（　　）。

A. 融资租赁房屋的，以不含增值税租金

总额计征房产税

B. 以房产投资联营，参与投资利润分红，共担投资风险的，以房产余值计征房产税

C. 出租的房产，由出租方以不含增值税租金计征房产税

D. 出租的房产，由承租方以不含增值税租金计征房产税

3. 下列各项中，不需要计算缴纳房产税的有（　　）。

A. 企业拥有的抵债得来的厂房

B. 个人用于居住的居民住宅

C. 企业拥有的培育花草的玻璃暖棚

D. 事业单位对外营业的招待所

4. 以下免征或暂免征收房产税的有（　　）。

A. 按政府规定价格出租的公有住房

B. 按政府规定价格出租的廉租住房

C. 企业办的学校自用房产

D. 国家机关自用的房产

5. 根据房产税相关制度的规定，下列说法正确的有（　　）。

A. 纳税人购置新建商品房，自取得房产证之月起缴纳房产税

B. 纳税人购置存量房，自办理房屋权属转移、变更登记手续，房地产权属登记机关签发房屋权属证书之次月起缴纳房产税

C. 纳税人出租、出借房产，自交付出租、出借房产之月起缴纳房产税

D. 房地产企业自用本企业建造的商品房，自房屋使用之次月起缴纳房产税

6. 以下关于房产税的规定正确的有（　　）。

A. 房产原值应包括与房屋不可分割的各种附属设备或一般不单独计算价值的配套设施

B. 如果是以劳务作为报酬抵付房租的，没有货币和实物收入，从价计征房产税

C. 从价计征房产税的，按房产原值每年减除 10%~30% 后的余值计算缴纳，具体扣除比例由当地税务机关确定

D. 旧房安装中央空调设备，要增加房产原值以计算缴纳房产税

7. 以下关于房产税的说法正确的有（　　）。

A. 房产不在同一地方的纳税人，应按房产坐落地点分别向房产所在地税务机关缴纳房产税

B. 房地产开发企业建造的商品房在出售前已使用的，应按规定缴纳房产税

C. 纳税人购置新建商品房，应自房屋交付使用之月起缴纳房产税

D. 国家拨付事业经费的单位有办公用房一幢，房产原值 3000 万元，年初将其中的 1/3 对外出租一年，取得不含增值税租金收入 30 万元。该省规定计算房产计税余值的减除幅度为 20%，当年该单位应纳房产税 3.6 万元

8. 下列关于房产税纳税人及缴纳税款的说法，正确的有（　　）。

A. 租赁合同约定有免收租金期限的出租房产，免收租金期间不需缴纳房产税

B. 融资租赁的房产未约定开始日的，由承租人自合同签订当月起缴纳房产税

C. 应税单位和个人无租使用其他单位房产的，由使用人代为缴纳房产税

D. 产权出租的，由出租人缴纳房产税

9. 下列可以是契税的纳税人的有（　　）。

A. 国家机关　　B. 军事单位

C. 个体经营者　　D. 外籍个人

10. 个人独资企业投资者张三发生的下列行为涉及的房产权属变化应由张三计算缴纳契税的有（　　）。

A. 将自有住房作股投资于本人独资经营的企业

B. 以拆门窗做工艺品收藏为目的而购买一幢江南水乡小屋

C. 接受一套抵债房屋
D. 赠送恩师一套房子

11. 根据契税的有关规定，下列应征收契税的有（　　）。
A. 以国家作价出资（入股）方式转移国有土地使用权的行为
B. 以土地、房屋权属抵偿债务
C. 用收藏的字画等价交换房屋
D. 农村集体土地承包经营权的转移

12. 下列各项中，以成交价格作为契税计税依据的有（　　）。
A. 等价互换房屋　B. 房屋买卖
C. 土地使用权出售　D. 受赠房屋

13. 关于契税的计税依据，下列表述正确的有（　　）。
A. 土地使用权出让的计税依据仅为土地出让金
B. 房屋赠与的，由税务机关参照房屋买卖的市场价格核定计税依据
C. 买卖已装修的房屋，契税计税依据中应包括装修费用
D. 土地使用权互换的，以所互换的土地使用权的价格差额为计税依据

14. 甲将原值28万元的房产评估作价30万元（不含增值税）投资乙企业，乙企业办理产权登记后又将该房产以40万元（不含增值税）的价格售予丙企业，当地契税税率3%，则下列表述正确的有（　　）。
A. 丙企业应缴纳契税0.9万元
B. 丙企业应缴纳契税1.2万元
C. 乙企业应缴纳契税0.9万元
D. 乙企业应缴纳契税0.84万元

15. 下列各项中，免征契税的有（　　）。
A. 某市属重点高校承受土地用于扩建教学楼
B. 卫生局承受土地用于急性传染病研究室建设
C. 税务局承受土地用于办公楼建设
D. 某集团军队承受土地用于靶场建设

16. 下列属于契税纳税义务发生时间的有（　　）。
A. 取得具有房地产权属转移合同性质凭证的当天
B. 签订房地产权属转移合同的当天
C. 办理房地产产权证的当天
D. 支付房地产预付款的当天

17. 以下符合契税有关政策的有（　　）。
A. 法定继承人通过继承承受土地、房屋权属的免征契税
B. 张三缴纳契税后，在新建商品房交付时，因实际交付面积小于合同约定面积需返还房价款的，不予退还已纳契税
C. 承受荒山用于建造果园免征契税
D. 婚姻关系存续期间夫妻之间变更土地、房屋权属的免征契税

18. 以下符合契税政策规定的有（　　）。
A. 对个人购买90平方米及以下且属家庭唯一住房的普通住房，减按1%的税率征收契税
B. 纳税人应当自纳税义务发生之日起15日内，向土地、房屋所在地的契税征收机关办理纳税申报
C. 纳税人在办理土地、房屋产权变更登记手续之后缴纳契税
D. 已缴纳契税的购房单位和个人，发生规定情形的，可依规定申请退还契税

19. 下列企业或事业单位改制重组过程中，涉及的原企业土地、房屋权属免征契税的有（　　）。
A. 企业依法实施破产，债权人承受破产企业抵偿债务的土地、房屋权属
B. 同一投资主体内部所属企业之间，包括母公司与其全资子公司之间土地、房屋权属划转

C. 公司依法分立成两个或两个以上与原公司投资主体相同的公司，新设方承受原公司土地、房屋权属

D. 企业依法实施破产，非债权人承受破产企业的土地、房屋权属，与原企业超过30%的职工签订服务年限不少于2年的劳动用工合同

20. 省、自治区、直辖市可以决定对下列情形免征或者减征契税的有（　　）。

A. 社会福利机构承受土地、房屋权属用于救助

B. 居民住房需求保障、企业改制重组

C. 因土地、房屋被县级以上人民政府征收、征用，重新承受土地、房屋权属

D. 因不可抗力灭失住房，重新承受住房权属

21. 以下符合契税规定的有（　　）。

A. 契税的纳税义务发生时间，为纳税人签订土地、房屋权属转移合同的当日，或者纳税人取得其他具有土地、房屋权属转移合同性质凭证的当日

B. 纳税人应当在依法办理土地、房屋权属登记手续后7日内申报缴纳契税

C. 税务机关及其工作人员对税收征收管理过程中知悉的纳税人的个人信息，应当依法予以保密

D. 契税由土地、房屋所在地的税务机关负责征收管理

22. 下列行为中，应计算缴纳土地增值税的有（　　）。

A. 将房屋产权赠与直系亲属的

B. 双方合作建房后按比例分房自用的

C. 以房地产抵债而发生房地产产权转让的

D. 以房地产作价入股投资于房地产开发公司的

23. 下列各项行为中，免征或暂免征收土地增值税的有（　　）。

A. 企业与企业之间的房地产交换

B. 私营企业的房地产评估增值

C. 双方合作建房，建成后按比例分房自用的

D. 因国家建设需要依法收回国有土地使用权而使房地产权属发生转让的

24. 下列行为中，应缴纳土地增值税的有（　　）。

A. 将使用过的旧房卖给某单位做办公室

B. 将使用过的旧房赠与子女

C. 将使用过的旧房出租

D. 将使用过的旧房换取债券

25. 下列各项中，属于土地增值税扣除项目中房地产开发成本项目的有（　　）。

A. 取得土地使用权支付的金额

B. 土地征用费

C. 耕地占用税

D. 周转房摊销

26. 下列项目中，属于土地增值税扣除项目中房地产开发成本项目的有（　　）。

A. 土地出让金　　B. 开发间接费用

C. 公共配套设施费　　D. 借款利息费用

27. 下列各项中，不属于土地增值税征税范围的有（　　）。

A. 将房地产通过中国境内非营利的社会团体赠与公益事业的

B. 以房地产抵押贷款而房地产尚在抵押期间的

C. 将房地产直接赠与希望小学

D. 以出地、出资方式双方合作建房，建成后全部转让给其中出资一方的

28. 在计算转让旧房的土地增值税时，以下可作为扣除项目金额的有（　　）。

A. 房屋及建筑物的评估价格

B. 取得土地使用权支付的地价款和按国家规定缴纳的有关费用

C. 房地产开发成本

D. 房地产开发费用

29. 下列项目中，计征土地增值税时需要用评估价格来确定转让房地产收入或扣除项目金额的有（　　）。
A. 提供扣除项目金额不实的
B. 虚报房地产成交价格的
C. 以新建房地产进行投资联营的
D. 转让房地产的成交价格低于评估价格，又无正当理由的

30. 下列情形中，纳税人应进行土地增值税清算的有（　　）。
A. 房地产开发项目全部竣工、完成销售的
B. 取得销售（预售）许可证满三年仍未销售完毕的
C. 整体转让未竣工决算房地产开发项目的
D. 直接转让土地使用权的

31. 计算土地增值税时，下列费用准予从收入总额中扣除的有（　　）。
A. 建房贷款超期支付的利息
B. 开发小区的排污费、绿化费
C. 出售旧房过程中发生的评估费用
D. 取得土地使用权时办理登记的手续费

32. 下列关于土地增值税的说法，错误的有（　　）。
A. 增值额未超过扣除项目金额20%的房地产开发项目，均免征土地增值税
B. 对取得土地使用权时未支付地价款或不能提供已支付地价款凭据的，在计征土地增值税时按评估价扣除取得土地使用权支付的金额计税
C. 某房地产公司将待售的一栋花园别墅赠送给某影视明星，由于该房地产公司未取得收入，则不缴纳土地增值税
D. 超过贷款期限的利息部分和加罚的利息，不允许在计算土地增值税时扣除

33. 下列关于土地增值税的说法，正确的有（　　）。
A. 房地产开发企业销售已装修的房屋，其装修费用可以计入房地产开发成本中扣除
B. 法人企业转让的房地产坐落地与其机构所在地或者经营所在地不一致时，应在房地产坐落地的主管税务机关申报缴纳土地增值税
C. 房地产开发企业开发建造的与清算项目配套的居委会和派出所用房，其成本、费用可以扣除，但是会所、邮电通信等公共设施，其成本、费用不可以扣除
D. 房地产开发企业将开发的房地产出租而产权未发生转移的，不征收土地增值税，清算时不计收入也不扣成本和费用

34. 关于土地增值税清算，正确的有（　　）。
A. 凡符合应办理土地增值税清算条件的项目，纳税人应当在满足条件之日起30日内到主管税务机关办理清算手续
B. 凡属税务机关要求纳税人进行土地增值税清算的项目，纳税人应当在接到主管税务机关下发的清算通知之日起60日内，到主管税务机关办理清算手续
C. 房地产开发企业实际缴纳的城市维护建设税、教育费附加，凡能够按清算项目准确计算的，允许据实扣除
D. 主管税务机关受理纳税人清算资料后，应在一定期限内及时组织清算审核

三、计算问答题

1. 某公司总机构位于甲建制镇但在乙市设有分支机构（均为增值税一般纳税人），主要经营农产品种植、销售业务，公司占地共计3万平方米，其中农产品的种植用地2.5万平方米，职工宿舍和办公用地0.5万平方米；房产原值总计500万元。该公司2021年6月30日签订一份房屋

租赁合同，将其中位于乙市的2015年购置的价值100万元的办公室从7月1日起出租给他人使用，租期12个月，含税月租金5145元，每月收租金1次。

（其他相关资料：①适用城镇土地使用税税率每平方米5元；②计算房产余值的扣除比例为30%；③该公司选择简易计税方法计算不动产租赁的增值税；④解答本题目金额以“元”为单位）

要求：根据上述资料，按照下列序号回答问题，如有计算需计算出合计数。

（1）公司当年租赁房屋应缴纳的增值税，并说明申报缴纳方法。

（2）公司当年租赁房屋应缴纳的城建税、教育费附加和地方教育附加，并说明申报缴纳方法。

（3）公司当年应缴纳的城镇土地使用税。

（4）公司当年应缴纳的房产税。

2. 某房地产开发公司（增值税一般纳税人）于2020年4月受让一宗土地使用权，依据受让合同支付政府部门地价款7000万元（已取得相关部门的财政票据），当月办妥土地使用证并支付相关税费。自2020年5月起至2021年2月末，该房地产开发公司在受让土地上开发建造一栋写字楼，并销售建筑面积的80%，其余面积出租。依据销售合同共计取得含税销售收入20000万元。在开发过程中，根据建筑承包合同支付给建筑公司的不含税劳务费和材料费共计6000万元，开发销售期间发生管理费用600万元、销售费用500万元、利息费用500万元（不能够提供金融机构的贷款证明）。主管税务机关要求该公司对该房地产项目进行土地增值税清算。

（其他相关资料：该公司计算土地增值税可扣除的税金及附加为100万元；当地契税税率为3%；房地产开发费用扣除比例按照规定相关上限执行；该项目已预缴土地增值税1000万元）

要求：根据上述资料，按照下列序号回答问题，如有计算需计算出合计数。

（1）税务机关是否可要求该房地产开发公司进行土地增值税清算？请说明理由。

（2）该房地产开发公司销售写字楼的增值税销项税额。

（3）该房地产开发公司计算土地增值税时可扣除的取得土地使用权金额。

（4）该房地产开发公司计算土地增值税可扣除金额合计。

（5）该房地产开发公司的土地增值额。

（6）该房地产开发公司销售写字楼应补缴（或应退）的土地增值税。

3. 甲企业位于市区，2021年1月15日转让一处2016年3月1日购置的位于市区的仓库，其购置和转让情况如下：

（1）2016年3月1日，购置该仓库时取得的发票上注明的价款为525万元，另支付契税款20万元并取得契税完税凭证。

（2）由于某些原因在转让仓库时未能取得评估价格。

（3）转让仓库的产权转移书据上记载的含税销售金额为840万元，并按规定缴纳了转让环节的税金。

（其他相关资料：甲企业选择简易计税办法计算增值税，甲企业所在省政府允许扣除地方教育附加）

要求：根据上述资料，按照下列序号回答问题，如有计算需计算出合计数。

（1）计算该企业转让仓库时应缴纳的增值税、城市维护建设税、教育费附加、地方教育附加、印花税的合计金额。

（2）计算该企业转让仓库计征土地增值税时允许扣除的金额。

（3）计算该企业转让仓库应缴纳的土地增值税。

（4）如果该企业转让仓库时既没有取得评估价格，也不能提供购房发票，税务机关应如何进行处理？

同步强化练习题参考答案及解析

使用“会计云课堂”App 或“微信”扫码对答案、看解析、掌握解题思路，开启轻松过关之旅。

一、单项选择题

1.【答案】C

【解析】选项 A：独立于房屋之外的建筑物不符合房产的定义，不征收房产税。选项 B：个人出租房产、自身营业用房产也缴纳房产税。选项 D：农村不在房产税开征范围之内。

2.【答案】C

【解析】选项 A：房屋产权属于集体所有的，由集体单位缴纳房产税；选项 B：房屋产权出典的，由承典人缴纳房产税；选项 D：房屋产权属于国有的，由经营管理单位缴纳房产税。

3.【答案】A

【解析】房产税的征税对象是房产。所谓房产，是指有屋面和围护结构（有墙或两边有柱），能够遮风避雨，可供人们在其中生产、学习、工作、娱乐、居住或储藏物资的场所。围墙、独立烟囱、加油站罩棚不属于房产，不征收房产税。

4.【答案】D

【解析】房产原值应包括与房屋不可分割的各种附属设备或一般不单独计算价值的配套设施，但室外游泳池不是房产不可分割的一部分，而且也不符合房产定义，故不能计入房产原值。

5.【答案】D

【解析】纳税单位无偿使用免税单位的土地，纳税单位照章缴纳城镇土地使用税。纳税单位无租使用其他单位房产的，应由使用人代为缴纳房产税。

6.【答案】D

【解析】对按照房产原值计税的房产，无论会计上如何核算，房产原值均应包含地价，包括为取得土地使用权支付的价款、开发土地发生的成本费用等。全面“营改增”之后购建的房地产，计入成本的金额不含增值税，对该企业征收房产税的房产原值 =8000+2000=10000（万元）。

7.【答案】D

【解析】该企业 2021 年应纳房产税 =（400－100）×（1－30%）×1.2%+60/（1+5%）×12%=2.52+6.86=9.38（万元）。

8.【答案】D

【解析】2021 年 1 月 ~ 4 月该企业应缴纳房产税 =6000×2/3×（1–30%）×1.2%×4/12+15×4×12%=11.2+7.2=18.4（万元）

2021 年 5 月 ~7 月该企业应缴纳的房产税 =6000×（1–30%）×1.2%×3/12 =12.6(万元)

2021 年 8 月至年底该企业应缴纳的房产税 =（6000+120–80+300）×（1–30%）×1.2%×5/12=22.19（万元）

该企业 2021 年应缴纳房产税 =18.4+12.6+22.19=53.19（万元）。

9.【答案】A

【解析】本题目有两组考核点，一是房产税的计税依据与税额计算；二是纳税人因房产的实物或权利状态发生变化，而依法终止房产税纳税义务的，其应纳税款的计算应截止到房产的实物或权利状态发生变化的当月末。该企业 10 月 10 日转让的房产，其房产税计算到 10 月末。该企业应缴纳房产税 =80×70%×（1-30%）×1.2%×10000×10/12=3920(元)。

10.【答案】C

【解析】国家机关自用的办公用房，免征房产税，但对外出租的，应按规定征收房产税；个人对外出租的自有住房从租计税；房管部门按政府规定价格向居民出租的公有住房暂免征收房产税；纳税单位无偿使用其他单位的房产，应由使用人代为缴纳房产税。

11.【答案】A

【解析】房屋出租时，如果以劳务或其他形式作为报酬抵付房租的，应根据当地同类房产的租金水平，确定一个标准租金额从租计征，B 选项错误。对房地产开发企业建造的商品房，在出售前，不征收房产税；但对于在出售前，房地产开发企业已使用或出租、出借的商品房应按规定征收房产税，C 选项错误。个人所有的非营业用房产免征房产税，个人所有的营业用房和出租房产都应当缴纳房产税，D 选项错误。

12.【答案】B

【解析】本题有两个考点：一是对按照房产原值计税的房产，无论会计上如何核算，房产原值均应包含地价，包括为取得土地使用权支付的价款、开发土地发生的成本费用等；二是房产税纳税义务发生时间，纳税人购置存量房，自办理房屋权属转移、变更登记手续，房地产权属登记机关签发房屋权属证书之次月起，缴纳房产税。该企业 2021 年应纳房产税 =（2000+800）×（1-30%）×1.2%×9÷12=17.64（万元）。

13.【答案】B

【解析】对于以房产投资联营，投资者参与投资利润分红，共担风险的，按房产的计税余值作为计税依据计征房产税；对以房产投资，收取固定收入，不承担联营风险的，实际是以联营名义取得房产租金，应由出租方按不含增值税的租金收入计算缴纳房产税。该公司自 5 月 1 日起对外投资联营，收取固定收入，视为出租，以取得的不含增值税的固定收入从租计税，所以 2021 年应缴纳的房产税 =3000×（1-30%）×1.2%×4/12+168/（1+5%）×12%=27.6（万元）。

14.【答案】B

【解析】基建工程结束后，施工企业将材料棚等临时性房屋交还或估价转让给基建单位的，应从基建单位接收的次月起照章纳税；纳税人委托施工企业建设的房屋，从办理验收手续之次月起缴纳房产税。应纳房产税 =1100×（1-30%）×1.2%×3/12=2.31（万元）。

15.【答案】A

【解析】以抵债方式取得土地使用权征收契税；等价互换房屋的契税计税依据为 0；以划拨方式取得土地使用权不缴纳契税，经批准改为出让方式取得土地使用权的，再补缴契税；转移农村集体土地承包经营权不属于土地使用权转让，不缴纳契税。

16.【答案】D

【解析】选项 ABC 均为以出售、赠与、互换方式将土地使用权转移给其他单位和个人的行为。而农村集体土地承包经营权的转移不属于土地使用权的转让。

17.【答案】D

【解析】以无偿划拨方式取得土地使用权，经批准改为出让方式重新取得该土地使用权的，土地受让方应补缴契税；房屋买卖由买方缴纳契税。

18.【答案】B

【解析】事业单位按照国家有关规定改制为企业，原投资主体存续并在改制后企业中出资（股权、股份）比例超过50%的，对改制后企业承受原事业单位土地、房屋权属的，免征契税。

19.【答案】B

【解析】企业破产，非债权人承受破产企业土地、房屋权属，并按规定妥善安置原企业全部职工，与原企业30%以上职工签订服务年限不少于3年的劳动用工合同的，减半征收契税；与原企业全部职工签订服务年限不少于3年的劳动用工合同的，免征契税。

20.【答案】C

【解析】企业破产，债权人承受房地产权属以抵债的免征契税；拍卖的房地产，承受方按成交价格计算缴纳契税，应纳契税=1200×3%=36（万元）；等价互换房地产的契税计税依据为0，互换价格不等时，由支付差额的一方缴纳契税，应纳契税=500×3%=15（万元）；则当事人各方共计应缴纳契税=36+15=51（万元）。

21.【答案】B

【解析】甲作为互换房屋支付差价的一方应缴纳契税=40000×3%=1200（元）

乙作为房屋买方应缴纳契税=100000×3%=3000（元）

丙换入甲的房屋不支付差价故不缴纳契税；丙与丁等价互换房屋契税计税依据为0，契税也为0。

该题目考点在于：（1）房屋买卖以成交价格为依据计税，由承受方缴纳契税；（2）土地使用权互换、房屋互换，互换价格相等的，互换双方计税依据为零；互换价格不相等的，以其差额为计税依据，由支付差额的一方缴纳契税。

22.【答案】B

【解析】按照1%税率征收契税。应缴纳契税=80×1%=0.8（万元）。

23.【答案】D

【解析】土地使用权出让的，计税依据包括土地出让金、土地补偿费、安置补助费、地上附着物和青苗补偿费、征收补偿费、城市基础设施配套费、实物配建房屋等应交付的货币以及实物、其他经济利益对应的价款。该企业受让土地使用权应缴纳契税=（15000+3000+2000）×4%=800（万元）。

24.【答案】A

【解析】选项B：房屋买卖的契税计税价格为房屋买卖合同的总价款，买卖装修的房屋，装修费用应包括在内；选项C：包含土地出让金和其他出让费用；选项D：由征收机关参照市场价格核定。

25.【答案】A

【解析】先以划拨方式取得土地使用权，后经批准改为出让方式重新取得该土地使用权的，土地受让方应依法补缴契税，其计税依据为应补缴的土地出让价款。

26.【答案】A

【解析】选项B，营利性学校承受房屋、土地权属不能免征契税；选项C，承受荒山、荒地、荒滩土地使用权，并用于农、林、牧、渔业生产的免征契税，但用于工业园区建设的没有免征契税的规定；选项D，法定继承人通过继承承受土地、房屋权属的免征契税，但是赠与获得的没有免税规定。

27.【答案】A

【解析】选项 A 应计算缴纳土地增值税；选项 B 不属于土地增值税的征税范围；选项 CD 暂免征收土地增值税。

28.【答案】B

【解析】用评估的重置成本价与成新度折扣率计算评估价格。该楼的评估价格 = 2000 × 60%=1200（万元）。

29.【答案】B

【解析】房地产开发费用是指与房地产有关的销售费用、管理费用、财务费用，这三项费用直接计入损益，不按房地产项目进行分摊，所以不能按账载金额进行扣除，而是按《实施细则》的规定标准扣除。

30.【答案】B

【解析】纳税人建造普通标准住宅出售，增值额未超过扣除项目金额 20% 的，免征土地增值税；增值额超过扣除项目金额 20% 的，应就其全部增值额按规定计算缴纳土地增值税。

31.【答案】D

【解析】利息支出能够按转让房地产项目分摊且能提供金融机构贷款证明，允许据实扣除，但不含超期加收的利息、罚息。可扣除的房地产开发费用 =（400-110-40）+（1000+2000）× 5%=250+150=400（万元）。

32.【答案】A

【解析】第一步，确定应纳增值税及不含增值税转让收入。

应纳增值税 =（560-434）/（1+5%）× 5%=6（万元）

不含增值税转让收入 =560-6=554(万元)

第二步，确定扣除项目金额。

取得土地使用权支付金额 =434+8=442（万元）

可扣除税金及附加 =6 ×（7%+3%+2%）+ 560 × 0.5‰ =0.72+0.28=1（万元）

扣除项目金额合计 =442+1=443（万元）

第三步，增值额 =554-443=111（万元）

第四步，增值率 =111 ÷ 443 × 100%=25.06%，适用税率 30%，速算扣除系数为 0。

第五步，应纳土地增值税税额 =111 × 30%=33.3（万元）。

33.【答案】B

【解析】纳税人转让旧房及建筑物，凡不能取得评估价格，但能提供购房发票的，可按发票所载金额（提供的购房凭据为营改增后取得的增值税普通发票的，为发票所载价税合计金额）并从购买年度起至转让年度止每年加计 5% 计算扣除。每满 12 个月计一年，本题中，2020 年 6 月购入，2021 年 4 月转让，不足 12 个月，可以扣除旧房金额及加计扣除共计 = 350+17.5=367.5（万元）。

34.【答案】D

【解析】选项 ABC 均可在计算土地增值税扣除项目时凭合法有效凭证扣除；选项 D 尚未实现销售，不能在计算土地增值税时扣除其成本费用。

35.【答案】B

【解析】回迁户支付给房地产开发企业的补差价款，应抵减房地产开发项目的拆迁补偿费。

36.【答案】A

【解析】选项 BC：房地产开发企业办理土地增值税清算所附送的前期工程费、建筑安装工程费、基础设施费、开发间接费用的凭证或资料不符合清算要求或不实的，税务机关可结合房屋结构、用途、区位等因素，核定上述四项开发成本的单位面积金额标准，并据以计算扣除。选项 D：房地产开发企业销售已装修的房屋，其装修费用可以全额计入房地产开发成本扣除。

37.【答案】A

【解析】土地增值税纳税人应在签订房地产转让合同后的7日内，到房地产所在地税务机关办理纳税申报。

38.【答案】C

【解析】凡符合应办理土地增值税清算条件的项目，纳税人应当在满足条件之日起90日内到主管税务机关办理清算手续。

二、多项选择题

1.【答案】BD

【解析】选项BD符合税法规定。选项A：纳税单位无租使用其他单位的房产，应由使用人代为缴纳房产税。选项C：对于独立的地下建筑物，房屋原价折算为应税房产原值的具体比例，由各省、自治区、直辖市和计划单列市财政和税务部门在规定幅度内自行确定。

2.【答案】BC

【解析】融资租赁房屋的，以房产余值计算房产税；出租的房产，由出租方按不含增值税的租金计算房产税。

3.【答案】BC

【解析】个人拥有的非营业用房免征房产税；玻璃暖棚不属于房产，不征收房产税；抵债得来的厂房和免税单位的经营用房都要缴纳房产税。

4.【答案】ABCD

【解析】对按政府规定价格出租的公有住房和廉租住房，包括企业和自收自支事业单位向职工出租的单位自有住房，房管部门向居民出租的公有住房，落实私房政策中带户发还产权并以政府规定租金标准向居民出租的私有住房等，暂免征收房产税。企业办的学校自用房产，免征房产税。国家机关自用房产免征房产税。

5.【答案】BD

【解析】A选项应自房屋交付使用之次月起缴纳房产税；C选项应自交付出租、出借房产之次月起缴纳房产税；BD选项符合税法规定。

6.【答案】AD

【解析】如果是以劳务作为报酬抵付房租的，应根据当地同类房产的租金水平，确定一个标准租金额从租计征，所以B选项错误。从价计征房产税的，按房产原值一次减除10%~30%后的余值计算缴纳。具体扣除比例由省、自治区、直辖市人民政府确定，所以C选项错误。为了维持和增加房屋的使用功能或使房屋满足设计要求，凡以房屋为载体，不可随意移动的附属设备和配套设施，如给排水、采暖、消防、中央空调、电气及智能化楼宇设备等，无论在会计核算中是否单独记账与核算，都应计入房产原值，计征房产税，所以AD选项正确。

7.【答案】ABD

【解析】纳税人购置新建商品房，应自房屋交付使用之次月起缴纳房产税，所以C选项错误。

8.【答案】CD

【解析】A选项：租赁合同约定有免收租金期限的出租房产，免收租金期间由产权所有人按照房产余值缴纳房产税。B选项：融资租赁的房产，由承租人自租赁合同约定开始日的次月起依照房产余值缴纳房产税。合同未约定开始日的，由承租人自合同签订的次月起依照房产余值缴纳房产税。C选项：纳税单位和个人无租使用其他单位的房产，应由使用人代为缴纳房产税。

9.【答案】ABCD

【解析】在我国境内转移土地、房屋权属，承受产权的单位和个人是契税的纳税人。

10.【答案】BC

【解析】选项A：将自有住房作股投资于本人独资经营的企业，产权所有人和使用权使用人没发生变化，不缴纳契税；选项BC：以拆门窗做工艺品收藏为目的而购买一幢江南水乡小屋和接受一套抵债房屋，都发生了产权转移，作为承受方应缴纳契税；选项D：赠送恩师一套房子，恩师作为受赠方是契税的纳税人。

11.【答案】ABC

【解析】以土地、房屋权属作价投资、入股和以抵债方式承受土地、房屋权属，以及实物交换房屋，均发生了房屋、土地权属的转移，故都在契税征税范围之内，应征收契税，所以选项ABC正确；D选项不征收契税。

12.【答案】BC

【解析】土地使用权出售、房屋买卖，其计税依据为成交价格。等价互换的房屋，契税计税依据为0。受赠房屋由征收机关参照房屋买卖的市场价格核定契税计税依据。

13.【答案】BCD

【解析】选项A：土地使用权出让，计税依据包括土地出让金、土地补偿费、安置补助费、地上附着物和青苗补偿费、征收补偿费、城市基础设施配套费、实物配建房屋等应交付的货币以及实物、其他经济利益对应的价款。

14.【答案】BC

【解析】乙企业按房产的评估作价入股金额计算契税，应纳契税 =30×3%=0.9（万元）；丙企业按成交价格计算契税，应纳契税 =40×3%=1.2（万元）。

15.【答案】ABCD

【解析】国家机关、事业单位、社会团体、军事单位承受土地、房屋用于办公、教学、医疗、科研和军事设施的，免征契税。

16.【答案】AB

【解析】契税的纳税义务发生时间为纳税人签订土地、房屋权属转移合同的当天或者纳税人取得其他具有土地、房屋权属转移合同性质凭证的当天。只有选项AB符合契税纳税义务发生时间的规定。

17.【答案】ACD

【解析】选项B，可依照有关法律法规申请退税。

18.【答案】AD

【解析】对个人购买90平方米及以下且属家庭唯一住房的普通住房，减按1%的税率征收契税，选项A正确。纳税人应当在依法办理土地、房屋权属登记手续前申报缴纳契税，选项BC错误。选项D符合契税的政策规定。

19.【答案】ABC

【解析】企业依法实施破产，非债权人承受破产企业的土地、房屋权属并依法安置原企业全部职工，与原企业超过30%的职工签订服务年限不少于3年的劳动用工合同的，减半征收契税。

20.【答案】CD

【解析】选项A属于税法统一规定的免税项目。选项B属于国务院的减免权限。选项CD，省、自治区、直辖市可以决定对下列情形免征或者减征契税：（1）因土地、房屋被县级以上人民政府征收、征用，重新承受土地、房屋权属；（2）因不可抗力灭失住房，重新承受住房权属。

21.【答案】ACD

【解析】选项B，纳税人应当在依法办理土地、房屋权属登记手续前申报缴纳契税。

22.【答案】CD

【解析】以房地产抵债而发生房地产产权转让的和以房地产作价入股投资房地

产开发公司的，均应缴纳土地增值税。将房屋产权赠与直系亲属的，不征收土地增值税，所以不能选A选项。合作建房后由双方按比例分房自用的，暂免征收土地增值税，所以不能选B选项。

23.【答案】CD

【解析】选项A：企业之间交换房地产，应征收土地增值税；选项B：房地产评估增值，没有发生房地产权属的转让，不属于土地增值税的征收范围；选项C：双方合作建房，建成后按比例分房自用的，暂免征收土地增值税；选项D：因国家建设需要依法收回国有土地使用权而使房地产权属发生转让，免征土地增值税。

24.【答案】AD

【解析】选项AD都发生了房地产权属的转移，且取得了收入，应缴纳土地增值税；选项B属于符合规定的赠与，虽然发生了房地产权属的转移，但未取得收入，不属于土地增值税的征税范围；选项C未发生房地产权属的转移，不属于土地增值税的征税范围。

25.【答案】BCD

【解析】注意取得土地使用权支付的金额与土地征用费不是一个概念。

26.【答案】BC

【解析】选项A属于取得土地使用权所支付的金额；选项BC属于房地产开发成本；选项D属于房地产开发费用。

27.【答案】AB

【解析】选项A：将房地产通过中国境内非营利的社会团体赠与公益事业的，不属于土地增值税的征税范围。选项B：以房地产抵押贷款而房地产尚在抵押期间的，没有发生权属的变更，不属于土地增值税的征税范围。选项C：将房地产直接赠与希望小学，属于土地增值税的征税范围，应征收土地增值税。选项D：以出地、出资方式双方合作建房，建成后全部转让给其中出资一方的，应征收土地增值税。

28.【答案】AB

【解析】转让旧房的，可作为土地增值税扣除项目金额的有房屋及建筑物的评估价格、取得土地使用权支付的地价款和按国家规定缴纳的有关费用、转让环节缴纳的增值税以外的税金。不涉及房地产开发成本和开发费用。

29.【答案】ABD

【解析】提供扣除项目金额不实，虚报房地产成交价格，以及转让房地产的成交价格低于评估价格又无正当理由的，需要对房地产进行评估，并以房地产的评估价格来确定转让房地产收入或扣除项目的金额。

30.【答案】ACD

【解析】符合下列情形之一的，纳税人应进行土地增值税清算：(1)房地产开发项目全部竣工、完成销售的；(2)整体转让未竣工决算房地产开发项目的；(3)直接转让土地使用权的。若取得销售（预售）许可证满三年仍未销售完毕的，税务机关可要求纳税人进行土地增值税清算。

31.【答案】BCD

【解析】选项A：对于超过贷款期限的利息部分和加罚的利息不允许在计算土地增值税时扣除；选项B：开发小区的排污费、绿化费属于基础设施费，应作为房地产开发成本扣除；选项C：出售旧房过程中发生的评估费用可以在计算土地增值税时扣除；选项D：取得土地使用权时办理登记的手续费，应作为取得土地使用权所支付的金额扣除。

32.【答案】ABC

【解析】A选项错误在于缺少一个关键

条件，纳税人建造普通标准住宅出售的，其增值额未超过扣除项目金额20%的，免征土地增值税。对取得土地使用权时未支付地价款或不能提供已支付地价款凭据的，在计征土地增值税时不允许扣除，B选项错误。不征收土地增值税的赠与行为仅包括：（1）赠与直系亲属或承担直接赡养义务人的；（2）通过中国境内非营利的社会团体、国家机关将房屋产权、土地使用权赠与教育、民政和其他社会福利、公益事业的。房地产公司将花园别墅赠送给影视明星的行为不符合不征税的“赠与”规定，而属于视同销售，应征收土地增值税，C选项错误。超过贷款期限的利息部分和加罚的利息不允许计入房地产开发费用在税前扣除，D选项正确。

33.【答案】ABD

【解析】选项C：房地产开发企业开发建造的与清算项目配套的居委会和派出所用房、会所、停车场（库）、物业管理场所、变电站、热力站、水厂、文体场馆、学校、幼儿园、托儿所、医院、邮电通信等公共设施，建成后产权属于全体业主所有的，无偿移交给政府、公用事业单位用于非营利性社会公共事业的，其成本、费用可以扣除；建成后有偿转让的，应计算收入并准予扣除成本、费用。

34.【答案】CD

【解析】凡符合应办理土地增值税清算条件的项目，纳税人应当在满足条件之日起90日内到主管税务机关办理清算手续；凡属税务机关要求纳税人进行土地增值税清算的项目，纳税人应当在接到主管税务机关下发的清算通知之日起90日内，到主管税务机关办理清算手续。

三、计算问答题

1.【答案及解析】

（1）公司当年租赁房屋应缴纳的增值税＝5145/（1+5%）×5%×6=1470（元）。

纳税人不动产所在地与机构所在地不在同一县（市、区）的，向不动产所在地主管税务机关预缴税款，向机构所在地主管税务机关申报纳税。即按月向乙市主管税务机关预缴增值税，当年预缴金额合计1470元；按月向甲镇主管税务机关作增值税纳税申报，申报时用应纳的增值税扣减预缴的增值税，金额为0。

（2）公司当年租赁房屋应缴纳的城建税、教育费附加和地方教育附加＝1470×（7%+3%+2%）=176.4（元）。

纳税人跨地区出租不动产的，应在不动产所在地乙市预缴增值税时，以预缴增值税税额为计税依据，并按预缴增值税所在地的城市维护建设税适用税率和两个附加征收比率就地计算缴纳城市维护建设税和两个附加，向乙市税务机关缴纳。

预缴增值税的纳税人在其机构所在地申报缴纳增值税时，以其实际缴纳的增值税税额为计税依据，按机构所在地的城建税税率和两个附加征收比率就地缴纳城建税和两个附加，由于申报的增值税为0，那么城建税和两个附加也为0。

（3）应纳城镇土地使用税＝（3−2.5）×5×10000=25000（元）。

直接用于种植、养殖、饲养的专业用地，免征城镇土地使用税。

（4）应纳房产税＝（500−100）×（1−30%）×10000×1.2%+5145/（1+5%）×6×12%+100×（1−30%）×6/12×1.2%×10000=33600+3528+4200=41328（元）。

注意从价计税与从租计税的时间划分以及万元与元的换算。

2.【答案及解析】

（1）税务机关可要求该房地产开发公司

进行土地增值税清算。按照规定，已竣工验收的房地产开发项目，已转让的房地产建筑面积占整个项目可售建筑面积的比例在85%以上，或该比例虽未超过85%，但剩余的可售建筑面积已经出租或自用的，主管税务机关可要求进行土地增值税清算。本题目中的房地产开发公司，已转让的房地产建筑面积占整个项目可售建筑面积的比例虽未超过85%，但剩余的可售建筑面积已经出租，主管税务机关可要求进行土地增值税清算。

（2）该房地产开发公司销售写字楼的增值税销项税额 =（20000−7000×80%）÷（1+9%）×9%=1188.99（万元）。

不动产转让的增值税税率为9%，房地产开发公司一般纳税人计算增值税销项税时，可从销售额中扣减支付给政府的土地价款，扣减比例是销售的建筑面积占可售面积的比例。支付土地价款需取得财政票据。这一扣减的政策原理是平衡政府收取土地价款无法提供增值税专用发票，所以纳税人无法抵扣进项税；注意这里只减除土地价款不减除契税。

（3）取得土地使用权支付的全部金额 = 7000×（1+3%）=7210（万元）。

土地增值税中取得土地使用权支付的金额包括契税，与增值税计算销项税中支付土地价款不是等同口径，考生这里要注意打好增值税相关内容的基础。

可扣除的取得土地使用权支付金额 = 7210×80%=5768（万元）。

由于销售面积仅为80%，按照80%的比例计算扣除。

（4）可扣除的开发成本 =6000×80%= 4800（万元）。

可扣除的开发费用 =（5768+4800）×10%=1056.8（万元）。

加计扣除 =（5768+4800）×20%=2113.6（万元）。

扣除项目金额合计 =5768+4800+1056.8+100+2113.6=13838.4（万元）。

（5）该房地产开发公司的不含税转让收入金额 =20000−1188.99=18811.01（万元）

注意要用含税收入减除销项税的方法计算不含税收入。

土地增值额 =18811.01−13838.4=4972.61（万元）。

（6）增值率 =4972.61÷13838.4×100%= 35.93%，适用30%的税率。

该房地产开发公司销售写字楼应缴纳的土地增值税 =4972.61×30%=1491.78（万元）。

应补缴土地增值税 =1491.78−1000= 491.78（万元）。

3.【答案及解析】

（1）转让仓库应纳增值税 =（840−525）/（1+5%）×5%=300×5%=15（万元）

应纳城市维护建设税、教育费附加和地方教育附加 =15×（7%+3%+2%）=1.8（万元）

转让仓库应纳印花税 =840×0.5‰ =0.42（万元）

该企业转让仓库应缴纳的增值税、城建税、教育费附加、地方教育附加和印花税合计 =15+1.8+0.42=17.22（万元）。

（2）仓库原值的加计扣除额 =525×5%×5=131.25（万元）

扣除项目金额 =525+20+（17.22−15）+131.25=678.47（万元）。

（3）仓库转让收入 =840−15=825（万元）

转让仓库应纳土地增值税的增值额 =825−678.47=146.53（万元）

增值率 =146.53÷678.47×100%=21.60%，适用税率为30%。

应纳土地增值税 =146.53×30%=43.96（万元）。

（4）对于转让旧房既没有评估价格，又不能提供购房发票的，税务机关可以根据《征管法》规定，实行核定征收。

第十一章　车辆购置税法、车船税法和印花税法

CHAPTER-11

本章学习指南

一、学习目标

（一）车辆购置税法

1. 熟悉纳税义务人与征税范围；
2. 掌握税率、计税依据和应纳税额的计算；
3. 熟悉税收优惠；
4. 熟悉征收管理。

（二）车船税法

1. 熟悉纳税义务人与征税范围；
2. 熟悉税目与税率，掌握税目税率表备注栏的内容；
3. 掌握税收优惠、应纳税额的计算与代缴纳；
4. 了解征收管理。

（三）印花税法

1. 熟悉纳税义务人、税目与税率；
2. 掌握税收优惠和应纳税额的计算；
3. 了解征收管理。

二、考情概况

本章属于 CPA 考试的非重点章，内容较繁杂，在 CPA 考试中的正常分值大约是 4 分。本章的命题重点主要是计税依据、应纳税额的计算和减免税规定。从以往考试命题看，本章可以命制各种题型，单项选择题和多项选择题是本章考试较为常见的题型。印花税可以单独命制计算问答题；车辆购置税易和增值税、消费税、关税混合成为计算问答题或综合题中的考点；车船税也可以与其他税种如企业所得税等混合出综合题。

三、教材变化

1. 修正车辆购置税计税依据的个别过时表述。
2. 删除了购置挂车减半征收车辆购置税的税收优惠。

3. 删除了车船税的部分优惠政策。
4. 删除了印花税的部分优惠政策。

四、考点框架

- 第十一章 车辆购置税法、车船税法和印花税法
  - 车辆购置税法
    - 纳税义务人与征税范围 ★★
    - 税率与计税依据 ★★★
    - 应纳税额的计算 ★★★
    - 税收优惠 ★★
    - 征收管理 ★
  - 车船税法
    - 纳税义务人与征税范围 ★
    - 税目与税率 ★★★
    - 应纳税额的计算 ★★★
    - 税收优惠 ★★
    - 征收管理 ★★★
  - 印花税法
    - 印花税的纳税人 ★
    - 征税项目的具体规定 ★★★
    - 税率 ★
    - 税额计算及计税金额的规定 ★★★
    - 税收优惠 ★★
    - 征收管理 ★★

核心考点精讲

第一节　车辆购置税法

使用“会计云课堂”App或“微信”扫码查看本节视频，快速GET知识点。

车辆购置税是对在中华人民共和国境内购置汽车、有轨电车、汽车挂车、排气量超过一百五十毫升的摩托车的购置者征收的一种税。

考点 1：纳税义务人与征税范围★★

（一）纳税义务人

车辆购置税的纳税人是指在中华人民共和国境内购置汽车、有轨电车、汽车挂车、排气量超过一百五十毫升的摩托车的单位和个人。其中购置是指以购买、进口、自产、受赠、获奖或者其他方式取得并自用应税车辆的行为。

要点小贴士

购置不限于购买；行为限于“自用”。

【解释】

1. 车辆购置税的应税行为是从各种渠道取得并使用应税车辆的行为，其行为标志是“自用”。

2. 已经办理免税、减税手续的车辆因转让、改变用途等原因不再属于免税、减税范围的：发生转让行为的，受让人为车辆购置税纳税人；未发生转让行为的，车辆所有人为车辆购置税纳税人。

经典题解

【真题 1·多选题】以下列方式取得的车辆中，应缴纳车辆购置税的有（　　）。（2020 年）

A. 购置的二手汽车

B. 自产自用的汽车

C. 进口自用的汽车

D. 以获奖方式取得的自用汽车

【名师点题】本题考核车辆购置税的应税行为。考生要注意关键词“使用”或“自用”。

【解析】车辆购置税的纳税人是指在中华人民共和国境内购置应税车辆的单位和个人。其中购置是指以购买、进口、自产、受赠、获奖或者其他方式取得并自用应税车辆的行为。车辆购置税单一环节一次课征，二手车已在一手环节缴纳过车购税，故不再重复缴纳。

【答案】BCD

【真题 2·单选题】下列人员中，属于车辆购置税纳税义务人的是（　　）。（2018 年）

A. 应税车辆的拍卖者

B. 应税车辆的承租者

C. 应税车辆的出口者

D. 应税车辆的受赠者

【答案】D

【例题 3·单选题】已经办理免税、减税手续的车辆因转让、改变用途等原因不再属于免税、减税范围的，发生转让行为的，车辆购置税的纳税人是（　　）。

A. 转让人　　B. 受让人

C. 所有人　　D. 管理人

【答案】B

（二）征税范围

以列举的车辆为征税对象。

列举的应税车辆	不属于应税范围的车辆
汽车、有轨电车、汽车挂车、排气量超过一百五十毫升的摩托车	地铁、轻轨等城市轨道交通车辆，装载机、平地机、挖掘机、推土机等轮式专用机械车，以及起重机（吊车）、叉车、电动摩托车、排气量一百五十毫升（含）以下的摩托车

经典题解

【真题 4·单选题】下列车辆中，属于车辆购置税征税范围的是（　　）。（2021 年）

A. 叉车　　B. 吊车

C. 汽车挂车　　D. 电动摩托车

【答案】C

【归纳 1】车辆购置税应税车辆的范围大于消费税应税车辆的范围。增值税、消费税与车辆购置税征税范围的辨析：

行为	增值税	消费税	车辆购置税
自产、进口小汽车（含中轻型商用客车）用于销售、捐赠、投资、偿债	√	√	×
自产、进口卡车、货车用于销售、捐赠、投资、偿债	√	×	×
进口小汽车（含中轻型商用客车）自用	√	√	√
进口卡车、货车、有轨电车、汽车挂车自用	√	×	√
购置、受赠、获奖、接受投资小汽车、卡车、货车、有轨电车、汽车挂车等车辆自用	×	×	√

【归纳 2】进口自用应税车辆，是指纳税人直接从境外进口或者委托代理进口自用的应税车辆，在境内购买的进口车辆自用不属于进口自用车辆，而属于购买自用车辆。

行为	是否属于进口自用	车购税的纳税人
直接从境外进口或委托代理进口，且该车辆自用	是	进口自用方
进口车辆不自用，用于销售、捐赠、投资、偿债	否	购买、取得且自用方
境内购买的进口车辆	否	购买自用方

考点 2：税率与计税依据★★★

我国车辆购置税实行统一比例税率（指一个税种只设计一个比例税率），税率为 10%。

车辆购置税实行从价定率、价外征收的方法计算应纳税额，应税车辆的价格即计税价格就成为车辆购置税的计税依据。但是由于应税车辆的来源不同，计税价格的组成也就不一样，车辆购置税计税依据的构成也就不同。

计税依据的基本规定

考点妙记

购买自用发票价；进口自用要组价；自产自用同类价，没有同类就组价；其他自用凭证价，无凭无据市均价。

应税行为	计税依据
购买自用应税车辆	纳税人购置应税车辆，以发票电子信息中的不含增值税价格作为计税价格。纳税人依据相关规定提供其他有效价格凭证的情形除外 应税车辆存在多条发票电子信息或者没有发票电子信息的，纳税人按照购置应税车辆实际支付给销售方的全部价款（不包括增值税税款）申报纳税 如果题目给出的是含增值税价格，则： 计税价格＝实际支付给销售者的含增值税价款 ÷（1+ 增值税税率或征收率）
进口自用应税车辆	组成计税价格＝关税完税价格＋关税＋消费税 ＝（关税完税价格＋关税）÷（1－消费税税率） 还要注意，如果进口车辆是不属于消费税征税范围的卡车、货车等，则组成计税价格公式简化为：组成计税价格＝关税完税价格＋关税 【相关链接】进口自用应税车辆计征车辆购置税的计税依据，与进口方计算进口环节增值税、消费税的计税依据一致。要注意：纳税人应如实提供有关报关和完税证明资料，主管税务机关应按海关审查确认的有关进口车辆的完税证明资料组成计税价格计算应纳税额
自产自用应税车辆	按照纳税人生产的同类应税车辆（车辆配置序列号相同的车辆）的销售价格确定，不包括增值税税款 没有同类应税车辆销售价格的，按照组成计税价格确定。组成计税价格计算公式如下： 组成计税价格＝成本 ×（1+ 成本利润率） 属于应征消费税的应税车辆，其组成计税价格中应加计消费税税额 上述公式中的成本利润率，由国家税务总局各省、自治区、直辖市和计划单列市税务局确定
其他方式取得自用应税车辆	纳税人以受赠、获奖或者其他方式取得自用应税车辆的计税价格： （1）按照购置应税车辆时相关凭证载明的价格确定，不包括增值税税款 （2）无法提供相关凭证的，参照同类应税车辆市场平均交易价格确定其计税价格 （3）原车辆所有人为车辆生产或者销售企业，未开具机动车销售统一发票的，按照车辆生产或者销售同类应税车辆的销售价格确定应税车辆的计税价格。无同类应税车辆销售价格的，按照组成计税价格确定应税车辆的计税价格

名师点拨

进口自用车辆的车购税不属于进口环节税收，不由海关管理，而是向税务机关缴纳。

【提示】纳税人申报的应税车辆计税价格明显偏低，又无正当理由的，由税务机关依照《中华人民共和国税收征收管理法》的规定核定其应纳税额。

经典题解

【例题 5 · 单选题】以受赠方式取得自用应税车辆时无法提供相关凭证，缴纳车辆购置税的计税价格是参照同类应税车辆的（　　）。

A. 生产企业成本价格　　B. 市场最低交易价格

C. 市场最高交易价格　　D. 市场平均交易价格

【答案】D

考点3：应纳税额的计算★★★

（一）购买自用应税车辆应纳税额的计算

经典题解

【例题6·单选题】2021年12月王某从汽车4S店（增值税一般纳税人）购置了一辆排气量为1.8升的乘用车，支付购车款（含增值税）248600元，取得“机动车销售统一发票”，支付该车装饰费用5650元并取得4S店开具的票据。王某应缴纳的车辆购置税为（　　）元。

A. 20000　B. 21500　C. 22000　D. 22500

【名师点题】购买车辆自用的车购税计税依据属于CPA税法的高频考点，车辆购置税法规定，车辆购置税的应纳税额按照应税车辆的计税价格乘以税率计算。纳税人购买自用应税车辆的计税价格，一般为发票电子信息中的不含增值税价。考生要注意这里只强调价款，不包含价外费用。

【解析】装饰车辆实际发生的车辆装饰费不属于购车价款范畴，不是车辆购置税的计税依据。王某应缴纳的车辆购置税=248600÷（1+13%）×10%=22000（元）。

【答案】C

（二）进口自用应税车辆应纳税额的计算

经典题解

【例题7·单选题】某汽车贸易公司2021年12月进口11辆小轿车，海关审定的关税完税价格为25万元/辆。当月销售8辆，取得含税销售额240万元；2辆供公司自用；1辆用于抵偿债务，合同约定的含税价格为30万元。该汽车贸易公司应纳车辆购置税（　　）万元。（小轿车关税税率为28%，消费税税率为9%）

A. 7.03　　B. 5.00

C. 7.50　　D. 10.55

【解析】虽然该汽车贸易公司进口11辆小轿车，但是只对其自用的2辆征收车辆购置税。当月销售和抵债的小轿车由取得小轿车并自用的一方纳税，不由汽车贸易公司纳税。因此，该汽车贸易公司应缴纳车辆购置税=2×（25+25×28%）÷（1−9%）×10%=7.03（万元）。

【答案】A

（三）自产自用应税车辆应纳税额的计算

经典题解

【例题8·单选题】某汽车制造厂将排量为2.0升的自产A型汽车4辆转作本

厂固定资产，3 辆对外抵偿债务，3 辆奖励给本厂优秀员工。本厂同类 A 型汽车对外不含增值税销售价格为 190000 元 / 辆。该汽车制造厂应纳车辆购置税(　　)元。

A. 57000　　B. 76000　　C. 133000　　D. 190000

【解析】自产自用的汽车需要缴纳车辆购置税；对外抵债的汽车由接受并自用的一方缴纳车辆购置税；奖励员工的汽车由取得并自用的员工缴纳车辆购置税。该汽车制造厂应纳车辆购置税 =190000×4×10%=76000（元）。

【答案】B

（四）其他自用应税车辆应纳税额的计算

经典题解

【例题 9 · 单选题】某高校校友会接受汽车生产企业捐赠的客货两用车一辆，该车是未使用过的新车，在市场上非常畅销，捐赠者未开具机动车销售统一发票，则以下表述正确的是（　　）。

A. 该车享受法定免税政策

B. 该车减半征收车辆购置税

C. 按照车辆生产企业销售同类应税车辆的销售价格确定计税价格

D. 直接计算组成计税价格确定计税价格

【解析】纳税人受赠使用应税车辆的，原车辆所有人为车辆生产或者销售企业，未开具机动车销售统一发票的，按照车辆生产或者销售同类应税车辆的销售价格确定应税车辆的计税价格。无同类应税车辆销售价格的，按照组成计税价格确定应税车辆的计税价格。

【答案】C

考点 4：税收优惠 ★★

1. 依照法律规定应当予以免税的外国驻华使馆、领事馆和国际组织驻华机构及其有关人员自用车辆免税。

2. 中国人民解放军和中国人民武装警察部队列入装备订货计划的车辆免税。

3. 悬挂应急救援专用号牌的国家综合性消防救援车辆免税。

4. 设有固定装置的非运输专用作业车辆免税。

5. 城市公交企业购置的公共汽电车辆免税。

> 名师点拨
>
> 含符合标准的公共汽车、无轨电车和有轨电车。

6. 回国服务的在外留学人员用现汇购买 1 辆个人自用国产小汽车和长期来华定居专家进口 1 辆自用小汽车免征车辆购置税。

7. 防汛部门和森林消防部门用于指挥、检查、调度、报汛（警）、联络的由指定厂家生产的设有固定装置的指定型号的车辆免征车辆购置税。

8. 自 2021 年 1 月 1 日至 2022 年 12 月 31 日，对购置的新能源汽车免征车辆购置税。免征车辆购置税的新能源汽车是指纯电动汽车、插电式混合动力（含增程式）汽车、燃料电池汽车。

9. 中国妇女发展基金会“母亲健康快车”项目的流动医疗车免征车辆购置税。

10. 北京 2022 年冬奥会和冬残奥会组织委员会新购置车辆免征车辆购置税。

11. 原公安现役部队和原武警黄金、森林、水电部队改制后换发地方机动车牌证的车辆（公安消防、武警森林部队执行灭火救援任务的车辆除外），一次性免税。

经典题解

【例题 10 · 多选题】下列车辆免征车辆购置税的有（　　）。

A. 汽车挂车

B. 新能源汽车

C. 排气量 250 毫升的摩托车

D. 设有固定装置的非运输专用作业车辆

【解析】设有固定装置的非运输专用作业车辆、新能源汽车，免征车辆购置税。

【答案】BD

【例题 11 · 单选题】我国车辆购置税实行法定减免税，下列不属于车辆购置税免税范围的是（　　）。

A. 外国驻华使馆、领事馆和国际组织驻华机构及其有关人员自用车辆

B. 回国服务的留学人员用人民币现金购买 1 辆个人自用的国产小汽车

C. 城市公交企业购置的公共汽电车辆

D. 长期来华定居专家进口的 1 辆自用小汽车

【解析】本题考核车辆购置税的减免税规定。回国服务的留学人员用现汇购买 1 辆自用的国产小汽车免征车辆购置税，现汇与现金不是一个概念。

【答案】B

【例题 12 · 单选题】某市经批准从事城市公交经营的甲公交公司 2022 年 1 月为新设的公交线路购置了 10 辆公交巴士和 10 辆无轨电车，其中 10 辆公交巴士的含增值税购置价格合计 113 万元，10 辆无轨电车含增值税购置价格合计 101.7 万元；当月该公交公司为管理部门购入办公用小轿车 2 辆，含增值税购置价格合计 47.46 万元，支付车辆保险费 1 万元并取得保险公司开具的票据。则甲公交公司上述业务应纳的车辆购置税为（　　）万元。

A. 4.2　　　　B. 14.2

C. 23.2　　　　D. 0

【解析】城市公交企业购置的公共汽电车辆免征车辆购置税。但公交公司非客运经营车辆不属于免税范围。保险费不属于车辆购置税的计税依据。甲公交公司应纳的车辆购置税 =47.46 ÷（1+13%）× 10%=4.2（万元）。

【答案】A

考点 5：征收管理 ★

名师点拨

免征车辆购置税的新能源汽车，后续转让、交易时不再补缴车辆购置税。

1. 纳税申报

车辆购置税实行一车一申报制度，但免税车辆转让或改变用途还需重新申报。

应纳税额 = 初次办理纳税申报时确定的计税价格 ×（1– 使用年限 ×10%）× 10%– 已纳税额

使用年限的计算方法是，自纳税人初次办理纳税申报之日起，至不再属于免税、减税范围的情形发生之日止。使用年限取整计算，不满一年的不计算在内。

【提示】

（1）纳税人办理纳税申报时应当如实填报《车辆购置税纳税申报表》，同时提供车辆合格证明和车辆相关价格凭证。

（2）车辆合格证明为整车出厂合格证或者《车辆电子信息单》。

（3）车辆相关价格凭证，境内购置车辆为机动车销售统一发票或者其他有效凭证，进口自用车辆为《海关进口关税专用缴款书》或者海关进出口货物征免税证明；属于应征消费税车辆的还包括《海关进口消费税专用缴款书》。提供这些凭证的目的是为了准确确定计税依据。

（4）自 2020 年 6 月 1 日起，纳税人办理车辆购置税纳税申报时，提供发票电子信息办理纳税申报。纳税人依据相关规定提供其他有效价格凭证的情形除外。发票电子信息与纳税人提供的机动车销售统一发票的内容不一致、纳税人提供的机动车销售统一发票已经作废或者开具了红字发票的，纳税人应换取合规的发票后申报纳税。

2. 纳税环节

车辆购置税是对应税车辆的购置使用行为课征，征收环节单一，实行一次课征制度。征税环节为使用环节（最终消费环节）。具体而言，车辆购置税是在应税车辆上牌登记注册前的使用环节征收。

> 名师点拨
>
> 进口自用车辆的车购税不属于进口环节税收，不由海关管理，而是向税务机关缴纳。

3. 纳税地点

纳税人购置应税车辆，应当向车辆登记地的主管税务机关申报纳税。购置不需办理车辆登记手续的应税车辆，应当向纳税人所在地的主管税务机关申报纳税。

具体分为：（1）单位纳税人向其机构所在地的主管税务机关申报纳税；（2）个人纳税人向其户籍所在地或者经常居住地的主管税务机关申报纳税。

4. 纳税期限和纳税义务发生时间

纳税人购买自用的应税车辆，自购买之日起 60 日内申报纳税；进口自用的应税车辆，应当自进口之日起 60 日内申报纳税；自产、受赠、获奖和以其他方式取得并自用的应税车辆，应当自取得之日起 60 日内申报纳税。

纳税义务发生时间为纳税人购置应税车辆的当日，具体为：

（1）购买自用应税车辆的为购买之日，即车辆相关价格凭证的开具日期。

（2）进口自用应税车辆的为进口之日，即《海关进口增值税专用缴款书》或者其他有效凭证的开具日期。

（3）自产、受赠、获奖或者以其他方式取得并自用应税车辆的为取得之日，即合同、法律文书或者其他有效凭证的生效或者开具日期。

5. 车辆购置税的退税制度

> 名师点拨
>
> 已缴纳车购税的车辆可能退税的情形：
> （1）退车退税；
> （2）误征退税；
> （3）其他依据法律法规规定应予退税的情形。

已征车辆购置税的车辆退回车辆生产或销售企业，纳税人申请退还车辆购置税的，应退税额计算公式如下：

应退税额 = 已纳税额 ×（1− 使用年限 ×10%）（应退税额不得为负数）

使用年限的计算方法是，自纳税人缴纳税款之日起，至申请退税之日止。

自2020年6月1日起，纳税人购置并已完税的应税车辆，纳税人申请车辆购置税退税时，税务机关核对纳税人提供的退车发票与发票电子信息无误后，按规定办理退税；核对不一致的，纳税人换取合规的发票后，依法办理退税申报；没有发票电子信息的，销售方向税务机关传输有效发票电子信息后，纳税人依法办理退税申报。

【提示】无论是申报纳税还是申报退税，发票电子信息与纳税人提供的机动车销售统一发票的内容必须一致，不一致的，纳税人换取合规的发票后才能申报纳税或退税。

经典题解

【例题13·多选题】关于车辆购置税的纳税地点，下列说法中正确的有（　　）。

A. 购置需要办理车辆登记的应税车辆，纳税地点是纳税人所在地

B. 购置需要办理车辆登记的应税车辆，应当向购买地主管税务机关申报纳税

C. 购置需要办理车辆登记的应税车辆，纳税地点是车辆登记地

D. 购置不需要办理车辆登记的应税车辆，应当向纳税人所在地主管税务机关申报纳税

【答案】CD

【例题14·多选题】关于车辆购置税的申报与缴纳，下列说法正确的有（　　）。

A. 纳税人购买自用的应税车辆，自购买之日起60日内申报纳税

B. 车辆购置税在应税车辆上牌登记注册前的使用环节征收

C. 车辆购置税的纳税地点包括应税车辆登记地、纳税人所在地

D. 进口自用应税车辆，应当自进口之日起60日内申报纳税

【答案】ABCD

【例题15·单选题】张某于2020年11月购买一辆小轿车自用，当月缴纳了车辆购置税2万元，2021年12月，因该车存在严重质量问题，张某与厂家协商退货，并向税务机关申请车辆购置税的退税。张某可得到的车辆购置税退税是（　　）万元。

A. 0.5　　　　B. 1

C. 1.8　　　　D. 2

【解析】车辆退回生产企业或者销售企业的，纳税人申请退税时，自纳税人缴纳税款之日起，至申请退税之日止，按已缴纳税款每满1年扣减10%计算退税额；未满1年的，按已缴纳税款全额退税。张某购买该车满1年不满2年，可得到的退税=2×（1−10%）=1.8（万元）。

【答案】C

第二节　车船税法

使用“会计云课堂”App 或“微信”扫码查看本节视频，快速 GET 知识点。

车船税是以车船为征税对象，向车船的所有人或管理人征收的一种税。

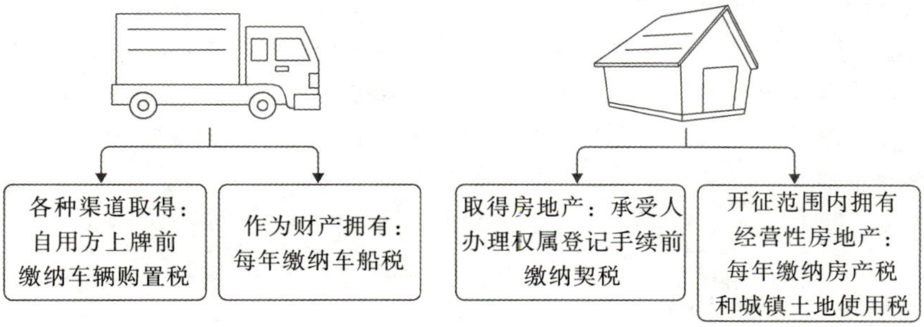

考点 1：纳税义务人与征税范围★

车船税的纳税义务人是指在中华人民共和国境内的车辆、船舶（以下简称“车船”）的所有人或者管理人。

车船税的征税范围包括：（1）依法应当在车船登记管理部门登记的机动车辆和船舶；（2）依法不需要在车船登记管理部门登记、在单位内部场所行驶或者作业的机动车辆和船舶。

【解释】

应税车船及具体内容		不属于征税范围的车船
机动车辆	乘用车、商用车（包括客车、货车）、挂车、专用作业车、轮式专用机械车、摩托车	拖拉机、纯电动乘用车、燃料电池乘用车
船舶	指各类机动、非机动船舶以及其他水上移动装置，但是船舶上装备的救生艇筏和长度小于 5 米的艇筏除外	租入的外国籍船舶

根据上述规定，我们可以这么理解：

（1）在现实中，车辆分为机动车辆和非机动车辆；船舶分为机动船舶和非机动船舶。车船税的征收范围包括机动车辆和船舶，不包括非机动车辆，尽管船舶的征税口径包含各类机动、非机动船舶以及其他水上移动装置，但是非机动船舶的征税范围很窄，税目中仅列举了非机动驳船

（2）境内单位和个人租入外国籍船舶的，不征收车船税。境内单位和个人将船舶出租到境外的，应依法征收车船税

经典题解

【真题16·多选题】某交通运输企业的下列车船，属于车船税征税范围的有（　　）。（2021年）

A. 租入的外国籍船舶

B. 购置的节能汽车

C. 出租给境外某公司的自有船舶

D. 购置的纯电动乘用车

【解析】选项AC：境内单位和个人租入外国籍船舶的，不征收车船税。境内单位和个人将船舶出租到境外的，应依法征收车船税。选项B：属于车船税征税范围，但对符合标准的节能汽车减半征收车船税。选项D：纯电动乘用车和燃料电池乘用车不属于车船税征税范围，不征收车船税。

【答案】BC

考点2：税目与税率★★★

车船税法规定，对应税车船实行定额税率。

【解释】车辆的具体适用税额由省、自治区、直辖市人民政府依照车船税法所附《车船税税目税额表》规定的税额幅度和国务院的规定确定。

船舶的具体适用税额由国务院在车船税法所附《车船税税目税额表》规定的税额幅度内确定。

车船税计税单位包括“每辆”“整备质量每吨”“净吨位每吨”“艇身长度每米”。

税目		计税单位	备注
乘用车（排气量分档）		每辆	核定载客人数9人（含）以下
摩托车		每辆	——
商用车	客车	每辆	核定载客人数9人（包括电车）以上
	货车	整备质量每吨	（1）包括半挂牵引车、挂车、客货两用汽车、三轮汽车和低速载货汽车等 （2）挂车按照货车税额50%计算
其他车辆		整备质量每吨	不包括拖拉机
机动船舶		净吨位每吨	拖船、非机动驳船分别按机动船舶税额的50%计算
游艇		艇身长度每米	——

要点小贴士

船舶吨税的相同规定：拖船、非机动驳船按机动船舶税额的50%计算船舶吨税。

经典题解

【真题17·单选题】下列关于车船税计税单位确认的表述中，正确的是（　　）。（2016年）

A. 摩托车按“排气量”作为计税单位

B. 游艇按“净吨位每吨”作为计税单位

C. 商用货车按“每辆”作为计税单位

D. 专用作业车按“整备质量每吨”作为计税单位

【名师点题】车船税计税单位属于CPA税法命题的高频考点，考生要注意辨析记忆车船适用“每辆”“整备质量每吨”“净吨位每吨”“艇身长度每米”的具体规定。

【答案】D

车船税法及其实施条例涉及的整备质量、净吨位、艇身长度等计税单位，有尾数的一律按照含尾数的计税单位据实计算车船税应纳税额。计算得出的应纳税额小数点后超过两位的可四舍五入保留两位小数。

拖船按照发动机功率每 1 千瓦折合净吨位 0.67 吨计算征收车船税。

要点小贴士

船舶吨税的相同规定：拖船按照发动机功率每 1 千瓦折合净吨位 0.67 吨计算征收船舶吨税。

车船税法和实施条例所涉及的排气量、整备质量、核定载客人数、净吨位、千瓦、艇身长度，以车船登记管理部门核发的车船登记证书或者行驶证所载数据为准。

依法不需要办理登记的车船和依法应当登记而未办理登记或者不能提供车船登记证书、行驶证的车船，以车船出厂合格证明或者进口凭证标注的技术参数、数据为准；不能提供车船出厂合格证明或者进口凭证的，由主管税务机关参照国家相关标准核定，没有国家相关标准的参照同类车船核定。

经典题解

【真题 18 · 单选题】某机械制造厂 2013 年拥有货车 3 辆，每辆货车的整备质量为 1.499 吨；挂车 1 辆，其整备质量为 1.2 吨；小汽车 2 辆。已知货车车船税税率为整备质量每吨年基准税额 16 元，小汽车车船税税率为每辆年基准税额 360 元。该厂 2013 年度应纳车船税为（　　）元。（2014 年）

A. 441.6　　B. 792　　C. 801.55　　D. 811.2

【名师点题】本题的核心考点是车船税税目税额的特殊规定，即挂车按照货车税额的 50% 计算车船税。

【解析】车船税法及其实施条例涉及的整备质量、净吨位、艇身长度等计税单位，有尾数的一律按照含尾数的计税单位据实计算车船税应纳税额。计算得出的应纳税额小数点后超过两位的可四舍五入保留两位小数。该厂 2013 年度应纳的车船税 = $1.499 \times 3 \times 16 + 1.2 \times 16 \times 50\% + 2 \times 360 = 801.55$（元）。

【答案】C

【例题 19 · 单选题】某船运公司 2021 年拥有机动船 4 艘，每艘净吨位为 3000 吨；拖船 1 艘，发动机功率为 1500 千瓦。机动船舶车船税年基准税额为：净吨位超过 200 吨但不超过 2000 吨的，每吨 4 元；净吨位超过 2000 吨但不超过 10000 吨的，每吨 5 元。该船运公司 2021 年应缴纳车船税（　　）元。

A. 61800　　B. 62010

C. 63000　　D. 64020

【解析】拖船和非机动驳船分别按照机动船舶税额的 50% 计算。拖船按照发动机功率每 1 千瓦折合净吨位 0.67 吨计算征收车船税。应纳车船税 =3000×4×5+1500×0.67×4×50%=62010（元）。

【答案】B

考点妙记

购买新车自当月计税；
盗废灭失自当月退税；
失而复得自当月计税；
年内过户不另纳不退。

考点 3：应纳税额的计算★★★

1. 购置新车船的税额计算

购置的新车船，购置当年的应纳税额自纳税义务发生的当月起按月计算。计算公式为：

应纳税额 =（年应纳税额 ÷12）× 应纳税月份数

应纳税月份数 =12- 纳税义务发生时间（取月份）+1

【举例】某单位 2021 年 4 月 3 日购买奥迪轿车一辆。该省规定该排量乘用车每辆适用的车船税年税额为 960 元，则该单位这辆轿车 2021 年应纳税月份数 =12-4+1=9（个月）；该辆轿车当年应纳车船税 =960/12×9=720（元）。

2. 被盗抢、报废、灭失的车船的税额计算

（1）在一个纳税年度内，已完税的车船被盗抢、报废、灭失的，纳税人可以凭有关管理机关出具的证明和完税证明，向纳税所在地的主管税务机关申请退还自被盗抢、报废、灭失月份起至该纳税年度终了期间的税款。

（2）已办理退税的被盗抢车船失而复得的，纳税人应当从公安机关出具相关证明的当月起计算缴纳车船税。

3. 已缴纳车船税的车船在同一纳税年度内办理转让过户的，不另纳税，也不退税。

经典题解

【真题 20・单选题】某企业 2015 年 1 月缴纳了 5 辆客车的车船税，其中一辆 9 月被盗，已办理车船税退还手续；11 月由公安机关找回并出具证明，企业补缴了车船税，假定该类型客车年基准税额为 480 元 / 辆，该企业 2015 年实际缴纳的车船税总计为（　　）元。（2015 年）

A. 1920　　B. 2400

C. 3250　　D. 2320

【名师点题】本题的核心考点在于出现车辆被盗、失而复得的特殊情形时，车船税的应税月份数的确定。

【解析】在一个纳税年度内，已完税的车船被盗抢、报废、灭失的，纳税人可以凭有关管理机关出具的证明和完税证明，向纳税所在地的主管税务机关申请退还自被盗抢、报废、灭失月份起至该纳税年度终了期间的税款。已办理退税的被盗抢车船，失而复得的，纳税人应当从公安机关出具相关证明的当月起计算缴纳车船税。该企业 2015 年实缴的车船税总计 =4×480+480÷12×10=2320（元）。

【答案】D

考点 4：税收优惠★★

优惠政策级次	具体规定
法定减免	（1）捕捞、养殖渔船，免税 （2）军队、武装警察部队专用的车船，免税 （3）警用车船，免税 （4）依照法律规定应当予以免税的外国驻华使领馆、国际组织驻华代表机构及其有关人员的车船，免税 （5）对节能汽车，减半征收车船税；对新能源车船，免征车船税。减半征收车船税的节能乘用车和商用车、免征车船税的新能源汽车和船舶，均应符合规定的标准 （6）省、自治区、直辖市人民政府根据当地实际情况，可以对公共交通车船，农村居民拥有并主要在农村地区使用的摩托车、三轮汽车和低速载货汽车定期减征或者免征车船税 （7）国家综合性消防救援车辆由部队号牌改挂应急救援专用号牌的，一次性免征改挂当年车船税
特定减免	经批准临时入境的外国车船和香港特别行政区、澳门特别行政区、台湾地区的车船，不征收车船税

经典题解

【真题 21·单选题】下列车船中，免征车船税的是（　　）。（2018 年）

A. 辅助动力帆艇

B. 武警专用车船

C. 半挂牵引车

D. 客货两用汽车

【解析】选项 B：军队、武装警察部队专用的车船，免征车船税。

【答案】B

【易错易混】

1. 按照 2012 年 1 月 1 日起实施的《车船税法》和《车船税法实施条例》，非机动车辆不属于车船税的征税范围。

2. 节能、新能源汽车的车船税优惠政策与车辆购置税优惠政策非常容易混淆；挂车车船税的税额减半与车辆购置税优惠政策也容易混淆，特列表区分：

<table>
<tr><th colspan="2">车辆性质</th><th>车船税政策</th><th>车辆购置税政策</th></tr>
<tr><td rowspan="2">新能源汽车</td><td>乘用车</td><td>纯电动乘用车和燃料电池乘用车不属于车船税征税范围，不征收车船税</td><td rowspan="2">至 2022 年 12 月 31 日，免征车辆购置税</td></tr>
<tr><td>商用车</td><td>纯电动商用车、插电式（含增程式）混合动力汽车、燃料电池商用车，免征车船税</td></tr>
</table>

车辆性质		车船税政策	车辆购置税政策
节能汽车	乘用车	同时满足:（1）获得许可在中国境内销售的排量为1.6升以下（含1.6升）的燃用汽油、柴油的乘用车（含非插电式混合动力、双燃料和两用燃料乘用车）;（2）综合工况燃料消耗量应符合标准 减半征收车船税	照章计算缴纳车辆购置税
	商用车	同时满足:（1）获得许可在中国境内销售的燃用天然气、汽油、柴油的轻型和重型商用车（含非插电式混合动力、双燃料和两用燃料轻型和重型商用车）;（2）燃用汽油、柴油的轻型和重型商用车综合工况燃料消耗量应符合标准 减半征收车船税	
挂车——由汽车牵引才能正常使用且用于载运货物的无动力车辆		挂车按照货车税额的50%计算车船税	至2023年12月31日，对购置挂车减半征收车辆购置税（教材未收录）

经典题解

【真题22·单选题】下列车船中，免征车船税的是（　　）。（2020年）

A. 机动驳船

B. 纯天然气动力船舶

C. 客货两用汽车

D. 混凝土搅拌运输车

【名师点题】按照CPA税法考试命题规律，小税种的税收优惠都属于高频考点。纯天然气动力船舶属于新能源船舶，享受免税政策。

【答案】B

【真题23·单选题】下列车船中，享受减半征收车船税优惠的是（　　）。（2017年）

A. 纯电动汽车

B. 燃料电池汽车

C. 符合规定标准的节约能源乘用车

D. 使用新能源的混合动力汽车

【解析】对节能汽车，减半征收车船税；对新能源车船，免征车船税。减半征收车船税的节能乘用车和商用车、免征车船税的新能源汽车和船舶，均应符合规定的标准。

【答案】C

【例题24·单选题】2021年度某运输公司拥有载客人数9人以下的小汽车20辆，载客人数9人以上的客车30辆，载货汽车15辆（每辆整备质量8吨），另有纯电动汽车8辆。小汽车适用的车船税年税额为每辆800元，客车适用的车船税年税额为每辆1200元，货车适用的车船税年税额为整备质量每吨60元。该运输公司2021年度应缴纳车船税（ ）元。

A. 59200　　B. 61600

C. 65600　　D. 68000

【解析】该运输公司应纳车船税 =800×20+1200×30+8×60×15=59200（元）。

【答案】A

【例题25·单选题】某渔业公司2021年拥有捕捞渔船5艘，每艘净吨位21吨；非机动驳船2艘，每艘净吨位10吨；机动补给船1艘，净吨位15吨；机动运输船10艘，每艘净吨位7吨。机动船舶净吨位小于或者等于200吨的，车船税适用年税额为每吨3元，该公司当年应缴纳车船税（ ）元。

A. 285　　B. 315

C. 345　　D. 600

【解析】捕捞、养殖渔船免征车船税，机动补给船和机动运输船应纳车船税。非机动驳船按机动船舶税额的50%计算车船税。该公司当年应缴纳车船税 =2×10×3×50%+（15+10×7）×3=285（元）。

【答案】A

考点5：征收管理★★★

基本要素		主要规定
纳税义务发生时间		车船税纳税义务发生时间为取得车船所有权或者管理权的当月 取得车船所有权或者管理权的当月，应当以购买车船的发票或者其他证明文件所载日期的当月为准
纳税地点		纳税人自行申报缴纳车船税的，纳税地点为车船登记地的主管税务机关所在地 扣缴义务人代收代缴车船税的，纳税地点为扣缴义务人所在地 依法不需要办理登记的车船，纳税地点为车船的所有人或者管理人主管税务机关所在地
纳税申报		车船税按年申报，分月计算，一次性缴纳。纳税年度为公历1月1日至12月31日
税款征收	征收机关	车船税由税务机关负责征收
	代收代缴	从事机动车第三者责任强制保险业务的保险机构为机动车车船税的扣缴义务人，应当在收取保险费时依法代收车船税，并在机动车交通事故责任强制保险的保险单以及保费发票上注明已收税款的信息，作为代收税款凭证 纳税人没有按照规定期限缴纳车船税的，扣缴义务人在代收代缴税款时，可以一并代收代缴欠缴税款的滞纳金

考点妙记

（1）房产税、城镇土地使用税——通常强调“次月”。

（2）车船税“买失复”——强调“当月”。

经典题解

【真题 26 · 单选题】车船税的申报符合税法规定的是（　　）。（2020 年）

A. 按月申报，年终汇算清缴

B. 按季申报，年终汇算清缴

C. 按半年申报，年终汇算清缴

D. 按年申报，分月计算，一次性缴纳

【解析】车船税按年申报，分月计算，一次性缴纳。

【答案】D

【例题 27 · 多选题】下列各项中，符合车船税征收管理规定的有（　　）。

A. 车船税按年申报，分月计算，一次性缴纳

B. 纳税人自行申报缴纳车船税的，纳税地点为车船登记地的主管税务机关所在地

C. 车船税纳税义务发生时间为取得车船所有权或者管理权的次月

D. 不需要办理登记的车船不缴纳车船税

【解析】选项 C：车船税纳税义务发生时间为取得车船所有权或者管理权的当月。选项 D：依法不需要办理登记的车船也可能属于车船税的征税范围，其车船税纳税地点为车船的所有人或者管理人主管税务机关所在地。

【答案】AB

第三节　印花税法

使用“会计云课堂”App 或“微信”扫码查看本节视频，快速 GET 知识点。

印花税是以经济活动和经济交往中，书立、领受应税凭证的行为为征税对象征收的一种税。2021 年 6 月 10 日第十三届全国人民代表大会常务委员会第二十九次会议通过了《中华人民共和国印花税法》，于 2022 年 7 月 1 日起正式实施。但是 2022 年 CPA 教材收录的是 2022 年 6 月 30 日之前有效的《印花税暂行条例》的内容。

考点 1：印花税的纳税人 ★

印花税纳税人是指在中国境内书立、使用、领受《印花税暂行条例》所列举的凭证，并应依法履行纳税义务的单位和个人。分为：立合同人、立据人、立账簿人、领受人、使用人和各类电子应税凭证的签订人。

纳税人	具体情况	注意问题
立合同人	指各类合同的当事人，即对凭证有直接权利义务关系的单位和个人，但不包括合同的担保人、证人、鉴定人 当事人的代理人有代理纳税的义务，与纳税人负有同等的税收法律义务和责任	（1）凡由两方或两方以上当事人共同书立的应税凭证，其当事人各方都是印花税的纳税人，应各就其所持凭证的计税金额履行纳税义务 （2）纳税人以电子形式签订的各类应税凭证应按规定征收印花税
立据人	订立产权转移书据的单位和个人	
立账簿人	设立并使用营业账簿的单位和个人	
领受人	领取或接受并持有权利、许可证照的单位和个人	
使用人	在国外书立、领受，在国内使用应税凭证的单位和个人	

经典题解

【例题 28 · 单选题】甲企业将货物卖给乙企业，双方订立了购销合同，丙企业作为该合同的担保人，丁先生作为证人，戊单位作为鉴定人，则该购销合同印花税的纳税人为（　　）。

A. 甲企业和乙企业

B. 甲企业、乙企业和戊单位

C. 甲企业、乙企业和丙企业

D. 甲企业、乙企业、丙企业、丁先生和戊单位

【解析】各类合同的纳税义务人是立合同人。立合同人指各类合同的当事人，即对应税合同有直接权利义务关系的单位和个人，但不包括合同的担保人、证人、鉴定人。

【答案】A

考点 2：征税项目的具体规定★★★

印花税共 13 个税目，包括的 10 类经济合同是购销合同、加工承揽合同、建设工程勘察设计合同、建筑安装工程承包合同、财产租赁合同、货物运输合同、仓储保管合同、借款合同、财产保险合同、技术合同。除合同之外的征税项目还包括产权转移书据，营业账簿，权利、许可证照。

【解释】

这里所说的合同不仅指具有正规格式的合同，也包括具有合同性质的单据、凭证。这里还要注意不同合同、凭证的项目范围的差异：

（1）出版单位与发行单位之间订立的图书、报纸、期刊和音像制品的应税凭证，如订购单、订数单等属于购销合同。

（2）电网与用户之间签订的供用电合同不属于印花税列举征税的凭证，不征收印花税。

（3）印刷、广告合同属于加工承揽合同。

（4）银行及其他金融组织签订的融资租赁合同属于借款合同，不属于财产租赁合同。

要点小贴士

融资租赁合同与财产租赁合同分属两个不同的征税项目，适用不同的税率。

（5）一般的法律、会计、审计等方面的咨询不属于技术咨询，其所立合同不贴印花。

（6）权利、许可证照仅包括“四证一照”：政府部门发给的房屋产权证、工商营业执照、商标注册证、专利证、土地使用证。

（7）财产所有权和版权、商标专用权、专利权、专有技术使用权等转移书据和专利实施许可合同、土地使用权出让合同、土地使用权转让合同、商品房销售合同都按照产权转移书据征收印花税。

【辨析】

（1）商品房销售合同不属于“购销合同”，应按照“产权转移书据”税目缴纳印花税。

（2）个人无偿赠送不动产所签订的“个人无偿赠与不动产登记表”按照“产权转移书据”税目缴纳印花税。

（3）注意区分与专利相关的合同适用的印花税税目：

类别	行为	适用税目
专利类	转让专利权、专利实施许可	产权转移书据
	专利申请权转让	技术合同
非专利类	转让专有技术使用权	产权转移书据
	非专利技术转让	技术合同

经典题解

【真题29·单选题】下列合同中，应按“购销合同”税目征收印花税的是（ ）。（2015年）

A. 企业之间签订的土地使用权转让合同

B. 开发商与个人之间签订的商品房销售合同

C. 发电厂与电网之间签订的购售电合同

D. 银行与工业企业之间签订的融资租赁合同

【名师点题】小税种考点的细碎化已经成为最近几年CPA税法命题的风格之一了。由于日常的购销行为在印花税的税目中有的不征税，而应税的项目有的划入购销合同，有的划入产权转移书据，这需要考生细致复习才能把握。

【解析】选项AB应按“产权转移书据”税目征收印花税；选项D应按“借款合同”税目征收印花税。

【答案】C

【真题30·多选题】下列合同中，应按照“产权转移书据”税目缴纳印花税的有（ ）。（2018年）

A. 商品房销售合同　　B. 专利实施许可合同

C. 股权转让合同　　D. 专利申请权转让合同

【名师点题】本题目考查购销合同、产权转移书据、技术合同三者的微妙辨析，考生要牢记房屋、土地的转让合同或书据都属于“产权转移书据”。而与专利转让有关的合同，要辨析是专利申请权还是专利权，前者转让属于技术合同，后者转让属于产权转移书据。

【解析】选项A：商品房销售合同按照“产权转移书据”缴纳印花税，不是按照“购销合同”；选项BC：按照“产权转移书据”缴纳印花税；选项D：按照“技术合同”缴纳印花税。

【答案】ABC

【例题31·多选题】孙某将自有商铺无偿赠与非法定继承人王某，已向税务机关提交经审核并签字盖章的“个人无偿赠与不动产登记表”。下列有关孙某赠房涉及税收的表述中，正确的有（　　）。

A. 孙某应缴纳契税

B. 王某应缴纳契税

C. 孙某应缴纳印花税

D. 王某应缴纳印花税

【解析】本题考核契税和印花税纳税人的有关规定。“个人无偿赠与不动产登记表”按照产权转移书据缴纳印花税。契税以承受方为纳税义务人，因此A选项不正确。

【答案】BCD

考点3：税率★

名师点拨

最高比例税率为千分之一，最低比例税率为万分之零点五。最高比例税率是最低比例税率的20倍。

印花税税率分比例税率和定额税率两类。除权利、许可证照及营业账簿中的其他账簿适用定额税率（按件贴花5元）之外，其他征税项目适用比例税率。

税率档次		应用税目
比例税率（四档）	万分之零点五	借款合同
	万分之三	购销合同、建筑安装工程承包合同、技术合同
	万分之五	加工承揽合同、建设工程勘察设计合同、货物运输合同、产权转移书据、营业账簿中记载资金的账簿
	千分之一	财产租赁合同、仓储保管合同、财产保险合同
每件5元定额税率		权利、许可证照和营业账簿中的其他账簿

【提示1】从2008年9月19日起，对证券交易印花税政策进行调整，由双边征收改为单边征收，即只对卖出方（或继承、赠与A股、B股股权的出让方）征收证券（股票）交易印花税，对买入方（受让方）不再征税。税率仍保持1‰。目前的具体规定是：在上海证券交易所、深圳证券交易所、北京证券交易所、全国中小企业股份转让系统买卖、继承、赠与优先股所书立的股权转让书据，均依书立时实际成交金额，由出让方按1‰的税率计算缴纳证券（股票）交易印花税。

【提示2】香港市场投资者通过沪港通买卖、继承、赠与上交所上市A股，按照内地现行税制规定缴纳证券（股票）交易印花税。内地投资者通过沪港通买卖、继承、赠与联交所上市股票，按照香港特别行政区现行税法规定缴纳印花税。

【**归纳**】交易所的区域所在决定了按照该区域的税法规定计算缴纳印花税。

【**辨析**】

1. 按照万分之五的税率计税贴花的资金账簿不是指记载货币资金的账簿，而是指记载“实收资本”和“资本公积”资本金数额增减变化的账簿。

2. 车间、门市部、仓库设置的不属于会计核算范围或虽属会计核算范围，但不记载金额的登记簿、统计簿、台账等，不贴印花。

考点4：税额计算及计税金额的规定★★★

应纳税额 = 应税凭证计税金额（或应税凭证件数）× 适用税率

这里的应税凭证件数比较好理解，诸如几个房产证、几个其他账簿等。而公式中的计税金额却因合同性质不同而不同，见下表：

（一）一般规定★★★

合同或凭证	计税依据	税率
借款合同	借款金额，有具体规定	万分之零点五
购销合同	购销金额	万分之三
建筑安装工程承包合同	承包金额	
技术合同	合同所载的价款、报酬或使用费	
加工承揽合同（重要）	（1）受托方提供原材料的加工、定做合同，凡在合同中分别记载原材料金额和加工费金额的，原材料金额和加工费金额分别按照购销合同和加工承揽合同计税贴花，未分别记载的，应就全部金额依照加工承揽合同计税贴花 （2）委托方提供原料或主要材料，受托方只提供辅助材料的加工合同，按照合同中规定的受托方收取的加工费收入和提供的辅助材料金额之和依照加工承揽合同计税贴花；对委托方提供的主要材料或原料金额不计税贴花	万分之五
建设工程勘察设计合同	收取的费用	
货物运输合同	运输费金额，但不包括所运货物的金额、装卸费用和保险费用等	
产权转移书据	所载金额	

要点小贴士（借款合同）

仅限于“银行及其他金融组织”与借款人签订的合同，不包括民间借贷合同。

要点小贴士（委托方提供）

消费税的相同规定：委托方提供原料或主要材料，才属于真正的委托加工。

合同或凭证	计税依据	税率
财产租赁合同	租赁金额；如果经计算，税额超过 1 角不足 1 元的，按 1 元贴花	千分之一
仓储保管合同	收取的仓储保管费用	
财产保险合同	保险费金额，不包括所保财产的金额	
营业账簿	记载资金的账簿的计税依据为“实收资本”与“资本公积”两项合计金额	万分之五
	其他账簿按件计税	每件 5 元
权利、许可证照	按件计税	每件 5 元

【重难点分析】

1. 加工承揽合同的两种计税方法

视原材料、主要材料的提供方的不同，加工承揽合同有着两种不同的印花税计税方法。这几乎是每年必考的内容。

经典题解

【真题 32 · 单选题】某中学委托一服装厂加工校服，合同约定布料由学校提供，价值 50 万元，学校另支付加工费 10 万元，下列各项关于计算印花税的表述中，正确的是（　　）。（2011 年）

A. 学校应以 50 万元为计税依据，按购销合同的税率计算印花税

B. 服装厂应以 50 万元为计税依据，按加工承揽合同的税率计算印花税

C. 服装厂应以 10 万元加工费为计税依据，按加工承揽合同的税率计算印花税

D. 服装厂和学校均以 60 万元为计税依据，按加工承揽合同的税率计算印花税

【名师点题】加工承揽合同的两种计税方法属于 CPA 税法命题的高频考点。

【解析】对于由委托方提供主要材料或原料，受托方只提供辅助材料的加工合同，无论加工费和辅助材料金额是否分别记载，均以辅助材料与加工费的合计数，依照加工承揽合同计税贴花。对委托方提供的主要材料或原料金额不计税贴花。

【答案】C

【例题 33 · 单选题】某公司受托加工制作广告牌，双方签订的加工承揽合同中分别注明加工费 40000 元、委托方提供价值 60000 元的主要材料、受托方提供价值 2000 元的辅助材料。该公司此项合同应缴纳印花税（　　）元。

A. 20　　B. 21　　C. 38　　D. 39

【解析】制作广告牌属于加工承揽行为，由委托方提供主要材料或原料，受托方只提供辅助材料的加工合同，无论加工费和辅助材料金额是否分别记载，均以辅助材料与加工费的合计数依加工承揽合同计税贴花。对委托方提供的主要材料或原料金额不计税贴花。所以该公司此项合同应缴纳印花税 =（40000+2000）×0.5‰ =21（元）。

【答案】B

2. 借款合同的计税依据

借款合同的计税依据为借款金额，针对实际借贷活动中的不同借贷形式，税法规定了不同的计税方法，这里将详细规则列表如下：

具体形式	计税规则
（1）一项信贷业务既签订借款合同，又一次或分次填开借据的	以借款合同所载金额为依据计税贴花
（2）一项信贷业务只填开借据作为合同使用的	以借据所载金额为依据计税贴花
（3）流动资金周转性借款合同，一般按年（期）签订，规定最高限额，借款人在规定期限和最高限额内随借随还	以其规定的最高限额为依据，在签订时贴花一次；在规定期限及限额内随借随还不签订新合同的，不再另贴印花
（4）借款方以财产作抵押，取得一定数量抵押贷款的合同	按借款合同贴花
（5）借款方因无力偿还借款而将抵押财产转移给贷款方时	就双方签订的产权转移书据，按产权转移书据的规定计税贴花
（6）银行及其他金融组织的融资租赁业务签订的融资租赁合同	按合同所载租金总额，暂按借款合同计税贴花
（7）银团贷款	各方分别在所执合同正本上，按各自的借款金额计税贴花
（8）基建贷款按年度用款计划分年签订借款分合同，最后一年签订包含分合同的借款金额的借款总合同	按分合同分别贴花，最后签订的总合同只就借款总额扣除分合同借款金额后的余额计税贴花

（二）特殊规定★★★

【解释】这部分内容考点集中，考生要特别重视。

需要理解记忆的计税规则：

1. 同一凭证记载两个或两个以上适用不同税目税率的经济事项，分别记载金额的，应分别计算税额加总贴花；未分别记载金额的，按税率高的计税贴花。

经典题解

【例题34·单选题】某电厂与某水运公司签订一份运输保管合同，合同载明的费用为500000元（运费和保管费未分别记载）。货物运输合同的印花税税率为0.5‰，仓储保管合同的印花税税率为1‰，该项合同双方各应缴纳的印花税税额为（　　）元。

A. 500　　　　B. 250

C. 375　　　　D. 1000

【解析】同一凭证记载两个或两个以上适用不同税目税率的经济事项，分别记载金额的，应分别计算税额加总贴花；未分别记载金额的，按税率高的计税贴花。该合同运费和保管费没有分别记载，按仓储保管合同适用的1‰税率计税贴花。双

方各应缴纳印花税 =500000×1‰ =500（元）。

【答案】A

2. 未标明金额的按金额比例贴花的应税凭证，按凭证所载数量及国家牌价（无国家牌价的按市场价格）计算金额，然后按规定税率计税贴花。

3. 外币折算人民币金额的，汇率采用凭证书立当日国家外汇管理局公布的外汇牌价。

4. 应纳税额不足 1 角的，免纳印花税；1 角以上的，分位四舍五入。

5. 签订时无法确定计税金额的合同先定额贴花 5 元，待结算时再按实际金额计税，补贴印花税票。

如：某单位签订技术转让合同，以受让方得到技术后 3 年内总的销售额的 1% 收取技术转让费。由于无法知晓以后 3 年销售额的情况，所以在签订时先定额贴花 5 元，待结算时再按实际金额计税，补贴印花税票。

6. 订立的合同不论是否兑现或是否按期兑现均应贴花。

7. 对有经营收入的事业单位视其经费来源的不同确定贴花账簿范围。由国家财政拨付事业经费，实行差额预算管理的事业单位，其记载经营业务的账簿，按其他账簿定额贴花，不记载经营业务的账簿不贴花；经费来源实行自收自支的单位，其营业账簿，应对记载资金的账簿和其他账簿分别计税贴花。

跨区域经营的分支机构与上级单位对记载资金的账簿不必重复贴花。

8. 商品购销活动中的以货易货，交易双方既购又销，均应按其购、销合计金额计税贴花。

经典题解

【例题 35·单选题】甲公司与乙公司签订了两份合同：一是以货换货合同，甲公司的货物价值 200 万元，乙公司的货物价值 150 万元，乙公司另支付补价 50 万元；二是采购合同，甲公司购买乙公司 50 万元货物，但因故合同未能兑现。甲公司应缴纳印花税（　　）元。

A. 150　　B. 600　　C. 1050　　D. 1200

【解析】甲公司以货易货合同按购、销合计金额计税贴花，应纳印花税 =（200+150）×0.3‰ ×10000=1050（元）。签订合同即发生印花税纳税义务，未兑现也要贴花且不能因合同取消而要求退税或抵税。甲公司采购合同应贴印花 =50×0.3‰ ×10000=150（元）。甲公司共应缴纳印花税 =1050+150=1200（元）。

> **名师点拨**
> 对以货易货合同，甲公司卖 200 万元、买 150 万元；乙公司卖 150 万元，买 200 万元。

【答案】D

9. 施工单位将自己承包的建设项目分包给其他施工单位的，所签订的分包合同还要计税贴花。

经典题解

【例题 36·单选题】某建筑公司与甲企业签订一份建筑安装工程承包合同，合同金额 6000 万元。施工期间，该建筑公司又将其中价值 800 万元的安装工程分包给乙企业，并签订分包合同。该建筑公司此项业务应缴纳印花税（　　）万元。

A. 1.785　　B. 1.8　　C. 2.025　　D. 2.04

【解析】总包合同应该贴花，签订新的分包合同又发生了新的纳税义务，也应该贴花。该建筑公司应纳印花税 =（6000+800）×0.3‰ =2.04（万元）。

【答案】D

10. 国内货物联运，因结算单据（合同）所列运费的结算方式不同而计税依据也不同，即起运地统一结算全程运费的，以全程运费为计税依据；分程结算运费的，应以分程运费为计税依据。

国际货运，托运方按全程运费计税。承运方为我国运输企业的按本程运费计算贴花，承运方为外国运输企业的免纳印花税。

经典题解

【真题37·多选题】我国运输企业甲与国外运输企业乙根据我国境内托运方企业丙的要求签订了1份国际货运合同，合同规定由甲负责起运，乙负责境外运输，甲乙丙分别持有全程运费结算凭证，下列关于计算缴纳印花税的表述中正确的有（　　）。（2015年）

A. 甲按本程运费计算缴纳印花税

B. 丙按全程运费计算缴纳印花税

C. 乙按本程运费计算缴纳印花税

D. 乙按全程运费计算缴纳印花税

【解析】选项A：对国际货运，凡由我国运输企业运输的，不论在我国境内、境外起运或中转分程运输，我国运输企业所持的一份运费结算凭证，均按本程运费计算应纳税额；选项B：托运方所持的一份运费结算凭证，按全程运费计算应纳税额；选项CD：由外国运输企业运输进出口货物的，外国运输企业所持的一份运费结算凭证免纳印花税，所以乙是免税的。

【答案】AB

考点5：税收优惠★★

1. 应税凭证的正本贴花之后，副本、抄本不再贴花（以副本、抄本视同正本使用的除外）。

2. 无息、贴息贷款合同免税。

3. 房地产管理部门与个人签订的用于生活居住的租赁合同免税。

4. 农牧业保险合同免税。

5. 对公租房经营管理单位建造管理公租房涉及的印花税予以免征。

在其他住房项目中配套建设公租房，根据政府部门提供的相关材料，可以按照公租房建筑面积占总建筑面积的比例免征建造、管理公租房涉及的印花税。

6. 对改造安置住房经营管理单位、开发商与改造安置住房相关的印花税及购买安置住房的个人涉及的印花税自2013年7月4日起予以免征。

在商品住房等开发项目中配套建造安置住房的，依据政府部门出具的相关材料、房屋征收（拆迁）补偿协议或棚户区改造合同（协议），按改造安置住房建筑面积占总建筑面积的比例免征印花税。

7. 为减轻企业负担，鼓励投资创业，自 2018 年 5 月 1 日起，对按万分之五税率贴花的资金账簿减半征收印花税，对按件贴花五元的其他账簿免征印花税。

8. 对社保基金会、社保基金投资管理人管理的社保基金转让非上市公司股权，免征社保基金会、社保基金投资管理人应缴纳的印花税。

经典题解

【例题 38 · 多选题】下列各项中，属于印花税免税项目的有（　　）。

A. 无息贷款合同　　B. 专利证

C. 技术合同　　D. 农牧业保险合同

【解析】专利证和技术合同没有免税优惠，应计算缴纳印花税；无息贷款合同和农牧业保险合同免征印花税。

【答案】AD

【例题 39 · 单选题】某开发商开发的一个项目中有 20% 的建筑面积为配套的公租房，与建筑公司签订的建筑合同总金额为 5000 万元，则该开发商应纳印花税（　　）万元。

A. 1.2　　B. 1.5　　C. 2　　D. 2.5

【解析】在其他住房项目中配套建设公租房，根据政府部门提供的相关材料，可以按照公租房建筑面积占总建筑面积的比例免征建造、管理公租房涉及的印花税。开发商应纳印花税 =5000 × 0.3‰ × （1-20%）=1.2（万元）。

【答案】A

考点 6：征收管理★★

（一）印花税的缴纳办法★★

印花税的缴纳办法有三种：自行贴花办法、汇贴或汇缴办法、委托代征办法。

印花税缴纳办法		具体规定
自行贴花办法		“三自”纳税办法，即纳税人自算、自购、自贴销的办法
汇贴或汇缴办法	汇贴	一份凭证应纳税额超过 500 元的，用缴款书或完税证代替贴花
	汇缴	同一类凭证频繁贴花的，可按 1 个月的期限汇总缴纳
委托代征办法		税务机关委托发放或办理应税凭证的单位代为征收印花税税款

（二）纳税环节与纳税地点

印花税应当在书立或领受时贴花。具体是指，在合同签订时、账簿启用时和证照领受时贴花。如果合同是在国外签订，并且不便在国外贴花的，应在将合同带入境时办理贴花纳税手续。

印花税一般实行就地纳税。对于全国性商品物资订货会（包括展销会、交易会等）上所签订合同应纳的印花税，由纳税人回其所在地后即时办理贴花完税手续；对地方主办、不涉及省际关系的订货会、展销会上所签合同的印花税，其纳税地点由各省、自治区、直辖市税务局自行确定。

经典题解

【例题40·多选题】居民甲将其拥有的一处房产转让给居民乙，双方签订房屋权属转移合同并按规定办理了房屋产权过户手续。下列关于契税和印花税的表述中，正确的有（　　）。

A. 作为交易的双方，居民甲和居民乙均同时负有印花税和契税的纳税义务

B. 契税的计税依据为房屋权属转移合同中确定的房产成交价格

C. 契税纳税人应在该房产的所在地缴纳契税，印花税的纳税人应在签订合同时就地纳税

D. 契税纳税人的纳税义务在房屋权属转移合同签订的当天发生，印花税纳税人的纳税义务在房屋权属转移合同签订时发生

【解析】印花税由签订产权转移书据的双方缴纳，契税的纳税义务人是房产权属的承受方，所以选项A错误。

【答案】BCD

考试加油站

一、本章小结

您已成功完成“第十一章”的学习，本章共16个考点，您都学会了吗？

为了让您对章节有更清晰的理解，加倍巩固。本书作者刘颖老师将通过**“视频导图课”**的方式，带您回顾重要考点。

名师点拨，视听结合，高效提分。

※ 欢迎您扫码，免费观看学习。

下载“会计云课堂”App学习

二、本章疑难问题解答

1. 车辆购置税可以在计算企业所得税应纳税所得额时扣除吗？

答：车辆购置税需要资本化计入车辆的成本，通过计提车辆的折旧在企业所得税税前扣除。

2. 车辆装饰费是不是车辆购置税计税价格的组成部分？

答：如果在实际价格之外，对所购车辆做装饰，装饰费不是车辆购置税计税价格的组成部分，不用缴纳车辆购置税。如果没有做装饰，4S店将实际销售价格刻意分解为车辆价格和装饰费，分别开具机动车销售统一发票和普通发票（或者不开发票），则没有装饰行为的装饰

费不是真正意义上的装饰费，而是实际销售价格的组成部分，应予缴税。这种分解应税车辆实际销售价格分别开票或者不开票的行为，是违反《中华人民共和国发票管理办法》的违法行为。

3. 不上公共道路，在企业内部使用的车船也要缴纳车船税吗？

答：是的。车船税的征税范围包括依法应当在车船登记管理部门登记的机动车辆和船舶，也包括依法不需要在车船登记管理部门登记的、在单位内部场所行驶或者作业的机动车辆和船舶。

4. 印花税计税依据中是否包含增值税？

答：印花税的计税依据是合同所载金额。合同中所载金额和增值税分开注明的，按不含增值税的合同金额确定计税依据，未分开注明的，以合同所载金额为计税依据。以采购合同为例：

采购金额不含增值税 100 万元——印花税计税依据 100 万元。

采购金额不含增值税 100 万元，增值税 13 万元——印花税计税依据 100 万元。

采购金额价税合计 113 万元——印花税计税依据 113 万元。

5. 如果以 300 万元 A 货物换取 400 万元 B 货物，则应看成是既购又销两笔交易来缴纳印花税，用 700 万元的合计金额作为计算印花税的基数。如果在合同中注明补价 100 万元的，补价需要计入计税金额当中吗？

答：不需要。如果合同中注明以 300 万元的货物加 100 万元现金换取 400 万元货物，对合同的一方意味着卖了 300 万元的货物，买了 400 万元的货物；对合同的另一方意味着买了 300 万元的货物，卖了 400 万元的货物，双方依然是各自按照 700 万元计税贴花。

历年经典主观题回顾

一、计算问答题

甲企业 2021 年度发生部分经营业务如下：

（1）1 月取得国有土地 4000 平方米，签订了土地使用权出让合同，记载的出让金额为 4000 万元，并约定当月交付；然后委托施工企业建造仓库，工程 4 月竣工，5 月办妥了验收手续。该仓库的原值为 9500 万元（包括地价）。

（2）7月该企业因为生产规模扩大，购置了乙企业的1栋仓库，产权转移书据上注明的不含税交易价格为1200万元，在企业“固定资产”科目上记载的原值为1250万元，取得了房屋权属证书。

（其他相关资料：已知当地省政府规定的房产税计算余值的扣除比例为30%，契税税率4%，城镇土地使用税税率20元/平方米，产权转移书据印花税税率0.5‰）

要求：根据上述资料，按照下列序号计算回答问题。

（1）计算业务（1）甲企业应缴纳的契税、印花税。

（2）计算业务（1）甲企业2021年应缴纳的房产税、城镇土地使用税。

（3）计算业务（2）甲企业应缴纳的契税、印花税。

（4）计算业务（2）甲企业2021年应缴纳的房产税。（2014年考题改编）

二、综合题

1. 位于市区的某会展公司为增值税一般纳税人。2021年7月经营业务如下：

（1）进口中轻型商务客车2辆用于公司经营，国外买价折合人民币合计800000元，运抵我国入关地前支付的运费折合人民币60000元、保险费折合人民币30000元；入关后运抵公司所在地，取得运输公司开具的增值税专用发票，注明运费10000元，税额900元。

……

（其他相关资料：该中轻型商务客车的关税税率为20%，消费税税率为5%）

要求：根据上述资料，计算回答问题，如有计算需计算出合计数。

（11）计算该公司应缴纳的车辆购置税。（2016年考题节选改编）

2. 某房地产开发公司2015年度发生经营业务如下：

（1）1月通过竞拍获得政府出让的一宗土地使用权用于开发商品房，该宗土地为1.2万平方米，按照土地出让合同支付给政府的出让金2600万元并取得财政票据。

（2）从2月起开始开发建造至11月底竣工验收，按建造合同约定支付建筑公司工程款共计14000万元。

（3）12月底商品房全部售完，按销售合同记载共计取得收入30000万元，全部开发过程中发生管理费用3200万元（含业务招待费160万元）、销售费用3400万元。

……

要求：根据上述资料，计算回答问题，如有计算需计算出合计数。

（1）计算该公司商品房开发、销售环节应缴纳的印花税。（2016年考题节选）

历年经典主观题回顾参考答案及解析

使用“会计云课堂”App 或“微信”扫码对答案、看解析、掌握解题思路，开启轻松过关之旅。

一、计算问答题

【答案及解析】

（1）购置土地使用权应纳契税 =4000×4%=160（万元）

土地使用权出让合同应纳印花税 =4000×0.5‰ =2（万元）

【注意】就解题技巧角度来说，凡题目明确签订合同的金额要计算印花税，题目未明确签订合同的金额不考虑印花税，故委托施工企业建造仓库的行为不考虑印花税。

（2）应纳房产税 =9500×（1−30%）×1.2%/12×7=46.55（万元）

应纳城镇土地使用税 =4000×20/12×11=73333.33（元）

（3）购置仓库应纳契税 =1200×4%=48（万元）

购置仓库应纳印花税 =1200×0.5‰ ×10000+1×5=6005（元）

（4）应纳房产税 =1250×（1−30%）×1.2%/12×5=4.38（万元）。

二、综合题

1.【答案及解析】

关税完税价格 =800000+60000+30000=890000（元）

应纳关税 =890000×20%=178000（元）

进口消费税 =（890000+178000）÷（1−5%）×5%=56210.53（元）

应纳的车辆购置税 =（890000+178000+56210.53）×10%=112421.05（元）。

2.【答案及解析】

业务（1）中的土地出让合同中的土地出让金 2600 万元按照产权转移书据缴纳印花税；业务（2）中的建造合同约定工程款 14000 万元按照建筑安装工程承包合同缴纳印花税；业务（3）中的商品房销售收入 30000 万元按照产权转移书据缴纳印花税。

该公司商品房开发、销售环节应缴纳的印花税 =2600×0.5‰ +14000×0.3‰ +30000×0.5‰ =20.5（万元）。

同步强化练习题

使用“会计云课堂”App或“微信”扫码快速做题、对答案、看解析、掌握解题思路，开启轻松过关之旅。

一、单项选择题

1. 下列人员中，属于车辆购置税纳税义务人的是（　　）。
A. 应税车辆的拍卖者
B. 应税车辆的承租者
C. 应税车辆的经销者
D. 应税车辆的受赠者

2. 2022年1月，甲企业从某拍卖公司通过拍卖购进两辆轿车自用，其中一辆是未上牌照的新车，相关凭证上载明不含税成交价60000元；另一辆是已使用6年的轿车，不含税成交价50000元（从原车主取得了完税证明）。甲企业应纳车辆购置税（　　）元。
A. 6000　　B. 5000
C. 11000　　D. 0

3. 某单位2022年1月从汽车4S店（增值税一般纳税人）购进一辆轿车自用，机动车销售统一发票上注明不含增值税车价款250000元，另外由4S店对该车进行贴膜和内部精品装饰，装饰费开具增值税普通发票，不含税金额3000元。该单位应纳车辆购置税（　　）元。
A. 12650　　B. 25000
C. 25300　　D. 26000

4. A公司2022年1月接受捐赠10辆小汽车并自用，取得载明价格的相关凭证上注明不含增值税价格为100000元/辆，小汽车的成本为80000元/辆，成本利润率为8%，小汽车的消费税税率是9%，则该公司应纳的车辆购置税税额为（　　）元。
A. 86400　　B. 100000
C. 94945.05　　D. 80000

5. 某4S店2022年3月进口7辆商务车，海关核定的关税完税价格为40万元/辆，当月销售4辆，2辆作为样车放置在展厅待售，1辆该4S店自用。该4S店应纳车辆购置税（　　）万元。（商务车关税税率为25%，消费税税率为12%）
A. 5.48　　B. 5.60
C. 5.68　　D. 17.04

6. 纳税人进口自用应税车辆，自进口之日起60日内申报缴纳车辆购置税，“进口之日”是指（　　）。
A. 成交的当天
B.《海关进口增值税专用缴款书》或者其他有效凭证的开具日期
C. 交易合同上注明的日期
D. 登记注册的当天

7. 某市经批准从事城市公交经营的甲公交公司2022年1月为新设的公交线路购置了15辆公交巴士，含增值税购置价格合计271.2万元；当月该公交公司为职工食堂购买小货车1辆，支付价税合计金额 9.04 万元，其中含车辆装饰费 0.54 万元，但售车方未对该车进行装饰。则甲公交公司上述业务应纳的车辆购置税为（　　）万元。

A. 0　　B. 0.75

C. 0.8　　D. 0.85

8. 自产、受赠、获奖和以其他方式取得并自用应税车辆的，应当自取得之日起（　　）内申报缴纳车辆购置税。

A. 15 日　　B. 30 日

C. 60 日　　D. 90 日

9. 车辆购置税的计税依据和应纳税款应使用统一货币单位计算。纳税人以外汇结算应税车辆价款的，按照（　　）的人民币汇率中间价折合成人民币计算缴纳税款。

A. 结算当月 1 日　　B. 结算当月月末

C. 申报纳税之日　　D. 车辆购买之日

10. 下列车船应计算缴纳车船税的是（　　）。

A. 军队专用车船

B. 法院的警用车辆

C. 人力三轮车

D. 企业接送职工上下班的班车

11. 某运输企业 2022 年年初拥有净吨位 3000 吨的货运船只 6 艘；发动机功率 7000 千瓦的拖船 4 只；净吨位 2 吨的非机动救生小舢板 10 只；净吨位 1000 吨的非机动驳船 3 只。机动船舶车船税适用的年税额如下：净吨位 200 吨（含）以下为每吨 3 元；净吨位超过 200 吨但不超过 2000 吨的，每吨 4 元；净吨位超过 2000 吨但不超过 10000 吨的，每吨 5 元。该企业 2022 年应纳车船税（　　）元。

A. 136000　　B. 140600

C. 142900　　D. 149000

12. 某商厦有一辆客货两用汽车，为顾客送货，乘客座位 4 人，排量 1.0 升，整备质量 2.1 吨。当地省政府规定，该排量乘用车车船税年税额为 200 元 / 辆，相同整备质量的货车车船税年税额为 40 元 / 吨，商厦每年应缴纳车船税（　　）元。

A. 80　　B. 84

C. 200　　D. 242

13. 某公司 2021 年 3 月 1 日购入一辆载货商用车，当月将全年应纳车船税一次性缴纳完毕。此车整备质量为 20.99 吨，每吨适用的车船税年税额为 108 元。该车于 9 月 1 日被盗，经公安机关确认后，该公司遂向税务局申请退税，在办理退税手续后，此车又于 12 月 5 日被追回并在当月取得公安机关证明。则该公司就该车 2021 年实际应缴纳的车船税为（　　）元。

A. 1322.37　　B. 1323

C. 1889.10　　D. 1890

14. 下列车船中，免征车船税的是（　　）。

A. 洒水车

B. 符合相关标准的双燃料轻型商用车

C. 插电式混合动力汽车

D. 非机动驳船

15. 下列各项中，符合车船税征收管理规定的是（　　）。

A. 扣缴义务人代收代缴车船税的，纳税地点为车船登记地的主管税务机关所在地

B. 依法需要办理登记的车船，纳税人自行申报缴纳车船税的，纳税地点为车船登记地的主管税务机关所在地

C. 车船税纳税义务发生时间为取得车船所有权或者管理权的次月

D. 不需要办理登记的车船不必缴纳车船税

16. A 公司与 B 公司签订了以货易货合同，由 A 公司向 B 公司提供价值 100000 元的工作服，B 公司向 A 公司提供价值

150000元的面料，货物差价由A公司付款补足。A、B两公司共应缴纳印花税（　　）元。

A. 3　　B. 60

C. 90　　D. 150

17. 甲企业与中科院签订技术开发合同，合同注明研究开发经费20万元，技术开发报酬30万元，则该合同印花税的计税依据为（　　）万元。

A. 50　　B. 30

C. 20　　D. 10

18. 某建筑安装工程公司与某大厦筹建处签订了一份总承包金额为8000万元的工程承包合同后，又将其中的3000万元工程分包给了某市第一建筑公司，并签订了正式分包合同，该建筑安装工程公司应纳的印花税税额为（　　）万元。

A. 0.9　　B. 1.5

C. 2.4　　D. 3.3

二、多项选择题

1. 下列行为属于车辆购置税应税行为的有（　　）。

A. 购买应税车辆自用的行为

B. 销售应税车辆的行为

C. 自产自用应税车辆的行为

D. 以获奖方式取得并自用应税车辆的行为

2. 下列车辆，属于车辆购置税征税范围的有（　　）。

A. 排气量200毫升的摩托车

B. 有轨电车

C. 装载机

D. 推土机

3. 纳税人进口应税小汽车自用，应计入车辆购置税计税依据的有（　　）。

A. 进口环节的关税额和消费税额

B. 进口环节的增值税额

C. 应税车辆运抵我国境内输入地点起卸前的运费

D. 应税车辆的成交价格

4. 按照现行车辆购置税的有关规定，下列说法正确的有（　　）。

A. 对购置新能源汽车免征车辆购置税

B. 所有非运输车辆都实行法定免税

C. 对长期来华定居的专家在我国境内购买1辆自用小轿车实施免税

D. 外国驻华使馆自用车辆免税

5. 下列车辆属于车辆购置税征税范围的有（　　）。

A. 小轿车

B. 有轨电车

C. 排气量200毫升的摩托车

D. 汽车挂车

6. 根据车辆购置税的规定，下列车辆免征车辆购置税的有（　　）。

A. 外国驻华使馆自用车辆

B. 长期来华定居专家进口1辆自用小汽车

C. 回国服务的留学人员购买自用的进口小汽车

D. 城市公交企业购置的公共汽电车辆

7. 下列情形中应计算缴纳车辆购置税的有（　　）。

A. 中国公民进口小汽车自用

B. 汽车贸易公司进口汽车销售

C. 汽车制造厂将自产汽车转为自用

D. 中国农民购买新能源汽车自用

8. 下列行为中，不享受车辆购置税优惠政策的有（　　）。

A. 城市公交企业购置公共汽电车

B. 中国公民李先生购买自用超豪华燃油汽车

C. 汽车生产企业将自产汽车用于接待客户

D. 武装警察部队购置列入装备订货计划的车辆

9. 关于车辆购置税的申报与缴纳，下列说法正确的有（　　）。
A. 车辆购置税的纳税义务发生时间为纳税人购置应税车辆的当日
B. 车辆购置税在应税车辆上牌登记注册前的使用环节征收
C. 车辆购置税的纳税地点包括应税车辆登记地、纳税人所在地
D. 纳税人购买自用的应税车辆，自购买之日起 30 天内申报纳税

10. 以下符合车辆购置税有关规定的有(　　)。
A. 进口自用的应税大卡车，其车辆购置税计税价格包括关税完税价格和关税
B. 购买自用应税车辆，应自购买之日起 30 日内申报纳税
C. 进口自用应税车辆，应当自进口之日起 60 日内申报纳税
D. 车辆购置税采用一车一申报制度

11. 车船税计税单位有（　　）。
A. 每辆
B. 每艘
C. 净吨位每吨
D. 整备质量每吨

12. 关于租赁船舶缴纳车船税的表述中，正确的有（　　）。
A. 境内单位和个人租入外国籍船舶的，不征收车船税
B. 境内单位和个人租入外国籍船舶的，应依法征收车船税
C. 境内单位将船舶出租到境外的，不征收车船税
D. 境内单位将船舶出租到境外的，应依法征收车船税

13. 以下关于我国车船税税目税率的表述，正确的有（　　）。
A. 车船税实行定额税率
B. 客货两用汽车按照货车征税
C. 半挂牵引车和挂车按照货车征税
D. 拖船和非机动驳船分别按机动船舶税额的 70% 计算征税

14. 下列有关车船税计税单位的表述，正确的有（　　）。
A. 客车以“每辆”为计税单位
B. 货车以“净吨位每吨”为计税单位
C. 三轮汽车以“整备质量每吨”为计税单位
D. 机动船舶以“载重吨位”为计税单位

15. 以下符合车船税政策规定的有（　　）。
A. 车船税的纳税人是车船的使用人
B. 车船税法规定应税车辆实行有幅度的定额税率，同时授权省、自治区、直辖市税务局在规定的幅度内具体确定适用税率
C. 机动车车船税的扣缴义务人依法代收代缴车船税时，应出具代收税款凭证
D. 经批准临时入境的外国车船和香港特别行政区、澳门特别行政区、台湾地区的车船，不征收车船税

16. 以下关于车船税的规定，说法正确的有（　　）。
A. 车船税纳税义务发生时间为取得车船所有权或者管理权的当月
B. 车船税按年申报，分月计算，一次性缴纳
C. 已办理退税的被盗抢车船，失而复得的，纳税人应当从公安机关出具相关证明的当月起计算缴纳车船税
D. 已缴纳车船税的车船在同一纳税年度内办理转让过户的，不另纳税，也不退税

17. 以下符合车船税政策规定的有（　　）。
A. 插电式混合动力汽车免征车船税
B. 渔船均免征车船税
C. 取得车船所有权或者管理权的当月，应当以购买车船的发票或者其他证明文件所载日期的当月为准
D. 车船税由保险公司负责征收

18. 下列车辆中，不需要缴纳车船税的有（　　）。
A. 自行车
B. 残疾人专用摩托车
C. 燃料电池商用车
D. 纯电动商用车

19. 下列属于印花税纳税人的有（　　）。
A. 签订加工承揽合同的两家中外合资企业
B. 发放专利证的国家专利局
C. 借款合同担保人
D. 在国外书立，在国内使用技术合同的单位

20. 以下项目所书立的合同按照技术合同贴花的有（　　）。
A. 专利实施许可
B. 专利申请权转让
C. 专利权转让
D. 非专利技术转让

21. 印花税应税凭证中记载资金的账簿包括（　　）。
A. 记载现金的账簿
B. 记载银行存款的账簿
C. 记载实收资本的账簿
D. 记载资本公积的账簿

22. 根据印花税的有关规定，以下合同中属于购销合同的有（　　）。
A. 出版单位和发行单位之间订立的图书订购单
B. 二手房转让合同
C. 商品房销售合同
D. 发电厂与电网之间签订的购售电合同

23. 电网公司甲在2021年4月与发电厂乙签订了购售电合同1份，与保险公司丙签订了财产保险合同1份，直接与用户签订了供用电合同若干份，另与房地产开发公司丁签订了购房合同1份，下列关于甲公司计缴印花税的表述中，正确的有（　　）。
A. 与用户签订的供用电合同按购销合同缴纳印花税
B. 与乙签订的购售电合同按购销合同缴纳印花税
C. 与丙签订的财产保险合同按财产保险合同缴纳印花税
D. 与丁签订的购房合同按产权转移书据缴纳印花税

三、计算问答题

1. 某外贸进出口公司2022年1月发生如下经济业务：
（1）从某汽车制造公司购进18辆国产小汽车，取得的发票注明不含税价110000元/辆，其中4辆作为业务车供本公司自用，2辆用于抵顶以前欠本市某船运公司240000元的债务，其余12辆出口，出口离岸价120000元/辆。
（2）进口货车2辆自用，关税完税价格折合人民币共计80000元，缴纳关税16000元、增值税12480元。
（3）向某汽车厂（增值税一般纳税人）购买一辆自用的载货汽车、一辆自用的新能源汽车，取得机动车销售统一发票载明的载货汽车价税合计237300元、新能源汽车价税合计90400元。

要求：根据以上资料，回答下列问题。
（1）计算该公司第（1）笔业务应纳的车辆购置税。
（2）计算该公司第（2）笔业务应纳的车辆购置税。
（3）计算该公司第（3）笔业务应纳的车辆购置税。

2. 某事务所审核A企业2021年印花税缴纳情况时，抽查到如下合同凭证：
（1）A企业当年签订一份租房合同，租入一间仓库用于存储货物，年租金55万元（不含增值税，下同），租期三年，A

企业在该合同上贴花 550 元。

（2）A 企业当年签订了一份以货易货合同，合同规定用 100 万元的自产货物换取甲公司 95 万元的产品，由于易货不等值，甲公司另支付给 A 企业 5 万元货币资金，A 企业在该合同上贴花 300 元。

（3）A 企业接受乙企业的委托加工定做一批产品，由乙企业自购 100 万元主要材料送至 A 企业进行加工，A 企业收取 10 万元加工费和 2 万元代垫辅料费，A 企业在该合同上贴花 50 元。

（4）A 企业与运输公司签订一份货物运输保管合同，注明运输及保管费 20 万元，A 企业在该合同上贴花 100 元。

要求：根据上述资料，回答下列问题。

（1）分析说明租房合同的印花税存在的问题。

（2）分析说明易货合同的印花税存在的问题。

（3）分析说明加工定做合同的印花税存在的问题。

（4）分析说明运输保管合同的印花税存在的问题。

（5）计算 A 企业共计应补缴的印花税。

同步强化练习题参考答案及解析

使用“会计云课堂”App 或“微信”扫码对答案、看解析、掌握解题思路，开启轻松过关之旅。

一、单项选择题

1.【答案】D

【解析】车辆购置税的纳税人是指在我国境内购置应税车辆的单位和个人。其中购置是指购买使用行为、进口使用行为、受赠使用行为、自产自用行为、获奖使用行为或者其他方式取得并使用的行为。

2.【答案】A

【解析】通过拍卖取得自用的新车应缴纳车辆购置税；由于车辆购置税采用一次课征制，使用过的轿车在第一次被购进使用时已经缴纳过车辆购置税，所以将该轿车再次购进使用并取得完税证明，就不需要再缴纳车辆购置税了。甲企业应纳车辆购置税 =60000 × 10%=6000（元）。

3.【答案】B

【解析】按照国家税务总局 2019 年 7 月的公开解释，装饰费不是车辆购置税计税价格的组成部分。应纳车辆购置税 = 250000 × 10%=25000（元）。

4.【答案】B

【解析】受赠自用的车辆按照购置应税车辆时相关凭证载明的价格确定，不包括增值税税款。

应缴纳车辆购置税 =100000 × 10 × 10%= 100000（元）。

5.【答案】C

【解析】该 4S 店进口商务车 7 辆，销售的 4 辆由购买使用者缴纳车辆购置税；展厅待售的不需缴纳车辆购置税；该 4S 店仅对其自用的1辆缴纳车辆购置税。该4S店应纳车辆购置税=40×（1+25%）/（1-12%）×10%=5.68（万元）。

6.【答案】B

【解析】纳税人进口自用应税车辆，自进口之日起60日内申报缴纳车辆购置税，“进口之日”是指《海关进口增值税专用缴款书》或者其他有效凭证的开具日期。

7.【答案】C

【解析】城市公交企业购置的公共汽电车辆免征车辆购置税。但公交公司非客运经营车辆不属于免税范围。向售车方支付的未实质装饰的车辆装饰费计入车辆购置税的计税依据。甲公交公司应纳的车辆购置税=9.04÷（1+13%）×10%=0.8（万元）。

8.【答案】C

【解析】自产、受赠、获奖和以其他方式取得并自用应税车辆的，应当自取得之日起60日内申报纳税。

9.【答案】C

【解析】纳税人以外汇结算应税车辆价款的，按照申报纳税之日的人民币汇率中间价折合成人民币计算车辆购置税应纳税额。

10.【答案】D

【解析】选项A：军队专用的车船免税；选项B：警用车辆免征车船税；选项C：非机动车辆不属于车船税征税范围；选项D：企业接送职工上下班的班车属于车船税的征税范围，应计算缴纳车船税。

11.【答案】C

【解析】该企业应纳车船税=3000×6×5+7000×0.67×4×5×50%+1000×3×4×50%=90000+46900+6000=142900（元）。

12.【答案】B

【解析】客货两用汽车按照货车的计税单位和税额标准计征车船税。每年应缴纳的车船税=2.1×40=84（元）。

13.【答案】A

【解析】该公司当年应缴纳3月至8月、12月共7个月的车船税。该公司就该车2021年实际应缴纳的车船税=20.99×108×7/12=1322.37（元）。

14.【答案】C

【解析】选项A：无免税优惠，照章征税。选项BD：减半征收车船税。选项C：免征车船税。

15.【答案】B

【解析】选项A：扣缴义务人代收代缴车船税的，纳税地点为扣缴义务人所在地；选项C：车船税纳税义务发生时间为取得车船所有权或者管理权的当月；选项D：依法不需要办理登记的车船也可能属于车船税的征税范围，其纳税地点为车船所有人或者管理人主管税务机关所在地。

16.【答案】D

【解析】以货易货合同中，视同A公司卖出10万元工作服，买进15万元面料；B公司卖出15万元面料，买进10万元工作服。共应缴纳印花税=（100000+150000）×0.3‰×2=150(元)。

17.【答案】B

【解析】为了鼓励技术研究开发，对技术开发合同，只就合同所载的报酬金额计税贴花，研究开发经费不作为计税依据。

18.【答案】D

【解析】该建筑安装工程公司应纳印花税税额=8000×0.3‰+3000×0.3‰=3.3（万元）。

二、多项选择题

1.【答案】ACD

【解析】车辆购置税的应税行为中不包括应税车辆的销售行为。

2.【答案】AB

【解析】汽车、有轨电车、汽车挂车、排气量超过一百五十毫升的摩托车需要缴纳车购税；装载机、平地机、挖掘机、推土机等轮式专用机械车不属于车辆购置税的征税范围。

3.【答案】ACD

【解析】选项 B：进口自用应税车辆计征车辆购置税的计税依据 = 组成计税价格 = 关税完税价格 + 关税 + 消费税，不含进口环节的增值税。

4.【答案】AD

【解析】选项 B：设有固定装置的非运输专用作业车辆实行法定免税；选项 C：长期来华定居的专家进口自用的 1 辆小轿车免税。

5.【答案】ABCD

【解析】选项 ABCD 都属于车辆购置税的征税范围。

6.【答案】ABD

【解析】选项 A：外国驻华使馆、领事馆和国际组织驻华机构及其有关人员自用车辆免税；选项 B：长期来华定居专家进口自用的 1 辆小汽车免税；选项 C：回国服务的留学人员用现汇购买 1 辆自用国产小汽车免税；选项 D：城市公交企业购置的公共汽电车辆免征车辆购置税。

7.【答案】AC

【解析】选项 B：不属于自用行为，不征收车辆购置税。选项 D：新能源汽车免征车辆购置税。

8.【答案】BC

【解析】选项 BC：应照章缴纳车辆购置税，没有车辆购置税优惠政策。

9.【答案】ABC

【解析】纳税人购买自用的应税车辆，自购买之日起 60 天内申报纳税。

10.【答案】ACD

【解析】ACD 选项符合车辆购置税的相关规定。购买自用应税车辆，应自购买之日起 60 日内申报纳税。

11.【答案】ACD

【解析】车船税计税单位包括：“每辆”“整备质量每吨”“净吨位每吨”“艇身长度每米”。

12.【答案】AD

【解析】境内单位和个人租入外国籍船舶的，不征收车船税。境内单位和个人将船舶出租到境外的，应依法征收车船税。

13.【答案】ABC

【解析】ABC 选项符合车船税规定；D 选项错误，拖船和非机动驳船分别按机动船舶税额的 50% 计算征税。

14.【答案】AC

【解析】选项 A：客车以每辆为计税单位；选项 B：货车以整备质量每吨为计税单位；选项 C：三轮汽车以整备质量每吨为计税单位；选项 D：机动船舶以净吨位每吨为计税单位。

15.【答案】CD

【解析】车船的所有人或者管理人为车船税的纳税人，A 选项不正确。车船税法规定应税车辆实行有幅度的定额税率，同时车辆的具体适用税额由省、自治区、直辖市人民政府依照规定的税额幅度和国务院的规定确定，B 选项不正确。

16.【答案】ABCD

17.【答案】AC

【解析】不是所有的渔船都免征车船税，只有捕捞、养殖渔船免征车船税，B选项错误；车船税由税务机关负责征收，D选项错误。

18.【答案】ACD

【解析】选项B：没有免征车船税的政策规定，应缴纳车船税。

19.【答案】AD

【解析】选项B：专利证由领受人缴纳印花税，不由发放人缴纳。选项C：合同的担保人不属于印花税的纳税人。

20.【答案】BD

【解析】选项BD按技术合同贴花，选项AC按产权转移书据贴花。

21.【答案】CD

【解析】记载资金的账簿，是反映生产经营单位“实收资本”和“资本公积”金额增减变化的账簿。

22.【答案】AD

【解析】选项AD属于购销合同；选项BC属于产权转移书据。

23.【答案】BCD

【解析】电网和用户之间签订的供用电合同不属于印花税列举征税的凭证，不缴纳印花税。

三、计算问答题

1.【答案及解析】

（1）为出口购进的车辆不具备自用的特征，不属于车辆购置税的征收范围；购入直接抵债的车辆应由取得车辆并自用的一方缴纳车辆购置税；所以该外贸公司只针对4辆自用小汽车缴纳车辆购置税。应纳车辆购置税 =110000×10%×4=44000（元）

（2）应纳车辆购置税 =（80000+16000）×10%=9600（元）

（3）应纳车辆购置税 =237300÷（1+13%）×10%=21000（元）。

对购置新能源汽车免征车辆购置税。

2.【答案及解析】

（1）租房合同的印花税处理有两点错误，一是合同租期三年，应按照合同总金额165万元计算缴纳印花税1650元；二是由于税额超过500元，应采用汇贴方式完税。

（2）易货合同的印花税处理应看作购和销两份合同处理，A企业应缴纳印花税 =（100+95）×10000×0.3‰=585（元），超过500元应采用汇贴办法缴纳印花税。

（3）由于是乙企业自行购买的主要材料，A企业应就合同上的加工费和辅助材料费合计金额按照加工承揽合同贴花。A企业应缴纳印花税 =（10+2）×10000×0.5‰=60（元）。

（4）按照印花税规定，一份合同载有不同应税项目的，应区别不同项目金额计税，未分别记载不同项目金额的，按照其中高税率项目的税率计税，由于运输费与保管费没有分别列明，应按照保管合同的税率计税贴花，A企业应在合同上贴花 =20×10000×1‰=200（元）。

（5）A企业应补缴印花税 =（1650−550）+（585−300）+（60−50）+（200−100）=1100+285+10+100=1495（元）。

第十二章　国际税收税务管理实务

CHAPTER-12

本章学习指南

一、学习目标

1. 熟悉国际税收协定及其范本。
2. 了解我国缔结税收协定（安排）的情况。
3. 掌握国际税收协定典型条款介绍。
4. 熟悉国际税收协定管理。
5. 熟悉非居民外国企业常驻代表机构税收管理。
6. 熟悉非居民企业承包工程作业和提供劳务税收管理。
7. 掌握非居民企业股息、利息、租金、特许权使用费和财产转让所得税收管理。
8. 掌握中国境内机构和个人对外付汇的税收管理。
9. 与企业所得税结合熟悉境外所得税额抵免计算的基本规定。
10. 掌握境外应纳税所得额的计算。
11. 掌握可予抵免境外所得税额的确认。
12. 熟悉境外所得间接负担税额的计算。
13. 熟悉税收饶让抵免的应纳税额的确定。
14. 掌握抵免限额和实际抵免境外税额的计算。
15. 熟悉简易办法计算抵免。
16. 掌握境外分支机构与我国对应纳税年度的确定。
17. 熟悉税基侵蚀和利润转移项目。
18. 熟悉一般反避税规定。
19. 与企业所得税结合掌握特别纳税调整。
20. 掌握关联关系、熟悉关联申报。
21. 熟悉同期资料管理。
22. 熟悉转让定价调整方法。
23. 掌握预约定价安排。
24. 掌握国际税收征管合作。

二、考情概况

国际税收是跨国税收分配关系的表现，反映了国与国之间的税收利益分配。

本章自 2015 年收录到 CPA 税法教材中，就内容而言是对第一章第七节的应用化，同时与第四章、第五章的两个所得税紧密相关。

税收管辖权是国家主权的重要组成部分。随着全球化环境下的现代企业跨境经营模式的多样性，随着吸引外资和促进我国企业“走出去”战略的实施，国际税收关系问题越来越受到重视。我国不仅在国际税收理论和实践方面有了更丰富的拓展，也加入了 BEPS 行动计划，签署并生效实施了《多边税收征管互助公约》，在消除有害竞争、处理税基侵蚀和利润转移、打击跨境逃避税行为、维护公平税收秩序等问题上有了更多的话语权。本章就是基于近年国际税收理论与实践不断发展的现状，将非居民企业管理、特别纳税调整等反避税规则全面收录，给 CPA 考生展示了新的视野，提出了新的知识面要求。

本章特点是全方位、大综合、多角度、多关联。所谓全方位是指涵盖国际税收协定、国际税收政策、国际税收管理；所谓大综合是指程序法与实体法在本章综合体现；所谓多角度是指本章政策视角包含了特殊纳税主体角度、特殊纳税客体角度、征收机关角度；所谓多关联是指本章与第四章、第五章的内容有较多关联。

本章考点散碎，可以命制各种题型。本章在近三年的考试中平均分值超过 7 分，而且考点非常细碎。预计 2022 年本章分值仍在 7 分左右。由于本章内容与所得税关联度高，存在“你中有我、我中有你”的关系，建议考生遵循政策逻辑，将企业所得税法、个人所得税法、国际税收税务管理实务这三章作为一个模块来学习，以提高备考效率。

三、教材变化

1. 新增常设机构判定的内容。
2. 调整对外付汇无须备案的情形。
3. 新增预约定价的简易程序。

四、考点框架

- 第十二章 国际税收税务管理实务（一）
  - 国际税收协定
    - 国际税收协定及其范本 ★
    - 我国缔结税收协定（安排）的情况 ★
    - 国际税收协定典型条款介绍 ★★
    - 国际税收协定管理 ★
  - 非居民企业税收管理
    - 外国企业常驻代表机构 ★★
    - 承包工程作业和提供劳务 ★★
    - 股息、利息、租金、特许权使用费和财产转让所得 ★★
    - 中国境内机构和个人对外付汇的税收管理 ★★

第十二章 国际税收税务管理实务（二）

- 境外所得税收管理
  - 抵免法的适用范围 ★
  - 境外所得税额抵免计算的基本项目 ★
  - 境外应纳税所得额的计算 ★★
  - 可予抵免境外所得税额的确认 ★
  - 境外所得间接负担税额的计算 ★★
  - 适用间接抵免的外国企业持股比例的计算——比例和层数要求 ★★★
  - 税收饶让抵免的应纳税额的确定 ★★
  - 抵免限额的计算 ★★★
  - 实际抵免境外税额的计算 ★★
  - 简易办法计算抵免 ★★
  - 境外分支机构与我国对应纳税年度的确定 ★
  - 境外所得税抵免时应纳所得税额的计算 ★★
- 国际反避税
  - 税基侵蚀和利润转移项目 ★★
  - 一般反避税 ★★
  - 特别纳税调整 ★★★
- 转让定价税务管理
  - 关联申报 ★
  - 同期资料管理 ★★
  - 转让定价调整方法 ★
  - 转让定价调查及调整 ★★
  - 预约定价安排（APA）★★
- 国际税收征管合作
  - 情报交换 ★
  - 海外账户税收遵从法案 ★
  - 金融账户涉税信息自动交换标准 ★

本章的基本内容：

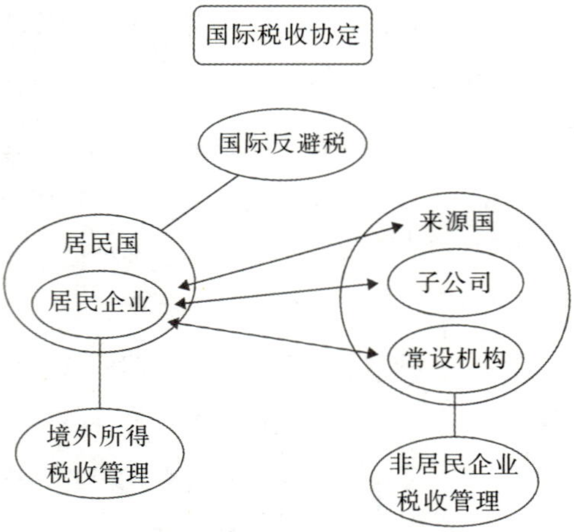

核心考点精讲

第一节　国际税收协定

使用“会计云课堂”App 或“微信”扫码查看本节视频，快速 GET 知识点。

考点 1：国际税收协定及其范本 ★

国际税收协定也称为国际税收条约，是指两个或者两个以上的主权国家或者地区为了协调相互间在处理跨国纳税人征纳事务和其他有关方面的税收关系，本着对等原则，经由政府谈判所签订的一种书面协议或者条约。

世界上最早的国际税收协定是比利时和法国于 1843 年签订的。20 世纪 60 年代《经合组织范本》(或称《OECD 范本》) 和《联合国范本》(或称《UN 范本》) 这两个国际性税收协定范本的产生，进一步推动了国际税收活动的发展，并对国际经济的发展起到了积极作用。

【解释】自国际税收协定产生以来，在国际上影响最大的《经合组织范本》(OECD 范本) 和《联合国范本》(UN 范本) 确实起到了国际税收协定的样板作用，绝大多数国家对外谈签避免双重征税税收协定都是以这两个范本为依据。

《经合组织范本》比较强调居民税收管辖权，对地域税收管辖权有所限制。易被经济发达国家接受，具有广泛的国际影响。《联合国范本》在注重收入来源国税收管辖权的同时兼顾了缔约国双方的利益，比较容易被发展中国家所接受。

经典题解

【例题1·单选题】注重扩大收入来源国的税收管辖权，主要在于促进发达国家和发展中国家之间国际税收协定的签订，同时也促进发展中国家相互间国际税收协定的签订，该税收协定范本是（　　）。

A. 联合国范本（UN范本）

B. BEPS

C. 经合组织范本（OECD范本）

D. 避免双重征税的安排

【解析】联合国范本（UN范本）注重扩大收入来源国的税收管辖权，主要在于促进发达国家和发展中国家之间国际税收协定的签订，同时也促进发展中国家相互间国际税收协定的签订。

【答案】A

考点2：我国缔结税收协定（安排）的情况 ★

截至2020年4月底，我国已对外正式签署107个避免双重征税协定，其中101个协定已生效，和香港、澳门两个特别行政区签署了税收安排，与台湾地区签署了税收协议。

考点3：国际税收协定典型条款介绍 ★★

【提示】因为我国对外所签订协定有关条款规定与《中华人民共和国政府和新加坡共和国政府关于对所得避免双重征税和防止偷漏税的协定》（以下简称“《中新协定》”）条款规定内容基本一致，教材此部分主要基于《中新协定》及议定书条文解释，选取“税收居民”“常设机构”和“劳务所得”三个条款对国际税收协定的典型条款进行简要介绍。

（一）税收居民

居民应是在一国负有全面纳税义务的人，这是判定居民身份的必要条件。这里所指的“纳税义务”并不等同于事实上的征税。

我国国内税法对我国的居民企业、居民个人的判定标准可按照教材第四章《企业所得税法》和第五章《个人所得税法》中的相关判定标准把握。双重居民身份下最终居民身份的判定标准的使用是有先后顺序的。

经典题解

【真题2·单选题】下列关于双重居民身份下判定最终居民身份需遵循的标准，其先后顺序正确的是（　　）。（2021年）

A. 重要利益中心→国籍→永久性住所→习惯性居住

B. 永久性住所→重要利益中心→习惯性居住→国籍

C. 习惯性居住→国籍→永久性住所→重要利益中心

D. 国籍→永久性住所→重要利益中心→习惯性居住

【名师点题】这是2021年考试真题，与2017年考试真题及2021年《税法》轻松过关1的例题、考前模考题几乎一样。

考点妙记

永重习国。

【解析】为了解决双重居民身份下个人最终居民身份的归属，税收协定规定了以下确定标准：（1）永久性住所；（2）重要利益中心；（3）习惯性居处；（4）国籍。需特别注意的是，这些标准的使用是有先后顺序的，只有当使用前一标准无法解决问题时，才使用后一标准。当采用上述标准依次判断仍然无法确定其身份时，可由缔约国双方主管当局按照协定规定的相互协商程序协商解决。

【答案】B

（二）常设机构（新增）

名师点拨

判定常设机构，目的是确定营业所得的征税权。

常设机构的概念主要用于确定缔约国一方对缔约国另一方企业利润的征税权。根据协定中对营业利润的规定，中国不得对新加坡企业的利润征税，除非该企业通过其设在中国的常设机构进行营业。

1.《中新协定》中，常设机构是指企业进行全部或部分营业的固定营业场所。通常情况下，具备以下特点：

（1）该营业场所是实质存在的。

（2）该营业场所是相对固定的，并且在时间上具有一定的持久性。

（3）全部或部分的营业活动是通过该营业场所进行的。

2. 常设机构通常包括：

要点小贴士

管理场所不同于总机构，也不同于作为判定居民公司标准的“实际管理机构”。

（1）管理场所。管理场所是指代表企业负有部分管理职责的办事处或事务所等场所。

（2）分支机构。

（3）办事处。

（4）工厂。

（5）作业场所。

（6）矿场、油井或气井、采石场或者其他开采自然资源的场所。这一项是指经过投资，拥有开采经营权或与之相关的合同权益，并从事生产经营的场所。至于为勘探或开发上述矿藏资源的承包工程作业，则应按照规定根据作业持续的时间是否超过6个月来判断其是否构成常设机构。

3. 承包工程和提供劳务两种情况下常设机构的判定标准。

（1）建筑工地，建筑、装配或安装工程，或者与其有关的监督管理活动，但仅以该工地、工程或活动连续6个月以上的为限。

（2）企业通过雇员或雇佣的其他人员在缔约国一方提供的劳务活动，包括咨询劳务活动，但仅以该性质的活动（为同一项目或相关联的项目）在任何12个月中连续或累计超过183天以上为限。

4. 缔约国一方企业在缔约国另一方仅由于仓储、展览、采购及信息收集等活动的目的设立的具有准备性或辅助性的固定场所，不应被认定为常设机构。

5. 当一个人（除适用规定的独立代理人以外）在缔约国一方代表缔约国另一方的企业进行活动，有权并经常行使这种权力以该企业的名义签订合同，这个人为该企业进行的任何活动，应认为该企业在缔约国一方设有常设机构。除非这个人通过固定营业场所进行的活动限于上述第 4 点的规定，按照该款规定，不应认为该固定营业场所是常设机构。

6. 缔约国一方企业通过代理人在缔约国另一方进行营业时，如果该代理人是专门从事代理业务的（独立代理人），则不应因此视其代理的企业在缔约国另一方构成常设机构。经纪人、中间商等一般佣金代理人等属于独立代理人。

名师点拨

代理人（在华企业代表性质）——劳务咨询活动判定为在华常设机构；准备性、辅助性活动不判定为在华常设机构。

独立代理人（中介性质）——不判定为在华常设机构。

（三）劳务所得

【解释】解决独立个人劳务、非独立个人劳务，缔约国的哪一方有权征税的问题。

劳务所得情形	征税权判定原则及相关规定
独立个人劳务	1. 一般情况下仅在该个人为其居民的国家征税，但符合下列条件之一的，来源国有征税权： ①该居民个人在缔约国另一方为从事专业性劳务或者其他独立性活动的目的设有经常使用的固定基地 ②该居民个人在任何 12 个月中在缔约国另一方停留连续或累计达到或超过 183 天 2. 个人要求执行税收协定独立个人劳务条款规定的，应根据下列条件判断其是否具有独立身份： ①职业证明 ②与有关公司签订的劳务合同表明其与该公司的关系是劳务服务关系，不是雇主与雇员关系
非独立个人劳务	1. 一般情况下缔约国一方居民因雇佣关系取得的工资薪金报酬应在居民国征税（除适用《中新协定》“董事费”“退休金”以及“政府服务”条款的规定外），也就是说，新加坡居民在新加坡受雇取得的报酬应仅在新加坡纳税。但在中国从事受雇活动取得的报酬，中国可以征税 2. 缔约国一方居民因在缔约国另一方从事受雇的活动取得的报酬，同时具有以下三个条件的，受雇个人不构成在劳务发生国的纳税义务，应仅在该缔约国一方征税： ①收款人在任何 12 个月中在该缔约国另一方停留连续或累计不超过 183 天 ②该项报酬由并非该缔约国另一方居民的雇主支付或代表该雇主支付 ③该项报酬不是由雇主设在该缔约国另一方的常设机构或固定基地所负担 【提示】只要有一个条件未符合，就构成在劳务发生国的纳税义务

名师点拨

2021 年计算问答题考过这三个条件。

经典题解

【例题 3·多选题】中国企业采用“国际劳务雇用”方式，通过境外中介机构聘用人员来华为其从事有关劳务活动，关于对真实雇主为中国企业的判定可参考的因素有（　　）。

A. 中国企业对上述人员的工作拥有指挥权

B. 上述人员在中国的工作地点由境外中介机构控制或负责

C. 中国企业支付给中介机构的报酬是以上述人员工作时间计算

D. 中国企业所需聘用人员的数量和标准由中介机构确定

【解析】中国企业采用“国际劳务雇用”方式，通过境外中介机构聘用人员来华为其从事有关劳务活动，虽然形式上这些聘用人员可能是中介机构的雇员，但如果聘用其工作的中国企业承担上述受聘人员工作所产生的责任和风险，应认为中国企业为上述受聘人员的实际雇主，该人员在中国从事受雇活动取得的报酬应在中国纳税。

关于对真实雇主的判定可参考下列因素：中国企业对上述人员的工作拥有指挥权；上述人员在中国的工作地点由中国企业控制或负责；中国企业支付给中介机构的报酬是以上述人员工作时间计算，或者支付的该项报酬与上述人员的工资存在一定联系，如按人员工资总额的一定比例确定支付给中介机构的报酬；上述人员工作使用的工具和材料主要由中国企业提供；中国企业所需聘用人员的数量和标准并非由中介机构确定，而由中国企业确定。

【答案】AC

考点4：国际税收协定管理★

（一）受益所有人

1.“受益所有人”，是指对所得或所得据以产生的权利或财产具有所有权和支配权的人。

2. 判定需要享受税收协定待遇的缔约对方居民（以下简称“申请人”）“受益所有人”身份时，应根据规定所列因素，结合具体案例的实际情况进行综合分析。

一般来说，下列因素不利于对申请人“受益所有人”身份的判定：

（1）申请人有义务在收到所得的12个月内将所得的50%以上支付给第三国（地区）居民，“有义务”包括约定义务和虽未约定义务但已形成支付事实的情形。

（2）申请人从事的经营活动不构成实质性经营活动。实质性经营活动包括具有实质性的制造、经销、管理等活动。申请人从事的经营活动是否具有实质性，应根据其实际履行的功能及承担的风险进行判定。申请人从事的具有实质性的投资控股管理活动，可以构成实质性经营活动；申请人从事不构成实质性经营活动的投资控股管理活动，同时从事其他经营活动的，如果其他经营活动不够显著，不构成实质性经营活动。

（3）缔约对方国家（地区）对有关所得不征税或免税，或征税但实际税率极低。

（4）在利息据以产生和支付的贷款合同之外，存在债权人与第三人之间在数额、利率和签订时间等方面相近的其他贷款或存款合同。

（5）在特许权使用费据以产生和支付的版权、专利、技术等使用权转让合同之外，存在申请人与第三人之间在有关版权、专利、技术等的使用权或所有权方面的转让合同。

3. 申请人从中国取得的所得为股息时，申请人虽不符合“受益所有人”条件，但直接或间接持有申请人100%股份的人符合“受益所有人”条件，并且属于以下两种情形之一的，应认为申请人具有“受益所有人”身份：

（1）上述符合“受益所有人”条件的人为申请人所属居民国（地区）居民；

（2）上述符合“受益所有人”条件的人虽不为申请人所属居民国（地区）居民，但该人和间接持有股份情形下的中间层均为符合条件的人。

4. 下列申请人从中国取得的所得为股息时，可不根据规定的因素进行综合分析，直接判定申请人具有“受益所有人”身份：

（1）缔约对方政府；

（2）缔约对方居民且在缔约对方上市的公司；

（3）缔约对方居民个人；

（4）申请人被第（1）至（3）项中的一人或多人直接或间接持有 100% 股份，且间接持有股份情形下的中间层为中国居民或缔约对方居民。

经典题解

【例题 4 · 多选题】下列申请人从中国取得的所得为股息时，可直接判定申请人具有“受益所有人”身份的有（　　）。

A. 缔约对方政府

B. 缔约对方居民且在缔约对方上市的公司

C. 缔约对方居民个人

D. 申请人被缔约对方居民且在缔约对方上市的公司直接或间接持有 85% 股份

【解析】选项 D，申请人被 ABC 选项中的一人或多人直接或间接持有 100% 股份，且间接持有股份情形下的中间层为中国居民或缔约对方居民的，可直接判定申请人具有“受益所有人”身份。

【答案】ABC

【例题 5 · 多选题】中华人民共和国对外签署的避免双重征税协定的缔约对方居民申请享受股息、利息和特许权使用费等条款规定的税收协定待遇时，下列不属于“受益所有人”的有（　　）。

A. 对所得具有所有权和支配权的人

B. 对所得据以产生的权利或财产具有所有权和支配权的人

C. 代理人

D. 指定收款人

【解析】“受益所有人”是对所得或所得据以产生的权利或财产具有所有权和支配权的人。代理人或指定收款人等（以下统称“代理人”）不属于“受益所有人”。申请人通过代理人代为收取所得的，无论代理人是否属于缔约对方居民，都不应据此影响对申请人“受益所有人”身份的判定。

【答案】CD

（二）合伙企业适用税收协定问题

有关合伙企业及其他类似实体（以下简称“合伙企业”）适用税收协定的问题，应按以下原则执行：

1. 依照中国法律在中国境内成立的合伙企业，其合伙人为税收协定缔约对方居民的，该合伙人在中国负有纳税义务的所得被缔约对方视为其居民的所得的部分，可以在中国享受协定待遇。

2. 依照外国（地区）法律成立的合伙企业，其实际管理机构不在中国境内，但在中国境内设立机构、场所的，或者在中国境内未设立机构、场所，但有来源于中国境内所得的，是中国企业所得税的非居民企业纳税人。除税收协定另有规定的以外，只有当该合伙企业是缔约对方居民的情况下，其在中国负有纳税义务的所得才能享受协定待遇。

税收协定另有规定的情况是指，税收协定规定，当根据缔约对方国内法，合伙企业取得的所得被视为合伙人取得的所得，则缔约对方居民合伙人应就其从合伙企业取得所得中分得的相应份额享受协定待遇。

（三）非居民纳税人享受税收协定待遇的税务管理

非居民纳税人享受协定待遇，采取“自行判断、申报享受、相关资料留存备查”的方式办理。非居民纳税人自行判断符合享受协定待遇条件的，可在纳税申报时，或通过扣缴义务人在扣缴申报时，自行享受协定待遇，同时按规定归集和留存相关资料备查，并接受税务机关后续管理。

（四）居民享受税收协定待遇的税务管理

要点	税务管理具体内容
申请证明	企业或者个人（以下统称“申请人”）为享受中国政府对外签署的税收协定（含与香港、澳门和台湾签署的税收安排或者协议）、航空协定税收条款、海运协定税收条款、汽车运输协定税收条款、互免国际运输收入税收协议或者换函（以下统称“税收协定”）待遇，可以向税务机关申请开具《中国税收居民身份证明》（以下简称“《税收居民证明》”）
向谁申请	申请人向主管其所得税的县税务局（以下统称“主管税务机关”）申请开具《税收居民证明》。中国居民企业的境内、外分支机构应由其中国总机构向总机构主管税务机关申请。合伙企业应当以其中国居民合伙人作为申请人，向中国居民合伙人主管税务机关申请
何时申请	申请人可以就其构成中国税收居民的任一公历年度申请开具《税收居民证明》
提交申请表和资料	申请人申请开具《税收居民证明》应当提交申请表和规定的资料 【提示1】填报或提供的资料应当采用中文文本。相关资料原件为外文文本的，应当同时提供中文译本。申请人向主管税务机关提交上述资料的复印件时，应当在复印件上加盖申请人印章或签字，主管税务机关核验原件后留存复印件 【提示2】申请人提交资料齐全的，主管税务机关应当按规定当场受理；资料不齐全的，主管税务机关不予受理，并一次性告知申请人应补正内容
税务机关判定依据	主管税务机关根据《中华人民共和国企业所得税法》及其实施条例、《中华人民共和国个人所得税法》及其实施条例等规定，结合纳税人登记注册、在中国境内住所及居住时间等情况对居民身份进行判定
办理时限	主管税务机关在受理申请之日起10个工作日内，由负责人签发《税收居民证明》并加盖公章或者将不予开具的理由书面告知申请人。主管税务机关无法准确判断居民身份的，应当及时报告上级税务机关。需要报告上级税务机关的，主管税务机关应当在受理申请之日起20个工作日内办结 主管税务机关或者上级税务机关根据申请人提交资料无法作出判断的，可以要求申请人补充提供相关资料，需要补充的内容应当一次性书面告知。申请人补充资料的时间不计入上述工作时限

经典题解

【例题6·多选题】以下符合居民享受税收协定待遇的税务管理规定的有（　　）。

A. 中国居民企业的境内、外分支机构应由其中国总机构向总机构主管税务机关申请开具《税收居民证明》

B. 合伙企业应当以其中国居民合伙人作为申请人，向中国居民合伙人主管税务机关申请开具《税收居民证明》

C. 申请人必须在其构成中国税收居民的第2年申请开具《税收居民证明》

D. 申请人填报或提供的相关资料原件为外文文本的，应当同时提供中文译本

【解析】选项C：申请人可以就其构成中国税收居民的任一公历年度申请开具《税收居民证明》。

【答案】ABD

第二节　非居民企业税收管理

使用“会计云课堂”App或“微信”扫码查看本节视频，快速GET知识点。

学习这部分内容先找到站位：

名师点拨

站在来源国立场。

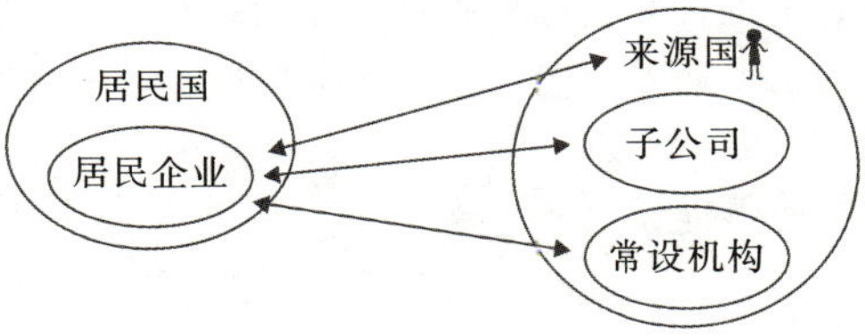

考点1：外国企业常驻代表机构★★

为了规范外国企业常驻代表机构税收管理，国家税务总局制定并印发了《外国企业常驻代表机构税收管理暂行办法》（以下简称“《办法》”），对外国企业常驻代表机构的税务登记管理、账簿凭证管理、企业所得税、增值税的计算和申报等涉税事项进行明确规范。

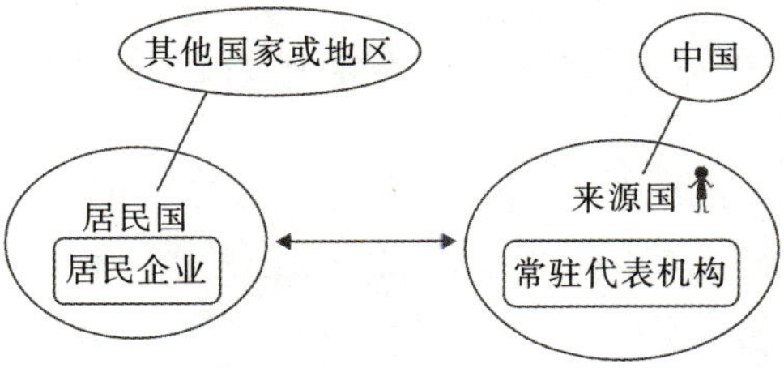

【解释】这一部分内容比较琐碎，注意理解记忆。

1. 外国企业常驻代表机构是指按照国务院有关规定，在工商行政管理部门登记或经有关部门批准，设立在中国境内的外国企业（包括港、澳、台企业）及其他组织的常驻代表机构（以下简称“代表机构”）。

2. 代表机构除应按我国相关工商法规办理营业执照（或有关部门批准）外，还应当自领取工商登记证件（或有关部门批准）之日起30日内，向其所在地主管税务机关申报办理税务登记。

3. 财务核算是否健全决定所得税的征收方式。代表机构的所得税申报方式有两种：即据实申报和核定申报，但代表机构是否能选用据实申报企业所得税取决于其财务核算是否健全。即代表机构如能按照有关法律、行政法规和规定设置账簿，根据合法、有效的凭证记账，进行核算，并按实际履行的功能和承担的风险进行配比，准确计算其应税收入和应纳税所得额的，在每季度终了之日起15日内向主管税务机关据实申报缴纳企业所得税。如代表机构不能按规定设置账簿，不能准确核算收入或成本费用，或无法按照《办法》的规定进行据实申报的，税务机关将有权采取按经费支出换算收入或按收入总额核定其应纳税所得额的方法核定其应纳税所得额。

4. 代表机构在境内的纳税义务不只是企业所得税，目前还有增值税、城建税、教育费附加和地方教育附加。

5. 代表机构的纳税地点是机构、场所所在地。采取据实申报方式的代表机构应在季度终了之日起15日内向主管税务机关申报缴纳企业所得税。

发生增值税应税行为的代表机构应按照《增值税暂行条例》及实施细则和“营改增”税收政策规定的纳税期限，向主管税务机关据实申报缴纳增值税。

考点2：承包工程作业和提供劳务★★

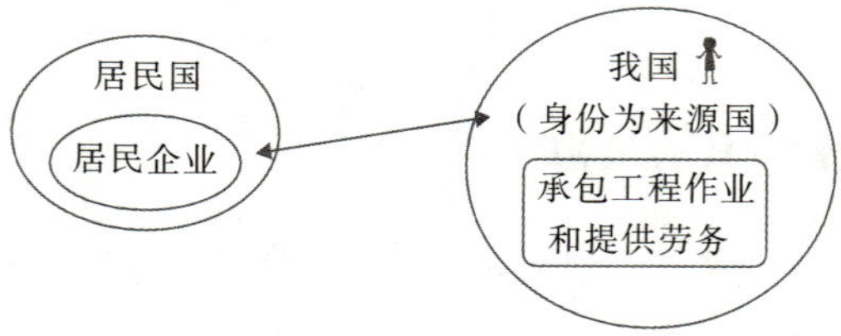

【解释】实质上，承包工程作业也属于提供劳务的一种形式，但由于其实施和管理的特殊性而单独列示。

1. 该管理办法只适用于非居民纳税人（包括非居民企业、非居民个人）。

2. 本规定只适用于非居民纳税人在我国境内从事的承包工程作业和提供劳务活动两大方面。

承包工程作业是指在中国境内承包建筑、安装、装配、修缮、装饰、勘探及其他工程作业。提供劳务是指在中国境内从事加工、修理修配、交通运输、仓储租赁、咨询经纪、设计、文化体育、技术服务、教育培训、旅游、娱乐及其他劳务活动。

（一）账簿凭证管理

非居民企业应当按照《税收征管法》及有关法律法规设置账簿，根据合法、有效凭证记账，进行核算。

（二）企业所得税

见第四章第七节，非居民企业所得税核定征收办法。

（三）其他税种

按现行增值税的相关规定，境外单位在境内承包工程作业和提供劳务属于增值税应税劳务或应税服务范围，且在境内设有经营机构的，应当按照规定适用一般计税方法或者简易计税方法计算并自行申报缴纳增值税。

如果境外单位在境内未设有经营机构的，则以购买方为增值税扣缴义务人。

【归纳】增值税的分类处理

第一类，在境内设有机构（包括派人来华提供劳务）的：

①机构纳税；②用税率或征收率计税。

非居民企业或扣缴义务人在计算缴纳或扣缴增值税的同时，符合规定条件的，还需要计算缴纳或扣缴城市维护建设税、教育费附加、地方教育附加。

第二类，在境内未设机构的：

①购买方扣缴税款；②用税率计税。

扣缴义务人应当按照下列公式计算应扣缴税额：

应扣缴税额 = 购买方支付的价款 /（1+ 税率）× 税率

增值税扣缴义务发生时间为纳税人增值税纳税义务发生的当天。

考点 3：股息、利息、租金、特许权使用费和财产转让所得 ★★

我国现行税法规定，非居民企业在中国境内未设立机构、场所的，或者虽设立机构、场所但取得的所得与其所设机构、场所没有实际联系的，应当就其来源于中国境内的所得缴纳企业所得税。

对非居民企业取得的此类所得应缴纳的所得税，实行源泉扣缴，以支付人为扣缴义务人。

税款由扣缴义务人在每次支付或者到期应支付时，从支付或者到期应支付的款项中扣缴。扣缴义务人未依法扣缴或者无法履行扣缴义务的，由纳税人在所得发生地缴纳。纳税人未依法缴纳的，税务机关可以从该纳税人在中国境内其他收入项目的支付人应付的款项中，追缴该纳税人的应纳税款。

扣缴义务人每次代扣的税款，应当自代扣之日起 7 日内缴入国库，并向所在地的税务机关报送《中华人民共和国扣缴企业所得税报告表》。

【提示】按照《企业所得税法》及其实施条例的规定，实行源泉扣缴的非居民企业取得的上述所得，减按 10% 的税率征收企业所得税。

（一）应纳税额计算

见第四章第七节，非居民企业应纳税额的计算。

（二）扣缴税款要求

1. 支付人自行委托代理人或指定其他第三方代为支付相关款项，或者因担保合同或法律规定等原因由第三方保证人或担保人支付相关款项的，仍由委托人、指定人或被保证人、被担保人承担扣缴义务。

2. 扣缴义务时间

一般规定——扣缴义务人应在向非居民企业实际支付时从支付款项中扣除税款并自扣缴义务发生之日起7日内向扣缴义务人所在地主管税务机关申报和解缴代扣税款。

特殊规定——滞后支付和特殊项目的扣缴义务时间的确定是学习之难点和重点：

项目	扣缴义务时间
中国境内企业（以下简称“企业”）和非居民企业签订与利息、租金、特许权使用费等所得有关的合同或协议	如果未按照合同或协议约定的日期支付规定所得款项，或者变更或修改合同或协议延期支付，但已计入企业当期成本、费用，并在企业所得税年度纳税申报中作税前扣除的，应在企业所得税年度纳税申报时按照《企业所得税法》有关规定代扣代缴企业所得税 【提示】按照实际支付、合同约定支付与影响成本费用孰先的原则代扣代缴所得税。对于一次性计入成本费用的，影响企业所得税年度成本利润的延期支付，在所得税年度申报时扣缴企业所得税
	如果企业到期未支付的规定所得款项，不是一次性计入当期成本、费用，而是计入相应资产原价或企业筹办费，在该类资产投入使用或开始生产经营后分期摊入成本、费用，分年度在企业所得税前扣除的，应在企业计入相关资产的年度纳税申报时就上述所得全额代扣代缴企业所得税 【提示】滞后计入资产原价或筹办费分次影响成本费用的，不能分次扣税，而要在计入相关资产的年度纳税申报时整体扣税
非居民企业取得应源泉扣缴的所得为股息、红利等权益性投资收益的	相关应纳税款扣缴义务发生之日为股息、红利等权益性投资收益实际支付之日 【提示】非居民企业该类所得应纳税款扣缴义务发生之日是实际支付之日，不是作出利润分配决定之日
非居民企业采取分期收款方式取得应源泉扣缴所得税的同一项转让财产所得的	其分期收取的款项可先视为收回以前投资财产的成本，待成本全部收回后，再计算并扣缴应扣税款 【提示】分期取得转让财产所得，先扣成本后扣税

【归纳1】股息红利等权益性投资收益的时间规定辨析：

股息、红利等权益性投资收益	所得税相关规定
居民企业和非居民企业取得应自行申报纳税的	作出利润分配决定之日确定投资收益
非居民企业取得应源泉扣缴税款的	实际支付之日扣缴税款

【归纳 2】非居民企业境内各税种主要政策一览：

<table>
<tr><th colspan="3">非居民企业境内行为</th><th>增值税、城建税与附加</th><th>企业所得税</th></tr>
<tr><td rowspan="4">提供劳务</td><td rowspan="3">境内有机构场所</td><td>工程作业发生在境内</td><td rowspan="3">机构场所自行申报缴纳增值税、城建税与两个附加
没有核算能力的，支付单位代扣代缴增值税、城建税与两个附加</td><td rowspan="3">机构场所自行申报缴纳企业所得税
没有核算能力的，支付单位代扣代缴企业所得税</td></tr>
<tr><td>劳务提供和接受地在境内</td></tr>
<tr><td>派人来华提供劳务</td></tr>
<tr><td colspan="2">境内无机构场所且未派人来华提供劳务，但劳务接受地是境内的</td><td>支付单位代扣代缴增值税；不缴纳城建税和两个附加</td><td>劳务所得不在我国缴纳企业所得税</td></tr>
<tr><td rowspan="2">从境内居民企业分红</td><td colspan="2">汇往境外</td><td rowspan="2">不缴纳增值税、城建税和两个附加</td><td>支付单位代扣代缴 10% 的预提所得税</td></tr>
<tr><td colspan="2">直接境内再投资</td><td>递延纳税</td></tr>
<tr><td colspan="3">取得利息汇往境外
（境内无机构场所或取得所得与机构场所无联系）</td><td>缴纳增值税、城建税和两个附加</td><td>支付单位代扣代缴 10% 的预提所得税</td></tr>
</table>

经典题解

【例题 7】境外 A 企业为非居民企业（未在境内设立机构场所），持有境内居民企业 B 的 40% 股权，股权的成本为 500 万元人民币。2021 年 1 月 6 日，A 企业以人民币 1000 万元将该项股权一次转让给境内居民企业 C，但按股权转让合同约定，C 企业分别于 2021 年 3 月 6 日、2021 年 5 月 6 日和 2021 年 7 月 7 日支付转让价款 400 万元、300 万元和 300 万元。则税款计算如下：

约定付款时间	金额	扣缴税款
3 月 6 日	400 万元	可视为 A 企业收回 500 万元股权转让成本中的 400 万元，不必扣缴其企业所得税
5 月 6 日	300 万元	100 万元为 A 企业收回 500 万元股权转让成本中的剩余 100 万元，其余 200 万元价款应作为股权转让收益，由 C 企业计算扣缴税款，并在 5 月 12 日（含）前向 C 企业（扣缴义务人）所在地主管税务机关申报和解缴代扣税款

约定付款时间	金额	扣缴税款
7 月 7 日	300 万元	C 企业（扣缴义务人）应在 7 月 7 日实际支付之日代扣股权转让收益 300 万元的应扣税款，并在 7 月 13 日（含）前向 C 企业（扣缴义务人）所在地主管税务机关申报和解缴代扣税款

3. 扣缴义务人在申报和解缴应扣税款时，应填报《中华人民共和国扣缴企业所得税报告表》。

扣缴义务人可以在申报和解缴应扣税款前报送有关申报资料；已经报送的，在申报时不再重复报送。

主管税务机关可以要求纳税人、扣缴义务人和其他知晓情况的相关方提供与应扣缴税款有关的合同和其他相关资料。扣缴义务人应当设立代扣代缴税款账簿和合同资料档案，准确记录非居民企业所得税扣缴情况。

4. 应扣未扣税款的，纳税人（非居民企业）的自行申报。

要点	规定及解释
纳税人（非居民企业）未被扣缴应扣税款时，有自行申报的义务	扣缴义务人未依法扣缴或者无法履行扣缴义务的，取得所得的非居民企业应当按照《企业所得税法》第三十九条规定，向所得发生地主管税务机关申报缴纳未扣缴税款，并填报《中华人民共和国扣缴企业所得税报告表》 【提示】扣缴义务人未依法扣缴或者无法履行扣缴义务的，由纳税人（非居民企业）在所得发生地申报缴纳
非居民企业被限期自行申报的举措	扣缴义务人未依法扣缴或者无法履行扣缴义务的，由纳税人（非居民企业）在所得发生地缴纳，但非居民企业没有按照规定申报缴纳的，税务机关可以责令限期缴纳，非居民企业应当按照税务机关确定的期限申报缴纳税款；非居民企业在税务机关责令限期缴纳前自行申报缴纳税款的，视为已按期缴纳税款 【提示】非居民企业在税务机关责令限期缴纳前自行申报缴纳税款的，视为已按期缴纳税款，不加收滞纳金，不实施惩罚性措施
同一项所得多个发生地的申报纳税	非居民企业取得的同一项所得在境内存在多个所得发生地，涉及多个主管税务机关的，在按照《企业所得税法》第三十九条规定自行申报缴纳未扣缴税款时，可以选择一地办理规定的申报缴税事宜。受理申报地主管税务机关应在受理申报后 5 个工作日内，向扣缴义务人所在地和同一项所得其他发生地主管税务机关发送《非居民企业税务事项联络函》，告知非居民企业涉税事项 【提示】同一项所得多处发生地，可选择一地办理申报缴税事宜，受理申报地税务机关与扣缴义务人所在地、其他发生地主管税务机关之间进行申报信息传递，不需要纳税人多处申报

5. 扣缴非居民企业应纳税款的相关法律责任和举措。

要点	规定
应扣未扣的补扣与追缴	按照《企业所得税法》第三十七条规定应当扣缴的税款，扣缴义务人应扣未扣的，由扣缴义务人所在地主管税务机关依照《中华人民共和国行政处罚法》规定责令扣缴义务人补扣税款，并依法追究扣缴义务人责任；需要向纳税人追缴税款的，由所得发生地主管税务机关依法执行。扣缴义务人所在地与所得发生地不一致的，负责追缴税款的所得发生地主管税务机关应通过扣缴义务人所在地主管税务机关核实有关情况；扣缴义务人所在地主管税务机关应当自确定应纳税款未依法扣缴之日起5个工作日内，向所得发生地主管税务机关发送《非居民企业税务事项联络函》，告知非居民企业涉税事项
追缴措施	主管税务机关在按照有关规定追缴非居民企业应纳税款时，可以采取以下措施： （1）责令该非居民企业限期申报缴纳应纳税款 （2）收集、查实该非居民企业在中国境内其他收入项目及其支付人的相关信息，并向该其他项目支付人发出《税务事项通知书》，从该非居民企业其他收入项目款项中依照法定程序追缴欠缴税款及应缴的滞纳金 其他项目支付人所在地与未扣税所得发生地不一致的，其他项目支付人所在地主管税务机关应给予配合和协助
对扣缴义务人的处理	第一类——已扣未缴 按照规定应当源泉扣缴税款的款项已经由扣缴义务人实际支付，但未在规定的期限内解缴应扣税款，并具有以下情形之一的，应作为税款已扣但未解缴情形，按照有关法律、行政法规规定处理： （1）扣缴义务人已明确告知收款人已代扣税款的 （2）已在财务会计处理中单独列示应扣税款的 （3）已在其纳税申报中单独扣除或开始单独摊销扣除应扣税款的 （4）其他证据证明已代扣税款的 **【解释】**对已扣未缴行为，处理措施：由税务机关责令限期缴纳；逾期仍未缴纳的强制追缴并处少缴税款50%以上至5倍以下的罚款 第二类——应扣未扣 除上款规定情形外，按规定应该源泉扣缴的税款未在规定的期限内解缴入库的，均作为应扣未扣税款情形，按照有关法律、行政法规规定处理 **【解释】**对应扣未扣行为，处理措施：责令限期改正（补扣税款或税务机关向纳税人追缴），处以应扣未扣税款50%以上至3倍以下罚款

6. 扣缴义务人所在地主管税务机关为扣缴义务人所得税主管税务机关。

对《企业所得税法实施条例》规定的不同所得，所得发生地主管税务机关按以下原则确定：

（1）不动产转让所得，为不动产所在地税务机关。

（2）权益性投资资产转让所得，为被投资企业的所得税主管税务机关。

（3）股息、红利等权益性投资所得，为分配所得企业的所得税主管税务机关。

（4）利息所得、租金所得、特许权使用费所得，为负担、支付所得的单位或个人的所得税主管税务机关。

经典题解

【例题8·多选题】按照非居民税收管理规定，下列对所得发生地主管税务机关的确定，表述正确的有（　　）。

A. 不动产转让所得，为不动产所在地税务机关

B. 权益性投资资产转让所得，为投资企业的所得税主管税务机关

C. 股息、红利等权益性投资所得，为取得所得企业的所得税主管税务机关

D. 利息所得、租金所得、特许权使用费所得，为负担、支付所得的单位或个人的所得税主管税务机关

【解析】选项B：权益性投资资产转让所得，为被投资企业的所得税主管税务机关；选项C：股息、红利等权益性投资所得，为分配所得企业的所得税主管税务机关。

【答案】AD

（三）其他相关规定

2017年1月1日起，对境外投资者从中国居民企业分配的利润，直接投资于鼓励类投资项目，凡符合规定条件的，实行递延纳税政策，暂不征收预提所得税。2018年1月1日起，适用范围由外商投资鼓励类项目扩大至所有非禁止外商投资的项目和领域。境外投资者暂不征收预提所得税须同时满足以下四个条件：

考点妙记

直投不购不关联，
境内居民是来源。
分配利润已实现，
直接划转不周转。
若将利润汇境外，
不得递延算税款。

条件	具体内容	特别说明
投资方式	境外投资者以分得利润进行的直接投资，包括境外投资者以分得利润进行的增资、新建、股权收购等权益性投资行为，具体是指： （1）新增或转增中国境内居民企业实收资本或者资本公积 （2）在中国境内投资新建居民企业 （3）从非关联方收购中国境内居民企业股权 （4）财政部、国家税务总局规定的其他方式 【提示】境外投资者以分得的利润用于补缴其在境内居民企业已经认缴的注册资本，增加实收资本或资本公积的，属于符合“新增或转增中国境内居民企业实收资本或者资本公积”情形	（1）不包括新增、转增、收购上市公司股份（符合条件的战略投资除外） （2）不包括从关联方收购中国境内居民企业股权
分得的利润来源	境外投资者分得的利润属于中国境内居民企业向投资者实际分配已经实现的留存收益而形成的股息、红利等权益性投资收益	来自中国境内居民企业

条件	具体内容	特别说明
投资的直接性	境外投资者用于直接投资的利润以现金形式支付的，相关款项从利润分配企业的账户直接转入被投资企业或股权转让方账户 【提示】境外投资者按照金融主管部门的规定，通过人民币再投资专用存款账户划转再投资资金，并在相关款项从利润分配企业账户转入境外投资者人民币再投资专用存款账户的当日，再由境外投资者人民币再投资专用存款账户转入被投资企业或股权转让方账户的，视为符合"境外投资者用于直接投资的利润以现金形式支付的，相关款项从利润分配企业的账户直接转入被投资企业或股权转让方账户，在直接投资前不得在境内外其他账户周转"的规定	（1）在直接投资前不得在境内外其他账户周转 （2）按照金融主管部门的规定，通过人民币再投资专用存款账户划转再投资资金，必须在相关款项从利润分配企业账户转入境外投资者人民币再投资专用存款账户的当日转入被投资企业或股权转让方账户
	境外投资者用于直接投资的利润以实物、有价证券等非现金形式支付的，相关资产所有权直接从利润分配企业转入被投资企业或股权转让方	在直接投资前不得由其他企业、个人代为持有或临时持有
投资方向	非禁止外商投资的项目和领域	——

【解释】该符合条件的递延纳税政策没有递延期限，若将该笔利润汇出境外，则需要计算缴纳预提所得税。

境外投资者已享受暂不征收预提所得税政策，经税务部门后续管理核实不符合规定条件的，除属于利润分配企业责任外，视为境外投资者未按照规定申报缴纳企业所得税，依法追究延迟纳税责任，税款延迟缴纳期限自相关利润支付之日起计算。补缴税款的，境外投资者可按照有关规定享受税收协定待遇，但是仅可适用相关利润支付时有效的税收协定。后续税收协定另有规定的，按后续税收协定执行。

经典题解

【真题9·计算问答题】2010年境外A公司出资3000万元在我国境内成立M公司。A公司、M公司2018年部分业务如下：

（1）4月1日，M公司股东会作出利润分配决定，以账面未分配利润中的620万元向A公司分配股利。

（2）A公司股东会决议将M公司应分回股利用于增加M公司的实收资本，4月1日已完成相关账务处理。

（3）6月1日，M公司出口货物一批，合同总金额600万元并支付给境内合规中介机构佣金53万元。

（4）8月10日，M公司向A公司支付商标费1060万元。

（其他相关资料：M公司所从事的业务为非禁止外商投资的项目和领域，不考虑税收协定因素）

要求：根据上述资料，按照下列序号回答问题，如有计算需计算出合计数。

（1）说明A公司分得利润享受暂不征收预提所得税政策的理由及其所需符合的条件特征。

（2）回答A公司可以享受暂不征收预提所得税政策的分配利润的金额。

（3）回答业务（3）中M公司佣金支出企业所得税前扣除限额的规定并计算限额。

（4）计算业务（4）中M公司应代扣代缴的企业所得税额。

（5）说明M公司解缴代扣企业所得税的期限。（2019年）

【答案及解析】

（1）A公司分得利润享受暂不征收预提所得税政策的理由：2017年1月1日起，对境外投资者从中国居民企业分配的利润，直接投资于鼓励类投资项目，凡符合规定条件的，实行递延纳税政策，暂不征收预提所得税。2018年1月1日起，适用范围由外商投资鼓励类项目扩大至所有非禁止外商投资的项目和领域。

境外投资者暂不征收预提所得税需要同时满足以下条件：

①境外投资者以分得利润进行的直接投资，包括境外投资者以分得利润进行的增资、新建、股权收购等权益性投资行为，但不包括新增、转增、收购上市公司股份（符合条件的战略投资除外）。具体是指：

a. 新增或转增中国境内居民企业实收资本或者资本公积；

b. 在中国境内投资新建居民企业；

c. 从非关联方收购中国境内居民企业股权；

d. 财政部、国家税务总局规定的其他方式。

②境外投资者分得的利润属于中国境内居民企业向投资者实际分配已经实现的留存收益而形成的股息、红利等权益性投资收益。

③境外投资者用于直接投资的利润以现金形式支付的，相关款项从利润分配企业的账户直接转入被投资企业或股权转让方账户，在直接投资前不得在境内外其他账户周转；境外投资者用于直接投资的利润以实物、有价证券等非现金形式支付的，相关资产所有权直接从利润分配企业转入被投资企业或股权转让方，在直接投资前不得由其他企业、个人代为持有或临时持有。

（2）M公司从事的业务是非禁止外商投资项目和领域，且A公司将分回的股利用于增加M公司的实收资本，所以可以享受暂不征收预提所得税政策。A公司可以享受暂不征收预提所得税的分配利润的金额为620万元。

（3）非保险企业发生与生产经营有关的手续费及佣金支出，不超过服务协议或合同确认的收入金额的5%（含本数）的部分，准予扣除；超过部分，不得扣除。M公司可以扣除的佣金支出的限额=600×5%=30（万元）。

（4）M公司应代扣代缴的企业所得税额=1060÷（1+6%）×10%=100（万元）。

（5）扣缴义务人应当自扣缴义务发生之日起7日内申报和解缴代扣税款。

考点4：中国境内机构和个人对外付汇的税收管理★★

（一）对外付汇需要进行税务备案的情形

境内机构和个人向境外单笔支付等值5万美元以上（不含等值5万美元，下同）

下列外汇资金，除无须进行税务备案的情形外，均应向所在地主管税务机关进行税务备案：

1. 境外机构或个人从境内获得的包括运输、旅游、通信、建筑安装及劳务承包、保险服务、金融服务、计算机和信息服务、专有权利使用和特许、体育文化和娱乐服务、其他商业服务、政府服务等服务贸易收入；

2. 境外个人在境内的工作报酬，境外机构或个人从境内获得的股息、红利、利润、直接债务利息、担保费以及非资本转移的捐赠、赔偿、税收、偶然性所得等收益和经常转移收入；

3. 境外机构或个人从境内获得的融资租赁租金、不动产的转让收入、股权转让所得以及外国投资者其他合法所得。

境内机构和个人对同一笔合同需要多次对外支付的，仅需在首次付汇前办理税务备案。（新增）

（二）对外付汇无须进行税务备案的情形

1. 境内机构在境外发生的差旅、会议、商品展销等各项费用；

2. 境内机构在境外代表机构的办公经费，以及境内机构在境外承包工程的工程款；

3. 境内机构发生在境外的进出口贸易佣金、保险费、赔偿款；

4. 进口贸易项下境外机构获得的国际运输费用；

5. 保险项下保费、保险金等相关费用；

6. 从事运输或远洋渔业的境内机构在境外发生的修理、油料、港杂等各项费用；

7. 境内旅行社从事出境旅游业务的团费以及代订、代办的住宿、交通等相关费用；

8. 亚洲开发银行和世界银行集团下属的国际金融公司从我国取得的所得或收入，包括投资合营企业分得的利润和转让股份所得、在华财产（含房产）出租或转让收入以及贷款给我国境内机构取得的利息；

9. 外国政府和国际金融组织向我国提供的外国政府（转）贷款［含外国政府混合（转）贷款］和国际金融组织贷款项下的利息。本项所称国际金融组织是指国际货币基金组织、世界银行集团、国际开发协会、国际农业发展基金组织、欧洲投资银行等；

10. 外汇指定银行或财务公司自身对外融资，如境外借款、境外同业拆借、海外代付以及其他债务等项下的利息；

11. 我国省级以上国家机关对外无偿捐赠援助资金；

12. 境内证券公司或登记结算公司向境外机构或境外个人支付其依法获得的股息、红利、利息收入及有价证券卖出所得收益；

13. 境内个人境外留学、旅游、探亲等因私用汇；

14. 境内机构和个人办理服务贸易、收益和经常转移项下退汇；

15. 国家规定的其他情形。例如：外国投资者以境内直接投资合法所得在境内再投资；财政预算内机关、事业单位、社会团体非贸易非经营性付汇业务。（新增）

考点妙记

主要是用于境外的，
个别是用于境内的：
差旅、会议和展销；
机构办公、工程款；
进出佣金、保险费；
赔偿、进口运输费；
远洋渔业和运输，
修理、油料、港杂费；
境内旅社出境游，
代办住宿、交通费；
省级以上捐资金；
个人留学、旅探亲。
境内利润再投资，
机关社团非经营。

经典题解

【真题10·单选题】境内机构对外付汇的下列情形中，需要进行税务备案的是(　　)。(2019年)

A. 境内机构在境外发生差旅费10万美元以上的

B. 境内机构发生在境外的进出口贸易佣金5万美元以上的

C. 境内机构在境外发生会议费10万美元以上的

D. 境内机构向境外支付旅游服务费5万美元以上的

【名师点题】向境外付汇是否需要进行税务备案，是CPA税法考试的高频考点，不仅多次命制客观题，也多次命制计算问答题，考生要注意把握。

【解析】选项ABC属于无须进行税务备案的情形；选项D属于需要进行税务备案的情形。

【答案】D

【真题11·单选题】境内机构对外支付下列外汇资金时，须办理和提交《服务贸易等项目对外支付税务备案表》的是(　　)。(2018年)

A. 境内机构在境外发生的商品展销费用

B. 进口贸易项下境外机构获得的国际运输费用

C. 境内机构在境外承包工程的工程款

D. 我国区县级国家机关对外无偿捐赠援助资金

【解析】选项ABC：属于对外付汇无须进行税务备案的情形。选项D：我国省级以上国家机关对外无偿捐赠援助资金，无须进行税务备案，我国区县级国家机关对外无偿捐赠援助资金须进行税务备案。

【答案】D

第三节　境外所得税收管理

使用“会计云课堂”App或“微信”扫码查看本节视频，快速GET知识点。

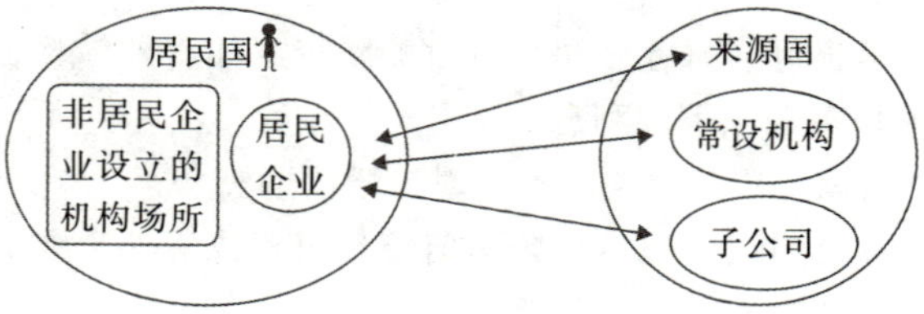

居民企业以及非居民企业在中国境内设立的机构、场所，取得的下列所得已在境外缴纳的所得税税额，可以从其当期应纳税额中抵免，抵免限额为该项所得依照《企业所得税法》及其实施条例规定计算的应纳税额；超过抵免限额的部分，可以在以后五个年度以内，用每年度抵免限额抵免当年应抵税额后的余额进行抵补：

(1)居民企业来源于中国境外的应税所得；

(2)非居民企业在中国境内设立机构、场所，取得发生在中国境外但与该机构、场所有实际联系的应税所得。如外国银行在中国境内分行以其可支配的资金向中国境外贷款，境外借款人就该笔贷款向其支付的利息，即属于发生在境外与该分行有实际联系的所得。

居民企业从其直接或者间接控制的外国企业分得的来源于中国境外的股息、红利等权益性投资收益，外国企业在境外实际缴纳的所得税税额中属于该项所得负担的部分，可以作为该居民企业的可抵免境外所得税税额，在抵免限额内抵免。

【提示】学习中要把握的问题：抵免法、限额抵免、分国不分项及不分国不分项、直接抵免与间接抵免、简易办法计算抵免。

考点 1：抵免法的适用范围 ★

1. 居民企业境外所得直接缴纳或间接负担的税款。

2. 非居民企业在中国境内设立机构、场所的，其取得发生在境外但与该机构、场所有实际联系的所得直接缴纳的税款。

【归纳】

居民企业可享受直接抵免和间接抵免，非居民企业只能享受直接抵免。

直接抵免——对企业在境外直接缴纳税款的抵扣（常见总分机构之间）。

（1）居民企业来源于中国境外的应税所得；

（2）非居民企业在中国境内设立机构、场所，取得发生在中国境外但与该机构、场所有实际联系的应税所得。

间接抵免——对进行境外投资所得已纳税款的抵扣（母子或母子孙公司之间）。

居民企业从其直接或者间接控制的外国企业分得的来源于中国境外的股息、红利等权益性投资收益，外国企业在境外实际缴纳的所得税税额中属于该项所得负担的部分，可以作为该居民企业的可抵免境外所得税税额，在税法规定的抵免限额内抵免。

【相关链接】间接抵免必须符合最低持股条件。居民企业直接持有外国企业 20% 以上（含）或间接持有外国企业 20% 以上（含）的股份。

考点 2：境外所得税额抵免计算的基本项目 ★

1. 在分国（地区）不分项的前提下，企业应按照税法的有关规定准确计算下列当期与抵免境外所得税有关的项目后，确定当期实际可抵免分国（地区）别的境外所得税税额和抵免限额：

（1）境内所得的应纳税所得额和分国（地区）别的境外所得的应纳税所得额（区分境内应纳税所得额与境外应纳税所得额）；

（2）分国（地区）别的可抵免境外所得税税额；

（3）分国（地区）别的境外所得税的抵免限额。

【提示】纳税人必须准确计算当期与抵免境外所得税有关的项目，包括境内、境外所得分国（地区）别的应纳税所得额、可抵免税额、抵免限额和实际抵免税额。

2. 自2017年1月1日起，企业可以选择按国（地区）别分别计算［“分国（地区）不分项”］，或者不按国（地区）别汇总计算［“不分国（地区）不分项”］其来源于境外的应纳税所得额，并按照有关规定分别计算其可抵免境外所得税税额和抵免限额。上述方式一经选择，5年内不得改变。

企业选择采用不同于以前年度的方式（以下简称“新方式”）计算可抵免境外所得税税额和抵免限额时，对该企业以前年度按照有关规定没有抵免完的余额，可在税法规定结转的剩余年限内，按新方式计算的抵免限额中继续结转抵免。

考点3：境外应纳税所得额的计算★★

【基本要求1】应将企业取得的来源于境外的税后净所得还原为税前所得（含税所得），按我国税法规定计算应纳税所得额。还原步骤：

第一步：来自境外的税后净所得还原成境外含税所得或用境外所得税额还原计算成境外含税所得；

相关公式：

①含税所得（税前所得）= 税后净所得 + 所得税额，或 = 税后净所得 ÷（1-境外所得税征收比率）

②含税所得（税前所得）= 所得税额 ÷ 境外所得税征收比率

第二步：对还原后的境外税前所得，调整成符合我国税法规定的应纳税所得额——应再就计算企业应纳税所得总额时已按税法规定扣除的有关成本费用中与境外所得有关的部分进行对应调整扣除后，计算为境外应纳税所得额。

【基本要求2】由于分支机构不具有分配利润职能，居民企业在境外设立不具有独立纳税地位的分支机构取得的各项境外所得，无论是否汇回中国境内，均应以境外收入总额扣除与取得境外收入有关的各项合理支出后的余额，计入该企业所属纳税年度的境外应纳税所得额。

【基本要求3】确认收入实现的时间以及对应调整费用扣除——发生时间确认及所得额完整性的确认。

1. 收入确认的时间（一般情形同企业所得税）

2. 境外应纳税所得额的计算确定

从境外收到的股息、红利、利息等境外投资性所得一般表现为毛所得，应对在计算企业总所得额时已作统一扣除的成本费用中与境外所得有关的部分，在该境外所得中对应调整扣除后，才能作为计算境外税额抵免限额的境外应纳税所得额。在就境外所得计算对应调整扣除的有关成本费用时，应对如下成本费用（但不限于）予以特别注意：

境外所得项目	调整扣除费用以确认所得
股息、红利	应对应调整扣除与境外投资业务有关的项目研究、融资成本和管理费用
利息	应对应调整扣除为取得该项利息而发生的相应的融资成本和相关费用
租金（融资租赁业务）	应对应调整扣除其融资成本

境外所得项目	调整扣除费用以确认所得
租金（经营租赁业务）	应对应调整扣除租赁物相应的折旧或折耗
特许权使用费	应对应调整扣除提供特许使用的资产的研发、摊销等费用
财产转让	应对应调整扣除被转让财产的成本净值和相关费用

【提示】涉及上述所得应纳税所得额中应包含的已间接负担税额的具体还原计算将在本节“考点5”进行说明。

经典题解

【真题12·单选题】某居民企业2018年度境内应纳税所得额为1000万元；设立在甲国的分公司就其境外所得在甲国已纳企业所得税60万元，甲国企业所得税税率为30%。该居民企业2018年度企业所得税应纳税所得额是（　　）万元。（2019年）

A. 940　　B. 1200

C. 1018　　D. 1060

【解析】在甲国的应纳税所得额=60÷30%=200（万元），该居民企业2018年度企业所得税应纳税所得额=境内应纳税所得额+境外应纳税所得额=1000+200=1200（万元）。

【答案】B

【例题13】中国A银行向甲国某企业贷出500万元，合同约定的利率为5%。2021年A银行收到甲国企业就应付利息25万元扣除已在甲国扣缴的预提所得税2.5万元（预提所得税税率为10%）后的22.5万元税后利息。A银行应纳税所得总额为1000万元，已在应纳税所得总额中扣除的该笔境外贷款的融资成本为本金的4%。分析并计算该银行应纳税所得总额中境外利息收入的应纳税所得额：

来源于境外利息收入的应纳税所得额，应为已缴纳境外预提所得税前的就合同约定的利息收入总额，再对应调整扣除相关融资成本费用等。

境外利息收入总额=税后利息22.5+已扣除税额2.5=25（万元）

对应调整扣除相关成本费用后的应纳税所得额=25−500×4%=5（万元）

该境外利息收入用于计算境外税额抵免限额的应纳税所得额为5万元，A银行应纳税所得总额仍为1000万元不变。

解释：由于1000万元是境内、境外总的应纳税所得额，本题计算是确定1000万元中哪一部分金额是境外利息收入对应的应纳税所得额，只是对总所得的划分，没有影响总所得1000万元。

【基本要求4】企业应当根据税法的有关规定确认境外所得的实现年度及其税额抵免年度——确认境外所得的所属年度（易出客观题）。

> **考点妙记**
>
> 股息红利看分配；利租特转合约付；凭证晚到要追溯。

（1）“股息红利看分配”

企业来源于境外的股息、红利等权益性投资收益所得，若实际收到所得的日期与境外被投资方作出利润分配决定的日期不在同一纳税年度的，应按被投资方作出利润分配日所在的纳税年度确认境外所得。

经典题解

【例题14】假定甲企业在境外投资设立子公司，该子公司2019年获利，于2021年11月作出对2019年利润的分配决定，甲企业于2022年3月收到分得的股利100万元，则该项股利应确认为2021年的所得。

（2）“利租特转合约付”

企业来源于境外的利息、租金、特许权使用费、转让财产收入，若未能在合同约定的付款日期当年收到上述所得，仍应按合同约定付款日期所属的纳税年度确认境外所得。

（3）“凭证晚到要追溯”

企业收到某一纳税年度的境外所得已纳税凭证时，凡是迟于次年5月31日汇算清缴终止日的，可以对该所得境外税额抵免追溯计算。

【基本要求5】共同支出的合理分摊。

在计算境外所得应纳税所得额时，企业为取得境内、境外所得而在境内、境外发生的共同支出，与取得境外应税所得有关的、合理的部分，应在境内、境外［分国（地区）别，下同］应税所得之间，按照合理比例进行分摊后扣除。

可按下列一种或几种比例的综合比例分摊扣除（易出多选题）：

（1）资产比例；（2）收入比例；（3）员工工资支出比例；（4）其他合理比例。

【基本要求6】企业的境外分支机构亏损不得由该企业境内所得弥补——亏损不得内补外。

考点妙记

（1）分国不分项：不得内补外，也不得外补外。

（2）不分国不分项：不得内补外，可以外补外。

【一般规定】纳税人选择“分国（地区）不分项”的境外所得抵免方式，在汇总计算境外应纳税所得额时，企业在境外同一国家（地区）设立不具有独立纳税地位的分支机构的亏损，不得抵减其境内或他国（地区）的应纳税所得额，但可以用同一国家（地区）其他项目或以后年度的所得按规定弥补。

即：境外同一国家不同项目之间的盈亏可以互相弥补，但是不同国家的盈亏不得跨国弥补。——不得内补外，也不得外补外

【特殊规定】按照《财政部 税务总局关于完善企业境外所得税收抵免政策问题的通知》（财税〔2017〕84号）规定，纳税人可选择“不分国（地区）不分项”的境外所得抵免方式，境外分支机构的亏损，可以抵减他国（地区）的应纳税所得额，但不可以抵减我国境内的所得。——不得内补外，可以外补外

【核心政策】

（1）境外分支机构的亏损不能用境内所得弥补。

（2）境外分支机构的亏损是否可以抵减他国（地区）的应纳税所得额，企业拥有选择权。

（3）非实际亏损额不受5年抵亏期限的限制。

【相关链接】在企业所得税法一章规定，企业发生的亏损可用下一年度的所得弥补，下一年度的所得不足以弥补的，可以逐年延续弥补，但最长弥补期限一般企

业不得超过5年；自2018年1月1日起，当年具备高新技术企业或科技型中小企业资格的企业，最长结转年限由5年延长至10年。该抵扣期限的规定适用于企业的实际亏损额，不适用于非实际亏损额。由于分国不分项下，企业境外分支机构亏损不得跨国弥补，会出现分支机构的亏损对整个企业而言属于“非实际亏损”的现象。

【提示】考生要注意理解非实际亏损额的概念。企业在同一纳税年度的境内外所得加总为正数的，其境外分支机构发生的亏损，由于上述结转弥补的限制而发生的未予弥补的部分（以下称为“非实际亏损额”），今后在该分支机构结转弥补时不受期限限制。

（1）如果企业当期境内外所得盈利额与亏损额加总后和为零或正数，则其当年度境外分支机构的非实际亏损额可无限期向后结转弥补。

经典题解

【真题15·单选题】某居民企业2019年境内应纳税所得额500万元，其在甲国非独立纳税的分支机构发生亏损460万元，则该分支机构可以无限期向后结转弥补的亏损额为（　　）万元。（2020年）

A. 0　　B. 460

C. 40　　D. 500

【解析】企业当期境内外所得盈利额与亏损额加总后和为零或正数，则其当年度境外分支机构的非实际亏损额可无限期向后结转弥补。

【答案】B

（2）如果企业当期境内外所得盈利额与亏损额加总后和为负数，则以境外分支机构的亏损额超过企业盈利额部分的实际亏损额，按规定的期限进行亏损弥补，未超过企业盈利额部分的非实际亏损额仍可无限期向后结转弥补。

> 要点小贴士
>
> ①境内盈A+境外亏B≥0，金额B为“非亏”——补亏无限期。
>
> ②境内盈A+境外亏B=C＜0，金额C为“实亏”——补亏5年内；金额A为“非亏”——补亏无限期。

经典题解

【真题16·单选题】某居民企业2019年境内应纳税所得额500万元，其在甲国非独立纳税的分支机构发生亏损600万元，则该分支机构可以无限期向后结转弥补的亏损额为（　　）万元。（2020年）

A. 0　　B. 600

C. 500　　D. 100

【解析】企业当期境内外所得盈利额与亏损额加总后和为负数（500-600=-100），则以境外分支机构的亏损额超过企业盈利额部分的实际亏损额（100万元），按规定的期限进行亏损弥补，未超过企业盈利额部分的非实际亏损额（500万元）可无限期向后结转弥补。

【答案】C

【例题17】中国居民A企业2020年度境内外净所得为160万元。其中，境内所得的应纳税所得额为300万元；设在甲国的分支机构当年度应纳税所得额为100万元；设在乙国的分支机构当年度应纳税所得额为-300万元，A企业当年度从乙国取得利息所得的应纳税所得额为60万元。

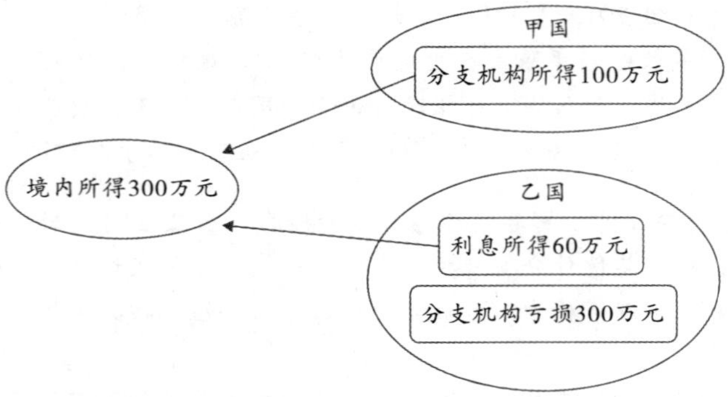

假定 1，如果该企业选择“分国不分项”（分国抵免法）计算境外所得抵免，该企业调整计算当年度境内、外所得的应纳税所得额如下：

（1）A 企业当年度境内外净所得为 160 万元，但依据“分国不分项”境外亏损不得在境内或他国盈利中抵减的规定，其发生在乙国分支机构的当年度亏损额 300 万元，仅可以用从该国取得的利息所得 60 万元弥补，未能弥补的非实际亏损额 240 万元，不得从当年度企业其他盈利中弥补。因此，相应调整后 A 企业当年境内、外应纳税所得额为：

境内应纳税所得额 =300（万元）；

甲国应纳税所得额 =100（万元）；

乙国应纳税所得额 =-300+60=-240（万元）；

A 企业当年度应纳税所得总额 =400（万元）。

（2）A 企业当年度乙国未弥补的非实际亏损共 240 万元，允许 A 企业以其来自乙国以后年度的所得无限期结转弥补。

假定 2，如果该企业选择“不分国不分项”（综合抵免法）计算境外所得抵免，该企业调整计算当年度境内、外所得的应纳税所得额如下：

（1）A 企业当年度境内外净所得为 160 万元，境外亏损不得在境内盈利中抵减，其发生在乙国分支机构的当年度亏损额 300 万元，可以用从该国取得的利息所得 60 万元和来自甲国分支机构的 100 万元弥补，未能弥补的非实际亏损额 140 万元，不得从当年度企业其他盈利中弥补。因此，相应调整后 A 企业当年境内、外应纳税所得额为：

境内应纳税所得额 =300（万元）；

境外应纳税所得额 =-300+60+100=-140（万元）；

A 企业当年度应纳税所得总额 =300（万元）。

（2）A 企业当年度境外未弥补的非实际亏损共 140 万元，允许 A 企业以其来自境外以后年度的所得无限期结转弥补。

考点 4：可予抵免境外所得税额的确认 ⋆

可抵免境外所得税税额是指企业来源于中国境外的所得依照中国境外税收法律以及相关规定应当缴纳并已实际缴纳的企业所得税性质的税款。

1. 不应作为可抵免境外所得税税额的情形分析

（1）按照境外所得税法律及相关规定属于错缴或错征的境外所得税税款。

（2）按照税收协定规定不应征收的境外所得税税款。

（3）因少缴或迟缴境外所得税而追加的利息、滞纳金或罚款。

（4）境外所得税纳税人或者其利害关系人从境外征税主体得到实际返还或补偿的境外所得税税款。

（5）按照我国《企业所得税法》及其实施条例规定，已经免征我国企业所得税的境外所得负担的境外所得税税款。

（6）按照国务院财政、税务主管部门有关规定已经从企业境外应纳税所得额中扣除的境外所得税税款。如果我国税法规定就一项境外所得的已纳所得税额仅作为费用从该项境外所得额中扣除，就该项所得及其缴纳的境外所得税额不应再纳入境外税额抵免计算。

经典题解

【例题 18 · 多选题】按照我国企业所得税法及相关规定，以下属于可抵免境外所得税税额的有（　　）。

A. 居民企业在境外错缴的企业所得税款

B. 非居民企业取得的发生在境外但与境内机构有实际联系的收入被境外实际扣缴的企业所得税款

C. 居民企业在境外的分支机构实际缴纳的企业所得税款

D. 因少缴或迟缴境外所得税而追加的利息

【解析】选项 BC 属于可抵免境外所得税税额的情形；选项 AD 属于不应作为可抵免境外所得税税额的情形。

【答案】BC

2. 可抵免境外所得税额的基本条件

（1）来源于境外所得且依境外税法计算缴纳的税额。

（2）缴纳的属于企业所得税性质的税额，而不拘泥于名称。

（3）限于企业应当缴纳且已实际缴纳的税额。（另有饶让抵免或其他规定除外）

（4）无法判定是否属于对企业征收的所得税税额的，应层报国家税务总局裁定。

3. 可抵免境外所得税税额的换算

若企业取得的境外所得已直接缴纳和间接负担的税额为人民币以外货币的，在以人民币计算可予抵免的境外税额时换算汇率的适用规则：

（1）凡企业记账本位币为人民币的，应按企业就该项境外所得记入账内时使用的人民币汇率进行换算。

（2）凡企业以人民币以外其他货币作为记账本位币的，应统一按实现该项境外所得对应的我国纳税年度最后一日的人民币汇率中间价进行换算。

经典题解

【例题 19 · 单选题】某居民企业以人民币为记账本位币，2020 年 5 月 10 日收到境外子公司 2020 年 5 月 5 日宣布派发的属于 2019 年的红利，并于当日入账。计算该红利可抵免境外所得税税额使用的汇率是（ ）。

A. 2020 年 5 月 10 日的人民币汇率中间价

B. 2020 年 12 月 31 日的人民币汇率中间价

C. 2020 年 5 月 5 日的人民币汇率中间价

D. 2019 年 12 月 31 日的人民币汇率中间价

【答案】A

考点 5：境外所得间接负担税额的计算 ★★

按纳税人国内公司与支付其国外所得的外国公司之间的关系分类：

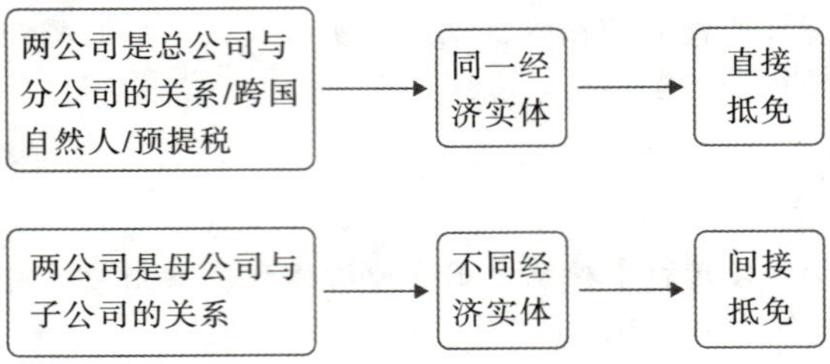

【注意】子公司只是母公司的投资单位，它与母公司不是统一核算的同一经济实体，而是两个不同的纳税人。所以，子公司缴纳所得税后，给母公司分红，母公司所在的居住国政府允许母公司抵免的该笔分红在境外由子公司缴纳的所得税，并不是由母公司直接向子公司所在国政府缴纳的，而是母公司间接负担的子公司直接缴纳的所得税。

母公司从子公司得到的也只是子公司缴纳所得税后按照股份分配的一部分股息。因此，对母公司从子公司取得股息计征所得税时应该予以抵免的，不能是子公司缴纳的全部所得税，只能是这部分股息所负担的所得税额。所以，这种抵免不是根据实纳税额直接进行，而是按换算的股息应负担的税额进行间接抵免。

名师点拨

要以境外第一层企业所在国（德国）为国别归集计算负担的境外税款。

【举例】间接抵免存在多层持股的现象：

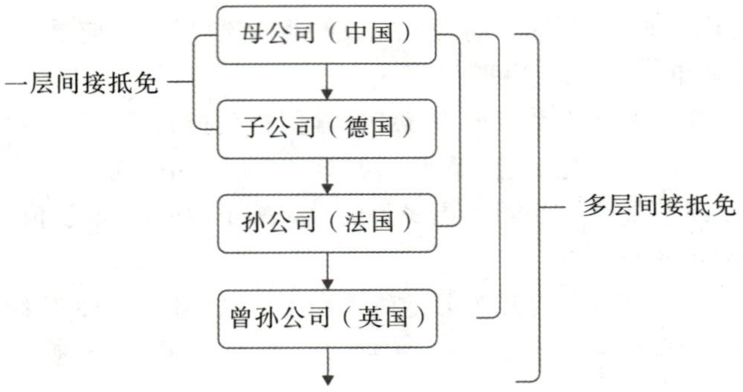

居民企业在用境外所得间接负担的税额进行税收抵免时，其取得的境外投资收益实际间接负担的税额是指根据直接或者间接持股方式合计持股 20% 以上（含 20%，下同）的规定层级的外国企业股份，由此应分得的股息、红

利等权益性投资收益中，从最低一层外国企业起逐层计算的属于由上一层企业负担的税额，其计算公式如下：

本层企业所纳税额属于由一家上一层企业负担的税额 =（本层企业就利润和投资收益所实际缴纳的税额 + 符合财税〔2009〕125 号文规定的由本层企业间接负担的税额）× 本层企业向一家上一层企业分配的股息（红利）÷ 本层企业所得税后利润额

1. 公式解释：

（1）本层企业是指实际分配股息（红利）的境外被投资企业；

（2）本层企业就利润和投资收益所实际缴纳的税额是指本层企业按所在国税法就利润缴纳的企业所得税和在被投资方所在国就分得的股息等权益性投资收益被源泉扣缴的预提所得税；

（3）符合财税〔2009〕125 号文规定的由本层企业间接负担的税额是指该层企业由于从下一层企业分回股息（红利）而间接负担的由下一层企业就其利润缴纳的企业所得税税额；

（4）本层企业向一家上一层企业分配的股息（红利）是指该层企业向上一层企业实际分配的扣缴预提所得税前的股息（红利）数额；

（5）本层企业所得税后利润额是指该层企业实现的利润总额减去就其利润实际缴纳的企业所得税后的余额。

2. 每一层企业从其持股的下一层企业在一个年度中分得的股息（红利），若是由该下一层企业不同年度的税后未分配利润组成，则应按该股息（红利）对应的每一年度未分配利润，分别计算就该项分配利润所间接负担的税额；按各年度计算的间接负担税额之和，即为取得股息（红利）的企业一个年度中分得的股息（红利）所得所间接负担的所得税额。

3. 境外第二层及以下层级企业归属不同国家的，在计算居民企业负担境外税额时，均以境外第一层企业所在国（地区）为国别划分进行归集计算，而不论该第一层企业的下层企业归属何国（地区）。

【提示】本公式的通俗化表达：

本层由上层某企业负担的税额 = 本层企业直接缴纳和间接负担的税额 × 本层向上层某企业实际分配比例

要点小贴士

持股比例用来衡量能否间接抵免；分配比例计算上层负担本层的税额。

考点 6：适用间接抵免的外国企业持股比例的计算——比例和层数要求 ★★★

自 2017 年 1 月 1 日起，企业在境外取得的股息所得，在按规定计算该企业境外股息所得的可抵免所得税额和抵免限额时，由该企业直接或者间接持有 20% 以上股份的外国企业，限于按照规定持股方式确定的五层外国企业。

第一层：企业直接持有 20% 以上股份的外国企业；

第二层至第五层：单一上一层外国企业直接持有 20% 以上股份，且由该企业直接持有或通过一个或多个符合规定持股方式的外国企业间接持有总和达到 20% 以上股份的外国企业。

上述符合规定的“持股条件”是指各层企业直接持股、间接持股以及为计算居民企业间接持股总和比例的每一个单一持股，均应达到 20% 的持股比例。

图示记忆

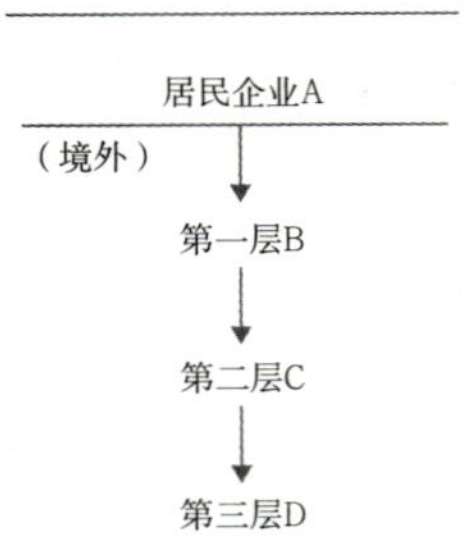

【解释】

第一层：单一居民企业 A 直接持有外国企业 B20% 以上股份：AB ≥ 20%

第二层：单一第一层外国企业 B 直接持有 C20% 以上股份，且由单一居民企业 A 直接持有 C20% 以上股份；或通过一个或多个符合规定持股条件的外国企业间接持有 C 总和达到 20% 以上股份。即：AB ≥ 20%，BC ≥ 20% 且：AC ≥ 20% 或 AB × BC ≥ 20%

第三层：单一第二层外国企业 C 直接持有 D20% 以上股份，且由单一居民企业 A 直接持有 D20% 以上股份；或通过一个或多个符合规定持股条件的外国企业间接持有 D 总和达到 20% 以上股份。即：AB ≥ 20%，BC ≥ 20%，CD ≥ 20% 且：AD ≥ 20% 或 AB × BC × CD ≥ 20%

第四层、第五层……（略）

经典题解

【例题 20】两层持股条件的判定（国家税务总局例题）

中国居民 A 企业直接持有甲国 B 企业 20% 股份，直接持有乙国 C 企业 16% 股份，并且 B 企业直接持有 C 企业 20% 股份，如下图所示：

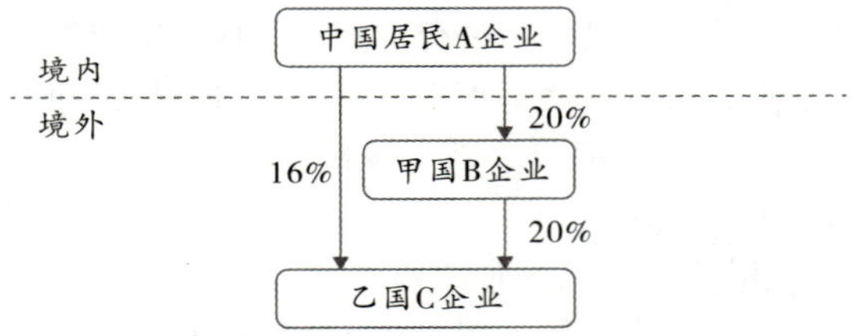

【解析】按照持股比例和层数的要求，本例中的外国企业只涉及了二层，没有突破五层的限制，符合政策规定的间接抵免要求的层数条件，同时还要看是否符合间接抵免的持股比例。

①在第一层，中国 A 企业与甲国 B 企业之间，中国居民 A 企业直接持有甲国 B 企业 20% 股份，满足第一层直接持股 20% 以上（含 20%）的条件。A 企业可按规定抵免从甲国 B 企业取得的股息所负担的所得税额。

②在第二层，中国 A 企业与乙国 C 企业之间，政策规定的持股条件是同时满足两个比例：一是 B 对 C 直接持股 ≥ 20%；二是 A 对 C 直接持股 ≥ 20% 或间接持股 ≥ 20%（A 对 C 持股比例要求是直接比例达标或间接比例达标，直接比例与间接比例不能相加）。本题中，B 企业对 C 企业的持股符合标准，而 A 企业对 C 企业的直接持股比例不符合标准——A 企业直接持有 C 企业 16% 股份；A 企业对 C 企业的间接持股比例也不符合标准——A 企业间接持有 C 企业股份 =20% × 20%=4%，由于 A 企业持有 C 企业的股份直接比例和间接比例都不足 20%，因此，C 企业未满足居民企业直接持有或通过一个或多个符合规定持股条件的外国企业间接持有总和达到

20% 以上股份的外国企业的规定。A 企业不能按规定抵免从乙国 C 企业取得的股息所间接负担的所得税额。

【提示】适用间接抵免的持股条件和层数，直接影响企业境外所得已纳所得税额是否能够抵扣，是影响税额计算的重要政策。考生务必掌握。

考点 7：税收饶让抵免的应纳税额的确定 ★★

税收饶让是指在处理跨国所得课税事务中，居住国政府对跨国纳税人从非居住国得到减免的那部分税收视同已经缴纳，给予抵免。

名师点拨

税收饶让亦称“饶让抵免”或“虚拟抵免”。将跨国所得享受减免而没纳的税，视同已纳进行抵免。

【解释】《企业所得税法》目前尚未单方面规定税收饶让抵免，但我国与有关国家签订的税收协定规定有税收饶让抵免安排。居民企业从与我国订立税收协定（或安排）的对方国家取得所得，并按该国税收法律享受了免税或减税待遇，且该所得已享受的免税或减税数额按照税收协定（或安排）规定应视同已缴税额在我国应纳税额中抵免的，可在其申报境外所得税额时视为已缴税额。

税收饶让抵免应区别下列情况进行计算：

情形	规定
税收协定规定定率饶让抵免	饶让抵免税额为按该定率计算的应纳境外所得税额超过实际缴纳的境外所得税额的数额
税收协定规定列举一国税收优惠额给予饶让抵免	饶让抵免税额为按协定国家（地区）税收法律规定税率计算的应纳所得税额超过实际缴纳税额的数额，即实际税收优惠额
境外所得采用我国税法规定的简易办法计算抵免额	不适用饶让抵免

经典题解

【例题 21】中国居民企业 A 公司，在甲国投资设立了 B 公司，甲国政府为鼓励境外投资，对 B 公司第一个获利年度实施了企业所得税免税。按甲国的税法规定，企业所得税税率为 20%。A 公司获得了 B 公司免税年度分得的利润 1000 万元。根据中国和甲国政府签订税收协定规定，中国居民企业从甲国取得的所得，按照协定规定在甲国缴纳的税额可以在对居民企业征收的中国税收中抵免。所缴纳的税额包括假如没有享受该缔约国给予减免税或其他税收优惠而本应缴纳的税额。所缴纳的甲国税收应包括相当于所放弃的甲国税收优惠的数额。

分析如下：A 公司在计算缴纳企业所得税时，B 公司的免税额 =1000 × 20%=200（万元），应作为由 A 公司抵免的间接负担的境外税额。

考点 8：抵免限额的计算 ★★★

1. 分国（地区）不分项原则下，境外所得税税额抵免限额公式：

抵免限额 = 境内、境外所得按我国税法计算的应纳税总额 × 来源于某国（地区）

的应纳税所得额 ÷ 境内、境外应纳税所得总额

【解释】公式中的所得是税前所得（含税所得）。考试时要注意区分境外分回所得是税前所得还是税后所得，如果分回的是税后所得，在单层抵免的条件下，一般常用以下两种方法还原成税前所得：①用分回的税后所得除以（1– 境外所得税征收比率）还原；②用境外已纳税额加上分回的税后所得还原。

名师点拨

考试时，也不排除用下列公式计算：含税所得（税前所得）= 所得税额 ÷ 所得税征收比率。

该公式可以简化成：抵免限额 = 来源于某国（地区）的应纳税所得额（税前）× 我国税率

关于上述公式中的税率，一般为法定税率 25%。但是以境内、境外全部生产经营活动有关的研究开发费用总额、总收入、销售收入总额、高新技术产品（服务）收入等指标申请并经认定的高新技术企业，其来源于境外的所得可以享受高新技术企业所得税优惠政策，即对其来源于境外所得可以按照 15% 的优惠税率缴纳企业所得税，在计算境外抵免限额时，可按照 15% 的优惠税率计算境内外应纳税总额。

经典题解

【例题 22 · 单选题】某境内公司适用的企业所得税税率为 25%，2021 年度取得境内应纳税所得额 160 万元，境外分公司应纳税所得额 50 万元，在境外已缴纳企业所得税 10 万元。2021 年度该公司汇总纳税时实际在我国应缴纳企业所得税（　　）万元。

A. 40　　B. 42.5　　C. 45　　D. 47.5

【解析】境外缴纳所得税的抵免限额 =50×25%=12.5（万元），应补缴企业所得税 =12.5–10=2.5（万元），汇总纳税时实际应缴纳企业所得税 =160×25%+2.5=42.5（万元）。

【答案】B

【例题 23 · 单选题】我国一居民总公司在 B 国设有一分公司，某纳税年度，总公司在我国取得所得 600 万元，在 B 国分公司取得所得 100 万元，分公司适用 30% 税率，但因处在 B 国税收减半优惠期而向 B 国政府实际缴纳所得税 15 万元，我国所得税税率为 25%，按照限额饶让抵免法，则我国应对总公司征税（　　）万元。

A. 175　　B. 160　　C. 150　　D. 145

【解析】抵免限额 =100×25%=25（万元）；境外优惠饶让视同纳税 =100×30%=30（万元）。

25 万元＜视同实纳 30 万元，可抵免 25 万元；我国应征所得税额 =（100+600）×25%–25=150（万元）。

【答案】C

2. 境内、外所得之间的亏损弥补

企业按照税法的有关规定计算的当期境内、境外应纳税所得总额小于零的，应以零计算当期境内、境外应纳税所得总额，其当期境外所得税的抵免限额也为零。

若企业境内所得为亏损，境外所得为盈利，且企业已使用同期境外盈利全部或部分弥补了境内亏损，则境内已用境外盈利弥补的亏损不得再用以后年度境内盈利重复弥补。由此，在计算境外所得抵免限额时，形成当期境内、外应纳税所得总额

小于零的，应以零计算当期境内、外应纳税所得总额，其当期境外所得税的抵免限额也为零。上述境外盈利在境外已纳的可予抵免但未能抵免的税额可以在以后 5 个纳税年度内进行结转抵免。

分国（地区）不分项原则下，如果企业境内为亏损，境外盈利分别来自多个国家（地区），则弥补境内亏损时，企业可以自行选择弥补境内亏损的境外所得来源国家（地区）顺序。

经典题解

【例题 24】

金额单位：万元

项目	境内企业	境外营业机构	境外已纳税额	抵免限额	结转以后年度抵免余额
税率	25%	30%	——	——	——
第一年应纳税所得额	-100	100	30	0	30
第二年应纳税所得额	100	100	30	25	35

【解析】第一年：应纳税所得额 =-100+100=0，抵免限额为 0，境外已缴税额结转下一年度抵补余额为 30 万元。

第二年：应纳税所得额 =100+100=200（万元）

当年境外已纳所得税税额 =30（万元）

抵免限额 =200 × 25% × 100 ÷ 200=25（万元）＜ 30 万元

实际抵免境外所得税额 =25（万元）

留待以后结转抵免税额 =30-25+30=35（万元）。

考点 9：实际抵免境外税额的计算 ★★

在计算实际应抵免的境外已缴纳和间接负担的所得税税额时，企业在境外一国（地区）当年缴纳和间接负担的符合规定的所得税税额低于所计算的该国（地区）抵免限额的，应以该项税额作为境外所得税抵免额从企业应纳税总额中据实抵免；超过抵免限额的，当年应以抵免限额作为境外所得税抵免额进行抵免，超过抵免限额的余额允许从次年起在连续五个纳税年度内，用每年度抵免限额抵免当年应抵税额后的余额进行抵补。

图示记忆

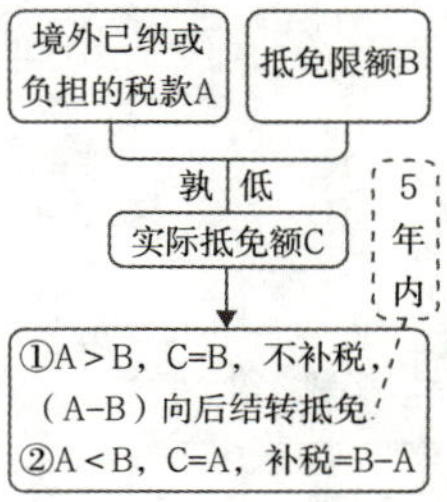

企业当年境外一国（地区）可抵免税额中既有属于当年已直接缴纳或间接负担的境外所得税额，又有以前年度结转的未逾期可抵免税额时，应首先抵免当年已直接缴纳或间接负担的境外所得税额后，抵免限额有余额的，可再抵免以前年度结转的未逾期可抵免税额，仍抵免不足的，继续向以后年度结转。

经典题解

【例题 25 · 计算问答题】某居民企业 2020 年来自境外 A 国分公司的已纳所得税因超过抵免限额尚未扣除的余额为 1 万元，2021 年取得境内应纳税所得额 160 万元，来自 A 国分公司税后所得 20 万元，在 A 国已纳所得税额 5 万元，其在我国汇总实际应缴纳企业所得税多少万元？

【答案及解析】

2021 年境内、外所得总额 =160+20+5=185（万元）

境内、外总的应纳企业所得税税额 =185×25%=46.25（万元）

2021 年 A 国所得税抵免限额 =46.25×（20+5）/185=6.25（万元）

在 A 国已纳所得税税额 5 万元小于 A 国抵免限额，由于 6.25−5=1.25（万元）> 1 万元，上年度超过抵免限额的部分，可以全部在本年扣除。

在我国汇总实际应缴纳企业所得税 =46.25−5−1=40.25（万元）。

考点 10：简易办法计算抵免 ★★

采用简易办法须遵循“分国不分项”原则，适用简易办法计算抵免的两种情况：

1. 定率 12.5%——取得真实发生的凭证或证明，但无法准确确认应当缴纳并已经实际缴纳的境外所得税税额，且直接缴纳及间接负担的税额在所得来源国（地区）的实际有效税率高于 12.5%；

2. 白名单——列出法定税率明显高于我国的境外所得来源国（地区）名单，按我国规定税率计算抵免限额，以此作为可抵免已在境外实际缴纳的所得税税额。

法定税率明显高于我国的境外所得来源国（地区）名单如下：美国、阿根廷、布隆迪、喀麦隆、古巴、法国、日本、摩洛哥、巴基斯坦、赞比亚、科威特、孟加拉国、叙利亚、约旦、老挝。

考点 11：境外分支机构与我国对应纳税年度的确定 ★

1. 企业在境外投资设立不具有独立纳税地位的分支机构，其计算生产、经营所得的纳税年度与我国规定的纳税年度不一致的，与我国纳税年度当年度相对应的境外纳税年度，应为在我国有关纳税年度中任何一日结束的境外纳税年度。

经典题解

【例题 26】某居民企业在 A 国的分公司，按 A 国法律规定，计算当期利润年度为每年 10 月 1 日至次年 9 月 30 日。则该分公司按 A 国规定计算 2020 年 10 月 1 日至次年 9 月 30 日期间（A 国 2020~2021 年度）的营业利润及其已纳税额，应在我国 2021 年度计算境内外应纳税额中抵免。

2. 企业取得境外股息所得实现日为被投资方作出利润分配决定的日期，不论该利润分配是否包括以前年度未分配利润，均应作为该股息所得实现日所在的我国纳税年度所得计算抵免。

名师点拨

分公司没有利润分配功能，不论是否作出利润分配决定，均应并入总公司所得。

经典题解

【例题 27·单选题】某居民企业的境外子公司于 2021 年 12 月 1 日股东会决定，将分别属于 2019 年、2020 年的未分配利润共计 2000 万元分配。则这 2000 万元股息应在该居民企业（　　）年度应纳我国企业所得税中计算抵免。

A. 2019　　　　B. 2020

C. 2019 和 2020　　　　D. 2021

【解析】企业取得境外股息所得实现日为被投资方作出利润分配决定的日期，不论该利润分配是否包括以前年度未分配利润，均应作为该股息所得实现日所在的我国纳税年度所得计算抵免。该 2000 万元均属于该居民企业 2021 年取得的股息，就该股息被扣缴的预提所得税以及该股息间接负担的由境外子公司就其 2019 年度、2020 年度利润缴纳的境外所得税，均应按规定的适用条件在该居民企业 2021 年应纳我国企业所得税中计算抵免。

【答案】D

考点 12：境外所得税抵免时应纳所得税额的计算 ★★

公式：

企业实际应纳所得税额 = 企业境内外所得应纳税总额 – 企业所得税减免、抵免优惠税额 – 境外所得税抵免额

公式中抵免优惠税额是指企业购置用于环境保护、节能节水、安全生产等专用设备的投资额，可以按一定比例实行税额抵免。

境外所得税抵免额是指按照本节计算的境外所得税额在抵免限额内实际可以抵免的税额。

第四节　国际反避税

使用“会计云课堂”App 或“微信”扫码查看本节视频，快速 GET 知识点。

考点 1：税基侵蚀和利润转移项目 ★★

税基侵蚀和利润转移项目是由二十国集团（以下简称“G20”）领导人背书，并委托经济合作与发展组织（以下简称“OECD”）推进的国际税改项目，是 G20 框架下各国携手打击国际逃避税，共同建立有利于全球经济增长的国际税收规则体系和行政合作机制的重要举措。

2013 年 6 月，OECD 发布《税基侵蚀和利润转移行动计划》(以下简称“BEPS 行动计划”)。

（一）税基侵蚀和利润转移行动计划

1. BEPS 十五项行动计划的分类

类别	行动计划
应对数字经济带来的挑战	数字经济
协调各国企业所得税税制	混合错配、受控外国公司规则、利息扣除、有害税收实践
重塑现行税收协定和转让定价国际规则	税收协定滥用、常设机构、无形资产、风险和资本、其他高风险交易
提高税收透明度和确定性	数据统计分析、强制披露原则、转让定价同期资料、争端解决
开发多边工具促进行动计划实施	多边工具

经典题解

【真题28·单选题】下列国际组织或机构中，发布《税基侵蚀和利润转移行动计划》的是（　　）。（2020年）

A. 联合国

B. 世界银行

C. 经济合作与发展组织

D. 世界贸易组织

【答案】C

【真题29·多选题】以下各项中，属于税基侵蚀和利润转移项目（BEPS）行动计划的有（　　）。（2015年）

A. 数字经济

B. 实际管理机构规则

C. 有害税收实践

D. 数据统计分析

【答案】ACD

2. BEPS 十五项行动计划的实质——税收要与实质经济活动和价值创造相匹配

当前，全球利润至少50%以上涉及国际交易，特别是企业集团跨境关联交易数额巨大。所有这些交易都可以在现有规则体系下进行避税筹划。筹划的结果是税收权益与实质经济活动的错配，经济活动发生地没有留下应有的利润，也没有获得应有的税收。生产要素的跨境配置受到扭曲，税收公平面临挑战，国际税收秩序受到严重威胁。因此，国际社会必须携手改革现有国际税收规则体系，以适应快速发展的经济全球化趋势。

（二）税基侵蚀和利润转移项目成果

2015年10月，OECD 发布了 BEPS 行动计划全部15项产出成果，包括13份最终报告和1份解释性声明。15项行动计划成果的顺利完成，标志着BEPS行动计划步入成果转化、具体实施的新阶段。

经典题解

【真题30·多选题】OECD于2015年10月发布税基侵蚀和利润转移项目全部15项产出成果。下列各项中，属于该产出成果的有（　　）。（2018年）

A.《防止税收协定优惠的不当授予》

B.《金融账户涉税信息自动交换标准》

C.《消除混合错配安排的影响》

D.《确保转让定价结果与价值创造相匹配》

【解析】税基侵蚀和利润转移项目成果有以下15项：（1）《关于数字经济面临的税收挑战的报告》；（2）《消除混合错配安排的影响》（选项C）；（3）《制定有效受控外国公司规则》；（4）《对利用利息扣除和其他款项支付实现的税基侵蚀予以限制》；（5）《考虑透明度和实质性因素有效打击有害税收实践》；（6）《防止税收协定优惠的不当授予》（选项A）；（7）《防止人为规避构成常设机构》；（8）～（10）《确保转让定价结果与价值创造相匹配》（选项D）；（11）《衡量和监控BEPS》；（12）《强制披露规则》；（13）《转让定价文档与国别报告》；（14）《使争议解决机制更有效》；（15）《开发用于修订双边税收协定的多边工具》。

【答案】ACD

（三）税基侵蚀和利润转移项目的影响

此项工作的重点是消除双重不征税。

考点2：一般反避税 ★★

（一）一般反避税

1. 一般反避税概述

为规范一般反避税管理，根据税法的有关规定，国家税务总局制定《一般反避税管理办法（试行）》（以下简称“《办法》”），该《办法》自2015年2月1日起施行。

【提示】现阶段一般反避税办法仅针对跨境交易或支付，而不涉及境内交易。

（1）《企业所得税法》规定，企业实施其他不具有合理商业目的的安排而减少其应纳税收入或者所得额的，税务机关有权按照合理的方法调整。

下列情况不适用《办法》：

①与跨境交易或者支付无关的安排；

②涉嫌逃避缴纳税款、逃避追缴欠税、骗税、抗税以及虚开发票等税收违法行为。

（2）税收利益是指减少、免除或者推迟缴纳企业所得税应纳税额。

（3）避税安排具有以下特征：

①以获取税收利益为唯一目的或者主要目的；

②以形式符合税法规定，但与其经济实质不符的方式获取税收利益。

（4）税务机关应当以具有合理商业目的和经济实质的类似安排为基准，按照实质重于形式的原则实施特别纳税调整。调整方法包括（易出多选题）：

①对安排的全部或者部分交易重新定性。

②在税收上否定交易方的存在，或者将该交易方与其他交易方视为同一实体。

③对相关所得、扣除、税收优惠、境外税收抵免等重新定性或者在交易各方间重新分配。

④其他合理方法。

（5）企业的安排属于转让定价、成本分摊、受控外国企业、资本弱化等其他特别纳税调整范围的，应当首先适用其他特别纳税调整相关规定。

【提示】《一般反避税管理办法（试行）》（GAAR）的定位是作为其他特别反避税条款的一个兜底措施。只有当一项避税安排不能够适用任何一项具体反避税条款时，才会启用一般反避税条款。也就是说，一般反避税条款是穷尽所有其他的反避税措施后的最后手段。

经典题解

【真题31·单选题】下列情形中，适用《一般反避税管理办法》的是（　　）。（2021年）

A. 涉嫌骗税的

B. 跨境间接转让股权的

C. 涉嫌虚开发票的

D. 涉嫌欠税的

【答案】B

2. 一般反避税调查

（1）主管税务机关实施一般反避税调查时，应当向被调查企业送达《税务检查通知书》。

（2）被调查企业认为其安排不属于《一般反避税管理办法（试行）》所称避税安排的，应当自收到《税务检查通知书》之日起60日内提供相关资料（7项）。

（3）企业拒绝提供资料的，主管税务机关可以按照《税收征管法》的有关规定进行核定。

（4）一般反避税调查涉及向筹划方、关联方以及与关联业务调查有关的其他企业调查取证的，主管税务机关应当送达《税务事项通知书》。

3. 一般反避税争议处理

（1）被调查企业对主管税务机关作出的一般反避税调整决定不服的，可以按照有关法律法规的规定申请法律救济。

（2）被调查企业认为我国税务机关作出的一般反避税调整，导致国际双重征税或者不符合税收协定规定征税的，可以按照税收协定及其相关规定申请启动相互协商程序。

（二）间接转让财产

国家税务总局在2015年2月3日出台《关于非居民企业间接转让财产企业所得税若干问题的公告》（以下简称“《公告》”），这一公告的制定和出台是一般反避税规则在间接转让中国应税财产交易方面的具体应用。

简而言之，就是通过“穿透”原则，税务机关将非居民企业不具有合理商业目的的间接转让交易定性为直接转让交易，从而确保我国税基不受侵蚀。适用于被转让的境外企业在华拥有特定应税财产（在华设立机构场所、在华拥有不动产或不动产公司、在华拥有权益性投资资产）的情况，不适用于股权转让所得与股权转让方在中国境内所设机构、场所有实际联系的情况。

1. 非居民企业通过实施不具有合理商业目的的安排，间接转让中国居民企业股权等财产，规避企业所得税纳税义务的，应按照《企业所得税法》的有关规定，重新定性该间接转让交易，确认为直接转让中国居民企业股权等财产。

名师点拨

非居民企业将境外控股公司转让，“穿透”原则是穿透中间层，定性为非居民企业将所持有的境内公司A的股权等财产转让。

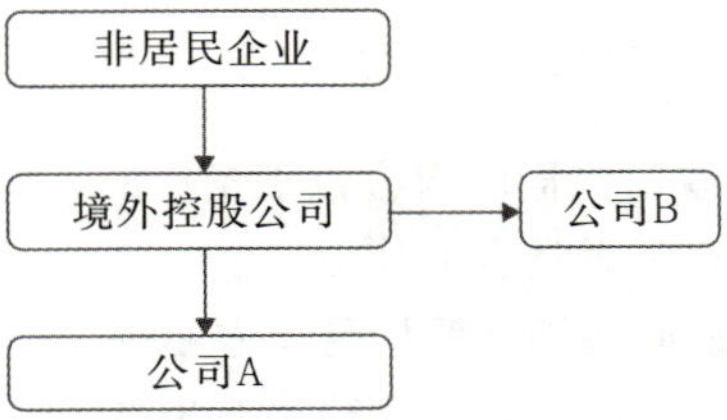

【解释】如果一项间接转让中国应税财产交易因不具有合理商业目的被调整定性为直接转让中国应税财产交易，则按照《企业所得税法》及其实施条例和《公告》规定可以就间接转让中国应税财产所得征收企业所得税。但如果被转让境外企业股权价值来源包括中国应税财产因素和非中国应税财产因素，则需按照合理方法将转让境外企业股权所得划分为归属于中国应税财产所得和归属于非中国应税财产所得，只需就归属于中国应税财产所得按照《公告》调整征税。

经典题解

【例题32】一家设立在开曼的境外企业（不属于境外注册中国居民企业）持有中国应税财产和非中国应税财产两项资产，非居民企业转让开曼企业股权所得为100万元，假设其中归属于中国应税财产的所得对应为80万元，归属于非中国应税财产所得对应为20万元，在这种情况下，只就归属于中国应税财产的80万元部分适用《公告》规定征税；假设其中归属于中国应税财产的所得对应为120万元，归属于非中国应税财产的所得对应为-20万元，那么即便转让开曼企业股权所得为100万元，仍需就归属于中国应税财产的120万元适用《公告》规定征税。

2. 判断合理商业目的，应整体考虑与间接转让中国应税财产交易相关的所有安排，结合实际情况综合分析。

3. 除与间接转让中国应税财产相关的整体安排符合规定情形和间接转让中国应税财产具有合理商业目的等规定情形外，与间接转让中国应税财产相关的整体安排同时符合以下情形的，应直接认定为不具有合理商业目的（4项）：

（1）境外企业股权75%以上价值直接或间接来自于中国应税财产。

（2）间接转让中国应税财产交易发生前一年内任一时点，境外企业资产总额（不含现金）的90%以上直接或间接由在中国境内的投资构成，或间接转让中国应税财产交易发生前一年内，境外企业取得收入的90%以上直接或间接来源于中国境内。

【提示】（1）（2）两项从被转让的境外企业股权价值来源以及境外企业资产和收入构成判断间接转让交易的主要标的为中国应税财产。

（3）境外企业及直接或间接持有中国应税财产的下属企业虽在所在国家（地区）登记注册，以满足法律所要求的组织形式，但实际履行的功能及承担的风险有限，不足以证实其具有经济实质。

（4）间接转让中国应税财产交易在境外应缴所得税税负低于直接转让中国应税财产交易在中国的可能税负。

【提示】存在跨国税收利益。

4. 间接转让中国应税财产同时符合以下条件的，应认定为具有合理商业目的：

（1）交易双方的股权关系具有下列情形之一：

①股权转让方直接或间接拥有股权受让方80%以上的股权；

②股权受让方直接或间接拥有股权转让方80%以上的股权；

③股权转让方和股权受让方被同一方直接或间接拥有80%以上的股权。

【提示】彼此控股或同一控制。

【特殊规定】境外企业股权50%以上（不含50%）价值直接或间接来自于中国境内不动产的，上述第①、②、③项的持股比例应为100%。

上述间接拥有的股权按照持股链中各企业的持股比例乘积计算。

（2）本次间接转让交易后可能再次发生的间接转让交易相比在未发生本次间接转让交易情况下的相同或类似间接转让交易，其中国所得税负担不会减少。

【提示】不存在跨国税收利益。

（3）股权受让方全部以本企业或与其具有控股关系的企业的股权（不含上市企业股权）支付股权交易对价。

5. 间接转让机构、场所财产所得按照《公告》规定应缴纳企业所得税的，应计入纳税义务发生之日所属纳税年度该机构、场所的所得，按照有关规定申报缴纳企业所得税。

【提示】实施“穿透”原则，将间接转让重新定性为直接转让。

6. 间接转让不动产所得或间接转让股权所得按照《公告》规定应缴纳企业所得税的，依照有关法律规定或者合同约定对股权转让方直接负有支付相关款项义务的单位或者个人为扣缴义务人。

经典题解

【真题 33 · 多选题】间接转让中国应税财产的交易双方及被间接转让股权的中国居民企业可以向主管税务机关报告股权转让事项，并提交相关资料。以下各项资料中属于该相关资料的有（　　）。（2019 年）

A. 股权转让合同

B. 境外企业及直接或间接持有中国应税财产的下属企业上两个年度财务会计报表

C. 股权转让前后的企业股权架构图

D. 间接转让中国应税财产的交易双方公司的章程

【解析】间接转让中国应税财产的交易双方及被间接转让股权的中国居民企业可以向主管税务机关报告股权转让事项，并提交以下资料：（1）股权转让合同或协议（为外文文本的需同时附送中文译本，下同）；（2）股权转让前后的企业股权架构图；（3）境外企业及直接或间接持有中国应税财产的下属企业上两个年度财务、会计报表；（4）间接转让中国应税财产交易不适用"穿透"为直接转让政策的理由。选项 ABC 为间接转让中国应税财产的交易双方及被间接转让股权的中国居民企业向主管税务机关报告股权转让事项需提交的资料。

【答案】ABC

【真题 34 · 计算问答题】甲公司为一家注册在香港的公司，甲公司通过其在开曼群岛设立的特殊目的公司 SPV 公司，在中国境内设立了一家外商投资企业乙公司。SPV 公司是一家空壳公司，自成立以来不从事任何实质业务，没有配备资产和人员，也没有取得经营性收入。甲公司及其子公司相关股权架构示意如下，持股比例为 100%。

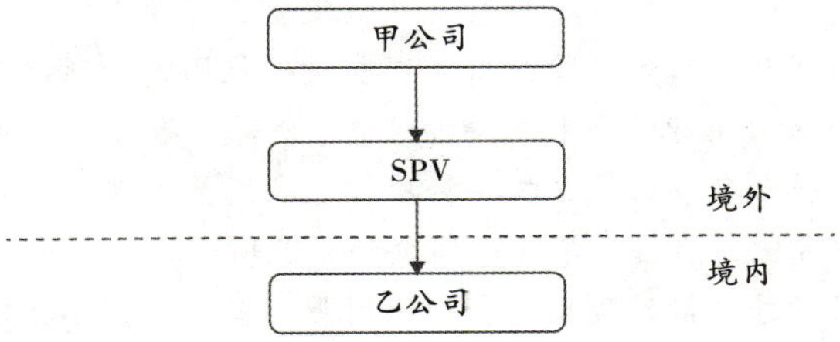

乙公司于 2017 年发生了如下业务：

（1）5 月 5 日，通过 SPV 公司向甲公司分配股息 1000 万元。

（2）7 月 15 日，向甲公司支付商标使用费 1000 万元、咨询费 800 万元，7 月 30 日向甲公司支付设计费 5 万元。甲公司未派遣相关人员来中国提供相关服务。

（3）12 月 20 日，甲公司将 SPV 公司的全部股权转让给另一中国居民企业丙公司，丙公司向甲公司支付股权转让价款 8000 万元。

（其他相关资料：假设 1 美元折合 6.5 元人民币）

要求：根据上述资料，按照下列序号回答问题，如有计算需计算出合计数。

（1）计算乙公司向 SPV 公司分配股息时应代扣代缴的企业所得税。

（2）计算乙公司向甲公司支付商标使用费、咨询费、设计费应代扣代缴的增值税。

（3）计算乙公司向甲公司支付商标使用费、咨询费、设计费应代扣代缴的企业所得税。

（4）指出乙公司上述对外支付的款项中，需要办理税务备案手续的项目有哪些，并说明理由。

（5）判断甲公司转让SPV公司的股权是否需要在中国缴纳企业所得税并说明理由。（2018年）

【名师点题】本题虽然是计算问答题，但考点综合性较强，不仅涉及了增值税代扣代缴的计算、企业所得税源泉扣缴的计算，也考查了中国境内机构和个人对外付汇的税收管理规定、间接转让财产的“穿透”政策。

【答案及解析】

（1）应代扣代缴的企业所得税 =1000×10%=100（万元）。

按照《企业所得税法》及其实施条例的规定，实行源泉扣缴的非居民企业取得的股息、红利等权益性投资收益，减按10%的税率征收企业所得税。

（2）应代扣代缴的增值税 =（1000+800+5）/（1+6%）×6%=102.17（万元）。

境外单位或者个人在境内发生应税行为（本题为转让无形资产、提供服务），在境内未设有经营机构的，以购买方为扣缴义务人。扣缴义务人按照规定公式和适用税率计算应扣缴税额：

应扣缴税额 = 购买方支付的价款 ÷（1+ 税率）× 税率。

（3）应代扣代缴的企业所得税 =1000/（1+6%）×10%=94.34（万元）。

由于增值税是价外税，非居民企业，取得利息、租金、特许权使用费所得应缴纳增值税的，在计算缴纳企业所得税时，应以不含增值税的收入全额作为应纳税所得额。由于购买方乙公司在境内，所以甲公司收取的商标使用费、咨询费、设计费，从增值税政策角度属于在境内销售无形资产和服务，需要在我国缴纳增值税。但企业所得税则要看所得项目和机构场所情况确定是否属于来源于境内的所得。本题应仅对税法列举的利息、租金、特许权使用费所得范围内的所得项目（本题为特许权使用费）计算扣缴所得税（预提所得税），甲公司未派遣相关人员来中国提供咨询和设计服务，说明未在我国设立机构场所，劳务发生地不在境内，咨询和设计服务不属于来源于中国境内所得，不在我国缴纳企业所得税。

> **要点小贴士**
>
> “来源于境内”的判别，增值税和企业所得税有不同的政策标准。

（4）乙公司对外支付的股息、商标使用费、咨询费需要办理税务备案手续。

理由：境内机构和个人向境外单笔支付等值5万美元以上（不含等值5万美元）的外汇资金，除无须进行税务备案的情形外，均应向所在地主管税务机关进行税务备案。

5万美元 =5×6.5=32.5（万元人民币），乙公司对外支付的股息、商标使用费、咨询费均高于32.5万元人民币，也就是高于5万美元，应当办理税务备案手续。

（5）需要在境内缴纳企业所得税。

理由：非居民企业通过实施不具有合理商业目的的安排，间接转让中国居民企业股权等财产，规避企业所得税纳税义务的，应按照《企业所得税法》的有关规定，重新定性该间接转让交易，确认为直接转让中国居民企业股权等财产，应在中国境内缴纳企业所得税。

考点3：特别纳税调整★★★

（一）转让定价

转让定价也称划拨定价，即交易各方之间确定的交易价格，它通常是指关联企业之间内部转让交易所确定的价格，这种内部交易价格通常不同于一般市场价格。转让定价是现代企业特别是跨国公司进行国际避税所借用的重要工具，主要是利用各国税制差别来实现的。国际关联企业的转让定价往往受跨国企业集团利益的支配，不易受市场一般供求关系的约束，对商品和劳务内部交易往来采取与独立企业之间的正常交易价格不同的计价标准，使国际关联企业的整体税收负担减轻。

按照《企业所得税法》和《税收征管法》的有关规定，税务机关有权对企业与其关联方之间的业务往来是否符合独立交易原则进行审核评估和调查调整。

（二）成本分摊协议

企业与其关联方签署成本分摊协议，共同开发、受让无形资产，或者共同提供、接受劳务发生的成本，可以按照独立交易原则与其关联方分摊共同发生的成本，达成成本分摊协议。

1. 成本分摊协议体现受益原则

成本分摊协议的参与方对开发、受让的无形资产或参与的劳务活动享有受益权，并承担相应的活动成本。关联方承担的成本应与非关联方在可比条件下为获得上述受益权而支付的成本相一致。

参与方使用成本分摊协议所开发或受让的无形资产不需另支付特许权使用费。

涉及劳务的成本分摊协议一般适用于集团采购和集团营销策划。

2. 企业应自与关联方签订（变更）成本分摊协议之日起30日内，向主管税务机关报送成本分摊协议副本，并在年度企业所得税纳税申报时，附送《中华人民共和国企业年度关联业务往来报告表》。

3. 企业与其关联方签署成本分摊协议，有下列情形之一的，其自行分摊的成本不得税前扣除：

（1）不具有合理商业目的和经济实质；

（2）不符合独立交易原则；

（3）没有遵循成本与收益配比原则；

（4）未按有关规定备案或准备、保存和提供有关成本分摊协议的同期资料；

（5）自签署成本分摊协议之日起经营期限少于20年。

经典题解

【例题35·多选题】下列各项中，属于企业与关联方签署成本分摊协议内容的有（　　）。

A. 非参与方使用协议成果的规定

B. 非参与方预期收益的计算方法

C. 参与方会计方法的运用及变更说明

D. 参与方之间补偿支付的条件及处理规定

【解析】成本分摊协议主要包括以下内容：（1）参与方的名称、所在国家（地区）、关联关系、在协议中的权利和义务;(2)成本分摊协议所涉及的无形资产或劳务的内容、范围,协议涉及研发或劳务活动的具体承担者及其职责、任务;(3)协议期限;(4)参与方预期收益的计算方法和假设;(5)参与方初始投入和后续成本支付的金额、形式、价值确认的方法以及符合独立交易原则的说明;(6)参与方会计方法的运用及变更说明;(7)参与方加入或退出协议的程序及处理规定;(8)参与方之间补偿支付的条件及处理规定;(9)协议变更或终止的条件及处理规定;(10)非参与方使用协议成果的规定。

【答案】ACD

【真题36·多选题】甲企业与其关联方签署了成本分摊协议,共同开发无形资产,并约定退出补偿时协议成果转让给关联方,该成本分摊协议符合独立交易原则,下列关于甲企业成本分摊的税务处理中,正确的有( )。(2016年)

A. 协议终止时,应与关联方对已有协议成果作出合理分配

B. 按照协议分摊的成本,应在协议规定的各年度税前扣除

C. 退出补偿时,该无形资产应按资产处置的税务规定处理

D. 涉及补偿调整的,应调整成本发生年度的应纳税所得额

【解析】选项A:已经执行并形成一定资产的成本分摊协议,协议终止时,各参与方应对已有协议成果作出合理分配。选项BCD:对于符合独立交易原则的成本分摊协议,有关税务处理如下:(1)企业按照协议分摊的成本,应在协议规定的各年度税前扣除;(2)涉及补偿调整的,应在补偿调整的年度计入应纳税所得额;(3)涉及无形资产的成本分摊协议,加入支付、退出补偿或终止协议时,对协议成果分配的,应按资产购置或处置的有关规定处理。

【答案】ABC

(三)受控外国企业(CFC)

受控外国企业是指由居民企业,或者由居民企业和居民个人(以下统称"中国居民股东",包括中国居民企业股东和中国居民个人股东)控制的设立在实际税负低于所得税法规定税率(25%)水平50%的国家(地区),并非出于合理经营需要对利润不作分配或减少分配的外国企业。

1."受控"的标准

所称控制是指在股份、资金、经营、购销等方面构成实质控制。其中,股份控制是指由中国居民股东在纳税年度任何一天单层直接或多层间接单一持有外国企业10%以上有表决权股份,且共同持有该外国企业50%以上股份。

中国居民股东多层间接持有股份按各层持股比例相乘计算,中间层持有股份超过50%的,按100%计算。

2. 对受控外国企业的管理

视同受控外国企业股息分配,其利润中应归属于中国居民企业股东的部分,应当计入该居民企业的当期收入。

【提示】本规定属于视同股息分配而确认投资收益的特殊规定。税法的一般规定:股息、红利等权益性投资收益在被投资方作出利润分配决定时确认投资收益的实现。

3. 例外条款

中国居民企业股东能够提供资料证明其控制的外国企业满足以下条件之一的，可免于将外国企业不作分配或减少分配的利润视同股息分配额，计入中国居民企业股东的当期所得：

（1）设立在国家税务总局指定的非低税率国家（地区）；

（2）主要取得积极经营活动所得；

（3）年度利润总额低于 500 万元人民币。

（四）资本弱化

《企业所得税法》规定，企业从其关联方接受的债权性投资与权益性投资的比例超过规定标准而发生的利息支出，不得在计算应纳税所得额时扣除。

1.《企业所得税法》所称不得在计算应纳税所得额时扣除的利息支出应按以下公式计算：

不得扣除利息支出 = 年度实际支付的全部关联方利息 ×（1– 标准比例 / 关联债资比例）

2. 关联债资比例的具体计算方法如下：

关联债资比例 = 年度各月平均关联债权投资之和 / 年度各月平均权益投资之和

其中：各月平均关联债权投资 =（关联债权投资月初账面余额 + 月末账面余额）/2

各月平均权益投资 =（权益投资月初账面余额 + 月末账面余额）/2

【易错易混】

权益投资不仅指实收资本，应包括企业资产负债表所列示的所有者权益金额。如果所有者权益小于实收资本（股本）与资本公积之和，则权益投资为实收资本（股本）与资本公积之和；如果实收资本（股本）与资本公积之和小于实收资本（股本）金额，则权益投资为实收资本（股本）金额。

经典题解

【例题 37 · 单选题】在资本弱化管理中，计算关联债资比例时，如果所有者权益小于实收资本与资本公积之和，则权益投资为（　　）。

A. 实收资本　　B. 实收资本与资本公积之和

C. 资本公积　　D. 所有者权益

【答案】B

3.《企业所得税法》所称的利息支出包括直接或者间接关联债权投资实际支付的利息、担保费、抵押费和其他具有利息性质的费用。

4.《企业所得税法》规定不得在计算应纳税所得额时扣除的利息支出，不得结转到以后纳税年度；应按照实际支付给各关联方利息占关联方利息总额的比例，在各关联方之间进行分配，其中，分配给实际税负高于企业的境内关联方的利息准予扣除；直接或间接实际支付给境外关联方的利息应视同分配的股息，按照股息和利息分别适用的所得税税率差补征企业所得税，如已扣缴的所得税税款多于按股息计算应征所得税税款，多出的部分不予退税。

（五）特别纳税调整程序

税务机关以风险管理为导向，构建和完善关联交易利润水平监控管理指标体系，加强对企业利润水平的监控，通过特别纳税调整监控管理和特别纳税调查调整，促进企业遵从税法。

1. 特别纳税调整监控管理与特别纳税调查程序的应用

行为及运用		目的
特别纳税调整监控管理	通过关联申报审核、同期资料管理和利润水平监控等手段	发现风险
特别纳税调查程序	企业自行调整补税的，税务机关仍可按照有关规定实施特别纳税调查调整	确定或排除风险
	企业要求税务机关确认关联交易定价原则和方法等特别纳税调整事项的，税务机关应当启动特别纳税调查程序	

2. 税务机关实施特别纳税调查，应当重点关注具有以下风险特征的企业：

（1）关联交易金额较大或者类型较多。

（2）存在长期亏损、微利或者跳跃性盈利。

（3）低于同行业利润水平。

（4）利润水平与其所承担的功能风险不相匹配，或者分享的收益与分摊的成本不相配比。

（5）与低税国家（地区）关联方发生关联交易。

（6）未按照规定进行关联申报或者准备同期资料。

（7）从其关联方接受的债权性投资与权益性投资的比例超过规定标准。

（8）由居民企业，或者由居民企业和中国居民控制的设立在实际税负低于12.5%的国家（地区）的企业，并非由于合理的经营需要而对利润不作分配或者减少分配。

（9）实施其他不具有合理商业目的的税收筹划或者安排。

3. 特别纳税调整利息的加收

税务机关对企业实施特别纳税调整的，应当根据《企业所得税法》及其《实施条例》的有关规定对2008年1月1日以后发生交易补征的企业所得税按日加收利息。特别纳税调查调整补缴的税款，应当按照应补缴税款所属年度的先后顺序确定补缴税款的所属年度，以入库日为截止日，分别计算应加收的利息额：

要点	规定	适用情况
加收利息的起止时间	企业在《特别纳税调查调整通知书》送达前缴纳或送达后补缴税款的，应当自税款所属纳税年度的次年6月1日起至缴纳或者补缴税款之日止计算加收利息	在税务机关通知的补缴税款期限内适用
	企业超过《特别纳税调查调整通知书》补缴税款期限仍未缴纳税款的，应当自补缴税款期限届满次日起按照有关规定加收滞纳金，在加收滞纳金期间不再加收利息	超过补缴税款期限的，超过期限后的时段适用

要点	规定	适用情况
利息率	利息率按照税款所属纳税年度 12 月 31 日公布的与补税期间同期的中国人民银行人民币贷款基准利率加 5 个百分点计算，并按照一年 365 天折算日利息率	未按照规定向税务机关提供同期资料的
	可以只按照中国人民银行人民币贷款基准利率加收利息	企业按照有关规定提供同期资料及有关资料的，或者按照有关规定不需要准备同期资料但根据税务机关要求提供其他相关资料的

【注意】在计算企业所得税应纳税所得额时不得扣除因特别纳税调整加收的利息。

4. 被调查企业在税务机关实施特别纳税调查调整期间申请变更经营地址或者注销税务登记的，税务机关在调查结案前原则上不予办理税务变更、注销手续。

第五节 转让定价税务管理

使用“会计云课堂”App 或“微信”扫码查看本节视频，快速 GET 知识点。

考点 1：关联申报 ★

（一）关联方及关联关系

1. 关联方是指与企业有以下关系之一的企业、其他组织或者个人：

（1）在资金、经营、购销等方面，存在直接或者间接的控制关系；

（2）直接或者间接地同为第三者控制；

（3）在利益上具有相关联的其他关系。

2. 关联关系

企业与其他企业、组织或者个人具有下列关系之一的，构成关联关系：

（1）一方直接或者间接持有另一方的股份总和达到 25% 以上；双方直接或者间接同为第三方所持有的股份达到 25% 以上。如果一方通过中间方对另一方间接持有股份，只要其对中间方持股比例达到 25% 以上，则其对另一方的持股比例按照中间方对另一方的持股比例计算。两个以上具有夫妻、直系血亲、兄弟姐妹以及其他抚养、赡养关系的自然人共同持股同一企业，在判定关联关系时持股比例合并计算。

图示记忆

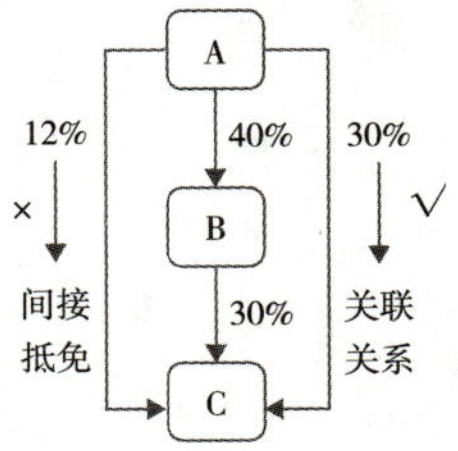

（2）双方存在持股关系或者同为第三方持股，虽持股比例未达到第（1）项规定，但双方之间借贷资金总额占任一方实收资本比例达到 50% 以上，或者一方全部借贷资金总额的 10% 以上由另一方担保（与独立金融机构之

间的借贷或者担保除外）。

（3）双方存在持股关系或者同为第三方持股，虽持股比例未达到第（1）项规定，但一方的生产经营活动必须由另一方提供专利权、非专利技术、商标权、著作权等特许权才能正常进行。

（4）双方存在持股关系或者同为第三方持股，虽持股比例未达到第（1）项规定，但一方的购买、销售、接受劳务、提供劳务等经营活动由另一方控制。所称控制是指一方有权决定另一方的财务和经营政策，并能据以从另一方的经营活动中获取利益。

（5）一方半数以上董事或者半数以上高级管理人员（包括上市公司董事会秘书、经理、副经理、财务负责人和公司章程规定的其他人员）由另一方任命或者委派，或者同时担任另一方的董事或者高级管理人员；或者双方各自半数以上董事或者半数以上高级管理人员同为第三方任命或者委派。

（6）具有夫妻、直系血亲、兄弟姐妹以及其他抚养、赡养关系的两个自然人分别与双方具有第（1）至（5）项关系之一。

（7）双方在实质上具有其他共同利益。

除第（2）项规定外，上述关联关系年度内发生变化的，关联关系按照实际存续期间认定。

【注意】仅因国家持股或者由国有资产管理部门委派董事、高级管理人员而存在上述第（1）至（5）项关系的，不构成此处所称的关联关系。

经典题解

【例题 38·多选题】企业与其他企业、组织或者个人具有的下列关系，构成关联关系的有（　　）。

A. 一方直接或者间接持有另一方的股份总和达到 25% 以上

B. 虽持股比例未达到 25% 的规定，但双方之间借贷资金总额占任一方实收资本比例达到 30% 以上

C. 双方各自半数以上董事或者半数以上高级管理人员同为第三方任命或者委派

D. 由国有资产管理部门委派董事、高级管理人员占双方各自半数以上的

【解析】选项 B：双方存在持股关系或者同为第三方持股，虽持股比例未达到 25% 的规定，但双方之间借贷资金总额占任一方实收资本比例达到 50% 以上，或者一方全部借贷资金总额的 10% 以上由另一方担保（与独立金融机构之间的借贷或者担保除外）。选项 D：仅因国家持股或者由国有资产管理部门委派董事、高级管理人员而存在规定关系的，不构成所称的关联关系。

【答案】AC

（二）关联交易类型

主要包括：

1. 有形资产使用权或者所有权的转让。

2. 金融资产的转让。

3. 无形资产使用权或者所有权的转让。
4. 资金融通。
5. 劳务交易。

（三）国别报告

要点	规定
披露对象	国别报告主要披露最终控股企业所属跨国企业集团所有成员实体的全球所得、税收和业务活动的国别分布情况 其中，最终控股企业是指能够合并其所属跨国企业集团所有成员实体财务报表的，且不能被其他企业纳入合并财务报表的企业。成员实体应当包括： （1）实际已被纳入跨国企业集团合并财务报表的任一实体 （2）跨国企业集团持有该实体股权且按公开证券市场交易要求应被纳入但实际未被纳入跨国企业集团合并财务报表的任一实体 （3）仅由于业务规模或者重要性程度而未被纳入跨国企业集团合并财务报表的任一实体 （4）独立核算并编制财务报表的常设机构
填报主体	1. 存在下列情形之一的居民企业，应当在报送《年度关联业务往来报告表》时，填报国别报告： （1）该居民企业为跨国企业集团的最终控股企业，且其上一会计年度合并财务报表中的各类收入金额合计超过 55 亿元 （2）该居民企业被跨国企业集团指定为国别报告的报送企业 2. 企业虽不属于上述填报国别报告的范围，但其所属跨国企业集团按照其他国家有关规定应当准备国别报告，且符合下列条件之一的，税务机关可以在实施特别纳税调查时要求企业提供国别报告： （1）跨国企业集团未向任何国家提供国别报告 （2）虽然跨国企业集团已向其他国家提供国别报告，但我国与该国尚未建立国别报告信息交换机制 （3）虽然跨国企业集团已向其他国家提供国别报告，且我国与该国已建立国别报告信息交换机制，但国别报告实际未成功交换至我国
豁免填报	最终控股企业为中国居民企业的跨国企业集团，其信息涉及国家安全的，可以按照国家有关规定，豁免填报部分或者全部国别报告
信息交换	税务机关可以按照我国对外签订的协定、协议或者安排实施国别报告的信息交换

经典题解

【例题 39 · 单选题】如果某居民企业为跨国企业集团的最终控股企业，且其上一会计年度合并财务报表中的各类收入金额合计超过一定的金额，则该企业应当在报送《年度关联业务往来报告表》时，填报国别报告。该规定金额是（　　）亿元。

A. 10　　B. 22

C. 55　　D. 100

【答案】C

考点2：同期资料管理★★

企业应当依据《企业所得税法实施条例》的规定，按纳税年度准备并按税务机关要求提供其关联交易的同期资料。同期资料包括主体文档、本地文档和特殊事项文档。

（一）主体文档

要点	规定
条件	符合下列条件之一的企业，应当准备主体文档： （1）年度发生跨境关联交易，且合并该企业财务报表的最终控股企业所属企业集团已准备主体文档 （2）年度关联交易总额超过10亿元 【提示】依照规定需要准备主体文档的企业集团，如果集团内企业分属两个以上税务机关管辖，可以选择任一企业主管税务机关主动提供主体文档。集团内其他企业被主管税务机关要求提供主体文档时，在向主管税务机关书面报告集团主动提供主体文档情况后，可免于提供
内容	主体文档主要披露最终控股企业所属企业集团的全球业务整体情况，包括以下内容： （1）组织架构；（2）企业集团业务；（3）无形资产；（4）融资活动；（5）财务与税务状况

（二）本地文档

要点	规定
条件	年度关联交易金额符合下列条件之一的企业，应当准备本地文档： （1）有形资产所有权转让金额（来料加工业务按照年度进出口报关价格计算）超过2亿元 （2）金融资产转让金额超过1亿元 （3）无形资产所有权转让金额超过1亿元 （4）其他关联交易金额合计超过4000万元 需要注意的是，企业执行预约定价安排的，预约定价安排涉及的关联交易金额不计入上述第（1）项至第（4）项规定的关联交易金额范围
内容	本地文档主要披露企业关联交易的详细信息，包括以下内容： （1）企业概况；（2）关联关系；（3）关联交易；（4）可比性分析；（5）转让定价方法的选择和使用

经典题解

【例题40·多选题】企业应当依据《企业所得税法实施条例》的规定，按纳税年度准备并按税务机关要求提供其关联交易的同期资料。同期资料包括主体文档、本地文档和特殊事项文档。下列企业年度关联交易金额，应当准备本地文档的有（　　）。

A. 年度关联交易总额超过 10 亿元

B. 无形资产所有权转让金额超过 1 亿元

C. 有形资产所有权转让金额（来料加工业务按照年度进出口报关价格计算）超过 2 亿元

D. 其他关联交易金额合计超过 4000 万元

【答案】BCD

【注意】提供同期资料的时限及其他要求：

1. 主体文档应当在企业集团最终控股企业会计年度终了之日起 12 个月内准备完毕；本地文档和特殊事项文档应当在关联交易发生年度次年 6 月 30 日之前准备完毕。同期资料应当自税务机关要求之日起 30 日内提供。企业因不可抗力无法按期提供同期资料的，应当在不可抗力消除后 30 日内提供同期资料。

2. 同期资料应当使用中文，并标明引用信息资料的出处来源。

3. 同期资料应当加盖企业印章，并由法定代表人或者法定代表人授权的代表签章。

4. 同期资料应当自税务机关要求的准备完毕之日起保存 10 年。企业合并、分立的，应当由合并、分立后的企业保存同期资料。

5. 企业依照有关规定进行关联申报、提供同期资料及有关资料的，税务机关实施特别纳税调查补征税款时，可以依据《企业所得税法实施条例》的规定，按照税款所属纳税年度中国人民银行公布的与补税期间同期的人民币贷款基准利率加收利息。

【易错易混】豁免提供同期资料的情形：（1）企业仅与境内关联方发生关联交易的，可以不准备主体文档、本地文档和特殊事项文档。（2）企业执行预约定价安排的，可以不准备预约定价安排涉及关联交易的本地文档和特殊事项文档。

经典题解

【真题 41 · 单选题】关联交易同期资料中的主体文档，应当在企业集团最终控股企业会计年度终了之日起一定期限内准备完毕。这一期限为（　　）。（2018 年）

A. 15 个月　　B. 18 个月

C. 12 个月　　D. 24 个月

【解析】主体文档应当在企业集团最终控股企业会计年度终了之日起 12 个月内准备完毕。

【答案】C

考点 3：转让定价调整方法 ⭑

税务机关实施转让定价调查时，应当进行可比性分析，可比性分析一般包括以下 5 个方面。税务机关可以根据案件情况选择具体分析内容：一是交易资产或者劳务特性；二是交易各方执行的功能、承担的风险和使用的资产；三是合同条款；四是经济环境；五是经营策略。

税务机关应当在可比性分析的基础上，选择合理的转让定价方法，对企业关联交易进行分析评估。转让定价方法包括可比非受控价格法、再销售价格法、成本加成法、交易净利润法、利润分割法及其他符合独立交易原则的方法。

合理的转让定价调整方法	含义	适用范围
可比非受控价格法	可比非受控价格法以非关联方之间进行的与关联交易相同或类似业务活动所收取的价格作为关联交易的公平成交价格	可比性分析应特别考察关联交易与非关联交易在交易资产或劳务的特性、合同条款、经济环境和经营策略上的差异。可以适用于所有类型的关联交易
再销售价格法	再销售价格法以关联方购进商品再销售给非关联方的价格减去可比非关联交易毛利后的金额作为关联方购进商品的公平成交价格。其计算公式为： 公平成交价格 = 再销售给非关联方的价格 ×（1- 可比非关联交易毛利率） 可比非关联交易毛利率 = 可比非关联交易毛利 ÷ 可比非关联交易收入净额 ×100%	一般适用于再销售者未对商品进行改变外形、性能、结构或更换商标等实质性增值加工的简单加工或单纯购销业务
成本加成法	成本加成法以关联交易发生的合理成本加上可比非关联交易毛利后的金额作为关联交易的公平成交价格。其计算公式为： 公平成交价格 = 关联交易发生的合理成本 ×（1+ 可比非关联交易成本加成率） 可比非关联交易成本加成率 = 可比非关联交易毛利 ÷ 可比非关联交易成本 ×100%	一般适用于有形资产使用权或者所有权的转让、资金融通、劳务交易等关联交易
交易净利润法	交易净利润法以可比非关联交易的利润指标确定关联交易的利润。利润指标包括息税前利润率、完全成本加成率、资产收益率、贝里比率等。具体计算公式为： 息税前利润率 = 息税前利润 ÷ 营业收入 ×100% 完全成本加成率 = 息税前利润 ÷ 完全成本 ×100% 资产收益率 = 息税前利润 ÷[（年初资产总额 + 年末资产总额）÷ 2] ×100% 贝里比率 = 毛利 ÷（营业费用 + 管理费用）×100%	一般适用于不拥有重大价值无形资产企业的有形资产使用权或者所有权的转让和受让、无形资产使用权受让以及劳务交易等关联交易

合理的转让定价调整方法	含义	适用范围
利润分割法	利润分割法根据企业与其关联方对关联交易合并利润（实际或者预计）的贡献计算各自应该分配的利润额。利润分割法主要分为一般利润分割法和剩余利润分割法： （1）一般利润分割法通常根据关联交易各方所执行的功能、承担的风险和使用的资产，采用符合独立交易原则的利润分割方式，确定各方应当取得的合理利润；当难以获取可比交易信息但能合理确定合并利润时，可以结合实际情况考虑与价值贡献相关的收入、成本、费用、资产、雇员人数等因素，分析关联交易各方对价值作出的贡献，将利润在各方之间进行分配 （2）剩余利润分割法将关联交易各方的合并利润减去分配给各方的常规利润后的余额作为剩余利润，再根据各方对剩余利润的贡献程度进行分配	一般适用于企业及其关联方均对利润创造具有独特贡献，业务高度整合且难以单独评估各方交易结果的关联交易
其他方法	其他符合独立交易原则的方法包括成本法、市场法和收益法等资产评估方法，以及其他能够反映利润与经济活动发生地和价值创造地相匹配原则的方法	——

名师点拨

利润分割法的适用应当体现利润应在经济活动发生地和价值创造地征税的基本原则。

经典题解

【真题 42 · 多选题】下列转让定价调整方法中，适用于有形资产使用权或者所有权转让的有（　　）。（2020 年考题改编）

A. 成本加成法

B. 可比非受控价格法

C. 交易净利润法

D. 再销售价格法

【解析】选项 D：再销售价格法，通常适用于再销售者未对商品进行改变外形、性能、结构或更换商标等实质性增值加工的简单加工或单纯购销业务。

【答案】ABC

【例题 43 · 单选题】甲企业销售一批货物给乙企业，该销售行为取得利润 20 万元；乙企业将该批货物销售给丙企业，取得利润 200 万元。税务机关经过调查后认定甲企业和乙企业之间存在关联交易，将 220 万元的利润按照 6 ∶ 4 的比例在甲和乙之间分配。该调整方法是（　　）。

A. 利润分割法

B. 再销售价格法

C. 交易净利润法

D. 可比非受控价格法

【解析】利润分割法是指根据企业与其关联方对关联交易合并利润（实际或预计）的贡献计算各自应该分配的利润额。

【答案】A

考点4：转让定价调查及调整★★

税务机关分析评估被调查企业关联交易时，应当在分析评估交易各方功能风险的基础上，选择功能相对简单的一方作为被测试对象。税务机关在进行可比性分析时，优先使用公开信息，也可以使用非公开信息。

税务机关分析评估被调查企业关联交易是否符合独立交易原则时，可以根据实际情况选择算术平均法、加权平均法或者四分位法等统计方法，逐年分别或者多年度平均计算可比企业利润或者价格的平均值或者四分位区间。税务机关应当按照可比利润水平或者可比价格对被调查企业各年度关联交易进行逐年测试调整。税务机关采用四分位法分析评估企业利润水平时，企业实际利润水平低于可比企业利润率区间中位值的，原则上应当按照不低于中位值进行调整。

经典题解

【例题44·单选题】按照转让定价调查及调整的规定，企业提供真实完整的来料加工产品整体价值链的相关资料，能够反映各关联方总体利润水平的，税务机关可以就被调查企业与可比企业因料件还原产生的资金占用差异进行可比性调整，利润水平调整幅度超过一定的比例，应当重新选择可比企业，该比例是（　　）。

A. 5%　　　　B. 8%

C. 10%　　　　D. 20%

【解析】企业提供真实完整的来料加工产品整体价值链的相关资料，能够反映各关联方总体利润水平的，税务机关可以就被调查企业与可比企业因料件还原产生的资金占用差异进行可比性调整，利润水平调整幅度超过10%的，应当重新选择可比企业。除此之外，对因营运资本占用不同产生的利润差异不作调整。

【答案】C

【提示】

（1）企业向未执行功能、承担风险、无实质性经营活动的境外关联方支付费用，不符合独立交易原则的，税务机关可以按照已税前扣除的全额全额实施特别纳税调整。

（2）实际税负相同的境内关联方之间的交易，只要该交易没有直接或者间接导致国家总体税收收入的减少，原则上不作特别纳税调整。

（3）《中华人民共和国企业所得税法实施条例》第123条规定：企业与其关联方之间的业务往来，不符合独立交易原则，或者企业实施其他不具有合理商业目的的安排的，税务机关有权在该业务发生的纳税年度起10年内，进行纳税调整。

考点 5：预约定价安排（APA）★★

根据《企业所得税法》的有关规定，企业可以与税务机关就企业未来年度关联交易的定价原则和计算方法达成预约定价安排。

预约定价安排的基本规定如下表：

要点	主要规定
类型	预约定价安排包括单边、双边和多边 3 种类型
谈签程序	一般程序：预约定价安排的谈签与执行经过预备会谈、谈签意向、分析评估、正式申请、协商签署和监控执行 6 个阶段 简易程序：包括申请评估、协商签署和监控执行 3 个阶段
受理机关	主管税务机关，即指负责特别纳税调整事项的税务机关 企业申请单边预约定价安排的，应向主管税务机关书面提出预备会谈申请；企业申请双边或多边预约定价安排的，应同时向国家税务总局和主管税务机关书面提出预备会谈申请
适用期间	预约定价安排适用于主管税务机关向企业送达接收其谈签意向的《税务事项通知书》之日所属纳税年度起 3 至 5 个年度的关联交易 企业以前年度的关联交易与预约定价安排适用年度相同或者类似的，经企业申请，税务机关可以将预约定价安排确定的定价原则和计算方法追溯适用于以前年度该关联交易的评估和调整。追溯期最长为 10 年
适用企业	预约定价安排一般适用于主管税务机关向企业送达接收其谈签意向的《税务事项通知书》之日所属纳税年度前 3 个年度每年度发生的关联交易金额 4000 万元人民币以上的企业
监控执行	预约定价安排采用四分位法确定价格或者利润水平，在预约定价安排执行期间，如果企业当年实际经营结果在四分位区间之外，税务机关可以将实际经营结果调整到四分位区间中位值。预约定价安排执行期满，企业各年度经营结果的加权平均值低于区间中位值，且未调整至中位值的，税务机关不再受理续签申请

【提示】预约定价安排的简易程序的重要规定（新增）

1. 企业在主管税务机关向其送达受理申请的《税务事项通知书》之日所属纳税年度前 3 个年度，每年度发生的关联交易金额 4000 万元人民币以上，并符合下列条件之一的，可以申请适用简易程序。

（1）已向主管税务机关提供拟提交申请所属年度前 3 个纳税年度的、符合《国家税务总局关于完善关联申报和同期资料管理有关事项的公告》（2016 年第 42 号）规定的同期资料；

（2）自企业提交申请之日所属纳税年度前 10 个年度内，曾执行预约定价安排，且执行结果符合安排要求的；

（3）自企业提交申请之日所属纳税年度前 10 个年度内，曾受到税务机关特别纳税调查调整且结案的。

2. 企业有申请意向的，应当向主管税务机关提交《单边预约定价安排简易程序申请书》，并附送申请报告。申请报告包括以下内容：

（1）单边预约定价安排涉及的关联方及关联交易；

（2）单边预约定价安排的适用年度；

（3）单边预约定价安排是否追溯适用以前年度；

（4）企业及其所属企业集团的组织结构和管理架构；

（5）企业最近3至5个纳税年度生产经营情况、财务会计报告、审计报告、同期资料等；

（6）单边预约定价安排涉及各关联方功能和风险的说明，包括功能和风险划分所依据的机构、人员、费用、资产等；

（7）单边预约定价安排使用的定价原则和计算方法，以及支持这一定价原则和计算方法的功能风险分析、可比性分析和假设条件等；

（8）价值链或者供应链分析，以及对成本节约、市场溢价等地域特殊优势的考虑；

（9）市场情况的说明，包括行业发展趋势和竞争环境等；

（10）单边预约定价安排适用期间的年度经营规模、经营效益预测以及经营规划等；

（11）对单边预约定价安排有影响的境内、外行业相关法律、法规；

（12）符合第1点的有关情况；

（13）其他需要说明的情况。

3. 有下列情形之一的，主管税务机关不予受理企业提交的申请：

（1）税务机关已经对企业实施特别纳税调整立案调查或者其他涉税案件调查，且尚未结案；

（2）未按照有关规定填报年度关联业务往来报告表，且不按时更正；

（3）未按照有关规定准备、保存和提供同期资料；

（4）未按照要求提供相关资料或者提供的资料不符合税务机关要求，且不按时补正或者更正；

（5）拒不配合税务机关进行功能和风险实地访谈。

4. 同时涉及两个或者两个以上省、自治区、直辖市和计划单列市税务机关的单边预约定价安排，暂不适用简易程序。

经典题解

【例题45·多选题】下列各项中，符合预约定价安排管理规定的有（　　）。

A. 预约定价安排包括单边和双边2种类型

B. 预约定价安排的谈签影响税务机关对企业全部经营期间关联交易的特别纳税调查调整和监控管理

C. 追溯期最长为10年

D. 预约定价安排一般适用于主管税务机关向企业送达接收其谈签意向的《税务事项通知书》之日所属纳税年度前3个年度每年度发生的关联交易金额4000万元人民币以上的企业

【解析】选项A：预约定价安排包括单边、双边和多边3种类型；选项B：预约定价安排的谈签不影响税务机关对企业不适用预约定价安排的年度及关联交易的特别纳税调查调整和监控管理。

【答案】CD

【真题46·单选题】预约定价安排中确定关联交易利润水平应采取的方法是（　　）。（2020年）

A. 中位值法　B. 百分位法　C. 八分位法　D. 四分位法

【解析】预约定价安排采用四分位法确定价格或者利润水平，在预约定价安排执行期间，如果企业当年实际经营结果在四分位区间之外，税务机关可以将实际经营结果调整到四分位区间中位值。

【答案】D

第六节 国际税收征管合作

使用“会计云课堂”App或“微信”扫码查看本节视频，快速GET知识点。

考点1：情报交换★

税收情报交换是我国作为税收公约缔约国承担的一项国际义务，也是我国与其他国家（地区）税务主管当局之间进行国际税收征管合作以及保护我国合法税收权益的重要方式。

情报交换通过税收协定确定的主管当局或其授权代表进行。我国主管当局为国家税务总局。

情报交换的类型包括专项情报交换、自动情报交换、自发情报交换以及同期税务检查、授权代表访问和行业范围情报交换等。

我国从缔约国主管当局获取的税收情报可以作为税收执法行为的依据，并可以在诉讼程序中出示。

税收情报应作密件处理。

经典题解

【真题47·多选题】下列关于税收情报交换的表述中，正确的有（　　）。（2017年）

A. 税收情报应作密件处理

B. 税收情报涉及的事项可以溯及税收协定生效并执行之前

C. 我国从缔约国主管当局获取的税收情报可以作为税收执法行为的依据

D. 税收情报交换在税收协定规定的权利和义务范围内进行

【答案】ABCD

考点2：海外账户税收遵从法案★

美国《海外账户税收遵从法案》简称“FATCA”，其主要目的是追查全球范围内美国富人的逃避缴纳税款行为。美国国会于2010年3月通过FATCA。FATCA要求外国机构向美国税务机关报告美国账户持有人信息，若外国机构不遵守FATCA，美国将对外国机构来源于美国的所得和收入扣缴30%的惩罚性预提所得税。

美国公布以政府间合作方式实施FATCA的两种协议模式：模式一为通过政府开展信息交换，包括互惠型和非互惠型两种子模式；模式二为金融机构直接向美国税务机关报送信息。

目前，国际社会对以政府间合作方式实施FATCA的模式已基本达成共识。

2014年6月，中国按照FATCA模式一中的互惠型子模式与美国签订政府间协议。

经典题解

【真题48·单选题】下列关于《海外账户税收遵从法案》的表述中，正确的是（　　）。（2016年）

A. 仅通过政府开展信息交换

B. 中国按照《海外账户税收遵从法案》的非互惠型模式与美国签订政府间协议

C. 根据《海外账户税收遵从法案》被认定为“不合作账户持有人”将被扣缴40%的预提所得税

D.《海外账户税收遵从法案》规定举证责任最终由纳税人承担

【解析】选项A:《海外账户税收遵从法案》分为两种协议模式：模式一为通过政府开展信息交换，包括互惠型和非互惠型两种子模式；模式二为金融机构直接向美国税务机关报送信息。选项B：中国按照《海外账户税收遵从法案》中的互惠型子模式与美国签订政府间协议。选项C：根据《海外账户税收遵从法案》被认定为“不合作账户持有人”，将被扣缴30%的预提所得税。

【答案】D

考点3：金融账户涉税信息自动交换标准 ★

2015年7月，《多边税收征管互助公约》由第十二届全国人大常委会第十五次会议批准，已于2016年2月对我国生效，为实施AEOI标准奠定了多边法律基础。2015年12月，经国务院批准，国家税务总局签署了《金融账户涉税信息自动交换多边主管当局间协议》，为我国与其他国家（地区）间相互交换金融账户涉税信息提供了操作层面的多边法律工具。

经典题解

【真题49·单选题】下列国际组织或机构中，发布了《金融账户涉税信息自动交换标准》的是（　　）。（2017年）

A. 联合国　　　　B. 世界银行

C. 经济合作与发展组织　　　　D. 世界贸易组织

【解析】经济合作与发展组织（OECD）于2014年7月发布了《金融账户涉税信息自动交换标准》。

【答案】C

名师点拨

“BEPS行动计划”及15项产出结果，也是OECD发布。

考试加油站

本章小结

下载“会计云课堂”App 学习

您已成功完成“第十二章”的学习，本章共 31 个考点，您都学会了吗？

为了让您对章节有更清晰的理解，加倍巩固。本书作者刘颖老师将通过**“视频导图课”**的方式，带您回顾重要考点。

名师点拨，视听结合，高效提分。

※ 欢迎您扫码，免费观看学习。

历年经典主观题回顾

使用“会计云课堂”App 或“微信”扫码快速做题、对答案、看解析、掌握解题思路，开启轻松过关之旅。

计算问答题

1. 在境外注册并实质性经营的 X 公司在其所在国设立了持股平台 M 公司，并通过 M 公司在我国设立了 N 公司，其股权架构图如下所示，持股比例均为 100%。M 公司没有配置相关的资产以及人员，除了对 N 公司的长期股权投资之外没有任何其他境内外资产。2021 年该集团发生了以下业务：

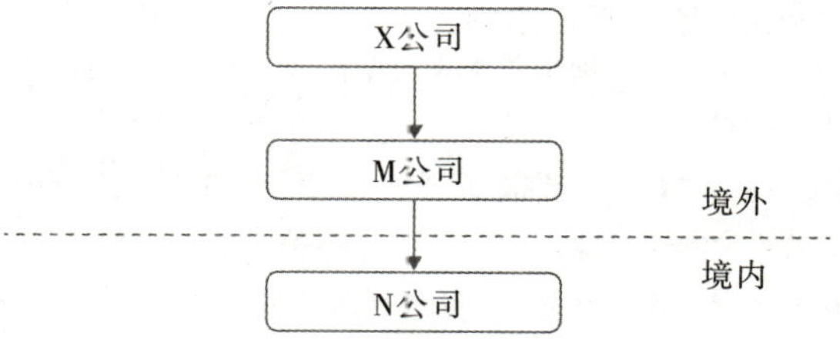

（1）2021 年 4 月，N 公司向 X 公司付了商标使用费价税合计 636 万元，涉及的预提所得税由 X 公司负担。

（2）2021年6月，X公司将M公司的股权转让给了第三方境外企业Y。

（其他相关资料：根据X公司所在国与我国的税收协定，特许权使用费的协定税率为7%。N公司为增值税一般纳税人）

要求：根据上述资料，按照下列序号回答问题，如有计算需计算出合计数。

（1）在享受协定待遇的前提下，计算业务（1）N公司支付商标使用费应代扣代缴的增值税及企业所得税。

（2）说明业务（2）X公司转让M公司的股权需要在我国缴纳企业所得税的理由，并简要说明交易双方主动向税务机关报告间接转让事项时所需要提交的相关资料。（2021年）

2. 甲公司为未在我国境内设立机构场所的非居民企业，2019年发生的与我国境内相关的部分业务如下：

（1）1月20日，向我国境内乙公司投资2000万元，持有乙公司10%的股权。

（2）3月15日，委托我国境内丙公司，为其一项境外工程项目提供工程监理服务，合同注明价款为人民币80万元。

（3）6月20日，为乙公司的一笔借贷资金提供担保服务，该笔借贷资金占乙公司全部借贷资金的20%，取得不含增值税担保费收入20万元（该笔借贷资金来自于非金融机构）。

（4）12月30日，乙公司按持股比例向甲公司分派股息10万元。

（其他相关资料：假设1美元折合人民币7元。甲公司在中国境内无常设机构，不考虑税收协定因素）

要求：根据上述资料，按照下列序号回答问题，如有计算需计算出合计数。

（1）判断甲公司和乙公司是否构成关联关系并说明理由。

（2）判断丙公司是否需要缴纳增值税并说明理由。

（3）判断乙公司支付的担保费是否需要进行税务备案并说明理由。

（4）计算业务（4）中乙公司应代扣代缴的预提所得税。（2020年）

3. 我国居民企业甲在境外进行了投资，相关投资架构及持股比例如下图：

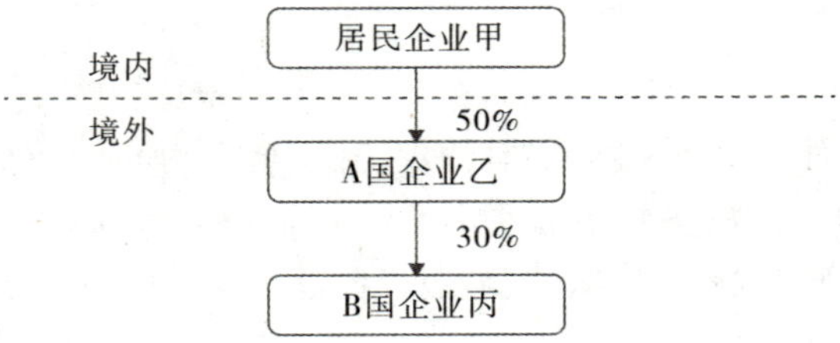

2015年经营及分配状况如下：

（1）B国企业所得税税率为30%，预提所得税税率为12%，丙企业应纳税所得总额800万元，丙企业将部分税后利润按持股比例进行了分配。

（2）A国企业所得税税率为20%，预提所得税税率为10%，乙企业应纳税所得总额（该应纳税所得总额已包含投资收益还原计算的间接税款）1000万元。其中来自丙企业的投资收益100万元，按照12%的税率缴纳B国预提所得税12万元，乙企业在A国享受税收抵免后实际缴纳税款180万元，乙企业将全部税后利润按持股比例进行了分配。

（3）居民企业甲适用的企业所得税税率25%，其来自境内的应纳税所得额为2400万元。

要求：根据上述资料，按照下列序号回答问题，如有计算需计算出合计数。

（1）简述居民企业可适用境外所得税收抵免的税额范围。

（2）判断企业丙分回企业甲的投资收益能否适用间接抵免优惠政策并说明理由。

（3）判断企业乙分回企业甲的投资收益能否适用间接抵免优惠政策并说明理由。

（4）计算企业乙所纳税额属于由企业甲负担的税额。

（5）计算企业甲取得来源于企业乙投资收益的抵免限额。

（6）计算企业甲取得来源于企业乙投资收益的实际抵免额。（2016 年）

历年经典主观题回顾参考答案及解析

使用“会计云课堂”App 或“微信”扫码对答案、看解析、
掌握解题思路，开启轻松过关之旅。

计算问答题

1.【答案及解析】

（1）N 公司应代扣代缴的增值税 =636 ÷（1+6%）× 6%=36（万元）

N 公司应代扣代缴的预提所得税 =636 ÷（1+6%）× 7%=42（万元）。

（2）

①理由：非居民企业通过实施不具有合理商业目的的安排，间接转让中国居民企业股权，规避企业所得税纳税义务的，应该重新定性该间接转让交易，确定为直接转让中国居民企业股权。

②相关资料包括：股权转让合同或协议；股权转让前后的企业股权架构图；境外企业及直接或间接持有中国应税财产的下属企业上两个年度财务、会计报表；间接转让中国应税财产交易不适用“穿透”为直接转让政策的理由。

2.【答案及解析】

（1）甲公司和乙公司构成关联关系。

理由：双方存在持股关系或者同为第三方持股，虽持股比例未达到 25% 的规定比例，但双方之间借贷资金总额占任一方实收资本比例达到 50% 以上，或者一方全部借贷资金总额的 10% 以上由另一方担保（与独立金融机构之间的借贷或者担保除外）。

（2）不需要缴纳增值税。理由：境内单位提供的工程项目在境外的工程监理服务，免征增值税。

（3）不需要进行税务备案。理由：境内机构和个人向境外单笔支付等值 5 万美元以上（不含等值 5 万美元）的外汇资金，除无须进行税务备案的情形外，均应向所在地主管税务机

关进行税务备案。

5万美元=5×7=35（万元人民币），乙公司支付的担保费20万元低于35万元，也就是低于5万美元，所以不需要进行税务备案。

（4）乙公司向甲公司分派股息，甲公司就取得的来源于境内的股息所得，要全额缴纳我国企业所得税，税款由支付方乙公司扣缴；由于非保本的股息红利不属于增值税征税范围，所以10万元是不含增值税金额；应代扣代缴的所得税=10×10%=1（万元）。

3.【答案及解析】

（1）居民企业可以就其取得的境外所得直接缴纳和间接负担的境外企业所得税性质的税额进行抵免。

（2）这里不适用间接抵免的优惠政策。

理由：适用间接抵免的外国企业中的第二层：单一第一层外国企业直接持有20%以上股份，且由单一居民企业直接持有或通过一个或多个符合规定持股条件的外国企业间接持有总和达到20%以上股份的外国企业；

本题企业甲直接持有企业乙20%以上的股份，企业乙直接持有企业丙20%以上的股份，但企业甲间接持有企业丙的股份为15%，不足20%，不能适用间接抵免的优惠政策。

（3）这里适用间接抵免的优惠政策。

理由：适用间接抵免的外国企业中的第一层：单一居民企业直接持有20%以上股份的外国企业；

本题境内企业甲直接持有企业乙的股份超过20%，可以适用间接抵免的优惠政策。

（4）企业乙的税后利润=1000−180−12=808（万元）

企业乙所纳税额属于由企业甲负担的税额=（企业乙就利润和投资收益所实际缴纳的税额+符合规定的由企业乙间接负担的税额）×企业乙向企业甲分配的股息（红利）÷企业乙税后利润=（180+12+0）×808×50%÷808=96（万元）

或使用简便算法：由于企业乙是将“全部”利润按“持股比例”进行的分配，所以企业甲负担比例按照持股比例50%计算。

应由企业甲负担的税款=（180+12）×50%=96（万元）。

（5）按照持股比例50%确定企业甲的税收所得和负担税款，还原出企业甲境外总所得。

企业甲取得的境外所得总额=808×50%（预提所得税前，即包含了直接缴纳的预提税）+96（间接负担的税额）=500（万元）

企业甲取得的境内外所得总额=500+2400=2900（万元）

企业甲总应纳税额=2900×25%=725（万元）

抵免限额=中国境内、境外所得按我国税法计算的应纳税总额×来源于某国（地区）的应纳税所得额÷中国境内、境外应纳税所得总额=725×500÷2900=125（万元）

或简化按照持股比例50%确定企业甲的税收所得和负担税款：

企业甲取得的境外所得总额=1000×50%=500（万元）

抵免限额=来源于某国（地区）的应纳税所得额（税前）×我国税率=500×25%=125（万元）。

【注意】如果题目中的条件是就“部分”税后利润进行分配或者“不是”按持股比例进行分配，就不能采用简便算法直接乘以持股比例计算甲的税收所得和所负担的税款。

（6）计算企业甲境外直接和间接负担的所得税总额，与抵免限额比大小。

其中直接负担的预提税=808×50%×10%=40.4（万元）；分配的利润间接负担的境外所得

税为 96 万元。企业甲境外直接和间接负担的所得税总额 =96+40.4=136.4（万元）

由于 136.4 万元＞ 125 万元，择其小者进行实际抵免。

企业甲取得来源于企业乙投资收益的实际抵免额为 125 万元。

同步强化练习题

使用"会计云课堂"App 或"微信"扫码快速做题、对答案、看解析、掌握解题思路，开启轻松过关之旅。

一、单项选择题

1. 世界上最早的国际税收协定是（　　）。

A. 比利时和法国于 1843 年签订的

B. 20 世纪 60 年代的《OECD 范本》

C.《联合国范本》

D. 二次世界大战后出现的

2. 在注重收入来源国税收管辖权的同时兼顾了缔约国双方的利益，比较容易被发展中国家所接受，所以发展中国家在谈判和缔结国际税收协定时，较多地参照了（　　）。

A.《经合组织范本》（OECD 范本）

B.《联合国范本》（UN 范本）

C. 国际税收惯例

D. 属地主义原则

3. 双重居民身份下最终居民身份的判定，《中新协定》规定了确定标准，按照先后顺序，首选的是（　　）。

A. 国籍　　B. 习惯性居处

C. 永久性住所　　D. 重要利益中心

4. 2021 年 6 月，中国境内某公司向一非居民企业（在中国境内未设立机构、场所）支付利息 30 万元、不动产转让价款 200 万元（该不动产的净值为 60 万元且在我国境内），该公司应扣缴企业所得税（　　）万元。

A. 9　　B. 17

C. 23　　D. 29

5. 2021 年 6 月，中国境内某公司向一非居民企业（在中国境内未设立机构、场所）支付有形动产租赁费的企业所得税税后所得 185.6 万元，该公司应扣缴企业所得税（　　）万元。

A. 14.26　　B. 15.04

C. 20.62　　D. 18.56

6. 申请人从中国取得的所得为股息时，申请人被缔约对方居民且在缔约对方上市的公司直接或间接持有 100% 股份，且间接持有股份情形下的中间层为中国居民或缔约对方居民，可直接判定申请人具有"受益所有人"身份。这条规定要求的持股比例（　　）。

A. 应当在取得股息前连续 12 个月以内某一天能达到规定比例

B. 应当在取得股息前连续 12 个月以内 90 天能达到规定比例

C. 应当在取得股息前连续 12 个月以内

183 天能达到规定比例

D. 应当在取得股息前连续 12 个月以内任何时候均达到规定比例

7. 主要披露最终控股企业所属跨国企业集团所有成员实体的全球所得、税收和业务活动的国别分布情况的报告是（ ）。

A. 关联申报

B. 预约定价

C. 国际税收协定

D. 国别报告

8. 主管税务机关实施一般反避税调查时，应当向被调查企业送达（ ）。

A. 一般反避税调查告知书

B. 一般反避税调查公告

C. 税务检查证

D. 税务检查通知书

9. 以下关于非居民企业被源泉扣缴所得税的股权转让有关问题的表述正确的是（ ）。

A. 扣缴义务人应当自扣缴义务发生之日起 10 日内申报和解缴代扣税款

B. 股权转让合同或协议约定采取分期收款方式的，应于收到第一笔款项时确认收入实现并被扣缴税款

C. 股权转让合同或协议约定采取分期收款方式的，其分期收取的款项可先视为收回以前投资财产的成本，待成本全部收回后，再计算并扣缴应扣税款

D. 在计算股权转让所得时，主管税务机关为分配所得企业的所得税主管税务机关

10. 中国居民企业 A 公司，在甲国投资设立了 B 公司，甲国政府为鼓励境外投资，对 B 公司第一个获利年度实施了企业所得税免税。按甲国的税法规定，企业所得税税率为 18%。A 公司获得了 B 公司免税年度分得的利润 800 万元。根据中国和甲国政府签订税收协定规定，A 公司在计算缴纳企业所得税时，可抵免的境外已纳税款是（ ）万元。（不考虑预提所得税）

A. 0　　B. 100

C. 144　　D. 200

11. 2017 年 1 月 1 日起，企业可以选择按国（地区）别分别计算［“分国（地区）不分项”］，或者不按国（地区）别汇总计算［“不分国（地区）不分项”］其来源于境外的应纳税所得额，并按照有关规定分别计算其可抵免境外所得税税额和抵免限额。上述方式一经选择，（ ）内不得改变。

A. 1 年　　B. 2 年

C. 3 年　　D. 5 年

12. 境外所得采用我国税法规定的简易办法计算抵免额的，则（ ）。

A. 按照 12.5% 计算境外已纳税额

B. 按照 25% 的法定税率计算抵免

C. 按照 10% 预提税率计算抵免

D. 不适用饶让抵免

13. 企业向未执行功能、承担风险，无实质性经营活动的境外关联方支付费用，不符合独立交易原则的，税务机关可以（ ）。

A. 按照已税前扣除的金额全额实施特别纳税调整

B. 按照补缴税款的方式实施特别纳税调整

C. 按照协商确认的金额实施特别纳税调整

D. 无须进行纳税调整

14. 居民企业在境外设立不具有独立纳税地位的分支机构取得的各项境外所得，其计入该居民企业应纳税所得额的时间是（ ）。

A. 作出纳税申报的当天

B. 作出利润分配决定的当天

C. 汇回中国境内的当天

D. 无论是否汇回中国境内，均应计入该企业所属纳税年度的境外应纳税所得额

15. 我国居民企业 A 直接持有甲国 B 企业 50% 的股份；甲国 B 企业持有乙国 C 企业 30% 的股份；我国居民企业 A 直接持有乙国 C 企业 10% 的股份，则针对居民企业 A 而言，以下说法正确的是（　　）。

A. B 符合间接抵免持股条件但 C 不符合间接抵免持股条件

B. B 不符合间接抵免持股条件但 C 符合间接抵免持股条件

C. BC 均符合间接抵免持股条件

D. BC 均不符合间接抵免持股条件

16. 企业取得的境外所得根据来源国税收法律法规不判定为所在国应税所得，而按中国税收法律法规规定属于应税所得的，则下列处理，正确的是（　　）。

A. 按照中国法律判定的应税所得给予税收饶让

B. 给予免税

C. 按照 10% 的税率征税

D. 不属于税收饶让抵免范畴，应全额按中国税收法律法规规定缴纳企业所得税

17. 企业向境外关联方支付费用不符合独立交易原则的，税务机关可以在该业务发生的纳税年度起的一定年限内，实施特别纳税调整，该规定的年限是（　　）。

A. 3 年　　B. 5 年

C. 10 年　　D. 20 年

18. 中国居民 A 企业 2021 年度境内外净所得为 140 万元。其中，境内所得的应纳税所得额为 200 万元；设在甲国的分支机构当年度应纳税所得额为 -80 万元；A 企业当年度从甲国取得利息所得的应纳税所得额为 20 万元。允许 A 企业以其来自甲国以后年度的所得无限期结转弥补甲国当年分支机构亏损的金额是（　　）万元。

A. 0　　B. 60

C. 80　　D. 140

19. 内地居民张某是香港某公司的实际控制人，经常代表该公司签订合同。2021 年 1 月代表该公司与内地企业签订采购代理合同，不含税代理费 600 万元，分 3 年等额收取。不考虑其他税费，2021 年内地企业支付香港公司代理费的企业所得税处理，正确的是（　　）。

A. 张某已构成代理型常设机构，应自主申报缴纳企业所得税 50 万元

B. 香港公司在内地没有常设机构，内地企业无须履行代扣代缴义务

C. 内地企业应按照劳务报酬所得，代扣代缴张某应缴纳的个人所得税 20.08 万元

D. 香港公司取得来源于内地的收入，内地企业应代扣代缴企业所得税 20 万元

20. 某居民企业以美元为记账本位币，2021 年 7 月 12 日收到境外子公司 2021 年 7 月 5 日宣布派发的属于 2020 年的红利，并于当日入账。计算该红利可抵免境外所得税税额使用的汇率是（　　）。

A. 2020 年 12 月 31 日的人民币汇率中间价

B. 2021 年 7 月 5 日的人民币汇率中间价

C. 2021 年 7 月 12 日的人民币汇率中间价

D. 2021 年 12 月 31 日的人民币汇率中间价

21. 在资本弱化管理中，计算关联债资比例时，如果实收资本与资本公积之和小于实收资本，则权益投资为（　　）。

A. 实收资本

B. 实收资本与资本公积之和
C. 资本公积
D. 所有者权益

22. 预约定价安排执行期间，企业发生影响预约定价安排的实质性变化，应当在发生变化之日起的一定时间内书面报告主管税务机关，详细说明该变化对执行预约定价安排的影响，并附送相关资料。由于非主观原因而无法按期报告的，可以延期报告，但延长期限不得超过规定的时间。上述两个时间分别是（　　）。
A. 15日；60日
B. 15日；30日
C. 30日；30日
D. 30日；60日

23. 资本弱化特殊事项文档应当在关联交易发生年度次年6月30日之前准备完毕，应当自税务机关要求之日起的一定时间内提供，该时间限定是（　　）。
A. 15日　　B. 30日
C. 45日　　D. 60日

二、多项选择题

1. 按照非居民企业税收管理规定，下列对所得发生地主管税务机关的确定，表述正确的有（　　）。
A. 不动产转让所得，为不动产所在地税务机关
B. 权益性投资资产转让所得，为投资企业的所得税主管税务机关
C. 股息、红利等权益性投资所得，为分配所得企业的所得税主管税务机关
D. 利息所得，为取得所得的单位或个人的所得税主管税务机关

2. 境外A公司在我国境内设立B子公司，2021年B公司股东会决定向A公司分配股息300万元，并支付A公司商标使用费100万元、咨询费50万元（均含增值税），A公司提供相关服务时未派遣相关人员来华，若上述支出符合独立交易原则和合同约定，则以下表述正确的有（　　）。
A. B公司应扣缴A公司增值税16.98万元
B. B公司应扣缴A公司增值税8.49万元
C. B公司应扣缴A公司企业所得税39.43万元
D. B公司应扣缴A公司企业所得税44.15万元

3. 以下向境外支付外汇的情形中，无须向税务机关备案的有（　　）。
A. 境内机构向境外支付在境外发生的1万美元的会议费用
B. 境内机构向境外支付发生在境外的6万美元进出口贸易赔偿款
C. 境内个人境外留学因私用汇8万美元
D. 外国投资者以境内直接投资合法所得在境内再投资单笔20万美元

4. 对境外投资者从中国境内居民企业分配的利润，用于境内直接投资，凡符合规定条件的，实行递延纳税政策，暂不征收预提所得税，下列属于规定条件的内容有（　　）。
A. 境外投资者以分得利润从非关联方收购中国境内居民企业股权
B. 境外投资者以分得利润进行的直接在中国境内非战略性收购上市公司股份
C. 境外投资者分得的利润属于中国境内居民企业向投资者实际分配已经实现的留存收益而形成的股息、红利等权益性投资收益
D. 境外投资者用于直接投资的利润以实物、有价证券等非现金形式支付的，相关资产所有权直接从利润分配企业转入被投资企业

5. 中国居民企业股东能够提供资料证明其控制的外国企业满足以下条件之一的，

可免予将外国企业不作分配或减少分配的利润视同股息分配额，计入中国居民企业股东的当期所得的有（ ）。

A. 设立在国家税务总局指定的非低税率国家（地区）

B. 设立在 12.5% 以下税负的国家（地区）

C. 主要取得积极经营活动所得

D. 年度利润总额低于 500 万元人民币

6. 按照特别纳税调整相关规定，不得在计算应纳税所得额时扣除的利息支出，不得结转到以后纳税年度，应按照实际支付给各关联方利息占关联方利息总额的比例，在各关联方之间进行分配，则下列说法正确的有（ ）。

A. 分配给实际税负高于企业的境内关联方的利息不得扣除

B. 分配给实际税负高于企业的境内关联方的利息准予扣除

C. 直接或间接实际支付给境外关联方的利息应视同分配的股息，按照股息和利息分别适用的所得税税率差补征企业所得税

D. 直接或间接实际支付给境外关联方的利息应视同分配的股息，已扣缴的所得税税款多于按股息计算应征所得税税款的，多出的部分不予退税

7. 企业应对在计算总所得额时已统一归集并扣除的共同费用，按境外每一国（地区）别数额占企业全部数额的一种比例或几种比例的综合比例，在每一国别的境外所得中对应调整扣除，计算来自每一国别的应纳税所得额。这些比例有（ ）。

A. 资产比例

B. 收入比例

C. 员工工资支出比例

D. 对外投资的比例

8. 间接转让中国应税财产，应按照主管税务机关要求提供资料者包括（ ）。

A. 应税财产的交易双方

B. 应税财产交易的筹划方

C. 被间接转让股权的中国居民企业

D. 为交易方服务的银行

9. 企业应当依据《企业所得税法实施条例》的规定，按纳税年度准备并按税务机关要求提供其关联交易的同期资料。同期资料包括（ ）。

A. 主体文档

B. 客体文档

C. 本地文档

D. 特殊事项文档

10. 关联方是指与企业有以下关系之一的企业、其他组织或者个人，具体有（ ）。

A. 在资金、经营方面，存在直接或者间接的控制关系

B. 在购销方面，存在直接或者间接的控制关系

C. 直接或者间接地同为第三者控制

D. 在利益上具有相关联的其他关系

11. 以下各项中，属于税基侵蚀和利润转移项目（BEPS）行动计划的有（ ）。

A. 利息扣除

B. 受控外国公司规则

C. 预约定价

D. 混合错配

12. 关于税收饶让，下列表述正确的有（ ）。

A. 我国《企业所得税法》单方面规定饶让抵免

B. 我国与有关国家签订的国际税收协定有税收饶让抵免安排

C. 境外所得采用简易办法计算抵免额的，不适用饶让抵免

D. 税收饶让在国际税收关系中可与免税法配合发挥避免国际重复征税的作用

13. 企业应当依据《企业所得税法实施条例》的规定，按纳税年度准备并按税务机关

要求提供其关联交易的同期资料。同期资料包括主体文档、本地文档和特殊事项文档。符合下列条件之一的企业，应当准备主体文档的有（　　）。

A. 年度发生跨境关联交易，且合并该企业财务报表的最终控股企业所属企业集团已准备主体文档

B. 年度关联交易总额超过10亿元

C. 有形资产所有权转让金额（来料加工业务按照年度进出口报关价格计算）超过2亿元

D. 其他关联交易金额合计超过4000万元

14. 税务机关可以优先受理企业提交的预约定价安排正式申请的情形有（　　）。

A. 企业关联申报和同期资料完备合理，披露充分

B. 企业纳税信用级别为A级

C. 税务机关曾经对企业实施特别纳税调查调整，并已经结案

D. 企业积极配合税务机关开展预约定价安排谈签工作

15. 税务机关可以拒绝企业提交正式预约定价安排申请的情形有（　　）。

A. 预约定价安排申请草案拟采用的定价原则和计算方法不合理，且企业拒绝协商调整

B. 企业拒不提供有关资料或者提供的资料不符合税务机关要求，且不按时补正或者更正

C. 企业拒不配合税务机关进行功能和风险实地访谈

D. 企业提供的资料不符合税务机关要求，但按时更正的

16. 企业应当依据《企业所得税法实施条例》的规定，按纳税年度准备并按税务机关要求提供其关联交易的同期资料。以下符合同期资料时限及其他要求的有（　　）。

A. 主体文档应当在企业集团最终控股企业会计年度终了之日起12个月内准备完毕；同期资料应当自税务机关要求之日起30日内提供

B. 本地文档和特殊事项文档应当在关联交易发生年度次年4月30日之前准备完毕

C. 同期资料应当使用中文，并标明引用信息资料的出处来源

D. 企业因不可抗力无法按期提供同期资料的，应当在不可抗力消除后60日内提供同期资料

17. 以下符合非居民纳税人享受税收协定待遇的税务管理规定的有（　　）。

A. 采取“自行判断、申报享受、相关资料留存备查”的方式办理

B. 自行判断符合享受协定待遇条件的，可在纳税申报时，或通过扣缴义务人在扣缴申报时，自行享受协定待遇

C. 按规定归集和留存相关资料备查

D. 税务机关不再进行后续管理

18. 税务机关实施特别纳税调查，应当重点关注具有（　　）风险特征的企业。

A. 关联交易金额较大或者类型较多

B. 存在长期亏损、微利或者跳跃性盈利

C. 利润水平与其所承担的功能风险不相匹配，或者分享的收益与分摊的成本不相配比

D. 与高税国家（地区）关联方发生关联交易

19. 以下关于特别纳税调整的表述正确的有（　　）。

A. 税务机关对企业实施特别纳税调整，涉及企业向境外关联方支付利息、租金、特许权使用费的，同时调整已扣缴的税款

B. 企业自行调整补缴2015年的税款且主动提供同期资料等有关资料，其自行调整补税可以只按照同期中国

人民银行人民币贷款基准利率加收利息

C. 企业因特别纳税调整被加收的利息，不得在计算应纳税所得额时扣除

D. 被调查企业在税务机关实施特别纳税调查调整期间申请变更经营地址或者注销税务登记的，税务机关在调查结案前原则上不予办理税务变更、注销手续

三、计算问答题

1. 中国居民A公司在我国的企业所得税税率为25%，A公司核算的2021年度境内外所得如下：

（1）境内所得的应纳税所得额为2000万元；

（2）在甲国设有一不具备独立法人地位的分公司，2021年度，该分公司实现税前所得200万元，分公司适用20%的企业所得税税率，但因处在甲国税收减半优惠期而向甲国政府实际缴纳所得税20万元，当年分公司所得未分回我国；

（3）在乙国设有一全资子公司，2021年度从该子公司分回税后所得323万元，乙国适用15%的企业所得税税率，乙国预提所得税的税率为5%。

（其他相关资料：甲国、乙国和我国应纳税所得额计算规定一致；我国与甲国和乙国签订的国际税收协定中有饶让条款；A公司选择分国不分项抵免方法）

要求：根据上述资料，回答下列问题。

（1）甲国分公司所得未汇入我国，是否不计入A公司2021年度的应纳税所得总额，说明理由；

（2）说明分公司在甲国实际缴纳的所得税是属于A公司直接负担的所得税还是间接负担的所得税；

（3）计算A公司来自甲国分公司所得的抵免限额；

（4）计算A公司来自乙国子公司所得的抵免限额；

（5）假定没有影响税额计算的其他因素，计算A公司当年在我国实际缴纳的所得税。

2. 我国居民企业A文化创意企业在甲国设立了分支机构B，在乙国设立了分支机构C。2021年度，该文化创意企业在我国境内所得300万元，甲国分支机构所得120万元，乙国分支机构所得-150万元。近日，该企业的总经理面对"走出去"进程中遇到的问题，与Z会计师事务所某注册会计师联系，该总经理发了一封电子邮件，请该注册会计师就一些问题给予回答。该总经理所提问题如下：

（1）如果选择"分国不分项"的抵免方式，A企业境外分支机构亏损如何进行弥补？有无弥补期限限制？A企业当年在境内申报的应纳税所得额是多少？

（2）如果选择"不分国不分项"的抵免方式，A企业境外分支机构亏损如何进行弥补？有无弥补期限限制？A企业当年在境内申报的应纳税所得额是多少？

（3）如果A企业在丙国设立子公司D，拥有其45%的股份，该子公司D税后给A企业分红，A企业得到分红部分对应的子公司D在丙国已纳企业所得税，可否在A企业汇总境内外所得纳税时，作为A企业间接负担税额予以限额抵免？

（4）如果A企业在丙国设立的子公司D投资新办E公司（A的孙公司），拥有其40%的股份，该孙公司E税后给D公司分红，D公司又分配给A企业红利的部分对应的孙公司E已纳企业所得税，可否在A企业汇总境内外所得纳税时，作为A企业间接负担税额予以限额抵免？

要求：假定你为该注册会计师，请书面回答该总经理的以上问题。（涉及计算的，请列明计算步骤）

同步强化练习题参考答案及解析

使用“会计云课堂”App或“微信”扫码对答案、看解析、掌握解题思路，开启轻松过关之旅。

一、单项选择题

1.【答案】A

【解析】世界上最早的国际税收协定是比利时和法国于1843年签订的。

2.【答案】B

【解析】《联合国范本》在注重收入来源国税收管辖权的同时兼顾了缔约国双方的利益，比较容易被发展中国家所接受，所以，发展中国家在谈判和缔结国际税收协定时，较多地参照了《联合国范本》。

3.【答案】C

【解析】按照缔约国一方居民的判定标准，同一人有可能同时为中国和新加坡居民。为了解决这种情况下个人最终居民身份的归属，协定进一步规定了以下确定标准，需特别注意的是，这些标准的使用是有先后顺序的，只有当使用前一标准无法解决问题时，才使用后一标准。这些标准依次为：（1）永久性住所；（2）重要利益中心；（3）习惯性居处；（4）国籍。当采用上述标准依次判断仍然无法确定其身份时，可由缔约国双方主管当局按照协定规定的相互协商程序协商解决。

4.【答案】B

【解析】非居民企业从中国境内取得的股息、红利等权益性投资收益和利息、租金、特许权使用费所得，以收入全额为应纳税所得额；转让财产所得需要差额计税。在中国境内未设立机构、场所的，实际征税时适用10%税率。该公司应扣缴企业所得税＝（30+200－60）×10%=17（万元）。

5.【答案】C

【解析】扣缴义务人与非居民企业签订与股息、红利等权益性投资收益和利息、租金、特许权使用费所得、转让财产所得以及其他所得有关的业务合同时，凡合同中约定由扣缴义务人负担应纳税款的，应将非居民企业取得的不含企业所得税所得换算为含税所得后计算征税。则该公司应扣缴企业所得税＝185.6÷（1－10%）×10%=20.62（万元）。

6.【答案】D

【解析】要求的持股比例应当在取得股息前连续12个月以内任何时候均达到规定比例。

7.【答案】D

【解析】国别报告主要披露最终控股企业所属跨国企业集团所有成员实体的全球所得、税收和业务活动的国别分布情况。

8.【答案】D

【解析】主管税务机关实施一般反避税调查时，应当向被调查企业送达《税务检查通知书》。

9.【答案】C

【解析】扣缴义务人应当自扣缴义务发生之日起7日内申报和解缴代扣税款。非居民企业采取分期收款方式取得应源泉扣缴所得税的同一项转让财产所得的，其分期收取的款项可先视为收回以前投资财产的成本，待成本全部收回后，再计算并扣缴应扣税款。权益性投资资产转让所得，主管税务机关为被投资企业的所得税主管税务机关。

10.【答案】C

【解析】A公司可抵免的境外已纳税额＝800×18%=144（万元）。

11.【答案】D

【解析】自2017年1月1日起，企业可以选择按国（地区）别分别计算［“分国（地区）不分项”］，或者不按国（地区）别汇总计算［“不分国（地区）不分项”］其来源于境外的应纳税所得额，并按照有关规定分别计算其可抵免境外所得税税额和抵免限额。上述方式一经选择，5年内不得改变。

12.【答案】D

【解析】境外所得采用我国税法规定的简易办法计算抵免额的，不适用饶让抵免。

13.【答案】A

【解析】企业向未执行功能、承担风险，无实质性经营活动的境外关联方支付费用，不符合独立交易原则的，税务机关可以按照已税前扣除的金额全额实施特别纳税调整。

14.【答案】D

【解析】由于分支机构不具有分配利润职能，居民企业在境外设立不具有独立纳税地位的分支机构取得的各项境外所得，无论是否汇回中国境内，均应计入该企业所属纳税年度的境外应纳税所得额。

15.【答案】A

【解析】居民企业A直接持有甲国B企业50%的股份，符合间接抵免持股条件；B企业持有C企业30%的股份，但A企业只直接持有C企业10%的股份，A企业间接持有C企业15%（50%×30%）的股份（小于20%），不符合间接抵免持股条件。

16.【答案】D

【解析】企业取得的境外所得根据来源国税收法律法规不判定为所在国应税所得，而按中国税收法律法规规定属于应税所得的，不属于税收饶让抵免范畴，应全额按中国税收法律法规规定缴纳企业所得税。

17.【答案】C

【解析】企业向境外关联方支付费用不符合独立交易原则的，税务机关可以在该业务发生的纳税年度起10年内，实施特别纳税调整。

18.【答案】B

【解析】其发生在甲国分支机构的当年度亏损额80万元，仅可以用从该国取得的利息20万元弥补，未能弥补的非实际亏损额60万元，不得从当年度企业境内盈利中弥补，A企业当年度境外甲国未弥补的非实际亏损共60万元，允许A企业以其来自甲国以后年度的所得无限期结转弥补。

19.【答案】A

【解析】非居民企业委托营业代理人在中国境内从事生产经营活动的，包括委托单位或者个人经常代其签订合同，或者储存、交付货物等，该营业代理人视为非居民企业在中国境内设立的机构、场所。在中国境内设立机构、场所且所得与机构、场所有实际联系的非居民企业，适用企业所得税税率为25%，不实行源泉扣缴，2021年应自主申报缴纳企业所得税 =600 ÷ 3 × 25%=50（万元）。

20.【答案】D

【解析】若企业取得的境外所得已直接缴纳和间接负担的税额为人民币以外货币的，在以人民币计算可予抵免的境外税额时，凡企业以人民币以外其他货币作为记账本位币的，应统一按实现该项境外所得对应的我国纳税年度最后一日的人民币汇率中间价进行换算。

21.【答案】A

【解析】如果所有者权益小于实收资本（股本）与资本公积之和，则权益投资为实收资本（股本）与资本公积之和；如果实收资本（股本）与资本公积之和小于实收资本（股本）金额，则权益投资为实收资本（股本）金额。

22.【答案】C

【解析】预约定价安排执行期间，企业发生影响预约定价安排的实质性变化，应当在发生变化之日起30日内书面报告主管税务机关，详细说明该变化对执行预约定价安排的影响，并附送相关资料。由于非主观原因而无法按期报告的，可以延期报告，但延长期限不得超过30日。

23.【答案】B

【解析】资本弱化特殊事项文档应当在关联交易发生年度次年6月30日之前准备完毕，应当自税务机关要求之日起30日内提供。

二、多项选择题

1.【答案】AC

【解析】选项B：权益性投资资产转让所得，为被投资企业的所得税主管税务机关；选项D：利息所得、租金所得、特许权使用费所得，为负担、支付所得的单位或个人的所得税主管税务机关。

2.【答案】BC

【解析】股息不属于增值税征税范围，B公司应扣缴A公司增值税 =（100+50）/（1+6%）× 6%=8.49（万元）。A公司提供相关服务时未派遣相关人员来华，则咨询费不属于来源于中国境内的所得，但股息和商标使用费属于税法列举征收预提所得税的项目，B公司应扣缴A公司企业所得税 =［300+100/（1+6%）］× 10%=39.43（万元）。

3.【答案】ABCD

【解析】选项ABCD均属于无须进行税务备案的情形。

4.【答案】ACD

【解析】选项B：境外投资者以分得的利润进行的直接投资不包括新增、转增、收购上市公司股份（符合条件的战略投资除外）。

5.【答案】ACD

【解析】中国居民企业股东能够提供资料证明其控制的外国企业满足以下条件之一的，可免予将外国企业不作分配或减少分配的利润视同股息分配额，计入中国居民企业股东的当期所得：（1）设立在国家税务总局指定的非低税率国家（地区）；（2）主要取得积极经营活动所得；（3）年度利润总额低于500万元人民币。

6.【答案】BCD

【解析】不得在计算应纳税所得额时扣除的利息支出，不得结转到以后纳税年度，应按照实际支付给各关联方利息占关联方利息总额的比例，在各关联方之间进行分配，其中，分配给实际税负高于企业的境内关联方的利息准予扣除；直接或间接实际支付给境外关联方的利息应视同分配的股息，按照股息和利息分别适用的所得税税率差补征企业所得税，如已扣缴的所得税税款多于按股息计算应征所得税税款，多出的部分不予退税。

7.【答案】ABC

【解析】企业应对在计算总所得额时已统一归集并扣除的共同费用，按境外每一国（地区）别数额占企业全部数额的下列一种比例或几种比例的综合比例，在每一国别的境外所得中对应调整扣除，计算来自每一国别的应纳税所得额：（1）资产比例；（2）收入比例；（3）员工工资支出比例；（4）其他合理比例。

8.【答案】ABC

【解析】间接转让中国应税财产的交易双方和筹划方，以及被间接转让股权的中国居民企业，应按照主管税务机关要求提供规定的资料。

9.【答案】ACD

【解析】企业应当依据《企业所得税法实施条例》的规定，按纳税年度准备并按税务机关要求提供其关联交易的同期资料。同期资料包括主体文档、本地文档和特殊事项文档。

10.【答案】ABCD

【解析】关联方是指与企业有以下关系之一的企业、其他组织或者个人：（1）在资金、经营、购销等方面，存在直接或者间接的控制关系；（2）直接或者间接地同为第三者控制；（3）在利益上具有相关联的其他关系。

11.【答案】ABD

12.【答案】BC

【解析】选项A：我国《企业所得税法》尚未单方面规定饶让抵免；选项D：税收饶让又称饶让抵免，与抵免法配合发挥避免国际重复征税的作用。

13.【答案】AB

【解析】符合下列条件之一的企业，应当准备主体文档：（1）年度发生跨境关联交易，且合并该企业财务报表的最终控股企业所属企业集团已准备主体文档。（2）年度关联交易总额超过10亿元。

14.【答案】ABCD

【解析】有下列情形之一的，税务机关可以优先受理企业提交的正式申请：

（1）企业关联申报和同期资料完备合理，披露充分；

（2）企业纳税信用级别为A级；

（3）税务机关曾经对企业实施特别纳税调查调整，并已经结案；

（4）签署的预约定价安排执行期满，企业申请续签，且预约定价安排所述事实和经营环境没有发生实质性变化；

（5）企业提交的申请材料齐备，对价值链或者供应链的分析完整、清晰，充分考虑成本节约、市场溢价等地域特殊因素，拟采用的定价原则和计算方法合理；

（6）企业积极配合税务机关开展预约定价安排谈签工作；

（7）申请双边或者多边预约定价安排的，所涉及的税收协定缔约对方税务主管当局有较强的谈签意愿，对预约定价安排的重视程度较高；

（8）其他有利于预约定价安排谈签的因素。

15.【答案】ABC

【解析】有下列情形之一的，税务机关可以拒绝企业提交正式申请：（1）预约定价安排申请草案拟采用的定价原则和计算方法不合理，且企业拒绝协商调整；（2）企业拒不提供有关资料或者提供的资料不符合税务机关要求，且不按时补正或者更正；（3）企业拒不配合税务机关进行功能和风险实地访谈；（4）其他不适合谈签预约定价安排的情况。选项

ABC均为税务机关可以拒绝企业提交预约定价安排正式申请的情形。

16.【答案】AC

【解析】选项B：本地文档和特殊事项文档应当在关联交易发生年度次年6月30日之前准备完毕。选项D：企业因不可抗力无法按期提供同期资料的，应当在不可抗力消除后30日内提供同期资料。

17.【答案】ABC

【解析】非居民纳税人享受协定待遇，采取“自行判断、申报享受、相关资料留存备查”的方式办理。非居民纳税人自行判断符合享受协定待遇条件的，可在纳税申报时，或通过扣缴义务人在扣缴申报时，自行享受协定待遇，同时按规定归集和留存相关资料备查，并接受税务机关后续管理。

18.【答案】ABC

【解析】税务机关实施特别纳税调查，应当重点关注具有以下风险特征的企业：（1）关联交易金额较大或者类型较多。（2）存在长期亏损、微利或者跳跃性盈利。（3）低于同行业利润水平。（4）利润水平与其所承担的功能风险不相匹配，或者分享的收益与分摊的成本不相配比。（5）与低税国家（地区）关联方发生关联交易。（6）未按照规定进行关联申报或者准备同期资料。（7）从其关联方接受的债权性投资与权益性投资的比例超过规定标准。（8）由居民企业，或者由居民企业和中国居民控制的设立在实际税负低于12.5%的国家（地区）的企业，并非由于合理的经营需要而对利润不作分配或者减少分配。（9）实施其他不具有合理商业目的的税收筹划或者安排。

19.【答案】BCD

【解析】选项A：税务机关对企业实施特别纳税调整，涉及企业向境外关联方支付利息、租金、特许权使用费的，除另有规定外，不调整已扣缴的税款。

三、计算问答题

1.【答案及解析】

（1）甲国分公司应纳税所得额200万元，应计入A公司2021年度的应纳税所得总额。分支机构不具备利润分配的职能，不论利润是否汇入我国，都应并入A公司当年的应纳税所得额。

（2）分公司在甲国实际缴纳的所得税属于A公司直接负担的所得税。

（3）A公司来自甲国分公司所得的抵免限额 =200×25%=50（万元）。

（4）乙国子公司税后所得还原成税前所得 =323÷（1−5%）÷（1−15%）=400（万元）

抵免限额 =400×25%=100（万元）。

（5）甲国优惠饶让视同纳税 =200×20%=40（万元）

在乙国实际缴纳税款 =400−323=77（万元）

甲国视同已纳税额40万元小于50万元的抵免限额；乙国实际已纳税额77万元小于100万元的抵免限额。

A公司当年在我国实际缴纳的所得税 =（2000+200+400）×25%−40−77=650−40−77=533（万元）。

2.【答案及解析】

（1）如果选择“分国不分项”的抵免方式，A企业的境外分支机构亏损不得由该企业境内所得弥补，也不得由该企业来源于其他国家分支机构的所得弥补。A企业乙国分支机构的亏损可以用乙国其他项目或以后年度的所得按规定弥补。

由于A企业在同一纳税年度的境内外所得加总为正数，其C分支机构发生的150

万元亏损，由于上述结转弥补的限制而发生的未予弥补的部分，作为非实际亏损额，可无限期向后结转弥补。

A 企业当年在境内申报的应纳税所得额 = 300+120=420（万元）。

（2）如果选择“不分国不分项”的抵免方式，A 企业境外分支机构亏损不得由该企业境内所得弥补，但可由该企业来源于境外其他国家分支机构的所得弥补，具体到当年情况，可由该企业来自甲国的所得弥补。

由于 A 企业在同一纳税年度的境内外所得加总为正数，其 C 分支机构发生的亏损，由于上述结转弥补的限制而发生的未予弥补的部分 30 万元（150–120）作为非实际亏损额，可无限期向后结转弥补。

A 企业当年在境内申报的应纳税所得额是 300 万元。

（3）可以。A 企业在丙国设立子公司 D，拥有其 45% 的股份，符合单一居民企业直接持有 20% 以上股份的外国企业的标准，该子公司 D 税后给 A 企业分红，A 得到分红部分对应的 D 在丙国已纳企业所得税，可以在 A 企业汇总境内外所得纳税时，作为 A 企业间接负担税额予以限额抵免。

（4）不可以。A 企业对 E 公司（A 的孙公司）间接拥有 18%（45%×40%=18%）的股份，达不到间接抵免的持股比例标准。税法规定的标准：单一第一层外国企业直接持有 20% 以上股份，且由单一居民企业直接持有或通过一个或多个符合规定持股条件的外国企业间接持有总和达到 20% 以上股份的外国企业。该孙公司 E 已纳企业所得税，不能作为 A 企业间接负担税额予以限额抵免。

第十三章　税收征收管理法

CHAPTER-13

本章学习指南

一、学习目标

（一）概述

1. 了解税收征收管理法的立法目的；
2. 掌握税收征收管理法的适用范围；
3. 熟悉税收征收管理法的遵守主体。

（二）税务管理

1. 了解税务登记管理；
2. 熟悉账簿、凭证管理；
3. 熟悉纳税申报管理。

（三）税款征收

1. 熟悉税款征收的原则；
2. 熟悉税款征收的方式；
3. 熟悉税款征收制度。

（四）税务检查

1. 熟悉税务检查的形式和方法；
2. 掌握税务检查的职责。

（五）法律责任

熟悉法律责任的规定。

（六）纳税担保和抵押

1. 熟悉纳税担保的范围；
2. 熟悉不得作为纳税保证人的情形及纳税保证的责任；
3. 掌握纳税抵押的可抵押财产和不可抵押财产；
4. 熟悉纳税质押的分类。

（七）纳税信用管理和重大税收违法失信主体信息公布管理

1. 熟悉纳税信用信息采集的实施主体和范围；

2. 熟悉纳税信用评估的级别、结果应用；
3. 熟悉纳税信用修复；
4. 熟悉重大税收违法失信主体信息公布管理。

（八）税收违法行为检举管理办法

1. 熟悉检举事项的接收与受理；
2. 熟悉检举事项的处理；
3. 了解检举人的答复。

（九）税务文书电子送达规定（试行）

熟悉不适用电子送达的文书范围。

二、考情概况

税收征收管理法在最近3年考试中的平均分值约为3.5分，是CPA考试的非重点章节。

《税收征收管理法》属于我国税法体系中的程序法范畴，与实体法各个税种章节有着迥然不同的特点。本章内容繁杂零散，集中了大量时间性、程序性的规定，需要理解的知识点少，需要记忆的知识点多，重点、考点也不明显，需要考生多做练习题来巩固记忆。本章考试易出单选、多选题，也可以与其他税种或行政法制内容混合出主观题。

随着政府简政放权的不断推进，税收征管工作流程和方式发生了令人眼花缭乱的变化，但由于我国的税收征收管理法尚未修订完成，本章很多内容（如税务登记，发票管理的表述等）仍沿用以前的说法，也存在将税收征收管理法与其他法规、规章的不同表述混用（如开业税务登记与设立税务登记混用）的现象，此类问题有待新一轮国家税收征管体制改革完成后，《税收征收管理法》进行修订完善来加以明确。又由于我国法制处于不断完善的阶段，《税收征收管理法》与《刑法》的法间关系有待理顺，前者使用“偷税”概念，但后者对该类行为使用“逃避缴纳税款”概念，全国人大及全国人大常委会尚未修改法律统一上述概念，为体现对现有法律的尊重，本辅导书使用“偷税（逃避缴纳税款）”来体现两部法律就该称谓的差异和联系。

三、教材变化

1. 新增破产企业等特殊纳税人纳税信用修复的规定。
2. 明确从2021年度起，按照“首违不罚”相关规定对纳税人不予行政处罚的，相关记录不纳入纳税信用评价。
3. 新增重大税收违法失信主体信息公布管理的规定。
4. 删除外出经营报验登记的规定。
5. 删除《税务登记证》的作用和管理。

四、考点框架

- **第十三章 税收征收管理法**
  - 概述
    - 《税收征收管理法》的立法目的 ★
    - 《税收征收管理法》的适用范围 ★★
    - 《税收征收管理法》的遵守主体 ★
  - 税务管理
    - 税务登记管理 ★★
    - 账簿、凭证管理 ★★
    - 纳税申报管理 ★★
  - 税款征收
    - 税款征收原则 ★
    - 税款征收的方式 ★
    - 税款征收制度 ★★★
  - 税务检查
    - 税务检查的形式与方法 ★
    - 税务检查的职责 ★★
  - 法律责任
    - 违反税务管理基本规定行为的处罚 ★★
    - 扣缴义务人税务违章的处罚 ★★
    - 对纳税人偷税（逃避缴纳税款）、骗税、抗税、欠税、虚假申报、不申报行为的认定及其法律责任 ★★
    - 违反税务代理的法律责任 ★★
  - 纳税担保和抵押
    - 纳税担保与纳税保证 ★
    - 纳税担保范围和保证责任 ★★
    - 纳税抵押与纳税质押 ★★
  - 纳税信用管理和重大税收违法失信主体信息公布管理
    - 纳税信用管理的基本规定 ★★
    - 纳税信用修复 ★★
    - 重大税收违法失信主体信息公布管理 ★★
  - 税收违法行为检举管理办法
    - 税收违法行为的检举 ★
    - 税收违法行为检举的工作流程 ★★
  - 税务文书电子送达规定（试行）★

核心考点精讲

第一节　概　述

使用“会计云课堂”App 或“微信”扫码查看本节视频，快速 GET 知识点。

考点 1:《税收征收管理法》的立法目的 ★

《税收征收管理法》(以下简称《征管法》)第一条对立法目的进行了高度概括：

1. 加强税收征收管理；
2. 规范税收征收和缴纳行为；
3. 保障国家税收收入；
4. 保护纳税人的合法权益；
5. 促进经济发展和社会进步。

考点 2:《税收征收管理法》的适用范围 ★★

征收主体	征收内容	是否适用征管法
税务机关	各种税收	适用
税务机关	非税收入，如教育费附加、地方教育附加	不适用
海关	关税、船舶吨税，代征的增值税、消费税	不适用

要点小贴士

这些收费不适用《征管法》，其具体管理办法由收费的条例和规章决定。

经典题解

【真题 1·单选题】下列税费的征收管理，适用《中华人民共和国税收征收管理法》的是（　　）。(2018 年)

A. 房产税　　B. 地方教育附加

C. 关税　　D. 海关代征消费税

【名师点题】本题目与 2015 年考题几乎一样。《征管法》的适用范围是高频考点。

【答案】A

考点 3:《税收征收管理法》的遵守主体 ★

【提示】《征管法》的遵守主体不仅仅限于纳税人，它共涉及三个方面：(1)税务行政主体——税务机关；(2)税务行政管理相对人——纳税人、扣缴义务人和其他有关单位；(3)有关单位和部门。

第二节　税务管理

使用“会计云课堂”App 或“微信”扫码查看本节视频，快速 GET 知识点。

考点 1：税务登记管理★★

税务登记是税务机关对纳税人实施税收管理的首要环节和基础工作。

自 2015 年 10 月 1 日起，新设立企业、农民专业合作社领取由工商行政管理部门核发加载法人和其他组织统一社会信用代码的营业执照后，无须再次进行税务登记，不再领取税务登记证。工商登记“一个窗口”统一受理申请后，申请材料和登记信息在部门间共享，各部门数据互换、档案互认。2016 年 6 月 30 日，国务院办公厅发布了《关于加快推进“五证合一、一照一码”登记制度改革的通知》国办发〔2016〕53 号，从 2016 年 10 月 1 日起正式实施“五证合一、一照一码”，以此来规范企业登记和参保缴费行为。

“五证”是指由工商行政管理部门核发的工商营业执照、质量技术监督部门核发的组织机构代码证、税务部门核发的税务登记证、人力社保部门核发的社会保险登记证、统计部门核发的统计登记证。

在 2017 年 10 月 1 日之前完成在“五证合一、一照一码”登记制度改革和个体工商户工商营业执照、税务登记证“两证整合”的基础上，将涉及企业（包括个体工商户、农民专业合作社）登记、备案等有关事项和各类证照进一步整合到营业执照上，实现“多证合一、一照一码”。

【提示】简政放权进程中，部分行政审批事项取消或调整，企业办理涉税事宜时，填写税务登记表（采集卡）、完成税务登记信息补录。在完成补充信息采集后，凭加载统一代码的营业执照可代替税务登记证使用。

考点妙记

登记时限：
（1）设立、变更：30 日；
（2）注销：先税后照；吊销 15 日。

1. 税务登记种类及主要规定

税务登记种类	纳税人情况	登记时限	受理的税务机关
设立税务登记（也称开业税务登记）	从事生产、经营的纳税人领取工商营业执照的	自领取工商营业执照之日起 30 日内	生产、经营所在地税务机关
	从事生产、经营的纳税人未办理工商营业执照但经有关部门批准设立的	自有关部门批准设立之日起 30 日内	
	从事生产、经营的纳税人未办理工商营业执照也未经有关部门批准设立的	自纳税义务发生之日起 30 日内	

税务登记种类	纳税人情况	登记时限	受理的税务机关
设立税务登记（也称开业税务登记）	有独立的生产经营权、在财务上独立核算并定期向发包人或者出租人上交承包费或租金的承包承租人	自承包承租合同签订之日起 30 日内	承包承租业务发生地税务机关
	境外企业在中国境内承包建筑、安装、装配、勘探工程和提供劳务	自项目合同或协议签订之日起 30 日内	项目所在地税务机关
	其他纳税人（除国家机关、个人和无固定生产、经营场所的流动性农村小商贩外）	自纳税义务发生之日起 30 日内	纳税义务发生地税务机关
扣缴税款登记	已办理税务登记的扣缴义务人	自扣缴义务发生之日起 30 日内	税务登记地税务机关
	可不办理税务登记的扣缴义务人		机构所在地税务机关
变更税务登记	需在工商行政管理机关或其他机关办理变更	自工商行政管理机关或其他机关办理变更登记之日起 30 日内	原税务登记机关
	不需在工商行政管理机关或其他机关办理变更	自发生变化之日起 30 日内	
注销税务登记	解散、破产、撤销以及其他情形，依法应当终止履行纳税义务的	申报办理注销工商登记前，先申报办理注销税务登记	原税务登记机关
	因住所、经营地点变动而涉及改变主管税务登记机关的	在向工商行政管理机关或其他机关申请办理变更或注销登记前或者住所、经营地点变动前，向原税务登记机关申报办理注销税务登记，并在 30 日内向迁达地主管税务登记机关申报办理税务登记	原税务登记机关和迁达地主管税务登记机关
	按规定不需在工商行政管理机关或其他机关办理注册登记的	自有关机关批准或宣告终止之日起 15 日内	原税务登记机关
	被工商行政管理机关吊销营业执照或被其他机关予以撤销登记的	自被吊销营业执照或被撤销登记之日起 15 日内	

税务登记种类	纳税人情况	登记时限	受理的税务机关
注销税务登记	境外企业在中国境内承包建筑、安装、装配、勘探工程和提供劳务	在项目完工、离开中国前15日内	原税务登记机关
停业、复业登记	实行定期定额征收方式的个体工商户需要停业的，应当在停业前向税务机关申报办理停业登记。纳税人的停业期限不得超过一年 纳税人应当于恢复生产、经营之前，向税务机关申报办理复业登记，如实填写《停业复业报告书》		主管税务机关

经典题解

【例题2·多选题】根据《税收征收管理法》和《税务登记管理办法》的有关规定，下列各项中应当进行税务登记的有（　　）。

A. 从事生产、经营的事业单位

B. 企业在境内其他城市设立的分支机构

C. 国家机关

D. 无固定生产、经营场所的流动性农村小商贩

【解析】企业，企业在外地设立的分支机构和从事生产、经营的场所，个体工商户和从事生产、经营的事业单位，均应办理税务登记。此外，除国家机关、个人和无固定生产、经营场所的流动性农村小商贩外的其他纳税人，也应办理税务登记。根据税收法律、行政法规的规定负有扣缴税款义务的扣缴义务人（国家机关除外），均应当按照规定办理扣缴税款登记。

【答案】AB

2. 关于税务登记的几点提示

（1）县以上（含本级）税务局（分局）是税务登记的主管税务机关，负责税务登记的设立登记、变更登记、注销登记和税务登记证验证、换证以及非正常户处理、报验登记等有关事项。税务机关对纳税人税务登记地点发生争议的，由其共同的上级税务机关指定管辖。

（2）设立税务登记的内容：①单位名称、法定代表人或业主姓名及其居民身份证、护照或者其他合法证件的号码。②住所、经营地点。③登记类型。④核算方式。⑤生产经营方式。⑥生产经营范围。⑦注册资金（资本）、投资总额。⑧生产经营期限。⑨财务负责人、联系电话。⑩国家税务总局确定的其他有关事项。

（3）考生应注意近几年行政管理改革中关于税务管理改革的动态：

根据2014年国家税务总局《关于创新税收服务和管理的意见》，纳税人申请办理税务登记时，税务机关根据申请人情况，不再统一要求纳税人提供注册地址及生产、经营地址等场地的证明材料和验资报告，可不进行实地核查。

（4）注意辨析纳税人改变住所或经营地点的税务登记差异：

具体情形	税务登记种类	
纳税人改变住所或经营地点	不涉及主管税务机关变动的	变更税务登记
	涉及主管税务机关变动的	向原税务登记机关申报办理注销税务登记，并在30日内向迁达地主管税务机关办理税务登记

【提示】自2019年，工商行政管理局与技术监督局、食品药品监督管理局等机构整合为市场监管局。但《税收征收管理法》的内容没有更新。

经典题解

【真题3·单选题】下列情形中，纳税人应当注销税务登记的是（　　）。（2018年）

A. 纳税人改变生产经营方式的

B. 纳税人被工商行政管理部门吊销营业执照的

C. 纳税人改变名称的

D. 纳税人改变住所和经营地点未涉及改变原主管税务机关的

【解析】注销税务登记的适用范围主要包括纳税人因经营期限届满而自动解散；纳税人被工商行政管理部门吊销营业执照；纳税人因住所、经营地址迁移而涉及改变原主管税务机关等。

选项ACD：应当办理变更税务登记。

选项B：应当办理注销税务登记。

【答案】B

【例题4·单选题】税务机关对纳税人税务登记地点发生争议的，对其管辖的税务机关是（　　）。

A. 核算地税务机关

B. 经营地税务机关

C. 主要投资人所在地税务机关

D. 由其共同的上级税务机关指定

【解析】税务机关对纳税人税务登记地点发生争议的，由其共同的上级税务机关指定管辖。

【答案】D

（5）停业、复业登记仅适用于实行定期定额征收方式的个体工商户。

（6）纳税人办理注销税务登记前，应当向税务机关提交相关证明文件和资料，结清应纳税款、多退（免）税款、滞纳金和罚款，缴销发票、税务登记证件和其他税务证件，经税务机关核准后，办理注销税务登记手续。

3. 关于近些年优化注销程序的改革

根据税总发〔2018〕149号、税总发〔2019〕64号、国市监注发〔2021〕45号、公告2021年第48号：

向市场监管部门申请注销的纳税人		优化服务举措
申请简易注销（上市公司除外）	税务部门通过信息共享获取市场监管部门推送的拟申请简易注销登记信息后，应按照规定的程序和要求，查询税务信息系统核实相关涉税情况，对经查询系统显示为以下情形的纳税人，税务部门不提出异议： （1）未办理过涉税事宜的 （2）办理过涉税事宜但没领用过发票（含代开发票）、没有欠税和没有其他未办结事项的纳税人 （3）查询时已办结缴销发票、结清应纳税款等清税手续的纳税人	免办清税证明；税务部门通过信息共享获取、不提出异议
申请一般注销	对未处于税务检查状态、无欠税（滞纳金）及罚款、已缴销增值税专用发票及税控专用设备，且符合下列情形之一的纳税人： （1）纳税信用级别为A级和B级的纳税人 （2）控股母公司纳税信用级别为A级的M级纳税人 （3）省级人民政府引进人才或经省级以上行业协会等机构认定的行业领军人才等创办的企业 （4）未纳入纳税信用级别评价的定期定额个体工商户 （5）未达到增值税纳税起征点的纳税人	优化税务注销即办服务 （1）资料齐的即时办结 （2）资料不齐采取“承诺制”容缺办理 【提示】纳税人应按承诺的时限补齐资料并办结相关事项。若未履行承诺的，税务机关将对其法定代表人、财务负责人纳入纳税信用D级管理
非正常状态注销	处于非正常状态纳税人在办理税务注销前，需先解除非正常状态，补办纳税申报手续。符合以下情形的，税务机关可打印相应税种和相关附加的《批量零申报确认表》，经纳税人确认后，进行批量处理： （1）非正常状态期间增值税、消费税和相关附加需补办的申报均为零申报的 （2）非正常状态期间企业所得税月（季）度预缴需补办的申报均为零申报，且不存在弥补前期亏损情况的	符合条件的批量零申报确认

向市场监管部门申请注销的纳税人	优化服务举措
【提示】 （1）对已实行实名办税的纳税人，免予提供税务登记证件和个人身份证件 （2）实行“一窗受理、内部流转、限时办结、窗口出件”的“套餐式”服务模式 （3）强化“首问责任制”和“一次性告知” （4）纳税人办理税务注销前，无须向税务机关提出终止“委托扣款协议书”申请。税务机关办结税务注销后，委托扣款协议自动终止 （5）自2019年7月1日起，从进一步扩大即办范围，简化税务注销前业务办理流程，减少证件、资料报送3个方面推出更大力度优化企业税务注销办理程序的举措。对已实行实名办税的纳税人，进一步简化了相关证件、资料的报送要求，免予提供以下证件、资料： ①《税务登记证》正（副）本、《临时税务登记证》正（副）本和《发票领用簿》 ②市场监督管理部门吊销营业执照决定原件（复印件） ③上级主管部门批复文件或董事会决议原件（复印件） ④项目完工证明、验收证明等相关文件原件（复印件）	简化资料和流程

经典题解

【真题5·多选题】在办理税务注销时，对未处于税务检查状态、无欠税及罚款、已缴销增值税专用发票及税控专用设备，且符合下列情形之一的纳税人，可以采取“承诺制”容缺办理的有（　　）。（2019年）

A. 纳税信用级别为B级的纳税人

B. 控股母公司纳税信用级别为B级的M级纳税人

C. 未达到增值税纳税起征点的纳税人

D. 省级人民政府引进人才创办的企业

【名师点题】随着“放管服”的推进，税务登记相关的规定和程序不断发生简化、调整。一些当年新变化的内容容易成为考点。

【答案】ACD

【例题6·多选题】非正常状态纳税人办理税务注销前，应做到（　　）。

A. 先解除非正常状态

B. 补办纳税申报手续

C. 向税务机关提出终止“委托扣款协议书”申请

D. 已实行实名办税的纳税人，提供《发票领用簿》

【答案】AB

考点2：账簿、凭证管理★★

（一）账簿、凭证管理★★

从事生产、经营的纳税人应当自领取营业执照或者发生纳税义务之日起15日内设置账簿。

扣缴义务人应当自税收法律、行政法规规定的扣缴义务发生之日起10日内，按照所代扣、代收的税种，分别设置代扣代缴、代收代缴税款账簿。

所有纳税人和扣缴义务人都必须按照有关法律、行政法规和国务院财政、税务主管部门的规定设置账簿，并根据合法、有效的凭证进行账务处理。复习时要注意以下几个要点：

1. 对财务会计制度的管理要求：（1）备案制度，即凡从事生产、经营的纳税人必须将所采用的财务、会计制度和具体的财务、会计处理办法，按税务机关规定，自领取税务登记证件之日起15日内，及时报送主管税务机关备案；（2）财会制度、财会处理办法与国务院、财政部和国家税务总局有关税收规定相抵触的，纳税人、扣缴义务人应按税收法规的规定或者有关税收规定计缴税款。

要点小贴士：对财会制度的管理要求有两个备案（制度和办法；电算化软件和说明书）以及一个抵触处理办法（会计从税）。

2. 对于外商投资企业、外国企业的会计记录不使用中文的，按照《征管法》第六十条第二款"未按照规定设置、保管账簿或者保管记账凭证和有关资料"的规定处理。

3. 除另有规定者外，根据《实施细则》第二十九条，账簿、记账凭证、报表、完税凭证、发票、出口凭证以及其他有关涉税资料应当保存10年。

经典题解

【例题7·多选题】根据《税收征管法》及其实施细则规定，生产、经营规模小又确无建账能力的纳税人，聘请代理记账机构或人员有实际困难的，经县以上税务机关批准，可按照税务机关规定（　　）。

A. 免于建账并免纳税款

B. 建立进货销货登记簿

C. 建立收支凭证粘贴簿

D. 使用税控装置

【解析】《税收征管法》及其实施细则规定，生产、经营规模小又确无建账能力的纳税人，可以聘请经批准从事会计代理记账业务的专业机构或者财会人员代为建账和办理账务；聘请上述机构或人员有实际困难的，经县以上税务机关批准，可按照税务机关规定，建立收支凭证粘贴簿、进货销货登记簿或者使用税控装置。

【答案】BCD

【真题8·单选题】除另有规定外，从事生产经营的纳税人其记账凭证、账簿、报表应当保存的期限是（　　）。（2021年）

A. 5年　　B. 10年

C. 8年　　D. 3年

【答案】B

（二）发票管理★★

1. 发票管理的基本规定

（1）发票领购管理

需要领购发票的单位和个人，应当持税务登记证件、经办人身份证明、按照国务院税务主管部门规定式样制作的发票专用章的印模，向主管税务机关办理发票领购手续。主管税务机关根据领购单位和个人的经营范围和规模，确认领购发票的种类、数量以及领购方式，在5个工作日内发给发票领购簿。

单位和个人领购发票时，应当按照税务机关的规定报告发票使用情况，税务机关应当按照规定进行查验。

需要临时使用发票的单位和个人，可以凭购销商品、提供或者接受服务以及从事其他经营活动的书面证明、经办人身份证明，直接向经营地税务机关申请代开发票。依照税收法律、行政法规规定应当缴纳税款的，税务机关应当先征收税款，再开具发票。税务机关根据发票管理的需要，可以按照国务院税务主管部门的规定委托其他单位代开发票。禁止非法代开发票。

临时到本省、自治区、直辖市以外从事经营活动的单位或者个人，应当凭所在地税务机关的证明，向经营地税务机关领购经营地的发票。临时在本省、自治区、直辖市以内跨市、县从事经营活动领购发票的办法，由省、自治区、直辖市税务机关规定。

（2）发票的开具和保管

销售商品、提供服务以及从事其他经营活动的单位和个人，对外发生经营业务收取款项，收款方应当向付款方开具发票；特殊情况下，由付款方向收款方开具发票。

所有单位和从事生产、经营活动的个人在购买商品、接受服务以及从事其他经营活动支付款项时，应当向收款方取得发票。取得发票时，不得要求变更品名和金额。

不符合规定的发票，不得作为财务报销凭证，任何单位和个人有权拒收。

开具发票应当按照规定的时限、顺序、栏目，全部联次一次性如实开具，并加盖发票专用章。

任何单位和个人不得有下列虚开发票行为：

①为他人、为自己开具与实际经营业务情况不符的发票。

②让他人为自己开具与实际经营业务情况不符的发票。

③介绍他人开具与实际经营业务情况不符的发票。

开具发票的单位和个人应当按照规定存放和保管发票。已开具的发票存根联和发票登记簿，应当保存五年。保存期满，报经税务机关查验后销毁。

> **名师点拨**
>
> 保存年限辨析：
>
> 5年：已开具的发票存根联、发票登记簿。
>
> 10年：账簿、记账凭证、报表、完税凭证、发票、出口凭证（除另有规定者外）。

经典题解

【例题9·多选题】下列关于发票管理的规定表述正确的有（　　）。

A. 税务机关是发票的主管机关，负责发票的印制、领购、开具、取得、保管、缴销的管理和监督

B. 纳税人申请领购发票，主管税务机关一律有权要求其提供保证人或者要求其缴纳保证金，并限期缴销发票

C. 增值税专用发票由省、自治区、直辖市税务局确定的企业印制

D. 不得拆本使用发票

【解析】选项B：这一规定只对外省、自治区、直辖市来本辖区从事临时经营活动的单位和个人实施，不是针对所有纳税人都实施的普遍规定。

选项C：增值税专用发票由国务院税务主管部门指定的企业印制；其他发票，按照国务院税务主管部门的规定，分别由省、自治区、直辖市税务局指定的企业印制，未经规定的税务机关指定，不得印制发票。

【答案】AD

2. 发票发放领用的服务与监管的新要求

2014年国家税务总局《关于创新税收服务和管理的意见》对发票发放领用的服务与监管提出新的要求：

（1）及时为纳税人提供清晰的发票领用指南。通过印发提示卡或涉税事项告知卡，引导纳税人快速办理发票领用手续。

（2）简化发票申领程序。

（3）不断提高发票管理信息化水平。

【提示】税务机关在发票管理中有权进行下列检查：

（1）检查印制、领购、开具、取得、保管和缴销发票的情况。

（2）调出发票查验。

（3）查阅、复制与发票有关的凭证、资料。

（4）向当事各方询问与发票有关的问题和情况。

（5）在查处发票案件时，对与案件有关的情况和资料，可以记录、录音、录像、照相和复制。

3. 增值税电子普通发票的推广与应用

增值税电子普通发票的开票方和受票方需要纸质发票的，可以自行打印增值税电子普通发票的版式文件，其法律效力、基本用途、基本使用规定等与税务机关监制的增值税普通发票相同。

增值税电子普通发票的发票代码为12位，编码规则：第1位为0，第2~5位代表省、自治区、直辖市和计划单列市，第6~7位代表年度，第8~10位代表批次，第11~12位代表票种（11代表增值税电子普通发票）。发票号码为8位，按年度、分批次编制。

4. 网络发票管理

网络发票是指符合国家税务总局统一标准并通过国家税务总局及省、自治区、直辖市税务局公布的网络发票管理系统开具的发票。国家积极推广使用网络发票管理系统开具发票，并提供便捷的网络发票信息查询渠道。

（1）税务机关应根据开具发票的单位和个人的经营情况，核定其在线开具网络发票的种类、行业类别、开票限额等内容。开具发票的单位和个人需要变更网络发票核定内容的，可向税务机关提出书面申请，经税务机关确认，予以变更。

（2）开具发票的单位和个人开具网络发票应登录网络发票管理系统，如实完整填写发票的相关内容及数据，确认保存后打印发票。开具发票的单位和个人在线开具的网络发票，经系统自动保存数据后即完成开票信息的确认、查验。

（3）单位和个人取得网络发票时，应及时查询验证网络发票信息的真实性、完整性，对不符合规定的发票，不得作为财务报销凭证，任何单位和个人有权拒收。

（4）开具发票的单位和个人需要开具红字发票的，必须收回原网络发票全部联次或取得受票方出具的有效证明，通过网络发票管理系统开具金额为负数的红字网络发票。开具发票的单位和个人作废开具的网络发票，应收回原网络发票全部联次，注明“作废”，并在网络发票管理系统中进行发票作废处理。开具发票的单位和个人应当在办理变更税务登记或者注销税务登记的同时，办理网络发票管理系统的用户变更、注销手续并缴销空白发票。

（5）税务机关根据发票管理的需要，可以按照国家税务总局的规定委托其他单位通过网络发票管理系统代开网络发票。税务机关应当与受托代开发票的单位签订协议，明确代开网络发票的种类、对象、内容和相关责任等内容。

（6）开具发票的单位和个人必须如实在线开具网络发票，不得利用网络发票进行转借、转让、虚开发票及其他违法活动。当网络出现故障，无法在线开具发票时，可离线开具发票。开具发票后，不得改动开票信息，并于 48 小时内上传开票信息。

（7）省级以上税务机关在确保网络发票电子信息正确生成、可靠存储、查询验证、安全唯一等条件的情况下，可以试行电子发票。

【提示】网络发票与电子发票不是相同概念。网络发票是以互联网、无线通信等网络为基础网络，利用网络发票管理系统实时在线开具的纸质发票。其管理使用依旧以纸质发票为基础，是纸质发票运用网络形式的开具和信息传输，便于税务机关采集发票信息。电子发票则覆盖了开具、发放、流通、使用、入账等发票管理全流程，可完全取代纸质发票。

名师点拨

网络发票只是传统发票开具方式的变化，不等同于电子发票。

（三）税控管理★

《征管法》中规定：未按照规定安装、使用税控装置，损毁或者擅自改动税控装置的，由税务机关责令限期改正，可以处以 2000 元以下的罚款；情节严重的，处 2000 元以上 1 万元以下的罚款。

考点 3：纳税申报管理★★

1. 纳税申报的基本规定

纳税申报是指纳税人按照税法规定的期限和内容，向税务机关提交有关纳税事项书面报告的法律行为。

基本要点	主要规定
纳税申报的对象	包括负有纳税义务的单位、个人（包括取得临时应税收入或发生应税销售行为的纳税人，享有减税、免税待遇的纳税人）和扣缴义务人
纳税申报的内容	主要在各税种纳税申报表和代扣代缴、代收代缴税款报告表中体现
纳税申报的方式	（1）直接申报；（2）邮寄申报；（3）数据电文 除上述方式外，实行定期定额缴纳税款的纳税人，可以实行简易申报、简并征期等申报纳税方式

基本要点	主要规定
纳税申报方式的特殊规定	（1）邮寄申报，应使用统一的纳税申报专用信封，并以邮政部门收据作为申报凭据，以寄出的邮戳日期作为实际申报日期 （2）数据电文方式申报，其申报日期以税务机关计算机网络系统收到该数据电文的时间为准

经典题解

【真题10·多选题】根据《税收征收管理法》规定，下列属于纳税申报对象的有（　　）。（2017年）

A. 代扣代缴义务人

B. 享受减税的纳税人

C. 纳税期内没有应纳税款的纳税人

D. 享受免税的纳税人

【解析】纳税申报的对象为负有纳税义务的单位、个人（包括取得临时应税收入或发生应税销售行为的纳税人，享有减税、免税待遇的纳税人）和扣缴义务人。纳税人在纳税期内没有应纳税款的，也应当按照规定办理纳税申报。

【答案】ABCD

【真题11·单选题】下列各项关于纳税申报管理的表述中，正确的是（　　）。（2011年）

A. 扣缴义务人不得采取邮寄申报的方式

B. 纳税人在纳税期内没有应纳税款的，不必办理纳税申报

C. 实行定期定额缴纳税款的纳税人可以实行简易申报、简并征期等申报纳税方式

D. 主管税务机关根据法律、行政法规原则结合纳税人生产经营的实际情况及其所纳税种确定的纳税申报期限不具有法律效力

【名师点题】纳税申报形式分类、管理要求等考点细碎，但属于高频考点，需要考生把握。

【解析】选项A：纳税人、扣缴义务人纳税申报的形式主要有三种：直接申报、邮寄申报、数据电文申报；

选项B：纳税人在纳税期内没有应纳税款的，也应按照规定办理纳税申报；

选项D：税务机关按照法律、行政法规的原则规定，结合纳税人生产经营的实际情况及其所应缴纳的税种等相关问题予以确定的纳税申报期限与法律、行政法规明确规定的具有同等法律效力。

【答案】C

【例题12·多选题】按照《税收征收管理法》的规定，目前纳税人进行纳税申报的主要形式有（　　）。

A. 直接申报　　　　B. 邮寄申报

C. 异地现场申报　　D. 数据电文申报

【解析】按照《税收征收管理法》的规定，目前纳税人进行纳税申报的主要形式有三种：直接申报、邮寄申报、数据电文申报。

【答案】ABD

【例题 13·单选题】实行定期定额缴纳税款的纳税人在法律、行政法规规定的期限内或税务机关依据法律、行政法规的规定确定的期限内缴纳税款的，税务机关可以视同申报，这种方式称为（　　）。

A. 直接申报　B. 间接申报　C. 简易申报　D. 简并征期

【解析】“简易申报”是指实行定期定额缴纳税款的纳税人在法律、行政法规规定的期限内或税务机关依据法律、行政法规的规定确定的期限内缴纳税款的，税务机关可以视同申报。

【答案】C

2. 延期申报管理

纳税人、扣缴义务人因有特殊情况，不能按期进行纳税申报或者报送代扣代缴、代收代缴税款报告表的，经县以上税务机关核准，可以延期申报。但应当在规定的期限内向税务机关提出书面延期申请，经税务机关核准，在核准的期限内办理。

经核准延期办理纳税申报的，应当在纳税期内按照上期实际缴纳的税额或者税务机关核定的税额预缴税款，并在核准的延期内办理纳税结算。

【解释】要注意以下几点：

（1）延期申报属于纳税申报范畴，核准机关为县以上税务机关。

（2）延期申报不等于延期纳税，必须在纳税期内预缴税款，具体按照上期实际缴纳的税额或者税务机关核定的税额来预缴。

（3）在核准的延期内办理正式申报，并与预缴数相比较，办理纳税结算。

第三节　税款征收

使用“会计云课堂”App 或“微信”扫码查看本节视频，快速 GET 知识点。

考点 1：税款征收原则★

1. 税务机关是征税的唯一行政主体。

2. 税务机关只能依照法律、行政法规的规定征收税款。

3. 税务机关不得违反法律、行政法规的规定开征、停征、多征、少征、提前征收或者延缓征收税款或摊派税款。

4. 税务机关征收税款必须遵守法定权限和法定程序。

5. 税务机关征收税款或扣押、查封商品、货物或其他财产时，必须向纳税人开具完税凭证或开付扣押、查封的收据或清单。

6. 税款、滞纳金、罚款统一由税务机关上缴国库。

7. 税款优先。

具体有三个方面的优先：

（1）税收优先于无担保债权。

（2）纳税人发生欠税在前的，税收优先于抵押权、质权和留置权的执行。

纳税人欠缴税款发生在纳税人以其财产设定抵押、质押或者纳税人的财产被留置之前的，税收应当优先于抵押权、质权、留置权的执行。

（3）税收优先于罚款、没收非法所得。

纳税人欠缴税款，同时又被税务机关或者税务机关以外的其他行政部门决定处以罚款、没收非法所得的，税收优先于罚款、没收非法所得。

经典题解

【例题14·多选题】下列各项中，符合《税收征收管理法》税款征收有关规定的有（ ）。

A. 纳税人发生欠税在前的，税收优先于抵押权

B. 税务机关征收税款时，必须给纳税人开具完税凭证

C. 税务机关扣押商品、货物或者其他财产时必须开付收据

D. 税务机关查封商品、货物或者其他财产时必须开付清单

【答案】ABCD

考点2：税款征收的方式★

税款征收方式主要有：查账征收、查定征收、查验征收、定期定额征收、委托代征税款、邮寄纳税、其他方式。

经典题解

【例题15·多选题】下列各项中，符合《税收征收管理法》规定的征税方式的有（ ）。

A. 税务机关通过典型调查，逐户确定营业额和所得额并据以征税的方式

B. 税务机关按照纳税人提供的账表所反映的经营情况，依照适用税率计算缴纳税款的方式

C. 税务机关通过查验数量，对纳税人应税商品按市场一般销售单价计算其销售收入并据以征税的方式

D. 税务机关根据纳税人的从业人员、生产设备、采用原材料等因素，对其生产的应税产品查实核定产量、销售额并据以征税的方式

【解析】选项ABCD均属于《税收征收管理法》规定的征税方式。其中A选项属于定期定额征收；B选项属于查账征收；C选项属于查验征收；D选项属于查定征收。

【答案】ABCD

考点3：税款征收制度★★★

（一）延期缴纳税款制度★★

纳税人因特殊困难不能按期缴纳税款的，经省、自治区、直辖市税务局批准，可延期缴纳税款，但最长不得超过3个月。同一笔税款不得滚动审批。

基本要点	延期纳税	延期申报
申请主体	纳税人	纳税人、扣缴义务人
批准级次	省、自治区、直辖市税务局	县以上税务机关
延期的原因	特殊困难，包括： （1）因不可抗力，导致纳税人发生较大损失，正常生产经营活动受到较大影响的 （2）当期货币资金在扣除应付职工工资、社会保险费后，不足以缴纳税款的	特殊情况，包括： （1）因不可抗力，不能按期办理纳税申报或者报送代扣（代收）代缴税款报告表的 （2）因财务处理上的特殊原因，账务未处理完毕，不能计算应纳税额，按照规定的期限办理纳税申报或者报送代扣代缴、代收代缴税款报告表确有困难，需要延期的
税务机关对延期的审批	（1）纳税人应在缴纳税款期限届满前提出书面申请，同时报送申请延期缴纳税款报告、当期货币资金余额情况及所有银行存款账户的对账单、资产负债表、应付职工工资和社会保险费等税务机关要求提供的支出预算 （2）税务机关应当自收到申请延期缴纳税款报告之日起20日内作出批准或者不予批准的决定 （3）税务机关不予批准的延期纳税，从缴纳税款期限届满之日起加收滞纳金；经批准的延期纳税，在批准的延期期限内免予加收滞纳金	（1）纳税人、扣缴义务人在规定的期限内向税务机关提出书面延期申请 （2）税务机关告知申请人按照上期实际缴纳的税额或税务机关核定的税额预缴税款
延期期限	最长不得超过3个月，同一笔税款不得滚动审批	在核准的延期内办理纳税申报，并与预缴数相比较，办理纳税结算

考点妙记

延期纳税的批准级次高于延期申报的批准级次。
延期纳税省级批，
不可抗力缺资金。
最长可延3个月，
期间免收滞纳金。
延期申报县核准，
不可抗力难算准。
申报可延税预缴，
上期核定有结算。

经典题解

【真题16·多选题】下列关于申请延期缴纳税款的表述中，符合规定的有（　　）。（2021年）

A. 在批准期限内免于加收滞纳金

B. 延期期限最长不得超过3个月

C. 应在规定期限内提出书面申请

D. 延期纳税须经县级税务局批准

【名师点题】《税收征收管理法》中延期缴纳税款制度的规定是本章的重要考点，曾在以往考试中四次命题。考生要把握延期纳税批准的级次、期限、批准的期限内免予加收滞纳金、到期不能滚动审批。同时，考生要与关税的延期纳税规定相区分：关税的纳税义务人因不可抗力或者在国家税收政策调整的情形下，不能按期缴纳税款的，经依法提供税款担保后，可以延期缴纳税款，但最长不得超过 6 个月。

【答案】ABC

（二）税收滞纳金征收制度 ★★★

纳税人未按规定期限缴纳税款的，扣缴义务人未按照规定期限解缴税款的，税务机关除责令限期缴纳外，从滞纳税款之日起，按日加收滞纳税款万分之五的滞纳金。

对纳税人、扣缴义务人、纳税担保人应缴纳的欠税及滞纳金不再要求同时缴纳，可以先行缴纳欠税，再依法缴纳滞纳金。

滞纳金的计算是从缴款期限届满次日起至实际缴纳或解缴税款之日止，按日加收滞纳税款万分之五的滞纳金。其滞纳天数应包含实际缴纳或解缴税款之日。

经典题解

【例题 17·计算问答题】某按月缴纳资源税的企业 2021 年 11 月销售资源产品应纳资源税 10000 元，该企业于 2021 年 12 月 22 日实际缴纳税款，计算应加收的滞纳金金额。

【答案及解析】该企业应于 2021 年 12 月 15 日（含）前缴纳税款，但该企业在 12 月 22 日才交税，滞纳天数不含 15 日当天，要从 12 月 16 日算起，到 12 月 22 日止，包含 22 日当天，共计滞纳 7 天，则应加收滞纳金 =10000×0.5‰ ×7=35（元）。

【例题 18·单选题】某城市税务分局对辖区内一企业进行税务检查时，发现该企业故意少缴消费税 58 万元，遂按相关执法程序对该企业作出补缴消费税、城建税并加收滞纳金（滞纳时间 50 天）和罚款（与各自的税款等额）的处罚决定。该企业于当日接受了税务机关的处罚，补缴的消费税、城建税及滞纳金、罚款合计为（　　）元。

A. 1215100　　　　B. 1216115

C. 1241200　　　　D. 1256715

【解析】补缴消费税 580000 元；消费税滞纳金 =580000×0.5‰ ×50=14500（元）；消费税罚款 580000 元；补缴城建税 =580000×7%=40600（元）；城建税滞纳金 = 40600×0.5‰ ×50=1015（元）；城建税罚款为 40600 元；补缴的消费税、城建税及滞纳金和罚款合计 =（580000+40600）×2+14500+1015=1256715（元）。

【提示】题目告知“罚款（与各自的税款等额）”，罚款 = 补缴税款，补缴税款及罚款 = 税款 ×2。

【答案】D

（三）减免税收制度★★

1. 纳税人应依照法律、行政法规的规定办理减税、免税。

2. 地方各级人民政府、各级人民政府主管部门、单位和个人违反法律、行政法规规定，擅自作出的减税、免税决定无效，税务机关不得执行，并向上级税务机关报告。

3. 享受减税、免税优惠的纳税人，减税、免税期满，应当自期满次日起恢复纳税；减税、免税条件发生变化的，应当在纳税申报时向税务机关报告；不再符合减税、免税条件的，应当依法履行纳税义务；未依法纳税的，税务机关应当予以追缴。

经典题解

【例题 19 · 多选题】根据《征管法》及相关规定，以下关于减免税规定的说法正确的有（　　）。

A. 省级人民政府主管部门违反规定擅自作出减税、免税决定的，税务机关应该执行，并向上级税务机关报告

B. 享受减税、免税优惠的纳税人，减税、免税期满，应当自期满次日起恢复纳税

C. 减税、免税条件发生变化的，应当在变化前向税务机关报告

D. 纳税人应依照法律、行政法规的规定办理减税、免税

【答案】BD

（四）税收保全措施和税收强制执行措施★★

税收保全措施是指税务机关对可能由于纳税人的行为或者某种客观原因，致使以后税款的征收不能保证或难以保证的案件，采取限制纳税人处理和转移商品、货物或其他财产的措施。

税收强制执行措施是指当事人不履行法律、行政法规规定的义务，有关国家机关采用法定的强制手段，强迫当事人履行义务的行为。

对比分析		税收保全措施	税收强制执行措施
主要不同点	被执行人范围不同	只涉及从事生产、经营的纳税人	涉及从事生产、经营的纳税人，还涉及扣缴义务人、纳税担保人
	基本措施不同	（1）书面通知纳税人开户银行或者其他金融机构冻结纳税人的金额相当于应纳税款的存款 （2）扣押、查封纳税人的价值相当于应纳税款的商品、货物或其他财产	（1）书面通知其开户银行或者其他金融机构从其存款中扣缴税款 （2）扣押、查封、依法拍卖或者变卖其价值相当于应纳税款的商品、货物或其他财产，以拍卖或者变卖所得抵缴税款
	执行限度有差异	以应纳税额为限	纳税人、扣缴义务人、纳税担保人未缴纳的税额、滞纳金必须同时强制执行

对比分析		税收保全措施	税收强制执行措施
主要相同点	批准级次相同	县以上税务局（分局）局长批准	
	基本人权保障相同	个人及其所扶养家属维持生活必需的住房和用品，不在税收保全措施范围之内	个人及其所扶养家属维持生活必需的住房和用品，不在税收强制执行措施范围之内
两项措施之间的关系		税收强制执行措施与税收保全措施之间只有可能的连续关系，但没有必然的因果连续关系。也就是说，税收强制执行措施之前不一定有税收保全措施作铺垫，而税收保全措施的结果也不一定就是税收强制执行措施	

【提示】个人及其所扶养家属维持生活必需的住房和用品，不在税收保全措施和强制执行措施的范围之内。生活必需的住房和用品不包括机动车辆、金银饰品、古玩字画、豪华住宅或者一处以外的住房。

税务机关对单价5000元以下的其他生活用品，不采取税收保全措施和强制执行措施。

【相关链接】税务机关采取税收保全措施的期限一般不得超过6个月；重大案件需要延长的，应当报国家税务总局批准。

经典题解

【例题20·单选题】税务机关采取的下列措施中，属于税收保全措施的是（　　）。

A. 查封纳税人的价值相当于应纳税款的商品或货物

B. 对纳税人逃避追缴欠税的行为处以2000元以上5000元以下的罚款

C. 书面通知纳税人的开户银行从其银行存款中扣缴税款

D. 拍卖纳税人的价值相当于应纳税款的商品用以抵缴税款

【解析】选项B属于行政处罚措施，但处罚金额不符合税务行政处罚的法定标准；选项CD属于税收强制执行措施。

【答案】A

【真题21·单选题】下列关于税务机关在实施税收保全措施时应注意事项的表述中，符合税法规定的是（　　）。（2020年）

A. 经县以上税务局（分局）局长批准后方能施行

B. 税务机关可通知纳税人开户银行冻结其大于应纳税款的存款

C. 可由1名税务人员单独执行货物查封

D. 解除保全措施的时间是收到税款或银行转回的完税凭证之日起10日内

【解析】选项B：税收保全措施的行为之一是书面通知纳税人开户银行或其他金融机构冻结纳税人的金额“相当于”应纳税款的存款；

选项C：税务机关执行扣押、查封商品、货物或其他财产时，必须由两名以上税务人员执行，并通知被执行人；

选项 D：解除保全措施的时间是收到税款或银行转回的完税凭证之日起 1 日内。

【答案】A

【例题 22·单选题】下列关于税收强制执行措施的表述中，正确的是（　　）。

A. 税收强制执行措施不适用于扣缴义务人

B. 作为家庭唯一代步工具的轿车，不在税收强制执行的范围之内

C. 税务机关采取税收强制执行措施时，可对纳税人未缴纳的滞纳金同时强制执行

D. 税务机关可对未按期缴纳工薪收入个人所得税的个人实施税收强制执行措施

【解析】本题考核税收强制执行措施的有关规定。税收强制执行适用于从事生产、经营的纳税人、扣缴义务人和纳税担保人，因此选项 A 不正确；

税收强制执行的范围内包括家庭使用的轿车，因此选项 B 不正确；

取得工薪收入的个人不属于从事生产、经营的纳税人，所以税务机关不能对未按期缴纳工薪收入个人所得税的个人实施税收强制执行措施，因此选项 D 不正确。

【答案】C

（五）欠税清缴制度★

欠税清缴制度的措施	主要规定
严格控制欠税审批权限	缓缴税款的审批权限集中在省、自治区、直辖市税务局
规定限期缴税时限	从事生产、经营的纳税人、扣缴义务人未按照规定的期限缴纳或者解缴税款的，纳税担保人未按照规定的期限缴纳所担保的税款的，由税务机关发出限期缴纳税款通知书，责令缴纳或者解缴税款的最长期限不得超过 15 日
税款优先	税收优先于无担保的债权
	纳税人欠缴的税款发生在纳税人以其财产设定抵押、质押、被留置之前的，税收应当优先于抵押权、质权、留置权的执行
	纳税人欠税的同时被税务机关或其他行政机关处以罚款、没收非法所得，税收优先于罚款、没收非法所得
建立欠税清缴制度	扩大阻止出境对象的范围
	建立改制纳税人欠税的清缴制度
	大额欠税处分财产报告制度
	对欠税纳税人可行使代位权、撤销权
	建立欠税公告制度

名师点拨

企业破产清算程序中的税收优先原则受《破产法》约束，有担保的债权偿付后的余额才能体现税收优先。

经典题解

【例题 23·单选题】根据《税收征收管理法》及其实施细则的规定，欠缴税款

数额较大的纳税人在处分其不动产或者大额资产之前，应当向税务机关报告。欠缴税款数额较大是指欠缴税款在（　　）。

A. 2 万元以上　　B. 3 万元以上

C. 4 万元以上　　D. 5 万元以上

【解析】按照《征管法》第 49 条和《实施细则》第 77 条的规定，欠税数额在 5 万元以上的纳税人，在处分其不动产或者大额资产之前，应当向税务机关报告。

【答案】D

（六）税款的退还和追征制度★★

纳税人超过应纳税额缴纳的税款，税务机关发现后应当立即退还；纳税人自结算缴纳税款之日起 3 年内发现的，可以向税务机关要求退还多缴的税款并加算银行同期存款利息。

因税务机关责任，致使纳税人、扣缴义务人未缴或者少缴税款的，税务机关在 3 年内可要求纳税人、扣缴义务人补缴税款，但不得加收滞纳金。因纳税人、扣缴义务人计算等失误，未缴或者少缴税款的，税务机关在 3 年内可以追征税款、滞纳金；有特殊情况的追征期可延长至 5 年。对偷税（逃避缴纳税款）、抗税、骗税的，税务机关追征其未缴或少缴的税款、滞纳金或者所骗取的税款，不受上述期限限制。

这里应与关税相关规定对比记忆。（此表在关税一章也曾出现）

情况	关税规定	征管法规定
溢征	海关发现后应立即退回；纳税人发现自缴纳税款之日起 1 年内书面申请退税并加算银行同期存款利息	税务机关发现应立即退回；纳税人发现自结算缴纳税款之日起 3 年内可申请退税并加算银行同期存款利息
补征	海关发现少征或者漏征税款，自缴纳税款或货物、物品放行之日起 1 年内补征	因税务机关责任，致使纳税人、扣缴义务人未缴或者少缴税款的，税务机关可以在 3 年内补征税款，不得加收滞纳金
追征	海关自纳税人缴纳税款或货物、物品放行之日起 3 年内追征，并从缴纳税款或货物、物品放行之日起按日加收少征或漏征税款 0.5‰的滞纳金	（1）纳税人、扣缴义务人计算失误，税务机关在 3 年内追征税款、滞纳金 （2）特殊情况（非故意，累计金额在 10 万元以上的），追征期延长至 5 年 （3）偷（逃）、抗、骗税的，无追征期限制，按日加收未缴或少缴税款 0.5‰的滞纳金

经典题解

【例题 24·单选题】下列关于税款追征的表述中，正确的是（　　）。

A. 因税务机关责任，致使纳税人少缴税款的，税务机关在 3 年内可要求纳税人补缴税款，但不加收滞纳金

B. 因税务机关责任，致使纳税人少缴税款的，税务机关在 3 年内可要求纳税人补缴税款并按银行同期利率加收滞纳金

C. 对于纳税人偷税（逃避缴纳税款）、抗税和骗取税款的，税务机关在 20 年内可以追征税款、滞纳金；有特殊情况的，追征期可延长到 30 年

D. 因纳税人计算等失误，未缴或者少缴税款的，税务机关在 3 年内可以追征税款、滞纳金；有特殊情况的，追征期可延长到 10 年

【解析】因税务机关责任，致使纳税人、扣缴义务人未缴或者少缴税款的，税务机关在 3 年内可要求纳税人、扣缴义务人补缴税款，但是不得加收滞纳金，所以选项 A 正确而选项 B 错误。

对偷税（逃避缴纳税款）、抗税、骗税的，税务机关追征其未缴或者少缴的税款、滞纳金或者所骗取的税款，无追征期限制，所以选项 C 错误。

因纳税人、扣缴义务人计算等失误，未缴或者少缴税款的，税务机关在 3 年内可以追征税款、滞纳金；有特殊情况的，追征期可以延长到 5 年，所以选项 D 错误。

【答案】A

【真题 25·单选题】下列关于退还纳税人多缴税款的表述中，正确的是（　　）。（2014 年）

A. 纳税人发现多缴税款但距缴款日期已超过 3 年的，税务机关不再退还多缴税款

B. 税务机关发现多缴税款的，在退还税款的同时，应一并计算银行同期存款利息

C. 税务机关发现多缴税款但距缴款日期已超过 3 年的，税务机关不再退还多缴税款

D. 纳税人发现当年预缴企业所得税款超过应缴税额的，可要求退款并加算银行同期存款利息

【解析】选项 A：纳税人自结算缴纳税款之日起 3 年内发现的，可以向税务机关要求退还多缴的税款并加算银行同期存款利息，税务机关及时查实后应当立即退还，但超过 3 年退还时限的不能再申请多缴税款的退还；

选项 B：税务机关发现的，没有加算银行同期存款利息的规定；

选项 C：纳税人超过应纳税额缴纳的税款，税务机关不论何时发现均应当立即退还，没有时限规定；

选项 D：当年预缴企业所得税款超过应缴税额的，汇算清缴退税时不加算银行同期存款利息。

【答案】A

（七）企业破产清算程序中的税收征管★★

【解释】为了协调《税收征收管理法》与《企业破产法》两部法律之间规定的冲突，更好保护其他债权人利益，促进市场经济发展，自 2020 年 3 月 1 日起，企业破产清算程序中的税收债权适用下列规定处理：

要点	具体规定
申报的税收债权范围	包括企业所欠税款（含教育费附加、地方教育附加，下同）、滞纳金、罚款，以及因特别纳税调整产生的利息
税收债权金额的计算	企业欠缴税款、滞纳金、罚款，以及因特别纳税调整产生的利息，以人民法院裁定受理破产申请之日为截止日计算确定

要点	具体规定
受偿顺序	按照《企业破产法》相关规定进行申报处理税收债权，即：根据《税收征管法》第四十五条，税收优先于欠缴税款发生之后的担保债权；企业破产法中，有担保的债权优先受偿，剩余财产在优先清偿破产费用和共益债务后，再按规定顺序清偿。本规定明确税务机关按照企业破产法相关规定进行申报，则税收债权（税款）不再执行《税收征管法》的优于担保债权的规定
	滞纳金、因特别纳税调整产生的利息按照普通破产债权申报。即：破产企业在破产案件受理前因欠缴税款产生的滞纳金、因特别纳税调整产生的利息属于普通破产债权，与其他普通债权处于同等地位，按照比例进行分配受偿

经典题解

【真题26·多选题】企业破产清算时涉及的下列款项中，税务机关在人民法院公告的债权申报期限内，应向管理人申报的有（　　）。（2020年）

A. 所欠各种税款

B. 因特别纳税调整产生的利息

C. 企业欠缴的教育费附加

D. 滞纳金及罚款

【解析】税务机关在人民法院公告的债权申报期限内，向管理人申报企业所欠税款（含教育费附加、地方教育附加）、滞纳金及罚款。因特别纳税调整产生的利息，也应一并申报。

【答案】ABCD

（八）《无欠税证明》开具服务★

《无欠税证明》是指税务机关依纳税人申请，根据税收征管信息系统所记载的信息，为纳税人开具的表明其不存在欠税情形的证明。

纳税人因境外投标、企业上市等需要，确需开具《无欠税证明》的，可以向主管税务机关申请办理。

【解释】所称“不存在欠税情形”，是指纳税人在税收征管信息系统中，不存在应申报未申报记录且无下列应缴未缴的税款：

（1）办理纳税申报后，纳税人未在税款缴纳期限内缴纳的税款；

（2）经批准延期缴纳的税款期限已满，纳税人未在税款缴纳期限内缴纳的税款；

（3）税务机关检查已查定纳税人的应补税额，纳税人未缴纳的税款；

（4）税务机关根据《征收管理法》核定纳税人的应纳税额，纳税人未在税款缴纳期限内缴纳的税款；

（5）纳税人的其他未在税款缴纳期限内缴纳的税款。

不同纳税人申请开具《无欠税证明》的办理规程有所不同：

已实行实名办税的纳税人	办税人员持有效身份证件直接申请开具，无须提供登记证照副本或税务登记证副本

未办理实名办税的纳税人	区分以下情况提供相关有效证件： （1）单位纳税人和个体工商户，提供市场监管部门或其他登记机关发放的登记证照副本或税务登记证副本，以及经办人有效身份证件 （2）自然人纳税人，提供本人有效身份证件；委托他人代为申请开具的，还需一并提供委托书、委托人及受托人有效身份证件

对申请开具《无欠税证明》的纳税人，证件齐全的，主管税务机关应当受理其申请。经查询税收征管信息系统，符合开具条件的，主管税务机关应当即时开具《无欠税证明》；不符合开具条件的，不予开具并向纳税人告知未办结涉税事宜。

第四节　税务检查

使用“会计云课堂”App或“微信”扫码查看本节视频，快速GET知识点。

考点1：税务检查的形式与方法★

基本要点	主要规定
税务检查的形式	重点检查、分类计划检查、集中性检查、临时性检查、专项检查
税务检查的方法	全查法、抽查法、顺查法、逆查法、现场检查法、调账检查法、比较分析法、控制计算法、审阅法、核对法、观察法、外调法、盘存法、交叉稽核法

经典题解

【真题27·多选题】下列方法中，属于税务检查方法的有（　　）。（2016年）

A. 顺查法　　B. 比较分析法

C. 交叉稽核法　　D. 逆查法

【名师点题】属于记忆性考点，考查考生对税务检查方法的了解程度。

【答案】ABCD

考点2：税务检查的职责★★

基本要点	主要规定
税务检查的权利	查账权（现场检查和调账检查）、生产经营场所检查权、责成提供资料权、询问权、交通要道和邮政企业查证权、查询存款账户权 税务机关调查税务违法案件时，对与案件有关的情况和资料，可以记录、录音、录像、照相和复制

要点小贴士

（1）不能检查生活场所；

（2）经县以上税务局（分局）局长批准查询生产经营纳税人、扣缴义务人存款账户；

（3）经设区的市、自治州以上税务局（分局）局长批准查询案件涉嫌人员储蓄存款。

基本要点	主要规定
调账检查基本规则	（1）经县以上税务局（分局）局长批准，税务机关可以将纳税人、扣缴义务人以前会计年度的账簿、记账凭证、报表和其他有关资料调回检查，要向纳税人、扣缴义务人开具清单并在 3 个月内完整退还 （2）有特殊情况的，经设区的市、自治州以上税务局局长批准，税务机关可以将纳税人、扣缴义务人当年的账簿、记账凭证、报表和其他有关资料调回检查，但税务机关必须在 30 日内退还
检查时应出具证件	税务机关派出人员在进行检查时，应当出示税务检查证和税务检查通知书

考点妙记

调账需要开清单，局长批准分两级；往年账证县以上，3 个月内要归还；当年设区市自州，30 天内速退还。

经典题解

【例题 28·多选题】根据《税收征管法》的规定，税务机关有权（　　）。

A. 检查纳税人的账簿、记账凭证、报表和有关资料

B. 到纳税人的生活场所检查纳税人应纳税的商品、货物或者其他财产

C. 到车站、码头、机场、邮政企业及其分支机构检查纳税人托运、邮寄应纳税商品、货物或者其他财产的有关单据、凭证和有关资料

D. 询问纳税人、扣缴义务人与纳税或者代扣代缴、代收代缴税款有关的问题和情况

【解析】税务机关有查账权、生产经营场所检查权、交通要道和邮政企业查证权、询问权，但无权检查纳税人生活场所。

【答案】ACD

第五节　法律责任

使用“会计云课堂”App 或“微信”扫码查看本节视频，快速 GET 知识点。

考点 1：违反税务管理基本规定行为的处罚★★

1. 根据《征管法》第六十条和《实施细则》第九十条规定：纳税人有下列行为之一的，由税务机关责令限期改正，可以处 2000 元以下的罚款；情节严重的，处 2000 元以上 10000 元以下的罚款：

（1）未按照规定的期限申报办理税务登记、变更或者注销税务登记的。

（2）未按照规定设置、保管账簿或者保管记账凭证和有关资料的。

（3）未按照规定将财务、会计制度或者财务、会计处理办法和会计核算软件报送税务机关备查的。

（4）未按照规定将其全部银行账号向税务机关报告的。

（5）未按照规定安装、使用税控装置，或者损毁、擅自改动税控装置的。

（6）纳税人未按照规定办理税务登记证件验证或者换证手续的。

【解释】上述违章处罚属于税务行政处罚。纳税人存在上述行为的，税务机关责令限期改正，并可处以罚款。也就是说，不管改与不改，均可处以罚款。

2. 对不办理税务登记的纳税人，由税务机关责令限期改正，逾期不改的，由工商行政管理机关吊销其营业执照。

3. 纳税人通过提供虚假的证明资料等手段，骗取税务登记证的，处 2000 元以下的罚款；情节严重的，处 2000 元以上 10000 元以下的罚款。纳税人涉嫌其他违法行为的，按有关法律、行政法规的规定处理。

经典题解

【真题 29 · 单选题】下列行为中，由税务机关责令限期改正，并可处以 2000 元以下罚款的是（　　）。（2021 年）

A. 未按规定使用税务登记证件的

B. 当期进项税额未按规定进行认证的

C. 未按规定将其全部银行账号向税务机关报告的

D. 以自产货物对外捐赠未视同销售的

【答案】C

考点 2：扣缴义务人税务违章的处罚 ★★

违章行为	违章处理规定
未按照规定办理扣缴税款登记	税务机关应当自发现之日起 3 日内责令限期改正，并可处以 1000 元以下的罚款
未按规定设置、保管账簿及有关资料	扣缴义务人未按照规定设置、保管代扣代缴、代收代缴税款账簿或者保管代扣代缴、代收代缴税款记账凭证及有关资料的，由税务机关责令限期改正，可以处 2000 元以下的罚款；情节严重的，处 2000 元以上 5000 元以下的罚款
未按期申报纳税	扣缴义务人未按照规定的期限向税务机关报送代扣代缴、代收代缴税款报告表和有关资料的，由税务机关责令限期改正，可以处 2000 元以下的罚款；情节严重的，可以处 2000 元以上 10000 元以下的罚款
未履行扣缴义务	扣缴义务人应扣未扣、应收未收税款的，由税务机关向纳税人追缴税款，对扣缴义务人处应扣未扣、应收未收税款 50% 以上 3 倍以下的罚款
偷税（逃避缴纳税款）行为——扣缴义务人扣而不缴	（1）扣缴义务人采取伪造、变造、隐匿、擅自销毁账簿、记账凭证等手段，不缴或者少缴已扣、已收税款的，税务机关将追缴其不缴或少缴的税款、滞纳金，并处不缴或少缴税款 50% 以上 5 倍以下的罚款；构成犯罪的，依法追究刑事责任 （2）扣缴义务人采取欺骗、隐瞒手段，不缴或者少缴已扣、已收税款，数额较大的，依照相关规定处罚 对多次实施上述行为，未经处理的，按照累计数额计算

违章行为	违章处理规定
虚假申报	扣缴义务人编造虚假计税依据的，由税务机关责令限期改正，并处50000元以下的罚款

经典题解

【例题30·单选题】根据《税收征收管理法》规定，扣缴义务人应扣未扣、应收未收税款的，由税务机关向纳税人追缴税款，对扣缴义务人处一定数额的罚款。其罚款限额是（　　）。

A. 2000元以下

B. 2000元以上5000元以下

C. 应扣未扣、应收未收税款50%以上3倍以下

D. 应扣未扣、应收未收税款50%以上5倍以下

【解析】扣缴义务人应扣未扣、应收未收税款的，由税务机关向纳税人追缴税款，对扣缴义务人处应扣未扣、应收未收税款50%以上3倍以下的罚款。

【答案】C

考点3：对纳税人偷税（逃避缴纳税款）、骗税、抗税、欠税、虚假申报、不申报行为的认定及其法律责任★★

种类	行为特征	处罚规定
偷税（逃避缴纳税款）	《征管法》规定：纳税人采取伪造、变造、隐匿、擅自销毁账簿、记账凭证，或者在账簿上多列支出或者不列、少列收入，或者经税务机关通知申报而拒不申报或者进行虚假的纳税申报的手段，不缴或者少缴应纳税款的，是偷税（注：教材使用了逃避缴纳税款的刑法概念） 《刑法》规定：纳税人采取欺骗、隐瞒手段进行虚假纳税申报或者不申报，逃避缴纳税款数额较大并且占应纳税额10%以上的，属于逃税罪	（1）对于纳税人的偷税（逃避缴纳税款）行为，税务机关将追缴其不缴或少缴的税款、滞纳金，并处不缴或少缴税款50%以上5倍以下的罚款；构成犯罪的，依法追究刑事责任 （2）对于逃税罪，依《刑法》追究刑事责任：纳税人采取欺骗、隐瞒手段进行虚假纳税申报或者不申报，逃避缴纳税款数额较大并且占应纳税额10%以上的，处3年以下有期徒刑或者拘役，并处罚金；数额巨大并且占应纳税额30%以上的，处3年以上7年以下有期徒刑，并处罚金 【提示1】对多次实施上述行为，未经处理的，按照累计数额计算 【提示2】有上述行为，经税务机关依法下达追缴通知后，补缴应纳税款，缴纳滞纳金，已受行政处罚的，不予追究刑事责任；但是5年内因逃避缴纳税款受过刑事处罚或者被税务机关给予两次以上行政处罚的除外

名师点拨：2009年2月28日，全国人大常委会修订了《刑法》中关于偷税的概念（改为逃避缴纳税款）和追究刑事责任的标准。

考点妙记：初犯改过不判刑。

种类	行为特征	处罚规定
骗税	以假报出口等欺骗手段，骗取国家出口退税款的	（1）由税务机关追缴其骗取的退税款，并处骗取税款1倍以上5倍以下的罚款；构成犯罪的，依法追究刑事责任 （2）骗取国家出口退税款的，税务机关可以在规定期间内停止为其办理出口退税
抗税	以暴力、威胁方法拒不缴纳税款的	除由税务机关追缴其拒缴的税款、滞纳金外，依法追究刑事责任。情节轻微，未构成犯罪的，由税务机关追缴其拒缴的税款、滞纳金，并处拒缴税款1倍以上5倍以下的罚款；触及刑法的，处3年以下有期徒刑或者拘役，并处拒缴税款1倍以上5倍以下罚金；情节严重的，处3年以上7年以下有期徒刑，并处拒缴税款1倍以上5倍以下罚金
欠税	（1）纳税人在规定期限内不缴或者少缴应纳税款（这里包括税务机关未批准延期纳税的情况），经税务机关责令限期缴纳，但纳税人逾期未缴的 （2）纳税人采取欺骗、隐瞒等手段提供担保，造成应缴税款损失的	税务机关责令限期缴纳，逾期未缴纳的，除采用强制执行措施追缴其不缴或者少缴的税款以外，可处不缴或少缴税款50%以上5倍以下的罚款
逃避追缴欠税	纳税人欠缴应纳税款，采取转移或者隐匿财产的手段妨碍税务机关追缴欠缴税款的	由税务机关追缴欠缴的税款、滞纳金，并处欠缴税款50%以上5倍以下的罚款；构成犯罪的，依法追究刑事责任
虚假申报	纳税人编造虚假计税依据的	由税务机关责令限期改正，并处5万元以下的罚款
不进行申报	纳税人不进行纳税申报，不缴或少缴应纳税款的	由税务机关追缴其不缴或少缴的税款、滞纳金，并处不缴或少缴税款50%以上5倍以下的罚款

要点小贴士

骗取出口退税和抗税情节严重的，要承担刑事责任。对骗税、抗税，税务行政处罚下限是1倍。

【拓展】偷税（逃避缴纳税款）是税法考试的经常性考点之一，考生要特别注意偷税的绝对额和相对额会直接影响对偷税行为和逃税罪的区分。

（1）绝对额——不含教育费附加、地方教育附加及非税款项。

（2）相对额——关于偷税比例的认定：

偷税比例 = 偷税税额 ÷（偷税税额 + 已纳税额）× 100%

考点4：违反税务代理的法律责任★★

税务代理人违反税收法律、行政法规，造成纳税人未缴或者少缴税款的，除由纳税人缴纳或者补缴应纳税款、滞纳金外，对税务代理人处纳税人未缴或者少缴税款50%以上3倍以下的罚款。

第六节　纳税担保和抵押

使用"会计云课堂"App或"微信"扫码查看本节视频，快速GET知识点。

考点1：纳税担保与纳税保证★

1. 纳税担保与纳税担保人

纳税担保是指经税务机关同意或确认，纳税人或其他自然人、法人、经济组织以保证、抵押、质押的方式，为纳税人应当缴纳的税款及滞纳金提供担保的行为。

纳税担保人包括以保证方式为纳税人提供纳税担保的纳税保证人和其他以未设置或者未全部设置担保物权的财产为纳税人提供纳税担保的第三人。法律、行政法规规定的没有担保资格的单位和个人，不得作为纳税担保人。

2. 纳税保证与纳税保证人

纳税保证是指纳税保证人向税务机关保证，当纳税人未按照税收法律、行政法规规定或者税务机关确定的期限缴清税款、滞纳金时，由纳税保证人按照约定履行缴纳税款及滞纳金的行为。税务机关认可的，保证成立；税务机关不认可的，保证不成立。

纳税保证人是指在中国境内具有纳税担保能力的自然人、法人或者其他经济组织。

【提示1】纳税保证属于纳税担保的一种方式。法人或其他经济组织财务报表资产净值超过需要担保的税额及滞纳金2倍以上的，自然人、法人或其他经济组织所拥有或者依法可以处分的未设置担保的财产的价值超过需要担保的税额及滞纳金的，为具有纳税担保能力。

要点小贴士

记忆不能作为纳税保证人的情况。

【提示2】国家机关、学校、幼儿园、医院等事业单位、社会团体不得作为纳税保证人。企业法人的职能部门不得作为纳税保证人。企业法人的分支机构有法人书面授权的，可以在授权范围内提供纳税担保。不能作为保证人的7种情况：①2年内因特定违法行为被追究过法律责任；②违法行为正被立案处理或侦查；③信誉低（C级以下）；④有欠税；⑤有担保关联关系；⑥无或限制民事行为能力；⑦本市（地、州）无住所的自然人或税务登记不在本市（地、州）的企业。

经典题解

【真题31·多选题】具有特殊情形的企业不得作为纳税保证人，下列各项属于该特殊情形的有（　　）。（2015年）

A. 有欠税行为的

B. 因有税收违法行为正在被税务机关立案处理的

C. 与纳税人存在担保关联关系的

D. 纳税信誉等级被评为 C 级以下的

【名师点题】不能作为纳税保证人的情形属于高频考点，2018 年考到与 2015 年几乎一样的选项。

【解析】有下列情形之一的，不得作为纳税保证人：（1）有偷税（逃避缴纳税款）、抗税、骗税、逃避追缴欠税行为被税务机关、司法机关追究过法律责任未满 2 年的；（2）因有税收违法行为正在被税务机关立案处理或涉嫌刑事犯罪被司法机关立案侦查的；（3）纳税信誉等级被评为 C 级以下的；（4）在主管税务机关所在地的市（地、州）没有住所的自然人或税务登记不在本市（地、州）的企业；（5）无民事行为能力或限制民事行为能力的自然人；（6）与纳税人存在担保关联关系的；（7）有欠税行为的。

【答案】ABCD

考点 2：纳税担保范围和保证责任★★

基本要点	主要规定
纳税担保范围	包括税款、滞纳金和实现税款、滞纳金的费用。费用包括抵押、质押登记费用，质押保管费用，以及保管、拍卖、变卖担保财产等相关费用支出
用于纳税担保的财产、权利的价值	不得低于应当缴纳的税款、滞纳金，并考虑相关的费用。纳税担保的财产价值不足以抵缴税款、滞纳金的，税务机关应当向提供担保的纳税人或纳税担保人继续追缴
用于纳税担保的财产、权利的价格估算	用于纳税担保的财产、权利的价格估算，除法律、行政法规另有规定外，由税务机关参照同类商品的市场价、出厂价或者评估价估算
适用纳税担保的情形	（1）税务机关有根据认为从事生产、经营的纳税人有逃避纳税义务行为，在规定的纳税期之前经责令其限期缴纳应纳税款，在限期内发现纳税人有明显的转移、隐匿其应纳税的商品、货物以及其他财产或者应纳税收入的迹象，责成纳税人提供纳税担保的 （2）欠缴税款、滞纳金的纳税人或者其法定代表人需要出境的 （3）纳税人同税务机关在纳税上发生争议而未缴清税款，需要申请行政复议的 （4）税收法律、行政法规规定可以提供纳税担保的其他情形 【提示】纳税担保人按照法律规定需要提供纳税担保的，应当按照《纳税担保试行办法》规定的抵押、质押方式，以其财产提供纳税担保；纳税担保人已经以其财产为纳税人向税务机关提供担保的，不再需要提供新的担保
纳税保证责任	纳税人和纳税保证人对所担保的税款及滞纳金承担连带责任。当纳税人在税收法律、行政法规或税务机关确定的期限届满未缴清税款及滞纳金的，税务机关即可要求纳税保证人在其担保范围内承担保证责任，缴纳担保的税款及滞纳金

基本要点	主要规定
纳税保证时限	纳税担保从税务机关在纳税担保书签字盖章之日起生效。保证期间为纳税人应缴纳税款期限届满之日起60日，即税务机关自纳税人应缴纳税款的期限届满之日起60日内有权要求纳税保证人承担保证责任，缴纳税款、滞纳金 履行保证责任的期限为15日，即纳税保证人应当自收到税务机关的纳税通知书之日起15日内履行保证责任，缴纳税款及滞纳金 纳税保证期间内税务机关未通知纳税保证人缴纳税款及滞纳金以承担担保责任的，纳税保证人免除担保责任
纳税保证人的违规处理	纳税人在规定的期限届满未缴清税款及滞纳金，税务机关在保证期限内书面通知纳税保证人的，纳税保证人应按照纳税担保书及约定的范围，自收到纳税通知书之日起15日内缴纳税款及滞纳金，履行担保责任 纳税保证人未按照规定的履行保证责任的期限缴纳税款及滞纳金的，由税务机关发出责令限期缴纳通知书，责令纳税保证人在限期15日内缴纳；逾期仍未缴纳的，经县以上税务局（分局）局长批准，对纳税保证人采取强制执行措施

经典题解

【例题32·多选题】纳税担保是指经税务机关同意或确认，为纳税人应当缴纳的税款及滞纳金提供担保的行为。纳税担保范围包括（　　）。

A. 税款　　B. 滞纳金

C. 实现税款、滞纳金的费用　　D. 实现罚款的费用

【答案】ABC

【例题33·单选题】税务机关自纳税人应缴纳税款的期限届满之日起的一定时限内有权要求纳税保证人承担保证责任，缴纳税款、滞纳金，该规定时限是（　　）。

A. 15日　　B. 30日　　C. 60日　　D. 90日

【答案】C

考点3：纳税抵押与纳税质押★★

基本要点	主要规定
纳税抵押	是指纳税人或纳税担保人不转移对《纳税担保试行办法》第十五条所列财产的占有，将该财产作为税款及滞纳金的担保。纳税人逾期未缴清税款及滞纳金的，税务机关有权依法处置该财产以抵缴税款及滞纳金
纳税质押	是指经税务机关同意，纳税人或纳税担保人将其动产或权利凭证移交税务机关占有，将该动产或权利凭证作为税款及滞纳金的担保。纳税人逾期未缴清税款及滞纳金的，税务机关有权依法处置该动产或权利凭证以抵缴税款及滞纳金 【提示】纳税质押分为动产质押和权利质押

【归纳】可抵押财产和不可抵押财产是高频考点：

可以抵押的财产	不得抵押的财产
（1）抵押人所有的房屋和其他地上定着物 （2）抵押人所有的机器、交通运输工具和其他财产 （3）抵押人依法有权处分的国有的房屋和其他地上定着物 （4）抵押人依法有权处分的国有的机器、交通运输工具和其他财产 （5）经设区的市、自治州以上税务机关确认的其他可以抵押的合法财产 【提示】以依法取得的国有土地上的房屋抵押的，该房屋占用范围内的国有土地使用权同时抵押。以乡（镇）、村企业的厂房等建筑物抵押的，其占用范围内的土地使用权同时抵押	（1）土地所有权 （2）土地使用权，抵押房屋和其他地上定着物占用范围内的除外 （3）学校、幼儿园、医院等以公益为目的的事业单位、社会团体、民办非企业单位的教育设施、医疗卫生设施和其他社会公益设施 【提示】学校、幼儿园、医院等以公益为目的的事业单位、社会团体，可以其教育设施、医疗卫生设施和其他社会公益设施以外的财产为其应缴纳的税款及滞纳金提供抵押 （4）所有权、使用权不明或者有争议的财产 （5）依法被查封、扣押、监管的财产 （6）依法定程序确认为违法、违章的建筑物 （7）法律、行政法规规定禁止流通的财产或者不可转让的财产 （8）经设区的市、自治州以上税务机关确认的其他不予抵押的财产

经典题解

【真题34·单选题】下列各项财产中，可以设定纳税抵押的是（　　）。（2020年）

A. 土地所有权

B. 依法被查封的财产

C. 依法定程序确认为违章的建筑物

D. 依法有权处分的国有房屋

【答案】D

第七节　纳税信用管理和重大税收违法失信主体信息公布管理

使用“会计云课堂”App或“微信”扫码查看本节视频，快速GET知识点。

考点1：纳税信用管理的基本规定★★

纳税信用管理，指税务机关对纳税人的纳税信用信息开展的采集、评估、确定、发布和应用等活动。

要点	规定
纳税信用管理试行办法的适用范围	已办理税务登记，从事生产、经营并适用查账征收的企业纳税人，以及以下企业纳税人： （1）从首次在税务机关办理涉税事宜之日起时间不满一个评价年度的企业（以下简称“新设立企业”）。评价年度是指公历年度，即 1 月 1 日至 12 月 31 日 （2）评价年度内无生产经营业务收入的企业 （3）适用企业所得税核定征收办法的企业 【提示】非独立核算分支机构可自愿参与纳税信用评价
纳税信用信息采集工作组织实施单位	由国家税务总局和省税务机关组织实施，按月采集
纳税信用信息分类	（1）纳税人信用历史信息；（2）税务内部信息；（3）外部信息
纳税信用评估方法	采取年度评价指标得分和直接判级两种方式： （1）近三个评价年度内存在非经常性指标信息的，从 100 分起评；近三个评价年度内没有非经常性指标信息的，从 90 分起评 （2）直接判级适用于有严重失信行为的纳税人
纳税信用评价周期	纳税信用评价周期为一个纳税年度，有下列情形之一的纳税人，不参加本期的评价： （1）纳入纳税信用管理时间不满一个评价年度的 （2）因涉嫌税收违法被立案查处尚未结案的 （3）被审计、财政部门依法查出税收违法行为，税务机关正在依法处理，尚未办结的 （4）已申请税务行政复议、提起行政诉讼尚未结案的 （5）其他不应参加本期评价的情形

名师点拨

纳入纳税信用管理时间不满一个评价年度的，不参加本期评价，但并不意味着不适用纳税信用管理试行办法。按照规定，未发生规定失信行为的新设立企业适用 M 级纳税信用。

【提示】纳税信用级别设 A、B、M、C、D 五级：

1. A 级纳税信用为年度评价指标得分 90 分以上的。

有下列情形之一的纳税人，本评价年度不能评为 A 级：

（1）实际生产经营期不满 3 年的。

（2）上一评价年度纳税信用评价结果为 D 级的。

（3）非正常原因一个评价年度内增值税连续 3 个月或者累计 6 个月零申报、负申报的。

（4）不能按照国家统一的会计制度规定设置账簿，并根据合法、有效凭证核算，向税务机关提供准确税务资料的。

2. B 级纳税信用为年度评价指标得分 70 分以上不满 90 分的。

3. 未发生后述第 5 项所列失信行为的下列企业适用 M 级纳税信用：

（1）新设立企业。

（2）评价年度内无生产经营业务收入且年度评价指标得分 70 分以上的企业。

4. C 级纳税信用为年度评价指标得分 40 分以上不满 70 分的。

5. D 级纳税信用为年度评价指标得分不满 40 分或者直接判级确定的。

有下列情形之一的纳税人，本评价年度直接判为 D 级：

（1）存在偷税（逃避缴纳税款）、逃避追缴欠税、骗取出口退税、虚开增值税专用发票等行为，经判决构成涉税犯罪的。

（2）存在第（1）项所列行为，未构成犯罪，但偷税（逃避缴纳税款）金额 10 万元以上且占各税种应纳税总额 10% 以上，或者存在逃避追缴欠税、骗取出口退税、虚开增值税专用发票等税收违法行为，已缴纳税款、滞纳金、罚款的。

（3）在规定期限内未按税务机关处理结论缴纳或者足额缴纳税款、滞纳金和罚款的。

（4）以暴力、威胁方法拒不缴纳税款或者拒绝、阻挠税务机关依法实施税务稽查执法行为的。

（5）存在违反增值税发票管理规定或者违反其他发票管理规定的行为，导致其他单位或者个人未缴、少缴或者骗取税款的。

（6）提供虚假申报材料享受税收优惠政策的。

（7）骗取国家出口退税款，被停止出口退（免）税资格未到期的。

（8）有非正常户记录或者由非正常户直接责任人员注册登记或者负责经营的。

（9）由 D 级纳税人的直接责任人员注册登记或者负责经营的。

（10）存在税务机关依法认定的其他严重失信情形的。

6. 纳税人有下列情形的，不影响其纳税信用评价：

（1）由于税务机关原因或者不可抗力，造成纳税人未能及时履行纳税义务的。

（2）非主观故意的计算公式运用错误以及明显的笔误造成未缴或者少缴税款的。

（3）国家税务总局认定的其他不影响纳税信用评价的情形。

【注意】自 2021 年度纳税信用评价起，税务机关按照“首违不罚”相关规定对纳税人不予行政处罚的，相关记录不纳入纳税信用评价。（新增）

经典题解

【真题 35 · 单选题】下列关于纳税信用管理的表述中，符合规定的是（　　）。（2019 年）

A. 税务机关每年 2 月确定上一年度纳税信用评价结果

B. 实际生产经营期不满三年的纳税人，本评价年度不能评为 B 级

C. 年度内无生产经营业务收入的企业，不参加本期评价

D. 以直接判级进行纳税信用评价适用于有严重失信行为纳税人

【解析】选项 A：税务机关每年 4 月确定上一年度纳税信用评价结果。

选项 B：实际生产经营期不满 3 年的，本评价年度不能评为 A 级。

选项 C：有下列情形之一的纳税人，不参加本期的评价：（1）纳入纳税信用管理时间不满一个评价年度的；（2）因涉嫌税收违法被立案查处尚未结案的；（3）被审计、财政部门依法查出税收违法行为，税务机关正在依法处理，尚未办结的；（4）已申请税务行政复议、提起行政诉讼尚未结案的；（5）其他不应参加本期评价的情形。

【答案】D

【例题 36·单选题】未发生涉税违法违规失信行为的新设立企业、评价年度内无生产经营业务收入且年度评价指标得分 70 分以上的企业，纳税信用级别为（　　）。

A. A 级　　B. B 级

C. C 级　　D. M 级

【答案】D

【例题 37·多选题】为深入贯彻落实国务院“放管服”改革精神，优化税收营商环境，完善纳税信用体系，税务机关实施的纳税信用管理事项有（　　）。

A. 非独立核算分支机构不得参与纳税信用评价

B. 近三个评价年度内存在非经常性指标信息的，从 90 分起评

C. 对于因评价指标得分评为 D 级的纳税人，次年评价时加扣 11 分

D. 对于因直接判级评为 D 级的纳税人，D 级评价保留两年、第三年纳税信用不得评价为 A 级

【解析】选项 A，2020 年 11 月 1 日起，非独立核算分支机构可自愿参与纳税信用评价。

选项 B，自开展 2020 年度评价时起，调整纳税信用评价计分方法中的起评分规则。近三个评价年度内存在非经常性指标信息的，从 100 分起评；近三个评价年度内没有非经常性指标信息的，从 90 分起评。

【答案】CD

考点 2：纳税信用修复★★

（一）修复条件

纳入纳税信用管理的企业纳税人，符合下列条件之一的，可在规定期限内向主管税务机关申请纳税信用修复：

（1）纳税人发生未按法定期限办理纳税申报、税款缴纳、资料备案等事项且已补办的。

（2）未按税务机关处理结论缴纳或者足额缴纳税款、滞纳金和罚款，未构成犯罪，纳税信用级别被直接判为 D 级的纳税人，在税务机关处理结论明确的期限期满后 60 日内足额缴纳、补缴的。

（3）纳税人履行相应法律义务并由税务机关依法解除非正常户状态的。

（4）破产企业或其管理人在重整或和解程序中，已依法缴纳税款、滞纳金、罚款，并纠正相关纳税信用失信行为的。（新增）

（5）因确定为重大税收违法失信主体，纳税信用直接判为 D 级的纳税人，失信主体信息已按照国家税务总局相关规定不予公布或停止公布，申请前连续 12 个月没有新增纳税信用失信行为记录的。（新增）

（6）由纳税信用 D 级纳税人的直接责任人员注册登记或者负责经营，纳税信用关联评价为 D 级的纳税人，申请前连续 6 个月没有新增纳税信用失信行为记录的。（新增）

（7）因其他失信行为纳税信用直接判为 D 级的纳税人，已纠正纳税信用失信

行为、履行税收法律责任，申请前连续12个月没有新增纳税信用失信行为记录的。（新增）

（8）因上一年度纳税信用直接判为D级，本年度纳税信用保留为D级的纳税人，已纠正纳税信用失信行为、履行税收法律责任或失信主体信息已按照国家税务总局相关规定不予公布或停止公布，申请前连续12个月没有新增纳税信用失信行为记录的。（新增）

（二）修复申请

1. 符合上述第（一）点第（1）条所列条件且失信行为已纳入纳税信用评价的，纳税人可在失信行为被税务机关列入失信记录的次年年底前向主管税务机关提出信用修复申请，税务机关按照《纳税信用修复范围及标准》调整该项纳税信用评价指标分值，重新评价纳税人的纳税信用级别；符合上述第（一）点第（1）条所列条件但失信行为尚未纳入纳税信用评价的，纳税人无须提出申请，税务机关按照《纳税信用修复范围及标准》调整纳税人该项纳税信用评价指标分值并进行纳税信用评价。

2. 符合上述第（一）点第（2）、（3）条所列条件的，纳税人可在纳税信用被直接判为D级的次年年底前向主管税务机关提出申请，税务机关根据纳税人失信行为纠正情况调整该项纳税信用评价指标的状态，重新评价纳税人的纳税信用级别，但不得评价为A级。

要点小贴士

D级不能直升A级：上年信用评价结果为D级的，本年度不能评价为A级。被直接判为D级的纳税人申请纳税信用修复的，也不得评价为A级。

3. 非正常户失信行为纳税信用修复一个纳税年度内只能申请一次。纳税年度自公历1月1日起至12月31日止。

（三）修复

主管税务机关自受理纳税信用修复申请之日起15个工作日内完成审核，并向纳税人反馈信用修复结果。纳税信用修复完成后，纳税人按照修复后的纳税信用级别适用相应的税收政策和管理服务措施，之前已适用的税收政策和管理服务措施不作追溯调整。

经典题解

【真题38·单选题】下列关于纳税信用修复的表述中，符合税法规定的是（ ）。（2020年）

A. 非正常户失信行为一个纳税年度内可申请两次纳税信用修复

B. 纳税人履行相应法律义务并由税务机关依法解除非正常户状态的，可在规定期限内向税务机关申请纳税信用修复

C. 主管税务机关自受理纳税信用修复申请之日起30日内完成审核，并向纳税人反馈结果

D. 纳税信用修复完成后，纳税人之前已适用的税收政策和管理服务措施要作追溯调整

【解析】选项A：非正常户失信行为纳税信用修复一个纳税年度内只能申请一次。

选项C：主管税务机关自受理纳税信用修复申请之日起15个工作日内完成审核，并向纳税人反馈信用修复结果。

选项D：纳税信用修复完成后，纳税人按照修复后的纳税信用级别适用相应的税收政策和管理服务措施，之前已适用的税收政策和管理服务措施不作追溯调整。

【答案】B

考点3：重大税收违法失信主体信息公布管理★★（新增）

税务机关应依照规定，确定重大税收违法失信主体，向社会公布失信信息，并将信息通报相关部门实施监管和联合惩戒。

重大税收违法失信主体信息公布管理应当遵循依法行政、公平公正、统一规范、审慎适当的原则。

各级税务机关应当依法保护税务行政相对人合法权益，对重大税收违法失信主体信息公布管理工作中知悉的国家秘密、商业秘密或者个人隐私、个人信息，应当依法予以保密。

【提示1】所称"重大税收违法失信主体"（以下简称"失信主体"）是指有下列情形之一的纳税人、扣缴义务人或者其他涉税当事人（以下简称"当事人"）：

（1）伪造、变造、隐匿、擅自销毁账簿、记账凭证，或者在账簿上多列支出或者不列、少列收入，或者经税务机关通知申报而拒不申报或者进行虚假的纳税申报，不缴或者少缴应纳税款100万元以上，且任一年度不缴或者少缴应纳税款占当年各税种应纳税总额10%以上的，或者采取前述手段，不缴或者少缴已扣、已收税款，数额在100万元以上的。

（2）欠缴应纳税款，采取转移或者隐匿财产的手段，妨碍税务机关追缴欠缴的税款，欠缴税款金额100万元以上的。

（3）骗取国家出口退税款的。

（4）以暴力、威胁方法拒不缴纳税款的。

（5）虚开增值税专用发票或者虚开用于骗取出口退税、抵扣税款的其他发票的。

（6）虚开增值税普通发票100份以上或者金额400万元以上的。

（7）私自印制、伪造、变造发票，非法制造发票防伪专用品，伪造发票监制章的。

（8）具有偷税（逃避缴纳税款）、逃避追缴欠税、骗取出口退税、抗税、虚开发票等行为，在稽查案件执行完毕前，不履行税收义务并脱离税务机关监管，经税务机关检查确认走逃（失联）的。

（9）为纳税人、扣缴义务人非法提供银行账户、发票、证明或者其他方便，导致未缴、少缴税款100万元以上或者骗取国家出口退税款的。

（10）税务代理人违反税收法律、行政法规造成纳税人未缴或者少缴税款100万元以上的。

（11）其他性质恶劣、情节严重、社会危害性较大的税收违法行为。

【提示2】税务机关应当在作出确定失信主体决定前向当事人送达告知文书，告知其依法享有陈述、申辩的权利。对纳入纳税信用评价范围的当事人，还应当告知其拟适用D级纳税人管理措施。

当事人在税务机关告知后5日内，可以书面或者口头提出陈述、申辩意见。当事人口头提出陈述、申辩意见的，税务机关应当制作陈述申辩笔录，并由当事人签章。

经设区的市、自治州以上税务局局长或者其授权的税务局领导批准，税务机关在规定的申请行政复议或提起行政诉讼期限届满，或者行政复议决定、人民法院判决或裁定生效后，于30日内制作失信主体确定文书，并依法送达当事人。

【提示3】税务机关应当在失信主体确定文书送达后的次月15日内，向社会公布下列信息：

（1）失信主体基本情况。

（2）失信主体的主要税收违法事实。

（3）税务处理、税务行政处罚决定及法律依据。

（4）确定失信主体的税务机关。

（5）法律、行政法规规定应当公布的其他信息。

对依法确定为国家秘密的信息，法律、行政法规禁止公开的信息，以及公开后可能危及国家安全、公共安全、经济安全、社会稳定的信息，税务机关不予公开。

【提示4】税务机关对按规定确定的失信主体，纳入纳税信用评价范围的，按照纳税信用管理规定，将其纳税信用级别判为D级，适用相应的D级纳税人管理措施。

失信主体信息自公布之日起满3年的，税务机关在5日内停止信息公布。

经典题解

【例题39·多选题】有下列情形之一的纳税人、扣缴义务人或者其他涉税当事人，税务机关确定其为失信主体有（　　）。

A. 骗取国家出口退税款的

B. 以暴力、威胁方法拒不缴纳税款的

C. 虚开增值税普通发票金额100万元以上的

D. 税务代理人违反税收法律、行政法规造成纳税人未缴或者少缴税款100万元以上的

【答案】ABD

第八节 税收违法行为检举管理办法

使用“会计云课堂”App或“微信”扫码查看本节视频，快速GET知识点。

考点1：税收违法行为的检举★

所称检举，是指单位、个人采用书信、电话、传真、网络、来访等形式，向税务机关提供纳税人、扣缴义务人税收违法行为线索的行为。检举人可以实名检举，也可以匿名检举。

所称税收违法行为，是指涉嫌偷税（逃避缴纳税款），逃避追缴欠税，骗税，虚开、伪造、变造发票，以及其他与逃避缴纳税款相关的税收违法行为。

税务机关应当向社会公布举报中心的电话（传真）号码、通讯地址、邮政编码、

网络检举途径，设立检举接待场所和检举箱。税务机关同时通过12366纳税服务热线接收税收违法行为检举。

考点2：税收违法行为检举的工作流程★★

要点	规定
政策目的	为了保障单位、个人依法检举纳税人、扣缴义务人违反税收法律、行政法规行为的权利，规范检举秩序
不予受理的检举	举报中心对接收的检举事项，应当及时审查，有下列情形之一的，不予受理： （1）无法确定被检举对象，或者不能提供税收违法行为线索的 （2）检举事项已经或者依法应当通过诉讼、仲裁、行政复议以及其他法定途径解决的 （3）对已经查结的同一检举事项再次检举，没有提供新的有效线索的 除前款规定外，举报中心自接收检举事项之日起即为受理 举报中心可以应实名检举人要求，视情况采取口头或者书面方式解释不予受理原因
管辖争议的处理	检举事项管辖有争议的，由争议各方本着有利于案件查处的原则协商解决；不能协商一致的，报请共同的上一级税务机关协调或者决定
检举事项的处理	检举事项受理后，应当分级分类，按照以下方式处理： （1）检举内容详细、税收违法行为线索清楚、证明资料充分的，由稽查局立案检查 （2）检举内容与线索较明确但缺少必要证明资料，有可能存在税收违法行为的，由稽查局调查核实。发现存在税收违法行为的，立案检查；未发现的，作查结处理 （3）检举对象明确，但其他检举事项不完整或者内容不清、线索不明的，可以暂存待查，待检举人将情况补充完整以后，再进行处理 （4）已经受理尚未查结的检举事项，再次检举的，可以合并处理 （5）涉嫌偷税（逃避缴纳税款），逃避追缴欠税，骗税，虚开、伪造、变造发票，以及其他与偷税（逃避缴纳税款）相关的税收违法行为规定以外的检举事项，转交有处理权的单位或者部门 举报中心应当在检举事项受理之日起15个工作日内完成分级分类处理，特殊情况除外。查处部门应当在收到举报中心转来的检举材料之日起3个月内办理完毕；案情复杂无法在期限内办理完毕的，可以延期
检举人的答复	（1）实名检举人可以要求答复检举事项的处理情况与查处结果。实名检举人要求答复处理情况时，应当配合核对身份；要求答复查处结果时，应当出示检举时所提供的有效身份证件。举报中心可以视具体情况采取口头或者书面方式答复实名检举人 （2）实名检举事项的查处结果，由负责查处的税务机关的举报中心答复。实名检举人要求答复检举事项查处结果的，检举事项查结以后，举报中心可以将与检举线索有关的查处结果简要告知检举人，但不得告知其检举线索以外的税收违法行为的查处情况，不得提供执法文书及有关案情资料

要点	规定
检举人的奖励	检举事项经查证属实，为国家挽回或者减少损失的，按照财政部和国家税务总局的有关规定对实名检举人给予相应奖励

经典题解

【例题40·单选题】查处部门应当在收到举报中心转来的检举材料之日起的一定时限内办理完毕；案情复杂无法在期限内办理完毕的，可以延期。该规定时限是（　　）。

A. 1个月

B. 3个月

C. 6个月

D. 9个月

【答案】B

第九节　税务文书电子送达规定（试行）★

使用“会计云课堂”App或“微信”扫码查看本节视频，快速GET知识点。

电子送达，是指税务机关通过电子税务局等特定系统（以下简称“特定系统”）向纳税人、扣缴义务人（以下简称“受送达人”）送达电子版式税务文书。

经受送达人同意，税务机关可以采用电子送达方式送达税务文书。电子送达与其他送达方式具有同等法律效力。受送达人可以据此办理涉税事宜，行使权利、履行义务。

受送达人同意采用电子送达的，签订《税务文书电子送达确认书》。《税务文书电子送达确认书》包括电子送达的文书范围、效力、渠道和其他需要明确的事项。

受送达人需要纸质税务文书的，可以通过特定系统自行打印，也可以到税务机关办税服务厅打印。

【归纳】涉税文书电子送达的适用范围：

适用	不适用
1. 简易程序处罚决定书 2. 其他税务文书	1. 税务处理决定书 2. 税务行政处罚决定书（不含简易程序处罚） 3. 税收保全措施决定书 4. 税收强制执行决定书 5. 阻止出境决定书 6. 税务稽查、税务行政复议过程中使用的税务文书等

经典题解

【真题41·单选题】下列税务文书中，可以采用电子形式送达的是（　　）。（2020年）

A. 税务处理决定书

B. 税收保全措施决定书

C. 税务行政许可受理通知

D. 税收强制执行决定书

【答案】C

【例题42·多选题】以下关于税务文书电子送达的表述中正确的有（　　）。

A. 经受送达人同意，税务机关可以采用电子送达方式送达税务文书

B. 电子送达与其他送达方式具有同等法律效力

C. 税务机关向受送达人送达电子版式税务文书后，通过电话、短信等方式发送提醒信息，提醒服务直接影响电子文书送达的效力

D. 所有税务文书均适用电子送达的规定

【解析】选项C，税务机关向受送达人送达电子版式税务文书后，通过电话、短信等方式发送提醒信息。提醒服务不影响电子文书送达的效力。

选项D，税务处理决定书、税务行政处罚决定书（不含简易程序处罚）、税收保全措施决定书、税收强制执行决定书、阻止出境决定书以及税务稽查、税务行政复议过程中使用的税务文书等暂不适用电子送达方式。

【答案】AB

考试加油站

一、本章小结

下载“会计云课堂”App学习

您已成功完成“第十三章”的学习，本章共23个考点，您都学会了吗?

为了让您对章节有更清晰的理解，加倍巩固。本书作者刘颖老师将通过**“视频导图课”**的方式，带您回顾重要考点。

名师点拨，视听结合，高效提分。

※ 欢迎您扫码，免费观看学习。

二、本章疑难问题解答

这一章征管事项比较多，可否归纳一下批准层次？

答：主要征管事项的批准层次可归纳为下表：

批准层级	具体征管事项
县以上税务机关	延期申报
省、自治区、直辖市税务局	延期缴纳税款
县以上税务局（分局）局长	（1）税收保全措施 （2）税收强制执行措施 （3）以前年度账簿等资料调回检查 （4）查询生产经营纳税人和扣缴义务人存款账户
设区的市、自治州以上税务局局长	（1）当年账簿等资料调回检查 （2）查询案件涉嫌人员的储蓄存款
国家税务总局	重大案件延长税收保全措施的期限

历年经典主观题回顾

使用“会计云课堂”App或“微信”扫码快速做题、对答案、
看解析、掌握解题思路，开启轻松过关之旅。

计算问答题

某运输公司为增值税一般纳税人，以一个月为增值税纳税期。假定2021年6月开具增值税专用发票取得运输收入280万元、销项税额25.2万元，另开具普通发票取得价税合计收入32.7万元；当月购进货物取得增值税专用发票抵扣联，可抵扣的增值税进项税额9.8万元并在当月抵扣。由于各种原因公司未按期申报缴纳6月份的增值税税款，到7月26日经主管税务机关发现并发出催缴通知书，限该公司在3日内申报缴纳。但该公司以资金困难为由，逾期仍未申报缴纳6月份增值税税款。

要求：根据上述资料，按照序号回答问题，如有计算需计算出合计数。

（1）计算该公司6月份应缴纳的增值税。

（2）回答该公司未按期缴纳6月份增值税税款，依据《税收征管法》应如何处理？

（3）回答该公司逾期仍未申报缴纳增值税税款，依据《税收征管法》税务机关可采取什么措施？（2021年）

历年经典主观题回顾参考答案及解析

使用“会计云课堂”App 或“微信”扫码对答案、看解析、掌握解题思路，开启轻松过关之旅。

计算问答题

【答案及解析】

（1）该公司 6 月份应缴纳的增值税 =25.2+32.7÷（1+9%）×9%-9.8=18.1（万元）。

（2）依据《税收征收管理法》第三十二条规定：纳税人未按照规定期限缴纳税款的，税务机关除责令限期缴纳外，从滞纳税款之日起，按日加收滞纳税款万分之五的滞纳金。

（3）依据《税收征收管理法》第六十八条规定：纳税人在规定期限内不缴应纳的税款，经税务机关责令限期缴纳，逾期仍未缴纳的，税务机关依照规定可以采取强制执行措施追缴其不缴的税款，并可以处不缴税款 50% 以上 5 倍以下的罚款。

同步强化练习题

使用“会计云课堂”App 或“微信”扫码快速做题、对答案、看解析、掌握解题思路，开启轻松过关之旅。

一、单项选择题

1. 以下表述不符合《税收征收管理法》规定的是（　　）。
   A. 从事生产、经营的纳税人应当自领取营业执照之日起 30 日内申报办理税务登记
   B. 扣缴义务人应当自扣缴义务发生之日起 30 日内申报办理扣缴税款登记
   C. 从事生产、经营的纳税人应当自领取营业执照或发生纳税义务之日起 15 日内设置账簿
   D. 扣缴义务人应当自税收法律、行政法规规定的扣缴义务发生之日起 15 日内，按照所代扣、代收的税种，分别设置代扣代缴、代收代缴税款账簿

2. 纳税人被工商行政管理机关吊销营业执照的，应当自营业执照被吊销之日起（　　）内，向原税务登记机关申报办理注销税务登记。

A. 7日　　B. 10日

C. 15日　　D. 30日

3. 根据《税收征收管理法》及其《实施细则》的规定，从事生产、经营的纳税人应当自领取税务登记证件之日起（　　）内，将其采用的财务、会计制度和具体的财务、会计处理办法报送主管税务机关备案。

A. 15日　　B. 10日

C. 7日　　D. 5日

4. 根据《税收征收管理法》的相关规定，纳税人超过应纳税额缴纳的税款，税务机关发现后应当立即退还；纳税人自结算缴纳税款之日起（　　）内发现的，可以向税务机关要求退还多缴的税款，并加算银行同期存款利息。

A. 3年　　B. 4年

C. 5年　　D. 6年

5. 下列各项中，税务机关有权采取“核定征收”方式征税的是（　　）。

A. 曾因偷税（逃避缴纳税款）被税务机关给予二次行政处罚再犯的

B. 依照法律、行政法规的规定可以不设置账簿的

C. 外商投资企业的账簿、凭证和报表不使用中文的

D. 未按期进行纳税申报的

6. 税款征收方式中的查验征收方式一般适用于（　　）。

A. 账册不健全，但是能够控制原材料或进销货的纳税单位

B. 经营品种比较单一，经营地点、时间和商品来源不固定的纳税单位

C. 无完整考核依据的小型纳税单位

D. 小额、零散税源的征收

7. 税务机关采取税收保全措施，需经（　　）批准。

A. 国家税务总局局长

B. 省、自治区、直辖市税务局局长

C. 县以上税务局（分局）局长

D. 税务所所长

8. 税务机关采取税收保全措施的期限，一般不得超过6个月，重大案件需要延长的，应报经批准。有权批准的税务机关是（　　）。

A. 县级税务局　　B. 市级税务局

C. 省级税务局　　D. 国家税务总局

9. 按照税收优先原则，除另有规定外，税收优先于（　　）。

A. 应付工资

B. 无担保债权

C. 有担保债权

D. 社会保障缴款

10. 税务机关实施税收强制执行措施，以拍卖或者变卖所得抵缴税款、滞纳金、罚款以及扣押、查封、保管、拍卖、变卖等费用后，剩余部分应当在（　　）内退还被执行人。

A. 1日　　B. 3日

C. 7日　　D. 10日

11. 纳税人因有特殊困难，需要延期缴纳税款的，下列说法中正确的是（　　）。

A. 应在规定期限内提出书面或口头申请

B. 经县以上税务局局长批准

C. 延期期限最长不超过3个月

D. 批准期限内不加收滞纳金，但要按月支付10%的利息

12. 下列各项中，不符合《税收征收管理法》延期缴纳税款规定的是（　　）。

A. 延期期限最长不得超过6个月

B. 延期纳税的批准级次是省、自治区、直辖市税务局

C. 经批准的延期纳税，在批准的延期期限内免予加收滞纳金
D. 税款延期期满，同一笔税款不得滚动审批

13. 税务代理人违反税收法律、行政法规，造成纳税人未缴或少缴税款的，除由纳税人缴纳或补缴应纳税款、滞纳金外，对税务代理人处（　　）。
A. 2000元以下的罚款
B. 2000元以上10000元以下的罚款
C. 纳税人未缴或少缴税款50%以上3倍以下的罚款
D. 纳税人未缴或少缴税款50%以上5倍以下的罚款

14. 根据《税收征收管理法》的相关规定，因纳税人、扣缴义务人计算等失误，未缴或者少缴税款的，税务机关在3年内可以追征税款、滞纳金；有特殊情况的，可（　　）。
A. 只追征税款不加收滞纳金
B. 将追征期延长到10年
C. 将追征期延长到5年
D. 处以2000元以上1万元以下的罚款

15. 根据《税收征收管理法》规定，代收代缴义务人依法履行代收代缴义务时，纳税人不得拒绝。纳税人拒绝的，代收代缴义务人应当（　　）。
A. 及时报告主管税务机关处理
B. 书面通知纳税人开户银行暂停支付其相当于应纳税款的款项
C. 立即停止交付应付纳税人的有关商品
D. 书面通知纳税人开户银行从其存款中扣缴税款

16. 税务机关自纳税人应缴纳税款的期限届满之日起（　　）内有权要求纳税保证人承担保证责任，缴纳税款、滞纳金。
A. 60日　　B. 90日
C. 120日　　D. 150日

17. 经税务机关同意，纳税人或纳税担保人将其动产或权利凭证移交税务机关占有，将该动产或权利凭证作为税款及滞纳金的担保，该行为称为（　　）。
A. 纳税保证　　B. 纳税质押
C. 纳税抵押　　D. 纳税补偿

18. 纳税保证人未按照规定的期限缴纳所担保的税款、滞纳金的，由税务机关责令在一定限期内缴纳；逾期仍未缴纳的，经县以上税务局（分局）局长批准，对纳税保证人采取强制执行措施。这一责令限期是（　　）。
A. 10日　　B. 15日
C. 30日　　D. 45日

19. 以下符合《税收征收管理法》规定的是（　　）。
A. 纳税人合并时未缴清税款的，应当由合并后的纳税人继续履行未履行的纳税义务；纳税人分立时未缴清税款的，分立后的纳税人对未履行的纳税义务应当承担连带责任
B. 延期申报就是延期纳税
C. 扣缴义务人应扣未扣、应收未收税款的，由扣缴义务人负责追缴税款
D. 纳税申报有困难的纳税人，可以实行简易申报、简并征期等申报纳税方式

20. 以下符合《税收征收管理法》规定的是（　　）。
A. 履行保证责任的期限为60日，即纳税保证人应当自收到税务机关的纳税通知书之日起60日内履行保证责任，缴纳税款及滞纳金
B. 鉴于新冠疫情带来的严峻局势，省级税务机关可以决定停征或少征收部分税款
C. 纳税保证期间内税务机关未通知纳税保证人缴纳税款及滞纳金以承担担保责任的，纳税保证人免除担保责任
D. 纳税质押是指纳税人或纳税担保人不

转移不动产等财产的占有，将该财产作为税款及滞纳金的担保，纳税人逾期未缴清税款及滞纳金的，税务机关有权依法处置该财产以抵缴税款及滞纳金

21. 纳税信用管理试行办法适用于已办理税务登记，从事生产、经营并适用一定条件的纳税人，该条件是（　　）。
A. 按期申报的所有纳税人
B. 负有代扣代缴责任的纳税人
C. 核定征收增值税的纳税人
D. 查账征收的企业纳税人

22. 实名检举人要求答复处理情况时，应当配合核对身份；要求答复查处结果时，应当出示检举时所提供的有效身份证件。举报中心答复实名检举人的方式是（　　）。
A. 只能采用口头方式
B. 只能采用书面方式
C. 视具体情况采取口头或者书面方式
D. 只能采用会议方式

23. 重大税收违法失信主体信息自公布之日起满一定期限的，税务机关在5日内停止信息公布。该期限是（　　）。
A. 1年　　B. 2年
C. 3年　　D. 5年

二、多项选择题

1.《中华人民共和国税收征收管理法》属于（　　）。
A. 税收实体法　　B. 税收程序法
C. 税收基本法　　D. 税收普通法

2. 下列各项中，不适用《税收征收管理法》的有（　　）。
A. 海关代征的消费税
B. 关税
C. 车辆购置税
D. 教育费附加

3. 根据《税收征收管理法》和《税务登记管理办法》的有关规定，下列各项中应当进行税务登记的有（　　）。
A. 从事生产、经营的事业单位
B. 企业在境内其他城市设立的分支机构
C. 无固定生产、经营场所的流动性农村小商贩
D. 在中国境内承包建筑劳务的境外企业

4. 纳税人应办理变更税务登记的情形有（　　）。
A. 纳税人改变名称
B. 纳税人改变生产经营方式
C. 纳税人改变经营地址而改变原主管税务机关
D. 纳税人生产经营期限改变

5. 根据《征收管理法》的规定，下列应当办理纳税申报的有（　　）。
A. 负有纳税义务的单位和个人
B. 纳税期内没有应纳税款的纳税人
C. 扣缴义务人
D. 享受减税、免税待遇的纳税人

6. 下列各项中，属于纳税申报方式的有（　　）。
A. 直接申报　　B. 简并征期
C. 邮寄申报　　D. 数据电文

7. 下列申报方式中，属于数据电文申报方式的有（　　）。
A. 电话语音
B. 电子数据交换
C. 上门申报
D. 网络传输

8. 纳税人办理纳税申报时，应当如实填写纳税申报表，并根据不同情况报送有关的证件、资料。下列各项中，属于应报送的证件、资料有（　　）。
A. 财务会计报表及其说明材料
B. 与纳税有关的合同、协议书及凭证
C. 税控装置的电子报税资料

D. 境内或境外公证机构出具的有关证明文件

9. 根据《征收管理法》的规定，下列情形中，税务机关有权核定其应纳税额的有（　　）。

A. 擅自销毁账簿或拒不提供纳税资料的

B. 依照法律、行政法规的规定应当设置但是没有设置账簿的

C. 发生纳税义务，未按照规定期限办理纳税申报，经税务机关责令限期申报，逾期仍不申报的

D. 企业或者外国企业在中国境内设立的从事生产、经营的机构、场所与其关联企业之间的业务往来已按照独立企业之间的业务往来收取或者支付价款费用的

10. 以下符合企业破产清算程序中的税收征管规定的有（　　）。

A. 企业所欠税款、滞纳金、罚款，以及因特别纳税调整产生的利息，以企业注销之日为截止日计算确定

B. 破产程序中如发生应税情形，应按规定申报纳税

C. 从人民法院指定管理人之日起，管理人可以按照《中华人民共和国企业破产法》规定，以企业名义办理纳税申报等涉税事宜

D. 企业所欠的滞纳金、因特别纳税调整产生的利息按照税收债权申报

11. 纳税人发生的下列行为中，属于由税务机关责令限期改正，并可以处2000元以下的罚款；情节严重的，处2000元以上10000元以下罚款的有（　　）。

A. 未按规定的期限申报办理税务登记、变更或者注销登记的

B. 未按规定设置、保管账簿或者保管记账凭证和有关资料的

C. 未按规定将财务、会计制度或者财务、会计处理办法和会计核算软件报送税务机关备查的

D. 未按规定安装、使用税控装置或擅自改动税控装置的

12. 税收保全措施的被执行人不包括（　　）。

A. 从事生产、经营的纳税人

B. 仅缴纳工资、薪金个人所得税的纳税人

C. 纳税担保人

D. 代扣代缴、代收代缴义务人

13. 根据《税收征收管理法》的规定，下列关于税收强制执行措施的说法正确的有（　　）。

A. 税收强制执行措施仅适用于从事生产、经营的纳税人

B. 税收强制执行措施必须发生在责令期满之后

C. 采取税收强制执行措施前，应当报经县以上税务局（分局）局长批准

D. 对逾期不履行法定义务的纳税人必须告诫在先，执行在后

14. 税收保全措施终止的情况有（　　）。

A. 纳税人在规定的期限内缴纳了应纳税款

B. 纳税人提请税务行政复议的

C. 纳税人超过规定期限仍不纳税，经税务局（分局）局长批准，终止税收保全措施，转入强制执行措施

D. 纳税人提请税务行政诉讼的

15. 税务机关欠税清缴制度包括（　　）。

A. 大额欠税处分财产报告制度

B. 对欠缴税款的纳税人行使代位权

C. 对欠缴税款的纳税人行使撤销权

D. 建立欠税公告制度

16. 税务机关派出人员在进行税务检查时，必须出示（　　）。

A. 身份证

B. 工作证

C. 税务检查证

D. 税务检查通知书

17. 下列关于税务机关行使税务检查权的表述中，符合税法规定的有（　　）。
A. 到纳税人的住所检查商品、货物和其他财产
B. 责成纳税人提供与纳税有关的文件、证明材料和有关资料
C. 到车站检查纳税人托运货物或者其他财产的有关单据、凭证和有关资料
D. 经县税务局局长批准，凭统一格式的检查存款账户许可证明，可以查询案件涉嫌人员的储蓄存款

18. 下列属于税务机关可处以 1 倍以上 5 倍以下罚款的违章行为的有（　　）。
A. 偷税（逃避缴纳税款）
B. 抗税
C. 骗税
D. 不配合税务机关检查

19.《税收征收管理法》规定税务机关可以采取的税收保全措施有（　　）。
A. 书面通知纳税人开户银行冻结纳税人的金额相当于应纳税款的存款
B. 书面通知纳税人开户银行从其存款中扣缴税款
C. 扣押、查封纳税人的价值相当于应纳税款的商品、货物或者其他财产
D. 扣押、查封、拍卖、变卖其价值相当于应纳税款的商品、货物或者其他财产，以拍卖或变卖所得抵缴税款

20. 以下关于税务登记管理的说法，正确的有（　　）。
A. 纳税人发生解散、破产、撤销及其他情形，依法终止纳税义务的，按规定需要在工商行政管理机关办理注销登记的，应首先持有关证件和资料向原税务登记机关申报办理注销税务登记，然后再向工商行政管理机关办理注销工商登记
B. 从事生产、经营的纳税人未办理工商营业执照也未经有关部门批准设立的，不需要申报办理税务登记
C. 纳税人因经营地址变动而改变原主管税务机关的，应办理变更税务登记
D. 实行定期定额征收方式的个体工商户的停业期限不得超过 1 年

21. 以下关于税收征收管理的说法，正确的有（　　）。
A. 外国企业可不使用中文记账
B. 延期申报就是延期纳税
C. 税务机关对单价 5000 元以下的其他生活用品，不采取税收保全措施和强制执行措施
D. 欠缴税款的纳税人或者其法定代表人在出境前未按照规定结清应纳税款、滞纳金或者提供纳税担保的，税务机关可以通知出入境管理机关阻止其出境

22. 以下各项中，符合延期缴纳税款相关规定的有（　　）。
A. 在规定期限内提出书面申请
B. 必须经省、自治区、直辖市税务局批准
C. 延期期限最长不得超过 3 个月
D. 批准延期内免予加收滞纳金

23. 以下不符合《税收征收管理法》规定的有（　　）。
A. 纳税人超过应纳税额缴纳的税款，税务机关只有在 3 年内发现的才立即退还
B. 税收优先于债权
C. 因检查需要，经县以上税务局（分局）局长批准，可将纳税人、扣缴义务人当年的账簿、记账凭证、报表和其他有关资料调回检查，但必须开付清单，并在 3 个月内完整退还
D. 对采用电算化会计系统的纳税人，税务机关有权对其会计电算化系统进行查验，但不得复制其电子数据

24. 纳税人发生的下列情形中，不得作为纳税保证人的有（ ）。
A. 有逃避追缴欠税行为被税务机关、司法机关追究过法律责任满2年而未满5年的
B. 因有税收违法行为正在被税务机关立案处理或涉嫌刑事犯罪被司法机关立案侦查的
C. 纳税信誉等级被评为B级的
D. 限制民事行为能力的自然人

25. 按照我国纳税担保试行办法的相关规定，下列财产不得抵押的有（ ）。
A. 抵押人所有的交通运输工具
B. 土地所有权
C. 公立医院的医疗卫生设施
D. 抵押人依法有权处分的国有的房屋和其他地上定着物

26. 某房地产开发企业被税务机关要求提供纳税担保，该企业拥有的下列资产中，可以用作纳税抵押品的有（ ）。
A. 小轿车
B. 写字楼
C. 库存钢材
D. 土地所有权

27. 纳税人有下列（ ）情形的，不影响其纳税信用评价。
A. 评价年度内无生产经营业务收入的企业
B. 由于税务机关原因或者不可抗力，造成纳税人未能及时履行纳税义务的
C. 非主观故意的计算公式运用错误造成未缴或者少缴税款的
D. 明显的笔误造成未缴或者少缴税款的

28. 以下关于纳税信用管理的规定正确的有（ ）。
A. 纳税信用信息采集工作由省、自治区、直辖市税务机关组织实施，按年采集
B. 纳税信用评价周期为一个纳税年度
C. 纳税信用评价采取年度评价指标得分和直接判级方式
D. 纳入纳税信用管理时间不满一个评价年度的，不参加本期评价

29. 以下关于按规定履行相应法律义务并由税务机关依法解除非正常户状态的纳税人纳税信用等级修复的规定正确的有（ ）。
A. 纳税人可在纳税信用被直接判为D级的当年年底前向主管税务机关提出修复信用级别申请
B. 税务机关接到纳税人在规定时限提出的修复申请后，根据纳税人失信行为纠正情况调整该项纳税信用评价指标的状态
C. 税务机关重新评价纳税人纳税信用级别时，不得将其评价为A级
D. 非正常户失信行为纳税信用修复一个纳税年度内只能申请一次

三、计算问答题

某化妆品厂为增值税一般纳税人，2021年已缴纳增值税100万元，消费税200万元，城市维护建设税21万元，企业所得税50万元。2022年税务机关在税务检查中发现该厂在2021年账簿上虚列成本费用90万元，假设不考虑除企业所得税以外的其他税费，请问对这种行为应如何处罚。

同步强化练习题参考答案及解析

使用“会计云课堂”App 或“微信”扫码对答案、看解析、掌握解题思路，开启轻松过关之旅。

一、单项选择题

1.【答案】D

【解析】扣缴义务人应当自税收法律、行政法规规定的扣缴义务发生之日起 10 日内，按照所代扣、代收的税种，分别设置代扣代缴、代收代缴税款账簿。

2.【答案】C

【解析】纳税人被工商行政管理机关吊销营业执照的，应当向原税务登记机关申报办理注销税务登记，其期限是自营业执照被吊销之日起 15 日内。

3.【答案】A

【解析】根据《税收征收管理法》及其《实施细则》的有关规定，从事生产、经营的纳税人应当自领取税务登记证件之日起 15 日内，将其采用的财务、会计制度和具体的财务、会计处理办法报送主管税务机关备案。

4.【答案】A

【解析】《征收管理法》规定：纳税人超过应纳税额缴纳的税款，税务机关发现后应当立即退还；纳税人自结算缴纳税款之日起 3 年内发现的，可以向税务机关要求退还多缴的税款，并加算银行同期存款利息。

5.【答案】B

【解析】选项 C：税务机关有权采取“核定征收”方式征税主要涉及没有清楚的账簿记录，收入、支出项目金额不清等情况，不涉及中外文字使用。选项 A：因偷税（逃避缴纳税款）被税务机关给予二次行政处罚再犯的，在刑法量刑上有规定，不涉及税务机关的“核定征收”。选项 D：纳税人发生纳税义务未按规定期限办理纳税申报，经税务机关责令限期申报，逾期仍不申报的，税务机关有权核定其应纳税额。

6.【答案】B

【解析】选项 A 适用于查定征收方式；选项 C 适用于定期定额征收方式；选项 D 适用于委托代征方式。

7.【答案】C

【解析】税收保全措施应由县以上税务局（分局）局长批准。

8.【答案】D

【解析】税务机关采取税收保全措施的期限，一般不得超过 6 个月，重大案件需要延长的，应当报国家税务总局批准。

9.【答案】B

【解析】按照税收优先原则，除另有规定外，税收优先于无担保债权。

10.【答案】B

【解析】实施税收强制执行措施，以拍卖或者变卖所得抵缴税款、滞纳金、罚款以及扣押、查封、保管、拍卖、变卖等费用后，剩余部分应当在3日内退还被执行人。

11.【答案】C

【解析】本题考核延期缴纳税款的限定条件及要求:(1)延期缴纳税款的需经省、自治区、直辖市税务局批准;(2)需在规定期限内提交书面申请;(3)延期期限最长不超过3个月;(4)批准的延期内，不加收滞纳金，也没有利息要求。

12.【答案】A

【解析】本题考核考生对延期纳税规则的掌握情况。纳税人因特殊困难不能按期纳税的，经省、自治区、直辖市税务局批准，可延期缴纳税款，但延期期限最长不得超过3个月，同一笔税款不得滚动审批。

13.【答案】C

【解析】税务代理人违反税收法律、行政法规，造成纳税人未缴或少缴税款的，除由纳税人缴纳或补缴应纳税款、滞纳金外，对税务代理人处纳税人未缴或少缴税款50%以上3倍以下的罚款。

14.【答案】C

【解析】因纳税人、扣缴义务人计算等失误，未缴或者少缴税款的，税务机关在3年内可以追征税款、滞纳金；有特殊情况的，可将追征期延长到5年。

15.【答案】A

【解析】《征收管理法》规定，代收代缴义务人依法履行代收代缴义务时，纳税人不得拒绝。纳税人拒绝的，代收代缴义务人应当及时报告主管税务机关处理。

16.【答案】A

【解析】税务机关自纳税人应缴纳税款的期限届满之日起60日内有权要求纳税保证人承担保证责任，缴纳税款、滞纳金。

17.【答案】B

【解析】经税务机关同意，纳税人或纳税担保人将其动产或权利凭证移交税务机关占有，将该动产或权利凭证作为税款及滞纳金的担保，称为纳税质押。

18.【答案】B

【解析】纳税保证人未按照规定的期限缴纳所担保的税款、滞纳金的，由税务机关责令限期15日内缴纳；逾期仍未缴纳的，经县以上税务局(分局)局长批准，对纳税保证人采取强制执行措施。

19.【答案】A

【解析】延期申报不等于延期纳税，延期申报必须在纳税期内预缴税款，具体按照上期实际缴纳的税额或者税务机关核定的税额来预缴，选项B错误。扣缴义务人应扣未扣、应收未收税款的，由税务机关向纳税人追缴税款，对扣缴义务人处应扣未扣、应收未收税款50%以上3倍以下的罚款，选项C错误。实行定期定额缴纳税款的纳税人，可以实行简易申报、简并征期等申报纳税方式，选项D错误。

20.【答案】C

【解析】履行保证责任的期限为15日，即纳税保证人应当自收到税务机关的纳税通知书之日起15日内履行保证责任，缴纳税款及滞纳金，选项A错误。《征收管理法》第二十八条规定：“税务机关依照法律、行政法规的规定征收税款，不得违反法律、行政法规的规定开征、停征、多征、少征、提前征收、延缓征收或者摊派税款”，选项B错误。纳税质押是指经税务机关同意，纳税人或纳税担保人将其动产或权利凭证移交税务机关占有，将该动产或权利凭证作为税款及滞纳金的担保，选项D错误。

21.【答案】D

【解析】纳税信用管理试行办法适用于已办理税务登记，从事生产、经营并适用查账征收的企业纳税人，不涉及非企业纳税人、扣缴义务人和自然人，也不适用除企业所得税核定征收之外的核定征收纳税人。

22.【答案】C

【解析】实名检举人要求答复处理情况时，应当配合核对身份；要求答复查处结果时，应当出示检举时所提供的有效身份证件。举报中心可以视具体情况采取口头或者书面方式答复实名检举人。

23.【答案】C

【解析】重大税收违法失信主体信息自公布之日起满3年的，税务机关在5日内停止信息公布。

二、多项选择题

1.【答案】BD

【解析】《中华人民共和国税收征收管理法》从职能作用看，属于税收程序法；从基本内容和效力看，属于税收普通法。

2.【答案】ABD

【解析】《征收管理法》的适用范围是由税务机关征收的各种税收的征收管理。由海关征收的关税及其代征的增值税、消费税适用其他法律、法规的规定。教育费附加是一种费，不适用《征收管理法》。

3.【答案】ABD

【解析】选项ABC：企业，企业在外地设立的分支机构和从事生产、经营的场所，个体工商户和从事生产、经营的事业单位，均应当按规定办理税务登记。上述规定以外的纳税人，除国家机关、个人和无固定生产、经营场所的流动性农村小商贩外，也应当按规定办理税务登记。选项D：境外企业在中国境内承包建筑、安装、装配、勘探工程和提供劳务的，应当自项目合同或协议签订之日起30日内，向项目所在地税务机关申报办理税务登记。

4.【答案】ABD

【解析】选项ABD都应办理变更税务登记；选项C应在向工商行政管理机关或其他机关申请办理变更、注销登记前，或者住所、经营地点变动前，向原税务登记机关申报办理注销税务登记，并在30日内向迁达地主管税务登记机关申报办理税务登记。

5.【答案】ABCD

【解析】根据《征收管理法》的规定，应当办理纳税申报的包括纳税人和扣缴义务人，其中包括纳税期内没有应纳税款的纳税人和享受减税、免税待遇的纳税人。

6.【答案】ABCD

【解析】纳税申报的方式主要包括：直接申报、邮寄申报、数据电文申报三种方式。除上述三种方式之外，实行定期定额缴纳税款的纳税人还可采取简易申报、简并征期等申报纳税方式。

7.【答案】ABD

【解析】数据电文方式是指经税务机关确定的电话语音、电子数据交换和网络传输等电子方式。

8.【答案】ABCD

9.【答案】ABC

【解析】选项D：关联企业间按独立企业之间业务往来收取或支付价款费用是符合税法规定的，税务机关不必核定其应纳税额。

10.【答案】BC

【解析】选项 A，企业所欠税款、滞纳金、罚款，以及因特别纳税调整产生的利息，以人民法院裁定受理破产申请之日为截止日计算确定；选项 D，企业所欠的滞纳金、因特别纳税调整产生的利息按照普通破产债权申报。

11.【答案】ABCD

12.【答案】BCD

【解析】税收保全措施的被执行人仅限于从事生产、经营的纳税人。

13.【答案】BCD

【解析】为了维护征纳双方的权益，实施税收强制执行措施有较严格的限定，包括必须责令期满、告诫在先、经县以上税务局（分局）局长批准。税收强制执行措施不仅适用于从事生产、经营的纳税人，也适用于扣缴义务人和纳税担保人。

14.【答案】AC

【解析】税收保全的终止有两种情况：一是纳税人在规定的期限内缴纳了应纳税款；二是纳税人超过规定期限仍不缴纳税款的，经税务局（分局）局长批准，终止税收保全措施，转入强制执行措施。税务行政复议和税务行政诉讼都不会导致税收保全措施的终止，但复议和诉讼的结果有可能导致税收保全措施的撤销。

15.【答案】ABCD

【解析】选项 ABCD 都包括在税务机关欠税清缴制度中。此外，欠税清缴制度还包括：扩大了阻止出境对象的范围、建立改制纳税人欠税的清缴制度等。

16.【答案】CD

【解析】税务机关派出人员在进行税务检查时要履行必要的手续，必须出示税务检查证和税务检查通知书。

17.【答案】BC

【解析】本题考核税务检查的有关规定。税务机关可以到纳税人的生产、经营场所和货物存放地检查纳税人应纳税的商品、货物或其他财产，但是不能到纳税人住所检查，A 选项错误；经设区的市、自治州以上税务局（分局）局长批准，可查询案件涉嫌人员的储蓄存款，D 选项的批准级别有误。

18.【答案】BC

【解析】针对纳税人抗税、骗税行为，税务机关可以处 1 倍以上 5 倍以下的罚款。对偷税（逃避缴纳税款）行为，税务机关可以处 50% 以上 5 倍以下的罚款。对于纳税人、扣缴义务人逃避、拒绝或者以其他方式阻挠税务机关检查的，由税务机关责令改正，可以处 1 万元以下的罚款；情节严重的，处 1 万元以上 5 万元以下的罚款。

19.【答案】AC

【解析】选项 BD 属于税收强制执行措施。

20.【答案】AD

【解析】纳税人解散、破产、撤销的，注销登记程序是先注销税务登记后注销工商登记，选项 A 正确。从事生产、经营的纳税人未办理工商营业执照也未经有关部门批准设立的，应当自纳税义务发生之日起 30 日内申报办理税务登记，选项 B 错误。纳税人因住所、经营地点变动，涉及改变主管税务登记机关的，应当在向工商行政管理机关或其他机关申请办理变更、注销登记前或者住所、经营地点变动前，向原税务登记机关申报办理注销税务登记，并在 30 日内向迁达地主管税务机关申报办理税务登记，选项 C 错误。实行定期定额征收方式的个体工商户需要办理停业登记的，停业期限不得超过一年，选项 D 正确。

21.【答案】CD

【解析】会计记录的文字应当使用中文，外商投资企业、外国企业的会计记录不使用中文的，按照《征收管理法》第六十条第二款“未按照规定设置、保管账簿或者保管记账凭证和有关资料”的规定处理，选项A错误。延期申报不等于延期纳税，延期申报必须在纳税期内预缴税款，具体按照上期实际缴纳的税额或者税务机关核定的税额来预缴，选项B错误。选项C是为保证纳税人基本生活需要和方便征管的需要而制定的政策，是正确的。选项D是我国税法“离境清税”规则的体现，是正确的。

22.【答案】ABCD

23.【答案】ABCD

【解析】选项A：纳税人超过应纳税额缴纳的税款，税务机关发现后应立即退还，这里没有规定发现的期限。选项B：除另有规定外，税收优先于无担保债权，并非所有债权。选项C：因检查需要，经县以上税务局（分局）局长批准，可将纳税人、扣缴义务人以前会计年度的账簿、记账凭证、报表和其他有关资料调回检查，但必须开付清单，并在3个月内完整退还；有特殊情况的，经设区的市、自治州以上税务局局长批准，税务机关可以将纳税人、扣缴义务人当年的账簿、记账凭证、报表和其他有关资料调回检查，但是税务机关必须在30日内退还。选项D：对采用电算化会计系统的纳税人，税务机关有权对其会计电算化系统进行检查，并可复制与纳税有关的电子数据作为证据。

24.【答案】BD

【解析】选项A：有偷税（逃避缴纳税款）、抗税、骗税、逃避追缴欠税行为被税务机关、司法机关追究过法律责任未满2年的不得作为纳税保证人；选项C：纳税信誉等级被评为C级以下的不得作为纳税保证人。

25.【答案】BC

【解析】选项AD属于可抵押的财产；选项BC属于不得抵押的财产。

26.【答案】ABC

【解析】下列财产不得抵押：（1）土地所有权；（2）土地使用权，但抵押房屋和其他地上定着物占用范围内的除外；（3）学校、幼儿园、医院等以公益为目的的事业单位、社会团体、民办非企业单位的教育设施、医疗卫生设施和其他社会公益设施；（4）所有权、使用权不明或者有争议的财产；（5）依法被查封、扣押、监管的财产；（6）依法定程序确认为违法、违章的建筑物；（7）法律、行政法规规定禁止流通的财产或者不可转让的财产；（8）经设区的市、自治州以上税务机关确认的其他不予抵押的财产。

27.【答案】BCD

【解析】纳税人有下列情形的，不影响其纳税信用评价：（1）由于税务机关原因或者不可抗力，造成纳税人未能及时履行纳税义务的。（2）非主观故意的计算公式运用错误以及明显的笔误造成未缴或者少缴税款的。（3）国家税务总局认定的其他不影响纳税信用评价的情形。选项A，评价年度内无生产经营业务收入且年度评价指标得分70分以上的企业，在无违章违法前提下适用M级纳税信用。

28.【答案】BCD

【解析】选项A：纳税信用信息采集工作由国家税务总局和省税务机关组织实施，按月采集。

29.【答案】BCD

【解析】选项A：纳税人履行相应法律义务并由税务机关依法解除非正常户状态的，可在纳税信用被直接判为D级的次年年底前向主管税务机关提出申请，税务机关根据纳税人失信行为纠正情况调整该项纳税信用评价指标的状态，重新评价纳税人的纳税信用级别，但不得评价为A级。非正常户失信行为纳税信用修复一个纳税年度内只能申请一次。纳税年度自公历1月1日起至12月31日止。

三、计算问答题

【答案及解析】

（1）纳税人采取伪造、变造、隐匿、擅自销毁账簿、记账凭证，以及在账簿上多列支出，或不列、少列收入等手段，不缴、少缴税款的均属于偷税（逃避缴纳税款）行为。

（2）偷税（逃避缴纳税款）数额=90×25%=22.5（万元）。

（3）处罚判断：

偷税（逃避缴纳税款）数额占应纳税额比例=22.5÷（100+200+21+50+22.5）×100%=5.72%

该纳税人偷税（逃避缴纳税款）数额占应纳税额比例不到10%，应按《征收管理法》中有关规定处罚：由税务机关追缴其少缴税款、滞纳金，处以少缴税额50%以上5倍以下罚款。

【提示】本题考核偷税（逃避缴纳税款）的界定与相关的处罚规定，包括：（1）什么是偷税（逃避缴纳税款）行为；（2）偷税（逃避缴纳税款）与逃税罪标准差异；（3）处罚规定。

第十四章　税务行政法制

CHAPTER-14

本章学习指南

一、学习目标

（一）税务行政处罚

1. 了解税务行政处罚的原则；
2. 掌握税务行政处罚的设定和种类；
3. 掌握税务行政处罚的主体与管辖；
4. 熟悉税务行政处罚的简易程序和一般程序；
5. 掌握听证程序的标准；
6. 熟悉税务行政处罚的执行；
7. 熟悉行政处罚裁量规则适用。

（二）税务行政复议

1. 熟悉税务行政复议机构和人员；
2. 掌握税务行政复议范围；
3. 掌握税务行政复议管辖；
4. 熟悉税务行政复议申请人和被申请人；
5. 熟悉税务行政复议申请与受理；
6. 了解税务行政复议和解与调解。

（三）税务行政诉讼

1. 熟悉税务行政诉讼的概念和原则；
2. 熟悉税务行政诉讼的管辖；
3. 熟悉税务行政诉讼的受案范围；
4. 掌握税务行政诉讼的起诉和受理；
5. 了解税务行政诉讼的审理和判决。

二、考情概况

税务行政法制在最近 3 年税法考试中的平均分值约为 2.5 分，是 CPA 考试的非重点章。本章的重点、考点不突出，程序性的知识点多，内容繁杂零散，复习备考需要有耐心。考试命题易出单选题、多选题，也可以与其他税种混合出综合题。

三、教材变化

本章今年无变化。

四、考点框架

- 第十四章 税务行政法制
  - 税务行政处罚
    - 税务行政处罚的含义和原则 ★
    - 税务行政处罚的设定和种类 ★★
    - 税务行政处罚的主体与管辖 ★★
    - 税务行政处罚的简易程序和一般程序 ★★
    - 税务行政处罚权力清单 ★★
    - 税务行政处罚的执行 ★★
    - 税务行政处罚裁量权行使规则 ★
  - 税务行政复议
    - 税务行政复议特点、机构和人员 ★
    - 税务行政复议的受案范围 ★★
    - 税务行政复议管辖 ★★
    - 税务行政复议申请人和被申请人 ★
    - 税务行政复议申请 ★★
    - 税务行政复议受理 ★
    - 税务行政复议审查和决定 ★★
    - 税务行政复议和解与调解 ★
    - 税务行政复议的补充规定 ★
  - 税务行政诉讼
    - 税务行政诉讼的概念和原则 ★
    - 税务行政诉讼的管辖 ★
    - 税务行政诉讼的受案范围 ★
    - 税务行政诉讼的起诉和受理 ★★
    - 税务行政诉讼的审理和判决 ★★

核心考点精讲

税务行政法制是税法体系中程序法中的内容，包括税务行政处罚、税务行政复议和税务行政诉讼三个部分。税务行政法制是规范税务执法机关和工作人员执法行为的基本规范，是保护纳税人合法权益的司法保障。

第一节　税务行政处罚

使用“会计云课堂”App或“微信”扫码查看本节视频，快速GET知识点。

考点1：税务行政处罚的含义和原则★

（一）税务行政处罚是指公民、法人或者其他组织有违反税收征收管理秩序的违法行为，尚未构成犯罪，依法应当承担行政责任的，由税务机关给予的行政处罚。税务行政处罚是行政处罚的重要组成部分。

（二）税务行政处罚的原则

1. 法定原则——法定依据；法定机关设定；法定机关实施；法定程序实施。
2. 公正、公开原则——处罚规定公开；处罚程序公开。
3. 以事实为依据原则。
4. 过罚相当原则。
5. 处罚与教育相结合原则。
6. 监督、制约原则。

经典题解

【例题1·多选题】以下关于税务行政处罚的表述正确的有（　　）。

A. 税务行政处罚是行政处罚的重要组成部分

B. 从当事人主观方面讲，并非主观故意的过失行为不必接受税务行政处罚

C. 税收违法指的就是税收犯罪，应受到刑事处罚

D. 给予税务行政处罚的主体是税务机关

【解析】选项B：从当事人主观方面讲，并不区分当事人是否具有主观故意或者过失，只要有税务违法行为存在，并且有法可依，就要承担行政责任，依法给予税务行政处罚。选项C：税务行政处罚的当事人行为一般是尚未构成犯罪，依法应当给予行政处罚的行为。这里要区分两种情况：一是要区分税收违法与税收犯罪的界限；二是要区分税收违法行为是不是轻微。

【答案】AD

【例题2·多选题】下列原则中，属于税务行政处罚原则的有（　　）。

A. 法定原则

B. 公正、公开原则

C. 以法律为基础原则

D. 批评和治理相结合原则

【答案】AB

考点2：税务行政处罚的设定和种类★★

（一）税务行政处罚的设定★★

税务行政处罚的设定权限见下表：

部门	设定形式	限定
全国人大及其常委会	法律	无
国务院	行政法规	限制人身自由除外
国家税务总局	规章	国家税务总局可以通过规章的形式设定警告和罚款 对非经营活动中的违法行为，设定罚款不得超过1000元；对经营活动中的违法行为，有违法所得的，设定罚款不得超过违法所得的3倍，且最高不得超过30000元；没有违法所得的，设定罚款最高不得超过10000元；超过限额的，应当报国务院批准
税务局及以下级别税务机关	不可设定	只能对上述级别的处罚具体化。属于执行税收法律、法规、规章的行为，不是对税务行政处罚的设定

【提示】省、自治区、直辖市和计划单列市税务局及其以下各级税务机关制定的税收法律、法规、规章以外的规范性文件，在税收法律、法规、规章规定给予行政处罚的行为、种类和幅度的范围内作出具体规定，是一种执行税收法律、法规、规章的行为，不是对税务行政处罚的设定。因此，这类规范性文件与行政处罚法规定的处罚设定原则并不矛盾，是有效的，是可以执行的。

经典题解

【真题3·单选题】下列关于税务行政处罚权设定的表述中，符合税法规定的是（　　）。（2020年）

A. 县级税务机关可以设定警告

B. 税务行政规章对非经营活动中的违法行为设定罚款不得超过1000元

C. 省级税务机关可以设定罚款

D. 国家税务总局可以通过规章的形式设定除限制人身自由以外的税务行政处罚

【名师点题】关于不同层面税务行政处罚设定，属于CPA税法的重要考点。

【解析】选项AC：国家税务总局可以通过规章的形式设定警告和罚款，但省级、县级税务机关无此权力；选项D："国务院"可以通过"行政法规"的形式设定除限制人身自由以外的税务行政处罚。

【答案】B

考点妙记

罚款和没收；
出口停退税。

（二）税务行政处罚的种类★

现行的税务行政处罚种类主要包括：（1）罚款。（2）没收财物和违法所得。（3）停止出口退税权。（4）法律、法规和规章规定的其他行政处罚。

【提示】首先，在掌握这个问题时注意税务行政处罚的种类不仅包括罚款，还有其他三类处罚；其次，注意这里税务行政处罚的罚款不同于滞纳金，也不同于刑事处罚中的罚金。

经典题解

【真题 4·单选题】税务机关实施的下列具体行政行为中，属于税务行政处罚的是（　　）。（2021 年）

A. 补缴税款　　B. 加收滞纳金

C. 停止出口退税权　　D. 收缴发票

【名师点题】税务行政处罚的种类，是 CPA 税法的高频考点。注意滞纳金和收缴发票不属于行政处罚范围；补缴税款属于履行法定纳税义务，不属于行政处罚。

【答案】C

考点 3：税务行政处罚的主体与管辖★★

基本要点	主要规定
税务行政处罚的实施主体	（1）税务行政处罚的实施主体主要是县以上的税务机关 （2）各级税务机关的内设机构、派出机构不具处罚主体资格，不能以自己的名义实施税务行政处罚 （3）税务所可以实施罚款额在 2000 元以下的税务行政处罚。这是《税收征收管理法》对税务所的特别授权
税务行政处罚的管辖	税务行政处罚实行行为发生地原则，由当事人税收违法行为发生地的县（市、旗）以上税务机关管辖

经典题解

【例题 5·单选题】下列关于税务行政处罚权的表述中，正确的是（　　）。

A. 省税务局可以通过规范性文件的形式设定警告

B. 国家税务总局可以通过规章的形式设定一定限额的罚款

C. 省以下税务局的稽查局不具有税务行政处罚主体资格

D. 作为税务机关派出机构的税务所不能实施税务行政处罚

【解析】省、自治区、直辖市和计划单列市及以下级别税务机关制定规范性文件是一种执行税收法律、法规、规章的行为，不是对税务行政处罚的设定，因此 A 选项不正确；按照税收征管法实施细则第九条的规定，省以下的税务稽查局专司偷税、逃避追缴欠税、骗税、抗税案件的查处。稽查局的职责不同于内设机构，具有税务行政处罚主体资格，因此 C 选项不正确；税务所可以在特别授权的情况下实施罚款额在 2000 元以下的税务行政处罚，因此 D 选项的表述不全面。

【答案】B

考点4：税务行政处罚的简易程序和一般程序★★

名师点拨

简易处罚程序不涉及听证程序，但可以涉及税务行政复议、诉讼程序。

（一）税务行政处罚的简易程序

基本要点	主要规定
基本特征	税务行政处罚的简易程序是指税务机关及其执法人员对于公民、法人或者其他组织违反税收征收管理秩序的行为，当场作出税务行政处罚决定的行政处罚程序
适用条件	（1）案情简单、事实清楚、违法后果比较轻微且有法定依据应当给予处罚的违法行为 （2）给予的处罚较轻，仅适用于对公民处以50元以下和对法人或者其他组织处以1000元以下罚款的违法案件

名师点拨

这部分内容是2021年7月15日前的老规定。国家税务总局公告2021年第23号已调整为对公民处以200元以下和对法人或其他组织处以3000元以下罚款的违法案件。

【解释】简易处罚程序的特点是当场作出处罚决定，但不一定当场交罚款。

自2017年11月1日起，税务机关依法对公民、法人或者其他组织当场作出行政处罚决定的，使用修订后的《税务行政处罚决定书（简易）》，不再另行填写《陈述申辩笔录》和《税务文书送达回证》。进一步简化了简易处罚流程。

（二）税务行政处罚的一般程序

税务行政处罚的一般程序包括立案、调查取证（有的案件要举行听证）、审查、决定、执行程序。

基本要点	主要规定
听证环节	听证是指税务机关在对当事人某些违法行为作出处罚决定之前，按照一定形式听取调查人员和当事人意见的程序
税务行政处罚听证的范围	对公民作出2000元以上，或者对法人或者其他组织作出10000元以上罚款的案件

经典题解

【真题6·单选题】下列税务行政处罚情形中，当事人可以在税务机关作出税务行政处罚决定之前要求听证的是（　　）。（2014年）

A. 某公司被处以5000元罚款

B. 某中国公民被处以500元罚款

C. 某合伙企业被处以1500元罚款

D. 某非营利组织被处以15000元罚款

【答案】D

【易错易混】注意税务处罚程序中罚款金额的规定

简易处罚程序	一般处罚程序	
罚款额： 公民 50 元以下 法人或其他组织 1000 元以下	罚款额： 公民超过 50 元但未达到 2000 元；法人或其他组织超过 1000 元但未达到 10000 元的不适用听证程序	适用听证程序的罚款额： 公民 2000 元以上 法人或其他组织 10000 元以上
【注意】实施简易处罚程序和罚款额低的一般处罚程序都不适用听证程序		

名师点拨

教材收录的简易程序罚款额是 2021 年 7 月 15 日前的规定。与现实执法不一致。

考点 5：税务行政处罚权力清单★★

【解释】“权力清单”就是明确权力该做什么，做到“法无授权不可为”。只有理清权力的边界，杜绝不作为、乱作为或以权谋私等乱象，才可能使权力得到有效监督，才能持续推进依法治税。

类别	违规行为	处罚权力标准
账簿、凭证管理类	未按规定设置、保管账簿资料，报送财务、会计制度办法核算软件，安装使用税控装置的（包括纳税人未按照规定设置、保管账簿或者保管记账凭证和有关资料的；纳税人未按照规定将财务、会计制度或者财务、会计处理办法和会计核算软件报送税务机关备查的；纳税人未按照规定安装、使用税控装置，或者损毁、擅自改动税控装置的）	税务机关责令其限期改正，可以处 2000 元以下的罚款；情节严重的，处 2000 元以上 1 万元以下的罚款
	扣缴义务人未按照规定设置、保管代扣代缴、代收代缴税款账簿或者保管代扣代缴、代收代缴税款记账凭证及有关资料的	税务机关责令其限期改正，可以处 2000 元以下的罚款；情节严重的，处 2000 元以上 5000 元以下的罚款
	非法印制、转借、倒卖、变造或者伪造完税凭证的	税务机关责令其改正，处 2000 元以上 1 万元以下的罚款；情节严重的，处 1 万元以上 5 万元以下的罚款；构成犯罪的，依法追究刑事责任
纳税申报类	未按规定期限办理纳税申报和报送纳税资料的（包括纳税人未按照规定的期限办理纳税申报和报送纳税资料的；扣缴义务人未按照规定的期限向税务机关报送代扣代缴、代收代缴税款报告表和有关资料的）	税务机关责令其限期改正，可以处 2000 元以下的罚款；情节严重的，可以处 2000 元以上 1 万元以下的罚款
	纳税人、扣缴义务人编造虚假计税依据的	税务机关责令其限期改正，并处 5 万元以下的罚款

类别	违规行为	处罚权力标准
税务检查类	纳税人、扣缴义务人逃避、拒绝或者以其他方式阻挠税务机关检查（包括提供虚假资料，不如实反映情况，或者拒绝提供有关资料的；拒绝或者阻止税务机关记录、录音、录像、照相和复制与案件有关的情况和资料的；在检查期间，纳税人、扣缴义务人转移、隐匿、销毁有关资料的；有不依法接受税务检查的其他情形的）	税务机关责令其改正，可以处1万元以下的罚款；情节严重的，处1万元以上5万元以下的罚款
	纳税人、扣缴义务人的开户银行或者其他金融机构拒绝接受税务机关依法检查纳税人、扣缴义务人存款账户，或者拒绝执行税务机关作出的冻结存款或者扣缴税款的决定，或者在接到税务机关的书面通知后帮助纳税人、扣缴义务人转移存款，造成税款流失的	税务机关处10万元以上50万元以下的罚款，对直接负责的主管人员和其他直接责任人员处1000元以上1万元以下的罚款
	税务机关依照《税收征管法》第五十四条第（五）项的规定到车站、码头、机场、邮政企业及其分支机构检查纳税人有关情况时，有关单位拒绝的	税务机关责令其改正，可以处1万元以下的罚款；情节严重的，处1万元以上5万元以下的罚款

经典题解

【例题7·单选题】按照税务行政处罚权力清单，对一些税务违法行为，税务机关处10万元以上50万元以下的罚款，对直接负责的主管人员和其他直接责任人员处1000元以上1万元以下的罚款，针对的违法行为是（　　）。

A. 非法印制、转借、倒卖、变造或者伪造完税凭证的

B. 纳税人、扣缴义务人编造虚假计税依据的

C. 纳税人未按照规定安装、使用税控装置，或者损毁、擅自改动税控装置的

D. 纳税人、扣缴义务人的开户银行或者其他金融机构拒绝接受税务机关依法检查纳税人、扣缴义务人存款账户，造成税款流失的

【解析】选项A，税务机关责令其改正，处2000元以上1万元以下的罚款；情节严重的，处1万元以上5万元以下的罚款；构成犯罪的，依法追究刑事责任。选项B，税务机关责令其限期改正，并处5万元以下的罚款。选项C，税务机关责令其限期改正，可以处2000元以下的罚款；情节严重的，处2000元以上1万元以下的罚款。

【答案】D

考点6：税务行政处罚的执行★★

基本要点	主要规定
税务行政处罚决定后的履行	税务机关依法作出行政处罚决定后，当事人应当在行政处罚决定规定的期限内，予以履行。当事人在法定期限内不申请复议又不起诉，并且在规定期限内又不履行的，税务机关可以依法强制执行或申请法院强制执行
罚款缴纳期限及逾期处理规定	税务机关对当事人作出罚款行政处罚决定的，当事人应当在收到行政处罚决定书之日起15日内缴纳罚款，到期不缴纳的，税务机关可以对当事人每日按罚款数额的3%加处罚款
当场收缴罚款的特殊规定	以下两种情形可当场收缴罚款：（1）依法给予20元以下罚款的；（2）不当场收缴罚款事后难以执行的

名师点拨

2021年7月15日开始实施的新的《行政处罚法》，将当场收缴罚款的20元的规定调整为100元。

经典题解

【例题8·单选题】某国有企业因有违反《税收征收管理法》的行为，被税务机关处以8000元的罚款。假定该企业收到税务行政处罚决定书的时间为2010年3月1日，则该企业4月5日缴纳罚款时的总金额为（　　）元。

A. 8000　　B. 9200　　C. 13040　　D. 16640

【解析】税务机关对当事人作出罚款行政处罚决定的，当事人应当在收到行政处罚决定书之日起15日内缴纳罚款，到期不缴纳的，税务机关可以对当事人每日按罚款数额的3%加处罚款。该企业4月5日缴纳罚款时的总金额=8000×［（31-15+5）×3%+1］=13040（元）。

【答案】C

【例题9·多选题】以下符合税务机关对当事人当场收缴罚款规定的有（　　）。

A. 不当场收缴罚款事后难以执行的，税务机关可对当事人当场收缴罚款

B. 自收缴罚款之日起2日内将罚款交至税务机关

C. 税务机关应当在3日内将罚款缴付指定银行

D. 依法处以200元以下罚款的，均可当场收缴罚款

【解析】具有依法给予20元（2021年7月15日后为100元）以下罚款或者不当场收缴罚款事后难以执行情形的，税务机关行政执法人员可以当场收缴罚款。税务机关行政执法人员当场收缴罚款的，应当自收缴罚款之日起2日内将罚款交至税务机关。税务机关应当在2日内将罚款缴付指定的银行。

【答案】AB

考点7：税务行政处罚裁量权行使规则★

税务行政处罚裁量权，是指税务机关根据法律、法规和规章的规定，综合考虑税收违法行为的事实、性质、情节及社会危害程度，选择处罚种类和幅度并作出处罚决定的权力。

（一）行使税务行政处罚裁量权应当遵循的原则

1. 合法原则。
2. 合理原则。
3. 公平公正原则。
4. 公开原则。
5. 程序正当原则。
6. 信赖保护原则。
7. 处罚与教育相结合原则。

（二）行政处罚裁量基准制定

税务行政处罚裁量基准，是税务机关为规范行使行政处罚裁量权而制定的细化量化标准。税务行政处罚裁量基准，应当包括违法行为、处罚依据、裁量阶次、适用条件和具体标准等内容。

1. 税务行政处罚裁量基准应当在法定范围内制定，并符合以下要求：

（1）法律、法规、规章规定可予以行政处罚的，应当明确是否予以行政处罚的适用条件和具体标准。

（2）法律、法规、规章规定可以选择行政处罚种类的，应当明确不同种类行政处罚的适用条件和具体标准。

（3）法律、法规、规章规定行政处罚幅度的，应当根据违法事实、性质、情节、社会危害程度等因素确定适用条件和具体标准。

（4）法律、法规、规章规定可以单处也可以并处行政处罚的，应当明确单处或者并处行政处罚的适用条件和具体标准。

经典题解

【例题10·单选题】按照《税务行政处罚裁量权行使规则》，法律、法规、规章规定可以选择行政处罚种类的，应当（　　）。

A. 明确是否予以行政处罚的适用条件和具体标准

B. 明确不同种类行政处罚的适用条件和具体标准

C. 根据违法事实、性质、情节、社会危害程度等因素确定适用条件和具体标准

D. 明确单处或者并处行政处罚的适用条件和具体标准

【解析】法律、法规、规章规定可以选择行政处罚种类的，应当明确不同种类行政处罚的适用条件和具体标准。

【答案】B

2. 制定税务行政处罚裁量基准，参照下列程序进行：

（1）确认行政处罚裁量依据。

（2）整理、分析行政处罚典型案例，为细化量化税务行政处罚裁量权提供参考。

（3）细化量化税务行政处罚裁量权，拟定税务行政处罚裁量基准。

税务行政处罚裁量基准应当以规范性文件形式发布，并结合税收行政执法实际及时修订。

（三）行政处罚裁量规则适用★★

1. 法律、法规、规章规定可以给予行政处罚，当事人首次违反且情节轻微，并在税务机关发现前主动改正的或者在税务机关责令限期改正的期限内改正的，不予行政处罚。

2. 税务机关应当责令当事人改正或者限期改正违法行为的，除法律、法规、规章另有规定外，责令限期改正的期限一般不超过30日。

3. 对当事人的同一个税收违法行为不得给予两次以上罚款的行政处罚。当事人同一个税收违法行为违反不同行政处罚规定且均应处以罚款的，应当选择适用处罚较重的条款。

4. 当事人有下列情形之一的，不予行政处罚：

（1）违法行为轻微并及时纠正，没有造成危害后果的。

（2）不满十四周岁的人有违法行为的。

（3）精神病人在不能辨认或者不能控制自己行为时有违法行为的。

（4）其他法律规定不予行政处罚的。

> **考点妙记**
> 不罚的：
> 轻微无危害；
> 年少、精神病。

5. 当事人有下列情形之一的，应当依法从轻或者减轻行政处罚：

（1）主动消除或者减轻违法行为危害后果的。

（2）受他人胁迫有违法行为的。

（3）配合税务机关查处违法行为有立功表现的。

（4）其他依法应当从轻或者减轻行政处罚的。

> **考点妙记**
> 从轻处罚的：
> 主动减后果；
> 行为受胁迫；
> 立功有表现。

6. 违反税收法律、行政法规应当给予行政处罚的行为在五年内未被发现的，不再给予行政处罚。

7. 行使税务行政处罚裁量权应当依法履行告知义务。在作出行政处罚决定前，应当告知当事人作出行政处罚决定的事实、理由、依据及拟处理结果，并告知当事人依法享有的权利。

8. 税务机关行使税务行政处罚裁量权涉及法定回避情形的，应当依法告知当事人享有申请回避的权利。税务人员存在法定回避情形的，应当自行回避或者由税务机关决定回避。

9. 当事人有权进行陈述和申辩。税务机关应当充分听取当事人的意见，对其提出的事实、理由或者证据进行复核，陈述申辩事由成立的，税务机关应当采纳；不采纳的，应予说明理由。

> **要点小贴士**
> 税务机关不得因当事人的申辩而加重处罚。

10. 税务机关对公民作出2000元以上罚款或者对法人或者其他组织作出1万元以上罚款的行政处罚决定之前，应当告知当事人有要求举行听证的权利；当事人要求听证的，税务机关应当组织听证。

11. 对情节复杂、争议较大、处罚较重、影响较广或者拟减轻处罚等税务行政处罚案件，应当经过集体审议决定。

12. 税务机关按照一般程序实施行政处罚，应当在执法文书中对事实认定、法律适用、基准适用等说明理由。省税务机关应当积极探索建立案例指导制度，通过案例指导规范税务行政处罚裁量权。

经典题解

【例题11·多选题】按照《税务行政处罚裁量权行使规则》，当事人有下列（　　）情形的，应当依法从轻或者减轻行政处罚。

A. 主动消除或者减轻违法行为危害后果的

B. 受他人胁迫有违法行为的

C. 不满十四周岁的人有违法行为的

D. 配合税务机关查处违法行为有立功表现的

【解析】选项C属于不予行政处罚的情形。

【答案】ABD

【例题12·单选题】按照《税务行政处罚裁量权行使规则》，违反税收法律、行政法规应当给予行政处罚的行为在一定期限内未被发现的，不再给予行政处罚，该期限是（　　）。

A. 1年　　B. 3年

C. 5年　　D. 10年

【解析】按照《税务行政处罚裁量权行使规则》，违反税收法律、行政法规应当给予行政处罚的行为在五年内未被发现的，不再给予行政处罚。

【答案】C

第二节　税务行政复议

使用“会计云课堂”App或“微信”扫码查看本节视频，快速GET知识点。

一般情况下，税务行政复议过程：

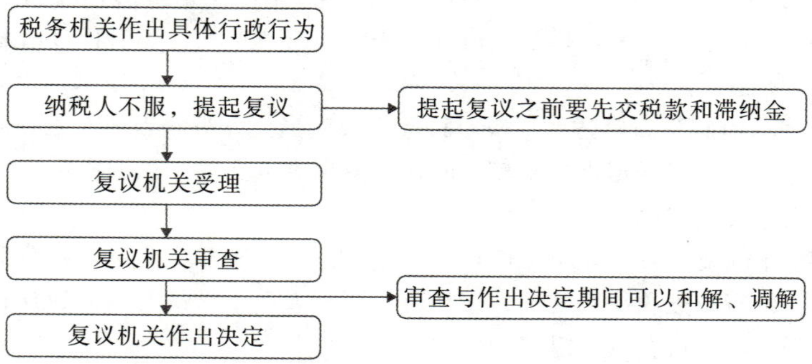

考点 1：税务行政复议特点、机构和人员★

（一）税务行政复议的特点

1. 以当事人不服税务机关及其工作人员作出的税务具体行政行为为前提。
2. 税务行政复议因当事人的申请而产生。
3. 税务行政复议案件一般由原处理税务机关的上一级税务机关审理。
4. 征税问题的争议，税务行政复议是税务行政诉讼的必经前置程序。

（二）税务行政复议的机构和人员

各级行政复议机关负责法制工作的机构（简称“行政复议机构”）依法办理行政复议事项。

各级行政复议机关可以成立行政复议委员会，研究重大、疑难案件，提出处理建议。

行政复议委员会可以邀请本机关以外的具有相关专业知识的人员参加。

行政复议工作人员应当具备与履行行政复议职责相适应的品行、专业知识和业务能力，并取得《行政复议法实施条例》规定的资格。

税务机关中初次从事行政复议的人员，应当通过国家统一法律职业资格考试取得法律职业资格。

考点 2：税务行政复议的受案范围★★

税务行政复议的受案范围	限于税务机关作出的税务具体行政行为
1. 征税行为★★★	（1）确认纳税主体、征税对象、征税范围、减税、免税、退税、抵扣税款、适用税率、计税依据、纳税环节、纳税期限、纳税地点和税款征收方式等具体行政行为 （2）征收税款、加收滞纳金 （3）扣缴义务人、受税务机关委托的单位和个人作出的代扣代缴、代收代缴、代征行为等
2. 行政许可、行政审批行为	——
3. 发票管理行为	包括发售、收缴、代开发票等
4. 税收保全措施、强制执行措施	（1）税收保全措施： ①书面通知开户银行或者其他金融机构冻结纳税人的金额相当于应纳税款的存款 ②扣押、查封价值相当于应纳税款的商品、货物或者其他财产 （2）税收强制执行措施： ①书面通知开户银行或者其他金融机构从当事人存款中扣缴税款 ②依法拍卖或变卖所扣押、查封价值相当于应纳税款的商品、货物或者其他财产以抵缴税款

税务行政复议的受案范围	限于税务机关作出的税务具体行政行为
5. 行政处罚行为	（1）罚款 （2）没收财物和违法所得 （3）停止出口退税权
6. 不依法履行职责的行为	（1）颁发税务登记 （2）开具、出具完税凭证、外出经营活动税收管理证明 （3）行政赔偿 （4）行政奖励 （5）其他不依法履行职责的行为
7. 资格认定行为	——
8. 不依法确认纳税担保行为	——
9. 政府信息公开工作中的具体行政行为	——
10. 纳税信用等级评定行为	——
11. 通知出入境管理机关阻止出境行为	——
12. 其他具体行政行为	——

【易错易混】

1. 注意税务行政复议与税务行政诉讼的关系，在税务行政复议受案范围中，解决征税问题的争议，税务行政复议是税务行政诉讼的必经前置程序；解决征税问题之外的争议，税务行政复议不是税务行政诉讼的必经前置程序。

2. 在税务行政复议之前是否有前置程序呢？是否需要先缴纳税款、滞纳金和罚款才能提请行政复议？

【解答】首先，按照现行《征管法》的规定，征税问题的争议，需要先缴纳税款和滞纳金或者提供相应担保才能进入复议程序，这也是程序优于实体原则的体现。

其次，罚款问题的争议，还要区分为对罚款决定的争议和对逾期不缴纳罚款加处罚款决定的争议。对罚款决定的争议，没有先缴纳罚款再申请复议的政策要求，但是对税务机关作出逾期不缴纳罚款加处罚款的决定不服的争议，应当先缴纳罚款和加处罚款，再申请行政复议。

3. 申请人认为税务机关的具体行政行为所依据的下列规定不合法，对具体行政行为申请行政复议时，可以一并向行政复议机关提出对有关规定的审查申请；申请人对具体行政行为提出行政复议申请时不知道该具体行政行为所依据的规定的，可以在行政复议机关作出行政复议决定以前提出对该规定的审查申请：（1）国家税务总局和国务院其他部门的规定。（2）其他各级税务机关的规定。（3）地方各级人民政府的规定。（4）地方人民政府工作部门的规定。

前款中的规定不包括规章。

经典题解

【例题13·多选题】下列各项属于税务行政复议受案范围或审查范围的有（　　）。

A. 国家税务总局制定的规章

B. 税务机关作出的税收保全措施

C. 税务机关作出的征税行为

D. 税务机关作出的行政处罚行为

【解析】规章不能提请审查。BCD选项都属于税务行政复议的受案范围。

【答案】BCD

【真题14·多选题】申请人对税务机关的下列行政行为不服时可以申请行政复议的有（　　）。（2020年）

A. 没收财物　　B. 行政赔偿

C. 行政审批　　D. 发票管理

【答案】ABCD

【真题15·单选题】纳税人对税务机关作出的下列行政行为不服时，应当先向行政复议机关申请复议后，才可以向人民法院提起行政诉讼的是（　　）。（2017年）

A. 加收滞纳金　　B. 税收保全措施

C. 处以税款50%的罚款　　D. 强制执行措施

【解析】选项A：属于税务机关作出的征税行为，申请人对其不服的，行政复议是行政诉讼必经前置程序。选项BCD：行政复议不是行政诉讼必经前置程序。

【答案】A

考点3：税务行政复议管辖★★

我国税务行政复议管辖的基本制度是实行由上一级税务机关管辖的一级复议制度。

【提示】税务行政复议管辖的规定自2018年以后，伴随国地税机构合并发生了变化，考生要特别关注变化后的内容。

具体情况	基本规定
对各级税务局的具体行政行为不服的	向其上一级税务局申请行政复议
对计划单列市税务局的具体行政行为不服的	向国家税务总局申请行政复议
对税务所（分局）、各级税务局的稽查局的具体行政行为不服的	向其所属税务局申请行政复议

具体情况	基本规定
对国家税务总局的具体行政行为不服的	向国家税务总局申请行政复议。对行政复议决定不服，申请人可以向人民法院提起行政诉讼，也可以向国务院申请裁决。国务院的裁决为最终裁决
其他税务行政复议管辖的规定	对两个以上税务机关以共同的名义作出的具体行政行为不服的，向共同上一级税务机关申请行政复议；对税务机关与其他行政机关以共同的名义作出的具体行政行为不服的，向其共同上一级行政机关申请行政复议
	对被撤销的税务机关在撤销以前所作出的具体行政行为不服的，向继续行使其职权的税务机关的上一级税务机关申请行政复议
	对税务机关作出逾期不缴纳罚款加处罚款的决定不服的，向作出行政处罚决定的税务机关申请行政复议。但是对已处罚款和加处罚款都不服的，一并向作出行政处罚决定的税务机关的上一级税务机关申请行政复议
特别规定	有下列情形之一的，申请人也可以向具体行政行为发生地的县级地方人民政府提交行政复议申请的，由接受申请的县级地方人民政府依照《行政复议法》第十五条、第十八条的规定予以转送 （1）对县级以上地方人民政府依法设立的派出机关的具体行政行为不服的，向设立该派出机关的人民政府申请行政复议 （2）对政府工作部门依法设立的派出机构依照法律、法规或者规章规定，以自己的名义作出的具体行政行为不服的，向设立该派出机构的部门或者该部门的本级地方人民政府申请行政复议 （3）对法律、法规授权的组织的具体行政行为不服的，分别向直接管理该组织的地方人民政府、地方人民政府工作部门或者国务院部门申请行政复议 （4）对两个或者两个以上行政机关以共同的名义作出的具体行政行为不服的，向其共同上一级行政机关申请行政复议 （5）对被撤销的行政机关在撤销前所作出的具体行政行为不服的，向继续行使其职权的行政机关的上一级行政机关申请行政复议 接受行政复议申请的县级地方人民政府，对依照上述第（1）项的规定属于其他行政复议机关受理的行政复议申请，应当自接到该行政复议申请之日起7日内，转送有关行政复议机关，并告知申请人

【相关链接】在复习这部分内容时注意以下三个问题：

一是要知晓对计划单列市税务局的具体行政行为不服的，直接向国家税务总局申请行政复议。

二是要注意正常情况下一级复议制度和特殊情况下二级复议审理的规定前提。其中需要辨析的：对于向国务院申请二级复议审理是特殊规定，只适用于纳税人不服由国家税务总局直接作出的具体税务行政行为的情况。而对纳税人不服省级税务机关作出的具体税务行政行为，已向国家税务总局申请复议，但对复议决定不服的，只能向人民法院起诉，而不能向国务院申请裁决。

三是对于罚款与加处罚款相关的复议管辖存在差别，对税务机关作出逾期不缴纳罚款加处罚款的决定不服的，向作出行政处罚决定的税务机关申请行政复议。但是对已处罚款和加处罚款都不服的，一并向作出行政处罚决定的税务机关的上一级税务机关申请行政复议。

经典题解

【例题16·多选题】下列申请行政复议的表述中，符合税务行政复议管辖规定的有（　　）。

A. 对各级税务局的具体行政行为不服的，向其上一级税务局申请行政复议

B. 对计划单列市税务局的具体行政行为不服的，向国家税务总局申请行政复议

C. 对计划单列市税务局的具体行政行为不服的，向所在省税务局申请行政复议

D. 对国家税务总局的具体行政行为不服的，向国家税务总局申请行政复议

【解析】选项C：对计划单列市税务局的具体行政行为不服的，向国家税务总局申请行政复议。

【答案】ABD

【例题17·单选题】某县一加工企业因账簿不全，县主管税务局对其核定征收企业所得税，企业认为核定数额过高，在双方协商无果的情况下，企业准备请求法律救济。下列关于企业的做法正确的是（　　）。

A. 加工企业可以直接向人民法院提起行政诉讼

B. 加工企业可以向该县人民政府提起行政复议

C. 加工企业应在复议决定作出后及时缴纳税款

D. 加工企业和县主管税务局可以在复议决定作出前达成和解

【名师点题】本题目题干并未照搬教材表运，而是采用案例描述的方式，这是CPA考试制度改革后比较多见的命题风格，突出税法知识的应用性。

【解析】选项AB：该加工企业对县税务局作出的征税行为不服的，应当向其上一级税务局申请行政复议，对行政复议决定不服的，再向人民法院提起行政诉讼；选项C：申请人必须依照税务机关根据法律、法规确定的税额、期限，先行缴纳或者解缴税款和滞纳金，或者提供相应的担保，才可以在缴清税款和滞纳金以后或者所提供的担保得到作出具体行政行为的税务机关确认之日起60日内提出行政复议申请。

【答案】D

【例题18·多选题】对税务机关作出的逾期不缴纳罚款加处罚款的决定不服的，可申请行政复议，以下符合行政复议管辖规定的有（　　）。

A. 向作出行政处罚决定的税务机关申请行政复议

B. 向作出行政处罚决定的税务机关的上一级税务机关申请行政复议

C. 向具体行政行为发生地的县级地方人民政府提交行政复议申请

D. 向国家税务总局提交行政复议申请

【解析】对税务机关作出逾期不缴纳罚款加处罚款的决定不服的，向作出行政

处罚决定的税务机关申请行政复议。但是对已处罚款和加处罚款都不服的，一并向作出行政处罚决定的税务机关的上一级税务机关申请行政复议。对于上述情形，申请人也可以向具体行政行为发生地的县级地方人民政府提交行政复议申请，由接受申请的县级地方人民政府依法转送。

【答案】AC

考点4：税务行政复议申请人和被申请人★

（一）税务行政复议的申请人规定★

<table>
<tr><th>情形</th><th>申请人或代表</th><th>代表与代理的限制规定</th></tr>
<tr><td>合伙企业申请行政复议的</td><td>以核准登记的企业为申请人，由执行合伙事务的合伙人代表该企业参加行政复议</td><td rowspan="10">（1）复议代表的规定：同一行政复议案件申请人超过5人的，应当推选1至5名代表参加行政复议
（2）复议代理的规定：
①申请人、第三人可以委托1至2名代理人参加行政复议
②申请人、第三人委托代理人的，应当向行政复议机构提交授权委托书
③授权委托书应当载明委托事项、权限和期限
④公民在特殊情况下无法书面委托的，可以口头委托。口头委托的，行政复议机构应当核实并记录在卷
⑤申请人、第三人解除或者变更委托的，应当书面告知行政复议机构</td></tr>
<tr><td>其他合伙组织申请行政复议的</td><td>由合伙人共同申请行政复议</td></tr>
<tr><td>上述以外的不具备法人资格的其他组织申请行政复议的</td><td>由该组织的主要负责人代表该组织参加行政复议；没有主要负责人的，由共同推选的其他成员代表该组织参加行政复议</td></tr>
<tr><td>股份制企业的股东大会、股东代表大会、董事会认为税务具体行政行为侵犯企业合法权益的</td><td>可以以企业的名义申请行政复议</td></tr>
<tr><td>有权申请行政复议的公民死亡的</td><td>其近亲属可以申请行政复议</td></tr>
<tr><td>有权申请行政复议的公民为无行为能力人或者限制行为能力人</td><td>其法定代理人可以代理申请行政复议</td></tr>
<tr><td>有权申请行政复议的法人或者其他组织发生合并、分立或终止的</td><td>承受其权利义务的法人或者其他组织可以申请行政复议</td></tr>
<tr><td>申请人以外的公民、法人或者其他组织与被审查的具体行政行为有利害关系的</td><td>（1）可以向行政复议机关申请作为第三人参加行政复议
（2）行政复议机关可以通知其作为第三人参加行政复议
（3）第三人不参加行政复议，不影响行政复议案件的审理</td></tr>
<tr><td>非具体行政行为的行政管理相对人，但其权利直接被该具体行政行为所剥夺、限制或者被赋予义务的公民、法人或其他组织，在行政管理相对人没有申请行政复议时</td><td>可以单独申请行政复议</td></tr>
</table>

经典题解

【真题 19·单选题】下列可以作为税务行政复议申请人的是（ ）。（2019 年）

A. 有权申请行政复议的公民下落不明的，其近亲属

B. 有权申请行政复议的公民为限制行为能力人，其法定代理人

C. 有权申请行政复议的股份制企业，其股东代表大会

D. 有权申请行政复议的法人发生终止的，其法定代表人

【解析】有权申请行政复议的公民为无行为能力人或者限制行为能力人，其法定代理人可以代理申请行政复议。

【答案】B

（二）税务行政复议的被申请人规定★

行政行为的作出	被申请人	代理的限制规定
申请人对具体行政行为不服申请行政复议的	作出该具体行政行为的税务机关为被申请人	被申请人不得委托本机关以外人员参加行政复议
申请人对扣缴义务人的扣缴税款行为不服的	主管该扣缴义务人的税务机关为被申请人	
对税务机关委托的单位和个人的代征行为不服的	委托税务机关为被申请人	
税务机关与法律、法规授权的组织以共同的名义作出具体行政行为的	税务机关和法律、法规授权的组织为共同被申请人	
税务机关与其他组织以共同名义作出具体行政行为的	税务机关为被申请人	
税务机关依照法律、法规和规章规定，经上级税务机关批准作出具体行政行为的	批准机关为被申请人	
申请人对经重大税务案件审理程序作出的决定不服的	审理委员会所在税务机关为被申请人	
税务机关设立的派出机构、内设机构或者其他组织，未经法律、法规授权，以自己名义对外作出具体行政行为的	税务机关为被申请人	

【易错易混】代表与代理的限制规定

（1）复议代表的规定：

同一行政复议案件申请人超过 5 人的，应当推选 1 至 5 名代表参加行政复议。

（2）复议代理的规定：

①申请人、第三人可以委托 1 至 2 名代理人参加行政复议。

②被申请人不得委托本机关以外人员参加行政复议。

经典题解

【例题20·单选题】以下关于税务行政复议被申请人的表述符合规定的是（　　）。

A. 税务机关与经法律、法规授权以外的其他组织以共同名义作出具体行政行为的，税务机关和其他组织为共同被申请人

B. 税务机关依照法律、法规和规章规定，经上级税务机关批准作出具体行政行为的，以作出具体行政行为的税务机关为被申请人

C. 申请人对经重大税务案件审理程序作出的决定不服的，审理委员会为被申请人

D. 税务机关设立的派出机构、内设机构或者其他组织，未经法律、法规授权，以自己名义对外作出具体行政行为的，税务机关为被申请人

【解析】选项A：税务机关与经法律、法规授权以外的其他组织以共同名义作出具体行政行为的，税务机关为被申请人；选项B：税务机关依照法律、法规和规章规定，经上级税务机关批准作出具体行政行为的，批准机关为被申请人；选项C：申请人对经重大税务案件审理程序作出的决定不服的，审理委员会所在税务机关为被申请人。

【答案】D

考点5：税务行政复议申请★★

1. 申请复议的时限——得知税务机关作出具体行政行为之日起60日之内。

2. 复议与诉讼的次序问题：

（1）对征税行为的争议——复议是诉讼的必经前置程序；

（2）对其他行为的争议——复议不是诉讼的必经前置程序。

3. 行政复议申请方式——可以书面申请或口头申请。

申请人书面申请行政复议的，可以采取当面递交、邮寄或者传真等方式提出行政复议申请。有条件的行政复议机关可以接受以电子邮件形式提出的行政复议申请。

申请人口头申请行政复议的，行政复议机构应当依照规定当场制作行政复议申请笔录，交申请人核对或者向申请人宣读，并由申请人确认。

4. 行政复议和行政诉讼不能同时进行。

申请人向行政复议机关申请行政复议，行政复议机关已经受理的，在法定行政复议期限内申请人不得向人民法院提起行政诉讼；申请人向人民法院提起行政诉讼，人民法院已经依法受理的，不得申请行政复议。

经典题解

【例题21·单选题】以下关于税务行政复议申请的规定，说法正确的是（　　）。

A. 申请人应在得知税务机关作出具体行政行为之日起15日之内提出复议申请

B. 对于与税务有关的争议，行政复议是行政诉讼的必经前置程序

C. 税务行政复议可采用书面或口头形式申请

D. 申请人向行政复议机关申请行政复议，行政复议机关已经受理的，在法定行政复议期限内申请人可以向人民法院提起行政诉讼

【解析】申请人应在知道税务机关作出具体行政行为之日起60日内提出行政复议申请，A选项错误；申请人对税务机关的征税行为不服的，行政复议是行政诉讼的必经前置程序，B选项错误；纳税人及其他税务当事人对税务机关作出的具体税务行政行为不服，可以采用书面或口头形式申请行政复议，C选项正确；申请人向行政复议机关申请行政复议，行政复议机关已经受理的，在法定行政复议期限内申请人不得向人民法院提起行政诉讼，D选项错误。

【答案】C

【真题22·多选题】税务行政复议申请人可以在知道税务机关作出具体行政行为之日起60日内提出行政复议申请。下列申请期限计算起点的表述中，正确的有（　　）。（2020年）

A. 当场作出具体行政行为的，自具体行政行为作出之日起计算

B. 被申请人能够证明申请人知道具体行政行为的，自证据材料证明其知道具体行政行为之日起计算

C. 载明具体行政行为的法律文书直接送达的，自受送达人签收之日起计算

D. 具体行政行为依法通过公告形式告知受送达人的，自公告之日起计算

【解析】申请人可以在知道税务机关作出具体行政行为之日起60日内提出行政复议申请。申请期限的计算，依照下列规定办理：

（1）当场作出具体行政行为的，自具体行政行为作出之日起计算。（选项A）

（2）载明具体行政行为的法律文书直接送达的，自受送达人签收之日起计算。（选项C）

（3）载明具体行政行为的法律文书邮寄送达的，自受送达人在邮件签收单上签收之日起计算；没有邮件签收单的，自受送达人在送达回执上签名之日起计算。

（4）具体行政行为依法通过公告形式告知受送达人的，自公告规定的期限届满之日起计算。

（5）税务机关作出具体行政行为时未告知申请人，事后补充告知的，自该申请人收到税务机关补充告知的通知之日起计算。

（6）被申请人能够证明申请人知道具体行政行为的，自证据材料证明其知道具体行政行为之日起计算。（选项B）

【答案】ABC

考点6：税务行政复议受理★

【提示】这部分有两个易考点：一是应当受理行政复议的情况；二是行政复议期间具体行政行为不停止执行，但是有停止执行的特例。

（一）行政复议申请符合下列规定的，行政复议机关应当受理：

1. 属于税务行政复议规则规定的行政复议范围；
2. 在法定申请期限内提出；
3. 有明确的申请人和符合规定的被申请人；
4. 申请人与具体行政行为有利害关系；

5. 有具体的行政复议请求和理由；

6. 符合税务行政复议申请中规定的条件；

7. 属于收到行政复议申请的行政复议机关的职责范围；

8. 其他行政复议机关尚未受理同一行政复议申请，人民法院尚未受理同一主体就同一事实提起的行政诉讼。

经典题解

【例题23·多选题】以下关于税务行政复议受理规定的说法中，正确的有（　　）。

A. 行政复议机关收到行政复议申请以后，应当在7日内审查，决定是否受理

B. 行政复议机关收到行政复议申请以后未按照规定期限审查并作出不予受理决定的，视为受理

C. 对符合规定的行政复议申请，自行政复议机构收到之日起即为受理

D. 受理行政复议申请，可书面或电话告知申请人

【解析】选项A：行政复议机关收到行政复议申请以后，应当在5日内审查，决定是否受理；选项D：受理行政复议申请，应当书面告知申请人。

【答案】BC

（二）行政复议期间具体行政行为不停止执行；但是有下列情形之一的，可以停止执行：

1. 被申请人认为需要停止执行的；

2. 行政复议机关认为需要停止执行的；

3. 申请人申请停止执行，行政复议机关认为其要求合理，决定停止执行的；

4. 法律规定停止执行的。

经典题解

【例题24·多选题】在税务行政复议期间，可以停止执行税务具体行政行为的情形有（　　）。

A. 申请人认为需要停止执行的

B. 被申请人认为需要停止执行的

C. 被申请人确实难以执行的

D. 行政复议机关认为需要停止执行的

【解析】按照税务行政复议相关规定，明确在税务行政复议期间，可以停止执行税务具体行政行为的情形有四种，包括B选项和D选项。

【答案】BD

考点7：税务行政复议审查和决定★★

（一）税务行政复议的决定——维持、撤销、变更

1. 具体行政行为认定事实清楚，证据确凿，适用依据正确，程序合法，内容适当的，决定维持。

2. 被申请人不履行法定职责的，决定其在一定期限内履行。

3. 具体行政行为有下列情形之一的，决定撤销、变更或者确认该具体行政行为违法；决定撤销或者确认该具体行政行为违法的，可以责令被申请人在一定期限内重新作出具体行政行为：

（1）主要事实不清、证据不足的。

（2）适用依据错误的。

（3）违反法定程序的。

（4）超越职权或者滥用职权的。

（5）具体行政行为明显不当的。

4. 有下列情形之一的，行政复议机关可以决定变更：

（1）认定事实清楚，证据确凿，程序合法，但是明显不当或者适用依据错误的。

（2）认定事实不清，证据不足，但是经行政复议机关审理查明事实清楚，证据确凿的。

（二）税务行政复议决定的时限

行政复议机关应当自受理申请之日起 60 日内作出行政复议决定。情况复杂，不能在规定期限内作出行政复议决定的，经行政复议机关负责人批准，可以适当延期，并告知申请人和被申请人；但是延期不得超过 30 日。

（三）税务行政复议的中止与终止

考点妙记

（1）中止→暂停。

（2）终止→彻底停止。

税务行政复议的中止	税务行政复议的终止
行政复议期间，有下列情形之一的，行政复议中止： （1）作为申请人的公民死亡，其近亲属尚未确定是否参加行政复议的 （2）作为申请人的公民丧失参加行政复议的能力，尚未确定法定代理人参加行政复议的 （3）作为申请人的法人或者其他组织终止，尚未确定权利义务承受人的 （4）作为申请人的公民下落不明或者被宣告失踪的 （5）申请人、被申请人因不可抗力，不能参加行政复议的 （6）行政复议机关因不可抗力原因暂时不能履行工作职责的 （7）案件涉及法律适用问题，需要有权机关作出解释或者确认的 （8）案件审理需要以其他案件的审理结果为依据，而其他案件尚未审结的 （9）其他需要中止行政复议的情形 【解释】税务行政复议的中止，意味着行政复议中止的原因消除以后，应当及时恢复行政复议案件的审理	行政复议期间，有下列情形之一的，行政复议终止： （1）申请人要求撤回行政复议申请，行政复议机构准予撤回的 （2）作为申请人的公民死亡，没有近亲属，或者其近亲属放弃行政复议权利的 （3）作为申请人的法人或者其他组织终止，其权利义务的承受人放弃行政复议权利的 （4）申请人与被申请人依照规定，经行政复议机构准许达成和解的 （5）行政复议申请受理以后，发现其他行政复议机关已经先于本机关受理，或者人民法院已经受理的 【解释】税务行政复议的终止，意味着该项复议无法恢复

【相关链接】税务行政复议终止与中止是不同概念，但存在一定的联系：依照行政复议中止情形的第（1）项、第（2）项、第（3）项规定中止行政复议，满60日行政复议中止的原因未消除的，行政复议终止。

经典题解

【真题25·单选题】税务行政复议期间发生的下列情形中，应当终止行政复议的是（　　）。（2018年）

A. 作为申请人的公民被宣告失踪

B. 行政复议机关因不可抗力原因暂时不能履行工作职责

C. 作为申请人的公民死亡，其近亲属尚未确定是否参加行政复议

D. 行政复议申请受理以后，发现其他行政复议机关已经先于本机关受理

【名师点题】税务行政复议的中止与终止的辨析，属于CPA税法命题的高频考点。

【解析】选项D属于行政复议终止的情形；选项ABC属于行政复议中止的情形。

【答案】D

考点8：税务行政复议和解与调解★

1. 可以达成和解或调解的四个方面

对下列行政复议事项，按照自愿、合法的原则，申请人和被申请人在行政复议机关作出行政复议决定以前可以达成和解，行政复议机关也可以调解：（1）行使自由裁量权作出的具体行政行为，如行政处罚、核定税额、确定应税所得率等；（2）行政赔偿；（3）行政奖励；（4）存在其他合理性问题的具体行政行为。

名师点拨

存在自由裁量和弹性处理规则的争议可以采用和解或调解的处理方式，但是法定事项只能采用申请人撤回或复议机关决定的方式解决争议。

经典题解

【例题26·多选题】对下列行政复议事项，按照自愿、合法的原则，申请人和被申请人在行政复议机关作出行政复议决定以前可以达成和解，行政复议机关也可以调解的有（　　）。

A. 适用税率　　B. 行政处罚

C. 核定税额　　D. 确定应税所得率

【解析】选项A不可选，因为其涉及合法性问题，不可达成和解或调解；选项BCD存在自由裁量和弹性处理规则，可达成和解或进行调解。

【答案】BCD

【真题27·多选题】税务行政复议机关可以对某些税务行政复议事项进行调解。以下符合税务行政复议调解要求的有（　　）。（2013年）

A. 遵循客观、公正和合理的原则

B. 不得损害社会公共利益和他人合法权益

C. 尊重申请人和被申请人的意愿

D. 在查明案件事实的基础上进行

【解析】符合下列要求的，税务行政复议机关可以进行调解：（1）尊重申请人

和被申请人的意愿；（2）在查明案件事实的基础上进行；（3）遵循客观、公正和合理原则；（4）不得损害社会公共利益和他人合法权益。

【答案】ABCD

2. 申请人和被申请人达成和解的，应当向行政复议机构提交书面和解协议。和解内容不损害社会公共利益和他人合法权益的，行政复议机构应当准许。

3. 经行政复议机构准许和解终止行政复议的，申请人不得以同一事实和理由再次申请行政复议。

考点 9：税务行政复议的补充规定★

1. 行政复议机关、行政复议机关工作人员和被申请人在税务行政复议活动中，违反《行政复议法》及其实施条例和税务行政复议规则规定的，应当依法处理。

2. 外国人、无国籍人、外国组织在中华人民共和国境内向税务机关申请行政复议，适用税务行政复议规则。

3. 行政复议机关在行政复议工作中可以使用行政复议专用章。行政复议专用章与行政复议机关印章在行政复议中具有同等效力。

4. 行政复议期间的计算和行政复议文书的送达，依照《民事诉讼法》关于期间、送达的规定执行。行政复议期间有关“5 日”“7 日”的规定指工作日，不包括法定节假日。

第三节　税务行政诉讼

使用“会计云课堂”App 或“微信”扫码查看本节视频，快速 GET 知识点。

考点 1：税务行政诉讼的概念和原则★

税务行政诉讼的被告必须是税务机关或经法律、法规授权的行使税务行政管理权的组织，而不是其他行政机关或组织。税务行政诉讼解决的争议发生在税务行政管理过程中。因税款征纳发生的争议，行政复议是行政诉讼的必经前置程序。

按照新修订的《行政诉讼法》，被诉行政机关负责人应当出庭应诉。不能出庭的，应当委托行政机关相应的工作人员出庭。

人民法院审理行政案件，对行政行为是否合法进行审查。人民法院审理行政案件，依法实行合议、回避、公开审判和两审终审制度。当事人在行政诉讼中的法律地位平等。各民族公民都有用本民族语言、文字进行行政诉讼的权利。人民检察院有权对行政诉讼实行法律监督。

税务行政诉讼的原则包括：（1）人民法院特定主管原则；（2）合法性审查原则；（3）不适用调解原则；（4）起诉不停止执行原则；（5）税务机关负举证责任原则；（6）由税务机关负责赔偿的原则。

经典题解

【真题28·多选题】纳税人对税务机关作出的下列行政行为不服时，应当先向行政复议机关申请复议后，才可向人民法院提起行政诉讼的有（　　）。（2021年）

A. 确定计税依据　　B. 加收滞纳金

C. 确认征税对象　　D. 停止出口退税权

【解析】选项ABC：属于征税行为，纳税人对税务机关作出的"征税行为"不服的，应当先向行政复议机关申请行政复议。选项D：属于税务行政处罚行为，纳税人对税务机关作出的"征税行为"以外的其他具体行政行为不服的，可以申请行政复议，也可以直接向人民法院提起行政诉讼。

【答案】ABC

【真题29·多选题】下列原则中，属于税务行政诉讼原则的有（　　）。（2015年）

A. 合法性审查原则

B. 由税务机关负责赔偿原则

C. 不适用调解原则

D. 纳税人负举证责任原则

【名师点题】本章考点琐碎，这类原则的规定可以如此命制客观题，也可以通过实例考查考生的应用能力。

【答案】ABC

考点2：税务行政诉讼的管辖★

税务行政诉讼管辖是指人民法院受理第一审税务案件的职权分工。税务行政诉讼的管辖分为级别管辖、地域管辖和裁定管辖。

经典题解

【例题30·多选题】税务行政诉讼的管辖分为（　　）。

A. 级别管辖　　B. 批准管辖

C. 地域管辖　　D. 裁定管辖

【答案】ACD

（一）级别管辖是指上下级人民法院之间受理第一审税务行政案件的分工和权限。

级别管辖	案件
基层人民法院	一般的税务行政诉讼案件
中级人民法院	①对国务院部门或者县级以上地方人民政府所作的行政行为提起诉讼的案件；②海关处理的案件；③本辖区内重大、复杂的案件；④其他法律规定由中级人民法院管辖的案件

级别管辖	案件
高级人民法院	本辖区内重大、复杂的第一审税务行政诉讼案件
最高人民法院	全国范围内重大、复杂的第一审税务行政诉讼案件

（二）地域管辖是指同级人民法院之间受理第一审行政案件的分工和权限，分一般地域管辖和特殊地域管辖两种情况。

地域管辖	情形	管辖
一般地域管辖	未经复议直接向人民法院提起诉讼的或者经复议后，复议裁决维持，不服提起行政诉讼的	由最初作出具体行政行为的税务机关所在地人民法院管辖
特殊地域管辖	经过复议的案件，复议机关改变原具体行政行为的	由原告选择最初作出具体行政行为的税务机关所在地人民法院，或者复议机关所在地人民法院管辖
	因不动产提起的行政诉讼	由不动产所在地人民法院管辖

【提示】两个以上人民法院都有管辖权的案件，原告可以选择其中一个人民法院提起诉讼。原告向两个以上有管辖权的人民法院提起诉讼的，由最先立案的人民法院管辖。

（三）裁定管辖是指人民法院依法自行裁定的管辖，包括移送管辖、指定管辖及管辖权的转移三种情况。

1. 移送管辖是指人民法院将已经受理的案件，移送给有管辖权的人民法院审理。

2. 指定管辖是指上级人民法院以裁定的方式，指定某下一级人民法院管辖某一案件。

3. 管辖权的转移。根据新《行政诉讼法》第 24 条的规定，上级人民法院有权审理下级人民法院管辖的第一审行政案件。下级人民法院对其管辖的第一审行政案件，认为需要由上级人民法院审理或者指定管辖的，可以报请上级人民法院决定。

考点 3：税务行政诉讼的受案范围★

【提示】税务行政诉讼的受案范围与税务行政复议受案范围基本一致。

经典题解

【例题 31·多选题】下列各项中，属于侵犯纳税人和其他税务当事人合法权益的情形并且纳税人和其他税务当事人可以提起税务行政诉讼的有（　　）。

A. 税务机关通知银行冻结其存款的行为

B. 税务机关逾期未对其复议申请作出答复的行为

C. 税务机关对其所缴纳的税款没有上缴国库的行为

D. 税务机关制定的规范性文件损害其合法权益的行为

【解析】C选项并没有侵犯纳税人和其他税务当事人的利益；D选项不属于税务行政诉讼受案范围。

【答案】AB

考点4：税务行政诉讼的起诉和受理★★

有复议前置程序的，起诉期限是当事人接到复议决定书之日起15日内；不需要复议前置程序的，起诉期限是当事人接到通知或者知道之日起15日内。

税务机关作出具体行政行为时，未告知公民、法人或者其他组织起诉期限的，起诉期限从公民、法人或者其他组织知道或者应该知道起诉期限之日起计算，但从知道或者应当知道行政行为内容之日起最长不得超过1年。

经典题解

【真题32·单选题】在税务行政诉讼案件中，税务机关可享有的权利是（　　）。（2018年）

A. 应诉权　　B. 反诉权

C. 起诉权　　D. 撤诉权

【解析】在税务行政诉讼案件中，税务机关不享有起诉权，只有应诉权，即只能当作被告。

【答案】A

考点5：税务行政诉讼的审理和判决★★

人民法院审理行政案件实行合议、回避、公开审判和两审终审的审判制度。

重大税务案件的范围：重大税务行政处罚案件，根据《重大税收违法案件督办管理暂行办法》督办的案件，应司法、监察机关要求出具认定意见的案件，拟移送公安机关处理的案件，审理委员会成员单位认为案情重大、复杂、需要审理的案件，其他需要审理委员会审理的案件。

人民法院对受理的税务行政案件，经过调查、收集证据、开庭审理之后，分别作出如下判决：

（1）维持判决。（2）撤销判决。（3）履行判决。（4）变更判决。

【提示】行政行为有下列情形之一的，人民法院判决撤销或者部分撤销，并可以判决被告重新作出行政行为：（1）主要证据不足的；（2）适用法律、法规错误的；（3）违反法定程序的；（4）超越职权的；（5）滥用职权的；（6）明显不当的。

考试加油站

一、本章小结

下载“会计云课堂”App 学习

您已成功完成“第十四章”的学习，本章共 21 个考点，您都学会了吗？

为了让您对章节有更清晰的理解，加倍巩固。本书作者刘颖老师将通过“**视频导图课**”的方式，带您回顾重要考点。

名师点拨，视听结合，高效提分。

※ 欢迎您扫码，免费观看学习。

二、本章疑难问题解答

本章时限规定较多，可否归纳总结一下？

答：【归纳】税务行政法制相关时限的规定（包括但不限于）：

情形		时限
罚款的缴纳与收缴	当事人	当事人应当自收到行政处罚决定书之日起 15 日内，到指定的银行或者通过电子支付系统缴纳罚款
	执法方	执法人员当场收缴的罚款，应当自收缴罚款之日起 2 日内，交至行政机关；行政机关应当在 2 日内将罚款缴付指定的银行
税务行政复议	申请	（1）得知税务机关作出具体行政行为之日起 60 日之内 （2）对征税行为不服的，必须先行缴纳或者解缴税款和滞纳金，或者提供相应的担保，才可以在缴清税款和滞纳金以后，或者所提供的担保得到确认之日起 60 日内提出行政复议申请
	受理	应当在 5 日内审查决定是否受理
	决定	受理申请之日起 60 日内作出决定，经批准，可延长 30 日
	终止	行政复议中止情形的第（1）（2）（3）项规定，满 60 日中止的原因未消除的，复议终止
税务行政诉讼	起诉	（1）复议前置的，接到复议决定书之日起 15 日内 （2）不需要复议前置的，接到通知或者知道之日起 15 日内 （3）未告知起诉期限的，申请人知道或应当知道行政行为内容之日起 1 年内起诉
	立案	当场不能判定的，应当接收起诉状，出具注明收到日期的书面凭证，并在 7 日内决定是否立案

同步强化练习题

使用“会计云课堂”App或“微信”扫码快速做题、对答案、看解析、掌握解题思路，开启轻松过关之旅。

一、单项选择题

1. 对违法行为的调查与处罚决定分开，决定罚款的机关与收缴机构分离，这体现了税务行政处罚的（　　）。
A. 法定原则
B. 公正、公开原则
C. 以事实为依据原则
D. 监督、制约原则

2. 税务行政规章对经营活动中违法行为，没有违法所得的，设定的罚款不得超过（　　）元。
A. 2000　　B. 5000
C. 10000　　D. 20000

3. 以下不具备税务行政处罚主体资格，但能够以自己的名义实施税务行政处罚的是（　　）。
A. 县级税务机关的内设机构
B. 市级税务机关的税政处
C. 税务所
D. 税务所的内部岗位

4. 以下符合行政处罚的简易程序规定的是（　　）。
A. 当场收缴罚款
B. 当场作出税务行政处罚决定
C. 对个人罚款1000元以下，对法人、单位罚款10000元以下
D. 当场进行听证

5. 税务机关行政执法人员当场收缴罚款的，应当自收缴罚款之日起2日内将罚款交至税务机关。税务机关应当在规定期限内将罚款缴付指定的银行，这一规定期限是（　　）。
A. 1日内　　B. 2日内
C. 5日内　　D. 7日内

6. 税务机关对当事人作出罚款行政处罚决定的，当事人应当在收到行政处罚决定书之日起15日内缴纳罚款。逾期不缴纳的，税务机关可以根据罚款数额对当事人按日加处罚款，计算加处罚款的比例是（　　）。
A. 1‰　　B. 3‰
C. 1%　　D. 3%

7. 税务机关作出罚款处罚决定，代收机构代收罚款的，代收机构应当向当事人出具（　　）。
A.《罚款决定与罚款收缴分离实施办法》
B. 中国人民银行的研究决定书
C. 盖有税务监制章的收款发票
D. 财政部规定的罚款收据

8. 按照《税务行政处罚裁量权行使规则》，税务机关应当责令当事人改正或者限期改正违法行为的，除法律、法规、规章另有规定外，责令限期改正的期限一般不超过（　　）。

A. 7 日　　B. 15 日
C. 30 日　　D. 60 日

9. 下列关于税务行政复议管辖的表述中，正确的是（　　）。
A. 对国家税务总局作出的具体行政行为不服的，向国务院申请行政复议
B. 对税务所作出的具体行政行为不服的，向省级税务局申请行政复议
C. 对各级税务局的稽查局的具体行政行为不服的，向其所属税务局申请行政复议
D. 对被撤销的税务机关在撤销以前所作出的具体行政行为不服的，向继续行使其职权的税务机关申请行政复议

10. 申请人对税务机关与其他行政机关以共同的名义作出的具体行政行为不服的，向（　　）申请行政复议。
A. 国家税务总局
B. 共同上一级行政机关
C. 共同上一级税务机关
D. 省级人民政府

11. 以下关于税务行政复议规定的表述中，正确的是（　　）。
A. 申请人对税务机关作出的征税行为以外的其他具体行政行为不服的，不能申请行政复议，只能向人民法院提请行政诉讼
B. 申请人可以在知道税务机关作出具体行政行为次日起 60 日内提出行政复议申请
C. 申请人申请行政复议，只能书面申请，不能口头申请
D. 申请人向人民法院提起行政诉讼，人民法院已经依法受理的，不得申请行政复议

12. 以下关于税务行政复议申请材料规定的说法中，不正确的是（　　）。
A. 行政复议申请材料不齐全、表述不清楚的，行政复议机构可以自收到该行政复议申请之日起 5 日内书面通知申请人补正
B. 补正通知应当载明需要补正的事项和合理的补正期限
C. 无正当理由逾期不补正的，视为申请人放弃行政复议申请
D. 补正申请材料所用时间计入行政复议审理期限

13. 行政复议机关应当在规定的时限作出行政复议决定，该规定的时限是自受理申请之日起（　　）。
A. 15 日内　　B. 30 日内
C. 60 日内　　D. 90 日内

14. 按照税务行政复议的规定，不能在规定期限内作出行政复议决定的，经行政复议机关负责人批准，可以适当延期，并告知申请人和被申请人；但是延期不得超过（　　）。
A. 15 日　　B. 30 日
C. 45 日　　D. 60 日

15. 以下关于税务行政复议规定的说法中，不正确的是（　　）。
A. 行政复议机关对不属于本机关受理的行政复议申请，应当告知申请人向有关复议机关提出
B. 行政复议机关收到行政复议申请后未按规定期限审查并作出不予受理决定的，视为受理
C. 被申请人可以委托本机关以外人员参加行政复议
D. 中止行政复议的原因消除后，应当及时恢复行政复议案件的审理

16. 行政复议期间，导致行政复议中止的行为是（　　）。
A. 作为申请人的法人或者其他组织终止，其权利义务的承受人放弃行政复议权利的

B. 作为申请人的公民死亡，没有近亲属或者其近亲属放弃行政复议权利的
C. 作为申请人的公民死亡，其近亲属尚未确定是否参加行政复议的
D. 行政复议申请受理后，发现其他复议机关或者人民法院已经先于本机关受理的

17. 以下关于税务行政复议的规定正确的是（ ）。
A. 复议机关通知申请人以外的与被审查的税务具体行政行为有利害关系的第三人参加行政复议，第三人未参加的，会直接影响行政复议案件的审理
B. 行政复议案件申请人达到12人，应推选5~10名代表参加行政复议
C. 股份制企业股东大会认为税务具体行政行为侵犯企业合法权益的，只能以股东的名义申请行政复议
D. 税务行政复议的申请资料不齐全，复议机关在收到该行政复议申请之日起5日内书面通知申请人补正，补正材料所用时间不计入行政复议审理期限

18. 根据《税收征收管理法》及其他相关规定，对税务机关的征税行为提起诉讼，必须先经过复议，对复议决定不服的，可以在接到复议决定书之日起的一定时限内向人民法院起诉。下列各项中，符合上述时限规定的是（ ）。
A. 15日内 B. 30日内
C. 60日内 D. 90日内

19. 税务机关作出具体行政行为时，未告知公民、法人或者其他组织起诉期限的，起诉期限从公民、法人或者其他组织知道或者应该知道起诉期限之日起计算，但从知道或者应当知道行政行为内容之日起最长不得超过（ ）。
A. 1年 B. 2年
C. 3年 D. 10年

20. 对下列行政复议事项，按照自愿、合法的原则，申请人和被申请人在行政复议机关作出行政复议决定以前可以达成和解，行政复议机关也可以调解的是（ ）。
A. 确认纳税主体
B. 确定征税对象
C. 收缴发票
D. 确定应税所得率

21. 人民法院对当场不能判定是否符合《行政诉讼法》规定的诉讼条件的，应当接收起诉状，出具注明收到日期的书面凭证，并在规定的时限内决定是否立案，该规定时限是（ ）。
A. 5日内 B. 7日内
C. 10日内 D. 15日内

二、多项选择题

1. 下列原则中，属于税务行政处罚原则的有（ ）。
A. 协商原则
B. 公正、公开原则
C. 以事实为依据原则
D. 处罚与教育相结合原则

2. 以下关于税务行政处罚的说法正确的有（ ）。
A. 税务行政处罚是指公民、法人或者其他组织有意违反税收征收管理秩序，尚未构成犯罪，依法应当承担行政责任的，由税务机关给予行政处罚
B. 国家税务总局可以通过规章的形式设定除限制人身自由外的税务行政处罚
C. 并不是对所有的税务违法行为都一定要处罚
D. 采用税务行政处罚的简易程序，当事人没有听证权，但有陈述申辩权

3. 税务行政处罚的法定原则包括（ ）。
A. 处罚要有法定依据，法律没有明文规定不得处罚

B. 由法定国家机关在其职权范围内设定
C. 由法定税务机关在其职权范围内实施
D. 由税务机关按法定程序实施

4. 国家税务总局可以通过规章的形式设定（　　）。
A. 各种税务行政处罚
B. 警告
C. 罚款
D. 除限制人身自由外的税务行政处罚

5. 下列关于税务行政处罚设定的表述中，正确的有（　　）。
A. 国家税务总局对非经营活动中的违法行为，设定罚款不得超过1000元
B. 国家税务总局对非经营活动中有违法所得的违法行为，设定罚款不得超过5000元
C. 国家税务总局对经营活动中没有违法所得的违法行为，设定罚款不得超过10000元
D. 国家税务总局对经营活动中有违法所得的违法行为，设定罚款不得超过违法所得的3倍且最高不得超过30000元

6. 下列属于我国税务行政处罚的种类有（　　）。
A. 罚款
B. 判处有期徒刑
C. 停止出口退税权
D. 罚金

7. 税务机关作出的以下行政行为中，行政复议是行政诉讼必经前置程序的有（　　）。
A. 加收滞纳金
B. 确认纳税主体
C. 处以罚款
D. 停止出口退税权

8. 下列行为属于税务行政复议的受案范围的有（　　）。
A. 税务机关作出的征税行为
B. 税务机关作出的税务行政处罚行为
C. 税务机关作出的行政许可、行政审批行为
D. 税务机关作出的不依法确认纳税担保的行为

9. 下列税务行政复议的受案范围中，属于税务机关作出的征税行为有（　　）。
A. 加收滞纳金
B. 税务机关委托扣缴义务人作出的代扣代缴税款行为
C. 税务机关作出的税收保全措施
D. 代开发票

10. 纳税人对税务机关作出的下列行政行为不服时，可以申请行政复议，也可以直接向人民法院提起行政诉讼的有（　　）。
A. 收缴发票行为
B. 没收违法所得
C. 阻止出境行为
D. 暂停免税办理

11. 纳税人和其他税务当事人认为税务机关的具体行政行为所依据的下列规定不合法，对具体行政行为申请行政复议时，可一并向复议机关提出对该规定的审查申请的有（　　）。
A. 国务院制定的税收法规
B. 国家税务总局和国务院其他部门的规定
C. 财政部的部门规章
D. 地方各级人民政府的规定

12. 以下关于税务行政复议申请人的表述不符合规定的有（　　）。
A. 股份制企业的股东大会、股东代表大会、董事会认为税务具体行政行为侵犯企业合法权益的，可以以企业的名义申请行政复议
B. 有权申请行政复议的公民死亡的，其

近亲属不得申请行政复议

C. 同一行政复议案件申请人较多时，应当推选1至10名代表参加行政复议

D. 申请人、第三人委托代理人的，应当向行政复议机构提交授权委托书，该授权委托必须是书面委托

13. 对下列事项进行行政复议时，申请人和被申请人在行政复议机关作出行政复议决定前可以达成和解的有（　　）。

A. 行政赔偿

B. 扣缴行为

C. 行政处罚

D. 核定税额

14. 以下关于税务行政处罚的管辖原则的说法正确的有（　　）。

A. 税务行政处罚实行行为发生地原则

B. 除特别授权外，税务行政处罚由县（市、旗）以上税务机关实施

C. 税务行政处罚管辖主体必须有税务行政处罚权

D. 税务行政处罚管辖主体必须有税务行政处罚设定权

15. 下列各项中，不符合相关政策规定的有（　　）。

A. 采用税务行政处罚的简易程序，即税务执法人员当场收取罚款

B. 适用税务行政处罚一般程序的案件一般是情节简单、处罚较轻的案件

C. 税务行政处罚听证的范围是对公民作出2000元以上，或者对法人或其他组织作出20000元以上罚款的案件

D. 听证程序适用于采用税务行政处罚一般程序的所有案件

16. 按照税务行政处罚权力清单，对一些税务违法行为，税务机关责令其限期改正，可以处2000元以下的罚款；情节严重的，处2000元以上10000元以下的罚款，针对的违法行为有（　　）。

A. 税务机关依照《税收征管法》的规定到车站、码头、机场、邮政企业及其分支机构检查纳税人有关情况时，有关单位拒绝的

B. 纳税人、扣缴义务人的开户行在接到税务机关的书面通知后帮助纳税人、扣缴义务人转移存款，造成税款流失的

C. 纳税人仅使用英文记账的

D. 纳税人未按照规定将财务、会计制度或者财务、会计处理办法和会计核算软件报送税务机关备查的

17. 按照《税务行政处罚裁量权行使规则》，当事人有下列（　　）情形的，不予行政处罚。

A. 配合税务机关查处违法行为有立功表现的

B. 不满十四周岁的人有违法行为的

C. 精神病人在不能辨认或者不能控制自己行为时有违法行为的

D. 其违法行为轻微并及时纠正，没有造成危害后果的

18. 以下关于税务行政复议规则的表述中，正确的有（　　）。

A. 纳税人对税务机关作出的征税行为不服的，可以申请行政复议，也可以直接向人民法院起诉

B. 申请人申请行政复议，可以书面申请，也可以口头申请

C. 复议期间已经受理的复议，在规定的复议期内，申请人不得再向人民法院起诉

D. 在行政复议过程中，被申请人不得自行向申请人收集证据

19. 行政复议期间，有下列（　　）情形的，行政复议终止。

A. 行政复议决定作出前，申请人要求撤回行政复议申请，行政复议机构准予撤回的

B. 行政复议申请受理后，发现其他复议机关或者人民法院已经先于本机关受理的
C. 作为申请人的公民下落不明或被宣告失踪的
D. 申请人、被申请人因不可抗力，不能参加行政复议的

20. 以下符合税务行政复议规定的有(　　)。
A. 对被撤销的税务机关在撤销前所作的具体行政行为不服的，向继续行使其职权的税务机关申请行政复议
B. 当事人提出申请是引起税务行政复议的重要条件之一，当事人不申请，就不可能通过行政复议这种形式得到救济
C. 对各级税务局的具体行政行为不服的，向其上一级税务局申请行政复议
D. 对国家税务总局作出的具体行政行为不服的，向国家税务总局申请行政复议。对行政复议决定不服，只能向人民法院提出行政诉讼

21. 以下符合税务行政复议规定的有(　　)。
A. 行政复议机关应当自受理申请之日起60日内作出行政复议决定
B. 情况复杂需要延长行政复议决定期限的，经过规定的批准和告知程序，可以适当延长，但延长期限最长不能超过15日
C. 税务行政复议是税务行政诉讼的必经前置程序，未经复议不得向法院起诉，经复议仍不服的，才能起诉
D. 行政复议工作人员向有关组织和人员调查取证时，行政复议工作人员不得少于2人，并应当向当事人和有关人员出示证件

22. 以下关于税务行政复议申请人与被申请人的表述，符合规定的有(　　)。
A. 有权申请行政复议的公民为无行为能力人或者限制行为能力人，其法定代理人可以代理申请行政复议
B. 有权申请行政复议的法人或者其他组织发生合并、分立或终止的，承受其权利义务的法人或者其他组织可以申请行政复议
C. 税务机关与法律、法规授权的组织以共同的名义作出具体行政行为的，税务机关和法律、法规授权的组织为共同被申请人
D. 申请人和被申请人都可委托中介代理人参加行政复议

23. 以下不符合现行税务行政处罚和税务行政诉讼有关政策规定的有(　　)。
A. 税务机关对当事人作出罚款行政处罚的，当事人应当在收到行政处罚决定书之日起15日内缴纳罚款，到期不缴纳的，税务机关可以对当事人每日按罚款数额的万分之五加处罚款
B. 省、自治区、直辖市和计划单列市及以下级别税务机关，可通过税收规范性文件，设定税收法律、法规、规章以外的税务行政处罚
C. 纳税人对税务机关作出的所有具体行政行为不服的，可以申请行政复议，也可以直接向人民法院提起诉讼
D. 在税务行政诉讼中，税务机关不享有起诉权，只有应诉权，即税务机关只能当作被告，且作为被告的税务机关不能反诉

24. 下列各项中，属于税务管理相对人在提起税务行政诉讼时必须同时符合的条件有(　　)。
A. 有明确的被告
B. 有具体的诉讼请求和事实、法律根据
C. 属于人民法院的受案范围和受诉人民法院管辖
D. 原告是认为具体税务行政行为侵犯其合法权益的公民、法人或者其他组织

25. 下列属于税务行政诉讼的受案范围的有（　　）。
A. 税务机关作出的罚款行为
B. 税务机关作出的行政复议行为
C. 税务机关作出的税收保全措施
D. 税务机关作出的税收强制执行措施

26. 以下关于税务行政诉讼原则的表述正确的有（　　）。
A. 人民法院特定主管的原则
B. 不适用调解的原则
C. 起诉可停止执行的原则
D. 纳税人负举证责任的原则

27. 税务行政诉讼与其他诉讼的根本区别在于（　　）。
A. 被告必须是税务机关，或是经法律、法规授权的行使税务行政管理权的组织
B. 与税务机关发生的纠纷都可以提请税务行政诉讼
C. 税务行政诉讼解决的争议发生在税务行政管理过程中
D. 因税款征纳问题发生的争议，行政复议是行政诉讼的必经前置程序

28. 下列各项中，属于重大税务案件范围的有（　　）。
A. 重大税务行政处罚案件
B. 根据《重大税收违法案件督办管理暂行办法》督办的案件
C. 应司法、监察机关要求出具认定意见的案件
D. 拟移送公安机关处理的案件

29. 以下关于税务行政诉讼的表述符合政策规定的有（　　）。
A. 税务行政诉讼不适用调解
B. 在行政诉讼案件中，作为被告的税务机关只有应诉权，即只能当作被告，且不能反诉
C. 一旦当事人提请行政诉讼，税务机关的相关行政行为应当中止
D. 只有经过税务行政复议不服的当事人才可提请税务行政诉讼

同步强化练习题参考答案及解析

一、单项选择题

1.【答案】D
【解析】对违法行为的调查与处罚决定分开，决定罚款的机关与收缴的机构分离，这体现了税务行政处罚的监督、制约原则。

2.【答案】C
【解析】税务行政规章对经营活动中的违法行为，没有违法所得的，设定的罚款不得超过10000元。

3.【答案】C
【解析】除另有规定外，各级税务机关的

内设机构、派出机构不具有处罚主体资格，不能以自己的名义实施税务行政处罚。但是税务所可以实施罚款额在2000元以下的税务行政处罚。

4.【答案】B

【解析】行政处罚的简易程序又称为当场处罚程序，指行政处罚主体对于事实清楚、情节简单、后果轻微的行政违法行为，当场作出行政处罚决定的程序。当场作出处罚决定并不意味着当场收缴罚款，且因简易处罚程序的罚款金额较低，不涉及听证程序。2021年7月15日前简易处罚程序仅适用于对公民处以50元以下和对法人或者其他组织处以1000元以下罚款的违法案件。（之后为200元、3000元）

5.【答案】B

【解析】税务机关行政执法人员当场收缴罚款的，应当自收缴罚款之日起2日内将罚款交至税务机关。税务机关应当在2日内将罚款缴付指定的银行。

6.【答案】D

【解析】税务行政处罚中，根据罚款数额对当事人按日加处罚款的比例采用的是特定的3%的比例，不同于滞纳金比例。

7.【答案】D

【解析】代收机构代收罚款，应当向当事人出具财政部规定的罚款收据。

8.【答案】C

【解析】税务机关应当责令当事人改正或者限期改正违法行为的，除法律、法规、规章另有规定外，责令限期改正的期限一般不超过30日。

9.【答案】C

【解析】选项A：对国家税务总局作出的具体行政行为不服的，应向国家税务总局申请行政复议；选项B：对税务所作出的具体行政行为不服的，向其所属税务局申请行政复议；选项D：对被撤销的税务机关在撤销以前所作出的具体行政行为不服的，向继续行使其职权的税务机关的上一级税务机关申请行政复议。

10.【答案】B

【解析】申请人对税务机关与其他行政机关以共同的名义作出的具体行政行为不服的，向其共同上一级行政机关申请行政复议。

11.【答案】D

【解析】申请人对税务机关作出的征税行为以外的其他具体行政行为不服的，可以申请行政复议，也可以直接向人民法院提请行政诉讼，所以A选项错误；申请人应当在知道税务机关作出具体行政行为之日起60日内提出行政复议申请，所以B选项错误；申请人申请行政复议，可以书面申请，也可以口头申请，所以C选项错误。

12.【答案】D

【解析】补正申请材料所用时间不计入行政复议审理期限。

13.【答案】C

【解析】行政复议机关应当自受理申请之日起60日内作出行政复议决定。

14.【答案】B

【解析】行政复议机关应当自受理申请之日起60日内作出行政复议决定。情况复杂，不能在规定期限内作出行政复议决定的，经行政复议机关负责人批准，可以适当延期，并告知申请人和被申请人；但是延期不得超过30日。

15.【答案】C

【解析】被申请人不得委托本机关以外人员参加行政复议。

16.【答案】C

【解析】ABD 选项属于行政复议终止的情形；C 选项属于行政复议中止的情形。

17.【答案】D

【解析】选项 A，复议机关通知申请人以外的与被审查的税务具体行政行为有利害关系的第三人参加行政复议，第三人未参加的，不影响行政复议案件的审理。选项 B，同一行政复议案件申请人超过 5 人的，应推选 1~5 名代表参加行政复议。选项 C，股份制企业股东大会认为税务具体行政行为侵犯企业合法权益的，可以以企业的名义申请行政复议。选项 D，符合税务行政复议规则规定。

18.【答案】A

【解析】根据《税收征收管理法》及其他相关规定，对税务机关的征税行为提起诉讼，必须先经过复议；对复议决定不服的，可以在接到复议决定书之日起 15 日内向人民法院起诉。

19.【答案】A

【解析】税务机关作出具体行政行为时，未告知公民、法人或者其他组织起诉期限的，起诉期限从公民、法人或者其他组织知道或者应该知道起诉期限之日起计算，但从知道或者应当知道行政行为内容之日起最长不得超过 1 年。

20.【答案】D

【解析】选项 ABC 不可选，因为其涉及合法性问题，不可使用和解或调解的方式解决；选项 D 存在自由裁量和弹性处理规则，可达成和解或进行调解。

21.【答案】B

【解析】人民法院对当场不能判定是否符合《行政诉讼法》规定的诉讼条件的，应当接收起诉状，出具注明收到日期的书面凭证，并在 7 日内决定是否立案。

二、多项选择题

1.【答案】BCD

【解析】税务行政处罚的原则包括:（1）法定原则;（2）公正、公开原则;（3）以事实为依据原则;（4）过罚相当原则;（5）处罚与教育相结合原则;（6）监督、制约原则。

2.【答案】CD

【解析】从当事人主观方面讲，并不区分当事人是否具有主观故意或者过失，只要有税务违法行为存在，并且有法可依，就要承担行政责任，由税务机关依法给予税务行政处罚，A 选项错误；国家税务总局可以通过规章的形式设定警告和罚款，B 选项错误；如果税务违法行为轻微，没有造成危害后果，只要予以纠正，经过批评教育后可以不必给予处罚，C 选项正确；采用税务行政处罚的简易程序，因罚款金额达不到听证的标准，当事人没有听证权，但是陈述申辩权这些纳税人的基本权利是可以享受的，D 选项正确。

3.【答案】ABCD

【解析】税务行政处罚法定原则包括四个方面的内容:（1）对公民和组织实施税务行政处罚必须有法定依据，无明文规定不得处罚;（2）税务行政处罚必须由法定的国家机关在其职权范围内设定;（3）税务行政处罚必须由法定的税务机关在其职权范围内实施;（4）税务行政处罚必须由税务机关按照法定程序实施。

4.【答案】BC

【解析】国家税务总局可以通过规章的形式设定警告和罚款。

5.【答案】ACD

【解析】税务行政规章对非经营活动中的违法行为设定罚款不得超过 1000 元；对经营活动中的违法行为，有违法所得的，设定罚款不得超过违法所得的 3 倍，且最高不得超过 3 万元；没有违法所得的，设定罚款不得超过 1 万元；超过限额的，应当报国务院批准。所以选项 B 不正确。

6.【答案】AC

【解析】B 选项和 D 选项均为刑事处罚范畴而非行政处罚范畴。

7.【答案】AB

【解析】AB 选项属于税务机关作出的征税行为，申请人对税务机关作出的具体征税行为不服的，行政复议是行政诉讼的必经前置程序。选项 CD 均属于行政处罚行为，申请人对征税行为以外的其他具体行政行为不服，可以申请行政复议，也可以直接向人民法院提起行政诉讼。

8.【答案】ABCD

9.【答案】AB

【解析】注意行政复议受案范围中，征税行为与其他行政行为的划分。征税行为虽然也属于具体行政行为，但是又区别于其他诸如税收保全措施与强制执行措施、发票管理行为、行政处罚行为等行为。

10.【答案】ABC

【解析】选项 D：属于税务机关作出的征税行为，申请人对其不服的，行政复议是行政诉讼必经前置程序。

11.【答案】BD

【解析】申请人认为税务机关的具体行政行为所依据的下列规定不合法，对具体行政行为申请行政复议时，可一并向行政复议机关提出对有关规定的审查申请：（1）国家税务总局和国务院其他部门的规定；（2）其他各级税务机关的规定；（3）地方各级人民政府的规定；（4）地方人民政府工作部门的规定。上述规定中不包括规章。

12.【答案】BCD

【解析】选项 B：有权申请行政复议的公民死亡的，其近亲属可以申请行政复议；选项 C：同一行政复议案件申请人超过 5 人的，应当推选 1 至 5 名代表参加行政复议；选项 D：公民在特殊情况下无法书面委托的，可以口头委托。口头委托的，行政复议机构应当核实并记录在卷。

13.【答案】ACD

【解析】对下列行政复议事项，按照自愿、合法的原则，申请人和被申请人在行政复议机关作出行政复议决定以前可以达成和解，行政复议机关也可以调解：（1）行使自由裁量权作出的具体行政行为，如行政处罚（选项 C）、核定税额（选项 D）、确定应税所得率等。（2）行政赔偿（选项 A）。（3）行政奖励。（4）存在其他合理性问题的具体行政行为。

14.【答案】ABC

【解析】税务行政处罚由当事人税收违法行为发生地的县（市、旗）以上税务机关管辖。这一管辖原则有以下几层含义：税务行政处罚实行行为发生地原则、税务行政处罚由县（市、旗）以上税务机关实施（法律特别授权的税务所除外）、税务行政处罚管辖主体必须有税务行政处罚权。

15.【答案】ABCD

【解析】采用税务行政处罚的简易程序，税务执法人员当场作出税务行政处罚决定书，但并不一定当场就要收缴罚款，A 选项错误；适用税务行政处罚一般程序的案件一般是情节比较复杂、处罚较重的案件，B 选项错误；税务行政处罚听证的范围是对公民作出 2000 元以上，或者对法人或其他组织作出 10000 元以上罚款的案件，C 选项错误；听证程序只适用于税务行政处罚的一般程序中处罚金额达到一定标准的案件，D 选项错误。

16.【答案】CD

【解析】选项 A，税务机关责令其改正，可以处 1 万元以下的罚款；情节严重的，处 1 万元以上 5 万元以下的罚款。选项 B，税务机关处 10 万元以上 50 万元以下的罚款，对直接负责的主管人员和其他直接责任人员处 1000 元以上 1 万元以下的罚款。

17.【答案】BCD

【解析】当事人有下列情形之一的，不予行政处罚：（1）违法行为轻微并及时纠正，没有造成危害后果的。（2）不满十四周岁的人有违法行为的。（3）精神病人在不能辨认或者不能控制自己行为时有违法行为的。（4）其他法律规定不予行政处罚的。选项 A 属于应当依法从轻或者减轻行政处罚的情形。

18.【答案】BCD

【解析】纳税人对税务机关作出的征税行为不服的，应当先向行政复议机关申请行政复议，对复议决定不服的，再向人民法院起诉。

19.【答案】AB

【解析】CD 选项属于行政复议中止的情形。

20.【答案】BC

【解析】选项 A：对被撤销的税务机关在撤销前所作的具体行政行为不服的，向继续行使其职权的税务机关的上一级税务机关申请行政复议。选项 D：对国家税务总局作出的具体行政行为不服的，向国家税务总局申请行政复议；对行政复议决定不服，申请人可以向人民法院提起行政诉讼，也可以向国务院申请裁决。

21.【答案】AD

【解析】选项 B：复议机关应当自受理申请之日起 60 日内作出行政复议决定。情况复杂需要延期的，经过规定的批准和告知程序，可以适当延期，但延期不能超过 30 日。选项 C：因征税问题发生的税务争议，税务行政复议是税务行政诉讼的必经前置程序；因罚款、担保、税收保全措施、税收强制执行措施等发生的争议，当事人可不经复议程序，直接向人民法院申请行政诉讼。

22.【答案】ABC

【解析】被申请人不得委托本机关以外人员参加行政复议。

23.【答案】ABC

【解析】选项 A：税务机关对当事人作出罚款行政处罚决定的，当事人应当在收到行政处罚决定书之日起 15 日内缴纳罚款，逾期不缴纳的，税务机关可以对当事人每日按罚款数额的 3% 加处罚款。选项 B：省、自治区、直辖市和计划单列市及以下级别税务机关，只能通过税收规范性文件，在税收法律、法规、规章规定给予行政处罚的行为、种类和幅度的范围内作出具体规定，属于执法行为，不是对税务行政处罚的设定。选项 C：纳税人对税务机关作出的征收税款、加收滞纳金等征税行为不服的，必须先申请行政复议，不可直接向人民法院起诉。只有对税务机关作出的征税行为之外的其他具体行政行为不服的，才既可以申请行政复议，也可以直接向人民法院提起诉讼。选项 D：在行政诉讼案件中，作为被告的税务机关只有应诉权，即只能当作被告。

24.【答案】ABCD

【解析】纳税人、扣缴义务人等税务管理相对人在提起税务行政诉讼时，必须符合下列条件：（1）原告是认为具体行政行为侵犯其合法权益的公民、法人或者其他组织；（2）有明确的被告；（3）有具体的诉讼请求和事实、法律根据；

（4）属于人民法院的受案范围和受诉人民法院管辖。所以选项ABCD均符合题意。

25.【答案】ABCD

【解析】税务行政诉讼的受案范围比较广，共八个方面，ABCD选项都属于该范围之内。

26.【答案】AB

【解析】税务行政诉讼原则中，当事人不能以起诉为理由而停止执行税务机关所作出的具体行政行为，所以C选项错误。税务机关应负举证责任，所以D选项错误。

27.【答案】ACD

【解析】并不是与税务机关发生的纠纷都可以提请税务行政诉讼，税务行政诉讼解决的争议发生在税务行政管理过程中。

28.【答案】ABCD

【解析】重大税务案件的范围：重大税务行政处罚案件，根据《重大税收违法案件督办管理暂行办法》督办的案件，应司法、监察机关要求出具认定意见的案件，拟移送公安机关处理的案件，审理委员会成员单位认为案情重大、需要审理的案件，其他需要审理委员会审理的案件。

29.【答案】AB

【解析】选项C：税务机关的相应行政行为并不因当事人提请行政诉讼而必然中止。选项D：征税问题的争议（并非所有涉税争议），税务行政复议是税务行政诉讼的必经前置程序。

03

第三部分

跨章节主观题演练

跨章节主观题演练

跨章节知识点透视

由于教材对税收实体法与程序法、国际税收的政策规定是按章独立收录的，这使得许多考生平时复习时都习惯分章节各个击破，对跨章节的知识点组合思考和重视不够，导致考场上面对跨章节的计算问答题和综合题时心中无底，往往顾此失彼。因此，考生强化跨章节思考的视角、多做一些跨章节的练习都是非常必要的。在全面复习备考的过程中，要重视各章节重要考点之间的联系。就跨章节复习而言，应该先复习关税、增值税、消费税、城建税与附加的这个板块的组合考点，再复习小税种板块的组合考点，然后复习企业所得税、个人所得税与国际税收的组合考点，最后是程序法与实体法的关联考点。本部分内容就是要向考生展示各章节的重要考点之间的联系。

尽管 CPA 税法专业阶段考试的目的是考查考生对税法的认知理解程度和基本应用，不考死记硬背的能力，在考试中很多税种的税率会在题目中或试卷某个位置上提供，但是也确实有不提供税率、考查考生掌握税率的题目，因此，某些税种的税率还是需要考生记忆的。从以往考试命题看，2022 年 CPA 税法考试对各个税种税率的把握程度应该如下：

必须记忆税率或征收（比）率的税费包括：增值税；消费税（啤酒和零售超豪华小汽车）；城建税；两个附加；烟叶税；房产税；车辆购置税；企业所得税；个人所得税（适用 20% 或 10% 比例税率和 20%、30%、40% 的预扣率的项目）。

另外，建议记忆的税率包括：金银首饰的消费税税率；耕地占用税减按每平方米 2 元的优惠税率；土地增值税的税率；印花税营业账簿、股权转让书据的特殊税率。

由于重要考点之间可以有很多不同的搭配组合，结合以往命题规律，首先在这里列示较为经典的考点组合，之后通过 14 道练习题，让考生感受面对跨章节组合考点应有的思路，如果考生阅读这部分内容感到有困难，说明前面各章节的基础考点掌握不到位，还没有学会站稳就想跑的人是会摔跤的，请复习回顾前面相关章节的知识。

一、关税、增值税、消费税、城建税、教育费附加、地方教育附加的组合

【考点列示】

（1）凭票抵扣进项税的扣税凭证可以是来自境内采购取得的增值税专用发票、机动车销售统一发票或规定项目的增值税电子普通发票，也可以是来自境外采购进口时取得的海关进口增值税专用缴款书，还可以是接受境外劳务、服务等从税务机关或扣缴义务人处取得的代扣代缴税款的完税凭证；（2）收购烟叶及其他免税农产品的扣税规则，购进农产品增值税进项税额核定扣除规则；（3）进口货物关税、增值税、消费税的混合计算；（4）可抵扣进项税与不可抵扣进项税的运用；（5）不同销售方式下的销售额的确定；（6）“营改增”项目增值税的差额计税；（7）视同销售、兼营和混合销售的辨析及不同税务处理；（8）增值税税收优惠

的辨析和运用;（9）出口货物免抵退税的计算;（10）出口退税计算过程中免抵税额与留抵税额的关系;（11）消费税的征税范围;（12）消费税已纳税额扣除的规定;（13）受托加工增值税的计算;（14）委托加工应税消费品消费税的计算;（15）增值税和消费税的纳税义务发生时间;（16）城建税、教育费附加和地方教育附加的计算依据。

【解题思路与考点链接】

（1）进口环节税金的计算是后续计算的基础

①进口关税的完税价格（CIF）和关税税额的计算,直接影响进口增值税和消费税的组价。

②从价计税的应税消费品进口环节计算增值税和消费税的组成计税价格是相等的数字。

③进口环节海关代征的增值税会构成企业进一步生产销售的进项税。

④进口环节海关代征的消费税可能会构成企业进一步生产销售时按领用量抵扣已纳消费税的基础。

（2）国内采购环节进项税的计算要有准确的判断

①当用于同一目的的货物（如集体福利）有着不同的来源时（如外购和自产），正是检验考生对不可抵扣进项税和视同销售的运用。

②凭票抵扣进项税和计算抵扣进项税的规则要熟练运用，收购烟叶进项税的抵扣要与进一步委托加工生产烟丝消费税组成计税价格的计算结合起来复习。

③部分行业开展农产品增值税进项税额核定扣除，这种方式在实际计算上体现出按照销售实耗核定扣除。

④不可抵扣进项税首先要把握范围，再有就是要会运用分摊的方式计算不可抵扣的进项税额，用来分摊计算的是不能划分的进项税（固定资产、不动产、无形资产除外），凡能直接划分的，不必用分摊的方式计算。

（3）已抵扣过进项税的货物在改变用途、发生非正常损失等情况下需要作进项税转出

①进项税的转出要注意已抵扣过进项税的免税农产品因管理不善发生毁损，需要还原成原有的计税基础，用毁损的免税农产品账面成本除以（1- 扣除率）。只有计算抵扣进项税的才使用还原计税基础的步骤，凭票抵扣进项税的项目的进项税转出不需要还原。

②计算出口退税时，对于计算出来的“免抵退税不得免征和抵扣税额”，一方面要作进项税转出；另一方面要增加出口货物的销售成本，影响损益和企业所得税的计算。

（4）确定视同销售的销售额要细心

①仔细审题，看是否在题目给出的条件中“藏”有同类应税行为的销售价格，有可能在某一个给定的业务中存在同类应税行为的销售价格。

②如果对不属于消费税征税范围的货物进行组价，组成计税价格公式中的成本利润率一般为10%；如果是需要缴纳消费税的货物，成本利润率会在题目中告知。

（5）注意价外费用

一般都是含税的，另外需要并入销售额计税的包装物押金一般也是含税的，计算税额时要价税分离，除非题目中明确该项费用不含税。

（6）兼营与混合销售要区分

兼营的税务处理原则是分清销售额分别计税。分不清的，税率（征收率）从高从重。混合销售的税务处理原则是按主营项目性质确定税率（特殊混合销售行为除外）。

（7）增值税税率、征收率、预征率的适用

①记忆增值税税率、征收率、预征率。

②增值税的9%税率不涉及应税劳务，只涉及货物、服务、不动产和土地使用权。

③增值税的征收率不仅仅小规模纳税人适用，一般纳税人采用简易计税方法计税时也适用。

（8）建筑服务、不动产租赁、不动产转让（非房企）的增值税

预征是高频考点，把握一般计税方法“建2、租3、转让5”和简易计税方法“建3、租5、转让5”口诀的具体公式运用，这部分建议考生听课来归纳、理解、记忆。

（9）不要恐惧免抵退税的计算

①免抵退税的计算实际并不难，只是考生接触这样的业务少，且对公式理解不透，才凭空增加了一些神秘感。免抵退税中的最大难点是“免抵退税不得免征和抵扣税额抵减额”，这一点理解了，就战胜了免抵退税计算最大的“拦路虎”。

②要注意在计算免抵退税过程中，对于不曾实际发生过进项税的免税购进料件，在作进项税转出时需要调整剔税过程和退免税限度。

③免抵退税计算中的免抵税额和留抵税额要分清，前者是通过免抵退税政策享受到的优惠额；后者是当期应纳增值税额为负数，留到下期继续抵扣的税额。

④采用免抵退税方法计算增值税出口退税的生产企业，其出口自产应税消费品，消费税采用的是免税不退税的政策。

（10）消费税的税额扣除

①消费税的税额扣除采用的是按生产领用量扣税的方法，只能扣有对应关系的已纳消费税，并且有严格的扣税规则。要把握与增值税的购进扣税法扣税依据、范围、时点的不同。

②当期投入生产的原材料可抵扣的已纳消费税大于当期应纳消费税的，按当期应纳消费税的数额申报抵扣，不足抵扣部分结转下一期申报抵扣。

（11）委托加工方式下委托方与受托方的税务处理

①委托加工既涉及增值税计算（加工费和辅料）又涉及消费税计算。

②委托加工一般会涉及组成计税价格的计算，组价时使用的材料成本可能需要考生有一定的会计基础，即要知道材料成本所包含的内容。这一点容易与收购免税农产品结合在一起命题。

（12）不同方式下的销售额

①从价计税的应税消费品，计算增值税销项税的销售额与计算消费税的销售额一般应该是一样的数字。但在用自产应税消费品换取生产资料或消费资料、投资入股、抵偿债务时出现差别，这种情况下，消费税使用最高销售价格，增值税使用平均销售价格。

②在使用同类商品销售价格时，增值税使用平均价格；消费税一般使用平均价格，特殊情况下使用最高价格。

（13）纳税义务发生时间和纳税期限

①纳税义务发生时间是计算增值税销项税的时间规定，也是计算消费税的时间规定，除了委托加工应税消费品等特殊情况外，增值税纳税义务发生时间与消费税纳税义务发生时间是一致的。

②是否按照规定时间计税和规定的期限缴纳税款，可以和滞纳金的计算相联系。

（14）城建税及教育费附加和地方教育附加的计税（征）依据是实缴的增值税、消费税（“两税”）税额

①城建税、教育费附加和地方教育附加随“两税”的减免而减免，“两税”因减免、错征

导致的退税可造成城建税、教育费附加和地方教育附加的退还。

②城建税、教育费附加和地方教育附加的计税（征）依据中要扣除退还的增值税期末留抵退税额。

③城建税、教育费附加和地方教育附加进口（含进口货物、劳务、服务和无形资产）不征、出口不退。

二、增值税与资源税的组合

【考点列示】

（1）征税范围的确定；（2）税率的运用；（3）优惠政策。

【解题思路与考点链接】

（1）资源税征税范围

①缴纳资源税的应税产品都属于增值税有形动产，发生销售行为也需缴纳增值税。

②资源税进口不征、出口不退。这点与城建税、教育费附加和地方教育附加的规则一样。

③资源税对列举资源的原矿或选矿产品的销售或自用征税，立法后，原矿和选矿产品分别规定不同的税率。

④资源税具有一次课征制的特点，出厂销售、自用于非生产项目和生产非应税产品需要征收资源税，批发、零售环节不涉及资源税。外购已税资源产品后用于销售或连续加工的，资源税税不重征，有扣税规则。

（2）税率问题

①缴纳资源税的应税产品在计征增值税时，除天然气、地热适用9%的增值税税率之外，其他应税产品如原油、煤等都适用13%的增值税基本税率。但是以应税产品为原料加工的产品中有适用低税率的货物，如出于减轻百姓税负的目的，用煤加工的居民用煤炭制品（煤球、蜂窝煤等）以及用海盐加工的食用盐都适用9%的增值税低税率。

②资源税税率以比例税率为主，少量项目可适用定额税率；增值税采用比例税率。

（3）出题套路

①开采原煤的单位出于安全生产需要同时抽采煤成（层）气、加工居民用煤炭制品的资源税和增值税混合计算。

②外购已税原矿或选矿产品连续生产应税产品销售，不重复征收资源税但要征收增值税的规则。

（4）优惠政策

资源税税收优惠，尤其是原油、天然气的开采、自用等，有一些特殊的减税政策，要与税额计算结合起来复习。

【注意】所有小税种的优惠政策都要与税额计算一并掌握。

三、与车辆相关的税种组合

【考点列示】

（1）车辆购销及使用过程中涉及的相关税种计算；（2）各个税种的纳税环节以及各个税种之间的联系和区别。

【解题思路与考点链接】

（1）生产销售或进口小汽车（含中轻型商用客车）需要缴纳增值税和消费税。

（2）生产销售或进口卡车、货车等车辆需要缴纳增值税。

（3）购置应税车辆自用在车辆注册登记前需要缴纳车辆购置税。

（4）应税车辆的所有人或管理人按年申报、一次性缴纳车船税。

（5）车辆购置税进口环节的计税依据与进口环节增值税、消费税的计税依据相同，但进口环节关税、增值税、消费税向海关缴纳，而进口车辆的车购税向税务机关缴纳。

（6）车购税的计税依据与计算增值税销项税的计税依据有微妙差异，车购税的计税依据不含价外费用。

四、与房屋、土地相关的税种组合

【考点列示】

（1）征用耕地与非耕地的不同税收政策；（2）土地出让与转让的不同性质及涉及的相关税种；（3）土地交易环节交易双方涉及的税种及税额计算；（4）土地持有环节涉及的税种及税额计算；（5）土地与房产之间的价值关系，涉及的税种与税额计算。

【解题思路与考点链接】

（1）征用耕地建房或从事其他非农业建设要缴纳耕地占用税，自批准征用之日起满一年时开始缴纳城镇土地使用税；征用非耕地，自批准征用次月起缴纳城镇土地使用税。

（2）土地出让由受让方缴纳契税，出让方是政府，出让方的行为几乎无税收覆盖；土地转让承受方缴纳契税和印花税；转让方缴纳增值税、城建税、教育费附加、地方教育附加，还需缴纳印花税、土地增值税、企业或个人所得税（特定情况下存在减免税规定）。

（3）拥有城市、县城、建制镇、工矿区内的国有或集体土地使用权的单位和个人，需要缴纳城镇土地使用税。

（4）计算土地增值税的应税收入是不含增值税的收入，这里要注意增值税以差额作为计税依据所计算出的增值税额与土地增值税应税收入的关系。如果增值税的差额计税没有学到位，在计算土地增值税应税收入时就难以理解，需要回过头再次学习巩固增值税相关内容。

（5）计算土地增值税的土地增值额时可扣除项目和不可扣除项目必须掌握，地方教育附加能否扣除要看题目提示，非房地产开发企业转让新建房的印花税和企业转让存量房的印花税在“与转让房地产有关的税金”中扣除，而房地产开发企业转让新建房的印花税没有单独扣除的政策规定。

（6）从价计算房产税的房产原值中包含土地的价款。

（7）注意税收优惠与税额计算的结合。

五、小税种之间相似之处的复习思路

【考点列示】

（1）征税对象；（2）开征区域；（3）税额计算；（4）税收优惠。

【解题思路与考点链接】

（1）小税种的税额计算往往和税收优惠紧密结合在一起。

（2）小税种的税收优惠的层次性（法定、财政部规定、各地规定）也是常常出现的考点。

（3）小税种往往与所得税关系密切，大多在所得税税前可以扣除。

（4）部分小税种之间的政策具有共性：①房产税和城镇土地使用税的开征区域、纳税义务发生时间具有共性，纳税人、税收优惠的规定也有一些相同和相似之处。②契税与房产税之间的关系，类似于车辆购置税与车船税之间的关系——契税与车购税都是承受方缴纳，而房产税和车船税都带有财产税的特征，只不过房产税纳税义务发生时间一般是在次月，车船税的纳税义务发生时间体现在当月。

六、企业所得税与各税种、国际税收的组合

【考点列示】

在企业所得税应纳税所得额的计算过程中，可扣除项目中涉及的税金及附加一般与会计核算没有税会差异，其他扣除项目与会计核算可能有税会差异，考生要注意这些关联性和差异性。近些年，国际税收与企业所得税的混合计算考查已成常态。在复习时应关注：（1）各税种与所得税的关系；（2）所得税收入总额的规定；（3）准予扣除项目的基本范围；（4）借款利息支出的基本规定、关联方利息支出的限定、借款费用资本化规则；（5）工会经费、职工福利费、职工教育经费扣除的把握；（6）各项保险费的扣除规定；（7）公益性捐赠扣除标准；（8）业务招待费、广告费与业务宣传费的扣除限额计算；（9）公益性捐赠、职工教育经费、保险企业手续费及佣金支出、广告费和业务宣传费跨年结转扣除的应用；（10）新产品、新技术、新工艺研究开发费用的加计扣除规定；（11）计算应纳税所得额时不得扣除的项目；（12）实际亏损额的弥补；（13）非实际亏损额的确定和处理；（14）境外已纳税款直接抵免与间接抵免的计算；（15）关联方及特别纳税调整的规则；（16）税收优惠；（17）税额计算。

【解题思路与考点链接】

（1）企业所得税计算中其他税费的影响

①企业缴纳的增值税和允许抵扣的增值税进项税额不能在企业所得税税前扣除。在两种情况下，增值税会直接影响计税所得：一是货物或材料发生非正常损失等，作进项税转出的增值税税额会并入企业财产损失影响企业损益；二是增值税出口退税计算时，免抵退税不得免征和抵扣的税额，以及免退税方法下按征退税率之差计算的不能退税的金额都会加大出口货物的成本，从而影响损益。

②消费税、城建税、教育费附加、地方教育附加、出口关税、资源税、土地增值税（房地产开发企业）、房产税、城镇土地使用税、车船税、印花税、环境保护税可以在企业所得税税前直接扣除。

（2）个人所得税与企业所得税的关系

①企业支付给职工或其他个人的合理的工资薪金、劳务报酬可在企业所得税税前扣除；职工个人取得工资薪金所得、其他个人取得劳务报酬所得要依法计征个人所得税。

②不可公开交易的股票期权在行权时计算缴纳个人所得税，并影响行权当年的企业所得税应纳税所得额。

③将企业所得税税后利润，分配给投资者个人的，投资者个人需要按照股息红利所得缴纳个人所得税（涉及税收优惠政策）。

（3）居民企业应纳税所得额的一般纳税调整和特别纳税调整

应纳税所得额的计算和纳税调整过程是每年必考的重点内容。这一部分，考生要有一定的会计基础，了解税会差异可能出现在哪些方面。由于企业所得税法所规定的公益性捐赠扣除限额要按照会计利润总额的一定比例计算，因此企业所得税计算方法，会侧重考核以会计核算出的利润总额为基础的纳税调整，那些按照限额扣除的项目和金额是考试命题经常性的落点所在。关联方的定义和标准、对关联方交易的特别纳税调整的方法在近几年主观题中多次出现。

（4）境外所得已纳税款的抵免

对于企业而言，境外分公司与子公司已纳税款的抵免规则是有明显差异的——直接负担和间接负担对应着直接抵免与间接抵免，两类抵免方法的计算规则明显不同，间接抵免有20%以上持股比例和5层投资层数的限制，税后还原税前的计算要有初中算数的基础，也要有申报表的逻辑。境外已纳税款的抵免和饶让抵免的计算过程都是主观题的重要考点。

（5）非居民企业在我国境内取得所得的计税

首先要注意在国际税收协定约束下，企业所得税境内所得与增值税境内收入的标准和含义不同，前者受机构、场所制约。非居民企业来自境内的所得视是否在境内设有机构、场所和所得与机构、场所是否有实际联系的具体业务的不同分别适用25%和10%的税率，视核算水平分为核算纳税和核定纳税，又视核算能力分为自行申报和代扣代缴，而代扣代缴又分为法定和指定两类。

（6）税收优惠

企业所得税的优惠有税基式、税额式、税率式三大类，有的优惠直接影响应纳税所得额，有的优惠直接影响到应纳所得税额。考生还要注意把握企业所得税申报表的逻辑，一些优惠不能叠加享受。企业所得税的税收优惠与税额计算的结合，如政府鼓励的行业或行为的优惠规定，小型微利企业的标准和适用的优惠税率。

七、个人所得税的主观题

【考点列示】

个人所得税考点的独立性较强，但考点细碎，存在跨章节的出题点，主要考点有：（1）各项所得的具体范围；（2）基本费用扣除、专项扣除、专项附加扣除和其他扣除的具体应用；（3）公益性捐赠的处理；（4）居民个人综合所得的内容、预缴和汇算清缴；（5）非居民个人各项目计税规则；（6）个体工商户、个人独资企业和合伙企业所得的计税；（7）个人承包经营所得的跨税种计税；（8）财产转让所得的计税；（9）财产租赁所得的计税；（10）利息、股息、红利所得及偶然所得的计税；（11）境外已纳税款的抵免规则和运用。

【解题思路与考点链接】

（1）居民个人综合所得的内容、预缴和汇算清缴

这是个人所得税改革之后的高频考点，考生要先从各项所得的范围入手，掌握基本费用扣除、专项扣除、专项附加扣除和其他扣除的具体标准，这是个人所得税计算的基础。个人所得税的收入和收入额不是等同概念。综合所得的年税率表与劳务报酬所得、稿酬所得、特许权使用费所得的预扣率（表）不一致，但与居民个人工资薪金所得的预扣率表是一致的。汇算清缴的时间和方式是计算问答题的易考点。

（2）非居民个人所得分项计税不做汇算清缴

综合所得的概念不适用于非居民个人，非居民个人工资薪金所得、劳务报酬所得、稿酬所得、特许权使用费所得与居民个人的计税方式和适用税率都不相同。一定要注意区分辨析。

（3）个人承包经营所得的计税

①这部分内容容易把个人所得税与增值税、城建税、教育费附加、地方教育附加、企业所得税混合起来出题。

②复习这部分内容应该有一些会计核算的基础，了解利润分配顺序。

③复习这部分内容要了解税法与会计差异的调整规则，哪些需要调申报表，仅仅影响所得；哪些需要调账，既影响所得又影响利润。这些都会从不同层面影响利润分配的金额，从而影响个人承包经营所得的金额。

（4）财产租赁所得的计税

个人租赁收入涉及的税费有增值税、城建税、教育费附加、地方教育附加、印花税，出租房屋还要缴纳房产税（居住用房4%），城镇土地使用税（特定情况下存在免税优惠）。已纳的上述税款（增值税除外）凭完税（缴款）凭证在计算个人所得税时扣除，出租住房的个人所得税税率为10%。个人出租财产取得的财产租赁收入，在计算缴纳个人所得税时，应依次扣除以下费用：①财产租赁过程中缴纳的税金和国家能源交通重点建设基金、国家预算调节基金、教育费附加。②由纳税人负担的该出租财产实际开支的修缮费用。③税法规定的费用扣除标准。

（5）财产转让所得的计税

这部分内容可以把个人所得税与增值税、城建税、教育费附加、地方教育附加、印花税（住房免税）、土地增值税（住房免税）混合起来出题。个人所得税的所得税性质，使得城建税、教育费附加、地方教育附加、印花税、土地增值税等企业所得税前可以扣除的税费，在计算个人所得税应纳税所得额时也可以扣除。

（6）公益慈善捐赠的扣除

公益慈善捐赠的金额确定因捐赠方式的不同而有所不同，捐赠扣除的时点也有差异，居民个人取得劳务报酬所得、稿酬所得、特许权使用费所得的，预扣预缴时不扣除公益捐赠支出，统一在汇算清缴时扣除。

（7）个人独资企业、合伙企业经营中其他税种与个人所得税的混合计税。这里的其他税种与企业所得税涉及到的其他税种的范围一致。个人独资企业、合伙企业个人所得税的税前扣除标准与企业所得税存在异同，其中，投资人费用的扣除、企业与家庭共用固定资产折旧的扣除等规定比较特殊。

八、征管法、税务行政法制与各税种之间的关系

【考点列示】

这两章程序法的考点繁杂，但与各税种之间还是存在一定的联系。主要考点有：（1）税务登记管理；（2）税款征收的保障措施；（3）纳税人违规行为的认定及法律责任；（4）税务行政处罚；（5）税务行政复议和税务行政诉讼。

【解题思路与考点链接】

（1）一些税务管理的基本规定容易在主观题中出现命题点：①税务登记的时间和方式；②建账时间的规定；③发票领用和管理规定；④税款征收方式和执法约束。

（2）主观题常考的纳税人违规：①纳税人不缴、少缴税款涉及偷税（逃避缴纳税款）的标准及运用；②扣缴义务人未按规定扣缴税款有不同性质的处理方法。这需要考生理解记忆相关征管规则。

（3）征税机关程序上的规定：①简易处罚程序与一般处罚程序的应用；②对当事人的处罚达到一定金额，则会有听证程序，听证程序不能随便跨越；③税款优先原则的运用；④破产企业的涉税处理。这既可以命制客观题，也可以在主观题中结合纳税人违规现象而提出考核要求。

（4）税收救济的实施：①税务行政复议与税务行政诉讼的衔接；②税务行政复议的时间、地点、申请人、被申请人、复议机关、中止与终止。

跨章节主观题

使用“会计云课堂”App或“微信”扫码快速做题、对答案、看解析、掌握解题思路，开启轻松过关之旅。

1. 本题目考查酒类生产企业增值税与消费税的计算

某酒厂（增值税一般纳税人）生产以粮食酒精为原料的薯类白酒。2021年2月该厂的生产销售情况如下：

（1）向一般纳税人购买食用酒精（薯类制作）30吨，增值税专用发票上注明单价每吨0.3万元；向一般纳税人购买生产白酒的一批辅料，增值税专用发票上注明金额25万元。

（2）当月销售自产清香型A白酒30吨，每吨实际生产成本1.2万元，不含增值税单价为1.5万元，共收取包装物押金4.52万元，包装物回收期限为3个月。当月没收逾期的A白酒包装物押金1.13万元。

（3）将10吨自产清香型A白酒用于抵偿债务，未开具发票。已知该白酒每吨最高不含税销售价格为1.6万元，每吨平均不含税销售价格为1.5万元。

（4）当月研制生产兼香型B白酒10吨，每吨实际生产成本为1.2万元，当月将这部分白酒用于宣传全部赠送客户品尝。

（5）当月因管理不善，被盗清香型A白酒1吨。

（其他相关资料：假定该酒厂外购比例50%，薯类白酒的成本利润率5%）

要求：根据上述资料，按顺序回答下列问题。

（1）计算该酒厂业务（2）和业务（3）增值税销项税额的合计数；

（2）计算该酒厂业务（4）增值税销项税额；

（3）计算该酒厂当月应纳的增值税；

（4）计算该酒厂业务（2）和业务（3）应纳的消费税合计数；

（5）计算该酒厂当月应缴纳的消费税合计数；
（6）如果该酒厂直接向农业生产者收购薯类作物酿酒，说明其进项税的抵扣方法。

2. 本题目考查运输公司小规模纳税人增值税、城建税及附加的计算

某省 A 市甲运输公司是增值税小规模纳税人，按季度申报缴纳增值税，2021 年 4 季度发生下列业务：

（1）与一工厂签订货物运输合同，合同注明在本季度末之前完成规定的运输业务并收取运输费 60 万元（价税合计，下同），但本季度完成运输业务后，托运方因资金困难，仅暂付给甲运输公司运输费价税合计 40 万元，余款下一季度支付；

（2）甲运输公司将位于邻省 B 县的一处 4 年前购入的车库转让给其他单位，该车库购入时价格 116 万元，已提取折旧 10 万元，评估价格 180 万元，以 200 万元的含税价格转让并签订转让合同；

（3）为了扩大经营，甲运输公司从银行贷款 90 万元，合同约定将甲运输公司在本市的 2 个车库 12 个月的使用权提供给银行使用，以抵偿应付给银行的利息 5.25 万元。

（其他相关资料：甲运输公司业务所在地和公司所在地，均执行国务院对小规模纳税人最优惠的地方税收政策，2021 年 4 季度实施小规模纳税人减按 1% 征收率的特殊优惠政策）

要求：根据上述资料，按顺序回答下列问题。

（1）计算甲运输公司业务（1）应纳的增值税；
（2）计算甲运输公司业务（2）应在 B 县预缴的增值税；
（3）计算甲运输公司业务（2）应在 B 县缴纳的城建税、教育费附加及地方教育附加的合计金额；
（4）计算甲运输公司在 A 市实际缴纳的增值税的合计金额；
（5）计算甲运输公司在 A 市实际缴纳的城建税及附加的合计金额；
（6）说明小规模纳税人的纳税期限的规定，假定甲运输公司预测 2022 年 1~3 月不含税运输收入分别为 12 万元、14 万元、18 万元，没有其他收入项目，请选择并说明更有利的纳税期限。

3. 本题目考查化妆品厂小规模纳税人增值税、消费税、城建税及附加的计算

某镇化妆品厂是增值税小规模纳税人，2021 年 12 月发生如下业务：

（1）进口生产化妆品用的原材料一批，货价 20000 元（人民币，下同），运抵我国境内输入地点起卸前的运费和保险费 2000 元，支付中介佣金 1000 元，支付国内口岸至厂区不含税运输费 2000 元，原材料进口关税税率 5%。

（2）购入材料一批，取得普通发票，注明金额 20000 元；支付运输费 3000 元。

（3）向废品收购站销售一批生产过程中裁减下来的边角余料，收取含税金额 2800 元。

（4）转让自用过的旧设备一台，取得含税金额 12625 元。

（5）内销高档化妆品一批，开具普通发票，金额 150000 元，另外取得包装费 1000 元。

（6）自营出口高档化妆品一批，离岸价折合人民币 40000 元。

（其他相关资料：高档化妆品的消费税税率为 15%；所在省实施最高幅度的“六税两附加”的减税政策）

要求：根据上述资料，按顺序回答下列问题。

（1）分别计算进口环节的关税和进口环节的增值税；

（2）计算当期应向税务机关缴纳的增值税；
（3）计算当期应缴纳的消费税；
（4）计算当期应缴纳的城建税和教育费附加、地方教育附加合计数。

4. 本题目考查筷子生产企业增值税与消费税的计算

甲筷子生产企业（以下简称“甲企业”）是增值税一般纳税人，2021年12月经营情况如下：
（1）从林场收购加工木筷的粗树枝一批，支付价款30万元，还从林场收购加工竹筷的毛竹一批，支付价款20万元，均开具农产品收购发票并于当月全部领用。
（2）进口一台生产检测仪器，关税完税价格60万元人民币，关税税率5%，完税后取得海关填发的增值税专用缴款书。
（3）甲企业销售自产描金工艺木筷取得销售收入（不含税，下同）55万元；销售木制一次性筷子取得销售收入10万元；销售竹制描花工艺筷子取得销售收入40万元；销售竹制一次性筷子取得销售收入15万元。
（4）甲企业车辆在经营中支付桥、闸通行费4万元，取得非财政通行费票据。
（其他相关资料：木制一次性筷子的消费税税率为5%）

要求：根据上述资料，按顺序回答下列问题，每问需计算出合计数。
（1）计算业务（1）可抵扣的增值税进项税。
（2）计算业务（2）海关代征甲企业进口环节的增值税。
（3）计算业务（4）可抵扣的增值税进项税。
（4）计算甲企业应向税务机关缴纳的增值税。
（5）计算甲企业应向税务机关缴纳的消费税。

5. 本题目考查商贸企业进口环节税金的计算

某商贸企业为增值税一般纳税人，并具有进出口经营权。2022年2月发生相关经营业务如下：
（1）从国外进口小轿车一辆，支付买价400000元、相关国外税金30000元，支付到达我国海关前的运输费用40000元、保险费用20000元；
（2）进口一台设备，货价135000元，保修费用5000元，到达我国海关前运保费10000元，入境后发生运杂费3000元；
（3）从国外进口卷烟80000标准条，支付买价2700000元，支付到达我国海关前的运输费用120000元、保险费用80000元。
（其他相关资料：进口关税税率均为25%，小轿车消费税税率为5%）

要求：根据上述资料，按顺序回答下列问题。
（1）计算进口小轿车、设备和卷烟应缴纳的关税合计数；
（2）计算小轿车在进口环节应缴纳的消费税；
（3）计算卷烟在进口环节应缴纳的消费税；
（4）计算小轿车、设备和卷烟在进口环节应缴纳的增值税合计数。

6. 本题目考查小汽车生产企业增值税、消费税、关税的计算

某小汽车制造企业为增值税一般纳税人，生产销售小汽车（消费税税率为5%），每辆不含税销售价格统一为10万元，2022年1月发生如下业务：

（1）与某特约经销商签订了40辆小汽车的销售协议，协议规定该小汽车制造企业按含税销售额的5%给予经销商商业折扣，当月收到经销商返回的30辆小汽车的相关销售凭证及含税销货款（已扣除商业折扣金额），考虑到与其长期业务关系，该小汽车制造企业按全部40辆小汽车的销售价款开具了增值税专用发票，折扣额未在发票上体现；
（2）赠送给某协作单位小汽车3辆，并开具了增值税专用发票；
（3）用本企业1辆小汽车与空调生产厂家（增值税一般纳税人）交换了30台空调，用于改善生产和办公条件，空调生产厂家换入小汽车后用于本厂生产经营，考虑双方是等价交换货物，故均未开具增值税专用发票，也不再进行货币结算；
（4）将本企业售后服务部使用10年的2辆小汽车（每辆购入时原入账价值为15万元）以每辆定价6.24万元（含增值税）销售给某企业，未放弃相关的减税优惠；
（5）提供汽车修理劳务取得价税合计金额5.65万元；
（6）支付购货运输费，取得一般纳税人开具的增值税专用发票，注明运费3万元；
（7）进口一批汽车轮胎，关税完税价格为70万元人民币，关税税率为10%，取得海关开具的增值税专用缴款书，本月为生产小汽车领用了其中的50%。

要求：根据上述资料，按顺序回答下列问题。
（1）计算该企业业务（1）的增值税计税销售额；
（2）计算该企业业务（4）应缴纳的增值税；
（3）计算该企业进口环节应缴纳的关税；
（4）计算该企业进口环节应缴纳的增值税；
（5）计算该企业当月应向税务机关缴纳的增值税；
（6）计算该企业当月应向税务机关缴纳的消费税。

7. 本题目考查生活服务企业增值税、消费税、城建税及附加、车购税的计算
某省民俗游乐园（以下简称“民俗园”）位于县城，经营项目包括游览、餐饮、商品销售，是增值税一般纳税人，2022年1月发生如下业务：
（1）取得门票收入13.8万元，在园内梅花厅举办民俗表演取得收入6万元；园内游览电瓶车车票收入20万元；出售旅游纪念品取得收入14.69万元；园内餐厅提供餐饮服务取得收入45万元（其中包含餐厅销售自酿啤酒4吨的销售额4万元）。
（2）当月该民俗园订购经营用旅游纪念品，取得增值税专用发票，税金0.78万元；为餐厅购置食材调料，取得增值税专用发票，税金1.2万元；为员工过春节购买福利坚果，取得增值税专用发票，税金0.39万元。
（3）转让一旧车库，该车库为10年前自行规划、政府批准、委托建筑公司建造而成，建筑成本30万元，取得转让收入50.4万元，该民俗园选择了简易计税方法计算增值税。
（4）该民俗园当月从4S店（一般纳税人）购置一台中巴车，应急接送游客使用，取得机动车销售统一发票，金额25万元，增值税3.25万元；另支付车辆装饰费，取得4S店开具的增值税专用发票，金额0.77万元，增值税0.1万元；支付保险费1万元，取得保险公司开具的增值税专用发票，金额1万元，增值税0.06万元。
（其他相关资料：上述收入均为含税收入）

要求：根据上述资料，按顺序回答下列问题，每问需计算出合计数。
（1）计算该民俗园的增值税销项税额。

（2）计算该民俗园可抵扣的增值税进项税。
（3）计算该民俗园转让旧车库应纳增值税。
（4）计算该民俗园当月应纳增值税的合计数。
（5）计算该民俗园当月应纳的消费税。
（6）计算该民俗园当月应纳城建税、教育费附加和地方教育附加。
（7）计算该民俗园应纳车辆购置税。

8. 本题目考查增值税、房产税和城镇土地使用税的混合计算

某企业（增值税一般纳税人）2021 年年初账面建筑物原值 5000 万元，总占地面积 160000 平方米。其中包括：

项目	原值（万元）	占地面积（平方米）
厂房	2500	20000
仓库	1000	15000
托儿所	500	300
露天游泳池	200	2000
车库	800	7000
厂区内绿地	0	10000
厂内道路等	0	105700
合计	5000	160000

其他说明：该企业 3 月给厂房安装了中央空调并于当月安装完毕，空调账面价值 200 万元；将仓库租给其他单位，7 月 31 日交付并于 8 月 1 日起按月收取租金，含税月租金 9 万元，租期 1 年。

（其他相关资料：该企业不动产建成于“营改增”之前，故与之相关的增值税计算均选择了简易计税方法，当地房产原值减除比例为 20%，城镇土地使用税每平方米年税额 4 元）

要求：根据上述资料，按顺序回答下列问题。

（1）计算该企业 8 月出租仓库应缴纳的增值税；
（2）计算该企业当年厂房应纳的房产税；
（3）计算该企业当年仓库应纳的房产税；
（4）计算该企业当年共计应纳的房产税；
（5）计算该企业当年应纳的城镇土地使用税。

9. 本题目考查增值税、资源税的混合计算

甲企业为煤炭开采企业，是增值税一般纳税人，2021 年 12 月发生如下业务：

（1）甲企业开采原煤 16000 吨，当期销售原煤 8000 吨，取得不含增值税销售额 340000 元（开具了增值税专用发票，含向购买方收取的从坑口到购买方指定地点的运费 8000 元）；将部分未税原煤移送加工洗选煤，销售洗选煤取得不含增值税销售额 300000 元。

（2）甲企业采煤过程中因安全生产需要抽采的煤成（层）气 40000 立方米，当月全部销售取得不含增值税销售额 40000 元。

（3）甲企业外购工作服等劳保用品取得增值税专用发票，金额20000元，增值税2600元；从小规模纳税人处购买小工具一批，取得增值税专用发票，增值税450元；支付业务（1）原煤从坑口到买方指定地点运费，取得增值税专用发票，金额8000元，增值税720元。

（4）与乙天然气企业签订易货合同，用开采的226吨原煤换取乙企业（增值税一般纳税人）的10000立方米自产天然气，双方互开增值税专用发票，开票金额为市场含税价9605元；甲企业将换得的天然气20%用于职工食堂动力，80%用于采煤动力。

（其他相关资料：上述应抵扣的发票均符合抵扣要求；甲企业原煤资源税税率为5%，洗选煤资源税税率为4%）

要求：根据上述资料，按顺序回答下列问题。

（1）说明业务（1）运费的资源税税务处理方法；

（2）计算甲企业应纳的资源税；

（3）计算甲企业可抵扣的增值税进项税；

（4）计算甲企业应纳的增值税。

10. 本题目考查增值税、城建税及附加、土地增值税的计算

某县城一家房地产开发企业（增值税一般纳税人），2021年1月向政府部门支付1750万元取得一宗土地的使用权并缴纳契税52.5万元，已取得相应的财政票据和契税完税凭证，将其中80%的面积用于开发建造10栋住宅楼。当年建成后，80%的建筑面积于11月直接对外销售，取得含增值税销售收入7648万元；其余部分自11月起暂时对外出租，本年度内取得含增值税租金收入63万元。与该住宅楼开发相关的成本、费用如下：

（1）房地产开发成本2250万元。

（2）发生管理费用450万元、销售费用280万元、利息费用370万元（利息费用虽未超过同期银行贷款利率，但不能准确按转让住宅楼项目计算分摊）。

（3）该企业建造过程中全部可抵扣的增值税进项税合计为350万元，出租房产过程中未直接发生增值税进项税。

（其他相关资料：当地政府规定，房地产开发企业发生的开发费用在计算土地增值税增值额时的扣除比例为9%）

要求：根据上述资料，按顺序回答下列问题。

（1）计算该房地产开发企业上述业务增值税的销项税额；

（2）计算该房地产开发企业应缴纳的城市维护建设税和教育费附加、地方教育附加合计数；

（3）该房地产开发企业计算土地增值税的增值额时，允许扣除的取得土地使用权支付金额和房地产开发成本合计数；

（4）该房地产开发企业计算土地增值税的增值额时，允许扣除的房地产开发费用；

（5）计算该房地产开发企业的土地增值额；

（6）计算该房地产开发企业应缴纳的土地增值税。

11. 本题目考查以契税计税金额为基础的增值税差额计税、土地增值税的混合计算

甲市某机械厂为增值税一般纳税人，2021年12月因企业搬迁将原厂房出售，相关资料如下：

（1）该厂房于2005年3月购进，会计账簿记载的该厂房入账的固定资产原价为1600万元，账面净值320万元。搬迁过程中该厂房购进发票丢失，该厂提供的当年缴纳契税的完税

凭证，记载契税的计税金额为 1560 万元，缴纳契税 46.8 万元。
（2）转让厂房取得含税收入 3100 万元。该机械厂选择简易计税方法计税。
（3）转让厂房时评估机构评定的重置成本价为 3800 万元，该厂房 4 成新。

要求：根据上述资料，按顺序回答下列问题。（不考虑印花税、地方教育附加）
（1）计算该机械厂转让厂房应缴纳的增值税。
（2）计算该机械厂转让厂房计算土地增值税时准予扣除的转让环节的税金。
（3）计算该机械厂转让厂房计算土地增值税时准予扣除项目金额。
（4）计算该机械厂转让厂房应缴纳的土地增值税。

12. 本题目考查机械制造企业增值税、城建税、教育费附加、地方教育附加、企业所得税的计算与税收征管法的相关规定

某县城一大型外商投资的机械制造企业 2021 年自行核算的销售（营业）收入 8000 万元，销售（营业）成本 4000 万元，税金及附加 500 万元，期间费用 3300 万元，其他支出合计 200 万元，利润总额与应纳税所得额均为 0。某会计师事务所 2022 年 2 月对其进行年终审计时发现如下情况：
（1）2021 年 2 月企业受赠一台新的生产设备，未取得增值税专用发票，在当月投入使用，相关合同单据证明其市场价 15 万元（含增值税），该企业直接计入资本公积，并将其价值在当年一次性列入成本费用扣除；
（2）该企业当年核算的投资损失为 10 万元，系企业以权益法核算长期股权投资确认的被投资企业的亏损；
（3）该企业管理费用中包含业务招待费 60 万元；
（4）该企业销售费用中包含广告费 1250 万元；
（5）该企业将 12 月销售产品取得的现金 23.73 万元（含税）漏记收入及税费。
（其他相关资料：该企业向税务机关备案的生产设备残值率为 5%，折旧年限按照税法规定最低折旧年限计算；该企业为增值税一般纳税人；年终审计时，发现该企业当年有 3 个月的账簿未用中文而采用英文记账）

要求：根据上述资料，按顺序回答下列问题。
（1）计算该企业当年实现的会计利润总额；
（2）计算该企业投资损失应调整的应纳税所得额；
（3）计算该企业业务招待费应调整的应纳税所得额；
（4）计算该企业广告费应调整的应纳税所得额；
（5）计算该企业应纳的企业所得税；
（6）根据《征管法》有关规定说明该企业存在的问题及应受的处罚。

13. 本题目考查设备生产企业增值税、消费税、城建税及附加、车辆购置税的计算

位于某县城的甲设备生产企业为增值税一般纳税人，2021 年 12 月经营业务如下：
（1）采取分期收款方式销售设备一批，合同约定不含税价款 690 万元，按合同约定本月底收取货款的 50%，下个月底收取余下的 50%，本月尚未收到货款；采取直接收款方式销售设备，取得价税合计金额 550 万元；以预收货款的方式销售设备，取得预收款 350 万元，设备尚未发出。
（2）购进生产用原材料，取得增值税专用发票上注明的价款 420 万元、税额 54.6 万元；

支付桥、闸通行费，取得通行费发票（非财政票据）上注明的收费金额8000元。

（3）购进建筑材料一批，用于新建生产车间，取得增值税专用发票上注明的价款85万元、税额11.05万元。支付与贷款直接相关的手续费，取得增值税专用发票注明价款8000元、税额480元。

（4）从境外乙公司进口一台检测仪器，关税完税价格130万元人民币，取得海关进口增值税专用缴款书。乙公司派技术人员为甲企业提供3天的应用技术培训，收取相关服务费为4.5万元人民币（含税），乙公司境内未设有经营机构，甲企业已代扣代缴相应税款并取得完税凭证。

（5）将生产出的新型设备投资于丙公司，该设备无同类产品市场价，生产成本为450万元。

（6）进口1辆小汽车用于管理部门使用，小汽车关税完税价格30万元人民币，取得海关开具的增值税专用缴款书。

（7）购进两辆货车，取得机动车销售统一发票上注明的价款24万元、税额3.12万元，其中一辆用于生产经营，另一辆既用于生产经营，同时也为职工食堂提供运输服务。

（其他相关资料：新型设备成本利润率10%，进口小汽车关税税率25%、消费税税率40%，进口检测仪器关税税率8%。涉及相关票据均已在当期抵扣。上期无留抵税额）

要求：根据上述资料，按顺序回答下列问题，如有计算需计算出合计数。

（1）计算业务（1）当月的销项税额。

（2）计算业务（2）的进项税额。

（3）判断业务（3）的进项税额是否准予抵扣，如果准予扣除，计算当月准予抵扣的进项税额。

（4）计算业务（4）进口环节缴纳的增值税额和代扣代缴的增值税额。

（5）计算业务（5）的销项税额。

（6）计算业务（6）应缴纳的进口环节的增值税额和消费税额。

（7）计算业务（7）准予抵扣的进项税额。

（8）计算当月的销项税额。

（9）计算当月准予抵扣的进项税额。

（10）计算当月向税务机关缴纳的增值税税额。

（11）计算当月应该缴纳的城建税税额。

（12）计算当月应该缴纳的教育费附加和地方教育附加的合计数。

（13）计算当月应该缴纳的车辆购置税。

14. 本题目考查服装生产企业增值税、城建税及附加、印花税、土地增值税、企业所得税的计算

某市服装生产企业，为增值税一般纳税人。2021年度取得销售收入40000万元、投资收益1000万元。发生销售成本28900万元，可以扣除的相关税金及附加1800万元，管理费用3500万元、销售费用4200万元、财务费用1200万元，营业外支出300万元，企业自行计算实现年度利润总额1100万元。

2022年年初聘请某会计师事务所进行审核，发现以下记录：

（1）企业12月转让2011年购入的办公楼，未作转让会计处理，合同记载的含税转让收入1300万元，办公楼购置原价700万元，转让时净值500万元，经评估机构评估该办公楼的重置成本为1000万元，成新度折扣率8成，该企业未缴纳转让环节的相关税费。

（2）8月中旬购买安全生产专用设备（属于企业所得税优惠目录规定范围）一台，取得

增值税专用发票注明金额 36 万元，进项税额 4.68 万元，当月投入使用，企业基于重要性原则，对该项设备未按照固定资产计提折旧，将其费用一次性计入了成本扣除。

（3）接受非股东单位捐赠原材料一批，取得增值税专用发票注明金额 30 万元，进项税额 3.9 万元，直接记入了“资本公积”账户核算。

（4）管理费用中含业务招待费用 130 万元。

（5）成本、费用中含实发工资总额 1200 万元、职工福利费 180 万元、职工工会经费 28 万元、职工教育经费 40 万元。

（6）投资收益中含转让国债收益 85 万元，该国债购入面值 72 万元，发行期限 3 年，年利率 5%，转让时持有天数为 700 天。

（7）营业外支出中含通过当地政府向目标脱贫地区捐赠 230 万元，取得合法票据。

（其他相关资料：由于办公楼在“营改增”之前购入，该企业选择简易计税方法处理该项增值税事宜；该企业上年超支结转的职工教育经费 2.7 万元；产权转移书据印花税税率 0.5‰；该企业可以享受的优惠均选择享受）

要求：根据上述资料，按顺序回答下列问题。

（1）计算办公楼销售环节应缴纳的增值税、城市维护建设税、教育费附加、地方教育附加、印花税的合计数。

（2）计算转让办公楼应缴纳的土地增值税。

（3）计算该企业 2021 年度的会计利润总额。

（4）计算安全生产专用设备应调整的应纳税所得额。

（5）计算业务招待费应调整的应纳税所得额。

（6）计算职工福利费、职工工会经费、职工教育经费应调整的应纳税所得额。

（7）计算转让国债应调整的应纳税所得额。

（8）计算公益性捐赠应调整的应纳税所得额。

（9）计算该企业 2021 年度的应纳税所得额。

（10）计算该企业 2021 年度应缴纳的企业所得税。

跨章节主观题参考答案及解析

使用“会计云课堂”App 或“微信”扫码对答案、看解析、掌握解题思路，开启轻松过关之旅。

1.【答案及解析】

（1）该酒厂业务（2）和业务（3）增值税销项税额合计数 $=[1.5\times30+4.52/(1+13\%)+1.5\times10]\times13\%=64\times13\%=8.32$（万元）

【分析】①白酒包装物押金，收取时就要并入销售额计算增值税和消费税，逾期没收时不重复计算增值税和消费税。②如无特别提示，包装物押金为含税金额。③自产应税消费品用于抵偿债务的，用同类应税消费品平均价格计算增值税，用同类应税消费品最高价格计算消费税。

（2）该酒厂业务（4）增值税销项税额 =［1.2×10×（1+5%）+0.1×10］/（1−20%）×13%=17×13%=2.21（万元）

【分析】这里要运用消费税复合计税的组价公式，由于消费税是价内税，20% 的比例税和每吨白酒 0.1 万元的定额税都要组进价格里。

（3）

①当期发生的进项税 =（0.3×30+25）×13%=4.42（万元）

②非正常损失的 A 白酒转出的进项税 =1.2×50%×13%=0.08（万元）

③该酒厂当月实际可抵扣的增值税进项税 =4.42−0.08=4.34（万元）

④该酒厂当月应纳的增值税 =8.32+2.21−4.34=6.19（万元）

（4）该酒厂业务（2）和业务（3）应纳的消费税合计数 =［1.5×30+4.52/（1+13%）+1.6×10］×20%+0.1×（30+10）=65×20%+4=17（万元）

（5）业务（4）应纳消费税 =［1.2×10×（1+5%）+0.1×10］/（1−20%）×20%+0.1×10=17×20%+1=4.4（万元）

该酒厂当月应纳消费税合计数 =17+4.4=21.4（万元）

【分析】非正常损失的白酒不影响消费税的计算。

（6）如果该酒厂直接向农业生产者收购薯类作物酿酒，则收购的农产品核定抵扣进项税。自 2012 年 7 月 1 日起，以购进农产品为原料生产销售液体乳及乳制品、酒及酒精、植物油的增值税一般纳税人，纳入农产品增值税进项税额核定扣除试点范围。

2.【答案及解析】

（1）甲运输公司业务（1）应纳的增值税 =60÷（1+1%）×1%=0.59（万元）

【分析】注意业务发生时间，2021 年 4 季度实施小规模纳税人减按 1% 征收率的特殊优惠政策；应按照合同约定的 60 万元计算增值税。

（2）甲运输公司业务（2）应在 B 县预缴的增值税 =（200−116）/（1+5%）×5%=4（万元）

【分析】异地不动产转让的预缴，要注意外购的不动产转让需要差额计税，征收率为 5%。

（3）甲运输公司业务（2）应在 B 县缴纳的城建税、教育费附加及地方教育附加的合计金额 =4×（5%+3%+2%）×50%=0.4×50%=0.2（万元）

【分析】自 2019 年 1 月 1 日至 2021 年 12 月 31 日，由省、自治区、直辖市人民政府根据本地区实际情况，以及宏观调控需要确定，对增值税小规模纳税人可以在 50% 的税额幅度内减征资源税、城市维护建设税、房产税、城镇土地使用税、印花税（不含证券交易印花税）、耕地占用税和教育费附加、地方教育附加。其他相关资料中提示执行“最优惠”政策，所以比例为 50%。

（4）将 2 个车库提供给银行使用以抵付利息，按不动产租赁服务计征增值税。应纳增值税 =5.25/（1+5%）×5%=0.25（万元）

甲运输公司在 A 市实际缴纳的增值税 =0.59+4−4+0.25=0.84（万元）

（5）甲运输公司在 A 市实际缴纳的城建税、教育费附加及地方教育附加的合计金额 =0.84×（7%+3%+2%）×50%=0.10×50%=0.05（万元）

（6）按固定期限纳税的小规模纳税人可以选择以 1 个月或 1 个季度为纳税期限，一经选择，1 个会计年度内不得变更。

如果该运输公司选择按月申报纳税，1 月与 2 月的月销售额均不足 15 万元，可以享受免征增值税政策；3 月由于销售额超过 15 万元，不免征增值税，应按规定计算缴纳增值税。

但如果该运输公司选择按季度申报纳税，第一季度销售额 =12+14+18=44（万元），低于 45 万元，第一季度完全可以免缴增值税。

此时可以看出，对该运输公司来说，以 1 个季度为 1 个纳税期限更有利。

3.【答案及解析】

（1）进口环节关税 =（20000+2000+1000）×5%=1150（元）

进口环节增值税 =（20000+2000+1000+1150）×13%=3139.5（元）

【分析】国内运费不包括在关税完税价格之中。除另有规定外，小规模纳税人进口货物不能使用征收率。

（2）当期应向税务机关缴纳的增值税 =（150000+1000+2800+12625）÷（1+1%）×1%=1647.77（元）

【分析】小规模纳税人自营出口货物采用增值税免税不退税的政策。

（3）当期应缴纳的消费税 =（150000+1000）÷（1+1%）×15%=22425.74（元）

【分析】生产企业自营出口应税消费品采用消费税免税不退税的政策。

（4）当期应缴纳的城建税及附加 =（1647.77+22425.74）×（5%+3%+2%）×50%=2407.35×50%=1203.68（元）。

4.【答案及解析】

（1）业务（1）可抵扣的增值税进项税 =（30+20）×（9%+1%）=5（万元）

【分析】收购农产品加工筷子，由于筷子增值税税率是 13%，所以计算抵扣进项税时适用 10%（9%+1%）的扣除率。

（2）业务（2）海关代征甲企业进口环节的增值税 =60×（1+5%）×13%=8.19（万元）

（3）业务（4）可抵扣的增值税进项税 =4÷（1+5%）×5%=0.19（万元）

【分析】桥、闸通行费按照 5% 计算抵扣进项税。

（4）甲企业当期销项税 =（55+10+40+15）×13%=15.6（万元）

甲企业应向税务机关缴纳的增值税 =15.6−5−8.19−0.19=2.22（万元）

（5）甲企业应向税务机关缴纳的消费税 =10×5%=0.5（万元）。

【分析】描金工艺木筷、竹制描花工艺筷子和竹制一次性筷子不属于消费税的征税范围，只有木制一次性筷子需要缴纳消费税。

5.【答案及解析】

进口关税、消费税、增值税的混合计算是税法考试最常见的跨章节知识点组合。

（1）进口小轿车、设备和卷烟应缴纳的关税 =（400000+30000+40000+20000+135000+10000+5000+2700000+120000+80000）×25%=3540000×25%=885000（元）

【分析】这是以往年度真题的变形。面对跨越业务的提问，考生需要细心，本问核心是关税完税价格的包含因素，CIF 中不包含进口后发生的费用，但含保修费用。

（2）小轿车在进口环节应缴纳的消费税 =（400000+30000+40000+20000）×（1+25%）÷（1−5%）×5%=32236.84（元）

（3）

①每条进口卷烟判断适用消费税比例税率的价格 =［（2700000+120000+80000）÷80000×（1+25%）+0.6］÷（1−36%）=71.74（元）>70元，适用的消费税比例税率为56%。

【分析】卷烟进口环节在判别属于甲类还是乙类时，先要以“条”为单位组成计税价格，组价时税法规定使用36%的低税率。组价后确定适用的税率，再按照适用税率重新组价计算应纳消费税。

②进口卷烟应缴纳的消费税 =80000×0.6+［（2700000+120000+80000）×（1+25%）+80000×0.6］÷（1−56%）×56%=4722727.27（元）

（4）小轿车、设备和卷烟在进口环节应缴纳的增值税 =（3540000+885000+32236.84+4722727.27）×13%=1193395.33（元）。

6.【答案及解析】

（1）增值税计税销售额 =40×10=400（万元）

【分析】已开具了40辆小汽车销售价款的增值税专用发票，就应按发票所列销售额计算销项税额和消费税额，而且商业折扣的折扣额未在发票金额栏体现，不得从当期销售额中扣减。

（2）销售售后服务部已使用过10年的小汽车按照3%征收率减按2%征收增值税。

应缴纳的增值税 =2×6.24/（1+3%）×2%=0.24（万元）

（3）进口环节应纳关税 =70×10%=7（万元）

（4）进口环节应纳增值税 =（70+7）×13%=10.01（万元）

（5）当月销项税额 =（40×10+3×10+1×10）×13%+5.65÷（1+13%）×13%=57.2+0.65=57.85（万元）

当月可以抵扣的进项税额 =10.01+3×9%=10.28（万元）

当月应向税务机关缴纳的增值税 =57.85−10.28+0.24=47.81（万元）

【分析】作为汽车制造企业以物易物换出的小汽车，应核算销售额并计算销项税额和消费税，因为没有取得增值税专用发票而不能抵扣增值税进项税额。如果小汽车制造企业与空调生产厂家互开了增值税专用发票，二者均可以抵扣进项税额。

（6）当月应向税务机关缴纳的消费税 =（40×10+3×10+1×10）×5%=22（万元）。

7.【答案及解析】

（1）增值税销项税额 =（13.8+6+20+45）/（1+6%）×6%+14.69/（1+13%）×13%
=80×6%+13×13%=6.49（万元）

【分析】民俗园的门票收入、民俗表演收入、游览电瓶车车票收入均属于生活服务中的文化体育服务；餐饮服务属于生活服务中的餐饮服务；上述项目增值税税率为6%。销售旅游纪念品按照销售货物计算增值税，税率为13%；餐厅销售啤酒属于混合销售，适用主业餐饮服务的税率计征增值税。

（2）可抵扣进项税 =0.78+1.2+3.25+0.1+0.06=5.39（万元）

【分析】为员工过春节购买福利坚果不得抵扣进项税。订购旅游纪念品、购置食材调料、购买经营用车辆、装饰费、保险费的进项税额可以抵扣。

（3）转让旧车库应纳增值税 =50.4/（1+5%）×5%=48×5%=2.4（万元）

【分析】一般纳税人转让“营改增”前取得（含自建）的不动产，可以选择适用简易计税方法按照5%的征收率计缴增值税。题干明确纳税人作出了简易计税方法的选择。自行规划、政府批准、委托建筑公司建造的车库不属于外购而属于自建，计算增值税时不能扣除建造成本。

（4）当月应纳增值税 =6.49−5.39+2.4=3.5（万元）

（5）应纳的消费税 =4×250/10000=0.1（万元）

【分析】餐饮娱乐业自酿啤酒销售，适用甲类啤酒 250 元 / 吨的消费税税率，考生应该记忆这个税率。

（6）该民俗园当月应纳城建税、教育费附加和地方教育附加 =（3.5+0.1）×（5%+3%+2%）=0.36（万元）

（7）该民俗园应纳车辆购置税 =25×10%=2.5（万元）。

【分析】车辆购置税的计税依据不包括车辆装饰费、保险费等。由于题目给出的 25 万元是机动车销售统一发票注明的金额，是不含税的，所以计税时不需要价税分离。

8.【答案及解析】

（1）该企业 8 月出租仓库应纳增值税 =9/（1+5%）×5%=0.43（万元）

（2）该企业当年厂房应纳房产税 =2500×（1−20%）×1.2%×3/12+（2500+200）×（1−20%）×1.2%×9/12=25.44（万元）

【分析】中央空调要调增房产原值，从安装完成的次月起按照调增后房产原值计算缴纳房产税。

（3）该企业当年仓库应纳房产税 =1000×（1−20%）×1.2%×7/12+9/（1+5%）×12%×5=5.6+5.14=10.74（万元）

（4）该企业当年车库应纳房产税 =800×（1−20%）×1.2%=7.68（万元）

该企业当年共计应纳的房产税 =25.44+10.74+7.68=43.86（万元）

【分析】托儿所用房免征房产税，露天游泳池不属于房产，不缴纳房产税。

（5）该企业当年应纳的城镇土地使用税 =（160000−300）×4/10000=63.88（万元）。

【分析】托儿所用地免征城镇土地使用税。

9.【答案及解析】

（1）计入销售额中的相关运杂费用，凡取得增值税发票或者其他合法有效凭据的，准予从销售额中扣除。相关运杂费用是指应税产品从坑口或者洗选（加工）地到车站、码头或者购买方指定地点的运输费用、建设基金以及随运销产生的装卸、仓储、港杂费用。业务（3）体现出取得了增值税专用发票，所以准予从资源税的计税销售额中扣除运费 8000 元。

（2）甲企业应纳的资源税：

①甲企业销售原煤和洗选煤应纳资源税 =（340000−8000）×5%+300000×4%=16600+12000=28600（元）

②甲企业因安全生产需要抽采的煤成（层）气免征资源税。

③甲企业换出原煤应纳资源税 =9605/（1+13%）×5%=425（元）

④甲企业应纳的资源税 =28600+425=29025（元）

（3）甲企业可抵扣的增值税进项税 =2600+450+720+9605/（1+9%）×9%×80%=4404.46（元）

【分析】天然气、煤成（层）气增值税适用低税率 9%。可抵扣进项税不包含用于职工福利的天然气 20% 的进项税。

（4）甲企业应纳的增值税：

销项税额 =（340000+300000）×13%+40000×9%+9605/（1+13%）×13%=83200+3600+1105=87905（元）

应纳增值税 =87905-4404.46=83500.54（元）。

10.【答案及解析】

（1）该房地产开发企业的增值税销项税额 =（7648-1750×80%×80%）/（1+9%）×9%+63/（1+9%）×9%=（7648-1120）/（1+9%）×9%+63/（1+9%）×9%=539.01+5.20=544.21（万元）

【分析】要注意增值税纳税申报表的口径，还要注意房地产开发企业中的一般纳税人销售其开发的房地产项目（选择简易计税方法的房地产老项目除外），向政府支付的土地价款在计算增值税时可以扣除的规定。

（2）该房地产开发企业应缴纳的城市维护建设税和教育费附加、地方教育附加 =（544.21-350）×（5%+3%+2%）=19.42（万元）

【分析】《土地增值税暂行条例》及其细则中没有扣除地方教育附加的规定，现实中各省的处理有所不同，因此考试时要注意看题目给的条件和要求，本题明确要求计算地方教育附加，因此要考虑计算扣除。

（3）可以扣除的取得土地使用权支付金额 =（1750+52.5）×80%×80%=1153.6（万元）

【分析】取得土地只进行了80%面积的开发，开发的面积中，只有80%的比例实现了销售。

可以扣除的开发成本 =2250×80%=1800（万元）

该房地产开发企业计算土地增值税的增值额时，允许扣除的取得土地使用权支付金额和房地产开发成本合计数 =1153.6+1800=2953.6（万元）

（4）该房地产开发企业计算土地增值税的增值额时，允许扣除的房地产开发费用 =2953.6×9%=265.82（万元）

【分析】房地产开发费用的扣除比例要注意题目给定的条件，本题给出了9%的比例。没有明确给出比例的按照该类情形的上限扣除。

（5）准予扣除的税金 =（539.01-350×80%）×（5%+3%+2%）=25.90（万元）

【分析】计算企业整体应纳的增值税时，350万元作为进项税抵扣。但是计算土地增值税中可以扣除的税金及附加的基数时，进项税需要按照销售比例（80%）确定扣除，以此为基础计算出城建税和附加，可以保证计算出的城建税和附加的扣除与销售额的配比性。教材第一章已把土地增值税归类到所得税类，这类税的收益计算有配比要求。

加计扣除 =2953.6×20%=590.72（万元）

允许扣除项目合计 =2953.6+265.82+25.90+590.72=3836.04（万元）

增值额 =7648-539.01-3836.04=3272.95（万元）

（6）增值率 =3272.95÷3836.04×100%=85.32%，适用税率为40%，速算扣除系数为5%。

应缴纳的土地增值税额 =3272.95×40%-3836.04×5%=1117.38（万元）。

11.【答案及解析】

（1）该机械厂转让厂房应缴纳增值税 =（3100-1560）/（1+5%）×5%=73.33（万元）

【分析】纳税人转让不动产，按照有关规定差额缴纳增值税的，如因丢失等原因无法提供取得不动产时的发票，可向税务机关提供其他能证明契税计税金额的完税凭证等资料，进行差额扣除。2016 年 4 月 30 日及以前缴纳契税的：增值税应纳税额 =［全部交易价格（含增值税）– 契税计税金额（含营业税）］÷（1+5%）×5%。

（2）该机械厂转让厂房计算土地增值税时准予扣除的转让环节的税金 =73.33×（7%+3%）=7.33（万元）

【分析】注意审题，题目没有要求计算印花税和地方教育附加。

（3）评估价格 = 重置成本价 × 成新度折扣率 =3800×40%=1520（万元）

准予扣除项目金额 =1520+7.33=1527.33（万元）

（4）土地增值额 =3100–73.33–1527.33=1499.34（万元）

增值率 =1499.34/1527.33×100%=98.17%，适用税率为 40%，速算扣除系数为 5%，该机械厂转让厂房应缴纳土地增值税 =1499.34×40%–1527.33×5%=523.37（万元）。

12.【答案及解析】

（1）

①受赠设备金额 15 万元应在当年计入营业外收入，而不能计入资本公积，应调增会计利润 15 万元。

②由于是受赠取得的设备，不是购进的，也不是自建的，所以不适用一次性税前扣除政策。会计上一般也不得一次性列入成本费用扣除。2 月投入使用，应自 3 月起计提折旧，税法规定生产设备最低折旧年限为 10 年。在当年应计提折旧 =15×（1–5%）÷（10×12）×10=1.19（万元）

应调增会计利润 =15–1.19=13.81（万元）

③补记销售收入 =23.73÷（1+13%）=21（万元）

应补缴增值税 =21×13%=2.73（万元）

应补缴城建税、教育费附加和地方教育附加 =2.73×（5%+3%+2%）=0.27（万元）

漏记收入及税费应调增会计利润 =21–0.27=20.73（万元）

④会计利润总额 =15+13.81+20.73=49.54（万元）

（2）被投资企业发生的经营亏损，投资企业不得调整减少其投资成本，也不得将其确认为投资损失。应调增应纳税所得额 10 万元。

（3）业务招待费扣除限额 1=60×60%=36（万元）

业务招待费扣除限额 2=（8000+21）×5‰=40.11（万元）

36 万元＜40.11 万元

该企业业务招待费应调增应纳税所得额 =60–36=24（万元）

（4）广告费扣除限额 =（8000+21）×15%=1203.15（万元）

该企业广告费应调增应纳税所得额 =1250–1203.15=46.85（万元）

（5）企业应纳税所得额 =49.54+10+24+46.85=130.39（万元）

应纳企业所得税 =130.39×25%=32.60（万元）

（6）企业应补缴增值税、城建税、教育费附加、地方教育附加，并缴纳相应税种的滞纳金和罚款。

该企业有 3 个月未使用中文记账属于“未按照规定设置账簿”，由税务机关责令限期改正，可处 2000 元以下的罚款；情节严重的，处 2000 元以上 1 万元以下的罚款。

13.【答案及解析】

（1）业务（1）当月的销项税额 =690×50%×13%+550÷（1+13%）×13%=108.12（万元）

（2）业务（2）的进项税额 =54.6+8000÷（1+5%）×5%÷10000=54.64（万元）

【分析】桥、闸通行费按照5%计算抵扣进项税。

（3）①纳税人购进建筑材料用于新建生产车间的进项税额可抵扣。②纳税人接受贷款服务向贷款方支付的与该笔贷款直接相关的投融资顾问费、手续费、咨询费等费用，其进项税额不得从销项税额中抵扣。

业务（3）当月准予抵扣的进项税额 =11.05（万元）

（4）业务（4）进口环节缴纳的增值税额 =130×（1+8%）×13%=18.25（万元）

业务（4）代扣代缴的增值税额 =4.5÷（1+6%）×6%=0.25（万元）

进口环节缴纳的增值税和代扣代缴的增值税合计金额 =18.25+0.25=18.50（万元）

（5）业务（5）的销项税额 =450×（1+10%）×13%=64.35（万元）

【分析】此处考查组成计税价格公式的运用。

（6）业务（6）应缴纳的进口环节的增值税额 =30×（1+25%）÷（1−40%）×13%=8.13（万元）

业务（6）应缴纳的进口环节的消费税额 =30×（1+25%）÷（1−40%）×40%=25（万元）

进口环节的增值税和消费税合计金额 =8.13+25=33.13（万元）

（7）业务（7）准予抵扣的进项税额 =3.12（万元）

【分析】兼用于生产经营、职工福利的固定资产可以全额抵扣进项税。

（8）当月的销项税额 =108.12+64.35=172.47（万元）

（9）当月的进项税额 =54.64+11.05+18.50+8.13+3.12=95.44（万元）

（10）当月向税务机关缴纳增值税税额 =172.47−95.44=77.03（万元）

（11）当月应该缴纳的城建税税额 =77.03×5%=3.85（万元）

（12）当月应该缴纳的教育费附加和地方教育附加的合计数 =77.03×（3%+2%）=3.85（万元）

（13）当月应该缴纳的车辆购置税 =30×（1+25%）÷（1−40%）×10%+24×10%=8.65（万元）。

14.【答案及解析】

（1）增值税 =（1300−700）/（1+5%）×5%=28.57（万元）

城建税及附加 =28.57×（7%+3%+2%）=3.43（万元）

印花税 =1300×0.5‰ =0.65（万元）

【分析】合同未单独列明增值税的，按照含税金额计算印花税。

合计金额 =28.57+3.43+0.65=32.65（万元）

（2）转让收入 =1300−28.57=1271.43（万元）

扣除项目金额 =1000×80%+0.65+3.43=804.08（万元）

增值额 =1271.43−804.08=467.35（万元）

增值率 =467.35÷804.08×100%=58.12%

适用40%的税率，速算扣除系数5%。

土地增值税 =467.35×40%−804.08×5%=146.74（万元）

（3）补记转让办公楼收益 =1271.43−500−3.43−0.65−146.74=620.61（万元）

会计利润总额 =1100+620.61+（30+3.9）（捐赠利得）=1754.51（万元）

（4）安全生产专用设备应调整的应纳税所得额为 0。

【分析】企业在 2018 年 1 月 1 日至 2023 年 12 月 31 日期间新购进的设备、器具，单位价值不超过 500 万元的，允许一次性计入当期成本费用在计算应纳税所得额时扣除，不再分年度计算折旧。

（5）业务招待费扣除限额 1=40000 × 5‰ =200（万元）；业务招待费扣除限额 2=130 × 60%=78（万元）

纳税调增金额 =130−78=52（万元）

（6）职工福利费扣除限额 =1200 × 14%=168（万元），调增金额 =180−168=12（万元）

工会经费扣除限额 =1200 × 2%=24（万元），调增金额 =28−24=4（万元）

职工教育经费扣除限额 =1200 × 8%=96（万元），本年发生额 40 万元未超支，可全额扣除；上年超支结转 2.7 万元调减本年应纳税所得额。

共计调增应纳税所得额 =12+4−2.7=13.3（万元）

（7）转让国债应调减应纳税所得额 =72 ×（5% ÷ 365）× 700=6.90（万元）

（8）公益性捐赠应调整的应纳税所得额为 0。

【分析】向目标脱贫地区的捐赠支出可以全额扣除，不需要调整应纳税所得额。

（9）应纳税所得额 =1754.51+52+13.3−6.90=1812.91（万元）

（10）应缴纳企业所得税 =1812.91 × 25%−36 × 10%=449.63（万元）。

【分析】企业购置并实际使用规定的安全生产专用设备投资额的 10% 可抵免当年度所得税额。

◇中教科（保定）印刷股份有限公司